Handbuch des deutschen Dramas

HANDBUCH DES DEUTSCHEN DRAMAS

Herausgegeben von
Walter Hinck

Bagel

Inhalt

Einleitung
Walter Hinck

Dringlicher als bei Handbüchern der Erzählung, des Romans oder der Lyrik ist beim Handbuch des Drames zunächst eine Bestimmung seines Gegenstandes. Denn nirgendwo hat sich der Normanspruch eines Gattungsbegriffs so durchzusetzen und zu behaupten vermocht wie in der Geschichte des Dramas, dessen Theorie auch dann noch im geheimen Bann der aristotelischen Poetik stand, als die Praxis der Dramatiker und der Bühne längst über sie hinweggeschritten war.

Ein normativer Gattungsbegriff liegt letztlich auch Peter Szondis ,,Theorie des modernen Dramas" (1956) zugrunde, die sich, obwohl sie historisch argumentiert und das Auftreten epischer Züge im Theater des 19. Jahrhunderts rechtfertigt, auf das Modell des Renaissance- und des klassischen Drames zurückbezieht. Dieses Modell, das sich im späteren 19. Jahrhundert geschichtlich nicht mehr realisieren läßt, ist nach Szondi nicht *ein,* sondern *das* Modell von ,,Drama". Das ,,Drama" sei ,,absolut", ,,von allem ihm Äußerlichen abgelöst", absolut auch gegenüber dem Zuschauer; es sei ,,nicht die (sekundäre) Darstellung von etwas (Primärem)", sondern stelle ,,sich selber dar" – womit bei aller Nähe zur aristotelischen Poetik doch der Mimesislehre des Aristoteles widersprochen wird –; und wie der Dramatiker im ,,Drama" abwesend sei, so dürfe auch die ,,Relation Schauspieler–Rolle" keineswegs sichtbar sein.

Auf solche Modellvorstellung kann sich ein Handbuch des deutschen Dramas nicht festlegen lassen. Als ob nicht nur die Stationentechnik des mittelalterlichen Spiels, sondern auch – innerhalb der Neuzeit – eine epische Dramaturgie im Sturm und Drang der klassischen Dramaturgie voraufgegangen wäre! Durchaus ließe sich umgekehrt die Frage stellen, ob nicht der Form des klassischen Dramas in Deutschland bereits ein Moment des Anachronistischen anhaftete. Und was überhaupt heißt ,,Drama der deutschen Klassik"? Die bedeutendste dramatische Schöpfung aus der klassischen Zeit, Goethes *Faust,* ist unter Szondis Begriff des ,,Dramas" gar nicht zu fassen.

Ein Handbuch, das für die ganze Fülle und Vielfalt dramatischer Formen offen bleiben und zuständig sein soll, hat seinen Begriff von Drama nicht den Autoritäten der großen Theorien (der *Poetik* des Aristoteles oder der *Hamburgischen Dramaturgie* Lessings, der *Ästhetik* Hegels oder Brechts *Kleinem Organon für das Theater*), sondern allein der Geschichte der Dramatik gegenüber zu verantworten. Diese Geschichte kennt wohl Krisen bestimmter Gattungsnormen, nicht aber des Dramas überhaupt. So sollten auch neue Formen, selbst wenn sie aus Gegenentwürfen hervorgehen, nicht mit negativen Kategorien erfaßt werden.

Von der Lyrik und Erzählliteratur ist das Drama grundsätzlich dadurch unterschieden, daß sich bei der Rezeption zwischen den Text und den Adressaten, das Publikum, noch einmal eine Vermittlungsinstanz schiebt: das Theater. Denn erst auf der Bühne findet das dramatische Werk die ihm zugedachte Gestalt. Das heißt nicht, daß die Interpretation eines dramatischen Textes notwendig alle seine historischen Realisierungen (Inszenierungen) mit einzubeziehen hätte. Wohl aber hat sie diesen Entwurf-, diesen ,,Partitur"-Charakter des Textes zu berücksichtigen.

Das Theater ist der Ort, an dem der dramatische Text jener sinnlichen Wahrnehmung

zugänglich gemacht wird, auf die hin er entworfen ist. Erst vom Theater her erhält das Drama
Sinn und Funktion. (Sogenannte Lesedramen bestätigen als Ausnahme nur die Regel.) Und zum
Theater gehört nicht allein der Bühnenraum und das Schauspielensemble, sondern auch das Publikum. Eine Aufführung kann nicht geduldig auf ihre Adressaten warten wie das Buch auf den
Leser. Die Produktion erfordert die Anwesenheit des Publikums. Eine Aufführung ohne Publikum wäre absurd, eine Aufführung vor nur einem Zuschauer ist gleichermaßen peinlich für ihn
wie für die Darsteller. Weder den Schauspielern noch dem Publikum gegenüber behauptet sich
das Drama als ein Absolutes.

Dieses Angewiesensein bestimmter Texte auf das Theater konstituiert die Gattung Drama. So verstehen wir also unter Drama und Dramatik jene sprachlichen Werke (selbst Szenarien
oder Exposés zählen zu ihnen), die auf optische und (zumeist) akustische, auf räumliche und
leibliche Versinnlichung im Theater bzw. auf der Bühne angelegt sind. Diese Bühne kann sich,
wie im mittelalterlichen Drama, im Kirchenraum oder auf dem Rathausplatz befinden, sie kann
perfektioniert werden als Verwandlungs-, Guckkasten- oder Drehbühne in den Bauten des institutionalisierten Theaters, sie kann aber auch ein bloßes Podium oder die Straße sein.

Denkbar als Handbuch des Dramas wäre ein Kompendium der einzelnen Arten des
Dramas, der Gattungen im engeren Sinne. Paul Kluckhohn hat einen Überblick zu geben versucht (Die Arten des Dramas. In: DVjS 19, 1941) und als Hauptgruppen die Tragödie, das Lösungsdrama, die Komödie, die Historie, das Wunderspiel, das Lustspiel und die Feier unterschieden, aber nicht einmal die Tragikomödie fand in seiner Systematik Platz. Vollständiger ist
Otto Rommels Tabelle von Arten des komischen Dramas (Komik und Lustspieltheorie. In:
DVjS 21, 1943), die vier Arten der pseudorealistischen Komödie von vier Arten der Groteskkomödie trennt und sie den Arten des Gesellschaftsspiels sowie des Mischspiels entgegensetzt.
Doch gerät der Versuch einer restlosen Katalogisierung leicht ins Pedantische, das blind macht
für die vielen Mischungsverhältnisse lebendiger Formen. Im übrigen würde ein Handbuch, das
auf Bestimmung und Beschreibung, auf eine ,,Naturgeschichte" der dramatischen Arten ausginge, die großen historischen Linien der Entwicklung des deutschen Dramas verwischen.

Dennoch bleibt mit dem historischen ein systematisches Interesse verbunden. Ihm entspricht vor allem die Einführung in Grundbegriffe der Drameninterpretation, die vier Möglichkeiten der Deutung vorstellt: die strukturanalytische, die anthropologische, die wirkungsästhetische und die historisch abgrenzende. Aber auch die Beiträge zur Rezeption der aristotelischen
Tragödienpoetik in Deutschland sowie zur Dramentheorie Hegels und ihrer Wirkungen bringen mit den poetologischen die systematischen Gesichtspunkte zur Geltung. Epochenübergreifend sind schließlich auch die Artikel über das humanistische und protestantische Schuldrama
und das Jesuitentheater, über das bürgerliche Drama des 18. und frühen 19. Jahrhunderts, das
Bühnenerfolgsstück von Iffland bis Charlotte Birch-Pfeiffer u. a. sowie das Volkstheater des 19.
und 20. Jahrhunderts.

Die Reihe jener Dramatiker, die eine Einzeldarstellung beanspruchen, ist zugleich eine
Reihe von deutschen Klassikern des Bühnenrepertoires: Lessing, Goethe, Schiller, Kleist,
Grabbe, Büchner, Raimund und Nestroy, Grillparzer, Hebbel, G. Hauptmann, Schnitzler,
Hofmannsthal, Wedekind, Sternheim und Brecht. Daß die deutsche Dramatik, im Unterschied
zum Drama der westeuropäischen Literaturen, erst mit Lessing, also im 18. Jahrhundert, in den
Kreis der Weltliteratur (des Welttheaters) eintritt, hängt mit jener Phasenverschiebung bzw.
Spätentwicklung zusammen, die auch die deutsche Klassik zum literaturgeschichtlichen Nachzügler hat werden lassen.

Für eine Reihe von Abschnitten der Dramengeschichte empfahl sich die Epochendarstellung, für die dramatischen Formen der Frühstufe (des Mittelalters und der frühen Neuzeit) sogar eine Überblicksdarstellung. Das Trauerspiel des Barockzeitalters wird beispielhaft an den Dramen von Gryphius und Lohenstein abgehandelt. Dieser Beitrag ist dadurch exemplarisch für die folgenden, daß die Darstellung mit Selbstverständlichkeit eine Erörterung der epochen- bzw. autorspezifischen Dramentheorie einschließt. Im Gegensatz zur Dramatik des 17. ist die des 18. Jahrhunderts, wie die Artikel zum klassizistischen Drama der Frühaufklärung und zum Drama des Sturm und Drang zeigen, durch starke Polarisationserscheinungen bestimmt.

Sieht man von den großen Einzelgestalten und dem Drama der Romantik ab, so war die erste Hälfte des 19. Jahrhunderts bisher in den Dramengeschichten eine Grauzone. Sie aufzu- hellen, ist die Aufgabe eines Beitrags zum Drama der Metternichschen Restaurationsepoche, dessen Beispiele vor allem der zeitgenössischen Einakterliteratur entnommen sind. Aus drei Gründen durfte in diesem Handbuch ein Artikel über das Bühnen-Erfolgsstück des 19. Jahr- hunderts nicht fehlen. An der Rezeptionsgeschichte der Dramen Ifflands, Kotzebues und ihrer Nachfolger ist abzulesen, wie relativ wenig sich die Theaterpraxis am literarischen Kanon orien- tiert – selbst das von Goethe geleitete Weimarer Hoftheater lebte vornehmlich vom ,,täglichen Brot'' der Bühnen. Damit wird zugleich deutlich, daß sich ein Handbuch des Dramas auf eine puristische Trennung von dramatischer Höhen- und Trivialliteratur nicht einlassen darf. Schließlich demonstriert die Geschichte des Erfolgsstücks die zunehmende Kommerzialisie- rung des Theaters, die das Theaterstück zur Ware und den Theaterbetrieb des 19. Jahrhunderts zum Vorläufer der heutigen Kulturindustrie werden läßt.

Der Aufsatz über Georg Kaiser behandelt den Dramatiker als Repräsentanten des ex- pressionistischen Theaters. Die Kritik des Bearbeiters erscheint besonders bedenkenswert als das distanzierte Urteil eines Beobachters aus der englischsprachigen Welt. Für die Dramatik zwischen dem Ende des Ersten und dem Ende des Zweiten Weltkriegs bot sich eine Dreiteilung an: trotz einiger Überschneidungen unterscheidet sich vom Drama der Weimarer Republik das völkisch-heroische Drama, das der Ideologie des ,,Dritten Reichs'' entspricht, und von beiden die deutschsprachige Exildramatik.

Da diese Dramatik der Emigranten vor allem von den besonderen Produktions- und Wirkungsbedingungen des Exils her gesehen wird, fallen auch die Überschneidungen mit dem Brecht-Artikel nicht sehr ins Gewicht, obwohl gerade der bedeutendste Teil der Brechtschen Stücke im Exil entstanden ist. Zur Dramaturgie Brechts liegen so viele Darstellungen in greifba- ren Ausgaben vor, daß es hier legitim war, auf Vollständigkeit zu verzichten und das Brechtsche Theater von einer grundlegenden Fragestellung und im wesentlichen von einem Drama her zu erschließen. Die Bearbeiterin wollte nicht bei historischer Betrachtung stehen bleiben; sie ver- sucht, dem Anspruch der Brechtschen Ästhetik für die Gegenwart gerecht zu werden.

Der Nachkriegsdramatik, sofern sie nicht an der Geschichte des Volkstheaters teilhat, wenden sich drei Beiträge zu, deren erster das Bühnenwerk der Schweizer Frisch und Dürren- matt zusammenfaßt. Sowohl dieser wie auch der sich anschließende Artikel zur neueren Drama- tik in der Bundesrepublik und in Österreich stellen klar, daß die Begriffe ,,deutsches'' und ,,deutschsprachiges'' Gegenwartsdrama nichts Verschiedenes meinen. Der Dramatik in der DDR gebührte ihrer besonderen gesellschaftlichen Voraussetzungen wegen ein eigener Beitrag.

Angesichts der wechselseitigen Abhängigkeit von Drama und Theater schien es geboten, in diesem Handbuch auch einen Regisseur zu Wort kommen zu lassen, da dem Regisseur die entscheidende Aufgabe bei der ,,Vergegenwärtigung'' des Dramas zukommt (Vergegenwärti- gung in doppeltem Sinne als Versinnlichung des Textes und als Wiederverlebendigung von Dramen vergangener Epochen verstanden). So wird der Aufsatz über Hebbels Dramatik ergänzt durch Überlegungen aus der Sicht des heutigen Theaters. Der Autor, Hansgünther Heyme, ist nicht zuletzt durch seine Hebbel-Inszenierungen bekannt geworden.

Heute nimmt sich nicht mehr allein das Theater der Versinnlichung des Dramas an. Einem Großteil des Publikums werden Stücke der Gegenwart wie der Vergangenheit gar nicht durch die Bühne, sondern das Fernsehen vermittelt (sowohl durch Aufzeichnungen von Theateraufführungen wie durch eigene Bearbeitungen für das Fernsehen). Die Bedingungen dieses neuen Mediums und die Probleme der Adaption von Dramen im Fernsehen werden von einem Kenner der Praxis erläutert. – Die Behandlung des Dramas im Unterricht ist Gegenstand des Beitrags, der das Handbuch beschließt.

Von den herkömmlichen wissenschaftlichen Handbüchern weicht das vorliegende dadurch ab, daß es den vielfältigen Vermittlungsbezügen, in denen das Drama steht, Rechnung trägt. Deshalb zählen neben den wissenschaftlichen Spezialisten im engeren Sinne auch der Regisseur, der Dramaturg und Fernsehredakteur sowie Literatur- und Theaterkritiker zu den Mitarbeitern. So kommt dieses Handbuch des deutschen Dramas nicht nur den Bedürfnissen des Unterrichts an Universitäten und Schulen, sondern dem Informationsbedürfnis aller an Drama und Theater Interessierten entgegen.

Grundbegriffe der Interpretation von Dramen
Peter Pütz

Es gibt zwei verschiedene Arten der Drameninterpretation: die Theateraufführung und die theoretisierende Explikation der Texte. Die eine überträgt die Vorlage in die unmittelbare sinnliche Präsentation der Bühne, die andere übersetzt die Fiktion in den Diskurs; die eine vermittelt den Text durch die Anschauung, die andere durch den Begriff. Beide Verfahren stehen in einem doppelten Verhältnis zueinander: in dem der Zusammengehörigkeit und dem der antagonistischen Spannung. Zugehörig sind sie einander, weil einerseits die Bühnenaufführung nicht ohne begrifflich klärende Vorarbeit auskommt, indem z. B. der Regisseur den Schauspielern seine Auffassung der Rollen darlegt, und weil andererseits eine bloß theoretisierende Explikation nicht von der Aufführbarkeit des Dramas abstrahieren kann. In einem spannungsvollen Verhältnis stehen beide Interpretationsweisen insofern, als jede anspruchsvolle Inszenierung darauf ausgeht, vorliegende oder gar herrschende Begriffe vom Text zu korrigieren, zu erweitern oder zu ersetzen und weil umgekehrt jede Theateraufführung es sich gefallen lassen muß, wiederum an einem Begriff vom Text gemessen und bewertet zu werden. Das Theater als eine Art produktiver Kritik des geschriebenen Dramas erfährt selbst Kritik, die sich ihrerseits auf das Drama bezieht und die Spannung zwischen Text und Aufführung prüft. Trotz dieser fundamentalen Zusammengehörigkeit von aufführender und theoretisierender Interpretation steht hier die letztgenannte im Vordergrund, weil das Drama auf der Bühne einer spezifisch theaterwissenschaftlichen Abhandlung bedürfte.

Es ist auffällig, wie viele entscheidende Beiträge zur Dramentheorie von den Dramatikern selbst geleistet werden. Im Unterschied zur Poetik des Romans, die herkömmlicherweise eher den Theoretikern als den Romanciers obliegt (Blankenburg, Lukács, Lämmert), sind die Autoren von Dramen oft genug auch die Theoretiker ihres eigenen Geschäftes: Gottsched, Lessing, Goethe, Lenz, Hebbel, Otto Ludwig, Gustav Freytag, Brecht und viele andere. Die häufig auftretende Personalunion von Poesie und Theorie mag mehrere Ursachen haben: Sie dürfte zusammenhängen mit der traditionellen Hochschätzung, ja Vormachtstellung der dramatischen Gattung bei Aristoteles. Seit seiner Poetik gibt es ein Substrat differenzierter Begriffe und Kategorien für eine jahrhundertelange theoretische Auseinandersetzung mit der Kunst des Dramas[1]. Die Kontinuität dramenästhetischer Diskussion, aber auch die Abhängigkeit des Dramatikers von den ökonomischen, technischen und handwerklichen Bedingungen seiner Tätigkeit (Geld für Aufführung, Schauspieler, Bühne, Publikum usw.) zwingen ihn neben seiner Textproduktion zum ständigen Räsonieren über die Intention und Wirkungsmöglichkeiten seiner Tätigkeit. Hierbei tritt ein weiterer Unterschied zum Verfahren der Lyriker und Romanciers zu Tage. Über weite Strecken der Literaturgeschichte zeigte sich das Drama weniger als lyrische oder gar epische Texte in der Lage, mit seinen eigenen poetischen Mitteln poetologische Selbstreflexion zu leisten. Hieraus resultiert die Tendenz zu einer verstärkten externen Theoriebildung, außerhalb des Dramas, häufig zwar, wie zu sehen war, von Dramatikern betrieben, jedoch nicht in ihren poetischen Texten, nicht auf der Bühne. Lyrik und Epik sind in einem höheren Maße bereit, den Prozeß der Selbstreflexion in die poetische Produktion mitaufzunehmen, so daß diese um die Dimension der kritischen Erörterung ihrer eigenen Darstellungsmöglichkeiten erweitert

und bereichert wird. Beispiele für diese Integration von Poesie und Poetologie finden wir von
Sterne und Wieland bis Thomas Mann und Peter Handke („Wunschloses Unglück"). In der
dramatischen Literatur hingegen bleiben derartige Reflexionen außerhalb der fiktionalen Texte
oder finden sich allenfalls als Einsprengsel wie in der Commedia dell'arte, in Tiecks „Gestiefel-
tem Kater" oder Büchners „Leonce und Lena" – in Komödien also, die sich seit jeher besser als
Tragödien imstande sahen, ästhetische Gebote und Verbote zu umspielen und andernorts peinlich respektierte Grenzen aufzuheben. Generell jedoch gilt, daß die Dramatiker im Unterschied
zu den Epikern erst in jüngerer Zeit Versuche unternommen haben, poetologische Selbstreflexion poetisch zu verarbeiten (Beckett, Handkes „Publikumsbeschimpfung"), doch dabei haben
sie die Grenzen des Theaters eher aufgewiesen als erweitert. Hieraus scheint sich auch erklären
zu lassen, warum in der gegenwärtigen Literatur der 70er Jahre, die stärker als die des vorangegangenen Jahrzehnts die Bedingungen ihrer eigenen Möglichkeit zu einem Hauptthema ihrer
Darstellung macht, das Drama eine untergeordnete Rolle spielt; denn es bietet für transzenden-
tal-literarische Experimente weniger Reflexionsraum als Prosa und Gedichte. Hieraus wiederum ergibt sich eine weitere Konsequenz: Da sich die dramentheoretische Diskussion vornehmlich außerhalb des Dramas abspielt, wird der tradierte Fundus theatralischer Mittel seltener durch intern zu verarbeitende Selbstzweifel in Frage gestellt, aber auch seltener durch diese
erweitert und bereichert.

Da das System des Dramas somit über lange Zeit kaum angefochten wurde, bewahrte es
eine relative Festigkeit, wie sie in vergleichbarem Ausmaß bei der Lyrik und Epik nicht festzustellen ist. Von Aristoteles über Gustav Freytag bis hin zu Handkes „Publikumsbeschimpfung", die die bestürzend starre Systematizität des Theaters theatralisch bewußt macht und
trotz antidramaturgischer Intention dem Schematismus der Dramaturgie verhaftet bleibt, erscheint die dramatische Gattung nicht nur in ihrem historischen Wandel, sondern auch in ihrer
Beständigkeit. Wenn sich auch das Drama im langen Verlauf seiner Geschichte radikal verändert, wenn es auch tragende Pfeiler seiner Konstruktion wie Figur, Dialog und Handlung ständig versetzt oder sogar weitgehend abbaut, so bleibt immer noch genug übrig, was Wandlungen
und Brüche überdauert und in aller Veränderung ein Moment von Kontinuität bezeugt. Dieses
resultiert hauptsächlich aus den nur scheinbar äußerlichen Abhängigkeiten des Dramas von den
Bedingungen seiner Aufführbarkeit, die jedoch in Wahrheit die Gattung bis in ihre innerste
Struktur hinein prägen. Hierfür ein Beispiel: Was im 17. und 18. Jahrhundert als unübertretba-
res Gesetz der Einheit von Ort und Zeit proklamiert und befolgt wurde, kann zwar in dieser
veralteten Form der handlungsinternen Eingrenzung keine Geltung mehr beanspruchen, bleibt
aber auf einer anderen Ebene als publikumsbezogenes Postulat der Konzentration erhalten:
Während lyrische und epische Texte den Rezipienten weder räumliche noch zeitliche Fixierun-
gen zumuten und potentiell von jedem an jedem Ort und zu jeder Zeit gelesen werden, diktiert
das Theater Ort und Stunde seiner Aktualisierung, schafft, indem es die Zuschauer vereint, für
diese quasi eine Einheit von Raum und Zeit. Die Theaterbesucher kommen aus verschiedenen
Richtungen, meist nicht in ganz beliebiger Aufmachung, bewegen sich auf einunddenselben
Punkt zu, betreten *ein* Gebäude, *einen* Raum, lassen sich auf vorbestimmten Plätzen nieder,
schauen alle in ein und dieselbe Richtung, warten auf nicht von ihnen selbst bestimmte Zeit-
punkte des Anfangs und später des Endes der Aufführung – das alles und noch vieles andere bindet sie zusammen und macht sie in ihrem Verhalten und in dem, was sie hören und sehen, zumindest vorübergehend zu einer Gruppe mit gleichgerichteten Apperzeptionserwartungen, mit
kollektiver Rezeption, unterwirft sie zeitweise einem Herrschaftssystem des Theaters[2]. Was die
Zuschauer derart leitet, muß sich selbst an bestimmten Leitlinien orientieren, d. h. die Dirigis-

men für die Rezipienten wirken als Systemzwang auf den Text zurück; die Intention auf das Publikum prägt die Struktur des Textes. Der Wille zur Wirkung kann auf Durchsichtigkeit und Verständlichkeit als Grundlage von Kommunikation nicht verzichten. Das Theater vermeidet im Unterschied zur Prosa oder Lyrik „dunkle" Stellen, beharrt trotz aller kunsteigenen Mehrdeutigkeit wie keine andere literarische Gattung auf Rationalität und Konstruktivität, auf tektonischen und sprachlichen Kalkulationen und Konzentrationen: Hierzu gehört die textinterne Spannung, die den entsprechenden psychischen Prozeß im Zuschauer allererst initiiert, ebenso wie die Tendenz zur rhetorischen Pointierung und Sentenzenbildung[3].

Dringlicher als Erscheinungen anderer literarischer Gattungen verlangt das Drama von der Forschung eine doppelte Optik: sowohl auf seinen Wechsel als auch auf seine Dauer, sowohl auf seine Veränderungen als auch auf seine Konstanten. Es provoziert die Literatur*geschichte* aber auch die Literatur*wissenschaft*. Beide Gesichtspunkte sollen zu ihrem Recht kommen, wenn im folgenden Grundbegriffe der Drameninterpretation erörtert und in ihren historisch-systematischen Zusammenhängen gezeigt werden. Sie erscheinen in vier Gruppen, angeordnet nach ihrer Plazierung in dem Kräftefeld zwischen den Polen der Konstanz und Wandlung des Dramas. Die Aufeinanderfolge der vier Gruppen strukturanalytischer, anthropologischer, wirkungsästhetischer und historisch abgrenzender Begriffe soll der Bewegung von der Kontinuität zur Historisierung Rechnung tragen. Die Übergänge sind dabei nicht zu verstehen als Ablösungen und eindeutige Erkenntnisfortschritte in dem Sinne, daß jeweils das Nachfolgende das Vorausliegende überholt und ersetzt, sondern die verschiedenen Kategorien wollen in ihrem spannungsvollen Gegen- und Miteinander von Literaturgeschichte und Literaturwissenschaft begriffen werden. Die erste Gruppe umfaßt strukturanalytische Begriffe, die sich auf Konstanten der Komposition und deren tektonische Elemente beziehen (Gestaltung von Raum und Zeit, Sukzession, Spannung usw.). Die anthropologischen Begriffe der zweiten Gruppe betrachten das Drama in Hinsicht auf Daseins- und Verhaltensweisen des Menschen, zielen wie die strukturanalytischen Kategorien auf konstante, im Unterschied zu diesen aber nicht auf formale, sondern auf inhaltliche Bestimmungen des Theaters (Relation von Mensch und Handlung, Mythos und Schicksal usw.). Kommen bei dieser Betrachtungsweise menschliche Existenzweisen nicht nur als überzeitliche Wesenheiten, sondern auch als geschichtliche Erscheinungen in den Blick, so öffnet sich bereits hier die Sicht auf die Historizität des Dramas, so z. B. auf das sich von der Antike bis zur Neuzeit wandelnde Verhältnis von Heros und Nemesis. Erstmals zum Durchbruch gelangt das Prinzip der Geschichtlichkeit dann in der dritten Gruppe, in der die wirkungsästhetischen Begriffe auf ein sich ständig veränderndes Publikum bezogen und damit in den ideen- und sozialgeschichtlichen Prozeß verflochten sind, so daß dramaturgische Ziele und Mittel der Identifikation bei Brecht nicht dieselben wie bei Lessing sein können. Geschichtlichkeit dominiert dann schließlich in der vierten Gruppe, wenn historisch abgrenzende Begriffe bestimmte Phasen der Dramenentwicklung und ihre charakteristischen Merkmale ins Auge fassen, z. B. für das Drama der Moderne.

1. *Strukturanalytische Begriffe:* Wie bei den meisten zentralen poetologischen Fragen liefert die Poetik des Aristoteles auch für dramentheoretische Überlegungen die ersten wichtigen Kategorien. Seine Beobachtungen, Definitionen und Forderungen beziehen sich zwar überwiegend auf die Tragödie, lassen sich aber in der Regel auf das Drama generell anwenden. Das gilt weniger im Blick auf die wirkungsästhetischen Momente (Furcht, Mitleid usw.), dafür um so mehr in Hinsicht auf die strukturellen Merkmale. Nach der grundlegenden Bestimmung der Dichtkunst im allgemeinen durch den Begriff der Mimesis wird im dritten Kapitel erstmals

eine Eigenschaft genannt, die speziell für das Drama charakteristisch sein soll und die sich zudem schlüssig aus der Etymologie des Wortes herzuleiten scheint: „Dramen" hießen bestimmte poetische Werke, weil sie Handelnde (δϱῶντας von δϱᾶν) darstellten (1448ᵃ, 28 f.). Seit Aristoteles wird der Begriff der Handlung immer wieder mit dem Drama in Zusammenhang gebracht und oftmals als seine wesentlichste Bestimmung ausgegeben. Dennoch ist dieser Begriff höchst problematisch, denn was heißt Handlung? Etwa nur eine handgreifliche Ausführung oder auch ein Plan oder Rede und Empfindung der dramatis personae? Oder gar ein Geschehen, das sich an ihnen vollzieht, das sie nur erleidend über sich ergehen lassen müssen? Stellen in diesem umfassenden Sinne nicht auch Lyriker und Epiker „Handelnde" dar? Auf die letzte Frage hat Aristoteles bereits zu Beginn des zweiten Kapitels eine Antwort gegeben, wenn er die Mimesis handelnder Menschen der Dichtkunst generell zuschreibt, so daß sie nicht mehr als dramenspezifisches Merkmal fungieren kann[4].

Im sechsten Kapitel seiner Poetik gibt dann Aristoteles eine umfassende Definition der Tragödie, die sich in wichtigen Punkten auf das Drama generell beziehen läßt und unter anderem auch Aufschlüsse über den fragwürdigen Begriff der Handlung verspricht: „Die Tragödie ist Nachahmung einer guten und in sich geschlossenen Handlung (práxis) von bestimmter Größe, in anziehend geformter Sprache (hedysménos lógos), wobei diese formenden Mittel in den einzelnen Abschnitten je verschieden angewandt werden – Nachahmung von Handelnden (dróntes) und nicht durch Bericht (apangelía), die Jammer (éleos) und Schaudern (phóbos) hervorruft und hierdurch eine Reinigung (kátharsis) von derartigen Erregungszuständen (pathémata) bewirkt" (50). Die letzte Bestimmung ist eine wirkungsästhetische, gilt speziell für die Tragödie und initiiert die bis heute andauernde Diskussion über Furcht, Mitleid und Katharsis. Auch die erste Aussage der Definition, es handle sich um Nachahmung einer „guten" Handlung, ist tragödienspezifisch und zielt offensichtlich auf die Sphäre des Erhabenen, d. h. großer, allgemeingültiger, meist vom Mythos geprägter Vorgänge um herausragende und dem Allgemeinheitsideal des Menschen entsprechende Figuren, während die Komödie „schlechtere" Handlungen darstellt (s. u. S. 17 f.). Ebenso tendiert der Hinweis auf die „anziehend geformte Sprache" auf die höhere Stillage der Tragödie. Die übrigen genannten Merkmale können darüber hinaus als strukturelle Eigenheiten des Dramas allgemein gelten: Die Geschlossenheit der Handlung meint die Autarkie dessen, was in ihm zur Sprache kommt, seine abrundende Erklärung aus sich selbst, ohne unerschlossene Vergangenheit (Vorgeschichte) und ohne uneinholbare Zukunft, während das Epos episodenhaft und unabgeschlossen bleiben kann. Die „bestimmte Größe" setzt der Ausdehnung des Dramas Grenzen, bindet es an die Bedingungen der Aufführbarkeit und dient wie die Geschlossenheit der Handlung der prinzipiellen dramatischen Tendenz zur Konzentration[5]. Daß abermals die Darstellung von Handelnden als wesentlich hervorgehoben wird, erhält hier einen präziseren Sinn als vorher, da Handlung durch Abgrenzung vom Bericht tatsächlich die Funktion einer spezifischen Differenz erhalten kann. Handlung bezieht sich hier nicht in erster Linie auf das Was, sondern auf das Wie der Darstellung. Im Epos vermittelt uns der Erzähler die Personen; im Drama treten sie als Handelnde, Leidende, Redende selbst auf. Handlung heißt daher: Aktion der Akteure. Das Drama also ist nach Aristoteles die Darstellung einer durch Aufführungszeit und -ort terminierten, in einem autarken Sinnsystem eingeschlossenen Handlung, die nicht von einem Erzähler, sondern von Akteuren präsentiert wird.

Aristoteles liefert im sechsten Kapitel seiner Poetik nicht nur eine umfassende Definition, in der er die Tragödie (im oben eingeschränkten Sinne auch das Drama) vom genus proximum, d. h. von der Dichtkunst allgemein, abgrenzt, sondern er geht auch daran, die differentia

specifica in ihrer internen Strukturierung genauer zu erfassen, indem er die Elemente der Tragödie analysiert. Er nennt sechs Bestandteile als Gegenstände dramatischer Darstellung: 1. den
Mythos; er sei das Fundament einer jeden Tragödie; 2. die Charaktere; 3. die Erkenntnisfähig-
keit als rhetorisch-argumentatives Vermögen der Sprechenden. Zu den Mitteln der Mimesis
rechnet er 4. die Sprache und 5. die Melodik, und 6. bezeichnet er die Inszenierung als die dem
Drama eigene Art und Weise mimetischer Darstellung. Im weiteren Verlauf seiner dichtungstheoretischen Schrift beschreibt Aristoteles nach den Elementen die Abschnitte der Tragödie
wie Prolog, Episode, Exodus und Chorpartie (12. Kap.) sowie die Form und Inhalt gliedernden
Momente wie Peripetie, Anagnorisis usw. – Kategorien, die allesamt bis in die Dramaturgie der
Gegenwart eine Rolle spielen.

Seit Aristoteles wird ein weithin gleichbleibendes Instrumentarium dramentheoretischer
Begriffe tradiert, wobei allerdings die Relationen und Akzentuierungen innerhalb dieses
Ensembles ständig verschoben werden. Hierfür ein Beispiel: Aristoteles insistiert an mehreren
Stellen seiner Poetik auf dem unbedingten Primat des Mythos; unter diesem versteht er nicht
Handlung als bloß vorgefundenen und erfundenen Stoff von Vorfällen, sondern „σύνθεσιν τῶν
πραγμάτων" (1450ᵃ, 5) oder „τῶν πραγμάτων σύστασις" (1450ᵃ, 15). Mythos ist also schon
die Zusammensetzung von Handlungen, geht als „Synthesis", d. h. als form- und sinnstruktu-
rierender Entwurf, über das bloß vorgefundene Material (z. B. vereinzelte Taten von Göttern
und Helden) weit hinaus. Auch aus den dramentheoretischen Diskussionen der Folgezeit ist der
Handlungsbegriff nicht wegzudenken, doch er bekommt einen anderen Stellenwert als bei Aristoteles. Im Zeitalter der Geniezeit muß er für J. M. R. Lenz, zumindest in der Tragödie, die
Vorherrschaft an den Charakter abtreten, und für Käte Hamburger ist nicht die Handlung, sondern der Dialog die Grundkategorie des Theaters, denn erst das „Dialogsystem" sei als „dich-
tungslogische Form des Dramas" die Bedingung der „Möglichkeit zu mimisch-szenischer Verkörperung" (159). Athanos Natew wiederum läßt das, was er „dramatische Situation"nennt,
primär auf der Handlung bzw. auf Verhinderung von Handlung und den daraus entstehenden
Konsequenzen basieren. Hier unterliegen sogar strukturanalytische Begriffe, die auf überzeitliche Konstanz tendieren, dennoch der Geschichtlichkeit inhaltlich-anthropologischer Wertset-
zungen; sie hängen ab von dem unterschiedlich eingeschätzten Vorrang von Aktion oder Erkenntnis, von Freiheit oder Notwendigkeit usw.

Das Ensemble dramaturgischer Begriffe wird seit Aristoteles nicht nur tradiert, sondern
auch stetig erweitert und ist inzwischen so angeschwollen, daß es sich kaum überblicken, geschweige denn erschöpfend benennen läßt. Keine andere literarische Gattung leistet einer terminologischen Fixierung ihrer Elemente und Verfahrensweisen derart Vorschub, denn keine
andere verfügt über eine solche technische Ausrüstung mit szenischen Mechanismen wie Teichoskopie, Botenbericht, Beiseitesprechen usw. Lexika und Handbücher wie das von Wolfgang
Kayser geben einen vorläufigen Eindruck von einem noch längst nicht vollständigen Katalog
dramentechnischer Werkzeuge und Gerüststangen. Aus Gustav Freytags „Technik des Dramas" (1863) erlernten Generationen von Poetik-Schülern den fünfteiligen pyramidalen Aufbau
des Dramas. Er besteht aus Einleitung, Steigerung, Höhepunkt, Fall oder Umkehr und Katastrophe. Die Teile sollen nicht unvermittelt aufeinander folgen, sondern zwischen ihnen liegen
drei wichtige „szenische Wirkungen". Die erste fungiert zwischen Einleitung und Steigerung
und heißt das „erregende Moment", die zweite zwischen Höhepunkt und Umkehr und ist das
„tragische Moment", das dritte schließlich vor dem Eintreten der Katastrophe soll noch einmal
eine letzte Steigerung herbeiführen und wird daher „Moment der letzten Spannung" genannt.
Je nach der Komposition der verschiedenen Bauelemente und entsprechend der Domi-

nanz bestimmter Bestandteile unterscheiden die Theoretiker des Theaters einzelne Arten des Dramas. Ob aus dem Triumvirat der drei dramaturgischen Grundbegriffe die Figur, der Raum oder die Handlung an strukturprägender Wirkung herausragt, entscheidet darüber, ob von „Figurendrama", „Raumdrama" oder „Handlungsdrama" gesprochen wird (Kayser). Ob Akte im Drama eine Gliederungsfunktion haben oder nicht, führt zu Bezeichnungen wie „tektonisch" und „atektonisch", „geschlossen" und „offen". Die Bestandsaufnahme der Elemente und die Analyse ihrer Zusammensetzung führen zur Typologisierung. Das Verdienst von Volker Klotz ist es, die einzelnen Bauformen nicht bloß additiv gesammelt, sondern unter die von Wölfflin entlehnten Begriffe „offen" und „geschlossen" subsumiert und dadurch systematisiert und gleichzeitig zwei „durchgehende Gestaltungstendenzen" (16) erarbeitet zu haben, die auch als Ansätze für eine historisierende Betrachtung des Dramas fungieren können.

Andere Theoretiker haben weniger das Arsenal dramaturgischer Elemente im Auge als ein die Gesamtstruktur prägendes Bauprinzip. Arnulf Perger erkennt in der Raumstrukturierung das Fundament und die organisierende Kraft des Dramas. Hiernach unterscheidet er zwei Grundarten seiner Gestaltung und nennt sie „Einortsdrama", worunter er die antiken Tragödien versteht, und „Bewegungsdrama", mit dem er das mittelalterliche Drama sowie die Stücke Hans Sachsens und Shakespeares bezeichnet. Bei Lessing, Schiller, Kleist und anderen beobachtet er einen Mischstil, der sich mit wechselnder Gewichtung aus den beiden unterschiedenen Grundarten zusammensetzt. Perger greift damit die aristotelische Bestimmung der Einheit des Ortes wieder auf, benutzt sie jedoch nicht als normatives Prinzip, sondern als Unterscheidungskriterium. Von der alten Forderung „Einheit des Ortes" bleibt lediglich die formalisierte Kategorie „Ort", die als Vehikel einer typologisierenden und im Ansatz auch historisierenden Beschreibung verwendet wird.

Weitreichender und tiefgehender als die Funktion des Raumes ist für die Strukturanalyse des Dramas die der Zeit. GOETHE und SCHILLER haben in ihrem Briefwechsel ihre Gedanken über das im Unterschied zum Epiker raschere und direktere Fortschreiten des Dramatikers ausgetauscht. Die „Präzipitation"[6] des Dramas bewirke den Vorrang der futurischen Zeitdimension und die Bevorzugung vorwärtsschreitender Motive[7]. Auch Ferdinand Junghans und Emil Staiger sehen in der Zeit, insbesondere im Modus der Zukunft, einen für das Drama zentralen Begriff. Beide Autoren verknüpfen ihre Beobachtungen mit philosophischen Intentionen: Junghans mit dem Begriff der „Dauer" (Bergson), Staiger bindet die Zukunftsbezogenheit des Dramas an die „ekstatische" Grundhaltung des menschlichen Daseins (Heidegger). Die strukturanalytische Linie solcher Ansätze fortführend, zeigt „Die Zeit im Drama" (Pütz) ein durchgehend organisierendes Prinzip, das sich von der Erwähnung von Tages- und Kalenderzeiten über die Sukzessionsmodelle (Vorgriff und Verwirklichung), die Regulierungen der dramatischen Tempi, die vielfältigen Formen von Vorgriffen und futurisch umfunktionierten Rückgriffen bis zur Tektonik der Großstrukturen (Exposition, analytisches Drama usw.) als wirksam erweist. Die Spannung als dramatisches Aufbauprinzip des Werkes, d. h. als „Gespanntsein" aller Elemente auf das Kommende und die davon ausgelöste Spannung als Zustand des Publikums resultieren aus dem Verhältnis der Zeitmodi. In jedem Augenblick des Dramas ist *schon* etwas geschehen, und es steht *noch* etwas aus, das aus dem Vorhergehenden gefolgert und vorbereitet wird. Jeder Moment greift Vergangenes auf und nimmt Zukünftiges vorweg. Somit besteht die dramatische Handlung unter dem strukturanalytischen Gesichtspunkt der Zeit in der sukzessiven Vergegenwärtigung von vorweggenommener Zukunft und nachgeholter Vergangenheit. Zukunft und Vergangenheit konstituieren durch das Zusammenwirken von Vor- und Rückgriffen den Charakter von dramatischer Poetizität. Was oft als „Konzentration"[8] im

Drama bezeichnet wird, ist in zeitlicher Hinsicht die im Außerkünstlerischen unwahrscheinliche, wenn nicht unmögliche Dichte, in der vor- und rückwärtslaufende Fäden miteinander verflochten sind und in ihrer Verflechtung bewußt gemacht werden. Die bloße Gegenwart im Drama ist trivial, nicht aber der Akt der Vergegenwärtigung von etwas: nämlich von Zukunft und Vergangenheit.

In seinem 1977 erschienenen Buch „Das Drama" intendiert Manfred Pfister eine systematische Poetik des Dramas auf der Basis kommunikationstheoretischer und strukturalistischer Ansätze. Dabei arbeitet er mit polaren Begriffen (z. B. Identität von Rede und Handlung – Nicht-Identität von Rede und Handlung), die jeweils Idealtypen konstituieren. Grundlage der polarisierenden Begriffsbildung sind die Interdependenzen des dramatischen Kommunikationssystems, das ansatzweise mit Hilfe der Sprechakt-Theorie analysiert wird (vgl. Kap. 4). Bei aller eingestandenen Skepsis gegen überindividuelle und überhistorische Beschreibungssysteme, die das einzelne Werk „zum Lieferanten von Belegen degradieren" (382) und es in seiner historisch konkreten Individualität verfehlen, hält Pfister dennoch an der Notwendigkeit von Strukturmodellen als Wahrnehmungs- und Deskriptionsrastern fest, die in einem spannungsvollen, aber auch komplementären Verhältnis zur Einzelinterpretation stünden. Auch er will Literaturgeschichte *und* Literaturwissenschaft betrieben sehen.

2. *Anthropologische Begriffe:* Bei den strukturanalytischen Begriffen liegt der Akzent auf der Handlung, ihren Elementen und konstitutiven Prinzipien. Kommt hierbei die Person in den Blick, so lediglich als formalisierte Figur, als Handlungsträger, Dialogpartner und dergleichen. Im Unterschied dazu zielen die anthropologischen Begriffe der Drameninterpretation auf inhaltliche Momente der Personen, auf Menschen mit bestimmten Qualitäten. Ins Blickfeld tritt jetzt weniger die Struktur der Handlung als die Beschaffenheit der Charaktere. Wieder liefert ARISTOTELES die fundamentalen Kategorien. Er eröffnet das zweite Kapitel seiner Poetik mit der Feststellung, daß die Dichter handelnde Menschen darstellen, und daran schließt er die Behauptung an: „Diese sind notwendigerweise entweder gut oder schlecht" (40). Diese Begriffe sind nicht gleichzusetzen mit den Vorstellungen einer christlichen oder bürgerlich-moralischen Wertlehre, denn „gut"(σπουδαῖος) und „schlecht" (Φαῦλος) decken im aristotelischen Kontext sehr viel mehr ab als eine bloß ethische Qualifizierung. Das zeigt vor allem der letzte Satz des zweiten Kapitels: „. . .: die Komödie sucht schlechtere, die Tragödie bessere Menschen nachzuahmen, als sie in der Wirklichkeit vorkommen" (41). Diese Aussage wäre unwahr, wenn wir die entscheidenden Begriffe in einem nur moralisch wertenden Sinne verstünden, denn es stimmt nicht – auch nicht für die altgriechische Literatur –, daß die Tragödie nur von Menschen handelt, die sich durch sittliche Haltung oder gar Leistung auszeichnen (vgl. „Die Perser"), und die Komödie nur von solchen, für die das nicht gilt. Im Altgriechischen bezeichnen „gut" und „schlecht" Vorzüge innerer und äußerer Art. Zum Guten gehört Tüchtigkeit und Souveränität, Macht und Reputation, die er nicht allein seiner charakterlichen Güte, sondern auch seiner sozialen Vorrangstellung verdankt. Gut ist demnach nicht, wer Gott oder einem abstrakten Moralprinzip gerecht lebt, sondern wer in seiner konkreten Lebensumwelt, in der antiken Polis, Ansehen genießt. Dementsprechend vereinigt die Vorstellung des Schlechten alle gegenteiligen Merkmale: untüchtig, unangesehen, häßlich.

Doch auch der Versuch, „gut" und „schlecht" nur als soziale Kategorien im Sinne der Ständeklausel zu begreifen, ist verfehlt, denn es wäre sinnlos, von den Tragödiendichtern zu verlangen, sie sollten einfach noch mächtigere, noch ranghöhere Regenten darstellen, als sie in der Wirklichkeit vorfinden. Es muß also eine andere Erklärung der fraglichen Begriffe gefunden werden. Angesichts der aristotelischen Wesensmetaphysik, in der das Allgemeine einen höheren Wirklichkeitsgrad als das Besondere hat, liegt eine entsprechende Interpretation von „gut" und „schlecht" nahe. Der „gute" ist dann der allgemeine Mensch, der ohne Besonderheiten in Konflikte und tragische Situationen gerät, so daß er im Sinne des antiken Pathos zu einem stellvertretend Leidenden wird. Die großen Figuren der antiken Familien überwerfen sich nicht mit den Göttern aufgrund spezieller charakterlicher Besonderheiten, sondern qua allgemeine Menschen, die generelle Verhaltensweisen und Bestrebungen des Menschengeschlechtes repräsentieren. Hybris und Revolte gegen die Götter sind keine individuellen Züge, sondern grundsätzliche Existenzweisen des Menschen, die die Heroen nur in gesteigerter Form verkörpern. Der „gute" Mensch der griechischen Tragödie trägt also kaum Bestimmungen, durch die er bestimmt und damit eingeschränkt wäre.

Der „schlechte" Mensch dagegen ist der durch Bestimmungen beschränkte und festgelegte, der damit zu einem besonderen und im Äußersten zu einem absonderlichen Fall wird. Darin liegt seine Prädisposition für das Komödiantische, denn seine Beschränktheit reizt zum Lachen und Verlachen. Der „gute" Mensch der Tragödie bleibt als Typus des Allgemeinmenschlichen unangefochten von bestimmten Eigenschaften, die ihn für besondere Zufälle und Feindseligkeiten anfällig machen. Der „schlechte" dagegen ist der mit bestimmten Merkmalen Ausgezeichnete und Gezeichnete. Dadurch wird er dem Spott und der Schadenfreude ausgeliefert. Der „gute" Mensch ist über derartige Einzelheiten buchstäblich erhaben; darin liegt seine Erhabenheit. Er tut nichts Abwegiges, sondern verhält sich nach den Mustern der Mythen. Der „schlechte" Mensch handelt absonderlich und verschroben. Diese Stiltrennung zwischen der Tragödie, die den guten, d. h. allgemeinen, und der Komödie, die den schlechten, d. h. besonderen, Menschen darstellt, ist über lange Zeit hinweg erhalten geblieben. Erst das 18. Jahrhundert findet auf die Frage, welche Menschen im Drama darzustellen sind, andere Antworten. Für Lessing sollte der gute Mensch nicht allzugut sein, um nicht der Identifikation des Publikums mit ihm im Wege zu stehen. Der allgemeine Mensch hieß nunmehr „mittlerer Charakter" (s. u. S. 21). Im neueren sozialen Drama schließlich soll der Protagonist ebenfalls nicht Repräsentant des gesamten Menschengeschlechtes, sondern bestimmter gesellschaftlicher Gruppen (Stände, Klassen usw.) und ihrer antagonistischen Strukturen sein. Wer nun ein guter Mensch ist und wie es ihm ergeht, zeigt „Der gute Mensch von Sezuan".

Soll auch der Held der Tragödie im Sinne des Aristoteles ein allgemeiner Mensch sein, so ist er dennoch kein abstraktes Wesen. Gerade weil er generelle anthropologische Merkmale und Daseinsweisen zu repräsentieren hat, müssen diese an ihm sichtbar werden. Stellvertretend für viele andere Dramentheoretiker meint Otto Ludwig: Im Zentrum einer jeden Tragödie stehe der Mensch in seiner Leidenschaft. Auch in der Komödie regiert das Begehren des Menschen, doch es richtet sich (übrigens meist vorübergehend) auf partielle Ziele wie Geld, Essen, Heirat usw., wird in der Regel gestillt und damit in seinem Anspruch begrenzt. Grenzenlos im wahrsten Sinne des Wortes ist dagegen das Begehrungsvermögen der tragischen Helden. Ihre Leidenschaften sind auf Totalität gerichtete voluntaristische Akte, die unweigerlich an ihre Grenzen stoßen und somit in Erleiden umschlagen. Wenn das Pathos die Menschen beherrscht, wird die dramatische Handlung zweitrangig; Staiger weist darauf hin, daß es selbst eine gewaltige präzipitierende Kraft entwickle und somit die sukzessionsfördernde Funktion der Handlung übernehme. Was den Leidenschaften entgegensteht und dadurch Leiden erzeugt, sind die Schranken der Moralität, die Abläufe und Zwänge der Geschichte und die Gesetze der Götter. Goethes Kennzeichnung des Shakespeareschen Theaters gilt in etwa für den Ablauf einer jeden Tragödie, in der „das Eigentümliche unsres Ichs, die prätendierte Freiheit unsres Willens mit dem notwendigen Gang des Ganzen zusammenstößt"⁹. Damit kommen Kategorien wie Freiheit und Notwendigkeit, Schicksal und Schuld ins Spiel.

Mit dem Gegeneinander von Ich und Universum hat Goethe die begriffliche Polarität umrissen, die in der Folgezeit die dramentheoretische Diskussion beherrscht. HEGEL bedient sich vergleichbarer Kategorien, wenn er in seiner *Ästhetik* das Drama vom Epos unterscheidet. Dieses habe sein Fundament in der substantiellen Totalität des nationalen Geistes, so daß Allgemeinheit und Individualität noch nicht auseinanderfielen. Das Modell der aus nationaler Substanz hervorgehenden epischen Begebenheiten ist für Hegel der Krieg, und Grundmuster für die entsprechende Art der Poesie liefern die Epen des Homer. Im Gegensatz dazu entwickle sich die dramatische Handlung nicht allein aus den äußeren Umständen, sondern ebenso aus dem Innern des handelnden Subjektes; der Motor des Geschehens sei das selbstbewußte und tätige Individuum. Wenn auch das Substantielle der Außenwelt nicht der Grund der Handlung sei, so stelle es sich als deren Resultat wieder her, denn die individuelle Intention gerate zwangsläufig in Gegensatz zu anderen Intentionen, so daß sich Verwicklungen und Kollisionen ergäben, die zu einem Ausgang führten, der den Bestrebungen des handelnden Charakters zuwiderlaufe. Das Drama zeige demnach „das lebendige Wirken einer in sich selbst beruhenden, jeden Kampf und Widerspruch lösenden Notwendigkeit" (517), die sich gegen den Willen des einzelnen behaupte. Vor allem der Tragödie obliege es, das ewig Substantielle der sittlichen Mächte aus dem Untergang des beschränkten Individuums in versöhnender Weise hervorgehen zu lassen, während in der Komödie die Subjektivität die Oberhand behalte; in ihr „kommt uns in dem Gelächter der alles durch sich und in sich auflösenden Individuen der Sieg ihrer dennoch sicher in sich dastehenden Subjektivität zur Anschauung" (552). Eine dritte Form des Dramas vermittle das Moment des Tragischen mit dem des Komischen, zeige nicht das Nebeneinander oder Umschlagen der Gegensätze, sondern ihren wechselseitigen Ausgleich. Die Subjektivität, statt in komischer Verkehrtheit zu handeln, werde dem Anspruch „gediegenerer Verhältnisse" gerecht, und die zur Tragik präzipitierende Stärke der Leidenschaften könne derart gemildert werden, daß es zu einer „Aussöhnung der Interessen und harmonischen Einigung" von Allgemeinheit und Individualität kommen könne (556). Als Paradigmen hierfür gelten Goethes „Iphigenie" und „Tasso".

Bei Hegel und Goethe ist das Drama, insbesondere die Tragödie, geprägt durch den Antagonismus von Ich und Welt, von Freiheit und Notwendigkeit. Der aus diesem Zusammenhang sich entwickelnde Begriff der Spannung ist nicht strukturanalytisch, sondern inhaltlich zu verstehen im Sinne von Konflikt und Auseinandersetzung. Wenn Emil Ermatinger die Spannung als das Grundgesetz des dramatischen Schaffens deklariert, so begreift er sie moralisch-psychologisch in Bezug auf die Komödie, weltanschaulich-religiös in Hinsicht auf die Tragödie; diese entstehe aus einer „metaphysischen Spannung: Ich, Kosmos, Mensch, Schicksal" (11). Beide Arten des Dramas basierten auf der Polarität zwischen vergänglichem Leben einerseits und der Größe eines übergeordneten Wertes andererseits, und sie zeigten den Triumph der unzerstörbaren Menschlichkeit über den begrenzten Menschen. Auch Jens Soltau, der die Sprache im Drama untersucht, sieht nicht in dem von ihm behandelten Gegenstand, sondern in einem fundamental dualistischen Weltverständnis die Grundbedingung des Dramas. Robert Petsch bedient sich derselben Kategorien: Dramatisch ist der Mensch, der das Ich und die Welt dialektisch gespalten sieht (vgl. 31), und an anderer Stelle heißt es ebenso bedeutungsvoll wie nichtssagend: Die „Urspaltung führt gleichsam über das künstlerische Schauen hinaus ins Grenzenlos-Metaphysische" (38). Mit Blick auf die antagonistischen Spannungen zwischen Zufall und Notwendigkeit, Erwartung und Überraschung, Rationalem und Irrationalem setzt er die Typologisierungsversuche seiner Vorgänger fort und hebt drei Arten dramatischer Bewegung hervor:

,,ein zweckvolles oder doch beabsichtigtes *Tun,* ein tätig bewußtes *Beharren* oder ein *Werden* ''
(216). Auch diese Einteilung orientiert sich an der anthropologischen Grundspannung, d. h. an
der wechselnden Spanne zwischen der ,,prätendierten Freiheit'' des Individuums und den Gesetzlichkeiten des Universums.

Die geistesgeschichtliche Methode hat nicht nur die anthropologische Analyse gefördert,
sondern auch zu einer metaphysischen Überhöhung des Dramas geführt. Hieraus resultiert die
zumindest in Deutschland lang anhaltende Vorrangstellung der Tragödie vor der Komödie; daraus wiederum folgt, daß sich Dramentheorie, zumal in anthropologischer Hinsicht, weitgehend
als Theorie des Tragischen begreift. Benno von Wiese weiß sich in seinem wirkungsmächtigen
Buch ,,Die deutsche Tragödie von Lessing bis Hebbel'' mit Karl Jaspers und Emil Staiger darin
einig, daß das Tragische allenfalls als ,,Grenzsituation'' zu erfassen ist, deren Bedeutung sich
nur in Paradoxien manifestiert; er sieht es eingespannt zwischen Freiheit und Notwendigkeit,
Sinn und Sinnlosigkeit, Leid und Trost, menschlicher Selbstbehauptung und gottgewollter Vernichtung. Er verfolgt die deutsche Tragödie in ihrem Entwicklungsprozeß, der sich als Auseinandersetzung mit dem Christentum in der Spannung zwischen Theodizee und Nihilismus entfaltet und differenziert. Der ursprünglich religiöse Sinn des Tragischen werde im Zusammenhang mit der allmählichen Verbürgerlichung des Dramas zunehmend säkularisiert, so daß an die
Stelle des Mythos die Geschichte als Träger des modernen tragischen Weltbewußtseins trete.
Doch gerade wenn das Tragische zwischen den extremen Polen von Theodizee und Nihilismus
im letzteren aufzugehen drohe, offenbare sich am intensivsten die vielleicht vergebliche, aber
unaustilgbare Sehnsucht nach dem, was den einzelnen und zum Untergang Geweihten trans-
zendiere. Benno von Wieses anthropologische und metaphysische Deutung der Tragödie verbindet sich mit einem geschichtlichen Ansatz, da er die Relation der Pole als formale Konstante
zwar beibehält, die wechselnde Spanne zwischen beiden aber der historischen Veränderung unterworfen sieht.

3. Wirkungsästhetische Begriffe: Wie die anthropologischen Begriffe, so entwickeln sich
auch die wirkungsästhetischen eher im Umkreis der Tragödien- als in dem der Komödientheo-
rie. Das mag teilweise damit zusammenhängen, daß die unvollständige Poetik des ARISTOTELES
über die Komödie wenig Substantielles sagt, mit Ausnahme der wichtigen Bestimmung, daß
diese ,,schlechtere'' Menschen darstellt (s. o. S. 17 f.). Der eigentliche Grund für die Dominanz
der Tragödie bei wirkungs- und rezeptionstheoretischen Überlegungen liegt allerdings in der
weitverbreiteten Auffassung, daß die Intentionen der Komödie, gemessen an denen der Tragödie, relativ durchsichtig seien, so daß sich ein Einvernehmen über ihre Zwecke abzeichnete.
Verlachen, Belehren und Bessern galten mit wechselnden Akzentuierungen über lange Zeit als
erklärte Absichten des komischen Fachs. Setzte man tiefer an und fragte nach den Bedingungen
und Mitteln des Zum-lachen-bringens, so entfernte man sich rasch vom Theater und zielte auf
eine Theorie des Komischen, die auch für andere literarische Gattungen gelten sollte. Poetologische Überlegungen zur Tragik dagegen blieben enger an die dramatische Form gebunden und
fanden in der aristotelischen Tragödientheorie bereits ein kompliziertes psychologisches Be-
griffssystem vor, das einerseits ins Zentrum dramatischer Wirkungsmöglichkeit führte, andererseits aber so viel Fremdartigkeit, ja Rätselhaftigkeit enthielt, daß es bis in die jüngste Zeit die
divergierendsten Deutungen provozierte. Die strikte Publikumsbezogenheit der vier fundamentalen Begriffe ἔλεος, φόβος, κάθαρσις und παθήματα bringt es mit sich, daß sie bei einem
sich verändernden Publikum keine über Jahrhunderte hinweg konstante Bedeutung haben können, sondern ihrer Natur gemäß dem historischen Wandel unterliegen. Keiner der vier Begriffe

blieb unproblematisch; sogar ihre grammatikalische Form ist umstritten. Ob τῶν τοιούτων παθημάτων κάθαρσιν (1449[b], 27 f.) als Genitivus objectivus (Reinigung der Leidenschaften) oder als Genitivus separativus (Reinigung von den Leidenschaften) zu lesen ist, bleibt seit der Renaissance bis zur Gegenwart ebenso ungeklärt wie die Frage, was unter παθήματα zu verstehen ist. An den verschiedenen Interpretationen der wirkungsästhetischen Begriffe läßt sich ein wichtiger Strang der publikumsbezogenen Literaturhistorie und damit der Sozialgeschichte demonstrieren.

LESSING definiert, sich auf Aristoteles berufend, das Drama durch die ihm allein zukommende Wirkungsmöglichkeit: „Die dramatische Form ist die einzige, in welcher sich Mitleid und Furcht erregen läßt; wenigstens können in keiner andern Form diese Leidenschaften auf einen so hohen Grad erreget werden" (4, 601). Während die Komödie die Absicht habe, durch Lachen zu bessern (4, 363), wolle die Tragödie nicht durch Erzählen, sondern durch Furcht und Mitleid die Reinigung dieser und ähnlicher Leidenschaften bewirken (4, 588). Die Erregung von Furcht und Mitleid ist also für Lessing das dramenspezifische Gegenmerkmal zum Prinzip des Narrativen. Nur die Illusionierung des Publikums durch die unmittelbar sinnliche Präsentation des Theaters, nicht aber der distanzierende Erzähler vermöge derartige Affekte zu wecken. Demgemäß soll alles in den Dienst der dramatischen Wirkung und ihrer Mittel der Illusionierung und Einfühlung gestellt werden. Hierzu dient auch Lessings Insistieren auf seiner Übersetzungskorrektur für φόβος, die für ihn alles andere als eine philologische Beckmesserei ist. Die bei den Franzosen gebräuchliche Übertragung in „terreur" bedeutet „Schrecken" und „Entsetzen" über alle möglichen Einbrüche und Katastrophen, über Naturereignisse aller Art, die über den Menschen aus außermenschlichen Bereichen hereinbrechen. Φόβος im Sinne der „Furcht" dagegen wird als das „auf uns selbst bezogene Mitleid" (4, 579) nur von solchen Begebenheiten ausgelöst, die sich an Menschen und durch sie ereignen; denn nur derartiges zeigt den Zuschauern die Möglichkeit, ja die Wahrscheinlichkeit, daß es aufgrund der Mitmenschlichkeit auch ihnen widerfahren kann. Furcht und Mitleid basieren also auf dem philanthropischen Bewußtsein der gemeinsamen Zugehörigkeit zur menschlichen Gattung, und sie dienen gleichzeitig dazu, das Bewußtsein der humanitas zu verstärken. Im Mittelpunkt des Dramas soll also zum Zwecke menschheitsdienlicher Wirkung das Menschliche stehen, allerdings nicht in jeder nur denkbaren Form. Damit ein möglichst hoher Grad an Einfühlung und Identifikation erreicht wird, sollen weder Engel noch Teufel, weder allzu hohe noch allzu niedrige Figuren auf der Bühne agieren, sondern gefragt ist der „mittlere Charakter", der allgemeine Mensch, in dem sich die Zuschauer am ehesten wiedererkennen. In der Vermeidung identifikationsfeindlicher Halbgötter, Kaiser u. dgl. und der Bevorzugung publikumsnaher Personen zeigt sich im 18. Jahrhundert die Tendenz zur Verbürgerlichung des Theaters, im engeren Sinne zum bürgerlichen Trauerspiel.

Während Lessing alles darauf anlegt, zum Zwecke philantropischer Wirkung Illusion und Einfühlung zu ermöglichen, hat ein Dramatiker des 20. Jahrhunderts Gegenteiliges im Sinn. BRECHT beginnt seine Darlegung „Über eine nicht aristotelische Dramatik" mit einer grundlegenden Kritik an der Theorie der Einfühlung als ehemals propagierter Voraussetzung zur Katharsis. Damit wendet er sich nicht nur gegen Aristoteles, sondern auch gegen Lessing. Eingehend argumentiert er gegen das mögliche Mißverständnis, er plädiere grundsätzlich für die Abschaffung von Emotionen auf dem Theater; er wolle sie nicht beseitigen, sondern verändern und für andere Zwecke funktionalisieren. Auf der Grundlage seines geschichtlichen Denkens hält er Emotionen nicht für „allgemein menschlich und zeitlos" (15, 242), sondern für abhängig von den sich wandelnden Interessen bestimmter Klassen. Eine Einfühlung, die in der einen geschichtlichen Epoche fortschrittsdienlich sei, könne in einer anderen zum Hindernis werden. Was also für Lessing noch höchstes Ziel des Theaters war, nämlich mit den durch dramatische Mittel erzeugten Emotionen die Erziehung des Menschengeschlechts zu fördern, unterliegt einer anderen Beurteilung, wenn an die Stelle eines überhistorischen Menschheitsideals die materialistische Auffassung von einer durch Klassenkämpfe geprägten Geschichte getreten ist. Daraus folgert Brecht für die Einfühlung: „Das heraufkommende Bürgertum, das mit der wirtschaftlichen Emanzipation der Einzelpersönlichkeit die Produktivkräfte zu mächtiger Entfaltung brachte, war an dieser Identifikation in seiner Kunst interessiert. Heute, wo die ‚freie‘ Einzelpersönlichkeit zum Hindernis einer weiteren Entfaltung der Produktivkräfte geworden ist, hat die Einfühlungstechnik der Kunst ihre Berechtigung eingebüßt" (15, 244). Die Einzelpersönlichkeit, die die entscheidenden Vorgänge des neuen Zeitalters nicht mehr begreifen könne, habe ihre führende Rolle an die großen Kollektive abzutreten. Das Theater stehe daher vor der schwierigen Aufgabe, aufgrund des veränderten oder zu verändernden Publikums neue dramatische Wirkungsformen zu entwickeln. An die Stelle des durch totale Illusionierung geleiteten und zu keinem Widerspruch mehr fähigen Theaterbesuchers habe der kritische Zuschauer zu treten, dessen Widerstand gegen das auf der Bühne Ablaufende nicht nur ermöglicht, sondern mit dramaturgischen Mitteln herausgefordert werden solle. Das Geschehen dürfe in Inhalt und Form nicht in identifikationseinladender Vertrautheit, sondern müsse umgekehrt in seiner Befremdlichkeit präsentiert werden. Nur so würden die Zuschauer in die Lage versetzt, Fremdes, Widersprüchliches und vor allem Herrschendes als solches zu erkennen. Was Marx für die neue Philosophie, das postuliert Brecht für die neuen theatralischen Künste: Sie treten „aus dem Stadium, in dem sie die Welt interpretieren halfen, in das Stadium, in dem sie sie verändern helfen" (15, 246).

Von dem programmatischen Grundsatz ausgehend, die Welt auf der Bühne so zu zeigen, daß sie „behandelbar" (15, 348) erscheint, entwickelt Brecht in seinen Schriften zum Theater ein neues System dramentheoretischer Begriffe, deren wirkungsvollste und meistgenannte „episches Theater" und „Verfremdungseffekt" heißen. Sie betreffen nach seinen eigenen Aussagen die Darstellung des Schauspielers ebenso wie die Bühnentechnik, die Dramaturgie ebenso wie die Theatermusik. Alle diese Mittel sollten primär nicht an das Gefühl, sondern an die Ratio des Zuschauers appellieren, so daß dieser nicht in das Geschehen verwickelt und damit vereinnahmt wird, sondern sich damit auseinandersetzt. Aus dem passiv Erlebenden soll der Mitdiskutierende und Mithandelnde werden. Statt eine Illusion von Wirklichkeit zu erzeugen, habe der Schauspieler nicht nur zu spielen, sondern auch zu zeigen, daß er spiele und daß man auch anders spielen könnte. So wie der Romanerzähler seine vermittelnde und distanzierende Funktion ausübt, so will auch das epische Theater sein Publikum befremden und dadurch bestürzen. Die Bestürzung ist eine Emotion, die nur durch ein Höchstmaß an Erkenntnis zustande kommt. Um diese in Gang zu bringen, dienen die zahlreichen Techniken der Verfremdung. Daß durch Songs, Schrifttafeln, Prologe usw. Ergebnisse der Handlung vorweggenommen werden und damit die Was-Spannung in eine Wie-Spannung verwandelt wird, steht im Auftrag der Entflechtung des Zuschauers aus dem irritierenden und allenfalls Neugier erweckenden Gestrüpp der Vordergrundshandlung und soll den Blick darauf lenken, *wie* das so Dargestellte geschieht und geschehen konnte, ob es so geschehen mußte oder ob sich nicht menschenmögliche Mittel und Wege hätten finden lassen, um es zu verhindern.

Wirkungsästhetische Gesichtspunkte finden analog zur generellen Aufwertung der Rezeptionsforschung in den letzten Jahrzehnten zunehmende Beachtung, auch bei Theoretikern, die sich ohne die kategoriale Ausrüstung des dialektischen Materialismus auf Erkundigung begeben. John Louis Styan behandelt in seinem Buch über die Elemente des Dramas die Produktion, Präsentation und Rezeption, wobei er dem letztgenannten Aspekt den Vorrang einräumt: „We again reach our paradoxical conclusion that the play is not on the stage but in the mind" (288). Ob sich diese Behauptung bewahrheitet und welche Folgerungen daraus zu ziehen wären, bleibt vorerst ein noch unerforschtes Feld der Erkenntnis- und Kommunikationstheorie, der Sozialpsychologie, aber auch der Poetik des Dramas.

    4. Historisch abgrenzende Begriffe: Viele dramentheoretische Begriffe und Betrachtungsweisen entwickeln sich erst im Blick auf zeitlich begrenzte Erscheinungen des Theaters, dienen ursprünglich der Charakterisierung bestimmter Epochenphänomene, werden dann aber bald zu Stilbegriffen, die auch auf Dramen anderer Zeiten Anwendung finden und somit das Arsenal typologisierender Kategorien erweitern helfen. „Episches Theater" entstand in einer konkreten historischen Situation, genauer im Zusammenhang mit Grundsätzen des dialektischen Materialismus, speziell bei Brecht. Dessen ungeachtet wird der Begriff seither auch auf Theaterstücke früherer Zeiten übertragen, auf die Passionsspiele des Mittelalters, auf Shakespeare usw. Auch der Begriff des „grotesken Dramas" wurde im Umfeld der Moderne geprägt, dient aber inzwischen auch zur Charakterisierung früher auftretender Stilelemente bei Büchner, Nestroy u. a. Beobachten wir also bei den strukturanalytischen und anthropologischen Begriffen trotz ihrer grundsätzlichen Intention auf überzeitliche Konstanten bereits im Ansatz eine Tendenz zur Historisierung, so bewegen sich umgekehrt die vorgeblich streng historisierenden Begriffe in Richtung auf zeitlich nicht gebundene Typologisierungen. So zeigt sich am Ende, daß die Unterscheidung der Begriffe nach dem Prinzip intendierter Beständigkeit oder Wandlung dramatischer Elemente nur unter dem Gesichtspunkt jeweils dominierender Tendenzen getroffen werden kann. In Wirklichkeit kommt keiner der beiden Idealtypen vor, sondern jede der beiden Begriffsintentionen trägt trotz vorherrschender Orientierung an Dauer oder Wechsel das Moment ihres Gegenteils in sich.

    Wenn manche historisierende Begriffe auch die Tendenz zur überzeitlichen Typologisierung haben, so können sie dennoch ihre eigene historische Herkunft nicht verleugnen; sie verdanken ihre Entstehung bestimmten geschichtlichen Situationen. Der Dramenautor und -theoretiker J. M. R. LENZ will anhand der Dominanz von Handlung oder Charakter den grundsätzlichen Unterschied von Komödie und Tragödie feststellen, ist sich jedoch dessen bewußt, daß ein solches Kriterium nicht für alle Zeiten Geltung hat, sondern als Kampfmittel fungiert in der *querelle des anciens et modernes.* Wenn er fordert, daß in der neuen Tragödie gegenüber der griechischen der Charakter den Primat vor der Handlung hat, so liegt dem eine veränderte Auffassung vom Menschen (Betonung der Individualität) und Künstler (Befreiung von den Fesseln der Tradition) im letzten Drittel des 18. Jahrhunderts zugrunde. Mit der zunehmenden Bedeutung des Individuellen wächst auch der Sinn für Geschichte. Während wir die Ansätze strukturanalytischer, anthropologischer und wirkungsästhetischer Betrachtungsweisen bereits bei Aristoteles finden, begegnen wir den historisch abgrenzenden Begriffen erstmals im Zeitalter Lessings und Herders.

    Wie Lenz, so operieren auch viele der ihm nachfolgenden Dramentheoretiker bei ihren Versuchen historisierender Abgrenzung mit kategorialen Gegensatzpaaren wie klassisch-nichtklassisch, geschlossen-offen, Einheitlichkeit-Pluralität und dergleichen. Das gilt für die Bestimmung der Moderne ebenso wie für die Charakterisierung zurückliegender Epochen und Autoren. Das Drama der griechischen Klassik bleibt ständiger Bezugspunkt, auf den neuere Erscheinungen bezogen und je nach Kontinuität oder Andersartigkeit gekennzeichnet werden.

Nach diesem Schema verfährt Wolfgang Clemen, wenn er Shakespeares Dramatik unter dem Gesichtspunkt von Freiheit und Offenheit betrachtet und in diesem zeitumspannenden Welttheater verschiedenartigste und gegensätzliche Elemente verbunden sieht zu einem Gebilde, das nicht nur die Vielfalt zeitgenössischer Dramentypen (klassizistisches Rededrama, volkstümliches Schauspiel, Hofkomödie, Märchendrama, Schäferstück, Maskenspiel, Pantomime, pathetische Tragödie, Mysterienspiel, Allegorie und Moralität) in sich verarbeite, sondern darüber hinaus auch noch offen sei für Kunstelemente und Anregungen aus den nichtdramatischen Künsten seiner Zeit, für Lyrik und Epik, vor allem aber für Tanz und Musik. Shakespeares Gestaltungsvermögen zeige sich daher weniger in originaler Nachschöpfung als in der Anverwandlung und Umformung vorgefundenen Materials, in der Kombination divergierender Elemente. Neben den Kunstmitteln der Kontrastierung und Spiegelung hebt Clemen die spezifisch Shakespearesche poetische Sprache hervor, die all das im Zuhörer evoziere, was im späteren Drama durch Bühnenanweisungen mitgeteilt, durch Kulissen und andere technische Vorrichtungen angezeigt werden müsse: Landschaft, Umwelt, Lokalkolorit, Schauplatz, Tageszeit und Atmosphäre. Diese Sprache könne Ferne und Nähe auf verschiedene Weise miteinander verbinden, diene der Offenheit und Freiheit des Dramas und ermögliche dadurch eine Mehrschichtigkeit der Bedeutungsebenen, die dem vielschichtigen, bunt zusammengesetzten Publikum im Elisabethanischen England gemäß sei.

Ähnlicher Kategorien wie Clemen bedient sich bereits Walter Benjamin, wenn er, dem „Ursprung des deutschen Trauerspiels" nachgehend, ins 17. Jahrhundert gelangt. Unterschiede zwischen Tragödie und Trauerspiel findet er in den divergierenden Weltauffassungen der Personen, so daß sich ihm analog zu den beiden Dramenarten folgende Oppositionspaare darbieten: Dem Gegensatz von Tragödie und Trauerspiel entspreche der von Sage (abgeschlossene Handlung) und Chronik (fortlaufende Handlung), von Einheit des Helden und Vielheit der Betroffenen, von gattungsstrengem Gegensatz zur Komödie und Vermischung mit dieser. Alle diese Unterscheidungen orientieren sich an dem Prinzip des Geschlossenen und Offenen, der Einheit und Vielheit, so auch der im zweiten Teil des Buches von Benjamin entfaltete Gegensatz von Allegorie und Symbol. Dieses präsentiere sich als klassisches Bild organischer Totalität, jene erweise sich als amorphes Bruchstück und Gegenspielerin der geschlossenen Ganzheit. Die defizienten Modi der Schönheit wie Unfreiheit, Unvollendung und Gebrochenheit zu erfassen und darzustellen, bleibe der Klassik ihrem Wesen nach versagt; die Allegorie des Barock dagegen sehe sich gerade hierfür zuständig. Sie steht als Ausdruck der Erfahrung des Negativen exemplarisch für Benjamins Interesse an nicht-affirmativen Formen der Kunst.

Das klassische Drama bildet ebenso den Hintergrund, wenn Entwicklungslinien des modernen Theaters verfolgt werden. Für Peter Szondi ist das Drama von der Renaissance bis zum ausgehenden 19. Jahrhundert durch die drei Grundelemente des Dialogs (bzw. des zwischenmenschlichen Bezugs), der Gegenwart und der Handlung hinreichend bestimmbar, und zwar in allen drei Hinsichten durch den Begriff der Absolutheit. Die Gegenwart des Dramas sei absolut, weil sie keinen zeitlichen Kontext habe, so daß jedes Stück seine Zeit als absolute Gegenwartsfolge selbst stifte – eine These, die zum Widerspruch herausfordert, wenn man das konstitutive Prinzip der dramatischen Zeit gerade nicht in der Gegenwart, sondern in der Vergegenwärtigung *von* etwas, nämlich von Vergangenheit und Zukunft und in deren dramenspezifischer Verflechtung erkennt (s. o. S. 16 f.). Durch Absolutheit gekennzeichnet ist nach Szondi auch das Zwischenmenschliche, weil weder Inner- noch Außermenschliches neben ihm Platz habe, so daß die Sphäre des Zwischen als einziger Raum bestehen bleibe. Das Geschehen im Drama sei absolut, weil es sowohl von der innerlichen Zuständigkeit der Seele wie von der äußerlichen der Objektivität abgehoben sei. Das absolute Drama sei nicht eine Darstellung von etwas, sondern stelle sich selbst dar, sei es selbst. Gegenüber dieser geschlossenen Struktur des klassischen Dramas sei das moderne durch die Auflösung der Absolutheit gekennzeichnet. Die „Krise des Dramas" zeige sich in der Entstehung und zunehmenden Verschärfung des Subjekt-Objekt-Gegensatzes, der durch den Widerspruch zwischen Form und Inhalt aufbreche. Die Form, die an dem spannungsvollen Ineinander von Subjekt und Objekt festhalte, werde vom Inhalt, der nur noch vom statischen Auseinanderklaffen beider Seiten wisse, in Frage gestellt. Diese innere Antinomie des modernen Dramas führten zu Episierungstendenzen, die dem Gegenüber von epischem Ich und Gegenstand entsprächen. Der seit Ibsen, Tschechow und Strindberg sichtbar werdenden Krise arbeiteten der Expressionismus und vor allem Brecht mit Lösungsversuchen entgegen, um den Widerspruch zwischen epischer Thematik und dramatischer Form durch eine Art Formwerdung der inneren Epik zu überwinden.

Seither gibt es eine Reihe wichtiger Untersuchungen, die das moderne Drama im Spannungsfeld zwischen aristotelisch-klassischer Dramatik und epischem Theater behandeln. Sie heben dabei vor allem die wirkungsästhetischen Gesichtspunkte hervor, die für das moderne Drama verstärkt zur Geltung kommen. Siegfried Melchinger erkennt als charakteristisches Merkmal der Moderne die Ablösung der Illusionierung durch die Erweiterung der Phantasiemöglichkeiten des Publikums. Marianne Kesting legt besonderen Nachdruck auf das Moment der Beeinflussung und Belehrung, in deren Dienst sie die Reflexionen, Kommentare und vielfältigen Formen des Mittlers zwischen Bühne und Zuschauerraum (Erzähler, Spielleiter, Sänger usw.) am Werke sieht. Walter Hinck findet im konkreten Bezug zur Sozietät die gattungsspezifische Eigentümlichkeit des Dramas. Der offenen Gesellschaft des Industriezeitalters und ihrer Bewußtseinslage entspreche eine offene Dramaturgie mit größtmöglicher Durchlässigkeit für andere Darbietungsformen und Medien (Film, Hörspiel) sowie für Erscheinungen, die die Grenzen zwischen Kunst und Leben verwischten und weit über das Happening hinaus das Spiel zu einer umfassenden Lebensform werden lasse.

Eine solche Durchlässigkeit und an Shakespeare anknüpfende Adaptions- und Wandlungsfähigkeit führen im Drama der Moderne zu einer Vielfalt von Formen, die sich auf sehr verschiedenartige Weise auf Außer- und Vorliterarisches beziehen: auf protokollarisch verarbeitete Realität (Dokumentartheater), auf moralische und politische Postulate (Lehrstück), auf einzelne Arbeits- und Lebensräume (Werktheater, Straßentheater), auf bestimmte Welt- und Daseinskonzeptionen (absurdes Theater). Daneben entsteht neuerdings eine dramatische Form, die sich in einer Art transzendental-literarischen Erforschung auf die Bedingungen der Möglichkeit des Wahrnehmens und Darstellens besinnt, um in poetischer Form poetologische Selbstreflexion zu leisten (Peter Handke, Botho Strauß).

Mittelalterlich-frühneuzeitliche Spiele und Dramen
Johannes Janota

Das Blickfeld eines Handbuchs, das sein Augenmerk nahezu ganz auf das deutsche Drama der Neuzeit und Gegenwart richtet, bestimmt selbstredend die Perspektive, unter der die Spiel- und Dramengeschichte des Mittelalters und der frühen Neuzeit ans Licht zu rücken ist. Dem vorgegebenen Interesse wäre wenig gedient, wenn sich die einleitende Epochendarstellung in einem halbwegs kontingenten literarischen Überblick erschöpfte[1], für den der zugemessene Raum ohnehin einen Aufschwung in mehr schwindelerregende als orientierungsfördernde Höhen verlangte. Innerhalb des gesteckten Rahmens aufschlußreicher erscheint dagegen eine Beschränkung auf einige wenige Problemkreise zu sein, die sich von der Warte der neuzeitlichen Dramengeschichte aus auf dem mittelalterlichen Terrain unübersehbar abzeichnen und die zur Erhellung der eigenen historischen Position einer Klärung bedürfen.

Zu diesem Zwecke konzentriert sich dieser einführende historische Abriß vor allem auf drei Themenkomplexe: ob und in welchem Umfang das mittelalterliche Drama antike, aber auch germanische Traditionen an die Neuzeit vermittelte; zum andern: mit welchen originären, möglicherweise traditionsstiftenden Beiträgen die Spiele des Mittelalters und der frühen Neuzeit aufwarten; und schließlich die Frage nach der Funktion der Spiele innerhalb der zeitgenössischen literarischen Kommunikation.

Verhältnismäßig einfach scheint eine Antwort auf die Rezeption und Tradition antiker und germanischer Spiel- und Dramenformen im Mittelalter zu sein. Die engagierte Ablehnung des Schauspielertums durch die Kirche brachte das ohnehin bereits verblühte antike Theaterleben gleichlaufend mit dem erstarkenden politischen Einfluß des Christentums mehr und mehr zum Erliegen; einen Rückgriff auf antike Traditionen erlaubten sich hier (wie auf anderen Gebieten auch) erst die Humanisten. Zwar wurden in den kirchlichen und klösterlichen Schulen Plautus und insbesondere Terenz gelesen – aber eben gelesen oder vorgelesen und nicht in Szene gesetzt. Und entsprechend haben wir die sechs in lateinischer Reimprosa geschriebenen Komödien der Gandersheimer Stiftsdame HROTSVITHA (um 935–nach 975)[2], die sich mit ihrer Märtyrer- und Keuschheitsthematik als bewußte Gegenstücke zu den Komödien des Terenz verstehen, als Lesedramen aufzufassen. Am Beispiel dieser ersten namentlich bekannten deutschen Dramenautorin wird die spezifische Rezeption römischer Dramatiker (die der Griechen unterblieb aus sprachlichen Gründen) im Mittelalter besonders deutlich, eine eigene Tradition vermochte Hrotsvitha jedoch nicht zu begründen; erst 1501 machte der Humanist Konrad Celtis ihre Stücke im Druck der literarischen Öffentlichkeit bekannt.

Blieb die Wirkung des römischen Dramas im Mittelalter auf die bloße schriftliterarische Ebene beschränkt, so läßt sich zugleich für die germanischen Einflüsse in dieser Zeit bestenfalls eine mimisch-gestische Dimension in kultischem Umkreis vermuten. Ob es dabei zu komplexeren literarischen Formen, etwa zu den zeitweise nachhaltig postulierten Kultspielen[3] kam, muß völlig offen bleiben. Kaum weniger vage sind unsere Kenntnisse darüber, ob sich im weitgespannten Repertoire der fahrenden Berufsunterhalter im Mittelalter, der *mimi, histriones, joculatores* usw., auch Stücke befanden, die über mimische und gestische Darbietungen hinausgingen. Daher bleibt auch zurecht umstritten, ob in diesen sozial und rechtlich inhonesten Berufsstand Traditionen der römischen Berufskomödianten (*mimi*) eingeflossen sind[4]. Wichtiger als Spekulationen über das Fortwirken etwaiger germanischer Kultspiele und des römischen *mimus* im Mittelalter dürfte die Einsicht sein, daß in den skizzierten Bereichen – anders als bei der bloßen schriftliterarischen Rezeption und Adaption römischer Dramentexte – Mimik und Gestik als genuine Elemente des Theaterspiels am Leben erhalten wurden.

Die beobachtete Trennung von Wort und dramatischem Gestus wird ab Mitte des 10. Jahrhunderts in Westeuropa innerhalb des Bereichs schrittweise wieder aufgehoben, von dem einstmals der antiken Theatertradition ein Ende gesetzt worden war: innerhalb der Kirche. Hier zeigte die Ausgestaltung der liturgischen Feiern (z. B. der Messe) durch rituelle Handlungen bereits von früh an deutliche Tendenzen zu szenischen Formen, und mittelalterliche Theologen deuteten die Meßfeier auch als Repräsentation heilsgeschichtlich bedeutsamer Abschnitte aus dem Leben und Sterben Jesu; dennoch dürfte gegenüber einer kurzschlüssigen Identifikation von liturgischer Feier und religiösem Drama[5] größte Zurückhaltung angezeigt sein: Es ist etwas anderes, ob die Meßfeier im Bezugsrahmen eines religiösen Spiels allegorisch ausgedeutet oder ob die liturgische Feier konkret als kultisches Spiel aufgefaßt wird.

Trotz dieses qualitativen Unterschieds zwischen Liturgie und Drama ist schwerlich zu bestreiten, daß die szenischen Elemente liturgischer Feiern, in denen durchaus unterschwellig antike Traditionen nachgewirkt haben mögen, auch als Angebote und Anknüpfungspunkte für Erwartungen aufgefaßt werden konnten, die aus außerkirchlichen Quellen gespeist wurden. Das Aufgreifen dieses Angebots und das Eingehen auf diese Erwartungen wären dann als Rahmenbedingungen für das Entstehen dramatisierter Feiern und dann auch von Spielen im Umkreis der Liturgie zu verstehen[6]. So gesehen darf das Nachwirken antiker wie germanischer Traditionen, so wenig Konkretes der Überlieferungsbefund uns dafür bietet, nicht einfach negiert werden, wenn man – über ganz allgemeine anthropologische Erwägungen hinaus – das Entstehen dramatischer Formen im Mittelalter erklären möchte. Aber ebenso verbietet der gewählte Blickwinkel, den Ursprung des mittelalterlichen Dramas einfach auf antike bzw. germanische Traditionen zurückzuführen: So sehr sie auch zu dessen Ausbildung beigetragen haben können, die Begründung einer festen, kontinuierlich bis in die Neuzeit reichenden Spieltradition wäre ohne den kirchlichen Beitrag undenkbar. Dies ist auch der Grund dafür, warum hier – wie auch sonst in Darstellungen des mittelalterlichen Dramas – dramatisierte kirchliche Feiern in die Betrachtung mit einbezogen werden.

Der Hinweis, daß das Aufkommen dramatisierter Feiern im Umkreis der Liturgie eine kontinuierliche Spieltradition begründete, lenkt den Blick auf den zweiten avisierten Themenkreis, der von der Frage nach originären und traditionsstiftenden Beiträgen der mittelalterlich-frühneuzeitlichen Dramen bestimmt wird. Fest steht, daß gerade die Schaffung einer Spieltradition, deren Kontinuität bis in die Neuzeit reicht, den bedeutsamsten Beitrag des Mittelalters in der Geschichte des deutschen Dramas darstellt. Dagegen ist kein einzelnes mittelalterliches oder frühneuzeitliches Spiel zu benennen, dem eine gleichsam kanonische Geltung und damit eine traditionsstiftende Funktion zukam. Aus diesem Grunde scheint es geboten, im vorliegenden Zusammenhang statt der Präsentation von Einzelstücken einen sowohl nach historischen wie nach systematischen Gesichtspunkten strukturierten Überblick über hervorstechende Themenkreise und Spieltypen zu geben. Dieses Vorgehen erlaubt zugleich in Verbindung mit den nachfolgenden Beiträgen eine Einschätzung typisch mittelalterlicher und frühneuzeitlicher Erscheinungen und darüber hinauswirkender Phänomene.

Mit der Einbeziehung einer historischen Ordnungskategorie sollte jedoch nicht die Vorstellung gefördert werden, als beschreibe die Geschichte des mittelalterlichen Dramas eine kon-

sequente Entwicklung von der einfachen liturgischen Feier des 10. Jahrhunderts bis zur dramatischen Großform des 15. Jahrhunderts. Aus größerer Distanz betrachtet, läßt sich eine solche
Entwicklungslinie unschwer erkennen, bei genauerem Hinsehen zeigen sich allerdings zahlreiche Überlagerungen und Verwerfungen, so daß bis in die Neuzeit einfache und komplex ausge-
weitete Formen nebeneinander einhergehen. Ein genauer Entwicklungsgang kann und darf nur
dort rekonstruiert werden, wo sich bei zureichender Überlieferungslage die zeitliche und regionale Wirkung einer Feier- bzw. Spieltradition ablesen läßt; und dieses bedeutet unter regiona-
lem Aspekt insbesondere bei den dramatisierten Feiern im Umkreis der Liturgie zu einem Gutteil die Beschränkung auf Kirchen- und Ordensprovinzen[7].

   Der unmittelbare Zusammenhang der dramatisierten Feiern mit der Liturgie unterwarf
nämlich deren Ausformungen dem strengen Reglement der Kirche. Dabei fällt auf, daß der
Mitte des 10. Jahrhunderts entstandene Ostertropus *Quem quaeritis in sepulchro, christicolae*
(Frage des Engels), *Iesum Nazarenum crucifixum, o caelicolae* (Antwort der Marien, die Jesu
Grab besuchen), auf den sich die nahezu unübersehbare Flut der Osterfeiern[8] zurückführt,
selbst bereits eine Ausschmückung vor Beginn der Ostermesse oder am Schluß des kirchlichen
Morgengebets (Matutin) darstellt. Diese Ansiedlung in einem liturgischen Grenzbereich er-
laubte den wachsenden Ausbau des ursprünglich kurzen Gesangdialogs über die Einbeziehung
der Apostel, der Maria Magdalena, des Wettlaufs zwischen Petrus und Johannes zum Grab und
schließlich des Auferstandenen zu einer mehrszenigen *Visitatio sepulchri* im Anschluß an die
Ostermatutin, sie ermöglichte aber auch die Lösung aus dem liturgischen Kontext, als die szenische Ausweitung der Feiern den Charakter selbständiger Spiele annahm und den liturgischen
Rahmen sprengte (um 1200). Ein ähnlicher Verlauf läßt sich bei den Weihnachtsfeiern beobachten, die mit einer Darstellung der Hirten beim Gang zur Krippe (*Officium pastorum*) im 11.
Jahrhundert einsetzen. Für die Entwicklung selbständiger Spiele innerhalb des Weihnachtsfest-
kreises wohl wichtiger war jedoch die Ausformung eines Magierspiels am Dreikönigstag, das die
Begegnung mit Herodes und den Bethlehemitischen Kindermord, aber auch das *Officium pastorum* und vereinzelt ein Prophetenspiel einbezog, das auf die Geburt Jesu vorauswies[9].

   Die Herauslösung der österlichen und weihnachtlichen Szenen aus dem unmittelbaren liturgischen Konnex (aber unter Beibehaltung der Kirche als Aufführungsort wie auch des Lateins) setzt nach unserer Kenntnis zu Beginn des 13. Jahrhunderts ein. Sie wird im deutschsprachigen Raum durch das Klosterneuburger Osterspiel[10], durch das Oster-, das Passions- und
insbesondere durch das Weihnachtsspiel der Benediktbeurer Handschrift[11] markiert, für das
bereits knapp 50 Darsteller und an die zehn Bühnenstände benötigt werden. Dieser Wechsel von
der Feier zum Spiel und die damit verbundene Lockerung der liturgischen Bande ist keinesfalls
nur ein immanenter, rein evolutionärer Vorgang, vielmehr zeigen Nikolausspiele[12] und das
Vorauer Spiel von Isaak und Rebekka[13], für die kein fester liturgischer Ort mehr auszumachen
ist, daß im 11. und 12. Jahrhundert das Spiel zu einem Eigenleben drängt. Ein besonders bered-
tes Zeugnis hierfür liefert das in einer Tegernseer Handschrift überlieferte Spiel vom Antichrist[14] aus der zweiten Hälfte des 12. Jahrhunderts, das vor eschatologischem Hintergrund,
mit Kaiser und Königen als Spielfiguren, politische Ansprüche der Staufer thematisiert und damit erstmals „Welt" in die bislang ausschließlich heilsgeschichtlich orientierten Feiern und
Spiele einbringt.

   Die Eigenmotorik, die sich aus dieser deutlich wachsenden Tendenz zum selbständigen
Spiel entwickelte, drängte die religiösen Spiele nicht nur von der Liturgie ab, sie drängte sie offensichtlich mit der Zeit auch aus dem Kirchenraum, in dem die dramatisierten liturgischen Feiern zurückblieben. Damit eröffnete sich allererst eine Zugriffsmöglichkeit der Laien bei der Ge-

staltung und Darbietung der Spiele (auch wenn die Spielführer oft bis weit in die Neuzeit Geistliche blieben) und damit zugleich die Möglichkeit für das Eindringen der Volkssprache in die bislang – von wenigen Einsprengseln abgesehen – ausnahmslos lateinischen Spiele: Innerhalb des liturgischen Rahmens konnte der zuschauenden Gemeinde bestenfalls ein deutsches Gemeindelied (meist „Christ ist erstanden") am Schluß der Feier zugestanden werden. Dieser komplexe Prozeß läßt sich wohl am angemessensten erklären, wenn man die daraus geflossenen Ergebnisse zugleich als prozeßsteuernde Kräfte auffaßt, die in Wechselwirkung zueinander standen. Das dabei erzielte Resultat reicht weit über das Mittelalter hinaus: Mit dem Spiel wurde eine öffentliche literarische Artikulations- und Repräsentationsmöglichkeit geschaffen und ausgebaut, mit der sich auch illiterate Schichten identifizieren konnten.

Freilich ist auch hier die Vorstellung einer kontinuierlichen Ablösung des Lateins durch mittelhochdeutsche Reimpaarverse fernzuhalten[15]. Man behielt vielmehr bei den aus den Feiern übernommenen Kernszenen die lateinischen Gesänge bei, ergänzte sie aber durch deutsche Übertragungen. Zwischen diesen Kernszenen boten sich dann jedoch zahlreiche Anknüpfungspunkte für originäre Erweiterungen, die nach Kräften genutzt wurden und bei deren Ausgestaltung man sowohl auf schriftliche wie mündliche literarische Traditionen in der Volkssprache zurückgriff. In den spätmittelalterlichen Osterspielen erfahren insbesondere die Salbenkaufszene und die Darstellung der Höllenfahrt Christi derb burleske bzw. ständekritische Ausweitungen, in die direkt und mittelbar zeitgenössisches Kolorit eingegangen ist[16].

Diese und andere Szenen, aber auch die Bereicherung der Kostümierung wie der Szenerie durch Aufbauten (*mansiones*) geben zu erkennen, wie sehr der Spielcharakter dieser religiösen Dramen durch die Mitwirkungsmöglichkeit der Laien gefördert wurde: Nicht mehr die Kirche (allein), sondern die Städte waren nun die Träger der volkssprachlichen Spiele. Zugleich aber zeigen gerade die Osterspiele trotz aller Ausweitungen aufs Ganze gesehen eine Grundstruktur, die sie – wenn auch teilweise über zahlreiche Vermittlungsstufen – an die kirchlichen Feiern zurückbindet; daraus erklären sich auch die vielfältigen Verbindungen zwischen verschiedenen Spielen, die in der älteren Forschung zwar öfters überschätzt wurden, die aber grundsätzlich nicht zu bestreiten sind[17].

Die ehemals liturgische Provenienz der Osterspiele könnte aber auch – zusammen mit einem Wandel der Frömmigkeitsideale und -formen – der Grund dafür sein, warum nicht sie (und übrigens auch nicht die relativ wenigen Weihnachtsspiele[18]), sondern zwei jüngere Spieltypen sich im Spätmittelalter und in der frühen Neuzeit zu offenkundigen Formen stadtbürgerlicher Repräsentation entwickelten: das Passionsspiel[19] und das Fronleichnamsspiel[20]. Beide Spieltypen wurden im 15. und 16. Jahrhundert mehrfach zu mehrtägigen Zyklen ausgebaut, die teilweise von der Erschaffung der Welt über heilsgeschichtliche Präfigurationen im Alten Testament, Jesu Leben, seinen Tod und seine Auferstehung bis zum Jüngsten Gericht reichen (so vor allem in den prozessionalen Fronleichnamsspielen).

Mit solchen spektakulären und außerordentlich aufwendigen „Festspielen" vermochten einzelne Städte innerhalb ihres Einzugsbereichs die Aufmerksamkeit auf sich zu lenken und auf diese Weise als städtische Gemeinden ihr öffentliches Ansehen zu erhöhen, so etwa – um nur zwei Beispiele zu nennen – Frankfurt a. M. mit seinem Passionsspiel (1493)[21] oder Künzelsau mit seinem Fronleichnamsspiel (1479)[22]. Teilweise strahlten solche aufsehenerregenden Spektakel auf den näheren und auch weiteren Umkreis aus und regten andernorts zu ähnlichen Spielen an, wobei es zu Textadaptionen kam. Damit treten nunmehr über Einzelspiele hinaus Spielgruppen und Spiellandschaften, zwischen denen es wiederum zum Austausch kam, ins Blickfeld[23]. Aber auch an den einzelnen Orten lassen sich, da die Spiele teilweise über mehrere Jahre hinweg aufgeführt wurden, bei guter Überlieferungslage Textveränderungen und damit unterschiedliche Inszenierungen erkennen.

Bei der Thematik dieser Spiele und ihrer Gestaltung ist freilich eine weitgehende Stereotypie nicht zu übersehen, ebensowenig ist jedoch zu verkennen, daß durch den intensiven Spielbetrieb – der übrigens auch andere Spieltypen wie etwa die Mirakel-[24] und die eschatologischen Spiele[25] einschloß – eine feste Spieltradition geschaffen wurde: Fortan ist das Theater als gesicherte Institution aus dem öffentlichen literarischen Leben nicht mehr wegzudenken. Dazu entwickelten sich im Sog der spätmittelalterlichen Spielfreudigkeit Ansätze zu neuen Spieltypen, die dann im 16. Jahrhundert zur breiten Entfaltung kamen, so auf religiösem Gebiet die Dramatisierung biblischer Gleichnisse[26] und allegorisierende und moralisierende Darstellungen. In diesen Moralitäten stehen nicht mehr heilsgeschichtliche Begebenheiten, sondern moralische Postulate wie Gerechtigkeit, Wahrheit, Weisheit und deren Gegenstücke im Mittelpunkt, und diese Thematik erklärt, warum hier zum Teil Traditionen des literarischen Streitgesprächs verstärkt in den dramatischen Bereich einbezogen werden.

Durch das Zurücktreten der Heilsgeschichte zu Gunsten einer zwar religiös gebundenen, aber doch stärker auf Rationalität bauenden Didaxe erfolgt mit den Moralitäten ein bedeutsamer Schritt hin zu einem eigenen weltlichen Spieltyp. Berührungspunkte zum weltlichen Spiel ergeben sich auch durch die Aufführungszeit während der Fastnacht, auf die sich nach Lage der Überlieferung die weltlichen Spiele im Spätmittelalter konzentrierten. Geographisch scheint Lübeck ein Mittelpunkt des moralisierenden Spieltyps gewesen zu sein: Hier führte die patrizische Zirkelbruderschaft, wohl unter Einfluß ähnlicher niederländischer Gesellschaften (Rederijker) seit 1430 nachweisbar zu jeder Fastnacht ein Spiel auf. Die Texte dieser Stücke sind bis auf eine Ausnahme verloren, doch läßt ein erhaltenes Titelverzeichnis erkennen, daß die Moralität den Schwerpunkt dieser Spieltradition bildet, während Schwanksujets auffällig zurücktreten; die Textverluste sind nicht zuletzt deswegen beklagenswert, weil in Lübeck vereinzelt auch schon antike Stoffe aufgegriffen wurden[27]. Ein Blick nach Basel, wo 1515 zur „Herrenfastnacht" das *Spiel von den zehn Altern der Welt* des späteren Reformationsdichters Pamphilus Gengenbach (um 1480–1525)[28] zur Aufführung kam, zeigt, daß der moralisierende Spieltyp, wie ihn das Lübecker Patriziat pflegte, auch unter Berücksichtigung des gesellschaftlichen Kontexts keine singuläre Erscheinung darstellt.

Mit dem Fastnachtspiel des 15. Jahrhunderts ist der Boden des weltlichen volkssprachlichen Spiels endgültig betreten. Das Fastnachtspiel ist die bestimmende Form des weltlichen Spiels im Mittelalter; in ihm münden andere, wohl aus älterer Tradition stammende Spieltypen wie die Jahreszeitenspiele[29], und mit ihm wird eine bis in die Neuzeit reichende Kontinuität des weltlichen Spiels begründet[30]. Trotz dieser epochalen Wirkung darf aber nicht übersehen werden, daß aufs Ganze das religiöse Spiel während des gesamten Mittelalters die beherrschende Dramenform war.

So spät die Textüberlieferung des Fastnachtspiels und damit überhaupt des weltlichen Spiels in Deutschland einsetzt, so wenig läßt sich über den Beginn einer weltlichen Spieltradition aussagen. Sicher ist es nach Lage der Quellen inakzeptabel, die Fastnachtspiele auf germanische Kultspiele zurückzuführen[31], doch braucht damit das Einwirken szenischer Darstellungen aus brauchtümlichen (wie auch aus straßenkomödiantischen) Bereichen nicht ausgeschlossen zu sein. Eine Klärung der genetischen Frage auf Grund der Textüberlieferung wird nicht zuletzt dadurch erschwert, daß 108 der 144 überlieferten Fastnachtspiele[32] aus Nürnberg stammen, wo sich die Fastnachtspieltradition nicht über 1440 zurückverfolgen läßt. Und in diesem Zentrum des heiteren Fastnachtspiels, hinter dem die Tiroler und die alemannischen Spiellandschaften zumindest überlieferungsmäßig zurücktreten, stand diese Spielform deutlich unter literarischem Einfluß[33].

Angesichts dieses Befundes empfiehlt es sich, das Augenmerk mehr auf die Funktion als auf die Genese des Fastnachtspiels zu richten. Erhellend für den funktionalen Aspekt könnte ein Vergleich mit Lübeck sein, wo das Fastnachtspiel in Händen des Patriziats lag und in Form von Moralitäten gepflegt wurde. Im Gegensatz dazu präsentiert sich das Nürnberger Fastnachtspiel als Domäne der Handwerker, die den derbpossenhaften, bis ins Skatologische reichenden Fastnachtspieltyp bevorzugten. Die unterschiedliche Präferenz bei den Spieltypen scheint nicht allein auf den divergierenden Bildungsgrad der Trägerschichten zurückzuführen zu sein, vielmehr sprechen gute Gründe dafür, daß sich in zahlreichen Nürnberger Fastnachtspielen ein zeitlich begrenztes Aufbegehren gegen das politisch alleinherrschende Patriziat durch literarisch-fiktive Normverletzungen artikuliert[34] und daß dabei in Form eines Rollenspiels mit der beliebten Bauernfigur verdeckt auf Mißstände innerhalb der Stadt angespielt werden sollte. Durch eine genaue Überwachung des Spielbetriebs verhinderte das Patriziat ein Durchbrechen gewisser Grenzen, insgesamt tolerierte es jedoch das Geschehen, vielleicht auch deswegen, weil die zeitliche Limitierung und der fiktive Charakter der Spiele nicht zuletzt eine Art Ventilfunktion gegenüber dem gestrengen Regiment des patrizischen Rates hatten.

Die überlieferten Fastnachtspiele treten – wie gesagt – von Anfang an in einer deutlich literarisierten Form auf, doch kann dies überlieferungsbedingt sein, indem man nur literarisierte Stücke der Aufzeichnung für wert befand. Diese Literarisierungstendenz nimmt aber von den frühen, mit dem Autor Hans Rosenplüt (um 1400–nach 1460) im Zusammenhang stehenden Stücken zu den späteren Fastnachtspielen, bei denen Hans Folz (um 1435/40–1513) als Autor herausragt, zu und spiegelt vielleicht eine fortschreitende Kanalisierung des Fastnachtspielwesens durch den patrizischen Rat. In dieser Entwicklung fällt Hans Folz, dessen gesamte literarische Produktion mehrfach ratskonforme Züge aufweist[35], eine bedeutende Rolle zu: Er bemüht sich um eine Erweiterung der bisherigen Nürnberger Spieltradition, um einen geistlichen Typ des Fastnachtspiels, der den antijüdischen Kampagnen des Rats entgegenkommt, und er ebnet durch den Rückgriff auf schriftliterarische Quellen wie durch die Favorisierung des stärker dramatischen Handlungsspiels gegenüber dem mehr episch-revuehaften Reihenspiel den Weg zur künftig bestimmenden Ausprägung dieser Gattung. Folz ist übrigens auch der erste Autor, der Fastnachtspieltexte und damit überhaupt Spieltexte mittels Druck publizierte.

Das literarisierte Fastnachtspiel fand – nicht nur für Nürnberg – seinen Höhepunkt in Hans Sachs (1494–1576)[36], der mit seinen über 80 Stücken bis heute die landläufige Vorstellung von dieser dramatischen Gattung geprägt hat. Dabei grenzt sich das Sachssche Fastnachtspiel von der älteren Nürnberger Tradition wie von der Ausformung dieser Gattung in anderen Spiellandschaften deutlich ab. So hat Hans Sachs das Fastnachtspiel nicht in die agitatorischen Dienste der Reformation gestellt, wie etwa der Berner Autor Niklaus Manuel (1484–1530)[37], doch könnte sich dies – neben der Vorliebe Schweizer Spiele für politische Themen[38] – auf das Druckverbot zurückführen, das der Rat 1527 über Hans Sachs wegen seines publizistischen Engagements für die Reformation verhängte.

Die Reserve des Nürnberger Rats gegenüber dem Fastnachtspiel erklärt aber vielleicht auch, warum sich Hans Sachs erst relativ spät (ab 1532, zuvor zwei vereinzelte Stücke) dieser Gattung zuwendet. Dabei gibt er zu erkennen, daß ihm die ältere Fastnachtspieltradition vertraut ist, aber er setzt sich in den meisten Stücken davon deutlich ab: Bei ihm wird das Handlungsspiel im Anschluß an Hans Folz zum beherrschenden Spieltyp, er zieht noch stärker als sein Vorgänger literarische Quellen (u. a. den *Decamerone*) bei, und er verbannt aus seinen

Fastnachtspielen alle Obszönitäten. Vor allem erhält das Fastnachtspiel bei Hans Sachs eine moralisch-didaktische Zielsetzung, wobei die satirische Bloßstellung menschlicher Fehler und Verhaltensweisen durchweg zu einer ausgewogenen Mischung zwischen *prodesse et delectare* führt. In dieser für das Sachssche Fastnachtspiel spezifischen Form wie in der bestechend präzisen Personen- und Handlungsführung, hinter der die Zusammenarbeit mit einer festen Spielgruppe steht, kommt der Horizont des Lustspiels in den Blick[39].

Eine ganz neue Spieltradition hat Hans Sachs mit seinen volkssprachlichen Komödien und Tragödien in Deutschland geschaffen. Er steht dabei im Aufgreifen sowohl der Gattungsbezeichnungen (so unscharf und schwankend sie auch von ihm verwendet werden) wie antiker Stoffe (1527: Lucretiatragödie) zunächst unter dem Einfluß des Humanismus, später werden in der Behandlung biblisch-alttestamentarischer Geschichten (daneben aber auch Dramatisierungen aus dem Leben Jesu, des Jüngsten Gerichts) Zusammenhänge mit dem Schuldrama sichtbar. Noch stärker als bei den Fastnachtspielen tritt bei seinen 70 Komödien und knapp 60 Tragödien – trotz unverkennbarer Stoffreude[40] – eine nachhaltig moralisch-didaktische Zweckbestimmung zutage, die sich an einer stadtbürgerlich-protestantischen Werteordnung orientiert. Diese Zielsetzung führt zu einem radikalen Abbau der dramatischen Spannung und zur Ausbildung einer epischen, geradezu lehrstückhaften Handlungsstruktur, aus der sich auch die Akteeinteilung, die Hans Sachs unter humanistischem Einfluß ins volkssprachliche Spiel eingeführt hat, ableitet. Dieser Dramenform standen die Generationen vor Brecht hilflos gegenüber, heute könnte sie ein lohnendes Objekt für vergleichende Studien sein[41].

Weitgehend nur als dringend anstehende Forschungsaufgabe läßt sich der letzte der hier anvisierten Themenbereiche stellen, die Frage nach der Funktion der Spiele in der zeitgenössischen literarischen Kommunikation. Dieser Aspekt wird im Verlaufe zahlreicher Arbeiten zwar immer wieder mittelbar oder direkt angesprochen, eine ausführliche, über Detailfragen hinausgehende Untersuchung hat er jedoch bis in die jüngste Zeit nicht gefunden. Das getreueste Spiegelbild für dieses Defizit sind die vorliegenden Spielausgaben, denen bis in die Gegenwart Editionsprinzipien der buchliterarischen Überlieferung zugrunde gelegt wurden. Eine solche Praxis findet zwar bei isoliert tradierten Texten ihre Berechtigung, sie verkennt aber die Gattungsspezifik des Spiels, wenn sie bei Überlieferungskorpora angewendet wird, an denen sich Redaktionen und damit die *tradition vivante* eines Spieltexts bei Mehrfachaufführungen an einem Ort oder bei (Teil-)Übernahmen innerhalb einer Spiellandschaft ablesen lassen. Der bisherige Brauch, im Apparat der Ausgaben auf Textparallelen zu anderen Spielen hinzuweisen, bietet nur eine Scheinlösung des Problems, da auf diese Weise Beziehungen zwischen Spielen unterstellt werden, die nicht gegeben sind oder erst bewiesen werden müßten, und weil selbst dort, wo Textverwandtschaften feststehen, die jeweilige Spielredaktion anhand der Angaben im Apparat praktisch nicht herzustellen ist[42].

Die skizzierte Editionspraxis hat ihre Parallele in den Interpretationen der Spieltexte: Auch hier verfährt man weitgehend so, als lägen in den Spieltexten buchliterarische Werke vor, die wie Lesedramen zu behandeln sind. Man übersieht dabei, daß im Mittelalter und darüber hinaus insbesondere das geistliche Spiel neben dem Lied und der Predigt eine zentrale Form der literarischen Massenkommunikation war, an dem auch illiterate Schichten partizipieren konnten[43]. Um diese Kommunikation zu sichern, bemühten sich die Spiele, durch die Gestaltung des Spielraums (öffentliche Plätze) wie der Auftritte und Abgänge, durch Publikumsapostrophen und durch Textreferenzen auf Alltagserfahrungen und -erlebnisse einschließlich ihrer Kritik durch satirische Überzeichnungen, um einen möglichst engen Einbezug der Anwesenden in die Spielsphäre und auch in das Spielgeschehen.

Unter kommunikativen Aspekt wäre auch die Frage der Bühnenformen, die sich bislang oft zu sehr in einem typologisierenden Geleise bewegte (Markt- bzw. Stubenbühne, Simultan- bzw. Terenz- oder Badezellenbühne), neu aufzugreifen[44]. Auch hier lohnt es sich, den Blick bis auf die dramatisierten kirchlichen Feiern zurückzulenken, da bereits bei diesen dramatischen Frühformen für die spätere Theatergeschichte prinzipielle Unterschiede zutage treten: Wir begegnen der strengen Trennung zwischen Darsteller- (Altarraum, Chor) und Zuschauerraum (Kirchenschiffe), die bei der Repräsentation heilsgeschichtlicher Geschehnisse im liturgischen Umkreis die bestimmende Darstellungsform blieb; daneben zeichnet sich aber – wenn auch aufs Ganze gesehen eher zaghaft – die Möglichkeit ab, das Spielfeld auf den gesamten Kirchenraum auszudehnen. Dabei wird die zuschauende Gemeinde bereits lokal in das Spielgeschehen integriert: Der Gang der darstellenden Personen von einem Spielort zum anderen geht durch die versammelte Gemeinde; sie wird dann aber auch im Spielgeschehen zuweilen angesprochen und kann vereinzelt durch ein Gemeindelied aktiv an der Darstellung teilnehmen.

Mit der Ausweitung der Spielfläche auf den gesamten Kirchenraum bildet sich die Form der Simultanbühne aus, also eines großen Spielraums, in dem die Spielorte (*loca*) der Handlung verteilt sind, die von den Darstellern im Spielablauf nach und nach aufgesucht werden. Auch nach Verlegung der geistlichen Spiele auf den Kirchenvorplatz oder Markt blieb die Simultan- bühne während des ganzen Mittelalters (in verschiedenen Varianten) die bestimmende Bühnen- form. Die erheblich größeren räumlichen Dimensionen, die sich mit der Verlegung der Spiele auf öffentliche Plätze ergaben, brachten eine Erhöhung der Spielorte mit sich, die zwar den visu- ellen Bedürfnissen der Zuschauer entgegenkam, gleichzeitig aber wieder eine deutliche Tren- nung zwischen Publikum und Darstellern vollzog. Reduziert wurde diese Distanz jedoch durch den Gesamtspielraum, den öffentlichen Platz (oder öffentliche Plätze beim prozessionalen Spieltyp der Fronleichnamsspiele), bei dem die Häuser der Stadtbürger die Kulisse des Gesche- hens wie der einzelnen Spielorte abgab und der zugleich Spieler und Zuschauer umschloß. So- wohl durch diese Szenerie wie durch die angedeuteten Publikumsbezüge in Spieltext und -hand- lung gerieten die Spiele nicht zur Darstellung einer imaginären Handlung, sondern führten zu einer Repräsentation des vorgestellten Geschehens inmitten der städtischen Realität. Verbun- den mit möglichen Aktualitätsbezügen im Spieltext erhöhte diese Darstellungsform den ver- pflichtenden Charakter des Dargestellten und ließ die Grenzen zwischen Spiel und Wirklichkeit immer wieder verschwinden.

Das Verschwimmen von Spielwirklichkeit und Alltagswirklichkeit zeichnet ebenfalls – wenn auch auf andere Weise – das spätmittelalterliche Nürnberger Fastnachspiel aus, das keine eigene Bühne kannte, sondern in der Stube zur Aufführung kam. Dabei zielten die Spieleinlei- tung durch einen *Praecursor* und der Spielausklang mit gemeinsamen Tanz und Umtrunk auf eine Egalisierung von Spiel- und Alltagswirklichkeit. Diese Darbietungsweise sperrte sich gegen eine aufgezwungene Belustigung wie gegen eine oktroyierte Didaxe, vielmehr erfolgte die Belu- stigung wie die Belehrung unter seinesgleichen. Freilich tendierte die zuvor skizzierte Didakti- sierung des Fastnachspiels deutlich zu einer festen Bühne als Aufführungsort, wie er erstmals bei Hans Sachs sicher greifbar wird. Damit verbunden ist eine Verselbständigung der Spielwirk- lichkeit gegenüber der Alltagswirklichkeit. Sie dokumentiert sich auch darin, daß die Spieler nun nicht mehr in die Wirts- (und vielleicht auch Privat-)häuser kommen, um dort Spiel und Wirklichkeit ineinanderfließen zu lassen. Vielmehr müssen sich jetzt die Zuschauer zu einem fe- sten Spielort begeben, um dort am Spiel und der in ihm entworfenen Wirklichkeit teilnehmen zu können. Dieser Zusammenhang zwischen einer Didaktisierung des Fastnachspiels und der Tendenz zur Bühne als Aufführungsort scheint auch in den moralisierenden Stücken der Lübecker Patrizier gegeben zu sein, die ihre Fastnachtspiele auf einem erhöhten Spielstand (*borch*) aufführten, der vielleicht auf einem Wagen durch die Stadt gezogen werden konnte: die Belehrung von oben erfolgt von oben. Die Bühnenform der Sachsschen Tragödien und Komödien schließlich dürfte nach unseren Kenntnissen in etwa mit der Bühne des Schuldramas in der ersten Hälfte des 16. Jahrhunderts übereingestimmt haben.

Im Blick auf die kommunikative Funktion der mittelalterlichen Spiele muß endlich auch ein Gesichtspunkt berücksichtigt werden, der heutige Interpreten eher abschreckt: die thematische Stereotypie, die insbesondere die geistlichen Spiele, aber auch viele Fastnachtspiele kennzeichnet. Sie hat nämlich die Verwirklichung der kommunikativen Intention offenkundig erleichtert; denn das Publikum war mit der Grundstruktur des Handlungsverlaufs weitgehend vertraut, und daher konnten die Autoren ihr Augenmerk vor allem auf die je neue Realisierung und Inszenierung des Geschehens richten. Dies ist aber zugleich der Punkt, an dem die wechselnden Erwartungen, Bedürfnisse und Interessen der kirchlich-politischen Gemeinde – gebrochen durch die individuelle Optik der Autoren und Spielführer und gesteuert durch die Erwartungen der Auftraggeber und Mäzene – am intensivsten in die Spielgestaltung eingriffen. Der entscheidende Einfluß dieser Faktoren auf die jeweilige Spielstruktur, die öffentliche Darstellung und Kommentierung gemeinsamer und divergierender Interessen und die pädagogische Zielsetzung der Spiele, über dieses literarische Medium in der partizipierenden und agierenden Gemeinde einen allgemein verbindlichen, handlungsleitenden Konsens zu finden, müssen daher vor allem gesehen werden, wenn die spätmittelalterlich-frühneuzeitliche Spielüberlieferung gattungsadäquat erfaßt und gedeutet werden soll. Hier eröffnet sich ein Aufgabenbereich, der diese Spiele aus ihrem archivalischen Dasein herauslöst und ihnen jene Geschichtlichkeit wiedergibt, die auch heute eine lohnende Beschäftigung mit dieser Frühform des deutschen Dramas verspricht.

Schuldrama und Jesuitentheater
Rolf Tarot

„Protestantisches Schuldrama" und „Jesuitentheater" sind geläufige Begriffe der Literatur- und Theatergeschichte. Dennoch ist der Gegenstandsbereich, der durch sie bezeichnet werden soll, nicht in beiden Fällen gleichermaßen eindeutig und gesichert. Für das Jesuitendrama und -theater sind die Definitionen – z. B. die im „Handbuch literarischer Fachbegriffe" von Otto F. Best – zumeist befriedigender: „aus Schulunterricht an Jesuitengymnasien entstandenes, an humanistisches Schuldrama anknüpfendes Schauspiel in lateinischer Sprache, meist von (Rhetorik-)Lehrern verfaßt und von deren Schülern bei verschiedenen Gelegenheiten aufgeführt; als eigene besonders aufwendige Form des Barocktheaters diente es der Glaubensverbreitung und der Bekehrungsintention, pädagogische Zielsetzung verschmolz mit der propagandistischen, der *propaganda* fidei‘."[1]

Für das protestantische Schuldrama ist man auch bei Best auf das Stichwort „Schuldrama" angewiesen, das – weil allgemein – die Spezifika des protestantischen Schuldramas nur begrenzt erfaßt: „im Humanismus entstandene Form des Dramas mit vorwiegend sprachpädagogischer Zielsetzung; zur Aufführung an den Humanistenschulen verfaßt oder eingerichtet, sollte das Schuldrama die darin erscheinenden Schüler den fließenden Gebrauch der lateinischen Sprache und sicheres Auftreten in der Öffentlichkeit lehren; in dieser Intention entfernt mit dem Lehrstück verwandt."[2] Die dort genannten Autoren und Stücke: GULIELMUS GNAPHEUS' *Acolastus sive de filio prodigo* (1529, Vorbild für gesamte spätere Schuldramatik); GEORGIUS MACROPEDIUS' *Hecastus* (1539); THOMAS NAOGEORGUS' *Pammachius* (1538, bedeutendstes protestantisches Tendenzdrama) sind aber lediglich Beispiele für die neulateinische Schuldramatik; sie lassen nicht erkennen, daß es auch eine deutschsprachige protestantische Schuldramatik gibt; überdies haben die drei genannten Vertreter ein unterschiedliches Verhältnis zum Protestantismus und zur Praxis der Dramenaufführung an den Schulen; drittens ist die Funktionsbestimmung in dieser Definition (fließender Gebrauch der lateinischen Sprache und sicheres Auftreten in der Öffentlichkeit) einseitig auf die ‚Darsteller‘ eingeschränkt, was den historischen Gegebenheiten nicht entspricht, viertens ist der genannte Aufführungsort („Humanistenschule") nicht eindeutig. Nicht befriedigender ist das „Sachwörterbuch der Literatur" Gero von Wilperts[3]. Zwar werden neben „lateinischen Vertretern" auch deutsche genannt (Sixt Birck, P. Rebhun, Th. Gart, J. Greff, L. Culmans, J. Agricola, J. von Gennep, H. Knaust, F. Dedekind, B. Krüger und M. Rinckart), doch ist zwischen protestantischen und nicht-protestantischen Vertretern des Schuldramas nicht unterschieden und die Grenze zum „Bürgerspiel" nicht gezogen, das zwar „fast durchwegs reformatorisch-ernsten Charakter" (H. Rupprich) aufweist, aber nicht Schuldrama ist, weil es nicht, wie das Sachwörterbuch definiert, „in Schulen und z. T. Universitäten von den Schülern aufgeführte, eigens dafür verfaßte oder umgeformte Dramen (sind) mit dem pädagogischen Zweck, die aufführenden Schüler zu gewandter Handhabung der lateinischen Sprache und Rhetorik, freiem Auftreten, Moral und Humanität zu erziehen".

Die als Beispiele referierten Begriffsbestimmungen spiegeln symptomatisch sowohl die mit dem Gegenstand objektiv verbundenen Probleme als auch den unbefriedigenden gegenwärtigen Forschungsstand. Objektive Schwierigkeiten liegen u. a. darin, daß z. B. ein lateinisches

Bürgerspiel an einem protestantischen Gymnasium gespielt werden kann und dann unter die Kategorie des Schuldramas gerechnet werden darf. Auf die kaum zu trennende Beziehung zwischen Volksdrama und Schuldrama hat Hugo Holstein schon 1886 aufmerksam gemacht: „Schuldrama und Volksdrama standen nicht unvermittelt nebeneinander, sondern ergänzten sich gegenseitig, und die Vermischung beider zeigt sich in keiner Dramengattung deutlicher, als im biblischen Drama; denn das Schuldrama wurde bisweilen auch von Bürgern aufgeführt."[4]

Den Forschungsstand hat zuletzt Hans Rupprich beklagt: die bibliographischen Angaben sind weitgehend auf dem Stand Goedekes stehengeblieben; die alten Arbeiten von Johannes Bolte und Hugo Holstein – beinahe ein Jahrhundert alt – sind immer noch unentbehrliche Hilfsmittel; problem- und theatergeschichtlich ist nur aufgearbeitet, was Interesse fand; es fehlt allenthalben an Neuausgaben und Einzeluntersuchungen. Die Übersichten bei Creizenach (1918), Wolkan (1925) und „die Sachartikel in den Nachschlagewerken können bei aller Verdienstlichkeit eine umfassende Gesamtdarstellung nicht ersetzen"[5]. Daran hat sich seitdem nichts geändert.

Zu verstehen ist das protestantische Schuldrama nur aus den geschichtlichen Voraussetzungen, aus denen es erwachsen ist. Zu seinen Entstehungsbedingungen gehören die dramen- und theatergeschichtlichen Bedingungen der Zeit so gut wie die Reformation. Das mittelalterliche geistliche Spiel zeigt vor Beginn des Humanismus in Deutschland eine erstaunlich reiche Spieltradition mit zahlreichen Spielarten und Spielformen. Nicht selten haben Masseninszenierungen und mehrtägige Aufführungsdauer die Bevölkerung einer Stadt in Atem gehalten. Die Volkstümlichkeit dieser Aufführungen hielt das Interesse vor allem der Stadtbevölkerung am Theaterspiel wach, woraus die Frühformen des Fastnachtspiels, aber letztlich auch das protestantische Schuldrama Nutzen ziehen konnten.

Mit der Entwicklung des Humanistendramas in Deutschland entstand eine Aufführungspraxis, die sich in vielem grundlegend von der einheimischen Tradition unterschied. Das Humanistendrama ist mit der Wiederentdeckung des Terenz in der italienischen Renaissance aufs engste verbunden. Terenz galt als vorzüglicher Lateiner, als Autor, der vor allem die lateinische Umgangssprache pflegte, und als ein Dichter, dem wegen der moralischen Qualität seiner Stücke der Vorzug vor Plautus zu geben war. Melanchthon bezeichnete ihn 1516 in seiner Terenz-Ausgabe als ein „Muster bürgerlicher Gesinnung". Nach der philologischen Beschäftigung mit seinen Komödien, nach den ersten Ausgaben, Lektüre und Rezitation sorgte CONRAD CELTIS (1459–1508), der selber Aufführungen in Italien erlebt hatte, durch seinen Schüler LAURENTIUS CORVINUS (um 1465–1527), Rektor der Pfarrschule zu St. Elisabeth in Breslau, für die erste Terenz-Aufführung auf deutschem Boden (1500).

Mit der Terenz-Rezeption gewannen die Bemühungen der Humanisten um die Darstellung antiker Dramen ihre feste Grundlage. Noch vor der ersten Schulaufführung in Breslau hatte Celtis dieses Anliegen mit dem humanistischen Bildungsprogramm verknüpft. In seiner Ingolstädter Rede vom 31. August 1492 hieß es: „Das ist eine wahrhaft große und beinahe göttliche Sache bei den Alten in der Verwaltung des Staates, daß sie danach strebten, Weisheit mit Beredsamkeit zu verbinden. Um dieses zu erreichen, veranstalteten sie öffentliche Schauspiele, in denen sie mit feiner Überredungskunst und aus freien Erfindungen das Gemüt der Zuschauenden zur Tüchtigkeit, Ehrfurcht, Bescheidenheit, Tapferkeit und Duldsamkeit in allen Dingen aneiferten."[6] Die Erziehung der Schüler, ein wesentliches Anliegen aller Formen des Schuldramas bis zu CHRISTIAN WEISE (1642–1708), bleibt hier noch unausgesprochen, dafür um so deutlicher die Absichten und Funktion in der Öffentlichkeit.

Es sind vor allem zwei Elemente, die das Humanistendrama dem protestantischen

Schuldrama vererbte: die lateinische Dichtungstradition auf fester textlicher Grundlage – insbesondere Terenz und Plautus – und die ganz auf das Wort ausgerichtete Aufführungsform auf der sogenannten Terenzbühne, d. h. jener Bühnenform, die durch einen Vorhang auf der Hinterbühne mit Öffnungen (Häusern) gekennzeichnet ist, durch die der Auftritt auf die Vorderbühne erfolgt, die der eigentliche Spielort ist. Ohne die Errungenschaften des Humanistendramas wäre die sich immer mehr durchsetzende Gliederung der Aufführung – Prolog, Argumentum, in fünf Akte und Szenen eingeteilter Text, Epilog – nicht denkbar.

Nach dem Wormser Reichstag (Januar–Mai 1521) hatte sich Luthers neue Lehre in ständig zunehmendem Maße ausgebreitet. Wesentliche Voraussetzungen für das protestantische Schuldrama schuf Luthers Vermahnungsschrift „An die Ratsherren aller Städte deutsches Lands, daß sie christliche Schulen aufrichten und halten sollen" (1524)[7]. Diese Schrift bewirkte weithin eine Reform des Schulwesens vor allem in den Städten.

Seit MARTIN LUTHER und PHILIPP MELANCHTHON sich privat und öffentlich für das Theaterspielen in den Schulen ausgesprochen hatten, konnten sich die protestantischen Schulmeister bei ihren Bemühungen auf die Reformatoren berufen. Weder Luther noch Melanchthon dachten dabei primär an ein deutschsprachiges, kirchlich-polemisches Drama. So sagt Luther: „Komödien spielen soll man um der Knaben in der Schule willen in der Schule nicht wehren, sondern gestatten und zulassen, erstlich, daß sie sich üben in der lateinischen Sprache, zum anderen, daß in Komödien fein künstlich erdichtet, abgemalet und fürgestellet werden solche Personen, dadurch die Leute unterrichtet und ein jeglicher seines Amtes und Standes erinnert und vermahnet werde, was einem Knecht, Herrn, jungen Gesellen und Alten gebühre, wohl anstehe, und was er thun soll; ja es wird darinnen fürgehalten und für die Augen gestellt aller Dignitäten Grad, Ämter und Gebühr, wie sich ein jeglicher in seinem Stande halten soll im äußerlichen Wandel, wie in einem Spiegel."[8] Luthers öffentliche Empfehlung z. B. der Bücher Judith und Tobias als dramatische Stoffe (1534) – „denn Judith giebt eine gute, ernste, tapfere Tragödie, so giebt Tobias eine feine, liebliche, gottselige Komödie"[9] – gab den Autoren und den protestantischen Schulen freie Hand für die Dramatisierung biblischer Stoffe.

Die humanistische Tradition wird auch an protestantischen Schulen weiter gepflegt. Melanchthon hatte sich in seiner eigenen Schulzeit an der Aufführung lateinischer Dramen beteiligt. Als Reuchlin, dessen Großneffe Melanchthon war, 1508 die Familie in Pforzheim besuchte, überraschte der Elfjährige den Gast mit einer privaten Aufführung von dessen *Henno*. In Melanchthons Privatschule (1521–1529) standen die lateinischen Klassiker im Vordergrund. Terenz bildete den Mittelpunkt des Lateinunterrichts, dem Aufführungen von Schülern und Studenten unter Melanchthons Leitung folgten. Daneben hat er Euripides, Seneca und Plautus aufgeführt. Die von ihm verfaßten Prologe sind erhalten. Ähnliche Gepflogenheiten herrschten an vielen protestantischen Gymnasien. Die Schulordnungen dieser Gymnasien enthalten beinahe ausnahmslos die Verpflichtung, Terenz und andere lateinische Dramatiker zu lesen, auswendig zu lernen, zu rezitieren und meist auch zu spielen[10].

In der Frühzeit des protestantischen Schuldramas, als die Verbreitung der neuen Lehre noch als ein Kampf gegen die bestehende Ordnung der Kirche ausgetragen wurde, hatte das Drama bei einigen Autoren polemische Züge angenommen. JOHANNES AGRICOLA (um 1494–1566) attackierte mit seiner 1537 anonym erschienenen *Tragedia Johannis Hus* den Ketzerprozeß auf dem Konstanzer Konzil. Der Zürcher Arzt JAKOB RUOFF (um 1500–1558) machte in seinem Weingartenspiel die Weingärtner zu „Papisten". VALENTIN BOLTZ setzte mit seinem Stück *Sant Pauls Bekehrung* (1546) auf die derbe Satire. In ALEXANDER SEITZ' Spiel von den törichten Jungfrauen verkaufen die Jungfrauen als Katholikinnen Ablaßzettel.

Drei Dramatiker der Reformationszeit waren es vor allem, die die im Humanismus gewonnenen Einsichten in Drama und Theater in das protestantische Schuldrama einbrachten: GULIELMUS GNAPHEUS (1493–1568), GEORG MACROPEDIUS (um 1475–1558) und THOMAS NAOGEORGUS (1511–1563).

Der Niederländer Gnapheus war bei den Brüdern vom gemeinsamen Leben erzogen worden und hatte im Geiste der *devotio moderna* gegen das Mönchswesen polemisiert. 1523 und 1535 wurde er in seiner Heimat von der Inquisition verhaftet. Als Schulrektor im Haag schrieb er 1528 das wohl am häufigsten nachgeahmte Drama der Reformationszeit: *Acolastus sive de filio prodigo* (1529). Hier ist der biblische Stoff vom verlorenen Sohn ganz ohne Polemik formal streng nach dem Vorbild der lateinischen Komödie gestaltet. 1531 kam Gnapheus nach Elbing, wo er 1535–1541 Rektor des Gymnasiums im Brigittenkloster war.

Macropedius, der nie Protestant wurde, hatte mit seiner Komödie *Asotus* bereits um 1510 eine Bearbeitung der Parabel vom verlorenen Sohn geschaffen. Bei ihm war der Einfluß der Palliata wohl am stärksten. Mit seinen neulateinischen Dramen hat er die Bemühungen der protestantischen Schuldramatik wesentlich beeinflußt. Von größter Bedeutung war seine Bearbeitung des Jedermann-Stoffes im *Hecastus,* den er mit seinen Schülern in Utrecht aufführte, bevor das Drama 1539 im Druck erschien. Protestanten und Katholiken nahmen seine Gestaltung des Stoffes gleichermaßen in Anspruch. Einer seiner Nachahmer in Deutschland war MARTIN HAYNECCIUS (1544–1611), der als Rektor in Grimma Stücke in gleicher Art schrieb und aufführte.

Thomas Naogeorgus ist der aggressivste und witzigste unter den protestantischen Polemikern. Sein *Pammachius* (1538), den er Martin Luther widmete, wurde das bedeutendste Kampfdrama des Protestantismus. Durch vier deutsche Übersetzungen wurde es schnell auch weiteren Kreisen zugänglich. Der Papst erscheint als Antichrist im Sinne von Luthers Definition: *Adversarius Dei et omnium*. Trotz des hohen Maßes an Abstraktion entgeht Naogeorgus durch die Lebendigkeit seiner dramatischen Abläufe der Gefahr trockener Lehrhaftigkeit. Durch den Verzicht auf den fünften Akt, in dem die Niederlage des Antichristen zu zeigen gewesen wäre, stiftete Naogeorgus einen Bezug zum Publikum, das durch den offenen Schluß zur Entscheidung herausgefordert werden sollte.

In seiner Tragödie *Incendia seu Pyrgopolinices* (1541) greift Naogeorgus Herzog Heinrich von Braunschweig, den Führer der katholischen Liga, an, der sich von Pammachius und Porphyrius gegen Luther aufhetzen läßt. Bekannter ist Naogeorgus' anderes Kampfdrama *Mercator* (1540), in dem er nicht historisch-politische Agitation betreibt, sondern den Jedermann-Stoff wählt, um daran die lutherische Rechtfertigungslehre zu propagieren. Auf drastische Weise wird der mit seinem Gewissen in Konflikt liegende Mercator auf dem Sterbebett durch den Apostel Paulus geheilt, der ihm mit einem Abführmittel die ,,Werkgerechtigkeit'' vertreibt und ihn mit der Medizin des Glaubens an die Gnade Christi beruhigt. Für die Darstellung der inneren Vorgänge bedient sich Naogeorgus der Personifikation des Gewissens in der Gestalt der ,,Conscientia''. Im fünften Akt kommt einzig Mercator in den Himmel, weil er nicht wie alle anderen (Fürst, Bischof, Franziskaner) auf seine guten Werke, sondern auf Christus als Fürsprecher vertraut. Übersetzungen ins Deutsche, ins Polnische und ins Französische zeigen die Bedeutung des Stückes in der Zeit.

Einen anderen Typus des agitatorisch-provokativen protestantischen (Schul)dramatikers bezeichnet BURKARD WALDIS, dessen Beziehung zu Schulaufführungen nicht zuverlässig nachgewiesen ist. Seine *Parabell vam verlorn Szohn*, 1527 in Riga aufgeführt, greift demonstrativ in die noch nicht entschiedene Frage der Religionszugehörigkeit der Stadt ein. Zugleich möchte er – wie die Reformatoren – die im 16. Jahrhundert – auch in Riga – lebendige Tradition, die „affgöderye des fastelauendes" in einen „geystlichen vastelauendt vorwandelen". Im Stück selbst, dessen Verbreitung wegen der niederdeutschen Mundart eher erschwert wurde, geht es ihm darum, an der biblischen Erzählung vom verlorenen Sohn die protestantische Rechtfertigungslehre zu demonstrieren. Diesem Anliegen werden Stoff und Form rigoros untergeordnet. Stofflich bedingt das eine Umakzentuierung der Rolle des älteren Sohnes. Er ist der Repräsentant des alten Glaubens, während im jüngeren Bruder der Vertreter des neuen Glaubens sinnenfällig gemacht wird, der in Demut und Gehorsam allein durch den Glauben Gnade findet.

Waldis versteht es, das Exemplarische seiner Gestaltung den Zuschauern bewußt zu machen. Zwischen die beiden Akte, die er in bewußter Abweichung von den lateinischen Vorbildern und mit klugem Gespür für die inhärente Dialektik seines Stoffes wählt, schiebt er eine Predigt, in der die Gestalt des „Actors" das Geschehen in seiner sinnbildlichen Bedeutung auslegt.

Bei den neulateinischen Schuldramatikern und Burkard Waldis begann jene Gattung der Schuldramatik, die man als Bibeldrama bezeichnet. Seit Luthers Hinweisen auf die Eignung bestimmter biblischer Stoffe entwickelte sich das Bibeldrama innerhalb des protestantischen Schuldramas zu einer bis heute nicht übersehbaren Fülle und einem nie völlig durchleuchteten Beziehungs- und Abhängigkeitsverhältnis der Autoren. In dieser Gattung dominierte die deutsche Sprache.

Im Bibeldrama wird der dargestellte Stoff unter dem Gesichtspunkt der neuen Lehre ausgelegt. Am Stoff des verlorenen Sohns, der quantitativ die weiteste Verbreitung fand, ließ sich die evangelische Lehre von der Rechtfertigung durch den Glauben gegen die katholische Lehre von der Rechtfertigung durch die Werke sinnfällig vor Augen stellen. An der Parabel vom reichen Mann und armen Lazarus wurde der Gegensatz von Glauben und Unglauben demonstriert (in Zürich bereits 1529). Andere Stoffe des Neuen Testaments, z. B. die Auferweckung des Lazarus, von klugen und törichten Jungfrauen, Petri Gefängnis oder die Bekehrung Pauli traten hinter beliebteren Stoffen des Alten Testaments und der Apokryphen zurück. An die Darstellung von Adam und Eva konnte man den Hinweis auf das Erlösungswerk Christi anschließen; Ruth und David wurden als Muster der Frömmigkeit vor Augen gestellt; Saul als Exemplum des Hochmuts; Hiob als der leidende Gerechte; Judith als die mutige Fromme; Tobias als das Muster des Ehemanns und seine Ehe als das positive Beispiel gegen die mittelalterliche Ehefeindlichkeit; Susanna als das Muster von Keuschheit und Tugend.

Landschaftliche Unterschiede in bezug auf den Beginn und die Ausformung dieser Tradition hat man seit langem festgestellt. Spiele von zweitägiger Dauer sind anfangs noch häufig. Früh spielt man in den Schweizer Städten Zürich, Bern und Basel, aber auch in den katholisch gebliebenen Städten Freiburg i. Ü., Luzern und Solothurn. Durch SIXT BIRCK (1501–1554) wird diese Praxis an das Augsburger Gymnasium verpflanzt. Ab 1536 kann Birck (Xystus Betulius) seine Basler Erfahrungen in seiner Vaterstadt Augsburg nutzen. Die *Susanna* (1532) wird von ihm dort lateinisch bearbeitet. Daneben erscheinen u. a. *Judith* (1537) und *Joseph* (1539). Die deutsche Fassung der *Susanna* wirkte auf Paul Rebhun.

PAUL REBHUN (um 1505–1546) wurde der bedeutendste Vertreter des sächsischen Schuldramas im 16. Jahrhundert. Er kann als Repräsentant jener Richtung gelten, in der humanistisch geschulter Formwille und überzeugtes Engagement einen hohen Grad von Verbürgerlichung erreichen. Durch die deutsche Sprache sollten die zügellosen weltlichen Fastnachtspiele verdrängt und ein größerer Kreis der Stadtbürger angesprochen werden. Rebhun, der Tyrolffs Übersetzung des *Mercator* von Macropedius gefördert hatte, ist nicht zuletzt wegen seines Interesses an der Ausbildung einer deutschen Dichtungssprache wichtig geworden. In seiner *Su-*

sanna (1535) war er bestrebt, den regelmäßig durchgeführten Wechsel von Hebung und Senkung, Vers- und Wortakzent miteinander in Einklang zu bringen. Dabei hat er versucht, eine ganze Skala von metrischen Mustern zu variieren.

Die Vermittlung reformatorischen Gedankenguts kam deswegen nicht zu kurz. Die zwischen die einzelnen Akte eingeschobenen Chöre übernehmen die Ausdeutung des Dargestellten. Der Epilog beschließt die Auslegung in der Form einer szenenweisen Musterung.

Rebhuns Dramentypus setzt sich – ohne die sprachlichen Ambitionen Rebhuns – immer mehr durch und wird zum klassischen Vertreter des protestantischen Schuldramas. Für das Bibeldrama wurde die Terenzbühne weiterentwickelt. Bespielbare Innenräume auf der Hinterbühne wurden erforderlich, die durch einen Vorhang verschließbar waren, wenn auf der neutralen Vorderbühne gespielt wurde.

Nach Österreich wird das protestantische Schuldrama durch WOLFGANG SCHMELTZL (um 1500–ca. 1560) verpflanzt, der seit 1542 als Lehrer am Schottenstift in Wien wirkte. Das Echo in Österreich bleibt begrenzt. Unter den wenigen Dramatikern verdient THOMAS BRUNNER (ca. 1535–1570) hervorgehoben zu werden, der mit seinen drei in Steyr entstandenen Dramen, *Jakob und seine zwölf Söhne* (ersch. Wittenberg 1566), *Tobias* (1568/69) und *Isaak und Rebecca* (1569), der bekannteste Schuldramatiker Österreichs ist.

Im Elsaß verbindet sich die Darstellungsform mit Elementen volkstümlicher Tradition (Tibolt Gart, Jörg Wickram, Tobias Stimmer).

Die großartigste Ausprägung fand das protestantische Schuldrama in Straßburg. Träger war das protestantische Gymnasium, das 1538 durch die Zusammenlegung von drei städtischen Lateinschulen entstanden war. Die Schaffung des protestantischen Gymnasiums ist das Verdienst des Humanisten und Pädagogen JOHANNES STURM (1507–1589), der als Leiter der neuen Schule das Spielen von Dramen pflegte, weil er – wie alle Humanisten – von der Bildung der Schüler durch antikes Gedankengut überzeugt war. Der Erfolg, den Sturm verzeichnen konnte, basierte anfangs auf dem regen Interesse des Stadtbürgertums, das schon früh mit Stücken der Humanisten in Berührung gekommen war: 1512 wurde Sebastian Brants *Hercules am Scheideweg* von den Schülern aufgeführt. Bereits 1529 konnte der Leiter der Münsterschule, der ehemalige Kartäuser Otto Brunsfeld auf die ,,Gewohnheit" seiner Schule verweisen, ,,anständige Komödien und Tragödien zu spielen"[11]. Zur Eröffnung des Gymnasiums 1538 spielte man die lateinische Komödie *Anabion sive Lazarus redivivus*, die Johannes Sapidus aus diesem Anlaß geschrieben hatte. Der überragende Erfolg ließ den Wunsch entstehen, mit regelmäßigen Aufführungen daran anzuknüpfen. Antike Dramen und Stoffe standen im Vordergrund. Sturm verteidigte sich 1565 in der Vorrede seiner Plautus-Ausgabe gegen den Vorwurf, man spiele zu wenig biblische Stoffe: ,,. . . wie kann ihnen (den Schülern) wohl die Schönheit der Tugend anschaulich gemacht werden, wenn ihnen nicht im Gegensatz dazu die Häßlichkeit des Lasters vor die Augen gestellt wird, und wozu sind denn die Lehrer in der Schule da, wenn nicht um ihnen zu zeigen, was an den Personen des Dramas zu loben, was zu tadeln, welche Beispiele zu meiden, welche nachzuahmen seien? Welcher Gelehrte, frage ich, wird nicht den alten Autoren, vornehmlich den römischen, vor den neueren den Vorzug geben? Und dies schreibe ich nicht aus Verachtung gegen die modernen Schriftsteller."[12]

Das Interesse an den Straßburger Aufführungen ging mehr und mehr über den Kreis der Schule, der Schüler, der Eltern und der Stadtbürgerschaft hinaus. In Straßburg, dessen Gymnasium 1566 zur Akademie erhoben wurde, vollzog sich die Entwicklung in paradoxer Weise. Man spielte zuerst in der Schule, mußte dann aber die Aufführungen in den Hof des Gymnasiums verlegen (1565), um dem Andrang des Publikums gerecht werden zu können. Das Fassungsvermögen dieses Theaters im Freien dürfte zweitausend Personen erreicht haben. In seinem Programm ließ sich Sturm nicht beirren. Bis zu seinem Abgang 1582 bildeten antike und neulateinische Dramen weiterhin das Repertoire. Kompromißbereitschaft zeigte Sturm gelegentlich bei der deutschen Sprache. So 1569, als das bereits 1567 gespielte, ins Lateinische übersetzte Drama *Jephtes* des Schotten George Buchanan nach der lateinischen Aufführung auch in deutscher Sprache gespielt wurde.

Überraschend ist die Zurückhaltung in konfessionellen Fragen. Das Straßburger Schultheater war dem Geiste nach dem Theater der Humanisten näher als dem im engeren Sinne repräsentativen protestantischen Schuldrama von Paul Rebhun, Thomas Brunner oder Thomas Naogeorgus. Das Straßburger Akademietheater konnte seine Bedeutung bis 1621, als die Akademie Universität wurde, bewahren. Nach Johannes Sturm hatte es in KASPAR BRÜLOW (1585–1627) einen begabten Lehrer und Dramatiker, dessen lateinische Dramen den Spielplan zwischen 1612 und 1616 prägten.

Obgleich das protestantische Schuldrama zu Recht als eine typische Erscheinung des 16. Jahrhunderts anzusehen ist, darf man seinen „Ausklang" im 17. Jahrhundert nicht übergehen. Die protestantischen Gymnasien pflegten die Tradition des Reformationszeitalters unter veränderten Umständen auch weiterhin. Mit dem Augsburger Religionsfrieden 1555 war die kämpferische Ausbreitung der Reformation im wesentlichen beendet. Die Bewußthaltung der neuen Lehre blieb aber – nicht zuletzt durch die Gegenreformation – weiterhin ein Anliegen. Fernerhin hatte sich der Auftrag der protestantischen Gymnasien, die Grundlage aller weiteren Bildung zu schaffen, für das erstarkte Bürgertum noch erhöht. Die protestantischen Gymnasien des 17. Jahrhunderts waren in viel höherem Maße als bei ihrer Gründung Stätten, in die das Bürgertum seine Söhne zur Vorbereitung einer Karriere in der sich entwickelnden Beamtenhierarchie in Staat und Verwaltung schickte. Die konfessionelle Komponente im Begriff „protestantisches Schuldrama" schwächte sich im Laufe des 17. Jahrhunderts zugunsten einer ,politischen' Akzentsetzung mehr und mehr ab. Eine wesentliche Belastung bildete der Dreißigjährige Krieg, gegen dessen Ende JOHANN RISTS (1607–1667) viel gespieltes *Friedewünschendes Teutschland* (1647) auch auf Schulbühnen gespielt wurde, wie dessen *Irenaromachia* (1630).

Die Schulbühnen in den alten Zentren der Schuldramatik, in Zittau und Breslau, präsentierten sich in erheblich gewandelter Form. Die Kulissenbühne, aus Italien übernommen, fand Eingang. Die berühmt gewordene Bühnenkonstruktion Furttenbachs in Ulm mit Telari, Schnurrahmen, fünffacher Verwandlungsmöglichkeit, Theatermaschinerie und künstlicher Beleuchtung war für Schüleraufführungen konstruiert worden. Die „gesprochene Dekoration" war Vergangenheit. Gryphius und Lohenstein, seit ihrer Schulzeit mit Schulaufführungen aktiv vertraut, schrieben ihre Dramen, die in der Literaturwissenschaft als „schlesisches Kunstdrama" rubriziert wurden, für die Schulbühnen der Breslauer Gymnasien. Lohenstein verfaßte als vierzehnjähriger Schüler (1649) sein erstes Trauerspiel, den *Ibrahim Bassa*, der vermutlich im Karneval 1650 aufgeführt wurde. Seine *Epicharis*, zuerst 1665 erschienen, die heute noch prüde Gemüter erschreckt, ist mit Sicherheit von Schülern auf dem Breslauer Schultheater gespielt worden. Die Frauenrollen wurden selbstverständlich von den Schülern gespielt. Die *Cleopatra* wurde 1661, die *Agrippina* 1666 und die *Sophonisbe* 1669 gespielt, woran die beiden protestantischen Gymnasien in Breslau beteiligt waren.

Auch Gryphius' Trauerspiele und Komödien wurden von den Breslauer Schülern gespielt. Wie sehr gerade er die rasche Verwandlungsmöglichkeit der Kulissen und den Zwischenvorhang zu nutzen wußte, ist an *Cardenio und Celinde*, aber auch sonst oft genug beobachtet und beschrieben worden. JOHANN CHRISTIAN HALLMANN, seit 1647 Schüler des Magdalenen-

Gymnasiums in Breslau, hat als Schüler ebenfalls auf der Bühne gestanden. Eine Reihe seiner Dramen wurde ab 1666 von Schülern beider Gymnasien aufgeführt. Für die Aufführung der Musik- und Balletteinlagen gab er genaue Anweisungen. Das „Veropern des Wortdramas" machte bei Hallmann rasche Fortschritte. In der Konkurrenzsituation der beiden Breslauer Schultheater mit dem Jesuitentheater (seit 1638) überlebte allein die Ordensdramatik. Nach dem Tod ELIAS MAJORS (1588–1669), Rektor am Elisabethanum und jahrzehntelanger Förderer des Schultheaters, ist die Zeit der Schulaufführungen an den beiden Breslauer Gymnasien vorüber. Der Versuch, durch „deutsche Schulactus" – u. a. unter CHRISTIAN GRYPHIUS (1649–1706) – neues Interesse zu wecken, blieb erfolglos.

Um die Jahrhundertwende versuchte sich der gescheiterte Jurist Hallmann als selbständiger Theaterunternehmer, anscheinend ohne Erfolg.

Das professionelle Theaterspielen eines Dramatikers, der aus der Tradition der Schuldramatik kam, kann als Symptom genommen werden. Seit die englischen Komödianten und ihre deutschen Ableger Fuß fassen konnten, war das Schuldrama zum allmählichen Siechtum verurteilt. Einige Schuldramatiker stellten nach 1648 ihre Dramen und Aufführungen in den Dienst einer Kritik am Absolutismus und an der höfischen Kultur, so JOHANN SEBASTIAN MITTERNACHT (1613–1679) und CHRISTIAN ZEIDLER (gest. 1707). Seine letzte Blüte hatte es in Zittau unter CHRISTIAN WEISE (1642–1708), dem „Gottsched des Schultheaters" (R. Newald), in dessen über sechzig Dramen wir nicht selten zwischen 180 und 200 Rollen finden. Selbst zwei lateinische Dramen sind zu vermerken. Seine Schule wurde zur „lebendigen Akademie der bürgerlichen Gewandtheit und Beredsamkeit". Das protestantische Schuldrama war längst zum Drama an protestantischen Schulen geworden. Ganz anders verlief die Entwicklung des Jesuitentheaters.

Das *Jesuitentheater*, das als eine besonders aufwendige Form des Barocktheaters, als höchste Entfaltung des Theaters seiner Zeit apostrophiert wird, entwickelte sich aus sehr bescheidenen Anfängen. Das hängt mit den äußeren Umständen zusammen, die sich aus der Gründung von Jesuitenkollegien auf deutschem Boden ergaben. Zwar läßt sich seit der Schaffung der beiden deutschen Ordensprovinzen – oberdeutsche und niederdeutsche – sowie der österreichischen Ordensprovinz eine rasche Ausbreitung der Kollegien „in den Landen deutscher Zunge" feststellen, doch darf man diese Entwicklung nicht mit der Entfaltung der dramatischen Tätigkeit identifizieren. Die niederdeutschen Kollegien sind im ganzen für die Bedeutung des Jesuitendramas und -theaters weniger bedeutsam gewesen als die oberdeutschen und österreichischen.

Eine wesentliche Voraussetzung für die Entfaltung der dramatischen Tätigkeit des Ordens war die Angliederung von Schulen (Gymnasien) an die Kollegien. Solange das nicht in ausreichendem Maße geschehen war, war an eine Spieltätigkeit größeren Ausmaßes nicht zu denken. Der eigentliche Zweck der Schulgründungen war indes nicht das Theaterspielen. Der Orden hatte bald erkannt, daß das Bestehen seiner Kollegien und die Durchführung der gegenreformatorischen Aufgaben wesentlich von der Heranbildung junger Ordenstheologen abhing. Bereits die revidierte Fassung der „Constitutiones" von 1556 trägt dem Rechnung, indem sie die Schulen ausdrücklich für externe Schüler öffnet. Für die Schüler bestand kein Zwang, nach Abschluß der Studien in den Orden einzutreten, doch war der Orden außerordentlich erfolgreich, gerade die Begabtesten unter ihnen zu gewinnen. Das Internat bot darüber hinaus vor allem den Schülern aus ärmeren sozialen Verhältnissen eine sonst nirgends gegebene Chance.

Nach den unvollständigen Angaben bei Johannes Müller entwickelte sich die Zahl der Ordensmitglieder dennoch keineswegs sprunghaft. Die Zahl der Schüler an den Gymnasien stieg hingegen beachtlich: in Wien zählte man 1588 bereits achthundert Schüler, in Dillingen waren es 1563 etwa dreihundert und 1582 gegen sechshundert.

Als das Wiener Jesuitenkolleg 1555 den *Euripus* des Löwener Minoriten Lewin Brecht spielte, hatte das Humanistendrama, anfänglich die größte Konkurrenz des Ordensdramas, in Wien längst Fuß gefaßt. Aber nicht nur in Wien, auch an anderen Orten stieß der Orden auf eine teilweise traditionsreiche Aufführungspraxis unterschiedlicher Provenienz. Da waren ferner die Schulkomödien der protestantischen Gymnasien – z. T. bereits in deutscher Sprache –, die Fastnachtspiele, Bürgerspiele, Moralitäten und andere Spiele aus volkstümlicher Tradition. Dem hatte der Orden zunächst wenig entgegenzusetzen. Anfänglich waren es scholastisch-schulmäßige Disputationen in Dialogform, die nur einen kleinen Kreis von Gebildeten ansprechen konnten; dann eine halbdramatische Dialogliteratur. Es kennzeichnet die Verhältnisse, wenn Johannes Müller feststellt: „Man muß sich also gegenwärtig halten, daß die Jesuitenbühne bis 1590 nur ein Konkurrent des Humanistendramas ist, freilich ein siegreicher."[13]

Die Beeinflussung des Jesuitentheaters in der Frühzeit durch Terenz, Plautus, Seneca (wobei die Palliata nicht Schullektüre war) sowie die neulateinischen Humanistendramen, ist u. a. von Willi Flemming und Johannes Müller in den Grundzügen dargestellt worden. In jüngster Zeit ist das Wissen um die Entwicklung des Jesuitendramas in zwei Richtungen wesentlich erweitert worden, in der *genesis ab extrinseco* und in der *genesis ab intrinseco*.

Wilfried Barners bahnbrechende Untersuchungen haben die allgemein vernachlässigte Bedeutung der Rhetorik und die Bedeutung der „Rhetorik an den Jesuitengymnasien" in den Blick gerückt[14]. Die Orientierung der Jesuiten an dem von den Humanisten erreichten Standard ist heute offenkundig. In der Konzeption des Rhetorikunterrichts war das protestantische Straßburger Gymnasium auch für die Jesuiten Vorbild. Wenn sie nicht entscheidend hinter der Leistung der protestantischen Gymnasien zurückbleiben wollten, mußten sie an deren humanistische Tradition und rhetorische Errungenschaften anknüpfen, obwohl beide Schulformen völlig verschiedene Bildungsziele hatten.

Das Jesuitentheater wurde in einem viel strikteren Sinne als das protestantische Schuldrama ein Instrument der Glaubenspropaganda, aber zugleich auch ein Mittel der Werbung für Schule und Orden. Im Unterschied zum protestantischen Schuldrama – vom Straßburger Akademietheater bedingt abgesehen – vertreten die Jesuiten als „Kampftruppe der gegenreformatorischen ‚ecclesia militans‘ " einen „institutionalisierten Radikal-Klassizismus" (W. Barner). Die Konsequenz des Ordens in der Diktatur der klassischen Latinität ist um so bemerkenswerter, als auch das Jesuitentheater wegen seines gegenreformatorischen Auftrags gezwungen war, sich durch Wirkung und Erfolg auf der weltlichen Szene zu legitimieren. Das Abweichen von der Latinität, wie beim späteren Historiographen Bayerns Andreas Brunner, der deutsche Passionsdialoge schrieb, ist eine Ausnahme. In der durchgehenden Latinität läßt sich das Interesse des Ordens an einem ganz bestimmten „Zielpublikum" erkennen.

Zur *genesis ab intrinseco* hat G. Richard Dimler S. J. der Forschung ein Untersuchungsfeld nahegebracht, das bisher nur gelegentlich und zu begrenzt bearbeitet wurde[15]: den Einfluß der Ignatianischen Exerzitien auf Stoffwahl, Anlage und Struktur der Jesuitendramen – u. a. die Form der Konkretisierung von Abstrakta wie Sünde, Tod und Hölle; die Erzeugung von Effekten; die Wahl zwischen Gut und Böse – und den Einfluß der zuerst 1586 erschienenen und 1599 definitiv gefaßten „Ratio Studiorum". Sie formuliert die Philosophie, die hinter der Erziehung des Ordens steht. Pontanus, einer der großen Theoretiker des Ordens, faßt sie in bezug auf das Spielen in fünf Punkten zusammen: 1. Anregung zur Unterstützung der armen Studenten, 2. Ausbildung von Haltung und Gebärde, 3. Lob für die Eltern und die Schule, 4. Gewinn für die

Schule durch das Auswendiglernen so vieler lateinischer Verse. Endlich Gewinn für die Lebenserfahrung und das Urteil.

Die Kenntnis des Jesuitendramas ist – aufs Ganze gesehen – immer noch begrenzt. Ein
Grund liegt in der Gepflogenheit des Ordens, die Dramen seiner Mitglieder – von Ausnahmefäl-
len abgesehen – nicht drucken zu lassen, ein weiterer darin, daß viele Quellen – vor allem im
Dreißigjährigen Krieg – verlorengegangen sein dürften oder bis heute unangetastet in Archiven,
u. a. des Ordens selber, ruhen. Auch die Fülle der Aufführungsnachweise bei Johannes Müller
stellt kaum mehr als die Spitze des Eisberges dar. Ferner war das Interesse der Forschung begrenzt, die nur wenigen Autoren nachhaltige Aufmerksamkeit geschenkt hat – vor allem Jakob
Bidermann – und schließlich wurden – von Sonderfällen abgesehen – die Editionen von überlieferten Texten und Periochen mehr exemplarisch als systematisch betrieben.

Ob die Periodisierungsversuche bei einem beträchtlich breiteren Überblick über ihren
immer noch vorläufigen Stand hinausgelangen würden, muß offen bleiben[16]. Richard Newalds
Skepsis Versuchen gegenüber, die Typen von Dramen aus dem Vergleich überlieferter Texte
herausdestillieren wollen, ist berechtigt. Die Frage ist, ob nicht eine Betrachtungsweise von der
Intention dieser Dramatik her fruchtbarer wäre. Erste Versuche wurden inzwischen gemacht.
Was immer noch fehlt, ist eine Konkretisierung der durch Barners Untersuchungen bereitge-
stellten Einsichten an den Texten.

Unsere Kenntnis der Frühzeit des Jesuitentheaters – bis etwa 1600 – stützt sich vor allem
auf die Beachtung jener Autoren, für die sich – vor allem im süddeutschen Raum – eine längere
Beschäftigung mit dem Theater des Ordens nachweisen läßt: Peter Michael (gen. Brillmacher)
(1542–1595) – einziger namhafter Vertreter der niederdeutschen Ordensprovinz –, Jakob Pontanus (1542–1626), Wolfgang Starck (1544–1605), Ferdinand Crendel (1557–1614), Matthäus
Rader (1561–1634), Jakob Gretser (1562–1625), Georg Agricola (1562–1635) und Jakob Keller
(1568–1631).

Repräsentativ für diese erste Phase ist JAKOB GRETSER, dessen produktive dramatische
Tätigkeit in die Zeit vor 1598 fällt. Während seines Schweizer Aufenthalts (1584–1586) schrieb
er neun Stücke, die er in Freiburg i. Ü. und Luzern aufführte. In acht Jahren verfaßte er – wie
Müller nachweist – dreiundzwanzig Stücke. Von seinen Dramen ist einzig der *Udo* dem Be-
wußtsein der Forschung durch Text und Analyse nahe gebracht worden[17]. Die Tatsache der
Quantität, die Bindung an konkrete Gelegenheiten (Schulaufführungen) und die mit der Jesui-
tendramatik verbundene ‚Tendenz' waren der Grund, warum es die Dichter des Ordens lange
Zeit schwer hatten, angemessen rezipiert zu werden.

In der Frühphase des Jesuitentheaters wurde auf der weiträumigen Freilichtbühne gespielt, auf der das Massenaufgebot an Darstellern eine gewisse Konzentration erfahren konnte.
Ein beträchtliches Maß von Heterogenität wird man diesen frühen Aufführungen zusprechen
müssen. Die stark auf die Optik ausgerichtete Darstellungsform versuchte, musikalische und
tänzerische Elemente (z. B. Chöre und Ballette) zu integrieren. Von der Intention des Ordens
aus gesehen, wird man ,,die letzten dreißig Jahre des 16. Jahrhunderts in München" jedoch
nicht wie Willi Flemming als ,,Glanzzeit" verstehen können.

Gegen Ende des 16. Jahrhunderts bahnt sich eine Verlagerung der Aufführungen in die
Aula der Kollegien an. Erst damit waren die Voraussetzungen geschaffen, die eine Konzentration des Stoffes, eine beträchtliche Verminderung der Darsteller und – was das wesentlichste ist
– das direkte Ansprechen des Publikums, eine rhetorisch fundierte *persuasio* ermöglichten. Dieses Hauptanliegen der Handlung (*actio*) wird für die Jesuiten erst auf der Aulabühne durchführ-
bar. Der rhetorische Grundzug ihrer Dramatik gewinnt daher erst seit dem Ende des 16. Jahr-

hunderts und zu Anfang des 17. Jahrhunderts seine beherrschende Rolle. Es sind die Schüler der ersten Ordensdramatiker, welche die *propaganda fidei* rhetorisch konsequent realisieren.

Diese zweite Phase der Ordensdramatik repräsentieren Jakob Bidermann (1578–1639), Jeremias Drexel (1581–1638) – der allerdings als Prediger und Verfasser erbaulicher Schriften berühmter ist –, Georg Stengel (1585–1651), Andreas Brunner (1589–1650), Jakob Balde (1604–1668) und Jakob Masen (1604–1681). Vor allem für JAKOB BIDERMANN wurde auf breiter Basis nachgewiesen, auf welch eindrückliche Weise das gegenreformatorisch-theologische Anliegen des Ordens mit und durch die Forderungen von Rhetorik und Poetik durchgeführt wurde. Die unmittelbare Wirkung der Münchener *Cenodoxus*-Aufführung (1609) ist durch die Hinweise in der *Praemonitio ad Lectorem* der posthumen Ausgabe der Dramen (1666) belegt. Für die lang anhaltende Nachwirkung dieses Stückes hat neuerdings Günther Hess eindrucksvolle Belege gegeben[18].

Auch zur ideologischen Funktion der Jesuitendramatik dieser Phase sind in den letzten zwei Jahrzehnten wesentliche Einsichten gewonnen worden. Wichtige Voraussetzungen in der Forschung waren die Loslösung der Betrachtung aus dem Bann der Dramentheorien des 18. und 19. Jahrhunderts und die wachsende Einsicht in Struktur und Funktion einer nicht-aristotelischen Dramatik. Diese Bemühungen haben den Blick frei gemacht für die Dialektik dieser Dramatik.

So wichtig diese Einsichten sind, für ein Gesamtverständnis reichen sie nicht aus. Der größte Mangel, der bis heute geblieben ist, ist die nur zaghaft in Angriff genommene Untersuchung der rhetorischen Strategien, die von den Jesuitendramatikern angewendet wurden, um das Ziel – die *persuasio* des Zuschauers – zu erreichen. Ein Beispiel: Statt die Gerichtsszenen im fünften Akt des *Cenodoxus* voreilig als „longwinded and repetious sermonizing" zu bezeichnen und damit den künstlerischen Wert des Stückes in Frage zu stellen („without the final act, Bidermann's first play would be artistically improved"[19]), wäre es notwendig gewesen, Elemente des *persuadere* – *docere, delectare, movere* – aus ihren historischen Voraussetzungen zu verstehen und ihre Behandlung im Text aufzuweisen. Dann hätte sich gezeigt, daß Bidermann mit dem *docere* dieser Szenen konsequent den intellektuellen Weg der *persuasio* einschlägt. Aus einer solchen Analyse würde die Reaktion der zeitgenössischen Zuschauer auf die Anklagerede des Panurgus begreiflich, von der die *Praemonitio* berichtet.

Diese ahistorische Betrachtungsweise, die eine Kluft zwischen „dichterischer" und „rhetorischer" Begabung vorauszusetzen pflegte, hat Urteile über Jesuitendramatiker geprägt, die ihnen nicht gerecht werden. Es muß zukünftigen Untersuchungen vorbehalten bleiben, das Urteil Johannes Müllers z. B. über KASPAR LECHNER (1584–1634) zu revidieren: „Lechner ist ein Typ für den Schulgelegenheitsdichter, der unterhalten, spannen und belehren will, ohne jedoch eine innere Befähigung zum Theaterdichter zu haben."[20]

Auch das Verhältnis von Dramentheorie und -praxis ist immer noch zu wenig berücksichtigt worden. Ein Vergleich eines frühen Theoretikers wie Jakob Pontanus mit Jakob Masen im Kontext der Tradition wäre wünschenswert. Beide haben ihre Dramen als *exempla* verstanden.

Mit dem Ende des Dreißigjährigen Krieges beginnt eine Entwicklung des Jesuitentheaters, die sich weit von den bescheidenen Anfängen, aber auch noch beträchtlich von den Darstellungsformen der zweiten Phase entfernt. In immer stärkerem Maße findet durch die Verwendung musikalischer Elemente eine Annäherung an die Oper statt. Den Höhepunkt erlebt diese Form des Jesuitentheaters am Wiener Kaiserhof unter Leopold I. (1658–1705).

Nachdem der Orden unter Ferdinand III. (1637–1657) den Höhepunkt seiner Entwicklung in Österreich erreicht und 1650 im akademischen Kolleg eine Doppelbühne erhalten hatte, war er gerüstet, neben den internen Aufführungen der einzelnen Klassen auf der kleinen Bühne des Kollegs, auch die am Kaiserhof geschätzten öffentlichen Prunkaufführungen auf der großen Bühne in seine Hände zu nehmen. In der zweiten Hälfte des 17. Jahrhunderts entstehen in Wien die prunkvollen *Ludi caesarei* unter direkter und indirekter Beteiligung des Hofes. Damit erreichte das Jesuitentheater eine nirgends sonst erlangte öffentliche Bedeutung. Im Trientiner NICOLAUS VON AVANCINI (1611–1686) besaß der Orden einen Autor, der weit über seine Lehrtätigkeit als Professor für Rhetorik und Philosophie am Jesuitenkolleg hinaus fast ‚Hofdichter‘ wurde. Die Öffentlichkeit der weiterhin lateinischen Aufführungen war beträchtlich größer als an anderen Orten, an denen der Orden seine bescheideneren Theateraufführungen fortsetzte.

Seit 1640 hatte Avancini die Prunkentfaltung seiner Stücke immer weiter entwickelt. Mit seiner *Pietas victrix* (1659) erreichte er einen ersten Höhepunkt. Das in Ausstattung, Tanz und Gesang den bis dahin gezogenen Rahmen sprengende Stück mündete in einen Herrscherpreis.

Nicht minder effektvoll waren Avancinis Hochzeitsspiel *Cyrus* (1673) – in Graz zu Ehren Kaiser Leopolds und der Erzherzogin Claudia aufgeführt – und sein 1674 in Wien aufgeführtes Stück *Conubium inter Henricum et Adelindam Conradi II Caesaris filiam, Divina providentia dispositum et Caesaris Mayestatis Leopoldo et Claudine.*

Die dramatische Fruchtbarkeit Avancinis, der von Malern und Komponisten am Hofe unterstützt wurde, zeigt sich in der Zahl von mehr als dreiunddreißig Dramen, die er zumeist selbst inszenierte und von denen die meisten – gegen die geläufige Praxis des Ordens – in der fünfbändigen Ausgabe seiner ,,Poesis dramatica" (1675–1680) veröffentlicht wurden.

Ohne die hoch entwickelte Bühnentechnik wäre eine Entfaltung, wie sie unter Avancinis Leitung stattfand, nicht denkbar gewesen. Die sogenannte kubische Simultanbühne, auf der z. B. Bidermanns *Cenodoxus* seine so erfolgreiche Münchner Inszenierung (1609) erlebte, wirkt angesichts der großräumigen Wiener Sukzessionsbühne mit ihrer voll entwickelten Tiefendimension wie ein Relikt aus fernen Tagen, obgleich die *Pietas victrix* nur fünfzig Jahre später erschien.

Es wäre verfehlt, wollte man die *Ludi caesarei* Avancinis lediglich als panegyrische Schau-Stücke betrachten. Die gewaltsame Rekatholisierung z. B. Schlesiens wurde von den Jesuiten unter der Herrschaft der katholischen Habsburger in der zweiten Hälfte des 17. Jahrhunderts mit äußerster Härte durchgeführt. Die Notwendigkeit und Nützlichkeit einer engen Verbindung von weltlicher und geistlicher Macht konnte man in den ,,Kaiserspielen" demonstrieren; die Normen christlichen Denkens im Sinne der katholischen Tradition und Lehre blieben keinen Augenblick außer Betracht. Immer wieder wurde dem anwesenden Kaiser das Herrscherideal der Kirche vor Augen geführt, beispielsweise am Constantin-Stoff, oder demonstriert, daß sich die Interessen von Staat und Kirche am besten gemeinsam vertreten lassen.

Unter Avancinis Nachfolger JOHANN BAPTIST ADOLPH (1657–1708) erfahren die *Ludi caesarei* noch einmal einen Höhepunkt, der bereits die ,,Nachblüte" des Wiener Jesuitendramas einleitet. Die früh bemerkte Vorliebe Adolphs für das Anmutige und Zierliche (Rommel) im Unterschied zu Avancinis Interesse am ,,Politischen" verbindet sich bei ihm mit einer Gestaltung von Einzelschicksalen, bei der er die Darstellung des Grausigen und Tragischen zu vermeiden sucht, auch wenn es ihm durch die Quelle nahegelegt wird (z. B. *Philemon und Apollonius*[21]). Im Gegensatz zu Avancini – und anderen Dramatikern des 17. Jahrhunderts – kennt Adolph eine Entwicklungsfähigkeit seiner Helden. Die Statik in der Gestaltung barocker Helden bricht auf. Zwei Aspekte, die der Theologe Wolfgang Philipp als Charakteristika des Ausklangs der Barockzeit und als Beginn der Aufklärung aufgewiesen hat[22], das gewandelte Bild der

Frau und die Entdeckung des Kindes, finden sich bei Adolph. Zwar bleibt die Bühne der Avancini-Ära auch Adolphs Voraussetzung, doch ist eine merkliche Reduktion der Prachtentfaltung und der Inanspruchnahme bühnentechnischer Möglichkeiten zu verzeichnen. Als letzter Repräsentant spätbarocker Jesuitendramatik, dessen Stücke und Aufführungen das uneingeschränkte Interesse des Kaiserhofs fanden, ist Adolph doch schon ein Dichter des Übergangs vom Barock zur Aufklärung, was man auch für den formalen Aufbau seiner Dramen nachgewiesen hat. Mit ihm endet die Epoche des Ordensdramas, die man gern als die Blütezeit des Jesuitentheaters bezeichnet; mit ihm begann zugleich eine neue Epoche, in der das Jesuitentheater allenthalben zu provinzieller Bedeutungslosigkeit verkümmerte.

Betrachtet man die Geschichte des Jesuitentheaters strenger als früher von der Funktion dieser Dramatik im Dienste der Gegenreformation und von der Funktion der *persuasio* aus, dann wird man viele Gründe finden, die, bei aller Wertschätzung der theatralischen Leistung des Avancinismus, die zweite Phase des Jesuitentheaters mit ihrer strikten Ausbildung der rhetorischen Struktur als den Höhepunkt des Jesuitentheaters erscheinen lassen. Die homogene Umsetzung von Zweck in Form und von Wirkungsabsicht in Wirkung ist dort geschlossener als in den spektakulären *Ludi caesarei*.

Gryphius, Lohenstein und das Trauerspiel des 17. Jahrhunderts
Hans-Jürgen Schings

Unbestritten gelten die Trauerspiele des „deutschen Sophokles" und des „deutschen Seneca", ANDREAS GRYPHIUS' (1616–1664) und DANIEL CASPER VON LOHENSTEINS (1635–1683), als Kernbezirk der deutschen Barockdramatik. Zusammen mit dem Prolog, den MARTIN OPITZ (1597–1639), auch für diese Gattung Initiator und „Literaturorganisator" (Richard Alewyn), in Form von Übersetzungen der *Trojanerinnen* und der *Antigone* geliefert hat, sowie dem Nachspiel der Epigonen JOHANN CHRISTIAN HALLMANN (1640–1704?) und AUGUST ADOLF VON HAUGWITZ (1647–1706), bildet das Werk von Gryphius und Lohenstein eine klassische literarische Reihe, das sogenannte Schlesische Kunstdrama.

Die Annäherung ist nicht leicht. Der beträchtlichen internen Differenzen ungeachtet, bietet sich ein einheitlicher Formtypus dar, der dem modernen Verständnis stärksten Widerstand entgegensetzt, deswegen aber auch, und zwar in wachsendem Maße, Faszination ausübt, die Faszination des Fremdartigen. Der Weg aus dem akademischen Ghetto führt dabei, nicht ohne Ironie, zunehmend über die abgelehnte Habilitationsschrift von Walter Benjamin. Das Trauerspiel-Buch, inzwischen 50 Jahre alt, tritt im Zuge der neuesten Benjamin-Rezeption vielfach an die Stelle der Texte selbst, um diese an seinem kryptischen Nimbus und an der kritischen Autorität seines Verfassers teilhaben zu lassen. Im Anschluß an Benjamin hat die neuere Barockforschung namentlich die Emblematik (Albrecht Schöne), im Unterschied zu ihm sodann die Rhetorik als eigentümliche Medien und Spielräume des Barockdramas erschlossen. Seit der Kölner *Epicharis*-Aufführung des Jahres 1978 (und der *Agrippina*-Bearbeitung von Hubert Fichte) hat es sogar den Anschein, als greife das Interesse am rücksichtslos Fremden auf ein weiteres Publikum über. Von Analogien ist die Rede, von „Dingen, die uns – eine Generation nach dem Zweiten Weltkrieg – angehen"[1]. Wie dem auch sei – und die gegenwärtige Abkehr von einem autonomen Literaturbegriff mag auch hier im Spiel sein –, das barocke Trauerspiel verbindet emblematischen Deutungsanspruch und rhetorischen Wirkungswillen mit rigorosen religiösen, moralischen und staatstheoretischen Konzepten zu sprachlich hochartifiziellen Gebilden von einer Strenge, die jede distanzlose Aktualisierung ebenso abprallen läßt wie die pure Ästhetisierung.

Zuvörderst wird man sich vor Augen halten müssen, daß das barocke Trauerspiel auf einen äußeren und inneren Notstand, auf den Ausnahmezustand[2] antwortet, den es freilich zugleich als *conditio humana* überhaupt versteht. Die Immanenz der Gattungsautonomie ist deshalb außer Kraft gesetzt. Das Barockdrama entzieht sich sowohl der idealistischen Kategorie des Tragischen wie auch dem poetologischen Aristotelismus, der von den Lehrbüchern des 17. Jahrhunderts als Erbe des Cinquecento und seiner großen Poetiken eher schlecht als recht verwaltet wird. Stattdessen macht sich der Sog eines Kräftefeldes geltend, das die aristotelischen Präzepte immer wieder durchkreuzt, so daß geradezu die Störungen der Gattungstradition konstitutive Bedeutung erlangen. So verkörpert sich die Intention des barocken Trauerspiels zweifellos am bündigsten im Märtyrerdrama, dem als genaues Gegenstück das Drama des Tyrannen und des Intriganten, die Tragödie der Leidenschaften und des Machtwillens zuzuordnen ist. In jedem Falle handelt es sich um den Entwurf eines *theatrum mundi*, um Dimensionen und

Wirkmächte des Kosmos, des Weltzustandes und der Geschichte, vor denen die Protagonisten zu agieren und zu reagieren haben – mit Tugend, Beständigkeit, Klugheit und Vernunft – oder mit Affekt, Blindheit und bedingungsloser Machtbesessenheit. Vanitas und Verhängnis, *constantia* und *prudentia:* es wird sich zeigen, wie diese Grundbegriffe mit ihrem weitreichenden theologischen, moralphilosophischen und politischen Umfeld das fundamentale Modell des Trauerspiels umschreiben – ein Modell, das selbstverständlich so verschiedene Ausfüllungen zuläßt, daß sowohl Gryphius mit seinen religiösen Energien wie der demgegenüber ganz ‚profane' Lohenstein in seinem Rahmen Platz finden.

Keiner der Schlesier hat es versäumt, die außerordentliche, die Ausnahmesituation, in die sich der Trauerspiel-Dichter und sein Publikum gestellt sehen, einzuschärfen.

Lapidar erklärt Gryphius in der Vorrede zu seinem *Leo Armenius*:

> INdem vnser gantzes Vatterland sich nuhmehr in seine eigene Aschen verscharret / vnd in einen Schawplatz der Eitelkeit verwandelt; bin ich geflissen dir die vergänglichkeit menschlicher sachen in gegenwertigem / vnd etlich folgenden Trawerspielen vorzustellen.   GA, V, 3

Mit dem Blick auf die Katastrophe des Vaterlandes rechtfertigt schon Opitz die Wahl der Seneca-Übersetzung:

> Wer wird nit mit grösserem Gemüte als zuvor seines Vatterlands Verterb vnd Schaden / den er nit verhüten mag / ertragen / wann er die gewaltige Statt Troja / an welcher / wie die Meynung gewesen / die Götter selbst gebawet haben / siehet im Fewer stehen / vnd zu Staube vnd Asche werden?
>   WP, I, 315

Der gezielte historische Bezugspunkt geht auch Lohenstein nicht verloren, wobei er, eine Generation später, bereits die Konsequenz aus einer völlig gewandelten Lage zieht. Ausgerechnet Kaiser Leopold I., der die systematische Gegenreformation in Schlesien noch verschärft, wird nun zum Adressaten der Widmungszuschrift des *Ibrahim Sultan*:

> Ich überliefre Fußfällig ein Schauspiel / nicht so wol / weil die gantze Welt einen Schauplatz / die Menschen die Spielenden / ihr Leben das Spiel / der Himmel den urtheilenden Zuschauer fürstellet; als weil Ew. Käyserl. Majest. Helden-Thaten in diesem grossen Schauplatze ein Beyspiel aller vollkommenen Fürsten / und ein anbethens-würdiges Vorbild der Vollkommenheit bey der Nachwelt zu seyn ... verdienen.   TT, 101

Zunächst, in seinen Anfängen aber nimmt es das Trauerspiel der Schlesier erklärtermaßen mit der politisch-patriotischen Szene des großen Krieges und seinen fatalen Folgen für die schlesischen Protestanten auf, mit dem „Leibes-vnd Gewissens-Zwang", dem „vnser betrübtes Vatterland" ausgesetzt ist, wie Opitz sagt (GP, 91), mit der Situation des allgemeinen Bürgerkrieges, des *bellum Civile* (WP, I, 248).

Die *Trojanerinnen* wie die *Antigone* beziehen aus dieser Konstellation ihre neue Bedeutung. Geschichte überhaupt erscheint als eine Serie von Katastrophenfällen und rückt unter das Zeichen des Trauerspiels, unter das Gesetz der „vergänglichkeit menschlicher sachen". Als weiteres Glied in der Kette historischer Exempla drängt die gegenwärtige Realität ins Trauerspiel, das ihr allein beizukommen vermag. Die plausibelste Möglichkeit der Selbstbehauptung und des Widerstandes gibt vorerst das Märtyrerdrama. Obwohl es eine Domäne der Jesuiten darstellt, macht der Lutheraner Gryphius deshalb das Märtyrerthema zur Mitte seines Werks, so freilich, daß er dabei den Kontakt zu Stoffkreisen der römischen Kirche vermeidet[3]. Die gefangene Königin Catharina von Georgien, in ihrer Souveränität, ihrer Ehre und ihrem Glauben vom heidnischen Chach bis zum Foltertod bedrängt – und der schlesische Protestantismus, im zähen Widerstand gegen die übermächtige Zentralgewalt ausharrend; der Rechts-Märtyrer Papinian, der die Sanktionierung des fürstlichen Unrechts nicht weniger strikt ablehnt als den offenen Auf-

stand gegen den Souverän – und der Gehorsamsnotstand, in dem sich die lutherischen Landstände gegenüber der kaiserlichen Oberhoheit befinden, wobei der Glogauer Syndikus Andreas
Gryphius wiederholt persönlichen Mut beweist: solche Gleichungen liegen auf der Hand, auch
wenn sie nicht offen ausgesprochen werden (können). Dazu treten der *Leo Armenius*, die Tragödie des Fürstensturzes am Hof von Konstantinopel, das entfesselte Wechselspiel von Höhe
und Fall, rasch und, wie es scheint, planlos von Fortuna inszeniert, sowie der *Carolus Stuardus*,
der hochaktuelle Königsmord unter dem Deckmantel der Religion, ein Ereignis, das Europa erschütterte: hier greifen vordergründige Analogien ebenso zu kurz wie der Verdacht, es handle
sich um politische Tendenzstücke eines bestürzten ‚Monarchisten‘ und Monarchomachen-
Gegners – was vorliegt, sind vielmehr Vanitas-Demonstrationen, die nicht oder nicht allein von
der standhaltenden Kraft des Märtyrers aufgefangen werden, sondern zu Beschwörungen geraten, die sich gegen das Chaos des Bürger- und Religionskrieges richten, in dem Europa unterzugehen droht. Mit den Worten des Chors der Sirenen im *Carolus Stuardus*:

> Des Himmels Licht entbranter Schlag
>   Geht auff der Völcker Hirten loß
> Nun rette wer sich retten mag /
>   Ihr Schafe fliht. Die Noth ist groß.   II, 561 ff.

Anders und auf den ersten Blick undurchsichtiger liegen die Dinge bei dem wesentlich
jüngeren Lohenstein. Der Vanitas-Demonstration folgt nicht länger der Constantia-Appell des
Märtyrers, sondern der Verweis auf eine sich in der Historie entfaltende Ordnungskonzeption,
die in der Gegenwart ein Höchstmaß an Ausbreitung und Wirkung zu erreichen sich anschickt.
Alle Protagonisten, auch die mehr oder weniger echten Märtyrer, die in Lohensteins Trauerspielen noch vorkommen, werden zugunsten dieser Ordnungskonzeption mediatisiert. Der
Märtyrer-Protagonist mit seiner moralischen Überzeugungs- und Appellkraft für den Ausnahmezustand verschwindet in den Fluchtlinien eines historischen Ablaufs, der seines Zieles wegen
vorgeführt wird. Solche historisch-utopische Perspektive erhebt deshalb das Prinzip der Finalität und das des „Gegensatzes“ (TT, 102) zum Organisationsgesetz und Auslegungsvehikel der
Lohensteinschen Stoffe. Beide Prinzipien vermitteln noch die fernsten und exotischsten Vorgänge mit der Beurteilung des gegenwärtigen Weltzustandes.

Das „geopolitische Weltbild“ Lohensteins, das Klaus Günther Just nachgezeichnet hat[4],
ist somit um seine finale Dimension, seine historische Zielstrebigkeit zu erweitern[5]. Die afrikanische Welt der *Cleopatra* und *Sophonisbe* verweist im Untergang ihrer Heroinen im Angesicht
der römischen Heere und ihrer Führer voraus auf die welthistorisch überlegene Rolle Roms. Die
Welt der römischen Trauerspiele ihrerseits (*Agrippina* und *Epicharis*) setzt im Sieg des Lasters,
das Nero vollendet repräsentiert, den Ausblick auf das Heilige Römische Reich Deutscher Nation frei, auf die wenn nicht realen, so doch utopischen Potenzen des Habsburger-Reiches, das
„Tugend“ und „Glückseligkeit“ zu versöhnen imstande scheint (TT, 100). Die türkischen La-
ster-Greuel des *Ibrahim Bassa* und des *Ibrahim Sultan* wiederum sorgen für die Manifestation
des unmittelbar gegenwärtigen Kontrastes.

An ausgezeichneter Stelle, in den Schluß-Reyen seiner späten Trauerspiele, hat Lohenstein zu wiederholten Malen seinen Geschichtsentwurf vorstellen lassen, am pointiertesten
wohl zum Ausgang der *Sophonisbe*. Hier kommt sogar die alte Weltreichelehre im Gefolge des
Buches Daniel und die Idee der *translatio imperii* noch einmal zu Ehren. Als Richterin im allegorischen Streit der vier Monarchien – Assyrien, Persien, Griechenland, Rom – entscheidet sich
das „Verhängnüs“ für die zukünftige weltumspannende Macht Habsburgs:

Daß ihr umbsonst so mühsam seyd
Umb diesen Preiß der gantzen Erden!
Das Römsche Reich wird ja zur Zeit
Gekrönt mit diesen Lorbern werden.
Doch wird mein Schluß erst treffen ein /
Wenn Teutschland wird der Reichs-Sitz sein.
Mein fernes Auge siehet schon
Den Oesterreichschen Stamm besteigen
Mit grösserm Glantz der Römer Thron.
Schau eine neue Welt sich zeigen!
Weil ihm ein allzu enges Ziel
Alcidens Seule werden wil.   Soph. V, 671 ff.

Die rigorose Notstandsmoral der Gryphschen Trauerspiele macht einer kühlen, beinahe unbeteiligten Bestandsaufnahme der Historie mit ihren Handlungsträgern Platz, die in die Apotheose des Habsburger-Hauses einmündet, der umfassendsten Verkörperung des absolutistischen Ordnungssystems. Denn Habsburg ist vom Verhängnis dazu ausersehen, dem Ausnahmezustand des Bürger- und Religionskrieges und vielleicht gar der „vergänglichkeit menschlicher sachen" ein innerweltlich-utopisches Ende zu bereiten. Das verzweifelte Schwanken des Gryphius zwischen dem vom Märtyrer artikulierten Widerstand und dem noch im Märtyrertod sich durchsetzenden Legitimismus gegenüber dem Souverän beendet der ganz und gar politische Lohenstein mit einem klaren Votum zugunsten der Staatsräson, der absolutistischen Herrschaft und damit der Weltgeschichte, die schon ihm zum Weltgericht wird.

Es mag deutlich geworden sein, daß die schlesischen Dramatiker ihren Stücken einen sehr genauen Sitz im Leben zuschreiben – und mit welch anspruchsvollen Programmen sie vor ihr Publikum und ihre Leser treten. Solche Ambitionen sind schwerlich zu denken ohne den sozialen und politischen Status, den die drei hier in der Hauptsache behandelten Autoren einnehmen. „Trawer Spiele tichten ist vor Zeiten Keyser / Fürsten / großer Helden vnd Weltweiser Leute Thun gewesen" (WP, I, 314). „Darumb haben viel Kayser / Fürsten vnd Helden von dergleichen Tragoedien nit allein jederzeit sehr viel gehalten: Sondern auch dieselbigen zu schreiben sich mit grosser Embsigkeit selbst befliessen" (GP, 87 f.). Das von Opitz gern verwendete standespolitische Argument zur Legitimation der Tragödie gewinnt seinen vollen Klang, wenn man sich das erstaunliche, hochkarätige Geflecht von politischen Beziehungen vergegenwärtigt, das die Schlesier um sich zu errichten wußten. Opitz, Gryphius und Lohenstein – sie alle gehören zur humanistischen Bildungselite, die für den Ausbau einer ‚modernen' Staatsmacht, wie sie der Absolutismus inauguriert, ausschlaggebende Bedeutung gewinnt, zur Funktionselite einer sich neu formierenden politischen Beamtenschaft[6].

Opitz, wiederum der Modellfall, begleitet schon 1625 eine Delegation der schlesischen Stände nach Wien, was ihm die Krönung zum *poeta laureatus* durch Kaiser Ferdinand II. einträgt. Im Dienste des katholisch-gegenreformatorischen Präsidenten der schlesischen Kammer, Carl Hannibal von Dohnas, profiliert er sich als Diplomat. Sondermissionen führen ihn nach Warschau, nach Preußen, nach Paris. Wir hören von der Verleihung des Adelspatents durch Ferdinand II. in Prag. Nach dem Sturz Dohnas ins Lager der Protestanten überwechselnd, gewinnt Opitz rasch das Vertrauen der Piastenherzöge Georg Rudolf von Liegnitz und Johann Christian von Brieg. Diplomatische Aktivität bringt ihn ins Lager der sächsischen und schwedischen Armeen, zum Kurfürsten von Brandenburg, zum schwedischen Kanzler Oxenstierna, an den sächsischen Hof. Als sich das Kriegsglück gegen die Piasten entscheidet, betreibt Opitz zielstrebig ein Engagement beim polnischen König Wladislaw IV. Mit Erfolg. Es kommt zu einer persönlichen Audienz in Danzig. Und wie ersehnt, wird Opitz zum Hofhistoriographen und schließlich zum königlichen Sekretär, der offensichtlich das volle Vertrauen des Königs genießt. Verschiedene diplomatische Sonderaufträge sind die Folge. Kein Wunder, daß solche Kontakte ihren Niederschlag in den Widmungs-Adressen seiner Werke finden, die Opitz gezielt handhabt. Die Piastenherzöge, Fürst Ludwig von Anhalt, Carl Hannibal von Dohna, der Rat der Stadt Breslau, Prinz Ulrich von Holstein, König Wladislaw IV., Prinzessin Anna Wasa von Polen und Schweden – neben den freundschaftlich-wissenschaftlichen stehen solche politischen Adressaten nicht nur für die Ergebenheit und die Suche nach dem Mäzen, sondern darüber hinaus für die gewünschte Reichweite des poetischen Œuvres.

Gryphius entscheidet sich nach schwerer Jugend in Schlesien und Danzig, nach den Studienjahren in Leiden, wohl der interessantesten Hochschule des damaligen Europa, die von der schlesischen Intelligenz besonders geschätzt wird, und nach der üblichen Hofmeister- und Kavaliersreise durch Frankreich und Italien für das Amt des Syndikus der Landstände in seiner Geburtsstadt Glogau. Leiden, Paris, Rom und Straßburg zeigen ihn als vollgültiges und aktives Mitglied der humanistischen *respublica litteraria*. In Holland knüpft er aber auch Beziehungen zum pfälzischen Herrscherhaus, vornehmlich zur Pfalzgräfin Elisabeth, der Gönnerin des Descartes, einer Tochter des Winterkönigs. Der Stuart Karl I. ist ihr Oheim. Ihr Bruder Karl Ludwig von der Pfalz bietet Gryphius eine Heidelberger Professur an, ihr Cousin Friedrich Wilhelm von Brandenburg eine solche in Frankfurt an der Oder. Doch Gryphius zieht das Glogauer Amt und seine schwierige Defensivposition vor. Wiederum verschaffen die Widmungen einen raschen, wenn auch dürren Überblick über den Horizont, dem Gryphius sein Werk einfügt. Auch diesmal sind nur die hochpolitischen Namen zu nennen: der Senat von Venedig, der Kurfürst Friedrich Wilhelm von Brandenburg und die Pfalzgräfin Elisabeth, der Rat der Stadt Breslau (*Papinian*!), der mutmaßliche Thronfolger Ferdinand IV., die Piastenherzöge von Brieg, Liegnitz und Wohlau, Elisabeth Marie Charlotte von Pfalz-Simmern, die Gemahlin Georgs III. von Brieg und Liegnitz.

Die juristische Karriere führt Daniel Casper (seit 1670: von Lohenstein) geradeswegs in die obersten Ränge der Breslauer Hierarchie. Nach Rechtsanwaltsjahren in Breslau und einer kurzen Tätigkeit als Regierungsrat des Fürstentums Oels wird Lohenstein 1670 zum Syndikus des Breslauer Magistrats gewählt, 1675 zum Obersyndikus. Ebenfalls ins Jahr 1675 fällt die berühmte und erfolgreiche Sondermission des Dichter-Diplomaten nach Wien, wobei er am Kaiserhof großes Verhandlungsgeschick beweist, von Kaiser Leopold I. selbst in einer längeren Audienz empfangen und dann zum kaiserlichen Rat ernannt wird. Man hat Lohenstein den Hofpoeten des Piastenhauses genannt. Die Widmungen geben davon beredt Zeugnis. Schon der Schüler widmet den *Ibrahim Bassa* den Piastenbrüdern, der Student seine juristische Disputation deren Räten. Für Herzog Georg Wilhelm, mit dem die schlesischen Piasten aussterben, übersetzt er zum Regierungsantritt Graciáns *El Político Fernando*. Dessen Mutter Luise wird die *Agrippina* zugeeignet. Das alles schloß freilich, so heikel sich das Verhältnis der Piasten und der Stadt Breslau zur kaiserlichen Zentralmacht darstellen mochte, die poetische Glorifizierung Kaiser Leopolds I. nicht aus: Als ein anderer Augustus figuriert er schon im Schlußreyen der *Cleopatra* von 1661; die *Sophonisbe* fertigt Lohenstein zu seiner Vermählung von 1666, den *Ibrahim Sultan* zur erneuten Hochzeit von 1673 an; die Zweitfassung der *Cleopatra* von 1680 wertet die Rolle des Augustus/Leopold noch weiter auf. Und schließlich zeigen sich auch hinter dem vorbildlichen Cheruskerfürsten Arminius wieder die Konturen des Kaisers Leopold. Noch einmal: mit purem Opportunismus, mit der konventionellen Praxis höfischer Huldigung und

Devotion allein ist das alles wohl nur unzureichend erklärt, so sehr auch der Wechsel der Orientierung zwischen den Piasten, auf denen die Hoffnungen des bedrängten Schlesien ruhten, und dem Habsburger befremden mag. Vieles spricht eher dafür, daß sich die Poesie Lohensteins auch mit ihrer Widmungs-Politik einem Wunsch- und Ordnungsdenken verschreibt, das Halt sucht und mitzuwirken versucht an einem befriedeten Weltzustand, wie ihn die absolutistische Macht zumindest verspricht.

Versuchen wir, die Befunde über den geschichtlichen Stellenwert und Horizont des Schlesischen Kunstdramas mit Theorie und Gestalt des Trauerspiels zu vermitteln.

Nach Opitzens kruder Definition, die bei Scaliger ihre Vorlage hat, handelt die Tragödie „nur von Königlichem willen / Todtschlägen / verzweiffelungen / Kinder- vnd Vätermörden / brande / blutschanden / kriege vnd auffruhr / klagen / heulen / seuffzen vnd dergleichen"[7]. Es leuchtet ein, daß eine solche Auffassung der tragischen Sachen, die sich in erster Linie von deren *atrocitas* lenken läßt, neben dem Philosophen den Tragiker Seneca als Favoriten des Barocktrauerspiels ausweist[8]. Opitzens Greuelkatalog ist an ihm abgelesen. Und die Stücke der Schlesier nehmen das definitorische Angebot beim Wort.

„Der Schauplatz lieget voll Leichen / Bilder / Cronen / Zepter / Schwerdter etc." – mit dieser Regieanweisung führt Gryphius die Figur der Ewigkeit als Prologsprecherin und zugleich als ‚Theoretikerin' seines Trauerspiels auf die Bühne der *Catharina von Georgien*. Der jeweilige Handlungsablauf bietet ganz folgerichtig ein Höchstmaß an Drastik auf, um den theatralischen Schauplatz handgreiflich auf solche Schädelstätte der *vanitas* zu reduzieren und damit die Lehren der Ewigkeit wahrzumachen. Die Welt des Trauerspiels ist deshalb eine Welt des Todes, besser noch: des Sterbens, die Bühne wird darüber, stets Abbild und Sinnbild der *conditio humana*, zum Schauplatz der Sterblichkeit, die Leiche zum „obersten emblematischen Requisit schlechthin"[7] und das Finale der letzten Abhandlung nicht selten zu einer langanhaltenden Totenklage, zu einem einzigen großen Leichengepränge. Konsequent wird die irdische Welt vor dem Betrachter zerschlagen und auf ihre Nichtigkeit zurückgebracht, bis nurmehr die zertretenen Attribute der Macht und der gefolterte und zerrissene Leichnam des Fürsten-Märtyrers vor ihm liegen. Fall und Folter und Hinrichtung sind dabei pointiert zu paradigmatischen Stationen des Todes ausgebaut.

Das Gesetz von Höhe und Fall profiliert mit seinen jähen Umschlägen den Gang der Ereignisse. Nichts ist ihm plausibler als die Extremsituation des Machtwechsels, des Fürstensturzes, in der sich Fallhöhe mit Fallgeschwindigkeit zu verbinden pflegt. Vor allem der *Leo Armenius* scheint sich geradezu mit einer insistierenden Darstellung des umschlägigen Höhe-Fall-Prinzips zu begnügen. Alle Parteien verwenden es als Leitmotiv.

MICHAEL BALBUS, der Aufrührer:
> Wir steigen alß ein Rauch / der in der Lufft verschwindet:
> Wir steigen nach dem fall / vnd wer die höhe findet.
> Find't was jhn stürtzen kan.   II, 553 ff.

THEODOSIA, die Kaiserin:
> Ach sind wir zu diesem fall' erhöht!   V, 62

Die VERSCHWÖRER:
> Lern' jetzt / die du regir't gehorchen: vnd versteh;
> Daß offt nur eine nacht sey zwischen fall vnd höh'.   V, 229 f.

Und schließlich noch einmal die Kaiserin-Witwe, die mit einem gern eingesetzten deiktischen Gestus solche Vanitas-Lektion resümiert:

Ihr Menschen schawt vns an:
Ihr Geister hört vns zu. Die als das Liecht erblichen /
Die eher mitternacht die Erden hat beschlichen
Der großen Welt gebott / als eine Göttin pflag
Die find't sich / ehr die zeit den nun mehr nahen tag /
Die Sonnen grüssen läst / veracht / verlacht / verhönet.
Verworffen / abgestürtzt / mit ach vnd angst gekrönet:
Die lernt wie nahe höh' vnd fall beysammen steh /
Wie wenig zwischen Stuel vnd Kercker / zeit vergeh.   V, 410 ff.

Wie sich im Höhe-Fall-Gesetz nicht nur die Spannung zwischen Kreatur und Souverän
bekundet, die die Figur des Fürsten bestimmt und zerbricht, sondern darüber hinaus die *caduci-
tas humana* überhaupt, so besitzt auch die Folter und das Martyrium den Rang einer Welt- und
Existenzmetapher. Sie beruht auf der von Gryphius wie ein *cantus firmus* geäußerten Überzeugung, ,,daß wir zu der Pein in diese Welt gebohren würden / und daß unser Leben doch nichts
anders als eine stete Folter / wie Seneca längst vor diesem dargethan"[10]. Es wäre deshalb verfehlt, die Zurschaustellung der Greuel auf der Bühne als rohes Spektakel und Auswuchs eines
barbarischen Geschmacks abzutun. Zumindest für Gryphius ist die Übertragbarkeit des exemplarischen Geschehens im Trauerspiel auf die Lebenswelt seines Publikums gewährleistet, wofür schon die Generalmetapher vom Leben als Trauerspiel Sorge trägt. Die für die Gryphius-In-
terpretation unverzichtbaren Auskünfte der *Dissertationes funebres, Oder Leich-Abdanckungen* lassen daran keinen Zweifel. Lohenstein freilich mißt bereits mit einem anderen Maß. Die
unübersehbare Forcierung des Greuel-Prinzips, dem seine Trauerspiele huldigen, die Serien
von Folter- und Hinrichtungsszenen zeigen Distanz an und ein gewandeltes Interesse, das sich
aus dem unmittelbaren lebensweltlichen Kontext gelöst hat und deshalb die Bahnen des Märtyrerdramas und damit auch die anfängliche Nachahmung des Gryphius aufgibt. In eine ausweglos unheilschwangere, überhitzte, permanent lebensgefährliche Atmosphäre des Lasters und
der entfesselten Erotik, der Palastintrigen, des Verrats und des schnellen Mordens geworfen,
enden die meisten Lohensteinschen Helden, sehr im Unterschied zu den Gryphschen Märty-
rern und ihrer ungebrochenen Positivität, mit einem ostentativ in Szene gesetzten Selbstmord –
fremdartig-exotische, tief zweideutige Figuren einer verfallenden und untergehenden Welt,
über die der Gang der Geschichte zu neuen Zielen hinwegschreitet. Was ihnen bleibt, ist die
Haltung stolzer Verzweiflung. Nur wenige sterben auch für die Tugend (Ambre, wohl auch
Epicharis und Seneca), die anderen (Antonius und Cleopatra, Piso und Sophonisbe), durchweg
im Zeichen einer Niederlage, mit enttäuschten Affekten, nach vergeblichem Aufbäumen – und
für eine verlorene Sache, keinesfalls für die gerechte Sache, die den Märtyrer macht und die im
Tod der Catharina, des Carolus Stuardus, des Papinian ihre überdauernde Geltung beweist.

Fehlgerichtet in jedem Falle, meint man nun Gryphius oder Lohenstein, ist indes der
Versuch, die katastrophale Demonstration der *vanitas* zu psychologisieren und als Dokument
auswegloser Verzweiflung zu werten. Weder gehen die Helden des barocken Trauerspiels nicht
um der Unsterblichkeit, sondern um der Leiche willen zugrunde, noch läßt sich die Wirkung
der Barocktragödie als Divertissement des Melancholikers und mit dem Genügen am Trübsinn
und der Versenkung darin erklären[11]. So wie man auch Zweifel anmelden muß an der ingeniösen
Herleitung der emblematisch-allegorischen Struktur des Trauerspiels aus der Apperzeptions-
weise des Melancholikers Dürerscher Provenienz, aus dem melancholischen Blick, der in den
Dingen Verfall und Tod aufspürt und sie derart in ihre allegorische Anatomie zerlegt[12]. In solchen Überlegungen Walter Benjamins wird die Verbindung von Vanitas-Deixis und Säuberung

der Gemüter (Gryphius) zerschnitten und damit jene eigentümliche Auslegung des Katharsis-Theorems zerstört, wie sie für den Barockdramatiker bei allen Abschattungen fundamental und selbstverständlich war.

Eine Art Basismodell, das natürlich Erweiterungen und unterschiedliche Akzentuierungen zuläßt, hat Opitz in seiner Vorrede zu den *Trojanerinnen* bereitgestellt. Der Grund der Belehrung durch tragische Sachen und deren ungehemmte *atrocitas* liegt, so die These, in der „Verwahrung" des Gemüts, in der Generation von „Beständigkeit". Wie geht das zu?

> Dann eine Tragödie / wie Epictetus soll gesagt haben / ist nichts anders als ein Spiegel derer / die in allem jhrem thun vnd lassen auff das blosse Glück fussen. Welches wir Menschen ins gemeine zum Gebrauche haben; wenig außgenommen / die eine vnd andere vnverhoffte Zufälle voran sehen / vnd sich also wider dieselbigen verwahren / d(a)z sie jnen weiter nit schaden mögen als an eusserlichem Wesen / vnd an denen Sachen / die den Menschen eygentlich nicht angehen. Solche Beständigkeit aber wird vns durch Beschawung der Mißligkeit deß Menschlichen Lebens in den Tragödien zuförderst eingepflantzet: dann in dem wir grosser Leute / gantzer Stätte vnd Länder eussersten Vntergang zum offtern schawen vnd betrachten / tragen wir zwar . . . erbarmen mit jhnen . .; wir lernen aber darneben auch durch stetige Besichtigung so vielen Creutzes vnd Vbels das andern begegnet ist / das vnserige / welches vns begegnen möchte / weniger fürchten vnnd besser erdulden.
>
> WP, I, 314 f.

In ungelenker Fügung tritt uns hier jenes Begriffsfeld entgegen, das, reich an historisch-traditionaler Substanz, sich der Theorie der Barocktragödie am erfolgreichsten bemächtigt hat und deren Handlungsstruktur, Weltaufbau und Appellfunktion auf das nachhaltigste bestimmt[13]. Es handelt sich um einen Antagonismus mit genau angebbaren Positionen. Auf der einen Seite stehen das „blosse Glück", die „vnverhofften Zufälle", steht die *fortuna mala* als Index für die „Mißligkeit deß Menschlichen Lebens". Mit ihr im Bündnis sind die gefährlicheren inneren Feinde des Gemüts, die *perturbationes animi*, die Affekte und ihre Verblendung. Man bekämpft Fortuna, indem man die Affekte unterdrückt und dämpft. Man bekämpft, umgekehrt, die Affekte, indem man Fortuna entmachtet und als Schein entlarvt. Mehrere Waffen gibt dazu, im Anschluß an die Formel des Epiktet, die Tragödie an die Hand, rationale und affektische. Rational „verwahrt" man sich gegen die Schläge der Fortuna (beispielsweise das Höhe-Fall-Geschehen), wenn man mit ihr immer schon rechnet, wenn man Voraussicht, *prudentia* walten läßt, die *praemeditatio futurorum malorum*. Sie leitet über zur stoischen Dihairesis, zur Unterscheidung zwischen dem gleichgültigen Außen und dem unverletzbaren Kern der Person. Affektisch zieht man aus der Tragödie Nutzen, indem man sich an Katastrophen gewöhnt und so den eigenen Affekthaushalt im Hinblick auf den Ernstfall stabilisiert. Opitz folgt mit dieser Annahme der Katharsis-Auslegung des ihm auch persönlich gut bekannten, großen niederländischen Philologen und Aristoteles-Kommentators Daniel Heinsius[14]. Die Katharsis der Tragödie bedeutet Gewöhnung (*assuetudo*) an die tragischen Affekte, durch Simulation gezielt vorgenommene Einübung in eine kontrollierte, vernunftgelenkte Affektbeherrschung. Gegen ihre Verächter gibt sich die Disziplin der Tragödie als Schule der Affekte zu erkennen. Und besonders dazu geeignet ist die Tragödie des Schreckens und der *atrocitas*. Denn daran läßt auch Heinsius keinen Zweifel: nicht das Mitleid (*misericordia*), sondern der Schrecken (*horror*) ist es, gegen welchen die Tragödie Front macht, den sie – gewissermaßen homöopathisch – unter Kontrolle zu bringen versucht. Aus der Schule der Affekte wird mithin zuallererst eine Schule der Furchtlosigkeit. Die vielerörterte schulphilosophische Unterscheidung zwischen (aristotelischer) Metriopathie und (stoischer) Apathie verliert unter diesen Umständen an Gewicht. Die Säuberung der Gemüter, welche die Aristoteles-Exegese auf verschlungenen Wegen zutage fördert, hat ihr vordringliches und letztes Ziel in der Eindämmung der Angst. Folgerichtig erscheint die Tragödie als großangelegte Affekt- und Interpretationsübung, die in vollen Zügen das Arsenal der *remedia* gegen *fortuna* aufnimmt, das ihr die angewandte Moralphilosophie seit alters zur Verfügung stellt.

Nicht zu verkennen ist der Druck des manifesten Leidens, wenn Theorie und Praxis des barocken Trauerspiels solchermaßen in den Bannkreis einer Notstandsmoral eintreten und sich deren Abwehrkräfte einverleiben. Der angestammte literarische Ort dieser Notstandsmoral ist die Gattung der *consolatio*. Und unschwer leuchtet ein, daß sie ihre Argumente vornehmlich in den Lehren der Stoa sucht. Im Zeichen der *consolatio* schließen Trauerspiel und erneuerter Stoizismus deshalb ihr bekanntes Bündnis.

Mit der *consolatio* macht sich auch die Tragödie anheischig, zu demonstrieren, ,,wie jhm ein Mensch in dieser langwierigen Verfolgung des Vaterlandes die Trawrigkeit aus dem Gemüthe solle schlagen"[15]. In nichts anderem aber bestand auch die Herausforderung, auf welche der Neostoizismus und sein bedeutendster Initiator, JUSTUS LIPSIUS (1547–1606), eine Antwort gab, die langanhaltende und europäische Resonanz erreichte, nicht zuletzt bei unseren schlesischen Autoren, für die samt und sonders Lipsius-Kenntnis bezeugt ist. Die Renaissance der Stoa eröffnet ihren Siegeszug vor dem Hintergrund der europäischen Bürger- und Religionskriege mit einem Konsolationstraktat in der Nachfolge Senecas, Boethius' und Petrarcas, mit des Lipsius *De constantia* (1584). Wie die großen konsolatorischen Paradigmen der Tradition entwirft Lipsius die Haltung des Weisen, der mit philosophischem Anstand die Wechselfälle des Schicksals besteht, weder flieht noch zusammenbricht, sondern steht, Beständigkeit beweist – jenen stoisch eingefärbten Inbegriff von Tugend, in dem sich eine neuzeitlich erstarkte Subjektivität ihrer Übereinstimmung mit einem metaphysischen Horizont vergewissert. Die maßvoll ins Werk gesetzte Nähe zur jüngeren Stoa und insbesondere zu Seneca sorgte für vorsichtige Distanz zu allen konfessionellen Streitigkeiten, schloß aber keineswegs die Konkordanz von stoischer Moralität und christlicher Lehre aus, die Lipsius nicht nur als Lippenbekenntnis vortrug. Die Faszination, die eine solche Standhalte-Moral zumal auf die humanistisch geschulte Funktionselite des Absolutismus ausübte, liegt auf der Hand. Man kompromittierte sich nicht und bewahrte sich einen Freiraum intellektueller Redlichkeit. Angesichts des unbezweifelbaren konsolatorischen Notstandes empfiehlt es sich dennoch, das noch wenig ausgewiesene, daher eher denunziatorische Schlagwort von der sozial-disziplinierenden Funktion des Neostoizismus mit Zurückhaltung zu verwenden – so wenig jene (affirmative) Tendenz zu Stabilität, Konstanz und Ordnung zu leugnen ist, die Ethik, Lehre vom politischen Handeln und Staatstheorie gleichermaßen umfaßt, die *Constantia* des Lipsius ebenso bestimmt wie dessen *Politicorum sive civilis doctrinae libri sex* (1589) – und die noch die Trauerspiele der Schlesier prägen wird[16].

,,Die Bestendigkeit / nenne ich allhier eine rechtmessige vnd vnbewegliche stercke des gemüts / die von keinem eusserlichen oder zufelligen dinge erhebt oder vntergedrückt wird."[17] So umschreibt Lipsius die Tugendhaltung, die auch das Trauerspiel ,,einpflanzen" soll. Sie nimmt den Kampf mit der chaotischen, scheinbar von Fortuna regierten Welt des ,,gemeinen Unglücks" auf, erkennt ihn als Auseinandersetzung mit dem Wahn (*falsa opinio*), der Quelle der blinden und getäuschten Affekte, und besteht ihn siegreich im Rückgang auf die Vernunft (*recta ratio*), die ein transzendentes Prinzip im Menschen darstellt. Wie diese Vernunft das Fundament der Beständigkeit bildet, so erscheinen das *fatum verum* und die *providentia* als deren metaphysische Orientierungspunkte. Beständigkeit entsteht aus der Analyse des vermeintlichen Fortuna-Geschehens, die sich über dessen Ursprung nicht täuschen läßt, es vielmehr in seiner Notwendigkeit und in seinem providentiellen Sinn durchschaut. Die *consolatio* nimmt dabei die Gestalt einer Theodizee an. Gegen das katastrophale Außen, gegen Zufall und Fortuna bietet sie die sinnstiftenden Mächte von *fatum* und *providentia* auf, mit deren Hilfe sich die innere Substanz des Weisen „verwahrt". Das Modell, das bei Opitz zu Gesicht kam, wird in *De constantia* voll instrumentiert. Und so findet man dort selbstverständlich auch alle jene konsolatorischen Argumente, wie sie verkürzt in die Tragödientheorie, mit großen Akkorden in die rhetorischen Selbstdarstellungen der *dramatis personae* und vornehmlich der Märtyrer eingehen.

Die Märtyrer des Andreas Gryphius werden nicht müde, sich unter die Führung der Providenz zu stellen, sich im Lichte der providentiell „Bewährten Beständigkeit" zu verstehen und so das „Stehen" als Widerstand gegen die „vergänglichkeit menschlicher sachen", als Vorgriff der Ewigkeit zu bekunden. Das konsolatorische Constantia-Modell erweist seine ganze Kraft, wenn Papinian erklärt: „Wer hir beständig steht; trotzt Fleisch und Fall und Zeit. Vermählt noch in der Welt sich mit der Ewigkeit / Und höhnt den Acheron" (IV, 233 ff.). Solches „Stehen" setzt das Höhe-Fall-Gesetz außer Kurs, deutet es radikal um, verkehrt noch den Fall in einen Triumph: „. . . wer meinen Fall beweint / Siht nicht wie hoch Ich sey durch disen Fall gestigen" (Pap. V, 34 f.). Daher verwandelt sich die Fürstenkrone des Carolus Stuardus zunächst in die Märtyrerkrone, sodann in die „unverweßlich Ehren-Kron", wird die Kronen-Trias, das Symbol des Fürsten, des Märtyrers, des Seligen, mit ihren Umschlägen von *vanitas-gratia-gloria* zum Zeichen für die „innere Gegenläufigkeit von Sturz und Erhebung"[18].

Unübersehbar ist aber auch der Zuwachs an Rigorosität, die durch die entschiedene Religiosität seines Autors und die martyrologische Komponente ins Trauerspiel des Gryphius einzieht. In der Figur der Ewigkeit, mit der Gryphius die *Catharina von Georgien* eröffnet, ist sie Gestalt geworden, mit allen Zumutungen, die das Märtyrerdrama für seine Betrachter bereithält. Die Vanitas-Deixis wird zur Provokation. Die Ewigkeit selbst stößt die Welt in ihre Nichtigkeit zurück, um die Irdisch-Blinden sehen zu lehren, um ihren Blick ganz auf sich selbst zu lenken. Mit asketischer Strenge raubt sie dem Betrachter jede „physische Sicherheit" (um mit Schiller zu sprechen), überfällt sie ihn mit der ganzen Fülle der traditionellen Vanitas-Topoi, um ihn in die „unbezwingliche Burg unsrer moralischen Freiheit" zu leiten, die *constantia* also, die freilich – und das unterscheidet Gryphius von Schiller – ohne transzendenten Rückhalt nicht zu denken ist. Unter Hinweis auf das Paradigma Catharina scheut die Ewigkeit auch vor dem Äußersten nicht zurück:

> Ihr / wo nach gleicher Ehr der hohe Sinn euch steht;
> Verlacht mit jhr / was hir vergeht.
> Last so wie Sie das werthe Blut zu Pfand:
> Vnd lebt vnd sterbt getrost für Gott vnd Ehr vnd Land. I, 85 ff.

Kaum weniger provozierend endet *Cardenio und Celinde*, das Drama der verirrten Liebe und der radikalen Umkehrung der irdischen Affekte, mit der Aufforderung: „Wer hier recht leben wil vnd jene Kron ererben / Die vns das Leben gibt: denck jede Stund ans Sterben" (V, 429 f.).

Formgeschichtlich gesehen, drängt nicht nur die *consolatio* in das Gryphsche Trauerspiel, sondern darüber hinaus, aus dem Geist einer erneuerten Spiritualität, die sich auf patristisch-mittelalterlich-mystische Traditionselemente beruft und Gryphius' Nähe zur protestantischen Reformorthodoxie anzeigt[19], der *contemptus mundi*, das *memento mori*, die *meditatio mortis*. Die Tragödie nimmt unter diesen Umständen Züge einer *ars moriendi* an.

Mit Weltflucht ist das nicht zu verwechseln. Vielmehr artikuliert sich im Riß zwischen der tödlichen Welt „menschlicher Sachen" und der Ewigkeit der krasse irdische Notstand, die

Verfolgung – und damit zumindest implizit Anklage, Widerstand und Fundamentalkritik an Zuständen, die nurmehr jene passive Resistenz zulassen, die im Martyrium gipfelt. Insofern kann man die Märtyrerdramen als Utopien *ex negativo* lesen: als Utopie der Glaubensfreiheit die *Catharina*, als Utopie des bürgerkriegsfreien Friedens den *Carolus*, als Utopie des verwirklichten Rechts und der Herrschaft des Gewissens den *Papinian*. Daß Gryphius seinen Dramen aber nicht einmal die irdische Utopie als Fluchtgrund zugestand, daß er sein Publikum nur immer erneut auf die „ewigherrschende Ewigkeit" verwies, das bildet den Stachel seines Werks. Man kann ihn nicht eliminieren[20].

Auch in Lohensteins Trauerspielen stirbt man noch im Namen der *constantia* und für die Tugend. „Nun sol das Werck thun dar / Ob sichs so muttig stirbt so keck die Rede war", erklärt Seneca in einer insistierend gestreckten Sterbeszene, nachdem er zuvor den Tod als den „Mittel-Punct" seiner Philosophie bezeichnet und damit den moralischen Senekismus des Barock in seiner Bedeutung als *meditatio mortis* bekräftigt hat (Epich., V, 243 ff.). Aber Seneca ist keineswegs die unzweideutig exemplarische Hauptfigur der *Epicharis*. Und vielleicht zeigt nichts deutlicher als das Sterben des stoischen Weisen, der sich der politischen Aktion strikt verweigert, im offenen Kontrast zum Selbstmord der revolutionären Epicharis, wie Lohenstein den Heroismus selbst seiner Tugend-Helden mediatisiert und ästhetisiert, wie er sich den moralischen Ernstfall und seine Unbedingtheit vom Leibe hält und seine Helden aus ihrer Appell- und Nachahmungsfunktion entläßt. Nur so ist es möglich, daß sogar offene Perversionen des Märtyrer-Ethos zu sehen sind, wie die Sterbe-Pose der ägyptischen Cleopatra, die ihren eigenen Tod als Täuschungsmanöver inszeniert. Die Erklärung liegt auf der Hand: Lohensteins Interesse zielt nicht mehr auf Paradigmen der Beständigkeit, sondern auf eine politisch-teleologische Geschichtskonstruktion, der sich seine Protagonisten unterzuordnen haben. Er geht deshalb dem Märtyrerdrama aus dem Wege – das optimistische Geschichtsdrama erledigt das Märtyrerdrama.

Das Trauerspiel-Modell gerät an den Rand seiner Auflösung, sofern sich das Vanitas-Trauerspiel zum utopisch-epideiktischen Preis entwickelt mit dem Ziel, in der Machtausdehnung Habsburgs über den gesamten Erdkreis die Heraufkunft eines neuen goldenen Zeitalters zu evozieren. Die Grenzen zwischen absolutistischer Realität und Utopie, von Gryphius auf das schärfste, am Beispiel des Martyriums markiert, schwinden und fallen dahin. Hier und nicht in der Frage nach Transzendenz oder Immanenz liegt der Neuansatz Lohensteins. Denn sehr wohl behält auch für ihn die Konstellation Providenz/Verhängnis-Held ihre Geltung. Freilich, an die Stelle der Providenz des Gryphius, die sich, mit den Kühnheiten einer *theologia crucis*, auf die Bedrängten und Verfolgten bezieht, rückt jetzt das Verhängnis des Lohenstein, ebenfalls mit Ewigkeitsanspruch, doch ganz profan am Gang der Weltgeschichte interessiert und mithin auf der Seite der Machtträger. Die Fronten haben sich verkehrt: das Recht (der Geschichte) ist nicht mehr bei den Unterliegenden, so imponierend ihr Untergang sich ausnehmen mag, sondern bei ihren siegreichen Gegenspielern, den Vollzugsorganen des Verhängnisses.

Unter dem Dach des Geschichtsdramas, vom unmittelbaren moralischen Zugriff entlastet, entfaltet sich nun in verstärktem Maße die Möglichkeit zur Darstellung und Analyse der Affekte, ihrer Genese, ihrer Abläufe, ihrer Kombinatorik – also dessen, was das Zeitalter vor allem unter Psychologie und Anthropologie verstand und in seiner immanenten Gesetzlichkeit studierte[21]. „So spielet die Begierd und Ehrgeitz in der Welt!" (AT, 248) – Erotik und Machttrieb bilden die von Lohenstein favorisierten Felder solcher Analysen. Wie deshalb einerseits die exotische Heroine als Inbegriff dieser Leidenschaften und ihrer brisanten Vermischung zur Protagonistin aufrückt, so tritt ihr andererseits ein neuer Helden-Typus gegenüber, der kühl über seine eigenen wie die Affekte seiner Widersacher verfügt, sich einer sehr pragmatischen Vernunft anvertraut und stets den Vorgaben des Verhängnisses gehorcht, da sie mit den Projektionen seiner Vernunft identisch sind – zum höheren Wohle seines ganz weltlichen Ruhms.

Damit bemächtigt sich der Typus des ,politischen' Menschen des Trauerspiels. Behauptung der Staatsräson, zugleich aber Selbstbehauptung in einer schwankend unsicheren und permanent bedrohlichen Welt heißt sein Ziel. *Prudentia* lautet deshalb die ,politische' Parole. Zu ihr gehört Menschenkenntnis, eine Form von Gemütsspionage als Instrument der Menschenbeherrschung. Zu ihr gehört aber auch die moralisch nicht weniger heikle Technik der Dissimulation, der ,politischen' Verstellung und Täuschung. Das Verhalten am Hofe spielt seine normenbildende Kraft aus. Der Seneca *politicus,* kaum weniger geschätzt als der moralische und tragische Seneca, Tacitus vor allem und dann Justus Lipsius, Initiator des moralischen und politischen Neustoizismus sowohl wie des Tacitismus, ferner die Spanier Diego Saavedra Fajardo und Baltasar Gracián gelten als die hervorragenden Theoretiker dieser politischen Bewegung, die sich im Gegenzug, aber nicht selten auch in verdeckter Nachahmung auf den herausfordernden Moralverzicht Machiavellis bezieht[22]. Alle diese Autoren zählen zu Lohensteins maßgeblichen Gewährsleuten, allen voran Saavedra Fajardo, von dem er überdies die Lehre von den Weltreichen übernimmt, und Gracián, den er übersetzt, Autoren der habsburgisch-spanisch-katholischen Sphäre also, an der Lohenstein solchermaßen kräftig partizipiert. Hier ist zudem das manieristische Stilideal der *agudeza* zu Hause, das Lohenstein zum Verdruß seiner späteren, aufgeklärten Kritiker bis zum Exzeß ausbeutet. Grob skizziert, lassen sich im Begriffsfeld Verhängnis-Tugend-Klugheit-Ruhm die Grundlagen und das Selbstverständnis des politischen Prudentismus abstecken. Nicht von ungefähr sind es just diese Begriffe, mit denen Lohenstein das moralisch-konsolatorische Trauerspiel-Modell umakzentuiert und neu besetzt. So verteilen sich Elemente des politischen Typus über sein gesamtes Personal, bündeln sich seine positiven Valenzen vor allem in den großen Römern, bestimmen sie, nicht zuletzt, das praktische Interesse des Trauerspiel-Dichters und seines Publikums – stiften sie das neue Paradigma des prudentistischen Geschichtsdramas[23].

Ob *constantia* mit dem Rückhalt der *providentia* oder *prudentia* im Bündnis mit dem Verhängnis – trotz solcher Verschiebungen beruht der einheitliche Gestus und Weltaufbau des barocken Trauerspiels darauf, daß es gegen Angst und Chaos von Naturgeschichte und Historie ein System von Sicherungen entwirft – und das heißt: ein System von Deutungen. Die Welt des Trauerspiels ist eine auf Deutung angelegte und eine im Prinzip gedeutete Welt. Dieser Deutungswille, der sich nicht selten in den Protagonisten selbst verkörpert, bildet das intellektuelle Fundament für die moralischen und politischen Tugenden des Standhaltens und Überlebens, die das Trauerspiel seinen Betrachtern vorschlägt.

Seit Albrecht Schönes Untersuchungen erkennen wir in diesem Willen zur Weltauslegung und seinen strukturellen Konsequenzen eine Ausprägung der emblematischen Denk- und Gestaltungsweise des 16. und 17. Jahrhunderts, in der sich ihrerseits Elemente eines älteren, bis ins Mittelalter und in die Patristik zurückreichenden Ordnungsdenkens noch einmal Geltung verschaffen. Emblematisch gehört zur Sache die vorgegebene Signifikanz, zum historischen, moralischen und Naturgeschehen der auslegende Begriff, zur *pictura* die *subscriptio* – und also zur Catharina von Georgien die ,,Bewehrete Beständigkeit", zur Titelfigur das interpretierende Komplement, zur *dramatis persona* die Selbstdefinition, zum Ereignis die Sentenz, zur Abhandlung der Reyen. So entsteht eine im Zeigen und Deuten gedoppelte Welt. Vor allem den Reyen fällt die Aufgabe zu, das Trauerspiel emblematisch zur Anatomie der Welt gerinnen zu lassen. Dieser universale Zugriff geht ihnen im Werk Lohensteins keineswegs verloren – eher tritt er, angesichts eines doch zunehmenden Orientierungsverlusts, noch entschiedener hervor, schlüsselt er das Figurenarsenal der Reyen noch reicher auf, als das bei Gryphius der Fall ist. Und nirgends zeigt sich so deutlich wie hier, in der analytisch-allegorischen Transparenz von metaphysischen Prinzipien, naturgeschichtlichen Mächten, psychologischen Triebkräften und moralischen Potenzen, welche Anstrengungen das barocke Trauerspiel unternimmt, um seinem hohen Anspruch zu genügen – Welttheater zu sein.

Das klassizistische Drama der Frühaufklärung
Jürgen Jacobs

Die Vertreibung des Harlekin von der Bühne, die im Oktober 1737 in Leipzig von der Schauspieltruppe der Neuberin inszeniert wurde, gilt seit Lessings polemischem *Siebzehntem Literaturbrief* als Symbol der Gottschedschen Theaterreform. Die genaueren Umstände der spektakulären Aktion sind nicht überliefert. Auch der benutzte Text ist verlorengegangen, so daß man schon im 18. Jahrhundert selbst nicht mehr wußte, ob die Neuberin den Harlekin nun verbrannt, begraben oder einfach fortgejagt hatte. Auch die Motive für die Demonstration sind nicht ganz eindeutig. Offensichtlich hat die Leipziger Theater-Situation jener Tage eine Rolle gespielt: Die Neubersche Bühne stand in erbitterter Konkurrenz zur Truppe des populären Harlekin Johann Ferdinand Müller, und daher hat wohl die Attacke auch diesen lästigen Gegner persönlich treffen sollen. Aber ohne Zweifel hatte der Vorgang auch den Sinn, für die von Gottsched propagierte Reform Partei zu ergreifen und einen ihrer zentralen Programmpunkte handfest anschaulich zu machen[1].

Daß man den Kampf gegen den Harlekin und für die gereinigte Bühne in einem allegorischen Vorspiel programmatisch verkündete, war durchaus kein einmaliger, nur durch den Zorn auf den Konkurrenten motivierter Vorgang. Schon in dem *Deutschen Vorspiel* der Neuberin aus dem Jahre 1734 hatte es eine Auseinandersetzung zwischen der Muse des Possenspiels und der strengen Melpomene um das Recht der ,,Zötgen`` und des Harlekin gegeben[2]. Ähnliches findet sich in zahlreichen anderen Vorspielen, in denen der Harlekin die alte Komödie personifiziert[3], der ,,Unverstand`` mit einem ,,Pantalonsmantel`` und den ,,Unterkleidern eines Harlekin`` auftritt[4] oder Harlekin und Scaramuz ihre Kostüme ablegen und sich der Disziplin des guten Geschmacks unterwerfen[5].

Gottscheds Kampf um eine Bühnenreform war ein schwieriges und fast aussichtsloses Unternehmen. In der Vorrede zu seiner Muster-Tragödie *Sterbender Cato* schildert er, welchen Zuständen er begegnete, als er sich 1724 zum erstenmal in Leipzig erwartungsvoll mit dem deutschen Theater bekannt machte:

> Allein, ich ward auch die große Verwirrung bald gewahr, darin diese Schaubühne steckte. Lauter schwülstige und mit Harlekins Lustbarkeiten untermengte Haupt- und Staatsaktionen, lauter unnatürliche Romanstreiche und Liebeswirrungen, lauter pöbelhafte Fratzen und Zoten waren dasjenige, so man daselbst zu sehen bekam[6].

Es gab zwar schon vereinzelte Ansätze, Texte des klassischen französischen Theaters auch in Deutschland zu übernehmen. Gottsched selbst sah die Aufführung einer Prosa-Fassung des *Cid,* und er berichtet von Adoptionsversuchen am Braunschweigischen Hof[7]. Schon seit 1670 gab es recht texttreue deutsche Fassungen des Molièreschen *Geizigen* und des *Georges Dandin* in der *Schaubühne Englischer und Frantzösischer Comödianten*[8]. Aber es existierten keine Schauspieler, kein Publikum und vor allem kein Repertoire, auf die Gottsched sich bei seinen Reformplänen hätte stützen können. Nachdem er die Neubersche Truppe für sein Experiment gewonnen hatte, bemühte er sich daher zunächst um Übersetzungen französischer Stücke und regte die Entstehung deutscher Original-Dramen nach französischem Muster an.

Voraussetzung einer solchen Orientierung am Vorbild der Franzosen ist der Glaube, daß es allgemeine Vernunftgesetze gibt, die für alle wahre Poesie gelten. Da die Vernunft stets ein und dieselbe bleibt, ist die große Dichtung (wie die des klassischen Altertums und der Franzosen) für alle Zeiten und auch für die Deutschen das verbindliche Muster. Indessen heißt das nicht, daß man sich bei den Leistungen der Alten und der Ausländer beruhigen dürfte. Gottsched will vielmehr zeigen, daß auch in deutscher Sprache eine von der Vernunft geleitete und auf Regeln gegründete Poesie möglich ist. Die Veröffentlichung von Übersetzungen ist nur ein Behelf, um in Deutschland den Sinn für die wahre Dichtkunst allererst zu erwecken[9].

Ein wichtiges Ereignis in Gottscheds Theaterreform ist das Erscheinen seiner sechsbändigen Dramensammlung *Die Deutsche Schaubühne* (1741–1745). Mit ihr macht er das neue Repertoire allen Theatertruppen zugänglich und ändert auch die Erwartungen des Publikums, das die Stücke jetzt leicht durch Lektüre vor dem Theaterbesuch kennenlernen kann. Gottsched sieht diese Konsequenzen sehr deutlich: Er will dem ,,Eigensinn unsrer Comödianten" entgegentreten, ,,die theils besorget, sie würden dadurch den alleinigen Besitz der Stücke verlieren, wenn sich auch andere Banden das Gedruckte zu Nutze machen könnten: theils aber auch besorget, es möchten die Zuschauer gar zu klug daraus werden, und sowohl die Gedächtnißfehler der Comödianten; als ihre vorsetzlichen Verstümmelungen der Stücke daraus wahrnehmen lernen."[10] Der Druck der *Schaubühne* ist also eine Maßnahme zur Propagierung des klassizistischen Dramen-Fundus, aber auch zur Disziplinierung der Bühnenpraxis und zur Austreibung des improvisierenden Spiels.

Trotz einiger unbestreitbarer Erfolge hatte Gottscheds Reform ihre Grenzen: Es gelang nicht, den Harlekin und die burleske Komik definitiv von der Bühne zu bringen[11]. Der Theaterwirklichkeit gegenüber erwies sich das klassizistische Programm als zu abstrakt und zu rigoros. Es kann daher nicht erstaunen, daß die Truppen Ackermanns und Schönemanns – von der Schuchschen zu schweigen – auch nach 1750 noch extemporiertes Spiel zeigten[12]. 25 Jahre nach den Anfängen von Gottscheds Reform klagt der junge Cronegk, der auf seinen Reisen die italienische und französische Bühne kennengelernt hatte, daß die deutschen Dramatiker immer noch unter miserablen Bedingungen schrieben:

> Wie betrübt ist hingegen ein deutscher Schriftsteller daran, der in dem Orte seines Aufenthaltes gar keine gute Comödie aufführen sieht? In wie wenig Orten Deutschlands sind gute Acteurs? Ohne Uebung, ohne Nacheiferung, ohne Kenntniß des Theaters, kann unmöglich ein theatralischer Dichter groß werden, und besonders im Tragischen[13].

Im Tragödien-Kapitel seiner *Critischen Dichtkunst* hatte JOHANN CHRISTOPH GOTTSCHED (1700–1766) im Anschluß an die französischen Muster und Autoritäten einen ganzen Katalog von Regeln aufgestellt: Er verpflichtete die Gattung – wie die Poesie überhaupt – auf einen moralischen Zweck und auf die Beobachtung der Wahrscheinlichkeit. Gemäß der ,,Ständeklausel" durften nur die Großen dieser Welt als Tragödienhelden auftreten. Die Sprache sollte Erhabenheit zeigen, allerdings ohne in die ,,falsche Hoheit" Senecas oder Lohensteins zu verfallen. Die Regeln der Dezenz (die ,,bienséances") waren zu beobachten, und hinsichtlich der äußeren Einrichtung wurden die drei Einheiten und die Einteilung der Tragödie in fünf Akte für unabdingbar erklärt[14].

Gottsched stand nicht an, mit der eigenen Feder das Muster eines regelmäßigen Trauerspiels zu liefern: den *Sterbenden Cato* von 1732[15]. Allerdings ist das Stück weniger ein Originalwerk als eine Kontamination der beiden Cato-Dramen Addisons und Deschamps', was

Gottsched in seiner Vorrede auch deutlich ausspricht[16]. Für ihn war nicht Originalität die entscheidende Forderung, sondern die Erfüllung der Regel.

Man hat Gottscheds Muster-Tragödie wegen ihrer historischen Bedeutung das wichtigste Theaterstück der deutschen Aufklärung bis *Minna von Barnhelm* nennen können[17]. In der Tat hatte der *Cato* – trotz beträchtlicher Anfeindungen – einen großen Erfolg: bis 1757 erschienen 10 Auflagen, und Aufführungen gab es in ganz Deutschland. Sogar französische Zeitschriften berichteten über das Stück, was Gottscheds besonderen Stolz erregen mußte.

Er hatte Cato wegen seiner stoischen Festigkeit und seiner patriotischen Tugenden als Tragödienhelden gewählt. Als Exponent der despotischen Staatsform ist ihm Caesar gegenübergestellt. Der Gegensatz dieser beiden Protagonisten ist moralisch akzentuiert: Caesar soll als Bösewicht erscheinen, damit Catos Vorzüge um so heller strahlen. Allerdings gelingt es Gottsched nicht, diesen Eindruck plausibel zu machen, da Caesar durchaus Edelmut zeigt und Catos Größe auch anerkennt. Schon den Zeitgenossen wollte nicht einleuchten, daß Cato „dem so schön vorgestellten Cäsar mit solcher Grobheit begegnet"[18].

Wie die Vorrede des Stücks erklärt, soll Cato kein Held von makelloser Vollkommenheit sein. Gottsched meint vielmehr unter Berufung auf Aristoteles, der Protagonist des Trauerspiels müsse eine *hamartia,* einen Fehler zeigen, durch den er ins Unglück gerate. „Allein", schreibt er im Hinblick auf seinen Cato, „er treibet seine Liebe zur Freiheit zu hoch, so daß sie sich in einen Eigensinn verwandelt. Dazu kommt seine stoische Meinung von dem erlaubten Selbstmorde. Und also begeht er einen Fehler, wird unglücklich und stirbt."[19]

In der Tat zeigt der Text des Stücks, daß sich Catos Freiheitsbegeisterung dem Starrsinn und der Selbstgerechtigkeit nähert. Das Verfehlen des rechten Maßes läßt ihn schließlich an Gott und der gerechten Weltordnung zweifeln und den Selbstmord als Ausweg wählen (V, 1). Das bleibt für Gottsched ein schwerer Frevel, weil niemand das Recht hat, am wenigsten der hervorragende Mensch, sich der Gemeinschaft zu entziehen, in der er noch Schlimmes verhindern und Gutes bewirken kann[20]. Daß der Selbstmord verfehlt war, deutet das Stück an, indem es am Ende – gerade als Cato sich die tödliche Verletzung beibringt – die Meldung von neuem Widerstand gegen Caesar einlaufen läßt und Flucht und weiteren Kampf durchaus als sinnvoll hinstellt (V, 7)[21]. Cato selbst zeigt denn auch in seinen letzten Worten Zweifel an seiner stoischen Überzeugung und bittet die Götter um Verzeihung für den Fall, daß er „hier / Vielleicht zu viel getan": „Der Beste kann ja leicht vom Tugendpfade wanken" (V, 8).

Allerdings stellt Gottscheds Tragödie ihren Helden vor allem als den unanfechtbaren Weisen, als Freiheitsheros und stoischen Todesverächter dar. Der Selbstmord erscheint dem Zuschauer denn auch mehr als Apotheose Catos denn als Fehlhandlung, die aus der eigensinnigen Übertreibung seiner Tugenden resultierte. Man hat daher sagen können, zwischen dem Text selbst und der Kommentierung durch den Autor bestehe ein Widerspruch[22].

Da Gottsched wohl mehr zum Lehrer, Organisator und Publizisten geboren war als zum Poeten, blieb seine Mustertragödie auch in anderen Punkten unvollkommen. Die Nebenhandlung mit der Partherkönigin Arsene, die sich unversehens als Catos Tochter erweist und Caesar liebt, steckt voller Unwahrscheinlichkeiten, erschien dem Autor aber wohl zur Auffüllung der dramaturgischen Konstruktion mit der obligaten Liebeshandlung unentbehrlich. Der dramatische Vorgang wirkt an vielen Stellen gezwungen, weil die Sublimierung nicht gelingt, die von der hohen Künstlichkeit der klassizistischen Form gefordert ist: Die Einheiten wirken daher als äußere Fessel, nicht aber als das dem Vorgang angemessene oder gar notwendige Gestaltungsmuster. Ähnliche Schwierigkeiten entstanden durch die Übernahme des Alexandriners: Im Französischen ist dieser Vers fließender und melodiöser. Um ihn dem von Gottsched angestrebten Ideal der natürlichen Einfachheit und der „vernünftigen hohen Art des Ausdrucks"[23] gefügig zu machen, hätte es einer sprachlichen Virtuosität bedurft, die in der deutschen Frühaufklärung als einziger Autor Johann Elias Schlegel besaß.

Gottscheds beide anderen Tragödien sind zuerst im sechsten Teil der *Deutschen Schaubühne* (1745) erschienen. *Agis, König zu Sparta* bezieht seinen Stoff aus dem Plutarch und schildert das Schicksal eines edlen Herrschers, der gegen soziale Ungerechtigkeit und sittliche Verderbtheit kämpft und dabei wegen seiner Unerfahrenheit scheitert. Agis gerät zwischen entgegengesetzte Kräfte: Auf der einen Seite bedrängen ihn die Reichen, die um ihre Interessen fürchten, auf der anderen das erregte Volk, dem die Reform nicht schnell genug vonstatten geht. Am Ende wird der gute König ermordet, und der ungerechte Zustand dauert fort.

Das Stück verfolgt keine sozialrevolutionären Absichten: Die Reform wird durch den legalen König betrieben, die Monarchie bleibt vom Zweifel unberührt, und das Volk ist als unberechenbarer und undankbarer Pöbel geschildert. Im Mittelpunkt des dramatischen Interesses steht die tugendhaft-heroische Haltung des Agis, der „durch ein kleines Versehen, und also nicht ohne eigene Schuld, unglücklich wird, ja sein ganzes Haus ins Unglück stürzet"[24]. Der dramaturgische Bau des Stücks ist – zumindest in der straffen Exposition – nicht ungeschickt, aber es bleibt doch spürbar vom Zwang der Regeln gedrückt. In den knappen Zeitraum, den die Norm dem Trauerspiel zubilligt, sind Vorgänge zusammengedrängt, die eigentlich Wochen oder Monate benötigen. Die Ständeklausel und die Einheit des Orts machen es unmöglich, den sozialen und politischen Konflikt selbst anschaulich darzustellen.

Gottscheds drittes Trauerspiel, *Die Parisische Bluthochzeit,* schildert die blutigste Episode aus dem konfessionellen Bürgerkrieg in Frankreich, die Bartholomäusnacht von 1572. Das Stück will die Greuel des religiösen Fanatismus und die Festigkeit des wahren Glaubens vorführen. Durchs schaudervolle Beispiel empfiehlt es die Tugend der Toleranz. Ohne Zweifel lebt das Stück vom sensationellen Charakter seines Stoffs. Gottsched hat sich eng an die historischen Quellen gehalten, die er in einem Anhang auszugsweise mitliefert. Diese Demonstration historischer Treue erstaunt, weil der Autor bei seinem *Cato* für die freie Behandlung des geschichtlichen Stoffs plädiert hatte, sie erklärt sich aber aus dem Bedürfnis, die kaum glaubliche Grausamkeit des Vorgangs als authentisch hinzustellen.

Wie die späteren Bände der *Deutschen Schaubühne* zeigen, war der Plan, deutsche Autoren für das klassizistische Theater zu gewinnen, erfolgreich. Von welchen Voraussetzungen man dabei ausging, zeigt ein Brief des jungen Friedrich Melchior Grimm (des späteren Freundes Diderots), der nach der Lektüre des zweiten Teils der *Schaubühne* selbst eine Tragödie beginnt und Kontakt mit Gottsched aufnimmt:

> Eine neue Fabel zu erfinden, war mir zu schwer, und etwas zu übersetzen, war ich noch zu unvollkommen. Ich gerieth daher auf die Banise. Ich hatte sie vor einigen Jahren von unsern saubern Comödianten vorstellen sehen, aber Balacin reiste kreuzweis auf der Bühne herum und wir waren bald in Ava bald in Pegu. So sollte nun mein Trauerspiel nicht werden. Ehe ich mich an die Arbeit machte, las ich das Hauptstück der critischen Dichtkunst von Tragödien aufmerksam durch. Ich arbeite nunmehr an dem dritten Aufzuge (. . . .)[25].

Gottsched nahm das Stück, nachdem es unter seinen Augen noch einmal überarbeitet worden war, wirklich in den vierten Band seiner Sammlung auf.

Die wichtigsten Tragödien der von Gottsched angeregten klassizistischen Phase der Frühaufklärung stammen von JOHANN ELIAS SCHLEGEL (1719–1749). Sein erfolgreichstes Stück ist der 1743 zuerst in der *Deutschen Schaubühne* gedruckte *Herrmann*. Schlegel greift hier einen nationalgeschichtlichen Stoff auf, um seinem Trauerspiel eine intensivere emotionale Anteilnahme des Publikums zu sichern[26].

Geschildert ist der Sieg der Germanen über die Römer im Teutoburger Wald, wobei der Cherusker Herrmann als Symbolfigur eines heroischen Patriotismus präsentiert wird. Der dramatische Konflikt des Stücks ergibt sich aus dem Verrat des opportunistischen Germanenführers Segest und durch die Unentschiedenheit von Herrmanns Bruder Flavius, der zwischen vaterländischer Pflicht und Sympathie für die Römer schwankt: Er hat die römische Lebensart angenommen und ist von der kulturellen Überlegenheit der Eroberer fasziniert. Der Glanz Roms allerdings erscheint aus der Perspektive der biederen Germanen nur als moralische Korruption (I, 2). Der Gegensatz zwischen Römern und Deutschen stellt sich in Schlegels Stück als der von Sklaverei und Freiheit oder von Laster und Tugend dar: Solange Flavius sich nicht in das germanische Heer einreiht, folgt er dem Pfad moralischer Verirrung[27]. Am Ende bekehrt er sich jedoch und bestürmt den Segest, seine Truppen gegen die Römer in die Schlacht zu werfen. Als Segest sich weigert, stürzt sich Flavius allein in den Kampf; er kommt indessen zu spät, denn Herrmann hat den Sieg bereits errungen.

Nicht die problematischen Figuren ereilt der Tod, sondern den wehrhaft-ehrbaren Heldenvater Sigmar. Das widerspricht zwar dem Gerechtigkeitsgefühl, verstärkt aber die Rührung: Das Stück präsentiert auf diese Weise einen Märtyrer für die gute Sache und ermöglicht die Apotheose Herrmanns in der Schlußszene, in der er nicht nur als der siegreiche Kämpfer, sondern auch als großmütiger Herrscher auftritt, indem er den beiden Abtrünnigen verzeiht (V, 4).

Schlegels Trauerspiel ist getragen von einem rhetorisch gesteigerten Patriotismus, der sich stellenweise mit zivilisationsfeindlichen Tönen verbindet. Gottsched stand in der *Deutschen Schaubühne* nicht an, den Römerhaß aus dem Teutoburger Wald auf die Probleme seiner bürgerlichen Kulturpolitik zu übertragen:

> Wer indessen auf die Aehnlichkeiten der Stadt Rom zu Augusts Zeiten, mit dem heutigen Paris; und die Herrschsucht der Römer mit der französischen, in Gedanken zusammenhält: der wird bey Durchlesung dieses Herrmanns, oder bey Aufführung desselben, ein doppeltes Vergnügen empfinden[28].

Von der germanischen Vorzeit konnte das Stück keinen farbigen Eindruck vermitteln, weil es durch den erhabenen Alexandriner-Ton und die klassizistischen Formvorschriften auf einen abstrakten Darstellungsstil festgelegt war. Man suchte diesem Mangel bisweilen bei der Inszenierung abzuhelfen, wie es scheint ohne größeren Erfolg. Goethe jedenfalls berichtet von einer Festaufführung zur Eröffnung des neuen Leipziger Theaters im Jahre 1766, das Stück sei „ungeachtet aller Thierhäute und anderer animalischen Attribute", mit denen man die Bühnen-Germanen aufgeputzt hatte, „sehr trocken" abgelaufen[29]. Der *Herrmann* bleibt jedoch wegen seiner nationalen Thematik, die auf eine Intensivierung der Wirkung abzielte, bedeutsam. Sprachlich und in der relativ ungezwungenen Erfüllung der Regeln ist das Stück den anderen deutschen Original-Tragödien der *Schaubühne* überlegen.

Der milde, untadelige Herrscher ist eine stehende Figur in Schlegels Trauerspielen. Konzipiert ist sie wohl unter dem Eindruck Corneilles, der bereits häufig den tragischen Konflikt durch die Intervention eines ordnenden weltlichen Souveräns löste (etwa in *Cid, Horace* und *Cinna*). Bei Schlegel steht der gerechte und gnädige Herrscher jedoch häufig im Konflikt mit Figuren von heroischer Attitüde, die sich nicht unterordnen wollen, nur ihrem eigenen Ruhm dienen und humane Regungen nicht kennen. Diese Konstellation deutet sich schon in den *Trojanerinnen* an (vgl. vor allem III, 1 und III, 3), sie bestimmt das Fragment *Gothrica* und steht im

Zentrum des *Canut* (1746), mit dem Schlegel ein dänisches National-Trauerspiel schaffen wollte, so wie mit dem *Herrmann* ein deutsches. Dem edlen König Canut tritt der ehrgeizige Aufrührer Ulfo entgegen, der das ihm gewährte Vertrauen zu immer neuen Treulosigkeiten mißbraucht. In Ulfos Ruhmbegier zeigt sich eine archaische Unbändigkeit, die nach Selbstbestätigung in martialischen Taten strebt. Der Monarch erscheint als Repräsentant der Ordnung und
der Gerechtigkeit, dem es allerdings mißlingt, Ulfo in die Gemeinschaft der Guten zu integrieren. Dieses Scheitern, das ihn zur Anwendung von Gewalt und zur Ausstoßung des Übeltäters
zwingt, begründet einen sehr verinnerlichten Konflikt der Herrscherfigur: ,,Die Strenge
schmerzet mich", klagt Canut (IV, 6). Und von allen Rechten und Aufgaben des Fürsten erscheint ihm ,,das betrübteste das Recht auf Tod und Leben" (V, 4). Wenn man diesen Konflikt
als ,,tragisches Dilemma" zwischen strafender Gerechtigkeit und Mitleid auffassen will[30], so
wäre doch zu betonen, daß die Auseinandersetzung in Canut sehr verdeckt verläuft und seine
überlegene Ruhe nie aufhebt. Seine Hemmung gegenüber der Anwendung von Gewalt charakterisiert mehr seine Milde und olympische Friedfertigkeit, als daß sie einen beunruhigenden inneren Konflikt heraufführte.

Ohne Zweifel ist Ulfo mit seiner heroischen Unbedingtheit und seiner ruhelosen Egozentrik eine interessantere Dramenfigur als der passiv-souveräne Canut. Schon im 18. Jahrhundert kam die Meinung auf, Ulfo sei die eigentliche Hauptgestalt des Stücks, während es Canut an
allen wesentlichen Eigenschaften eines Tragödienhelden mangele[31]. Man darf sich durch diese
Beobachtung allerdings nicht verleiten lassen, die Wertungsakzente des Stücks zu verschieben.
Es ist nicht möglich, Ulfo als tragischen Helden zu verstehen, weil seine Haltung eindeutig als
inhuman und zerstörerisch verurteilt wird. Charakteristisch für ihn sind folgende Verse: ,,Das
Feld ward, da man es noch nicht bepflügen lernte, / Mit Leichen nur besät und trug nur Ruhm
zur Erndte. / Itzt glaubt ein jeder sich als Unterthan beglückt. / Die Güte des Canut hat allen
Muth erstickt" (II, 4). Der Friedenskönig resümiert am Ende, nachdem sich alle Geduld und
Großmut als vergeblich erwiesen haben: ,,Er müsse durch sein Blut der Welt die Lehre geben: /
Wer nicht will menschlich seyn, sey auch nicht werth, zu leben" (V, 3). In Ulfo wird ein historisch überlebtes, archaisches Prinzip abgelehnt und in seiner Vermessenheit *ad absurdum* geführt. Keineswegs wird mit ihm – wie man gelegentlich gemeint hat – etwas Zukünftiges, etwa
der Subjektivismus des Sturm und Drang, vorweggenommen[32].

Das Stück lebt ganz aus der moralischen Antithese zwischen der Friedensliebe und
großmütigen Humanität Canuts auf der einen und der gewalttätigen Ehrbegierde Ulfos auf der
anderen Seite. Das moralisierende Konzept löst die Tragik tendenziell auf: Es kommt nicht
mehr zur Katastrophe des guten aber fehlbaren Helden, sondern zur Bestrafung des Bösen und
zur Apotheose des Guten. Die Umwandlung der Tragödie (die sich im *Herrmann* schon andeutet) ergibt sich aus der nationalpädagogischen Aufgabe, die Schlegel seinen Stücken überträgt.
Hier im *Canut* bedeutet das die Verurteilung der barbarischen Vorgeschichte mit ihrem Drang
zu kriegerischer Selbstverherrlichung und zugleich die Verklärung der neuen Epoche, deren
Gesetz Tugend, Friede, Gehorsam und Großmut sein soll. In diesem Konzept spiegelt sich offensichtlich das Ideal einer befriedeten, aufgeklärt-patriarchalisch regierten Monarchie.

Auch JOHANN FRIEDERICH VON CRONEGK (1731–1758) hat den edlen Herrscher in den
Mittelpunkt einer Tragödie gestellt: Titelheld seines *Codrus*, mit dem er 1758 einen Preis für das
beste deutsche Trauerspiel gewann, ist ein König von Athen, der sich der Sage nach für sein
Land geopfert hat. Trotz mancher Mängel in der dramaturgischen Durchführung und in der
Anlage der Figuren (die Cronegk selbst klar gesehen hat)[33] ist das Stück eine achtbare Leistung
des sehr jung verstorbenen Autors, der den Erfolg seines Werks nicht mehr erlebte. Lessing be-

anstandete jedoch nicht zu Unrecht ein Übermaß der Großmutsbeweise und der Todesverachtung bei den Hauptfiguren[34]. Indessen hat die Szene, die den jungen Medon vor die Wahl stellt, die Mutter, die Geliebte oder seinen König vor dem Tod zu retten (IV, 5), ohne Zweifel starke dramatische Wirkung, und diese Konstellation war es daher vor allem, die den Autor zur Gestaltung reizte[35].

Interessant ist, daß Codrus es als höchste Herrscherpflicht anerkennt, das Wohl der Untertanen dem eigenen vorgehen zu lassen (III, 6), und ferner, daß am Ende Medon die Königswürde ablehnt. Letzteres darf man allerdings kaum als Propagierung demokratischer Ideale verstehen: Medon will sich in das private Leben eines ,,Bürgers von Athen" zurückziehen und überläßt es anderen, sich um ,,der Kronen prächt'ge Last" zu bemühen (V, 12). Immerhin ist hier das vorher stark betonte heroische Ethos des Stücks aufgegeben.

Die zweite Tragödie Cronegks, *Olint und Sophronia* (die er als Fragment hinterließ), ist vor allem deshalb berühmt geworden, weil sie Lessing in den ersten Stücken der *Hamburgischen Dramaturgie* zum Gegenstand einer scharfen, fast vernichtenden Kritik gemacht hat. Lessing sieht die Hauptschwäche des Stücks in der fast bis zum Absurden gesteigerten Todes-Sehnsucht der Protagonisten, die zur eifersüchtigen Verteidigung des Rechts auf die ,,Märtrerkrone" führt (III, 1 und III, 2). Man muß indessen bei der Würdigung dieser Kritik im Auge behalten (wie auch bei Lessings Äußerungen über Corneille), daß die *Hamburgische Dramaturgie* bereits von einer Position aus argumentiert, für die das Ethos und das Formgesetz der klassizistischen Tragödie unverständlich geworden waren.

Eine modifizierte Spätform des klassizistischen Trauerspiels zeigt sich bei CHRISTIAN FELIX WEISSE (1726–1804). In der Absicht, der durch die Einheiten und Bienséance-Rücksichten zu vornehmer Blässe verurteilten Tragödie neue Wirkungsmöglichkeiten zu eröffnen, versucht Weiße, kräftigere szenische Effekte ins Spiel zu bringen, die Sprache flexibler zu gestalten und den Regelzwang vorsichtig aufzulockern. Ein Beispiel für diese Tendenz bietet *Richard der Dritte* (1759), ein Stück, das durch Shakespeares gleichnamige ,,History" angeregt ist, die Weiße allerdings nur fragmentarisch kannte[36]. Das Stück lebt vor allem von dem gruseligen Reiz, der von der abscheulichen Titelfigur ausgeht. Lessing erhob zwar den Einwand, dieser Held errege kein Mitleid, er räumte jedoch zugleich ein, daß die Aufführung trotzdem Eindruck auf den Zuschauer mache[37]. Weiße versteht es, effektvolle Szenen wie rührende Wiederbegegnungen (II, 2) oder das Auftreten des Ungeheuers mit bluttriefendem Dolch (V, 1) auszuspielen. Formal allerdings hält er sich an die Formkonvention der französischen Tragödie.

Diese Tendenzen bestätigen sich in anderen Stücken. Der in deutlicher Parallele zur Racineschen *Phèdre* konzipierte *Krispus* (1764) verläßt sich ganz auf die sensationellen Momente seiner monströsen Palastgeschichte und führt sie zu einem grausigen Schlußtableau: Der tugendhafte Krispus ist vergiftet, die von ihrer dämonischen Leidenschaft getriebene Stiefmutter Fausta hat sich erstochen. Konstantin, der Kaiser, wirft sich auf die Leiche seines Sohnes und geht dann ,,mit allen Zeichen der Verzweiflung" ab. Bemerkenswert ist Weißes Bemühung, die Starre und den rhetorischen Gestus des Alexandriners in größere dialogische Lebendigkeit aufzulösen. Daß er dabei nicht ganz ohne Erfolg blieb, hat ihm schon Lessing bescheinigt, der in *Eduard dem Dritten* Passagen mit ,,Schlegelscher Versifikation" registrierte[38].

Der Alexandriner ist zugunsten des fünffüßigen Jambus in *Atreus und Thyest* (1766) aufgegeben, einem Stück, in dem Weißes Vorliebe für den grausigen Effekt sich bestätigt. Der Atriden-Mythos mit seinen Schrecklichkeiten bietet für solche Absichten höchst dankbare Stoffe. Atreus präsentiert sich als ein anderer Richard III.: Die alten Greuel, die er dem Thyest angetan hat, werden wortreich heraufgerufen, und neue Grausamkeiten werden ins Werk gesetzt. Neben solchen Schrecknissen der moralischen Welt macht sich das Walten des antiken Fatums bemerkbar, als neue, unbewußt begangene Frevel wie der Inzest zwischen Thyest und Pelopia ans Licht kommen. Am Ende tötet Aegisth zwar das blutdürstige Ungeheuer Atreus, aber mit diesem Akt der moralischen Gerechtigkeit ist – anders als in *Richard der Dritte* – keine definitive Lösung erreicht, weil die mythologische Überlieferung bekanntlich den Fluch weiterwirken läßt.

Das Aufgreifen dieses Stoffs gibt einen Hinweis auf Weißes Stellung in der Geschichte des deutschen klassizistischen Trauerspiels: Sie entspricht der, die in Frankreich Crébillon der Ältere einnahm. Auch dieser hatte eine Tragödie *Atrée et Thyeste* (1707) verfaßt, wobei er allerdings eine andere Episode des antiken Mythos aufgriff. Er versuchte mit seinen Stücken, die epigonale Schwäche des tragischen Schauspiels dadurch zu überwinden, daß er die gedämpfte Dezenz der klassischen Epoche durchbrach und schockartig wirkende Effekte, grelle Szenen und verwirrte Intrigen auf die Bühne brachte, während er die formalen Konventionen im ganzen beibehielt. Von 1750 an erscheinen seine Stücke in deutschen Übersetzungen[39], und an das dadurch erweckte Interesse knüpft Weiße offensichtlich an. Der Erfolg dieses Erneuerungsversuchs dauerte nicht lang. Spätestens mit dem Erscheinen der *Hamburgischen Dramaturgie* war das klassizistische Drama historisch überholt. Weiße bestätigt das, wenn er in einer Vorrede zu seinen Trauerspielen aus den siebziger Jahren um Verständnis für seine Stücke bittet, die aus einer anderen Epoche stammen, und wenn er zaghaft gegen einen ,,Modegeschmack" protestiert, der nur noch das jeweils Neueste (in diesem Fall: das bürgerliche Trauerspiel) gelten lassen will[40].

Gottsched selbst hat sich nur auf dem Feld der Tragödie und des Schäferspiels (*Atalanta*, 1741) versucht; die Komödie mied er wohl aus Gründen der akademischen Reputation: ,,Vollends auf öffentlicher Bühne Scherz zu treiben, und *risus captare*", meint Danzel, ,,das würde doch zu sehr der Würde zuwider gelaufen sein."[41] Man darf allerdings auch zweifeln, ob Gottsched der rechte Mann fürs Lustspiel gewesen wäre. Immerhin hat er in der *Critischen Dichtkunst* auch für die Komödie detaillierte Regeln aufgestellt. Sie ist ihm die ,,Nachahmung einer lasterhaften Handlung, die durch ihr lächerliches Wesen den Zuschauer belustigen, aber auch zugleich erbauen kann"; auch hier sollen die ,,Einheiten" eingehalten werden, auch hier ist der ,,Wohlstand" zu beachten, und die Ständeklausel läßt nur ,,Leute von mäßigem Stande" als Protagonisten der Komödie zu: ,,nicht, als wenn die Großen dieser Welt keine Thorheiten zu begehen pflegten, die lächerlich wären; nein, sondern weil es wider die Ehrerbietung läuft, die man ihnen schuldig ist, sie als auslachenswürdig vorzustellen."[42] Von der dritten Auflage der *Critischen Dichtkunst* an (die 1742 erscheint) erklärt Gottsched auch den Adel bis hinauf zu den ,,Baronen, Marquis und Grafen" zum potentiellen Lustspielpersonal[43]. Er ratifiziert damit eigentlich nur einen in der französischen Komödie längst üblichen Brauch, eröffnet aber zugleich die Möglichkeit, den Adel standeskritisch aufs Korn zu nehmen und die Spannungen zwischen Bürgertum und Adel auf die Bühne zu bringen[44]. Diese thematischen Möglichkeiten werden denn auch alsbald von der Gottschedin, J. Ch. Krüger und J. E. Schlegel genutzt.

Gottsched hat mit seinen Festlegungen für einen Dramentypus plädiert, den man als ,,satirische Verlachkomödie" bezeichnet hat[45]. Er bezieht sich dabei auf französische Vorbilder, vor allem auf Destouches, während er gegen Molière einwendet, nur sechs seiner Stücke seien ,,regelmäßig", es fehle ihnen oft die eindeutige moralische Tendenz und sie machten mit ihren Anleihen bei der *Commedia dell'arte* dem ,,Pöbel" Konzessionen[46]. Indem er den moralischen Auftrag auch des Lustspiels stark betonte und zugleich eine starke Reserve gegen zweckfreispielerische Heiterkeit und gegen die komischen Ressourcen der Theatertradition spüren ließ, bedrohte Gottsched ganz offensichtlich die genuinen Wirkungsmöglichkeiten der Gattung. Immerhin bleibt ein zentrales Mittel erhalten: die satirisch überzeichnete Figur des ,,Lastertyps``, gegen den die soziale Sanktion des Gelächters verhängt wird.

Diese Figur wird in der Darstellung nicht individualisiert, sondern sie bleibt ein Demonstrationsmodell, an dem bestimmte Fehlhaltungen vor Augen geführt werden. Johann Elias Schlegel hat die absichtsvoll vereinseitigte Konstitution solcher Beispielsfiguren prägnant beschrieben:

> So oft wir einen Geizigen, einen Heuchler, eine Widersprecherinn abschildern; so oft pflegen wir gleichsam einen Herkules zu bilden, in welchem wir, wie die Griechen diesem die Thaten aller Herkulen beylegten, die Thaten aller Geizigen, aller Heuchler, aller Widersprecherinnen zusammenbringen, und auf den wir alles, was nur jemals Lächerliches auf solche Personen gefallen ist, zusammenhäufen[47].

Diese Anlage der Figuren – sie gilt entsprechend für die tugendhaften Gegenspieler – wird oft schon durch die Namengebung signalisiert. Wenn eine Gestalt ,,Wahrmund`` heißt, ,,von Ahnenstolz`` oder ,,de Sotenville``, dann ist über ihren moralischen Demonstrationswert gleich Klarheit geschaffen. Auch die Äußerungsweise der Figuren ist von diesem Konzept bestimmt: Haltung, Gefühle, Reaktionen und Meinungen drücken sich nicht impulsiv aus, sie werden vielmehr räsonierend mitgeteilt und kommentiert, mehr reflektiert und erklärt als spontan dargelebt[48].

Das von Gottsched propagierte Muster der satirischen Komödie, das die moralisch anerkannten Figuren nur in Nebenrollen zuließ, wurde bald durch das Eindringen rührender Elemente modifiziert. Das deutet sich in der Theorie und in den Stücken Johann Elias Schlegels schon an[49] und führt bei Gellert zur eindeutigen Vorherrschaft der empfindsam-tugendhaften Figuren und zu einer fast völligen Verdrängung komischer Momente. Diese Entwicklung widerstreitet zwar der Gottschedschen Gattungslehre[50], sie läßt sich aber in mancher Hinsicht auch als Erfüllung seiner Poetik auffassen: die Entschiedenheit der moralischen Orientierung liegt ganz auf der Linie der *Critischen Dichtkunst*[51], und die bei Gellert vollzogene Austreibung der Dienerfiguren bedeutet die Vollstreckung von Gottscheds Urteil gegen die Bedientenkomik der romanischen Komödientradition.

Wichtige thematische Schwerpunkte der Aufklärungskomödie deuten sich schon bei LUISE ADELGUNDE VICTORIE GOTTSCHED (1713–1762) an, der ,,geschickten Freundin`` des Leipziger Reformers. Mit ihrer *Pietisterey im Fischbein-Rocke* (1736) zieht sie gegen Mißstände des religiösen Lebens zu Felde. Das Stück ist fast zur Gänze aus dem Französischen übersetzt, es lenkt aber die Jansenisten-Kritik des Originals auf die Pietisten[52].

Wert und Interesse des Stücks liegen allein in der satirischen Stoßkraft, mit der es der Bigotterie und Heuchelei zu Leibe rückt. Gegen diese Untugenden stellt es die gesunde Vernunft des aufgeklärten Herrn Wackermann und die naturwüchsige Empörung der einfachen Frau Ehrlichinn (IV, 4)[53]. Der heikle Charakter des Themas und die Aggressivität der Behandlung zwangen die Verfasserin, in der Anonymität zu bleiben. In der Tat provozierte das Stück gereizte Proteste bei den Betroffenen und heftige Reaktionen der staatlichen Autoritäten[54].

Ein anderes wichtiges Thema der Sächsischen Komödie ist die kritische Behandlung des Standesgegensatzes zwischen Adel und Bürgertum. Angeregt von Molières *Georges Dandin* greift die Gottschedin das Problem der Mésalliance auf. In ihrer *Ungleichen Heirath* (1743) schildert sie in grellen Farben die moralische Korruptheit und die charakterlichen Verschroben-

heiten des Adels. Der bürgerliche Bräutigam löst sich am Ende aufgrund seiner desillusionie-
renden Erfahrungen von seiner blaublütigen Braut, bezahlt aber seinen Hang zu den vornehmen
Damen mit zehntausend Talern, die er der verrotteten Adelsfamilie läßt, um nur seine Freiheit
wiederzubekommen.

Das Stück hat dramaturgische Mängel (im vierten Akt stagniert die Handlung), und es
bedient sich handfester, bisweilen grober Effekte. Offenbar wollte die Verfasserin den wohl
noch recht undifferenzierten Erwartungen des zeitgenössischen Publikums entgegenkommen.
Sein Leben bezieht der Text aus dem satirischen Impetus, der bürgerliches Selbstbewußtsein bezeugt, wo er adeligen Dünkel lächerlich macht und die aristokratischen Ehesitten kritisch mit
den bürgerlichen vergleicht (vgl. II, 3).

Ein wichtiges Thema der Frühaufklärung ist die Kritik der Ausländerei, besonders der
Frankomanie. Für ihre *Hausfranzösinn* (1744) konnte die Gottschedin auf das Beispiel von
Holbergs *Jean de France* zurückgreifen. Allerdings gerät hier die Kritik an allzu blinder Verehrung der Franzosen unversehens zu einer pauschalen Verdächtigung alles Fremden. Vor allem in
der Figur des alten Wahrmund tritt ein polternder Chauvinismus hervor, der dem kritisierten
Dünkel der Franzosen nichts nachgibt. Auch dieses Stück schreckt vor grober Komik nicht zurück und erlaubt selbst den tugendhaften Figuren eine rüde Sprache. Hier zeigt sich, daß ein
aufklärerisch-pädagogisches Engagement bei allzu vehementem Eifer in aggressive Intoleranz
umschlagen kann[55].

Das Testament (1745) führt die Bestrafung schamloser Erbschleicherei und die Belohnung der Aufrichtigkeit vor. Einige Figuren erfahren hier ansatzweise eine etwas nuanciertere
psychologische Durchzeichnung, im übrigen greift das Stück jedoch traditionelle Komödien-
elemente wie die Juristen- und Ärztesatire auf. Im *Witzling* (1745) schließlich versucht sich die
Gottschedin in der Literatursatire. Allerdings arbeitet sie auch hier wieder mit recht einfachen
Mitteln: Die satirisch Angegriffenen, die sich als Feinde der *Deutschen Schaubühne* erweisen
(vgl. den sechsten Auftritt), werden dadurch diskreditiert, daß ihnen das Stück haarsträubenden
Unsinn in den Mund legt und moralisch bedenkliche Aktionen zuschreibt.

Vielseitiger als das Komödienwerk der Gottschedin ist das JOHANN CHRISTIAN KRÜGERS
(1723–1750), das sich in mehrfacher Hinsicht vom Konzept der *Critischen Dichtkunst* entfernt.
Die beiden größeren Komödien Krügers allerdings, *Die Geistlichen auf dem Lande* (1743) und
Die Candidaten (1748), sind aggressiv satirische Stücke. Das erste attackiert – schärfer noch als
die *Pietisterey* der Gottschedin – religiöse Mißstände. Gegen die kraß gezeichneten Untugenden
der Landprediger wie Heuchelei, Dummheit, sexuelle Gier und Faulheit stellt Krüger die praktische Vernünftigkeit der aufklärerischen Philosophie, die „ein höchstes Wesen vernünftig verehren" lehrt (II, 7). Das Stück erregte wegen seiner rabiaten Kritik an der Geistlichkeit Skandal,
es wurde konfisziert und konnte auch später nicht in Krügers Gesammelten Schriften erscheinen. Ein interessantes Detail ist, daß die fürs Lustspiel-Ende obligate Heirat über die Standes-
grenze hinweg geschlossen wird: Vor der Tugend und der Vernunft soll das soziale Vorurteil
nicht mehr gelten. Dieses Motiv kehrt in den *Candidaten* wieder. Zum besonderen Zielpunkt
der Satire wird hier der Machtmißbrauch, der Dünkel und die Unmoral des Adels. Das Stück ist
bemerkenswert wegen seiner gut disponierten Handlungsführung und wegen des Hervortretens
empfindsamer Elemente.

Mit dem puristischen Klassizismus der Gottsched-Schule hat Krüger in den kurzen
Stücken *Der Teufel ein Bärenhäuter* (1748) und *Der blinde Ehemann* (1751) gänzlich gebro-
chen: Neben empfindsame Szenen treten deutliche Anleihen bei der *Commedia dell'arte* und
Motive des Feenmärchens[56]. Die größte Beliebtheit unter Krügers Stücken erreichte *Herzog*

Michel (1751), der – einer Verserzählung Johann Adolf Schlegels folgend – die hochfliegenden Illusionen eines Bauernknechts und die schließliche Rückwendung zur Realität vorführt.

Der Lastertyp, den die Verlachkomödie als zentrale Figur verlangt, wird in einer ganzen Reihe von Stücken zum bloßen Kauz oder zum pathologischen Sonderling. Schon Lessing meinte, manche dieser Figuren würden „mehr Mitleiden oder Abscheu erwecken müssen, als Lachen"[57]. Das gilt etwa für Johann Friederich von Cronegks *Mißtrauischen* (postum 1760) und Adam Gottfried Uhlichs *Unempfindlichen* (1747).

Die Hauptfigur von JOHANN THEODOR QUISTORPS (1722–?) *Hypochondrist* (1745) muß einem heutigen Betrachter mehr als Kranker vorkommen denn als ein Tor, der von seiner Vernunft in vorwerfbarer Weise keinen Gebrauch macht. Das Stück versucht indessen, den Hypochonder als verlachenswürdigen Exzentriker vorzuführen. In dieser Haltung zeigt sich der robuste Vernunftglaube der frühen Aufklärung, der die hypochondrische Lebensängstlichkeit ganz einfach durch Heirat und „vernünftige Vorstellungen" (V, 5) heilen zu können glaubte.

Auch Johann Elias Schlegels Komödien folgen zum größten Teil dem Lastertyp-Schema. Das gilt für den *Geschäfftigen Müßiggänger* (1743), der einen Menschen vorführt, „der viel thut, und doch nichts" (IV, 2)[58]; ferner für den Einakter *Der gute Rath* (1745) und auch für die nur fragmentarisch erhaltene satirische Komödie *Die Pracht zu Landheim* (postum 1764, entstanden 1742). Die bisher genannten Stücke überragt *Die stumme Schönheit* (1747), ein in virtuosen Alexandrinern geschriebener Einakter, der die seelenlose Tanzmeister-Erziehung angreift und ein bürgerliches Ideal unprätentiöser Natürlichkeit und Vernünftigkeit vertritt. Die Satire verliert hier alle Strenge: sie läßt die ungesprächige und affektierte Charlotte am Ende bei ihrer Albernheit und gönnt ihr sogar noch einen Ehemann. Darin deutet sich an, daß Schlegel das Gebot moralischer Lehrhaftigkeit nicht mehr in der Gottschedschen Direktheit akzeptierte[59].

Vom Schema der satirischen Typenkomödie löst sich bereits *Der Geheimnißvolle* (1747). Zwar gibt es hier noch eine exzentrische, von einer Marotte beherrschte Hauptfigur, sie ist aber nur noch als Vorwand für eine komödiantische Verkleidungs-Intrige benutzt. Das Stück läßt den Einfluß des *Théâtre italien* und Marivaux' schon deutlich spüren[60], der dann in Schlegels bedeutendstem Lustspiel, dem *Triumph der guten Frauen* (1748), bestimmend wird. Zwar sind auch hier noch die beiden männlichen Gegenspieler der „guten Frauen" nach Lastertyp-Manier als Ehedespot und pflichtvergessener Schürzenjäger gezeichnet; aber die Satire tritt doch gegenüber einer spielerischen Intrige zurück, in der wieder das Verkleidungsmotiv eine zentrale Funktion hat: Die von ihrem Mann verlassene Hilaria versucht, sich in Männerkleidern dem Treulosen zu nähern und seine Liebe wiederzugewinnen. Das Stück ist zu Recht immer wieder wegen seines leichten, spritzigen Konversationstons gelobt worden. Vor allem auf Grund seiner Sprache, aber auch wegen seiner bis dahin im deutschen Lustspiel unbekannten psychologischen Raffinesse hat man das Stück in die Nähe von Marivaux' Komödien gestellt[61]. Diese Affinität beweist sich besonders bei der Darstellung schwankender, nicht offen eingestandener oder nur halbbewußter Gefühlszustände (vgl. etwa II, 1 und V, 1). Als Mangel bleibt festzuhalten, daß der dramatische Ablauf nicht den Fluß der großen französischen Muster erreicht[62]. Außerdem machen sich Brüche in der Entwicklung der Figuren bemerkbar. Das gilt besonders für die kaum glaubhafte Bekehrung der beiden Ehemänner[63], aber auch für Hilaria, von der man annehmen soll, daß ihre liebenden Gefühle sie erst nach zehn Jahren auf die Suche nach dem entwichenen Gatten treiben. Der Reiz des Stückes liegt in der für das deutsche Lustspiel der Zeit ungewöhnlichen Figurenkonstellation und in der Intrige, im Witz des Dialogs und der spielerischen Leichtigkeit, die sich von den Zwängen moralischer Demonstration losgesagt hat.

Die sprachliche Kultur und die Tendenz zur Modifizierung des von Gottsched inaugurierten Schemas, wie sie sich bei Schlegel zeigen, charakterisieren auch die Stücke des jungen
Lessing, die zu den besten Leistungen der Sächsischen Komödie gehören. Bleiben der *Junge Gelehrte* (1747) und *Der Misogyn* (1748) noch nah bei der Lastertyp-Komödie, so verändert sich
die Tendenz im *Freygeist* und in den *Juden* (beide 1749), in denen nicht mehr Laster entlarvt
sondern Tugenden enthüllt werden[64].

In mehreren der bisher erwähnten Komödien, besonders in den Texten J. Ch. Krügers,
Cronegks und J. E. Schlegels, war das Eindringen empfindsamer Momente zu registrieren. Sie
zeigen sich vor allem im Hervortreten der tugendhaften Figuren bei gleichzeitiger Abschwächung der Diener-Komik und in bestimmten Handlungsmotiven wie Akten der Selbstlosigkeit,
der Großmut, der Tugendbewährung. Die Tendenz, statt des Gelächters dem Zuschauer die
empfindsame Träne zu entlocken, hat schon um die Mitte der vierziger Jahre zur Ausbildung eines eigenen Lustspieltypus geführt. Auch hier haben westeuropäische Vorbilder anregend gewirkt, neben dem Gefühlsklima des empfindsamen Romans vor allem die *sentimental comedy*
und die *comédie larmoyante*. Letztere allerdings blieb in Frankreich – trotz aller Publikumser-
folge – umstritten[65]. Auch Gottsched zeigte Zurückhaltung und theoretische Verlegenheit gegenüber der neuen Gattung, die er als Spielart der Komödie nicht gelten lassen wollte[66].

Der Erfolg der rührenden Stücke war indessen durch gattungstheoretische Bedenken
nicht zu hindern. In Deutschland war es vor allem CHRISTIAN FÜRCHTEGOTT GELLERT
(1715–1769), der die neue Gattung durchsetzte. Von ihm stammt auch der Versuch einer theoretischen Legitimierung, die noch im Rahmen des klassizistischen Systems argumentierte und unter vorsichtiger Modifizierung von dessen Kategorien der Rührenden Komödie ihren Platz an-
wies[67].

Gellerts erstes Stück, *Die Betschwester* (1745), deutet schon durch seinen Titel an, daß es
noch an die Konvention der Lastertyp-Komödie anknüpft. In der zweiten Hälfte allerdings beherrschen empfindsame Tugenddemonstrationen die Szene, die in einem großmütigen Verzicht
gipfeln: ,,Genug, ich opfere die Liebe der Freundschaft auf, mein Herz mag dawider sagen was
es will" (III, 10). Im *Loos in der Lotterie* (1746) stellt Gellert noch eine ganze Reihe von Lastern
wie Neid, falsche Prätentionen, Trotteligkeit und Ausländerei an den Pranger. Die empfindsame Substanz des Stückes wird auch hier erst gegen Ende bestimmend. Ganz im Zeichen der
Rührung stehen dagegen *Die zärtlichen Schwestern* (1747). Die Haltung der Figuren charakterisiert sich in Sätzen wie den folgenden: ,,Es ist meine größte Wollust, die Regungen des Vergnügens bey andern ausbrechen zu sehen. Und wenn ich viel hätte, ich glaube, ich verschenkte alles,
nur um die Welt froh zu sehen" (II, 7). Oder: ,,O was ist der Umgang mit großen Herzen für
eine Wollust!" (III, 5).

. Die tugendhaften Figuren des Rührenden Lustspiels sind durchweg (mit Ausnahme vielleicht des Julchen aus den *Zärtlichen Schwestern*) ähnlich schematisch, auf eine beherrschende
Eigenschaft hin angelegt wie die Typen der satirischen Komödie. Eine psychologisch komple-
xere Charakterisierung ist in aller Regel nicht angestrebt. Geändert haben sich indessen die dominierenden Charakterzüge der Figuren und das Darstellungsinteresse: Sollte bei der satirischen Komödie eine Distanzierung von den verlachten Hauptfiguren erfolgen, so geht es hier
um eine affektive Selbstverwechslung mit den tugendhaften Gestalten, die zu einer wohligen Bestätigung des eigenen moralischen Werts führt. Durch das rührende Bild der Tugend entsteht
Gellert zufolge ,,eine süße Empfindung des Stolzes und der Selbstliebe": ,,Denn wenn wir sehen, zu was für einem Grade der Vortrefflichkeit die menschliche Natur erhoben werden könne, so dünken wir uns selbst etwas Großes zu sein."[68] In dieser Formulierung deutet sich die

Gefahr an, daß der Affekt tugendseliger Rührung ohne die angestrebten Wirkungen auf die Lebenspraxis der Zuschauer bleibt. Lessing schon hat diese Gefahr gesehen, wenn er in der sympathetischen Teilnahme der Betrachter nur „ein Kompliment (sieht), welches sie ihrer Eigenliebe machen"[69].

Die verschiedenen Typen des Aufklärungslustspiels sind nebeneinander im Werk Christian Felix Weisses vertreten (wie übrigens auch die klassizistische Tragödie neben dem bürgerlichen Trauerspiel). Dem vielseitigen und wendigen Theaterschriftsteller stand der dramatische Formenfundus zu fast beliebigem Gebrauch offen. Eine Reihe von satirischen Typenkomödien knüpfen noch an die älteren Muster an. 1751 schon erscheinen die *Poeten nach der Mode*, mit denen Weiße den Streit zwischen den Parteigängern Gottscheds und der Schweizer aufs Korn nimmt. Im *Projektmacher* (1766) richtet sich die Satire auf bramarbasierende Selbstüberschätzung und maßlosen politischen Ehrgeiz. Kleanth, der vom Titel des Stücks angekündigte Windbeutel, wird durch eine Intrige bestraft, die ihn von einer Braut trennt, die offensichtlich zu schade für ihn ist.

Modifiziert ist das Schema der Lastertyp-Komödie in *Der Mißtrauische gegen sich selbst* (1761): Zwar wird man kaum davon sprechen können, hier sei die psychologische Vertiefung der Darstellung weit über das bei Gellert Erreichte hinausgeführt[70]. Von der Lustspiel-Konvention weicht jedoch ab, daß im Mittelpunkt des Interesses der Fehler eines Tugendhaften steht: die Schüchternheit, der Mangel an Gewandtheit und Selbstvertrauen. Aus diesem Mangel ergibt sich eine milde Komik, die aber die moralische Würde der Figur unangetastet läßt. Ja ihr Fehler erweist sich geradezu als Ausdruck einer Tugend, nämlich der (freilich übertriebenen) Bescheidenheit. Als Gegenfigur verwendet das Stück einen echten Lastertyp, dessen unverfrorene Selbstsicherheit die verdiente Strafe findet.

Die rührenden Lustspiele Weißes behandeln immer wieder das Thema des Liebesverzichts um der Tugend willen. In *Die Freundschaft auf der Probe* (1767) wird das Problem durch einen Monolog in der ersten Szene exponiert und dann über fünf Akte hingedehnt: Nelson liebt die ihm von seinem Freund anvertraute junge Inderin Corally und verstößt damit gegen die Freundschaftspflichten. Zu einer Klärung kommt es erst in der drittletzten Szene: Das Naturkind Corally wird ohnmächtig, als sie ihre Neigung verleugnen soll. Die empfindsame Kardinaltugend des „sacrifice de soi-même" (Diderot) ermöglicht dann schnell das bittersüße Ende des Rührstücks.

Lessing hielt *Amalia* (1765) für „das beste Lustspiel dieses Dichters"[71]. Die zentralen Themen sind auch hier Liebe, Bewährung der Tugend und edelmütiger Verzicht. Allerdings ist das Stück bühnenwirksamer als *Die Freundschaft auf der Probe*, weil es durch das Verkleidungsmotiv, mit geschickt hingehaltener Spannung und einem sensationellen Umschlag der Handlung in den letzten Szenen dramaturgisch höchst wendig und wirkungsbewußt operiert. Diese Rührkomödie war zunächst als Bürgerliches Trauerspiel geplant, worin sich die Affinität der beiden Genera bezeugt. Die bei Weiße anzutreffende Mischung empfindsamer Moral mit Komödienelementen (der Verkleidungsintrige) und einer effektsicheren Dramaturgie lassen ihn als Vorläufer des bürgerlichen Unterhaltungstheaters F. L. Schröders, Kotzebues und Ifflands erscheinen. Albrecht von Haller bestätigt den Erfolg Weißes, wenn er ihn 1768 in einer Besprechung den „Lieblingsschriftsteller der Nation" nennt[72].

Bekräftigt wurde solche Popularität durch Weißes Texte für Operetten und Singspiele. Er adaptiert zunächst englische Libretti (Coffey's *The devil to pay* als *Die verwandelten Weiber oder der Teufel ist los*, 1752; und *The merry cobbler* als *Der lustige Schuster*, 1759), später – nach einem Aufenthalt in Paris – eine ganze Reihe französischer Texte (z. B. Favarts *Ninette à la cour* als *Lottchen am Hofe,* 1767). Weißes Operetten, deren Musik von Johann Adam Hiller stammt, trugen wesentlich dazu bei, daß sich das musikalische Unterhaltungsstück in den siebziger Jahren des 18. Jahrhunderts auf den deutschen Bühnen als beherrschende Gattung durchsetzte[73].

Der von Gottsched inaugurierte Klassizismus der deutschen Frühaufklärung erwies sich schon bald nach seinen ersten Erfolgen als ein problematisches Literatur- und Theaterkonzept. Er hat nur wenige Werke von überzeugendem Rang hervorgebracht, an erster Stelle einige Texte Johann Elias Schlegels und des jungen Lessing. Die Literaturgeschichtsschreibung hat bisweilen sehr radikale Urteile über diese Epoche gefällt. Gottsched erschien ihr nicht selten als ein pedantischer Schulmeister oder gar als borniertet Tyrann, der verhängnisvolle Fehlentwicklungen eingeleitet habe. In neuerer Zeit allerdings hat sich zunehmend eine differenziertere Bewertung durchgesetzt, die Gottscheds Leistung genauer aus ihrer Epoche heraus zu verstehen sucht.

Gottsched muß durchaus als Literaturreformer anerkannt werden, der – wie seine Moralischen Wochenschriften beweisen – das gebildete Bürgertum zu erreichen suchte und ihm eine eigene nationalsprachliche Dichtung und ein eigenes Theater schaffen wollte. Paradox war freilich, daß er zur Begründung einer bürgerlichen Literatur auf höfische Kunstformen zurückgriff. Besonders deutlich ist das bei der klassizistischen Tragödie, deren wesentliche Merkmale Norbert Elias ganz aus dem höfischen Ethos ableitet: ,,Was sich im Hofleben verstecken muß, alle vulgären Gefühle und Attitüden, alles das, wovon ,man' nicht spricht, kommt auch in der Tragödie nicht vor. Menschen niedrigen Standes, und das heißt für das Gefühl dieser Schicht auch niedriger Gesinnung, haben in ihr nichts zu suchen. Ihre Form ist klar, durchsichtig, genau geregelt, wie die Etikette und das höfische Leben überhaupt. Sie zeigt die höfischen Menschen, wie sie sein möchten und zugleich, wie der absolute Fürst sie sehen will.‘‘[74]

Gottsched greift nach dem Muster der französischen Tragödie, weil er dadurch eine unanfechtbare Legitimation für sein literarisches Programm zu gewinnen hofft. Da die Franzosen sich ihrerseits auf die Antike berufen hatten, lieferten sie ihrem deutschen Nachfolger die Bestätigung durch die höchsten Autoritäten des humanistischen Bildungskanons gleich mit. Außerdem stand die Dignität der französischen Vorbilder auch deshalb außer Zweifel, weil in ganz Europa und besonders auch an den deutschen Höfen die kulturelle Überlegenheit und Musterhaftigkeit Frankreichs anerkannt war. Voltaire konnte nicht ohne Berechtigung feststellen: ,,Le théâtre est, de tous les arts cultivés en France, celui qui, du consentement de tous les étrangers, fait le plus d'honneur à notre patrie (. . .). Dans l'art de Sophocle, nous n'avons point de rivaux.‘‘[75] Gottsched durfte außerdem annehmen, daß dem gebildeten deutschen Bürgertum, für das er schrieb und schreiben ließ, das höfische Ethos nicht fremd und feindlich erschien, da es sich durchaus in den absolutistischen Staat einpassen wollte, in dem es Amt und Auskommen fand[76]. Endlich mußte ihn die streng geregelte Kunstform des französischen klassizistischen Theaters besonders deshalb anziehen, weil sie zur Regellosigkeit und Vulgarität der deutschen Wanderbühne ein entschiedenes Gegenbild bot: Hier walteten Maß und Vernunft, hier galten genau bestimmte Normen, so daß sich die Formlosigkeit der Haupt- und Staatsaktionen und die rüden Späße des Pickelhering mit Hilfe dieses Musters wohl ad absurdum führen und austreiben lassen mußten[77].

Probleme für Gottscheds Theater-Programm resultierten jedoch schon aus der klassizistischen Kunstform selbst. Sie war auch in Frankreich, wie etwa das Beispiel Voltaires beweist, nur noch mit Anstrengung und höchster Virtuosität lebendig zu erhalten. Das Höchstmaß an Sublimierung und Stilisierung, das die klassische Tragödie verlangte, wurde vielfach als Mangel an Farbe und Bewegung empfunden. Selbst manche Bemerkungen Voltaires lassen das spüren:

Er sieht, daß viele Tragödien mehr Deklamation und Konversation bieten als die Darstellung von Handlung und daß „délicatesse" und „bienséance" häufig zu einer gewissen Fadheit und Flachheit führen[78].

Die Übernahme dieser Dramenform nach Deutschland im Jahr 1730 konnte eigentlich nur problematische Resultate hervorbringen. Die poetischen Ausdrucksmittel waren für eine Nachbildung der französischen Tragödie, die ja in hohem Grade Sprachkunstwerk ist, noch nicht genügend entwickelt und durchgebildet. Das galt in gleicher Weise für die Komödie, wie Lessings Bemerkungen zu dem Versuch der Gottschedin zeigen, die *Cénie* der Mme de Graffigny ins Deutsche zu übertragen[79]. Außerdem waren weder die Schauspieler noch das Publikum auf eine so spiritualisierte Theaterform vorbereitet. Sicherlich war die Typenkomödie leichter rezipierbar, zumal sie ja auch – trotz Gottscheds Einspruch – das komische Inventar der italienischen Komödie in veränderter Funktion weiter benutzte.

Andere Schwierigkeiten für Gottscheds Reformprogramm ergaben sich unvermeidlich aus dem Fortschreiten der literarischen Entwicklung. Seine Regelstrenge hatte zunächst durchaus eine sinnvolle Funktion gehabt, da ja Mißbräuche zu benennen und abzuschaffen waren. Nachdem sich aber eine neue Theaterkultur zu bilden begann, reklamierte die schöpferische Freiheit alsbald ihr Recht. Schon für Johann Elias Schlegel mußte Gottscheds Rigorosität in der Regelsetzung und in der moralischen Verpflichtung der Poesie fragwürdig werden.

Hinzu kam, daß sich wachsende Teile des bürgerlichen Publikums vom höfischen Ethos der klassizistischen Kunstform zu distanzieren begannen und neue, vom Geist der Empfindsamkeit imprägnierte Gattungen bevorzugten. Johann Friedrich Löwen spricht das in einem Vergleich zwischen Rührkomödie und klassizistischer (an die Ständeklausel gebundener) Tragödie aus:

> Die Empfindungen, welche das rührende Lustspiel hervor bringt, fließen aus einem ganz andern Grunde, und sind von einer ganz andern Art als die, so das Trauerspiel würkt. Mit einem Worte, das Rührende des Trauerspiels würkt nicht so sehr auf unser Herz, als das Zärtliche im Lustspiel, weil wir uns für die Personen der Tragödie nicht so sehr intereßieren[80].

Das präludiert schon deutlich Lessings radikaler Ablehnung der *tragédie classique* in der *Hamburgischen Dramaturgie*. Nachdem man zunächst noch versuchen konnte, das Rührende Lustspiel in das klassizistische System zu integrieren, war dieser Rahmen mit dem Auftreten des Bürgerlichen Trauerspiels definitiv zerbrochen. Zwar wirkten die von Gottsched propagierten Dramentypen noch bis in die sechziger Jahre des Jahrhunderts nach, aber spätestens mit der (in ihrer Radikalität sicherlich ungerechten) Polemik des *Siebzehnten Literaturbriefs* war die von den Anregungen des Leipziger Literaturpapstes beherrschte Epoche beendet. Resigniert schreibt die achtundvierzigjährige Gottschedin im Februar 1762 an eine Freundin: „Ich dichte nichts mehr (. . .). Ich bin zu alt, zu verdrüßlich und vielleicht auch zu unfähig meine Muse die neuen Pfade gehen zu lehren. Geschmack, Styl, Versart, alles hat sich verändert, und wer diesen nicht folgt, wird nicht glimpflich, nein grausam getadelt."[81]

Das bürgerliche Drama des 18. und 19. Jahrhunderts

Karl S. Guthke

Der Ausdruck „bürgerlich" in der Untertitelbezeichnung eines Dramas ruft beim heutigen Leser derart widersprüchliche Vorstellungen hervor, daß neuere Autoren wie Peter Hacks, Rainer Werner Fassbinder und Adolf Muschg ihn nur noch mit literarhistorischer Ironie auf das Titelblatt ihrer Stücke setzen. Meint „bürgerlich" in dem dramatischen Gattungsetikett den Bürger des „bürgerlichen Rechts" (des Privatrechts) oder den Citoyen (den Staatsbürger)? Meint es den durch seine ökonomische *Klasse* und deren Denken definierten Bürger im Gegensatz zum Proletarier (wie in dem marxistischen Schlagwort „bürgerliche Germanistik") oder jenen gesellschaftlichen *Stand,* für den in absolutistischen Zeiten der „Bürgersteig" vorgesehen war im Gegensatz zu dem auf der Straßenmitte einherreitenden Adel? Ist mit der Bezeichnung „bürgerliches Drama" überhaupt eine Relation des literarischen Werks zu realhistorischen sozialen Schichtungsverhältnissen angedeutet, und wenn ja, was für eine?

Zumindest eingedämmt werden solche Unklarheiten, wenn man das bürgerliche Drama nicht in zeitlos-abstrakter Allgemeinheit, sondern als geschichtliches Phänomen auffaßt; der Begriff erhält dann einen konkreten Inhalt, der sich zugleich durch das zeitgenössische Selbstverständnis legitimiert. Vom bürgerlichen Drama zu sprechen, ist literarhistorisch nur im Hinblick auf einen relativ genau abgrenzbaren Zeitraum sinnvoll, und dies auch nur dann, wenn man zuvor darüber übereinkommt, daß „bürgerliches Drama" als praktikabler kritischer Begriff nur das *ernste* Drama meinen kann, daß es, mit anderen Worten, die Gattung des Lustspiels kategorisch ausschließt. Denn die in der traditionellen Dramentheorie prominente sogenannte Standesklausel, die sich seit dem Grammatiker Diomedes (4. Jahrhundert n. Chr.) als Vorschrift für die Praxis herausgebildet hatte und von der Renaissance bis ins 18. Jahrhundert weithin als bindend empfunden wurde, sah ja generell vor, daß das Personal des Lustspiels sich aus Angehörigen jener nicht-„vornehmen" Gesellschaftsschicht rekrutierte, die die Poetiker nach Stand, Lebensart und Gesinnung oft als „bürgerlich" designierten: als die Kreise „deß gemeinen Burgermannes" (Harsdörffer) im Unterschied zu den Königen und hohen Herren der Tragödie. Komödie wäre mithin, einigen Ausnahmen zum Trotz, quasi definitionsgemäß „bürgerlich". Sie gehört daher nicht konstitutiv in den engeren Komplex des sogenannten bürgerlichen Dramas – es sei denn als „comédie larmoyante" oder „sentimental comedy": als das, was im Deutschen in der Regel rührendes, „ernsthaftes" oder auch „weinerliches Lustspiel" genannt wird, aber effektiv Schauspiel mit höchstens marginalen komischen Einsprengungen darstellt. (Im übrigen sind die Grenzen zwischen den Unterarten des bürgerlichen Dramas – bürgerliches Trauerspiel, Schauspiel, rührendes Lustspiel, Familiengemälde – überaus fließend und die Untertitel dementsprechend oft willkürlich und variabel.)

Mit diesen dramentypologischen Bezeichnungen ist schon ein Fingerzeig gegeben auf den zeitlichen Spielraum, innerhalb dessen es überhaupt Sinn hat, vom bürgerlichen Drama, genauer also vom ernsten bürgerlichen Drama, zu sprechen. Von partiellen Vorwegnahmen und anachronistischen Ausläufern abgesehen, erstreckt er sich in den deutschsprachigen Ländern etwa von der Mitte des 18. bis zur Mitte des 19. Jahrhunderts. Die entscheidenden Entwicklungen und Metamorphosen fallen jedoch ins 18. Jahrhundert, während für das 19. Jahrhundert eigentlich nur Weiterbildungen und Epigonalitäten zu registrieren sind – mit der *einen* Ausnahme Hebbels, der dem bürgerlichen Drama mit der *Maria Magdalena* (1844) eine grundlegend veränderte thematische Ausrichtung gab. Wegen des darin beschlossenen radikalen Widerspruchs gegen die herkömmliche Konzeption des bürgerlichen Dramas dürfte es jedoch angezeigt sein, die Entfaltung des bürgerlichen Dramas als gattungsgeschichtliches Kontinuum bereits vor Hebbel, nämlich mit den Gesellschaftsdramen des Jungen Deutschland, enden zu lassen und entsprechend in Hebbels Experiment im bürgerlichen Genre eine grundsätzliche Mutation zu sehen, die mit den vorausgegangenen Ausprägungen der nominell gleichen Gattung eben nur den Namen gemein hat.

Den Anfang des bürgerlichen Dramas markiert Lessing 1756 in einer Bemerkung, die nicht nur den besonderen ästhetisch-emotionalen Reiz des Neuen nachempfinden läßt, sondern auch dessen theoretisch grundsätzlichen Charakter. In der Vorrede zu einer deutschen Übersetzung von James Thomsons Trauerspielen schreibt er:

> So wie ich unendlich lieber den allerungestaltesten Menschen, mit krummen Beinen, mit Buckeln hinten und vorne, *erschaffen*, als die schönste Bildseule eines *Praxiteles* gemacht haben wollte: so wollte ich auch unendlich lieber der Urheber des *Kaufmanns von London* [von George Lillo], als des *sterbenden Cato* [von Gottsched] seyn, gesetzt auch, daß dieser alle die mechanischen Richtigkeiten hat, derenwegen man ihn zum Muster für die Deutschen hat machen wollen. Denn warum? Bey einer einzigen Vorstellung des erstern sind, auch von den Unempfindlichsten, mehr Thränen vergossen worden, als bey allen möglichen Vorstellungen des andern, auch von den Empfindlichsten, nicht können vergossen werden. Und nur diese Thränen des Mitleids, und der sich fühlenden Menschlichkeit, sind die Absicht des Trauerspiels, oder es kann gar keine haben[1].

Daß der Höhepunkt der Entwicklung der um die Jahrhundertmitte als neu empfundenen Gattung gegen Ende des Jahrhunderts bereits überschritten ist, geht mit Deutlichkeit aus Schillers Xenion „Shakespeares Schatten" (1797) hervor:

> [. . .] Uns kann nur das Christlich-Moralische rühren,
>   Und was recht populär, häuslich und bürgerlich ist.
>
> Was? Es dürfte kein Cäsar auf euren Bühnen sich zeigen,
>   Kein Anton, kein Orest, keine Andromacha mehr?
>
> Nichts! Man siehet bei uns nur Pfarrer, Kommerzienräte,
>   Fähndriche, Sekretärs oder Husarenmajors.
>
> Aber ich bitte dich, Freund, was kann denn dieser Misere
>   Großes begegnen, was kann Großes denn durch sie geschehn?
>
> Was? Sie machen Kabale, sie leihen auf Pfänder, sie stecken
>   Silberne Löffel ein, wagen den Pranger und mehr.
>
> Woher nehmt ihr denn aber das große gigantische Schicksal,
>   Welches den Menschen erhebt, wenn es den Menschen zermalmt?
>
> Das sind Grillen! Uns selbst, unsre guten Bekannten,
>   Unsern Jammer und Not suchen und finden wir hier.
>
> Aber das habt ihr ja alles bequemer und besser zu Hause,
>   Warum entflieht ihr euch, wenn ihr euch selber nur sucht[2]?

Den Epilog auf das bürgerliche Drama spricht dann Hebbel 1844 im Vorwort zu *Maria Magdalena*, wie man ihn ähnlich schon zu Schillers Lebzeiten hätte formulieren können und wie ihn A. W. Schlegel in den Wiener Vorlesungen (1809) und Goethe im „Prolog zur Eröffnung des Berliner Theaters am 26. März 1821" auch bereits vorweggenommen hatten. „Das bürgerliche Trauerspiel", sagt Hebbel, „ist in Deutschland in Mißcredit gerathen", und zwar

> vornämlich dadurch, daß man es nicht aus seinen _inneren_, ihm allein eigenen, Elementen, aus der schroffen Geschlossenheit, womit die aller Dialectik unfähigen Individuen sich in dem beschränktesten Kreis gegenüber stehen, und aus der hieraus entspringenden schrecklichen _Gebundenheit_ des _Lebens_ in der _Einseitigkeit_ aufgebaut, sondern es aus allerlei _Äußerlichkeiten_, z. B. aus dem Mangel an Geld bei Überfluß an Hunger, vor Allem aber aus dem Zusammenstoßen des dritten Standes mit dem zweiten und ersten in Liebes-Affairen, zusammen geflickt hat. Daraus geht nun unläugbar viel Trauriges, aber nichts Tragisches, hervor, denn das Tragische muß als ein von vorn herein mit Nothwendigkeit Bedingtes, als ein, wie der Tod, mit dem Leben selbst Gesetztes und gar nicht zu Umgehendes, auftreten [. . .][3].

Ungefähr zwischen dem Zeitpunkt der Äußerung Lessings und dem von Hebbel ins Auge gefaßten Zeitraum (den ersten Dezennien seines Jahrhunderts) ist das deutschsprachige bürgerliche Drama als literaturgeschichtlicher Komplex zu lokalisieren. Worin aber besteht die Eigenart dieses Dramas? Aus den zitierten Äußerungen wird sofort klar, daß Lessing und Hebbel nicht eigentlich den gleichen Dramentypus im Auge haben. Lessing spricht vom rührenden Familiengemälde, Hebbel vom gesellschaftskritischen Drama des Ständekonflikts. Tatsächlich ist es sachgerecht, innerhalb dieser Zeitspanne von etwa drei Generationen zwei wesentlich verschiedene Dramentypen auseinanderzuhalten, die jedoch, im Unterschied zu Hebbels Typus, ideologisch auch wieder (im Sinne der Steigerung) miteinander verbunden sind. Sie folgen zeitlich aufeinander (wenn sie sich auch seit den siebziger Jahren überlagern), und ihnen entspricht eine analoge Differenz in der sie begleitenden Theorie.

Die Eigenart des ersten Typus, den GOTTHOLD EPHRAIM LESSINGS (1729–1781) _Miß Sara Sampson_ (1755) in den deutschsprachigen Ländern folgenreich inauguriert, hat Lessing in der zitierten Thomson-Vorrede in einer Weise gekennzeichnet, die nicht nur von der zeitgenössischen Theorie, sondern auch von der tatsächlichen Dramenproduktion bestätigt wird. Lessing profilierte dabei zunächst den Widerspruch der neuen Gattung zum heroischen Drama der klassizistischen Tradition. Dieser Widerspruch ist geradezu ihr definierendes Charakteristikum. Denn statt der Aura des Politischen, Öffentlichen und Geschichtlichen herrscht im typischen bürgerlichen Drama der fünfziger und sechziger Jahre und noch in seinen späteren Ausläufern durchweg die Atmosphäre des Privaten, Mitmenschlichen, Familiären, Alltäglich-Vertrauten. Das impliziert in Ton und Stil, in Gehalt und Thematik einen entschiedenen Wandel gegenüber dem traditionellen Heldendrama mythologisch-historischen Stoffes. Vorherrschend sind im bürgerlichen Drama statt der rhetorischen Stilisierung auf das Erhabene und äußerlich Formvollendete („mechanische Richtigkeit") die „Gemeinheit" der Prosa und der Ambiance, die nicht selten auch dramaturgische „Unregelmäßigkeiten" nach sich zieht (ohne daß das bürgerliche Drama deswegen schlechthin als unregelmäßiges zu definieren wäre[4]). Hinter dieser stilistischen Differenz verbirgt sich jedoch eine weltanschauliche, die den genauen geistesgeschichtlichen Ort des bürgerlichen Dramas bezeichnet: was im bürgerlichen Drama ausfällt, ist die _species aeterni_, der religiöse Fundamentalaspekt. Das heißt: an die Stelle des Verhältnisses des Menschen zum Übermenschlichen, zum Schicksal und Göttlichen, das sein Leben und Handeln bestimmt, ist seine Beziehung zur mitmenschlichen Gemeinschaft getreten. Sein Weltverständnis ist wesentlich immanent; Determination aus dem Jenseits ist der aufgeklärten Mentalität eine unannehmbare Zumutung. Dem Märtyrer des barocken Welttheaters hat die Stunde geschlagen; die Chance des gemeinnützig-selbstlosen Nachbarn und Freundes war nie größer in der deutschen Literatur. So erweist sich das bürgerliche Trauerspiel, wie es in Deutschland um die Jahrhundertmitte in Erscheinung tritt, substantiell als Gattung der Säkularisation[5].

Der bezeichnete Verlust an Welthaltigkeit wird indes in der zeitgenössischen Theorie des bürgerlichen Dramas zu einem Plus umgedeutet, und zwar zu einem moralischen. Ein Vorzug des bürgerlichen Dramas vor dem heroischen ist, so heißt es stereotyp in den überaus zahlreichen Schriften zur Verteidigung der neuen Gattung, daß es „einen grössern Nutzen stiftet"[6]. Unter Nutzen ist sittliche Besserung zu verstehen, „nützliche Moral"[7]. Erzielt wird diese jedoch nicht, wie in der Heldendramatik, durch den „kalten Affekt" der intellektuellen Bewunderung unempfindlich standhafter Übermenschen, sondern durch die Wirkung auf das Gemüt, auf die Gefühle, mit andern Worten: durch die „Rührung". Ihr wird in dieser Theorie ein nachhaltigerer Einfluß auf die Charakter- und Gesinnungsbildung zugeschrieben als dem Appell an den Intellekt. Denn nicht das Gefühl im allgemeinen soll in der Rührung angesprochen werden, sondern eine bestimmte Möglichkeit des Empfindens: die Fähigkeit zur Empathie. Das ist die Fähigkeit, Mitfreude und Mitleid zu fühlen, jenes Mitempfinden, das sich in dem angenehmen und z. T. sogar genußvoll kultivierten Weinen bekunden kann, von dem Lessing in der Thomson-Vorrede sprach als dem empirischen Wert-Kriterium des bürgerlichen Dramas. Die moralisch bessernde Wirkung, die dem bürgerlichen Drama gegenüber dem heroischen zugeschrieben wird, besteht letztlich in nichts anderem als in der Erziehung zu solcher optimaler Gefühlsfähigkeit („Fühlbarkeit") und philanthropischer Sympathie. Sie äußert sich sowohl in der herzbewegenden „Freude" (Gellert) über die Tugend, „a joy too exquisite for laughter" (Steele)[8], wie auch und besonders im „Mitleiden"; denn *der mitleidigste Mensch ist der beste Mensch* [...]. Wer uns also mitleidig macht, macht uns besser und tugendhafter" (Lessing an Nicolai, [13.] November 1756).

Wie aber erreicht der „bürgerliche" Dramatiker diese Besserung durch Rührung? Am sichersten, wenn er dem Zuschauer eine ununterbrochene und ungetrübte Wirklichkeitsillusion vermittelt, also eine Vorspiegelung des gegenwärtigen „gemeinen Lebens", wie das Publikum es aus der täglichen Erfahrung kennt. „Tugenden, Laster, Begebenheiten, alles ist uns wahrscheinlicher, weil sie aus der Sphäre unserer eignen Erfahrung genommen sind." „Wir sind sozusagen unter uns, und nehmen an dem, was vorgeht, um so mehr Anteil, als das, was wir sehen, unseren Anverwandten, unsern Freunden – uns selbst begegnen kann."[9] „Wir" finden also im bürgerlichen Drama (im Unterschied zum historisch-theologisch-politischen Heldendrama) „unsere" Wirklichkeit auf der Bühne wieder. Das ist von entscheidender Wichtigkeit in der Theorie des bürgerlichen Dramas; denn nur durch eine derart vollkommene Illusion ist jene Identifikation unserer selbst mit den auf der Bühne weniger agierenden als lebenden *dramatis personae* möglich, welche ihrerseits die unentbehrliche Voraussetzung dafür ist, daß wir gerührt werden, Mitleiden und Mitfreude empfinden. Wer „wir" sind, dürfte dabei keinem Zweifel mehr unterliegen: wir sind, so heißt es schon 1755 bei Pfeil, „keine Sieger, keine Tyrannen, keine ihrer Kronen und ihres Lebens beraubte Prinzen; sondern Bösewichter und redliche Männer, wie wir sie täglich im gemeinen Leben wahrnehmen", mit einem Wort „Privatpersonen"[10]. Was „wir" Zuschauer mit den Menschen des bürgerlichen Dramas der ersten Phase gemeinsam haben, ist in der typischen Theorie dieses Dramas also nicht so sehr die gesellschaftliche Schicht (Stand, Klasse) und deren spezielle soziale Probleme wie etwa Ständekonflikt, von Standes- oder Klassenbewußtsein ganz zu schweigen, sondern die vom Bereich des Geschichtlich-Öffentlichen abgegrenzte „sich fühlende" Mitmenschlichkeit, an der der Sache nach „das ganze menschliche Geschlecht" teilhat, wie es bei Sonnenfels heißt[11]. Wir sollen „nichts als den Menschen hören"[12], der rein moralisch und seelisch definiert ist: in sittlicher Hinsicht repräsentiert er den vom aristotelischen „mittleren Charakter" nicht grundsätzlich verschiedenen Durchschnitt von unserm „Schrot und Korn" (keine „aufgeblasenen Heldentugenden", keine „Ungeheuer"[13]); in seelischer Hinsicht ist er durch seine Gefühlsbeziehungen zum Mitmenschen definiert, gebunden durch seine Verpflichtungen und Verantwortungen in einer betont unhöfischen, unpolitischen Gemeinschaft, die primär auf solcher seelischer Bindung beruht: der Mensch ist nur da ganz Mensch, wo er fühlt. Das bürgerliche Drama etabliert sich daher um die Jahrhundertmitte in der Theorie nicht so sehr als ständisches wie als empfindsames Drama. (Ständisch ist es für die Theoretiker allenfalls insofern, als der ungebildete, das heißt nicht empfindungsfähige „Pöbel" manchmal *expressis verbis* ausgegrenzt wird.) So ist es nur folgerichtig, daß bürgerliche Dramen dieser Phase auch, und zwar sehr häufig, in adeligen Kreisen spielen können, ja – seltener und eher später – selbst im Milieu der „Großen", nämlich sofern diese statt als Könige ganz als Menschen, als Väter, Mütter, Söhne, Töchter, Freunde, Nachbarn dargestellt werden und in dieser Funktion jenen Anteil erwecken, den „wir" ihnen als politischen Figuren versagen – so in der Theorie Lessing im 14. Stück der *Hamburgischen Dramaturgie* und in der Praxis Johann Christian Brandes mit dem *Landesvater* (1782) und Ernst Karl Ludwig von Buri mit *Ludwig Capet* (1793), einem „bürgerlichen Trauerspiel" über die letzten Tage König Ludwig XVI. von Frankreich, der dort ausschließlich als „Privatmann" auftritt, als „ein treuer Gatte, ein guter Vater, ein redlicher Freund", dessen Leben und Leiden „uns rührt" (Vorrede).

Zuerst hat sich das bürgerliche Drama im deutschen Sprachbereich als rührendes Lustspiel etabliert. Statt der fehlerhaften Charaktertypen, die der Zuschauer in der geläufigen satirischen Komödie moralisch überlegen verlacht, bringt die neue Gattung vorwiegend tugendhafte Gestalten auf die Bühne, deren edle Gesinnung und Handlungsweise „uns" rühren – nicht nur zu den Freudentränen der Tugendlust, die überreichlich fließen, sondern auch zu den nicht weniger angenehmen „mitleidigen Thränen" des „joy of grief". So Christian Fürchtegott Gellert (1715–1769) im Vorwort zu seinen *Lustspielen* (1747), mit denen er das in Frankreich (Nivelle de la Chaussée) und England (Richard Steele) bereits florierende empfindsame Genre in Deutschland heimisch machte. Und zwar geschah das sozusagen schrittweise: die frühsten Versuche, *Die Betschwester* (1745) und *Das Los in der Lotterie* (1746), stellen mehr Übergangsformen zwischen den beiden Arten des „Lustspiels" dar. Erst in den *Zärtlichen Schwestern* von 1746, Gellerts letztem Stück, hat sich das rührende Lustspiel voll verwirklicht. Alles dramatisch Ereignishafte und vor allem das zentrale Ereignis (die Nachricht, daß eine der Schwestern ein Rittergut geerbt habe) sowie die damit zusammenhängenden Verwirrungen, Mißverständnisse und Intrigen – all das hat hier nur die Funktion, die positiven Charaktereigenschaften der Dramenfiguren ins Licht zu setzen. Wohl wirft das Licht auch Schatten: Siegmund, der Liebhaber Lottchens, entpuppt sich als Mitgiftjäger; aber nicht nur ist diese Figur weit an den Rand gespielt, sie ist auch nicht komisch durch ihre Unzulänglichkeit, wie es das satirische Schema erforderte. Als halbwegs komische Figur bleibt nur der weltfremde Magister, ebenfalls in einer Nebenrolle. Gellerts Hauptinteresse geht darauf, den übrigen Gestalten Gelegenheit zu geben, Großmut und Selbstlosigkeit zu bezeugen.

Der Witwer Cleon bewährt dementsprechend in jeder Situation seine rührende Sorge für seine Töchter. Was auch geschieht, das seelische Wohl seiner Kinder geht ihm über alles. Weder der Haustyrann in der Tradition der für das bürgerliche Drama einflußreichen Romane Richardsons noch der lebenskluge Praktiker in der Art der „Hausväter" Diderots und Gemmingens, ist Cleon geradezu definiert durch die Rolle des empfindsam liebenden Vaters. Mehr als er aber ist es seine älteste Tochter, Lottchen, die jene für die Gattung charakteristischen empfindsamen Tugenden verkörpert. Dramaturgisch und ideologisch ist Lottchen die Schlüsselfigur nicht nur des Gellertschen „Lustspiels", sondern der Gattung überhaupt. Edelsinn ist ihr A und O. Als der Vater der noch Unverheirateten die bevorstehende Heirat ihrer jüngeren Schwester ankündigt, entgegnet sie auf dessen rücksichtsvoll mitleidige Fragen wie selbstverständlich: „Ich mache mir eine Ehre daraus, mich an dem günstigen Schicksale meiner Schwester aufrichtig zu vergnügen, und mit dem meinigen zufrieden zu seyn" (I, 1). Als der Anwalt ihr eröffnet, ihre Schwester sei „das ganze Rittergut" vermacht worden, ist ihre spontane Reaktion: „Wie glücklich ist meine Schwester! Sie verdient es in der That. [. . .] Die Nachricht würde mich kaum so sehr erfreuen, wenn sie mich selbst angienge" (II, 7). Kaum! „Lassen Sie mir immer das Glück, meiner Schwester das ihrige anzukündigen" (II, 7). Übertrumpft noch wird solche Selbstlosigkeit durch die Vergebung, die generell die Kardinaltugend ist im bürgerlichen Drama und der Prüfstein der wahren Edelmütigkeit. Auch in dieser Hinsicht ist Lottchen Exponent der empfindsamen Moral. So wie Liebe im bürgerlichen Drama idealerweise nur die Erkenntnis und Schätzung der „Tugend" des Partners sein kann (I, 10; III, 3), so vollendet sich die Tugend folgerichtig in der Verzeihung für die Enttäuschung der Liebe. Lottchen vergibt am Schluß ihrem innig geliebten, aber als falsch enthüllten Liebhaber Siegmund mit den Worten: „Unwürdiger! Mein Vermögen kann ich Ihnen schenken [und das wird sie tun]; aber nicht mein Herz. Bitten Sie meinem Vater [. . .] Ihre begangene Niederträchtigkeit ab. Ich habe sie Ihnen schon vergeben, ohne mich zu bekümmern, ob Sie diese Vergebung verdienen" (III, 19). Woraufhin Julchen, die erst spät zur empfindsamen Tugend Gelangte, zu sagen hat: „O liebe Schwester, wie groß ist dein Herz!" (III, 19). Tränen der Freude über solche Tugend mischen sich mit den Tränen des Mitleids, wenn das Stück endet mit Lottchens Aufforderung: „Bedauern Sie mich."

Mit diesem Schlußwort ist deutlich genug auf die Verwandtschaft des rührenden Lustspiels mit dem bürgerlichen Trauerspiel gewiesen, das ganz aus solchem, allenfalls noch etwas verstärkten „Mitleiden" lebt. Gellerts rührendes Lustspiel hat zwar bis in das letzte Drittel des Jahrhunderts Nachfolge gefunden, z. B. in Lessings *Damon oder Die wahre Freundschaft* (1747), wo die Bekehrung zur Selbstlosigkeit und die Bewährung in ihr am Paradigma der Freundschaft vorexerziert wird, und noch in Christian Felix Weisses *Amalia* (1765), einem nur am Rande komischen „Lustspiel" um den Mann zwischen zwei Frauen, deren eine die Tugendhaftigkeit der Rivalin überbietet durch ihren großmütigen Verzicht: „Was für eine Quelle unaussprechlicher Freuden sind nicht Handlungen, durch die wir andre auf der Welt glücklich machen!" (V, 7). Aber trotz solcher Langlebigkeit wird das ernsthafte Lustspiel in Deutschland durchaus überschattet von jener Gattung des empfindsamen Dramas, für die die Bezeichnung „bürgerliches Trauerspiel" geläufig ist.

Hier war Lessing der Pionier mit seiner *Miß Sara Sampson* (1755). Es ist das erste deutsche Drama, das sich selbst als bürgerliches Trauerspiel ausgibt, das erste auch, das der Sache nach diesem Typus entspricht, wie man ihn damals versteht. Daß es als solches „Epoche machte", bemerkten schon die Zeitgenossen[14]. Nicht bedeutet das jedoch, daß der Tragiker Lessing dem Adjektiv „bürgerlich" einen gegenüber Gellerts „Lustspielen" neuen Sinn verliehen hätte. Denn im Unterschied zu George Lillos „domestic tragedy" *George Barnwell or The London Merchant* (1731), die Lessing möglicherweise Anregungen vermittelt hat, fehlt in *Miß Sara Sampson* völlig die Bindung der Personen an einen mittelständischen Erwerbsberuf und an ein entsprechendes standestypisches Denken oder gar Selbstbewußtsein. Bürgerlich ist also auch Lessings Stück zunächst im Wortverstand von „mitmenschlich-privat-moralisch-gefühlvoll". Als Trauerspiel erfüllt es aber, anders als das noch so ernsthafte Lustspiel, seine „Bestimmung" – nämlich „unsere Fähigkeit, Mitleid zu fühlen [zu] erweitern" –, indem es die moralische Vollkommenheit im *Unglück,* den tugendhaften Menschen im *Leiden* zeigt (Lessing an Nicolai, [13.] November 1756).

Diese bürgerliche Tugend im Sinne der empfindsamen zweiten Jahrhunderthälfte ver-körpert Mellefonts Geliebte Sara in prononciertem Gegensatz sowohl zu ihrer Rivalin, der ge-wissenlos egoistischen, von Mellefont verlassenen Marwood, wie auch zu dem subjektivistisch emanzipierten, aber innerlich haltlosen Verführer Mellefont. Dramatisch und menschlich wirk-sam wird diese Tugend indessen nur dadurch, daß sie nicht von Anfang an als unangreifbar per-fekt vorgeführt wird – das entspräche den Denkformen der Märtyrertragödie –, sondern zu-nächst einmal als gebrechlich und erschütterlich. Als ,,Heilige" wird Sara nicht zufällig erst im Schlußakt, kurz vor ihrem Tode, apostrophiert (V, 10). *Vor* diesem Stadium ist die mit ihrem Liebhaber aus dem väterlichen Hause Entflohene, wie manche neuere Deutungen nachdrück-lich hervorgehoben haben, noch durchaus fehlbar. Das aber ist kein gestalterischer Irrtum, vielmehr notwendige Voraussetzung nicht allein für die Begründung der Tragik (*hamartia*), sondern auch für die Artikulation des eigentlichen Themas dieses bürgerlichen Trauerspiels: das Heranreifen der jugendlichen Verführten zu jener wahren, also nicht stoischen, sondern emp-findsamen Tugendhaftigkeit. Diese bezeugt sich am glanzvollsten in Saras Verzeihung für ihre Mörderin Marwood, und sie überträgt sich dann, nach dem Tod der Heldin, bedeutsamerweise auch auf die Überlebenden als Saras ,,Vermächtnis" (V, 11).

Mit *Miß Sara Sampson,* die, wie vielfache Berichte über erfolgreiche, das heißt zu Trä-nenfluten rührende Aufführungen bekunden, den Nerv der empfindsamen Zeit traf, vermittelte Lessing seinen Zeitgenossen ein Modell, das seine – durchweg weniger erfolgreichen und litera-risch weniger bedeutsamen – Nachahmer immer wieder aufgriffen. Alle Charakteristika waren hier versammelt, die nicht nur dem bürgerlichen Trauerspiel, sondern zugleich auch, allenfalls in nur graduellen Variationen, dem bürgerlichen Drama der Empfindsamkeit überhaupt das Gepräge geben. Dazu gehören in erster Linie die regelmäßig breit ausgemalten emotionalen Si-tuationen. Manche Stücke, zum Beispiel Johann Heinrich Steffens' *Clarissa* (1765, nach Samuel Richardsons gleichnamigem Roman) und Willers *Werther*-Dramatisierung (1778), stellen von Anfang bis Ende eigentlich nur eine einzige derartige gefühlvolle Leidenssituation dar. Solche Situationen laden natürlich ein zum wortreich selbstanalytischen Zerreden von unendlich verfeinerten moralischen Empfindungen, zarten und zartesten Gewissensregungen und -konflikten. Dies wiederum gibt die gern ergriffene Möglichkeit zum Weinen, das, auf der Bühne und im Zuschauerraum, das sichtliche Zeichen eines gerührten, mitleidigen und darum ,,menschlichen" Herzens ist, Indiz eben der ,,sich fühlenden Menschlichkeit". Diesem Zug zum gefühlsbetonten Verweilen kommt der wesentlich passive Habitus der Hauptperson entge-gen, die in der *Miß Sara Sampson*-Nachfolge mit wenigen Ausnahmen eine Frau oder ein Mäd-chen ist. Die passive Hauptgestalt, die sich im Grunde nur in immer neuen Akten oder auch Wortgebärden der Großmut betätigt, ist geradezu konstitutiv für das ernste bürgerliche Drama.

Die möglichen Abwandlungen des Lessingschen Modells, das sich in den nächsten Jahr-zehnten so durchschlagend bewährte, waren dementsprechend quantitativ und qualitativ be-grenzt. Die Grundkonstellation wurde kaum variiert. Fast immer ist es eine Liebesbeziehung, die den Auftakt bildet. Wohl konnte der Akzent vom Leiden oder von der Reue der liebenden Frau mehr auf das Gegenspiel – auf die tyrannischen Eltern des einen Partners wie in Friedrich Wilhelm Gotters *Mariane* (1776) oder auf den Zwist der Elternhäuser wie in Ludwig Hem-pels *Schwärmereyen des Hasses und der Liebe* (1785) verlagert werden oder auch auf den mehr oder weniger lasterhaften bzw. schwachen Geliebten und Verführer. Aber auch dann bleiben Tugend und Laster die Orientierungspunkte der inneren Handlung. Das Tragische nivelliert sich infolgedessen allzuleicht zum Moralischen, wodurch sich die ohnehin schon dubiose Unterscheidung von Tragödie und Schauspiel zu verwischen droht. Das wiederum beschränkt den Spielraum für die Entfaltung motivischer Neuerungen seinerseits noch weiter. Die Liebe, die die zentrale Entwicklung einleitet, bleibt durchweg, wie schon bei Gellert, ein wohltemperierter Affekt innerhalb der Grenzen der Vernunft; vor Ausartung der Liebe („Zärtlichkeit") in Leidenschaftlichkeit („Wollust") wird gewarnt, nicht zuletzt durch die Demonstration ihrer katastrophalen Folgen wie zum Beispiel bereits in JOHANN GOTTLOB BENJAMIN PFEILS *Lucie Woodvil* (1756) und noch in HELFRICH PETER STURZ' *Julie* (1767), in Weisses entschieden „bürgerlichem" *Romeo und Julie*-Drama (1768) sowie in HARTMANNS *Elise Hellfeld* (1785). Das anonyme bürgerliche Trauerspiel *Emilie Fermont* sagt es schon im Untertitel: *Emilie Fermont oder Die traurigen Würkungen der Liebe ohne Tugend* (1775). Liebe also auch nur innerhalb der Grenzen der Moral. Der Glaube der philanthropischen Zeit an die grundsätzliche Sittlichkeit des Menschen oder zumindest an seine Fähigkeit zur Sittlichkeit dringt in allen diesen Stücken durch, und zwar – und das ist vielsagend für das Phänomen der Empfindsamkeit – nicht notwendigerweise im tatsächlichen Handeln der Personen, sondern vor allem in ihrem emotional-rhetorischen Verhalten zu ihrem moralisch guten oder bösen Tun. Das allein erklärt vielleicht schon die enorme Beliebtheit jener von *Miß Sara Sampson* inaugurierten Sterbeszenen am Schluß von bürgerlichen Trauerspielen, in denen Vergebung und Versöhnung oder auch die Reue und sittliche Bekehrung des Bösewichts (etwa des tyrannischen Vaters oder eines Rivalen) als rein seelische und insofern passiv-undramatische Kraftakte inszeniert werden. Den eindrucksvollen Rahmen solcher moralischer Gefühlsbekundung pflegt das sorgfältig orchestrierte Schlußtableau bereitzustellen. Wenig Originalität entwickeln die Verfasser empfindsamer bürgerlicher Trauerspiele schließlich auch in der Gestaltung der Ereignisse, die sich *zwischen* dem Auftakt (meistens, wie gesagt, eine Liebesverwicklung) und einer derartigen Schlußapotheose der empfindsamen Tugendidee abspielen: Entführung oder Flucht mit dem Liebhaber, Verstoßung durch die Eltern, Verfolgung, Zwang zur Rückkehr, Eifersucht und Ränke eines Rivalen, Mord (besonders durch Vergiftung), Reue der Entflohenen oder ihrer Gegenspieler, Selbstmord der „unbürgerlichen" Widersacher, Aufdeckung verheimlichter Identität sind die beliebtesten Motive, die hier regelmäßig im Familienmilieu angesiedelt werden.

Diese Kenn-Motive des bürgerlichen Trauerspiels sind zugleich auch die *pièces de resistance* des bürgerlichen *Schauspiels* oder „Familiengemäldes", das in der zweiten Jahrhunderthälfte und bis ins erste Drittel des 19. Jahrhunderts hinein in Hunderten von Exemplaren die Bühne der deutschsprachigen Länder beherrscht. Vom empfindsamen bürgerlichen Trauerspiel unterscheiden sich diese nicht weniger empfindsamen „Sittenbilder", wie sie manchmal im Untertitel genannt werden, durch den Stimmungston ihrer Gesamtatmosphäre nur kaum, selbst wenn hier Lustspielhaftes leichter Eingang findet als im Trauerspiel. Allenfalls mag der regelmäßig programmierte glückliche Ausgang ein Unterscheidungskriterium abgeben, was die Theorie gelegentlich auch ausdrücklich gutgeheißen hat. Aber Ausnahmen bestätigen die Regel: es kommen eigens als solche designierte bürgerliche Trauerspiele vor, die glücklich enden, wie zum Beispiel JOHANN JACOB DUSCHS *Bankerot* (1763) und ERNST VON BURIS *Die Stimme des Volkes* (1791). Der Übergang vom bürgerlichen Schauspiel zum bürgerlichen Trauerspiel bleibt durchweg fließend, der thematische Duktus derselbe.

Am überzeugendsten bekräftigt diesen Eindruck der Klassiker des bürgerlichen Schauspiels der zweiten Jahrhunderthälfte, der Hamburger FRIEDRICH LUDWIG SCHRÖDER (1744–1816), der als Schauspieler und Theaterdirektor auch mit der praktischen Seite des Métiers vertraut war, in dem er wie kaum ein zweiter seiner Zeit reüssiert hat. Ein Blick auf sein be-

rühmtestes Stück, das „bürgerliche Familiengemälde" *Der Vetter in Lissabon* (1784 uraufgeführt), bestätigt das. Ernst, ja potentiell tragisch in der Art der bürgerlichen Familientragödie ist
hier die grundlegende Konstellation: der finanzielle Ruin der durch und durch mittelständischen Familie Wagner steht vor der Tür, die herangewachsenen Kinder sind unglücklich oder
unvernünftig in der Gattenwahl, und dies spielt sich ab vor dem Hintergrund der zerrütteten
Ehe der Eltern – der Hausherr zu schwächlich-nachgiebig, seine Frau zu hoffährtig-herrsch-
süchtig, um Abhilfe zu schaffen. Die Rettung geschieht durch den reichen Vetter aus Lissabon,
der fast das ganze Stück hindurch erwartet wird, aber schon von Anfang an incognito als Haus-
freund aus und ein geht in der Absicht, die Familie zunächst einmal moralisch-mitmenschlich zu
„bessern", bevor er sie finanziell saniert. Mit List und gutem Beispiel gelingt es ihm, die Wagners zu den spezifisch empfindsamen Tugenden der Selbstlosigkeit und Redlichkeit, zur Erkenntnis des inneren Werts und zur fürsorglichen Tüchtigkeit zu bekehren, die dann – Hamburger Kaufmannsgeist verleugnet sie nicht – erst am Schluß mit den im Überseehandel erworbenen vielen tausend Gulden und einer geschäftlichen Partnerschaft honoriert werden. Der
wohltätige Vetter selbst wird mit der Hand der Tochter Sophie belohnt: „Mein Glück ist vollkommen! Ich hab' ein Weib gefunden, das mich um mein selbst willen nahm" (III, 20). Den Beschluß macht auch hier die allseitige Vergebung, die man nicht zu unrecht als die gattungsbe-
stimmende Denkform des bürgerlichen Dramas bezeichnet hat. Die Ehegatten vergeben einander ihre Verfehlungen auf das zärtlichste, während der Vetter kommentiert: „Ihr habt beyde gefehlt; habt beyde gebüßt, und seyd zur Erkenntniß gekommen" (III, 23). Er selbst besteht darauf, daß ihm „verziehen" wird, daß er diese „Besserung" mit vielleicht zweifelhaften Mitteln
herbeiführte. Der Vorhang fällt vor dem Tableau der „glücklichsten Familie auf Erden"
(III, 23).

   An diesem typischen Beispiel wird deutlich, daß das bürgerliche Schauspiel nicht weniger „privat" ist in seiner gesellschaftlichen Optik als das larmoyante Lustspiel und das bürgerliche Trauerspiel (das Christoph Martin Wieland nicht unpassend als „PRIVAT%Trauerspiel"
definierte). Alle drei Unterarten der bürgerlichen Gattung beschreiben also „die häusliche
Sphäre als den Umkreis des Lebens selbst"[15], allenfalls noch die nachbarliche Gemeinschaft dieser gefühlsfreudigen Mitmenschen. In George Lillos *London Merchant*, dem sogenannten ersten bürgerlichen Trauerspiel, war das anders gewesen: dort verstand der Bürger – ein Kaufmann auch dort – sich nicht nur als verantwortlichen Familienvater, sondern auch und mit ökonomischem und sozialem Stolz als Vertreter seines Standes. Charakteristischerweise ist von solchen Selbstbekundungen nichts übrig geblieben, als Lillos Stück auf dem Umweg über Frankreich (Louis-Sébastien Merciers *Jenneval*) Ende der siebziger Jahre in Deutschland ankommt –
in Schröders *Gefahren der Verführung*. Erst hier ist das bürgerliche Drama zur „tale of private
woe" geworden, wie Lillo es in der Vorrede zum *London Merchant* definiert hatte.

   Das heißt aber nicht, wie manche Historiker (ohne damit im klassenkämpferischen oder
im „bürgerlichen" Lager durchzudringen) angenommen haben[16], daß die empfindsame Dramatik in Deutschland unbürgerlich sei, unberührt von den realgeschichtlichen Bemühungen des
Bürgertums der Zeit, sich seiner zunehmenden ökonomischen Potenz gemäß im gesellschaftlichen Gefüge des absolutistisch regierten Feudalstaats stärker zur Geltung zu bringen. Nur
scheinbar ist die empfindsame bürgerliche Dramatik ein Symptom des Rückzugs in die Innerlichkeit. In Wirklichkeit propagiert sie durch ihre rein moralische Akzentsetzung jene empfindsamen Tugendideale der Mit- und Allgemeinmenschlichkeit, die das Bürgertum der Zeit sich
nachweislich zu eigen gemacht hat (wie wir z. B. aus den Moralischen Wochenschriften entnehmen können, die zur kennzeichnenden Lektüre dieses Standes gehören). Das Bürgertum

war der Hauptträger der Empfindsamkeit und ihrer Moralgesinnung. Wenn die „bürgerliche" Dramatik also das empfindsame Ethos und die empfindsamen Werte des zeitgenössischen Bürgertums auf der Bühne triumphieren läßt, sei es unter Angehörigen des dritten oder des ersten Standes, unter Kaufleuten, Beamten oder Landadeligen, dann ist daraus in „vermittelter", indirekter Form eine mehr oder weniger polemisch selbstbewußte Reaktion des dritten Standes gegen seine Unbedeutendheit in der gesellschaftlichen und politischen Wirklichkeit abzulesen: die sozial-politische Zweitrangigkeit in der Öffentlichkeit wird in der Privatheit moralisch kompensiert. Die beliebte Wahl eines kleinadligen Milieus wäre demgemäß (obwohl die Theorie des empfindsamen bürgerlichen Dramas es nicht wahrhaben will) eine indirekte gesellschaftliche Eroberung oder Emanzipation mit moralischen Mitteln, eine kaschiert aggressive Selbstbestätigung des Bürgertums.

Zu diesem Zweck bedarf es in der empfindsamen Phase der bürgerlichen Dramatik noch nicht des Standesgegensatzes oder Klassenkampfes als dramatischen Konfliktstoffes. Aber es war nur konsequent, geschah (mit Goethes Worten) „auf einem natürlichen Wege", daß das bürgerliche Selbstgefühl den moralischen Gegensatz schließlich, besonders seit der *Emilia Galotti* (1772), auch als ständischen Gegensatz artikulierte, nämlich dazu überging, von seinem Ethos aus „die höheren Stände herabzusetzen und sie mehr oder weniger anzutasten" (Goethe)[17].

Diplomatisch und friedlich konnte das im bürgerlichen Schauspiel geschehen, indem der Standesunterschied zur allgemeinen Zufriedenheit als belanglos dargestellt wurde im Vergleich zu sittlichen Werten wie Ehre und Redlichkeit – eben bürgerlichen Werten, zu denen „die Canaille" sich diskret beglückwünschte. Ein Beispiel wäre etwa SCHRÖDERS 1778 uraufgeführte Bearbeitung von Calderons *Richter von Zalamea* unter dem Titel *Amtmann Graumann*. Der Protagonist, der ganz als Familienvater und rechtlich denkender „Privatmann" (III, 7) gezeichnete, also radikal verbürgerlichte „Alcalde", läßt sich hier *ad spectatores* vernehmen: „Und wär' er ein Fürst, ich gäb ihm meine Tochter nicht, wenn ich nicht vorher von seiner Tugend überzeugt wäre" (IV, 1). Allerdings nimmt Schröder der Fragestellung am Schluß auch wieder allen Wind aus den Segeln durch einen Adelsbrief aus der Maschine, der die Partner dann doch standesgleich macht. Das liegt ganz auf der Linie des berühmtesten Dramas dieser Art, OTTO HEINRICH VON GEMMINGENS (1755–1836) *Der deutsche Hausvater* (1780). Der Standesgegensatz wird auch hier nur zu dem Zweck als Thema eingeführt, um ihn zu relativieren nach dem Standard der pflichtbewußten Familienmoral. Schon im Personenverzeichnis wird der Hausvater, ein Graf, eingeführt als „bieder" und „thätig", „mehr ehrlicher Mann als Edelmann", und dieser Anforderung entspricht er denn auch in den kritischen häuslichen Situationen, die er im Verlauf des Stücks mit Hilfe seiner „Vernunft" (II, 1) berichtigt. Seinen adligen Schwiegersohn, eine höfische „Nullenexistenz" (I, 2) von lockerer Ehemoral, bekehrt er zu seinem eigenen, im Sinne der Zeit nur als bürgerlich zu bezeichnenden Familiensinn („Wo ist das Elend, das aufwiegen könnte das Vergnügen eines Hausvaters im Zirkel seiner Kinder?", II, 1). Seinem Sohn erlaubt er trotz grundsätzlicher Bedenken gegen die Aufhebung der Konventionen des Ständestaates die Eheschließung mit einem bürgerlichen Mädchen. Denn im „Unterschied der Stände" vermag er keinen „innerlichen Werth" zu sehen (IV, 6), und der „Stand hebt die Verbindlichkeiten eines ehrlichen Mannes nicht auf" (V, 3). Doch nur halben Herzens geschieht die Lösung auch hier, da der Hausvater dem gesellschaftlich ungleichen Paar empfiehlt, „die Welt" zu „fliehen", weil die Nichtachtung der Konvention „doch immer Zerrüttung bürgerlicher Ordnung" bleibe und damit ein schlechtes Beispiel gäbe (V, 7). – Zwei weitere Schauspiele, die Goethe in *Dichtung und Wahrheit* neben dem *Deutschen Hausvater* als Beispiele für das bürgerliche Drama nennt, GOTTLIEB STEPHANIE DES JÜNGEREN *Der Deserteur aus Kindesliebe* (1773 uraufgeführt) und JOHANN JACOB ENGELS *Der dankbare Sohn* (1770 entstanden), dehnen die Versöhnung der Stände im Zeichen der spezifisch bürgerlichen Moral sogar auf die Überbrückung des sozialen Gegensatzes von Bauern und Adeligen aus. In beiden Stücken beschämt der zum österreichischen bzw. preußischen Offizier avancierte Bauernsohn die Gesinnung des Adels, und in beiden weiß er sich dabei der Sympathie seines Königs gewiß: der bürgerliche Gesinnungsbegriff, der hier gleich *alle* Standesgrenzen relativiert, erfährt nun also eine nationalpatriotische Sanktion. Ähnlichem Denken entspricht es, daß der gesinnungsbürgerliche Amtmann Graumann am Schluß für seine „Treue" und „Rechtschaffenheit" vom König höchstpersönlich belohnt wird (III, 8) und daß *Der deutsche Hausvater* mit den Worten endet: „Meine Belohnung? – – daß ihr mich liebt? – – und dann, wenn ich einst todt bin, daß ein deutscher Biedermann an meinem Grabe vorbeigehe und sage: *er war werth ein Deutscher zu seyn!*"

Wesentlich aggressiver in der Propagierung bürgerlicher Gesinnung innerhalb des ständisch-staatlichen Sozialgefüges sind zwei andere vielgespielte bürgerliche Schauspiele der Zeit, die das Bürgertum dementsprechend auch mit konkreter sozialkritischer Pointierung über den Adel triumphieren lassen: GUSTAV FRIEDRICH WILHELM GROSSMANNS „Familiengemälde" *Nicht mehr als sechs Schüsseln* (1780) und JOSEPH MARIUS BABOS (1756–1822) „Lustspiel" *Bürgerglück* (1792). Das Wort *bürgerlich* hat hier, wie seit der „bürgerlichen Virginia" *Emilia Galotti* üblich, einen eindeutig sozialständischen Sinn bekommen, aber diesem Bürger bleiben dieselben familiär-moralischen Werte zugeordnet wie in der nur indirekt sozialkritischen ersten Phase des bürgerlichen Dramas. Daß der bürgerliche Hofrat Reinhard den adligen Verwandten seiner Frau nicht mehr als sechs Gänge vorsetzen will, ist Ausdruck einer solchen ständisch selbstbewußten Bürgerlichkeit. „Laß uns bey bürgerlichen Sitten und sechs bezahlten Schüsseln glücklicher seyn, als Ihro Hochwohlgebornen Gnaden bey sechzehn Ahnen und achtzehn geborgten Schüsseln" (I, 11). Das läßt ferner durchblicken: der bürgerliche „Hausvater" (V, 8) ist nicht allein sittlich überlegen, als „liebreicher Ehemann" und „gütiger Vater" (III, 11), sondern auch ökonomisch und damit klassenmäßig: als arbeitsamer und „nützlicher Bürger" seines „Vaterlandes" (IV, 14). Er bezahlt die Rechnungen der über ihre Verhältnisse lebenden vornehmen angeheirateten Verwandten, die „einzig und allein" von seiner Finanzkraft existieren (II, 1), diese wirtschaftliche Abhängigkeit aber mit um so arroganterem Standesstolz kompensieren, dessen Berechtigung Großmann auf Schritt und Tritt mit theatersicherem komischen Effekt unterminiert. Schwer zu entscheiden, was im Verlauf des Dramas sozialkritisch nachdrücklicher wirkt, die – übrigens empfindsam tränenvolle – Bekehrung des Obersten von Altdorf zu den redlichen und rechtlichen Ansichten des mittelständischen Hofrats (III, 14; V, 5) oder der beschämende Hinauswurf der intriganten adligen Tante, die solchen Ansichten nur ihren aristokratischen Ehrenkodex entgegenzusetzen hat, dessen sittliche und ökonomische Hohlheit längst karikaturistisch deutlich ist. Daß der polemische Bürgerstolz sich auch hier national-patriotisch abstützt, zeigt sich nicht nur in dem vertrauten Schlußmotiv des Handschreibens des gerechten Fürsten an den ebenso pflicht- und gesetzestreuen bürgerlichen Hofrat, sondern auch in dem nationalen Segen, der der idealen Familiengemeinschaft hier erteilt wird mit dem gern zitierten pathetischen Ehrentitel des Hofrats für seine zur bürgerlichen Vernunft gekommene Frau: „eines deutschen Mannes deutsches Weib" (I, 11).

Nicht weniger polemisch setzt sich das Glück des lebenstüchtigen Bürgers in Babos Schauspiel in Szene. Nur wird dem Bürgertum der Triumph über den „ersten Stand" hier noch leichter gemacht; denn der standes- und klassenbewußten bürgerlichen Hofrätin und Fabrikantentochter, die ihre Söhne „biedere" Handwerker werden läßt, wird die Familie ihres maßlos adelsstolzen Schwagers gegenübergestellt – der erst vor kurzem geadelt wurde! Wie dort die im

Sinne des bürgerlichen Dramas ideale Familienatmosphäre herrscht mit ihren ,,edlen Gesinnungen und einfachen Sitten" (II, 6), so hier der Dünkel (,,Was werden die Leute sagen? – Ja, das ist die Hauptsache", III, 8). Um so pointierter wird der sozial-moralische Gegensatz auch hier dadurch, daß der neue Adel ökonomisch vom Bürgertum abhängig ist, sich durch das Geld der bürgerlichen Schwägerin ,,in die Höhe gebracht" hat (III, 2). Das stärkt der Bürgermoral soziologisch den Rücken, macht sie zugleich zur Klassenmoral, so sehr sie sich zunächst als reine Gesinnungstüchtigkeit und sittliche Überlegenheit gibt:

> Selbständiges Bürgerglück, das von keiner Gunst, von keiner Laune abhängt, wird ihr Loos seyn. Sie werden ihr Vaterland mit Geld und guten Bürgern bereichern helfen; sie werden Gott fürchten, ihren König lieben, und durch ihr Beyspiel Sittlichkeit und bürgerliche Tugend verbreiten. Wer von uns kann sich rühmen, mehr zu thun?   III, 8
>
> Bürgerglück und seine Gefährten, reines Bewußtsein, redliche Liebe und Tugend werden uns den Pomp der Aufwartung und den Überfluß der Tafel ersetzen.   III, 10

Derartige Stücke nehmen den Standesunterschied nicht eigentlich ernst. Ihre plane bürgerliche Gesinnungsprotzerei läßt einen echten Konflikt kaum aufkommen. Problematischer und differenzierter ist der Standesunterschied dort gesehen, wo er tragisch aufgefaßt wird, im bürgerlichen Trauerspiel seit *Emilia Galotti* (1772). Das empfindsame, rein moralisch orientierte bürgerliche Trauerspiel der fünfziger und sechziger Jahre, für das die Standeszugehörigkeit der Personen gleichgültig war, wird nun abgelöst durch das sozialständische, das, bei allem Weiterwirken des empfindsamen Typus, für die siebziger und achtziger Jahre, bis zu *Kabale und Liebe* (1784), kennzeichnend ist. Durchweg sind die *dramatis personae* hier als Vertreter eines genau fixierten, aus der zeitgenössischen gesellschaftlichen Wirklichkeit reflektierten konkreten Standes- und Berufsmilieus und eines entsprechenden sozialen Selbstverständnisses und Ethos dargestellt statt als moralische oder unmoralische Privatmenschen in abstrakter Allgemeinheit; und als solche Standesexponenten geraten sie in tragischen Konflikt miteinander. Genauer ist das übergreifende Thema dieser Dramengruppe der Gegensatz von Bürgertum und Adel, manchmal einschließlich der obrigkeitlichen Hofkreise (seltener auch die Spannung zwischen höherem und niederem Bürgertum wie besonders in HEINRICH LEOPOLD WAGNERS *Die Reue nach der Tat*, 1775). Aktualisiert wird der Gegensatz meistens durch das Motiv der Liebe über die Grenzen der gesellschaftlichen Schichten hinweg. Dabei braucht sich die gesellschaftskritische Spitze jedoch nicht nur gegen den Adel zu richten, wie es in den erörterten bürgerlichen *Schauspielen* der Fall war; sie kann zugleich auch das Bürgertum zur Zielscheibe wählen: seine passive Hinnahme der Mißlichkeiten der ständischen Ordnung oder seinen damit nicht unvereinbaren gesellschaftlichen Aufstiegswillen. In jedem Fall aber sind es, im Gegensatz zum *empfindsamen* bürgerlichen Trauerspiel, standesgebundene Verhaltensweisen, die im Licht der Kritik erscheinen. Das bürgerliche Drama hat sozialpolitische Sprengkraft entwickelt.

Voll ausgeprägt ist diese zum erstenmal in *Emilia Galotti*, die dann in mehr oder weniger direkter Weise der gesamten sozialkritischen bürgerlichen Dramatik des Sturm und Drang den entscheidenden Anstoß vermittelt hat, in besonders greifbarer Weise noch Schillers ,,bürgerlichem Trauerspiel" *Kabale und Liebe*, das von *Emilia Galotti-*,,Zitaten" nur so wimmelt.

Die Zeitgenossen, Goethe eingeschlossen, verstanden *Emilia Galotti* in überwiegendem Maße als bürgerliche Anklage gegen den fürstlichen Absolutismus und seine Ständegesellschaft oder doch zumindest gegen die damit verbundenen Übelstände. Diese Deutung, die auch heute noch die vorherrschende ist, begreift Odoardo Galotti, den Vertreter pronociert bürgerlicher, antihöfischer Tugendgesinnung, sozusagen als den Sprecher des Dramatikers. Sie setzt voraus, daß Lessing Odoardo rückhaltlos als vorbildlich dargestellt habe, in ihm also „dem Bürgertum ein leuchtendes Fanal seiner moralischen Integrität und sittlichen Kraft"[18] errichtet habe.

Aber – so fragen manche neuere Interpretationen[19] – stellt Lessing sein Charakterporträt nicht im Gegenteil ab auf die Demonstration von Odoardos moralischem Versagen, sei es, daß seine ins Absurde und Inhumane übertriebene „bürgerliche" Moralanschauung mehr in den Vordergrund gerückt wird, der die Ermordung seiner Tochter akzeptabler ist als deren mögliche Entehrung durch den Prinzen, oder seine im Grunde labile, kopflose Art, die seine Republikanertugend als Schein und Maske entlarvt. Von dieser Sicht aus kann natürlich nicht mehr die Rede sein von einer politisch aggressiven Wendung gegen die „höheren Stände" (Goethe), wohl aber von einem bürgerlichen Trauerspiel im Sinne der Kritik an jener Bürgerlichkeit, die mit Odoardo ins Spiel kommt. Odoardos moralisches Versagen, indem er seine Tochter tötet, um ihre Tugend zu retten, sich dann aber dem Richtspruch des Prinzen unterstellt, statt ihn mit demselben Dolch zu durchbohren, wird folglich von manchen neueren Lesern der *Emilia Galotti* als politische Fehlhaltung ausgemünzt und als Anklage der Passivität des Bürgertums ausgelegt, das sich nicht aufraffen kann zur befreienden politischen Tat[20]. Der wunde Punkt dieser Interpretation ist der gleiche wie der der entgegengesetzten: auch für sie fehlt der im Stück selbst gegebene Standard des vorbildlichen Handelns.

Wenn die Welt des Dramas daher in dieser wie jener Optik – so oder so – als eine höchst gebrechliche und problematische soziale Wirklichkeit erscheint, so ist es nur folgerichtig, daß Lessing in den Schlußworten diesen gesellschaftlichen Rahmen transzendiert, nämlich in Odoardos Appell an den Richtergott als letzte Instanz. Damit spitzt sich die zunächst rein sozial fundierte tragische Demonstration auf die Theodizeefrage zu. Nimmt man diese Perspektive ernst als mehr denn bloß rhetorische Floskel, so bleibt trotzdem noch in der Schwebe, ob von einer Rechtfertigung Gottes zu sprechen ist oder im Gegenteil von einem Prozeß gegen einen versagenden Gott, dem sich der versagende Gläubige, Odoardo, allzu problemlos unterwirft wie seinem weltlichen Herrn auch. Lessings „bürgerliche Virginia" gehört vielleicht eben deswegen zu den wenigen noch heute lebendigen Dramen des 18. Jahrhunderts, weil sie mehr Fragen stellt als beantwortet. Soviel dürfte aber gewiß sein, daß das Tragische hier nicht schon im sozialpolitischen Mißstand beschlossen ist, sondern darüber hinaus, unsicher genug, in die Dimension der religiösen Desorientierung verweist, die der Tragödie jedenfalls bis in die Zeit der Klassik hinein unabdingbar gewesen ist.

Trotzdem bleibt der Unterschied, daß das Tragische in der *Emilia Galotti* nur resultativ in die religiöse Dimension deutet, nicht auch aus ihr begründet oder verursacht wird: daß es in die Metaphysik ausmündet, aber der Immanenz entspringt. Diese Optik entspricht den Denkformen des bürgerlichen Trauerspiels, wie sie Theoretiker von Lessing bis Beaumarchais und Mercier gegen den „Fatalismus" der *haute tragédie* zur Geltung gebracht haben. Von ihr aus wird auch verständlich, daß die tragischen Widersprüche in der *Emilia Galotti*, im Gegensatz zur klassischen Tragödie, nicht „versöhnt" werden, sondern bestehen bleiben im gebrochenen, thematisch offenen Schluß. Analog vielleicht den realen Widersprüchen des geistesgeschichtlichen Zeitpunkts, ist der Schluß politischer Appell und theologische Frage in einem – und in beiderlei Hinsicht alles andere als eine unmißverständliche Reveille.

Mit wechselnder Akzentsetzung gilt das allgemein auch für die bürgerlichen Trauerspiele der Stürmer und Dränger (die sich die Aktualität ihrer ständestaatskritischen Thematik nicht nur durch das Vorbild der *Emilia Galotti* bestätigen ließen, sondern theoretisch auch durch Merciers Schrift *Du Théâtre* [1773], die H. L. Wagner 1776 ins Deutsche übertrug). Die wichtigsten dieser Stücke seien kurz gekennzeichnet.

Eine interessante Variation des Themas des Ständekonflikts bietet JOHANN WOLFGANG GOETHES (1749–1832) *Clavigo* (1774), sofern der soziale Konflikt hier ins Seelische verlagert wird, in die Psyche *eines* Menschen, der ideologisch zwischen den Ständen steht. Die zwei konträren Möglichkeiten der Bindung, zwischen denen Clavigo unentschieden schwankt und denen beiden eine Tendenz seiner labilen Persönlichkeit entgegenkommt, sind mit dem Akzent entgegengesetzter spezifisch gesellschaftlicher Sphären (Hof, Bürgerwelt) versehen, die ihrerseits mit ihren verschiedenen geistigen Gehalten und Lebensidealen einwirken auf das impressionable Wesen der Hauptgestalt. Von Haus aus „Bürger", ist Clavigo als Archivar des spanischen Königs zum „Höfling" geworden, der sich nun bei aller Neigung nicht dazu überwinden kann, durch die Eheschließung mit einer unbemittelten Kaufmannstochter in die eingeschränkte bürgerliche Privatwelt mit ihren „ruhigen häuslichen Freuden" (IV, 1) zurückzukehren. Das Goethe in dieser Zeit faszinierende Problem des veränderlichen Charakters (*Stella*, Weislingen im *Götz*) bekommt in *Clavigo* also eine besondere ständische Nuance, die das Stück zu einem bürgerlichen Trauerspiel *sui generis* macht. Eigenartig setzt es auch seine kritischen Akzente. Denn indem Clavigos Hoffnung, das private und das öffentliche Lebensideal zu harmonisieren (Ende des zweiten Aktes), schließlich enttäuscht wird, erhebt Goethe Bedenken sowohl gegen den aristokratischen Anspruch auf „Größe" wie auch gegen den empfindsamen Rückzug des Bürgers in die Privatheit moralischen Daseins.

Häufiger als in dieser verinnerlichten Form beutet das bürgerliche Trauerspiel des Sturm und Drang den Konflikt dramatisch konkreter aus in dem sozialgeschichtlich geradezu akuten Motiv der Liebesbeziehung über die Standesgrenzen hinweg, also vornehmlich zwischen Angehörigen des Adels und des Bürgertums. Auffällig ist dabei jedoch, daß die Dramatiker die darin angelegte gesellschaftskritische Brisanz und agitatorische Stoßkraft entschieden abschwächen. (Jakobinische Revolutionsdramatik gibt es kaum im deutschen Sprachraum[21]). HEINRICH LEOPOLD WAGNER (1742–1779) steuert in der *Kindermörderin* (1776) mit der Dramatisierung der Liaison des Garnisonsoffiziers von Gröningseck und der Fleischerstochter Evchen Humbrecht durchaus auf eine Tragödie der ständischen Verhältnisse zu, nimmt der gezielten Gesellschaftskritik dann aber doch viel von ihrer Durchschlagskraft, indem er die Tragödie nicht *nur* durch ausgeprägt standestypische Verhaltensweisen heraufbeschwört (durch das mangelnde Sozialgewissen des Verführers und den aristokratischen Ehrenkodex des Intriganten, aber auch durch Fehlhaltungen im Bürgerhause: den Aufstiegswillen der Mutter und das entstirnige Standesbewußtsein des Vaters). Handlungsmäßig entscheidend für den tragischen Ausgang ist vielmehr, daß der reuig und heiratswillig zurückkehrende Verführer *zu spät* zu dem verlassenen Mädchen zurückkehrt, als daß er den Kindesmord verhindern könnte – aufgehalten durch eine Erkrankung! Immerhin: an Hand der Wandlung in den gesellschaftlichen Vorstellungen Gröningsecks gibt Wagner unmißverständlich zu verstehen, daß er es für wünschenswert und ideologisch möglich hält, sich über die Standesschranken hinwegzusetzen.

Wenn hingegen JAKOB MICHAEL REINHOLD LENZ (1751–1792) das Motiv der Liebe über die Standesgrenzen hinweg aufgreift, desillusioniert er auch diese Hoffnung noch. Denn sowohl im *Hofmeister* (1774) wie in den *Soldaten* (1776) wird der vom Stoff her naheliegenden präzisen und konstruktiven Kritik an den Standeskonventionen (die die Heirat zwischen Adel und Bürgertum verhindern) die Spitze dadurch abgebrochen, daß das ständisch mitdeterminierte Verhalten *jedes* hier vertretenen gesellschaftlichen Kreises, von den Grafen bis zu den Kleinbürgern, im Licht einer Kritik erscheint, die ganz und gar negativ bleibt. Negativ bleibt die Kritik auch deswegen, weil die in diesen Verführungs-„Komödien" selbst vorgeschlagenen sozialen Hilfsmaßnahmen offenkundig nicht ernst zu nehmen sind, weder als Beiträge zur real-gesellschaftlichen Melioration noch als Mittel, die im Drama das tragische Ende der Liebesbeziehung hätten abwenden können: hier die Einrichtung von Offiziersbordellen, dort die Abschaffung der Erziehung durch Hofmeister.

Den Beschluß dieser thematischen Reihe bürgerlicher Trauerspiele macht FRIEDRICH SCHILLERS (1759–1805) *Kabale und Liebe* (1784). Alle typischen Motive der Gattung kommen hier noch einmal zusammen, zugleich aber funktioniert Schiller sie, und vor allem die zentrale Ständetrennung, um zur Veranschaulichung einer Thematik, die letztlich ins Religiöse verweist, ähnlich wie es in *Emilia Galotti* am Anfang der Reihe der Fall war. Das heißt nicht, daß der Ständekonflikt hier in der Ökonomie des Tragischen eine untergeordnete Rolle spielte. Er dominiert vielmehr die äußere und die innere Handlung: den Gang der Ereignisse und die Denkweisen der Dramengestalten. Und daß die Liebe des Ministersohns Ferdinand von Walter und der Musikantentochter Luise Miller in der kleinen deutschen Residenzstadt schließlich an solchen inneren und äußeren ständischen Hindernissen scheitert, macht die seit Schillers Zeit zu datierende und in der Gegenwart noch virulente gesellschaftskritische Deutung zunächst durchaus plausibel: daß nämlich Schiller in *Kabale und Liebe* einen ,,Dolchstoß in das Herz des Absolutismus"[22] und seiner inhumanen Ständeordnung und rigiden Klassenmentalität geführt habe. Schuld an der Katastrophe, die mit nahezu reißerischer Drastik in Ferdinands Ermordung seiner vermeintlich ungetreuen Geliebten und in seinem theatralischen Selbstmord gipfelt, ist nicht nur die Aristokratie, die am Schluß allein auf die Anklagebank verwiesen wird, sondern in weniger pointierter, mehr psychologisch vermittelter Form auch das Kleinbürgertum in Luises Vaterhaus: der engherzig ordnungsgläubige Bürgersinn einerseits und das Liebäugeln mit dem sozialen Emporkommen durch die ,,Mésalliance" andererseits – wie schon bei Lessing, Wagner und Lenz. Der ideologische Impetus des Dramas richtet sich mithin nicht gegen *eine*, die höhere Schicht (wie es die marxistische Interpretation darstellt), sondern zugleich auch gegen die untere, die deren Denken *mutatis mutandis* akzeptiert. Nicht ein Stand, sondern die ganze Ständeordnung des feudalen Staats also wird damit gerichtet – von einem Standpunkt allerdings, der im Sinne der sozialgeschichtlichen Verhältnisse des ausgehenden 18. Jahrhunderts nur als bürgerlich bezeichnet werden kann.

Es fragt sich nur, ob die tragische Demonstration Schillers auf dieser, der sozialkritischen Ebene schon ihre eigentliche Erfüllung findet. In der dramatischen Schlußabrechnung zwischen Ferdinand und seinem Vater (und gelegentlich schon zuvor) wird der Konflikt der gesellschaftlichen Gegebenheiten und Denkweisen transzendiert in der Perspektive auf den ,,Richter der Welt" (V, 7) oder auch auf ,,Gott den Erbarmenden" (V, 8). Hat der Ständegegensatz in diesem ,,bürgerlichen Trauerspiel" also nicht letztlich seine Funktion darin, den tragischen ,,Riß in der Welt" zeitgerecht zu exemplifizieren[23]? Unbestreitbar ist, daß sich die tragische Analyse (spätestens) in der Summation des letzten Aktes der Theodizeefrage öffnet, zweifelhaft allerdings wieder, ob im Sinne der ,,Anklage auch gegen Gott"[24] oder der Rechtfertigung des ,,Erbarmenden"[25]. Jedenfalls wird die zunächst im Ständekonflikt begründete Tragik wie bei Lessing in eine übergreifende religiöse Fragestellung übergeführt. Diese bleibt aber auch hier resultativ; das Tragische wird also, im Gegensatz zur *haute tragédie*, und charakteristisch für das bürgerliche Drama, auch bei Schiller nicht mehr metaphysisch begründet.

Kabale und Liebe wurde vielfach nachgeahmt, aber tragisch hat keiner der Bearbeiter den Stoff gefaßt. Das ist symptomatisch für die Entwicklung des bürgerlichen Genres am Ausgang des Jahrhunderts. Der dominierende Zug zum bürgerlichen Sitten- oder Familiengemälde meidet nicht nur die Zuspitzung auf das Tragische, auch die gesellschaftskritische Schärfe des bürgerlichen Dramas schleift sich ab in den Jahrzehnten der Spätaufklärung. In den zahllosen Stükken Ifflands und Kotzebues, die die Bühne selbst in Goethes Weimar beherrschen, gratuliert das Bürgertum sich selbst zu seiner sozialen und moralischen Tüchtigkeit. Wohl kann auch jetzt noch das bürgerliche Schauspiel unter Adeligen spielen wie AUGUST VON KOTZEBUES (1761–1819) unvorstellbar populäres Ehebruchsdrama *Menschenhaß und Reue* (1789); aber deren Gesinnung ist nichtsdestoweniger die häuslich-familiäre, um nicht zu sagen hausbackene des Bürgertums im Gegensatz zur höfischen. Und wo in Dramen, die in bürgerlichen Kreisen angesiedelt sind, noch leichte Polemik gegen den Adel, d. h. gegen aristokratischen Lebensstil, anklingt wie in AUGUST WILHELM IFFLANDS (1759–1814) *Jägern* (1785), da geht es nicht mehr um kämpferische Emanzipation des Bürgertums – im Gegensatz etwa zu Großmanns Stück. Bände spricht, daß „vornehmer" Lebensstil, zum Beispiel in Ifflands *Verbrechen aus Ehrsucht* (1784), auch dem Bürgerlichen angekreidet wird – nicht weil er unstandesgemäß wäre, sondern weil er unsittlich ist. Natürlich hat das Bürgertum auch in diesen „Sittengemälden" der Spätaufklärung seine Probleme und Spannungen innerhalb der Familie und der nachbarschaftlichen Gemeinschaft – sonst gäbe es nichts Dramatisches –, aber deren *raison d'être* ist ihre Überwindung, die die bürgerliche Lebensweise und Mentalität erst in ihrem vollen Glanz erstrahlen läßt. So lebt das Bürgertum in diesen Dramen selbstgefällig saturiert und pflichtbewußt bis zur Rührseligkeit in seinem engen Kreis, in einer bis zum Trivialen realistisch ausgemalten geschlossenen Welt, die Kotzebue in den *Deutschen Kleinstädtern* (1803) dann schon satirisch aufs Korn genommen hat, ohne ihr zu entsagen. Die Sozialgesinnung ist konservativ, Obrigkeitstreue selbstverständlich, der Ständestaat, in dem es sich so angenehm lebt, bleibt sakrosankt.

Einen Ausbruch aus dieser zum Ethos rationalisierten Stagnation versucht dann im 19. Jahrhundert das Junge Deutschland in bürgerlichen Dramen, in denen sich statt des bürgerlich saturierten ein bürgerlich emanzipatorischer Geist zur Geltung bringt. Da der Verve des liberalistischen Klassenbewußtseins jedoch weder nennenswertes dramatisches Können noch dichterische Intuition die Waage hält, sind diese Stücke mit Recht in Vergessenheit geraten.

Die Jungdeutschen, allen voran KARL GUTZKOW (1811–1878), erneuern also das bürgerliche Drama in Gestalt des aktuellen sozialkritischen Bühnenstücks. Wenn sie sich dabei als Nachfahren der Stürmer und Dränger verstehen, so nur zum Teil mit Recht, denn der sozialreformatorischen Skepsis und Resignation, die bei den Vorläufern bei aller virulenten Gesellschaftskritik weithin tonangebend ist, setzen sie eine fortschrittsgläubige Tendenz im Sinne der zeitgenössischen bürgerlichen Emanzipationsbestrebungen entgegen. Die Tragödie fällt damit so gut wie aus. Waffe im Kampf um die Emanzipation des Bürgertums wird das Drama vor allem in der Form des Problem-Schauspiels, das die bürgerliche Mentalität über alle verknöcherten Konventionen triumphieren läßt. Alle zeittypischen Themen dieses Kampfes kommen, bürgerlich-liberal artikuliert, zur Sprache: außer konventionellen gesellschaftlichen Institutionen wie die Ehe (Gutzkows *Ein weißes Blatt* und *Liesli*) und aktuellen Bestrebungen wie die Frauenemanzipation (Gutzkows *Ella Rose*) besonders auch der für die Gattung charakteristische Stände- bzw. Klassenkonflikt; und selbstverständlich faßt man diesen ausnahmslos auf als den erfolgreichen und in jeder Hinsicht positiv gesehenen Aufstiegswillen der Bürgerlichen in einer Gesellschaft, die immer noch von einer vorurteilsvollen Aristokratie beherrscht ist (Gutzkows *Richard Savage*, *Werner* und *Ottfried*)[26].

Doch nicht nur der Gegensatz der sozialen Schichten, sondern auch die Kritik daran begann sich bereits in den vierziger Jahren zu überleben. Das bestätigt nicht nur das Urteil von zeitgenössischen Beobachtern der sozialen und literarischen Szene, sondern nicht zuletzt auch das bürgerliche Drama selbst. CHRISTIAN FRIEDRICH HEBBELS (1813–1863) *Maria Magdalena* (1844) sieht die zeitgemäße gesellschaftliche Problematik mit gezielter Polemik nicht mehr im

Konflikt zweier Stände, sondern innerhalb des Bürgertums und seiner Mentalität selbst. Was am Anfang der Geschichte des bürgerlichen Dramas unangefochten den gesellschaftlichen und moralischen Wertstandard abgab, ist bei Hebbel Gegenstand erbitterter Kritik geworden: bürgerliche Moral-Gesinnung enthüllt sich bei ihm als boße Reputierlichkeit, die als solche inhuman ist, Verrat an eben jenen Werten, die im 18. und noch im 19. Jahrhundert das Selbstbewußtsein des aufstrebenden Bürgertums gestützt hatten. Hebbels bürgerliches Drama ist daher im historischen Rückblick eher ein distanzierter Epilog auf die Gattung, weniger ein integraler Bestandteil ihrer Tradition. Es leitet eine neue Entwicklung ein, die dann erst in der antibürgerlichen gesellschaftskritischen Dramatik des späten 19. und 20. Jahrhunderts bei so verschiedenen Autoren wie Ibsen, Shaw, Hauptmann, Wedekind und Sternheim ihre Vollendung findet.

Die Rezeption der aristotelischen Tragödienpoetik in Deutschland
Manfred Fuhrmann

Im Jahre 1624 erschien das *Buch von der Deutschen Poeterey*, die erste Poetik in deutscher Sprache. MARTIN OPITZ (1597–1639), der Verfasser, beansprucht keinerlei Originalität: Man habe, erklärt er in der Vorrede, bereits so ausführlich von der Dichtkunst gehandelt, daß „weiter etwas darbey zue thun vergebens" sei. Er beruft sich an dieser Stelle auf vier Autoritäten: auf Aristoteles, Horaz, Vida und Scaliger (7)[1].

Was die Vorrede der ältesten deutschen Dichtungslehre andeutet, blieb Kennzeichen der gesamten deutschen Barockpoetik: ihre Unselbständigkeit, ihre Abhängigkeit von der Dichtungstheorie der italienischen Spätrenaissance sowie ihr durch jene Dichtungstheorie eingeschränkter und vermittelter Zugang zur *Poetik* des Aristoteles. Die deutschen Theoretiker rezipierten also in der Hauptsache ein weitläufiges, auf zahlreiche antike und neuere Autoritäten sich stützendes Lehrgebäude, und sie boten dieses Lehrgebäude in je verschiedener Auswahl und Akzentuierung dar; sie rezipierten nebenher und inmitten dieser Traditionsmasse einige Grundbegriffe der aristotelischen *Poetik*, und zwar in der Bedeutung, die ihr die italienischen Dichtungstheoretiker und Aristotelesausleger beigemessen hatten.

Die italienische Dichtungstheorie[2], die – aus Anfängen vor und nach 1500 hervorgehend – ihre Blüte in dem halben Jahrhundert von 1520 bis 1570 erlebte, knüpfte an mittelalterliche Traditionen an: als Quellen dienten die rhetorischen Schriften zumal Ciceros und die *Ars poetica* des Horaz; als Inhalte herrschten demgemäß Stilregeln sowie der Maßstab des Konventionellen und Typischen (*decorum*) vor. Das Material wurde oft nach dem rhetorischen Schema *inventio – dispositio – elocutio* angeordnet; die Gattungen waren in Analogie zu den drei Stilarten hierarchisiert: Die erhabene Sphäre gehörte dem Epos und der Tragödie, mit Göttern, Helden und Königen, die mittlere der Lehrdichtung, die niedrige der Komödie und Hirtenpoesie. Die Wirkungen aller Dichtung beschrieb man gern mit der horazischen Dichotomie *prodesse – delectare* oder der verwandten rhetorischen Reihe *docere – delectare – movere* – wobei man sich der immer wieder erneuerten Kritik Platons, daß die Dichtung einzig an die niederen Seelenkräfte, an die Triebe und Leidenschaften appelliere, zu erwehren hatte[3].

Die *Poetik* des Aristoteles, eine schwierige, während der Antike und des Mittelalters kaum beachtete Schrift, für die keinerlei Erklärungstradition zu Gebote stand, war zunächst nicht Bestandteil des italienischen Lehrgebäudes. Ein langwieriger Prozeß der Erschließung zeitigte um die Jahrhundertmitte mit den Kommentaren Robertellos (1548) und Maggis (1550) die ersten handgreiflichen Erfolge; erst von nun an gehörte die *Poetik* des Aristoteles zum festen Besitz aller Dichtungstheoretiker.

Man gewann durch sie eine neue Dimension zur rhetorisch-horazischen Stil- und Angemessenheitspoetik hinzu: die Fähigkeit, auf die Strukturprobleme der großen Gattungen einzugehen und insbesondere das Verhältnis von Werk und Wirklichkeit sowie das Verhältnis von Held und Handlungsverlauf zu erörtern; außerdem mußte man sich seither mit einer schwierigen Theorie von der Wirkung der Tragödie auseinandersetzen, die sich auf die Begriffe Katharsis, Phobos („Schrecken, Furcht") und Eleos („Jammer, Mitleid") gründete. Die neuen aristotelischen Elemente wurden freilich in das vorhandene rhetorisch-horazische System eingefügt;

so entstand ein mehr oder minder harmonisches Ganzes, das die Besonderheiten der aristotelischen Doktrin nicht selten abschliff und verflachte.

Die italienische Dichtungstheorie, die Dichtungstheorie der Spätrenaissance und des Barock überhaupt, konstituierte sich im geschlossenen Horizont christlicher Heilsgewißheit. So galt die Grundspannung der beiden Reiche, des *mundus intelligibilis* und des *mundus sensibilis*, als das beherrschende Prinzip aller Dichtung, und zumal der Tragödie kam es zu, in möglichst grellen Kontrasten die Verläßlichkeit des metaphysischen Trostes gegen die Nichtigkeit alles Irdischen, die *vanitas* einer von Fortuna beherrschten Welt auszuspielen. Die Idealbilder des stoischen Weisen und des christlichen Heiligen verschmolzen zu einer unverbrüchlichen Norm, vor der alle äußeren Wechselfälle als wesenlos erschienen und für die es einzig auf die sittlich-religiöse Autarkie, auf das unangefochtene Festhalten an den für richtig erkannten Prinzipien ankam. Für die Dichtung ergab sich aus diesen Prämissen, daß dem *prodesse* ein weit höherer Rang zuerteilt wurde als dem *delectare*, und man bekannte sich meist zu einer direkten Wirkungsmechanik: Der böse Held sollte abschrecken, der gute anfeuern oder zumindest Bewunderung erzeugen, und alles Grauen, das die Bühne zeigte, schärfte ein, daß der Zuschauer als Figur des Welttheaters ähnlichen Unglücks gewärtig sein müsse.

Zwei Hauptlehren der aristotelischen *Poetik* hatten innerhalb dieses Weltbildes einen schweren Stand: die Theorie von der Wirkung der Tragödie, von der Katharsis (Kap. 6a. A.: Tragödiendefinition) sowie das Dogma, daß die Wirkung der Tragödie an ein bestimmtes Verhältnis von Held und Handlungsverlauf gebunden sei (Kap. 13). Mit dem Problem der Katharsis suchte der strenge Moralismus des Zeitalters, der Glaube an eine direkte Einwirkung der Kunst auf das Leben, auf dreierlei Weise fertig zu werden: Man stritt entweder rundweg ab, daß die Katharsis das Wesen der Tragödie zu erschließen vermöge – so Scaliger; oder man erklärte, die Katharsis solle den Zuschauer nicht von Phobos und Eleos, sondern von den jeweils auf der Bühne dargestellten Lastern und Leidenschaften befreien – so zuerst Maggi und nach ihm besonders Corneille, die hiermit auf kurzem Umweg zur Lehre von der direkten Wirkungsmechanik zurückfanden; oder man räumte im Sinne des Aristoteles ein, daß Phobos und Eleos nicht nur Medium, sondern auch Gegenstand der Katharsis seien – so Robertello und zumal Heinsius, die sich freilich beeilten, den Spielraum, den sie der tragischen Affektentladung zuzubilligen schienen, wieder in das christlich-stoische Ideal der Ataraxie einzubinden[4].

Bei dem Problem eines bestimmten Verhältnisses von Held und Handlungsverlauf und seinem Kernstück, der Lehre vom ‚mittleren Mann‘, der sein Unglück durch einen eigenen Fehlgriff verursacht haben müsse, stand vor allem der Makellose, der gänzlich schuldlos Leidende, zur Debatte. Aristoteles hatte diesen Handlungstyp für abscheulich erklärt, und schon Robortello legte zutreffend dar, warum: Der Untergang eines vollkommenen Helden sei geeignet, Zweifel an der Gerechtigkeit des göttlichen Weltregiments zu wecken, ja eine Religion der Furcht zu erzeugen. Hiermit konnten sich die Theoretiker des 16. und 17. Jahrunderts desto weniger zufrieden geben, je entschiedener sie in christlichen Kategorien dachten: Die aristotelische Lehre sprach dem Triumph der Transzendenz, wie er sich im Märtyrerstück offenbarte, und dem Wirkungsaffekt aller Darstellung des Heiligen, der Bewunderung, das Todesurteil. So erlaubten sich z. B. Minturno, Castelvetro und zumal Corneille, in diesem Punkte entschieden von Aristoteles abzurücken: Nicht jedes Stück müsse das weltbeherrschende Prinzip der göttlichen Gerechtigkeit spiegeln, indem es den Handelnden je nach Verdienst Lohn oder Strafe zuerkenne – der Zuschauer wisse ja von der Providenz Gottes und von der letzten, alles ausgleichenden Instanz des Weltgerichts[5].

Die *Poeterey* von Opitz bietet eine flüssig geschriebene Zusammenstellung der wichtigsten Lehren, welche die italienischen Theoretiker in ganz Europa verbreitet hatten. Die Anordnung des Stoffes ist durch rhetorische Schemata, z. B. die Dreiteilung *inventio – dispositio – elocutio*, bestimmt. Der Autor bekennt sich zur horazischen Lehre vom doppelten Wirkungszweck der Dichtung; er unterscheidet die dramatischen Gattungen, wie es die Ständeklausel verlangte, nach dem sozialen Niveau der Personen, dem Gewicht der Handlung und dem Stil. Als Quelle hat wohl vornehmlich Scaliger gedient; Aristoteles, auf den sowohl in der Vorrede als auch im Anschluß an die – nach Scaliger gemodelte – Tragödiendefinition verwiesen wird (7 und 20), war dem Autor anscheinend nur durch seine neuzeitlichen Gewährsleute bekannt. Kein Wort über die Katharsis (wohl im Sinne Scaligers); überhaupt fehlt der ersten deutschen Poetik die Tiefendimension der das Zeitalter bewegenden großen Fragen: das *vanitas*-Motiv, das Problem des Märtyrers.

Über die *vanitas* alles Irdischen als Gegenstand der Tragödie hat sich Opitz alsbald in der Vorrede zu seiner Übersetzung der *Trojanerinnen* von Seneca geäußert: Die Tragödie sei – nach dem Epiktet – ein Spiegel derer, die sich dem Glück ausliefern; sie rufe zwar durch das menschliche Leid, das sie vor Augen führe, auch Erbarmen und Wehmut hervor; vor allem aber erzeuge sie durch Gewöhnung eine innere Festigkeit, die dazu befähige, daß man eigenes Ungemach weniger fürchte und leichter ertrage[6]. In ähnlichem Sinne, freilich ohne Anspielung auf die aristotelischen Wirkungsaffekte Eleos und Phobos, verlautet in einer anonymen Inhaltsangabe von Bidermanns *Belisarius*, daß das Stück die Unbeständigkeit alles Irdischen bezeuge; was dem Helden zustoße, könne jedermann widerfahren; die Flüchtigkeit der zeitlichen Glücksgüter verweise den Zuschauer „gleichsam mit dem Finger auff die ewige unzergängliche Glückseligkeit"[7].

Innerhalb dieses Horizonts stoischer Ataraxie und christlicher Jenseitshoffnung suchte man den Wirkungszweck der Tragödie zu bestimmen, wobei man – wie schon die italienischen Theoretiker des 16. Jahrhunderts – die aristotelische Katharsis teils gänzlich außer acht ließ, teils moralisierend umdeutete. Harsdörffer z. B. war geneigt, unter Absehung von jeglicher Katharsis eine direkte Wirkungsmechanik – die spontane Bejahung des guten und die ebenso spontane Ablehnung des bösen Helden – anzunehmen; der Endzweck der Tragödie bestehe darin, heißt es einmal bei ihm, daß sie dem Zuschauer „einen Abscheu vor den Lastern, hingegen aber eine Begierde zu der Tugend eindrukket"[8]. Die Mehrzahl der Meinungen gab sich freilich mit der Tragödie als bloßem Tugend- oder Laster-Exempel nicht zufrieden, und so pflegte man – wie unter den Italienern besonders Maggi – zu behaupten, die aristotelischen Affekte Phobos und Eleos seien eine Art Zwischeninstanz, die den Zuschauer von den in einem jeden Stück dargestellten Leidenschaften befreie. Auf diese Theorie scheint Gryphius zu verweisen, wenn er – in der Vorrede zum *Leo Armenius* – bemerkt, daß die Alten die Tragödie als ein bequemes Mittel gerühmt hätten, „menschliche Gemütter von allerhand unartigen und schädlichen Neigungen zu säubern"[9]. Deutlicher äußert sich Kindermann, der sich eine Definition des Jesuiten Pontanus zu eigen macht: die Tragödie diene dem Zweck, *ut animos misericordia et terrore ab iis perturbationibus liberet, a quibus eiusmodi facinora proficiscuntur* – „daß sie die Gemüter mit Hilfe von Mitleid und Schrecken von den Leidenschaften befreie, von denen derartige Taten (wie sie die Tragödie darstellt: Krieg, Mord, Blutschande usw.) ausgehen". Hierbei hebt Kindermann hervor, daß die Tragödie nicht nur belehre, sondern auch ergötze, d. h. er insistiert auf der tragischen Lust, die u. a. durch den Appell an das Mitleid bewirkt werde[10]. Schließlich Rotth, ein gründlicher Kenner der aristotelischen *Poetik*: er übernimmt einerseits den verallgemeinerten Katharsis-Begriff, wenn er es als Aufgabe der Dichtung – aller Dichtung! – hinstellt, „böse Affecten oder Gemüths-Regungen" zu reinigen; er bekennt sich andererseits zu der zuerst von Robortello vorgebrachten, die Absicht des Aristoteles genauer treffenden Erklärung, die Tragödie bezwecke durch Phobos und Eleos die Reinigung eben dieser Affekte – im Sinne einer Temperierung, einer Reduktion auf das gebührende Maß[11].

Mit der zweiten pièce de résistance der aristotelischen Tragödientheorie – der Lehre vom ‚mittleren Mann‘ – und den italienischen Versuchen, das Märtyrerdrama zu verwerfen oder zu rechtfertigen, wußte die deutsche Barockpoetik wenig anzufangen; man ging dem Problem aus dem Wege. Das Trauerspiel habe als ein gerechter Richter die Tugend zu belohnen und das Laster zu bestrafen, postulierte Harsdörffer, und noch entschiedener erklärte von Birken, daß jedes Stück die Theodizee veranschaulichen müsse: ein anderer Ausgang sei eine Gotteslästerung, die der göttlichen Regierung zuwiderlaufe[12]. Ein deutlicher Anklang an Robortello und gleichwohl kein Verbot der Märtyrerfigur: diese ist ja ihres überirdischen Lohnes gewiß. Die Praxis des Märtyrerdramas bezeugte die christliche Grundspannung der beiden Reiche; sie bezeugte zugleich, daß christliche Weltsicht und tragisches Leid unvereinbare Größen sind – sie wurde offenbar von so starken Kräften getragen, daß man sich in diesem Punkte von Aristoteles nicht einmal distanzieren zu müssen glaubte.

JOHANN CHRISTOPH GOTTSCHEDS (1700–1766) *Versuch einer Critischen Dichtkunst* (1729, 4. Auflage 1751) beansprucht ebensowenig Originalität wie die *Poeterey* von Opitz: der Verfasser räumt ein, daß er nur ,,alte Wahrheiten fortzupflanzen" suche; er gesteht, daß er alle seine kritischen Regeln von den größten Meistern und Kennern der Dichtkunst erlernt habe (IX und XXVI)[13]. Das großangelegte System der *Critischen Dichtkunst* beruht in der Tat auf der gesamten Tradition des europäischen Klassizismus: auf Aristoteles und Horaz als den beiden antiken Hauptpfeilern, auf Autoren der italienischen Spätrenaissance und vor allem auf französischen und englischen Kritikern des 17. und 18. Jahrhunderts.

Gottsched möchte sein Werk – wie schon der Titel andeutet – als ,kritische‘, d. h. als philosophisch fundierte, deduktiv verfahrende Poetik aufgefaßt wissen, die alle ihre Lehren aus Gründen abzuleiten vermöge: erst eine solche Poetik vermittle Einsicht in das wahre, unveränderliche Wesen der Poesie; erst sie befähige durch die Regeln, die sie für alle Gattungen aufstelle, den angehenden Dichter, untadelige Gedichte anzufertigen, und den Liebhaber, richtig über Dichtung zu urteilen (XIXf. 96)[14]. Diesem rationalistischen Anspruch wird die *Critische Dichtkunst* nur im Ansatz, bei den Kernlehren der Werkästhetik, gerecht; zumal im zweiten, den einzelnen Gattungen gewidmeten Teile überwuchert die Fülle des traditionellen Stoffes den Versuch, ein auf wenigen Prinzipien beruhendes, in sich geschlossenes System darzubieten. So ist in das Werk manches Detail aus eben der Epoche eingegangen, die es zu überwinden strebt.

Denn die *Critische Dichtkunst* wendet sich als Erzeugnis der frühen Aufklärung gegen den deutschen Barock; sie sucht ihn nach dem Muster der französischen Klassik durch ein Programm der Formstrenge und des Regelmaßes zu ersetzen. Ihr programmatischer Gehalt zeigt – wie alle Bestrebungen Gottscheds und seiner Anhänger – zwei Hauptstoßrichtungen: sie zielt auf eine Reform des Stils und auf eine Reform der dramatischen Gattungen. Der Stilkampf wird vor allem in den Stil-Kapiteln des ersten Teiles ausgetragen; er gilt dem Schwulst, der Dunkelheit, der Manier eines Marino oder Lohenstein. Der Theaterreform dienen mittelbar die aristotelisch-klassizistischen Kernlehren über die Fabel und die Wahrscheinlichkeit; ihr dienen unmittelbar die Darlegungen über die dramatischen Gattungen und die Oper. Gottsched hat ja gerade auf diesem Gebiete einschneidende Änderungen erstrebt und beim gesprochenen Drama auch durchgesetzt: er wollte die turbulente Barocktragödie, die Stegreifposse mitsamt ihrer dominierenden Rolle, dem Harlekin, und vor allem die Oper, ,,das ungereimteste Werk, das der menschliche Verstand jemals erfunden hat" (739), beseitigt wissen; er suchte statt dessen gereinigte, ebenmäßige, literarisch anspruchsvolle Stücke französischen Musters einzuführen.

Die *Critische Dichtkunst* sucht mit Hilfe der französischen Klassik die Epigonen des deutschen Barock zu verdrängen; folgerichtig bindet sie die Poesie wieder energisch an die aristotelisch-klassizistischen Prinzipien der Nachahmung und der Wahrscheinlichkeit. Diese Prinzipien führen freilich so wenig wie bei Aristoteles zu einem naturalistischen Programm; Gottsched glaubt, daß alle Dichtung zwei weiteren fundamentalen Erfordernissen genügen müsse, die ihrerseits eine erhebliche Modifikation des Nachahmungsprinzips erzwingen. Das erste Erfordernis kommt nur in Andeutungen zum Vorschein: Die Dichtung muß die ,,menschliche Neugierigkeit" befriedigen, sie muß das Interesse des Publikums erregen (170; vgl. 188 f.). Desto ausführlicher befaßt sich Gottsched mit den Konsequenzen dieses Erfordernisses: Die Kapitel von der Fabel, vom Wunderbaren und von der Wahrscheinlichkeit erörtern umständlich, innerhalb welcher Grenzen sich die poetische Fiktion von der Wirklichkeit entfernen dürfe. Die Umständlichkeit ist durch den unauflöslichen Konflikt zwischen dichterischer Phantasie und den Vernunftpostulaten des Zeitalters bedingt; Gottsched sieht sich zu einem ermüdenden Hin und Her zwischen Zugeständnissen und Einschränkungen genötigt. Die Zugeständnisse gelten einmal bestimmten, durch die Tradition fest etablierten Gegenstandsbereichen: der Tierfabel (150 ff.), zu deren Legitimation Gottsched die Leibniz-Wolffsche Theorie möglicher Welten bemüht (es sei vorstellbar, daß außerhalb der jetzigen zeitlich-räumlichen Ordnung auch Pflanzen und Tiere reden könnten), sowie den griechischen Mythen (172 ff.) und den außerordentlichen Chrakteren (188 ff.); sie machen sich zum anderen (im engen Anschluß an Aristoteles: Kap. 24, 1460 a 26 f., und 25, 1461 b 11 f.) die Erfahrung zunutze, daß manches objektiv Unmögliche gleichwohl subjektiv glaubwürdig sei – in der Dichtung komme es zuallererst auf die subjektive Glaubwürdigkeit an (200 f.).

Das zweite Erfordernis, welches das Nachahmungsprinzip modifiziert, der moralische Zweck aller Dichtung, ist dem ersten übergeordnet: Die Zugeständnisse in der Auslegung des Wahrscheinlichen dienen gleichsam als Köder, als Mittel, die Aufmerksamkeit des Publikums zu fesseln; das eigentliche Ziel wahrer Poesie besteht nach Gottsched einzig in der Veranschaulichung eines moralischen Satzes, einer ,,Sittenlehre" (156). Dieser rigorose Moralismus kommt am handgreiflichsten in den – auf Le Bossu zurückgehenden[15] – Anweisungen zum Ausdruck, die Gottsched für den poetischen Produktionsvorgang bereithält: Ausgangspunkt eines jeden Gedichtes müsse eine moralische Wahrheit sein, die dem Ganzen zugrunde liegen solle; dann gelte es, hierzu eine allgemeine Begebenheit zu ersinnen, in der eine Handlung vorkomme; hierauf wiederum habe man zu wählen, in welche Gattung man den durch eine Handlung veranschaulichten moralischen Satz einkleiden wolle – man könne sich für eine äsopische, komische, tragische oder epische Fabel entscheiden (160 ff.). Gottscheds Moralismus zeigt sich kaum minder deutlich in den hausbackenen Lehren, die die Quintessenz großer Dichtwerke ausmachen sollen: Die *Odyssee* demonstriere, daß die Abwesenheit eines Herrn aus seinem Hause oder Reiche überaus schädlich sei; der sophokleische *Ödipus* schärfe ein, daß man sich vor jeglichem Totschlag hüten muß (159 f. und 606 f.).

Die *Critische Dichtkunst* überschreitet somit die scheinbar naturalistischen Ausgangspositionen der Nachahmung und der Wahrscheinlichkeit in zweifacher Hinsicht, wobei beide Gesichtspunkte durch wirkungsästhetische Rücksichten bedingt sind: Sie konzediert dem poetischen Werk – als Mittel zum Zweck: das Publikum soll gefangen werden – erhebliche Abweichungen von der Realität; sie fordert von ihm – als Endzweck: das Publikum soll gebessert werden – den Kristallisationspunkt einer eindeutigen moralischen Maxime. Diese Kombination von

Leibniz-Wolff (mögliche Welten als rationalistische Prämisse der Zulassung von Nicht-Wirklichem) und Le Bossu (die Fabel als Einkleidung einer Sittenlehre) ist bereits bei Aristoteles vorgebildet – allerdings in abweichender Akzentuierung. Gottscheds Konzessionen an die dichterische Phantasie kommen der aristotelischen Theorie ziemlich nahe. Auch Aristoteles hätte von seinen Voraussetzungen – der Mimesis, dem Wahrscheinlichen – aus ein striktes Verbot wirklichkeitsüberschreitender Fiktionen aussprechen müssen; auch er sieht sich um der Wirkung willen genötigt, für eine beschränkte Zulassung des Irrealen zu plädieren (Kap. 9, 1452 a 1 ff., und 24, 1460 a 11 ff.); auch er läßt hierbei größte Vorsicht walten und lehnt insbesondere – in genauer Analogie zu Gottscheds Ausschluß des *merveilleux chrétien* – eine offensichtliche Durchbrechung der Naturgesetze ab. Gottscheds Moralismus hingegen geht über die Lehren der aristotelischen *Poetik* erheblich hinaus. Die Tragödientheorie des Aristoteles hält strenge Auslese unter den möglichen Handlungstypen (Kap. 13): Nur ein bestimmtes Verhältnis von Held und Handlungsverlauf, das dem sittlichen Empfinden nicht hohnspreche, sei geeignet, die kathartischen Affekte zu erzeugen. Sie läßt somit moralische Gesichtspunkte nur mittelbar, als Voraussetzung der Katharsis, gelten; ihr Idealtyp, der Sturz des ‚mittleren‘ – d. h. tüchtigen, aber eingeschränkten und fehlbaren – Mannes, hat die Aufgabe, eine allgemeine *condicio humana* einzuschärfen, und soll nicht, wie bei Gottsched, bestimmte sittliche Maximen veranschaulichen, auf daß der Zuschauer sie für seine Lebenspraxis nutzbar mache.

Gottscheds Moralismus setzt eine Tendenz fort, die schon während der Spätrenaissance und des Barock vorgeherrscht hatte, ja er verschärft sie, indem er durch die Lehre vom poetischen Produktionsvorgang – durch die Theorie von den Phasen moralische Wahrheit / allgemeine Begebenheit / Wahl der Gattung – die Gattungen zu einer abgeleiteten Gegebenheit, gleichsam zu einem Phänomen der Oberfläche erklärt. Während der christliche Horizont, die *vanitas*- und *fortuna*-Problematik und der Glanz der Jenseitsverheißung, allmählich verblaßt, erhebt sich die Moral zur absoluten Größe – eine durchaus bürgerliche Moral (wie zumal ein Tugendkatalog der *Critischen Dichtkunst* zeigt, 114), die gleichwohl für alle Stände und somit für die gesamte Menschheit verbindlich sein soll. Der zugespitzte Moralismus des Aufklärers Gottsched bewirkt somit ein Zweifaches: Er wertet die ‚weltliche‘, nicht mehr auf die christliche Religion verweisende Dichtung auf, indem er mit dem Moralsystem der christlichen Tradition zu konkurrieren sucht (eine charakteristische Äußerung vergleicht die Wirkung der Poesie mit der der Predigt; *Die Schauspiele* usw., 18); er löst diese Dichtung aus der Sphäre der Fürstenhöfe, indem er sie durch einen bürgerlichen und zugleich allgemeinverbindlichen Sittenkodex legitimiert.

Mit der aristotelischen Katharsis weiß Gottsched begreiflicherweise nicht viel anzufangen. Seine spärlichen, wenig präzisen Äußerungen sind im wesentlichen der durch Maggi begründeten Tradition verpflichtet: Er scheint sich die Wirkungsaffekte „Schrecken“ und „Mitleiden“ als eine Art Zwischeninstanz vorzustellen, die den Zuschauer von den jeweils auf der Bühne vorgeführten Leidenschaften reinigen soll (*Critische Dichtkunst*, 91 und 164). Anderes klingt nach unmittelbarer Bejahung des guten und unmittelbarer Ablehnung des bösen Helden, also nach einer Wirkungsmechanik, die sich von der eines beliebigen Exempels (einer Tierfabel, einer historischen Begebenheit) nicht unterscheidet (*Die Schauspiele*, 17; vgl. *Critische Dichtkunst*, 91). Schließlich hallt auch der stoische Ataraxie-Gedanke, nunmehr freilich seines metaphysischen Trostes, der Hoffnung auf Kompensation im Jenseits beraubt, deutlich nach: Die Tragödie, schreibt Gottsched, sei eine Schule der Geduld und Weisheit, eine Vorbereitung zu Trübsalen (*Die Schauspiele*, 15; vgl. *Critische Dichtkunst*, 606). Neues kündigt sich immerhin gegenüber einem mit der Katharsislehre eng verbundenen Erbstück, gegenüber der Ständeklausel an: Gottsched macht sich wiederholt über das Verhältnis des tragischen Personals, der „Großen", der „vornehmen Leute", zum bürgerlichen Zuschauer Gedanken. Die Fallhöhe, stellt er fest, diene der Steigerung der tragischen Wucht (*Critische Dichtkunst*, 164); im übrigen aber seien „die meisten Begebenheiten und Zufälle dieses Lebens allen Menschen gemein" (*Die Schauspiele*, 18) und vor allem vermöge sich das Publikum wegen seiner moralischen Beschaffenheit mit einem ‚mittleren' Helden wie Ödipus zu identifizieren: „weil nämlich die meisten Menschen von eben der Art sind, als er; das ist, weder recht gut, noch recht böse" (*Critische Dichtkunst*, 608). Bei anderen Gelegenheiten führt Gottsched gerade die ständische Distanz für den moralischen Nutzen der Tragödie ins Feld: das größere Elend, das Könige erdulden müssen, lasse die eigenen eingeschränkten Verhältnisse in einem günstigeren Licht erscheinen[16].

Zum Verhältnis von Held und Handlungsverlauf bemerkt Gottsched einmal, daß man die Unschuld zuweilen als unglücklich, die Bosheit hingegen als glücklich erblicke, daß gleichwohl jeder Zuschauer – da beides in der ihm eigentümlichen Schönheit und Häßlichkeit erscheine – lieber bei der Tugend unglücklich, als beim Laster glücklich zu sein wünsche (*Die Schauspiele*, 19). Also ein Bekenntnis zur unaristotelischen Auffassung eines Minturno oder Corneille, wobei freilich der metaphysische Trost der christlichen Religion durch ein platonisierend–idealistisches Argument ersetzt ist. In der *Critischen Dichtkunst* hat sich Gottsched die ihm, dem Aufklärer, gemäßere Position des Aristoteles zu eigen gemacht. Nicht nur, daß er dort ohne Einschränkung die Lehre vom ‚mittleren Mann' übernimmt: Er geht auch auf den berühmten Satz des neunten Kapitels ein, wonach die Dichtung etwas Philosophischeres sei als die Geschichtsschreibung; er stellt hierzu – durchaus im Sinne des Aristoteles – fest, daß die Historie, da sie lauter besondere Begebenheiten erzähle, im Gegensatz zur Poesie zu wenig zu erbauen vermöge (*Critische Dichtkunst*, 167). Mit anderen Worten: die Geschichtsschreibung vermittelt ein Chaos; das poetische Werk aber muß Geschehnisse vermitteln, die durch moralphilosophische Ideen gefiltert sind, d. h. es muß den Theodizee-Gedanken innerhalb des eigenen künstlerischen Mikrokosmos modellhaft zu veranschaulichen suchen.

GOTTHOLD EPHRAIM LESSINGS *Hamburgische Dramaturgie* (1769) ist nicht mehr Synthese eines breiten Überlieferungsstromes, nicht mehr Summe des Ertrages, den die dichtungstheoretischen Bemühungen des europäischen Klassizismus erbracht hatten. Sie beschränkt sich auf die wichtigste antike Quelle, auf die aristotelische *Poetik*; sie sucht im Bunde mit dieser Poetik die Struktur und Funktion der Tragödie zu erhellen. In einem wesentlichen Punkte freilich stimmt Lessing – trotz des Verzichts auf die Rhetorik, auf Horaz und auf ein systematisches Lehrgebäude – mit der Tradition des Klassizismus überein: Auch seine Theorie hat ein entschieden objektivistisches Gepräge, d. h. auch sie geht, wie die Italiener und Franzosen des 16. und 17. Jahrhunderts, von der Überzeugung aus, daß die Kunst auf zeitlosen, allgemeinverbindlichen Gesetzen beruhe und daß ein Kunstwerk desto vollkommener sei, je strenger es diese Gesetze befolge. Lessing knüpft also, in dieser Hinsicht konservativ, an den überkommenen Aristotelismus an; er unterscheidet sich darin von seinen Vorgängern, daß er glaubt, erst er habe die aristotelische *Poetik* richtig verstanden, er allein besitze den wahren Aristoteles. Die *Hamburgische Dramaturgie* bezeugt somit einen Aristotelismus, der alles Bisherige an Radikalität übertrifft: Die aristotelische Theorie gilt dort als unbedingte, keinem Zweifel zugängliche Größe, als verbindliches Resümee über die Form und den Zweck der ebenso verbindlichen griechischen Tragödie[17].

Lessing verbündete sich mit Aristoteles, um die von Gottsched geförderte Hegemonie des französischen Theaters zu brechen; er kämpfte gegen die französische Tragödie, die sich für die kongeniale Nachfolgerin der griechischen Tragödie hielt, und gegen deren auf Aristoteles pochende Theorie und spielte gegen diese Mächte die – wie er meinte – ‚echte' griechische Tragödie und den ‚echten' Aristoteles aus. Hierbei war er trotz seiner objektivistischen Einstellung nicht bestrebt, die Regelstrenge der ihm vorausgehenden Tradition zu überbieten. Im Gegenteil: je unbedingter er an die Autorität des Aristoteles glaubte, desto weniger war es ihm um die Befolgung starrer Normen zu tun. Die *Hamburgische Dramaturgie* entfernte sich in dieser Hinsicht vom traditionellen Aristotelismus und ging ein Stück weit des Weges, den wenige Jahre später die Genies einschlugen – wenn sie auch von ferne nicht die Kammhöhe erreichte, die das Zeitalter der Regelpoetik vom Geniekult trennt. Lessings Einschätzung der Regeln läßt sich besonders deutlich an den zahlreichen kritischen Bemerkungen über französische Stücke ablesen. Die *Hamburgische Dramaturgie* operiert hierbei oft mit der Antithese Innen – Außen, Schale – Kern, Hülle – Wesen, Buchstabe – Geist: die Franzosen hatten sich mit ihrem Regelkram – z. B. bei den drei Einheiten oder dem Problem der Gattungsreinheit – stets nur an die wesenlose Außenseite gehalten; Lessing hingegen möchte allein das Wesen der Gesetze beachtet wissen, und das bedeutet für ihn: ihre Funktion im Hinblick auf die Wirkung des Ganzen.

Auch Lessings Dramentheorie beruht auf den aristotelisch-klassizistischen Prinzipien der Naturnachahmung und der Wahrscheinlichkeit, und auch bei ihr führen diese Prinzipien nicht zu einem naturalistischen Konzept. Mit dem Konflikt von Vernunft und poetischer Fiktion hielt sich Lessing gar nicht erst auf, und so fehlt bei ihm jegliches Analogon zu den umständlichen Darlegungen, die Gottsched benötigt hatte, um die Tierfabel, die griechischen Mythen und die außerordentlichen Charaktere zu retten. Er ging lediglich noch einmal mit dem *merveilleux chrétien*, wie es sich im Märtyrerstück bekundete, ins Gericht: Dergleichen, bemerkte er hierzu, durchbreche die natürliche Kausalität; außerdem (womit er, über Gottsched hinausgehend, aufs Grundsätzliche zielte) sei der Charakter des wahren Christen ganz untheatralisch – seine stille Gelassenheit und unveränderliche Sanftmut vertrage sich nicht mit dem Geschäft der Tragödie, das Leidenschaften durch Leidenschaften zu reinigen suche (1.–2. Stück, 237 ff.).

Desto intensiver befaßt sich Lessing mit den Abweichungen von der Realität, auf die das dichterische Werk um seiner Überzeugungskraft, zumal um seines moralischen Wirkungszwecks willen bedacht sein müsse. Die Kritik am spanischen *Essex* gibt für ein herkömmliches Prinzip, für das Prinzip der Auswahl und Konzentration, eine neue, gleichsam physiologische Begründung: Wie jedermann in allen Augenblicken seines Lebens selektiv verfahre, um nicht der Vielfalt der auf ihn einwirkenden Reize zu erliegen, so müsse sich auch das Kunstwerk gegenüber der unendlichen Mannigfaltigkeit der Realität verhalten; es müsse die Aufmerksamkeit des Rezipierenden auf einen bestimmten Gegenstand fixieren und diesen Gegenstand so lauter und bündig darbieten, wie es die Empfindung, die er erregen solle, verlange (70. Stück, 557 f.). Der Wirkungszweck als Filter zwischen Realität und Kunstwerk: mit dieser Maxime weist Lessing nicht nur die Mannigfaltigkeit der Ereignisse, den bunten Wechsel zwischen Traurigem und Lustigem, sondern auch den widersprüchlichen Charakter ab – ihm fehle „die Absicht uns zu unterrichten, was wir zu tun oder zu lassen haben; die Absicht uns mit den eigentlichen Merkmalen des Guten und Bösen . . . bekannt zu machen" (34. Stück, 389 f.).

Ein Analogon zu Gottscheds Lehre von der moralischen Wahrheit, die durch eine Handlung veranschaulicht werden müsse, könnte man in Lessings eigenwilligen Reflexionen über das Verhältnis von Geschichte und dramatischer Fabel erblicken. Nach Aristoteles (Kap. 9, 1451 b 15 ff.) – so Lessing (19. Stück, 317) – wähle ein tragischer Dichter eine geschichtliche Begebenheit nicht, weil sie geschehen, sondern weil sie möglich sei, und eine Historie empfange ihre

Glaubwürdigkeit zuallererst durch ihre innere Wahrscheinlichkeit: Dieses Kriterium, das bei Aristoteles auf die äußere Verkettung der Ereignisse, vor allem auf den paradoxen Umschwung, zielt, soll bei Lessing die These stützen, daß sich ein Stück in allem von der historischen Wahrheit entfernen dürfe, nur nicht in den Charakteren (23. Stück, 338 f.). Denn das Lehrreiche eines historischen Dramas, meint Lessing, bestehe nicht in den bloßen Fakten, sondern in der Erkenntnis, ,,daß diese Charaktere unter diesen Umständen solche Facta hervor zu bringen pflegen und hervor bringen müssen" (34. Stück, 384). Das verinnerlichte Wahrscheinlichkeitsprinzip Lessings erklärt somit die überlieferten Ereignisse für gleichgültig; die Geschichte dient nur noch als Repertorium glaubwürdiger Charaktere. Diese Charaktere aber müssen unbedingt respektiert werden: Sie sind das Material, an dem sich typische Verhaltensweisen der menschlichen Psyche demonstrieren lassen, und eben hierin besteht nach Lessing eine der vornehmsten Aufgaben des Dramatikers.

Das Typische: Lessing orientiert sich an festumrissenen Vorstellungen von psychischen Abläufen, weil er überzeugt ist, daß sich der Zuschauer nur unter der Voraussetzung eines derartigen tertium comparationis mit dem durch seine Leidenschaften in den Untergang getriebenen Helden zu identifizieren vermöge. Er steht freilich hierbei nicht an, nach einem zeit- und standesgebundenen Maßstab zu bestimmen, was typisch, was natürlich sei. ,,Ich habe es lange schon geglaubt", schreibt er in seiner Kritik an einer schwülstigen englischen Barocktragödie, ,,daß der Hof der Ort eben nicht ist, wo ein Dichter die Natur studieren kann . . . Die wahren Königinnen mögen so gesucht und affektiert sprechen, als sie wollen: seine Königinnen müssen natürlich sprechen" (59. Stück, 505). Lessings Auffassung vom üblichen menschlichen Verhalten zeigt hier deutlich einen normativen Einschlag: Die bürgerliche Redeweise, der bürgerliche Lebensstil wird absolut gesetzt, und der Dichter erhält Vollmacht, nach Maßgabe dieses Modells von der Wirklichkeit abzuweichen.

Lessings Lehre vom Wirkungszweck der Tragödie, der durch den Briefwechsel mit Nicolai und Mendelssohn vorbereitete Höhepunkt der *Hamburgischen Dramaturgie*, scheint sich vor der gesamten vorausgehenden Tradition zuallererst dadurch auszuzeichnen, daß sie die aristotelischen Kategorien – Ethos, Phobos, Katharsis – überhaupt ernst nimmt: Sie weicht ihnen nicht aus, sie zergliedert und verkleinert sie nicht; sie ist – in dem Bestreben, nichts auf die eigene und alles auf die Autorität des Aristoteles zu gründen – eher geneigt, aus den einschlägigen Hinweisen der *Poetik* mehr herauszuholen, als deren dürftiger Wortlaut gestattet. Sie setzt neben der moralistischen noch eine andere Deutungstradition der Tragödie voraus, die emotionalistische, der es weniger auf das lebenspraktische Verhalten des Zuschauers außerhalb des Theaters, der es vielmehr vor allem auf seine Reaktionen im Theater, auf die tragische Lust, die Rührung ankam[18]. Die Wirkungstheorie Lessings ist somit eine Synthese von beidem, oder richtiger (da auch sie an dem Primat der moralischen Wirkungen festhält), sie hat es verstanden, die Perspektive des Emotionalismus in den seit der Renaissance vorherrschenden Moralismus einzubeziehen. Eben hierin zeigt sich (bei allen Unterschieden in Nuancen) ihre Verwandtschaft mit der aristotelischen Doktrin, so daß sie grundsätzlich mit Recht im Gewande einer verbindlichen Interpretation der *Poetik* auftritt: Schon Aristoteles hatte eine emotionalistische Lehre – die von Gorgias positiv, von Platon hingegen negativ bewertete Erfahrung, daß die Tragödie zuallererst heftige Affekte der Rührung hervorrufe – vorgefunden[19] und in eine wenn nicht moralistische, so doch moralische Gesichtspunkte berücksichtigende Deutung zu integrieren versucht.

Der Begründer, jedenfalls der erfolgreichste Repräsentant der neuzeitlichen Gefühlsästhetik war Dubos; seine *Réflexions critiques sur la poésie et sur la peinture* (1719) suchten die Kunst nahezu uneingeschränkt von den schmerzlichen und zugleich lustvollen Empfindungen her zu deuten, die das Werk auf den Rezipienten ausübe – wobei sie freilich, dem Druck der Tradition nachgebend, gerade für die Tragödie moralische Wirkungen postulierten[20]. In Deutschland vermochte sich Dubos in dem Maße Gehör zu verschaffen, als Gottscheds steifer Moralismus an Terrain verlor – etwa seit der Jahrhundertmitte. Unter denjenigen, die seine Lehren auf die Tragödie anwandten, verdient (neben J. E. Schlegel, der freilich noch meinte, daß der Hauptzweck des Dramas, das Vergnügen, mehr für den Verstand bestimmt sei als für die Sinne[21]) vor allem Nicolai genannt zu werden: Die entschieden emotionalistische Position, die seine *Abhandlung vom Trauerspiele* (1757) einnimmt, war der unmittelbare Anlaß für die Wirkungstheorie Lessings. Er setze den Zweck des Trauerspiels, schreibt Nicolai an Lessing, die *Abhandlung* resümierend, in die Erregung der Leidenschaften; das beste Trauerspiel sei das, welches die Leidenschaften am heftigsten errege, nicht das, welches geschickt sei, die Leidenschaften zu reinigen (Nicolai an Lessing, 31. August 1756, 47). Moralische Gesichtspunkte hingegen läßt Nicolai nur noch in zweifacher Hinsicht gelten: einmal als Vorbedingung der affektischen Wirkung (diese Wirkung, die Rührung, könne nicht eintreten, wenn die Handlung dem sittlichen Empfinden des Zuschauers hohnspreche), zum anderen als akzidentielles Modell für die Lebenspraxis (unter günstigen Umständen könne auch eine Tragödie einmal einen tugendhaften Entschluß herbeiführen helfen[22]). Seine Abhandlung läuft somit im wesentlichen auf eine Verkehrung der bisher vorherrschenden Rangfolge der Wirkungszwecke hinaus: die Affekte sind nicht um der Sittlichkeit willen, die Sittlichkeit ist vielmehr um der Affekte willen erforderlich.

Lessings Suche nach einem Ausweg aus dem Dilemma Vergnügen – Besserung stieß auf die kommentierte *Poetik*-Übersetzung von Curtius (1753); dort begegnete sie – neben vielen anderen Argumenten, die der eklektizistisch verfahrende Autor zusammengetragen hatte – einer Deutung des Tragödienzwecks, die geeignet war, den von der emotionalistischen Lehre beschädigten Moralismus zu rehabilitieren. „Durch die Erregung der Leidenschaften", schreibt Curtius, „werden die Triebe der Menschlichkeit gepflanzet, erwecket, und unterhalten. Wenn das Unglück eines Fremden auf der Bühne uns lebhaft rühret, so wird das Mitleiden und Erbarmen zu einer Fertigkeit der Seelen, und der Menschenfreund in den Logen und dem Parterre . . . wird auch in den Handlungen seines Lebens sich als Menschenfreund erweisen."[23] Erregung der Leidenschaften, Triebe der Menschlichkeit: die kathartischen Affekte wirken nicht mittelbar, als eine Zwischeninstanz und auf dem Umweg über die Vernunft, sondern unmittelbar auf die sittliche Verfassung des Zuschauers ein; Fertigkeit der Seelen, Menschenfreund: diese Einwirkung zielt nicht auf Ataraxie und sonstige Selbstvervollkommnung, sondern auf tätige soziale Tugenden. Durch beide Momente unterscheidet sich Curtius von der Tradition, und durch beide wurden seine Darlegungen konstitutiv für Lessing.

In den Briefen an Nicolai und Mendelssohn äußert sich Lessing am deutlichsten über die Fundamente seiner Wirkungstheorie. „Beyder Nutzen", heißt es einmal, „des Trauerspiels sowohl als des Lustspiels, ist von dem Vergnügen unzertrennlich" (Lessing an Nicolai, im November 1756, 55) – der doppelte Wirkungszweck macht also eine Totalität aus. „Das Mitleiden . . . bessert unmittelbar", schreibt Lessing ein andermal, „bessert, ohne daß wir selbst etwas dazu beytragen dürfen; bessert den Mann von Verstande sowohl als den Dummkopf" (Lessing an Mendelssohn, 28. November 1756, 66) – die moralische Wirkung, ein spontan eintretendes Ereignis, bedarf keines Umwegs über den erkennenden Intellekt. Und schließlich: „Die Bestimmung der Tragödie ist diese: sie soll unsre Fähigkeit, Mitleid zu fühlen, erweitern . . . Der mitleidigste Mensch ist der beste Mensch, zu allen gesellschaftlichen Tugenden, zu allen Arten der Großmuth der aufgelegteste" – hier hebt Lessing das aktive Moment, den Sozialbezug der von ihm postulierten Wirkung hervor (Lessing an Nicolai, im November 1756, 55).

Der wirkungstheoretische Abschnitt der *Hamburgischen Dramaturgie* (73.–83. Stück) setzt diese Fundamente bereits voraus; sie sind meist implizit in den scharfsinnigen, stets auf Aristoteles Bezug nehmenden Darlegungen enthalten, die sich vordergründig mit der Bestimmung der tragischen Wirkungsaffekte und der Katharsis befassen. Ein erster Argumentationszusammenhang (74.–76. Stück) beruft sich auf den ‚mittleren Mann‘, auf den von der aristotelischen *Poetik* geforderten Ausschluß extremer Helden (des Scheusals, des Makellosen); er sucht, auf dieser Basis den Sinn der aristotelischen Formel Eleos und Phobos – ‚‚Mitleid und Furcht‘‘, nicht ‚‚Mitleid und Schrecken‘‘, wie man bis dahin meist übersetzt hatte – festzulegen. Alle die umständlichen Distinktionen und Definitionen, die Lessing hier in der Absicht, Aristoteles auszulegen, vornimmt, dienen zugleich dem Zweck, aus dem weiten Wirkungsbereich der Barocktragödie den Bezirk auszugrenzen, auf den sich das bürgerliche Trauerspiel beschränkt:

Barocktragödie

Erstaunen Entsetzen Schaudern	Mitlei-dige Regungen	Mitleid		Furcht	Bewun-derung
		mitleidiger Schrecken	affektisches Mitleid		

Bürgerliches Trauerspiel

Eine zweite Partie (77.–78. Stück) sucht zu begründen, weshalb die Tragödie gerade Mitleid und Furcht und nichts anderes hervorrufen soll; sie gilt dem Zweck dieser Wirkungen, der Katharsis. Lessing widerlegt die von Corneille und vielen anderen verfochtene These, die Tragödie solle nach Aristoteles durch Mitleid und Furcht die jeweils auf der Bühne dargestellten Leidenschaften wie Neugier, Ehrgeiz, Liebe, Zorn usw. reinigen; er hebt mit Recht hervor, daß sich die Katharsis-Formel der aristotelischen Tragödiendefinition nur auf Eleos und Phobos sowie auf ähnliche Affekte beziehen könne. Die Katharsis, meint Lessing, sei nicht nur von den tragischen Affekten verursacht, sondern habe sie auch zum Gegenstand; sie verwandle sie ‚‚in tugendhafte Fertigkeiten‘‘, d. h. sie stelle die Mitte zwischen zwei möglichen Extremen her: zwischen einem Zuviel und einem Zuwenig an Mitleid oder Furcht. Mit diesen auf die Tugendlehre der *Nikomachischen Ethik* rekurrierenden Darlegungen vermag Lessing implizit die pedantische Lehre Gottscheds zurückzuweisen, wonach es beim Kunstwerk auf die Veranschaulichung je einzelner sittlicher Maximen ankomme[24]; die Tragödie erhält vielmehr die Aufgabe, eine allgemeine Gestimmtheit, die affektisch erlebte Einsicht in die *condicio humana,* und eine entsprechende Disposition zu tätiger Hilfe zu erzeugen.

Es ist heikel zu fixieren, wie sich Lessings Wirkungstheorie zu dem Original verhält, das sie auszulegen behauptet[25]. Lessing erklärt sich jedenfalls in einigen Punkten bestimmter als Aristoteles; wenn er sich nirgends eindeutig in Widerspruch zum Text der *Poetik* setzt, so hat er doch manches in ihn hineingedeutet, was dieser, streng genommen, nicht hergibt; er hat gewissermaßen eine Umrißzeichnung passend zu kolorieren versucht. Er hat offensichtlich die Grundintention des Aristoteles richtig erfaßt: der Handlung muß um der Wirkung willen eine bestimmte Struktur eignen, und hierbei dient eine spezifische Beschaffenheit des Helden – der ‚mittlere Mann‘ – als das Medium, durch das der mit ihm sich identifizierende Zuschauer am Geschehen teilnimmt. Diese gemeinsame Grundlage hat freilich nicht verhindert, daß die Lehren Lessings hier und da eine veränderte Akzentuierung zeigen: wenn der tragische Charakter an die Stelle des tragischen Handlungsgefüges tritt; wenn Eleos und Phobos, die von Hause aus physi-

sche Reaktionen (etwa: ,,Jammer und Schaudern") waren, zu moralisch relevanten Verhaltensweisen vereindeutigt werden. Vor allem scheint Lessing hinsichtlich der moralischen Wirkung –
im Sinne eines Einflusses auf die Lebenspraxis – von Aristoteles abzuweichen: Wenn sich die
Katharsis der *Poetik,* wie wahrscheinlich, nicht darauf beschränkt hat, dem Zuschauer dadurch,
daß er seinen Affekten freien Lauf ließ, Erleichterung zu verschaffen, wenn sie darüber hinaus
auch so etwas wie sittliche Läuterung bewirken sollte, dann bleibt immer noch offen, ob hiermit
mehr gemeint war als eine kontemplative Distanz zum Menschenlos, ja es bleibt recht fragwürdig, ob Aristoteles hiermit auf ,,tugendhafte Fertigkeiten" hat zielen wollen.

Gottsched hatte noch zugelassen, daß die Unschuld zuweilen im Unglück, die Bosheit
im Glück ende; das 79. Stück der *Hamburgischen Dramaturgie* schließt diese Möglichkeit aus
und reduziert hiermit den Horizont der Tragödie rigoros auf ein aufklärerisches Maß. Es heißt
dort: ,,Das Ganze dieses sterblichen Schöpfers" (des Dichters) ,,sollte ein Schattenriß von dem
Ganzen des ewigen Schöpfers sein; sollte uns an den Gedanken gewöhnen, wie sich in ihm alles
zum besten auflöse, werde es auch in jenem geschehen." Gottsched hatte noch die christlich-
stoische Haltung der Barockdramatiker gebilligt; er konnte sich noch mit der einfachen Darstellung der Tugend und des Lasters begnügen und voraussetzen, daß der Zuschauer das makro-
kosmische Prinzip der Gerechtigkeit von sich aus einbringe, wenn es im Mikrokosmos des
Stückes nicht enthalten war. Lessing hingegen glaubt, daß der Dichter dem Rezipierenden eine
derartige Zugabe nicht ansinnen dürfe; er fordert mit Entschiedenheit, der Mikrokosmos eines
jeden Stückes solle in genauer Analogie das Theodizee-Prinzip des Makrokosmos spiegeln.
Diese Forderung bezeugt, daß sich die Tragödie nunmehr, da die christliche Eschatologie im
Schwinden begriffen ist, auf eine neue Verpflichtung einzulassen hat: Sie war zuvor auf die Religion bezogen, so daß sie von dorther ihren Sinn empfangen konnte; sie ist jetzt gänzlich auf sich
gestellt und muß ihren Sinn erkennbar in sich selbst tragen. Hiermit erklärt sich in letzter Instanz, weshalb Lessings Tragödientheorie der aristotelischen Auffassung so nahekommt. Aristoteles hatte den Untergang des Makellosen und den Erfolg des Scheusals offensichtlich deshalb
verworfen, weil sein aufgeklärter, religiöser Substanz entfremdeter Geist diese absurden Handlungstypen nicht ertrug, weil er – wie am Ende der christlichen Ära wieder Lessing – sich oder
dem Publikum seiner Zeit nicht die Kraft zutraute, von sich aus das Fragmentarische auf ein
Ganzes zu beziehen.

Der Schluß der *Hamburgischen Dramaturgie* zeigt bereits das Wetterleuchten einer
neuen Zeit an: ,,Genie! Genie! schreien sie. Das Genie setzt sich über alle Regeln hinweg! Was
das Genie macht, ist Regel! So schmeicheln sie dem Genie: ich glaube, damit wir sie auch für
Genies halten sollen. Doch sie verraten zu sehr, daß sie nicht einen Funken davon in sich spüren,
wenn sie in einem und eben demselben Atem hinzusetzen: die Regeln unterdrücken das Genie! –
Als ob sich das Genie durch etwas in der Welt unterdrücken ließe!" (96. Stück, 673; vgl.
101.–104. Stück, 700 f.). Auf den Höhepunkt der deutschen Aristoteles-Rezeption folgt unmit-
telbar der schroffe Abbruch: Die Geniebewegung, der ,Sturm und Drang', versah die gesamte
Tradition des dichtungstheoretischen Normativismus mit einem negativen Vorzeichen, und deren Fundament, die *Poetik* des Aristoteles, wurde zur Trophäe einer überwundenen Epoche[26].
Zu den einseitigen Kündern der neuen subjektivistischen Haltung zählte Reinhold Lenz, dessen
Anmerkungen übers Theater (1774) – um des damals wiederentdeckten und alsbald vergötterten
Shakespeare willen – nicht nur Aristoteles und den europäischen Klassizismus, sondern auch die
griechische Tragödie verwarfen. Zu den in die Zukunft weisenden Kündern dieser Haltung
zählte zuallererst Herder; sein Aufsatz über Shakespeare (1773) ließ sowohl der griechischen
Tragödie (nebst ihrem Theoretiker Aristoteles) als auch dem Drama Shakespeares Gerechtigkeit

widerfahren, indem er die eine wie das andere zu Produkten derselben, aber nach den jeweiligen geschichtlichen Bedingungen verschieden sich ausprägenden Natur erklärte – hiermit wurden die ‚Regeln‘, denen man bislang den Rang universaler Kunstgesetze zugeschrieben hatte, auf relative, von den jeweiligen Orts- und Zeitverhältnissen abhängige Größen zurückgestutzt und in dieser eingeschränkten Geltungsweise zugleich anerkannt.

Lessing als Dramatiker
Wilfried Barner

Er ist der früheste unter den deutschsprachigen Dramatikern, mit dessen Werk uns eine sogenannte ,lebendige' Theatertradition verbindet, der einzige vor Goethe, Schiller und Kleist, dessen Stücke noch Abend für Abend auf unseren Bühnen gespielt werden. Gryphius, Lohenstein, Weise, Gottsched, Gellert, Johann Elias Schlegel: sie alle bleiben dem vereinzelten, hier und da auch einmal gelingenden Experiment vorbehalten. *Minna von Barnhelm, Emilia Galotti, Nathan der Weise* erleben – zusammengenommen – in jeder Spielzeit ungefähr zwei Dutzend Neuinszenierungen[1]. Die meisten öffentlichen Theater ,machen' etwa alle vier Jahre ,einen Lessing', in der zu füllenden Sparte ,Klassiker' wechselt er ab mit Shakespeare (oder auch einmal Sophokles oder Calderón), mit Goethe, Schiller, Kleist, Hebbel oder Grillparzer. Das Fernsehen in beiden deutschen Staaten steht nicht zurück, es hat alle drei Standardstücke Lessings schon mehrfach gesendet.

Im Literaturunterricht der Schulen[2] begegnet GOTTHOLD EPHRAIM LESSING (1729–1781) fast überall auf den Lektürelisten der Mittel- und Oberstufe, am frühesten *Minna von Barnhelm*; einige Zeit später folgt dann zumeist *Nathan der Weise,* gelegentlich tritt *Emilia Galotti* hinzu, auch Ausschnitte aus der *Hamburgischen Dramaturgie* werden bisweilen gelesen. Zwar bleiben die davor liegenden Werke, wie die sogenannten ,Jugendlustspiele', auch *Miß Sara Sampson* oder *Philotas,* eigentümlich im Schatten, meist nur den Fachwissenschaftler beschäftigend. Im übrigen, für die drei bekanntesten Stücke, bietet sich ein Bild von Stabilität und Kontinuität: Durch Institutionen gesichert, wobei Schule und Theater zusammenwirken, scheint Lessing als Klassiker unbestritten. Aversionen oder gar Verdammungen, wie sie etwa dem Olympier Goethe gerade im letzten Jahrzehnt wieder entgegentraten, haben sich gegenüber Lessing kaum geregt. Ist es Verehrung des Anfangs, der Frühe, oder auch Schonung des verdienstvollen Wegbereiters? Als Schlüsselgestalt am Eingang des bürgerlichen Zeitalters unserer Literatur und unseres Theaters hat er sich, auf Kosten Gottscheds, schon früh den Zeitgenossen wie den nachfolgenden Generationen eingeprägt. Ob Herder, Goethe, Heine oder selbst der gegenüber Lessing kritisch-agonal eingestellte Friedrich Schlegel, Einigkeit besteht in der rückblickenden Einschätzung, er sei ,,der eigentliche Autor der Nation und des Zeitalters"[3].

Im Jahr seines 250. Geburtstags wetteifert man – nicht zum erstenmal – in der Bundesrepublik wie in der DDR um den ,wahren' Lessing: um den Verkünder von Humanität und Toleranz, um den als verpflichtendes ,Erbe' bewahrten Vorkämpfer des Bürgertums gegen absolutistische Willkür. Aber Wärme der Identifikation will für viele nicht aufkommen; es fehlt das ,Interessante' der sich symbolisch inszenierenden Existenz, wie sie in Goethe verehrt wird. ,Betrifft' Lessing aber vielleicht im Theater? Jedenfalls nicht mit gezieltem Pathos Schillerscher Prägung, das über die Rampe dringt. Und die politisch-sozialen Verhältnisse, die einem Stück wie *Emilia Galotti* zugrunde liegen, scheinen seltsam ferngerückt, von der utopischen Welt *Nathans des Weisen* ganz zu schweigen. Der seit 1969 sich abzeichnende Typus der Klassiker-Inszenierung gegen den Strich, mit Peter Steins Bremer *Tasso* als frühem, spektakulärem Beispiel, hat auch in die Lessing-Pflege einige neue Akzente gebracht; den Alltag der Abonnementstheater hat er nur wenig verändert.

Fritz Kortners Wiener *Emilia Galotti* (1970), ungewohnt komödiennah gespielt und, gewissermaßen von Hebbels *Maria Magdalene* her, als Kritik an einer bereits erstarrenden bürgerlichen Moral dargeboten, ist fast schon legendär; sie wurde mehrfach nachinszeniert und hat sogar – wie selten genug – auf die Forschung anregend gewirkt[4]. Hansjörg Utzeraths Bonner *Nathan der Weise* (1973), mit einer Titelfigur als Geschäftsmann „im besten Mannesalter", nicht als abgeklärter Greis, verzichtete ostentativ auf den bewährten Reiz des Orientalisch-Folkloristischen zugunsten einer kahlen, abstrakten, kauernden Meditation. Dieter Bitterlis Freiburger *Minna von Barnhelm* schließlich (1977), in Jeans, Boots und Overalls kostümiert, suchte ausgerechnet das explizitest zeitverbundene Stück Lessings aus dem beliebten Rokoko-Klischee herauszulösen, auch in der Dialogführung, um es als Problemstück wieder aussagekräftig zu machen.

Als ‚Klassiker' scheint Lessing – wie Goethe oder Kleist – nur noch Anlaß für die Demonstration des Unvereinbaren, auch im Hinblick auf den deutsch-deutschen Theaterkontrast. Das gleiche Lustspiel „von spezifisch temporärem Gehalt", das im Westen bis zur schockierenden Enthistorisierung getrieben werden kann, ist in der DDR seit Wolfgang Langhoffs berühmter Modell-Inszenierung von 1960 (erneuert durch Horst Smizek 1970 und Albert Hetterle 1972) die schneidende Satire auf das friderizianische Regiment: so wie Franz Mehring als Vorkämpfer der historisch-materialistischen Literaturdeutung das Exempel Lessing, die prussizistische „Legende" destruierend (1893), festgelegt hat[5]. Selbst die sächselnde Minna der DDR-Fernsehinszenierung dient noch der historisch, geographisch, sozial getreuen Rekonstruktion des Stückes, dessen Autor auch als Lustspielschreiber den bürgerlich-nationalen Emanzipationskampf verkörpern und vergegenwärtigen soll.

Je divergierender die historisch-politischen Deutungen sich entfalten und je weiter die Experimente der inszenatorischen Phantasie ausgreifen, desto auffälliger und zugleich problematischer wird die Einmütigkeit des handwerklich-theaterpraktischen Lobs. Lessing sei „eminent spielbar", wird von Ivan Nagel als *communis opinio* zusammengefaßt[6], und Otto Falckenberg berichtet als bedeutsame Erfahrung, er habe in Lessings Text „fast keinen Satz streichen müssen"[7]. Ob der früh schon hervorgehobene, heute in fast jedem Programmheft zitierte (im Schulunterricht mit Vorliebe analysierte) ‚Muster'-Charakter der Lessingschen Stücke, das bühnengerecht meisterhaft Gemachte einschüchtert oder beflügelt – dem Bücherwurm und Gelehrten Lessing wird immer wieder mit Verblüffung attestiert, daß er sich wie wenige aufs Theater versteht.

Theaterpraktiker, ja Theaternarr war Lessing von früher Zeit an, so ausgeprägt wie kaum einer seiner dichtenden Zeitgenossen. Diese frühe, hinter der Zeit der ‚großen' Werke meist verschwindende Periode ist in ihrer Konstellation derart charakteristisch und prägend, daß hier proportional ausführlicher darauf eingegangen sei. Geradezu paradigmatisch hat Lessing seine Theaterleidenschaft namentlich dem Vater gegenüber gerechtfertigt und verteidigt, dem sittenstrengen Kamenzer Pastor[8], der, als Gotthold Ephraim gerade vierzehn Jahre alt war, eine Theateraufführung in der Stadtschule durch seinen Einspruch verhinderte und den Schulrektor Heinitz, Lessings einstigen Lehrer, schließlich aus der Stadt trieb. Über die Bücher, im geschützten Rahmen der humanistischen Klassikerlektüre, wurde derweil der Meißener Fürstenschüler vom Komödiengenre gefesselt. Er verschlang die ‚Muster' und erschloß sich lesend einen Bereich, der rasch seine Phantasie okkupierte: „Theophrast, Plautus und Terenz waren meine Welt" (LM 5, 268), wie er einige Jahre später, die schulische Eingegrenztheit reflektierend, fast wehmütig feststellt.

Charaktere, Menschen, Verhaltensweisen beschäftigen den unruhig-frühreifen Alumnus, der in Briefen seine Schul-Umwelt und ihre Ereignisse mit auffallend wacher und präziser Beobachtungsgabe zu beschreiben versteht. Vom damals noch stark imitatorischen, auch auf die eigene Produktion gerichteten Grundzug der Musterlektüre her ist zunächst zu verstehen, wenn noch der Schüler Lessing sich an einem Komödien-Entwurf versucht. *Der junge Gelehrte* in seiner Leipziger Fassung mag Lessings späteren Bericht über die Meißener Versuche beeinflußt haben. Zweierlei jedoch ist charakteristisch: die Wahl der Komödiengattung – im Gegensatz etwa zu den stückeschreibenden oder bearbeitenden Gymnasiasten Gryphius, Lohenstein, Hallmann[9] – und der Griff in die Gegenwart der ihm selbst erfahrbaren Welt. Nicht die Verwandlung eines antiken Musters steht, soweit uns erkennbar, am Anfang des produzierenden Dramatikers Lessing, sondern die Gestaltung eines problematischen sozialen Typus, der zwar antike Anregungen ermöglicht und aufnimmt, jedoch primär von der eigenen Umgebung und Existenzform her interessiert. ,,Ein *junger Gelehrte* [!], war die einzige Art von Narren, die mir auch damals schon unmöglich unbekannt seyn konnte" (LM 5, 270).

Das schreibende Sichauseinandersetzen mit ,,der Welt", ,,den Menschen" und mit ,,sich selbst" wird ein Hauptmotiv der vielerörterten Hinwendung Lessings vom ,,eingezogenen" Bücher-Leben zum Theater während der Leipziger Zeit, so wie er es namentlich in dem großen Rechenschaftsbrief an die Mutter vom 20. Januar 1749 dargestellt hat. Der Prozeß wird für die gesamte weitere Entwicklung des Theaterautors Lessing ausschlaggebend. Mit seinem Bestreben, ,,Gesellschaft" zu suchen (und tanzen, fechten, voltigieren zu lernen), parallelisiert er selbst den Entschluß, ,,die ernsthafften Bücher" eine zeitlang beiseite zu legen und sich nach solchen umzusehen, ,,die weit angenehmer, und vielleicht eben so nützlich sind" (LM 17, 8). ,,Die Comoedien kamen mir zur [!] erst zur Hand" – und jetzt zitiert Lessing geschickt aus dem alten Lernzielkatalog des protestantischen Schultheaters, mit dem Unterscheidenlernen von richtigem und falschem Benehmen, von Tugend und Laster, um das Ganze dann individuell zu wenden: ,,Ich lernte mich selbst kennen." Daß Lessing den Entschluß, ,,selbst Comoedien zu machen", als ,,Thorheit" einzugestehen versucht, ist Konzession an die Mutter und an die Familie; denn hier schreibt bereits ein junger Schriftsteller, der eine mögliche Gelehrtenexistenz entschlossen hinter sich gelassen hat[10], die ,bürgerliche' Bindung verabscheut und längst mit berechtigtem Stolz auf erste Theatererfolge zurückblicken kann.

Die Einmaligkeit der Leipziger Konstellation und ihrer besonderen Möglichkeiten, vom protestantisch-gelehrten Fundament aus sich zu einem eigenständigen Theaterautor und freien Schriftsteller durchzuarbeiten, hat Lessing selbst zu schätzen und zu nutzen gewußt: die reiche, ,weltläufige' Handelsmetropole mit ihrer renommierten Universität; das spätestens seit 1730, dem Jahr der *Critischen Dichtkunst*, normsetzende Zentrum einer umfassenden Literatur- und Theaterreform; die ungewöhnliche, couragierte Allianz zwischen dem akademisch selbst- und machtbewußten *Professor ordinarius publicus* Gottsched mit der Schauspieltruppe der Neuberin; die seit der Mitte der 40er Jahre (Bremer Beiträger, Gellert) zunehmend aufgelockerte, vielfältiger werdende Leipziger belletristisch-publizistische Szene, mit Attraktion auch für eine Frühform literarischer Bohème.

Das familiäre *enfant terrible* Christlob Mylius, der gut sechs Jahre ältere ,Vetter', Naturforscher und als Freigeist verschrien, und vor allem der drei Jahre ältere Christian Felix Weiße sind es, die den frischgebackenen Studenten Lessing in den Bannkreis des Theaters und der Schauspieler einführen. Häufige Anwesenheit bei den Proben, Übersetzungsarbeiten für den stets regen Stücke-Bedarf der Neuberin (als Belohnung gab es Freikarten), enger Kontakt mit der Truppe, bis hin zur Affäre des Achtzehnjährigen mit der gleichaltrigen Schauspielerin Christiane Friederike Lorenz, vermitteln dem lernbegierigen Lessing ein theaterpraktisches Erfahrungspotential, das ihn bis hin zu *Nathan dem Weisen* auszeichnen wird und noch heute die Praktiker besticht: weil er durch dieses Leipziger Theater, ,,welches in sehr blühenden Umständen war, [. . .] hundert wichtige Kleinigkeiten lernte, die ein dramatischer Dichter lernen muß, und aus der bloßen Lesung seiner Muster nimmermehr lernen kann" (LM 5, 268).

Warum wird das gesamte Frühwerk des Dramatikers Lessing – immer noch zu Unrecht im Schatten der Forschung wie der heutigen Theaterpraxis stehend – durch das Lustspiel, die Komödie beherrscht? Nicht nur weil diese Gattung ihm von der Meißener Klassikerlektüre her am vertrautesten, möglicherweise auch ,leichter' und ,jugendgemäßer' ist, sondern von der Entwicklung der zeitgenössischen Dramatik[11] und von Lessings Intentionen her betrachtet: weil hier, auch nach Gottscheds Doktrin, am meisten Bewegungsfreiheit gegeben war, die eigene Sozialerfahrung und scharf erfaßte persönliche Lebensproblematik als eine paradigmatische einzubringen und für ein anspruchsvoller konzipiertes Publikum auf der Bühne vorzuführen.

Ob *Der junge Gelehrte, Die Juden* oder *Der Freygeist,* überall wird erkennbar, wie bei aller Präsenz der verschiedenen Lustspieltraditionen Autobiographisches den Impetus der engagierten Darstellung bildet. Die satirische Abrechnung mit Meißener und Leipziger Gelehrten-Erfahrungen, die Konfrontation mit dem Berliner Judentum (später dem Freund Moses Mendelssohn), die persönliche Nähe des Freigeists Mylius und zugleich die Auseinandersetzung mit dem gottesgelehrten Vater (Brief an ihn vom 28. April 1749) belegen hinreichend, daß der ,,Nutzen" des Komödienschreibens zugleich ein sehr persönlicher ist. Das Können des jungen Theaterautors Lessing jedoch erweist sich nicht nur in der vielgepriesenen Bühnengerechtigkeit seiner Stücke, sondern in der phantasiereichen Vielfalt, mit der er die überlieferten Lustspielschemata akzentuiert, variiert, transformiert. Erst auf dem Hintergrund von Aristophanes und Menander, Plautus und Terenz, von *commedia dell'arte* und *théâtre italien, sentimental comedy* und *comédie larmoyante,* nicht zuletzt der sächsischen Typenkomödie, erschließt sich das Besondere des Lessingschen Versuchs, ein ,,deutscher Molière" (LM 17, 16) zu werden[12].

Wenn Lessing im Hinblick auf den *Jungen Gelehrten* feststellt, er habe auf die gelehrten ,,Narren" als erste seine ,,satirischen Waffen" gerichtet (LM 5, 270), so rückt er selbst das Stück andeutungsweise in den Zusammenhang der satirischen Typenkomödie Gottschedscher Observanz. Die Titelgestalt, vom Typus her bereits in der Tradition vielfältig belegbar, weist mit dem einen zentralen Laster der blinden Selbstüberhebung das Stück dem sogenannten ,monomischen' Lustspielschema zu[13]. Mit der Figur des Valer, der auch studiert, dann aber in die ,,Welt" gefunden und sich dort bewährt hat, ist zugleich ein vermittelnder, positiv weiterführender sozialer Typus eingefügt, der das reine Verlachen der Hauptfigur transzendiert. Nicht zuletzt jedoch in der Technik der Dialogführung, besonders dem reich variierten Mittel der Wiederholung, zeichnet sich eine neue, souveräne, ,witzige' Form der dramatischen Wortbehandlung ab[14], die das ungewöhnliche Talent verrät. Daß die Frauensperson Lisette, eine der ,,ungelehrten Bestien", in dem Stück die schlagfertigste – um nicht zu sagen: intelligenteste – ist, besitzt im Hinblick auf Lessings dramatisches Gesamtwerk nachgerade programmatischen Charakter.

Den Glücksfall, an der Bühne der Neuberin lernen und dort das Theaterdebüt wagen zu dürfen (Januar 1748), auch die hilfreiche Kritik seines Lehrers Kästner, hat Lessing offen anerkannt. Der mit überdeutlicher Bescheidenheitstopik von Lessing selbst berichtete, stolze Publikumserfolg war die befreiende Bestätigung dafür, daß gelehrtes Studium der Muster und praktisch geübte Theaterbegabung einander in der schließlichen ,,Wirkung" ergänzten.

Der bereits 1747 in einer Zeitschrift gedruckte *Damon oder Die wahre Freundschaft,* deutlich vomTypus des ,weinerlichen' Lustspiels nach Art des Marivaux beeinflußt, trat jetzt für Lessing selbst so sehr als ein nur halbgelungener Versuch in den Hintergrund, daß er dieses Stück wenige Jahre später nicht in seine *Schrifften* aufnahm. Der erfolgreiche Lustspieldichter wußte inzwischen, was er seinem Ruf schuldig war. Dagegen knüpft der 1748 konzipierte *Misogyn,* angeregt durch die Lektüre des entsprechenden Fragments von Menander, motivisch an eines der Teil-Laster des jungen Gelehrten Damis an. Das Jahre später noch für die *Lustspiele* (1767) zu einem Dreiakter ausgebaute Stück deutet mit dem Namen der Hauptfigur des Wumshäter (womans-hater) und mit manchen Details nun auf Elemente des englischen Lustspiels. Vor allem aber rückt auch hier eine zunehmend virtuos und locker gehandhabte Dialogsprache ins Zentrum des witzigen Stils. Und als Christian Heinrich Schmid 1775 in seiner *Chronologie des deutschen Theaters* auf die Lustspiele der Leipziger Zeit zurückblickte, hob er, die ,,Verdienste um unser Theater" musternd, nicht zufällig hervor, die Deutschen hätten Lessing ,,die echte komische Sprache zu danken"[15].

Die kritisch-theoretische Selbstreflexion des Dramatikers Lessing vor der lesenden ,,Welt" setzt erst mit dem Überwechseln nach Berlin ein (seit 1747), wohin ihn Mylius ,nachgezogen' hat. In einer Residenzstadt lebend, deren theatralische Bedürfnisse eher durch Oper und Ballett befriedigt werden, ohne den fast täglichen Kontakt zur Schauspielerpraxis, in bewußt gewählter Distanz zur akademischen Welt, fern auch vom engeren Wirkungs- und Einflußbereich Gottscheds, beginnt der Journalist und Kritiker sich ein neues Publikum abzustecken und zu erobern; das gelehrt-literarische Fundament verwendet er wie selbstverständlich, doch mit der Forderung nach Geschmack, Witz und Urteilskraft strebt er über den gelehrten Kreis programmatisch hinaus.

Mündlichkeit des Geschriebenen, dezidierte Öffentlichkeit des Diskurses, dialogisches Einbeziehen des Publikums bestimmen zunehmend Lessings Berliner kritische Schriftstellerei[16]. Immer häufiger ,inszeniert' er seine Texte, namentlich aus Anlässen der Polemik, bei der der Gegner oder der Kritisierte vor ein als urteilsfähig gedachtes Publikum zitiert und examiniert wird. Erster Höhepunkt ist das *Vade mecum* für den Laublinger Pastor Samuel Gotthold Lange (1754). Ob Lessing die spezifischere Form des Kanzeldialogs wählt, die der akademischen Disputation oder der Gerichtsverhandlung, mit dem ,,Publikum als Richter" (LM 10, 411), stets sind die Grenzen zum Bühnendialog fließend[17]. Wortklauberei, antizipierter Einwurf, Frage- und Antwortspiel, suggestive Zumutungen halten das Publikum in Spannung, drängen es zum Selberdenken und zum Urteilen. Kein Kritiker des 18. Jahrhunderts ist so sehr Dramatiker wie Lessing, und das Bild des Dramenschreibers, des Theaterautors Lessing wird für die Zeitgenossen mehr und mehr untrennbar von dem des Journalisten und Kritikers. Als ein ,,neuer Criticus", wie ihn Sulzer tituliert[18], wird der in Leipzig erfolgreiche Lustspieldichter rasch zu einer gefragten und einflußreichen Autorität in der deutschsprachigen literarischen Welt.

Beyträge zur Historie und Aufnahme des Theaters: Der Doppelausdruck in dieser zusammen mit Mylius 1749 begründeten ersten deutschen Theaterzeitschrift bezeichnet auf charakteristische Weise die beiden neuen Schwerpunkte von Lessings publizistischer Arbeit für das Theater. Gottscheds Leistung für das Aufarbeiten der theatralischen Überlieferung und für die ,,Aufnahme" (d. h. Zunahme, Förderung) des gegenwärtigen Theaters, von Lessing in Leipzig noch respektvoll-zurückhaltend gewürdigt, erscheint ihm aus Berliner Perspektive immer unzureichender. Die von Gottsched selbst am Ende der *Deutschen Schaubühne* (1745) angekündigte ,,Historie des Theaters" (LM 4, 54) war nicht zustande gekommen, die hoffnungsvolle Verbindung mit der Truppe der Neuberin hatte sich nicht halten können. Noch anerkennt Lessing Gottscheds ,,Verdienste, die er unwidersprechlich um das deutsche Theater hat" (LM 4, 55), aber schon kritisiert er vorsichtig die einseitige Bevorzugung der Franzosen, die Vernachlässigung der anderen „Ausländer", der englischen und spanischen, und vor allem „der Alten" (LM 4, 50).

Daß Plautus an der Spitze der theatralischen Erschließungsarbeit der *Beyträge* steht, ist nicht nur plausibel durch Lessings eigenen Zugang zu Drama und Theater, sondern zugleich programmatisch, da Gottsched den ‚ungehobelteren' Plautus stets hinter Terenz zurückgesetzt hatte. Lessing analysiert *Die Gefangnen* vom Theater her und fürs Theater, mit der hyperbolischen These, sie seien „das schönste Stück [. . .], das jemals auf die Bühne gekommen ist" (LM 4, 192). Erschließung einzelner Bühnentexte und Aufarbeitung der Theatertheorie gehen Hand in Hand. Der Gelehrte und der Theaterpraktiker bleiben untrennbar. Schon in Leipzig hatte Lessing, wohl angeregt durch aktuelle Kinderballett-Aufführungen, über die *Pantomimen der Alten* gearbeitet und die hohe mimische Kultur auch des antiken Schauspiels gepriesen. In Berlin beginnen jetzt systematische Studien über „den Schauspieler" und über „die Grundsätze der ganzen körperlichen Beredsamkeit" (LM 14, 179 ff.). Der theatererfahrene Lessing versucht, auf der Basis der ihm vertrauten rhetorischen Tradition Mimik, Gestik und „Aussprache" des Schauspielers schematisch zu fassen und in Regeln zu bringen. Einschlägige Schriften von Riccoboni d. J., von Sainte Albine und anderen werden aufgearbeitet und bieten detaillierte Anregungen.

Der Dramatiker Lessing, erfolgreicher Lustspielautor, jetzt Kritiker, Publizist, Historiker und Theatertheoretiker, hat eine neue Stufe erreicht. Nahezu auf der vollen Breite der Gottschedschen Aktivitäten für das Theater engagiert sich Lessing. Er ist nicht nur der festen Überzeugung, daß er mehr vom Metier verstehe, sondern auch, daß Gottscheds einseitige französisch-klassizistische Orientierung zu Sterilität und Isolation geführt habe. Das „Naturell eines Volks" (LM 4, 53) wird als zentrale Orientierungskategorie entdeckt. Und Johann Elias Schlegels *Gedanken zur Aufnahme des dänischen Theaters* (1747) bestätigen ihn darin, daß ein dem „Volk" gemäßer Spielplan die Grundbedingung für ein dauerhaft florierendes, moralisch nützliches Theaterwesen sei. Geschmack, Witz und Urteilsfähigkeit des anwachsenden und sich regenden Publikums – so postuliert der Buchkritiker wie der Theaterprogrammatiker Lessing – sind entwickelbar, bildbar, sie benötigen vor allem die richtigen und nicht zu einseitig ausgerichteten Muster. Lessing setzt sich hiermit nicht nur gegen Gottsched ab, sondern zugleich gegen den Verächter der littérature allemande, den Preußenkönig, in dessen näherem politisch-kulturellem Umkreis der junge Schriftsteller jetzt seine Existenz versucht.

Was aber trägt, bei aller Theorie und Programmatik, der Stückeschreiber Lessing zur notwendigen „Aufnahme" des Theaters bei? Er bleibt zunächst beim Lustspiel als der bereits erfolgreich erprobten Gattung. Wie er in Leipzig mit gefährlichen Tendenzen des erstarrenden Gelehrtentums satirisch abgerechnet hatte, so bringt er in Berlin, wo jeder Zehnte ein Franzose oder ein Jude ist, wiederum seine Sozialerfahrungen typisierend in die Komödienform ein. *Die Juden* und *Der Freygeist*, beide 1749 entstanden, lassen schon von der Problemkonstellation her einen neuen Ansatz erkennen. Nicht mehr das lasterhafte Verhalten einer sozial isolierten Hauptfigur wird decouvriert, sondern das Vorurteil einer ganzen Gesellschaft; so jedenfalls zunächst bei den *Juden*. Sie sind „das Resultat einer sehr ernsthaften Betrachtung über die schimpfliche Unterdrückung" dieses Volkes (LM 5, 270), also von der Genese her ein ausgesprochenes Problemstück. Es folgt dem Prinzip der demonstrativ-anklagenden Umkehrung: Der vermeintlich Lasterhafte erweist sich als der eigentlich Tugendhafte, dessen Tun von „Menschenliebe" bestimmt wird und die Christen in ihrer Vorurteilsgebundenheit beschämt. Der von *Nathan dem Weisen* her oft rasch für *Die Juden* reklamierte Begriff der ‚Toleranz' erstreckt sich hier noch nicht auf den Wahrheitsgehalt der Religionen selbst. Lessings Mut aber und die

Neuartigkeit des Stücks, die über die edle jüdische Episodengestalt in Gellerts *Leben der Schwedischen Gräfin von G**** (erste Fassung 1747) hinausführt, wird durch die öffentliche Kontroverse mit Michaelis noch hervorgehoben.

Das Lustspielhafte des Stücks ist zwar vom Text her wesentlich in der Bedienten-Ebene angesiedelt[19]. Helfried Forons glänzende Tübinger Inszenierung (1977/78) zeigt jedoch, daß beispielsweise auch der moralisch vorbildliche Baron, der Landadlige, in einer an Odoardo Galotti gemahnenden steifen Gebundenheit gespielt werden kann. ,Gebunden' bleiben die Figuren in dem realistisch-offenen Schluß, der die Vorurteile als solche zwar offenlegt, aber nicht beseitigt. Gerade hierin liegt die auffällige Aktualität dieser Typenkomödie. Statt ,Juden' – so Forons Konzept – kann man auch ,Gastarbeiter' oder ,Radikale' sagen.

Daß man im *Freygeist* möglicherweise ,,nicht zu lachen genug [. . .] findet", hat Lessing selbst geäußert (LM 7, 26). Zwar ist der Schluß insofern ,positiver', als sich nach mannigfachen Selbsttäuschungen und Irrwegen die komplementären Paare zusammenfinden: Der ,,Fromme" bekommt die ,,Lustige", und der ,,Lustige" die ,,Fromme". Auch ist das Vorurteil des Freigeists Adrast gegen die ,,Pfaffen" durch die Person Theophans besiegt. Aber der borniert Rationalismus als solcher, wie ihn Adrast verkörpert, bleibt in seiner sozialen Gefährlichkeit erhalten. Und was die ,,Pfaffen" an Vorurteilen über die Freigeister (und die Komödienschreiber) von den Kanzeln aus verbreiten – ein autobiographisch brisantes Seitenthema des Lessingschen Stücks –, ist ebensowenig aus der Welt geschafft. Wäre Adrast nicht im Grunde eine edelmütige Gestalt, so wäre die Versöhnung mit Theophan überhaupt versperrt. Die ,,Halsstarrigkeit" der Titelfigur führt, auf den ehrfixierten Major Tellheim vorausweisend, mehrfach an den Rand des Tragischen. Im Unterschied zu den *Juden* spiegelt sich der konflikttragende Gegensatz zwischen den Hauptfiguren sogar in den Dienern, wenngleich auf karikierende Weise. Und im *Freygeist* geht es tatsächlich um Probleme des Glaubens, der Religion; die Verbindungslinien zu *Nathan dem Weisen* werden deutlicher.

,,Meine Lust zum Theater war damals so groß, daß sich alles, was mir in den Kopf kam, in eine Komödie verwandelte" (LM 5, 270), schreibt Lessing 1754 im Rückblick auf die Zeit der *Juden*. Die subjektiv-psychologische Selbstdiagnose des Theaterbegeisterten Lessing ist zu ergänzen durch die gattungsgeschichtliche Feststellung, daß Lessing mit den beiden Problemstücken bereits an die Grenze der Lustspiel-Möglichkeiten gelangt war, dorthin, wo nach den Trauerspielen *Miß Sara Sampson, Philotas* und *Emilia Galotti* das ,,Schauspiel" *Nathan der Weise* ansetzt. Die beiden anderen Lustspiele der Jahre 1749/50, *Die alte Jungfer* und *Der Schatz* (nach Plautus) dürfen, wo es um die Wiedergewinnung des Lessingschen Frühwerks für die Bühne geht, zurückstehen. Sie zeigen in weiteren Typenvarianten Lessings ,,Lust zum Theater", wurden zu seinen Lebzeiten auch gelegentlich aufgeführt[20], bleiben jedoch blassere Nebenprodukte.

Für die Bühne verloren, weil Fragment geblieben, ist Lessings früher Versuch, auch im tragischen Genre ein brennendes Zeitproblem zu gestalten (und damit zugleich zur ,,Aufnahme" des Theaters beizutragen). *Samuel Henzi* aus dem für die Lustspielgattung so produktiven Jahr 1749 ist freilich bemerkenswert schon mit seinem zeitgeschichtlichen Sujet, dem Schicksal des republikanisch-patriotischen Journalisten, der sich gegen die Willkür der Berner Patrizieroligarchie auflehnt. Noch wagt es Lessing nicht, die durch Gottsched sanktionierte Form der Alexandrinertragödie zu verlassen. Das ,Allzuviel' an Tugend, das den Helden auszeichnet, führt den Experimentator Lessing vor ein kaum lösbares Problem: Was an moralischer Vorbildhaftigkeit in den *Juden* und im *Freygeist* durch die Mischform aufgefangen und theatralisch aufgelockert werden kann, tendiert hier zu Passivität und Pathetik. Daß Lessing das *Henzi*-Fragment schon 1753 publiziert hat, unter ausdrücklichem Hinweis auf den Versuchscharakter, ist symptomatisch für Lessings Mut wie für die historische Übergangssituation zum bürgerlichen Trauerspiel.

Als 1754 das erste Stück der *Theatralischen Bibliothek* erscheint, die allein verantwortete Fortsetzung der *Beyträge,* wird auch auf dem Gebiet des Trauerspiels der untrennbare Zusammenhang von gelehrt-historischer Aufarbeitung, theaterpraktischer Analyse und theoretischer Reflexion erkennbar. Die breit angelegte Erschließung der Seneca-Tragödien (1754), als Pendant zur Plautus-Abhandlung gedacht, zielt bereits dezidiert auf ,,Wirkung'', ja auf eine Verabsolutierung der ,,Leidenschaften'', die im Schutz des antiken Musters über Gottsched hinausführt[21]. Die Beschäftigung mit modernen, vor allem englischen Trauerspielen (Thomson, Lillo) läßt ihn dies noch zuspitzen: Er wolle ,,unendlich lieber der Urheber des *Kaufmanns von London,* als des *sterbenden Cato* seyn'', da bei Lillo ,,auch von den Unempfindlichsten'' Tränen vergossen worden seien. ,,Und nur diese Thränen des Mitleids, und der sich fühlenden Menschlichkeit, sind die Absicht des Trauerspiels, oder es kann gar keine haben'' (LM 7, 68).

Der Weg zum bürgerlichen Trauerspiel – der in einem anderen Kapitel dieses Handbuchs ausführlicher dargestellt wird – ist jetzt deutlich. Lessing selbst hat mit Übersetzung und Kommentierung der Schriften Chassirons und Gellerts über das ,Weinerlich-Komische' und über das ,rührende' Lustspiel eine wichtige Brücke der Gattungsentwicklung ins Bewußtsein gebracht (1754). Tränen und Rührung sind die überwältigende Wirkung, als *Miß Sara Sampson* am 10. Juli 1755 in Frankfurt a. d. Oder durch die Ackermannsche Truppe uraufgeführt wird, in Anwesenheit Lessings und Ramlers. Die Zeugnisse für die Resonanz sind vielzitiert: ,,die Zuschauer haben 3 $^1/_2$ Stunde zugehört, stille gesessen wie Statuen und geweint'', berichtet Ramler[22]; und von der bloßen Lektüre schreibt Michaelis: ,,Wir haben nicht leicht etwas so rührendes gelesen als dieses Trauer-Spiel, so uns mit Schauder und Vergnügen erfüllet hat''[23].

Das Stück, das im Februar/März 1755 in Potsdam während weniger Wochen, angeblich aufgrund einer Wette, entstanden war, wurde zu Lessings sensationellstem Theatererfolg[24]. Christian Leberecht Martinis *Rhynsolt und Sapphira* liegt zwar, als ebenfalls ,bürgerliches Trauerspiel', zeitlich etwas früher. Für die Zeitgenossen jedoch signalisierte *Miß Sara Sampson* den Durchbruch, mit Symptomen der Resonanz, die an massenpsychologische Erscheinungen von ,Bedürfnisstau' und ,Entladung' erinnern. Die heutige Bewertung des Stücks, bei Theaterleuten wie bei Literarhistorikern, ist eigentümlich kontrovers. Ästhetische Geschlossenheit, differenzierte Charaktergestaltung, kalkulierte Handlungsführung heben die einen hervor, Tränenseligkeit, Wortreichtum und Statik die anderen. *Emilia Galotti* hat als ,gelungenes' deutsches Originaltrauerspiel schon zu Lebzeiten Lessings den frühen Versuch in den Schatten gestellt.

Vom Aspekt der Gattungen und Traditionen aus betrachtet, trägt *Miß Sara Sampson* noch alle Anzeichen des Übergangs. ,,Die bewährte Tugend'' als Folie von Saras Selbstverständnis (V, 10), ihre vielfältig gebrochene Kennzeichnung als ,,Engel'', als ,,Heilige'', die durch ,,Prüfungen'' hindurchgehen muß, erinnern mit kalkulierter Deutlichkeit an das zu ,überwindende' Modell der stoizistischen Märtyrertragödie. Das Eingebundensein in den familiären Zusammenhang der empfindsamen Seelenaussprache jedoch hebt von vornherein den Abstand einer möglichen heroischen Isolierung auf. Die Figur der Marwood, als ,,eine neue Medea'' (II, 7), wiederum fast überdeutlich in eine von Seneca herkommende Traditionslinie gestellt, ist als Beleidigte und Verlassene zugleich momenthaft (besonders IV, 5) auf Mitleiden hin angelegt. Die außerbürgerliche Welt, in die sich Mellefont begeben hat, wo es ,,Titel'', darunter ,,Ritter und dergleichen'' gibt, erscheint zwar unter der scharfen Abqualifizierung einer ,,nichtswürdigen Gesellschaft von Spielern und Landstreichern'', wo die höfische ,,Verführung'' regiert. Saras Vater aber ist nicht Stadtbürger, Kaufmann, wie bei Lillo oder z. T. in Richardsons Romanen, sondern „Sir", Landadliger und in dieser Position an die Figur des Barons im *Freygeist* erinnernd, wo die Stadt geradezu als Inbegriff von Verderbtheit und Unnatur erscheint. Der Schauplatz des Stücks, in dem „elenden Wirthshause" des Landstädtchens (I, 1), verweist von vornherein weniger auf die Gattungserwartung eines Trauerspiels, sondern der Komödie. Vor allem aber eine Fülle von Merkmalen des Mienenspiels – besonders bei Marwood –, der Verstellung, Verwandlung und „Nachahmung"[25] sind in ihrer theatralischen Qualität eminent lustspielhaft und stehen in eigentümlichem Kontrast gegen die langgezogenen Tugendaussagen wie gegen die großen Ausbrüche des Pathos.

Von „indeklamabeln Stellen" war schon bei kritischen Zeitgenossen die Rede[26], insbesondere in den Partien der Marwood. Mag es hier von der Fähigkeit der Schauspielerin abhängen, eventuell doch die gelegentlich behauptete „Bombenrolle" daraus zu machen, so treffen die mit dem epochalen Abstand zunehmenden Vorwürfe der Handlungsarmut, der Tugendmonotonie und der Tränenseligkeit die Substanz des Stücks. In der neueren Forschung dagegen hat man sich vereinzelt bemüht, von der besonderen Historizität dieses ‚Schwellenwerks' aus einen positiven Zugang zu finden. Aus der Analyse von ‚innerer' und ‚äußerer' Handlung wurden gewichtige Gründe für die These einer „ästhetischen Geschlossenheit" vorgebracht[27], und vom historisch-materialistischen Standpunkt aus wurde die auf dem Gegensatz von privater und öffentlicher Sphäre beruhende Bedeutung dieses Trauerspiels für die bürgerliche Selbstverständigung über das Menschenbild hervorgehoben[28]. Gerade aus der – zugleich ästhetisch sich manifestierenden – Begrenztheit dieses ‚Bürgerlichen' könnte vielleicht ein genialer Regisseur ein Inszenierungskonzept entwickeln, das noch eine Stufe hinter die Kortnersche *Emilia Galotti* zurückginge und so das Stück für die Bühne wiedergewönne.

Lessing selbst wurde durch die breite und intensive Resonanz darin bestärkt, daß seine Grundüberzeugung von Möglichkeit und Notwendigkeit eines „rührenden", „Mitleiden" erregenden Trauerspiels nicht nur historisch und theoretisch fundiert war, sondern sich auch auf der Bühne wie beim Lesen realisierte (bezeichnend ist, daß erst jetzt, 1756, das ‚vermittelnde' Lustspiel *Der Freygeist* uraufgeführt wird[29]). Im Briefwechsel mit den Freunden Mendelssohn und Nicolai (1756/57), anknüpfend an Mendelssohns Schrift *Über die Empfindungen* (1755) und Nicolais *Abhandlung vom Trauerspiele* (1757), verteidigt Lessing das Mitleid als vorrangigen Affekt gegenüber Schrecken und Bewunderung, die durch das Trauerspiel auch erregt werden könnten, jedoch aus dem Mitleid abgeleitet seien. Wirkung und Zweck des Trauerspiels werden jetzt deutlicher als zuvor anthropologisch und zugleich gesellschaftlich verankert: Das Trauerspiel „soll unsre Fähigkeit, Mitleid zu fühlen, erweitern", soll „fühlbar", „mitleidig" machen. Denn: „*Der mitleidigste Mensch ist der beste Mensch,* zu allen gesellschaftlichen Tugenden, zu allen Arten der Großmuth der aufgelegteste."[30]

Das auf die *Hamburgische Dramaturgie* vorausweisende Konzept, durch den Erfolg der *Miß Sara Sampson* gestärkt, bildet nun auch die Grundlage für das fast überscharf persönliche Engagement des Dramatikers Lessing in den *Briefen die neueste Litteratur betreffend*, die er seit 1759 mit Mendelssohn und Nicolai zusammen herausgibt. Den „gesellschaftlichen Tugenden" dienend, gewinnt das Theater – als exemplarisches Feld der literaturpädagogisch ausgerichteten *Literaturbriefe* – eine neue, deutlicher gefaßte nationale Bedeutung. Diese Hochwertung und ein auch die persönliche Schärfe nicht meidendes Selbstbewußtsein des erfolgreichen Theaterautors bestimmen den vielerörterten *17. Literaturbrief*, in dem nun auf einer neuen Stufe mit Gottscheds französenorientierter, klassizistischer Theaterarbeit abgerechnet wird; dies zu einem Zeitpunkt, als die normative Geltung des Leipziger ‚Diktators' längst ihren Gipfel überschritten hat. Lessing verfährt mit Gottsched ähnlich – notwendigerweise – ungerecht[31], wie Gottsched selbst die umfassende Literatur- und Theaterpädagogik Christian Weises abgekanzelt hatte, auf die er konkret aufbaute. Über Gottsched hinaus, freilich nicht ohne Erwähnung von dessen Mitschuld, nimmt Lessing nun auch die Grundverschiedenheit der Theatersituation in Deutschland und Frankreich generell in den Blick, vor allem im *81. Literaturbrief*:

> Wir haben kein Theater. Wir haben keine Schauspieler. Wir haben keine Zuhörer. [. . .] Der Franzose hat doch wenigstens noch eine Bühne; da der Deutsche kaum Buden hat. Die Bühne des Franzosen ist doch wenigstens das Vergnügen einer ganzen großen Hauptstadt; [. . .] da der Deutsche sehr zufrieden seyn muß, wenn ihm ein Paar Dutzend ehrliche Privatleute, die sich schüchtern nach der Bude geschlichen, zuhören wollen.   7. Februar 1760; LM 8, 215

Es ist die Zeit, als er sich mit dem *Theater des Herrn Diderot* beschäftigt (entstanden 1759, gedruckt 1760), des Dramatikers, der Lessing in so manchen wichtigen Zügen ähnlich ist: in der Breite und Vielfalt seiner wissenschaftlichen Kenntnisse, seinem historischen und theoretischen Interesse am Theater, der Neigung zum ‚bürgerlichen‘, ‚empfindsamen‘ Drama, dem dialogischen Kritikergestus. Die Mobilisierung eines nichtklassizistischen französischen Theaterautors als eines Anregers für die Deutschen – wodurch schon der mögliche Vorwurf eines borniertern Nationalismus widerlegt ist – wird auf charakteristisch Lessingsche Weise ergänzt durch die Erschließung eines weiteren, von Gottsched vernachlässigten ‚musterhaften Alten‘, *Sophokles* (1760). Die Tradition des heroischen Trauerspiels ist nicht verabschiedet, sondern wird in den Jahren 1756 bis 1759 zum Anlaß einer großen Zahl dramatischer Experimente, durchgängig auf der Grundlage antiker, mythologischer wie historischer Modelle[32]. Das „Modernisieren“, wie Lessing es nennt, ist von der Seneca-Abhandlung (1754) bis hin zu *Emilia Galotti* ein Hauptanreiz seiner Trauerspielpläne. Das agonale Moment im Dramatiker Lessing, das produktive, ‚bessermachen‘ wollende Aneignen gerade der antiken Muster für die ‚Moderne‘, wird hier vielleicht am deutlichsten erkennbar.

Philotas (1759), der Einakter, ist als einziges dieser Experimente auch abgeschlossen worden. Das Stück von dem monomanischen patriotischen Jüngling, der in feindlicher Gefangenschaft lieber den Tod wählt, als sein „Heldentum“ aufzugeben, stellte eines der eigentümlichsten und zugleich reizvollsten Produkte Lessingscher Phantasie dar. Zu denken gibt, daß schon Freunde Lessings das Drama als patriotische Verherrlichung mißverstanden; so Gleim, der den – zunächst anonym veröffentlichten – Prosatext versifizierte und die vaterländischen Momente noch verstärkte (1760). Der Siebenjährige Krieg als Entstehungskontext des *Philotas* dürfte die Rezeption erheblich gebunden haben. Um so bemerkenswerter ist, bei genauerer Analyse, Lessings kritische, widerständige Intention. Dem versteinerten Heldenpathos des indoktrinierten jungen Mannes, der im Grunde „ein Kind“ ist (1. Auftritt), muß der König Aridäus, in dessen Gewalt er sich befindet, das Maß des Menschlichen entgegenhalten: „was ist ein König, wenn er kein Vater ist! Was ist ein Held ohne Menschenliebe!“ Und schließlich: „Ich bin ein Mensch, und weine und lache gern“ (7. Auftritt).

Die Dialektik dieses Trauerspiels ist gewiß vielfach vermittelt, das Anachronistische im heldischen Verhalten des „schönen Ungeheuers“ Philotas[33] nur historisch *und* typologisch erfaßbar. Der sinnlose, verzweifelte Selbstmord des indoktrinierten, fanatisierten jungen Mannes in Gefangenschaft ist von erschreckender Aktualität. Das eigentümlich Zusammengesetzte, Undefinierte des Geschehensraumes könnte den Versuch erleichtern, dem Stück noch einmal Bühnenwirklichkeit zu geben. Als düsteres Vorspiel zum Nachkriegsstück *Minna von Barnhelm*? An der Courage und intelligenten Phantasie eines Regisseurs, der das ‚Musterlustspiel‘ nicht mehr zelebrieren möchte, würde sich Gelingen oder Mißlingen entscheiden.

Viele Einzelzüge der frühen Lustspiele wie der *Sara* treffen in *Philotas* zusammen: die unreife Selbstüberhebung (Damis), die tugendbestimmte Halsstarrigkeit (Adrast), die „Men-schenliebe" (der Reisende), aber auch das „Väterliche" des alten Sampson, und vieles andere. Die gängige Ansetzung einer großen ‚Lücke' zwischen den sogenannten Jugendlustspielen und *Minna von Barnhelm* ist unangemessen. Des Wiederbeginns auf einer neuen Stufe, auch der er-höhten Anforderung an das eigene dramatische Talent und Renommee freilich war Lessing sich durchaus bewußt. „Wenn es nicht besser, als alle meine bisherigen dramatischen Stücke wird", schreibt er am 20. August 1764 an Ramler, „so bin ich fest entschlossen, mich mit dem Theater gar nicht mehr abzugeben" (LM 17, 213).

Wie eine öffentliche, bestätigende und bestärkende Antwort auf Lessings privaten Brief liest sich, was am 4. Juli 1767 in den Greifswalder „Neuen Kritischen Nachrichten" über das eben im Druck erschienene neue Lustspiel steht: „Es ist die glücklichste Vorbedeutung für das Theater der Deutschen, daß Herr Lessing wieder anfängt, für dasselbe zu arbeiten"[34]. Eben die-ser, nach dem *Jungen Gelehrten* und *Miß Sara Sampson*, dritte erfolgbestimmte Markierungs-punkt auf dem Weg des nationalen Dramatikers Lessing bedeutet, als Wendepunkt, zugleich eine eminente Schwierigkeit für den historischen Zugang zu *Minna von Barnhelm*. Das erste ‚lebendig' gebliebene deutsche Lustspiel, der Beginn der ‚eigentlichen' Komödientradition in Deutschland, das ‚Musterlustspiel', das erste wirkliche ‚Zeitstück': diese und Dutzende von Etiketten nur leicht abgewandelter Art füllen seit Generationen die Handreichungen für Lehrer, die Theaterprogrammhefte, die Aufführungskritiken, die Literaturgeschichten und die Nach-schlagewerke verschiedenster Zweckbestimmung[35].

Hinter dem schier erdrückenden formalen Konsens über das Epochemachende des Stücks taucht ein nicht nur fachwissenschaftlicher, sondern auch etwa das Theater berührender Deutungsstreit auf, der gerade in den letzten Jahren auffällig oft Gegenstand methodenkriti-scher Erörterungen wurde[36]. Das ‚Zeitstück' steht gegen das ‚überzeitliche' Lustspiel, die poli-tische Deutung gegen das Drama des ‚Menschlichen', die sozialgeschichtliche Situierung gegen die Interpretation der ästhetischen Qualitäten als ‚Spiel', und so fort. Auch innerhalb der hier vereinfachend als polar gefaßten Methodenrichtungen gibt es erhebliche Divergenzen, ja kon-tradiktorische Auslegungen wie friderizianisch und antifriderizianisch oder bürgerlich und an-tibürgerlich oder ‚über'-bürgerlich, und ein breites Spektrum erstreckt sich selbst zwischen den Gattungspolaritäten Komödie und (verhinderte) Tragödie. Wohl bei keinem Stück Lessings ist der Versuch verfehlter, in Kürze – und sei es mit einem Gestus *ex cathedra* – *eine* Deutung vor-zutragen. Für den, der vom Theater und von der Spielbarkeit her sein Interesse begründet, ist die angesprochene Vielfalt der Deutungsmöglichkeiten nicht nur Anreiz zur Diskussion mögli-cher Regiekonzepte, sondern zugleich rezeptionsästhetische Grundlage zum Nachdenken über ‚Spielräume' der geschichtlichen Ausfaltung.

Die vermutlich geschichtsmächtigste, vorstrukturierende Einordnung wurde für *Minna von Barnhelm*, noch klarer als für viele andere Texte der Aufklärungsepoche, Goethes Charak-terisierung im 7. Buch von *Dichtung und Wahrheit* (1812)[37]. Daß dieses Lustspiel „eine nie zu berechnende Wirkung" ausübt, ist durch die lange und kontinuierliche Theatergeschichte, von den frühen, über zweihundert ‚Soldatenglück'-Werken bis in die Fernsehära immer wieder be-stätigt worden.

Goethes Wort von „der wahrsten Ausgeburt des Siebenjährigen Krieges", dem ersten Theaterstück „von spezifisch temporärem Gehalt" erfaßte den Aspekt ‚Zeitstück'. Auf den Charakter eines nationalliterarischen Wendepunkts weist die Formulierung „von vollkomme-nem norddeutschen Nationalgehalt" hin. Und schließlich wird der überzeitliche, ‚ideale' Gehalt durch die These angesprochen, daß dieses Stück „den Blick in eine höhere, bedeutendere Welt aus der literarischen und bürgerlichen [. . .] glücklich eröffnete".

Weniger bekannt als Lessings Schwierigkeiten mit der Zensur und auch weniger respektvoll als der Großteil der späteren interpretierenden Forschung ist die früh von Zeitgenossen geäußerte Kritik an den dramaturgischen Qualitäten des Lustspiels. Das heute bis in kleinste Feinheiten analysierte komödiantische Spiel Minnas etwa[38] wird immerhin von Johann Joachim Eschenburg als „zu verwirrend" und „zu weit getrieben" kritisiert[39]. Die nach neueren Interpretationen[40] vielfältig mit der Haupthandlung verknüpfte Figur des Riccaut erscheint manchen als aufgesetzt, entbehrlich, und nicht in erster Linie aus politischen oder nationalen Gründen. Was die frühen Rezipienten bei allem ihrem Respekt vor den Qualitäten des Stücks und vor dem Renommee Lessings fast beneidenswert auszeichnet, ist die Unmittelbarkeit des Eindrucks und des Urteils – so wie Lessing selbst mit ‚Mustern' und Autoritäten umzugehen pflegte. Heute bleibt es nahezu ausschließlich Theaterleuten wie etwa Ivan Nagel[41] vorbehalten, die „eminente Spielbarkeit" der *Minna von Barnhelm* jedenfalls für die Gegenwart als eine Legende anzuzweifeln – und eben dadurch vielleicht den Anstoß zu einer reflektierteren Bestätigung zu geben.

Daß die Komödie, mit der Lessing seine frühen Lustspiele nicht ‚überwand', sondern nur in den Hintergrund drängte[42], im Rahmen des Hamburger Nationaltheaters ihre Uraufführung fand (am 30. September 1767), erscheint im nachhinein von geschichtslogischer Konsequenz. Das erste deutsche „Originalstück" wurde in die gleiche nationalliterarische Legendenbildung eingewoben wie die *Hamburgische Dramaturgie* (1767–1769) als Dokument eines theaterinstitutionellen Neubeginns. Genauere Untersuchung der Spielpläne, auch der realen Spielpraxis im Vergleich mit Lessings Besprechungstendenzen, weiterhin die Analyse der Gründe, die zu dem baldigen Scheitern der „Entreprise" führten, haben ein nüchterneres, historisch differenziertes Bild ergeben[43]. Lessings berühmte Klage am Schluß der *Hamburgischen Dramaturgie*: „Ueber den gutherzigen Einfall, den Deutschen ein Nationaltheater zu verschaffen, da wir Deutsche noch keine Nation sind!", auch der Vorwurf an „das Publicum", es habe „nichts" für das Theater getan (LM 10, 213), sind an den konkreten Möglichkeiten und Grenzen sowohl der Theaterleitung wie der Zuschauer zu messen. Nicht nur Eitelkeit, Intrigen und kaufmännische Unfähigkeit der Initiatoren wurden dem Unternehmen zum Verhängnis. Die Idee des Nationaltheaters eilte dem Entwicklungsstand und der Bewußtwerdung des anzusprechenden Bürgertums voraus. Mannheim – das später (1776/77) noch einmal für Lessing eine Möglichkeit zu bieten schien –, Wien und vor allem Gotha und Weimar boten als fürstliche Zentren die Basis, die längerfristig trug.

Für den Dramatiker Lessing bedeutet die Arbeit an der *Hamburgischen Dramaturgie* zunehmend die exemplarisch-induktiv ansetzende, exkursartige Möglichkeit zur Verständigung über die neue Dramentheorie. Das Kernstück, die Auseinandersetzung mit der *Poetik* des Aristoteles – die an anderer Stelle dieses Handbuchs gewürdigt wird –, knüpft an den Briefwechsel mit Mendelssohn und Nicolai über das Trauerspiel und an die „Mitleids"-Diskussion aus dem *Laokoon* (1. Teil 1766) unmittelbar an. Die „menschliche" Schmerzäußerung des Helden, wie sie Philoktet zeigt, ermöglicht Mitleiden des Zuschauers. Die Verschärfung, der Held des Trauerspiels müsse „von gleichem Schrot und Korne" sein (LM 10, 104), kommt jetzt hinzu und wirft ebenso neue Probleme der Deutung Lessingscher Dramatik auf wie die These von der Verwandlung der erregten Leidenschaften „in tugendhafte Fertigkeiten" (LM 10, 117).

Für *Emilia Galotti* als das auf die *Hamburgische Dramaturgie* folgende Trauerspiel ist die Frage nach ‚Theorie' und ‚Praxis' immer wieder gestellt worden[44]. Auf *Minna von Barnhelm* ließ sich etwa der Satz „Die Komödie will durch Lachen bessern; aber nicht eben durch

Verlachen" (LM 9, 303) gewissermaßen nach rückwärts überzeugend anwenden. Aber mit welcher Figur der *Emilia Galotti* soll der Zuschauer „Mitleiden" haben, und welche „tugendhaften Fertigkeiten" werden durch dieses Stück, noch dazu angesichts des nicht eindeutigen Schlusses, gefördert?

Fragen dieser Art wären in ihrer direkten Bezugsetzung bei einer Regelpoetik Gottschedscher Observanz berechtigt. Lessing der Dramatiker dagegen ‚verstößt' nicht einfach gegen ein selbstaufgestelltes ‚System', sondern er ‚unterläuft' den Dramaturgen. Dies ist zunächst nur eine Metapher für das Vorhandensein einer Fülle von Fragen, deren Schwierigkeit über die Deutungsprobleme bei *Minna von Barnhelm* wohl hinausführt: die Streichung des Adjektivs „bürgerlich" in der Gattungsbezeichnung des Trauerspiels, die Entpolitisierung der seit 1754 interessierenden Virginia-Fabel, Emilias Verhältnis zum Prinzen (liebt sie ihn?), dessen schillernder Charakter, die eigentümliche Starrheit der moralischen Zentralgestalt Odoardo, der ‚offene' Schluß mit der Berufung auf den „Richter unser aller", nicht zuletzt die Uraufführung des Stücks ausgerechnet zum Geburtstag der braunschweigischen Herzogin (13. März 1772).

Die frühe Anerkennung des ‚Originalstücks', die Anerkennung der theatralisch-dramaturgischen Meisterschaft, freilich auch erste Kritik an allzu Kalkuliertem verbinden *Emilia Galotti* mit der Rezeption der *Minna von Barnhelm*. Auffällig sind vereinzelte Berichte über die „Kälte", mit der das Publikum da und dort reagierte[45], auch Äußerungen der bloßen „Bewunderung", die gewiß den Postulaten der *Hamburgischen Dramaturgie* nicht genügen wollten. Friedrich Schlegel hat mit seiner folgenreichen, ambivalenten Kritik hier angesetzt: „ein großes Exempel der dramatischen Algebra", ein zu bewunderndes „Meisterstück des reinen Verstandes"[46].

Politische Aspekte, auf zeitgeschichtliche Realitäten bezogen, haben dagegen – verglichen mit *Minna von Barnhelm* – erst relativ spät eine Rolle gespielt. Herder spricht 1794 im Zusammenhang der Orsina von der „Sphäre der Willkür"[47] und Goethe dann 1827 von den „Piken auf die Fürsten"[48]; an anderer Stelle hebt er hervor, in der Kritik der höheren Stände habe Lessing mit *Emilia Galotti* den „entschiedensten Schritt" getan[49]. So ‚unpolitisch' die frühe Rezeption dieses Stückes war[50], so sehr hat sich gerade in der Gegenwart eine wichtige Deutungskontroverse hierauf konzentriert. Fritz Kortners eingangs angesprochene Regiekonzeption nimmt eben dieses Politische, Sozialpolitische auf, um es ostentativ gegen das Bürgertum zu wenden; der Prinz wird geradezu ‚entlastet'. Versuche der Ästhetisierung, wie sie etwa Werner Schroeter 1972 in Hamburg unternahm, mit einer Bühne als ‚schwarzem Kasten', mit marionettenhaften Schauspielern hinter einem Gazevorhang, scheitern offenbar an der zu expliziten Sozialproblematik des Stücks.

Welche ‚Botschaft' freilich den aufgezeigten Konflikten entgegengesetzt wird, bleibt so verdeckt wie Odoardos Nennung des obersten „Richters". Erst Lessings letztes Stück, vielfältig als ‚Summe' seines Lebens gedeutet, *Nathan der Weise*, bietet einen in seinem Gehalt formulierbaren, von „Umarmungen" und „Rührung" gekennzeichneten positiven – für manche Interpreten zu positiven – Schluß[51]. Gleichsam kompensierend aber hat Lessing mit einer kühnen Konzeption die sinntragende, mehrdeutige Ringparabel in die Mitte des Stücks gerückt (III, 7).

Überdies erschließt erst der Kontext des seit Ende 1777 geführten Fragmentenstreits[52] den Sinnhorizont der Frage nach der „Wahrheit" der Religionen in seinem ganzen Umfang. Der utopische Charakter des Schlußentwurfs einer universalen Menschheitsfamilie, mit den vielberufenen Zentralbegriffen der „Menschlichkeit" und der „Toleranz", hat wiederum gerade wegen ihres positiv erst einzulösenden Anspruchs der Usurpation Tür und Tor geöffnet. Keines der anderen Stücke Lessings ist so sehr „Lehrgedicht"[53] wie dieses „dramatische Gedicht" und ist mit seiner „Lehre" so sehr der Einspannung für heterogene Zwecke ausgeliefert.

Als Wiedergutmachungsstück mit einer aktualisierten Pogrom-Erzählung hat *Nathan der Weise* auch denen ein gutes Gewissen geben müssen, die von der Position des Patriarchen nie wirklich hatten freikommen können. Ernst Deutsch als prägende Figur einer Epoche von *Nathan*-Pflege verkörperte geradezu als Garant die beruhigende Überzeugung, daß man ja bereits auf dem guten Wege sei. Die Gestalt des weisen, alten Mannes jenseits von Gut und Böse schien überdies der Lebenssituation ‚organisch' zu entsprechen, in der das Schauspiel entstanden war. Lessing war fünfzig Jahre alt, als er sein letztes Werk schrieb, nicht an die achtzig wie Goethe, als er *Faust II* abschloß, mit dem *Nathan der Weise* gelegentlich gern verglichen wird. Trotzdem enthält das Werk charakteristische Züge einer späten Synthese, mit der Wiederaufnahme früher Themen und Figuren (insbesondere aus *Die Juden*), einem eigentümlich ‚zusammengesetzten' Schauplatz[54], einer Schauspielform jenseits von Tragödie und Komödie – trotz Schillers einseitig mißverstehender Kritik[55]. Und zum erstenmal, nach dem Alexandriner-Fragment *Samuel Henzi* (1749) und dem Blankvers-Fragment *Kleonnis* (1758), gelingt der dramatische Vers, freilich ein lockerer, oft gesprächshafter, der Prosa naher Vers.

Dem Bruder Karl schreibt Lessing am 18. April 1779, daß sein *Nathan* wohl „im Ganzen wenig Wirkung thun würde, wenn er auf das Theater käme, welches wohl nie geschehen wird" (LM 18, 314). Ähnlich lautet es in einem Entwurf Lessings zu einer Vorrede. Gegenüber Elise Reimarus aber verwendet er, nachdem ihm in Sachen Fragmentenstreit Publikationsverbot auferlegt worden ist, am 6. September 1778 die berühmt gewordene Formulierung: „Ich muß versuchen, ob man mich auf meiner alten Kanzel, auf dem Theater wenigstens, noch ungestört will predigen lassen" (LM 18, 287).

Der Kamenzer Pastorensohn, der seine Theaterleidenschaft dem Vater gegenüber mit eigentümlicher Insistenz verteidigt und dann konsequent Stufe um Stufe, bis zum „nationalen" Dramatiker emporgeführt hatte, war Theatraliker in einem umfassenden Sinn wie kein anderer seiner schreibenden Zeitgenossen. Nicht nur, daß er das Theater von der Pike auf beherrschte, die theatralische Überlieferung gelehrt zu erschließen verstand und durch epochale Erfolge in seiner produktiven Fähigkeit bestätigt wurde. Lessing erkannte vor allem das Paradigmatische des Theaters, neben der Predigt als dem Ort, wo ‚Interessierendes' mündlich und öffentlich verhandelt wird. Dieses Öffentliche aber ist zugleich nationales Forum, Vehikel und Spiegel der jeweiligen Entwicklung. Mit Johann Elias Schlegel war er sich einig: „Ein gutes Theater tut einem ganzen Volke eben die Dienste, die der Spiegel einem Frauenzimmer leistet, das sich putzen will. [. . .] Es verbreitet den Geschmack an Künsten und Wissenschaften; es lehrt auch den geringsten Bürger."[56]

Für Lessing aber ist auch die öffentliche Schriftlichkeit Theater, Dialog, Disput, ob es sich um kritische, theoretische oder polemische Texte handelt. Mündlichkeit als Maxime des Stils ist freilich unabdingbar. „Schreibe wie Du redest, so schreibst Du schön", belehrt der knapp Fünfzehnjährige seine Schwester Dorothea Salome (LM 17, 3). Alles, was später an ‚Natürlichkeit', ‚Lebhaftigkeit', ‚Klarheit' in Lessings Prosa gelobt wurde, geht im Kern auf dieses ‚Reden' zurück, das als öffentliches Reden theatralisches Reden ist. Die alte Metapher von der Welt, vom Leben als Theater gilt für Lessing in mehr als einer Hinsicht. In seinem letzten Brief an Moses Mendelssohn (19. Dezember 1780) formuliert er, auf die Jugendzeit zurückblickend: „Ach, lieber Freund! diese Scene ist aus!" (LM 18, 362). Mendelssohn aber schreibt nach Lessings Tod an dessen Bruder Karl Gotthelf, im Blick auf *Nathan den Weisen*: „Er ist in der Tat mehr als *ein* Menschenalter seinem Jahrhunderte zuvorgeeilt."[57] Der Dramatiker Lessing ist sogar – bis heute – als einziger unter seinen Zeitgenossen lebendig geblieben.

Das Drama des Sturm und Drang
Jürgen Zenke

Läßt man die Zahl der westdeutschen Aufführungen in dreißig Nachkriegsjahren als Maßstab für die Rezeptionsintensität in jüngster Zeit gelten, so findet sich die einschüchternde Dominanz der Klassiker auch auf diesem für jedes Drama entscheidenden Feld bestätigt. Nur die Gesellschaftsdramen von J. M. R. Lenz haben daneben mehr als philologisches Interesse wachrufen können, ohne es jedoch zusammengenommen auf mehr als ein Zehntel der Aufführungen allein von Schillers *Räubern* zu bringen, von *Kabale und Liebe* ganz zu schweigen, das die Liste der meistgespielten Stücke an fünfter Stelle mit anführt. Selbst der wahrlich nicht bühnenkonforme *Götz von Berlichingen* stellt Lenz' dramatisches Gesamtwerk mühelos in den Schatten. Daran haben auch die Lenz-Bearbeitungen von Brecht und Kipphardt nicht viel zu ändern vermocht. Hier ist nicht der Ort, die Gründe für dieses Mißverhältnis zwischen germanistischer und theaterpraktischer Wertschätzung näher zu untersuchen. Zwar wurden viele Dramen des Sturm und Drang ohne Rücksicht auf die zeitgenössische Bühne geschrieben (Klingers *Zwillinge* und Leisewitz' *Julius von Tarent* sind Ausnahmen), doch über das eingeschränkte Wirkungspotential bloßer Lesedramen reichen sie wohl unter den Bedingungen heutiger Theaterpraxis hinaus. Einschränkungen dieser Art wären allenfalls für Gerstenbergs *Ugolino* geltend zu machen, der nur 1963 einmal inszeniert wurde, aber schon nicht mehr für H. L. Wagners *Kindermörderin* (eine Inszenierung 1973/74, immerhin 56 Aufführungen in der Bearbeitung von Peter Hacks).

Allerdings hat die Forschungstradition dazu beigetragen, den Sturm und Drang als bloße – wenn auch noch so bahnbrechende – Vorstufe bei der Herausbildung der Weimarer Klassik im Bewußtsein zu verankern, was etwa in den Metamorphosen des Goetheschen Faust-Dramas besonders plausibel erscheinen mochte. Die einseitig produktionsästhetische Betrachtungsweise im Bannkreis der Genieästhetik sah vor allem die irrationalistische Opposition gegen die Verstandeskultur der Aufklärung[1], wobei dann häufig F. M. Klinger mit seinen Jugenddramen als Repräsentant des neuen Ausdruckswillens galt. Erst im Zuge eines wachsenden Bedürfnisses nach sozialgeschichtlicher Fundierung der Literaturwissenschaft und der dazu parallelen Ausdehnung des Aufklärungsbegriffes trat, nicht nur von marxistischer Warte, die Verflechtung der Epoche mit der Aufklärung deutlicher in den Blick. Empfindsamkeit wie auch Sturm und Drang werden heute fast einhellig der Aufklärung zugerechnet, als Strömung in bzw. Fortsetzung der gesamteuropäischen Epoche. Folgerichtig avancierte nunmehr J. M. R. Lenz mit seinen sozialen Dramen zum Exponenten der Geniezeit.

Es hieße allerdings die inneren Spannungen und Widersprüche der Epoche übersehen, wollte man ihr Verhältnis zur Aufklärung als plane Fortführung begreifen statt als ‚Aufhebung‘. Gerade im Drama dieser Zeit spiegelt sich sowohl ein schrankenloser Individualismus (*Die Räuber*) bis an die Grenze der Selbstparodie (Klinger) als auch leidenschaftliche Parteinahme für öffentliche Belange aus der Sicht der bürgerlichen Intelligenz (Lenz' *Hofmeister*); kontrastiert das tatkräftige Wirken der Selbsthelfer (*Götz von Berlichingen*) mit selbstgenügsamer Empfindsamkeit, Melancholie und einem Rückzug aus der Öffentlichkeit (bei Klinger und Leisewitz), die Auflehnung gegen Hochmut und Willkür des Adels mit der Vorbildlichkeit seiner aufgeklärtesten Vertreter (Lenz' *Soldaten*) wie auch, komplementär, mit dem kleinkarierten Utilitarismus bürgerlicher Beschwerdeführer (vor allem der Familienväter, aber auch des Hofmeisters bei Lenz); reicht die Ausdrucksskala vom geradezu barocken Pathos entfesselter Leidenschaften (Klinger; *Die Räuber*) bis zum trivialen Alltagsidiom der bürgerlichen Familie (Lenz; Wagners *Kindermörderin*). Schon diese disparaten Erscheinungen nötigen zu differenzierter Beurteilung statt vorschneller Vereinheitlichung.

Nun scheint wenigstens der zeitliche, geographische und biographische Nexus die jungen Geniedramatiker zu einer homogenen Gruppe zusammenzuschließen: In den wenigen Monaten der fruchtbaren Begegnung des jungen Goethe mit Herder in Straßburg 1770/71 entsteht der *Götz von Berlichingen*, von Hamann enthusiastisch als „Morgenröthe einer neuen Dramaturgie" begrüßt[2], sogar von Wieland mit wenigen Vorbehalten als „*schönes Ungeheuer*" gewürdigt[3], und macht Goethe in kürzester Zeit als „deutschen *Shakespear*" (G. A. Bürger)[4] bekannt. Ihm eifern seine meist aus bescheidenen Verhältnissen stammenden, etwa gleichaltrigen Weggefährten dieser Jahre nach: Lenz (seit der intensiven Freundschaft im Sommer 1771) und der Straßburger Jurastudent H. L. Wagner; später in Frankfurt ab 1771 Klinger, in dessen Wohnung die vier geistig Verbündeten sich jeden Samstag treffen; schließlich auch Friedrich (Maler) Müller, den Goethe 1774 in Mannheim kennenlernt. Als zwei Jahre darauf, im Jahre der amerikanischen Unabhängigkeitserklärung, die meisten Sturm-und-Drang-Dramen erscheinen, hat Goethe diese Lebensphase bereits überwunden und geht auch äußerlich auf Distanz zu den nach Weimar geeilten Freunden Lenz und Klinger, die er bis dahin nach Kräften gefördert hatte.

Bis auf Gerstenbergs *Ugolino* (1768) als Vorläufer konzentriert sich also fast die gesamte Dramenproduktion des Sturm und Drang auf dieses halbe Dezennium, in dem auch Leisewitz' *Julius von Tarent* (1776) erscheint. Er ist dramaturgisch eher an Lessing orientiert und war nicht zuletzt darin Vorbild für Schillers Jugenddramen, die erst nach Goethes *Iphigenie* entstehen und deren letztes, *Kabale und Liebe*, noch immer der mitten im Sturm und Drang erschienenen *Emilia Galotti* (1772) verpflichtet ist. Damit tritt das epochengeschichtliche Phänomen der Gleichzeitigkeit des Ungleichen (und *vice versa*) wohl zum erstenmal in Deutschland augenfällig in Erscheinung.

Das Lebensgefühl der jungen Dramatiker formuliert am bündigsten Goethe während der Arbeit am „Ur-Götz": es sei „traurig an einem Ort zu leben wo unsre ganze Wircksamkeit in sich selbst summen muß"[5]. Prometheischer Gestaltungswille in einem unheroischen, bürgerlichen Zeitalter – dieser Konflikt ruft die Melancholie als Begleiter des unbedingten Handelns auf den Plan, am deutlichsten in Klingers Dramen. Im *Götz von Berlichingen* wird die Ungunst der Verhältnisse für das nach tätiger Selbstverwirklichung strebende große Individuum historisch gespiegelt, in den *Räubern* moralisch, bei Lenz und Wagner sozial. Für Klinger treten die äußeren Bedingungen der „wäßrigen, weitschweifigen, nullen Epoche", wie Goethe sie nennt (*Dichtung und Wahrheit*, 7. Buch), hinter eine innere Kausalität zurück: „Unser Unglück kommt aus unserer eigenen Stimmung des Herzens, die Welt hat dabey gethan, aber weniger als wir", sagt der Protagonist Wild (*Sturm und Drang* I, 1), der „Welt auf, Welt ab" jagt (II, 1), mehr vom Dämon innerer Zerrissenheit und unerfüllter Liebe als von Abscheu gegen die „träge" alte Welt getrieben[6]. Die Provinzialität von Klingers Amerikabild reflektiert allerdings mehr von den heimischen Verhältnissen, als Wilds entfesselte Rhetorik vermuten läßt: Der hoffnungsvolle Aufbruch führt geradewegs ins Wirtshaus als Ort letztlich rührender Familienversöhnung. Damit schrumpft die „neue", „bedeutende" Welt zum dramaturgischen Topos, eingebettet in ein fernes Irgendwo, in dem auch jede Form gesellschaftlicher Bewährung des Tatendrangs Utopie bleiben muß. Folgerichtig äußert La Feu, Wilds *alter ego*, den Wunsch nach einer Art märchenhafter ,,brave new world'' wie in Shakespeares *Sturm* (!), die immerhin den bereits zum ,edlen Wilden' gezähmten Caliban in Gestalt des jungen Mohren beheimatet, während die realen, als Söldner an die Engländer verkauften Deutschen ausgespart werden.

Die Hindernisse, die den jungen Dramatikern um Goethe bei ihrer Selbstverwirklichung entgegenstanden, sind bekannt und brauchen deshalb hier nur kurz skizziert zu werden[7]. Als Studenten kleinbürgerlicher Herkunft lebten sie mit Ausnahme Goethes in dürftigen Verhältnissen, betrieben das Jurastudium halbherzig und eher als notwendiges Übel; auch Lenz hatte sich in Straßburg der Theologie bereits entfremdet. Der Eintritt in geachtete bürgerliche Berufe war ihnen, mit Ausnahme Wagners und Goethes, verwehrt oder wurde gar nicht ernsthaft in Erwägung gezogen. Soziale Aufsteigerambitionen waren nur, wenn überhaupt, um den Preis der Abhängigkeit von einem Fürstenhof (,Hofschranzentum') zu verwirklichen. Für die eigentlich ersehnte Existenz als freie Schriftsteller, wie England sie schon zu Beginn des Jahrhunderts kannte, fehlten in Deutschland noch wichtige Voraussetzungen: vor allem ein geregelter und aufnahmefähiger literarischer Markt, der sich erst in diesen Jahren entwickelte. Etwa vier Fünftel der Bevölkerung lebte damals trotz steigender Produktivität mehr schlecht als recht von der Landwirtschaft (1771/72 raffte eine Hungersnot jeden zwölften Sachsen dahin) und las so gut wie nichts. Der Adel bevorzugte französische Lektüre, und das städtische Bürgertum mußte als Publikum, gerade für die Innovationen des Sturm-und-Drang-Dramas, erst gewonnen werden[8], auch wenn die Lesekultur in Deutschland, besonders unter dem Einfluß der Lesegemeinschaften, gerade im Begriff war, in eine regelrechte Lesewut zu münden, die allerdings von einer häufig beklagten, z. T. aus materieller Not resultierenden Schreibwut mehr als reichlich bedient wurde. Das im Gegensatz zu England noch bis 1828 fehlende Urheberrecht begünstigte eine Fülle von Raubdrucken, die erst 1835 in Deutschland verboten wurden. Klopstocks Versuch, als freier Schriftsteller zu existieren, ohne wie sonst üblich ein Amt anzunehmen, hatte ihn wieder unter den Schirm des Mäzenats geführt. Auch Lessing blieb dieser Erfolg versagt. All dies führt zu einer Geringschätzung des beruflichen Schriftstellers als eines minderwertigen ,,Spaßmacher(s) und Schmarutzer(s)'', wie Goethe noch rückblickend im 10. Buch von *Dichtung und Wahrheit* klagt: ,,Ein armer Erdensohn, im Gefühl von Geist und Fähigkeiten, mußte sich kümmerlich ins Leben hineinschleppen und die Gabe, die er allenfalls von den Musen erhalten hatte, von dem augenblicklichen Bedürfnis gedrängt, vergeuden.''

Von maßgeblicher politischer Betätigung an den Fürstenhöfen oder von militärischen Führungspositionen, wie Klinger sie anstrebte, waren Nicht-Adlige so gut wie ausgeschlossen: Ihre Bildung und damit Kritikfähigkeit war eher gefürchtet. Deshalb blieb auch das literarische Aufbegehren der Stürmer und Dränger, insbesondere in ihren sozialen Dramen, politisch folgenlos, zumal das akademisch gebildete Bürgertum innerhalb der noch nicht erschütterten Ständegesellschaft zu trotziger Abkapselung neigte oder seine Identität in fürstlichen Diensten einbüßte. Die Ventilfunktion der teilweise massiven Kritik am Adel war ihrerseits kaum von wirksamen Sanktionen bedroht, weil den Autoren die Flucht in einen der über dreihundert Territorialstaaten offenstand und sie deshalb eine weitgehende schriftstellerische Freiheit genossen. So verbanden sich, wie Mme. de Staël formuliert, ,,die größte Gedankenkühnheit mit dem untertänigsten Charakter''[9]. Die Dramen des Sturm und Drang steigern sich nicht zu revolutionärem Appell, sondern münden, sofern sie nicht tragisch enden, in notdürftiger Harmonie, Anpassungsversuchen, bestenfalls zweifelhaften Reformvorschlägen (Lenz). Auch die historisch überfällige Sehnsucht und Forderung nach einer deutschen Nation wurde mangels politisch konkreter Phantasie und einer ständeübergreifenden Bewegung auf den kulturellen bzw. literarischen Bereich begrenzt und spielt selbst als solche in den Dramen dieser Zeit keine Rolle (ebensowenig wie übrigens der größte Bevölkerungsteil, die Bauern, obwohl man deren Nöte kannte und in ganz Europa über Verbesserungen in der Landwirtschaft diskutierte). Schmerzlich entbehrt man eine deutsche nationale Kultur mit einer Hauptstadt als geistigem Zentrum; den Dramatikern fehlte insbesondere ein potentes und risikobereites Nationaltheater, das erst ab 1776 entstand. Andererseits ist nicht zu verkennen, daß gerade die territoriale und kulturelle Zersplitterung der Kräfte auch die Ausdifferenzierung der verschiedensten literarischen Bestrebungen und Talente begünstigte. Außerdem gelang es den Autoren, sich gegen den literarischen Geschmack der Fürstenhöfe durchzusetzen und die Emanzipation einer bürgerlichen Literatur voranzutreiben.

Die bevorzugten Themen und Motive der Dramatik des Sturm und Drang spiegeln, wenn auch sehr viel mittelbarer als gemeinhin angenommen, viel von Lebensgefühl, sozialer Situation und natürlich von der geistesgeschichtlichen und literarischen Orientierung ihrer Autoren. Das Leitthema ist die freie individuelle Selbstentfaltung (,,freyer Genuß der Kräfte", wie Goethe in einem Schema zum 7. Buch von *Dichtung und Wahrheit* formuliert) angesichts und trotz historisch nur noch unzureichend legitimierter Beschränkungen durch Konvention und Stand, die nicht mehr als gottgegeben akzeptiert werden. Gegen den selbstgenügsamen Quietismus eines spannungslosen Bürgerlebens, den das bürgerliche Drama noch bis zu Iffland und darüber hinaus propagiert, wird, jedenfalls idealtypisch, der selbstbewußte Anspruch prometheischer Umgestaltung erhoben. In Goethes *Prometheus*-Fragment ist die Revolte gegen patriarchalische Autorität (,,selbst erwählte Knechtschaft") paradigmatisch verknüpft mit der vitalistischen Suche nach dem ,,Quell des Lebens". Ähnlich wie im Futurismus und Expressionismus, stützt sich der Ausbruch und Aufbruch zum ‚neuen Menschen' ganz auf die expansive Kraft des erwachten Individuums, das versucht, sich ,,auszudehnen, / Zu erweitern zu einer Welt" wie Goethes Prometheus. Das Ich nähert sich der Welt nicht romantisch hingabebereit, um eine ,,fellowship with essence" (Keats) einzugehen, sondern sucht die Widerstände usurpatorisch zu überspringen und erhebt Anspruch auf den ,,Kreis, den meine Wirksamkeit erfüllt" (*Prometheus*). Insofern ist die auf Shaftesbury zurückgehende Geniekonzeption des Sturm und Drang auch ein Gegenentwurf zu seiner realgeschichtlichen Situation.

Die sich aus diesem Leitthema ergebende Wendung gegen das Drama der Aufklärung zeichnet sich schon in dem 1753 entstandenen *Tod Adams* von Klopstock ab, der von Gleim gewürdigt wird als ,,ein Stück, darinn weder Theaterspiel noch Intrige ist, sondern das sich allein durch den wahren und natürlichen Ausdruck der Leidenschaft empfielt"[10]. So ließe sich auch Gerstenbergs *Ugolino* charakterisieren, und die neue Intention geht danach in etliche Dramen des Sturm und Drang ein. Leidenschaftliche Affektausbrüche prägen insbesondere das trotzige Aufbegehren benachteiligter gegen bevorzugte Brüder, denen der Anspruch auf Privilegien und Erbnachfolge streitig gemacht wird[11]. Im *Tod Adams* gilt die Kainstat noch als unwiderrufliches Zeichen für die Sündhaftigkeit des Menschen, im *Ugolino* wird ein (letztlich harmloser) Bruderzwist bereits innerweltlich-existentiell motiviert, in Goethes *Prometheus*-Fragment entzündet er sich an der Doppelnatur des Menschen: ,,Gleichet den Tieren und den Göttern." Diese Zweipoligkeit erscheint im *Julius von Tarent*[12] und den *Zwillingen* als Dialektik der komplementären Züge des Sturm-und-Drang-Helden. In beiden Dramen scheitert die heißblütige, tatendurstige Kraftnatur an ihrer übersteigerten Vereinzelung gegenüber den verachteten Erben der Aufklärung, sowohl dem beherrscht-vernünftigen und staatsklugen wie auch dem empfindsam-melancholischen Rivalen, die sich ihrerseits in ihrer Vereinzelung als nicht überlebensfähig erweisen, weil sie glauben, sich der vitalen Herausforderung entziehen zu können. Gleichzeitig spiegelt der Bruderkampf aber auch, besonders in den *Zwillingen,* die Krise des aristokratischen Legitimitätsprinzips.

Leidenschaftlicher Selbstverwirklichungsdrang beschwört ferner einen Generationskonflikt herauf – wiederum idealtypisch sichtbar in der Auflehnung des Goetheschen Prometheus gegen den „Allvater" Zeus –, der der nach wie vor weitgehend respektierten Autorität des ‚Hausvaters' Grenzen setzt. Insbesondere der Anspruch auf Liebesglück läßt sich nicht mehr von ökonomischen oder Standeserwägungen abweisen. Sofern sich die Väter nicht wenigstens im Nachhinein zu empfindsamer Duldung oder Verzeihung bereit finden wie im *Hofmeister,* droht ihnen die Auslöschung ihrer Familie wie im *Julius von Tarent.* Klinger riskiert mit Simsone Grisaldo sogar den Entwurf eines kraftgenialischen Helden von eminent erotischer Ausstrahlung, der die private sinnliche Erfüllung bruchlos mit öffentlichen Zielen zu vereinen weiß. Der Stellenwert dieses konstruktiven Protests erhellt aus seiner Bemerkung: „Das Widernatürliche und Gewaltsame unsers Zustandes in der bürgerlichen Gesellschaft zeigt sich nirgends stärker, als in der Unterjochung des Geschlechtstriebes, die uns religiöse und politische Gesetze auflegen"[13]. Mit dieser Einsicht hat sich das bürgerliche Selbstbewußtsein bereits von der bislang progressiven, nun jedoch erstarrten bürgerlichen Tugendhaltung emanzipiert, ohne allerdings einen gesellschaftlichen Ort für die natürliche Sinnlichkeit zu finden, die im bürgerlichen Drama einhellig als Gefährdung empfunden und deshalb dem Primat eines leidenschaftslosen ‚mittleren' Lebens geopfert wurde.

Goethe, Lenz und Wagner zeigen in ihrer Dramatisierung des empfindsamen Kardinalthemas der ‚verführten Unschuld' das entmutigende Kräfteverhältnis zwischen den Liebenden und ihrer sozialen Umgebung, die (im *Faust* und in der *Kindermörderin*) die Mütter durch ihre Moral erst zum Kindesmord treibt und dann das Todesurteil über sie hinnimmt. Lenz und Wagner enthüllen im Zusammenhang mit dieser Anklage, wie sehr die weibliche Tugend bereits zum Spekulationsobjekt für den Aufstiegsehrgeiz bürgerlicher Eltern abgesunken ist. Wo die weibliche Tugend als Eintrittspreis für den Adelsstand angeboten wird wie in Lenz' *Soldaten,* sieht sie sich scheiternd auf ihren ursprünglichen bürgerlichen Standesstolz zurückverwiesen, auch wenn die Standesschranken prinzipiell nicht als Barrieren für zwischenmenschliche Beziehungen akzeptiert oder sie gar utopisch übersprungen werden, wie es das tragische Ende der Liebenden in *Kabale und Liebe* impliziert. Ausgespart von diesem sozialen Aufbegehren bleibt in jedem Fall der Typus des aufgeklärten Adligen, in den wohl als Vertreter des aufgeklärten Absolutismus alle Hoffnung auf Reform gesetzt wird – jedenfalls bei Lenz.

Gleichzeitig fällt das Gelehrtentum der Aufklärung als Leitbild einer ganzen Epoche der Verachtung oder dem Spott anheim. Rousseaus Zivilisationskritik wies den vom pedantischen, lebensfernen Universitätsbetrieb enttäuschten Studenten hier die Richtung. Zeugnisse übermütigen Durchsetzungswillens sind schließlich die Literatursatiren der jungen Dramatiker um Goethe, in denen die Auseinandersetzung mit den literarischen Gegnern (vor allem der Aufklärung), Kritikern und Epigonen unbekümmert improvisiert wird. Die aufklärerische Kritik am Geniewesen und seinen dramatischen Produkten revanchierte sich mit Parodien: auf Gerstenbergs *Ugolino* hin erschien bereits 1769 *Der Hungerturm zu Pisa* von Bodmer.

Den meisten Anstoß erregte bei den zeitgenössischen Kunstrichtern das alle dramatischen Formkonventionen bewußt mißachtende ‚Shakespearisieren', das Herder schon an Goethes „Ur-Götz" rügte, obwohl doch gerade Herder entscheidend daran mitgewirkt hatte, Shakespeares Dramen als Vorbilder für ein antiklassizistisches, originär deutsches Theater zu etablieren. Man hat zu Recht gesagt, daß Shakespeare der Angelpunkt für die Dramenpoetik des Sturm und Drang ist. Bis etwa 1740 in Deutschland so gut wie unbekannt und noch von Gottsched verachtet, wurde er erst allmählich in Deutschland durch die Vermittlung über Dryden, Addison, Pope und den *Spectator* (1739–1743 von der Gottschedin übersetzt) wahrgenommen. J. E. Schlegel stellt ihn 1741 auf eine Stufe mit Gryphius, lobt wie die Engländer seine Charakterzeichnung (für Pope waren 1725 seine Charaktere „die Natur selbst"), kritisiert aber stilistische und dramaturgische „Fehler"[14]. Dieses gespaltene Urteil hält sich lange, bis zu Wieland und Lessing, der seine Volkstümlichkeit zwar gegen die französische Klassik ins Feld führt (17. Literaturbrief), ihn aber noch aristotelisch interpretiert (*Hamburgische Dramaturgie*, 101–104) und sich nicht für seine Verbreitung einsetzt. Vorbildcharakter über die Anerkennung seiner naturgetreuen Menschengestaltung hinaus gewinnt er erst 1759 durch Young, der in den *Conjectures on Original Composition* (dt. 1760) Shakespeare als Urbild eines Genies ansieht. Im gleichen Jahr stellt Hamann ihn in seinen *Sokratischen Denkwürdigkeiten* neben Homer.

Gerstenbergs *Briefe über Merkwürdigkeiten der Literatur* (1766/67) bringen den Durchbruch zur Neubewertung, indem sie Shakespeare in den Mittelpunkt einer Geniekonzeption rücken, die die bislang gültige Bedeutung ‚ingenium‘, also ‚Fähigkeit‘, ‚Talent‘, ‚Kunstfertigkeit‘ („Genie haben") durch die nicht näher definierbare Inspiration, die auf Plato zurückgehende Enthusiasmus-Vorstellung („Genie sein") ablöst: Shakespeare *sei* eins der ganz wenigen Genies und seine Dramen „lebendige Bilder der sittlichen Natur" (14. Brief), wobei „sittlich" den Bezug zu den Sitten und gesellschaftlichen Verhältnissen eines Landes meint. Auf Herder vorausweisend relativiert Gerstenberg (in seinen *Rezensionen* 1767–1771) die aristotelische Dramenpoetik historisch: Aristoteles habe sie „aus der Theater-Empirie" seiner Zeit abgeleitet[15], die Einheit des Ortes etwa sei wegen der Anwesenheit des Chors zwingend gewesen, keinesfalls aber unter modernen Bedingungen; man dürfe Shakespeare also nicht mit dem Maßstab der Griechen beurteilen. An die Stelle der klassizistischen Regeln und Einheiten setzt Gerstenberg die „innere Regel", die „Einheit der Absicht"[16], wie Shakespeare sie verwirklicht habe, und weist damit über den Sturm und Drang hinaus auf Goethes Begriff der ‚inneren Form‘.

J. G. Herder vollendet in seinem *Shakespeare*-Aufsatz von 1773 (1. Fassung 1771) Gerstenbergs Abkehr vom aristotelischen Mimesis-Prinzip wie überhaupt von der wirkungsästhetischen Literaturtheorie, der er nur pauschal und wenig originell Reverenz erweist, und er betrachtet die Dramen der alten Griechen und Shakespeares produktionsästhetisch als „originale" Hervorbringungen von Genies, als Poiesis also im Sinne der platonischen Enthusiasmus-Lehre, die – über den sogenannten ‚Longin‘ vermittelt – in der Genieästhetik nachwirkt. Um die mechanisch-veräußerlichte Nachahmung der in Frankreich immer noch kanonisierten „Regeln", ja die Nachahmung von fremden literarischen Vorbildern überhaupt in Deutschland ein für allemal zu unterbinden und dem Aufrechnen von Schönheiten und „Fehlern" bei Shakespeare ein Ende zu setzen, fragt er nach der „Genesis" des griechischen Dramas und entdeckt: „das Künstliche ihrer Regeln war – keine Kunst! war Natur!" Die Einheiten waren mithin organisch auf dem „Boden" griechischer „Simplicität" gewachsene Ergebnisse der dortigen Lebens- und Theaterverhältnisse, nicht Kunstdoktrin. Bei ebenso entschlossen historisierender Betrachtung enthüllt sich auch die eigenwertige Unverwechselbarkeit der Shakespeare-Dramen als ‚natürliche‘ Ausprägung ganz anderer geschichtlicher „Umstände": ein „Vielfaches" brachte eine vielgestaltige „Pflanze" hervor. Was „Trunkenheit und Unordnung" schien, ist das „lebendige Ganze" einer Weltschöpfung, der Dichter ein „dramatischer Gott". Die hiermit speziell für Shakespeare begründete Emanzipation der Szene von ihrer tektonischen Einbindung sollte bei Herder allerdings keine neue dramaturgische Norm bilden, und so sah er sich ebenso wie Lenz bald veranlaßt, vor einer veräußerlichten Kanonisierung der Regellosigkeit zu warnen und damit Lessings Position am Ende der *Hamburgischen Dramaturgie* zu bestätigen.

Auch für den jungen Goethe ist Shakespeare Weltschöpfer, der ,,mit dem Prometheus" wetteifert (*Zum Schäkespears Tag*, 1771), und Lenz schließt sich dem an. In seinen *Anmerkungen übers Theater* (1774) radikalisiert er einige programmatische Ansätze seiner Vorgänger, fügt ihnen aber kaum Neues hinzu. Auch seine Umkehrung der traditionellen Zuordnung von Tragödie/Handlung und Komödie/Person begründet er im Sinne Herders durch einen Rückgriff auf den deutschen ,,Volksgeschmack der Vorzeit und unsers Vaterlandes". Wie vor ihm L. S. Mercier in seiner einflußreichen Schrift *Du théâtre ou nouvel essai sur l'art dramatique* (1773, dt. 1776 von H. L. Wagner) betont er 1775 in der Selbstrezension seines *Neuen Menoza* den gesellschaftspädagogischen Auftrag des Dramas: die Komödie als Drama ,,für jedermann" müsse zugleich auch tragisch sein, um damit das rohe ,,Volk" an die anspruchsvollere Tragödie heranzuführen.

Daß Shakespeares Dramen auch für die gleichberechtigte Darstellung der unteren Gesellschaftsschichten vorbildlich wirkten, erhellt noch aus der etwas verspätet negativen Reaktion Friedrichs II. auf die ,,fürchterlichen Stücke von Shakespeare", die ,,lächerlichen Farcen", vor denen das deutsche Publikum trotz ihrer Regellosigkeit ,,vor Wonne hinschmelzen" würde: ,,Es treten Lastträger und Totengräber auf und halten Reden, die ihrer würdig sind; dann kommen Prinzen und Königinnen. Wie kann dies wunderliche Gemisch von Niedrigkeit und Größe, von Possenhaftigkeit und Tragik rühren und gefallen?"[17] Nirgendwo zeigt sich deutlicher als in dieser spiegelbildlichen Verkehrung der Zusammenhang zwischen dem Protest gegen dramaturgischen Regelzwang (insbesondere die Ständetrennungsregel für die dramatischen Untergattungen) und gegen die gesellschaftlichen Zwänge im absolutistischen Staat.

Gab Gerstenbergs *Ugolino* dem Geniedrama die leidenschaftlich-empfindsame Tonlage vor, und verhalf Goethes urwüchsig nationales *Götz*-Drama der neuen Dramaturgie zum Durchbruch, so blieb es dem 22-jährigen FRIEDRICH MAXIMILIAN KLINGER (1752–1831) vorbehalten, mit dem *Leidenden Weib* ein Programmdrama des Sturm und Drang zu schreiben, zugleich das erste bürgerliche Trauerspiel der Epoche. 1774 in vier Tagen zu Papier gebracht, 1775 anonym erschienen, später von Klinger nicht in seine Werksammlung aufgenommen, sondern ohne seinen Einspruch Lenz zugeschrieben, verkündet es nicht nur das neue Literaturprogramm unter Berufung auf die Herolde des Sturm und Drang, sondern entwickelt auch die dramatische Handlung weitgehend aus der Wirkung von Büchern. Klinger, dessen Dramen man eine auch biographisch bedingte spezifische Weltlosigkeit attestiert hat, geht – pointiert gesagt – in seinem zweiten Drama so weit, das Leben als Folge von Literatur zu begreifen. Das entspricht seinem Bekenntnis: ,,mir ists bey allen Schreibereyen um nichts anders zu thun, als in einer vorgestellten Welt zu leben, wenn ich's nicht thätig in der würklichen kann"[18].

Konsequent beginnt das Trauerspiel mit einem Literaturgespräch zwischen zwei aufgeblasenen ,,schönen Geistern", die unter Berufung auf die gängige, in Berlin und Leipzig gelehrte Ästhetik (Batteux) und ihren an Gellert und der Anakreontik (Jacobi) gebildeten ,,guten Geschmack" ängstlich vor der Schwelle zum Sturm und Drang verharren und ,,unsere ganze schöne Litteratur" an dem genialischen Klopstock-Verehrer Franz rächen möchten. Im Verlauf der Exposition knüpft Klinger nun das sich anbahnende Schicksal der dramatis personae an ihre Lektüreerfahrungen: Die titelgebende Gesandtin glaubt, Wielands galante Prosa habe sie zum Ehebruch verführt; der stürmische Franz, in dem sich Klinger selbst porträtiert, tritt seiner geliebten Julie als Tellheim und Romeo gegenüber, ohne je durch die Rollenfiktion unglaubhaft zu erscheinen. An dem dritten Liebespaar wirken, in komischer Variation dieses Themas, trotz aller Warnungen des besorgten Vaters die ,,Pestbücher" Richardsons (und der Anakreontik) gleichsam als Fluch noch bis ins zweite Glied nach: Die Hausmüttertugend von Suschens verstorbener Mutter war bereits am „Grandisonenfieber" zuschanden geworden, und deshalb gelobt das schlichte Mädchen vorsichtshalber lieber gleich: „Ich will nie was lesen" (I, 1), läuft aber dennoch mit ihrem Fritz davon. Alle drei Liebesverhältnisse scheitern: das von Wieland ‚gestiftete' innerlich an Gewissensqual und grundloser Eifersucht (an Othello gemahnend), die Romeo-und-Julia-Beziehung äußerlich durch Mißgunst, und das kecke Suschen wird zur Abrundung der komischen Spiegelung wieder eingefangen. Von letztlich tödlicher Wirkung ist also nur der von den Geniedramatikern längere Zeit verachtete und bekämpfte Wieland. Lessing und Shakespeare bieten die Vorbilder für edle Haltung und wahrhafte, unbedingte Liebe. Das Rosenemblem aus der *Emilia Galotti* mahnt die Gesandtin, den Tod als letzte Rettung vor weiterer Verfehlung herbeizusehnen. Die lebensbestimmende Macht der Literatur, die das *Leidende Weib* in Szene setzt, könnte als Literaten-Wunschdenken Klingers, Kompensation eines nach innen gezwungenen Wirkungsdrangs erscheinen, wäre das Drama nicht in der Zeit des selbstmordreichen Werther-Fiebers – Franz fühlt sich Werther brüderlich verwandt – und der anhaltenden pietistischen Furcht vor der Verführungskraft schöner Literatur entstanden.

Die Substanz des literarischen Programms entfaltet der „Stürmer" Franz (III, 1), indem er zu Beginn von II, 3 „Weisheit", Philosophie und Kritik – tragende Säulen der Aufklärung – umstürzt: „Weg, Quark alles." Hier verdichtet sich, während der Entstehung des *Urfaust*, ein im Kern dem Faust verwandter resignativer Ekel vor Reflexion und systematischer Wissenschaft als Erkenntnisinstrumenten zu dem Entschluß: „ich will kein Buch mehr ansehen". Nur mit Shakespeare und Homer will er „zusammen bis in Tod" bleiben. Den normativen Ästhetikern, die ohne Gefühl „Regeln schreiben, definiren und schwatzen", hält er entgegen: „Hätten sie so vor dir gestanden mit dem innigsten Gefühl – Venus! Ausdruck der Gottheit, Leben, Weben, alles", ähnlich dem Wort Fausts an Wagner: „Wenn ihr's nicht fühlt, ihr werdet's nicht erjagen". Das „Herz" wird zum Erkenntnisorgan, „Gefühl" und „Kraft" zum Programm. Die Sprache des Herzens könnte auch Sprachlosigkeit sein, eine Vorstellung, die jedoch bei Franz und anderen Stürmern häufig in Wortkaskaden untergeht. Die Szene schließt mit einer Huldigung an den „Doktor", – offenbar Goethe.

Eine stimmige Erfüllung dieses Programms ist in der sorgfältig nuancierten Skala von Leidenschaften zu sehen, die das dramatische Geschehen bestimmen, wenn auch nicht so äußerlich handlungsarm wie im *Ugolino*. Zu rasender Begierde steigert sich Graf Louis, in dem sich lang unterdrückte Sexualität aufgestaut hat, da ihm nicht beigebracht wurde – so die sexualpädagogische Maxime von Lenz und Klinger –, „das Vergnügen mit Moderation zu genießen" (III, 2), sondern man statt dessen „gegen das Sinnliche" zu „schwatzen" pflegte (I, 8). Das stachelt den zunächst schwärmerisch verliebten von Brand zu besinnungsloser Eifersucht an. Diese gesellschaftlich geächtete Leidenschaft kontrastiert wiederum mit der ungetrübten, innerlich freien Liebe zwischen Franz und Julie. Der Gesandte praktiziert eine verzeihende, rücksichtsvolle und duldende Liebe zu seiner Frau. Nur Gefahren sieht der von seiner Ehe enttäuschte Magister in den Leidenschaften, und der Ausgang des Trauerspiels gibt ihm ebenso recht wie das negative Exempel des durch seine Ausschweifungen innerlich ausgebrannten Menschenverächters Blum. Der Hofmeister schließlich muß sich wie bei Lenz vorhalten lassen, er habe seine Leidenschaften für einen kargen Lebensunterhalt verkauft (III, 2). Den unschuldigen Überlebenden der Katastrophe ist am Schluß nur noch vergönnt, zurückgezogen auf dem Lande wie in Voltaires *Candide* sich selbst zu leben und tapfer zu erklären: „wir haben alles."

Damit ist auch der Verzicht der bürgerlichen Hofbeamten auf politischen Mitgestaltungswillen endgültig, der bei Franz schon zu Beginn anklingt. Unübersehbar entspricht der

Skala der Leidenschaften eine Ständehierarchie, die der im Lenzschen Drama an Spannweite, wenn auch nicht in der Milieucharakteristik ebenbürtig ist. Genauer als Lessing und Schiller (der das Drama später für die Bühne umarbeitete) zeichnet Klinger den Konflikt zwischen dem Hof – vertreten durch faule, dumme, intrigante und lasterhafte ,,Kavaliers" wie Louis – und rechtschaffenen, fähigen bürgerlichen Beamten wie dem Geheimderat und dem Gesandten, die ihren Zorn zu Kompromissen bändigen und sich mit ihrem Familienglück trösten, allenfalls auf Franz als ideen- und listenreichen Reformer der Verwaltung hoffen. Doch der wendet sich angewidert von den Intrigen der Hofschranzen ab. Auch ihm bürgen einzig unschuldige Kinder, die hier nicht kleine Erwachsene, sondern eigenwertig sind, mit ihrem ,,Lallen" für die Existenz der Wahrheit unter den Menschen. Moralisch wird dieser seit der Aufklärung zentrale Konflikt im Dialog der Gesandtin mit ihrem Kammermädchen gespiegelt, das die Reue nach dem Ehebruch als Standesdefekt (,,kleinstädtisch, wie eine honette Bürgersfrau") interpretiert. Kleinbürgern geziemt es, wie der Magister veranschaulicht, gläubig, aufrichtig und schlechterdings tugendhaft zu sein. Lenz' Wenzeslaus im *Hofmeister* ist das ebenso skurrile wie achtbare Urbild. Auf der untersten Sprosse der sozialen Leiter, bei den Bordellmädchen, treffen sich Höflinge, scheinheilige Schöngeister und Soldaten zum egalitären Reigen der unterdrückten Begierde.

Unter der Hand erweist sich also *Das leidende Weib* auch als soziales Lehrstück: Der mit mühsamer Selbstbeherrschung verteidigten politischen Stellung am Hofe, die ihr Fundament im intakten Familienglück hatte, wird der Boden entzogen, als die Familie (des Gesandten) unter dem Ansturm von Leidenschaften zerbricht.

Drama der Leidenschaften und Gesellschaftsdrama, diese beiden Haupttypen der Epoche, werden nur selten so wie hier miteinander verschmolzen. Die reinste Verkörperung des ersten ist *Ugolino* (1768) von HEINRICH WILHELM VON GERSTENBERG (1737–1823), ein ,,Gemälde menschlicher Qualen" (Gundolf), das vom Geist Klopstocks durchdrungen ist, mit dem der Autor zur Entstehungszeit engen Kontakt pflegte. In seinem Verzicht auf Handlung, Intrige, Motivation und ausgeklügelten Dialog entfernt sich Gerstenberg diametral von Lessings Zieldramaturgie und ihrer Absicht, durch die Katharsis eine Vervollkommnung der Tugend zu erreichen, ohne doch – bei aller Verehrung für Shakespeare – auf die klassizistischen Einheiten zu verzichten, die hier eine atmosphärische Geschlossenheit gewährleisten helfen. Herder lobt wie am *Tod Adams* die Nähe zur ,,Simplicität der Griechen" und spürt die neue Intention, ,,eine Umwälzung der Empfindungen" als ,,die würksamste Handlung auf unser Gefühl" gleichberechtigt neben dem ,,gemeine(n) plumpe(n) Begriff von dramatischer Handlung" zu gestalten, auch wenn dies nicht ganz geglückt sei[19]. Gerstenberg bewunderte Shakespeares Tragödien als Charakterdramen, genauer gesagt: die Fähigkeit, ,,jede Leidenschaft nach dem Eigenthümlichen des Charakters zu bilden"[20]. Daß er drei Kinder, neben ihrem Vater, zu Helden des Trauerspiels macht und ihre Empfindungen zwischen glühendem Haß und zärtlichsten Gefühlen in erstaunlich kindgemäßer Sprache moduliert, auch ihre körperlich-kreatürliche Existenz ernst nimmt, ist ungewöhnlich und kühn, sowohl von der Stoffwahl wie von der Durchführung her, trotz aller berechtigten Detailkritik. Noch im 19. Jahrhundert haben sich Goethe, Schiller und Immermann anerkennend geäußert. Lessing bemängelte das unschuldige Leiden der Personen und den passiv-heroischen Schluß; beides erinnerte ihn wohl zu sehr an die untragische Wirkung des Märtyrerdramas. So gewiß stoische ,,Großmut" (magnanimitas) und ein ,,Aushalten" (constantia) das Ende der Leidenden verklären und zum Erhabenen steigern, so deutlich bildet auch die ständig beschworene Zärtlichkeit füreinander ein Gegengewicht zur monologischen Selbsterhöhung und sorgt wenigstens hier auf dem Wege der Rührung für die im bürgerlichen Drama bereitgehaltene Identifikationsmöglichkeit.

Erhabenheit und empfindsame Rührung, „große Prätensionen" und Schwäche (I, 2), Stolz und Verzweiflung, heroisches Pathos und melancholische Passivität bilden von Anfang bis Ende das Spannungsfeld für die Charaktere in KLINGERS *Neuer Arria* (1776), ähnlich seinen *Zwillingen*, beides Gegenstücke zum *Ugolino*. Mit dem voluntaristischen „Bewustseyn Ich kanns, ich bins" (V, 2) sucht die amazonenhafte Pisanerin Solina als „neue" Arria einen Tyrannensturz wie den Ugolinos – allerdings ohne Blutvergießen – zu wiederholen: „Pisa seufzte unter dem Joche eines Tyrannen. Gherardesca stand auf und rächte die Seufzende", so hatte Ugolinos ältester Sohn die „göttliche Tat" des Mordes rekapituliert (I), die nur die Vorgeschichte unsäglichen Leidens darstellte, während hier ein scheiternder Selbstbehauptungsversuch im Milieu der höfischen Intrigen inszeniert wird.

Anders als in der *Emilia Galotti* setzt die italienische Renaissancewelt und die Berufung auf antike Römertugend politisch aktive Umsturzenergien frei, die am Schluß sogar im Volk weiterwirken – dies vielleicht erstmals im deutschen Drama. In strenger Symmetrie der Figurenkonstellation wird die überlebensgroße Verbindung zwischen Solina und Julio zu beiden Seiten von Verkettungen aussichtsloser Liebe eingerahmt: Julio erwidert die Liebe Lauras ebensowenig wie Laura Amantes, und Solina täuscht den hitzigen Galbino ebenso, wie der seine Frau Rosaline mit Mätressen betrügt. ‚Außer sich' sind sie alle, durch Liebesraserei und -verzweiflung, Malerei und Poesie, Phantasie und Wunschträume, während Drullo und Ludowiko, die beiden gefühlskalten Intriganten, stets ‚in sich' verharren, rein vernunftgeleitet und frei von Begierden außer der nach Ruhm. Humane Vernunft verkörpert einzig der vorzeitig entlassene Ratgeber Pasquino. Vergebens wie Seneca den Nero mahnt er den gelangweilten Prinzen zu tätiger, gerechter und weiser Herrschaftsausübung, während dieser eine Lektion in der höfischen Kunst der Verstellung erteilt.

Ein „Puppenspiel" der Leidenschaften (II, 5), eine „Farce" (IV, 2) nennt Graf Drullo das Treiben am Hof aus der souveränen Distanz des Machtpolitikers, der hinter den Kulissen die blinden Affekte nach seinem Plan zu dirigieren gedenkt, welcher ihm Solina als Siegestrophäe zuführen soll. Der seit der Antike geläufige Topos vom *theatrum mundi*, dem Leben als Schauspiel, in dem vor allem nach barocker Auffassung jeder seine zugeteilte Rolle zu spielen hat, wird hier zwar nicht wie in Goethes „Götz"-Dramaturgie durch die Metapher vom „Raritätenkasten"[21] außer Kurs gesetzt, gewinnt aber seine beherrschende Bedeutung erst in mehrfacher Brechung des tradierten Sinnes. Der innere Vorgang des Dramas, wie er sich in den beiden Protagonisten spiegelt, läßt sich als Auseinandersetzung mit den absolutistischen Implikationen eines Lebensentwurfs im Horizont der Schauspielmetapher beschreiben. Julio, der „das dumme, matte Leben" in der Enge von „Stand" und „Schicksal" haßt, sucht „einen Platz, wo ich all meine Thätigkeit, all mein Vermögen brauch; wo meine Ehrbegierde freyes, unbeschränktes Feld hat" und wo er nicht „schweigend dem Gang der Großen zusehen" muß (I, 2). Bislang war er „ein überspannter Mensch von einem Poeten, der neue Welten in sich schafft, und die Würklichen vergißt" (II, 5), sich in seinen Gedichten „Jupitern und allen Göttern überhoben" sieht (I, 2). Sein Fortkommen möchte er allein sich selbst verdanken, niemandes „Marionette" sein; deshalb schlägt er eine maßvoll geplante Karriere am Hof aus und behält sich für den Fall seines dreimal vorausgesagten Scheiterns den unabhängigen Broterwerb als Tischler vor: ein alternatives Lebenskonzept auf den Spuren Rousseaus also, wie schon im *Leidenden Weib* oder später beim Julius von Tarent, dessen kategorischer Satz „Der Staat tötet die Freiheit" (II, 5) die Abstinenz der empfindsamen Intellektuellen von der Politik festschreibt. Doch Julio wie seinem Namensvetter wird der Rückzug in diese „einfache einzige Glückseligkeit", wie auch Goethes Weislingen sie sich fern der „Gnade des Fürsten" ausmalt, verwehrt (*Götz* I). Sein kometenhafter Aufstieg zum „Jupiter Julio" (III, 1) dank Solinas „übermenschliche(r) Macht" (II, 5) endet im feingesponnenen Netz des Intriganten und ‚Marionettenspielers' Drullo. Zwar kann nur Julio Solinas „heiliges, reines Feuer" als ihr „Spiegel" auffangen (II, 5), doch der prometheische Traum, „die Welt in Brand (zu) steken, um aus dem Schutt neue hervorzuziehn" (I, 2), bleibt Utopie, auch wenn sich Julio und Solina als ‚Jupiter' und ‚Prometheus' in wechselnden Rollen gegenseitig überhöhen.

Immerhin läßt sich die Innenwelt auf diese Weise erneuern, von jeder anpassungsbereiten, seelenlosen „Sklaven"-Gesinnung reinigen: „Schaff mich um", bittet Julio mit Erfolg (IV, 1). Gegen das als uneigentlich empfundene Rollenspiel im *theatrum mundi* mit seinen Marionetten bzw. Puppen und seiner ebenso uneigentlichen, verstellten Sprache, die das politische Leben zur „Farce" macht, setzt Klinger den vitalen Genie-Mythos der Neuerschaffung, der durch den verfehlten Umsturz nicht widerlegt, sondern mit dem Pathos des Trauerspielendes beglaubigt wird. Drullos Höflingsweisheit erfüllt sich nur äußerlich: „Poesie und Edelmuth leben entweder verborgen, oder gehn gar nach Brod. Kommen sie an Hof, oder in die Welt, müssen sie sich nach dem Ton derselben wandlen, oder sie werden mit ihren Besizern zu Grunde geritten" (II, 5). Solinas Machttrieb, „jeden bedeutenden Menschen nach meinen Absichten zu drehen" (I, 2), schloß den Mord explizit aus, da er Schwäche verrät. Außerdem kann sie „keinen leiden sehen" (IV, 1), es sei denn den Mörder Galbino, der sich zur Strafe als ihre Marionette in der eigenen Schlinge fangen soll (IV, 3). Drullo erweist sich schließlich als der bessere Spieler, doch kann er den stoisch verklärten Liebestod („er schmerzt nicht!") nicht verhindern, und ob sich das Volk durch „Puppenspiel, Comödie" und Priesterworte vom Aufstand gegen den Prinzen abhalten läßt, wie von Drullo geplant, bleibt offen.

Umsturz und hochgestimmtes Aufbegehren, Mord und Intrige wie bei Klinger, Leisewitz und dem jungen Schiller haben in den „Komödien" von JAKOB MICHAEL REINHOLD LENZ (1751–1792) keinen Raum. Freiheit – die große und häufig nicht zielgenaue Losung der Epoche – sieht sich bei ihm wieder an die Standesgrenzen verwiesen, die nur durch überzeugende individuelle Leistung im Sinne der protestantisch-bürgerlichen Arbeitsethik überwunden werden können (*Hofmeister* II, 1), nicht aber durch direkte Frontstellung gegen den Adel oder gar den Hof zu überspringen sind. Die von Läuffer mit verzweifelt-komischer Geniegebärde beschworene „güldene Freiheit" wird in den Bereich des Deklamatorischen verabschiedet und durch die Forderung nach tätiger Bewährung im Beruf, vor Gott und dem eigenen Gewissen ersetzt (III, 4).

Die Absage an den Geniekult schließt auch ein, daß seine Dramen nicht mehr durch „*eine* Empfindung" zu einem Ganzen gestaltet sind, wie Goethe sein Kunstideal 1773 in dem Aufsatz *Von deutscher Baukunst* und im *Götz von Berlichingen* (Ende 1. Akt) formuliert, sondern den Genietonfall nur noch als eine unter vielen Farben für sein „Gemälde der menschlichen Gesellschaft"[22] aufweisen. Dies hat, zusammen mit anderen Beobachtungen, schon Zweifel geweckt, ob Lenz als Prototyp des Sturm-und-Drang-Dichters gelten oder überhaupt der Epoche zugerechnet werden könne.

In diesem Zusammenhang knüpft Lenz mit deutlich pietistischen Untertönen an die im Drama der Aufklärung propagierte Überzeugung von der bürgerlichen Familie als Hort der Tugend an, wenn er sein Dramenfragment *Die Kleinen* (um 1775 entstanden) mit den programmatischen Worten beginnen läßt:

> Das sei mein Zweck, die unberühmten Tugenden zu studieren, die jedermann mit Füßen tritt. Lebt wohl große Männer, Genies, Ideale, euren hohen Flug mach ich nicht mehr mit, man versengt sich Schwingen und Einbildungskraft, glaubt sich einen Gott und ist ein Tor. Hier wieder auf meine

Füße gekommen wie Apoll, als er aus dem Himmel geworfen ward, will ich unter den armen zerbrochenen schwachen Sterblichen umhergehn und von ihnen lernen, was mir fehlt, was euch fehlt – Demut.

Der fatale Sturz aus mythischer Höhe wird mit entschieden plebejischer Parteinahme zur erlösenden Menschwerdung im Kreis der Armen und Schwachen umgedeutet, die bei aller Demut den aufrechten Gang nicht verlernt haben. Wer „seiner Natur treu bleibt", das heißt „immer edler zu denken und zu handeln sucht", folgt nur dem eingeborenen „Trieb", „andern Menschen nützlich zu werden"; je „unschuldiger" der Mensch diesen Weg geht, desto sicherer erreicht er seine „Bestimmung"[23]. Erzieher und Freunde könnten diesen natürlichen Trieb eher verfälschen, fährt Lenz in den *Meynungen eines Layen* fort, die er 1773, also kurz nach Fertigstellung des *Hofmeisters*, schrieb und als „Grundstein meiner ganzen Poesie"[24] bezeichnete. Es empfiehlt sich, dieses Menschenbild auch bei der Deutung seiner Dramen ernst zu nehmen, weil erst dann Mißverständnisse der Art vermieden werden können, Wenzeslaus sei ein komischborierter Kauz, das Bauernmädchen Lise etwas einfältig, Fritz von Berg zu großmütig, der Major von Berg zu schnell in einen zärtlichen Vater verwandelt und der ganze *Hofmeister* gewaltsam zu einem glimpflichen Ende zurechtgebogen. Lenz hielt es in voller Übereinstimmung mit der Aufklärung für ausgemacht, „daß uns Rechtschaffenheit und Güte doch ganz gewiß glücklich machen wird und muß"[25], und deshalb sollte der gehäufte Zufall (der für Komödien ohnehin konstitutiv ist) als dramaturgischer Ausdruck dieses unbeirrten Glaubens betrachtet werden.

Nun wäre Lenz recht weltfremd, wenn er nicht wüßte: „auch wird unsere Bestimmung niemalen ganz dieselbe bleiben, sondern in Ewigkeit immer durch die *Umstände* modifizirt werden, welchen wir uns denn freylich *stoisch* überlassen müssen, *wenn sie nicht zu ändern sind*"[26] [meine Hervorhebung, J. Z.]. Wenn nach Goethes viel zitiertem Wort „das Eigentümliche unsres Ichs, die prätendierte Freiheit unsres Wollens, mit dem notwendigen Gang des Ganzen zusammenstößt" (*Zum Schäkespears Tag*, 1771), so tritt bei Lenz die Akzentverlagerung von der ‚Freiheit' zur ‚Bestimmung' ebenso deutlich zutage wie die Differenzierung der schicksalhaften ‚Notwendigkeit' in das – auch gesellschaftlich – Änderbare und die demütige Hinnahme des noch oder grundsätzlich Unvermeidlichen. Reformerischer Elan (oder seine sozialanalytische Vorstufe) und duldsames, unbeirrtes Standhalten – im *Hofmeister* verkörpert vom Geheimen Rat und Wenzeslaus, in den *Soldaten* annäherungsweise vom Feldprediger Eisenhardt (mit dem Grafen von Spannheim) und Stolzius – sind also innerlich viel enger verwandte Ausprägungen menschlicher „Bestimmung", als der faktische und dramaturgische Kontrast vermuten läßt. Entsprechendes gilt für den inneren Zusammenhang zwischen der satirischen Schärfe der Lenzschen Sozialkritik und der rührenden Innigkeit, die besonders von den empfindsamen Versöhnungsszenen mit ihrem säkularisierten Bezug auf das Gleichnis vom verlorenen Sohn ausstrahlt.

Um das Zusammenwirken individueller und gesellschaftlicher Kausalität exemplarisch vorzuführen, setzt Lenz seine Figuren Situationen aus, denen ein nicht sonderlich gefestigter Charakter erliegt: Ein Hofmeister wird zum Sklaven, „eine Hure wird niemals eine Hure, wenn sie nicht dazu gemacht wird" (*Die Soldaten* I, 4). Das ungeduldig zukunftsweisende Plädoyer des Geheimen Rats für die bürgerliche Befreiung aus selbstverschuldeter Unmündigkeit muß sich an die (im Falle Läuffers gerade von ihm mitverschuldete) materielle Abhängigkeit, also gewisse „Umstände" erinnern lassen – fast schon ein doppelbödig Brechtsches „Doch die Verhältnisse, sie sind nicht so". Gegenüber Klinger verlagert sich der Akzent auf die hier thematisch werdenden sozialen Determinanten. Lenz bleibt seinem theoretischen Programm insofern treu, als seine Komödien den Charakter eher voraussetzen als dramatisch oder psychologisch zur Entfaltung bringen, doch ebensowenig ist ‚Handlung' ihr Angelpunkt, viel eher die prägnante Situation, die die Widerstandsfähigkeit des Charakters herausfordert, sich aber nicht mit den folgenden Situationen zu einem bündigen tektonischen Gefüge zusammenschließt, sondern „das Ganze in Ausschnitten"[27] zur Geltung bringen will, was die Erfahrung einer kontingenten Alltagswirklichkeit voraussetzt, von „Sachen", die Lenz gemäß seiner Selbstinterpretation so wiedergeben wollte, „wie sie da sind"[28]. Die handschriftliche Urfassung des *Hofmeisters* läßt die Sättigung mit selbsterfahrener gesellschaftlicher Wirklichkeit noch in der Namensgebung erkennen; ebenso sind die *Soldaten* aus eigener Anschauung jenes Offiziersmilieus erwachsen, in dem Lenz die nicht nur von ihm mehrfach beklagte Isolierung der Stände zugespitzt als von einem unseligen Corpsgeist zementierte Kastenbildung erlebte. Ironischerweise scheint der als unwahrhaftig entlarvte Ehrenkodex – ähnlich dem Gruppengefühl der Hallenser Studenten im *Hofmeister* eigentlich ein defizienter Modus der gelösten Familienbindungen – wenigstens nach innen verläßlicher zu funktionieren als der Familiensinn. Im Gefüge der Familie entstehen Risse zwischen den Eheleuten und den Generationen (schlimmstenfalls bis zur desinteressierten Entfremdung zwischen Gustchen und ihrer Mutter), die Lenz am Schluß nur teilweise und mit gleichsam trotzigem Optimismus repariert.

Das ästhetische Korrelat, der ‚Ausdruck' dieser durchaus modernen Erfahrung drohender Vereinzelung, ist in beiden Dramen sowohl die Isolierung der Szene als auch die häufig uneigentliche, erborgte oder zitathafte Sprache und das Aneinandervorbeireden (vgl. die satirische Komik der sprachlichen Mimikry Marie Weseners und Läuffers oder den monologischen Scheindialog II, 5 im *Hofmeister*). Die bisweilen turbulente Szenenfolge mit ihren schnellen Ortswechseln wird allerdings durch die Parallelführung selbständiger Handlungsstränge und die Prinzipien der „Kontrapunktik und Äquivalenz"[29] in der Figurenkonstellation innerlich strukturiert. Ungeachtet dessen rügten die aufklärerischen Kritiker, so sehr sie die Charakterzeichnung lobten, wie auch häufig bei Klinger das ihrer Meinung nach äußerlich-modische ‚Shakespearisieren', die „Hinreissung von einem Gegenstande zum andern, von einer Scene, einer Gruppe, einer Handlung, einem Ort und Jahr zum andern"[30]. Selbst Lenz zeigte sich beeindruckt: „Mein Hofmeister und Soldaten sind von Seiten der Kunst sehr fehlerhaft . . . Meine andre Stücke sind dramatische noch unbearbeitete Massen. Menoza hat nichts, als dramatische Einkleidung."[31] Beim *Neuen Menoza* (1774) und den überwiegend Fragment gebliebenen anderen Stücken wird man Lenz eher zustimmen. Für die beiden Hauptwerke darf er etwas mehr Kredit beanspruchen, vor allem wenn man berücksichtigt, daß er dort die klassizistischen Einheiten oder die Goethesche Einheit der Empfindung durch die Einheit des Interesses ersetzt: „das Interesse ist der große Hauptzweck des Dichters, dem alle übrigen [Charaktere, Zeit, Ort; J. Z.] untergeordnet sein müssen", heißt es in dem Aufsatz *Von Shakespeares Hamlet*[32]. Das durchgehaltene Interesse an einer widerspruchsreichen und detailgenauen Gestaltung der zeitgenössischen Gesellschaft durch eine Vielfalt von Ständen und Gruppen am Beispiel einzelner, selbst in der Karikatur noch individuell gezeichneter Vertreter – dieser nicht nur für Büchner (*Woyzeck*) und die deutschen Naturalisten höchst einflußreiche Realismus läßt noch heute über einige handwerkliche Schwächen hinwegsehen. Das bestätigen auch die beiden modernen Bearbeitungen, Kipphardts behutsam verdeutlichende ebenso wie Brechts marxistisch umdeutende.

Das Drama Goethes
Werner Keller

.

In einem Gespräch mit dem Kanzler von Müller am 11. Juni 1822 sagte JOHANN WOLF-GANG GOETHE (1749–1832), daß ein literarisches Werk, das eine große Wirkung hatte, nicht mehr „wahr" beurteilt werden könne. Um dieser rezeptionsbedingten Metamorphose von Goethes eigenen Dramen entgegenzuarbeiten und sie nicht dem Konformismus der Wertungs-schemata zu überlassen, ist es nötig, immer wieder einen unmittelbaren Zugang zu suchen und die Werkgeschichte „von Zeit zu Zeit" umzuschreiben (vgl. HA 14, 93). Die Vergangenheit liegt nicht, wie man unreflektiert annimmt, abgeschlossen hinter uns; vielmehr wandelt sich ihr Bild mit den Wandlungen der Folgezeit. Neue geschichtliche Erfahrungen bedingen neue, mo-difizierte Deutungen früherer Werke. Das historische Bewußtsein ermöglicht und verlangt eine doppelte Zeitgenossenschaft: Bei der Reproduktion literarischer Texte muß der Kritiker die je-weilige Geschichtlichkeit eines Werks Schicht für Schicht freilegen, ohne darüber die Bestim-mung seines eigenen – ebenfalls historischen – Standorts zu versäumen. Die Aufgabe, Vergan-genheit und Gegenwart zu verknüpfen, zu vergleichen und beide aneinander zu messen, damit die Eigenart der Zeiten verstehbar wird, darf nicht dazu verführen, daß frühere Werke auf eine vordergründige Tagesaktualität hin abgehört werden, sondern bedeutet, aus historischer Di-stanz Fragen an den Text zu stellen, die sich aus den spezifischen Problemen der Gegenwart er-geben. Weder vom „Überzeitlichen" ist daher auf den folgenden Blättern die Rede noch von der angeblich normativen Geltung des Goetheschen Dramas: Goethes Werk ist zeitbedingt – manchmal Ausdruck, manchmal Widerpart seiner Epoche. Die Entstehungsbedingungen seines Œuvre sind weder wiederholbar noch übertragbar. Um besagte Geschichtlichkeit mit einem Scherzwort Goethes zu belegen: „Die größten Menschen hängen immer mit ihrem Jahrhundert durch eine Schwachheit zusammen" (HA 12, 378).

„Als ich achtzehn war, war Deutschland auch erst achtzehn, da ließ sich noch etwas ma-chen." Goethe wußte, wie die Zeitverhältnisse einen Menschen hemmen oder fördern, und die zitierte Äußerung Eckermann gegenüber (vom 15. Februar 1824) zeigt, daß er schon sein Ge-burtsdatum als Begünstigung für sein literarisches Werk empfand. Da war Lessing, da war vor allen anderen der durch Herder vermittelte Shakespeare: „Die erste Seite, die ich in ihm las, machte mich auf zeitlebens ihm eigen" (HA 12, 244 f.), doch über dem „Kairos" darf die Müh-sal der eigenen Stilfindung nicht vergessen werden. Noch in *Dichtung und Wahrheit* erinnert sich Goethe daran, daß er bei jeder neuen Arbeit „immer von vorne tasten und versuchen muß-te" (HA 10, 48). Dieses „Neue" einer jeden neuen dramatischen Arbeit in der Einheit von Ge-halt und Form zulänglich zu bestimmen, ist die Hauptaufgabe des folgenden Überblicks. Die Fixierung des historischen Orts der einzelnen Dramen ermöglicht es, deren meist vergessene oder ungewußte geschichtliche Bedeutung aufzuzeigen und die Berechtigung von Brechts Notiz in seinem *Arbeitsjournal* (7. September 1940) nachzuweisen, Goethe habe zwar nicht die poli-tisch-kollektive, wohl aber die individuelle Befreiung besorgt.

Goethes Nötigung und Fähigkeit zu immer neuer Formgebung, die die oft jahrelange Inkubationszeit seiner Werke (wie die Vielzahl der Fragmente) erklärt, verwehrt es, mit kräfti-gen Strichen die Summe seines dramatischen Schaffens zu ziehen, ein Grundthema mit seinen

Variationen anzuführen und ein, zwei zentrale Dramen exemplarisch vorzustellen. Man erinnere sich, daß ein und derselbe Autor während der kurzen Römischen Monate nicht nur an *Iphigenie* und *Tasso*, sondern auch an *Egmont* und am *Faust*-Fragment – der *Hexenküche* – arbeitete, und man wird Friedrich Schlegel beipflichten, der schon 1800 im Schlußteil seines *Gesprächs über die Poesie* bewundernd und verwundert konstatierte, es lasse sich nicht leicht ein anderer Autor finden, „dessen früheste und spätere Werke so auffallend verschieden" seien. Schlegel warnt eigens davor, „einen Teil für sich zu verstehen", und wie geraten es ist, den inneren Zusammenhang des Gesamtwerks zu beachten, demonstrieren sogar gattungsverschiedene Werke wie der *Faust* und die *Wanderjahre*: Der Protagonist des Dramas repräsentiert das diastolisch-expansive Lebensprinzip, während Wilhelm zum „Meister" erst durch Entsagung, durch systolische Selbstbeschränkung, wird. Ein Werk ergänzt das andere; eine Figur korrigiert ihren entgegengesetzten Partner. Mit *Götz* beginnt das historische, mit *Tasso* das Künstlerdrama in Deutschland. Das heißt: Goethes wichtigste Dramen sind individuelle Produkte, die wiederum eigene Gattungen inaugurieren, die für das 19. Jahrhundert in Zustimmung oder Widerspruch bestimmend werden.

Diese wichtigsten Dramen Goethes – Nebenwerke wie *Clavigo* oder *Stella* müssen übergangen werden – bedürfen daher in der Folge der knappen Analyse. Schon dem flüchtigen Blick eröffnet sich die Verwandtschaft zwischen *Götz* und *Egmont*, *Iphigenie* und *Tasso*, *Pandora* und *Faust II*. In den frühen Geschichtsstücken herrscht die naive Individualität in ihrer sinnenhaft-bunten Welt; in der sogenannten Frühklassik interessiert einzig die unter Not erworbene sublime Gesinnung und die gefährdete Innenwelt der Personen. Der von Goethes Naturforschung und der Französischen Revolution beeinflußten Typisierungstendenz, die schon Lessings *Dramaturgie* (19. Stück) vertritt, muß um die Jahrhundertwende das für sich stehende Individuum vollends weichen: In der *Natürlichen Tochter* zerbröckelt die geschichtlich-konkrete Welt, deren wiederkehrende abstrahierbare Strukturen fortan das Drama reflektieren soll. In der „klassizistischen" *Pandora* dann wird der griechische Mythos künstlich und kunstvoll wiederbelebt. Von ihr führt der Weg geradlinig zu *Faust II*, seinen Maskenzügen, den Revuen, der opernhaften Theatralik, der Natursymbolik. Durch seine sechs Jahrzehnte umfassende Genese ist *Faust* ein *opus sui generis*. Für seine Anfänge lassen sich verwandtschaftliche Beziehungen zum „Sturm und Drang" herstellen, während sich das Spätwerk mit seinen „inkommensurablen" Zügen weithin der Vergleichbarkeit entzieht.

Um Schauspiele wie den *Götz* zu beurteilen, schrieb Lenz, Freund Goethes aus Straßburger Tagen, solle man „auf ihre Folgen sehen, auf die Wirkung, die sie im Ganzen machen"[1]. Wie diese Kriterien eben auf *Götz* zutreffen, und zwar auf seine unvergleichliche Primärwirkung, erhellen schlaglichtartig zwei Beispiele: Als Kleist im September 1800 die Würzburger Bibliotheksbestände sehen wollte, erhielt er die Auskunft: „Rittergeschichten, lauter Rittergeschichten . . .", und A. W. Schlegel verspottete noch 1808 in seiner letzten *Vorlesung über dramatische Kunst und Literatur* die *Götz*-Epigonen, das „Heer von Nachtretern". Die Sekundärwirkung des Stücks, das sein Autor selber drucken ließ, ohne auch nur die Papierkosten wieder hereinzubekommen, war nicht weniger nachdrücklich. Der Preußenkönig Friedrich II. verwarf zwar in seinem Pamphlet *De la littérature allemande* (1780) den *Götz* als „abscheuliche Nachahmung jener schlechten englischen Stücke" und wetterte aus verständlichen Gründen gegen die schockierende Regellosigkeit und die Vermischung der Stilebenen und Gattungen, aber das königliche Urteil war schon zu seiner Zeit veraltet, obgleich es namhafte Ästhetiker der Aufklärung teilten. Wieland verstand die neue Zeit und das Freiheitsgefühl der jungen bürgerlichen Autoren besser: In seiner Rezension von 1774 begründet er ausführlich den Gewinn durch die dramaturgischen Regelverstöße, lobt die „Natur" von Goethes Charakterzeichnung, vor allem der „weiblichen Charaktergemälde", die Shakespeare, das Vorbild, erreichen, und rühmt nicht nur die standesspezifische Sprache der Personen, sondern den Sprachton des 16. Jahrhunderts, den Goethe getroffen habe. Was wir heutzutage als gegeben hinnehmen, ist für Wieland eine bis dahin „unerhörte" Neuerung: daß sich der Geist einer lange vergangenen Zeit in deren individueller Sprache präsentiert.

Um einem Mißverständnis vorzubeugen: Zwar beginnt mit dem *Götz* das historische Drama im strengen, eigentlichen Sinn, doch der junge Autor verliert sich nicht an die Vergangenheit, wie sein Brief an Salzmann vom 28. November 1771 vermuten läßt, sondern entwirft in ihr zugleich das *Gegenbild* seiner Gegenwart. Auf Anhieb erreicht Goethe das für jedes Geschichtsdrama verbindliche Ziel: im Medium des Gewesenen die eigene Zeit zu spiegeln. An diesem Werk läßt sich, indirekt und *e contrario* vermittelt, die Lebens-, Staats- und Rechtsauffassung der „Stürmer und Dränger" ablesen. Ohne aktualisierende Tendenz kritisiert Goethe durch Götz die kraftlose, überzivilisierte, unfreie Gesellschaftsordnung der Aufklärungszeit. Indem er das unkodifizierte „Naturrecht" verherrlicht, attackiert er den formalisierten Gesetzesbuchstaben; indem er Götz' männliche Frömmigkeit und verantwortliche Kaisertreue zeigt, demaskiert er den dogmatischen Klerikalismus, der auch das Luthertum nach dem Dreißigjährigen Krieg befiel, und den kleinstaatlichen Absolutismus, dem seit Jahrzehnten auch deutsche Territorialfürsten frönten. Goethe schreibt also aus seiner Zeit, doch gegen sie, wenn er jene Zeitenwende um 1525 als Zeitenende der kraftvollen, selbständigen, unverbildeten Persönlichkeit darstellt.

Geschichte Gottfriedens von Berlichingen mit der eisernen Hand. Dramatisiert, heißt die in wenigen Wochen ohne Plan niedergeschriebene Erstfassung, die schon im Titel die episierenden Elemente erkennen läßt und umgearbeitet wurde, um der nötigen dramatischen und thematischen Konzentration und Herders Einwänden genugzutun. Shakespeares Einfluß wirkt übermächtig in diesem Stück nach. In diesen Jahren der deutschen Literatur anverwandelt, bedingte Shakespeare eine neue Haltung zur Welt, zur menschlichen Größe und Leidenschaft, zu Verstrickung und Schuld und folgerichtig eine neue Dramaturgie und metaphorisierte Sprache. Das Paradox ist erlaubt: Erst durch die Nachahmung Shakespeares findet Goethe zu sich selbst, erst durch seine Schülerschaft befreit er sich vom Kanon des französischen Klassizismus und seiner deutschen Statthalter. Im *Götz* führt Goethe mehr als fünfzig Schauplätze ein: Die Vielzahl der Örter suggeriert Weltbreite. Der dargestellte Zeitraum wird durch Zwischenaufzüge und szenische Intervalle unbestimmbar verlängert: Die temporale Dehnung fingiert geschichtliche Dauer und Wirklichkeit. Alle Stände, auch Bauern und Soldaten, Knechte und Zigeuner, sind hereingenommen: Dadurch gewinnt das Stück an Buntheit und Fülle. Ohne verfremdende Archaisierung trifft Goethe den Götz-Ton, wie er in Berlichingens Autobiographie vorgegeben ist, und entdeckt wie Luther die Sinnlichkeit der Volks- und Umgangssprache. Aus wenigen Wortstrichen entsteht eine Person, ihre geistige Physiognomie und fast greifbare psychovegetative Atmosphäre, und charakteristische Situationen von Augenblickslänge genügen, um die individuell geprägte Umwelt und die unausgesprochenen Ziele der Hauptakteure auszuleuchten. Adelheid beispielsweise spielt Schach in ihrem ersten Auftritt: Das szenische Bild nimmt vorweg, wie sie mit Männern verfährt. Nur noch im *Urfaust* vermag Goethe mit vergleichbarer Knappheit und Prägnanz die sinnenhafte Wahrheit des Lebens wiederzugeben. Obwohl sich die einzelnen Geschehenskreise zu verselbständigen scheinen und viele Szenen nur in losem Konnex zur Haupthandlung stehen: Nicht allein die überraschend penible Motivierung und die durch viele Antizipationen gebildeten Spannungsbögen erzwingen die szenische Ganzheit dieses Bilderreigens, sondern mehr noch die Spiegelungs- und Kontrasttechnik, deren volle Bedeutung als Stilprinzip erst der späte Goethe erkennt. So gibt die Bauernhochzeit Einblick in die pervertierten Rechtsverhältnisse der Zeit und beleuchtet Götz' Rechtschaffenheit, und die Knechte und Diener bezeugen wortlos, allein durch ihr Tun, von welcher Art ihre Herren sind. Antithetik bestimmt vornehmlich die Gruppierung der Personen. Alles Licht ist, in „wiederholter Spiegelung", auf Götz gehäuft; seine Gegenspieler stehen im Schatten, den seine kraftvolle, biedere und lautere Gestalt wirft. Daher läßt sich sagen, daß Weislingen gegen sein eigenes Gewissen angeht, wenn er Götz und dessen bruchlose Einheit mit sich selbst bekämpft. Weislingen ist der Prototyp des höfischen Menschen: verführbar durch Eros und Ehrgeiz, kein Bösewicht, sondern ein gebrochener „moderner" Charakter, der an sich selbst leidet. Götz dagegen ist „Natur", wie sie der junge Goethe an Shakespeares Menschen bewundert (vgl. HA 12, 226). Da Götz die aus sich selbst lebende „Tatnatur" verkörpert, ist er später für Schiller „vormoralisch": zwar unreflektiert rechtschaffen und redlich, aber nicht bewußt und gewollt sittlich, vielmehr moralisch indifferent wie die Natur selbst.

Für den Goethe von *Dichtung und Wahrheit* ist Götz der „rohe, wohlmeinende Selbsthelfer in wilder anarchischer Zeit" (HA 9, 413); für den jungen Goethe widersteht er mit seiner Fehde gegen Fürsten, Bischöfe und Städte eben der Anarchie und hilft der Gerechtigkeit auf, wenn er das Faustrecht als Freiheitsäußerung auslebt. Götz will nichts sein, als was er war und ist: ein freier Mann, unabhängig von jeder äußeren Nötigung. Schon in diesem Drama zeigt sich als Konstante der Goetheschen Sozialordnung, daß die Bewahrung alter und nicht die Erringung neuer Rechte die entscheidende Forderung seiner gedichteten Personen ist. Daher bejaht Götz auch den Aufstand der Bauern, sofern „Rechte und Freiheiten wiederzuerlangen" sind (HA 4, 160). Goethe hat ihn durch seinen Wortbruch differenziert, der aus Verantwortung geschieht, damit eine Wiederholung der Weinsberger Bluttat vermieden wird, und tragisiert, da er als Anführer der Bauern die vorhergehende Mordbrennerei nicht ungeschehen machen und die neue nicht verhindern kann. Doch die tragische Verschuldung des Protagonisten aufgrund seiner fehlenden Wahlfreiheit ist im Stück durch die einseitige Verurteilung des „Selbsthelfertums" der aufständischen Bauern erkauft: Die schlimmen Folgen der gescheiterten Erhebung für die deutsche Geschichte blieben Goethe verborgen.

Das Thema des Schauspiels ist nach dem Verständnis des Götz und seiner Getreuen der Kampf des freien einzelnen gegen feudale, partikulare und klerikale Interessen. Die genaueste Bestimmung des *Götz*-Konflikts gibt Goethe in seiner Shakespeare-Rede vom Oktober 1771: Das „Eigentümliche" des Ich, das in der *Freiheit* des Wollens und Tuns besteht, kollidiert „mit dem notwendigen Gang des Ganzen" (HA 12, 226), mit dem Geschichtsprozeß. Die Entwicklung geht über Götz hinweg, obschon oder eher weil er keinen menschlich gleichwertigen Gegenspieler hat. Sein vergeblicher Widerstand demonstriert seine Ohnmacht. Die Tragödie seines Lebens besteht darin, daß er subjektiv das Rechte will, doch objektiv – und nicht nur im Bauernkrieg – Unrecht tut. Tragisch ist er durch seine Einsicht, daß er, der „Letzte" der Tapferen und Freien, sich selbst überlebt hat; tragisch ist er für den Zuschauer, dem bedeutet wird, daß der Redliche nicht an der „notwendigen" Faktizität der Geschichte scheitert, sondern an den Unredlichen.

Die Utopie des freien Ritterlebens kommt in der religiösen, sozialen und kriegstechnischen Umbruchzeit nach 1500 an ihr geschichtliches Ende. Diese begeisternde, doch regressive Utopie, die auch spätere Werke Goethes bestimmt und erst in den *Wanderjahren* und im Schlußakt von *Faust II* abgelöst wird, verwischt, ja verklärt das rückwärtsgewandte Tun des Raubritters Götz. Goethes früher Geschichtspessimismus durchschaut allerdings die Wunschprojektion, die sich am Ende des Dramas in die geschichtslose Transzendenz flüchten muß, in die „himmlische Luft", die allein noch „Freiheit! Freiheit!" bietet.

In *Dichtung und Wahrheit* schreibt Goethe, daß er sich nach der Bearbeitung des *Götz* „nach einem ähnlichen Wendepunkt der Staatengeschichte" umgeschaut habe: „Der Aufstand der Niederlande gewann meine Aufmerksamkeit" (HA 10, 170). Goethe greift also nach historischen Stoffen, da in Krisenzeiten die Geschichte selbst – mit ihren Peripetien, ihren unverwirklichten Möglichkeiten und menschlichen Tragödien – dramatische Form annimmt. Die Geschichte wird nicht um ihrer selbst willen in Szene gesetzt; wie im *Götz* gehört auch im *Egmont* Goethes Interesse dem großen, exponierten Individuum, das charakterisierbar ist durch sein Verhältnis zu sich selbst, zur Zukunft und zur sozialen Umwelt. Nichts kennzeichnet Egmont mehr als seine Lebensliebe. Er existiert in vollkommener Übereinstimmung mit sich und handelt nach seinem inneren Gesetz, das mit seinem Wollen zusammenfällt. Seine Freiheit erfüllt sich also paradoxerweise in der Hingabe an seinen Daimon, die innere Determinante, die mit der vorgegebenen Außenwelt korrespondiert. Egmonts Wesen ist auf reine Gegenwärtigkeit angelegt; wer hofft oder plant, sorgt oder berechnet, ist dem jetzigen Augenblick verschlossen und der Zukunft ausgeliefert. Trotz verschiedener Haltungen, die sie begründen, weisen Hoffnung und Sorge dieselbe Zeitstruktur auf: Beide übergehen den erfüllten Augenblick, in dessen Genuß sich Mensch und Dasein amalgamieren. Egmonts Vergleiche zeigen, daß er sich als „Natur" empfindet. Das kosmische Bild, das *Dichtung und Wahrheit* beschließt, demonstriert in Übergröße sein emphatisches Selbst- und Lebensgefühl – die Wunschprojektion der Genieperiode, die an den beengenden Zeitverhältnissen litt: „Wie von unsichtbaren Geistern gepeitscht, gehen die Sonnenpferde der Zeit mit unsers Schicksals leichtem Wagen durch . . ." (HA 4, 400).

Vermittelt das Drama in seinem ersten Teil, der Anabasis, Egmonts Lebensvertrauen – die Krisis erscheint gegen Schluß in Gestalt der Sorge. In der Sorge offenbart sich Egmont das Kreatürliche der menschlichen Bedingtheit: die Furcht vor dem zukünftig Möglichen, die Angst vor dem Tod. Ist Alba sein äußerer Feind, die Sorge ist sein innerer Gegner. Am Ende überwindet Egmont seine personbezogene Sorge, indem er sich bewußt der Fürsorge für sein Land öffnet.

„Was tut Egmont eigentlich Großes", fragte Schiller 1788 in seiner Rezension (NA 22, 202), um das „ehrende Vertrauen" seiner Niederländer zu verdienen? Schiller sucht in Goethes Protagonist vergebens nach den Kriterien, die seine eigenen entscheidungserprobten und oft zielbesessenen Figuren bestimmen, denn Goethes Charaktere sind von anderem Zuschnitt. Der fröhliche Egmont, dessen Tapferkeit lediglich berichtet wird, handelt wenig, er „ist" einfach – auf stimmungshaftes Einverständnis mit dem Lebensganzen, mit Volk und Natur ausgerichtet, weswegen er die Politik als partikularen Aspekt vernachlässigen zu können meint. Nein, Egmont tut nichts „Großes" und ist für Goethe doch „groß", da er den „ganzen freien Wert des Lebens" durch sein Dasein bestätigt (HA 4, 401). Egmont verkörpert das von Max Weber beschriebene Charisma, das seine Herrschaft legitimiert, weil es die Knechtschaft nicht kennt. Seine „attrattiva", auf die es Goethe ankommt, die „ungemeßne Lebenslust" (HA 10, 176) bindet die wesensverwandten Niederländer an ihn, weil er gelassen verwirklicht, wovon sie träumen und was sie im kleinen nachleben.

Egmonts Daseinslust und Egmonts Tod entstammen demselben Grund. Er lebt aus dem Augenblick und für ihn: das ist sein Glück; sein Unglück: daß er, gleichsam ohne Zutun eine Figur in der politischen Arena, weder plant noch die Schachzüge des Gegners vorausberechnet. Egmont ist die freieste, das Dasein am tiefsten bejahende Bühnenfigur des „Sturm und Drang", aber er ist ein unpolitischer Mensch und als „Natur" einer Geschichtskrise nicht gewachsen, in der die überkommenen Rechte von List, Macht und Unterdrückung verneint werden. In Alba und Egmont kollidieren unversöhnbar gegensätzliche Temperamente, Überzeugungen und Ziele. Im Wortduell zwingen die Kontrahenten einander, ihre verborgenen Gedanken über Fremdherrschaft und Selbstbestimmung zu äußern. Es gelingt Goethe, in den entgegengesetzten Auffassungen vom Volk die verschiedene Nationalität und Konfession der Antagonisten zu objektivieren. Alba will den totalen Gehorsam der Despotie, Egmonts liberal-konservativer Feudalismus verwendet sich für die (relative) Freiheit des einzelnen Bürgers, die Wiederherstellung legitimer alter Rechte und für eine Herrschaftsform, die sich selbst begrenzt. Alba kann an einem Interessenausgleich nicht gelegen sein; er vertritt das diktatorische Prinzip alter und neuer Zeit, den Menschen – ,,wenn's sein muß" (HA 4, 432) – zu seinem Heil zu zwingen. Doch Goethe wertet Albas Scheindialog nicht einfach ab – im Gegenteil, er gewährt ihm Einsichten, die dem Charakter und Verhalten des Generals völlig widersprechen: ,,Was wollen sie für Freiheit? Was ist des Freiesten Freiheit? Recht zu tun! –" (HA 4, 429). Und Alba dekuvriert auch die Ideologie Egmonts, der von der ,,Brüderschaft" des Adels und des Volkes schwärmt: ,,Und doch hat der Adel mit diesen seinen Brüdern sehr ungleich geteilt" (HA 4, 431). Die Fronten verkehren sich schließlich, als der starre Alba für eine Welt, die sich ständig verändere, auch eine veränderte Verfassung fordert. Goethe demonstriert hier, wie sich ein Politiker ,,progressiv" gerieren und doch auf Unfreiheit abzielen kann.

Im *Egmont* wird das Volk erstmals als *dramatis persona* eingeführt und als Partner anerkannt. Das Stück beginnt mit Volksszenen, die die historische und lokale Atmosphäre bestimmen. Jeder Bürger ist durch Name, Beruf und Eigenart individualisiert. Die emotionale Verbindung von ,,Volk" und ,,Held" ist in der Beziehung zu Klärchen personalisiert. Am Ende aber behält Albas Zynismus recht: Die Ängstlichkeit der Bürger macht die Diktatur erst möglich, ihre Untätigkeit nach Egmonts Verurteilung macht sie perfekt.

Das bittere Resultat des Schauspiels: Der Freie kann sich in der Welt der Zwecke nicht behaupten. Egmonts unbesorgte Loyalität wird eine leichte Beute der Despotie. Goethe gönnt aber dem zum Tode Verurteilten die Klärchen-Vision, die Apotheose von Freiheit und Liebe, und begnadet ihn mit einem Blick in die Zukunft, der seinen Tod als sinnvolles Opfer für die Freiheit der Niederlande erkennen läßt. Der erfüllte Augenblick, der Egmonts Lebensform konstituiert, erweitert sich um die Dimension der erfüllten Zukunft, auch wenn er an ihr nicht mehr teilhat.

Schiller hat diesen Dramenschluß als ,,Salto mortale in eine Opernwelt" gerügt (NA 22, 208). Doch darüber ist nicht zu vergessen, daß durch die Traumerscheinung zwar die Handlungswelt transzendiert, aber Albas Urteil nicht aufgehoben wird. Die Tragik ist nicht vermieden, wohl aber entschärft. Da Egmonts Lebensdank über das Leben hinausreicht, ist der von seinem Unbewußten genährte Traum hinlänglich motiviert. Sein Pathos in der Todesstunde wird durch sein vertieftes Verhältnis zu seinem Volk ermöglicht: Egmont, der individuell gelebt hat, stirbt – in Jünglingsmanier – exemplarisch.

Goethes Verhältnis zum Tragischen und zur Tragödie ist ein bücherfüllendes Thema. Schiller testiert ihm am 12. Dezember 1797, in allen seinen Dichtungen finde sich ,,die ganze tragische Gewalt und Tiefe, wie sie zu einem vollkommenen Trauerspiel hinreichen würde". Drei Tage zuvor hatte Goethe geäußert, er wisse nicht, ob er eine ,,wahre Tragödie" abfassen könne, da schon der bloße Versuch einer Selbstzerstörung gleichkomme, und noch am 31. Oktober 1831 formuliert er Zelter gegenüber: ,,Ich bin nicht zum tragischen Dichter geboren, da meine Natur konziliant ist." Doch obwohl er im Alter den unversöhnlichen Fall wegzuhalten versucht, weitet er schon vom *Werther* an die Erscheinungsformen des Tragischen sogar auf seine Romane (und einzelne Gedichte) aus. Auch Götz und Egmont sind tragisch scheiternde

Figuren, doch öffnet sich ihnen am Ende ein übertragischer Raum – Fausts und Gretchens Lebenslinien führen sogar über die Lebensgrenze hinaus. Konzilianz und Selbstbewahrung tragen zu Goethes distanziertem Tragikverständnis bei, aber mehr noch seine Menschenfreundlichkeit, die nicht mit der Verharmlosung von Gegensätzen verwechselt werden darf, seine Scheu vor der brüsken Annullierung menschlichen Strebens und seine Neigung, Verfehlungen durch *aktive* Sühnung – ohne fruchtlose Reue – zu entschulden. Am meisten aber hält ihn seine Theodizee von einer absoluten Tragik im Sinne Kleists fern – die Theodizee, die uns ferngerückt ist, doch trotz Kants Kritik das Jahrhundert von Leibniz bis Schelling bestimmt und Goethes Schöpfungsgläubigkeit begrifflich umschließt. Lessing fordert im 79. Stück der *Hamburgischen Dramaturgie*, was Goethes Dramenschlüsse wiederholt einlösen: Die abgerundete Ganzheit des Dramas sollte nach Lessing „ein Schattenriß von dem Ganzen des ewigen Schöpfers sein"; die Versöhnung im Drama „sollte uns an den Gedanken gewöhnen, wie sich in ihm alles zum besten auflöse", werde es auch in Gottes Schöpfung einst geschehen.

Der alte Goethe äußerte gelegentlich, er habe gut getan, daß er sich mit *Götz* und *Egmont* den übermächtigen Shakespeare „vom Halse schaffte" (Eckermann, 25. Dezember 1825). Mit *Iphigenie* lud er sich Racine und die Griechen auf.

„Ich kann keine Klassiker hören, sonst schlafe ich auf der Stelle ein." Dürrenmatts Romulus sagt, was viele denken und empfinden, deren Schulwissen ihnen Goethe und Schiller verleidet. Neben dem *Tell* ist *Iphigenie* das bekannteste und zugleich verkannteste Schauspiel unserer Sprache – kein Festtagsspiel, sondern ein Gewissensappell, voller Fragen, auf die es nur vorläufige Antworten gibt.

Um Goethes Absicht inne zu werden, die er mit dem Rückgriff auf den antiken Mythos verfolgte, bedürfte es des genauen Vergleichs mit Euripides, von dem er abweicht, um eine Grundtendenz des 18. Jahrhunderts zu formulieren: das Autonomiestreben des neuzeitlichen Menschen, das für Goethe – und dies ist entscheidend – allerdings nur in seiner sittlichen Begründung zulässig ist. Durch ihre Bindung an die Göttin, an ihre Familie und an Thoas ist Iphigenie Konflikten ausgesetzt, die mit der Erkennung ihres Bruders aufbrechen. Von ihrer Familie getrennt, war sie zugleich vor deren Mordlust bewahrt, vor Barbareien, wie sie Thoas, dem „Barbarenkönig", fremd sind. Der Fluch, der als Erbschuld über den Tantaliden liegt, scheint sich fortzusetzen, da Iphigenie auf Geheiß des Thoas ihren Bruder opfern soll. Die Flucht mit dem geheilten Orest und der Raub des Standbilds müßten bedeuten, daß die Entsühnung des Hauses durch einen neuen Frevel eingeleitet wird: Die Reinigung des Geschlechts wäre erkauft durch die Befleckung des einzigen reinen Individuums. Da anzunehmen ist, daß Orests Befreiung von den Furien durch Schwesterliebe mitbedingt ist, muß gefolgert werden, daß die Entschuldung der ganzen Sippe ihre unangetastete Reinheit voraussetzt. Ihre lebengefährdende Wahrhaftigkeit gegenüber Thoas ist daher zugleich die Vorbedingung für die lebenschenkende Lösung des Geschlechterfluchs. Iphigenies innerer Weg führt von einem anfänglichen Rollendasein zur verantwortlichen Personalität.

Die eigentliche Verfehlung des griechischen Menschen bestand in der Hybris, die den qualitativen Unterschied zwischen den ewigen Göttern und den sterblichen Menschen mißachtet. Dieser Selbstüberhebung verfiel Tantalus; die Verfluchung seines Stamms wirkt sich in maßloser Leidenschaft, in der Selbstzerfleischung seiner Angehörigen aus. In Iphigenies priesterlichem Dienst, in ihrer Schwesterliebe und vornehmlich in ihrer schwererrungenen Wahrhaftigkeit findet das Tantalidengeschlecht zum selbstbegrenzenden Ethos zurück. Zwar kann Iphigenie den Ahnherrn nicht erlösen und die Vorfahren nicht entsühnen, doch vermag sie, von der Magie der Virginität und der Gunst der Göttin unterstützt, den Fluch zu bannen und die nachfolgenden Generationen vom Kausalnexus der Verschuldung und Bestrafung zu befreien. Die Frage stellt sich: In welchem Verhältnis stehen göttliche Gnade und menschlich-reine Leistung zueinander?

Zum Menschenbild des Dramas gehört Orests Geschick: Er ist zum Mord gezwungen, muß aber die Schuld dafür übernehmen. Die Blutrache – in Gestalt des Götterwillens oder einer ungeschriebenen Satzung – treibt zur Tat, deren Folgen der Täter allein trägt. Die Götter sind objektive Mächte, die in einem Immediatverhältnis zu den Menschen stehen. Als Iphigenie Thoas' Werbung ablehnt, da die Götter, wie sie zu wissen vorgibt, ihre Verbindung mißbilligen, antwortet Thoas mit dem entscheidenden Einwand: „Es spricht kein Gott; es spricht dein eignes Herz" (V. 493). Er entdeckt, daß Iphigenie die Gottheit subjektiviert, indem sie ihr „Herz" als deren Medium verabsolutiert. Damit verinnerlicht und relativiert sie die objektiven Götter. Weder unbedingte Demut noch bedingungsloses Vertrauen noch gar die Aufgabe des eigenen Willens konstituieren ihren Glauben an die oberen Mächte. Das neue, changierende Gottesverhältnis, das sich im Gang des Dramas herausbildet, ist nicht frei von den hybriden Zügen des Tantalus, denn Iphigenie tritt mehr als Fordernde denn als Bittende den Himmlischen entgegen. Im *Parzenlied* leben die Götter ihre Götterwillkür aus; ihre Rache trifft noch die Unschuldigen; der Sühnegedanke ist ihnen fremd. Wir müssen das *Parzenlied* als Ausdruck der alten Göttervorstellung deuten, um Iphigenies neue Haltung – das Ultimatum ihres Glaubens, der die eigene Errettung als Preis der Hingabe voraussetzt – zu verstehen. Ihr Vertrauen, das sie in die Verbindlichkeit der Wahrheit, in die Götter und in Thoas setzt, wird von den Bedingungen, die sie stellt, relativiert: „Wenn / Ihr wahrhaft seid, wie ihr gepriesen werdet, / So zeigt's durch euern Beistand und verherrlicht / Durch mich die Wahrheit!" (V. 1916 ff.). Iphigenie pocht auf die Gerechtigkeit, die „Menschlichkeit" der Götter; sie besteht auf dem ausgeglichenen Verhältnis von Gnade und Leistung – konkret: auf der göttlichen Hilfe in der Situation, in die sie durch ihr Ethos gerät. Iphigenie fordert, was die Aufklärungsepoche erwartet: die prästabilierte Übereinstimmung der Götter mit dem Sittlichen im Menschen. In der Sittlichkeit sind Götter und Menschen ungeschieden. Daher kann Iphigenie die Wahrheit sagen, die dem vermeintlichen Auftrag Apolls widerspricht.

In der Eigenwelt dieses Dramas, fernab aller historischen und gesellschaftlichen Wirklichkeit, sind alle Wesen gebunden und frei durch ihren Dienst am Göttlichen im Menschen und am Menschlich-Humanen in den Göttern. Iphigenies Menschlichkeit repräsentiert das Göttliche, doch ist sie auf die Göttergnade angewiesen. Die angemaßte Gottgleichheit des Tantalus verwandelt sie in gottgemäßes Wirken.

In dem Augenblick, da Iphigenie den Fluchtplan gesteht, nimmt sie den Skythenkönig bewußt in die Gemeinschaft der „Humanen" auf, der er sich durch seinen Tötungsbefehl entziehen will. Am Ende muß Thoas sein Versprechen einlösen (vgl. V. 293 f.), will er wahrhaftig, er muß seinen Eros besänftigen, will er „edel" bleiben. Sein endliches „Lebt wohl!" ist das menschlichste Wort dieses Schauspiels, denn Thoas bejaht den Abschied, obwohl er vieles verliert, während die anderen alles gewinnen. Iphigenies Wahrheitsliebe trifft auf Thoas' Selbstlosigkeit, die erst ihr Ethos wirksam macht.

Daß „menschliche Gebrechen" durch „reine Menschlichkeit" sühnbar sind (vgl. HA 5, 406), entspricht dem von den *Sprüchen Salomos* (16, 6) gestützten Hoffnungsglauben Goethes, der ihn vom dogmatischen Christentum trennt. Da der Wille der ethisch gebundenen Götter und das sittliche Wollen des Menschen korrespondieren, ist die dem aufklärerischen Denken verpflichtete Synthese des Göttlichen und Menschlichen hergestellt. Daher konnte Schiller am 21. Januar 1802 an Körner schreiben, die *Iphigenie* sei „so erstaunlich modern und ungriechisch". Goethe weist also das dunkle, unbegreifliche Schicksal der griechischen Tragödie ab, das schon Lessing empörte, da es den Menschen zum Willkürobjekt degradiert; der aufgeklärte Mensch nimmt nur die versittlichten Götter über sich hin.

Das Anarchische des Tantalidengeschlechts, die Gefährdung Orests, die Verzweiflung Iphigenies und die heikle Lösung des Ganzen durch Thoas widersprechen der gängigen glättenden Deutung. Die Wirklichkeitsferne des Stücks wird oft und mit guten Gründen getadelt: Das Stück gibt eine Lösung, die nur für einen prinzipiellen Fall und für die vorgegebene Konfiguration der Personen gilt. *Iphigenie* ist das Spiel vom Mythos, der an manchen Stellen in die Heiligenlegende übergeht; *Iphigenie* stellt die Entwicklung des neuzeitlichen Menschen dar, der als selbständiges Subjekt gleichberechtigt den Göttern gegenübertritt; *Iphigenie* bedeutet schließlich die Subjektivierung des Religiösen, das in den nachfolgenden Jahrzehnten – im Prozeß der fortschreitenden Säkularisierung – zur Unverbindlichkeit verkümmert. Der triadische Weg führt vom Mythos zur sittlichen Autonomie und wieder zurück in den Mythos der Erlösung von Schuld durch menschliche Kraft – durch die pietistisch abgesegnete Kraft der erhöhten, priesterlichen Frau.

Die idealtypisch verwirklichte tektonische Form ist es, die die veraltete harmonisierende Deutung dieses „Wagestücks" begünstigt. Die symmetrische Gliederung mit Iphigenie als Mittel- und Mittlerfigur reicht als Kompositionstechnik bis ins szenische Detail. Durch die strenge Finalität des Stücks erhält die einzelne Szene ihren genauen, unvertauschbaren Ort in der konturierten Geschlossenheit der Akte zugewiesen. Der nach tastenden Versuchen gewählte Blankvers, nicht zufällig auch *Nathans* Ausdrucksform, schließt die Alltagssprache und mit ihr das Alltägliche, Zufällige und Beiläufige aus. Das Spontan-Individuelle der Personen unterwirft sich dem normierenden Metrum wie dem Gesetzhaft-Normativen des sittlichen Anspruchs. Der hieratische Sprachduktus neutralisiert das „Eigentümliche" der Charaktere und verkürzt sie auf ihre Gesinnung. Die in der Shakespeare-Rede verspotteten „kerkermäßigen" Einheiten (HA 12, 225) sind in enger Anlehnung an die haute tragédie der französischen Klassik peinlich beachtet. Der Schauplatz – „Hain vor Dianens Tempel" – entscheidet über das Geschehen, denn der sakrale Raum deutet auf die Präsenz der Göttin, vor deren Angesicht sich die Menschen in ihren Gesinnungen und Beziehungen verantworten müssen. Der „Hain" verweist auf die stilisierte Ordnung, in der die natürliche Natur überwunden ist, und korrespondiert mit der Aufgabe des Menschen, in sich den Ordo dem destruierenden Unmaß, der Leidenschaft und Selbstbezogenheit abzuringen. Die Außenwelt verliert als Bedeutungslandschaft ihre sinnenhafte Wirklichkeit; ihre *Gegen*stände dienen dazu, menschliche *Zu*stände zu objektivieren. Der Schluß läßt sich wie von allein für diesen neuen Dramentypus ziehen: Der eigentliche Schauplatz der Vorgänge ist das Innere der Personen. Aktionen sind ausgespart, die ideelle Handlung läuft intellektualisiert und distanziert im verbalen Duell der Stichomythien und Sentenzen nach einem bestimmbaren Argumentationsmuster ab. Daher dominiert nicht die Sprache der Handlung, sondern die Sprache als Handlung. Der schaubare Bühnenvorgang verliert sich mit *Götz* und *Egmont*. Der Widerstreit von Chaos und Ordnung im Menschen übernimmt den Handlungspart. Das Gräßliche der Tantaliden und das Barbarische der Skythen entschärft der sublimierte und rhythmisierte Bericht.

Iphigenie ist das bedeutendste Zeugnis von Goethes Frühklassik. Fortan ist er als Dramatiker geneigt, die Unmittelbarkeit des sinnenhaften Augenblicks durch die Sinnhaftigkeit des verinnerlichten Erlebens zu ersetzen, das Charakteristische der Personen ins Typische, das Konkrete ins Symbolische zu transponieren. Das alles bedeutet: Das Ideelle des Problems zehrt an der Realität der Bühnenwirklichkeit. Doch wenn Friedrich Schlegel in seinem eingangs erwähnten *Athenäums*-Aufsatz schreibt, Goethes Kunst sei durchweg und ,,durchaus progressiv'', dann gilt dieses Urteil vor allem für das ,,gräzisierende'' Schauspiel, das den Übergang zur Kultur und, allgemeiner, die Überwindbarkeit der belastenden Vergangenheit darstellt. Die neue Kulturstufe, auf der das unerfindliche Diktat der Götter ergänzt und ersetzt wird von der durchsichtig-verantwortlichen Initiative der Menschen, wird durch Sittlichkeit erreicht – durch den einzigen verläßlichen ,,Vor-Schein'' auf eine humane Welt.

Gegenstand der sogenannten klassischen Tragödie, die Goethe und Schiller in ihrem Essay *Über epische und dramatische Dichtung* gemeinsam definierten, ist der ,,nach innen geführte Mensch'' und sein ,,persönlich beschränktes Leiden'' (HA 12, 250). Bei der Vermessung des Weltinnenraums seiner Figuren entdeckt Goethe auch deren Abgründe: ihre emotionale Labilität, die kränkelnde Subjektivität und die Störbarkeit durch die gesellschaftliche Umwelt. Besonders der dichterische Mensch, dessen Phantasie sich eine Eigenwelt erschafft, leidet an der ,,Disproportion des Talents mit dem Leben'' (HA 5, 442). In *Tasso* ist dieses Grundproblem ungezählter Künstlerdramen des 19. und 20. Jahrhunderts vorgegeben. In den Dichterdramen unserer Gegenwart – in Grass' *Plebejern*, Dorsts *Toller*, Weiss' *Hölderlin*, Salvatores *Büchner* – wird der ursprüngliche Gegensatz von Imagination und Realität durch die Konfrontation von Ästhetik und Politik, Schriftstellerexistenz und politischem Engagement verschärft und zugleich verengt.

Die Personen in Goethes *Tasso* charakterisieren sich durch ihre verschiedenen Auffassungen von der Bedeutung der Kunst. Der Prinzessin ermöglicht sie, sich über ihr Leid zu erheben; Dichtung bietet ihr eine Hülle für das zarte Gefühl, eine Zuflucht für die unirdische Sehnsucht. Der Fürst, ein großzügiger Mäzen, weiß, daß der ,,Held'' (vgl. V. 551) den Dichter braucht, damit sein Ansehen bei der Mitwelt erhöht und sein Name für die Nachwelt bewahrt werden. Antonio sieht in der Dichtung, was sie dem Realpolitiker sein muß: Fiktion und Illusion. In Tasso hingegen hat Goethe die dichterische Produktivität als naturhafte Nötigung angelegt: ,,Verbiete du dem Seidenwurm zu spinnen, / Wenn er sich schon dem Tode näher spinnt'' (V. 3083 f.). Tasso lebt Glanz und Elend der Einbildungskraft aus. Sie spiegelt ihm ein Dasein inmitten einer großen Vergangenheit und die zukünftige Rückkehr in die neapolitanische Heimat vor. Aber die Gegenwart wird ihm darüber zum Traum, den er mit der Wirklichkeit verwechselt, und seine Selbstbezogenheit bedingt, was Kierkegaard später dem ästhetischen Menschen vorhält: daß sich sein Leben zum Erleben des eigenen Wesens verengt. Den Extremen verfallen, ist Tasso maßlos im Überschwang wie im Schmerz, in der Verehrung wie in der Ablehnung.

Der Mensch ist das einzige seiner eigenen Gesellschaft nicht angepaßte Lebewesen. So ist Tasso durch seine Disposition und Herkunft ein Außenseiter, der an der Krankheit leidet, die Marsilius Ficino der Genialität zuerkannte und die die Modekrankheit des 18. Jahrhunderts ist: an der Melancholie. Tasso ist ebenso differenziert wie kompliziert; er ist kreativ und doch ohne festen Kern – ein Neurastheniker zunächst und – nach dem Duell – szenenweise ein Paranoiker. Goethe hat als erster die Problematik des schöpferischen Menschen dramatisiert und zugleich dessen ergänzendes Korrektiv aufgewertet: die in Antonio persongewordene *vita activa*. Als Kenner der Macht und der Menschen ist Antonio, der Pragmatiker, der genaue Gegentyp zu Tasso: Diplomat im Dienst seines Fürsten und ein Mann von Welt im Auftrag der eigenen Selbstbestätigung.

Während der lange unterbrochenen Niederschrift des *Tasso* entwickelt sich die – im März 1780 zunächst zentrale – Liebestragödie eines Künstlers zur Künstlertragödie eines liebenden Hofdichters. Die Prinzessin, verehrungswürdig und fragil, ist Tasso wahlverwandt. Beide nehmen sie die kunstgeschaffene Ersatzwelt in ihre solitäre Psyche; beide nehmen sie ästhetisch Besitz von einer entwirklichten Welt. In der leidenden und dadurch verinnerlichten Frau liebt Tasso sich selbst. Sein Eros verwirrt und verstört, weil er zur Wertbestätigung aus Selbstwertmangel dient, weil er die Eigenart dieser Frau verkennt und überdies die höfische Sitte mißachtet, die für die Prinzessin eins ist mit Sittlichkeit. Den Disput zwischen dem historischen Tasso und seinem Konkurrenten Guarini, ob erlaubt sei, was gefällt, oder gefalle, was erlaubt ist, nimmt Goethe auf und sublimiert ihn in der mittlerweile zerredeten Maxime: ,,Erlaubt ist, was sich ziemt" (V. 1004). Goethe schickt – das ist ein Teil seines Beitrags zur Kultur des 18. Jahrhunderts – die Männer in die Schule ,,edler" Frauen, die das ,,Geziemende" ihrer Verletzlichkeit wegen benötigen und auf dem ,,Schicklichen" zur gegenseitigen Schonung und Begrenzung bestehen. Tasso verstößt weniger gegen eine ständische als gegen die ethisch-ästhetische Norm, das Decorum der höfischen Konvention.

Goethe nannte seinen *Tasso* ein ,,Schauspiel". Schreckte er vor der Tragödie zurück? Auch wenn in der abschließenden Anerkennung Antonios durch Tasso der Schein der Versöhnung für die Länge einiger Verse erreicht ist – die tragische Unversöhnbarkeit für Tasso, den ,,gesteigerten Werther" (HA 5, 443), bleibt, in dessen dichterischer Bestimmung seine Beseligung wie seine Unseligkeit gründen. Tassos Gabe, sein Leid auszusagen, ist von lebenerhaltender, kathartischer Kraft. Auch wenn die Bildlichkeit der Schlußszene divergiert: Tasso vermag seine Situation zu vergegenständlichen und damit seine Subjektivität am Ende zu meistern. Goethe stellt nicht nur einen Dichter dar, sondern auch dessen imaginativen Prozeß als Dichtung innerhalb der Dichtung.

Wollte Goethe ein historisches Künstlerdrama schreiben oder eine Typologie des Künstlerschicksals innerhalb der höfischen Welt vorlegen? Man hat bisher zu wenig beachtet, daß Goethe erst in Rom Serassis *Tasso* kennenlernte, eine gründliche Biographie, aber auch eine Psychopathographie, die ihn bei der endgültigen Konzeption der Akte 3 bis 5 leitete. Serassis Tasso wird vom Fürsten begünstigt, doch von neidischen Höflingen und Kollegen bedrängt und von Verfolgungswahn, Glaubensdepressionen und schizophrenen Schüben drangsaliert. Die Anfangsakte in Goethes Schauspiel typisieren Tasso als ,,sentimentalischen" Dichter. Seine nachfolgenden Wahnvorstellungen historisieren und individualisieren aber die typologische Basis. Daher läßt sich Tassos Konflikt mit der höfischen Gesellschaft nur behutsam verallgemeinern: Ferrara ist nicht Weimar, Tasso nicht Goethe, die ,,Disproportion" ist nicht auf den simplen Gegensatz von Bürgerpoet und Feudalaristokratie beschränkt.

Götz und Egmont formen ihre Mitwelt, sofern sie ihnen nicht schon gemäß ist, nach ihrem Bilde. Dem aufgebrachten Tasso erscheint seine Umwelt als Nötigung; menschliche Beziehungen verkehren sich ihm zu Zwängen, Mißtrauen verführt ihn zur Verstellung. Leidet Tasso an seiner Ausnahmeexistenz, oder re-agiert er auf seine abhängige Stellung vom Hof? Manche machten sich die Antworten während der letzten Jahre leicht: Tasso ,,produziert" nach ihrer vorgefaßten Meinung im Dienst des Mäzen, der sich das fertige ,,Produkt" kurzerhand aneignet. Daß Tasso eingangs seine Situation am Hof bejaht, die ihm zu leben, zu dichten erst ermöglicht; daß sein Bürgertum weder direkt noch indirekt thematisiert wird; daß sich der Konflikt zwischen zwei Männern von entgegengesetzter Geisteshaltung entzündet; daß das Mäzenatentum – trotz vielem – die Autoren damals wenistens vom Publikumsgeschmack befreite: diese und manche anderen Fakten werden leichthin vom Tisch gewischt, damit das ,,kaschierte Ausbeutungsverhältnis" behauptet werden kann. Peter Hacks verspottete unlängst eine Exegese von dieser Sorte, als er daran erinnerte, daß der Fürst nicht das Urheberrecht beanspruche, sondern nur die ihm geschenkte Handschrift behalten wolle. Hacks zog den Schluß: ,,Die wünschenswerteste Wirklichkeit ist außerstande, ein Genie zu ertragen."[2]

Tasso ist das Schauspiel der hochentwickelten höfischen Kultur, der stilisierten Idylle, die gefährdet ist durch das Allzumenschliche ihrer Menschen, durch Neid und Eifersucht, und bedroht durch eine produktive Subjektivität, die sich nicht mäßigen mag, da das Maß von der verschmähten Lebenswirklichkeit eingefordert wird. Dieser Tasso ist nicht der Epiker des 16. Jahrhunderts, der die ganze Weltbreite zu erfassen sucht, sondern ein Lyriker, der erst mit Günther, Klopstock und Goethe die literarische Szene betritt und auf pure Selbstaussprache angelegt ist. Das historisierende Künstlerschauspiel trägt damit die Signatur seiner Entstehungszeit – natürlich auch in der neuen Form: dem lyrisch durchtönten Drama des Dichters, der mit seiner Substanz für seine Berufung einstehen muß. Der „offene" Schluß, als Kompromiß hin und wieder gerügt, sei durch ein Gespräch Kafkas mit Janouch erklärt: „Die Kunst ist für den Künstler ein Leid, durch das er sich für ein neues Leid befreit."[3]

Zur Beurteilung von Goethes Bühnenwerk um 1790 lassen sich aus *Tasso* noch einige Schlüsse ziehen: Das Dramatische reduziert sich auf den Dialog, auf die Disputation, die in These und Antithese auf die Hauptakteure aufgeteilt sind. Doch es steht nicht mehr einfach Recht gegen Unrecht. Tasso und Antonio sind Kontrahenten, „weil die Natur / Nicht *einen* Mann aus ihnen beiden formte" (V. 1705 f.). Die polare Struktur des Lebens ist in ihnen personalisiert, so daß Kollisionen nicht länger in ethischen Gegensätzen, sondern in geistigen Differenzen gründen und das Geschick im Wesen des Menschen vorgegeben ist. „Die Geschichte des Menschen ist sein Charakter" (HA 7, 443): Da der Widerspruch im Individuum angelegt ist und der Charakter andere zentrale Determinanten – wie Schicksal und Milieu – ersetzt, kann sich die Handlung auf das Innere des Menschen und auf sein Leiden beschränken (vgl. HA 12, 250). Kommt schon in *Götz* und *Egmont* der „notwendige Gang des Ganzen" (HA 12, 226), der Geschichtsprozeß, zu kurz – mit der Dominanz des menschlichen Innern verliert die materiale Außenwelt vollends an Eigenwert. Für Tasso löst sie sich in Phantasie auf. Für seinen Autor entwirklichen sich fortan im Drama, nicht in den Romanen, die geschichtlichen Bedingungen, weil – und obwohl – sie in der Realität übermächtig werden. Das Individuum, dessen Imagination den Bezug zur Außenwelt und dessen Reflexion die Einheit von Tun und Denken aufhebt, verlangt nach der intimen psychologischen Dramengattung – nach der von Lessing angestrebten subtilen Motivierung des vielschichtigen, aber auch vieldeutigen, des beziehungsarmen, doch problemreichen Charakters. Das psychologische Verständnis neigt dazu, abwegiges Handeln als Ausdruck des Charakters zu entschuldigen: Auch dies ist ein Grund, warum der Streit zwischen Tasso und Antonio unentschieden bleibt und die unversöhnliche Tragik durch die fortschreitende Psychologisierung im 19. Jahrhundert aufgeweicht wird. Doch obwohl seit dem „Sturm und Drang" das Subjekt über die gesellschaftlichen und staatlichen Ordnungsprinzipien hinauswächst, hat Goethe auf deren objektiven Anspruch nicht verzichtet: Wie die vielen Sentenzen in seinen Versdramen generelle Geltung fordern, so besteht die gesellschaftliche Konvention auf allgemeiner Anerkennung.

Auch wenn der „Klassik"-Begriff umstritten ist, da die Germanisten bisher ihre Muskelkraft mehr gegen den Kult von vorvorgestern als für eine geklärte Auffassung von morgen einsetzten, kann gesagt werden, daß Goethes „klassisches" Drama die Verhaltensnormen des „klassischen" Menschen meist nur *e contrario* demonstriert. Es bezeichnet Eigenart und Grenze des geschlossenen Dramentyps, daß seine sublime Sprache sublimierte Menschen vortäuscht und sein Rhythmus Bezüge suggeriert – so geglättet, als besäße die Wirklichkeit keine Ecken und der Mensch keine Kanten. Die Mimik im tektonischen Drama verarmt, die Gestik entfällt aus Scheu vor jeder Äußerung, die nicht sprachfähig oder artikulationswürdig ist. Was das Drama als Kunstwerk gewinnt, verliert es als Schauspiel.

Die Französische Revolution von 1789 wurde auch in Deutschland als „Morgenröte" in der Menschheitsentwicklung und als Werk der republikanischen Vernunft emphatisch begrüßt. Obwohl Goethe hellsichtig die Unterminierung der abgewirtschafteten „moralischen und politischen Welt" in einem Brief an Lavater vom 22. Juni 1781 prognostizierte und die Halsbandaffäre von 1785 als Menetekel des untergangsreifen *Ancien régime* diagnostizierte (vgl. HA 10, 356), obwohl er also die Revolution als Schuld der privilegierten Klassen verstand, lehnte er den Umsturz von Anfang an entschieden ab. Seine Geschichtsskepsis, seine Kenntnis der Massenpsychose, sein naturgemäßer evolutionärer Sinn, wohl auch seine Loyalität gegenüber dem Weimarer Hof hinderten ihn, in den Revolutionswirren eine positive Zukünftigkeit für das Gemeinwesen zu gewahren. Da die Praxis die ursprünglichen Ziele zunehmend pervertierte, wurden für Goethe die Vorgänge in Frankreich und ihre europäischen Folgen zum lebenslangen Trauma. Noch 1823 schreibt er, daß die Revolution – „dieses schrecklichste aller Ereignisse" – lange Zeit sein „poetisches Vermögen fast unnützerweise aufgezehrt" habe (HA 13, 39).

Nicht nur um das schmale Repertoire der Weimarer Bühne zu erweitern, deren Leitung er 1791 übernahm, sondern vielmehr um sich das übermächtige Revolutionsthema durch Gestaltung vom Leibe zu halten, griff Goethe nach ihm. Zeitgeschichtliche Stoffe, ironisch traktiert – das weckt Erwartungen. Aber die Stücke sind dürftig, denn Goethe legte satirische Marginalien zu weltgeschichtlichen Ereignis vor: Der Dichter, der im *Götz* Vergangenes zu vergegenwärtigen vermag, verfehlt seine eigene Gegenwart. *Der Großkophta* (1792), zunächst als Libretto für eine komische Oper gedacht, stellt die morbide vorrevolutionäre Adelsgesellschaft dar, die, in die Halsbandaffäre verwickelt, Cagliostros Gaukeleien aufsitzt. Goethe rechnet polemisch mit dem wundersüchtigen Mystizismus ab und dekuvriert die Figuren fast allesamt als betrogene Betrüger. Auch der einaktige *Bürgergeneral* verniedlicht die Antinomie von Freiheit und Gleichheit. Das Lustspielschema ist hier durch den prahlerischen Revoluzzer, der seine Zwecke „gleichnisweise", doch listig verfolgt, und den geprellten Altbauern geradezu idealtypisch erfüllt. Nach dem Spielchen im Spiel erhält „General" Schnaps seine verdiente Tracht Prügel und der Zuschauer die unverdiente Moral von der Geschicht'.

Dem landläufigen Urteil, Goethe fehle die *vis comica*, widersprechen *Die Mitschuldigen*, der *Satyros* und *Der Bürgergeneral* (und viele Intermezzi in *Faust*), doch *Der Großkophta* und *Die Aufgeregten* (1793) demonstrieren, daß das Spiel mit der Sprache diesen Autor nur kurz befriedigt und die schmale Posse und knappe Farce seinem Spielwitz am ehesten entsprechen. *Die Aufgeregten*, erst 1817 und halbfertig veröffentlicht, behandeln den alten Streit zwischen Dörflern und Gutsherrschaft. Wieder dient die Revolution als karger Hintergrund; wieder erscheint sie in ihrer kleinkarierten deutschen Variante; wieder wird der geschichtliche Ernst durch ein ernsthaft betriebenes Spiel im Spiel – man imitiert die Nationalversammlung – karikiert. Der bramarbasierende Barbier aus dem Typenarsenal der Holbergischen *Kannengießer* verwischt prätentiös Schein und Sein, probt den Aufstand, doch zum Schluß finden sich die Stände versöhnt in wechselseitigem Treueverhältnis. Der individuelle Gerechtigkeitssinn – die Gräfin versteht sich als Demokratin – genügt hier wie in anderen Werken Goethes, allgemeine politisch-soziale Konflikte zu vermeiden oder auszugleichen. Das Ergebnis: Die in der Exposition aufgekündigte Konvention wird am Schluß in ihrer normativen Kraft bestätigt. Das Spielschema bleibt sich in allen Stücken gleich: Betrüger und Hochstapler werden dekuvriert, Revolutionäre als Phantasten, Narren oder Käuze entlarvt, die ständische Ordnung bleibt – bei gegenseitiger Respektierung – gewahrt. Das Satirische des Stoffs erdrückt das Komische der Gestaltung. Wie unzulänglich diese Politkomödien sind, zeigt sich vollends, wenn man sie als Präludien der *Natürlichen Tochter* einstuft.

Daß auch dieses 1804 erschienene Drama ein Versuch sei, sich des traumatischen Erlebnisses von 1789 zu entledigen, erwähnt Goethe eigens (vgl. HA 13, 39). Der Stoff ist der französischen Memoirenliteratur der Revolutionszeit entnommen – ein Gegenwartsstück also und doch weithin enthistorisiert. Keine personalisierten Gegensätze und keine realpolitischen Antagonismen werden dargestellt; vielmehr bleibt die von der Hofkamarilla vorangetriebene Handlung im Halbdunkel. Da das eigentliche Geschehen, Eugenies Entführung, in eine Aktfuge verlegt ist, kennzeichnet Handlungsarmut, besser gesagt: eine verbalisierte Bühnenpräsentation auch dieses Stück. Goethe versucht erstmals durchgängig, den Stoff aus seiner begrenzten Aktualität zu lösen, das Allgemeine an bedeutsamen Details zu verdeutlichen und das einmalige Phänomen in einer Phänomenologie des historischen Umsturzes „aufzuheben". Nicht an individuell historischen, sondern an repräsentativen Figuren ist er interessiert – am Individualtypus, paradox gesprochen, der folgerichtig eine Handlungstypik erfordert. Wer kritisiert, daß Goethe überzeitliche Konstanten freizulegen versucht, sollte sich daran erinnern, daß Brechts Parabel- und Frischs Modellform einer verwandten Darstellungsabsicht – allerdings mit verschieden bedingten personalen Verhaltensmustern – dienen: dem unverbindlichen Einzelfall wie der extensiven Überfülle der Historie zu entkommen und das Exemplarische in der geschichtlichen Besonderung unmittelbar evident erscheinen zu lassen.

Eugenie ist die einzige, die einen Namen trägt, und dieser Name ist voll Bedeutung. Sie ist auch die einzige, die volle Personalität gewinnt unter Dunkelmännern und Schurken. Goethe zeichnet sie als Amazone; zugleich verkörpert sie eine der für uns Heutigen seltsamen Geniusgestalten wie Mignon. Sie lebt zunächst in einem rousseauhaften Naturzustand, doch ohne Kenntnis der Außenwelt, besonders der höfischen Gesellschaft. Als Genius ist sie ein Fremdling unter den Menschen, ein Individuum unter gebrochenen Existenzen. Euphorionhaft sind ihre jugendliche Ungeduld und ihre Lust an der Gefahr. Sie ist die einzige Lyrikerin in Goethes Dramen. Ihr Sonett verbildlicht, daß sich ihr verfließendes Gefühl in der strengen Form zu disziplinieren weiß. Goethe sprach einmal von dem Geheimnis der menschlichen Verfehlung, die in Übereilung oder in Versäumnis bestehe. Eugenie wird schuldig, weil sie gegen das väterliche Gebot das Schmuckkästchen öffnet und sich damit dem wesenlosen Schein des Höfischen ausliefert. Sie mißachtet damit den „Kairos", den vorbestimmten Zeitpunkt, gibt das Geheimnis ihres Vaters preis, verschließt aber das Sonett als Geheimnis ihres eigenen Innern: Durch Entsagung verwandelt sich ihr Ungestüm später in geduldige Selbstbewahrung. Die beiden letzten Akte sind wie ein Stationendrama gebaut: Die Protagonistin begegnet repräsentativen Menschengruppen – Vertretern des Staats und der Kirche und dem „Mann auf der Straße" –, an die sie ebenso vergeblich wie Klärchen appelliert.

Eugenies Vater, die zweite Hauptfigur, ist eine undurchsichtige Erscheinung. Die Führung der Gegenpartei lehnt er ab, und zwar aus Trauer über den vorgetäuschten Tod seiner Tochter. Goethe reflektiert in seiner Verzweiflung die Frage, wie das Vergängliche erhalten, das Verlorene in der Imagination vergegenwärtigt werden kann. Entgegen seinem Charakter und seinem Tun gibt der Weltgeistliche die vermächtnishafte Antwort: Der „Geist" ist es, der getrenntes Leben vereinigt und zerstörtes Leben wiederherstellt (vgl. V. 1698 f.).

Das Welttreiben ist in diesem Drama auf Machtgier reduziert, die das Recht beugt. Auf die Perversion des Rechts durch die Macht antworten die „unteren" Stände mit einem Machtanspruch ohne begründendes Recht oder mit Desinteresse am Menschlichen. Eine Ausnahme bildet der Gerichtsrat, der von Goethe bewußt – und geschichtlich folgerichtig – dem Bürgerstand entnommen ist. Er verbindet Moralität und Einsicht. Von ungewöhnlicher Entsagungsbereitschaft, erkennt er die Bedingtheit des einzelnen durch die selbstsüchtige höfische Politik und die

Ohnmacht des Rechts gegenüber der Gewalt. Dem Staatsbürger bleibt als Gegenwehr in einer solchen Lage nur der Rückzug auf die Ordnung der eigenen Familie; die „abgeschloßnen Kreise" (V. 2012) dienen als Refugium zwischen der Willkür von oben und der Gärung von unten. Die negativen Folgen der hier vorgegebenen politischen Abstinenz für die deutsche Geschichte des 19. Jahrhunderts sind bekannt. Goethe rechnet mit dem *Ancien régime* ab, wenn er zeigt, wie jeder Objekt des anderen und wie jeder erpreßbar ist. „Und was uns nützt, ist unser höchstes Recht" (V. 861). Das Drama entwirft die Genesis der Revolution, indem es den Machtzerfall mit dem Rechtsschwund identifiziert. Aber auch die Herrschenden sind „gebunden und gedrängt. Sie wirken selten / Aus freier Überzeugung. Sorge, Furcht / Vor größerm Übel nötiget Regenten / Die nützlich ungerechten Taten ab" (V. 1797 ff.). „Die nützlich ungerechten Taten" – der Staatsmann Goethe formuliert hier sein überlegenes Erfahrungswissen: Berechtigte Sorge verführt zu unberechtigtem Eigennutz, an dessen Ende das volle Unrecht steht. An dieser und mancher anderen Stelle wird das wirklichkeitsscheue Bühnenspiel für jede Zeit aktuell und konkret. Die Rechtschaffenheit des einzelnen kann dem allgemeinen Unrecht, das Anarchie und Krieg hervorbringt, nicht widerstehen. Die Vision des Mönchs von der Zerstörung der Städte (vgl. V. 2783–2808) wurde durch die technischen Mittel in unserem Jahrhundert wirklich.

Die zentralen Antagonismen dieses Dramas sind demnach Ordnung und Chaos, Gesetz und Auflösung. Das übergreifende Thema: die Gesellschaft, die auf ihren eigenen Untergang hinarbeitet. *Die natürliche Tochter* vermittelt modellhaft eine Umbruchszeit, doch rein negativ, ohne die „wohltätigen Folgen", die der alte Goethe der Französischen Revolution schließlich zugestand (vgl. Eckermann, 4. Januar 1824). Die preziöse Bildersprache distanziert alles Geschehen und verfremdet es. Goethe beginnt jetzt, geschichtliche Tendenzen in Naturkräfte und soziale Oppositionen in die Gegensätzlichkeit der Naturelemente zu „übertragen". Den Dualismus von Sein und Schein, Wesen und Erscheinung in der Gesellschaft zu versöhnen, bleibt Eugenie versagt. Das Drama, dessen Protagonistin sie ist, verlangt aber aufgrund seiner entschiedenen Typisierung die Einheit von Sinn und Bild, von Phänomen und Bedeutung, Vorgang und Abstraktion. Diese Einheit, die in der Wirklichkeit zu leisten Eugenie schuldig bleiben muß, leistet im Drama das Symbol, das als Anschauungsform Goethes Denken und Forschen, als Darstellungsweise seine gedichtete Welt von Jahr zu Jahr mehr bestimmt.

Warum führte Goethe nur den ersten Teil der geplanten Trilogie durch? Enttäuschte ihn die Zurückhaltung des Publikums? In einer Rezension der Jenaischen Allgemeinen Literaturzeitung vom Oktober 1804 erklärte Delbrück das Werk als „vollendet". Goethe gab ihm recht – in der Tat liefert die dargestellte Anamnese des Umsturzes auch die Therapie. Und doch bleiben Fragen offen: Mußten nicht das Jeanne d'Arc-Motiv, das im Brief an Schiller (vom 4. April 1803) anklingt, mißlich und die geschichtsfremde Geniusvorstellung hinderlich sein? Und sperrte sich nicht der historische Stoff, wie läßlich er auch behandelt wurde, gegen die Fortsetzung, gegen die momentane und nachträgliche Verklärung der alten Unordnung durch eine heroische Haltung? Das Urteil über dieses Stück ist besonders widersprüchlich: Man lobt seit Herder und Fichte seine großartige Sprachkraft und tadelt mit Gundolf und R. A. Schröder seine marmorne Kälte.

Mit der *Natürlichen Tochter* nimmt Goethe Abschied vom Geschichtsdrama – von der Realhistorie, an deren Sinnwidrigkeit er zunehmend leidet. Dieses Stück ist das pessimistischste, das er schrieb. Goethe ist hier unterwegs zu Büchner und Grabbe. Da die Essenz eines Dramas oft in einem szenischen Bild konzentriert ist, vergleiche man den reitenden Egmont, der enthusiastisch über das Leben herrscht, mit Eugenie, die vom Pferd stürzt und die Exilierung auf sich nehmen muß, und man vergleiche beide mit Büchners Danton, der, Objekt der autonomen Geschichte, im Angsttraum von der Erdkugel geschleift wird, die er, ohne lenken zu können, „wie ein wildes Roß gepackt" hat. Auch Eugenie vermag nichts mehr zu retten; das Individuum kann nur noch ein Zeichen setzen.

Im neunten Kapitel seiner *Poetik* trägt Aristoteles dem Historiker die Beschreibung der pragmatischen Einzelheit, dem Dichter die mimetische Wiedergabe des „Allgemeinen" auf. Dieses „Allgemeine", präsent in der Typik und Symbolik, in Konstante und Modell, nennt Goethe das „Generische", das nach seiner Meinung jede Altersdichtung – im Gegensatz zur „Varietät und Spezifikation" der Jugendzeit – bestimmt (vgl. Riemer, 4. April 1814). Doch noch das „Allgemeine" der Geschichte dünkt ihm eine Verengung dessen, was man damals das Allgemeinmenschliche nannte. Um die Kunst vor der Politisierung, die zur Polarisierung verführt, zu schützen und um das Gesetzmäßige in der Welt der Erscheinungen zu ergreifen, entledigt er sich als Dichter fortan der verwirrenden Konkretheit der Geschichte. Daher hat für ihn schon der Schluß der *Wallenstein*-Trilogie „den großen Vorzug, daß alles aufhört, politisch zu sein und bloß menschlich wird" (an Schiller, 21. September 1799). Daß auch Schiller diese wirklichkeitsüberhöhende Symbolisierung bejaht, zeigt sein Lob für *Die natürliche Tochter*. Der Preis für die Autonomie des „klassischen" Dramas ist beträchtlich und allbekannt. Goethes und Schillers Kunstauffassung um 1800 ist historisch zu verstehen; sie legt unser – ebenfalls historisch bedingtes – Urteil über das Verhältnis von Kunst und Politik nicht fest.

Goethes Aufkündigung des historischen Genre zugunsten des Mythos gibt Anlaß zu einigen summarischen Bemerkungen über sein Drama. Auch wenn die Geschichte als Metapher von Ideen, Kräften und Strukturen erfaßt wird, bedeutet dies keine Flucht vor ihr, sondern demonstriert den Versuch, sie tiefer zu verstehen und ihren Veränderungen gesetzmäßige Gründe abzugewinnen. Ist es das Ziel des psychologischen Dramas, „das innere Menschenkostüm" zu zeigen – denn „hier gleichen sich alle" (vgl. HA 12, 290) – und damit psychische Konstanten vorzuweisen, gehört es zur Absicht des mythologischen Schauspiels, das vorgeschichtliche, überzeitliche Natur- und Lebensformen auslegt, Konstanten zu individualisieren. Doch wie entscheidend die Wandlungen von Goethes Drama auch sind – gleich bleibt seine Scheu vor Handlungsintensität und die Neigung zur episierenden Szene. Beider Resultat ist ein gewisser Mangel an bühnengemäßer schaubarer Aktion.

Die verhaltene Tatkraft seiner Dramenfiguren wurde von Anfang an bedauert; die „undramatische" Stoffwahl, die den tathaften Menschen nicht aufkommen läßt, tadelten Gervinus und mehr noch Vischer. Doch auch wenn man, von Lessing belehrt, den Handlungsbegriff um die inneren Vorgänge in den *dramatis personae* erweitert, gilt für das Drama Goethes, was dieser an Shakespeare ablas: daß „viel weniger sinnliche Tat als geistiges Wort" dominiert (HA 12, 288). Epische Elemente entdeckte Schiller an *Iphigenie* und *Tasso*, Brecht an *Urfaust*. Was für Schiller ein Nachteil ist, macht für unsere Zeit eher die Eigenart und den Vorzug einer Dramenform kenntlich: Goethe verweilt am szenischen Detail, das, ohne durch die Motivierung gerechtfertigt zu sein, nur für sich interessiert. Der dezidierte Umgang mit Malerei und Plastik während der sogenannten klassischen Phase veranlaßte ihn, Schiller gegenüber (am 27. Dezember 1797) allen Ernstes die Verwandtschaft von bildendem Künstler und Dramatiker zu behaupten. Im Spätwerk, dessen Szenen sich hin und wieder verselbständigen, kündigt sich an manchen Stellen der regieführende Erzähler im Drama an.

Da Goethe Handlung in Gespräch umsetzt, diskutierte man früher die Frage, die inzwischen die Zeit erledigt hat, ob er ein genuiner Dramatiker war. Daß der *Götz* nicht fürs Theater geschrieben sei, bemerkte bereits Wieland; daß Goethes dramatisches Talent sein theatralisches weit übertrifft, äußerten mehrfach A. W. Schlegel und Tieck. Das esoterische, literarisierte

Drama verminderte die Bühnenwirkung. Goethe, dessen Werk zu Lebzeiten viel seltener aufgeführt wurde, als man heutzutage annehmen möchte, war bedrückt deswegen. Seine unzureichende Erklärung lautete, er habe zuviel motiviert (Eckermann, 18. November 1825), sein weithergeholter Trost, der einer Selbstbeschwichtigung ähnelt, Shakespeares Dramen seien „nicht für die Augen des Leibes" geschrieben, sondern an unseren „inneren Sinn" gerichtet (HA 12, 288), da, wie gesagt, die Dramenhandlung von der Sprache vergeistigt werde. Ähnliches schrieb auch Schiller, allerdings über Goethe, als er dessen Symbolisierungskunst in der *Natürlichen Tochter* rühmte und dabei anmerkte, es fehle am Theatralischen: „es ist zu viel Rede und zu wenig Tat" (an Humboldt, 18. August 1803). Nun, landauf, landab werden in unseren Tagen Dramen Goethes gespielt, die er für unaufführbar hielt (vgl. HA 9, 570). Zwar werden diese Stücke meist kräftig gegen den Strich gebürstet, aber am Ende setzt sich der Text immer wieder gegen der regieführenden „Herren eignen Geist" durch.

„Je älter man wird", schrieb Goethe an Schelling (16. Januar 1815), „desto mehr verallgemeint sich alles." Diesem Zug ins „Generische", in der *Natürlichen Tochter* begonnen, folgt das *Pandora*-Fragment, das antithetische Lebensformen, wie sie in Tasso und Antonio personalisiert sind, zur modellhaft verstandenen Antinomie zweier uranfänglicher Kulturen erweitert und steigert. Das Festspiel, in einer unfestlichen Zeit (1808) entstanden und so wenig bekannt wie schwer zugänglich, unterscheidet sich wesentlich vom Mythos, wie ihn Goethe bei Benjamin Hederich finden konnte: Die Differenz enthüllt seine Absicht, mit Pandoras Wiederkunft die Versöhnung des Absoluten und Bedingten darzustellen.

Mit der Morgendämmerung beginnt das Spiel, mit dem Sonnenaufgang endet es. Der Zenit des Tages, Pandoras Epiphanie, wird nicht erreicht. In der Morgenstunde hält Epimetheus seinen Eingangsmonolog in der Manier der griechischen Tragödie, unterbrochen durch seinen Neffen Phileros, den Sohn des Prometheus, der unterwegs zu seiner Geliebten ist. Epimetheus' Erinnerung wird dadurch entfacht; sein Klagelied um Pandora beginnt, in dem immer auch ein Hymnus auf ihre Schönheit und ihre beseligende Nähe mitschwingt. Der Auftritt des Prometheus, des „Menschenvaters", der das Feuer vom Himmel raubte, wird umrahmt vom Lied der Schmiede, die die Elemente preisen, und vom Gesang der Hirten, die Werkzeuge von den Schmieden wollen – und Waffen. Denn dies ist ein scharf belichtetes Merkmal der prometheischen Menschenwelt: Sie ist auf Raub und Krieg aus, auf Beute und Landgewinn. – Erschreckt rettet Epimetheus seine Tochter Epimeleia, die ihm verblieb und die von Phileros verfolgt wird, da er die unbekannte Geliebte in flagranti ertappt zu haben meinte. Seiner rasenden Eifersucht wegen wird er von seinem Vater Prometheus zum Freitod – verurteilt. Wie wenig Rücksicht Goethe auf die psychologische Wahrscheinlichkeit nimmt, zeigt sich daran, daß Epimetheus erst jetzt seinem Bruder gesteht, daß er Pandora zu sich genommen und Zwillinge mit ihr hatte. Dem Sprung in die Wellen, den Phileros tut, folgt Epimeleia, indem sie sich in die Flammen stürzt, die von den Hirten aus Rache gelegt wurden. Doch Eos tritt auf – Goethe wagt es, in einem Drama des 19. Jahrhunderts ein Götterwesen sprechen zu lassen. Sie verkündet die Rettung und Verwandlung der beiden Liebenden.

In *Pandora* wird Prometheus schärfer und kritischer als im jugendlichen *Prometheus*-Fragment gesehen. Hier ist er der nüchterne Nützlichkeitsfanatiker, der Tagmensch, für den die Arbeit Selbstzweck besitzt, der „Macher" und alles vorausberechnende *homo faber* (V. 227). Er ist dem Schönen wie dem Festlichen abgeneigt; seine Arbeiter, die Menschen seiner Gesinnung, preisen zwar die Elemente, aber sie beuten andere Völkerschaften bedenkenlos aus. Dagegen ist Epimetheus der Mensch, der Vergangenem nachsinnt, der von der Schönheit Erhobene und Geschlagene. Er nährt die Seligkeit, die im Liebesleid ist. Sein Herz fürchtet zu gesunden,

so daß er seiner Wunde aus Glück und Trauer die Heilung verweigert. Epimetheus erfuhr das
Über-Sinnliche sinnenhaft wirklich; die die Vielheit des Schönen begründende ideelle Einheit
begegnete ihm leibhaft, ohne daß er die verklärende Zutat des Eros reflektiert. In *Pandora* wird
Fausts Helena-Erlebnis präludiert. Das Schöne verwandelt Epimetheus, so daß das spätere Leben nur noch rückwärtsgewandte Erinnerung ist.

Verkörpert Epimetheus den künstlerischen Menschen? Sein dichterisches Vermögen besteht in seiner gestaltend-umgestaltenden Einbildungskraft, deren Grund und Gegenstand der
Eros ist. Mnemosyne: das ist das Wesen der Dichtung seit Homer und Pindar; dieser vergegen-
wärtigenden Erinnerung lebt Epimetheus (in den Zustandsbildern des Fragments, die die Hand-
lungsszenen völlig verdrängen).

Goethes grundsätzliche Kritik der Brüder besteht darin, daß beide den jetzigen, gegenwärtigen Augenblick verfehlen. Keiner anerkennt die erfüllte Zeit. Die Arbeitswelt bedroht die
Idylle; die Esoterik des weltlosen Gefühls negiert den starren, rohen Sinn. Beiden Brüdern fehlt
die Ganzheit der Person, denn Epimetheus gibt sich der untätigen Reminiszenz, Prometheus
der utilitaristischen Praxis hin; erst die Annäherung von These und Antithese ergibt die Annäherung an das wahre Dasein. „Wenn einer nur das Schöne, der andere nur das Nützliche befördert", ist in den *Lehrjahren* zu lesen, „so machen beide zusammen erst einen Menschen aus"
(HA 7, 552).

Ist die Versöhnung der Gegensätze in den Kindern, in Phileros und Epimeleia, angedeutet? Die Tochter wird durch die Feuerprobe geläutert, der Sohn wird vom Wasser gereinigt. Die
beiden lassen eine versöhnte Zukunft erhoffen, da sie verwandlungsfähig sind und eine höhere
Stufe erreicht haben, die die Antinomien ausgleicht. In der Verbindung der Liebenden personalisiert sich die Utopie einer Arbeitswelt, die nicht nur zweckhaft, und eines Gefühlsraums, der
nicht nur selbstbezogen ist.

Der vorliegende Akt, in dem die Titelfigur nicht auftritt, scheint gegenwartsfremd. Die
Macht der Schönheit konnte kein aktuelles Thema während der Napoleonischen Kriege sein. So
sind es weniger die Haupt- als vielmehr die Nebenthemen, die einen ausdeutbaren Zeitbezug
spiegeln. Goethes Zeitkritik trifft den vereinseitigten wie den vermaßten Menschen, die verspielte Imagination wie das instrumentale Handeln, die falschen Ziele und Zwecke der Menge,
Krieg und Eroberung, Egoismus und Hybris. Diese Hybris beherrscht die Menschen des Prometheus: die Leistungsgesellschaft aus Mangel an Werten, die Pragmatiker aus Mangel an Phantasie, die Arbeitsfanatiker aus Mangel an „Muse". Spricht sich in diesem schönheitstrunkenen
„Festspiel" Goethes Erschrecken über die beginnende Technisierung aus? Sah er voraus, wohin
die fortschreitende Arbeitsteilung führt? Bemerkte er die menschliche Armut des naturbeherr-
schenden Intellekts, der bedenkenlos unseren Planeten plündert (vgl. V. 189 ff.)? Die prometheische Arbeitswelt kennt keinen Selbstwert, sondern nur den Nutzwert. Aus der Nivellierung
der Werte folgt konsequent die Beugung des Rechts durch die Macht.

Wenn nach Hegel die Philosophie ihre Zeit in Gedanken erfaßt: Für Goethes *Pandora*
gilt, daß sie in Bildern vergegenwärtigt, was der Zeit fehlt. Das Stück blieb Fragment, denn die
geschichtliche Wirklichkeit widersetzte sich der leichten Versöhnung im Mythos, doch weiter-
gedacht – und in der Form gelöst – wurde ein Problem, das die Geister um 1800 ungewöhnlich
bewegte und in *Faust II* noch nachwirkt: die Annäherung des Klassisch-Antiken an das Roman-
tisch-Moderne, das sich auf das Charakteristische beschränkt. Der verschwenderische Formen-
reichtum und beschwerend-betörende Sprachprunk der *Pandora* zeigt den Weg Goethes vom
Tasso an – von der Frühklassik zum Hochklassizismus. Bildungsdichtung von dieser thematischen Abstraktheit verbürgt allerdings eine durchschlagende Wirkungslosigkeit. Eine Zeitdia-

gnose, die für jede Gegenwart gilt, wird von keiner Zeit ernst genommen. Im gleichen Atemzug ist aber ergänzend hinzuzufügen: Was seiner Entstehungszeit zu gemäß ist, läuft Gefahr, späteren Zeiten ungemäß zu sein.

Das bedeutendste Dokument der sogenannten Geniezeit ist der *Urfaust*, den Goethe nach Weimar mitbrachte (und den Erich Schmidt erst 1887 entdeckte): ein ungefüger, großartiger Torso, dessen drei ungleiche Teile – die Verzweiflung des Magiers, die Universitätssatire und die Gretchenhandlung – nur lose verbunden sind. Schon mit der Stoffwahl tat Goethe einen glücklichen Griff, denn der abenteuernde Faust, wohl ein Altersgenosse Luthers, ließ sich, durch Volksbücher und Wanderbühnen, Jahrmarktsbuden und vor allem durch Puppenspiele lebendig erhalten, durch Marlowe, Mountfort und Lessing (1759) literarisch vermittelt, wie Prometheus zu einer Identifikationsfigur der „Stürmer und Dränger" umdeuten: Der „weitbeschreyte Zauberer und Schwartzkünstler" wird bei Goethe zum Gelehrten und Magier, der das tradierte Wissen verachtet und nach qualitativ neuer Erkenntnis verlangt. Der Gaukler und Betrüger erscheint als Mann, der die Horizonte des Denkens und Fühlens erweitern und am schöpferischen Grund der Natur teilhaben möchte.

Während in der *Historia von D. Johann Fausten* (1587) der Teufelsbündner am Ende den „wol verdienten Lohn" empfängt, plante Goethe – wie Lessing – wahrscheinlich von Anfang an Fausts Errettung. Der Faust des 18. Jahrhunderts erfährt also eine völlige Umwertung als Erkenntnissucher, der eindringen will in das geheime „Innerste" der Schöpfung. Er lebt die Autonomie des Individuums aus, indem er sich gegen Gott stellt und den Teufel dienern läßt, existiert als Grenzgänger, indem er gegen die naturgegebenen Schranken der Menschheit angeht. Dem modischen Vokabular unserer Tage gemäß wäre der Faust des jungen Goethe „emanzipatorisch" in seinem metaphysischen Freiheitsdrang, aufgeklärt in seinem „antiautoritären" Erkenntnisverlangen und „progressiv" in seiner gegenbürgerlichen Sinnlichkeit.

„Hab nun, ach, die Philosophei . . .": Schon im Eingangsmonolog beklagt der Protagonist seinen Wissensüberdruß, seinen Zweifel und seine Verzweiflung. Ihm genügt nicht die zeichenhafte Abbreviatur des Makrokosmos, da die bloße Schau der Weltenharmonie seine Teilhabe ausschließt, und seine Desillusion steigert sich zur Desperation, da er als Geschöpf der Zeit dem Erdgeist, dem Repräsentanten der schaffenden Natur und Subjekt der Zeit, nicht gewachsen ist. Je entschiedener der Magier Faust die *conditio humana* aufheben möchte, desto bedrängender wird er auf sie zurückgeworfen. Faust scheitert als Erkenntnissucher an seiner Vermessenheit und später als Liebender an der Untreue seiner Sinne. Im *Urfaust* wird Mephisto nicht eigens eingeführt, und weder Wette noch Verschreibung binden Faust an ihn. Als Verächter des Geistes brilliert Mephisto – und nicht nur bei der Musterung der Fakultäten – mit intellektuellen Bravourstücken; als Verkörperung des Bösen hat er immer wieder die Hand im Spiel, ohne daß dadurch Fausts Schuldanteil verringert wird. Mephistos überlegene Ironie relativiert Fausts Gefühlsemphase; seinem Zerstörungstrieb fallen Gretchens Mutter und Bruder zum Opfer.

Mit ihrer abgerundeten szenischen Sukzession bildet die Gretchenhandlung fast ein Drama für sich. Angeregt durch das Geschick der Kindsmörderin Susanna Margaretha Brandt, die 1772 in Frankfurt hingerichtet wurde, schuf Goethe die Tragödie eines Mädchens aus kleinbürgerlichem Stand. Auch diesen Teil des *Urfaust* muß man zunächst historisch, und zwar empfindungs-, sozial- und sprachgeschichtlich verstehen, wenn seine volle Bedeutung erkannt werden soll. Nirgends zuvor wurden in der deutschen Sprache Sehnsucht und Liebesseligkeit, Gewissensqual und Todesnot eines einfachen Mädchens so gefühlssicher vermittelt, so naiv und ergreifend zugleich wiedergegeben. Gretchen lebt, ohne jede Absicherung, ihre selbstvergessene Liebe. Sie läßt, ohne dies zu wollen und zu wissen, die kirchliche Sündenvorstellung hinter sich

und liefert sich Faust aus, ohne die Reinheit ihres Wesens zu gefährden. Im *Urfaust* wird das
frauliche Gefühl von den Flecken der selbstgefälligen bürgerlichen Moral gereinigt und die natürliche Sittlichkeit der ganzheitlichen Liebe gefeiert. Goethes Einsicht in die Dialektik des Lebens gebot ihm, auch die Folgen des unbedingten Gefühls zu sehen und darzustellen: Ohne Halt
in ihrer sozialen Umwelt, ihrem anerzogenen Gewissen ausgesetzt, das die Normen des Kleinbürgertums reproduziert, wird die Verlassene aus ihrem engen Lebenskreis gedrängt. „Doch –
alles, was mich dazu trieb, / Gott! war so gut! ach, war so lieb!" Die tragische Paradoxie ihrer Situation, den erschütternden Widerspruch zwischen dem Gewollten und dem Getanen, kann sie
formulieren, doch bleibt ihr eine Welt unverständlich, in der, was „gut" ist, wie von allein in
Schuld mündet und, was „lieb" ist, in einem Leid endet, das größer ist als die Verfehlung.

Kindesmord war ein naheliegendes Thema für die „Stürmer und Dränger". Ihre Kritik
konnte ansetzen an einer Moral, die eine Schwangerschaft zu verheimlichen, und an einer Gesellschaft, die das Neugeborene zu beseitigen zwang, wollte die unverheiratete Mutter in ihrer
Hilflosigkeit nicht der allgemeinen Ächtung verfallen. Goethe prangert nicht an – der Leser muß
selbst die Gründe finden für Gretchens verworrene Tat und Erklärungen für den Verführer, der
seinen eigenen Schwüren glaubt und ein totales Gefühl ohne Gewissen, eine unbedingte Liebe
ohne Verantwortung lebt. Was Büchner später in seinem *Woyzeck*-Fragment für den vierten
Stand gelingt, erreichte Goethe im *Urfaust* für die Unterschicht des dritten: Sprachfähigkeit, die
in vor- und halbbewußte Tiefen reicht. Die Dichtung öffnet sich endlich dem einfachen Menschen und seinem Leid. Das bürgerliche Trauerspiel spricht dem „ungebildeten" Volk zu, was
seither eine Selbstverständlichkeit ist, bis dahin aber hochgestellten Personen vorbehalten war:
die volle Dignität des Tragischen.

Der *Urfaust* hat also kräftigen Anteil an der literarischen Revolution um 1770 mit ihrer
Umwertung alter und ihrer Neusetzung ursprünglicher Werte. Neu ist das Naturrecht der Sinne, das nicht propagiert, sondern gelebt wird; neu ist die natürliche Sittlichkeit, die die moralischen Konventionen beschämt; neu ist die Religiosität, der sich das Absolutum im Liebesgefühl
offenbart. Das Fragment lebt von seiner Sprache, vom „Natur"-Laut, der sich im volksliedhaf-
ten wie im balladesken Ton, in der Gebetsinnigkeit wie im auerbachischen Grobianismus äußert. „Dort stand der alte Zecher, / Trank letzte Lebensglut": Die psychosomatische Ganzheit
der Personen verdankt sich dem geistig-sinnlichen, dem, wie Mallarmé es nannte, „totalen"
Wort. Der schnelle Stilwechsel dient dem Reichtum der Formen und Gedankenmotive, die kontrastierende Charakterisierung wie die gegeneinander gearbeiteten Szenen verhelfen der disparaten Fülle des Wirklichen zur Erscheinung. Freiheit, neben dem „Natur"-Begriff das Lo-
sungswort der jungen Dichter, bestimmt nicht allein das unmittelbare Erleben der dargestellten
Personen, sondern auch die unbekümmerte Schaffensweise der Autoren. Sanktionierte ästhetische Normen werden wie die gesellschaftlichen im *Urfaust* gering geachtet; die Wahrheit des
Lebens, die konkret sein muß für die Bühne, fügt sich nicht länger einem abstrakten Gattungs-
muster.

Das *Faust*-Fragment, das Goethe 1790 der ungeduldigen Öffentlichkeit präsentiert,
bricht überraschend mit Gretchens Ohnmacht ab. Die in Rom geschriebenen drei Szenen vermitteln zwischen den beiden Geschehensblöcken um den angejahrten Professor Faust und den
jugendlichen Liebhaber Gretchens. Die Versreihe „Und was der ganzen Menschheit zugeteilt
ist, / Will ich in meinem innern Selbst genießen" formuliert Fausts Versuch, seine Individualität
zum Welt-Ich zu erweitern und sich als universales Subjekt zu setzen. Dem unbedingten Streben nach Erkenntnis des Unbedingten folgt das verabsolutierte Verlangen nach schrankenloser
Ich-Expansion im „Genuß" – ein hybrider Anspruch für Goethe, der in Rom Entsagung als

Grundmaxime anzuerkennen lernt. Diesen Faust überredet Mephisto leicht, vom „Sinnen" abzulassen (vgl. V. 1828) und sich den Sinnen zu überlassen: Die Alternative zum gescheiterten Erkennen, die Weltfahrt, ist damit motiviert, und antizipiert wird durch die *Hexenküche* die „Begierde" nach weiblicher Schönheit, die in vielen „Gestaltungen, Umgestaltungen" die ersten drei Akte des zweiten Faust-Teils bestimmt. Gretchen wird darüber zur bloßen Station auf Fausts Weg zum „Muster aller Frauen" (V. 2601). Die dritte Römische Szene – *Wald und Höhle* – ist ebenfalls auf den Protagonisten konzentriert: Dem Unsteten wird, entgegen der szenischen Funktion, das erkennende Genießen gewährt, das sich aber nach wenigen Versen wieder verliert. Die ruhelose „Begierde" bringt den „Genuß" um sich selbst.

Unwillig nur setzte Goethe im Juni 1797 die Arbeit fort. Die „barbarische Komposition" des „Fragments", von der er (am 27. Juni 1797) an Schiller schreibt, widerstrebt seiner an den antiken Kunstwerken geschulten Formgesinnung, auf der er seit der Römischen Reise besteht, und die bindungslos revoltierende Faustfigur widerspricht seinem streng an der Dialektik von Freiheit und Gesetz orientierten Bild von Mensch und Gesellschaft.

Um die neuen Textpartien mit dem vorhandenen Szenenbestand zu assimilieren, sind die Rahmenbedingungen des *Prologs* nötig, und um die beiden Hauptfiguren aneinander zu binden, bedarf es der Wette mit ihrer Rechtsformel. Durch den *Prolog*, der kühn und verspielt „im Himmel" angesiedelt ist, erhält das irdische Drama nicht nur seinen transzendenten Rahmen, der noch Fausts Himmelfahrt umschließt, sondern zugleich eine weitere Spielebene: Fausts irrendes Streben und Mephistos verführerische Künste werden in den gefälligen Heilsplan des „Herrn" eingeordnet. Der *Prolog*, dessen göttliche Leichtfertigkeit weder dem Ernst noch der Problemfülle des Stücks gerecht wird, nimmt Faust, was ihm an sturm- und dranghafter Ausnahmeexistenz anhaftet, und gibt ihm, dem von der obersten Instanz Erwählten, was ihn zum symbolischen Fall, zum Repräsentanten des Menschengeschlechts werden läßt. Die Bestimmung des Menschen erfüllt sich in dem von Faust verkörperten Streben, das mögliche Verirrungen rechtfertigt. Faust wird demnach nicht nach herkömmlichen moralischen Kriterien gewertet. Fehlbarkeit und Verfehlung bestehen unter dem spezifischen Aspekt dieses Dramas nicht in dem anderen Menschen zugefügten Leid, sondern in der „unbedingten Ruh" (V. 341), der menschlichen Trägheit.

Fausts Rettung ist für den Zuschauer schon im *Prolog* angelegt, der überdies eine „Satanodizee" (Rickert) enthält und Mephistos göttlich sanktionierte Verführungsabsicht präludiert. Der spätere Wettgegenstand ist folgerichtig das ruhelose Streben, der Wetteinsatz, von Faust präzis und selbstbewußt formuliert, lediglich seine irdische Existenz (vgl. V. 1692 ff.). Das unstillbare, erstmals temporal konkretisierte Streben kann Faust zufolge keinen Augenblick herausheben und als „schön" oder vollkommen anerkennen: Das unendliche Wollen transzendiert das zeitlich strukturierte endliche Sein. Faust verkennt damit den für seinen naturforschenden Autor bedeutsamen, sich selbst überdauernden Augenblick, der beispielsweise faßbar ist im Pflanzentypus, dessen Einfachheit die Mannigfaltigkeit der Naturdinge in einem spezifischen Moment der Metamorphose präsentiert. Faust ist auch unfähig oder unwillens, „symbolisch" zu erleben und zu gestalten, wie es Goethe seit 1797 von sich bewußt fordert: die Vielfalt der Vorgänge und Gegenstände auf den paradigmatischen Einzelfall, die zerstreuende Weltfülle auf das repräsentative Faktum zurückzuführen.

Faust will – darin besteht seine Größe – in seinen drei Entgrenzungsversuchen die Antithese des Irdischen und Überirdischen überwinden und die Totalität von Ich und Welt erreichen. Sein hochgesteigerter Subjektivismus statuiert sich in der Opposition gegen die Wirklichkeit und radikalisiert sich in der Verneinung der naturgegebenen Grenzen des Erkennens, des

Einfühlens und Handelns. Je unbedingter er will, desto bedingender erfährt er die Endlichkeit. Wie „modern" Faust ist, der Willensmensch, der mit der Renaissance geschichtsbildend wird, zeigt sich am bewußt erlittenen Widerspruch von innerer Unendlichkeit und äußerer Begrenztheit. Das Wettziel verändert sein „hohes" Streben, das die „Tiefen der Sinnlichkeit" nicht länger ausspart (V. 1750), beläßt ihm aber seinen rhetorischen Aktivismus, dem die uns kaum mehr begreifliche *Faust*-Ideologie mit ihrer nationalistischen Heroisierung bis 1945 verfiel. „Nur rastlos betätigt sich der Mann" (V. 1759) – auch dieser Vers vor Beginn der Weltfahrt ist bloßer verbaler Ausdruck eines voluntativen Pathos, das nicht geneigt ist, sich in der Gegenwart des „Jetzt" und in der Konkretion des „Hier" in die beschränkende Tat umzusetzen. Fausts zweigeteilter Wille überläßt sich fortan fast völlig der Tatkraft – des Teufels.

Mit dem „Teufels- und Hexenwesen" von *Faust I* dachte Goethe, endlich und endgültig sein „nordisches Erbteil verzehrt" zu haben (Eckermann, 16. Februar 1826). Da sein Kunstwille in die klar konturierte Traumwelt der Antike drängt, wie die Niederschrift der *Urhelena* von 1800 zeigt, brachte er den ersten *Faust*-Teil nur mit selbstverleugnender Mühe zu einem notdürftigen Abschluß. Dieser erste Teil sei „fast ganz subjektiv" (Eckermann, 17. Februar 1831), monierte er wiederholt, da der solipsistische Protagonist immer nur sich selbst entwirft und sich selbst begegnet. *Objektivität* ist daher die Darstellungsweise, die Goethe in seinem Spätwerk, und in *Faust II* besonders, zu erreichen sucht. Fausts autistischer Charakter soll in das repräsentative Gattungswesen, seine psychologisch differenzierte Disposition in die entelechische Monade verwandelt, sein „Streben" in gegenständlichen Korrelaten gespiegelt werden. Faust betritt die „große Welt". Die Wirklichkeit des Staats, der Natur und Kunst – das handelnde Leben wird fortan Subjekt und ersetzt durch die von Goethe inszenierte Welttotalität das nur weltimaginierende Ich des ersten Teils. Das *Faust*-Drama ist wahrlich nicht „auf die magere Schnur einer einzigen durchgehenden Idee" zu reihen (Eckermann, 6. Mai 1827), doch das zwar flüchtige, aber grundlegende erste *Faust*-Paralipomenon strukturiert das Gesamtwerk: „Taten-Genuß – nach außen –" weist auf Fausts Herrschertum voraus; „Und Genuß mit Bewußtsein. Schönheit. Schöpfungs-Genuß – von innen –" (vgl. HA 3, 427) definiert den Helena-Akt und die lange Genese dahin von Mensch und Natur.

Auch wer Superlative zu vermeiden sucht, braucht sie zur Beschreibung von *Faust II*, denn dies ist das reichste und anspruchsvollste, das kühnste und wunderlichste deutschsprachige Drama – problemüberladen und von unerschöpflich scheinender Weite. In ihm hat Goethe alte Mythen, Fabeln und Märchen wiedererweckt und eigene hinzuerfunden. Ein Gutteil Weltliteratur ist einverwandelt; detaillierte Geschichtskenntnisse sind eingearbeitet, vielfache Anregungen der bildenden Kunst aufgenommen, naturwissenschaftliche und künstlerische Streitfragen des beginnenden 19. Jahrhunderts berücksichtigt. Obwohl *Faust II* in die traditionellen fünf Akte gegliedert ist, verlieren hier dramaturgische Kategorien ihren festen Sinn: Goethe spielt mit Räumen und Zeiten, indem er in die Uranfänge zurückgeht, seinen Protagonisten ins Reich des Unbewußten und der Schatten schickt und ihn über die Lebensgrenze hinausführt. Unbekümmert verwertet der Autor dreitausend Jahre Geschichte, deutet auf den vierten Kreuzzug, auf Byron, auf Kanalbau und Landgewinnung in seiner Gegenwart hin. Mit unvergleichlicher Fabulierlust schaltet und waltet der greise Autor nach 1825, erfindet ein Retortenwesen, inszeniert das Fest der Elemente, hebt seine Figuren über Landschaften und Epochen hinweg, versenkt sie ins Zeitlose und verändert sie ohne Rücksicht auf psychische Konstanten und thematische Konsequenzen. Das Böse an Mephisto wird zum Häßlichen im ästhetischen Reich der Griechen; angesiedelt zwischen Imagination und Wirklichkeit, verwandelt sich Fausts Lebensungenügen durch Helena in bejahenden, die Wette anfechtenden Weltgewinn:

,,Dasein ist Pflicht, und wär's ein Augenblick" (v. 9418). Erst im vierten Akt und im nordischen Geschichtsraum nimmt Goethe mit Strenge den Handlungsfaden wieder auf; erst im fünften erinnert er sich an die Wette.

Goethe bemüht für sein Himmel und Hades umspannendes Simultanspiel einen Kosmos von Symbolen. Die vielschichtigen sprachlichen und aspektreichen szenischen Bilder sind mit Sinn angefüllt, doch entziehen sie sich jeder simplifizierenden Eindeutigkeit. Geologisches dient als Chiffre für Soziologisches, Naturvorgänge stehen für soziale Phänomene. Jedes Grundsymbol, das zu seiner Erläuterung die Kenntnis von Goethes Gesamtwerk voraussetzt, meint nur sich selbst und ist zugleich ,,vielstrahlsinnig". Die ,,charakteristische" Darstellungsform der frühen Dramen, von der Typisierungstendenz der mittleren Epoche abgelöst, blitzt in den burlesken und balladesken Szenen wieder auf. In diesem Alterswerk gelingt es, Natur und Geschichte in verselbständigten ,,kleinen Weltenkreisen" (Eckermann, 3. Januar 1830) zu spiegeln und Spontaneität und Reflexion zu verneinen. Diese Sinnenhaftigkeit des Geistigen und Theatralik des symbolischen Lebens ermöglichte in den letzten Jahren die Inszenierung des *Faust II* als eines Gesamtkunstwerks und machte die Aufführungen zu einem Augen- und Ohrenschmaus.

Die Handlungsfabel wiederzugeben oder gar die ,,Idee" des Stücks zu nennen, wäre verlorene Arbeitsmüh und verschwiege das Wesentliche und Eigentümliche von *Faust II,* denn die geistige Tiefe und formale Vielfalt lassen sich nur unzulänglich andeuten: Staat, Geschichte und Natur, Gesellschaft und Kunst, Macht und Recht, Tat und Schuld, Streben und Gnade werden in ihren Bedingungen und Gegensätzen, ihren Bezügen und Folgen in Szene gesetzt. Erstmals in der Geschichte des europäischen Theaters wird versucht, das Leben in seiner Totalität zu dramatisieren und die walpurgisnächtige Genese der gesetzhaft wirkenden Natur über fünfzehnhundert Verse hinweg in eine Spielhandlung zu integrieren. Goethe entdeckt den Spielcharakter der Lebensganzheit, von der das menschliche Treiben nur ein Teil ist. Für *Faust II* – vor allem für dessen zweiten Akt – gilt Emrichs These: ,,Das Dasein selbst gibt sich ein Spiel."[4]

Rechtfertigt Fausts Rettung die These von seiner ,,Perfektibilität" und die bis 1945 gängige Meinung, das Drama sei das Evangelium der Erlösung durch Tätigkeit? Nein – Faust ist erlösungsbedürftig; erlösungswürdig bleibt er nach den Bedingungen des *Prologs* und der Wette, da die Positivität des Strebens weniger im Resultat als in seinem Vollzug zu finden ist. Faust verschuldet sich bis zuletzt, und bis zum Ende bleibt er der schwarzen Magie hörig. Sein Tatwille paktiert mit dem Bösen, um seine megalomanischen Entwürfe zu verwirklichen. Halb prometheisch und halb luziferisch bedient er sich bedenklicher Mittel für den guten Zweck der Landgewinnung und Entsumpfung. Sein maßloses, zweideutiges Wollen wird von Mephisto in die eindeutige Tat umgesetzt, doch so, daß sich die Tat – wie in der *Philemon und Baucis*-Szene – verselbständigt und auf den Befehlsgeber zurückwirkt. Der alte Faust ist unmenschlich als Herrscher über Land und Leute, allzumenschlich in seiner Selbsttäuschung nach der Erblindung, tiefmenschlich in seiner Tapferkeit, mit der er die ,,Sorge" annimmt und ihre Folgen trägt. Seine große Realutopie wird völlig relativiert durch seine Verblendung. Voll hintergründiger Ironie wählt Goethe für Fausts Schlußvision – und ihre bloß verbale Antizipation – hypothetische Modi: Der durch den Teufelsbund unfreie Faust berauscht sich an der Vorstellung vom freien Volk und überspringt wieder die reale Differenz von Gedanke und Erfüllung, Gegenwart und Zukunft. Noch im Voraugenblick des Todes verkennt er die Vorläufigkeit wie das Fragmentarische des Lebens und des menschlichen Tuns. Mephisto gewinnt die Wette nach dem ,,Buchstaben" und verliert sie ihrem ,,Geist" nach. Trotz seiner hybriden Grenzüberschreitung wird Faust erlöst: Die ewige Liebe ,,von oben" korrespondiert mit dem rastlosen Streben ,,von unten". Diese Begnadung hat oft Widerspruch erregt. Faust verstrickt sich zunehmend im Bösen, aber nicht die Schuld, sondern die „Sorge" hat Zutritt zu ihm. Das bedeutet: Die sittlichen Kategorien von „Gut" und „Böse" werden unter dem spezifischen Aspekt dieses Dramas ergänzt, ja ersetzt durch die neutralen von Streben und Irren. Faust ist weniger gewissenlos als ohne Gewissen; gemessen wird er weniger an seinen Untaten als an seinem Tätigkeitsdrang. Sein Fortleben nach dem Tod – ohne Glaube und ohne Buße – ist nicht christlich-dogmatisch zu verstehen. Der christliche Mythos dient vornehmlich der Verbildlichung des „Unbeschreiblichen", der stufenweisen Umwandlung der welthaltigen Entelechie in die spirituelle Existenzform der reinen Tätigkeit.

Es wäre so leicht wie unrichtig, dem *Faust*-Schluß sittliche Indifferenz oder Verharmlosung von Schuld und Leid anzukreiden. Faust stirbt – ein großgearteter und größenwahnsinniger Greis, dessen Werk unvollendet und unvollkommen ist wie er selbst. Seine Fortexistenz verdankt sich zum einen der Prämisse des *Prologs* – der Erbtugend rastlosen Strebens –, zum anderen Goethes Weltfrömmigkeit, seinem Mitgefühl mit den gedichteten Figuren. Weitere Kunst- und Glaubensüberzeugungen kommen hinzu: Den Katharsisbegriff des Aristoteles deutet sich Goethe als „aussöhnende Abrundung, welche eigentlich von allem Drama" gefordert werde (HA 12, 343); „Erlösung" ist, der jugendlichen Kosmogonie von *Dichtung und Wahrheit* zufolge, „nicht allein von Ewigkeit her beschlossen, sondern als ewig notwendig gedacht" (HA 9, 353); schließlich neigte Goethe schon früh der „Wiederbringungslehre" des Origines zu (vgl. HA 12, 230): Das Böse und Negative, ein integraler Teil der Schöpfung, wird von der Heimholung aller Kreatur zu Gott nicht ausgenommen, denn der irdische Dualismus ist Ausdruck des Selbstwiderspruchs der in die Erscheinung getretenen Gottheit. Überdies verbürgt das Energieerhaltungsgesetz der vergeistigten Materie und des materialisierten Geistes den Fortbestand der exemplarischen, der großen Entelechie.

Dennoch trägt auch *Faust II,* der 1832 – nach Goethes Tod – erschien, die Gattungsbezeichnung „Tragödie". Die Tragik umfaßt alles Irdische und bezieht sich daher auf die unlösbaren Verwicklungen der Binnenhandlung, die durch das Mysterien- und Erlösungsspiel des Rahmens gemildert wird. Goethes Distanz zur Faustfigur war seit den Weimarer Anfängen biographisch begründet; als er nach der Jahrhundertwende Fausts verabsolutiertes Wollen als Tendenz seiner Gegenwart entdeckte, vergrößerte sich noch sein Vorbehalt. In seinem Aufsatz *Shakespeare und kein Ende* unterscheidet Goethe die antiken und die modernen Dramenfiguren durch den Gegensatz von Sollen und Wollen: „Ein Wollen, das über die Kräfte eines Individuums hinausgeht, ist modern" (HA 12, 294). Wie keine andere Dramenfigur repräsentiert Faust diese moderne Disparität von unendlichem Wollen und beschränktem Vollbringen, die er, nach den Vorstellungen um 1500, mit Hilfe der wundersüchtigen Magie, die Zivilisation des 19. und 20. Jahrhunderts mit Hilfe der janusgesichtigen Technik aufzuheben sucht. Wie aber die humane Ganzheit des Menschen der gegenstrebigen Einheit von Diastole und Systole bedarf, so ist das subjektive Wollen auf das versittlichte Sollen, auf die selbstgesetzte Begrenzung angewiesen, die das labile Gleichgewicht von Ich und Welt garantiert, von dem in den *Wanderjahren* die Rede ist.

Zum Drama Schillers
Klaus L. Berghahn

FRIEDRICH SCHILLERS (1759–1805) dramatischer Stil ist so unverwechselbar, daß er für seine gebildeten Verächter und Nachahmer leicht zu kritisieren oder zu imitieren ist. Ob Georg Büchner sich über die „Marionetten mit himmelblauen Nasen und affektiertem Pathos" lustig macht[1], ob Karl Marx an Lassalles *Sickingen* „das Schillern, das Verwandeln von Individuen in bloße Sprachrohre des Zeitgeistes" tadelt[2], ob man an Nietzsches Kalauer vom „Moraltrompeter von Säckingen" oder Adornos scharfzüngige Invektiven denkt[3], immer schlägt bei aller Negativität der Kritik doch die getadelte Besonderheit Schillers durch. Vor allem auf der Schwundstufe der Epigonalität, sei es bei Lassalle oder Hochhuth, wird deutlich, was Schillers Dramen so wirkungsvoll, populär und kritisierbar macht: Pathos, Ethos und Rhetorik[4].

Allerdings wird auch eine andere Seite seiner Dramen zu berücksichtigen sein, auf welche Friedrich Dürrenmatt hinwies. Als sich der Schiller-Preisträger 1959 mit dem Gefeierten auseinandersetzen mußte, tat er es „notgedrungen", aber kenntnisreich. Natürlich spricht auch Dürrenmatt von einer rhetorischen Dramaturgie, von Pathetik und Neigung zum Moralisieren, aber er weist zugleich auf Schillers Bemühen hin, „die Dichtung von ihrem Verhältnis zur Zeit her zu bestimmen"[5]. Für ihn sei das Theater ein „Podium der Anklage", die sich gegen den „unnatürlichen Zustand" der Gesellschaft richte. Darin sei er Brecht nicht unähnlich, denn beide hätten auf ihre Weise Antworten auf die Welt gesucht und diese als veränderbar beschrieben. Allerdings zögen sie aus ihren gesellschaftlichen Erfahrungen und miterlebten Revolutionen recht unterschiedliche Folgerungen: Während Brecht die Verhältnisse ändern wolle, um den Menschen zu befreien, wolle Schiller den Menschen ändern, um die Freiheit zu ermöglichen. „Schiller griff nicht an, sondern versuchte, die Freiheit des Menschen unangreifbar zu machen."[6] Diese Beobachtungen mögen zu pointiert und vielleicht unhistorisch sein, doch läßt sich aus ihnen lernen, Schillers Dramen als Antwort auf die Probleme seiner Zeit und Gesellschaft zu verstehen.

„Schillers Stil ist undenkbar ohne Schillers Pathos."[7] Jene lapidare Feststellung Hans Mayers enthält den Schlüsselbegriff zahlloser Mißverständnisse, denn Pathos, so will es vielen heute scheinen, ist phrasenreiche Rhetorik, leerer Prunk oder hohle Deklamation – Künstlichkeit nicht Kunst. Doch treffen solche Erwartungen eher für Schiller-Epigonen und vaterländische Redner des 19. Jahrhunderts zu als für Schiller, der noch in einer literarischen Tradition steht, die uns fern gerückt ist. Bei ihm bilden rhetorische Sprache, pathetischer Gestus und erhabene Haltung noch eine Einheit, die man als Stil zu bezeichnen pflegt. Die Fremdheit dieses Stils sollte weder zu vorschneller Kritik noch zu fader Aktualisierung verleiten, sondern als Eigentümlichkeit Schillers verstanden werden, die es aus seiner Zeit zu erklären gilt.

Was Schiller unter dem Pathetischen verstand, hat er in dem Essay *Über das Pathetische* (1793) beschrieben. Darin, sowie in einigen anderen Aufsätzen, entwickelt er unter dem Einfluß Kants seine eigene Dramentheorie, mit der er nachträglich den pathetischen Stil seiner Jugenddramen rechtfertigt und die ästhetischen Prinzipien der klassischen Dramen festlegt. Dem Wortsinn wie der Sache nach bedeutet Pathos für Schiller zunächst einmal Leiden, und jede Darstellung des leidenden Menschen ist pathetisch. Aber die Darstellung des bloßen Leidens kann für Schiller niemals Zweck der Kunst sein: „Der letzte Zweck der Kunst ist die Darstellung des Übersinnlichen, und die tragische Kunst insbesondere bewerkstelligt dieses dadurch, daß sie uns die moralische Independenz von Naturgesetzen im Zustand des Affekts versinnlicht" (V, 512). Dieser befremdliche Satz enthält das zentrale Konzept der Schillerschen Dramentheorie. Der hier verwandte Begriff des Übernatürlichen ist für den Kantianer Schiller natürlich keine metaphysische Kategorie, sondern die Idee der Freiheit, die im Drama indirekt zur Darstellung kommen soll. Darin unterscheidet sich seine Dramentheorie wesentlich von der Lessings, der bekanntlich die Ausbildung des Mitleids als einer tugendhaften Fertigkeit propagiert hatte. Schiller gibt sich damit offensichtlich nicht zufrieden und will durch die Tragödie den „moralischen Widerstand gegen das Leiden" stärken (V, 515). Wie ist das zu verstehen, und wie kommt es zu dieser bedeutenden Akzentverschiebung in der dramatischen Wirkungsabsicht?

Schillers Theorie des „Pathetischerhabenen" läßt sich etwa folgendermaßen skizzieren[8]. Sie beruht auf zwei Fundamentalgesetzen tragischer Kunst: „Erstlich: Darstellung der leidenden Natur; zweitens: Darstellung der moralischen Selbständigkeit im Leiden" (V, 512). Der affektvolle Ausdruck des Leidens auf der Bühne ist für Schiller eine „unnachlaßliche Forderung", denn erst dieser erweckt im Zuschauer den sympathetischen Affekt des Mitleids, der sich nach der „Lebhaftigkeit, Wahrheit, Vollständigkeit und Dauer" des dargestellten Leidens richtet (V, 383). Die Lebhaftigkeit wird durch die unmittelbare Gegenwart des dramatischen Unglücks garantiert; die Wahrheit beruht auf der „Ähnlichkeit zwischen uns und dem leidenden Subjekt" (V, 384); zur Vollständigkeit gehört eine Reihe von Begebenheiten, welche ein pathetisches Ganzes ergeben; und fortdauernd muß die pathetische Darstellung sein, damit „ein hoher Grad von Rührung" erreicht wird. Alles, was in der Tragödie geschieht, muß adäquater Ausdruck des leidenden Menschen sein, damit der Zuschauer mit ihm leiden kann. Ausdrücklich fordert Schiller, „seinem Helden oder Leser die ganze volle Ladung des Leidens zu geben" (V, 513).

Doch ist dies nur ein Teil der dramatischen Wirkung, der als Zweck der Tragödie noch nicht ausreicht. Das Pathetische als unmittelbare Darstellung des Leidens läßt sich ästhetisch nur rechtfertigen, wenn auch die Bewältigung des Leidens und die Selbstbehauptung des Menschen erkennbar werden. Daher wendet sich Schiller sowohl gegen das deklamatorische Drama der Franzosen, in denen die leidende Natur von der höfischen Etikette zugedeckt werde, als auch gegen Sturm- und Drang-Dramatiker wie Gerstenberg, deren Tragödien sich in der Zurschaustellung von Leiden und Leidenschaften erschöpfen; sie vergessen nämlich, „daß das Leiden selbst nie der *letzte Zweck* der Darstellung und nie die *unmittelbare* Quelle des Vergnügens sein kann, das wir am Tragischen empfinden" (V, 517). Jenes Vergnügen stellt sich nur ein, wenn der Held allem Leiden zum Trotz seine Würde als Vernunftwesen behaupten kann. Das meint Schiller mit der „Darstellung der moralischen Selbständigkeit im Leiden".

Strenggenommen ist auch dieses zweite Gesetz tragischer Kunst immer noch eher ethisches Postulat als dramaturgische Anweisung. Außerdem weiß Schiller, daß „die moralische Kraft im Menschen keiner Darstellung fähig ist, da das Übersinnliche nie versinnlicht werden kann" (V, 475). Positiv jedenfalls lassen sich Ideen der Vernunft, welche die einzige Waffe gegen das Leiden sind, nicht darstellen. Indirekt jedoch lassen sie sich durchaus versinnlichen. „Jede Erscheinung, deren letzter Grund aus der Sinnenwelt nicht kann abgeleitet werden, ist eine indirekte Darstellung des Übersinnlichen" (V, 518). In der pathetischen Situation offenbart sich die sinnlich-sittliche Doppelnatur des Menschen. Während der Mensch als Sinnenwesen leidet, macht er im „Zustand des Affekts" die Erfahrung einer anderen Kraft in sich, die der physischen Natur nicht unterworfen scheint. „Bei allem Pathos muß also der Sinn durch Leiden, der Geist durch Freiheit interessiert sein" (V, 526). Das Pathetische als dramatische Darstellungsform bildet also die Voraussetzung für die erhabene Wirkung der Tragödie.

Dieser Zusammenhang zwischen Form und Wirkung, Mittel und Zweck wird noch deutlicher, wenn man auch den Komplementärbegriff des Pathetischen, das Erhabene, berücksichtigt. „*Erhaben* nennen wir ein Objekt", so definiert Schiller in Anlehnung an Kant, „bei dessen Vorstellung unsre sinnliche Natur ihre Schranken, unsre vernünftige Natur aber ihre Überlegenheit, ihre Freiheit von Schranken fühlt; gegen das wir also physisch den Kürzeren ziehen, über welches wir uns aber *moralisch* d. i. durch Ideen erheben" (V, 489). Angesichts des Erhabenen reagiert der Zuschauer in widersprüchlicher Weise: Er empfindet ein „gemischtes Gefühl", das sich aus „Wehsein" und „Frohsein" zusammensetzt. Die Tatsache, daß der Mensch auf ein und dasselbe Erlebnis so widersprüchlich reagiert, wertet Schiller als Beweis der menschlichen Doppelnatur. An jener Disharmonie und der damit verbundenen freudigen Erfahrung erkennt Schiller die Gegenwart eines übersinnlichen Prinzips im Menschen.

Unter den verschiedenen Möglichkeiten, die Empfindungsfähigkeit für das Erhabene zu entwickeln, hält Schiller die Tragödie für die wirkungsvollste. Denn sie vereinigt auf ideale Weise „zwei Hauptbedingungen des Erhabenen: sinnlich lebhafte Vorstellung des Leidens, mit dem Gefühl eigener Sicherheit verbunden" (V, 510). In der Tragödie erleben wir fremdes Unglück, aber als Schein, nicht als Wirklichkeit. „Das Pathetische ist ein künstliches Unglück", das uns vorbereitet findet und uns nicht gänzlich die Gemütsfreiheit raubt (V, 805). Als wohlorganisierte Illusion erfüllt die Tragödie den Zweck, dem Zuschauer sein intelligibles Vermögen erfahrbar und bewußter zu machen. Diese besondere Erlebnisform des Erhabenen nennt Schiller das „Pathetischerhabene". Wie die Wortschöpfung zeigt, bilden beide Begriffe für ihn eine notwendige Einheit: „Das Pathetische ist nur ästhetisch, in so fern es erhaben ist" (V, 517).

Die Eigentümlichkeit dieser pathetischen Stilform ist weder von zeitloser Gültigkeit noch entsteht sie in einem geschichtlichen Vakuum. „Schillers Pathos ist undenkbar ohne Schillers Lebensleid und Lebenskampf. Schillers Leiden ist undenkbar ohne die geistige und sittliche Kraft, die aufgewandt wurde, das Leid zu überwinden."[9] Diese subjektive Erfahrung hat objektive Gründe, deren wichtigste wenigstens angedeutet werden sollen, um die Besonderheit seiner Dramen zu verstehen. Die Voraussetzung seines pathetischen Stils ist ein dualistisches Weltbild und ein antithetisches Lebensgefühl, die sein ganzes Werk strukturieren. Die Welt erscheint ihm als ein Kampfplatz von Natur und Vernunft, Neigung und Pflicht, Notwendigkeit und Freiheit, wodurch der Mensch als sinnlich-sittliche Doppelnatur in Konflikte gerät, in denen er sich als Vernunftwesen behaupten und bewähren muß. Diese Haltung läßt sich zum Teil aus den religiösen und sozialen Erlebnissen seiner württembergischen Jugendentwicklung erklären. Die bekannte Antithese von Sinnenglück und Seelenfrieden war durch seine pietistische Erziehung verinnerlicht, lange bevor Kant sie ihm auf Begriffe brachte. Der schwäbische Pietismus, dessen „bildender Einfluß auf den jungen Schiller schwerlich überschätzt werden kann"[10], richtete sich mit seinem verinnerlichten Tugendideal nicht nur gegen eine verweltlichte Kirche, sondern grenzte sich auch von der höfischen Korruptheit des öffentlichen Lebens ab, um in der Privatheit der Familie oder kleiner Zirkel seelische Werte zu pflegen. Den geistig-religiösen Widersprüchen liegen also auch gesellschaftliche zugrunde, jene württembergischen Zustände, die Schiller in *Kabale und Liebe* auf die Bühne brachte und Mehring so eindrucksvoll beschrieb[11]. Schiller überstand die ärmlichen Verhältnisse des Elternhauses, den Zwang der Karlsschule und die Unfreiheit des Militärdienstes, darauf folgten noch die Entbehrungen und Halbheiten eines Lebens als freier Schriftsteller und Theaterdichter, die auch mit der kläglich dotierten Professur in Jena nicht endeten. Das alles zu ertragen und durchzustehen, bedurfte es einer Hartnäckigkeit und Selbstbehauptung, die selbst in unwürdigen Verhältnissen Lebensklugheit und Größe zeigt. ,,Sieg des Geistes über Körpernot, Lebensungunst und Glücklosigkeit: darin sah die Nachwelt immer wieder, und sicherlich nicht zu Unrecht, Schillers besonderes Vermächtnis.''[12]

Als Schiller nach 1791 daran ging, seine Theorie der Schönheit und seine Dramaturgie der Erhabenheit unter Kants Einfluß zu formulieren, rang er sie physisch wie geistig einem kranken Körper ab. Es ist ein ergreifendes Schauspiel, wie er trotz schwerer Krankheit und dürftiger Lebensumstände selbstzerstörerisch weiterarbeitet, um ,,vielleicht das Erhaltungswerte aus dem Brande zu flüchten'', wie er einmal an Goethe schreibt[13]. Ganze Partien seiner Abhandlungen lesen sich wie Projektionen seiner körperlichen Verfassung auf die ästhetische Theorie. Damit soll keinem Psychologismus das Wort geredet werden. Nichtsdestoweniger lassen die Denkergebnisse die physischen Umstände dessen erkennen, der da schreibt. Aber selbst physische Not und Kantlektüre erklären Schillers Erhabenheitspathos nicht hinreichend; dazu bedarf es noch der Berücksichtigung der historischen Situation, welche damals revolutionär war. ,,Er (Schiller) wurde durch die geschichtlichen Umstände gezwungen'', bemerkt Dürrenmatt treffend, ,,eine Welt zu akzeptieren, die er verurteilte.''[14] Das gilt sowohl für die württembergischen Zustände, denen er entfloh, als auch für die feudal-absolutistischen Verhältnisse in Deutschland, denen er sich stellte. Angesichts der politischen und ökonomischen Misere in Deutschland, wo sich weder die Hoffnungen auf einen Nationalstaat und noch weniger auf eine Revolution in absehbarer Zeit erfüllen würden, entschied er sich für eine ästhetische Erziehung, welche die große Pädagogik des Erhabenen einschließt. ,,Um jenes politische Problem in der Erfahrung zu lösen'', heißt es in der *Ästhetischen Erziehung des Menschen,* muß man ,,durch das ästhetische den Weg nehmen, weil es die Schönheit ist, durch welche man zu der Freiheit wandert'' (V, 573). Darin sollte man weniger eine Flucht ins Reich der Schönheit sehen als den kulturpolitischen Versuch, ,,dem Zeitgeschehen durch zeitloses Denken beizukommen''[15]. Die politische Emanzipation soll durch eine moralische vorbereitet werden, wobei der Kunst eine universelle Bildungsaufgabe zufällt. Aus jenem ästhetischen Postulat, das eine Revolution überflüssig machen soll, resultiert auch das Freiheitspathos, welches selbst in den klassischen Dramen noch als Nachklang der Französischen Revolution spürbar ist. So entsteht aus der besonderen Geschichtskonstellation, an der er als ,,Zeitbürger'' wie als ,,Staatsbürger'' leidet, seine Lehre vom Erhabenen und die damit verbundene Dramentheorie. Den Nutzen und das Vergnügen tragischer Kunst erblickt er gerade darin, die Empfindungsfähigkeit für das Erhabene zu schulen, um eine geistige Widerstandskraft gegenüber jedwedem politischen Zwang auszubilden.

Schillers Dramentheorie ist eine komplexe, anspruchsvolle, wenn auch recht kantische Legitimation der Tragödie, jedenfalls gemessen an ihren Vorgängern. Wie viel klarer und sozial verbindlicher erscheint dagegen Lessings ,,*Schule der moralischen Welt.*'' Und hätte nicht Lessing Schillers erhabene Konzeption aus mancherlei Gründen kritisiert? Wäre sie ihm nicht etwas zu stoisch gewesen und zu sehr auf Bewunderung angelegt? Das läßt sich nur vermuten, beweisen läßt sich hingegen, daß Schiller der Theorie Lessings keineswegs so nahe steht, wie immer wieder behauptet wird, besonders im Zusammenhang der Abhandlung *Über tragische Kunst* (1792)[16]. Dabei müßte schon Schillers zusammenfassende Definition zu denken geben, in der zwar von Mitleid, nicht aber von Furcht die Rede ist (V, 388). Furcht war jedoch nach Lessing für die Wirkung der Tragödie notwendig als selbstbezogenes Mitleid, das sich im Parkett erst dann einstellt, wenn der Held ,,uns ähnlich'' ist, vom ,,gleichen Schrot und Korn''[17]. Indem Schiller diesen Gesichtspunkt vernachlässigt, nimmt er der Mitleidstheorie ihre konkrete soziale Verbindlichkeit und reduziert sie auf ein allgemeinmenschliches Gefühl, in dem Lessings Egalitätsforderung nur noch formal enthalten ist. Zwar spricht auch Schiller davon, daß ,,nur das

Leiden sinnlich-moralischer Wesen, dergleichen wir selbst sind", unser Mitleid erregen könne (V, 391), doch bei aller Ähnlichkeit mit Lessing verrät schon die Formulierung, wer sich zwischen Lessing und Schiller geschoben hat – Kant! An anderer Stelle wird die „Ähnlichkeit zwischen uns und dem leidenden Subjekt" mit der Allgemeinheit und Notwendigkeit unserer sittlichen Natur begründet, also mit anthropologischer statt sozialer Gleichheit (V, 384). Wie anders klingt dagegen Lessings Auflösung der Ständeklausel: „Das Unglück derjenigen, deren Umstände den unsrigen am nächsten kommen, muß natürlicher Weise am tiefsten in unsere Seele dringen."[18] Schiller drückte sich unter veränderten historischen Umständen ungleich vorsichtiger aus, indem er über die Voraussetzung des Mitleids erklärt, man brauche „bloß Mensch überhaupt" zu sein, um Mitleid zu empfinden (V, 385). Schließlich zielt Schillers Theorie schon 1792 nicht mehr auf die Einübung ins Mitleid als einer „tugendhaften Fertigkeit", sondern auf das „sittliche Vermögen zum Widerstand", das sich auf den „Beistand übersinnlicher, sittlicher Ideen" stützt (V, 383 u. 382). Ihm geht es im Grunde gar nicht mehr um das „Vergnügen des Mitleids" (V, 375), vielmehr um die Darstellung und Ausbildung einer moralischen Widerstandskraft. Das Erhabenheitspathos ist an die Stelle des „süßen Mitleids" getreten.

Ob man darin eine Zurücknahme der in der Aufklärung erreichten Position erblicken kann, mag hier noch offen bleiben. Auffallend ist jedenfalls, wie sehr sich Schiller in dieser Funktionsbestimmung der Tragödie von seinen eigenen Anfängen entfernt zu haben scheint. Hatte nicht der junge Schiller in seinem Mannheimer Vortrag von 1784 die optimistischsten Erwartungen der Aufklärungsdramaturgie noch einmal zusammengefaßt? „Menschlichkeit und Duldung", lesen wir dort, „fangen an, der herrschende Geist unsrer Zeit zu werden" (V, 828). Und daran hatte nach seiner Meinung die Bühne keinen geringen Anteil. Sie wirke „tiefer und dauernder als Moral und Gesetze" (V, 824); ja ihre „Gerichtsbarkeit fängt an, wo das Gebiet der weltlichen Gesetze sich endigt" (V, 823). Sie vermag die Fürsten zu erziehen, das Volk zu bilden und als Nationaltheater vielleicht sogar die Nation zu einen (V, 830). Das sind gewiß Erwartungen, die den Einfluß der Aufklärung und Merciers verraten, aber auf das Schlagwort von der „moralischen Anstalt" läßt sich selbst der junge Schiller nicht festlegen, und ein moralisierender Dramatiker, wie das Vorurteil es will, ist er nie gewesen. Ja, es gibt in dieser Rede schon Hinweise, in denen er vor allzu großem Optimismus warnt und die „große Wirkung der Schaubühne" einschränkt (V, 826). Schon in einem früheren Aufsatz von 1782 fragt er skeptisch, ob das Theater den Zuschauer wirklich bessere – und er antwortet lakonisch: „Ich zweifle gewaltig" (V, 813). Woran er Zweifel anmeldet, ist die Möglichkeit gesellschaftlicher Praxis in der Form des Dramas: Wenn Odoardo sein Kind geopfert hat, „welcher Fürst gibt dem Vater (deswegen) seine geschändete Tochter wieder?" (V, 812). Solche Zweifel, die sich gegen die Illusion der Fürstenerziehung und wohl auch gegen die Mitleidtheorie richten, kamen ihm angesichts der feudalen Verhältnisse in Württemberg, die allen theatralischen Egalitätsforderungen Hohn sprachen. Ebenso sozialkritisch und realistisch ist seine Einschätzung des Theaterpublikums, das er als müßiggängerisch und eitel tadelt, womit er sowohl das höfische wie das bürgerliche Publikum meint (V, 813). Auch das beruht auf eigenen Erfahrungen, die er in Mannheim machte, wo „das Schauspiel weniger Schule als Zeitvertreib ist" (V, 813). Doch bevor er seine eigene, der Zeit entsprechende Theorie als „Mannheimer Dramaturgie" entwickeln konnte, war er schon entlassen. Es dauerte noch ein weiteres Jahrzehnt, ehe er sein eigenes Literaturkonzept gefunden hatte.

Als er es Anfang der neunziger Jahre endlich formulierte, fand er sich immer noch in lebens- und weltgeschichtlichen Verhältnissen, die er ertragen mußte, da er sie nicht ändern konnte. Der persönlichen ebenso wie der deutschen Misere entspricht seine Dramaturgie des Widerstands und der präventiven Abhärtung: „Ein unglückliches Geschlecht muß man erhaben zu rühren suchen", heißt es noch 1800 in einem Brief an Süvern[19]. Da sich die hochgeschraubten Erwartungen der Aufklärung hinsichtlich einer Erziehung der Fürsten und einer Bildung der Nation durch das Theater als Illusion erwiesen, so will er durch seine Dramen wenigstens auf eine mögliche Veränderung der Zustände hinweisen und zugleich durch erhabene Rührungen die Widerstandskraft der Zuschauer stärken. Die Vorstellung der Freiheit und die Ausbildung der „idealistischen Anlage" sollen den Menschen „zu Taten rufen und mit Stärke ausrüsten" (V, 535). Schon im Schaubühnenaufsatz spricht Schiller von der präventiven Wirkung der Tragödie, die den Zuschauer auf Schicksalsschläge vorbereiten, ihn klüger und mutiger machen solle (V, 826). Und in der Abhandlung *Über das Erhabene* greift er den Gedanken nach Jahren nochmals auf: „Das künstliche Unglück des Pathetischen [. . .] ist eine Inokulation des unvermeidlichen Schicksals, wodurch es seiner Bösartigkeit beraubt und der Angriff desselben auf die starke Seite des Menschen hingeleitet wird" (V, 805 f.). Darin läßt sich sicherlich eine „Zurücknahme der pragmatischen Komponente des aufklärerischen Literaturbegriffs" erkennen, aber Schillers Theorie weist auch auf „die Schwäche der bürgerlichen Klasse gegenüber dem Feudalabsolutismus: daß sie in der Kunst nicht vermag, was ihr in der Wirklichkeit nicht gelingt"[20]. Wie stark muß er den Druck dieser Verhältnisse empfunden haben, wenn er Lessings Mitleidstheorie in eine Widerstands- und Abhärtungstheorie verwandelt? Sie ist, wie Dürrenmatt bemerkt, „nichts für große Zeiten, aber für schwere"[21].

Damit ist weder ein christlicher Stoizismus gemeint, der über die irdische Misere mit Jenseitshoffnungen hinwegtröstet, noch eine legitimistische Abschreckungs- und Abstumpfungstheorie, die den Zuschauer zur Zufriedenheit mit den bestehenden Verhältnissen erzieht. Schiller will den Zuschauer nicht vorbereiten, würdig zu sterben oder unwürdige Zustände gelassen hinzunehmen, sondern würdig zu leben und jedwedem Zwang zu widerstehen. Allerdings soll über solch heroische Tendenzen der momentane Absturz in die Resignation nicht verschwiegen werden, wie etwa in einer Stelle aus *Über naive und sentimentalische Dichtung* spürbar wird: „Also nichts von Klagen über die Erschwerung des Lebens, über die Ungleichheit der Konditionen, über den Druck der Verhältnisse, über die Unsicherheit des Besitzes, über Undank, Unterdrückung, Verfolgung; allen *Übeln* der Kultur mußt du mit freier Resignation dich unterwerfen" (V, 708). Das läuft auf eine Duldung des herrschenden Unrechts, nicht aber dessen Billigung hinaus. Irritierender ist freilich der folgende Rat, daß der Bürger „unter jener Knechtschaft frei" handeln solle: „Fürchte dich nicht vor der Verwirrung außer dir, aber vor der Verwirrung in dir" (V, 708). Das ist jene zurecht kritisierte Verinnerlichung des Freiheitsbegriffs, der sich so leicht für eine affirmative Kultur mißbrauchen läßt. Die Pflicht des Erhabenen, der moralische Widerstand, läßt sich daher auch nicht im Sinne gesellschaftlicher Praxis verstehen, die unmöglich erscheint. „Im Gefühl des Erhabenen versichert sich das Bürgertum einer Größe, die ihm in der Realität vorenthalten wird und die es nur als intelligible festzuhalten vermag."[22]

Die ästhetische Legitimation dieses Rückzugs aus der Wirklichkeit ist der klassische Autonomiebegriff, der die Poesie von der Prosa des Lebens trennt und die fehlende Praxis durch den schönen Schein kompensiert: „Die Dichtkunst führt bei dem Menschen nie ein besonderes Geschäft aus. [. . .] Ihr Wirkungskreis ist das Total der menschlichen Natur" (V, 535). Daher bestreitet Schiller, daß die Poesie besondere moralische, patriotische oder politische Zwecke verfolge; sie zielt nicht „auf den Staatbürger in dem Menschen, sondern auf den Menschen in dem Staatsbürger" (V, 534). Der Dichter zieht sich aus der wirklichen Welt zurück, wie es in einem Brief an Herder heißt, um seine eigene Welt zu formen, in der Menschlichkeit und Freiheit bewahrend aufgehoben sind[23]. Dadurch wird zwar der Widerstand abstrakt und die mögliche Befreiung ein erhabener Schein, aber aus dem Widerspruch zwischen politischer Wirklichkeit und ideeller Forderung resultiert auch der pathetisch fordernde Ton, der sich mit dem Bestehenden nicht zufrieden gibt und auf die Verwirklichung des Ideals dringt. Allein in der Kunst lassen sich die bürgerlichen Ideale verwirklichen, wodurch sie ein Vorbote künftiger Befreiung wird. Es gehört allerdings zur politischen Ambivalenz des Autonomiebegriffs, daß er sowohl den Vorschein auf eine humanere Gesellschaft enthält als auch zur Affirmation der bestehenden Ordnung mißbraucht werden kann[24].

Der Eigentümlichkeit seines dramatischen Stils war sich Schiller bewußt, noch bevor er seine Theorie der Tragödie voll ausformuliert hatte. In einer der zahlreichen Selbstanalysen vergleicht er sich wieder einmal mit Goethe, dessen Genie, Kunstsinn und Kenntnisse er bewundert, ohne deshalb kleinmütig zu werden: „Hätte ich nicht einige andere Talente, und hätte ich nicht so viel Feinheit gehabt, diese Talente und Fertigkeiten in das Gebiet des Dramas herüberzuziehen, so würde ich in diesem Fach gar nicht neben ihm sichtbar geworden sein. Aber ich habe mir eigentlich ein eigenes Drama nach meinem Talente gebildet."[25] Diese Besonderheit seiner Dramen werden wir im folgenden untersuchen, indem wir die Hauptkategorien der Theorie mit der dramatischen Praxis in Beziehung setzen. Das liegt nahe; denn die Dramentheorie entstand im wesentlichen zwischen den frühen Dramen, deren pathetischen Stil sie legitimiert, und den klassischen, deren ästhetische Voraussetzungen sie klärt. Das schließt nicht aus, eine Entwicklung in Schillers Dramen zu berücksichtigen, welche von einer pathetischen zu einer symbolischen Gestaltungsweise verläuft. Daß sich bei der Deutung der Dramen auch Fragen nach der Gestaltung der Geschichte und der politischen Wirklichkeit aufdrängen, versteht sich bei einem so geschichtsbewußten Dramatiker fast von selbst.

Die pathetische Ausdrucksform in Schillers Jugenddramen hat Paul Böckmann bereits so überzeugend analysiert, daß dem kaum noch etwas hinzuzufügen ist[26]. Diese Stileigentümlichkeit prägt dramatische Situationen wie Personengestaltung, Bühnenanweisungen und Gestik, besonders aber die Sprache. Wie Karl Moor in ein und derselben Szene (I, 2) als verlorener und verstoßener Sohn gezeigt wird; wie er gegen das „tintenklecksende Säkulum" und „schlappe Kastratenjahrhundert" wettert, wie er sich in Pose wirft, obwohl er seinen Vater schon um Vergebung gebeten hat, um dann als enttäuschter und betrogener Sohn „Räuber und Mörder" zu werden. Das alles ist so kühn, kraftvoll und sprachschöpferisch, daß es nicht selten den Rahmen des dramatisch Möglichen zu sprengen droht. Das gilt besonders von jener Berichtsreihe im zweiten Akt, die trotz ihrer epischen Breite (sie nimmt rund ein Sechstel des Dramas ein!) an dramatischer Lebendigkeit und Pathetik nichts einbüßt. Daß dabei die Grenzen des „guten Geschmacks" nicht selten überschritten werden, gehört ebenso zum Reiz dieses Stils wie die Gefahr, ins Überspannte, Bombastische oder Komische umzukippen[27]. „Das ganze Drama", so faßt Böckmann seine Deutung zusammen, „ist in seiner Ausgestaltung bestimmt durch seine pathetische Grundform"[28], die für Schiller adäquater Ausdruck des handelnden und leidenden Menschen sowie seiner erhabenen Haltung ist.

Nun läge es nahe, die Gestaltung des Erhabenen in den Jugenddramen vom Ende her als eine Rückkehr zur bestehenden Ordnung zu deuten: Karl Moor übergibt sich selbst „in die Hände der Justiz", um dadurch das „beleidigte Gesetz" zu versöhnen; Verrina, der echte Republikaner, stürzt Fiesco ins Meer und kehrt lieber zur alten, aber menschlichen Ordnung des Andreas zurück, als sich dem Herzog Fiesco zu beugen (erste Fassung); und der Präsident überliefert sich am Ende von *Kabale und Liebe* freiwillig dem Gericht. Aber das wäre zweifellos eine grobe Simplifikation der Tragödien vom Ende her, als ginge es Schiller um eine Besserungsdramatik, in der das Böse seine gerechte Strafe empfängt. Das lohnte für Schiller den Aufwand des

Theaters nicht und harmonisierte im Blick auf das Ende die tragischen Konflikte. Die alten Ordnungen, an denen die aristokratischen Rebellen scheitern oder denen sie sich fügen, können so ideal nicht gewesen sein, sonst hätten die gescheiterten Idealisten nicht so vehement an ihnen gerüttelt. Sie sind bis hin zum Inquisitionsstaat Philipp II. „Ordnung ohne Freiheit" (V, 803). Das lenkt die Aufmerksamkeit auf jene politischen Zustände, gegen die Karl Moor, Fiesco, Ferdinand und Posa kämpfen, um die Ideale des Rechts, der Liebe und Freiheit durchzusetzen. Daß sie als Getäuschte und sich Täuschende scheitern, tut ihren Idealen keinen Abbruch, aber es rückt ihr Handeln in ein tragisch ironisches Licht, denn sie verletzen menschlich-sittliche Normen, um ihre Ziele zu erreichen. Wenn die Protagonisten das erkennen, sind sie schon pathetische Gestalten, die das Geschehene nicht mehr rückgängig machen können, es jedoch selbst verantworten. Zwar stellt ihr tragisches Scheitern die herrschenden Zustände in Frage, aber die politische Thematik wird am Ende doch in einen tragischen Dualismus aufgelöst, der auf eine erhabene Haltung hinausläuft: sei es die Anerkennung der Gewissensstimme in den *Räubern* oder eines religiös fundierten Pflichtbegriffs in *Kabale und Liebe*.

Diese verkürzenden Deutungen müssen wenigstens hinsichtlich einer Figur noch etwas ergänzt werden. Luise Miller gerät im Unterschied zu Ferdinand in einen scharfen Konflikt zwischen ihrer Liebe zu Ferdinand und ihrer Pflicht gegenüber dem Vater. Ihre Lage scheint wirklich ausweglos: „Verbrecherin, wohin ich mich neige" (I, 839). Dennoch handelt es sich auch hier nicht um eine echte Pflichtenkollision, sondern um einen sinnlich-sittlichen Gegensatz; denn in ihrem stummen Leiden bleibt Luise an die Pflicht gebunden: „Meine Pflicht heißt mich bleiben und dulden" (I, 810). Über ihre erhabene Entscheidung sollte man den tragischen Ausgang und vor allem die gesellschaftlichen Verhältnisse nicht vergessen, die sie in diese Lage brachten und ihre Liebe mit den intriganten Mitteln der Zeit zerstörte. So findet in den Jugenddramen eine intensive Auseinandersetzung mit den politisch-gesellschaftlichen Zuständen der Zeit statt, die allerdings dramatisch so vermittelt wird, daß die politische Thematik in einen sinnlich-sittlichen Konflikt verwandelt wird, in dem sich der Held moralisch bewähren muß.

In den klassischen Dramen verändert sich diese Grundstruktur kaum, nur wird die pathetische Gestaltungsweise gedämpft und geglättet. Zwar spricht Schiller noch 1797 Goethe gegenüber von der „pathetischen Gewalt" der Tragödie, doch will er sich vor der „ehemaligen rhetorischen Manier" hüten[29]. Je mehr die Darstellung und Erregung von Leidenschaften für ihn in den Hintergrund tritt, desto mehr bemüht er sich, den dramatischen Stoff durch die Darstellung des Erhabenen zu idealisieren und den Zuschauer „durch Ideen" zu rühren. Das ließe sich besonders an Schillers berühmten Dramenschlüssen nachweisen. So ist der Schlußakt der *Maria Stuart* zweifellos die reinste Darstellung des Erhabenen: Die Heldin nimmt den Justizmord sühnend auf sich und macht so den Tod zu einer selbstgewollten Handlung. Doch gerät die erhabene Rührung durch diese Apotheose Marias in die Nähe zu der von Lessing kritisierten Bewunderung.

Mit einem ähnlich pathetisch-erhabenen Doppelpunkt endet auch *Die Braut von Messina*, wo der „moralischen Selbstentleibung" Don Cesars noch die chorische Quintessenz folgt. Ganz anders verhält sich dagegen Wallenstein, der unter den Schlägen der Unglücksnachrichten Größe zeigt und von tragischer Blindheit geschlagen sogar menschlich sympathisch wird. Er zeigt „Ruhe im Leiden", und daraus ergibt sich „das Erhabene der *Fassung*" (V, 527). Diese Beispiele zur Erfüllung des Erhabenen im Schlußakt mögen genügen[30], zumal sonst der irrige Eindruck entstehen könnte, als wären seine Dramen poetische Exempla für ethische Kategorien. Nichts lag Schiller ferner. Gerade in seinen klassischen Dramen ist er bestrebt, die moralisch-idealistische Grundstruktur durch eine „Kunst der Affekte" zu kaschieren, damit der Zuschauer in einem schwebenden Gleichgewicht zwischen seinem emotionalen und moralischen Interesse für den Helden gehalten wird und seine ästhetische Freiheit nicht verliert[31]. Selbst wenn die Darstellung des Übersinnlichen für Schiller der letzte Zweck der Kunst ist, so erfüllt sich diese Forderung nicht erst am Ende des Dramas, sondern vor allem darin, wie die Freiheit des Menschen sich handelnd bewährt, also in Anlage und Entfaltung des tragischen Konflikts.

Eine solche Formulierung scheint für Schillers Theorie nicht recht am Platze, fragt er doch nicht im Sinne Schellings oder Hegels nach dem Phänomen des Tragischen, sondern nach dem Zweck und der Wirkung der Tragödie, also inwiefern dramatische Charaktere in bestimmten Situationen erhabene Rührungen erregen können. Dieser wirkungsästhetischen Einschränkung eingedenk, ließe sich der tragische Konflikt bei Schiller etwa folgendermaßen umreißen: Die Tragödie gelangt „nur durch die lebendige Darstellung der leidenden Natur zur Darstellung der moralischen Freiheit" (V, 513). Der sinnlich-sittliche Konflikt wird erst im Triumph des dargestellten Ideals gelöst. Darin mag Schiller durch den kantischen Dualismus festgelegt und begrenzt sein, wie Lukács meint[32]. Doch gehen seine Dramen in diesem Schematismus nicht ganz auf und auch theoretisch kannte er noch andere Möglichkeiten des tragischen Konflikts, wie seine Abhandlung *Über die tragische Kunst* beweist. Nachdem er zunächst jene Konflikte verworfen hat, in welche die Helden durch eigenes Verschulden (Ausschaltung der Charaktertragödie) oder als unschuldige Opfer (Ausschalten der Märtyrertragödie) geraten sind, erörtert er folgenden Fall, „wo die Ursache des Unglücks nicht allein nicht der Moralität widersprechend, sondern durch Moralität allein möglich ist" (V, 380). Hier handelt es sich offensichtlich um eine für Kant undenkbare Pflichtenkollision. Allerdings löst er sie am Beispiel von Corneilles *Cid* wieder in einen Konflikt von Pflicht und Neigung auf: Das Verhalten der Liebenden gewinne „unsere höchste Achtung, weil sie auf Kosten der Neigung eine moralische Pflicht erfüllen" (V, 380). Das war schon Luise Millers Fall, und es wird sich bei Max Piccolomini nochmals wiederholen, wenn Thekla dem verzweifelten Geliebten rät: „Geh und erfülle deine Pflicht" (II, 491). Das ist noch sehr kantisch, wenngleich sich eine Auflockerung jener rigoristischen Unterordnung der Sinnlichkeit unter die Vernunft schon andeutete. Für Schillers eigene dramatische Praxis wird noch ein anderes Modell wichtig, wenn nämlich das Unglück „durch den Zwang der Umstände" herbeigeführt wird (V, 379). Das trifft offenbar für Wallenstein zu, heißt es doch in einem Brief an Goethe: „Da der Hauptcharakter eigentlich retardierend ist, so tun die Umstände eigentlich alles zur Krise und dies wird, wie ich denke, den tragischen Eindruck sehr erhöhen."[33] Wallenstein muß dem Notzwang der Begebenheiten folgen und wird ein Opfer jener Umstände, die ihn zu einer Entscheidung zwingen. Das wird bestätigt durch eine Beobachtung Schillers, wonach das „eigentliche Schicksal noch zu wenig und der eigene Fehler des Helden noch zu viel an seinem Unglück" tut[34]. Damit ist der abstrakte Schematismus des sinnlich-sittlichen Konflikts so weit durchbrochen, daß auch die objektiven Bedingungen der tragischen Verwicklung eine bedeutende Rolle spielen.

Jetzt wird auch verständlicher, daß sich der ideele Konflikt bei Schiller nicht bloß als sinnlich-sittlich nach Art eines moralischen Kasus deuten läßt, sondern mit der Handlung so verbunden ist, daß der Held sich unter „dem Zwang der Umstände" entscheiden muß. Erst unter dieser Perspektive ergibt sich die tragische Dialektik des Entschlusses, die für das Baugesetz von Schillers Dramen so wichtig ist. Von diesem dramatischen Zentrum her organisiert er die Fabel, für deren Aufbauprinzipien er sich einer eigenen Terminologie bedient. So pflegt Schiller den Angelpunkt des Dramas als „punctum saliens" zu bezeichnen, und er versteht darunter diejenige „dramatische Tat, auf welche die Handlung zuzielt und durch die sie gelöst wird"[35]. Entsprechend der Tektonik des klassischen Dramas findet sich dieser Höhepunkt meist im dritten

Akt: Im *Wallenstein* ist der ganze ursprünglich dritte Akt (*WT* I) ein dramatisches Ringen um den rechten Entschluß; in der *Maria Stuart* kulminiert die Handlung in der großen Streitszene, und im *Wilhelm Tell* sind entsprechend der Doppelgleisigkeit der Handlungsführung Rütli- und Apfelschußszene so verbunden, daß die Gefangennahme Tells eine entscheidende Tat fordert. War das *punctum saliens* erst einmal gefunden, was meist die größten Schwierigkeiten bei der Organisation des Stoffes bereitete, so wurde der dramatisch zwingendste Ansatz festgelegt, aus dem sich die Handlung zielstrebig entwickeln konnte. Als Schiller sich über den Beginn des *Wallenstein* endlich im klaren ist, schreibt er an Goethe: „Der Moment der Handlung ist so prägnant, daß alles, was zur Vollständigkeit derselben gehört, natürlich, ja in gewissem Sinne notwendig darin liegt, daraus hervorgeht."[36] An anderer Stelle bezeichnet er den Anfang auch als „aufbrechende Knospe" (III, 220). Dieser teleologischen Metapher entspricht die vertrautere Bezeichnung einer „tragischen Analysis", die Schiller am *Ödipus Rex* des Sophokles bewundert: „Alles ist schon da, und es wird nur herausgewickelt. Das kann in der einfachsten Handlung und in einem sehr kleinen Zeitmoment geschehen, wenn die Begebenheiten auch noch so kompliziert und von Umständen abhängig waren."[37] Der prägnante Anfang wird als Krise konzipiert, aus der sich tragischer Konflikt und Katastrophe notwendig ergeben. Das trifft besonders für Schillers klassische Dramen zu, am deutlichsten in der *Braut von Messina*, wo Fluch und Orakel das Ende schon vorwegnehmen. Und auch *Maria Stuart* ist nach diesem Modell konzipiert: „Man sieht die Katastrophe gleich in der ersten Szene."[38] Das Drama beginnt mit der Verurteilung Marias, und handlungsmäßig geht es nur noch darum, wie Maria sich zu dem Urteil stellt und ob es auch vollzogen wird. So weisen Schillers dramaturgische Grundbegriffe auf eine eigentümliche Verkürzung der Handlung, die sich darauf konzentriert, wie der handelnde Mensch unter dem „Zwang der Umstände" leidet, sich entscheidet und bewährt[39].

Solch formanalytische Beschreibung der Dramen Schillers bliebe historisch abstrakt, wenn sie nicht auch die politisch gesellschaftliche Situation berücksichtigte, die sein Werk bedingt. Schillers dramatischer Praxis wird man erst ganz gerecht, wenn man die historischen Verhältnisse berücksichtigt, die er bewußt erlebte, philosophisch durchdachte und dramatisch verarbeitete. Als Dramatiker der Geschichte ist Schiller immer auch Historiker seiner Epoche. Dieser Zusammenhang läßt sich nicht auflösen, denn er bestimmt seine Dramen als Ausdruck seiner gesellschaftlichen Erfahrungen und die dramatische Struktur. Betrachtet man den Komplex Geschichte und Drama nur unter dem traditionell dramaturgischen Gesichtspunkt von historischer und poetischer Wahrheit, so wird Schillers politisches Gegenwartsinteresse neutralisiert oder auf die Poetisierung des historischen Stoffes reduziert. Nimmt man jedoch den Historiker Schiller und sein „Interesse für die jetzige Zeit"[40] ernst, so läßt sich erkennen, wie er schon bei der Stoffwahl deren Aktualität und konkrete Historisierung berücksichtigt.

Der „temporäre Gehalt" seiner Jugenddramen spielte schon bei der Erstrezeption eine so große Rolle, daß man sie getrost als Zeitstücke bezeichnen kann. Es sind Bücher, die „durch den Schinder absolut verbrannt" werden müssen[41]. Daher sah sich Dahlberg genötigt, die Handlung der *Räuber* aus der Mitte des 18. Jahrhunderts in das frühe 16. Jahrhundert zu verlegen, wogegen der junge Dramatiker ebenso diplomatisch wie nachdrücklich protestierte: „Ich beginge ein *Verbrechen* gegen die Zeiten Maximilians, um einem *Fehler* gegen die Zeiten Friedrichs II. auszuweichen."[42] Außerdem seien seine Charaktere „zu aufgeklärt, zu modern angelegt". Daß es sich bei *Kabale und Liebe* um ein „politisches Tendenzdrama" (F. Engels) handelt, steht außer Zweifel; die Kritik an den feudal-absolutistischen deutschen Verhältnissen läßt sich nicht übersehen[43]. Schon schwieriger ist der zeitgeschichtliche Gehalt des *Fiesco* zu bestimmen, hat Schiller sein erstes historisches Drama doch im Genua des Jahres 1547 angesiedelt,

zudem entschuldigt er seine Freiheiten mit dem „Hamburgischen Dramaturgisten" und will aus
der politischen Handlung „Situationen für die Menschheit" (I, 641) entwickeln. Dennoch
schlagen auch in diesem Drama temporäre Bezüge durch, wenn man das „republikanische
Trauerspiel" im Zusammenhang der zeitgenössischen Diskussion über Republikanismus und
Caesarismus sieht[44] und Schillers letzte Fassung von 1785 berücksichtigt, in der sich Verrina
dem Gericht des Volkes stellt, statt zurück zum Andreas zu gehen. Über die objektiven Grenzen des Republikanismus in Deutschland ist sich Schiller durchaus im klaren: „Republikanische
Freiheit ist hier zu Lande ein Schall ohne Bedeutung, ein leerer Name", heißt es in einem Brief
an Reinwald[45].

Die Dialektik von Vergangenheit und Gegenwart in der Geschichte, die für seine historischen Dramen so zentral werden sollte, erschloß sich Schiller erst durch das Geschichtsstudium.
Ja, das historische Drama Schillers entstand aus der Geschichtswissenschaft, aus der es seine
Rechtfertigung und Gesetze empfängt, wie Dilthey in seiner *Wallenstein*-Deutung betont[46]. Im
Sinne der beginnenden Geschichtswissenschaft definiert er seine universalgeschichtliche Methode 1789 in der Jenaer Antrittsvorlesung, die immer noch ein Musterbeispiel progressiver Ge-
schichtsbetrachtung ist. Ihr Ausgangspunkt ist die eigene Gegenwart, die er sechs Wochen vor
der Französischen Revolution als „unser menschliches Jahrhundert" und eine Kultur des
„wohltätigen Mittelstandes" preist: „Das Verhältnis eines historischen Datums zu der *heutigen*
Weltverfassung ist es also, worauf gesehen werden muß" (IV, 762). Für den Universalhistoriker
gilt ein historisches Ereignis erst dann als verstanden, wenn es sich sinnvoll in die Menschheits-
geschichte einordnen läßt und dadurch deutlich wird, welchen wesentlichen Einfluß es „auf die
heutige Gestalt der Welt" (IV, 762) hatte. Es geht ihm also, wie schon Kant und Herder, um
eine Rechtfertigung der Geschichte vor der Vernunft vom Standpunkt der Gegenwart. Unter
dieser Perspektive interessierte Schiller besonders die europäische Geschichte des 16. und 17.
Jahrhunderts, und zwar jene Prozesse, die in seiner Zeit zum Abschluß kamen oder auf eine Lösung drängten: die Veränderung des europäischen Staatensystems und die Emanzipation des
Bürgertums. So stellt er die niederländische Unabhängigkeitsbewegung unter die Leitidee der
bürgerlichen Freiheit: „Groß und beruhigend ist der Gedanke, daß gegen die trotzigen Anmaßungen der Fürstengewalt endlich noch eine Hilfe vorhanden ist, daß ihre berechnetsten Plane
an der menschlichen Freiheit zu Schanden werden, daß ein herzhafter Widerstand auch den gestreckten Arm eines Despoten beugen, heldenmütige Beharrung seine schrecklichen Hilfsquel-
len endlich erschöpfen kann" (IV, 33). In der *Geschichte des Abfalls der vereinigten Niederlande von der spanischen Regierung* will er „bürgerlicher Stärke ein schönes Denkmal vor der
Welt aufstellen" (IV, 33)[47].

Mit der gleichen bürgerlichen Geschichtsperspektive und Entschiedenheit hatte er schon
den *Don Carlos* behandelt. Daher läßt sich das Stück nicht bloß als „Familiengemälde aus einem
königlichen Hause" oder als Mantel- und Degenstück verstehen, vielmehr „bildet die Stellung
des Menschen unter der Herrschaftsform des Absolutismus ein zentrales Thema"[48], es geht um
das „Traumbild eines neuen Staates". „Denn was ist den Menschen wichtiger", fragt er in dieser
Zeit die Schwestern Lengefeld, „als die glücklichste Verfassung der Gesellschaft?"[49] Posas politische Grundsätze drehen sich um „republikanische Tugenden", und seine „Ideen von Freiheit
und Menschenadel" fallen bei seinem Freund Carlos in eine empfängliche Seele. Ihr gemeinsamer Traum ist „das kühnste Ideal einer Menschenrepublik, allgemeiner Duldung und Gewis-
sensfreiheit" (II, 229). Das sind zweifellos zeitgenössische Ideen, deren Herkunft auf die englische und französische Aufklärung zurückgeht[50]. Daß Schiller diese politische Philosophie im
Konflikt mit dem Inquisitionsstaat Philipps II. darstellt, mag für manche Deuter selbst heute

noch „ein gotisches Ansehen" haben, wie es Schiller selbst antizipierte, aber gerade darin liegt die universalgeschichtliche Dimension des Dramas. Der Zusammenstoß von kirchlich-feudalistischem Absolutismus und bürgerlich humanitären Ideen wird auf die Anfänge der bürgerlich-republikanischen Emanzipationsbewegung des 16. Jahrhunderts projiziert, denn nicht umsonst bildet die niederländische Befreiungsbewegung den Hintergrund für das Drama. „Das Verhältnis eines historischen Datums zu der *heutigen* Weltverfassung ist es also, worauf gesehen werden muß" (IV, 762), so die Maxime des Universalhistorikers, die mit der Absicht des Dramatikers übereinstimmt, die bürgerlichen Ideale des 18. Jahrhunderts im niederländischen Aufstand und am spanischen Hof historisierend zu konkretisieren. Anders läßt sich die bekannte Stelle des achten Briefes über *Don Carlos* nicht verstehen. Nachdem er nämlich Liebe und Freundschaft als einheitstiftende Ideen für das Drama verworfen hat, betont er, das Stück handle „über einen Lieblingsgegenstand unsers Jahrzehnts – über Verbreitung reinerer, sanfterer Humanität, über die höchstmögliche Freiheit der *Individuen* bei des Staates höchster Blüte" (II, 251). Posas Traum vom „Bürgerglück versöhnt mit Fürstengröße" war in der Epoche des aufgeklärten Absolutismus eine konkrete Utopie, an die Schiller seine Zeitgenossen durch das Drama erinnerte. Er gestaltete Ideen „unsers Jahrzehnts", projizierte sie in die Vergangenheit, um einen Vorschein auf den „vollendetsten Zustand der Menschheit" zu geben (II, 251). Bezeichnenderweise sollte dieser Zustand durch einen aufgeklärten Monarchen für das Bürgertum herbeigeführt werden, „einen Fürsten, der das höchste mögliche Ideal bürgerlicher Glückseligkeit für sein Zeitalter wirklichmachen sollte" (II, 253). Doch der Dolch der Tragödie richtete sich gegen jene menschenverachtenden Institutionen und Despoten, die Gedankenfreiheit und Bürgerglück noch im „aufgeklärten" 18. Jahrhundert verachteten und unterdrückten.

Eine solche Betrachtungsweise bewährt sich auch am *Wallenstein*, heißt es doch im Prolog ausdrücklich: „Zerfallen sehen wir in diesen Tagen / Die alte feste Form, die einst vor hundert / Und fünfzig Jahren ein willkommner Friede / Europas Reichen gab" (II, 272). Die gegenwärtige Krise des europäischen Staatensystems wird mit der „düstern Zeit" des Dreißigjährigen Krieges parallelisiert; aus diesem ging die Friedensordnung von 1648 hervor, die Europa nach dem Siebenjährigen Krieg noch fehlt[51]. Wiederum werden die politischen Hoffnungen der eigenen Gegenwart in die Vergangenheit projiziert, um auf eine neue politische Lösung hinzuweisen. Unter dieser Perspektive erscheint auch die Bedeutung und Tragik Wallensteins in einem neuen Licht[52]. Denn seine Tragik liegt kaum darin, daß die rächende Nemesis den machtbesessenen Hochverräter einholt[53]. Richtiger ist immer noch Diltheys Interpretation, nach der im *Wallenstein* die Innerlichkeit der Geschichte gestaltet ist. Wallenstein versucht sich alle Möglichkeiten politischen Handelns offen zu halten, bis ihn die historischen Umstände zu einer Entscheidung zwingen, an der er tragisch zugrunde geht[54]. Aber steckt nicht im *Wallenstein* auch schon ein Stück jener Geschichtsdialektik, wonach der große Handelnde den historischen Prozeß vorantreibt, indem er dessen Opfer wird? Wallensteins politische Vorstellungen einer neuen Friedensordnung und „Staatenharmonie" gehen weit über die eigennützigen Zwecke der alten Habsburger Ordnung hinaus, wodurch sie sich bedroht fühlt und ihn zu Fall bringt; aber die künftige neue Ordnung erscheint schon am Horizont. Wallenstein ist sich seiner Aufgabe und Gefährdung durchaus bewußt, wie der große Monolog (*WT*, I, 4) zeigt, in dem er die Macht der Gewohnheit, „das ewig Gestrige", als die konservativen Gegenkräfte seiner Zukunftspläne erkennt, an denen er scheitern wird[55]. Auf ihn scheint zuzutreffen, was Schiller in der Jenaer Vorlesung vom geschichtlich Handelnden bemerkte; jener mag zwar selbstsüchtige Zwecke verfolgen, „aber unbewußt befördert er vortreffliche" (IV, 766). So dialektisch deutet dann Hegel den Fall Wallensteins[56].

Gegen eine solche Deutung von Schillers historischen Dramen als Zeitstücke gibt es freilich einen wissenschaftlichen Konsensus, für den Friedrich Sengles Auffassung repräsentativ sein dürfte: ,,Der Dichter wählt das *historische* Drama, weil er kein politisch-aktuelles Stück schreiben, sondern das Politische als ein *überzeitliches Problem* gestalten will.''[57] Und hat er mit dieser Bemerkung nicht recht? Schon Goethe lobte am *Wallenstein*, ,,daß alles aufhört politisch zu sein und bloß menschlich wird''[58]. Das entspricht genau Schillers Absicht, nach der ,,die poetischen Gestalten immer das Allgemeine der Menschheit darzustellen und auszusprechen haben''[59]. Doch schließt diese klassische Kunstauffassung ein gegenwartsbezogenes Interesse und eine politische Wirkabsicht keineswegs aus. ,,Was der Dichtergeist in einem Zeitalter und unter Umständen wie die unsrigen für einen Weg zu nehmen habe'', wie es in einem Brief an Herder heißt[60], ist immer wieder die Frage des ,,Zeitbürgers'' Schiller. Er setzt sich also mit den Problemen seiner Zeit auseinander und will auf seine Zeitgenossen wirken, ,,aber nicht in einem unmittelbar moralisch-politischen Sinne, sondern mittelbar politisch: auf dem Umweg über die Ästhetik''[61]. Als die poetischen Schlüsselbegriffe seiner Nachahmungstheorie können Idealisierung und Idylle gelten. Beide machen den Anspruch und die Grenze des Schillerschen Idealismus deutlich, durch die er die realen Lebensverhältnisse poetisiert bzw. die gesellschaftlichen Widersprüche ästhetisch versöhnt.

Über sein eigentümliches Verhältnis zur Wirklichkeit war sich Schiller durchaus im klaren, wie eine berühmte Selbstcharakteristik gegenüber Goethe zeigt: Ihm fehle die intuitive Anschauung Goethes, und er schwebe daher ,,zwischen dem Begriff und der Anschauung''[62]. Einen Weg aus diesem Dilemma wiesen ihm das Kant- und Geschichtsstudium: die Idealisierung der Wirklichkeit. Im historischen Drama liegt für Schiller der ideale Konvergenzpunkt beider Tendenzen; es bindet die Phantasie an die historische Wirklichkeit, die er nun philosophisch deuten kann. ,,Ich werde es mir gesagt sein lassen, keine andre als historische Stoffe zu wählen'', schreibt er an Goethe, da es für ihn besser sei, ,,das Realistische zu idealisieren''[63]. Die oft betonte Kluft zwischen dem Dramatiker und dem Historiker Schiller ist also keineswegs so tief, wie unter rein ästhetischer Perspektive behauptet wird. Beide müssen den historischen Stoff organisieren und idealisieren. Der Historiker rechtfertigt den Verlauf der Geschichte vor der Vernunft, ,,bringt ein teleologisches Prinzip in die Weltgeschichte'' (IV, 764), der Dramatiker poetisiert die Geschichte, um ihre philosophische Bedeutung für den Menschen herauszuarbeiten. Dabei soll natürlich ein von Schiller selbst betonter Unterschied nicht unterschlagen werden: Dem Historiker geht es um eine sinnvolle Deutung der wirklichen Geschichte, dem Dramatiker dagegen um die geschichtlichen Möglichkeiten, sofern er durch sie erhabene Rührungen erreichen kann.

Für den sentimentalischen Dichter, der den Zuschauer ,,durch Ideen rühren'' will (V, 717), ist die Idealisierung das zentrale Problem seiner Nachahmungstheorie. Da weder die naive Nachahmung noch der phantasiereiche Schein seinen künstlerischen Ansprüchen genügen, steht er vor der Frage: ,,Wie die Kunst zugleich ganz ideell und doch im tiefsten Sinne reell sein kann?'' (II, 817). Die Antwort ist ebenso verblüffend wie folgerichtig: Indem die Kunst ,,das Wirkliche ganz verläßt und rein ideell wird'' (II, 818). Nur so sei es möglich, die Ideen, welche ,,unter der Decke der Erscheinungen'' liegen, darzustellen. Die Dialektik von Erscheinung und Wesen, Wirklichkeit und Idee, die er klar erkennt, kann er sich nur so vorstellen, daß er die Wirklichkeit auf eine Idee bezieht und sie so veredelt. ,,Die Riesenarbeit der Idealisierung'', wie er es einmal nannte, besteht als darin, die Wirklichkeit so zu vergeistigen, daß alles Individuelle, Besondere und Zufällige getilgt wird, damit das Allgemeine, die Idee erscheinen kann. Der Künstler kann nach Schillers Auffassung ,,kein einziges Element der Wirklichkeit brauchen, wie er es findet" (II, 818). Er muß sie idealisieren, um nach einem „poetischen Kampf mit dem historischen Stoff"[64] eine mögliche Welt und das Menschenmögliche als Kunstwahrheit erfahrbar zu machen. Unter diesem Formgesetz steht sein klassisches Drama, in dem „alles nur ein Symbol des Wirklichen ist" (II, 818). Das gilt für die Aneignung der Wirklichkeit wie für die Handlungsführung, für die Zeit- und Raumgestaltung ebenso wie für die Personendarstellung und die Sprache. Schillers Stil, so beobachtet Klaus Ziegler, sei durch eine „weitgehende Relativierung des Äußerlich-Realen zugunsten des Innerlich-Ideellen gekennzeichnet"[65].

Durch diese bewußte Idealisierung und Stilisierung der Wirklichkeit werden der Gegenwartsbezug und die politische Thematik distanziert und relativiert, so daß sie am Ende kaum noch erkennbar sind. Die Mediatisierung des Politischen und Aktuellen zugunsten eines idealisierten Allgemeinmenschlichen lag durchaus in Schillers Absicht, wie sich durch zahlreiche Zitate belegen ließe. Kennzeichen dieser idealistischen Tendenz ist es, wenn er von den „beschränkten Interessen der Gegenwart" ablenken möchte, um auf „ein allgemeines und höheres Interesse an dem, was *rein menschlich* und über allen Einfluß der Zeit erhaben ist", hinzulenken (V, 870). In den klassischen Dramen versagt sich Schiller jede politische Anspielung; die aktuellen Probleme werden in eine poetisierte Vergangenheit entrückt und idealistisch überhöht[66]. Dadurch bewahrt er der Dichtung zwar „ihre poetische Freiheit, ihren idealen Boden" (II, 819), aber er ästhetisiert auch das Politische, das dadurch an Aktualität und Progressivität verliert.

Dennoch wird im Schein der Kunst die Geschichtlichkeit des Lebens keineswegs ausgelöscht, vielmehr wird sie aufgehoben und bleibt auf recht komplexe Weise gegenwärtig, wie Schillers „Theorie der Idylle" beweist. Sie kann neben der ästhetischen Erziehung als geschichtsphilosophische Antwort Schillers auf die Französische Revolution verstanden werden[67]. Aus jener Situation, die seinen Geschichtsoptimismus von 1789 erschütterte, entsteht eine geschichtsphilosophische Dialektik des Kulturprozesses. Schillers Ausgangs- und Zielpunkt ist die Natur, hier verstanden als menschliche Totalität, wie sie war und wieder sein soll: „Wir waren Natur, und unsere Kultur soll uns, auf dem Wege der Vernunft und Freiheit, wieder zur Natur zurückführen" (V, 695). Aufgabe der Dichtung ist es, „der Menschheit ihren möglichst vollständigen Ausdruck zu geben" (V, 717), und der sentimentalische Dichter erreicht dies „durch die Darstellung des Ideals" (V, 717). Das „erfüllte Ideal" wäre die Idylle, „ein Zustand der Harmonie und des Friedens mit sich selbst und von außen" (V, 746). Doch ist die Idylle für Schiller nicht nur eine Form sentimentalischer Poesie, er versteht sie auch als geschichtsphilosophische Kategorie. Er unterscheidet nämlich zwischen einer Idylle „vor dem Anfang der Kultur" (V, 745) und einer höheren Idylle, welche „die Kultur als ihr letztes Ziel beabsichtigt" (V, 746).

Während die erste Idylle noch weitgehend mit dem traditionellen Genre übereinstimmt, setzt die zweite eine notwendige Entfremdung von der Natur voraus, die erst in einer künftigen, goldenen Zeit überwunden wird. „Der Begriff dieser Idylle ist der Begriff eines völlig aufgelösten Kampfes sowohl in dem einzelnen Menschen als in der Gesellschaft" (V, 751). Der Weg führt also von Arkadien, das endgültig verloren ist, durch die Geschichte nach Elysium, das als Utopie schon jenseits der Geschichte liegt. Schillers Idyllenkonzeption ist also weder zeitlos noch apolitisch, denn sie ergibt sich aus der politischen Situation seiner Zeit und ist Ausdruck seines Fortschrittsdenkens[68]. Ihr Einfluß auf die Gestaltung seiner Dramen seit der *Jungfrau von Orléans* läßt sich kaum überschätzen.

Auf die zahlreichen idyllischen Szenen und Bilder hat schon Wolfgang Binder als „Kernsituationen" der Dramen aufmerksam gemacht, aber erst durch die Studien von Gert Sautermeister und Gerhard Kaiser wurde die dramatische und politische Dimension der Idylle in Schillers späten Dramen erkennbar[69]. Besonders deutlich ist der Zusammenhang zwischen Schillers politischen Erwartungen und der poetischen Funktion der Idylle im *Wilhelm Tell*. Wie sich gerade in diesem Drama politische Ideen und Erfahrungen Schillers und seiner Zeit widerspiegeln, darauf hat die marxistische Forschung schon früh aufmerksam gemacht[70]. Tatsächlich sind die Bezüge zur Französischen Revolution kaum zu übersehen. Die Zerstörung von Zwing-Uri vergleicht Schiller selbst mit der Erstürmung der Bastille[71]. Der Rütlischwur als „neuer Bund" scheint unter der Losung von 1789 zu stehen: Freiheit, Gleichheit, Brüderlichkeit. Die Eidgenossen kämpfen für eine „neue beßre Freiheit", der Adel schließt sich ihnen an und wird eingebürgert, das Schlußtableau endlich symbolisiert den neuen Zustand der Brüderlichkeit, der ohne die Erklärung der Menschenrechte unverständlich wäre. Das siegreiche Volk wird von Bürgern repräsentiert: „Der dritte Stand ist die Nation."[72] Solch offene oder auch versteckte Hinweise auf die Französische Revolution machen nochmals auf Schillers schöpferische Methode aufmerksam, die politischen Erwartungen der Gegenwart historisierend in der Vergangenheit zu konkretisieren, um dadurch politische Ansprüche des Bürgertums zu legitimieren. Doch wird der historische Vorgang und seine politische Bedeutung von Schiller im Schauspiel so poetisiert, daß „die Revolution in der Idylle aufgeht"[73] und erst dadurch Schillers Beurteilung der Französischen Revolution erkennbar wird.

Die triadische Struktur des *Wilhelm Tell* ergibt sich aus dem Idyllenschema, das ihm zugrunde liegt. Das Drama beginnt als arkadische Idylle, die durch friedliches Dasein, natürliche Gesellschaftsform und naive Denkweise der Menschen gekennzeichnet wird. Der Einbruch der Geschichte in Form der österreichischen Zwangsherrschaft zerstört diese ursprüngliche Idylle und setzt die dramatische Handlung in Gang. Der historische Konflikt mit den Vögten des Kaisers zwingt das Volk, sich in einem „neuen Bund" zusammenzuschließen. Obwohl die Eidgenossen damit die alte Ordnung verteidigen wollen, entsteht qualitativ eine neue Gesellschaftsordnung. So wird die alte patriachalische Herrschaftsform durch eine Gemeinschaft der Freien und Gleichen ersetzt. Für die neue höhere Idylle ist das Schlußtableau besonders aufschlußreich: Berta von Bruneck verzichtet freiwillig auf ihre adeligen Vorrechte, Ulrich von Rudenz erklärt seine Knechte frei, und die allgemeine Umarmung besiegelt das neue Bündnis. Auch wenn diese neue, politische Idylle erst durch Tyrannenmord und Kampf erfochten wird, ist der ganze Vorgang doch keine Revolution, denn das Ende zeigt die Versöhnung aller gesellschaftlichen Gegensätze, was eine Revolution überflüssig macht. Es ist wirklich ein Zustand des „aufgelösten Kampfes sowohl in dem einzelnen Menschen als in der Gesellschaft" (V, 751). Das ist Schillers Antwort auf die Französische Revolution, die Goethes so unähnlich nicht ist, wenn man an die Humanisierung des Adels und die Mesalliancen am Ende von *Wilhelm Meisters Lehrjahren* denkt. Durch politische Einsicht und freiwilligen Verzicht wäre für Deutschland zu erreichen, was als bürgerliche Utopie im erfüllten Ideal des *Wilhelm Tell* sichtbar wird: Ein Staatenbund, in dem das Bürgertum ökonomisch und politisch die Führung übernommen hat und dem sich der Adel unter Verzicht auf seine feudalen Vorrechte einbürgert.

Durch die „Idyllisierung der politischen Ideen der Französischen Revolution" (Kaiser) kann Schiller die politischen Vorstellungen seiner Zeit indirekt ausdrücken, indem er sie poetisch kaschiert. Denn das entworfene Naturideal liegt jenseits der Geschichte und Politik. Jene ist nur Durchgangsstadium, die an einem Naturzustand gemessen wird, wie er war und wieder sein soll. Doch wird durch diese poetische Geschichtsphilosophie auch die Utopie einer vernünftigen und humanen Gesellschaftsordnung sichtbar. Aus dem Widerspruch zwischen beschworenem Ideal und gegenwärtigem Mangel ergibt sich die Forderung nach einem neuen

Staat. Ihn geistig vorzubereiten, ist die erhabene Aufgabe der Kunst, aber auch Schillers heroische Illusion.

Und wie steht es um das Publikum, das Schiller bilden wollte? Wie um die öffentliche Funktion, die das Theater haben sollte? Auch hier zehren die politisch-gesellschaftlichen Widersprüche an ihm, so daß der anfängliche Optimismus sich mit der Zeit in bescheidenere, um nicht zu sagen elitäre Vorschläge zur ästhetischen Erziehung verwandelt. Bekannt sind seine aufklärerischen Vorstellungen von der Schaubühne als ,,öffentliche Anstalt'' und ,,Schule der praktischen Weisheit'', die ein ,,Wegweiser durch das bürgerliche Leben'' sein und den ,,Geist der Nation'' bilden sollte (V, 826). Das sind gewiß große und zukunftsweisende Gedanken, die noch seine Jugenddramen einschließlich des *Don Carlos* beflügeln, aber sie erweisen sich angesichts der gesellschaftlichen und literarischen Verhältnisse in Deutschland als Illusion. Unter dem Eindruck der Französischen Revolution, dem Kantstudium und der ,,Modeliteratur'' wandelt sich Schillers publikumsfreundliche Einstellung nach 1789 erheblich, und er entwickelt sich zu einem kunststrengen Volkserzieher[74]. Das zu erkennen, genügt es, abschließend noch einen kurzen Blick auf die Bürger-Rezension (1791) und die Vorrede zur *Braut von Messina* (1803) zu werfen; jene enthält sein Ideal von Volkstümlichkeit, diese seine Vorstellung einer ,,schönen Öffentlichkeit'' (Borchmeyer).

Gegenüber Bürgers plebejischer und antiphilosophischer Volkstümlichkeitsidee[75] betont Schiller die bildende Funktion der Kunst für *alle* Stände. Die Desintegration des Publikums in ,,eine *Auswahl* der Nation und die *Masse* derselben'' (V, 973) will er durch höchste Kunst aufheben. Während Bürger als ,,Volksdichter'' sich vor allem an die unteren Schichten der Kleinbürger, Handwerker und Bauern wendet und seine Maßstäbe im Volke sucht, ist dies für Schiller ein zu ,,gemeines Ziel''. Er argumentiert vom Standpunkt der Kunst und Bildungselite für ein ideales Publikum, das erst noch gebildet werden muß, indem der Künstler sich von den Forderungen des gegenwärtigen Publikums frei macht und dessen Geschmack durch die Erhabenheit seiner Kunst bildet. Der echte Volksdichter soll nach Schiller ,,zu dem Volke bildend herniedersteigen, um es scherzend und spielend heraufzuziehen'' (V, 976). Nur so könne das Geschmacksideal der literarischen Elite durch ästhetische Erziehung zu einem allgemeinen werden. Das ist ein hohes Ziel, ein Kulturideal, das den Mangel an kultureller Homogenität erkennen läßt, aber sich auch vom konkreten gesellschaftlichen Prozeß löst, indem es die berechtigten Kulturansprüche des ,,großen Haufens'' vernachlässigt und die Kultur faktisch zu einer Angelegenheit der Bildungselite macht. Selbst *Wilhelm Tell,* der ein ,,rechtes Stück für das ganze Publikum'' sein sollte[76], ist in diesem anspruchsvollen Sinne volkstümlich; es löst ,,die erhabenste Philosophie des Lebens in die einfachen Gefühle der Natur'' auf (V, 974) – ein recht komplexer Vorgang, wie wir gesehen haben. So ist das Theater für Schiller eine Kultstätte ästhetischer Erziehung für das literarisch gebildete Bürgertum.

Nicht weniger idealistisch und ästhetisch ist Schillers später Entwurf, dem Theater durch die Wiedereinführung des Chores eine öffentliche Funktion zu geben. Im Unterschied zu seiner aufklärerischen Vorstellung des ,,Theaters als Podium bürgerlicher Öffentlichkeit'' (Habermas) bescheidet er sich 1803 mit einer bloß ästhetischen Öffentlichkeit, die in Weimar als Hoftheater fast wieder repräsentative Züge annimmt. In der Vorrede zur *Braut von Messina* vergleicht er den antiken Gebrauch des Chores mit seiner modernen Funktion: ,,Die alte Tragödie fand ihn in der Natur und brauchte ihn, weil sie ihn fand. Die Handlungen und Schicksale der Helden und Könige sind schon an sich selbst öffentlich und waren es in der einfachen Urzeit noch mehr'' (II, 819). Für den modernen Dichter, dessen Gesellschaft in eine öffentliche und private Sphäre

geteilt ist, erfüllt der Chor eine ganz andere Aufgabe: „Der Dichter muß die Paläste wieder auf-
tun, er muß die Gerichte unter freien Himmel herausführen, er muß die Götter wieder aufstellen, er muß alles Unmittelbare, das durch die künstliche Einrichtung des wirklichen Lebens aufgehoben ist, wieder herstellen" (II, 820). Kurz: er muß durch die Einführung des Chores wenigstens ästhetisch vorstellen, was die Griechen als öffentliches Leben besaßen. Der Bruch zwischen jenem naiven Zustand und dem heutigen liegt für Schiller im Totalitätsverlust der modernen Gesellschaft und ihrer immer abstrakter werdenden politischen Öffentlichkeit, die nur
durch die Kunst, als Kontrast und Utopie aufgehoben werden kann. Dazu trägt der Chor bei,
„weil er die moderne gemeine Welt in die alte poetische verwandelt" (II, 820). Indem er das
Drama poetisiert, „von der wirklichen Welt rein abschließt" (II, 819), gelingt es ihm, wenigstens den Schein einer möglichen Öffentlichkeit zu geben[77].

Darin spricht sich das berechtigte Verlangen des modernen, bürgerlichen Dramatikers
aus, daß die öffentliche Relevanz und Resonanz ein Bestandteil des Dramas und Theaters sein
muß. Aber indem er den Chor nicht aus dem modernen gesellschaftlichen Leben und seiner Öf-
fentlichkeitsformen entwickelt, wird dieser „nicht zu einer konkreten Repräsentanz der Öffentlichkeit, sondern zu einer abstrakten Allgemeinheit"[78]. Der Chor ist bei Schiller ein
„Kunstorgan", das ihm die Möglichkeit gibt, „sich über das Menschliche überhaupt zu verbreiten, die Resultate des Lebens zu ziehen und die Lehren der Weisheit auszusprechen" (II, 821).
Als solches bringt er kein bürgerlich kritisches Räsonnement in das Drama und bleibt ebenso
schemenhaft wie die „sinnlich mächtige Masse", die er repräsentiert. Wie weit sich hierin auch
Schillers Ablehnung der plebejischen Tendenzen in der Französischen Revolution artikuliert,
bleibe dahingestellt[79], aber sein politisches Gegenwartsinteresse schlägt gerade in diesem antiki-
sierenden Chordrama nicht durch, und daher hat auch die Kunstfigur des Chores keine öffentliche Relevanz. Sie ist bestenfalls „ästhetische Öffentlichkeit", aus der sich schon wegen des anti-
kisierenden Formexperiments keine politische Öffentlichkeit entwickelt.

Trotz ihrer anspruchsvoll idealistischen Höhe wurden seine Dramen populär, auch
wenn sich ihre politisch-gesellschaftlichen Visionen nur langsam und bruchstückhaft erfüllten.
Vielleicht wurden sie auch gerade deshalb populär, weil sie sich zu einer ästhetischen Erziehung
eigneten, mit der man von einer politischen ablenken konnte; weil sich bei ihm eine edlere Welt
genießen ließ, ohne schon eine bessere zu fordern. So wurde Schiller zum „Zeitgenossen aller
Epochen"[80], womit genauer nur die bürgerliche gemeint sein kann, die er in ihrer heroischen
Phase repräsentierte und die ihn in ihrer philiströsen vereinnahmte. Ob Bildungsphilister und
Schulmeister ihn tatsächlich so ungenießbar gemacht haben, wie oft vermutet wird, oder ob wir
in seinen Werken noch Bilder deutscher Vergangenheit erkennen, deren Widersprüche bis in
unsere Zeit hineinragen, das liegt nicht zuletzt an denen, die ihn lehrend vermitteln – als Ideologie oder Aufklärung. Jedenfalls ist er „populär dennoch der schwierigste, der unzulänglichste,
der widersprüchlichste der Dramatiker"[81].

Kleist als Dramatiker
Günter Blöcker

Im Juni 1812, ein gutes halbes Jahr nach HEINRICH VON KLEISTS (1777–1811) Tod, schreibt Clemens Brentano an Achim von Arnim: „Neulich fiel mir in Prag Kleists Penthesilea in die Hände. Es ist doch in allen Arbeiten dieses unglücklichen, talentvollen Menschen eine ganz merkwürdige scharfe Rundung, eine so ängstliche Vollendung und wieder Armut, und es wird mir immer äußerst peinlich und doch macht es mir Freude, etwas von ihm zu lesen."[1]

Man braucht diese Worte nur in den jeweiligen Zeitstil zu übertragen, und sie könnten fünfzig, hundert oder hundertfünfzig Jahre später geschrieben sein – so genau gibt das Ineinander von Bewunderung und Abwehr, von peinlichen Empfindungen und solchen eines offenkundigen Fasziniertseins die Irritation wieder, die Kleists Erscheinung von Anfang an erregte und es noch bis weit in unser Jahrhundert hinein tun wird. Wobei das Bezeichnende eben nicht das Gegeneinander zweier unversöhnlicher Fronten ist (auch das gibt es natürlich), sondern die Gleichzeitigkeit, die absonderliche Vermengung widersprüchlicher Urteilstendenzen in ein und derselben Brust. Die Ambivalenz, dieses vielzitierte Wahrzeichen des Kleistschen Werkes, überträgt sich offenbar auch auf dessen Wirkung.

Schon Goethes folgenschwere Ablehnung Kleists war ja nicht nur Ablehnung. In die Äußerungen eines existentiellen Mißbehagens, einer tiefgehenden Gereiztheit, mit der sein Harmonieverlangen auf Kleists kompromißloses Ausschwingenlassen der Extreme reagiert, mischen sich unüberhörbar Töne des Respekts. Manches, was Goethe zu Kleist negativ anmerkt, ist seither – mit positivem Akzent – Allgemeinbesitz geworden. Die Formel von der „Verwirrung des Gefühls" für die zentrale Problematik des *Amphitryon* darf als unübertroffen gelten; daß *Penthesilea* ein Werk des „unsichtbaren Theaters" sei und nur als solches voll aufgefaßt werden kann, ist inzwischen zu einer akzeptierten Gewißheit geworden; und selbst die Wendung von dem „wunderbaren Gemisch von Sinn und Unsinn", das *Das Käthchen von Heilbronn* – Goethe zufolge – sein soll, wurde von der neueren Theaterpraxis eher freudig aufgegriffen. Regisseure wie Jürgen Fehling (im Berlin der zwanziger und dreißiger Jahre), Hans Schalla in Bochum (1958) oder neuerdings Claus Peymann (Stuttgart 1975) haben das Disparate dieses hochartifiziellen Konglomerats aus Theaterdonner und Seelenfiligran, aus Ritterspektakel und Balladenpoesie nicht abzuschleifen versucht, sondern es als Stilprinzip begriffen – Peymann sogar bis zu dem Grade, daß er auf die stilistische Buntscheckigkeit des Werkes mit einem adäquaten Milieu antwortete: Zirkus und Rummelplatz.

Auch die Kleistliteratur ist im Hinblick gerade auf dieses Stück flexibler geworden. Während Friedrich Gundolf es 1922 noch seiner „unzeitigen Theatereien" wegen für mißlungen hält, wehrt Fritz Martini sich – ein rundes halbes Jahrhundert später – gegen „die Festlegung dieses vielschichtigen Bühnenspiels auf eine verengende Spezialformel" und betont seine „lustspielhafte Struktur, die bei aller Betroffenheit und Ergriffenheit der durchschauenden Distanz und Heiterkeit des Zuschauers einen freien Raum läßt"[2].

Doch kehren wir zu dem Stichwort „Irritation" zurück – es ist die Konstante in der Lebens- und Werkgeschichte Heinrich von Kleists. Schon die Person irritierte: ein Stotterer, wie man aus einigen Zeugnissen schließen muß, und ein Gehemmter wohl auch, was seine Beziehungen zum weiblichen Geschlecht angeht, der aus der von der Natur erzwungenen Zurückhaltung gelegentlich um so heftiger ausbricht. Selbst Wieland, der ihm wohlwill und im *Guiskard*-Fragment die „Geister des Äschylus, Sophokles und Shakespeare" vereinigt sieht, findet in dem Gebaren des zerstreuten, bei Tisch Unverständliches vor sich hinmurmelnden Gastes „etwas Rätselhaftes und Geheimnisvolles", das ihn unangenehm berührt[3]. Vollends befremdlich dann der Lebenslauf: ein junger Mann aus altpreußischem Adel, der das Soldatenhandwerk verabscheut; der, statt Offizier zu werden, die Gelehrtenlaufbahn einzuschlagen wünscht, jedoch rasch den Glauben an die Wissenschaft verliert; der bei mäßigen Erfolgen als Stückeschreiber und Journalist weiterhin vergeblich im bürgerlichen Leben Fuß zu fassen sucht und schließlich mit dem spektakulären Akt einer Tötung auf Verlangen (der ihm im Tod und nur im Tod verbundenen krebskranken Henriette Vogel) und seines anschließenden Selbstmords mehr Aufsehen erregt als mit allem, was er sonst im Leben unternommen hat.

Es ist eine Biographie mit vielen blinden Stellen. Der Kleist eigene Hang zur Selbstisolation und zum Verbergen, die Verschwiegenheit seines dichterischen Werks in allem, was Auskunft über seine persönliche Existenz geben könnte, aber auch Maßnahmen der um ihre Reputation bangenden Familie haben dafür gesorgt, daß manches nicht mehr aufzuklären sein wird. Auch wo wir die Fakten kennen, bleiben die Motive nicht selten dunkel. Wie etwa ist es zu erklären, daß Kleist, der Napoleonhasser, sich im Spätherbst 1803 – nachdem er meint, am *Robert Guiskard* gescheitert zu sein – der französischen Invasionsarmee gegen England anschließen will? Selbst der Patriot Kleist bleibt ein Kapitel voller Widersprüche; und die Einschätzung seiner politischen Überzeugungen schwankt in der Literatur zwischen dem Vorwurf reaktionären Junkertums und der euphorischen Verklärung des *Homburg*-Autors als eines künftige bürgerliche Lebensformen vorwegnehmenden „Citoyens".

Eindeutig in dieser Hinsicht dürfte allein *Die Hermannsschlacht* sein, die, in der zweiten Hälfte des Jahres 1808 unter dem Eindruck der spanischen Erhebung gegen Napoleon entstanden, weitgehend als aktualitätsbezogenes Kampf- und Schlüsseldrama zu verstehen ist. Richard Samuel hat detailliert nachgewiesen, wie vertraut Kleist mit dem Ideengut des Triumvirats Stein-Gneisenau-Scharnhorst war und daß er nicht nur die Grobzeichnung der politischen Situation des Sommers 1808 auf Personal und Handlungsführung seines Stückes übertrug, sondern auch Einzelheiten aus den Denkschriften der preußischen Reformer übernahm[4]. Trotzdem ist das eigentliche Wesensmerkmal dieses ganz (so der Dichter selbst) „für den Augenblick berechneten" Schauspiels weniger das Tendenzstück als vielmehr das, womit das Tendenzstück sich selber aus den Angeln hebt, nämlich die selbstzerstörerische Absolutsetzung seines Freiheitsverlangens, sein alle Vernunft zunichtemachender, letztlich in eine Untergangsideologie mündender Freiheitsparoxismus.

Mehr als in jedem anderen Bühnenwerk Kleists – *Penthesilea* nicht ausgenommen – gewinnt hier das Irrationale die Oberhand. *Die Hermannsschlacht* ist so wenig ein „historisches" Drama wie etwa *Die Familie Schroffenstein*, sondern die nur mühsam ihre Form findende Kundgebung eines Hasses, der mehr und Schlimmeres ist als der eines Patrioten. Thusneldas „zottelschwarze Bärin von Cheruska" deutet wie die heulende Meute der Penthesilea und wie schließlich auch die berüchtigte Ode *Germania an ihre Kinder* auf ein verdrängtes Aggressionspotential hin, das in Bestialitäten dieser Art explosionsartig nach außen tritt. Die bekannten, auf *Penthesilea* bezogenen Bekenntnissätze „Es ist wahr, mein innerstes Wesen liegt darin [. . .] der ganze Schmutz und zugleich Glanz meiner Seele" (an Marie von Kleist, Spätherbst 1807) gelten auch für *Die Hermannsschlacht*, ja für sie besonders. Paradox genug – so wenig Kleists Dramen über die Biographie ihres Urhebers aussagen, so viel offenbaren sie über seine Binnenperson. Sie

sind autobiographisch in einem tieferen und umfassenderen Sinn, als jede den direkten Weg gehende Zeit- und Lebenschronik es sein könnte.

Eine weitere Schwierigkeit im Umgang mit Kleist liegt darin, daß sein dramatisches
Werk weder als Ganzes auf einen stilistischen Nenner zu bringen ist noch sich im einzelnen in
plausible Entwicklungsphasen aufgliedern läßt. Der Dramatiker Kleist ist kein Nachzügler des
Sturm und Drang, kein Vollender der Klassik und auch kein Romantiker, hat aber von allen
Richtungen so viel in sich aufgenommen, daß man ihn unbekümmert für jede in Anspruch nehmen konnte. Noch heute geistert er, zusammen etwa mit Achim von Arnim, als eine Figur der
Spätromantik durch manche Literaturgeschichten. Doch solche gewaltsamen Zuweisungen
scheitern an der originalen Kraft, die Kleist selbst da noch beweist, wo er mit Vorgefundenem
operiert.

Gleich der Beginn, *Die Familie Schroffenstein* (1802), dokumentiert seine Gabe, in überkommenen Formen Eigenes zu geben, und dies mit solcher Vehemenz, daß es eben nicht mehr
die überkommenen Formen sind. Jedes seiner Dramen ist ein Schwellenwerk, in welchem Kon-
ventionelles bis zu dem Punkt geführt wird, wo es den Übertritt in Zukünftiges anzeigt. In einer
herkömmlichen *Romeo und Julia*-Story mit reichlichen Kolportageeffekten zieht Kleist die bewegte Summe seiner durch die Lektüre Kants verursachten oder doch genährten Idealismus-
Krise. Das Resultat ist die überwältigende, in äußerster Zuspitzung formulierte Erkenntnis, daß
wir in einer absurden Welt leben. In dem „überkräftig wunderlichen Schauspiel", wie der
Freund Fouqué es genannt hat, artikulieren sich Ekel, Verzweiflung und jugendliche Enttäuschung über die Preisgegebenheit und Undurchschaubarkeit menschlicher Existenz, aber auch
das Wohlgefallen des erstmals zu sich selbst erwachten Artisten an der Formulierung von Ekel,
Verzweiflung und jugendlicher Enttäuschung. Der existentielle Furor vermählt sich mit dem
ästhetischen. Schon Otto Ludwig, dem wir einige der frühesten und prägnantesten Einsichten
über Kleist verdanken, hat auf „die grelle Symmetrie in der Katastrophe der Schroffensteiner"
hingewiesen[5]. Die tragische Groteske des sich selbst entfremdeten Menschen, „der im Sündenfall des Verdachts seine Identität verloren hat"[6], attackiert uns mit der kalten Virtuosität eines
finsteren Puppenspiels; der von der Lust am Chaos umwitterte Schlußsatz des Stückes: „Geh,
alte Hexe, geh. Du spielst gut aus der Tasche, / Ich bin zufrieden mit dem Kunststück. Geh –"
steht für das Ganze.

Im übrigen ist dieser Erstling eine wahre Musterkarte vorausweisender Motive und Metaphern, ein Laboratorium der Versuchsprägungen. Das kühne, später die *Penthesilea* krönende
Bild von den beiden Eichen, der kranken, abgestorbenen, über die der Sturm hinweggeht, und
der gesunden, starken, die er niederreißt, „weil er in ihre Krone greifen kann" (II, 2), findet sich
hier bereits ebenso wie die Wendung vom „inwendig verriegelten Glück" (V, 1), die acht Jahre
später in dem Aufsatz *Über das Marionettentheater* („Doch das Paradies ist verriegelt [. . .]")
ihre glorreiche Auferstehung feiern wird. Vor allem aber werden in den *Schroffensteinern* die
aus dem Zentrum des Kleistschen Weltgefühls kommende Dramaturgie der Irrtümer und Mißverständnisse, des Versehens und Verkennens, die Dialektik von Argwohn und Vertrauen sowie
die fundamentale Gefühls-Ideologie erstmals in großem Stil erprobt – wobei sich, auch jetzt
schon, der Schlüsselbegriff des Gefühls in schillernder Vielfalt präsentiert: als unerschütterliche
Selbstgewißheit unseres Inneren, aber auch als gefährliche Verlockung, die Stimme unserer
Triebe für die der Wahrheit zu halten.

Kleist bevorzuge „das Schreiende, Gräßliche" und seine reiche Natur verirre sich zuweilen „bis zu tierischer Wildheit", schreibt Heinrich von Treitschke 1858 in den Preußischen
Jahrbüchern[7]. Feststellungen dieser Art liegen gerade im Hinblick auf *Die Familie Schroffen-*

stein nahe, lassen jedoch allzu leicht vergessen, daß bei diesem Dichter das Schreiende und Gräßliche die Komplementärfarben des Stillen, Zarten und Innigen sind. Das kompakte Gegenbeispiel zu Treitschkes Kleist liefert das Fragment gebliebene Trauerspiel *Robert Guiskard, Herzog der Normänner* (1803). Es ist der höchst eigentümliche Fall eines Monumentalwerks, das sich aus Nuancen aufbaut. Das Sublime verhindert nicht die angestrebte, noch in dem Bruchstück zu erkennende Großform, sondern konstituiert sie. Zwar gibt es auch hier das „Gräßliche", nämlich die im Lager Guiskards umgehende Pest, aber sie ist mehr Konjektur und bedrohliche Ahnung als unmittelbare, krasse Wirklichkeit – bis zu jenem lautlosen, ganz zurückgenommenen Augenblick, der die Gewißheit bringt, daß auch Guiskard ein Opfer der Pest ist. Kleist, der es liebt, die Höhepunkte seiner Stücke ins Außersprachliche zu verlagern, deutet dies lediglich durch eine Gebärde an („Guiskard sieht sich um", heißt es in der Szenenanweisung), durch das Herbeiziehen einer Sitzgelegenheit, auf der sich der eben noch mit seiner ungebrochenen Lebenskraft prahlende Held „sanft" niederläßt, und einen kaum wahrnehmbaren Wechsel in der Tonart – eine Gestaltung ganz aus dem Indirekten, von einer fast kammerspielhaften Diskretion, die in eigentümlichem Kontrast zu der heroischen Kulisse steht[8].

Die Frage, weshalb Kleist das Werk nicht vollendet hat, wird immer wieder gestellt, ist im Grunde jedoch müßig. Wir haben es hier mit einer in sich abgeschlossenen, einer vollendeten Unvollständigkeit zu tun, über die hinaus eine Weiterführung schwer vorstellbar bleibt. Sicher ist, daß Kleist seinen höchsten Ehrgeiz an dieses Stück setzte. Die Tatsache, daß er das Manuskript aus stolz-bescheidenem Ungenügen an sich selbst vernichtete, und die berühmte Briefstelle „Ich trete vor einem zurück, der noch nicht da ist, und beuge mich, ein Jahrtausend im voraus, vor seinem Geiste" (an seine Stiefschwester Ulrike, 5. Oktober 1803) sprechen für sich selbst. Ein Vierteljahr vorher hatte er Ulrike mit der ihm eigenen Vieldeutigkeit „eine gewisse Entdeckung im Gebiete der Kunst" angekündigt und in diesem Zusammenhang (allerdings auch in dem eines profanen Pumpversuchs) von seiner „großen Bestimmung" und dem zu erwartenden „Kranz der Unsterblichkeit" gesprochen. All das deutet auf ein ungewöhnliches Vorhaben, ein sehr bewußtes Formwagnis hin – mag dieses nun in dem Experiment zu sehen sein, das Ganze der Tragödie allein in der Ausgestaltung der Katastrophe zu geben, oder in der dem antiken Drama nacheifernden Dramaturgie einer monumentalen, auf Akteinschnitte verzichtenden Einsätzigkeit, die er sich einige Jahre danach in *Penthesilea* (1805/07) noch einmal zum Ziel setzt und nun auch durchführt.

Tatsächlich ist von allen Spekulationen darüber, wie ein kompletter *Robert Guiskard* aussehen könnte, diejenige am einleuchtendsten, die in *Penthesilea* so etwas wie seine Fortsetzung und Vollendung in einem anderen Material sieht. Situation und Charakter des vom Tode gezeichneten Übermenschen legen die *Guiskard*-Tragödie auf eine tableauhafte Statik fest, die die Vollendung im herkömmlichen Sinn ausschließt. Situation und Charakter Penthesileas liefern Kleist jetzt jene reißende, jedwede Schuldramaturgie überrennende Bewegung, die das Stück zu einer Singularität innerhalb der dramatischen Weltliteratur macht. *Penthesilea* sei das Drama einer Liebe, die, so hat Alfred Polgar es formuliert, „ihrer Fessel ledig, daherfegt auf der eignen Spur, umreißend alle Altäre, an denen ihr sonst mit Blümchen und Liedern gehuldigt wird", und die, „spätere Wissenschaft vorwegnehmend", unbefangen genug ist, auch die ihr eingezeichnete „Haß- und Mordkomponente" nicht zu verleugnen[9]. Das ist der Tatbestand – alles andere ist Zugabe oder, bestenfalls, philologische Beschwichtigung.

Nicht die Philologen haben denn auch das entscheidende Wort zu diesem Ausnahmewerk gesprochen, sondern wahlverwandte Geister wie Frank Wedekind, Gottfried Benn und Alfred Döblin. Sie alle haben die elementare Wirkung des Stücks nicht aus seinen etwaigen Kon-

flikten zu erklären versucht, nicht aus einem möglichen inneren Widerspruch der Heldin zu
dem ihr auferlegten Amazonengesetz, auch nicht von seinen politischen oder gesellschaftlichen
Prämissen her, wonach Penthesilea als eine Art Opfer der amazonischen Staatsräson und das
Ganze als ein böse ausgehendes Emanzipationsdrama anzusehen wäre, sondern aus der monomanischen Eingleisigkeit seiner erotischen Implikationen. So spricht Wedekind von *Penthesilea*
als der ,,künstlerischen Ausgestaltung eines Sinnenrausches, einer sexuellen Zwangsvorstel-
lung" und setzt kritisch hinzu, daß darin der Grund sowohl für die poetische Größe des Dramas
als auch für seine technischen Mängel zu suchen sei[10]. Ganz ähnlich nennt Benn das Stück ,,eine
dramatisch geordnete, versgewordene reine Orgie der Erregung"[11]; und Döblin schreibt in einer Theaterkritik aus dem Jahre 1923: ,,Es ist Kleists mächtigste und ureigenste Dichtung. Ein
Wortlawinen wälzender Katarakt. Etwas ganz Glattes, lückenlos Schwellendes, gesangsartig
Hingegossenes [. . .] Aber gestoßen (wird) dieses Unwetter von der heißesten Pathologie: die
war es, die Kleist am Schluß der Tragödie selbst weinen ließ."[12]

Mit alledem soll keineswegs gesagt sein, daß sich das Werk in solchen und ähnlichen Interpretationen erschöpfe. Im Gegenteil, kein Drama Kleists gewährt der Deutungslust einen so
weiten Spielraum wie dieses – nicht weil es wirr oder unausgegoren wäre, sondern weil es über
eine Lebensbreite, eine Antinomienfülle verfügt, die das natürliche Maß eines einzigen, noch
dazu so komprimierten Dichtwerks zu überschreiten scheint. Wer hätte hier nicht recht? Uner-
laubt ist nur eines: das Abschleifen der Kanten, die Reduzierung der Antagonismen auf eine banale Eindeutigkeit. Penthesilea ist keine Schillersche Heldin, die an dem Zwiespalt von Pflicht
und Neigung, Gesetz und Leidenschaft zugrunde geht. Das Amazonengesetz verbietet die individuelle Liebe, und dennoch ist Penthesilea für Achill entflammt. Aber sie ist es als Amazone,
die nur den lieben kann, den sie zuvor besiegt hat. Als sie sich darin betrogen sieht, gerät sie außer sich – nicht um dem Amazonengesetz Genüge zu tun, sondern weil sie sich in einem entscheidenden Teil ihres Wesens, eben dem amazonischen, verletzt fühlt. Penthesilea erfüllt ihr
eigenes Gesetz, nicht ein ihr von außen aufgenötigtes. In unauflösbarer Verschlingung ist sie
beides in einem, zu gleicher Zeit und mit gleicher Heftigkeit: Amazone und Liebende. Von dieser Binnenspannung wird sie geschüttelt und am Ende buchstäblich gefällt.

Gewiß gibt es, gipfelnd in dem emphatischen ,,Staub lieber, als ein Weib sein, das nicht
reizt" (V. 1253), Augenblicke des Schwankens, des Verlangens nach dem Nur-Weiblichen in ihrem verstümmelten Selbst:

> Ists meine Schuld, daß ich im Feld der Schlacht
> Um sein Gefühl mich kämpfend muß bewerben?
> Was will ich denn, wenn ich das Schwert ihm zücke?
> Will ich ihn denn zum Orkus niederschleudern?
> Ich will ihn ja, ihr ewgen Götter, nur
> An diese Brust will ich ihn niederziehn!   1187 ff.

Dennoch liegt ihre Tragik nicht so sehr darin, daß sie einem widernatürlichen Gesetz
ausgeliefert, als vielmehr in der Tatsache, daß dieses Gesetz ihr zur zweiten, furchtbaren Natur
geworden ist: nicht das Amazonengesetz gegen Penthesilea, sondern Penthesilea und das Amazonengesetz gegen die natürliche Welt. Penthesilea ist – und dafür liefert das Amazonische nur
die Einkleidung – der Extremfall eines Weiblichen, das allein im bezwungenen, im dienstbar
gemachten, ja hingeopferten Mann seine Erfüllung findet. In dieser Liebesbedingung haben wir
den eigentlichen, vorrationalen Grund dieser Tragödie zu erblicken, und von daher erschließt
sie sich, den inzwischen undurchdringlich gewordenen Interpretations-Dschungel hinter sich
lassend, ohne Gewaltsamkeit.

> So viel ich weiß, gibt es in der Natur
> Kraft bloß und ihren Widerstand, nichts Drittes.   125 f.

Das ist die Situation nicht bloß der Amazonenschlacht, sondern auch der Amazonenliebe. Der Spannungsbogen dieses tödlichen Liebesspiels –

> Seht, wie sie, in dem goldnen Kriegsschmuck funkelnd,
> Voll Kampflust ihm entgegen tanzt!   1258 f.

– erstreckt sich von dem lockenden, scheinbar harmlosen

> Doch jüngst, in einem Augenblick, da schon
> Sein Leben war in ihre Macht gegeben,
> Gab sie es lächelnd, ein Geschenk, ihm wieder. . .   167 f.

über die von Achill als „gefiederte Brautwerber" erkannten Mordpfeile bis hin zu dem letzten, sich selbst nicht begreifenden

> Küßt ich ihn tot?   2977

Schwächen hat das Stück nur da, wo Kleist sich Zwang angetan und die (laut Fouqué) „wirklich bacchantisch tolle Kraft" des erotischen Dramas zugunsten illustrierender oder erklärender Elemente aufgegeben hat, wie in der Szene des Rosenfestes (6. Auftritt) und dem übermäßig retardierenden Bericht über den Amazonenstaat (15. Auftritt). Es sind vermutlich diese Stellen, auf die sich eine weitere, ebenso verblüffende wie treffende Bemerkung des für Kleist so erstaunlich aufgeschlossenen Fouqué bezieht. Sie lautet in dezidiertem Widerspruch zu allem, was man sonst aus jener Zeit über den ungebärdigen Kleist zu lesen gewohnt ist: „Wenn er sich nur noch mehr hätte gehn lassen. Aber so tritt leider eine fremde Besonnenheit nur allzuoft dazwischen, und verunstaltet die eigentümliche Keckheit zur Affektation."[13]

Auch sprachlich ist *Penthesilea* ein Extremfall. Doch was zuweilen wie formzerrüttendes Ungestüm aussieht oder sich so anhört, hat in Wahrheit formschaffende Qualität. Kleists Eigenwilligkeiten, die scheinbar willkürlichen Wortstellungen, seine Neigung, zugehörige Satzelemente weit auseinanderzurücken oder in längeren Perioden befremdlich aus der Konstruktion zu fallen, ist fast immer das Resultat eines bewußt disponierenden Ausdruckswillens. Noch die Ekstase untersteht dem artistischen Kalkül, der sie lenkt und korrigiert. Es herrschen hier, wie Friedrich Beißner eindrucksvoll nachgewiesen hat, „genaue Gleichgewichtsentsprechungen"[14]. Sprachliche Besonderheiten meinen bei Kleist in aller Regel auch etwas Inhaltliches. An der oben in anderem Zusammenhang zitierten Textstelle „Ich will ihn ja, ihr ewgen Götter, nur / An diese Brust will ich ihn niederziehn!" mit dem gestauten, gegen das Metrum aufbegrehrenden „will ich ihn" in der zweiten Zeile kann man ablesen, wie seelische Bewegung sich dem Satzgefüge mitteilt. Sachverhalte, die sonst nur beschrieben werden, nehmen syntaktische Gestalt an[15].

Wir besitzen keine explizite Ästhetik aus der Feder Heinrich von Kleists. Mit Recht hat Gerhard Fricke in seinem die Kleistforschung auf eine ganz neue, nicht bloß historisierende Grundlage stellenden Buch von ihm als einem radikal „atheoretischen" Dichter gesprochen. Dennoch gibt es Äußerungen, die zumindest Kleists künstlerisches Selbstverständnis schlaglichtartig beleuchten. Zu ihnen gehört die oft zitierte Bemerkung in einem Brief an den österreichischen Hofsekretär und Schriftsteller von Colin (8. Dezember 1808), daß nämlich für jemanden, der das Käthchen liebe, auch Penthesilea „nicht ganz unbegreiflich" sein könne: „Sie gehören ja wie das + und – der Algebra zusammen, und sind ein und dasselbe Wesen, nur unter entgegengesetzten Beziehungen gedacht." Das ist mehr als ein Aperçu. Es besagt, daß völlige Hingabe und völlige Besitzergreifung reziproke Größen sind, die zum selben seelischen Haushalt gehören. Penthesileas Wildheit und Käthchens Sanftmut existieren nicht unabhängig voneinander, das eine ist aus dem anderen zu verstehen – zusammen erst bilden sie ein Ganzes. Heute wissen wir, wie sehr dies auf Kleist selbst zutraf. Die brutale Herausstellung des Über-Männlichen in seinem Werk ist die Kompensation einer stark ausgeprägten femininen Komponente in seiner Sexualkonstitution.

Das Käthchen von Heilbronn (am 17. März 1810 im Schauspielhaus an der Wien uraufgeführt) war Kleists einziger Theatererfolg zu Lebzeiten. Nicht nur die Holdseligkeit der Titelfigur, einer Gestalt ohne Bruch, frei ebenso von Sentimentalität wie von Bewußtseinsziererei, nahm das Publikum für sich ein, auch die Mischung aus Märchen, Volksstück, Maschinenkomödie (die Feuerprobe!) und erzählendem Theater (die Conférence des Kaisers, V, 2) gefiel offensichtlich. Presse und literarische Welt (vertreten etwa durch Friedrich Schlegel) blieben zwar überwiegend skeptisch, aber die Leute kamen ins Theater. Der Pariser *Moniteur* (2. Mai 1810) berichtet von einer ,,ungeheuren Zahl von Zuschauern", die das Werk jedesmal angelockt habe[16].

An solcher Popularität hat sich im Laufe der Zeiten nichts geändert. Was einst als ,,wilde Regellosigkeit" teils Unwillen erregte, teils amüsierte, wird in unseren Tagen als opulenter Vorgriff nicht nur auf zeitgenössische Collagetechniken mit heiterer Zustimmung quittiert. Das heutige Publikum zeige sich hinreichend vorbereitet, um der ,,harten und zarten Magie" dieses Stücks mit Verständnis und Spannung zu folgen, stellt Albert Schulze Vellinghausen 1958 in der Besprechung einer *Käthchen*-Aufführung fest. ,,Es ist, als hätten Cocteau und der Surrealismus, Picassos Werbung um Lucus Cranach, Christopher Frys Wort-Turniere, Ionescos Zaubertricks – um nicht noch mehr zu nennen – uns allen den Zugang freigeräumt, den universalen Charakter der Dichtung als gleichsam neu und ,modern' zu entdecken. Wer Kleist heute spricht, muß Nietzsche und Gottfried Benn, muß Sartre und Pirandello in sich haben."[17] Die Querverbindung gerade zu Pirandello findet sich – und dies nicht allein im Hinblick auf *Das Käthchen von Heilbronn* – auch sonst in der Kleistliteratur, so bei George Steiner[18] und Heinz Politzer[19].

Wie das *Käthchen* zwischen *Penthesilea* und *Hermannsschlacht,* so stehen die beiden Lustspiele *Der zerbrochne Krug* (1806) und *Amphitryon* (1807) zwischen den heroischen Kraftakten *Robert Guiskard* und *Penthesilea:* fremdartig und in der Logik oder Unlogik ihrer Aufeinanderfolge keiner erkennbaren Gesetzmäßigkeit gehorchend. Auch im *Zerbrochnen Krug* triumphiert, gezügelter freilich und weniger unbekümmert als im *Käthchen*, Kleists erstaunliche Gabe, Auseinanderstrebendes zu einer lebendigen Einheit zu binden, zu einer Einheit, die sich in der Tat, wie Goethe an Adam Müller schrieb, ,,mit gewaltsamer Gegenwart aufdringt". Die Behaglichkeit eines dörflichen Sittengemäldes, die scharfe Dialektik der forensischen Komödie, der kantige Realismus eines physiognomienreichen Charakterlustspiels, dazu ein Anflug von Trivialtheologie (Richter Adams Sündenfall) und ein Stück persiflierter antiker Mythos (Adam als umgekehrter Ödipus) – das sind einige der disparaten Elemente, die das Komplexe dieses in keiner der geläufigen Kategorien ganz aufgehenden Werkes ausmachen. Während die Theaterpraxis sich im wesentlichen an das niederländische Genrestück und – von La Roche bis Emil Jannings – an die Paraderolle des in seinem eigenen Netz zappelnden Sünders auf dem Richterstuhl gehalten hat, sind Literaturwissenschaft und Literaturkritik vor allem dem Phänomen jener (so Ludwig Speidel) ,,im Lustspiel unerhörten analytischen Methode, wie sie die antike Tragödie liebt", nachgegangen. Speidel, der scharfsinnige Wiener Kritiker, war es auch, der für viele andere den Schluß zog: „Nie hat man ein hinkenderes Lustspiel gesehen, aber auch nie ist ein Lustspiel sicherer nach seinem Ziele gehinkt."[20]

Erst die jüngere Forschung hat auch dem sozialen Drama, das in der Komödie enthalten ist, gebührende Beachtung geschenkt. Solche Bestrebungen sind nicht in allen Fällen sachdienlich und ertragreich gewesen. Wer *Das Käthchen von Heilbronn* vornehmlich als Beleg für die desolate Situation des deutschen Bürgertums zu Beginn des 19. Jahrhunderts versteht oder die persönliche Tragik des Dichters darin sieht, daß er die „Dialektik des historischen Entwicklungsprozesses" nicht erfaßt und es daher versäumt habe, eine „klare Klassenentscheidung" zu treffen[21], hat doch wohl den Zugang zu Kleist verfehlt. Anders steht es mit dem *Zerbrochnen Krug*. Hier ist es nützlich, darauf hinzuweisen, wie genau der Autor die Wirklichkeit seiner Zeit befragt hat. Das Stück wurde in den Jahren unmittelbar vor dem Edikt zur Bauernbefreiung (1807) geschrieben; und man darf annehmen, daß sich in ihm einiges von Kleists Königsberger Erfahrungen niederschlug. Damals kam er mit fortschrittlichen Geistern wie dem Staatswissenschaftler Kraus und dem Präsidenten von Auerswald, seinem Vorgesetzten bei der Domänenkammer, in Berührung, mit Männern also, die später maßgeblich an den Reformen Steins und Hardenbergs beteiligt waren. Tatsache ist jedenfalls, daß Kleist im *Zerbrochnen Krug* die ersten nicht zu drolligen Chargen degradierten Bauern des deutschen Lustspiels auf die Bühne gestellt und sie mit einer Sprache ausgestattet hat, in der Kunst- und Volkston zu einer Diktion von fulminanter Schlagkraft verschmolzen sind.

So hilfreich es in diesem Fall ist, Vorgänge und Figuren in ihrem historischen Zusammenhang wahrzunehmen und in dem zerscherbten Titelrequisit nicht so sehr ein komisches Akzidens zu sehen als vielmehr den heimlichen Helden der Gerichtskomödie, der einen enthüllenden gesellschaftlichen Prozeß (Prozeß in jeder Bedeutung des Wortes) in Gang setzt, so nahe liegt allerdings auch hier die Gefahr einer das Stück verbiegenden Einseitigkeit. Den Schreiber Licht nicht als Streber und kleinen Intriganten aufzufassen, sondern als ein Produkt sozialer Ungerechtigkeit, mag noch hingehen. Aber aus dem Gerichtsrat Walter, weil er ein „Herrschender" ist, nun gleich einen Komplicen des korrupten Dorfrichters machen zu wollen, läuft auf eine Verfälschung der Partitur hinaus. Damit wird eine ganze Dimension des Werkes unterschlagen, nämlich die der wohlwollenden Menschlichkeit, der lächelnden Toleranz im Bewußtsein eigener Fehlbarkeit und – auf das Ganze des Stücks gesehen – seine Formidee: das Lustspiel, die Anmut, das Antigrave (im Sinne des Aufsatzes *Über das Marionettentheater*).

Ideologisch gefärbte Parforce-Interpretationen solcher Art lassen uns am Ende auf etwas blicken, das mit dem gedruckten Text kaum noch identisch ist. Dieses Los ist auch *Amphitryon*, Kleists „Lustspiel nach Molière", nicht erspart geblieben. Es krankt an seiner Herkunft. Gerhard Fricke hat das Dilemma auf die Formel gebracht, Kleists Dichtung sei intentional mit der Molières „nur durch den völligen Gegensatz verbunden"[22]. Höfische Komödie und Mysterium stoßen hier so hart gegeneinander, daß selbst der pressende Griff eines so eminenten Formkünstlers die Extreme nicht zusammenbringen kann. Das Ergebnis ist ein durch nichts auszugleichendes Defizit an Glanz und Gewicht in den übernommenen Teilen des Stücks gegenüber denen, die ganz Kleists Eigentum sind. In der gesamten dramatischen Literatur gibt es kaum eine zweite Szene von solcher seelischen und intellektuellen Delikatesse, von so viel schmerzlicher Heiterkeit und vibrierender sprachlicher Schönheit wie das große Gespräch zwischen Jupiter und Alkmene im zweiten Akt. Doch in der Ökonomie der Gesamtkomposition haftet ihr etwas vom problematischen Glück der *splendid isolation* an. Man hat das nicht hinnehmen und das fehlende Gleichgewicht dadurch herstellen wollen, daß man die Figur der Alkmene zugunsten des Titelhelden abzuwerten und aus dem Mittelpunkt der Dichtung hinwegzuinterpretieren suchte. Sie soll nun nicht mehr der vollkommene Mensch sein, von dem Jupiter, hingerissen von seiner eigenen Schöpfung, sagt:

> Mein süßes, angebetetes Geschöpf!
> In dem so selig ich mich, selig preise!
> So urgemäß dem göttlichen Gedanken,
> In Form und Maß, und Sait und Klang,
> Wie's meiner Hand Äonen nicht entschlüpfte!   II, 5

– nicht mehr die in ihrem Gefühl Unbeirrbare, die im Gott den Gatten und nur den Gatten liebt, sondern eine Verblendete, die sich selbst hintergeht, ,,die weder den wirklichen Amphitryon noch auch den Gott oder das Göttliche liebt, sondern ein Idol"[23].

Das ist rein formalistisch gedacht. Denn jener Jupiter-Amphitryon, für den Alkmene sich am Schluß entscheidet, ist ja keineswegs ein fiktives Wesen, er ist im Gegenteil die allerkonkreteste Wirklichkeit. Kraft seiner Göttlichkeit *ist* Jupiter Amphitryon, und zwar der ganz zu sich selber gebrachte, zu seinen höchsten Möglichkeiten entfaltete Amphitryon. Mit Recht ist gesagt worden, daß Alkmene ihrem Gatten nie treuer war als im Augenblick des scheinbaren Verrats. Sie ist weder die Gefangene einer ,,bornierten Introversion", noch erliegt sie dem berühmten ,,falschen Bewußtsein", sondern sie gehorcht der Realität des Göttlichen.

Dennoch ist dieser mit allem mythologischen Pomp in Szene gesetzte Schluß die Crux des Stückes. Die theologische Komödie mündet in ein nicht ganz stilsicheres, eher opernhaftes Finale. Aus dem von Kleist so behutsam vermenschlichten Gott, der der Einsamkeit des Olymps entflieht, um sich am kleinen Glück der Sterblichen zu wärmen, aus der subtilen Erfindung des frustrierten Göttervaters, der es nicht an komödienhaften Zügen fehlt, wird unversehens der gewaltige Donnerer. Noch dazu einer, der sich der christlichen Verkündigungsterminologie bedient: ,,Dir wird ein Sohn geboren werden [. . .]" (2335). Mit diesem Sohn (Herakles) wird der bedenkenlos von einer Identitätskrise in die andere gestürzte Amphitryon nicht nur abgefunden, er bittet sogar devotest darum. Auch das hat etwas Schales. Siegfried Jacobsohns saloppe Bemerkung, Goethe sei ,,doch wohl nicht so dumm (gewesen), wie ihm die Literaturgeschichte nachsagt, wenn er das Ende klatrig nannte"[24], verdient ernst genommen zu werden. *Amphitryon* ist ein mißlungenes Stück mit Zügen höchster Genialität.

Zu den Geniezügen gehört auch Kleists Versuch, die gesamte aufgestaute Problematik in dem freilich unspielbaren Final-,,Ach" der Alkmene aufzufangen. Es ist die rätselhafteste, bedeutungsträchtigste und wahrscheinlich am meisten interpretierte Silbe der Weltliteratur, ein Gefäß von wahrhaft unendlicher Fassungskraft, bereit, alle nur denkbaren Widersprüche in sich aufzunehmen, und in ihrer schwebenden Unbestimmtheit ein Stück authentischer Realismus Kleistscher Prägung. Von hier eröffnen sich Ausblicke auf einen anderen, ähnlichen Schluß, nämlich den des *Prinzen von Homburg*. Wie Alkmene wird auch Homburg aus einem Zustand träumerischen Einsseins mit der Welt, der in seinem Falle sogar die Bereitschaft zum Tod einschließt, jäh in die Enge irdischer Realität zurückgeschleudert. Alkmene reagiert mit einem Seufzer, Homburg mit einer Ohnmacht. Beide fassen ihre Empfindungen nicht in Worte, sondern antworten – wie so oft bei dem der Sprache mißtrauenden Kleist – mit der durch nichts zu verfälschenden Wahrheit ihres Körpers.

Das Schauspiel *Prinz Friedrich von Homburg* (im Sommer 1811, wenige Monate vor dem Tod des Dichters vollendet, aber erst ein Jahrzehnt danach gedruckt und erstmals aufgeführt) ist die große Kleistsche Synthese. Der Autor selbst hat es in einem Brief an seinen Verleger Reimer (21. 6. 1811) als ,,ein *vaterländisches* Drama (mit mancherlei Beziehungen)" angekündigt. Vaterländisch sind Stoffwahl und Milieu, und vaterländisch ist der Impuls, aus dem es entstand. Aber dieser Impuls war nicht auf die kritische Abbildung einer historischen Wirklichkeit gerichtet, sondern auf deren Vollendung auf der Ebene sublimster Poesie. Ein Staatswesen dieser Art hat nie existiert und wird nie existieren. Es kann nur, wie es hier geschieht, in seinen Intentionen gleichnishaft beschworen werden.

Niemand wird ernsthaft annehmen wollen, Kleist habe in einem geschichtsfreien Privatuniversum gelebt. Die „mancherlei Beziehungen", von denen er in seinem Brief andeutend spricht, besagen, daß er Zeitgenosse war und als solcher reagierte. Wir haben keine exakte Kenntnis von Kleists praktischen politischen Vorstellungen – selbst seine Tätigkeit als Herausgeber der „Berliner Abendblätter" (Oktober 1810–März 1811) gibt darüber nur widersprüchliche Auskünfte. Sicher ist, daß ihn die innere und äußere Erneuerung Preußens – in welcher Gestalt auch immer – nicht gleichgültig lassen konnte. Doch selbst wenn wir über diesen Punkt vollständiger orientiert wären, der realgeschichtliche Kontext kann allenfalls dazu beitragen, daß wir die eine oder andere Voraussetzung des Stückes besser begreifen, nicht aber dieses selbst. Zu meinen, man käme einem Dichter nur dann auf den Grund, wenn man ihn als eine Art Handlanger der Geschichte versteht, oder man habe Wert und Eigenart einer Dichtung an den politischen Einsichten zu messen, die sie vermittelt, ist ein Irrtum, der dazu geführt hat, daß die Forschung unserer sechziger und siebziger Jahre Gefahr läuft, hinter das von Fricke und Max Kommerell etablierte Kleistverständnis zurückzufallen. Insbesondere die Parzellierung in eine vorgeblich „existentielle" und eine vorgeblich „historische" Auslegungsvariante hat sich als wenig förderlich erwiesen – sie widerspricht nicht zuletzt den Prinzipien des sonst so inbrünstig geforderten dialektischen Denkens.

Wenn der *Prinz von Homburg* ein politisches Lehrstück ist, dann allein im Sinne einer konstruktiven Utopie, die aus weiter Ferne und durch verdeckte Kanäle auf die kompakte Realität, mit deren Elementen sie spielt, zurückwirkt. Im Zentrum dieser Utopie steht eine staatspolitische Ungeheuerlichkeit. Nicht der erst schlafwandelnde, dann die Schlachtorder überhörende und schließlich sich in Todesfurcht windende und schnöde seine Liebe verratende Prinz, dieser „erbärmlichste General", wie Hegel ihn genannt hat, ist das eigentliche Skandalon des Stückes. Es liegt vielmehr in den zwei Zeilen beschlossen, die der Kurfürst am Ende von IV, 1 (Natalies Bittgang) spricht: „Wenn er den Spruch für ungerecht kann halten, / Kassier ich die Artikel: er ist frei!" Mit diesem Satz setzt sich der patriarchalische Absolutismus ganz konkret selber aufs Spiel. Am schärfsten hat das Sigurd Burckhardt gesehen, wenn er schreibt: „Das fast Unglaubliche ist geschehen: der Mensch in seinem nackten Lebenswillen ist zum obersten Richter eingesetzt."[25] Nicht wird der Mensch, wie das Klischee es will, dem Staat ausgeliefert, sondern der Staat dem Menschen, und zwar einem, von dem der Vertreter der obersten Autorität „jeden Grund hat anzunehmen, er werde sich in seiner Verzweiflung eher um alles andere kümmern als um die Integrität des Gesetzes". Weiter kann Liberalität nicht gehen. Der Prinz erkennt in äußerster Betroffenheit das Exorbitante dieses Vertrauensbeweises und handelt danach.

Die vielberufene Kleistsche Kasuistik bewegt sich hier auf der Ebene gewagtester Entscheidungen und im Bewußtsein eines Menschenbildes von stolzer Unantastbarkeit. Im tiefsten Punkt des Dramas ist auch sein höchster enthalten: das Gesetz, das einen Menschen über alles Maß erniedrigte, wird dem Menschen zurückerstattet – mit dem Ergebnis, daß Homburg selbst für das Gesetz und damit für die Vollstreckung des Todesurteils votiert:

> Ich will das heilige Gesetz des Kriegs,
> Das ich verletzt', im Angesicht des Heers,
> Durch einen freien Tod verherrlichen! V, 7

Man hat darin sowohl den vollkommenen Triumph der Staatsautorität gesehen als auch, wie Brecht in seinem Sonett *Über Kleists Stück Der Prinz von Homburg,* die perfekte Selbstkujonierung des Helden: ,,Ausbund von Kriegerstolz und Knechtsverstand!"[26] In Wahrheit ist es weder das eine noch das andere. Das zur Disposition gestellte und danach freiwillig akzeptierte Gesetz ist ein anderes als das dem Individuum aufgezwungene. Alle Personen des Dramas machen in ihrem Gesetzesverständnis eine Entwicklung durch – nicht nur Homburg, nicht nur der Kurfürst, auch das Offizierskorps. Die unvergleichliche Szene der mit dem obersten Kriegsherrn in wahrhaft antikischem Freimut disputierenden Militärs (V, 5) belegt dies auf das glanzvollste. Zugleich mit der Verherrlichung des Gesetzes verherrlicht Kleist,den in freier Selbstverantwortung gegen das Gesetz rebellierenden Staatsbürger. In dieser Ambivalenz liegt das Prekäre des Stücks, aber auch seine Herrlichkeit.

Das Ende – der durch Einsicht gnadenfähig gewordene Held im nächtlichen, vom Duft der Nelken und Levkojen durchfluteten Schloßgarten von Fehrbellin – bedeute mehr als Versöhnung, es sei die Besiegelung einer ,,prästabilisierten Harmonie", ist gelegentlich gesagt worden. Dem scheint die mit äußerstem psychologischen Feingefühl, wie in einer musikalischen Umkehrung zum Anfang zurückgelenkte Szene der Wunscherfüllung (V, 11) recht zu geben. Erst in jüngerer Zeit hat sich ein Gefühl dafür entwickelt, wieviel hier offen bleibt und daß dieser Schluß eigentlich eine sehr fragile, jederzeit widerrufbare, ja durch Kottwitz' zweideutiges ,,Ein Traum, was sonst?" bereits widerrufene Harmonie darstellt. Besonders die von den Kategorien der menschlichen Inkohärenz und des Absurden ausgehende französische Kleistinterpretation hat eindringlich die Frage gestellt, ob der sich bereits im Besitz der Ewigkeit wähnende Homburg (,,Nun, o Unsterblichkeit, bist du ganz mein!", V, 10) dem Leben nicht bereits zu sehr entfremdet sei, um unversehrt dahin zurückkehren zu können[27].

Einen Schritt in Richtung auf diese Auslegung hat die vieldiskutierte *Homburg*-Paraphrase von Botho Strauß und Peter Stein (*Kleists Traum vom Prinzen Homburg,* Berlin 1972) getan, indem sie den Prinzen am Schluß ,,zweigeteilt" präsentierte: als ausgestopfte Puppe, die von den Kameraden wie eine Trophäe jubelnd davongetragen wird, und – realiter – als der im leeren Bühnenraum alleingelassene, auf sich selbst zurückgeworfene Mensch. Mitbestimmend für diesen Einfall dürfte der Wunsch gewesen sein, Homburg demonstrativ gegen das ominöse ,,In Staub mit allen Feinden Brandenburgs!" abzuschirmen, das den Interpreten immer wieder Schmerzen bereitet. Im Grunde zu Unrecht, denn es bedeutet im Textzusammenhang nicht mehr, als daß das in seiner Existenz bedrohte Brandenburg den Krieg gegen Schweden und das mit ihm verbündete Frankreich fortsetzen wird. Es ist eine Schlußfloskel, die so sachlich-geschäftsmäßig aufzufassen ist, wie es Jean Vilar in seiner zuerst 1951 in Avignon, später auch in Deutschland gezeigten Inszenierung getan hat. In dieser Aufführung, die das Werk nicht nur für Frankreich erschloß, sondern es auch auf unseren Bühnen nach dem Krieg wieder möglich machte, war Gérard Philipe ein in der traumseligen Anmut des Beginns, der Exaltation des Todesgrauens und der Entrücktheit des Schlusses schwer zu übertreffender Homburg. Er spielte ein Nervengeschöpf, in dem sich sichtbarlich jener zu einer neuen Unschuld führende ,,Durchgang durch das Unendliche" vollzog, von dem der Aufsatz *Über das Marionettentheater* spricht. Vilar selbst gab die praktisch unauslotbare Figur des Kurfürsten weder als polternden Hausvater noch als märkischen Weisen, sondern als einen auch physiognomisch mit Voltaire-Zügen ausgestatteten intellektuellen Spieler.

Die extremste Auslegung dieser Rolle wie des Stückes überhaupt boten die aus der DDR kommenden Regisseure Manfred Karge und Matthias Langhoff 1978 in Hamburg. Hier war der Kurfürst, in der Maske an einen kahlköpfigen Tatarenhäuptling erinnernd, ganz menschenverachtender, menschenzerstörender Despot und der Prinz dessen am Ende buchstäblich nacktes Opfer, das sich in panischem Entsetzen dagegen wehrt, aus seiner Todeseuphorie in die preußische Wirklichkeit zurückgezerrt zu werden. Die ideologische Zielrichtung dieser Interpretation, nämlich Abrechnung mit einem Stück deutscher Geschichte und mittelbar auch mit einem Stück deutscher Gegenwart (die Aufführung war ursprünglich für Ostberlin konzipiert), wurde zusätzlich noch dadurch unterstrichen, daß man auf Kleists Drama das *Fatzer*-Fragment von Brecht folgen ließ, ein in der Endphase des Ersten Weltkriegs angesiedeltes und von den beiden Regisseuren als Pendant zum *Homburg* verstandenes Lehrstück über den Untergang eines Individualisten.

Jede dieser drei berühmt gewordenen Inszenierungen interpretierte Kleist, wenn auch auf sehr unterschiedliche Art, vom aktuellen Bewußtsein her – etwas, wogegen sich die wissenschaftliche Literatur noch immer nachhaltig sträubt. Trotzdem hat sich das Klima der Kleistrezeption seit dem Anfang der sechziger Jahre entscheidend verändert. Es gibt erstaunliche Äußerungen vor allem unter den Jüngeren, die in diesem sich der Fesseln seiner Herkunft radikal entledigenden Dichter so etwas wie eine Identifikationsfigur sehen. Die Abwendung vom Normativen, der Mut zum inneren Selbst als der allein maßgeblichen Instanz, das Unbedingte hochfliegender Reinheitsphantasien, aber auch die Erfahrung schmerzlicher Ohnmacht in allem, was Verständigung und tiefergehenden menschlichen Kontakt angeht – das sind Inhalte, in denen gerade junge Menschen sich wiederzuerkennen meinen. Eine Generation, in der das Verlangen nach dem Dunklen ebenso mächtig ist wie der Wunsch, es zu analysieren und ihm eine Gestalt zu geben, entdeckt den Vorläufer in Kleist. Formel und Metapher, nach einer Bemerkung Kleists in den „Berliner Abendblättern"[28] die Elemente seiner geistigen Welt, könnten – so scheint es – auch die ihren werden.

Das romantische Drama
Gerhard Kluge

Diese Untersuchung kann sich nicht auf Forschungskontroversen beziehen, die im Widerspiel ihrer Thesen der Auseinandersetzung mit dem romantischen Drama einen Weg weisen würden. Das Drama der deutschen Romantik ist, ausgenommen die Komödie, für sich bislang kaum Gegenstand von wissenschaftlichen Untersuchungen geworden; es liegt im ganzen noch nicht einmal in hinreichenden Editionen vor. Was alles zum romantischen Drama zu rechnen ist, wissen wir nicht genau. Zählen dazu nur die Großformen bei Tieck, Brentano, Arnim, Werner und Eichendorff, die man aber nicht als *Dramen* akzeptiert, oder auch – und warum – die meistens nach altdeutschen Schwankstoffen gebildeten kleinen Spiele wie Puppen-, Schatten-, Märchen-, Singspiele, die Satiren und Burlesken? Wohin, um von Kleist und Hölderlin gar nicht zu reden, mit Platen? mit den Dramen der Trivialromantik, mit Houwald, Müllner? Wohin mit Schillers „romantischem Trauerspiel", wohin mit dem Schicksalsdrama? Sind nicht die Libretti für die Opern von Weber und Marschner genauso romantisches Drama, und wie weit erstreckt es sich noch ins 19. Jahrhundert hinein? Endet es mit Arnim und Eichendorff oder nicht doch erst 1882 mit Wagners „Parsifal"? Erfüllt es sich nicht überhaupt als Musikdrama? Fragen, auf die es noch keine Antworten gibt und die eine schon bei der Stoffabgrenzung offene Forschungslage zeigen. Die verzweigten Wege und Abwege der Romantikrezeption in der Germanistik spiegeln sich mithin in der Auseinandersetzung mit dieser Gattung nur in reduzierter Form; der positivistischen Quellensuche und Stoffgeschichte schließen sich ideengeschichtliche Fragestellungen an: dramatische Werke als Ausdruck der problem- bzw. geistesgeschichtlichen Situation der romantischen Bewegung, ihrer Ideenwelt, parallel dazu Bemühungen um eine Typologie der Stücke bei Kluckhohn und Kayser und ein ungleich stärkeres Interesse an der Theorie, die eigentlich eine Philosophie des Dramas ist, als an den Texten. Die Deutungsvarianten der Geistesgeschichte sind nicht von prinzipieller Art: Gnadendrama (Kluckhohn), Läuterungsdrama im Gegensatz zum Erlösungsdrama der Klassik (Ulshöfer), Schicksalsdrama aufgrund der Hamlet-Diskussion aus Goethes *Wilhelm Meisters Lehrjahren,* die überhaupt die Konzeption des romantischen Dramas bestimmt haben (Wendriner). Wirkliche Gegensätze sind das nicht, denn wenn im Drama der Mensch als handelnder und im Verhältnis zu seinem Handeln gezeigt wird, dann sind Gnaden- bzw. Läuterungs- und Schicksalsdrama nur Aspekte ein und derselben durch außerweltliche, transzendente Mächte vorgezeichneten Konstellation von Mensch und Schicksal. Überdies führt der Begriff „Schicksalsdrama" zu Mißverständnissen, weil er das romantische Drama mit der von einigen Romantikern selbst geförderten Schicksalsdramatik identifiziert, deren Dramaturgie, beruhend auf der Kombination von Fluch und fatalem Requisit, bald zu einem Trivialklischee herabgesunken ist. Korffs Begriff vom „nationalromantischen", vom „vaterländischen Geschichtsdrama" (4, 314 ff.) und Kaysers Formtyp des „kulturmythischen Dramas" wiederum sind stärker am Stofflichen bzw. am Tendenziellen der Stücke orientiert und decken nur jeweils einzelne Sektoren innerhalb der Dramatik der Romantiker ab. Marianne Thalmanns Deutung der Romantik als Manierismus hat neben der Komödie nur Tiecks *Genoveva* in ihr Grundkonzept einzubauen erlaubt. Alles andere bleibt unbeachtet oder entzog sich. Eine bescheiden soziologisch bestimmte Annäherung an die Theorie des romantischen Dramas hat zu Beginn der sechziger Jahre Peter Schmidt vollzogen, doch niemand ist ihm bislang darin gefolgt.

Auch Studien zur Poetik des Dramas haben die romantischen Dramen-Versuche umgangen. Volker Klotz nimmt sie nicht als Beispiele für den Typus des offenen Dramas[1], für den sie sich doch anzubieten scheinen; ein Indiz dafür, daß die Typologie des Dramas nicht unbedingt im Einklang ist mit dem geschichtlichen Wandel dramatischer Formen. Und wo eine Theorie des modernen Dramas auf der Suche ist, die Entwicklungen aufzuzeigen, die zur ,,Verhinderung" des Dramas, d. h. zu seiner Episierung, geführt haben[2], werden gleichwohl jene Stücke als Vorstufen übergangen, denen doch gerade das Prädikat ,,episch" anhaftet. Das nur beiläufige Interesse und abwertende Urteil der Literaturwissenschaft an den dramatischen Dichtungen der Romantik läßt sich erklären aus dem besonderen Charakter dieser Texte, aber auch aus einem traditionsbezogenen Begriff vom Drama, denn nahezu alle Vorbehalte laufen auf die zwei Feststellungen hinaus, daß die Dramen der Romantiker gegen die Gesetze der dramatischen Gattung und Darstellung verstoßen und daß sie theaterfern sind. Beides sind Einwände, welche die Autoren dieser Stücke nicht sonderlich beunruhigt hätten, da sie absichtlich und bewußt getroffene Abweichungen vom überlieferten Drama, dem *Bühnen*stück sind, das in der idealen fünfaktigen Form, die Schiller ihm gegeben hatte, unbestrittenes Muster und Vorbild blieb und dennoch abgelöst werden sollte. Die Romantiker schrieben ihre Stücke nicht grundsätzlich gegen das Theater, aber sie befreiten das dramatische Werk von der ihm wesenseigenen Bestimmung, ein *theatergerechtes* Stück zu sein, und konzipierten ihre dramatischen Werke auch bewußt als Lesedrama für eine imaginäre Bühne, die Phantasie des Zuschauers/Lesers oder für eine andere als die zeitgenössische Bühne, ein Reformtheater (Shakespeare-Bühne). Objektiv festgeschriebene Gattungsgesetze ersetzten sie durch die Feststellung, daß jedes Kunstwerk seine *eigene* Gattung bilde. ,,Jedes Drama muß nicht bloß nach reinen Principien sondern als bestimmtes Problem und Auflösung eines solchen betrachtet werden" (LN 807).

An welche Art Problem ist dabei zu denken, und inwiefern wird es auf eine Weise behandelt, die sich dramatisch nennen läßt? Sofern man unter dem Dramatischen den spannend angelegten, auf ein Ende hin gerichteten Handlungsablauf versteht, wird man im romantischen Drama kaum dramatische Strukturen entdecken. Dem steht häufig schon der Umfang der Stücke entgegen, vor allem doch die szenische Organisation des Stoffes. Die Romantiker selbst sprachen vom Malerischen, Pittoresken, Musikalischen oder eben vom Romantischen des Gehaltes und der Form des Dramas, ohne doch damit die Aufhebung jeder formalen Fügung zu propagieren bzw. die Verwandlung dramatischer Strukturen in epische, wie Wendriner es unterstellt, wenn er das romantische Drama als Darstellung von Lebensläufen, als ,,Bildungsroman in direkter Rede und mit Szenenabteilung" (73) bezeichnete. Wohl dachten sie an die Ergänzung des Dramatischen durch Episches und Lyrisches, aber im ,,Construiren" liegt ,,das Wesen des Dramas" (LN 2044). So bleibt zu bestimmen, was das Dramatische im romantischen Drama ausmacht und wie dieses, ohne zu einer Form dialogischer Epik zu werden, einen historisch bedingten und unverwechselbaren Formtyp des Dramas hervorbringt.

Immer sei das Objekt der Poesie ein menschlicher Gegenstand oder Zustand, notierte FRIEDRICH SCHLEGEL (1772–1829), Gefühl im Lyrischen, Handlung hingegen im Dramatischen. Die Romantiker stellen die Grundsubstanz des Dramas, welche die Handlung ist, nicht in Abrede, aber sie definieren diese neu und anders. Sie leugnen die Einheit der Handlung a) als eine dramaturgische Konstante, die dem Drama Geschlossenheit, Linearität, seine Form verbürgt, und b) als eine aus dem Willen des Menschen herstammende, Geschehen aktivierende

Tat, wie sie z. B. Klopstock definiert: „Handlung besteht in der Anwendung der Willenskraft zur Erreichung eines Zweckes" (*Von der Darstellung*). Einheit besitzt das Drama nicht als objektives Gattungsmerkmal, es erhält sie erst durch das poetische Bewußtsein, durch die Weise, wie dieses den Stoff auffaßt und behandelt. Die Romantiker nennen das den Geist, die Stimmung des Werkes. Das Handeln des Menschen hingegen ist nicht auf eindeutige Willensmaximen reduzierbar, vielmehr in seinen Motivationen vielschichtig, in seinen Ursprüngen dunkel und ungreifbar, liegt nicht mit allen seinen Antrieben deutlich in der Helle des Bewußtseins. So lehnt man die *Konstruktion* der Einheit der Handlung und des Handelns ab. „Keine Handlung ist eine; Handlungen sind ins Unendliche theilbar. Die Einheit ist also Sache der Willkühr" (LN 217). Die Frage nach dem Handeln des Menschen als dem Objekt der dramatischen Poesie führt auf die Widersprüchlichkeit der menschlichen Existenz und deren durchaus rätselhafte Stellung im Leben. Dort liegt das Problem, dessen Darstellung und Auflösung den Vorgang des Dramas bestimmen sollen, und in Shakespeares Hamlet, in dem sich diese Grundproblematik für Schlegel am deutlichsten spiegelte. Nach einer Lektüre des *Hamlet* schreibt Friedrich Schlegel an seinen Bruder, wie sehr ihn der Charakter und das Schicksal des Prinzen in eine „heroische Verzweiflung, d. h. eine unendliche Zerrüttung in den allerhöchsten Kräften" gestürzt habe, die einen sensiblen Menschen zu „augenblicklichen Selbstmord veranlaßen" könnten.

> Die Begierde, seinen Vater zu rächen, der Unwille über seine Mutter ist nur der Anlaß zu Hamlets innerer Zerrüttung, der Grund davon liegt in ihm selbst, in dem Übermaß seines Verstandes, (oder vielmehr in der falschen Richtung desselben, und dem Mangel verhältnismäßiger Kraft der Vernunft) und der Inhalt selbst *Verzweiflung* macht ein wahres Ende unmöglich.

Schlegel konstatiert im Hamlet eine innere Zerrissenheit, eine Disharmonie der höheren und der niederen Erkenntniskräfte (Vernunft/Verstand), einen Zwiespalt zwischen Wollen und Vollbringen, zwischen einer erhabenen „Begeisterung für das Wenige Gottähnliche, was etwa noch im Menschen wohnt" und dem Gefühl des Nichts, der Selbstverachtung:

> es giebt vielleicht keine vollkommene Darstellung der unauflöslichen Disharmonie des menschlichen Gemüts, welche der eigentliche Gegenstand der philosophischen Tragödie ist, als ein so grenzenloses Mißverhältnis der denkenden und der tätigen Kraft, wie in Hamlets Charakter. Der Totaleindruck dieser Tragödie ist ein Maximum der Verzweiflung (inmitten einer durchaus zerrütteten Welt).
>
> Briefe 94 f.

Die Gespaltenheit der menschlichen Natur, der Verlust der inneren Harmonie, des Ausgleichs aller inneren Geistes- und Seelenkräfte, die in Widerstreit miteinander stehen und mit der idealen Forderung an den Menschen, die Gottähnlichkeit seines Wesens zu verwirklichen, ein Grundanliegen der Romantik, ist das „Problem" des Dramas. „Es ist die Bestimmung der Tragödie, den Menschen Gott zu nähern. Vergebens sucht der Mensch die Einheit, die ihm fehlt, durch einen erfundenen Gott zu erzwingen, indem er sich einen Gott nach seinen Bedürfnissen schafft und bildet" (XI, 204). Das mit sich selbst uneins gewordene Eine und Ganze als das Leidende und Leiderzeugende und die Aufhebung des mit sich selbst nicht identischen Einen ist der Gegenstand dramatischer Poesie. Für die griechische Tragödie galt das im besonderen Maße, weil in ihr Gott, die höchste vorstellbare Einheit, in Widerstreit mit sich selbst geraten und dem Leiden ausgesetzt ist:

> Die Idee übrigens einer mit unendlichem Leiden behafteten Gottheit ist ganz im Geiste jeder Religion und Mythologie – auch ganz der Philosophie gemäß. Eine unendliche Einheit, die zugleich unendliche Fülle und Vielheit ist, ist natürlich innerlich und mit sich selbst in Zwiespalt, der sich zwar endlich in Harmonie auflösen wird, aber doch einstweilen als solcher vorhanden ist.   XI, 79

Dieser religiöse wie philosophische Gehalt des Dramas gründet in einer „nothwendige(n) Anlage der Menschlichen Natur" (XI, 203), dem Abfall des Menschen von Gott bzw. dem Herausfallen des Menschen aus der Einheit mit sich selbst, weswegen Mensch und Gott nur noch durch das Band des Leidens miteinander verbunden sind. Schlegel hat später in den Wiener Vorlesungen (1812) diese Bedingungen des Dramas anders, aber prinzipiell unverändert formuliert, wenn er fordert, daß in den

> dramatischen Darstellungen nebst der Leidenschaft und der malerischen Erscheinung auch der tiefere Sinn und Gedanke herrscht und sich ausspricht; eine bis in das Innere eingreifende Charakteristik nicht bloß des Einzelnen, sondern auch des Ganzen, wo die Welt und das Leben in ihrer vollen Mannigfaltigkeit, in ihren Widersprüchen und seltsamen Verwicklungen, wo der Mensch und sein Dasein, dieses vielverschlungene Rätsel, als solches, als Rätsel dargestellt wird.   VI, 281 f.

Friedrich Schlegel verlangt vom Dramatiker, er soll „das Rätsel des Daseins nicht bloß darlegen, sondern auch lösen" (VI, 282). Diese höchste Forderung an die dramatische Dichtkunst kann in der Moderne eingelöst werden:

> sie soll das Leben aus der Verwirrung der Gegenwart heraus, und durch dieselbe hindurch bis zur letzten Entwicklung und letzten Entscheidung hinführen. Dadurch greift ihre Darstellung ein in die Zukunft, wo alles Verborgne klar und jede Verwicklung gelöst wird, indem sie den sterblichen Schleier lüftet, läßt sie uns das Geheimnis der unsichtbaren Welt in dem Spiegel einer tief sehenden Fantasie erblicken, und stellt der Seele klar vor Augen, wie sich das innre Leben in dem äußern Kampfe gestaltet, und in welcher Richtung und Bedeutung, und wie bezeichnet das Ewige aus dem irdischen Untergange hervorgeht. Es ist dies freilich noch ganz etwas andres, als was man gewöhnlich die Katastrophe im Trauerspiel nennt.   VI, 282

Schlegel nennt drei mögliche „Auflösungen menschlicher Schicksale" im Drama: den Untergang des Helden, eine Versöhnung bzw. gemischte Befriedigung und schließlich „wo aus allem Tod und Leiden ein neues Leben, und die Verklärung des innern Menschen herbeigeführt wird" (VI, 283). Die letzte Lösung, „welche aus dem äußersten Leiden eine geistige Verklärung in ihrer Darstellung hervorgehen läßt" (VI, 283), ist den christlichen Dichtern vorbehalten und deshalb die romantische. Dies deutet auf ein Erlösungs- und Gnadendrama, und Schlegel nennt als Beispiele ausdrücklich Calderon und Zacharias Werner, aber er weiß, daß die drei möglichen Dramenschlüsse in mannigfachen Vermischungen begegnen und der romantische auch in der Antike möglich war, im *Ödipus auf Kolonos,* wo der Tod wie ein „Hingang zu den versöhnenden Göttern" in verschönerndem Lichte erscheine (VI, 283). Im romantischen Drama löst sich die aus den „innersten Tiefen des Gefühls und verborgenen Geheimnisse(n) des geistigen Lebens" (VI, 287) entwickelte Dissonanz des Daseins auf in einem neuen Leben, welches die Versöhnung des Entzweiten, die Wiederfindung von Einheit und Ganzheit des Individuums mit dem Göttlichen, kurz: Universalität bedeutet.

Der jüngere Friedrich Schlegel hatte in seinen Arbeiten zur griechischen Tragödie, die eine moderne philosophische Tragödie avisieren, Ähnliches im Blick, noch ohne jene spezifische Wendung der Wiener Vorlesungen ins Christliche. Damals erörterte er die dramatische Konstellation als die Beziehung des Menschen zum Schicksal, das in der nachäschyleischen Tragödie milder, versöhnlicher dargestellt wurde. „Wo wir einen Menschen leiden sehen, kann uns dies nur anziehen, wenn seine Äußerung durchaus melodisch und harmonisch, musikalisch ist" (XI, 79). Bei Sophokles löse sich alles noch so „harte und schwere Leiden in stillen ruhigen Schmerz und Anmut auf" (XI, 79). Das höchste Ideal dramatischer Kunst und die „höchste Schönheit" ist da erreicht, wo die „Disharmonie mit dem Schicksale" (XI, 203), die Schlegel in

manchen neueren Dramen, so im *Faust*-Fragment, „so zerreißend und schmerzhaft" dargestellt
sieht, beseitigt ist. Menschliches Leiden dürfe nicht

> alles Maß überschreiten, sonst tritt es aus dem Kreise des Lebens heraus und hört auf, wahr und na-
> türlich zu seyn. Die Darstellung muß zwar immerhin Stärke und Energie haben und sich durch ihr
> kräftiges Leben auszeichnen, ist aber sehr unterschieden von dem göttlichen (Leiden GK). Sie kann
> nur durch Schönheit und Harmonie anziehen, in der wir zwar auf der inneren Seite den menschli-
> chen Geist durch Leiden und Schmerz zerrissen sehen, aber in dem Ausdruck des Leidens, in der
> Form die höchste Vollendung und Harmonie aller geistigen Kräfte finden, wodurch diese Zerrüt-
> tung des Geistes hergestellt und ausgeglichen wird.   XI, 80

Was später die christliche Liebe bewirkt, leistet hier noch die Form: die Aufhebung der
aus dem „geheimen Leben der Seele" aufsteigenden Dissonanz des Daseins, ihre Überwindung
und Auflösung durch die Versöhnung des Menschen mit seinem Schicksal, mit Gott.

> In jedem Trauerspiel ist Gott oder das Schicksal theilnehmend, jener ist in Beziehung mit diesem.
> Die höchste Beziehung dieser Schönheit ist, im Handeln unverrückt den Gesetzen eigner Natur zu
> folgen und diese über alles heilig zu halten; im übrigen gleichsam der schönste Vertrag des irrationa-
> len Verhältnißes, Harmonie mit dem Schicksale, weder seine Wahrheit zu vertünchen, noch seine
> Unbegreiflichkeit wegzuvernünfteln.   XI, 203

Schon in den frühen Studien zum Drama sieht Schlegel die verklärende Lösung der Dis-
harmonien des menschlichen Daseins als die ideale Lösung, seine Deutung der griechischen
Tragödie bereitet die Theorie des romantischen Dramas vor. Als Wesenskern dieser Dramentheorie aber schält sich die Idee der Entzweiung, die „angeborne geistige Duplizität des Menschen" (II, 190) als Bedingung des Leidens heraus und dessen Überwindung. Damit erhalten
Handlung und das Handeln ihren spezifischen Sinn im romantischen Drama. Ziel des dramatischen Geschehens ist nicht die Darstellung des Pathetisch-Erhabenen im dramatischen Charakter wie bei Schiller. Erhaben nennt Schlegel das übermenschliche, absolute, durch nichts motivierte, unbedingte und allein in seiner Natur wurzelnde Leiden Gottes in der äschyleischen Tragödie; es ist ihm identisch mit dem höchsten Tragischen, dem an sich Unbegreiflichen. Erhaben
„ist es, mit dem Schicksale zu kämpfen, sich über daßselbe zu erheben; die Unbegreiflichkeit
und unendliche Kraft des Gegenstandes erzeugt *erhabene* Gefühle wie im Äschylus. Es ist erhaben, die Schrecken der Wahrheit fest und ruhig zu faßen, über Irrthum, Einfluß der Schwäche
und gemeine Meynung sich empor zu heben" (XI, 204). Es bedarf keines Nachweises, daß sich
Schlegel in seiner Bestimmung des Erhabenen von Schiller entfernt, um es durch „die höchste
Schönheit" und das Nicht-Tragische zu ersetzen, weil nicht der moralische (oder tatsächliche)
Kampf die Situation des Helden im romantischen Drama bezeichnet, nicht die Erhebung über
wie immer verstandenes Schicksal durch die Autonomie des freien Willens, sondern die Versöh-
nung von Wille und Schicksal (Gott), welches zugleich die Rückgewinnung der Einheit des
Menschen mit sich selbst und damit die Aufhebung des Dualismus bedeutet, der das existentielle
Grundproblem des romantischen Subjektivismus ist. „Wenn der Mensch nicht in seinem Han-
deln unbekümmert um Schicksal und seinen Willen nur den höchsten Gesetzen seiner eignen
Natur folgt, so ist es unmöglich daß er mit dem Schicksal Eins sey, er ist es nicht mit sich selbst"
(XI, 204). Ob die durch die freiwillige Vereinigung des Ich mit dem Schicksal wiedergewonnene
Einheit des Ich unter dem Gesichtspunkt des Handelns im Drama zugleich die höchste Realisie-
rung von Freiheit bedeutet oder deren Einschränkung, soll erst am Ende dieser Studie erörtert
werden.

Vor diesem Hintergrund steht Schlegels finsteres Trauerspiel *Alarkos* (1802). Es sollte kein Muster eines romantischen Schauspiels sein, vielmehr der Versuch einer Synthese zwischen antikem und romantischem Drama, wobei nicht, wie anzunehmen wäre, die sophokleische Tragödie zum Vorbild genommen wurde. „Der Zweck des *Alarkos* kann niemandem undeutlich sein; es soll ein Trauerspiel sein, im antiken Sinne des Worts (Vorzüglich nach dem Ideale des Aeschylus), aber in romantischem Stoff und Costum" (III, 14). Entsprechend überwiegen Leid, Schmerz, Untergang und Verzweiflung, schon bis in jene der künstlerischen Darstellung abträgliche Maßlosigkeit gesteigert. Das Stück enthält Elemente des Schicksalsdramas, nicht nur weil der tyrannische König und die in ihren Leidenschaften enthemmte Infantin die Funktion einer übermächtigen Schicksalsinstanz erhalten, von der alles Unglück auf Alarkos und sein Haus ausgehen. Im zweiten Akt erfüllt sich ein Fluch der unschuldig sterbenden Donna Clara – die Täter werden dem Opfer binnen drei Tagen folgen – so rapide, daß alle Gesetze einer dramaturgischen Wahrscheinlichkeit zugunsten eines dichtgeknüpften schicksalhaften Nexus verloren gehen. Wie in der Tragödie des Äschylos der Zwiespalt „zwischen der Idee des Gesetzes und dem Streben nach einer harmonischen Lebensordnung und Bildung" (VI, 34) den tragischen Konflikt bestimme, so ist es hier der Zwiespalt zwischen Ehre, Gesetz und Liebe, der eine ganze Welt, Schuldige und Unschuldige, in den Abgrund reißt. Weil Alarkos der liebesdurstigen, ihn bedrängenden Infantin in leichtsinniger Weise die Ehe versprochen, dann aber Donna Clara geheiratet hat, die Schwester eines vom König ermordeten Grafen, verlangt der König die Einlösung des Eheversprechens, was die Tötung der Alarkos angetrauten Gemahlin erfordert. So entsteht eine verhängnisvolle Dialektik von Ehre und Liebe, Wort und Tat, Schuld und Unschuld, in der sich der Mensch vor die Verantwortlichkeit seines Tuns gebracht sieht und die Alarkos, den mutigsten, kühnsten, königlichen Helden, dem Ehre und Treue heilig sind wie die Liebe, aus dem Einklang mit sich selbst und allem Lebensglück reißt. Dem „Ruhm, Lieb, Glorie, Lust . . . des Lebens Herz" (V, 239, V. 541) waren, öffnen sich die Abgründe des Daseins, verkehren sich alle Werte. „Des Todes Grimm quillt plötzlich aus der höchsten Lust, / Schnell färbt sich rosenlichte Liebe oft in Blut, / Und Leichen häuft auf Leichen zorn'ge Ehr in Wut" (V, 440, V. 547 ff.). Die Erfahrung der Duplizität des Daseins, der Widerstreit zweier absoluter, innerer Forderungen, den er nicht lösen kann, reißt ihn schließlich in den selbstgewählten Untergang.

Konflikt und Handlungsansatz zeigen eine beträchtliche Nähe zu Schillers Tragödie, aber Schlegel weicht von deren Dramaturgie nicht nur dadurch ab, daß er einen fünfaktigen Handlungsaufbau vermeidet, stärker noch durch die Art der Konfrontation des Helden mit seiner Tat. Alarkos geht unter in seinem Leid, das er durch Angst, gräßliche Verfluchungen seiner selbst und seiner Umwelt noch vergrößert, und das unsinnige Schwanken des Helden zwischen Annahme und Ablehnung seiner Schuld ist Ausdruck des unlösbar gewordenen inneren Zwiespalts, aus dem kein Appell an die moralische Kraft des Willens befreit. Halt- und Hilflosigkeit, Drang zur Selbstaufhebung der Person in einem nicht mehr zu bewältigenden inneren Leiden, angesichts dessen die äußere Notwendigkeit des Handelns verblaßt, verraten doch stärker romantisches Bewußtsein als die vom spanischen Drama übernommenen stofflichen und formalen Elemente. Die Figuren – Alarkos wie Solina, z. T. auch Donna Clara – sind an der Erfahrung eines menschlichen Dualismus leidende „zerrißne Seele(n)" (V, 224, V. 48), und ihre Erlösung tritt deshalb nicht ein, weil sie sich nicht mit ihrem Schicksal versöhnen und daher weder „von innen" heraus, noch „von oben" her eine geistige Läuterung der Person bewirkt werden kann. Das Ende ist das Nichts, eine Welt geht am Widerspruch mit sich selbst, am Leiden an sich selbst zugrunde. Das romantische Drama habe jedoch nicht nur Vergangenes darzustellen, sondern –

vermöge seiner christlichen Grundtendenz – auch Zukunft und eine Perspektive zu erhalten, welche die schließliche Aufhebung des Leides verheiße. So führt der Schluß wenigstens punktuell aus dem Abgründigen heraus, wenn die einzig Überlebende, die Tochter von Clara und Alarkos, ,,zu den heil'gen Schwestern in der Näh" gebracht werden soll. ,,Dort wird des zarten Mägdeleins sicher gut gepflegt, / Bis sie dereinst mit andern Jungfraun Gott verehrt" (V, 262, V. 1285 ff.). Das kann heißen, daß dann ein anderes Zeitalter, das der christlichen Liebe, anbricht, in dem die die harmonische Lebensordnung des Alarkos und seiner Familie sprengende Duplizität von Ehre und Liebe aufgehoben ist in einer in Gott verinnerlichten Harmonie von Ehre und Liebe.

LUDWIG TIECKS (1773–1853) *Leben und Tod der heiligen Genoveva* (1799) gilt als Prototyp des romantischen Dramas schlechthin, dessen Merkmale zu Vorurteilen gegen die ganze Gattung geworden sind: christlicher Gehalt in epischer Form; mit Worten Schlegels: das Malerisch-Musikalische in der Darstellung. Das Malerische oder Pittoreske bezieht sich auf den episodenhaften Aufbau: ,,Situazion der pictorelle Bestandtheil des Dramas" (LN 2168), das Musikalische auf den Reichtum der Metren im Dialog. Shakespeare und Calderon habe er vereinigen wollen, schrieb Tieck: Historiengemälde und Wortoper. Einheit gewähre das ,,Klima" (an Solger 30. 1. 1817). ,,Die Religion nun, die Wüste, die Erscheinungen sind mir der Ton des Gemäldes, der alles zusammenhält, und diesen möchte ich nur verteidigen" (ebd.). Ulshöfer, dann Thalmann haben den Vorwurf der Formlosigkeit widerlegt und auf das Prinzip des Kontrastes verwiesen, nach dem die Szenen und Situationen gefügt sind. Thalmanns Analyse des Stückes als Formexperiment und als in ihrem Sinne manieristische Darstellung des Labyrinthischen menschlicher Existenz in Golo ist ein gerechter Versuch der Rettung von Tiecks Werk. Dessen dramatische Qualitäten erschließen sich, wenn man das Dramatische nicht in der Dialektik des Handelns sucht, sondern in Bewußtseinsvorgängen, der Erfahrung und den Versuchen zur Bewältigung der geistigen Duplizität des Menschen. Dramatik dieser Art liegt in der Golo-Genoveva-Handlung, auf die sich das Geschehen zunehmend konzentriert. Thalmann hat als Strukturpinzip den Kontrast von Geschehenskreisen aufgewiesen, dem Drama der Lust folge das Drama des Schmerzes. Beides zusammen verbildliche die Totalität menschlicher Existenz. Dies ist, bezogen auf Golo und Genoveva, ungenau. Wie Alarkos, so ist Golo anfangs ein von allen geachteter, mit den höchsten geistigen, moralischen und körperlichen Vorzügen ausgestatteter Mensch, dessen wild leidenschaftlicher Ritt zu Beginn wie der Sturz vom Pferde symbolisch auf das Ende deuten; voller Lebenskraft, Mut, eine ungebrochene, aber gefährdete Existenz, deren Einheit in dem Augenblick zerbricht, in dem das Impulsive und Leidenschaftliche seines Lebensdranges sich affiziert sieht von der Schönheit Genovevas, sich nach innen wendet und ihn zerfrißt. In unaufhaltsamer Steigerung zeigt Tieck die Entzweiung des Menschen mit sich selbst, Verdüsterung des Gemüts, das Herausfallen aus der Harmonie von Fühlen, Denken und Tun. Das Dramatische liegt in dieser inneren Bewegung seines Bewußtseins, aus dessen Zerrissenheit es für Golo keine Erlösung gibt. Aber es kennzeichnet mehr als nur die Problematik dieses Charakters, weil in Genoveva gleichzeitig eine genau gegenläufige innere Entwicklung stattfindet, die auf dieselbe Grunderfahrung des romantischen Menschen zurückweist: Genoveva, anfangs keine abgeklärte, fromme, weltabgewandte Klosterschülerin, findet aus der Disharmonie ihres Gemüts in dem Maße zu innerer Ruhe und Ausgleich, zu Kraft und Beständigkeit wie Golo diese verliert. Frühzeitig als Waise an Einsamkeit, das stille Leben gewohnt, leidgeprüft und dem Tod, ,,ein blütenvolles Leben" (190), zugewandt, bangt sie beim Abschied ihres Mannes doch um ihr Lebensglück, das ihr wieder verloren scheint. ,,Das liebste

Gut, dich selbst, muß ich verlieren / Und soll in diesem Jammer mich regieren.". Jeglicher Sinn und Halt ihres Lebens schwindet: ,,Du gehst, mein Licht, mein Trost, mein Leben, Hort?" (193); die vehement ausbrechende Angst vor fehlendem Schutz (Gott ist ihr kein Trost) zerreißt ihr Inneres: ,,Ach, könntest du die Herzenqualen wissen, / Die meine junge Brust wie Dolche schneiden, / Du trügst Erbarmen mit dem bittern Leiden" (193). In Trübsinn und Schwermut dämmert sie dahin, der Kaplan spricht den Grund ihres Leidens aus und verweist sie auf Gott: ,,Denn wenn wir unser eignes Herze hassen / So bleibt uns fern Andacht und frommes Lieben, / Von neuem aus dem Paradies getrieben, / Sind wir von Gott und Welt und uns verlassen" (208). Zum Einklang mit sich und der Welt findet sie in der Natur zurück, später auch mit Gott.

In den Gartenszenen treffen Golo und Genoveva aufeinander, beide in seelischer Verstörtheit, aber während sich *ihr* Herz ,,nun berührigt fühlt" (232), vertieft die kühle Nacht nur die Unruhe des *seinen*. In diesen Szenen wie in der ihnen voraufgehenden, in der Golo sein Schicksalslied singt, wobei ihm seine Liebe zu Genoveva zum Bewußtsein kommt, diese seine Schwermut bemerkt und sich ihm bewegt zuwendet, dann aber wegen der eigenen Unruhe ihres Herzens dem eigenen Leid über den abwesenden Gemahl nachhängt – in diesen Szenen kreuzen sich die seelischen Kraftlinien, laufen dann wieder auseinander. Genoveva vertieft die Ruhe des Gemüts nun in der Lektüre frommer Geschichten, Golos Unruhe treibt dem Abgründigen zu. Im einzelnen können die Stufen dieser Entwicklung hier nicht analysiert werden, aber in diesen Konfrontationen stoßen nicht Willensenergien, die sich zu Handlungsimpulsen verdichten und ein dramatisches Gegeneinander von Spiel und Gegenspiel erzeugen, aufeinander. Die Stimme des einen ist zwar ein Reflex auf die Stimme des anderen, aber jeder bleibt für sich und mit sich allein, und die beide quälende innere Unruhe drängt nicht zur dialogischen Aussprache mit dem Partner, der die seelischen Spannungen in sich und für sich monologisch oder im Lied austrägt. So bleiben sie, noch wo sie zueinander sprechen, einsam und isoliert. Die dramatische Bewegung zieht sich nach innen.

Tieck hat die inneren Beziehungen der Personen zueinander noch dadurch verspannt, daß er durch eine psychologisch kühne Motivation Genoveva innerlich an Golo bindet, der derjenige ist, den ihr ,,Herz nach Liebe hingesehnt" (233) sich eigentlich erhoffte, denn am letzten Abend im Kloster, mit sich ringend, ob sie dem um sie werbenden Manne folgen solle, ,,den / Mein Herz nicht kannte, nie mein Auge sah" (243), oder ihr Leben Jesu weihen solle, hat sie die Vision des Gottessohnes, ,,Zu dem gestanden jahrelang mein Hoffen" (245). Das ihr in jener Nacht erscheinende Gesicht erblickt sie wieder in Golo. Ihre Flucht zu Gott entspringt der Angst vor dem, was das Gespräch in der Nacht, der Gedanke an Golo an Abgründigem ihr zum Bewußtsein gebracht hat. So stürzt sie sich in die Welt der heiligen Legenden, mit denen sie ihr Schuldgefühl betäubt und das Entsetzen vor sich selbst:

> Ich muß mich wie ein Wild gefangen geben:
> Drum ist es nicht so Andacht, die mich treibt,
> Wie inn'ge Liebe zu den alten Zeiten,
> Die Rührung, die mich fesselt, daß wir jetzt
> So wenig jenen großen Gläub'gen gleichen. 256

Hingegen versinkt Golo im Labyrinthischen seines Inneren. Tieck hat die Problematik Golos genauso wie diejenige Genovevas nach innen vertieft durch einen Zug, der, ähnlich wie bei ihr, Reaktion und Verhalten der Figur auf das Unbewußte der Seele und eine geheime metaphysische Vorherbestimmung zurückführen läßt. Wie bei Genoveva werden diese tieferen Zusammenhänge seines Wesens erst deutlich, als das Schicksal schon seinen Lauf genommen hat.

Über Golo hängt ein Fluch, sofern er einerseits ein Kind der Liebe ist, gezeugt von einem Manne „in wild entbrannter Lust, / Und vor ihm stand ein Bild von Tod und Blut" (311), andererseits eine unglückliche stellare Konstellation das Leben Golos determinierte: „Kein Stern am Himmel war zur Liebe gut, / Drum kamet Ihr mit wunderbarem Sinn / Und richtet Euch nach Tod und Elend hin; Ihr könnt nicht anders" (311). Golo wird damit entschuldigt, aber es werden Tiefenschichten der Person freigelegt, die die Erfahrung der Duplizität des Daseins verschärfen. So wird deutlich, warum Golo, der treuste Knecht (192), zum Untreusten werden muß und doch sich selbst treu bleibt – eine Vorausdeutung auf den anderen untreu gewordenen „Treusten aller Treuen", auf Wagners Tristan. Diese tiefere psychologisch-deterministische Motivation verspannt aber auch noch einmal die Konfiguration: Genoveva, die es im tiefsten zu Golo hinzieht, strebt von ihm und damit von sich selbst fort zu Gott. Golo, der Genoveva beschwört, „O gib mich frei! Gebt meine Seele los!" (258), bleibt an sie gebunden auch dann noch, als er sich ihrer entledigt zu haben glaubt, sie bleibt die Qual seines Gewissens und der Quell seiner Sehnsucht, weswegen er erneut auf Siegfrieds Schloß zieht. Auch als beider Schicksalsbahnen wieder auseinanderlaufen, erhält sich die Grundspannung zwischen Erlösung und Determination, in der sich die romantische Duplizitätserfahrung spiegelt, und sie wirft die Frage auf nach der Religiosität Genovevas bzw. des Stücks.

Genoveva gilt als das „erste christliche Schauspiel der Romantik", Genovevas Leben sei eine Passion[3]. Zwar ist sie im Kloster streng christlich erzogen worden, und in ihrem ersten Auftritt bekennt sie diesen Glauben, aber sie besitzt eine ursprünglichere, natürliche Religiosität, deren Wesen man mit Schleiermacher als „Sinn und Geschmack für das Unendliche" bezeichnen könnte. Genovevas Sonett in der ersten Gartenszene ist dafür ein Beleg: es erzählt, wie die Sehnsucht des Mädchens, das noch nichts „von süßen Liebesbanden" weiß, in die Ferne schweifte und gestillt wurde, als „mein Blick dann die Sterne fanden" (233). Im Anschauen der Natur, die im Sinne einer pantheistischen Allbeseelung mit dem Universum verschmilzt und jeden christlichen Dualismus zwischen Welt und Jenseits aufhebt, ist „jedes Ringen [. . .] in mir gestillt" (233). Genoveva ist nicht die demütig duldende Seele, die Gott erleidet; ihre Passivität gehört zu jener Religiosität, deren Wesen in Gefühl und Beschaulichkeit, in einem „ästhetischen Quietismus" beruht[4]. Anschauen will die Seele – nach Schleiermacher – „das Universum; in seinen eignen Darstellungen und Handlungen will sie es andächtig belauschen [. . .] von seinen unmittelbaren Einflüssen will sie sich in kindlicher Passivität ergreifen und erfühlen lassen". Solche Religiosität lähmt „ihrer Natur nach die Tatkraft des Menschen und läd ihn zum stillen, hingebenden Genuß" ein. So erscheint Christus in der Vision Genoveva als der Schöne (245), der „plötzlich alle Seelenwünsche stillet", und die Beschreibung dieser Vision mit ihrer übersteigerten Naturmetaphorik wäre als Beleg für Schlegels Ausspruch „In der Welt der Sprache erscheint die Religion notwendig als Mythologie" zu interpretieren. Neue Mythologie, nicht aber eine Verbildlichung des christkatholischen Dreieinigkeitsglaubens ist auch Genovevas letzte Vision ihrer Erlösung, denn „wer Religion hat, redet Poesie". Hier redet sie davon, daß „Himmel, Erd' in *einer* Liebe brennt" (382) und die Liebe Gottes das Universum durchdringe, daß alles ein ewiges Leben habe, „Daß alles wechselnd, nichts im Tode bleibe" (382) – das ist nicht die Überwindung des Lebens durch den Tod, sondern die Überwindung des Todes. Sterbend verlangt sie nach „der großen Liebe" Gottes, dem *ewigen* Leben im nicht-christlichen Sinn; denn wenn es heißt, ihre Seele müsse „sich dem Tod entringen / Und in dem Lebensmeer als Welle klingen", so ist das nicht die Hoffnung auf eine christliche Auferstehung der Seele, sondern auf ein Eingehen ins All. Was sich hier ankündigt, vollendet sich unter dem Einfluß Schopenhauers in Isoldes „ertrinken – / versinken – / unbewußt – / höchste Lust –".

In ACHIM VON ARNIMS (1781–1831) bisher gründlich verkanntem Puppenspiel *Die Appelmänner* (um 1813) erscheint die das Dramatische konstituierende geistige Duplizität des Menschen in der Konfrontation des Bürgermeisters Appelmann und seines Sohnes Vivigenius. Dieser, vom Vater aufgrund der Prophezeihung eines unnatürlichen Todes als Folge seines ungestüm-leichtsinnigen Wesens mit Strenge erzogen, ist des Hauses verwiesen, weil er das mütterliche Erbe durchgebracht hat, ohne den Wunsch des Vaters, sein Studium oder eine Handelslehre zu absolvieren, zu erfüllen. Statt dessen begeisterte er sich für den niederländischen Freiheitskampf und schloß sich dem Grafen Bretterod an, der für ihn bürgte, als er wegen eines Waffenkaufs sich verschulden mußte; nun erbittet er vom Vater sein Erbe. Weil der Pfarrer Remel ihn in einer Vision als Brandschatzer sah, der die ganze Stadt verwüsten wird, unterschreibt der Vater im voraus sein Todesurteil; es wird vollzogen, jedoch heilt der Scharfrichter Hämmerling die Wunde mit einer Zaubersalbe und bringt Vivigenius zurück ins Leben. Volks- und Soldatenszenen sind eingeblendet, sie geben dem Stück genrehafte Züge, Komik und ein den Gegenwartsbezug verstärkendes nationales Pathos, ohne daß sie das latent Unheimliche der Atmosphäre zu sprengen vermöchten, die sich in einer für Arnim typischen Leitmotivtechnik (Schlachtfest – das Stück spielt am Martinstag – und Feuer) verdichtet. In Vater und Sohn stehen sich Verstand und Gefühl, Kopf und Herz, Gesetz und Freiheit gegenüber; wie der Vater nur als nüchtern und streng prüfender Anwalt eines unbedingten Rechts und der Pflicht handelt, so der Sohn aus der Impulsivität der Leidenschaft, der Begeisterung, eines unbedingten Einsatzes für die Freiheit: ,,da ward die Stirn mir kühl und heiß das Blut" (360). Ähnlich wie bei Tieck liegt das Spannungsgefüge nicht nur in der figuralen Kontrastierung, sondern auch in einer im gegenläufigen Sinne verlaufenden inneren Beziehung der Figuren aufeinander zu, welche von ihnen ausgehende Handlungsimpulse ersetzt. Während beim Vater mit der höchsten Entfremdung vom Sohn zugleich die innere Annäherung an diesen einsetzt, schlägt beim Sohn die Annäherung an den Vater in neue Entfremdung um. Als der Vater den Tod des Sohnes beschlossen hat, fühlt er spontane Reue, denn ,,meine Strenge gegen ihn war meiner Liebe Zeichen" (368). Vivigenius hat im Kampf für die Freiheit seine sich mit Gottes Willen deckende Bestimmung gefunden und tritt als Gewandelter vor den Vater, der ihn schon als Mordbrenner verdammt hat; Vivigenius wird renitent, gewaltsam fordert er jetzt Geld (394). Die Figuren geraten nicht nur untereinander, sondern auch mit sich selbst in Widerstreit. Vivigenius' Wiedererweckung ist kein willkürlicher Schluß, der die Bezeichnung ,,Puppenspiel" verständlich macht, sondern die Allegorie für die Überwindung der geistigen Duplizität des Menschen:

> Kopf und Herz gehören zusammen,
> Beide auseinander stammen,
> Kopf ist Vater, Herz ist Sohn;
> Daß der Geist in beiden wohn',
> Und der Geist ist Fleisch geworden,
> Niemand kann den Geist ermorden! 404

heißt es im Zauberspruch des Scharfrichters. In Vivigenius wird der harmonische Mensch neu geboren, der frei ist von der Einseitigkeit eines starren Gesetzesdenkens wie von richtungslosem Leichtsinn. Die Gegensätze werden durch ein Drittes zur unverbrüchlichen Einheit gefügt, durch den Geist, der der Geist der Freiheit ist und die Menschen untereinander sowie ,,mit der Welt" (409) versöhnt. Der Graf deutet am Ende das Geschehen als Prüfung der Seelen, und dies bezeichnet den Konflikt des Stückes, nicht aber dessen Stil. Seine Gattungsbezeichnung besitzt es wegen der sonderbaren Figurenbehandlung zu Recht, denn die inneren Wandlungen der

Menschen geschehen mit einer so automatenhaften Schnelligkeit und Selbstverständlichkeit, daß sie an marionettenhaftes Verhalten erinnern. August W. Schlegel hat das Puppenspiel aus dem ,,Mangel der menschlichen Tendenz", d. h. des Psychologischen, gerechtfertigt, und dies trifft genau Arnims Darstellungsweise. Die geistige Duplizität wird an Figuren entwickelt, die weniger Charaktere sind als Repräsentanten von Prinzipien für ebendiese Duplizität.

,,Gewaltige Naturkraft und die freiwillige Demütigung vor einem Höheren" schreibt JOSEPH VON EICHENDORFF (1788–1857) dem Helden zu, und Heinrich von Plauen, *Der letzte Held von Marienburg* (1830), zeigt, wie diese beiden Wesenszüge durchaus nicht harmonisch zusammenstimmen müssen, sondern antagonistisch auseinandertreten und einen dramatischen Konflikt bedingen können, der zugleich die Stellung des Menschen im Raum des Geschichtlichen bestimmt. Plauen, der die im Kampf gegen die Polen führerlos gewordenen Ordensritter zu einem Sieg über die Feinde geführt hat, will den Krieg weiterführen, um ,,In raschem Überfall des Ordens Banner / Zu pflanzen mitten in des Feindes Reich" (314). Die Genossen folgen ihm darin nicht und setzen Plauen als Hochmeister ab. Plauen, dessen ,,Naturkraft" starker Wille und eine charismatische Ausstrahlung sind, versteht seinen Plan ganz als göttlichen Auftrag, vor dem eigennützige und egoistische Interessen zurücktreten müßten. ,,Christlich Panier, geistlichen Sinn verlangt / Der Augenblick, doch euer Sinn ist weltlich" (292). Die anderen schließen Frieden mit dem zu neuem Schlag ausholenden Polen, denn das Land ist zerstört, das Volk und der Orden sind arm. Plauen fordert höchste Opfer, auch den heiligen Ordensschatz. Ein Widerspiel von Kräften wird sichtbar, das einen Dualismus in der Geschichte spiegelt:

> Es geht durch die ganze Geschichte, neben der unabweisbaren Sehnsucht nach Erlösung, eine Opposition des menschlichen Trotzes und Hochmuts, ein uralter, mehr oder minder verhüllter Protestantismus, der selbst und aus eigener Kraft und Machtvollkommenheit das Erlösungswerk zu übernehmen sich vermißt.
> 9, 79

Damit ist der doppelte Konflikt, in dem Plauen steht, bezeichnet: Er scheitert nicht nur am Trotz der anderen, sondern auch am eigenen Hochmut, an einem selbstherrlichen Anspruch, da er sich vermißt, sein Handeln dem Gesetz Gottes gleichzusetzen. Seine Gegner, schließlich auch seine letzten Anhänger, weisen diesen Anspruch, den Plauen unbeirrt verfolgt, in seine Schranken: ,,Es soll der Mensch den Himmel nicht versuchen" (315),

> Wer darf je sagen von sich selbst, er habe
> Recht gegen seine Zeit? Was ist die Meinung
> Des einzelnen im Sturm der Weltgeschichte,
> Die über uns ein höh'rer Meister dichtet,
> Uns unverständlich und nach andern Regeln.
> 368

Seidlin hat mit Recht gegen die Plauen idealisierenden Deutungen dessen Hybris ins Feld geführt[5], aber seine Problematik tritt erst ganz hervor, wenn man die Unaufhebbarkeit der Duplizität bedenkt, daß der Mensch auch dort, wo er mit höherem Recht zu handeln scheint, noch Täuschungen über dieses höhere Gesetz erliegt. Das Handeln des Idealisten wird über Schiller hinaus weiter problematisiert, sofern die den Helden leitende höhere Idee, hier: der Wille Gottes, sich menschlichem Erkennen entzieht. Plauen wird widerlegt und bestätigt; denn das Heer der Ritter siegt noch einmal, weil die Erscheinung von Plauens Geist auf den Zinnen der Burg die Polen verjagt. Die Kluft zwischen dem Handelnden und dem Geschehenden bricht auf, deswegen steht am Ende nicht mehr die *Verantwortung* für die Tat, sondern die *Einsicht,* daß die Geschichte über den Menschen hinweggeht. Plauen kann keinen der Ritter als Verräter zur

Rechenschaft ziehen, auch er selbst ist sich keiner Schuld bewußt. ,,Des Herren Wege gehen /
Hoch über die Gedanken weg der Menschen" (383). Die geistige Duplizität des Daseins, der
Widerstreit zwischen der denkenden und der handelnden Kraft im Menschen, welche als dramatischer Kern der romantischen Dramen freizulegen sind, wirken in Eichendorffs Trauerspiel intensiver als in den anderen ausgewählten Stücken, weil sie von der Problematisierung des Ein-
zelcharakters auf die Stellung des Menschen in Zeit und Geschichte ausgedehnt werden.

Es erscheint wenig sinnvoll, von Läuterungs- oder Erlösungsdramen zu sprechen, vergegenwärtigt man sich die Finalszenen dieser Dramen. In ihnen akzeptieren die Menschen ihr
Schicksal. Die Dramen zeigen, wie sie diesem zuzuwachsen, mit ihm identisch zu werden beginnen. Rudolf Kassner beobachtete dieses an Dramen des 19. Jahrhunderts[6]. Die Menschen im
romantischen Drama verlieren auf diese Weise und dadurch, daß sie von sich selbst nicht mehr
sittliche Rechenschaft fordern, die Autonomie des Willens im Handeln. So ist das romantische
Drama, legt man einmal seine dramatischen Keime frei, geistesgeschichtlich eine höchst bemerkenswerte Übergangserscheinung zwischen dem anthropozentrischen Drama der Klassik, vor
allem Schillers, und dem Drama des 19. Jahrhunderts bzw. der Moderne.

Auch die Komödie läßt sich in den hier skizzierten dramentheoretischen und interpretatorischen Zusammenhang einordnen. Während in der Ästhetik der Romantik die Philosophie
des Tragischen und des Komischen zu einer Vereinigung beider in einer Philosophie des Tragi-
komischen geführt wird, weist die Theorie der Komödie in eine andere Richtung. Wird im romantischen Schauspiel das Tragische in der Regel durch die Versöhnung antinomischer Gegensätze aufgehoben und die geistige Duplizität des Daseins durch eine Erlösungsmetaphysik beseitigt, so wird in der Komödie das Komische weitgehend ersetzt durch das Heitere, Lustige,
das Scherzhafte und die Freude, und die geistige Duplizität des Daseins wird *über*spielt durch
eine Poetisierung der Lebenswirklichkeit bzw. *zer*spielt durch ihre ironische Aufhebung, d. h.
ihre bewußte Fiktionalisierung als Spiel im Spiel. Der Begriff *Poetisierung* bezieht sich auf ein
Lebens- und Weltverhalten des romantischen Menschen, welches das von der Gesellschaft ge-
forderte ,,eine Bild eines negativen, wohlgezogenen Menschen" (Tieck) beseitigt und dem Menschen seine natürliche Freiheit zurückgibt, in der die Erfahrung der Gespaltenheit seines Wesens
durch die Erfahrung harmonischer Ganzheit ersetzt ist. Die Freude, für Friedrich Schlegel das
Grundprinzip jeder echten Komödie, bewahrt dem Menschen ,,einen unmittelbaren Genuß
höheren menschlichen Daseins. Sie ist der eigenthümliche, natürliche und ursprüngliche Zustand der höhern Natur des Menschen." Eine Äußerung von Lebenskraft, ,,verkündigt sie nicht
bloß Leben, sondern auch Seele"; Freude läßt den ,,Zustand des völlig befriedeten Daseins" ahnen; wenn sie frei und schön, d. h. sittlich, ist, erscheint der von ihr erfüllte Mensch als ,,ein ge-
meinschaftliches Resultat seiner beiden heterogenen Naturen; beide sind in unzertrennlicher
Gemeinschaft". Die Komödie als ,,Organ der Natur und der Schönheit" hat ,,kein andres Publikum als die Menschheit; mag ihr sichtbares Publikum noch so bestimmt und beschränkt sein,
sie hat es in ihm nur mit dem Menschlichen, mit dem Unveränderlichen zu thun" (,,Vom ästhetischen Wert der griechischen Komödie"). Wenn A. W. Schlegel das Drama einmal ,,ein ver-
jüngtes Bild des Lebens" nennt, trifft er damit die in ihm, vor allem in der Komödie dargestellte
poetisierte Wirklichkeit, die er als einen ,,Auszug des Beweglichen und Fortrückenden im
menschlichen Dasein" (I, 31) begrüßt, weil alle Kräfte des Menschen ,,ihrem freien Spiel und ihrer eignen Entwicklung ungehemmt überlassen sind" (,,Vom ästhetischen Wert"), Konventionen, Normen und Regeln gesprengt werden und das Leben zu einer ,,schöne(n) Phantasie"
wird. Eichendorff meint dasselbe, wenn er der Komödie als Ziel zuweist, ,,dem verborgenen

und sorgsam gehüteten Narren der vernünftigen Leute zu Leibe zu gehen": heitere Freisetzung gebundener Lebenskraft, Hinwegnehmen aller inneren und äußeren Schranken, die Verwandlung des Philisters in einen Menschen. Deshalb nennt er die Weltansicht der Komödie „märchenhaft", weil sie die bestimmbaren Reste der Alltagswirklichkeit überspielt und eine „rein menschliche Problematik" behandelt, jedoch „den Konflikt der höheren menschlichen Anlage mit der jämmerlichen Gegenwart und Wirklichkeit" tilgt (4, 61). Das Spiel ist *eine* Möglichkeit poetischen Existierens, weil es alle Wirklichkeit in eine Fiktion der Einbildungskraft verwandelt.

Die Duplizitätserfahrung bleibt nun gleichwohl die Voraussetzung der Komödien Tiecks, Brentanos oder Eichendorffs, sei es als Widerspruch zwischen Denken und Gefühl, so daß im Maskenspiel die Wirklichkeit nicht in eine der poetischen Imaginationskraft des Spielers entsprechende Welt verwandelt werden kann (*Ponce de Leon, Die Freier*), sei es als Widerspruch zwischen rationalistischem Weltverstand und der Märchen- und Spielwelt der Kunst, der Spielende und Nichtspielende gleichermaßen über die Grenzen zwischen fiktiver und nichtfiktiver Wirklichkeitserfahrung in Verwirrung geraten läßt (Tieck). Das Ideal der scherzhaften Spielkomödie bringt im Vergleich zum eher satirischen Gesellschaftslustspiel des 18. Jahrhunderts entscheidende Neuerungen, die als Auflockerung der Komödienintention und -form bis in die Moderne hineinwirken:

1. Der Widerspruch als Bedingung des Komischen und der Komödienhandlung wird anders und eingeschränkter wirksam als im 18. Jahrhundert, als der Kontrast zwischen der sozialen oder ethischen, in jedem Falle aber gesellschaftlich verpflichtenden Verhaltensnorm und deren Verletzung bzw. Mißachtung in überspitzt-karikierter Form Figuren und Geschehen der Komödie bestimmte. Der Widerspruch in der romantischen Komödie beruht hingegen auf einer *geistigen* Duplizität: zwischen dem denkenden und fühlenden Vermögen. Dieser Widerspruch läßt die Lustspielfiguren nicht zum rechten Handeln kommen, das in der Komödie in der Regel als Intrige, Maskerade, List, kurz: als Spiel erscheint. Aus der Erfahrung dieses Widerspruchs resultiert die Unfähigkeit zum Spiel bzw. dessen Begrenzung, weil das Gefühl seinem Wesen nach Verstellung meidet. Die Spielerfiguren Brentanos und Eichendorffs sind infolge der Zerrissenheit ihres Wesens unechte Spieler. An die Stelle sozialethischer Konflikte im Typenlustspiel des 18. Jahrhunderts treten Bewußtseinskonflikte im romantischen Lustspiel, und mit Brentanos Ponce erscheint erstmals der melancholische, gelangweilte Zerrissene, der, nachdem er eine Reihe unterschiedlicher Mutationen durchgemacht hat, erst mit Hofmannsthals *Schwierigem* seine Karriere beendet. Die im 18. Jahrhundert stark typisierten Lustspielfiguren weichen problematischen Charakteren, und das Lustspiel entsteht gleichsam nur aus den von ihnen ausgehenden seelischen Widerständen, die sich der Entfaltung des Spiels entgegenstellen, ohne daß es in der Romantik dadurch schon zur Tragikomödie würde oder zu einem die Situation des Menschen zwischen Endlichem und Unendlichem prinzipiell reflektierenden Humorlustspiel. Wenn Ponce, die Gräfin Adele oder Graf Leonard am Ende jeweils die melancholische oder abenteuernde Selbstbezogenheit ihres Lebens, Denkens und Fühlens preisgeben und die Lustspiele in gattungstypologisch exakter Weise mit Hochzeiten enden, so ist nicht nur der problematische Charakter „geheilt", sondern auch die Aufgabe der Komödie erfüllt, in einer gleichsam umgekehrten Katharsis wie Arzenei zu wirken, die Lebenskraft und das Zutrauen zum Leben zu stärken[7]. Das Soziale ist erreicht, aber in einer *unwirklich* poetischen Welt erscheint als *Realität,* was Büchner dann in parodistischer Negation angesichts deutscher duodezfürstlicher Wirklichkeit nur noch als erträumte Utopie formulieren konnte. Die Komödien Brentanos und Eichendorffs leben aus der Fiktion des Spiels, sind zugleich aber auch ein Spiel mit der Fiktion

und gewinnen dadurch im Heiteren und Mutwilligen den Ernst einer „rein menschlichen Problematik", der die Dualitätserfahrung des romantischen Subjektivismus bestätigt, weil sie nicht zu überspielen ist.

2. Das Spiel mit der Fiktion des Spiels gewinnt durch die Rückbeziehung auf den romantischen Subjektivismus neue komödiantische Intensität und Wirkung, sofern die vor allem von Tieck ausgereizten Möglichkeiten des Spiels im Spiel nicht nur die Selbstrepräsentation von Kunst als Vergegenständlichung der Theorie romantischer Ironie vermitteln, sondern die Bedingungen der Möglichkeit des Spiels in der Darstellung mannigfach reflektieren und die Vermittlungsformen und -vorgänge zwischen Spiel und Wirklichkeit, zwischen Illusion und Desillusion das Zerspielen der Wirklichkeit, deren „chaotische" Auflösung als eigentliche Komödienintention zum Vorschein bringen. Früh- und spätromantische Komödie lassen sich bei aller äußeren Verschiedenheit unter dem Aspekt des Spiels mit der Fiktion des Spiels typologisch als Einheit fassen.

3. In der Romantik erfüllt sich die ästhetische Emanzipation der Komödie, die in der Lessingzeit begann, aber anders als im Falle der Tragödie in der Klassik nicht fortgeführt wurde. Erst die Romantiker befassen sich theoretisch intensiv mit dem „ästhetischen Wert" der Komödie, da sie deren didaktischen Auftrag, lasterhafte Charaktere in satirischer Weise darzustellen, ebenso ablehnen wie ihre Funktion als Lehrerin tugendhaften Verhaltens. Von nun an spielen in den theoretischen Erörterungen der Komödie die didaktisch-moralischen Zwecke durchweg eine sekundäre Rolle.

Die Wiener Volkskomödie, Raimund und Nestroy
Franz H. Mautner

Wenn die Verfasser von Theaterstücken meisterhafte Schauspieler und Bühnenfachleute sind, deren Absichten nicht weiter reichen, als ihrem Publikum zu gefallen, wenn dieses Publikum ferner an bestimmte Traditionen der Spieltexte und der Darbietung so gewohnt ist, daß sie ihm selbstverständlich sind, dann wird es für den Leser solcher Texte nützlich sein, sich dieser beiden Tatsachen zu erinnern. Läßt ihn ihre Lektüre gleichwohl diese gegebenen drei Abhängigkeiten – von der Tradition, von der Art des Publikums und vom Spiel – vergessen, so wird dies für die geistige oder poetische Qualität dieser Werke sprechen. All dies, die anfängliche Abhängigkeit von lang währendem Brauch und die allmähliche Befreiung vom *bloßen* Brauch, gilt vom Werk Raimunds und Nestroys. Eine Anzahl ihrer Stücke haben den Wandel des Publikums und das Erlöschen der Tradition überlebt und werden heute noch oder wieder gespielt und mit Vergnügen gelesen: Nestroy im besonderen wurde seit den 1950er Jahren Gegenstand einer erstaunlichen Renaissance – die Zeit war für ihn reif geworden.

Die Tradition, die ihre umfassende Wirkung auf diese beiden Schauspieler-Dichter ausübte, ist die der Wiener Volksbühne und -Komödie. Das Attribut „Volk" soll sie von der bloß für höfische und „gebildete" Kreise bestimmten Komödie und Oper unterscheiden. Für die große Masse des Volks bestimmt, mußte sie sein Verständnis, seine Instinkte und seine Bedürfnisse ansprechen, was nicht ausschloß, daß der „gebildete Mittelstand" und die Aristokraten sie als unterhaltsame Sehenswürdigkeit gewohnheitsmäßig besuchten.

Die spezifische Geschichte der Wiener Komödie beginnt etwa 40 Jahre vor der Wirksamkeit Raimunds und Nestroys; ihre Ursprünge reichen in Themen, Typen und Darbietung um etwa ein Jahrhundert weiter zurück: zum allegorischen Schau- und Lehrstück des Barock (vor allem dem Schuldrama der Jesuiten), aber auch zur italienischen Oper, zur europäischen Stegreifkomödie der Schauspielertruppen und der italienischen und französischen literarischen Komödie. Obwohl mit Recht üblicherweise als Spiel „ohne höhere Ansprüche"[1] bezeichnet (oder entschuldigt), ist sie durchsetzt mit geistigen und religiösen Elementen, die sich außerdem als visuelle Bedeutungsträger dem Zuschauer empfehlen: mit allegorischen Vorgängen, Typen, Dekorationen und Ornamenten. Echtes Barock sind sie auch darin, daß ihre sinnliche Schönheit, Eindringlichkeit oder Pracht oft Selbstzweck zu werden scheint: „prächtig" ist noch in Raimunds Bühnenanweisungen eines der häufigsten Adjektive. Die Mischung des Lehrhaften und des Heiteren oder Komischen, mehr noch der Einschub des einen in das andere war den Wienern vertraut aus jenen Schuldramen. Sie waren im 17. Jahrhundert in Wien zu „Kaiserspielen" *(ludi caesarei)* grandioser Pracht geworden[2]. Musik, orchestral Stimmung schaffend oder episodisch charakterisierend oder bloße Begleitung von Liedern, Duetten, Chören, war obligat. Das allmähliche Eindringen der Prunkopern hatte, als das Schuldrama mit der Aufhebung des Jesuitenordens 1772 zu Ende ging, nichts Befremdendes mehr an sich. Noch in anderem war die Formsprache gemeinsam: Zauber aller Art und sehr häufiger Szenenwechsel – erleichtert durch die vieler Künste fähige Bühnenmaschinerie – waren üblich. Noch Raimund macht ausgiebigen Gebrauch von Flugmaschinen, oft in der Form von Wolken, die Passagiere bringen oder abholen. Zur Darstellung durch Spiel, Wort, Musik und eindrucksvolle Szenerie kommt schließlich noch der Tanz. Bezeichneten anfangs bloß „Gruppen" (Tableaux) und Chöre die Aktschlüsse und markante Wendungen innerhalb der Akte, so treten im 18. Jahrhundert immer häufiger Ballets an ihre Stelle, so zugleich den sinnlichen Reiz vermehrend und Stimmungen oder zauberhafte Vorgänge eindringlich verkörpernd.

Die bedeutungsvollste Gemeinsamkeit des Jesuitendramas, der öffentlichen Schau-Feste, der Oper, der Sing-, Zauber- und Märchenspiele und der volkstümlichen Ableger aller dieser ineinander überfließenden Spiel-Arten des Dramas ist ihr allegorisches Wesen und die diesem Substanz gebende Gesinnung: die Überzeugung von dem in allem Geschehen, in allen Erscheinungen der Natur und des menschlichen Lebens vorhandenen Kampf des Bösen mit dem Guten, zumindest von ihrem immer vorhandenen Gegensatz, sei er nun religiös erlebt, theologisch, philosophisch-transzendental, mystisch oder aufklärerisch. *Die Zauberflöte* ist das bekannteste Denkmal der beiden letzten Stadien dieser dualistischen Weltanschauung. Raimunds Dramen selbst in ihrer verspieltesten Form noch sind undenkbar ohne sie. Erst in seinem letzten ist sie erloschen. – Manche seiner, und Nestroys, Stücke können wir weder historisch noch ästhetisch sachgerecht würdigen, ohne einen Blick auf die spezifisch Wiener Sonderentwicklung der Komödie seit dem Anfang des 18. Jahrhunderts zu werfen, verbunden mit der Geschichte zweier Theater:

Im Jahre 1712 hatte die Wiener Hofkanzlei beantragt, das Theater nächst dem Kärntnertor, an der Grenze zwischen Stadt und Vorstadt, den italienischen Schauspielertruppen zu entziehen und der deutschen unter JOSEF ANTON STRANITZKY (1676–1726) zu überlassen. Er war ein hervorragender Komiker und ein unglaublich fruchtbarer Stückeschreiber. Unter seiner Leitung füllte sich das Repertoire mit den „Keimformen" (Rommel) aller der Gattungen, die sich, zum Teil von den deutschen Stegreiftruppen übernommen, neben neueren bis um die Mitte des 19. Jahrhunderts, wenige Jahre vor Nestroys Tod, auf der Wiener Volksbühne erhalten haben: das ernste oder heitere Zauber- und Märchenstück, die Posse (von der bloß burlesken zur satirischen), die Parodie und die Travestie. Viele ihrer Figuren, Variationen der Charakter- und Standestypen der *Commedia dell'arte*, waren dem Publikum Generationen hindurch vertraut.

Was alle diese Stücke gemeinsam haben, ist „Verwienerung", zumindest sprachlich und in der Rolle des „Lustigmachers". Oft war er *die* Figur, die dem Stück seine größere oder geringere Anziehungskraft verlieh. Stranitzky, der „aufgeklärten" Verbannung der Hanswurst-Figur von den Bühnen Deutschlands trotzend, schuf sie um zum berühmten „wienerischen Hanswurst", einem scheinbar kindlichen, animalisch triebhaften, gefräßigen Bauern, dessen geistige Beschränktheit so gewaltig war, daß seine skeptisch verständnislose Beurteilung des Benehmens und der Handlungen der „feinen" Leute oft als Verschmitztheit, zumindest des Autors, gewirkt haben muß.

Neben und nach Stranitzky wurden in diesem Fach berühmt GOTTFRIED PREHAUSER (1699–1769), ein Virtuose der Stegreifkomik, und JOSEF VON KURZ (1715–1784, tätig bis 1770), genannt BERNADON nach der von ihm geschaffenen Rolle eines tölpisch-schlauen Burschen. Der Infantilismus der Hanswurst-Tradition wurde originell ins Extreme gesteigert in der Rolle des Käsperle (Kasperl), einer Figur unbestimmten Alters mit dem Benehmen eines ängstlichen, leicht heulenden Kindes. Thaddädl, geschaffen vom Schauspieler HASENHUT, erneuerte den Typus um die Jahrhundertwende.

Nachdem Kasperl und die Wiener Volkskomödie überhaupt 1769 unter dem Druck der Gottsched-Sonnenfeldschen Anti-Hanswurst-Reform das Hoftheater am Kärntnertor hatten verlassen und wieder bei Wandertruppen Zuflucht nehmen müssen, eröffnete ihnen der Schauspieler Marinelli 1781 als neues Heim das (Vorstadt-)Theater in der Leopoldstadt, das spätere

„Carl-Theater". Zusammen mit dem 1787 gegründeten Theater an der Wien und dem weniger bedeutenden Theater in der Josefstadt (1788) wurde und blieb es ein Jahrhundert lang die auch im Ausland berühmte Stätte neuer Blüte, ja Glorie, und des Verfalls des Wiener Volksstücks. Eine bedeutendere Rolle als bisher erhielt in ihm die Musik durch die neuen, von JOACHIM PE-RINET (1763–1816) eingeführten Gattungen der Singspiel-Kasperliaden – komischer um Kasperl herumgebauter Zauberopern –, der „Karikaturopern" (Opern-Travestien) und der „bürgerlichen" Singspiele, Umformungen der bewährten Lokalstücke PHILIP HAFNERS (1735–1764). Als Um-Schreibungen italienischer Vorbilder auf getreu wiedergegebene Wiener Typen und Verhältnisse gehören sie mehr der Theater- und Kulturgeschichte an als der des Dramas. Die Sinnenfreudigkeit und Problematik der genießerischen, ökonomisch gedeihenden Kaiserstadt ist hier gespiegelt, im Detail, aber ohne charakterologische, gesellschaftliche oder ethische Vertiefung. Moralistische Kritik und schwächliche Satire richten sich gegen die Groß- und Kleinbürger, die – begünstigt durch die josefinische Lockerung der Standesgrenzen – ihre „Schranken" vergessen und es dem Adel gleichtun wollen, gegen die Spekulanten und Neu-Reichen, die die alte ehrenhafte bürgerliche Gesinnung zu zersetzen drohen, und gegen Lockerung der Ehe und Geschlechtsmoral.

Das obligate rein äußerliche *happy end* dient nun dem „Besserungs-Stück", das sich als einfachsten Hilfsmittels der Zauberei bedient und so zum modernisierten alten Zauberstück (sei es Zaubermärchen oder Zauberposse) führt. Der Schritt von dessen Verwienerung zur Zauberstück-Karikatur und -Parodie und zu humoristischen Adaptierungen der griechischen Mythologie ergab sich dabei wie von selbst. Alle diese Unterarten fanden die notwendige Resonanz in einem aufgeklärten und gewitzten, dabei aber an der geliebten Tradition hängenden Großstadtpublikum, 1814–1815 weltläufig geworden durch die unmittelbare, im täglichen Leben sichtbare Gegenwart des intellektuell-aristokratischen, „tanzenden" Wiener Kongresses.

Das Jahr 1801 hatte eine wirtschaftliche Katastrophe gebracht, aber trotz ihrer Nachwirkungen – Armut und soziale Umschichtungen, verkörpert in den Komödien der Zeit in vazierenden Arbeitslosen wie Nestroys Knieriem im *Lumpazivagabundus* und Titus Feuerfuchs im *Talisman* und lächerlichen Neu-Reichen – blieben die Zustände bis etwa 1840 erträglich, zeitweise sogar gut und deshalb günstig für eine Blüte theatralischer Produktion vor vollen Häusern.

Heitere Sittenstücke mit harmlos satirischen Zügen und nur selten wirklichem Witz schrieben um den Anfang des Jahrhunderts u. a. FRANZ GEWEY und EMANUEL SCHIKANEDER, der Librettist der *Zauberflöte*. JOHANN ALOIS GLEICH, KARL MEISL und ADOLF BÄUERLE waren die Verfasser der in den folgenden drei Jahrzehnten erfolgreichsten Stücke der oben genannten, oft ineinander verschmolzenen Gattungen. Im folgenden seien einige Beispiele skizziert.

Der Titel von Meisls *Orpheus und Euridice* [sic] *oder So geht es im Olympus zu. Eine mythologische Karikatur . . . in Knittelversen mit Arien und Chören*[3] (1813) spricht für sich selbst. Jupiter ist ein alternder Spießer unter dem Pantoffel Junos, einer zänkischen eifersüchtigen Hausfrau, Orpheus („Orpherl") ein Wirtshaus-Hafenist, Euridice („Ditzel") ein „resches" junges Wiener Frauenzimmer, Pluto ein Damenfreund, der Ditzel gern für sich in der Unterwelt behalten möchte. Als mit einander im Streit liegende Figuren des Wiener Mittelstandes sind auch die andern olympischen (Halb-)Götter gezeichnet; Tantalus, Sisiphus [sic], Prometheus sind aus grotesken Gründen zu ihren Strafen verdammt. Der groteske Charakter des Ganzen wird durch den wienerischen Knittelvers-Dialog, seinen sarkastischen Ton, die zynischen Motivierungen und viele Dutzende ironischer Anspielungen auf die Sitten und Realia des zeitgenössischen Wien beibehalten. Erstaunliche Roheiten da und dort, auffällig auch in andern komischen für die Vorstadtbühne bestimmten Produktionen der Zeit, wirken wie Überbleibsel der Stegreifkomödien.

Der Untertitel „Ein Märchen neuerer Zeit" läßt das Verschwimmen der Grenzen zwischen realistischem Sittenstück und Märchenspiel in *Der lustige Fritz oder: Schlafe, träume, stehe auf, kleide dich an und bessre dich*[4] (1818, Druck 1819) von demselben Autor erkennen, der (parodistische) Alternativ-Titel die gleichzeitige Angehörigkeit zu der nun modern werdenden Gattung der Besserungsstücke und überdies die leicht ironische Haltung zu ihnen. Obendrein ist es zugleich ein „Zauber"- und ein Traumstück: Mitten unter all den bürgerlichen Namen des Personen-Verzeichnisses kommt „Poros, ein Magier" vor, und die zweite Hälfte dieses Verzeichnisses, „Allegorische Personen des Traums . . .", ist deutlichster Nachklang des Theaters des Barock: „Das Laster, der Luxus, der Wahnsinn, die Begierde" sind einige dieser 12 Figuren, vermehrt um „Genien, Masken". – Wie läßt sich all dies vereinen? Herr und Frau Steigerl und die altväterischen Freunde der Familie beraten nach einer gesungenen „Introduktion", wie ihr Sohn, der „lustige Fritz", ein Taugenichts, von seinen Lebemanns-Manieren abgebracht werden könnte. Sie beschließen, ihn durch einen Magier kurieren zu lassen. Poros versetzt ihn in Schlaf, Fritz erlebt im Traum seine zukünftige Existenz und beschließt, sich zu bessern. – Die Scherze sind fadenscheinig, die hausbacken tugendhaften Weisheiten werden in bemüht spaßiger Form vorgebracht; dennoch war das lokale zeitgenössische Märchen ein großer Erfolg.

Glaubhafter innerhalb der Funktion eines „lokalen Zauberspiels mit Gesang" vollzieht sich die Besserung eines Frauenfeindes in J. A. Gleichs *Der Eheteufel auf Reisen*[5] (1821, Druck 1822) und dreier unpatriotischer Söhne Wiens in Adolf Bäuerles *Wien, Paris . . .* (s. unten). Ähnlich wie im *Lustigen Fritz* setzt Gleichs Stück mit einer gesungenen Beratung der Anverwandten des Herrn Storch, des „Eheteufels", ein, hier darüber, wie man ihn von der beabsichtigten Scheidung von seiner braven Frau abbringen könne: „Alle seh'n wir's sonnenklar, / Der Herr Vetter ist ein Narr", denn er ist überzeugt, „es gibt gar keine glückliche Ehe, und allemal ist das Weib Schuld". Ein Magier läßt Herrn Storch Rückkehr zu seiner verstoßenen Gattin versprechen, sobald er sein Unrecht einsieht. Er und seine Frau „sollen so lange in andern Gestalten umherwandeln", bis dies erreicht ist. Es folgen fünf geträumte Reisen, jede um ein anderes Ehe- oder Liebespaar herumgebaut, in der der Mann am Zwist Schuld trägt. Schließlich sind wir – in einer verspielt „romantisch schönen Gartengegend mit einem chinesischen Turm, einer Blumenbrücke und Genien mit Rosengirlanden" – Zeugen der Bekehrung Herrn Storchs. Ein Schluß-Chor endet, Schiller parodierend, mit „Vivat die Frauen! (Allgemeine Gruppe)".

In Bäuerles Zauberspiel *Wien, Paris, London und Konstantinopel*[6] (1823) ist die mit übernatürlichen Kräften begabte Figur Arilla, der Schutzgeist des Landes [Österreich]. Auch ihre Funktion ist Besserung, dreier Wiener Handwerker nämlich, die ihrer Heimat, der Arbeit und ihrer Gattinnen überdrüssig geworden sind. Sie aber gelangen auf wirklichen Reisen in die im Titel genannten Städte, wahrhaft „im Flug" mittels der von Arilla gespendeten Zauberstiefel, geraten dort durch ihre Dummheit und das charakteristisch „Pariser", „englische" und „türkische" Verhalten ihrer Bewohner in höchst peinliches, ja beängstigendes, für die Zuschauer aber komisches Mißgeschick, aus dem sie sich einige Male durch einen Zauber-Beutel befreien, der sich mit Geld füllt, so oft sie „mit Liebe und Freude [an ihr Vaterland] denken" (I, 3); „nur . . . zurück in dieses segenvolle Land könnt ihr nicht mehr" (I, 3). Dennoch, als sie in größter Not von Reue erfüllt sind, erbarmt sich Arilla ihrer und versetzt sie in ihre Heimat zurück. Ein humoristisches Preislied auf Wien beendigt das Stück.

Eine Figur aus einem anderen Spiel von Bäuerle, *Bürger in Wien*[7] (1813), scheint zu dem bis ins 20. Jahrhundert währenden Klischee-Bild „des" Wieners wichtige Züge beigetragen zu haben. Verkörpert vom genialen Schauspieler Ignaz Schuster, hatte sie sensationellen Erfolg: Staberl, die letzte der die Altwiener Bühne beherrschenden Typen-Rollen, aber trotz aller humoristischer Übertreibung eine der Wirklichkeit abgeschaute, nicht konstruierte Person: ein harmloser, einfällig verschmitzter, Unsinn redender kleiner Handwerker voll strahlender Fröhlichkeit. In Dutzenden Staberliaden, von verschiedenen Verfassern, unter ihnen Bäuerle selbst, immer wieder neu belebt, wurde die Rolle im Deutsch sprechenden Europa berühmt. Sie gehörte zum Repertoire der großen Komiker, darunter auch Raimunds und Nestroys.

Beide wuchsen über sie und die vielen andern Rollen der geschilderten Massenproduktion allmählich hinaus. Raimund stellte an seine Texte und Bühnenanweisungen bald Ansprüche, die über Spaß und Schau hinausreichten, und konnte sie mehr und mehr erfüllen, weil zu seinem Geschick als Schauspieler und Mann des Theaters subtilere Seelenkunde hinzukam, echte Besorgheit um mehr als konventionelle Ethik und spezifisch Raimundsche seelische Anmut, eine Art edler Naivität. Bei ihm wie bei Nestroy wandelte sich Typen- zu individueller Charakterkomik. Nestroys psychologischer Scharfblick reichte noch tiefer: Er durchschaut die *Verkleidungen* des menschlichen Besitz- und Geltungstriebs und stellt sie mit Meisterschaft und Witz dar. Dieser Witz ist sachlich und sprachlich; er deckt auf und gestaltet. Spezifisch sprachliche Gestaltung von Charakteren, Situationen und Gedanken überhaupt ist die dritte Gabe Nestroys; sie hat ihn zum Aphoristiker gemacht, während Raimund seine moralischen Einsichten und Überzeugungen in traditionellen Sentenzen formuliert.

1790 geboren, wuchs FERDINAND RAIMUND sozusagen im Theater auf: Tagsüber Bäckerlehrling, verkaufte er am Abend im Wiener Burgtheater Erfrischungen. Nach mühseligen Jahren als Schauspieler mit einer Wandertruppe kam 1814 ein Engagement an das Theater in der Josefstadt, 1817 ans Leopoldstädter Theater. Schon 1815 auch Regisseur, bald bestallter ,,Theaterdichter``, leitete er es seit 1828 als Direktor. Nachdem er als Schauspieler und Verfasser von *Das Mädchen aus der Feenwelt, Der Alpenkönig und der Menschenfeind* und *Der Verschwender* berühmt geworden war, beging er, seit Jahren von melancholischen Anfällen geplagt, 1836 Selbstmord.

Sein erstes Theaterstück, *Der Barometermacher auf der Zauberinsel, Zauberposse mit Gesang und Tanz in zwei Aufzügen, als Parodie des Zaubermärchens: Prinz Tutu* (1823), zeigt die traditionellen Züge der Zauberposse am deutlichsten und läßt zugleich den auf Raimunds Gesamtwerk Zurückblickenden dessen fortschreitende intellektuelle, seelische und ästhetische Verfeinerung erkennen. Das gilt für den ,,Zauber`` wie für die ,,Posse``. Märchenhaft sind die Figuren und die noch in allen Stadien bloß von Zauberrequisiten abhängige Handlung: die Geschichte von dem harmlosen Mann aus dem Volk, der auf eine Zauberinsel verschlagen und von einer Fee protegiert, in den Besitz dreier Zaubergaben gelangt; hilfreiche Zwerge, wundertätige Früchte, ein Ritt durch die Luft auf dem Rücken eines Hahns – alles Mittel, die Bartholomäus Quecksilber, dem Barometermacher, zum Sieg über die bösen Feinde und zu Reichtum, ja zum Glück in der Liebe verhelfen, trotz der schönen, aber bösen Prinzessin als Gegenspielerin, dank auch ihrer listigen Kammerzofe, die für den Helden in Liebe entbrennt. – Oft exotische Bühnenbilder, in den Zauber verwoben, wechselnd mit alltäglichen Schauplätzen, erinnern uns an den Geschmack der Zeit für das vag Orientalische als *die* Märchenlandschaft. Diese Bühnenbilder werden besonders wirksam als unerwartete, mit dem vorausgehenden Milieu stark kontrastierende Verwandlungen, durch sorgfältige Gruppierung der Personen und Chöre, im ganzen als tableauhafte Verschmelzung des Bildes mit der Handlung, ja als Aussage über sie: Raimund scheut sich nicht, am Ende des ersten Aktes seine Aussage in der denkbar direktesten visuellen

Form zu übermitteln: durch vier, kleine Fahnen schwingende Genien mit Helmen, „wovon jeder einen . . . Buchstaben enthält, welche das Wort SIEG formieren".

Einem im Grund naiven kleinbürgerlichen Publikum, das an den vertrauten Märchen-Formen hing, sich aber seiner „Aufgeklärtheit" bewußt war – „uns Feen selbst schont die Sucht zu spotten nicht mehr" (I, 1) –, mußte die gutmütig travestierende possenhafte Behandlung märchenhafter Motive und Geschehnisse Spaß machen: Passiv possenhaft, „komisch" waren ab und zu im Text, gewiß immer in der Darstellung, die Prinzessin durch ihre affektierte Redeweise sowie König Tutus Leibdiener mit der stehenden Wendung „bei meiner Schönheit!"; bald passiv, bald aktiv possenhaft der schläfrige Tutu selbst, ein schwachköpfiger, aber mit Humor begabter Wiener Spießbürger, der in amüsantem Gegensatz zu seiner Tochter Zoraide („Zoraiderl") zumeist in unverfälschtem Dialekt spricht. Und gewiß ist eine aktive Possenfigur der etwas einfältige, aber mit Mutterwitz versehne Wienerisch sprechende Quecksilber mit seinen endlosen Scherzen und Dutzenden, meist primitiven, Wortspielen, die fast immer auf der Vertauschung des metaphorischen Sinns einer Wendung mit dem wörtlichen beruhen und gelegentlich schaubar werden: „Linderl, du hast dir bei mir goldene Berge versprochen, du sollst sie haben" – und die Szene verwandelt sich unmittelbar vor dem Schlußgesang in goldene Hügel (II, 27). Seine Reden sind traditionsgetreu durchsetzt mit Anspielungen auf Wiener Gassen und Straßen, Läden und Bräuche. Als *die* komische Person, die Hauptfigur, ist er aufs deutlichste Nachfahr des wienerischen Hanswurst in dessen verschiedenen Abwandlungen (s. S. 201). Als Liedersänger, der sich am Anfang durch ein über sein Handwerk reflektierendes „Metier-Lied" vorstellt, im Duett bekannte Opernarien parodiert, sich, Fiktion brechend, an das Publikum wendet, es im Refrain und im Schlußgesang um Beifall bittet oder seine Hoffnung auf finanziellen Erfolg des Stücks verkündet, folgt er seinen Vorgängern und hat seine Nachfolger in den meisten Stücken Raimunds und Nestroys.

In das „Zauberspiel" (nicht mehr „Zauberposse") *Der Diamant des Geisterkönigs* (1824) sind da und dort ernstere Absichten gedrungen: Die Handlung nimmt zeitweilig eine Wendung zu echtem Ernst, der Dialog zu ethischer Reflexion und moralisierenden Bemerkungen gegen Prüderie und künstliche Sittsamkeit und für Fröhlichkeit, natürliche Ehrenhaftigkeit und Treue. Ernst und Scherz in ihrem Hin und Her werden manchmal untrennbar. Als Eduard, der Held des Dramas, in höchster Verzweiflung den Geist seines Magier-Vaters anruft, antwortet ihm dieser „(mit ernster Stimme): Ich bin dein Vater Zephises, und habe dir nichts zu sagen als dieses! (verschwindet wieder)", und unter Donnerstreichen verwandelt sich die Bühne in eine Felsenlandschaft in tragischem Aufruhr. – Neuartig sind einige parodistisch auf bestimmte gesellschaftliche Formen und fragwürdige Ideale zielende Szenen und Äußerungen der Hofgesellschaft in der Geisterwelt und das „Land der Sittsamkeit" (II, 8 und 10, 12).

Die Parodie wird deutlicher im „Original-Zaubermärchen" *Das Mädchen aus der Feenwelt oder Der Bauer als Millionär* (1826), dem ersten einer von nun an ununterbrochenen Reihe von Stücken, in denen Raimund deutlich einer ethischen Idee oder einer Weltanschauung Ausdruck geben will. Preis des innerlich anständigen, einfachen Menschen ist der Sinn der Handlung; sie gipfelt in endlich erlangter Zufriedenheit, gegründet auf Güte im Gegensatz zu hartherziger Geldgier und Geltungsstreben. Es ist also auch ein Besserungsstück. Die Geschicke aller Beteiligten werden ohne ihr Wissen gelenkt durch die Vertreter zweier feindlicher Lager in der Welt ernster und komischer Feen, Geister, Magier und strikt allegorischer Figuren. Zumindest zwei der Menschen sind glaubhafte Personen, nicht bloße Bühnenfiguren; einer von ihnen, der geldsüchtige Bauer – er wurde von Raimund gespielt – ist trotz aller komödienhaften Übertreibungen ein Charakter, nicht mehr ein bloßer Spaßmacher. Ein dichterischer Höhepunkt ist der in der Musik Drechslers besonders bestrickende, berühmt gewordene unpathetisch-herzliche Abschied der Jugend und die gelassene Ankunft des Alters (II, 6 f.).

In dreien der folgenden fünf Stücke hat Raimund seine nun auf das hohe, ,,ideale" Drama zielende Absichten höher und höher geschraubt, ohne daß seine Begabung zu ihrer dichterischen Erfüllung ausgereicht hätte; in zweien gelang sie.

Die gefesselte Phantasie (1826, Erstaufführung 1828) ist erfüllt von dem allegorischen Wettstreit zwischen inspirierter Dichtung hohen Stils sowie edler Menschenart mit leerem Literatentum sowie ,,niedrigem", bloß dem Gelderwerb dienenden Gasthaus-Bänkelsang, verkörpert vom Erben der Wiener Hanswurst-Tradition. – *Moisasurs Zauberfluch* (1828) ist durchwegs der Idee eines Kampfes des Bösen mit dem Guten in der Welt untergeordnet. Tugend wird immer wieder explizit als das höchste, schließlich siegreiche Gut gepriesen. Die Handlung spielt sich ab zwischen den als ,,Genien" verkörperten Prinzipien, stilisierten Personen eines märchenhaften Orients und realistischen Menschen der österreichischen Gegenwart. – *Die unheilbringende Krone* (1829) stellt auf hellenischem Schauplatz einen machtgierigen einem edlen Fürsten gegenüber; Götter und Halbgötter der griechischen Mythologie greifen in den Zwist ein. Dem armen Dorfschneider Simplicius Zitternadel obliegt die traditionelle Komik. In allen drei Dramen durchkreuzt sie die pathetische Handlung. Dieser entspricht die immer häufiger jambisch gefärbte Prosa, in der *Unheilbringenden Krone* geht sie oft auch typographisch in Vers über. Dies erfordert (und das offenbare Streben Raimunds nach einem gehobenen, ,,edlen" Stil begünstigt) immer häufiger werdende künstliche Inversion der Wortfolge, Elisionen, ja falsche Wortformen, die Raimund offenbar für poetisch oder ,,hochdeutsch" hielt. All dies zusammen mit nicht selten leerer Rhetorik, ja Bombast, besonders im letzten der drei Stücke, macht ihre Lektüre gelegentlich peinlich; Versuche, sie auf der Bühne wiederzubeleben, sind mißglückt.

Unabhängig vom Wechsel der Zeiten, des Publikums, der Neigungen der Literaturgeschichte und der Kritiker haben sich auf der Bühne erhalten *Der Alpenkönig und der Menschenfeind* (1828) und *Der Verschwender* (1833, Erstaufführung 1834).

Auch *Der Alpenkönig* ist an der Oberfläche ein Besserungsstück, zutiefst aber eine Komödie der Aufklärung, weithin im Gewand des Alt-Wiener Volksstücks. Es handelt sich hier im wesentlichen nicht um moralische Besserung, sondern um intellektuelle Erkenntnis, die allerdings zu ,,moralischer" Besserung führt und schließlich als ethische Pflicht erkannt wird: Pflicht des Menschen, seine Vernunft zu gebrauchen, ist das Prinzip der Aufklärungsethik. Daß dieses Streben das thematische Zentrum des Stücks ist, darüber hat Raimund keinen Zweifel gelassen: ,,Rappelkopf: . . . ich trage keine Schuld. Astragalus: Die größte, denn du kennst dich selber nicht" (I, 26). Und in den 16 Zeilen des Schlußgesangs ,,Erkenntnis, du lieblich strahlender Stern" kehren die Wörter ,,erkennen" und ,,Erkenntnis" achtmal wieder. Die Wiedervereinigung des ehemaligen Menschenfeindes mit seiner Familie findet im Tempel der Erkenntnis statt. Die Welt der Geister spiegelt nicht mehr einen Gegensatz des Guten und des Bösen in ihr selbst. Sie besteht im wesentlichen nur mehr aus *einer* Person, dem Geisterkönig, und hat in der Ökonomie des Dramas nur mehr *eine* Funktion: als Werkzeug, dem Kranken zu seiner Genesung zu verhelfen, zur Erkenntnis: Erkenntnis des Selbst, hier des kranken Selbst, in dessen mit realistischer, beinahe klinischer Detailtreue geschilderten Wirklichkeit. – Der Zuschauer ist von der *Wirkung* des Ebenbildes Rappelkopfs auf ihn selbst ebensosehr gefesselt wie Rappelkopf von dessen *Beobachtung* – eine dramatisch äußerst wirksame Situation. Neben diesem formalen und dem geistesgeschichtlichen sind auch der biographische Aspekt und, über das Stück hinausreichend, der psychologische bemerkenswert. Raimund hatte seine eigenen Depressionen und seine von ihnen verursachten Anfälle von Misanthropie, deutlich sichtbar in sei-

ner Korrespondenz, als pathologisch erkannt. Im Drama werden Rappelkopfs extremes Mißtrauen und Herrschsucht nicht einfach als „Schlechtigkeit" verurteilt. Sophie sieht sie und seinen Menschenhaß als „Seelenkrankheit", die man heilen müsse (I, 7). Durch deren karikaturistisch verstärkte Darstellung hatte Raimund selbst sich zu heilen gesucht. Die völlig persönliche, nie gesprochene „Abdankung"[8] für die Erstaufführung, im Nachlaß erhalten, entrückt
dies jedem Zweifel. Das Ergebnis der Dramatisierung dieser Selbsterkenntnis für die Geschichte
des deutschen Dramas war eines der ersten, wenn nicht das erste, detailliert realistische Charak-
ter-Porträt einer nicht-historischen Person und bemerkenswert als spezifisch zweckbedingte
Selbstschilderung auch für die Geschichte der Psychotherapie.

Raimunds dichterische Fähigkeiten sind konzentriert in dem stimmungsvoll, aber nicht
sentimental, stilisierten realistischen Familien-Interieur der Köhlerhütte mit den drei Generationen, in dem sich traurige Armseligkeit mit Humor und Anmut verträgt (I, 18), das Ganze beherrscht vom Kontrast des boshaften Wütens Rappelkopfs mit dem Nachklang des in der Ver-
tonung von Wenzel Müller noch immer bekannten melodiösen Abschiedliedes „So leb denn
wohl, du stilles Haus."

Ein weit größerer Zwischenraum, als sonst in der Reihe seiner Spiele der Fall war – vier
Jahre –, trennt Raimunds letztes Stück, *Der Verschwender* (1833), von dem ihm vorausgehenden, und es ist erstaunlich, welche Reifung diese Spanne Zeit mit sich gebracht hat. Fast alle typischen Züge Raimundscher Dramatik sind hier noch sichtbar, aber wo ihre Eigenart oder Häu-
figkeit offenkundig exzessiv oder abgenützt geworden war, sind sie nun mit Zurückhaltung, Innerlichkeit und Zartheit gehandhabt, ohne Verlust an ideellem Gehalt oder an Eignung für die
Bühne.

Der Verschwender ist zugleich das erste Stück Raimunds, dessen ernste oder heitere
Hauptfigur nicht mehr durch extreme Schlechtigkeit, extremen Edelmut, Verrücktheit (wenn
auch psychologisch plausibel), Albernheit oder Narretei gekennzeichnet ist, das erste, das als
Ganzes „Anmut" hat. Die „Besserung" Flottwells erfolgt allmählich durch Einsicht in seine
(geringe) Schuld. Die Fee Cheristane, mit ihrem Werkzeug Azur das einzige Überbleibsel des
„Zaubermärchens", *belohnt* ihn hierfür (aus den Mitteln seiner früheren gutherzigen Freige-
bigkeit!), *bewirkt* nicht die Besserung. Die tragende Idee ist dieselbe geblieben wie in den letzten
der vorausgehenden Stücke: daß Glück in *inneren* Gütern liege, nämlich in Güte, Mitgefühl und
Treue, und daß das Ziel des Lebens stille Zufriedenheit sei, erwachsend aus gutem Gewissen und
weiser Resignation angesichts der unvermeidbaren Wechselfälle des Lebens. Das Hobellied Valentins ist der schlichte Ausdruck dieser persönlichen Welt- und Lebensauffassung und zugleich
der Ethik und des angestrebten Lebensstils des Biedermeier. Flottwells antimaterialistische Sozialkritik an der „kranken Welt" in seiner langen Jamben-Rede gegen die „Übermacht des Goldes" (III, 19)[9], „das Niedrigste, was wir beweinen können", fügt sich sinnvoll ein.

Daß für die Verkörperung seines Ideals Raimund die unendlich weiterentwickelte, ins
Taktvolle, Sensitive verfeinerte Rolle des Hanswurst gewählt hat, ist das Revolutionäre innerhalb der Tradition der Alt-Wiener Volkskomödie: Valentin spricht im Dialekt, singt ein Auftrittslied, ist „ungebildet", verwechselt darum gelegentlich Wörter, ergeht sich unaufhörlich in
Wortspielen, oft in solchen aus seiner Berufssprache, streitet dauernd mit seiner Frau, bleibt
aber stets zartfühlend, ein „gentleman". Güte und Herzlichkeit brechen sich sogar gelegentlich
durch die vulgäre Kleinlichkeit Rosas Bahn, eine Stimme des Herzens, ohne die man sie sich als
Gattin Valentins nicht gut vorstellen kann oder nur als Partnerin in karikaturhaften Ehebildern,
wie sie in den früheren Stadien der Wiener Volksstück-Tradition üblich waren. Eine auf beschränkten Raum kaum exemplifizierbare diskrete Herzenswärme, oft humorvoll gefärbt, ist

für dieses „Zaubermärchen" charakteristisch, bei dem man sich erst besinnen muß, wie es zu diesem Untertitel kommt. Selbst die amüsanten realistischen Kinderszenen im Hause Valentins haben an ihr Anteil, als wären sie eine verdünnte Spiegelung des in ihm herrschenden Geistes, alles dessen, was manchmal als positive Ergänzung der früher angedeuteten „Staberl"-Gesinnung mit Recht oder Unrecht als „österreichisch" bezeichnet wird.

Das ganze Stück, deutlich von einem reiferen Verfasser als seine nicht lange zurückliegenden früheren, wendet sich an ein reiferes Publikum. Spuren des Barock finden sich in ihm nur noch für den, der nach ihnen sucht. Dadurch, daß Raimund hier sowohl die primitiven Scherze seiner ersten Stücke aufgegeben hat wie das äußerliche, sich künstlicher Stelzen bedienende „Bildungs"-Bestreben einiger späterer, gelang es ihm, im *Verschwender* etwas Bleibendes zu schaffen.

JOHANN NEPOMUK NESTROY (1801–1862), elf Jahre jünger als Raimund, Sohn eines Wiener Rechtsanwalts, hatte Jura studiert, war Opernsänger und Schauspieler geworden und als solcher in klassischen und volkstümlichen, darunter Raimunds, Stücken in einer Unmenge ernster und komischer Rollen aufgetreten. Er liebte zu extemporieren, machte 1827 in der Rolle eines versoffenen Festungssoldaten durch seine sarkastischen Glossen aus L. Angelys Posse *Sieben Mädchen in Uniform* etwas durchaus Neues, blieb sein Leben lang Schauspieler, schrieb sich aber von nun an seine Stücke – über 70 – selbst und feierte in Wien und auf Gastspielreisen im ganzen deutschen Sprachgebiet ungeheure Erfolge. Bald beherrschte er das Bewußtsein der Wiener auf heute unvorstellbare Weise; noch heute wird er von Österreichern mit Selbstverständlichkeit im Gespräch zitiert. Er starb 1862.

Sein Wirken hatte sich gegen den Hintergrund so gegensätzlicher Epochen wie des österreichischen Vormärz, der 1848er Revolution, der Reaktion, des Polizeistaates und des heraufdämmernden Liberalismus abgespielt in einer Stadt, die patriarchalisch gesinnt in patriarchalischen Verhältnissen zu einer Metropole geworden war, offen einer Welt neuer Ideen, neuen wirtschaftlichen Einflüssen, neuen Besuchern, einem neuen Theaterpublikum, Offenbach. Sein Geist aber wandelte sich weniger durch die sich wandelnde Eigenart der ihn umgebenden Gesellschaft als durch das Reifen seiner Persönlichkeit.

Die Handlung kaum eines seiner Stücke hat er selbst frei erfunden. Seine Quellen und Vorbilder sind englische, französische, deutsche Romane, Novellen und Bühnenstücke der Wiener Tradition sowohl wie des sich dem Realismus nähernden deutschen Dramas, später das Pariser Boulevard-Stück und das Vaudeville, Vorläufer der Operette. Aus so gut wie allen machte er etwas im Geiste völlig Neues, auch wo er nicht – der Überlieferung und seinem Trieb folgend – parodierte, zum Spaß oder als scharf sehender und denkender Kritiker. Weitaus die meisten seiner Werke, soweit sie nicht „Zauberspiele" oder Parodien waren, nannte er „Possen". Die große Zahl seiner Komödien, die Weite des Zeitraums, dem sie entstammten, die in ihnen sich spiegelnde Beweglichkeit seines Geistes und die äußerst konkrete Verschmelzung seiner Sprachkunst mit dem spezifischen von der Handlung oder dem Dialog erzeugten Anlaß würden einen Versuch, auf *einzelne* von ihnen innerhalb des beschränkten hier zur Verfügung stehenden Raums einzugehen, wenig sinnvoll machen[10]. Einige fielen beim Publikum durch; etwa ein halbes Dutzend sind fester Besitz der Bühnen und Auswahlausgaben geblieben oder seit den 1950er Jahren geworden, ein weiteres halbes Dutzend taucht nicht allzu selten da und dort wieder auf.

Dem Anteil der Eigenart Nestroys an der in einigen Fällen unverminderten, in manchen gesteigerten Wirksamkeit dieser Stücke über mehr als ein Jahrhundert hinweg und ihrem Ab-

weichen von der Tradition nachzugehen, ist lohnender als die Übereinstimmungen mit ihr festzustellen: den possenhaften Charakter der Handlung, den Spaßmacher als Hauptfigur, die
commedia dell'arte-Motive der Intrige und Konstellationen, die Verwienerung und teils travestierende, teils parodistische Behandlung beliebter Theaterstücke und Gattungen (anfänglich
besonders der Märchen-, Zauber- und Ritterspiele), die von den Hauptpersonen zur Erheite-
rung und als Selbst-Einführung gesungenen Lieder, die Chöre und Diener-Gespräche am Anfang der Stücke als Exposition, die zumindest der Charakterisierung des Helden dienen, die
meist parodistischen Duette und „Quodlibets" aus Fragmenten bekannter Opernarien als Ru-
hepunkte der Handlung. Eindrucksvolle Dekorationen und Maschinenkünste spielen jedoch
nicht mehr mit. Wo irgend etwas an barocke Bühnenformen erinnern mag, wie etwa die Simultanbühne oder betonte Typisierung (vgl. S. 211), da entspringt dies mehr der intellektuellen abstrakten Denkart Nestroys als der allegorisch-symbolischen des Barock. Vorwegnehmend sei
gesagt: Raimunds Komödien, ebenso wie sein ernstes Drama, sind mehr beherrscht vom Seelischen und Visuellen, Nestroys vom Intellektuellen und Sprachlichen. Raimund ist im Grund
naiv und gläubig, Nestroy analytisch und skeptisch. Raimunds weise Charaktere ergehen sich in
Sentenzen, Nestroys in Aphorismen[11]. Raimunds Lustigkeit besteht im Spaß, Nestroys im
Witz (ohne daß er das drastisch Burleske verschmähte). Raimund ist inspiriert von Natur und
formulierter Moral, Nestroy vom Gegensatz von Sein und Schein, von der Spannung zwischen
Wirklichkeit und Sprache, ja vom einzelnen Wort. Raimunds wie Nestroys wichtigste, beruf-
lich notwendige, Motivierung war, wirksame Theaterstücke zu schreiben. Ihre Entstehungsgeschichte zeigt, wie sehr Nestroy imstande war, die ihm immer gegenwärtige Vorstellung der
Bühne dem Ausdrucksbedürfnis seines Geistes dienstbar zu machen: Sehr häufig entwirft er
nach dem Studium seiner Vorlage ein Szenarium, in dem die Handlung zwischen Personen, besser gesagt: Rollen, vor sich geht, die er nach den Schauspielern seines Ensembles und sich selbst
benennt; die zweite Quelle aber sind Listen von Einfällen – von ihm „Reserve" oder „Ideen"
genannt[12] – (witziger Wendungen und Bilder, heiterer und ernster Aphorismen) – bestimmt, den
Dialog irgendwelcher erst zu schreibender Stücke zu speisen: Bühne und Geist werden eins, gestaltet in Sprache. Sie, aus der Nestroy ein einzigartiges Instrument gemacht hat, stellt Kommunikation her zwischen dem vor der Figur distanzierten Schauspieler-Autor und dem Publikum, weit
mehr als die Gattung Komödie es bedingt. Unspezifische Ironie des Autors umspielt schon dadurch Vorgänge, Situationen und den Dialog. Das vorwiegend Bühnenhafte geht in Nestroys
Stücken, besonders in den früheren, zumeist traditionsgemäß vor sich: Expositorisch eingeführt
durch (oft sarkastische) Bemerkungen von Episodenfiguren, erscheint der komische Held bald auf
der Bühne, gewöhnlich mit einem Auftrittslied – wobei die Beziehung auf sein Gewerbe (s. S. 205)
meist witzig sprachlicher Art ist –, pointiert durch einen markanten Refrain[13] und etwa von 1840
an in der Regel gefolgt von einem verallgemeinernden Monolog. Zusammen mit dem Kehrreim
wird er eine Art Konzentration des Witzes und der pragmatischen Philosophie Nestroys.

Fast alle seine Stücke haben ein happy end. In seiner Frühzeit ist es oft so gut wie gar
nicht motiviert; später mokiert Nestroy sich ausdrücklich über seinen eigenen Anschluß an den
Usus der Besserungsstücke oder sonst üblicher Theaterware[14]. Mokanz über klischeehaft gewordene Charaktere, Motive, Episoden und Gesten, ja über den gesamten routinierten und
kommerzialisierten Theaterbetrieb, einschließlich der gleichfalls klischeehaft gewordenen Sprache des Routine-Theaterstücks taucht in seinen Komödien überhaupt oft auf. (In *Theaterg'schichten durch Liebe, Geld und Dummheit* ist das Thema zum großen Teil eben jener Betrieb.)

Die meisten sind das, was Nestroy sie nannte, „Possen", zumindest an der Oberfläche, oder, wo sie andern zum Teil zeitgenössischen Gattungen nahestehen – wie dem „Schauspiel“, „Lustspiel“, „dramatischem Gemälde“, „Lebensbild“ – da und dort mit possenhaften Elementen oder Intermezzi durchsetzt. Für einzelne „Volksstücke“ in modernerem Sinn, wie *Kampl*, sind Abwesenheit extremer Karikatur, ein zwar scherzhafter, aber moralisch „positiver“ Ton und liebevolle Milieuschilderung charakteristisch. Von allem Anfang aber werden in Nestroys Werk auch Züge einer neuen Kunst des Grotesken sichtbar – ein Stil, der erst in unserem Jahrhundert als *black humor* in die Literatur eingedrungen und populär geworden ist –, und die groteske Situation ebenso wie der groteske Charakter setzt sich auch um in groteske Sprache. In der Form des sarkastisch gefärbten Absurden erschienen diese Züge zuerst in den frühen Zauberpossen; sie beharren bis 1839, dann treten sie zurück.

Die Freude am Grotesken ist deutlich sichtbar in der Funktion und Art des Dialogs. Bald ist er mit der Handlung eng verzahnt, bald läuft er neben ihr einher und manchmal gerät das Dahinfließen des traditionellen Bühnengesprächs in einen aus semantischen Mißverständnissen, Antithesen, grotesken Vergleichen und Bildern und überaus häufigen Wortspielen artistisch arrangierten Wirbel. Nestroy läßt seine Figuren in vier, im Wesen scharf unterschiedenen Stilen sprechen: 1. in einem *realistischen*, ihrem sozialen Stand angemessenen Umgangston, 2. in einer forciert humoristisch *stilisierten*, oft von ihrem Beruf gefärbten Redeweise, amalgamiert mit 3., dem eben charakterisierten, grotesk *persönlichen* Stil, einer Mischung von konkreter Anschauung und witzig rationalster Abstraktion und 4. in *Stilparodien*, die meist mit der natürlichen Redeweise der Rolle kontrastieren. Mit diesen vier Stiltypen durchkreuzt sich eine als Charakterisierungsmittel überaus wichtige linguistische Dreistufigkeit (vgl. S. 212).

Immer wieder sind nicht nur die Aussage-Inhalte Nestroyscher Figuren in Ironie getaucht, dies nicht im simplen Sinn einer Kategorie der Rhetorik gemeint, sondern als subtile, schwer analysierbare, oft dem Sprecher unbewußte Ironie, die als eine Form der Weltansicht des Autors wirkt, ja gleichsam Ansicht des Menschen und des Schicksals *sub specie aeterni*. Im Gespräch ist diese Ironie so aufgelöst, daß sie nur aus dem Ganzen der Komödie heraus fühlbar ist, aus dem Ganzen menschlicher Weisheit.

Die große Mehrheit der über tausend Rollen (Personen und Typen) in Nestroys Werk gehört der Welt des Kleinbürgertums an, eine beträchtliche Minderheit sind Großbürger und „Kapitalisten“ (d. h. wohlbestallte Rentner), und in diese Welt hineingepflanzt ist eine kleine Anzahl Aristokraten sowie ländliche Typen und Außenseiter dieser hierarchischen Gesellschaft: Arbeitslose und Vagabunden, Zirkusreiter, Dichter und Schauspieler; dazu kommen in den Zauberpossen spaßige Magier, Geister, Feen und Teufel und einige wenige allegorische Figuren alten Stils. Die spezifischen Berufe der Personen sind hauptsächlich aus ihren Reden ersichtlich, als Anlaß oder Vorwand zu witzigen Vergleichen, Metaphern und Wortspielen; denn sie sind zumeist nur gesellschaftliche Fixierung der durch Nestroys ganzes Werk sich hindurchziehenden Reihen bestimmter Charaktere wie der „Dummköpfe“ (vom gescheiten bis zum wirklich dummen), der „Zyniker“ (vom bösen bis zum guten) und der sarkastischen Beobachter (vom intellektuell scharfen bis zum gemütvoll milden). Dieses Heer von Figuren zeigt, soweit sie nicht von Nestroy gespielt wurden, die Welt, von der er umgeben war, zumeist in realistischer oder leicht karikaturhafter Spiegelung, oft satirisch stilisiert, gelegentlich burlesk. Die seltenen Fälle extremer Stilisierung dienen der beinahe anthropologischen Darstellung gewisser Charaktertypen (s. S. 211) oder literarischer Parodie.

In jedem seiner Stücke jedoch gab es eine Rolle, in der Nestroy sich unmittelbar aussprechen konnte, durch den Text oder sein Spiel oder beides. Zeitgenössische Berichte sind ein Schlüssel dazu, wie er sie verstanden haben wollte[15]:

Es war ein komplexer, bewußt übertreibender Stil; aggressiv und höhnend (ohne doch auf schauspielerische Mittel zu verzichten, die neutral-heiteres Gelächter hervorriefen), in den ersten Jahren seines Wiener Engagements „kolossalisch", von einer Kraft der Komik, die jeden Widerstand niederwarf, manchmal dabei nuanciert marionettenhaft, von virtuoser Zungengewandtheit, oft von einem die Zuschauer beklemmenden „blutigen Sarkasmus", an die „Hefe des Pöbels [erinnernd], die in Revolutionsfällen zum Plündern und Totschlagen bereit ist"[16], komisch und unheimlich zugleich. Um 1840 wird sein Darstellungsstil gedämpfter – Bonhomie und weiser Humor gesellen sich zur Satire –, aber alles in ihm ist „überlebensgroß", belebt von durchdringender Geistigkeit, die sich schließlich vom scharfen Verstand zur philosophischen Vernunft abklärte. „Auf dem Grunde seiner Zeit, die sich so sehr fürchtete vor dem Geist ... leuchtete [er] grell schon durch den natürlichen Widerspruch seines Wesens mit dem Wesen seiner Zeit ..." erzählte der Burg-Schauspieler Lewinsky in der Erinnerung an diese „imponierende Figur". Er habe „das erschreckende Talent" zur Hand gehabt, „einen künstlerischen oder ethischen Fehler im Spiegel der Darstellung allen Augen bloßzustellen"[17].

„Widerspruch zum Wesen seiner Zeit" durch Darstellung ihrer „Fehler", Gestaltung des Abfalls der Wirklichkeit von der „Idee" des Menschen ist Satire. Hierzu paßt, daß Nestroy sein Publikum nicht liebte. 1861, ein Jahr vor seinem Tode, längst Abgott der Wiener geworden, dankt er am Ende der Vorstellung für den stürmischen Beifall auf eine Weise, die Beifall und Dank zu ironisieren scheint[18] und die uns eine unsichtbare Kluft zwischen ihm und der Welt anzuzeigen scheint, auf die er angewiesen war. Dieser Kluft haben wir es zu verdanken, daß Nestroys Leidenschaft für Theater und Komödie sich vergeistigte, auf wertbetonte Satire hin. Oft war, was er darbot, verhüllte Publikumsbeschimpfung, bei der sich die Beschimpften großartig unterhielten, wenn sie sich nicht zu betroffen fühlten, wie etwa in der Person des Wiener Spießers Gundlhuber in *Eine Wohnung ist zu vermieten* (1837) oder des Herrn Schafgeist in *Nur Ruhe* (1843) oder wenn sie das Spiegelbild ihrer „Gemütlichkeit" nicht erkannten, das er ihnen im (Kannibalen-)Häuptling Abendwind (1861) der gleichnamigen „Faschings-Burleske" entgegenhielt[19]. Sie merkten aber, daß bei aller Distanz sein Herz nicht kalt blieb und er sich selbst einbezogen wußte in das Fragwürdige menschlichen Wollens und Geschehens, fühlend und resignierend.

Gerade weil die Gattung, der die Mehrzahl der Stücke Nestroys strukturell, durch Typen, Motive und Requisiten angehört, die von der *commedia dell'arte* beeinflußte Lokalposse nämlich, in ihren Grundzügen so sehr bestimmt ist, wird in ihr die Eigenart des Verfassers am deutlichsten: Sie äußert sich als Geschick und Gestaltungskraft des Bewegers althergebrachter Typen in einem althergebrachten Mechanismus, nun untergeordnet einem höchst persönlichen Geist, der sich am natürlichsten in Witz und Humor aussprach und sich gern der Komik bediente. Echter Humor umspielt das Mokante, durchdringt selbst bittere Satire. Ihr und Nestroys Witz war es deutlich vorwiegend nicht um zeitgebundene Übelstände zu tun, sondern um Durchleuchtung des ewig Menschlichen: „Der Mensch ist das Wesen, welches ... sich ... für das Ebenbild Gottes ausgibt, worüber sich jedoch Gott nicht sehr geschmeichelt fühlen dürfte" (*Die schlimmen Buben*, Sz. 10). Das Allgemeine, Abstrahierende der Nestroyschen Weltanschauung zeigt sich am deutlichsten in der Struktur von *Müller, Kohlenbrenner und Sesseltrager* (1834), der zweigeteilten Simultan-Bühne in *Zu ebener Erde und erster Stock* (1835) mit ihren Kontrasten, Echos und Analogien, in der viergeteilten Bühne im *Haus der Temperamente* (1837) – einer geradezu lehrbuchhaften Demonstration menschlicher Typenpsychologie –, in der Vermeidung erotischer Individualisierung im *Gewürzkrämerkleeblatt* (1844), im Parallelismus, der Symmetrie und absurd komischen Identität in Wort und Tat der verschiedenen Situationen in *Nur keck* (1855), alles zugleich Mittel der von Bergson auf „Mechanisierung" zurückgeführten Komik. Standardisierung der Sprache und Literatur sowie des Theaters demonstriert Nestroy in parodistischer Anwendung von Klischees und konventioneller Bühnen-Gestik. Die meisten Charaktere Nestroys jedoch sind zumindest schein-realistische oder karikaturistische, oft sprachlich verfremdete Figuren in einer spannungs- und episodenreichen komischen Handlung, dirigiert und verwirrt, attackiert und kommentiert vom Träger der geistig funkelnden Nestroy-Rolle, der Zentralfigur des Stücks, aber Randfiguren der Gesellschaft (s. S. 210), die, soziologisch armselig, allen Mitspielern überlegen sind durch harte Erfahrung und bewußt der Fragwürdigkeit ihrer und der eigenen Beweggründe. Sie sind die Verkörperung von Nestroys eigener Geistigkeit. Sie spricht sich aus in seinem *Psychologischen Blick*, seinem *Abstrahierenden und formulierenden Verstand* (der sich später zu philosophischem Humor klärt), seinem *Witz* und im überlegenen, unvergleichbaren Gebrauch der *Sprache*.

Analyse des Gefühls oder unklar Gedachten, oft durch ein treffendes Bild, ist eine von Nestroys Lieblingsoperationen. Sie ist nicht an seine aphoristischen Aussagen gebunden, sondern schimmert aus den Reden des dümmsten Kerls hervor. Im Witz und im Couplet, besonders im Refrain, fällt Nestroy mit Absicht aus der Rolle, sucht er Kontakt mit dem Publikum. Es ist die Präzision Nestroyschen Denkens, was bewirkt, daß der Witz oft in der Form des Aphorismus erscheint. Reminiszenzen an Eulenspiegel und an den Hanswurst sind der Rolle ebenso eigen wie Vorwegnahme des Raisoneurs in dem französischen Konversationsstück des späteren 19. Jahrhunderts, bei Wilde und Shaw, doch ist sein Witz komplexer. Paradox, Antithese und das auf Bedeutungswandel – niemals auf bloßen Gleichklang – beruhende, über sich hinaus deutende Wortspiel sind neben sprachlicher Mimetik im weiten Sinn seine vornehmsten Wirkungsmittel. Nestroy besitzt die bei Bühnenpraktikern so seltene Sprachbewußtheit. Seine Sprechkunst und das durch lange Erfahrung geschulte Ohr seiner Wiener Zuhörer verhalfen ihr zu voller Wirkung. Die Sprachtaubheit unserer Regisseure versagt allzuoft vor ihr und ersetzt sie durch szenische Mätzchen und zerstört so den bei aller Burleskheit wesentlich geistigen Charakter seiner Komödie.

Sie bezweckt vor allem wirksames Theater, aber ihre Essenz ist lachende Aussage über die Welt. Nestroys Paradoxon und Antithese spiegeln Paradoxa und erstaunliche Gegensätze im Menschen, in den Beziehungen der Menschen und Klassen zueinander, zu sich selbst und zum Schicksal. Seine Satire erfassen wir zum Teil gewiß als Handlung, als Gesprächsinhalt und -färbung (Sarkasmus oder Ironie), ganz aber nur als Sprachform: in der Aufdeckung des gesamten, korrumpierten konventionellen Sprach- und Sprech-Systems als Ausdruck einer hinter der Konvention sich verbergenden korrumpierten Gesellschaft, vor allem individueller und kollektiver Täuschung und Selbsttäuschung: „*Täuschung* ist die feine, aber starke Kette, die durch alle Glieder der Gesellschaft sich zieht; betrügen oder betrogen werden, das ist die Wahl, und wer glaubt, es gäbe ein Drittes, betrügt sich selbst" („Reserve" Nr. 12). Differenzierung des Dialogs in drei Stilebenen hilft, sie aufzudecken: In österreichischer Mundart oder einem sarkastischen Bildungsjargon sprechen fast immer die durchgeformten Charaktere, die Hauptträger der lustigen Handlung, die Täuscher und die Getäuschten; hochdeutsche Umgangssprache („Schriftdeutsch") und stereotype Theatersprache im allgemeinen die farblosen, uninteressanten Figuren; krasse Pathetik oder Sentimentalität dient offenkundiger Parodie – der traditionellen bloß komischen Ulk- oder der kritischen literarischen Parodie, wie z. B. auf lange Strecken hin in *Judith und Holofernes* (1852), mit Hebbel als Ziel. Was dem Verständnis für Nestroy in Norddeutschland hinderlich ist, ist also weniger die österreichische Mundart als ihr Gebrauch des Hochdeutschen. Wo er es ernsthaft verwendet, wird es leicht Schablone.

Rede und mit ihr Sprache machen sich im Nestroyschen Dialog und Monolog überaus häufig von der Rolle los[20] und übernehmen eine selbständige Funktion, die mit der normalen, der Handlung dienenden Funktion von Monolog, Dialog und Rolle, ja selbst mit dem Aussage-Inhalt nichts zu tun hat. Diese Funktion ist öfter als bei irgendeinem andern Dramatiker als Sprachform *verkörpert*, nicht oder nicht bloß *ausgesagt*. Dies mag sich für Momente ereignen, für die Dauer einer Vokabel, einer Redewendung, eines Satzes.

Während das Ziel der Satire Nestroys im Wesen „der" Mensch war – seine Schwäche und seine Schwächen –, ragen doch gewisse Themen aus der alles überflutenden Lustigkeit immer wieder hervor: sein Mangel an Selbstkenntnis und seine Unwahrhaftigkeit; seine Gier nach Geld, Geschlecht und Geltung, sein sozialer Hochmut. Nestroys Haß gilt jeder Verletzung der Menschenwürde, sein Spaß und Witz der Dummheit und dem Vorurteil, beide auf die komisch-eindrücklichste Weise monumentalisiert im *Talisman* (1840).

In nur loser Beziehung hierzu stehen seine politischen Überzeugungen. Erklärbar durch sein Studium am liberal katholischen Wiener Schottengymnasium, war sein zunächst wenig politisches Denken das des aufgeklärten Josefinismus. Die strenge Zensur der Metternichschen Ära erlaubte kaum direkte Äußerungen über dessen Themen; Wortspiele boten manchmal eine Zuflucht. Die revolutionäre Gesinnung des Vormärz-Liberalen kam zum Vorschein im vorwiegend ernsthaften Volksstück *Der Unbedeutende* (1846) mit der Ehre des sozial Unbedeutenden als Kernstück, kontrastiert mit dem korrupten Kreis der „Bedeutenden" – volkstümliche Fortsetzung der Linie *Emilia Galotti, Figaros Hochzeit, Kabale und Liebe*. Nur nebenbei, versteckt, verhöhnt Nestroy das etablierte System in der Burleske *Die schlimmen Buben in der Schule* (1847), nachdem er im selben Jahr sein schon so oft sichtbar gewordenes soziales Mitgefühl im schwachen Zeitbild *Der Schützling* aggressiv ausgesprochen hatte. Das Schicksal der Posse *Die Anverwandten* bei der Erstaufführung, zwei Monate nach dem Ausbruch der Revolution von 1848, zeigt die gefährdete Stellung des satirischen Dichters im politisierten Raum. Trotz der im Stück ausgesprochenen Kritik an der Überhebung des Adels und am Mißbrauch des Reichtums scheinen einige sarkastische Liedstrophen über die politische Ignoranz mancher Wähler und die Verspießung, Verfälschung und Verdummung des wahren Freiheitssinns der Anlaß zu dem größten Theaterskandal gewesen zu sein, den Nestroy je erlebte. Mit „unbeschreiblichem" Jubel wurde dagegen *das* Revolutionsstück Nestroys, *Freiheit in Krähwinkel* (Juli 1848) aufgenommen, obwohl „Krähwinkel" deutlich „Wien" meinte. Eine Art „Revue" [Rommel], feierte es den Triumph der Revolution, ein satirisches Bild ihrer engstirnigen Opfer, zugleich aber ihrer kleinsinnigen Nutznießer. Zum erstenmal in seinen bis dahin mehr als 50 Stücken nannte und pries Nestroy hier Österreich, früher ein Standard-Motiv in der Wiener Komödie.

Lady und Schneider, kurz nach dem Zusammenbruch der Revolution geschrieben, eine seiner schwächsten Possen, neben liberalen Bemerkungen voll Hohn auf den nur auf persönliche Macht bedachten kleinen Demagogen, brachte Nestroy den Vorwurf des Opportunismus ein. In den nächsten drei Stücken aber – *Judith und Holofernes*, der kritischen Parodie von Hebbels *Judith*, der ans Tragische streifenden Posse *Höllenangst* und dem zarten Seelendrama *Der alte Mann mit der jungen Frau* – alle 1849 zur Zeit der schärfsten Reaktion verfaßt, verhöhnte er die Militärdiktatur, Katholizismus und Klerikalismus, läßt den weisen alten Mann die Verfolgungen der Revolutionäre durch das Regime beklagen und den politischen Flüchtlingen helfen, alles als Nebenhandlung und Nebenbemerkung. Betrachtung der Werke Nestroys vom bloß politischen Gesichtspunkt erweist sich als zutiefst irrelevant für das Verständnis des Wesentlichsten an ihm selbst:

Revolutionärs stürmen . . . gegen die irdischen Regierungen an. Das ist mir zu geringfügig, ich suche das Übel tiefer oder eigentlich höher, ich revoltiere gegen die Weltregierung, gegen das, was
man eigentlich Schicksal nennt, ich trage einen unsichtbaren Calabreser mit einer imaginären roten
Feder[21].

Die Identifizierung des Schauspielers Nestroy mit seinen Stücken bewirkte, daß sie nach
seinem Tode zunächst nur noch selten aufgeführt wurden. Man dachte, Nestroy könne ohne
Nestroy nicht gespielt werden und imitierte ihn darum auf der Bühne. Dies änderte sich erst
durch die 1881 zur Feier des 100. Geburtstags des Carl-Theaters veranstaltete ,,Nestroy-Wo-
che". Sie war so erfolgreich, daß sie zu einem sieben Wochen währenden Nestroy-Zyklus wurde. Er umfaßte elf Stücke – *Lumpazivagabundus, Tritschtratsch*, den *Talisman, Das Mädl aus
der Vorstadt, Einen Jux will er sich machen*, den *Zerrissenen*, den *Unbedeutenden, Unverhofft,
Die schlimmen Buben in der Schule, Kampl* und *Umsonst*, aber nur wenige blieben im Repertoire. In den 63 $\frac{1}{2}$ Jahren bis zur Theatersperre im Herbst 1944 wurden in Wien nur sieben Stücke
öfter als 200 mal gespielt, *Lumpazivagabundus* – die frühe (1833) Lokalposse mit dem meisterhaft gestalteten versoffenen Schuster-Astronomen und dem parodistischen Zauberrahmen –
und die spannende Faschingskomödie *Einen Jux will er sich machen* (1842), mit je 726 und 490
Aufführungen den andern um hunderte voraus. Das nächst häufig gespielte war *Der Zerrissene*
(1844), Satire auf Weltschmerz aus Reichtum, mit nur 252 Aufführungen[22]. Bloß zwei Stücke,
ausgesprochene Spielkomödien mit viel Situationskomik, aber nur sehr zahmem satirischen
Gehalt und nur einem ganz geringen Zusatz an typisch Nestroyschem Sprachspiel und -Witz
blieben also selbst dem Wiener Theaterpublikum bekannt. Außerhalb Österreichs wurde fast
nur *Lumpazivagabundus* gespielt, sehr selten *Einen Jux will er sich machen*, gewöhnlich an Sil-
vesterabenden, als Jux.

Ein erstaunlicher Wandel begann um 1945 und hat sich bis zur Gegenwart fortgesetzt;
ein Wandel in der Zahl der gespielten Stücke, der Neuaufführungen und ihrer geographischen
Verbreitung: In den 16 Jahren bis zum Herbst 1961 erlebten 39 (!) Komödien Nestroys 124
Neu-Aufführungen. Von nun an wurde ihr Eindringen in die Theater des deutschen Sprach-
raums zu einer Überflutung: In den folgenden neun Jahren gab es Nestroy-Premieren an 43
westdeutschen Theatern; und in der einen Spielzeit 1971/72 weitere 15, davon acht an westdeutschen Theatern, zwei in der Schweiz.

Charakteristisch ist die Wahl der Stücke: *Lumpazivagabundus*, in Deutschland bis dahin
neben *Einen Jux* . . . fast die einzige da und dort bekannte Posse, verschwindet von den Spielplänen beinahe völlig, *Einen Jux* . . . ganz. Gespielt wurden von 1945 bis zum Herbst 1961: *Die
beiden Nachtwandler* (= *Das Notwendige und das Überflüssige*), *Der Färber und sein Zwil-
lingsbruder, Freiheit in Krähwinkel, Frühere Verhältnisse, Häuptling Abendwind, Höllenangst, Der konfuse Zauberer, Lady und Schneider, Liebesgeschichten und Heiratssachen, Lumpazivagabundus, Der Talisman, Die Träume von Schale und Kern* (= *Müller, Kohlenbrenner
und Sesselträger*), *Theaterg'schichten, Unverhofft* und *Der Zerissene*. An der Spitze steht *Der
Talisman* mit vier Premieren; 1971/72 allein werden es fünf. – Zum Vergleich hier einige Zahlen
aus dem Anfang des Jahrhunderts: In ganz Deutschland gab es in der Spielzeit 1907/08 70 Ne-
stroy-*Vorstellungen* (nicht Neu-Aufführungen), davon 65 vom *Lumpazivagabundus*; 1908/09
111, davon 64 von *Lumpazi* und 28 einer Bearbeitung von *Freiheit in Krähwinkel*, 1909/10 67,
davon 66 von *Lumpazi*. Der außerhalb Österreichs weithin unbekannte Verfasser zweier oder
dreier ,,Wiener Possen" oder ,,österreichischer Volkskomödien" ist also ein im Bewußtsein der
Theaterbesucher des deutschen Sprachgebietes vorhandener Komödiendichter geworden, aus
weiter Sicht *der* deutsche Komödiendichter, der Molière der Deutschen.

Die Gründe dafür sind äußerer und innerer Art. Karl Kraus gab 1922 den Anstoß. Er wurde verstärkt durch Rommels Gesamtausgabe in 15 Bänden (1924–1929) und einen Teil der ihr folgenden kritischen Literatur[23]. Die Rezeption Nestroys wurde erst erleichtert, dann begünstigt durch die allmählich entdeckte Verwandtschaft der „inneren Form" seiner Dramatik mit der der ersten Hälfte unseres Jahrhunderts[24] und schließlich durch die allgemein-literarischen Tendenzen der jüngsten Gegenwart. Die Neuentdeckung Karl Kraus' seit 1945 brachte die Neuentdeckung Nestroys mit sich. Kraus hatte auf ihn vor allem als Satiriker und auf seine Sprachkunst als Gestaltung und Demaskierung hingewiesen und in hunderten Vorlesungen seine Zuhörer mit Komödien vertraut gemacht, die seit Jahrzehnten nicht gespielt und in den Literaturgeschichten nicht erwähnt worden waren. Unter ihnen war die Posse *Der Talisman*; sie und zugleich Nestroys Art und Kunst wurden der Gegenstand eines Kapitels in B. von Wieses *Das deutsche Drama* (1958)[25]. Die Zeitlosigkeit der Gehalte Nestroys über die *satirische* Spiegelung seiner Zeit hinaus und die Modernität ihrer Behandlung wurden sichtbar, beides in allen erwähnten Einzelheiten vergleichbar ähnlichen Absichten und Zügen in den grotesk-satirischen Komödien und Tragikomödien Wedekinds, Sternheims, Brechts und Dürrenmatts[26] und ihrer europäischen Verwandten: das skeptische Weltbild und die Attacken auf den Spießbürger aller Klassen, das satirische Temperament, die messerscharfe Intellektualität und parodistische Ironie, die Abneigung gegen Pathetik und Sentimentalität; die Passion für das Theater *als* (Illusion verschmähendes) Theater, die Vorliebe für groteske (statt bloß komischer) Charakere und Sprache, Verfremdung durch Stilisierung, marionettenhafte Behandlung der Figuren, fiktionsbrechende Fühlungnahme mit dem Publikum in der Dialektik des Monologs und den Couplets der witzigen Zentralfiguren, kurz, Manierismus statt Realismus – das alles sind zugleich Grundzüge der modernen Literatur.

Besondere Antriebe des Verständnisses und der Vorliebe für Nestroy in den 1960er und 1970er Jahren, deren literarische Signatur ja der „Rückzug auf die Sprache"[27] geworden ist, und diese selber als „Held des Geschehens"[28], sind sein Sprachbewußtsein und seine Sprachskepsis – eines seiner Couplets hat den Refrain „Ja, hat denn die Sprach' da kein anderes Wort?" (*Mein Freund*, II, 22) –, seine Sprachmeisterschaft und sein Sprachspiel. Alle diese Fähigkeiten und Neigungen dienen Nestroy neben dem Spaß, den sie bereiten, dazu, ungezwungen die Verfälschung menschlicher Werte, eingewurzeltes Unrecht und gesellschaftlichen Trug in der erstarrten Phrase zu demonstrieren, im Einklang mit literarischen Tendenzen unserer jüngsten Vergangenheit und Gegenwart. Ödön von Horváths „Bildungsjargon" und gewisse Aspekte von Peter Handkes Werk sind ohne Nestroy unvorstellbar. Anders als im sprachbeherrschten literarischen Theater unserer Zeit jedoch stehen diese Tendenzen bei Nestroy, sich der traditionellen Formen des Volks- und des Boulevardstücks bedienend, der Freude des Theaterbesuchers an der Fiktion, am dramatischen Fortgang, nicht im Weg.

Das Drama der Metternichschen Restaurationsepoche (1815–1848/49)
Mit Beispielen aus der zeitgenössischen Einakterliteratur
Horst Denkler

Wer Spielpläne aus der Metternichschen Restaurationsepoche durchsieht, mag sich verblüfft fragen, ob jemals so viele Stücke geschrieben und aufgeführt worden sind wie in den Jahren zwischen Wiener Kongreß 1815 und Märzrevolution 1848/49. Und mancher, der die ihnen gewidmeten Kritiken und dramaturgischen Schriften liest, wird unversehens vermuten, selten habe man so intensiv über Drama und Theater diskutiert. Bei genauerer Überprüfung könnte sich freilich herausstellen, daß solche Annahmen trügen und sich gegenüber dem dramatischen, szenischen und dramaturgischen Ertrag anderer literarhistorischer Zeitabschnitte nicht halten lassen. Immerhin verdeutlicht jedoch der Eindruck von Vielfalt und Fülle die Schwierigkeit, die sich für jeden ergibt, der knapp über die gesamte Dramatik der ganzen Epoche berichten will. Seinem Dilemma, die Ansprüche des breitgefächerten Quellenmaterials auf gebührende Repräsentation mit dem Zwang zu handbuchgerechter Kürze zu versöhnen, dürfte er wohl am ehesten beikommen, wenn er jene gesellschafts- und dramenhistorischen Bedingungen und Perspektiven erfaßt, die für sämtliche dramatischen Texte der Zeit galten, und dazu den gattungsgeschichtlichen Strukturwandel herausarbeitet, an dem alle zeitgenössischen dramatischen Texte zu messen sind. Das soll hier auf doppelte Weise versucht werden: Der Skizzierung bezeichnender Entwicklungsschübe des epochentypischen Dramas folgt die Beschreibung exemplarischer Einakter, die einerseits zur Illustration der Dramengeschichte eingebracht sind und andererseits versprechen, brennpunktartig zu bündeln, was sich im mehraktigen Stück mannigfach entbreitet. Während der aus Anlaß der begrenzten Seitenzahl unternommene Rückgriff auf die Einakterliteratur aber zu rechtfertigen ist, weil im vorliegenden Handbuch Kapitel über die mehraktigen Werke von Raimund, Nestroy, Grillparzer, Hebbel, Grabbe, Büchner u. a. die notwendige Ergänzung bieten, darf sich der entwicklungsgeschichtliche Teil um der gebotenen Raumersparnis willen mit konzentrierenden Thesen begnügen, da literarhistorische Sachgründe anzuführen sind, die zu thesenhafter Formulierung geradezu einladen[1].

Der dramatischen Produktion zwischen 1815 und 1848/49 waren erkennbare Prämissen gesetzt, aus denen sich Selbstverständnis, Stilwahl, Formerfindung und Wirkungsabsicht der Stückeschreiber ebenso herleiten lassen wie die Entwicklungsschritte zu verstehen sind, mit denen das zeitgenössische Drama seiner politischen, ideologischen, ästhetischen und theaterspezifischen Determination gerecht werden wollte oder ihr zu entgehen suchte und sie zu überwinden hoffte. In dieser – mit borniter Verengung, einfallsreicher Anpassung oder abseitiger Exaltation daherkommenden – Berechenbarkeit mag nicht zuletzt das vielfach bezeugte Unbehagen zahlreicher Zeitgenossen über die ihnen zugedachte Dramatik begründet gewesen sein, die Wolfgang Menzel „im Ganzen" an einen „ziemlich eintönigen Hügelzug mit weiten Moosen und Morästen ringsum" erinnerte[2]. Allem Anschein nach fehlte nämlich – wie Karl Gutzkow feststellte – den meisten dramatischen Texten fast jeder politischen Richtung „das Mächtige, Gewaltige, Große, Herrliche, Freie"[3], weil die Dramatiker zu vielen Herren dienen mußten und dabei allzu leicht gegen das Interesse der Gattung verstießen, indem sie sich zu Unterwerfung, Handwerklertum, Anbiederei drängen ließen.

Territorial divergierender Zensurpraxis ausgesetzt, wußten sich die Autoren von vornherein dem „Bett des Prokrustes" eingegeben, das der argwöhnische Staat – wie Ludwig Börne beschrieben hat – für sie bereithielt[4]; an die Geschäftsbedingungen des literarischen Marktes gebunden, der in zunehmendem Maße den anarchischen Gesetzen des Konkurrenzkapitalismus zu gehorchen begann, hatten sie – nach Hermann von Pückler-Muskau – bereits das „Dampf und Geld-Regiment" der „industriellen Zeit" mitzuveranschlagen[5]; auf die feudal geführten Hoftheater oder die kommerzieller Gewinnkalkulation folgenden Privatbühnen angewiesen, mußten sie Entscheidungskompetenz, Spielplanpolitik, Geschmacksurteil der Theaterleiter und Theaterunternehmer beachten, die Alltagsroutine des Bühnenpersonals berücksichtigen und zugleich um den Beifall des zahlungsfähigen Publikums werben, das sich angewöhnt hatte, im Theater die Ersatzbefriedigung für die ihm vorenthaltene öffentliche Selbstrepräsentation zu suchen und die Bühne als Behelfsforum für die gegängelte und beschnittene öffentliche Meinung zu akzeptieren, die unter der Dunstglocke des Metternichschen Restaurationssystems leichter in poetischer Verhüllung als in politischer Nacktheit zu artikulieren war.

Kurz: gerade weil sie sich auf die Gegenwart des Theaters konzentrierten, den Autoritäten, Mächten und Traditionen eines der Vergangenheit verpflichteten politischen Systems ausgeliefert blieben und zumindest um ihre persönliche Zukunft besorgt sein mußten, neigten die Dramatiker in ihrer Mehrzahl fast notwendig dazu, die eigene Zeit – mit Gutzkows Worten – als „Mittelglied in einer Kette von Gewesenem und Kommendem" und somit als „Übergangsepoche" zu deuten, die bestenfalls eine „Literatur der ‚Zustände und der feinen Bezüge'" erlauben mochte[6]. Daher entwickelten sie durchweg nur oberflächlich-kurzsichtige, vorläufig-kurzatmige Argumentationsmuster und Diskussionsklischees.

Ausgehend von der staatsrechtlich, ideologisch und emotional begründeten Beziehung zwischen Fürst und Untertan, spielten sie mit unterschiedlich gewichtetem Engagement die Gegensatzpaare von Legitimismus und Volkssouveränität, Alleinherrschaft und Konstitutionalismus, Staatenbund und Einheitsstaat gegeneinander aus und entwarfen dabei Tugendsysteme, die entweder Treue, Gehorsam, Bescheidenheit, Pflichteifer, Arbeitsfreude besonders betonten oder Freiheitsliebe, Vaterlandsbewußtsein, Mitbestimmungswille, Selbstverantwortung, Emanzipationsbereitschaft vorsichtig unterstrichen. Damit griffen die Autoren zwar die beherrschenden Schlagzeilen des Tages auf und spiegelten zugleich das sich allmählich verschärfende Spannungsverhältnis zwischen spätfeudaler Restaurationspolitik und liberalem wie demokratischem Reformverlangen bzw. radikaler Revolutionsanstrengung; sie vermochten jedoch noch nicht die zukunftsweisenden Perspektiven zu erfassen, die sich aus der unaufhaltsamen Formierung des kapitalistischen Wirtschaftssystems, dem beschleunigten Auflösungsprozeß bestehender Sozialordnungen und den mehrgleisig vorangetriebenen Entwürfen einer materialistischen Gesellschaftslehre und Revolutionstheorie ergaben[7].

Trotz des mangelnden Spürsinns fast aller Stückeschreiber für die zukunftbestimmenden Entwicklungsfaktoren und Kräfteströme und trotz ihrer traumatischen Orientierung an faktisch überholten Erfahrungen bei der Erörterung aktueller Gegenwartsprobleme[8] dürfte es jedoch kaum angemessen sein, heute noch vorbehaltlos in die „Jeremiaden"[9] der zeitgenössischen Dramen- und Theaterbeobachter einzustimmen. Denn indem sich die meisten Autoren – wie bereits Heinrich Laube und Robert Prutz zu bedenken gaben – auf die „Alltags-Mittelmäßigkeit" des bestehenden Theaterbetriebs einstellten, „jeder schlechtesten" Tagesmode nachzujagen suchten und die Bedingungen des Bühnenalltags ebenso mitbedenken wie die Resonanz der potentiellen Zuschauer abzuschätzen lernten[10], vermochten sie der Dramen- und Theatergeschichte eine Richtung zu geben, die den künstlerischen Produktionsbedingungen innerhalb

des allmählich heraufkommenden bürgerlich-kapitalistischen Gesellschaftssystems mehr und
mehr Rechnung trug. Die Schärfung des Blicks für das aktuelle Theater und sein Publikum weitete nämlich auch die Optik für die politische Aktualität. Nicht wenige Stückeschreiber begannen daher – laut Prutz und Gutzkow – die dramatische Literatur auf die ,,Bedürfnisse des Volkes", die ,,Forderungen der Wirklichkeit", die ,,Zusammenhänge der Geschichte" auszurich-
ten[11], gaben ihr Mut zur Tendenz als im ,,Interesse der Parteiung" proklamierter ,,Partei- wie
Zeitansicht"[12] und bereiteten sie gezielt für die Aufführung auf den bestehenden oder projek-
tierten Bühnen zu, weil sie den Texten dadurch höchsten und entscheidenden Öffentlichkeits-
wert zu verschaffen hofften. Dieser stetig wachsende Drang zu realitätsbedachter, gegenwarts-
bewußter, tendenzerfüllter, theaterbezogener Gestaltung motivierte schließlich einige Dramatiker, sich über die systembedingten Beschränkungen hinwegzusetzen, selbstverantwortete individuelle Begrenzungen zu durchbrechen und Inhalte und Strukturformen anzubieten, die
ideologische Progressivität mit ästhetischer Innovation untrennbar verknüpften. Allerdings
vollzogen sich diese Emanzipationsakte in epochal geprägten Schritten.

Nach dem Wiener Kongreß, dessen Resultate und Konsequenzen die politisch aktivier-
ten deutschen Patrioten in den Bannkreis häuslicher Genügsamkeit zurückzudrängen und ihr
staatsbürgerliches Bedürfnis zu gesellschaftlicher Mitarbeit in die Bahnen unverbindlicher Geselligkeit zu lenken trachteten, gefiel sich das Theater zunächst als ,,Surrogat des öffentlichen
Lebens", das ,,Ventile" für den ,,Abzug der unzufriedenen Stimmung" bereitzuhalten hatte[13]
und zugleich der apologetischen Bestätigung bestehender Machtverhältnisse und Gesellschafts-
zustände dienen sollte. Dieser herrschaftsstabilisierenden Indoktrinierungsaufgabe kamen die
meisten professionellen Dramenlieferanten bereitwillig entgegen. Sie suchten ihre szenischen
Handlungsentwürfe im entwirklichten, entpolitisierten, enthistorisierten Reich des theatralisch
schönen Scheins anzusiedeln und entwarfen spielfähige Gattungen, deren abstrakter Kunstanspruch die restaurativen Wirkungstendenzen ästhetisch fundieren mußte. Zu nennen sind vor
allem vier dramatische Genretypen:

– die zum glorifizierenden Heroendrama, zur feudalen Opferlegende oder zur devoten
Fürstenapotheose verflachende Tragödie, mit der Autoren wie Joseph Christian von Zedlitz,
Eduard von Schenk, Joseph von Auffenberg den schwankenden Thronen die mystifizierende
Gloriole verleihen wollten;

– das Selbstbestimmung und Willensfreiheit negierende, Abhängigkeitsgefühl und
Schuldbewußtsein züchtende Schicksalsdrama, das unter der Feder von August Klingemann,
Adolph Müllner und Ernst von Houwald dazu gelangte, Argumente durch Rhetorik, Kausalität
durch Wunder, Wirklichkeit durch theatralische Schau zu ersetzen und die Dramenhelden zu
hilflosen Opfern numinoser Schicksalslogik zu degradieren, die sich von unbekannten und bekannten Gewalten bequem regieren ließen und sich deshalb auch als verläßliche Untertanen bewährt haben dürften;

– die soziale Immobilität belohnende und freiwillige Bescheidung mit den Pflichten und
Freuden des angestammten gesellschaftlichen Standes preisende Komödie, der H. Clauren (d. i.
Carl Heun), Franz von Holbein, Ernst Raupach, Carl Toepfer u. v. a. pazifizierend-narkotisie-
rende Wirkungen abgewannen, indem sie Spielwelten entwarfen, die schicklich und sittlich
blieben, weil sie politisch geknebelt, sozial gezähmt und triebpsychologisch gebändigt waren;

– das Fleiß, Liebe, Treue beschwörende, Zufriedenheit, Mäßigkeit, Entsagung suggerie-
rende, private und öffentliche Harmonie stiftende Volksstück, mit dem sich professionelle
Stückeschreiber wie Joseph Alois Gleich, Carl Meisl, Adolf Bäuerle, Carl von Holtei, Louis
Angely anschickten, ihre Zeitgenossen vom instinktiv begriffenen Eigeninteresse abzulenken

und mit ideellen Tugendgratifikationen abzuspeisen, die nichts kosteten – weder politisch noch ökonomisch.

Unterschiedlicher Wirkungsmechanik verpflichtet, folgten die vier dramatischen Genretypen dem gleichen Wirkungsziel. Sie wollten sämtlich staatlich propagierte und allgemein akzeptierte Wertvorstellungen in würdiger poetischer Form mit spektakulärem Schaugepränge vermitteln, wobei Anleihen bei Goethe und Schiller zur wirklichkeitsflüchtigen Verkünstelung genutzt wurden und der Anschluß an Lessing und die Volksstück- und Lustspieltradition des 18. Jahrhunderts der dramaturgischen Sicherung irrealen Phantasiegeschehens zugute kam. Die Abkehr von der Realität, die Verleugnung gruppenspezifischer Interessen, das Streben nach reibungsloser Integration, die Anlehnung an bewährte dramatische Formen und das Bemühen um handwerksgerecht-theatergemäße Dramaturgie gehorchten jedoch einer politisch ebenso handfesten wie aktuellen Tendenz: In der abgehobenen Welt der Kunst sollte die Restaurationspolitik jene höheren Weihen empfangen, die ihr zeitlose Dauer vor Gott und den Menschen versprachen und sie mit den Attributen ewiger Wahrheit versahen. Nur wenige Autoren wagten es, diesen artifiziell gewobenen ideologisch-ästhetischen Schleier zu durchlöchern. Ihn zu zerreißen, vermochten freilich die unterschwelligen Mahnungen in Franz Grillparzers Antizipationstragödien, die pathetischen Weissagungen in Johann Baptist von Zahlhas' Historiendramen, die illusionsstörenden Bloßstellungen in Karl Immermanns Haupt- und Staatsaktionen ebensowenig wie die literaturkritisch verbrämte Gesellschaftskritik in August von Platens aristophanischen Lustspielen, die realitätsbewußt begründete Systemverspottung in Carl Malß' ideologiesprengenden Lokalpossen oder die resignierende Skepsis gegenüber den gesellschaftlichen Selbstheilungskräften in Ferdinand Raimunds magisch-okkultisch gesteuerten Besserungsspektakeln.

Die Wende brachte erst die Pariser Julirevolution. Von vielen Zeitgenossen als ,,großer politischer Schlag" erfahren, bahnte sie eine tiefgreifende ,,Umwälzung in unserer Literatur" an und legte dem Drama als ,,Abbild des Lebens" samt dem Theater als ,,Spiegel / Der Zeit und Sitten in der Welt" nahe, die ,,socialen und politischen Widersprüche" der Gegenwart aufzudecken und Lösungsvorschläge für die aktuelle Reflexion und die konkrete Praxis anzubieten[14].

Obwohl die staatlichen Zensurinstanzen und Überwachungsbehörden die plötzliche Hinwendung zur gesellschaftlichen Wirklichkeit mißtrauisch beobachteten und der Politisierung von Literatur und Theater rasch Riegel vorzuschieben suchten, konnte und wollte sich kaum ein Autor der neuen Herausforderung entziehen. Allerdings verfolgten die Dramatiker – ihrer politischen Überzeugung und Wirkungsabsicht entsprechend – unterschiedliche Strategien. Wer die politischen Revolutionsereignisse eindämmen, hinnehmen oder als (mit dem System verträgliche) Reformanstöße auswerten wollte, setzte auf die Wirkungsmittel perfekten Theaters:

– an der Restaurationspolitik festhaltende Schriftsteller wie Eligius von Münch-Bellinghausen, der das bürgerliche Pseudonym Friedrich Halm gebrauchte, und Amalie von Sachsen, die in durchsichtiger Anonymität verharrende Schwester des regierenden sächsischen Königs, versuchten, in höchst artifizieller ,,Kunstpoesie" bzw. äußerst entpoetisierten ,,Lebensgemälden"[15] die gottgewollte Legitimität der geltenden Herrschaftsordnung zu bekräftigen, und beriefen sich dabei auf den potenzierten Wahrheitsanspruch von reiner Kunst und reiner Wirklichkeit;

– Zugstückautoren vom Schlage Charlotte Birch-Pfeiffers und Roderich Benedix' lieferten mit modischen Anspielungen versetzte Trivialhandlungen, die als ,,Lebensmittel" für die

Bühnen und „Hausmannskost" für die Zuschauer dem zeitgenössischen Aktualisierungstrend folgten[16], ohne sich zu deutlicher Parteinahme aufraffen zu wollen und die eigene Gesinnungslosigkeit verbergen zu können;

– der liberale Stückeschreiber Eduard von Bauernfeld fand im mittelstandsspezifischen Konversationslustspiel das Medium, gesellschaftliche Umschichtungsprozesse in alltäglich-nüchternen Gesprächssituationen aufschimmern zu lassen; und

– der skeptische Systemkritiker Johann Nepomuk Nestroy verließ sich in seinen parodistisch, satirisch, ironisch gebrochenen Volksstücken auf ideologiezerstörerische Desillusionsdramaturgie, die das Volk zur Erkenntnis der ihm von den Herrschenden zudiktierten Untertanenrolle und zur Einsicht in die Notwendigkeit konsequenter staatsbürgerlicher Emanzipation befähigen sollte.

Alle genannten Autoren hielten ihre politischen Aussagen ausdrücklich oder gerade noch im Rahmen des systemimmanent Gestatteten, durften deshalb von vornherein auf Bühnenwirkung spekulieren und wollten folglich szenisch durchschlagende Präsentationsformen entfalten. Demgegenüber sahen radikalere oder konsequentere Dramatiker unterschiedlicher ideologischer Couleur von der Aufführung auf den bestehenden Bühnen bewußt ab, um über den politischen, dramenästhetischen und bühnentechnischen Horizont der Theaterbeamten und Bühnenpächter hinauszuschweifen und die besonders überhöhten Meinungsbarrieren der zur Spielplanüberwachung und Aufführungskontrolle abkommandierten Gesinnungspolizei zu unterlaufen:

– der alte Grillparzer ließ seine späten Trauerspiele, die die gewaltsame Ablösung des monarchischen Prinzips durch die von unten aufstrebenden Massen in allegorisierten Historien und Passionen visionär erfaßten, in der Schublade und gab sie erst für die posthume Veröffentlichung frei;

– Otto Friedrich Gruppe, Carl Moriz Rapp, Carl Goedeke, Karl Rosenkranz u. a. folgten dem Vorbild Platens: sie wählten die Form der aristophanischen Literaturkomödie, um im Zuge der satirischen Vernichtung zeitgenössischer Modeliteratur die in ihr gespiegelten gesellschaftlichen Zustände zu treffen, und erkauften die ästhetische Tarnung der politischen Tendenz mit der Unaufführbarkeit der gelehrt-unpopulären Genreform;

– engagierte Tendenzautoren und Bildungsdichter wie Otto S. Seemann, Ludolf Wienbarg, Sigismund Wiese verfielen auf Allegorese, Hermetismus, Abstraktion als verbergende Gestaltungsprinzipien für Handlungsentwürfe, die zwar auf die Weltbühne einzuwirken hofften, aber die Welt nicht auf die Bühne zu bringen verstanden.

Aus dem Widerspruch zwischen politischer Wirkungsabsicht und der Wirkungsbegrenzung und -verschleierung, zu der die observierten Bühnen zwangen, zog der radikaldemokratische Berliner Lokalschriftsteller Adolf Glaßbrenner die bündige Folgerung: weil er „gemeine, das heißt wirkliche Wahrheit" vermitteln, seine politische Meinung unverblümt aussprechen und aus dem Volk „viel", nämlich „ein Volk", machen wollte[17], konzipierte er seine Monologe, Dialoge, Einakter und Szenenfolgen von vornherein nicht für die Theater, sondern richtete sie für die Lektüre ein und vertraute sie dem Buch, der Broschüre, der Zeitung, dem Faltblatt an, die die Leser anregen mochten, das Gelesene auf der entfesselten Bühne ihrer Phantasie zur Aufführung zu bringen.

Auf diese Phantasiebühne des freien Gedankens blieben die Dramen der radikalsten Liberalen und Demokraten gänzlich angewiesen. Versperrten ihnen bereits oppositionelle Gesinnung und revolutionäre Aggressivität den Zugang zu den zeitgenössischen Theatern, so durften sie nun notgedrungen riskieren, der Radikalität des politischen Selbstverständnisses mit radikalen dramatischen Formerfindungen zu entsprechen, für die erst die unabsehbare Zukunft die szenischen Umsetzungsmittel bereithalten und ein neues Publikum das entsprechende Rezeptionsverhalten ausbilden mochte:

HARRO PAUL HARRING (1798–1870) entwarf mit den „dramatischen Szenen" *Die Deutschen Mädchen* (1835)[18] ein pathetisches Agitations- und Propagandadrama, das unverhohlen auf rhetorische Überrumpelung und plakativen Schock setzte: Sein „Bild der Zeit" wollte mit der Handlungsführung den unausweichlichen Entscheidungszwang für den nationalrevolutionären Republikanismus des Autors suggestiv heraufbeschwören und autoritativ bekräftigen, meinte durch vergröbernde Schwarzweißmalerei die Bereitschaft zu kompromißloser Parteilichkeit wecken zu können und hoffte mit Schlagwörtern, Leitsätzen, Sentenzen die Massen in spontan aufflackernde Bewegung zu versetzen.

CHRISTIAN DIETRICH GRABBE (1801–1836) durchbrach in seinem gegenwartsbezogenen Historiendrama *Napoleon oder Die hundert Tage* (1831)[19] ideologische Wirklichkeitsverfälschung wie realitätsfeindliche Kunstideologie, gewährte den antagonistischen Gesellschaftsklassen als handlungsbestimmenden Gegenparteien szenischen Spielraum und bekräftigte die Überlegenheit politischer und sozialer Gesichtspunkte gegenüber idealistischen, legalistischen und sittlichen Prinzipien. Dabei half ihm die Entfaltung einer episierten Demonstrationsdramaturgie, die großen Individuen mit den Massen zu konfrontieren und kollektive Meinungsbildungs- und Entscheidungsprozesse kaleidoskopisch einzufangen: Die ideologischen, sozialen, politischen Konsequenzen gesellschaftshistorischer Entwicklung durchsichtig und schaubar machend, trug er dazu bei, die Leser und potentiellen Zuschauer zu verantwortlichem Mitdenken und Mithandeln einzuladen und anzuleiten.

GEORG BÜCHNER (1813–1837) radikalisierte in *Dantons Tod* (1835) und *Woyzeck* (1879, entstanden 1836)[20] die bereits bei Grabbe aufscheinende materialistische Geschichts- und Gesellschaftsperspektive, deckte die Determination seiner zu Antihelden depravierten Mittelpunktfiguren im politischen Kräftefeld und sozialen Spannungsgefüge auf und bereicherte den von Grabbe erprobten epischen Demonstrationsgestus mit der Bereitstellung offener dramatischer Strukturformen, die das Publikum anregen sollten, nach eigenen Lösungen zu suchen, zu aktiver Selbstbestimmung zu gelangen und die gesellschaftsverändernde Tat zu wagen.

Hinter diese avanciertesten Positionen, die freilich von den zeitgenössischen Theatern nicht beachtet wurden, mit scharfer Ablehnung durch die professionelle Kritik rechnen mußten und dem breiten Publikum weithin unzugänglich blieben, fielen die gegen 1840 zum Sturm auf die Bühnen ansetzenden jungdeutschen Dramentechniker und Theaterpraktiker ebenso zurück wie die gleichzeitig ins öffentliche Blickfeld tretenden hegelianischen Dramatiker, denen die poetische Hebung der dramatischen Kunstgattung besonders dringlich erschien. Denn beiden Gruppen ging es zunächst nur um die szenische und ästhetische Konsolidierung des Dramas. Die Jungdeutschen Karl Gutzkow und Heinrich Laube bemühten sich daher, ihre Szenarien als Theaterstücke auf der Bühne heimisch zu machen, indem sie Effekt- und Pointendramaturgie mit genauer Kalkulation des politisch Erlaubten und vom Publikum Goutierten verbanden. Und die Hegelianer Julius Mosen, Julius Leopold Klein, Albert Dulk begnügten sich mit der Niederschrift philosophischer Buchdramen, die den politischen Prinzipienstreit als instrumentale Motorik des Weltgeistes in das dramatische Kunstgebilde integrieren sollten und sich zutrauten, literarischen Kunstanspruch und politischen Wirkungswillen ästhetisch zu versöhnen. Trotz der sich ständig versteifenden Fronten zwischen den liberalen und den restaurativen Fraktionen nach der Thronbesteigung Friedrich Wilhelms IV. von Preußen im Jahre 1840 neigten die meisten Stückeschreiber zu einem ähnlichen Konsolidierungskurs:

    – ROBERT EDUARD PRUTZ (1816–1872) stimmte seine radikalliberale Rhetorik in Historiendrama wie aristophanischem Lustspiel gezielt auf das Wirkungspotential des vorhandenen Bühnenapparats ab;

    – der Zeitstückautor GUSTAV FREYTAG (1816–1895) handhabe modernste Mittel der zeitgenössischen Literatur- und Theatertechnik, um seine klassenversöhnlerische bürgerliche Aufstiegsideologie zu propagieren;

    – FRIEDRICH HEBBEL (1813–1863) gab mit Mythendrama und bürgerlichem Trauerspiel zwar der elitären Lust an ,,Übertreibung, Krassem und Abnormem" nach[21], weil er das reine Kunstwerk von der platten Wirklichkeit abgrenzen wollte; er hielt seine normenüberschreitende Themenwahl und Fabelerfindung jedoch streng in den Grenzen des theatralisch Darstellbaren.

    Erst die 1848 ausbrechende Märzrevolution setzte dieser Kompromißstrategie ein vorläufiges Ende: Drama und Theater wurden vom Tagesgeschehen verdrängt, das zeitnahere Ausdrucksweisen, -formen und -mittel verlangte, nachdem die Zensur in allen deutschen Staaten abgeschafft worden war. Die damit protegierte dramatisch-szenische Gegenwartsliteratur scheint ihr Vorbild aber eher in den bühnenfernen Experimenten der dreißiger Jahre als in der vermittelnden Schreibpraxis der Vorrevolutionszeit gefunden zu haben.

    Im Gegensatz zu den wenigen, nur noch vereinzelt auftauchenden aktuellen Festspielen, Rührstücken, Trivialdramen, Lokalrevuen, Persiflagen, Parodien, Possen und aristophanischen Komödien vermochten vor allem Straßen- und Kneipentheater sowie Flugblatt- und Flugschriftenliteratur das allenthalben aufbrechende Verlangen nach rascher Information, entschiedener Parteinahme und zielbewußter Massenagitation zu erfüllen. Die häufig anonym auftretenden oder unter phantasievollen Pseudonymen verborgenen Tagesschriftsteller der Revolution, für die Adalbert Cohnfeld und Albert Hopf stellvertretend genannt sein mögen, packten nämlich jene konkrete Gegenwart, hinter der die am zeitgenössischen Theater festhaltenden Dramatiker zurückgeblieben waren und über die sich die Dramenrevolutionäre antizipierend hinweggesetzt hatten. Gleichzeitig verstanden die Flugblattschreiber, mit dem Auszug aus den Bühnenhäusern und der Beschränkung auf Kurzmonolog, -dialog und -szene eine neue literarisch-theatralische Öffentlichkeit zu etablieren. Diese umfaßte die revolutionsverbundenen Massen der revolutionären Metropolen, akzeptierte das von der aktuellen ,,Straßenecken-Literatur" ausgegebene Feldgeschrei ,,Geld", ,,Witz", ,,Krakehl" als programmatische Einigungsformeln[22] und trug konsequent dazu bei, die Dichter-Rolle auf die Sprecherfunktionen schlagfertiger Wortführer spezifischer Bevölkerungsgruppen zu nivellieren und passive Individualrezeption durch aktive Kollektiverlebnisse zu ergänzen, die sich beim Anhören vorgelesener Texte, beim Zusehen improvisatorisch gespielter Handlungen, beim Mitlesen und Mitreden, Mitspielen und Mitdenken einstellen mochten.

    Am Ende der Entwicklungskurve bestätigt die revolutionsverbundene Tagesliteratur jedoch nur, was sich mit steter Verschärfung seit 1815 angedeutet hatte:

    Die politische Radikalisierung des für ,,Liberalismus und Constitutionalismus"[23] oder gar für die demokratische Republik agitierenden Dramas ging mit seiner schrittweisen Lösung von der überkommenen Dramaturgie einher, wobei weder die Bühne der Zukunft oder das Theater der Phantasie aus dem Blick verloren noch der dramenspezifische Grundgestus preisgegeben wurde – der literarische Neuansatz und die dramaturgische Innovation gewannen daher politische Relevanz, wenngleich der ästhetische Novitätswert und die Wirksamkeit der dramentechnischen Erfindung nicht mechanisch mit dem Grad politischer Avanciertheit gleichgesetzt werden dürfen.

Daraus ergibt sich aber, daß nicht diejenigen dramatischen Texte von vornherein den größten politischen Vorsprung haben konnten, in denen die Ideologeme der liberalen und demokratischen Bewegungen am lautesten herausgeschrien und am direktesten vorgetragen wurden, sondern daß die literarische Vermittlungsweise über den historisch-politischen Stellenwert mitentschied: Das ästhetische Formexperiment, das die überlieferten Tragödien- und Komödienstrukturen sprengte und ablöste, verschaffte der politischen Gesinnung erst die angemessene Tribüne, von der sie sich ungebrochen artikulieren konnte.

Damit enthüllt sich jedoch die besondere Zwangslage, in der sich die zeitgenössischen Dramatiker zwischen Wiener Kongreß und Märzrevolution befanden. Wenn sie den ideologisch, politisch und sozial zukunftweisenden Leitlinien folgen wollten, mußten sie dramatische Formen wählen, denen staatliche Zensurpraxis, ästhetisches Normbewußtsein und öffentliches Rezeptionsverhalten entgegenstanden und die daher ihr Publikum kaum erreichen konnten. Wollten sie aber diese Schranken überwinden und beim Publikum ankommen, hatten sie sich mit Halbheiten zufriedenzugeben, die das ästhetische Darstellungsvermögen wie den ideologischen Wahrheitswert der Stücke beeinträchtigen mußten. Nur die Tagesschriftsteller der Märzrevolution durchbrachen diesen Teufelskreis, indem sie – getragen von der Gunst der Stunde – politischen Anlaß, literarische Verarbeitung und Zuschauer- wie Leserreaktion für kurze Zeit zusammenzuschließen verstanden. Die damit erreichte wirkungspsychologische Effektivität der Verbindung von ästhetischer Innovation und politischer Progressivität erkannten die 1848/49 zum Gegenangriff ausholenden Konterrevolutionäre bezeichnenderweise sofort: Ihre Restaurationsanstrengungen begünstigten deshalb das konventionelle, zeit- und gesellschaftsflüchtige Amüsiertheater, das die „Sorgen" der Zeitgenossen wie ein „Opiumtrank [. . .] vergessen" machen sollte, und ließen das Drama zur „partie honteuse" der zeitgenössischen Literatur verkommen[24], weil die dramaturgische Neuerung ähnlich verdächtig wurde wie politischer Oppositionsgeist und gesellschaftsreformerische oder -revolutionäre Initiative. Dabei entging den loyalistischen Gegenrevolutionären freilich ebenso wie ihren unterliegenden radikalliberalen und -demokratischen Widerpartnern, daß die weitertreibenden revolutionären Impulse gar nicht mehr von der bürgerlichen Ideologie, sondern von der ökonomischen Entwicklung zum Konkurrenzkapitalismus und darüber hinaus zum Monopolkapitalismus zu erwarten waren.

In dieser Blindheit, die schließlich die Sicht für das Unzeitgemäße des Zweiten Kaiserreichs samt seiner fiktionssüchtigen Feiertagskultur nehmen und die Bewußtseinsbildung der deutschen Zeitgenossen langfristig beeinflussen sollte, blieb notwendig auch die nachrevolutionäre Einakterliteratur befangen, nachdem ihr vor und im Verlauf der Revolution einige lichte Durchblicke vergönnt gewesen waren. Doch selbst solche punktuelle Hellsichtigkeit hatte – ähnlich wie in der Geschichte des mehraktigen Dramas – nur in den seltensten Fällen die Sprengung ideologischer Blickverstellung und Blickverengung mit dramaturgischer Strukturerweiterung und Formemanzipation zu verbinden gewußt. Denn für die meisten Einakter aus der Restaurationszeit galt Albinis Einaktertitel „Im Kleinen wie im Großen"[25]: Gerade weil „die kleinen Schritte [. . .] Mode geworden" waren und damit eine Vielzahl genretypisch verwandter „dramatischer Kleinigkeiten" zu Huldigungszwecken, festlichen Anlässen, aktuellen Zeitereignissen, für die novitätenschluckenden Bühnenspielpläne und aus gelegentlichem szenisch-dramaturgischem Experimentierverlangen emporgeschwemmt wurde[26], zeigten sich diese rasch entworfenen und schnell verbrauchten Kleindramen besonders anfällig gegenüber dem Zeitgeschmack, verhielten sich zumeist im Schlagschatten der abendfüllenden Stücke und bewegten sich kaum über den Horizont des Durchschnittspublikums hinweg. Das läßt sich besonders deutlich an jener Nahtstelle erkennen, an der das mögliche Gespür der Zeitgenossen für gesellschaftliche Entwicklungsprozesse und ökonomische Determinationstendenzen mit ihrem möglichen Bedürfnis nach entsprechender ästhetischer Innovation zusammenlaufen und zur Deckung kommen müßte. Wenn nämlich selbst progressive Autoren die Gegenwart als ,,Zeit der Fragen, auf welche noch keine Antwort'', als ,,Räthsel, für das noch keine Lösung'', als ,,gordischen Knoten, für den noch kein Alexander gefunden worden'', begriffen, half es ihnen wenig, daß sie in den ,,Dramen auf der Bühne [. . .] das Vorspiel der Dramen im Leben'' sehen wollten[27]: Die mit ästhetischer Desorientierung gepaarte sozial- und wirtschaftspolitische Ratlosigkeit vieler Liberaler und Demokraten wirkte ähnlich hemmend wie die Anpassungsbereitschaft der Anhänger des *Juste Milieu* oder der Beharrungswille der Konservativen. Darüber dürfen auch die wenigen theoretischen Stellungnahmen mit weitergesteckter Perspektive nicht hinwegtäuschen. So ermunterte Gutzkow zwar zur Suche ,,neuer Formen'', die den von Friedrich Steinmann angesprochenen ,,Richtungen'' des ,,öffentlichen und socialen Lebens'' der Gegenwart genügen sollten, begünstigte damit die von Levin Schücking beschriebene Wendung zu einer ,,pragmatischen'' Literatur und hätte wohl nichts gegen die von Robert Hall beobachtete ,,allgemeine Entfaltung gemeinnütziger Prinzipien'' in der Belletristik einzuwenden gehabt[28]. Die vereinzelt vertretene Meinung, daß ,,uns jetzt und in der nächsten Zukunft fast mehr noch als die politischen Kämpfe die socialen Fragen beschäftigen werden'' (Hermann Hettner), und die verhalten geäußerte Voraussage, die ,,Theilnahme unsrer Zeit an der Politik'' werde allmählich der Orientierung ,,an den Fortschritten der Industrie, der Eisenbahnen und dem sich dadurch öffnenden neuen Weltverkehre Raum [. . .] geben'' (Friedrich von Uechtritz)[29], blieben aber von wirtschaftsdeterministischen und klassenantagonistischen Gesellschafts- und Staatsvorstellungen noch weit entfernt und vermochten weder eine materialistische Dramaturgie noch ein materialistisches Drama heraufzuführen, für das sich mehr als Spurenelemente – von wenigen Ausnahmen abgesehen[30] – nachweisen ließen. Dennoch sind ähnlich wie unter den mehraktigen Stücken auch in der Einakterliteratur Texte aufzufinden, die ,,die neuen Interessen einer, in einigen Decennien mit Siebenmeilenstiefeln vorgeschrittenen Zeit poetisch zu [b]ewältigen'' suchten und die ,,tiefe Erbärmlichkeit'' der Restaurationsepoche samt der ,,Misère'' ihrer ,,Bühnenzustände'' hinter sich lassen wollten[31]. Dabei bestätigt sich erneut, daß – wie Herrmann Marggraff 1837 feststellte – das ,,dramatische Genie und unsre jetzige Bühne'' auseinanderstrebten[32]: Befaßte sich die große Menge der für die tägliche Aufführungspraxis ,,fabricirten''[33] Einakter gar nicht oder nur höchst selten und dann eher beiläufig mit sozial und ökonomisch aktuellen Themen und vermied sie peinlich jede Kollision mit den Gepflogenheiten eingefahrener Theaterroutine, so wagten doch einige exzeptionelle Szenen und Szenenfolgen, noch Unausgesprochenes zu artikulieren oder noch Ungespieltes zu entwerfen und manchmal beides zu verknüpfen.

Solche normüberschreitenden Texte sollen im folgenden aus dem entwicklungsgeschichtlichen Zusammenhang gelöst und auf ihren ideologisch-ästhetischen Innovationswert geprüft werden[34]. Denn da die zeitgenössische Einakterliteratur die vom Affirmationstheater über das Spekulationstheater zum Amüsiertheater führenden Entwicklungsschritte mitvollzog, die das mehraktige Drama vorgezeichnet hatte, darf der bereits beschriebene dramenhistorische Rahmen vorausgesetzt werden, dem auch die Ausnahmetexte zuzuordnen sind. Gleichzeitig rechtfertigt deren Bereitschaft zu entwicklungsgeschichtlichen Sprüngen, die Stücke am Grad ihres ideologischen Erkenntnisstandes und an der Qualität ihrer ästhetischen Erfindungskraft zu messen, zumal davon auszugehen ist, daß die konventionelle Einakterliteratur am überliefer-

ten Fundus bewährter Motive, Stoffe und Lösungen festhielt und dem bekannten For-
menarsenal beliebter Genretypen verpflichtet blieb, die von tragischen, melodramatischen, fest-
spielhaften Strukturmodellen über Tragikomödie, Konversationsstück, Sittendrama bis zu
Vaudeville, Lustspiel, Zauber- und Lokalposse reichten.

Vor dieser Folie erklärt sich die Zaghaftigkeit, mit der die meisten Ausbruchsversuche
unternommen wurden. Dafür zeugen einige Einakter, in denen ideologische oder dramaturgische Neuerungen aufscheinen, aber noch deutlich auseinanderklaffen:

– MICHAEL BEERS (1800–1833) Trauerspiel *Der Paria* (1826)[35] trägt die gegen Rassendis-
kriminierung und soziale „Bedrückung" (239) gerichtete Gleichheitsbotschaft in verschliffenen
Jamben vor, die einer modischen Effekthandlung nach melodramatischem Zuschnitt eingepaßt
sind;

– in JULIUS MOSENS (1803–1867) dramatischem Fragment *Cromwell*[36] wird die Vision
vom Aufstand des „armen Volks" (476) gegen Feudaladel und Besitzbürgertum mit den abge-
brauchten Mitteln einer jambisch durchrhythmisierten Sprechoper verkündet, deren Freude an
Rhetorik und Pathos vom herrschenden Zeitgeschmack geprägt blieb;

– HEINRICH HEINE (1797–1856) sprach in der Tragödie *William Ratcliff* (1823)[37] zwar
die „große Suppenfrage" (340) an, die zwischen den Gesellschaftsklassen aufzubrodeln begann,
vermochte das Zukunftsbild vom Krieg der „Hungerleider" gegen die „Satten" (353) jedoch
nicht in die Geschehnisfolge der (im Stil eines Schicksals- und Schauerdramas verfaßten) „dramatisierten Ballade" (340) zu integrieren und beschied sich mit verstreuten Dialogabschweifun-
gen und -anspielungen;

– und im Gegenzug zu Beer, Mosen und Heine versuchten KARL IMMERMANN
(1796–1840) und Friedrich Hebbel, konventionelle Formen zu sprengen, ohne bereits über un-
konventionelle Inhalte zu verfügen: Immermann widerrief die verschlissene Form seines Alex-
andrinerlustspiels *Ein Morgenscherz* (1824) mit dessen Bagatellhandlung, die dem „steten Ver-
sewesen" (280) das schlichte, gerade Wort entgegenhält und im tändelnden Rokokostil für „etwas härtre Speise" (247) plädiert; Hebbel setzte sich mit seiner Tragikomödie *Ein Trauerspiel in
Sicilien* (1851) über Fabelschablone und Dialogetikette hinweg, blieb aber die Begründung
schuldig, was diese Normüberschreitungen besagen sollten[38].

Noch spärlicher erscheint der Befund, wird Verständnis für ökonomische Zusammenhänge gesucht und nach entsprechender dramatischer Gestaltung gefragt. Der Unmut der Mit-
telpunktfigur in CARL VON HOLTEIS (1798–1880) Liederposse *Der Kalkbrenner* (1828), als
„Händlanger [. . .] um's Tagelohn arbeiten" zu müssen (35), und der Wunsch des Titelhelden in
FRIEDRICH BECKMANNS (1803–1866) Genreszene *Der Eckensteher Nante im Verhör* (1833),
„nicht mehr zu arbeiten brauchen duhn dürfen" (17), sind offenbar bereits als Zeichen wider-
borstigen Realitätssinns zu deuten[39], mit denen jene Motivkonstellationen keineswegs mithal-
ten können, die an ökonomische Klischeevorstellungen anschließen und etwa den Drang zu rascher Kapitalakkumulation als jüdisches Laster diffamieren (Carl Borromäus Alexander Sessa,
Unser Verkehr, 1814)[40], die Nötigung zur Kapitalverwertung zugunsten idealer Werte herun-
terspielen (Carl Elmar, *Paperl, der unzufriedene Capitalist*, 1856)[41] oder von phantastischen
Börsengewinnen bzw. börsentechnisch unbegründeten Kursstürzen rasche Lösungen erwarten. Geht hier weithin wirtschaftspolitische Kurzsichtigkeit mit dramaturgischer Selbstgenüg-
samkeit einher, beweisen doch einige Texte, wie der allmählich erwachende Spürsinn für soziale
Umschichtungsprozesse und ideologische Neuorientierungszwänge, die vom Siegeszug der kapitalistischen Produktionsweise heraufgeführt und durch die Verbreitung bürgerlicher Ver-
kehrsformen verschärft worden waren, das strukturelle Gefüge der Stücke zu weiten beginnt.

Zwei dramaturgisch und ideologisch verwandte Einakter grenzen diese Beispielgruppe zeitlich ein: die spätaufklärerische Tragikomödie *Die Liebe im Zuchthause* (1807) von JULIUS VON VOSS (1768–1832) und das frühsozialistischen Lehren verpflichtete Genrebild *Die Bauern* (posthum veröffentlicht 1850) von CARL MALSS (1792–1848)[42]. Beide Texte verzichten trotz spielfähiger Struktur auf die szenische Umsetzung, weil den in ihnen aufgeworfenen sozialrevolutionären Dialogthesen die zeitgenössischen Bühnen von vornherein versperrt waren; sie bemühen sich jedoch mit trickreicher Erfindungskraft, ihre provozierenden Wahrheiten in das Leserbewußtsein eindringen zu lassen, bevor es sich gegen sie abschotten konnte. Gedeckt von der Schutzbehauptung, Thema und Stoff des zuerst genannten Stücks schlössen die öffentliche „Aufführung" (V) aus, und getarnt durch die im zweiten Text gebrauchte schwer-, doch durchaus nicht unverständliche „Wetterauer Mundart" (1), übertrugen die Autoren ihre Kritik an den spätfeudalen und bürgerlichen Besitzverhältnissen und Gesellschaftszuständen negativ gezeichneten Sprechern, die zwar von den Dramenhandlungen desavouiert werden, aber außerhalb des Fiktionszusammenhanges recht behalten durften. Denn der Leitsatz, daß der innerstaatliche Friede nur zu gewährleisten sei, wenn Geld und Land unter den arbeitenden Menschen gerecht verteilt würden, verlor nicht an Sprengkraft, weil er verurteilten Zuchthäuslern oder durchschaubaren Betrügern in den Mund gelegt worden war. Im Gegenteil, die mit epischer Breite wie apodiktischer Schärfe besorgte Untermauerung solcher Forderungen und die in ihnen angelegte Tendenz, sich aus der Dialogsituation zu lösen und zu weiterwirkenden Parolen zu verselbständigen, könnte die Bereitschaft zur Erwägung revolutionärer Gewaltlösungen bestärkt haben, zu denen noch nicht aufgerufen wurde, die sich aber aufdrängen mußten:

– wenn Voß von dem Postulat ausging, daß „die Umstände [. . .] den Menschen bestimmen" (55), und in episodisch strukturierten Erzähleinheiten versuchte, die Relation zwischen sozialer Befindlichkeit und sozialem Verhalten aufzudecken, so stellte er seinen Lesern die Aufgabe, im Dienste des Gemeinwohls menschenwürdige Lebensbedingungen für alle zu schaffen;

– wenn Malß an basisdemokratische Gleichheitsgrundsätze erinnerte und mit didaktischer Lehrgebärde verkünden ließ, das Land gehöre den Bauern, „weil s'es baue" (18), so gab er den Zeitgenossen zu verstehen, wie weit sie noch von einer solchen gesellschaftlichen Vernunftordnung entfernt waren und wie viel noch für deren Herbeiführung zu tun blieb.

Während beide Stücke erkennen lassen, daß ihre Autoren die Brisanz der politischen Aussage durch ebenso sorgfältige wie durchschlagende Begründung zu kompensieren suchten und sich deshalb bereitfanden, den Erzählduktus und die Lehrautorität der Texte zu verstärken, zeichnet sich in dem lokalpossenartigen Vaudeville *Das Fest der Handwerker* (1830) von LOUIS ANGELY (1787–1835) und dem schauerdramatischen Trauerspiel *Die Bettler* (1837) von SIGISMUND WIESE (1800–1864)[43] die Begrenzung überkommener Genretypen ab, systemsprengende Inhalte aufzunehmen und weiterzutransportieren. Angely nutzte zwar die auf Harmonisierung bedachte und zum glücklichen Ende drängende Possenstruktur, um das Interessenbündnis zwischen einem „Bauten-Unternehmer" (2) und den von ihrer „Hände Arbeit" lebenden (14) Bauhandwerkern zu beschwören, den vom „Glück" begünstigten Selbständigen mit den ärmeren, aber nicht weniger glücklichen lohnabhängigen „Gefährten" (66) im ‚gleichen Boot' zu zeigen und die Solidarität aller Arbeitenden zu feiern, „die sich gegenseitig als Menschen die Hände biethen müssen" (59). Sein Einfall, mit Liedern und Rundgesängen Eintracht zu stiften und Gemeinschaft in Festmahl, Verlobung und Tanz zu besiegeln, bescherte jedoch nur brüchigen Schutz vor den Bedrohungen des unberechenbar scheinenden Konkurrenzkapitalismus, für die Arbeitslosigkeit und Unterbezahlung oder Verlust und Bankrott zu nennen wären, und trug wenig zu deren Abhilfe bei. Gibt dieses „komische Gemälde aus dem Volksleben" (1) aber im-

merhin noch vor, über eine optimistische Defensivstrategie zu verfügen, hält Wieses Greuel-
drama „dem ganzen Geschlecht" der Zeitgenossen entgegen, „weder Einsicht" zu haben, „wie
es der wirklichen Noth [. . .] abhelfen solle, noch den ernstlichen Willen, ihr abzuhelfen" (213):
Die immer wieder aufleuchtende Perspektive, die „von Zucht, Kirche, Ordnung und Sitte"
(211) stabilisierte Herrschaft der „Herren-Menschen" über die „Knechts-Menschen" (208) zu
brechen, den Anspruch aller auf Arbeit und Teilhabe am „allgemeinen Gut" (211) durchzusetzen und die Gewalt volksfeindlicher Gesetze durch das „Menschenrecht" (214) zu verdrängen,
wird vom Jammer larmoyanter Rede überschwemmt und von der Melodramatik bizarrer Exal-
tationsakte übergellt. Während sich Angely in engem Anschluß an die Volksstücktradition auf
Hilfsbereitschaft, Geselligkeitstrieb und Gemeinsinn als humane Instinkte verließ, appellierte
Wiese nach dem Vorbild der Schauerdramatiker an die mitleidigen Gefühle: Beide Autoren kamen nicht an Voß und Malß heran, die auf sozialpsychologisch oder interessenpolitisch fundierte Vernunft gesetzt hatten, und alle vier wurden von Büchner überholt, der mit seinem Einakter *Woyzeck*[44] Instinkte, Gefühle und Vernunft ansprach, um die Phantasie der Zeitgenossen
auf gesellschaftsverändernde Aktionen zu lenken.

Der dramengeschichtliche Stellenwert dieses Fragments ist in der Büchner-Forschung so
ausgiebig erörtert worden, daß hier nur noch skizziert zu werden braucht, wie hochgradig sich
ideologische Weitsicht und ästhetische Formerfindung in ihm entsprechen und welcher Standard damit für die umgebende Einakterliteratur gesetzt ist. Der thematische Anschluß an drei
authentische Mordfälle zeugt für Büchners Absicht, exzeptionelle Affekthandlungen auf ihre
aktuelle Symptomatik und konkrete Konfliktsituationen auf ihren generellen Bedeutungsrang
zu überprüfen. Die fragmentarische Überlieferung des Textes in vier stofflich unterschiedlich
gewichteten Manuskriptsträngen läßt das Bemühen des Autors erkennen, individualpsycholo-
gische Erklärungsgründe für das Tatverhalten (Eifersucht, Vergeltungsdrang) durch sozial-psy-
chologische und sozialdeterministische Motivkomplexe (ökonomisch und ständisch bedingte
Verhinderung subjektiver Selbstverwirklichung, resultierend in Kommunikationshemmung
und Identitätsverlust) zu ergänzen. Die Bündelung aller Handlungslinien im Mordgeschehen
und dessen Zwangsläufigkeit deuten an, wie ausweglos dem Täter die eigene Lage erscheint:
Unfähig, zu durchschauen, daß sein Unglück von den gesellschaftlichen Verhältnissen heraufbeschworen ist, um Selbstbewußtsein und Selbstachtung gebracht und ohne private, soziale und
politische Perspektive, lenkt er seine Aggressionen gegen das ihm Nächste, Liebste und so
letzthin gegen sich selbst, statt die sozialökonomischen und -politischen Ursachen seines Leidens zu gewahren und aufs Korn zu nehmen. Damit kennzeichnete Büchner jedoch den Bewußtseinsstand einer ganzen Klasse, jener Besitz- und Rechtlosen nämlich, die noch nicht erkannt hatten, daß die Zeit für ihre Selbstbefreiung aus ökonomischer und politischer „Knechtschaft"[45] reif geworden war. Anders als im *Hessischen Landboten* (1834) rief der Autor jetzt
aber nicht mehr dazu auf, „die Augen" zu öffnen (58, 60; 59, 61) und die Zustände revolutionär
zu verändern, sondern suchte den Entschluß zur revolutionären Tat allen, die hören und sehen
wollten, mit Hilfe ästhetisch-dramaturgischer Mittel zu suggerieren: Die diskontinuierliche
Abfolge und die kontradiktorische Zuordnung von Szenen und Szenengruppen öffnet den Blick
für die widerspruchsvolle gesellschaftliche Totalität; das Neben- und Nacheinander szenischer
Einzelbilder trägt dazu bei, die individualtypologischen und sozialrelevanten Motivationszu-
sammenhänge auszuarbeiten; das Angebot unterschiedlicher Dialogebenen, Rollenfiguren,
Schauplätze läßt über den Einzelfall hinaus das gesamtgesellschaftliche Kräftespiel sichtbar
werden; der offene Schluß regt das Publikum an, eigene Schlußfolgerungen zu ziehen, deren sozialrevolutionäre Richtung das Stück freilich ‚vorgeschrieben' hat. Nun könnte zwar eingewen-

det werden, daß die soweit umrissene ästhetisch-politische Leistung dem fragmentarischen Zustand des Dramenmanuskripts zu verdanken ist, über dessen Fertigstellung der Dichter starb. Aber selbst darin mag ein Symptom zu sehen sein, das für Zeit, Gesellschaft, Theater, Drama zwischen Wiener Kongreß und Märzrevolution gilt und von Sigismund Wiese 1836 in die resignierenden Worte gefaßt wurde: ,,[. . .] nach neuen Formen ringt die Kunst, / Das Leben auch – noch ist nichts fertig worden.''[46]

Grillparzers Dramatik
Joachim Kaiser

Keineswegs zufällig gehen seit einem halben Jahrhundert alle Darstellungen des Dramen-Schaffens von FRANZ GRILLPARZER, die sich nicht mit einer Aufzählung der Lebensdaten und einer möglichst wertneutralen Inhaltsangabe der großen Trauerspiele begnügen, immer wieder den gleichen Argumentationsweg. Selbst die Lobredner und Bewunderer dieses schwierigen, so gar nicht nur mit scharfer, brillanter Intellektualität zu bewältigenden Dichters treten von vornherein, wie wenn es unvermeidbar wäre, als ,,Verteidiger" Grillparzers auf: also defensiv. Als 1931 Friedrich Gundolfs Grillparzer-Aufsatz erschien[1], hat die schon lange schwelende Verachtung, die spätes 19. und erst recht frühes 20. Jahrhundert für diesen hofrätlichen, biedermeierlich wirkenden Klassiker gehegt zu haben scheinen, sozusagen ihre wissenschaftliche Beglaubigung und Absegnung erfahren. Kein Wunder, daß auch Walter Naumann[2] in seiner nicht bloß geistesgeschichtlichen Zusammenhängen, sondern auch kunstsprachlichen Qualitäten nachspürenden, vorzüglichen Studie über Grillparzers ,,dichterisches Werk" sogleich von Gundolfs brillantem Verdikt dieses Dramatikers ausgeht, um dann keineswegs mühelos auszuführen, worin nun trotz alledem der Kunstrang Grillparzerscher Dialoge beschlossen liege. In meiner Arbeit ,,Grillparzers dramatischer Stil"[3] griff ich vor mehr als zwanzig Jahren gleichfalls diese Problemstellung auf und versuchte, ihr auf indirektem Wege Positives abzugewinnen: Ich bemühte mich zu zeigen, daß Grillparzer dem Blankversschema nicht so sehr unmittelbar poetische, reine Wirkungen abgewinnen will, sondern daß er dieses Schema als eine Folie benutzt, von der er bedeutungsvoll abweichen kann, die er indirekt zu erweitern, mit der er ausdrucksvoll signalhaft zu spielen vermag. Tatsächlich leisten Pausen, Verzögerungen, Gedankenstriche und mannigfache Bekundungen wortbegleitender realistischer Verhaltensweisen unterhalb der Blankvershöhe bei Grillparzer eine wunderbar unauffällige, der Interpretation bedürftige Bereicherung dessen, was bloß als ,,schöne Sprache" genommen, die Kritik Gundolfs verdient zu haben scheint.

Wie gesagt: auch die wohlwollenden Kommentatoren gehen wie von Unbestreitbarem von Grillparzers Formulierungs-Schwäche aus. Selbst Gerhart Baumann[4], der einfühlsam und belesen Zusammenhänge zwischen Grillparzer und der österreichischen Literatur des 20. Jahrhunderts herzustellen weiß, rettet sich in die Einsicht: ,,der szenischen Bildnergabe entspricht kein ebenbürtiges Sprachgleichnis"[5]. Heinz Politzer[6], der Grillparzer in die Nähe Jean Pauls rückt und ,,abgründiges Biedermeier" in ihm entdeckt, vermeidet allgemeine, zusammenfassende Behauptungen, indem er sein Buch zu einer Kette ausführlicher Einzelinterpretationen werden läßt. Aber nach 390 Seiten kommt auch Politzer nicht um ein Schluß-Fazit herum, um das *ceterum censeo* aller neueren Grillparzer-Forschung. ,,Was diese Gestalten sprechen, ist nicht immer Seelenton; was sie jedoch in stumme Spiele fassen, die Bilder, die sie stellen, die Konfigurationen, zu denen sie sich zusammenschließen, das ist vieldeutig, unergründlich und die Rätselhafte eine dauernde Frage an die Gegenwart. Grillparzers Kunst sieht uns noch immer mit geschlossenen Augen an."

So wäre denn Grillparzer – Österreichs tiefsinnigster Dramatiker – ein Künstler, bei dem die Sprache nur Mittel ist und nicht Zweck? So hätte denn nach wie vor der Grillparzer-Verächter Karl Kraus[7] recht, der in unangenehm überheblichem Tone und ohne konkrete Belege von den „Randstrichen" berichtet, die er sich „kürzlich in ‚Medea' und ‚Der Traum ein Leben' so ziemlich zu jedem Vers eingezeichnet" habe . . . weil es sich da um „in den schlimmsten Zufallsversen gymnasialen Dilettantentums" verfaßte Theaterstücke handele. . .

Bevor wir hier einen Überblick über Grillparzers Dramen geben, müssen wir uns dieser Haupt-Frage aller Grillparzer-Forschung und Kritik noch einmal konkret stellen. Läßt sich die grundsätzliche Verurteilung von Grillparzers Sprache aufrechterhalten? Es scheint, als hätten die letzten Jahre für Grillparzer gearbeitet. Nicht, daß die Theater ihn häufiger aufführten. Dieser Aufgabe unterziehen sich nach wie vor nur, wie Gunter Schäble in seinem informativen Grillparzer-Büchlein gezeigt hat[8], mehr schlecht als recht hauptsächlich das Wiener Burgtheater und das „Grillparzer-Forum" Forchtenstein[9]. Indessen die Zurückhaltung der Grillparzerschen Dialoge, die Kunstwahrheit und Gewalt seiner Aussagen: das alles wirkt heute gewichtiger und das heißt auch: wichtiger, richtiger als noch vor 20 Jahren. Das offenbar herangerückte Ende unserer selbstbewußten Produktivitäts- und Industrialisierungs-Ideologie hat Grillparzers beschwörende Maßhalte-Skepsis, die noch 1960 so grämlich konservativ klang, zur tief beherzigenswerten Zukunfts-Vision verändert. Etwa der von Libussas Haltung *kritisierte,* intelligent die Erde sich untertan machende Primislaus, der ja kein Barbar ist, sondern „fast immer recht" hat (V. 1961), der keine Privilegien gelten läßt, sondern jeden alten Anspruch vor ein rationales Gericht holt: Dieser stadtgründende und durchaus zivile Grillparzersche Faust II wird im wahrlich prophetischen fünften Akt des Dramas kaum von Libussas Gründen und Bedenken zurückgewiesen, sondern viel mehr, viel unwiderlegbarer auch, von ihrer Mischung aus archaischer Magie und ahnungsvoller Fortschrittsangst! Libussa ist klug genug, zu wissen, daß es kein *Argument* gibt gegen einen besonnenen Technologen. Primislaus besitzt soviel Takt, durchaus zu ahnen, daß an Libussas Zweifeln etwas Berechtigtes dran sein mag, aber er hat nicht genug Verstand, den fortdrängenden Aktivismus seiner Intelligenz zu zügeln. 1978 liest man also die Libussa-Dichtung anders als noch 1958. Grillparzers berühmtes Bekenntnis: „Ich komme aus andern Zeiten / Und hoffe in andre zu gehn", wird anscheinend auf eine viel konkretere, über alle Zufalls-Aktualisierungen hinausreichende Weise wahr, als während des Jahrhunderts, das diesem 1860 niedergeschriebenen Epigramm folgte, je vermutet werden konnte.

Zugleich mit der Einsicht, daß Grillparzers Zurückhaltung gegenüber der Fortschrittslust und der Produktivitätssteigerungs-Idee die Wahrheit einer wirklich neuen Zeit enthielt, drängt sich die andere Einsicht oder zumindest Frage auf, ob nicht die jenseits der Friedrich Schlegelschen Kategorie vom „Interessanten" verharrende Schlichtheit Grillparzerscher Dialogführung und Charakterisierung gleichfalls unterschätzt worden ist, weil wir die innere Richtung der Grillparzerschen Verse nicht zu schätzen vermochten.

Die Dramengeschichte ist reich an Autoren, die für ihre Gegenwart bedeutend gewesen sein mögen, die in unsere Zeit jedoch nurmehr als Forschungsgegenstand hineinreichen, als totes, lediglich der Archäologie dienendes, abgelebtes Zeugnis von Vergangenem. Behielte die Kritik an Grillparzers Sprache recht: dann hülfe ihm kein Gott, kein Dramaturg, kein liebevoller Biograph oder Schauspieler oder Interpret zu neuem Leben. Wäre diese Kritik indessen vorschnell gewesen, wäre sie überholt von anderen, aus unserer Gegenwart hergeleiteten (nicht modisch „aktualisierenden", sondern wirklich betroffenen) Einsichten, dann wäre das Kapitel Franz Grillparzer immer noch nicht abgeschlossen, sondern neu zu schreiben und zu verstehen. Diesem Entweder : Oder sollte niemand, und sei er auch noch so gebildet, ausweichen. Betrachten und prüfen wir also die Qualität Grillparzerscher Dialogführung und Verstechnik an einem relativ ausführlichen Beispiel aus dem ersten Akt von *Des Meeres und der Liebe Wellen.*

Die Priesterin Hero, ihrer Einweihung am Morgen des festlichen Tages heiter-ruhig entgegenblickend, hat den Tempel geschmückt. Wir zitieren 65 Verse: vom Ende des Anfangs-Monologs der Hero, über den Dialog mit ihrer munteren Dienerin Janthe bis zum Auftritt íhres Oheims, des Oberpriesters, und werden dieses Zitat dann auf dreierlei Weise interpretieren.

HERO:	Nun noch die Blumen auf den Estrich, – Doch
	Wie liegt nur das Geräte rings am Boden?
	Der Sprengkrug und der Wedel, Bast und Binden.
	Saumselge Dienerinnen dieses Hauses,
	Euch stand es zu. Übt so ihr eure Pflicht?
	Lieg immer denn und gib ein kundbar Zeugnis –
	Und doch, es martert mein erglühend Auge.
	Fort, Niedriges, und laß mich dich nicht schaun.
	Dort kommt der Schwarm, von lautem Spiel erhitzt,
	Nunmehr zu tun, was ohne sie vollendet.
JANTHE:	Ei, schöne Hero, schon so früh beschäftigt?
HERO:	So früh, weils andre nicht, wenn noch so spät.
JANTHE:	Ei seht, sie tadelt uns, weil wir die Kanne,
	Das wenige Gerät nicht weggeschafft.
HERO:	Viel oder wenig, du hasts nicht getan.
JANTHE:	Wir waren früh am Werk und sprengten, fegten.
	Da kam die Lust, im Grünen uns zu jagen.
HERO:	Drauf gingt ihr hin und – Nun, beim hohen Himmel!
	Als du den leichten Fuß erhobst und senktest,
	Kam dir der Vorhof deiner Göttin nicht,
	Dein unvollendet Werk dir nicht vor Auge?
	Genug, ich faß euch nicht, wir wollen schweigen.
JANTHE:	Weil du so grämlich bist und einsam schmollst,
	Beneidest du dem Frohen jede Lust.
HERO:	Ich bin nicht grämlich, froher leicht als ihr,
	Und oft hab ich zur Abendzeit beklagt,
	Wo Spiel vergönnt, daß ihr des Spielens müde,
	Doch nehm ich nicht dem Ernste seine Lust,
	Indem ich mit des Scherzes Lust sie menge.
JANTHE:	Verzeih, wir sind gemeines, niedres Volk.
	Du freilich, aus der Priester Stamm entsprossen –
HERO:	Du sagst es.
JANTHE:	Und zu Höherem bestimmt.
HERO:	Mit Stolz entgegn ich: ja.
JANTHE:	Ganz andre Freuden,
	Erhabnere Genüsse sind für dich.
HERO:	Du weißt, ich kann nicht spotten; spotte nur!
JANTHE:	Und doch, gingst du mit uns, und sahst die beiden,
	Die fremden Jünglinge am Gittertor –
HERO:	Nun schweig!
JANTHE:	Was gilts? du blinzeltest wohl selber
	Ein wenig durch die Stäbe.
HERO:	Schweige, sag ich.
	Ich habe deiner Torheit Raum gegeben,
	Leichtfertigem verschließt sich dieses Ohr.
	Sprich nicht und reg dich nicht! denn bei den Göttern!

> Dem Priester, meinem Oheim sag ichs an,
> Und er bestraft dich, wie dus wohl verdienst.
> Ich bin mir gram, daß mich der Zorn bemeistert,
> Und doch kann ich nicht anders, hör ich dies.
> Du sollst nicht reden, sag ich, nicht ein Wort!
> O wohl mir, daß du kömmst, mein edler Ohm.
> Dein Kind war im Begriff zu zürnen, heut,
> Am Morgen dieses feierlichen Tags,
> Der sie auf immer – O verzeih, mein Ohm!

PRIESTER: Was aber war der heißen Regung Grund?

HERO: Die argen Worte dieser Leichtgesinnten;
> Der frevle Hohn, der, was er selbst nicht achtet,
> So gern als unwert aller Achtung malte.
> O, daß die Weisheit halb so eifrig wäre
> Nach Schülern und Bekehrten, als der Spott!

PRIESTER: Und welche wars, die vor den andern kühn,
> Die Sitte unsers Hauses so verletzt?

HERO: Genau besehn, will ich sie dir nicht nennen,
> Ob ihr die Rüge gleich gar wohl verdient.
> Schilt sie nur alle, Herr, und heiß sie gehn,
> Die Schuldge nimmt sich selbst wohl ihren Teil.
> Du aber sieh zum äußern Gittertor,
> Damit nicht Fremde –

PRIESTER: Hätte denn –?

HERO: Ich bitte!

PRIESTER: So geh! – Und ihr! und meidet zu begegnen
> Dem Zorne, der sein Recht und seine Mittel kennt.

Am schwersten ist, wie so oft, das Naheliegendste dieser Szene zu würdigen: nämlich die heitere Kraft von Heros Nicht-Witzigkeit, ihre Nicht-Pathetik, ihre Ironie-Ferne. Meine negativen Bestimmungen lesen sich gewiß komplizierter, als wenn hier die Rede wäre von Zartheit, Direktheit oder von empfindsamer Ernsthaftigkeit, der alles Pedantische, Lederne, Streberhafte fehlt. Solche unverhältnismäßig komplizierten Hinweise sind deshalb vonnöten, weil man sonst zu leicht über den verhaltenen und ganz sicher charakterisierten Charme des Auftretens der Hero wie über bloße Nettigkeiten hinwegliest. Man vergegenwärtige etwa, wie genau Hero auf die lustigen Anzüglichkeiten der Janthe reagiert. Ihr „Charakter" entsteht dabei nicht, indem sie ständig irgend etwas Spezifisches, ihr Inneres Enthüllendes, stets Identisches äußert. Das wäre immer nur „bezeichnend", aber zugleich „gemacht", weil absichtsvoll identisch. Das lebendige Wesen Hero konstituiert sich hier anders: aus immer neuen, verschiedenen, ja widersprüchlichen Reaktionsweisen, die unversehens zum Bilde einer bewegungsvollen Einheit konfigurieren. Auf den gewiß nicht bös' oder gewichtig gemeinten Vorwurf der Janthe, sie sei grämlich und lustfeindlich neidisch, antwortete Hero, daß sie zu trennen wisse zwischen bejahter Lust und Ernst – und daß sie dem Ernst seine Lust raube, wenn sie ihn mit Scherzen mische. Diese, in solchem Kontext allzu getragene, edle Unterscheidung beantwortet Janthe, indem sie etwas übertrieben (und insofern kokett) betont, sie wisse wohl, wie hoch die Priesterin geboren sei und aus welch kleinen Verhältnissen ihre Dienerinnen kämen. Janthes Worte: „aus der Priester Stamm" und „zu Höherem bestimmt" akzeptiert Hero stolz. Janthe wendet besagten Stolz freilich sogleich ins Ironische, legt ihn als Vorfreude auf „Erhabnere Genüsse" aus, die armen

Erdenbürgern natürlich verschlossen bleiben müßten. Hero – die ihre Privilegien eben noch stolz akzeptierte – ist wiederum nicht so stolz, um taub für die entstellende Übertreibung zu sein. Das meint ihr Bekenntnis: ,,Du weißt, ich kann nicht spotten; spotte nur." Doch in dem Moment, da Janthe, nun in Fahrt, sogar beginnt, die geliebte Freundin bedenkenlos mit fremden Jünglingen aufzuziehen, wird Hero resolut. Eben noch antwortete sie zurückhaltend, nahm sie Spott hin. Jetzt zürnt sie. Boshafte Worte, Hohn, Leichtsinn – dergleichen vermag ihre Seele nicht auszuhalten. Doch so groß und subjektiv berechtigt ihr Zorn auch sein mag, zur Verräterin der Freundin wird sie – weil sie eben nicht forciert, nicht einsinnig, starrsinnig reagiert – gleichwohl keineswegs: ,,Genau besehn, will ich sie dir nicht nennen."

Fazit: der hier aus den je verschiedenen Schwingungen eines Temperaments entstehende Charakterisierungs-Sinn dieses Dialogs ist groß, ist verhalten genial, ist unnachahmlich wienerisch. Und fällt kaum ins Auge, weil es ja nicht um komplizierte, mit Tiefsinn oder Tiefenlotung behängte Aussagen geht.

Aus der Situation, die hier geboten ist, lassen sich mit Hilfe einer anderen Interpretationsweise aber auch überraschende dramengeschichtliche Schlüsse ziehen. Während Hero den Tempel-Vorhof schmückt, stößt sie auf unordentlich liegengebliebene, liegengelassene Gerätschaften. Was für ein Augenblick! Der historische Moment des Übergangs zwischen verblassender Klassizität und heraufdämmerndem Realismus, wie Grillparzer ihn auszuhalten und zu gestalten hatte, kann kaum sinnfälliger dargestellt werden als durch diesen Ärger der Hero über Unordnung im Tempel. Man meint ja förmlich zu spüren, wie sich die Priesterin gegen das Eindringen der realen Dinge, des ,,Niedrigen" in die Sphäre des Heiligen (und des dramatischen Trauerspieles) wehrt. Aber indem sie sich mit diesen Dingen beschäftigt, von Sprengkrug, Bast und Binden redet, muß sie doch die Gegebenheit, die dramatische Dignität von alledem anerkennen! Goethes Iphigenie hätte nicht daran gedacht, einen Besen zu sehen oder wegzuräumen. Den gab es nicht in der abstrakten Höhe von Goethes rein aus seiner Sprache lebendem Drama der Seelen und Entschlüsse. Grillparzer hat sich aus dem dingleeren Bezirk des ,,klassischen Dramen-Typus" entfernt – wie sehr, würde auch ein Vergleich zwischen der Opferhandlung von Racines *Athalie* und der Prozession am Ende des ersten Aktes von *Des Meeres und der Liebe Wellen* lehren, wo der theaterkundige habsburgische Dramatiker nicht nur dem Gott, sondern auch der Burgtheater-Schaulust huldigen läßt. In Grillparzers Welt sind also die Realien eingedrungen und pochen auf ihr Recht, wo Racine und Goethe noch abstrakte, allerallgemeinste Angaben genügten.

Die dritte analytische Bestimmung, die diesem Zitat abgewonnen werden kann, hat mit dem Verhältnis zwischen gespaltenen und vollständigen Versen zu tun. Der drittletzte Vers unseres Zitats: ,,HERO: Damit nicht Fremde – PRIESTER: Hätte denn –? HERO: Ich bitte!" ist ein dreifach gespaltener Vers. Zuerst fällt der Priester Hero, dann sie ihm ins Wort. Es ist der erste dreifach gespaltene Vers des Dramas. Er signalisiert, nachdem bisher gehaltener, oder – zwischen den Freundinnen: witziger – geredet worden ist, offenbar etwas Neues. Zumindest: einen neuen Erregungs-Zustand. In den ersten 107 Versen des Stückes kam ja kein einziger dreigeteilter Vers vor. Jetzt ist er da. Diesem formalen Anders-Sein entspricht der Inhalt des Ausgesagten. Zwischen Hero und dem Priester ist nämlich von Fremden (Leander und Naukleros) die Rede. Im dreifach gespaltenen Vers deutet sich, gleichfalls zum erstenmal, die tragische Konstellation (Priester, Hero, Leander) an. Soviel also kann Grillparzers Kunstsprache (,,schlimmste Zufallsverse gymnasialen Dilettantentums") an Charakterisierung, an dramengeschichtlich belangvollem Eindringen des Realistischen und an beziehungsvollem Benutzen des Blankversschemas leisten.

Grillparzers Leben umspannte eine reiche Epoche der abendländischen Kultur. 1791, in Mozarts Todesjahr, wurde Grillparzer in Wien geboren. Über achtzigjährig starb er 1872, gleichfalls in Wien. Sein Vater war ein verschlossener, in immer größere Schwierigkeiten geratender Jurist, die Mutter, Anna Franziska Sonnleithner, stammte aus großbürgerlichem Wiener Hause. Sie nahm sich – in religiösem Wahn? – das Leben. Der Junge war von Kultur umgeben, wie man es damals wohl nur in Wien sein konnte. Sein Onkel, Joseph Sonnleithner, schrieb Beethoven das Textbuch für den *Fidelio*. Ein Dienstmädchen ließ ihn, wohl als erste literarische Erfahrung, mit dem Textbuch der *Zauberflöte* bekannt werden. Sie stellte dem Kind Schikaneders Libretto als wichtigste Dichtung der Welt hin, weil sie bei der Uraufführung einen Affen hatte spielen dürfen.

Der literarische Durchbruch gelang dem sechsundzwanzigjährigen Grillparzer, nach einigen brillanten Jugendversuchen, mit der Schicksalstragödie *Die Ahnfrau*, ein Jahr später folgte die *Sappho*, dann, nach drei Jahren, 1821, die Medea-Trilogie *Das goldene Vliess*. Trotz heftiger Schwierigkeiten mit der Zensur wurde auch *König Ottokars Glück und Ende* des inzwischen berühmt gewordenen, mit Beethoven korrespondierenden, von Goethe respektierten, mit Schubert befreundeten Autors endlich zum – wenn auch relativen, von Eifersüchteleien und Empfindlichkeiten geschmälerten – Erfolg. Als jedoch die Komödie *Weh dem, der lügt* im Burgtheater, für das Grillparzer in allererster Linie schrieb, 1838 durchgefallen war, zog sich der „hereditär belastete", „depressive" Dichter unversöhnlich aus dem öffentlichen Leben zurück. Zuvor waren noch *Des Meeres und der Liebe Wellen, Ein treuer Diener seines Herrn* und *Der Traum ein Leben* entstanden. Bei den erst im Alter vollendeten, doch von Grillparzer auch bereits um die Mitte der zwanziger Jahre des vorigen Jahrhunderts entworfenen und konkret ausgearbeiteten Spät-Stücken *Ein Bruderzwist in Habsburg, Libussa* und *Die Jüdin von Toledo* nimmt das geschichtsphilosophische, meditative Moment einen zunehmend größeren Platz ein. Die von ihm so sicher gemeisterte Bühnenbeherrschung scheint den Dichter bei der Vollendung dieser für den Schreibtisch bestimmten Werke dann kaum mehr interessiert zu haben. Immer mehr spann sich Grillparzer ein in seine unglückliche Privat-Existenz. Den eigenen Arbeiten, aber erst recht den Produkten seiner zeitgenössischen Kollegen stand er höchst skeptisch gegenüber. Auch konnte ihn weder seine berufliche Position befriedigen, noch vermochte er sich zur Heirat mit der Geliebten seines Lebens, Katty Fröhlich, entschließen. Ungemein kenntnis-, gefühls- und urteilssichere Tagebuchnotizen über Ästhetisches, Historisches und Politisches, kritische Äußerungen, die er sorgfältig in der Schreibtischschublade verwahrte, sowie umfassende Studien der spanischen Literatur füllten die letzten Jahrzehnte seines Lebens aus. Es ist klar, daß Grillparzers Bruch mit der Burgtheater-Öffentlichkeit den *einen* großen Einschnitt in seine Künstlerexistenz bedeutet. Den *anderen* kann man nicht zweifelsfrei bestimmen. Immerhin spricht einiges dafür, als Abschluß der produktiven Jugend- und Jünglingszeit die Endredaktion, also die zweite Fassung der (in spanischen Trochäen geschriebenen) *Ahnfrau* anzusetzen. Denn die *Ahnfrau* ist das letzte, theaterwirksamste Produkt einer langen, ganz unbekannt gebliebenen Reihe von witzigen, kunstreichen, aber natürlich auch tastenden oder – wie *Blanka von Kastilien* – Don-Carlos-haft eklektischen Jugendversuchen, in denen manche psychologisch interessante Szene, manche genaue Charakterisierung zu finden sind. Die *Ahnfrau* – ein erfolgreiches Alptraumstück – schloß diese Reihe ab und wurde zum ersten großen öffentlichen Grillparzer-Erfolg.

Nach diesem Erfolg machte Grillparzer sich die Form zum Problem: „Zugleich aber, da immer von Räubern, Gespenstern und Knall-Effekten die Rede war, beschloß ich bei meinem zweiten Drama . . . den möglichst einfachen Stoff zu wählen um mir und der Welt zu zeigen,

daß ich durch die bloße Macht der Poesie Wirkungen hervorzubringen imstande sei."[10] Als alter
Mann bemerkte Grillparzer allerdings spöttisch, er habe in der *Sappho* mit „Goethes Kalbe ge-
pflügt" – doch diese Äußerung läßt sich, wie auch Walter Neumann hervorhebt[11], entnehmen,
daß Grillparzer, dem man so oft Klassizismus vorgeworfen hat, hier eine Abgrenzung gegen
Goethe im Sinne hat. Immerhin: die Zeit der Prosa-Komödien, der ausufernden Schiller-Nach-
folge, des effektvollen Gespenster-Stückes ist vorbei. Zwischen *Sappho*, 1818, und dem Rückzug vom Theater, 1838, liegen jene beiden Jahrzehnte, in denen Grillparzer es versuchte, „als
letzter Dichter in einer prosaischen Zeit" zu wirken.

Dieser Begriff des „Prosaischen" spielt eine entscheidende Rolle in Grillparzers Dichten,
aber auch in der Ästhetik, der Dramaturgie und sogar Musikphilosophie des musikalisch ungemein gebildeten Künstlers. Für Grillparzer, der in seinen späteren Jahren sogar vom wahrhaft ver-
ehrten, „geliebten" Beethoven ein wenig abrückte und Mozart vergötterte, war der Terminus
„Musikalischer Prosaist" ein regelrechtes Schimpfwort – und „um das Verhältnis von Poesie und
Prosa kreiste das kunsttheoretische Denken Franz Grillparzers zeitlebens[12]. Da stimmte er sogar
mit dem ihm sicherlich nicht sehr nahestehenden Heinrich Heine überein, der aus eben diesen
Gründen Liszts und Wagners Neue Schule verspottete: ‚Er will die Poesie-Musik / Rouladen ohne
Triller, / Die Instrumental- und Vokal-Poesie, / Die keine Musik ist, will er'."

Die selbstverständliche Trennung zwischen Poesie und Prosa (wobei Grillparzer „Pro-
saisches" mit Wissenschaft, Gesellschaftlichem, aber auch unstrenger Form-Willkür in Zusammenhang brachte – und die „Poesie" mit Kunst, symbolischer Wahrheit und Mozartscher,
beziehungsweise Lopescher Süße und Formschönheit) war zwischen *Sappho* und dem Spätwerk
unbezweifelter Ausgangspunkt aller Grillparzerschen Bemühung. Das *Vers*drama war für ihn
offenbar eine *conditio sine qua non* – und so ist es kein reiner Zufall, daß ausgerechnet des Dramatikers Erzählung *Der arme Spielmann* und seine *Selbstbiographie,* also zwei Prosa-Werke,
heute Grillparzers relativ beliebteste und bekannteste Arbeiten sein dürften. Aber genau diese
Prosa-Schriftstellerei, die auch im Drama von der gebundenen Versform abrückte, war für einen
Grillparzer, der sich als letzter Poet in prosaischer Zeit fühlte, denkunmöglich. So haben denn
seine Verse den ganzen Widerstand einer späten, möglicherweise versfernen geschichtlichen
Stufe zu tragen. Dabei ist nur eben nach wie vor nicht ausgemacht, ob Grillparzers Verse im Zu-
sammenhang mit dieser historischen Konstellation Qualitäten entbinden, für welche das 20.
Jahrhundert lange Zeit ziemlich taub gewesen ist und jetzt vielleicht wieder ein Ohr bekommt.

Am wenigsten um hohe Poesie ging es natürlich in der *Ahnfrau*: einem naiven, effekt-
und spannungs-bewußten Virtuosen-Stück, mit dem der junge Dramatiker demonstrierte, wie
sicher er sein Handwerk verstand. Diese Schicksalstragödie vom Erscheinen des Gespenstes der
einst ermordeten ehebrecherischen Ahnfrau und vom Fluch, der über dem Räuber beziehungsweise Sohn Jaromir liegt, will uns naiv in den Bann einer jähen[13] Handlungskurve schlagen.
Und der Autor tut das mit keineswegs naiven, sondern virtuosen Kunstmitteln. So ändert sich
beispielsweise in der *Ahnfrau* auffällig das Sprechtempo, wird der Dialog rascher, wenn die
Ahnfrau erschienen ist oder wenn Gestalten der Außenwelt den Bereich des Schlosses berührt
haben. Man spürt, wie der Schreck über das Vorgefallene in den Gesprächen noch nachzittert.
Dann werden die Dialog-Partien allmählich wieder länger, ruhiger – bis zum nächsten „Einbruch" der Außenwelt. Daß freilich die Protagonisten dieses Schicksalsdramas überhaupt so
lang monologisieren – in der *Ahnfrau* kommt es häufiger als in jedem anderen Drama Grillparzers zu Dialogpartien[14] –, hängt gewiß nicht mit ihrer Kraft zu selbstbewußter Rede zusammen.
Die Protagonisten dieser Schicksalstragödie wirken eher zu willensschwach, um sich zu unterbrechen oder zu widersprechen, zu gelähmt, um eigene Interessen überhaupt noch durchsetzen

zu wollen. Bereits in diesem Stück bekundet die Geste, das unwillkürliche Verhalten nicht mehr die Einheit einer Person, sondern ihre Gespaltenheit[15].

BERTHA: Weh! halt ein!
JAROMIR: Du willst?
BERTHA (*halb ohnmächtig*): Ich will.

Und eine geradezu grelle Fehlleistung läßt sich, nach seinem Befinden gefragt und durchaus willens, positiv zu antworten, der Räuber Jaromir entlocken[16]:

BERTHA: Laß doch sehn! – Wie fühlst du dich!
JAROMIR (*verstört*): Gott sei Dank! Ein bißchen schlimmer.
BERTHA: Schlimmer?
JAROMIR: Beßer, beßer, beßer!

Die *Sappho*, Grillparzers einziges Drama, bei dem er eben nicht nur poetisch arbeiten, sondern sogar ein prägnantes Formziel erreichen wollte, leidet unter der Vergleichsnähe zu Goethes *Tasso*, auch zur *Iphigenie* – und vielleicht auch darunter, daß der noch junge Grillparzer allzu stolz mit dem Blankvers aufzutrumpfen versuchte. In der *Sappho* stehen Passagen, die sorglos eklektisch wirken. Wenn etwa Phaon erzählt (V. 209 ff.):

> Da schwoll das Herz von sehnendem Verlangen
> Und meine Renner sanken tot am Wege,
> Eh ich Olympias Türme noch erschaut.
> Ich langte an, der Wagen flüchtger Lauf,
> Der Ringer Kunst, des Diskus frohes Spiel
> Berührten nicht den ahnungsvollen Sinn;
> Ich fragte nicht, wer sich den Preis errungen,
> Hatt ich den schönsten, höchsten doch erreicht,
> Ich sollte sie sehn, sie, der Frauen Krone.

Möglicherweise ist die Schwäche solcher sanft konventionellen Verse eben gerade in der Prosa-Nähe („sie sehn, sie, der Frauen Krone") zu suchen, die Grillparzer seinerseits zwar auch verwarf, aber eben nicht immer vermied.

Doch braucht das Drama keineswegs mit diesen gewiß ja auch nicht gerade rettungslos mißglückten Versen identifiziert zu werden. Unternimmt man es, den inneren Konflikt des Stückes eben nicht als den eines hehren Griechen-Dramas, sondern als zeitlose oder moderne Geschichte sich vor Augen zu halten, dann wird nur zu deutlich, wieviel Substanz die gewählte Form verbirgt. Wirkt denn der Vorgang irgendwie überholt? Da hat eine nicht mehr ganz junge, weltberühmte Künstlerin auf einer Triumphreise einen sehr jungen Mann kennengelernt, gleichsam aufgesammelt. Sie liebt ihn, will ihren Ruhm und ihr Leben mit ihm teilen. Für den Gefährten ist es natürlich sehr schmeichelhaft, von einer gefeierten Zelebrität ernst genommen zu werden. Bislang hatte er immer nur von der Berühmten gehört, von ihrer Bekanntschaft geträumt. Und nun sogar Liebe! Während der erfolgreichen Vortragsreise entwickelt sich auch alles aufs Beste. Nun bringt die Dichterin den neuen Freund nach Hause in den Kreis ihrer Bekannten und Untergebenen. (Übrigens hat der hier beginnende Konflikt sogar etwas mit Jasons Schwierigkeiten zu tun, Medea in Griechenland bei den Seinen einzuführen.)

Zwischen Sappho und dem jungen Phaon kommt es unvermeidlich zu Mißhelligkeiten. Zunächst muß der junge Mann erkennen, daß die Dame seines Herzens doch etwas exaltiert ist. Und er hatte sich wohl auch nicht hinreichend zurechtgelegt, daß er in seiner neuen Umgebung ja nichts anderes sein könnte als ein liebevoll protegierter Fremder. Zudem stellt die Dichterin hohe Ansprüche an ihres jungen Freundes Entschiedenheit. Bald lernt er die harmlosere, liebliche Melitta kennen. Sappho äußert große, reine, unbedingte Gefühle – deren Anspruch ihr allzu junger Freund schwerlich gewachsen sein kann. Diese Sappho ist auch die erste große „Rolle", die Grillparzer geschrieben hat – im *Ahnfrau*-Wirbel konnten sich Individualitäten solchen Formats nicht entfalten.

Wo Grillparzer seiner Sappho Herzlichkeit gönnt, Klarheit des Gefühls – da „trägt" der Dialog auch heute noch. Und wo er in diesem Stück die Möglichkeiten des Blankverses ausnützt, um enthüllendes Seelenkunde-Theater zu machen, da kommt es zu außerordentlichen Augenblicken. Die junge Melitta, zu der Phaon sich in einer Mischung von Mitleid und Sehnsucht nach Einfachheit hingezogen fühlt, wird vom Blankvers-Schema gebannt! Unentschieden, sich seiner Gefühle kaum bewußt, erzählt Phaon seinen Traum (V. 897 ff.).

PHAON: Da hatt ich eben, als ich vorhin schlief,
Gar einen seltsam wunderlichen Traum.
. . .
Du warsts, du sangst der goldnen Liebe Freuden,
. . .
Ich stürze auf dich zu, da – denke doch!
Da kenn ich dich mit einem Mal nicht mehr.
. . .
Allein das Antlitz wechselt schnell verfließend
Wie Nebel, die die blauen Höhn umziehn.
. . .
Das Antlitz, einer Pallas abgestohlen,
Verkehrt sich in ein Kindesangesicht
Und kurz, du bists und bist es nicht, es scheint
Mir Sappho bald zu sein und bald –

SAPPHO (*schreiend*):   Melitta!
PHAON: Fast hast du mich erschreckt! Wer sagte dir,
Daß sie es war? Ich wußt es selber kaum! –

„Wer sagte dir, daß sie es war?" Die Antwort auf diese Frage Phaons muß lauten: Das Versmaß verriet Sappho den Namen der Melitta. Kein anderer Name aus dem Bezirk dieses Dramas hätte die für einen vollständigen Blankvers fehlenden Betonungen – kurz – lang – kurz – so genau ausfüllen können. Das *Sappho*-Trauerspiel bringt den Konflikt zwischen einer hochfahrend anspruchsvollen Frau und einem unbedeutend anspruchslosen jüngeren Mann in großartig einleuchtenden Szenen. Und nachdem Grillparzer zu Beginn die Sappho ein wenig schuldig gemacht hatte, weil sie den Geliebten überforderte, setzt er am Ende die Dichterin wieder gewaltig ins Recht. Phaon vergißt nämlich den Rang-Unterschied, er versucht sogar, die Lesbier gegen ihre Herrin aufzubringen. Aber da muß er – und das hätte der alte Grillparzer nicht unnachgiebiger, autoritätsgläubiger, konservativer formulieren können – hören:

RHAMNOS: Verachten? Sapphon! Und wer bist du denn,
Daß du dein Wort magst in die Schale legen,
In der die Menschheit ihre ersten wiegt,
Zu sprechen wagst, wo Griechenland gesprochen?
Blödsichtger, frevler Tor, dünkt sie dir wertlos,
Weil ohne Maßstab du für ihren Wert,
Nennst du das Kleinord blind, weil es dein Auge?   V. 1812 ff.

Wenn man die Hauptmotive, die Verknüpfungs-Kunst, die Folge der Schauplätze und manche unauffälligeren Einzelheiten miteinander vergleicht, dann ist nicht so sehr Hebbels Nibelungen-Trilogie das eigentlich literarische Gegenstück zu Richard Wagners *Ring des Nibelungen*-Tetralogie, sondern viel mehr Grillparzers *Goldenes Vliess*.

Denn das *Goldene Vliess* selber, das da geraubt und verflucht wird, das ein Symbol für Begierde ist und zugleich Vehikel einer Rache – es ließe sich dem verfluchten und geraubten und endlich zurückerstatteten Ring der Wagnerschen Tetralogie durchaus vergleichen. Nicht weniger auffällig sind die Ähnlichkeiten etwa bei den vielfachen Beschreibungen von Angst, Furcht und Grauen, die für Grillparzers Trilogie ebenso charakteristisch sind wie für die Thematik des Wagnerschen *Siegfried*. Nun ist die Fülle der von Grillparzer im Zusammenhang mit dem rasch voranschreitenden Abenteuer-Vorgang entwickelten Motive so groß, daß sich Beziehungen nach überall hin ausspinnen ließen. Das entsetzliche, düstere Kolchis könnte wahrlich jene Insel sein, auf der Maeterlincks *Blinde* ihrem Verderben entgegenharren. Die Helden, die ihrer selbst so rasch unsicher werden, die kaum noch wissen, wer sie sind, was sie wollen, welcher Teil ihrer Persönlichkeit die Vergangenheit zur Gegenwart machte – sie sind wahre Prä-Existenzen Hofmannsthalscher Spätlinge. Die Mischung zwischen Feigheit und Heftigkeit, zwischen klarer Entschiedenheit und düsterem Brüten, wie sie sowohl den Jason, als auch die Medea immer wieder ergreift, könnte zwar in der Dramengeschichte des späten 19. und frühen 20. Jahrhunderts immer wieder aufgezeigt werden, aber sie ist in dieser Herbheit und Eindringlichkeit doch wohl Grillparzers Eigentum.

Nun kann eine Trilogie, die Archaik, Magie, zerstörerische und selbstzerstörerische Liebe zu beschwören sucht, die Konkurrenz einer alles dies mit den Mitteln hochdramatischer Musik ausdrückenden Opern-Komposition schwerlich aushalten. Das moderne Theater macht darum um Grillparzers Schauspiel-Trilogie, die mindestens zwei lange Abende in Anspruch nehmen würde, einen Bogen. (Auch *Faust* II wird ja kaum je in voller Länge aufgeführt, der ungekürzt gleichfalls 6–7 Stunden oder eben zwei Theaterabende in Anspruch nehmende *Hamlet* ebenfalls nicht.)

Darum bleiben die Erhabenheiten und Zartheiten des *Goldenen Vliesses* leider doch nur den Germanisten und Grillparzerianern überlassen. Drei wahrhaft zukunftweisende Eingebungen dieser Tetralogie bedürfen der Beschreibung und Rettung, damit sie nicht ganz vergebens von Grillparzer gefunden und fixiert worden sind. Das ist – die später vom Film übernommene – Technik der *visuellen,* szenischen *Sequenz*. Das ist die Psychologie des ehelichen Hasses. Die Partner hassen einander um der Opfer willen, die sie für einander bringen mußten. Und das ist die wunderbare Beschreibung des Emigranten-Schicksals. Die Rührung, welche Medea empfindet, wenn sich Kreusa (*Medea,* 1. Akt, V. 364 ff.) bei ihr, der so Verfemten, Elenden, entschuldigt, nach unendlichen Beleidigungen – sie ist tief bewegend.

MEDEA: Sie haben mich beleidigt oft und tief
             Doch keiner fragte noch, obs weh getan?
             . . .
             . . .
             Du blickst mich an? Du schauderst jetzt vor mir?
             Es war ne Zeit, da hätt ich selbst geschaudert,
             Hätt' ich ein Wesen mir gedacht, gleich mir!

Was aber heißt „visuelle Sequenz"? Das ist die von Grillparzer in zahlreichen Dramen geleistete Vorwegnahme der filmischen Blendentechnik mit Hilfe konsequenter Bühnenraumgestaltung. In den vier Aufzügen der *Argonauten* etwa sind nacheinander die verschiedenen Schauplätze vorgeschrieben.

1. Wilde Gegend. Im Hintergrund ein Turm.
2. Ein Gewölbe im Innern des Turms.
3. Freier Platz. Im Hintergrund des Königs Zelt.
4. Das Innere von des Königs Zelt (usw.).

Die Schauplätze sind die Hauptstationen des dramatischen Vorgangs. Alles wird sichtbar. Kein wesentlicher Umstand ist in einen Bericht verbannt, trug sich in der Vergangenheit zu. Der Übergang beispielsweise vom dritten zum vierten Bild ist kaum noch ein Wechsel der Stationen, sondern eher ein neuer Blickwinkel auf eine kontinuierliche Situation. Am Ende des dritten Bildes heißt es (V. 922 ff.): ,,Indem er in das Zelt dringen will und Aietes sich ihm abwehrend in den Weg stellt, fällt der Vorhang." Das vierte Bild beginnt:

> *Das Innere von des Königs Zelte. Der hintere Vorhang desselben ist so, daß man durch denselben, ohne die draußen befindlichen Personen genau unterscheiden zu können, doch die Umrisse derselben erkennen kann.*
>
> Medea, Gora, Jungfrauen *im Zelte.* Jason, Aietes *und* alle Personen *des letzten Aktschlusses außer demselben.*
>
> Jason *(von außen)*: Ich will hinein!

Also: alle Personen, die wir noch vor dem Zelt hatten stehen sehen, erblicken wir nun, durch den Stoff des Zeltes, ,,außer demselben". Nicht die Szene hat sich verändert, sondern der Aspekt, die Perspektive. Grillparzer hält dieses Prinzip durch. So sehen wir im ersten Bild Jason zu dem Turm schwimmen (V. 360), in dem er im zweiten Bild auftaucht (V. 420). Grillparzer tendiert dazu, stets zwei Bilder in unmittelbarem örtlichem und zeitlichem Nacheinander vorzuführen. So kann der ,,Klassizist" Grillparzer auf listige Weise die Einheit des Ortes quasi unangetastet lassen – und der ,,Realist" Grillparzer kann sie mit zukunftsweisenden filmischen Techniken quasi umgehen...

König Ottokars Glück und Ende ist mehr als nur die Abrechnung mit einem Emporkömmling. Da wird das heroische Zeitalter dem bürgerlichen entgegengesetzt, das Rudolf von Habsburg vertritt. Und trotz aller Gewaltsamkeit vermag auch König Ottokar sich nicht über die Hierarchie der ewigen sittlichen Werte zu stellen. Indem er sich vergeht und bereut, erkennt er die Gesetze an, gegen die er frevelt. Den gottverlassenen Übeltäter gibt es nämlich in Grillparzers dramatischer Welt nicht: Nur der Verführer Zanga in *Der Traum ein Leben* erkennt keine sittlichen Gesetze an; kein Wunder, daß er darum auch als ,,Teufel" dargestellt und bezeichnet wird. Doch ein solcher Teufel ist er nur in Rustans Alptraum – wenn in der Tagwelt des Dramas dann die ,,Wirklichkeit" wieder ungeträumt anhebt, tritt das Traum-Vorbild dieses Zanga als frommer Pilger auf. Mit alledem reicht Grillparzers Dramatik noch tief in eine habsburgisch barocke Welt. König Ottokar, der im vierten Akt fast als Bettler umherirrt, scheint ein Opfer des Fortuna-Rades, das aus Königen Bettler, aber manchmal auch aus Bettlern Könige macht. In solchen Anfechtungen hält dem durch seinen Stolz ins Unglück und schließlich zur Besserung gezwungenen König einzig der Kanzler unbeirrbar die Treue. Er ist – dem Bancbanus aus *Ein treuer Diener seines Herrn* gleich – ein rührendes Sinnbild für Anhänglichkeit, Hingabe, Hilfsbereitschaft. Grillparzers wunderbar inniges, leises Bancbanus-Bild, dessen konservative, die ständische Ordnung fromm absolut setzende Tendenz außer Frage steht, verbindet Barock und 20. Jahrhundert. Der Diener Anton aus Hofmannsthals *Turm* wäre ohne Grillparzer nicht denkbar – freilich variierte Hofmannsthal im *Turm* wiederum den von Grillparzer bewunderten Calderon.

Im Bezirk dieser katholischen Konservativität spielen sich freilich, bei Grillparzer, seltsame, pathologische und neuzeitliche Dinge ab.

Die Äußerungen des Königs Ottokar zum Beispiel sind von Gedankenstrichen durchsetzt und zerrissen. Widersprüche, Übertreibungen, Großmannssucht: alles das drückt sich auf vielfache, gleichwohl nie übertreibende Weise aus. Und wenn dem König Ottokar (wie schon dem Jaromir der *Ahnfrau*) Fehlleistungen unterlaufen, wenn sein Gedächtnis aussetzt, wenn er kein Knien sehen kann – er hat einmal zu seiner Schande gekniet, daraus ist nun ein regelrechtes Trauma geworden! –, dann hat Grillparzer der Freudschen Wiener Seelenkunde staunenswert vorgegriffen: wie er denn überhaupt Fehlleistungen, das Sich-Versprechen, den Gegensatz zwischen der Geste, dem Sich-Verhalten und Wort bewußt systematisch verwendete.

Zwischen *Goldenem Vliess* (1818/19), *König Ottokars Glück und Ende* (1823), *Ein treuer Diener seines Herrn* (1826), *Des Meeres und der Liebe Wellen* (1829), *Der Traum ein Leben* (1831/1833) und *Weh dem, der lügt* (1837) lagen fast zwanzig erfüllte, mit dem herben Uraufführungs-Mißerfolg des letztgenannten Stückes jäh abbrechende Jahre einer fortdauernden dramatischen Produktion. Abgesehen vom Alterswerk *Ein Bruderzwist in Habsburg* führen unsere großen Bühnen, wenn sie sich überhaupt eines Grillparzerschen Werkes annehmen, gerade nicht die Problem-Stücke auf, sondern eher die Zeugnisse von Grillparzers dramaturgischer Meisterschaft: also die von der Tradition des Wiener Volkstheaters und von dem spanischen Vorbild beeinflußte, gleichsam mit *Ahnfrau*-Furor und Brillanz verfaßte Alptraum-Folge *Der Traum ein Leben,* deren extrem quietistischer Schluß, genauso wie die wüste Zuspitzung der Katastrophe, im Zusammenhang mit der ebenso exzentrischen, das heißt, einem unternehmungslustigen jungen Manne schwerlich ohne weiteres zumutbaren Idyllik des Anfangs gesehen werden muß.

Die Traumhandlung selbst ist mit einer Leichtigkeit komponiert, wie das deutsche Drama sie sonst kaum kennt. Im Zeitraffer erscheint die charakteristische Traummischung aus Unausweichlichkeit, surrealistischem Alp und wüster Zuspitzung. Dazwischen werden, in offenbarer Unlogik (also genauer Traumlogik!), Personen des wirklichen Lebens sichtbar, reden Worte und Namen, die überhaupt nicht zur Sache gehören. Ungeheuerlich das Ende des Traums. Auf der Flucht vor Verfolgern steht der Träumer auf hoher Brücke, von beiden Seiten dringen in grauenhafter Eile die Gegner, Fackeln schwingend, herbei. Es gibt überhaupt keinen Ausweg mehr. Der Verfolgte stürzt sich in die Tiefe.

Auch *Weh dem, der lügt* lehrt – trotz der Bombenrolle des Leon – mehr den Theatraliker als den Dichter Grillparzer kennen. Aber darauf war der Total-Durchfall der Uraufführung ja leider wohl nicht zurückzuführen.

Die Gewalt von Grillparzers Erfindungskraft und historischer Vergegenwärtigungskunst bezeugen indessen nicht nur die drei Altersdramen – *Libussa, Ein Bruderzwist in Habsburg, Die Jüdin von Toledo* –, sondern auch zwei sehr ungleiche szenische Fragmente. Einmal handelt es sich dabei um die 1822 niedergeschriebene Szene aus einem unvollendeten Trauerspiel *Hannibal und Scipio,* wo die Kraft des großen einzelnen und die Macht der Ordnung in einem bedeutenden Dialog der beiden Protagonisten gegeneinandergestellt werden. Das andere, über zahlreiche mehr oder weniger wichtige Fragmente herausragende, unvollendete Stück, zugleich Grillparzers letztes großes dramatisches Werk, ist sein *Esther*-Fragment. Josef Nadler interpretiert in einem Kapitel seiner Grillparzer-Biographie meisterhaft den Bericht, den Auguste von Littrow-Bischof im Mai 1868 (!) dem alten Dichter über *Esther* sorgsam entlockt hat[17].

Wie eingangs angedeutet, hat die Entwicklung unseres Jahrhunderts – vor allem die Abwendung von den immer mehr und noch mehr erstrebenden Produktions-Prinzipien, die noch in den fünfziger Jahren galten, aber in den letzten Jahrzehnten dieses Jahrhunderts offenbar nicht mehr unbezweifelt gelten – uns neu hellhörig gemacht für die Botschaft des späten Grillparzer. Sollte es sich bei den drei großen nachgelassenen Stücken wirklich mehr um ,,Lese-Dramen" als um Aufführungs-Texte handeln, so müßte freilich auch dieser Situation überhaupt erst noch entsprochen werden: Wer studiert und bedenkt denn eigentlich noch – außer den Berufsgermanisten und solchen, die es werden wollen – *Libussa* oder den *Bruderzwist*? Lese-Dramen indessen sind zum Lesen da.

Das wirkungsvollste, wenn auch gewiß nicht gewichtigste der letzten drei Dramen ist die *Jüdin von Toledo*. Auch in der *Jüdin von Toledo* siegt – bedenklich grausam und ganz unangefochten – die Ordnung. König Alfons hatte sich wider diese Ordnung versündigt. Er hatte die Gattin um der geliebten Jüdin Rahel willen verlassen, sich aber zum Schluß dann wieder dem Staat und der Gattin zugewandt. Aber die Reue des Königs wird von Grillparzer nicht als ein bloß psychologisch oder logisch oder sonstwie motivierter Vorgang dargestellt. Die ethischen Kategorien, lehrt das Trauerspiel, sind transsubjektiv. Man kann sich ihnen blitzschnell unterordnen; ja dieses Unterordnen gleicht mehr einem Umfunktionieren der Seele als einer ,,Entwicklung". Der König rastet gleichsam wieder ins Tugendsystem ein. Unterhalb dieses absolut gegebenen Systems gibt es freilich auch in diesem Trauerspiel die Differenzierungen: Wenn sich des Königs Sinn langsam für Rahel erwärmt, wenn er die Worte seiner Partner deshalb seltsam mißversteht, mit seinen Gedanken ganz woanders ist, dann bewundern wir einmal mehr den unauffälligen Psychologen Grillparzer. Schon die Vorbereitung des Unglücks, die Langeweile, die das Miteinander zwischen dem König und seiner angetrauten Gattin kennzeichnet, lassen das Abenteuer des Alfons und das Schicksal des zum Schluß ermordeten Mädchens ahnen.

Aber wir haben es hier nicht mit einer Tragödie zu tun, die nur in einer einzigen Dimension den Gegensatz zwischen Liebe und Staatsräson entwickelte. Die Form birgt mehr. Mit den Juden beginnt, mit ihnen endet das Trauerspiel. Der hochmütige junge Krieger Don Garceran spricht von Jüdinnen nicht wie von Menschen, sondern wie von Sachen. Dabei hat Grillparzer es hier sicherlich nicht als seine Aufgabe betrachtet, rassische Vorurteile zurückzuweisen. Rahels Vater Isaak gleicht bis in die Sprechweise einer Judenkarikatur. Trotzdem oder vielleicht sogar wegen Grillparzers strenger Objektivität steigert sich das Stück zur finsteren Vorahnung dessen, wie es – aus lauter wohlerwogenen Motiven – zum Progrom kommen kann. Blutiges Recht muß walten, damit Recht und Fürst eins sein können (V. 1243). Fataler Doppelsinn des Wortes ,,Opfer".

In der *Libussa* stehen viele Gedanken, Sätze und Visionen, die man als demokratie-feindlich, ja als reaktionär abtun könnte. So sagt die Libussa:

LIBUSSA: Von allen Worten, die die Sprache nennt,
        Ist keins mir so verhaßt, als das von Recht.
        Ist es dein Recht, wenn Frucht dein Acker trägt?
        Wenn du nicht hinfällst tot zu dieser Frist,
        Ist es dein Recht auf Leben und auf Atem?
        Ich sehe überall Gnade, Wohltat nur
        In allem, was das All für alle füllt,
        Und diese Würmer sprechen mir von Recht?   V. 897 ff.

Es gibt auch eine elitäre Sicherheit:

> Ich les in euren Blicken, wer hier trügt,
> Doch sag ichs euch, so fordert ihr Beweis.
> Sind Recht doch und Beweis die beiden Krücken,
> An denen alles hinkt, was krumm und schief.   V. 909 ff.

Und, noch strenger, keineswegs gewerkschaftsfreundlich:

> Wenn Gleiches sie begehren, sind sie gleich,
> Doch Gleiches leisten stört mit eins die Gleichheit.   V. 918 ff.

Man hat überdies, meint Libussas Schwester Kascha, die Geschöpflichkeit hinzunehmen:

> Ich sehe rings in weiter Schöpfung Kreisen
> Und finde übrall weise Nötigung.
> Der Tag erscheint, die Nacht, der Mond, die Sonne,
> Der Regen tränkt dein Feld, der Hagel triffts,
> Du kannst es nützen, kannst dich freuen, klagen,
> Es ändern nicht. Was will das Menschenkind,
> Daß es die Dinge richtet, die da sind.
> . . .
> Hoffst du durch Überzeugen dich geschützt?
> Es billigt jeder das nur, was ihm nützt.
> Ein einziges ist, was Meinungen verbindet:
> Die Ehrfurcht, die nicht auf Erweis sich gründet.   V. 1175 ff.

Natürlich sind die Bedeutenderen auch die Eingeweihteren. Grillparzers Verse beschwören diese Unterschiede:

> Als ihr noch hoffet, zagtet, dies und das gemeint,
> Da war es uns bekannt, da haben wirs beweint.   V. 1175 ff.

Man braucht das magische, der Schöpfung gegenüber ehrfurchtsvolle, die Menschen nicht demokratisch-rational-überprüfbar *leitende,* sondern mit Hilfe eines gegründeten, aber nicht beweisbaren Vertrauens *führende* elitäre Lebensgefühl, für das so mannigfache Verse der Libussa-Dichtung einstehen, nicht mit noch mehr Zitaten zu illustrieren. Das Gemeinte wird rasch klar. Um so fesselnder ist nun das Rückzugsgefecht, das die Schwestern Libussas *nicht* liefern, in das aber Libussa die Kluge, Liebende – sich verstrickt. Am Ende scheinen fast die Positionen vertauscht: der aufgeklärte, eine frohe Stadt gründende Primislaus ahnt, was verloren gehen kann (und möchte zögern). Die alles einsehende und zugleich fürchtende Libussa indessen nimmt des Primislaus Selbstverleugnungsangebot nicht an: Sie fordert ihn, weil es rationale Argumente gegen sein Tun nicht eigentlich gibt, zur Tätigkeit auf – aber sie selbst ist außerstande mitzutun. Auf diese Weise hebt Grillparzer die konservative Frontstellung auf und bestätigt sie dennoch. So hinterläßt sein Drama im Leser mehr als nur eine kluge These, gegen die man sich wehren könnte oder auch nicht. Es hinterläßt Betroffenheit: Du mußt dein Leben ändern. Und was zählen dagegen die etwas sorglos, ja trivial geschriebenen kurzen Volksszenen zu Beginn des zweiten Aktes an den ,,Ufern der Moldau''?

Den Schritt von kluger Magie zu unvergleichlich verhaltener Geschichtsphilosophie macht Grillparzer sodann im *Bruderzwist.* Was Tolstoi in den geschichtsphilosophischen und handlungsskeptisch theoretisierenden Kapiteln von *Krieg und Frieden* beredet – das hat Grillparzer in der Mischung aus Verwirrung und Verlangsamung, Intelligenz und Entschluß, die seinen Rudolf II. kennzeichnet, gestaltet. Der absolute, fast an Irrationalismus reichende Dëismus dieses Altersdramas läßt Rudolf II. (und uns) eine Welt vorfinden, in der jähes, noch so gut und kraftvoll gemeintes Handeln aller positiven Bemühung zum Trotz nur schaden kann – und dann auch schadet. Mit Bertolt Brechts *These*, daß alle Zustände als veränderbar dargestellt werden sollten und daß die Welt geändert werden müsse, weil sie es brauche, scheint Grillparzers Bruderzwist nichts zu tun zu haben. Um so überraschender jedoch die Gleichartigkeit der *Befunde*. Was Brecht in seiner Coriolan-Bearbeitung und seiner Antigone-Fassung hochpolitisch unterstrich, nämlich den Nutzen von kriegerischen Verwicklungen teils für die Unter-Privilegierten, teils für die Mächtigen (je nach Form und Art der Bedrohung, selbstverständlich), das kehrt, wenn auch die Sympathielenkung anders verläuft, in den Überlegungen des Königs Rudolf wieder (V. 1183 ff., 1233 ff.). Grillparzer antizipiert mit habsburgisch historischem Sinn[18] Brechts marxistisch analytische Geschichts-Betrachtung! Welch eine Fülle von überwältigend bedrohlich wahren Einsichten – und was für eine zwischen Pathologie und kluger Skepsis wahrlich ,,interessant“ gespaltene Hauptfigur! Zu den Sünden wider den Geist, deren unser Zeitalter sich schuldig macht, gehört die Vernachlässigung eines aller Protzerei fernen, großen Dramatikers. Wir tun, als seien wir über Grillparzer hinaus. Dabei käme es darauf an, ihn überhaupt erst einmal einzuholen.

Hebbels Dramatik
Hartmut Reinhardt

FRIEDRICH HEBBEL wurde am 18. März 1813 in Wesselburen (Dithmarschen) als Sohn eines Maurers geboren. Seine Jugend stand im Zeichen von Armut und Enge, aber auch eines Bildungsdranges, dem er sich mit dem Eifer des Autodidakten hingab. Nach einem Aufenthalt in Hamburg (1835), wo er durch die Schriftstellerin Amalie Schoppe gefördert wurde, nahm er ein Jurastudium in Heidelberg (1836) und München (1836–1839) auf, das er aber schon bald vernachlässigte und schließlich zugunsten literarischer Pläne und Hoffnungen abbrach. Ein auf zwei Jahre befristetes Reisestipendium des dänischen Königshauses führte ihn von Hamburg über Paris (1843) und Italien (1844) nach Wien (1845). Dort heiratete er die aus Braunschweig stammende Burgschauspielerin Christine Enghaus und lebte dann in sich konsolidierenden bürgerlichen Verhältnissen als bekannter und anerkannter, wenn auch nicht unangefochtener Schriftsteller. Hebbel starb am 13. Dezember 1863[1].

Die literarische Reputation war nahezu ausschließlich eine Wirkung seines dramatischen Schaffens. Hebbels auf den unbekannten Dichter des Nibelungenliedes gemünztes Wort trifft ihn selbst im Eigensten: ,,Dramatiker vom Wirbel bis zum Zeh" (W IV 341). Sein Lebenswerk ist von dem Bemühen geprägt, das ,,poetische Drama" (B VII 311; T 6107) zu bewahren und zu rechtfertigen – in einer geschichtlichen und gesellschaftlichen Lage, die dieser Kunstform in zunehmendem Maße den Boden entzog. Hebbel verstand darunter die hochstilisierte Tragödie als ,,die höchste Form der Poesie und der Kunst überhaupt", sofern sie sich nicht mit Aufnahme und Austragung aktueller Zeitproblematik begnügt, sondern die konstitutive Beziehung auf ein alles bedingendes, daher selbst unbedingtes ,,Ideen-Centrum" festzuhalten sucht (W XI 71, 40). Es geht um Vermittlung ,,zwischen der Idee und dem Welt- und Menschen-Zustand" (W XI 57). An dieser Intention muß die Tragödie festhalten, will sie ihr Formgesetz nicht preisgeben. Damit wird sie jedoch zugleich an den Rand der Unmöglichkeit gedrängt. Denn Hebbel befindet sich in einer Situation, in der die Verbindlichkeit der Idee durch metaphysische Reszendenz und wissenschaftliche Tatsachenforschung mehr und mehr verblaßt. Was den Charakter gesellschaftlicher Auseinandersetzungen betrifft, so war er pragmatischer Analytiker genug, um der Erkenntnis nicht ausweichen zu können, daß ,,manche Processe der Gegenwart" nur als Kampf der ,,Interessen" verstehbar sind. Damit führen sie nach seiner Auffassung eher in einen ,,Sumpf von faulen Verhältnissen" hinein, als daß sie noch auf ,,die berechtigte sittliche Macht" verweisen könnten (W II 379). Entgleitet aber die Instanz, auf die hin die ideelle Struktur der hohen Tragödie einzig entworfen werden kann, dann wird auch deren Formanspruch fraglich – eben im Hinblick auf ,,den gegenwärtigen Welt-Zustand", in dessen Darstellung Hebbel seine ,,Lebens-Aufgabe" sieht (B IV 7; T 3943).

Diese Probleme beschäftigen ihn besonders in seiner mittleren Phase (1843–1848), die nicht zufällig durch ein formales Experimentieren gekennzeichnet ist. *Ein Trauerspiel in Sicilien* (entstanden 1846/47) formuliert Gesellschaftskritik in einer derart unverhüllten Schärfe, daß den Interpreten aus der Sache selbst heraus das kritische Instrumentarium des jungen Marx in die Hände geriet. Hebbel sieht aber dabei nicht bloß die kritische Tendenz, sondern auch ihre Kehrseite: die Restriktion der Form. Dem Stück liegt ein wirklicher Vorfall zugrunde, der sogleich in seiner symptomatischen Bedeutung für „die sittlichen und selbst die politischen Zustände des Landes und Volks" (gemeint ist Italien) erfaßt wird. Diese Zustände können dem Menschen „ein tragisches Geschick" aufzwingen, so jedoch, daß dieses „in untragischer Form" erscheint (W II 379). Der Dramatiker, der den Stoff nicht aufgeben will, sieht sich also genötigt, das Stilniveau der Tragödie als unerreichbar zu suspendieren und den Zwitter einer „Tragicomödie" zu entwickeln. Sein eigenes Produkt, durch vorgegebene Sachzwänge der Besitz- und Verdinglichungsproblematik strukturiert, tritt Hebbel als „unicum" entgegen (B V 55), das er als formbewußter Künstler mit erkennbarer Reserve betrachtet (ohne seine antizipatorische Bedeutung für die spätere Dramenentwicklung zu ahnen). Das anschließend beendete Trauerspiel *Julia* (1845–1847), als „Todtenkopf" für „die wankende Gesellschaft" annonciert (W II 396 f.), ist trotz (oder wegen) solcher zeitkritischer Ausrichtung künstlerisch mißlungen und verläuft sich in roher Konstruktion. Das gültige Dokument von Hebbels Auseinandersetzung mit der zeitgenössischen Gesellschaft (und das wirkungsmächtigste seiner Werke) ist das 1843 in Paris abgeschlossene bürgerliche Trauerspiel *Maria Magdalene*, ein Stück, das bis in kleinste atmosphärische Valeurs von eigenem Erleben und Erleiden zeugt und dennoch ganz die gattungsgemäße Objektivität erlangt hat. Dargestellt wird das Schicksal eines Mädchens, das der Schande einer unehelichen Mutterschaft nur durch den Selbstmord entgehen kann. Dieser Schicksalsablauf hat die Form eines Prozesses, in dem die ursächlichen Faktoren ausgemittelt und auf ihre Rechtmäßigkeit geprüft werden. In heutiger Sicht nimmt sich das Stück wie ein einziger Protest gegen die bürgerliche Moral und in eins damit gegen die bürgerliche Gesellschaft selbst aus. Hier aber gilt es zu unterscheiden. Für Hebbel handelt es sich nämlich nicht um die Anklage einer gesellschaftlichen Klasse, sondern um die Distinktion zwischen falscher und wahrer Sittlichkeit (vgl. B II 348) und nicht zuletzt um den Anspruch der tragischen Form: „Es war meine Absicht, das bürgerliche Trauerspiel zu regeniren und zu zeigen, daß auch im eingeschränktesten Kreis eine zerschmetternde Tragik möglich ist, wenn man sie nur aus den rechten Elementen, aus den diesem Kreise selbst angehörigen, abzuleiten versteht" (T 2910). Es darf also nicht auf „Äußerlichkeiten" (zu denen Hebbel den Standesgegensatz zählt) abgehoben werden (W XI 62), sondern das bürgerliche Lebensgesetz selbst muß als Ursache tragischer Vernichtung erscheinen. Als solche aber darf der Moralkodex nicht gänzlich unberechtigt sein: nicht Sumpf, sondern noch Sittlichkeit. Klara selbst sieht sich nicht in einer individuellen Schuld noch unter einem gesellschaftlichen Diktat, sondern handelt „nur als Tochter des alten Mannes, der (ihr) das Leben gegeben hat" (W II 55). Meister Anton, der die Tochter durch seine Rigorosität in den Tod treibt, ist abhängig vom vermeintlichen Urteil der anderen: „Ich kann's in einer Welt nicht aushalten, wo die Leute mitleidig sein müßten, wenn sie nicht vor mir ausspucken sollen" (W II 40). Sofern er auf einen völlig veräußerlichten Ehrbegriff fixiert ist, unterliegt er der Kritik. In dieser Fixierung partizipiert er nach dem Willen seines Autors aber noch insoweit an substantieller Sittlichkeit, daß er jene tragische Dignität erreicht, die das Formgesetz der Tragödie fordert. Dieses an bürgerlichen Lebensverhältnissen zu bewähren (und damit das theatererfolgreiche Rührstück Ifflands und Kotzebues zu übertrumpfen), ist Hebbels wahres Interesse. Um eine ideologiekritische Entlarvung bürgerlicher Moral[2] geht es nicht: das muß gegenüber der gegenwärtig dominierenden Rezeptionstendenz betont werden, die den strukturellen Zusammenhang des bürgerlichen Trauerspiels einfach übergeht. Allerdings bleibt es schwierig, die Entflechtung von falscher und wahrer Sittlichkeit oder, geschichtlich gesehen, den Umschlag des Alten in ein Neues (darauf ist das Stück angelegt) interpretatorisch verbindlich zu fassen. In der Forschung überwiegen die Eindrücke von weltanschaulicher Negativität[3], aber es fehlt auch nicht an Versuchen, antizipatorische Momente in der *Maria Magdalene* nachzuweisen[4]. Hebbel wußte wohl, wie aus einer Retrospektive von 1848 hervorgeht, daß er eine Gefängniswelt gemalt hat (B IV 124). Daß er durch die dramatische Gestaltung auch schon die Gitter aufgebrochen hätte, wird man ohne spekulatives Risiko kaum behaupten können.

Hebbels Bemühung, der Tragödie einen gesellschaftlichen Gehalt zu sichern, ist Bestandteil seines großangelegten Versuches, die höchste Form der Kunst gegen ihre historisch-gesellschaftliche Infragestellung zu verteidigen[5]. Er konnte aber der Erkenntnis nicht ausweichen, daß die Tragödie mit ihrem auf Universalität gehenden Formzwang und die sozialen Vorgänge mit ihren nur empirisch zu fassenden Interessenverflechtungen einander inkommensurabel sind. Dafür gibt es ein prägnantes Zeugnis in einem späten Brief an Sigmund Engländer, der 1848 die Wiener Aufführung der *Maria Magdalene* als ,,politisches Ereigniß" gefeiert und die Meinung vertreten hatte, ,,daß ein solches Familienleben, auch wenn kein specielles tragisches Ereigniß eintrat, an und für sich schon tragisch sei"[6]. In dem späteren Gedankenaustausch versuchte er Hebbel seine Vorstellung von der ,,socialen Tragödie" nahezubringen – und stieß auf Widerspruch: ,,Man kommt von hier aus [. . .] zur vollständigen Auflösung der Tragödie, zur Satire, die der sittlichen Welt ihre schreienden Widersprüche unvermittelt in's Gesicht wirft, und zu allererst die tragische Form selbst und den tragischen Dichter, wie er Sandkörner nachwiegt und den *Berg*, von dem sie abgesprungen sind, nicht bemerkt oder doch vor ihm die Augen zudrückt" (B VII 293; T 6287). Hebbel gesteht die ganze Härte sozialer Problematik zu (was anders in Anbetracht seiner eigenen Herkunft auch wundernähme) – und doch werden ihm solche bedrückenden Erfahrungen, wenn es um die Möglichkeit der Tragödienform geht, zu ,,Sandkörnern", über denen man den ,,Berg", also zu singulären Lebensphänomenen, über denen man das Lebensgesetz selbst nicht aus dem Blick verlieren sollte. Mit dieser apologetischen Argumentation von 1863 hat Hebbel ein Kunstwollen zusammengefaßt, das zu seinen historischen Voraussetzungen eine ebenso prekäre wie produktive Beziehung einhält. Um diese sichtbar zu machen und das Ganze der Konstitutions- wie Legitimationsproblematik der Hebbelschen Tragödie anzudeuten, gilt es ein wenig weiter auszuholen.

Die Faszination durch die Tragödienform hat in der Mitte des 19. Jahrhunderts etwas Unzeitgemäßes. Aber im Falle Hebbels taugen Erklärungsmodelle nicht recht, die in Kategorien wie ,Eskapismus' und ,Kompensation' zentriert sind und das ganze Problemfeld sozialpsychologisch umgrenzen[7]. Es geht nicht bloß um die persönliche Selbstbehauptung eines begabten Armeleutekindes, sondern auch um die Fortschreibung (und äußerste Erprobung) einer Gattung, die von der Tradition ausgezeichnet worden ist. Ohne Anerkennung dieser Traditionsbindung ist Hebbel in seiner formbewußten Intention nicht zu verstehen. Neben den großen Beispielen der griechischen Tragiker, Shakespeares und Schillers (trotz etlicher Kontroversen) hat vor allem die Metaphysik und Ästhetik des Deutschen Idealismus bestimmend auf ihn eingewirkt. Im Einzelfall kann zwischen Einfluß und Analogie oft nur schwer unterschieden werden, aber unstrittig ist (trotz gelegentlicher Absetzung von Hegel), daß Hebbels theoretischer und dramatischer Ansatz der Philosophie des Tragischen entspricht, wie sie Schelling, Solger und Hegel ausgebildet haben[8]. Die ältere Forschung hat diese Zusammenhänge zu Recht betont[9], in die W. Liepe mit dem Nachweis von Einflüssen Gotthilf Heinrich Schuberts und Ludwig Feuerbachs noch wichtige konkrete Einzelzüge eingezeichnet hat. Die pantheistisch-idealistische Philosophie gibt Hebbel die Denkform vor, die ihn in den Stand setzt, eine tragische Grundkonstellation zu entwerfen: die Depotenzierung des ,,Individuums" als eines solchen gegenüber ,,dem Ganzen, dessen Theil es trotz seiner unbegreiflichen Freiheit noch immer geblieben ist" (W XI 3). Hebbel steht vor der Aufgabe, das ,,Ganze" als eine substantielle Macht zu begreifen und ihrem gegenüber der Individualität vorrangigen Anspruch in der dramatischen

Struktur Plausibilität zu verschaffen. Sehr treffend nennt Hebbel das Schicksalsproblem „die Wurzel des Gewächses" (W X 372 f.). Die Tragödie braucht ein Schicksalsprinzip, das Vernichtung und Versöhnung in eins bewirkt – aber sie kann ein solches Prinzip unter den Bedingungen der Moderne bekanntlich nicht mehr aus einem Mythos gewinnen. Für diese Problemstellung wird nun Solgers Versuch wichtig, im Schicksalswalten der Tragödie „die göttliche und ewige Macht" zu postulieren, „vor welcher das Irdische nur deßwegen zergeht, weil sie sich darin gegenwärtig offenbart"[10]. Hebbel übernimmt diese spekulative Setzung und ihre Konsequenz: daß das Individuum schon zufolge der Form seiner Existenz ‚schuldig' ist, weil es durch sie in einen Gegensatz zur Idee (zum ‚Ganzen', zum ‚Göttlichen') tritt. Von diesen Prämissen aus ergibt sich der Zusammenhang einer Theorie des Tragischen und der Tragödie, den Hebbel in der Schrift *Mein Wort über das Drama!* (1843) entfaltet hat. Er entwickelt hier (wie überhaupt in seiner theoretischen Arbeit) keine wirkungspoetische Dramaturgie nach dem Vorbild Lessings und Schillers, sondern bemüht sich, gegen Mißverständnisse in der zeitgenössischen Kritik angehend, um eine umfassende Rechtfertigung der hohen Tragödie auf der Argumentationsbasis der idealistischen Philosophie. Daß es überhaupt einer solchen theoretischen Substruktion bedurfte, zeigt schon die Schwierigkeit an, in die Hebbels Versuch geraten mußte, die Repräsentanz der Tragödienform gegen das Zeitbewußtsein festzuhalten.

Hebbels Erstlingsdrama *Judith* (1839/40) gibt nicht bloß eine Probe auf das theoretische Exempel, als käme es nur darauf an, durch Gestaltung eines alttestamentarischen Stoffes die göttliche Lenkung von Welt und Geschichte zu bekräftigen. Vielmehr gewinnt das Verhältnis von Individuum und Gottheit eine Spannung, die sich auch am Schluß nicht ganz löst. Die Frau, die den gewaltigen assyrischen Feldherrn Holofernes tötet und dadurch das israelische Volk vor dem Untergang bewahrt, handelt bei Hebbel nicht nur einem göttlichen Auftrag gemäß, sondern letztlich aus ihrer menschlich-weiblichen Natur heraus. Der Mann, den sie insgeheim liebt, hat sie zum bloßen Sexualobjekt entwürdigt. Dafür nimmt Judith Rache; im Bewußtsein ihrer Entwürdigung kann sie sich überhaupt erst zur Tat anstacheln. Als Judith ihr wahres Tatmotiv erkennt („Nichts trieb mich, als der Gedanke an mich selbst."), wird sie vom eigenen Schuldbewußtsein innerlich „vernichtet" (W I 72): Sie hat zwar Gottes Auftrag ausgeführt, aber „das Rechte aus unrechten Gründen gethan", wie Hebbel erläutert (T 1872). An der Frage, inwieweit die theokratisch-religionsgeschichtliche Konzeption die dramatische Motivation wirklich bestimmt oder eine subjektive Projektion darstellt, die restlos in existentieller und psychologischer Problematik aufgeht, hat sich eine Forschungskontroverse entzündet[11]. Mit Sicherheit wollte der Dramatiker selbst die Gottheit als letzte Instanz der Geschichte verstanden wissen, die den Menschen bis in seine innersten Triebe hinein als Mittel zu ihrem Zweck aktivieren kann. Es entspricht freilich der Eigenart anthropozentrischer Dramatik, zu der Hebbel selbstverständlich gehört, eine moderne Charakter- und Geschlechtspsychologie intensiver vergegenwärtigen zu können als eine umspannende theologische Konzeption. Daraus folgt aber noch nicht, daß diese als nichtig angesehen werden darf. Wenn der junge Hebbel in der Reflexion auf die eigenen Dramen „ihr Unterscheidendes" darin erblickt, daß sie, „die Individuen als nichtig überspringend, die Fragen immer unmittelbar an die Gottheit anknüpfe(n)" (T 2174), so räumt er damit unzweifelhaft dem Göttlichen Realität ein. Gottes Macht ist wirksam und daher wirklich in dieser dramatischen Welt, sie verkündigt sich in der Daniel-Episode durch ein prophetisches Wunder (W I 34 ff., 44 f.), sie offenbart sich schließlich darin, daß eine große Tat durch den „schwachen Arm" eines Mädchens getan werden kann (vgl. B I 170). Gottes Macht erstreckt sich aber nicht so weit in den menschlichen Bereich hinein, daß ihr „Werkzeug" auf sittliche Autonomie Verzicht leisten würde. Judith ist nicht bereit, die Tat von ihren Motiven zu trennen, sondern

hält ihr Schuldbewußtsein fest und kündigt ihre Bereitschaft an, in den Tod zu gehen (W I 81).
Insofern ist das Individuum in Hebbels frühem Drama keineswegs ein an sich selbst nichtiges
Moment eines größeren Ganzen, sondern der Ort sittlicher Selbstbestimmung. In diese ist der
Protest gegen eine Gottheit eingehüllt, die als gewaltige, rätselhafte und feindliche Macht erfah-
ren wird. Das Drama vollzieht auf seine Weise die anthropologische Wendung des religiösen
Glaubensgehaltes, die Feuerbach dann auf den Begriff gebracht hat. Hingegen wird man Heb-
bels Dichtung nicht als tendenziös im Sinne des allerdings barschen Diktums auffassen können,
daß sie „sich der Weiber-Emancipation schroff gegenüber stellt" (B II 103)[12]. Ein solcher
Kommentar steht im Kontext einer kritischen Absetzung von Parolen und Tendenzen der
‚Jungdeutschen' und bleibt ohne Entsprechung im Drama selbst. In dessen Logik ist eine Frau,
die sich sogar gegen Gott behauptet, indem sie sich dem eigenen sittlichen Schuldspruch unterstellt, kein inferioses (da zum Handeln unfähiges) Wesen, sondern Repräsentantin höchster
menschlicher Möglichkeit.

    Die Spannung zwischen Individual- und Universalwille bleibt die strukturbildende Kon-
stante der Hebbelschen Tragödie. Einem Wandel unterliegt dagegen die inhaltliche Besetzung
und die dramatische Konfiguration des übergeordneten Prinzips. Suchen die ersten Dramen die
„Silhouette" einer in ihrer Unbegreiflichkeit doch anthropomorph vorgestellten Gottheit zu
zeichnen (vgl. T 1034), beginnt die zweite Periode mit der expliziten Wendung zur Geschichte
hin. Hebbels Wille zur tragischen Form findet in der Geschichtstragödie sein endgültiges Ziel.
Geschichte gilt ihm als universaler Entwicklungs- und Fortschrittsprozeß, in den die individuellen Handlungen so verflochten sind, daß ihr partikulares Wollen (und ihr tragisches Scheitern)
einem höheren Zweck dient: gemäß Hegels dialektischer Konstruktion, aber ohne ihre geistme-
taphysische Fundierung. Diese Wendung wird vorbereitet im Vorwort zur *Maria Magdalene*
(1844), das die Entwicklung des Dramas von den Griechen über Shakespeare bis in die eigene
Gegenwart ausdrücklich an die Entwicklung der Geschichte selbst anschließt und deren „Krisen" als Bedingungen der Möglichkeit für „das höchste Drama" ansetzt (W XI 40 ff.). Als eine
solche „Krise" postuliert Hebbel die eigene Gegenwart – wenn man genau zusieht: nicht aus einer historischen Analyse heraus, sondern um die Möglichkeit der hohen Tragödie theoretisch
zu sichern, deren Formanspruch er vertritt.

    Die Suche nach krisenhaften Wendepunkten, an denen sich Untergang und Aufgang von
historischen Welten verschränken, leitet Hebbel schon bei der Stoffwahl. In *Herodes und Mariamne* (1847/48), wohl seinem *opus maximum*, geht es um den Umbruch der orientalisch-
despotischen Lebensform in das christliche Weltalter, so nämlich, daß das durch das Drama ver-
gegenwärtigte tragische Schicksal noch in den alten Geschichtskreis fällt und die Notwendigkeit
seiner Überschreitung markieren soll. König Herodes sieht sich von allen Seiten politisch unter
Druck gesetzt: im Inneren teils aus religiösen, teils aus machtpolitischen Gründen, von außen
durch die römischen Machthaber, von denen Antonius und Octavian zum entscheidenden
Kampf um Caesars Erbe rüsten. Herodes steht also auf einem „dampfenden, vulcanischen Boden" (W XI 253) und findet festen Halt nur noch in der Liebe, die ihn mit seiner Gattin Mariamne verbindet. Aber er hat ihren Bruder töten lassen, um seine eigene Herrschaft zu behaupten, und weiß um die Feindschaft und das Intrigenspiel ihrer Mutter. Um sich der Liebe Mariamnes völlig zu versichern, läßt sich Herodes zweimal dazu hinreißen, durch Befehl über ihr
Leben zu verfügen – als wäre sie „nur ein Ding und weiter Nichts" (V. 1382). Im Bewußtsein ihrer persönlichen Würde kann Mariamne diesen „Frevel" (V. 1695) nicht hinnehmen, obwohl
sie den Gatten wirklich liebt. Sie wäre sogar zu allem bereit, was Herodes über sie verhängt; aber
er hat ihr die Freiheit der Entscheidung genommen. Mariamnes Vergeltung besteht darin, daß

sie Herodes „das verzerrte Bild" als Wirklichkeit vorspiegelt, wie er es „im tiefsten Innern" von ihr haben muß (V. 3034 f.). Die Verkannte zwingt ihm eine Verkennung ihres Wesens auf und bringt ihn dadurch dazu, ihr Henker zu werden. Herodes ahnt, daß er „in ihr (sich) selbst vernichten werde" (V. 2739), aber er kann nicht umhin, auf Schuldspruch und Todesurteil zu bestehen. Erst nach ihrem Tod (auf Golgatha) erkennt er in tragischem Zuspät den wahren Sachverhalt. Diese dramatische Sequenz entwickelt Hebbel mit außerordentlicher Kraft der Steigerung und Zusammenballung. Die Gipfelszene (III, 6) zeigt Herodes und Mariamne in einer Situation wechselseitiger Verkennung, die das lösende Wort immer mehr ausschließt. Die Kommunikationsproblematik verdichtet sich in dem Ausspruch: „Ich will Dich nicht versteh'n!" (V. 1891). Alles, was gesagt wird, kann die Mißverständnisse nur steigern und bewirkt, daß beide sich immer mehr in sich selbst verhärten: „Jetzt muß ich weiter geh'n!" (V. 1951). Es gibt kein Zurück, keinen Ausgleich, keine Besinnung, keine Verzeihung. Der Zeitgenosse des 19. Jahrhunderts mag in diese dramatische Welt mit dem gleichen faszinierten Befremden hineingeblickt haben wie der Römer Titus, der Mariamnes Tun als „unheimlich" ansehen, aber auch „den Heldensinn verehren" muß, der ihm zugrunde liegt (V. 2966 ff.). Reflexe aktueller historischer Problematik (Monarchismus, Frauenemanzipation) sind durchaus erkennbar, allerdings in eine Monumentalität des Figurenentwurfs hineingetrieben, die der Logik der Tragödienform gehorcht. Akzeptiert man diese Prämisse der Hochstilisierung, so erscheint die Kunst der psychologischen Motivation zwingend: „wir schaudern vor der dämonischen Kette, die sich bildet, aber wir müssen sie Glied für Glied gelten lassen" (W XI 259)[13]. Sie löst sich in der Schlußszene, die „drei Kön'ge aus dem Morgenland" (V. 3125) auf der Suche nach dem „König aller Könige" (V. 3156) zeigt, während der jüdische König Herodes am Ende zusammenbricht (W II 365). Es gehört zu den Standardargumenten der Forschung, diese Szene als „unorganisches Anhängsel" abzutun[14] und auf die – verglichen mit dem dramatischen Zentrum – eher schwächliche Linienführung hinzuweisen. Was diese Kritik unter negativem Vorzeichen faßt, ist nichts anderes als Hebbels „Intention" selbst, „die hier auf den Holzschnitt-Styl ging" (B IV 243). Der Auftritt der drei Könige leistet durchaus, was er leisten soll: Durch den Hinweis auf Christi Geburt wird die Zeitenwende signalisiert, mit der die Tragödie zwischen Herodes und Mariamne in die historische Vergangenheit abzurücken beginnt. Die Darstellungsweise entspricht genau der Einsicht, daß die „aufsteigende" neue Welt eine „noch marklose und ungestaltete" ist (W XI 253). Statt der Vormeinung, ein dramatisches Kunstwerk der Tradition müsse ,organischen' Charakter aufweisen, sollte sich die Bereitschaft durchsetzen, gerade solche Züge des Gedanklich-Konstruktiven bei Hebbel als Antizipationen von Modernität anzuerkennen. Vielleicht läßt sich sogar eine List darin vermuten, daß das tragische Zentrum vom Ende her dezentralisiert erscheint und in seiner gattungsbedingten Monumentalität eine historisierende Funktion zu übernehmen hat – die List nämlich, der Tragödie ihre abhanden gekommene Zeitgemäßheit wenigstens vermittelt zu erhalten. Wie dem auch sei: Hebbels Drama appelliert nicht an den bloß miterleidenden Betrachter, sondern verlangt von ihm, daß er „aus dem eigenen Vermögen etwas zu suppliren hat" (B IV 72). Dazu gehört in diesem Fall die Fähigkeit, sich vom Handeln und Leiden der Figuren losreißen und ihre Schicksale in eine historische Perspektive rücken zu können – mit welcher Zumutung Hebbel der Brechtschen Theorie näher ist, als es zunächst scheinen mag.

Auch *Gyges und sein Ring* (1853/54) und die *Nibelungen*-Trilogie (1855–1860) beziehen sich auf historische Übergänge. Während die Trilogie (die Hebbel seinen größten Theatererfolg eingebracht hat) die Wendung von der germanisch-heidnischen zur christlich bestimmten Lebenshaltung als einen geschichtsnotwendigen Fortschritt aufzuzeigen versucht, akzentuiert *Gyges*, Hebbels ,klassizistische' Tragödie, die Spannung zwischen dem Alten und dem Neuen mehr so, daß das Recht der Tradition betont wird. Und zwar geschieht dies von der Anerkennung ihrer Geltung für das menschliche Bewußtsein aus (vgl. V. 1807 f.), auch wenn offenkundig ist, daß die Form der Sittlichkeit, mit der sich Rhodope auf Grund ihrer Herkunft identifiziert (und durch deren Festhalten sie die tragische Wendung erzwingt), nur ein historisch-relatives Recht für sich beanspruchen kann. Hebbel hat auch den Versuch unternommen, Schillers *Demetrius*-Fragment zu vollenden bzw. den Stoff neu zu konzipieren, d. h. nicht als Freiheitsdrama, sondern als Geschichtstragödie zu entfalten. Der Versuch, immerhin bis weit in den fünften Akt hinein gediehen, läßt die ganze Schwierigkeit erkennen, die hier erklärtermaßen gesuchte historische Materialfülle (vgl. B VI 233 f.) noch als Relief einer verbindlichen Idee des Tragischen behandeln zu können[15].

Eine Sonderstellung unter den historischen Tragödien nimmt *Agnes Bernauer* (1851) ein. In diesem ,,deutschen Trauerspiel`` greift Hebbel einen Stoff auf, der im 15. Jahrhundert – also im ,Herbst des Mittelalters' – angesiedelt ist. Aber er verzichtet auf die (doch naheliegende) Möglichkeit, die Gestaltung auf eine Zeitwende hin zu entwerfen. Der junge Herzog Albrecht liebt und heiratet die schöne Augsburger Baderstochter Agnes Bernauer. Weil eine Störung der Erbfolge zu erwarten ist, droht das ganze Staatswesen ins Wanken zu geraten und taucht ein verheerender Bürgerkrieg am politischen Horizont auf. Unter diesen Vorzeichen wird Agnes vom regierenden Herzog Ernst zum Tode verurteilt. Die Rechtfertigung dieses politischen Mordes erweist sich schließlich als das zentrale Thema des Stücks. Hebbel bemüht sich, durch eine peinlich-genaue (dennoch nicht lückenlose) Motivation die Notwendigkeit dieses Menschenopfers darzutun. In seinen brieflichen Kommentaren hat er mehrfach die aktuelle Bezüglichkeit seines Werkes hervorgehoben und die Veranschaulichung dessen, ,,daß das Individuum, wie herrlich und groß, wie edel und schön es immer sey, sich der Gesellschaft unter allen Umständen beugen muß``, als seine ,,ernste, bittere Lehre`` bezeichnet, für die er ,,von dem hohlen Democratismus unserer Zeit keinen Dank erwarte`` (B IV 358 f.). Das Stück bewegt sich ,,auf dem politischen Boden``, und es behandelt ,,das brennendste Thema der Zeit`` (B V 54): es antwortet auf die Vorgänge des Jahres 1848 (die Hebbel sehr aufmerksam verfolgt hat), ist aber ,,nicht als politische Demonstration`` gemeint (B V 108), sondern soll gegen ,,die wahnsinnige Emancipationssucht des Individuums [. . .] bei Democraten und Conservativen`` (B V 107) votieren und den berechtigten Anspruch der ,,allgemeinen Mächte`` in Erinnerung bringen (B V 97). Letztlich handelt es sich um den Versuch, das Konstitutionsgesetz der Tragödie, die Erhebung eines individuellen Anspruchs und seine Beugung unter ein universales Prinzip, auf die vorgegebene zeitgeschichtliche Problematik anzuwenden und an ihr zu bewähren. Hebbel bietet seine ganze Gestaltungsfähigkeit auf, um Agnes in ihrer Schönheit und ihrem menschlichen Adel berückend vor Augen zu stellen und die Liebe, die sie mit Albrecht verbindet, als gottgewolltes Lebensglück erscheinen zu lassen. Agnes würde ,,Gottes Gebot`` (W III 174) übertreten, ließe sie sich zu einem Verrat an ihrer Liebe bewegen. Zahlreiche Anspielungen auf die Passionsgeschichte[16] unterstreichen, daß diese Liebe als göttlich verbürgtes Recht erfahren wird und dennoch (oder gerade deshalb) zum Untergang führt. Auch die Gegenseite rechtfertigt ihr Handeln als eine von Gott gewollte Notwendigkeit: ,,Gott will es so und nicht anders! [. . .] ich thu', was ich muß, der Ausgang ist Gottes`` (W III 203 f.). Gott steht gegen Gott: Kontradiktorisch ist die Berufung auf ihn, widersprüchlich und nur schwer deutbar das Geheiß, das ,von oben' zu kommen scheint. Keine Gottesberufung stellt vor Irrtum, Unrecht oder Vernichtung sicher. Daß Ernst in die Hand des rebellierenden Sohnes gerät, kann gegen den alten Herzog zeugen – es kann aber auch eine ,Versuchung' des jungen Herzogs sein, die er nur durch Selbstüberwindung zu bestehen vermag (W III 228). Angesichts dieser Ungewißheit hinsichtlich der Transzendenz liegt aller Nachdruck auf der Begründung, die Herzog Ernst der Forderung des Staates nach dem Menschenopfer zu geben vermag. Sie läuft nicht auf ein dynastisches Interesse, nicht auf eine totale Restauration und auch nicht auf eine theokratische Staatsverherrlichung (wie man gemeint hat) hinaus. Der Herzog handelt im Bewußtsein eigener Fehlbarkeit und mit dem Eingeständnis, daß jede Staatsform nur ein vergängliches Menschenwerk ohne göttliche Sanktionierung ist. Das stellt seine große und vielzitierte Rede am Schluß deutlich heraus (W III 233 f.). Nicht das Eintreten für eine Idee ‚des' Staates leitet ihn bei der Unterzeichnung des Todesurteils, sondern der Gedanke an die ‚‚Wittwen und Waisen, die der Krieg machen würde" (W III 204): also das Bewußtsein einer sittlichen Pflicht gegenüber den Menschen, die im Staat leben. Hebbels Tragödie steht also nicht mehr auf dem Boden von Hegels Begriff des Staates als der ‚‚Wirklichkeit der sittlichen Idee", sondern gehört in den Umkreis von Jacob Burckhardts Diagnose der ‚‚große(n) Krisis des Staatsbegriffs, in welcher wir leben"[17]. Sie nähert sich darüber hinaus mit dem Bekenntnis, daß ihr universal-metaphysisches Prinzip nur den Rang einer Fiktion beanspruchen kann, ihrer Selbstauflösung als repräsentativer Kunstform. Denn eine Tragödie ist nicht mehr möglich, wenn das Allgemeine, um dessentwillen der individuelle Anspruch negiert wird, als eine lebensbezügliche Setzung heraustritt. Mit dem Rückstoß auf ‚‚das an sich Werthlose" (W III 234) hängt der bereits erwähnte Umstand zusammen, daß am Ende von *Agnes Bernauer* ein Hinweis auf geschichtliche Veränderung ausbleibt. Die Idee ist in ihrer Verbindlichkeit so sehr angefochten, daß der Blick auf der moralischen Leistung der Subjektivität haften bleiben muß, die der alte Herzog in seiner Bereitschaft zu Buße und Machtverzicht bezeugt. Das Stück enthält mehrere Hinweise auf historisch-gesellschaftlichen Wandel. Wenn Hebbel es unterläßt, sie am Ende zu einer Historisierung der gegebenen Staatsform (der ständischen Ordnung) zusammenzufassen, so deshalb, weil damit auch die sittliche Leistung relativiert würde, die allein noch die notwendige Geltung des Allgemeinen zu garantieren vermag. Albrecht beugt sich vor Ernst: An dieser einfachen Geste wird aller Synthesenschematismus der Interpreten zuschanden (W III 235). Die Idee des Ganzen kann nicht mehr den Übergang in ein geschichtlich Neues vermitteln, weil sie ganz in der moralischen Subjektivität aufgegangen ist. Darin kündigt sich der Wandel vom universalen zum sozialen Denken an, angesichts dessen gerade diese Tragödie Hebbels eine Rehabilitierung verdient.

Am Schluß dieses gedrängten Überblicks mag ein kurzes Wort zur Wirkungsgeschichte stehen. Auf dem Theater ist Hebbels Dramatik nie recht heimisch geworden (mit Ausnahme von *Maria Magdalene*), die späteren Dramatiker haben sich methodisch und weltanschaulich neu orientiert und über Hebbel meist abschätzig geurteilt. Beispiele ließen sich bei Gerhart Hauptmann und Bertolt Brecht anführen. Franz Xaver Kroetz sieht in Hebbel nur einen Stofflieferanten, ohne sich bei seinem Kunstwollen weiter aufzuhalten. Es kam hier darauf an, gerade dieses Kunstwollen in seinen historischen Zusammenhängen zu verdeutlichen. Hebbel hat mit Formensinn und Redlichkeit die hohe Tragödie bis an die Grenze des Möglichen verteidigt und ihren festen Strukturen einige Wandelbarkeit abgewonnen. Ihn würdigt am gerechtesten wohl sein eigenes Wort: ‚‚Mir gefällt Lessing nirgends besser als in seinen Rettungen; der Schweiß, den er vergießt, während er Gräber von Disteln und Dornen säubert, steht ihm am schönsten" (W XII 97).

Hebbel und das heutige Theater
Hansgünther Heyme / Peter Kleinschmidt

Heinz Stolte versuchte 1963 von zahlreichen Theaterleuten zu erfahren, wie sie den ein-
hundertsten Todestag von FRIEDRICH HEBBEL (1813–1863) zu begehen gedächten. Von den
wenigen abgesehen, die ein Stück des Dramatikers aufführen wollten, meinten die Befragten
entweder, daß sie keines der Stücke besetzen könnten, oder daß Inszenierungen für jeden Regisseur beängstigende und gefährliche Perspektiven beinhalten. Die entscheidende Gegen-
frage wurde nicht gestellt. Warum sollte man sich mit Hebbel beschäftigen?

Wie schwer diese Frage zu beantworten ist, macht die Geschichte der Bemühungen um
Hebbel nur allzu deutlich. Der Umstand, daß sich der Autor verhältnismäßig häufig und ausführlich über seine Stücke geäußert hat, erleichtert die Untersuchung der Frage nicht, sondern
verstellt oft den Zugang. Die Auslassungen haben fast immer etwas Wehrhaftes, und die Veränderung der Stoßrichtung ändert durchweg auch die Mitte. Sie sind so kontrovers, daß man mit
ihnen alles und somit sehr wenig belegen kann. Auch die theoretischen Äußerungen Hebbels
sind im Zusammenhang mit interpretatorischen Unternehmungen für das Theater nur von be-
grenztem Wert. Sie sagen mehr über die dramaturgischen Absichten als über die ausgeführten
Stücke.

Im folgenden sei der Versuch unternommen, im Hinblick auf die obengenannte Frage
vier Texte des Autors zu betrachten: Die beiden Edelsteinstücke, *Maria Magdalene* und die *Nibelungen*. Die Auswahl mutet vielleicht seltsam an, erklärt sich auch nur aus unserem Interesse,
das in diesem Aufsatz kaum mit Literaturwissenschaft und letztendlich nur mit Theater zu tun
hat. Genaugenommen geht es also um die Frage, warum man die genannten vier Stücke *spielen*
soll.

Der Diamant: Wohl von Jean Pauls *Leben Fibels* angeregt und ohne Beschäftigung mit
Shakespeare schwer denkbar, gehört dieses erste der sogenannten Edelsteinstücke zu den wohl
unbekanntesten Hebbels. Obzwar der Autor es immer für eines seiner gelungensten hielt,
taucht es in der Regel weder in den Untersuchungen des Gesamtwerks noch in Literaturlexika
auf.

Der dramaturgische Grundeinfall des Stückes ist einfach und besteht darin, zwei verschiedene Klassen, nämlich Bürgertum bzw. Kleinbürgertum und Adel in ihrem so unterschiedlichen Verhältnis zu konzentriertestem ökonomischen Reichtum, einem taubeneigroßen Diamanten nämlich, vorzuführen. Die Geschichte, in die Hebbel diese Idee einkleidet, ist ungewöhnlich und von hohem Reiz.

> Zu dem bäuerlichen Paar Jacob und Barbara, die sehr viel mehr über die Befindlichkeit einer Wes-
> selburischen Maurerfamilie verraten als über den ihnen von Hebbel zugewiesenen Stand, war ein
> ausgezehrter, einbeiniger Soldat gekommen, war gestorben und hatte den beiden zum Dank für die
> letzte Unterkunft einen großen Kiesel hinterlassen. Der Jude Benjamin, der den Stein zufällig zu
> Gesicht bekommt, erkennt ihn sofort als Diamanten und will ihn, auf die Beschränktheit Jacobs
> spekulierend, für einen Taler kaufen. Dem aber kommt das Interesse Benjamins verdächtig vor, er
> verlangt 100 Taler; die hat der Jude nicht, er entwendet den Stein und verschluckt ihn.
> Wenig später erfährt man, daß die königliche Familie einen Diamanten sucht. Er gehörte ihr seit

Barbarossas Zeiten und war damals einem Vorfahren von einem ausgezehrten, einbeinigen Soldaten (!) mit folgendem Kommentar geschenkt worden: ,,Du hast gezeigt, daß du ein Mensch geblieben bist, nimm diesen Diamanten zum Lohn! Solange er bei deinem Hause bleibt, ist das Glück dir
und deinen Nachkommen treu; dem Letzten deines Stammes werde ich selbst ihn wieder abfor-
dern." Die Prinzessin, die sich, seit sie diese Geschichte erfuhr, als Letzte des Stammes wähnt und
in eine Traumwelt des Sterbens geflüchtet ist, hat eben diesen Diamanten einem zufällig aufge-
tauchten ausgezehrten, einbeinigen Soldaten aufgedrängt. Der König setzt eine große Belohnung
für die Wiederbeschaffung aus.
Der Beginn des zweiten Aktes führt einen Doktor namens Pfeffer ein und Herrn Block, einen Wirt,
beides Figuren von Grabbescher Skurrilität, die ihre Freizeit mit sinnlosen Witzeleien totschlagen.
Der von Magenschmerzen geplagte Benjamin stößt zufällig auf die beiden, Jacob platzt ebenfalls in
die Runde, und da Benjamin nichts über den Verbleib des Diamanten verrät, wird er vor Gericht
geschleppt.
Die königliche Familie welkt weiter in Schönheit.
Die Kleinbürger, inzwischen vermehrt um den Richter Kilian und den Gefängniswärter Schlüter,
erfahren, daß Benjamin den Diamanten verschluckt und der König eine riesige Belohnung für die
Wiederbeschaffung eines Diamanten ausgesetzt hat, schließen richtig, es gäbe wohl nur einen Diamanten, und sinnen auf praktikable Mittel, wie wohl an den Mageninhalt des Juden heranzukom-
men sei. Die große Judenhatz beginnt. Der Doktor will dem Dieb den Bauch aufschlitzen. Auch
der Gefängniswärter ist zum Mord bereit. Ein ins Spiel gebrachtes Duplikat erhöht noch die Ver-
bissenheit der Beteiligten: die deutsche Katastrophe scheint unausweichlich.
Hebbels Konzession an die Gattung des Lustspiels ist ein Happy-End. Der Jude kommt mit einem
wahnwitzigen Schrecken davon, die rasenden Kleinbürger überleben, die königliche Familie erhält
den Diamanten zurück, der Bauer Jacob wird belohnt und die Prinzessin heiratet.

Was sich da im ersten Augenblick wie ein krudes Märchen anläßt, ist bei näherem Hinsehen ein äußerst theatralisches, giftig-böses, genaues Bild für Wirklichkeit, und zwar für historisch ortbare Wirklichkeit. Die akkumulationswütigen Kleinbürger, die im Diamanten allein
den ökonomischen Wert sehen, auf der einen Seite, und dieser bodenlose, dahinschwebende
Adel, für den der Edelstein nur Existenz-Symbol ist, auf der anderen, das alles ist kein Abbild
der Situation vor 1848, aber ein höchst treffendes Bild für diese Zeit und ihre atmosphärischen
Valeurs.

Daß Hebbel den Gegensatz zwischen diesen Klassen nicht auf die schwarz-weiß gefärbte
kleinste Größe reduziert, macht dieses Stück wichtig. Und daß die Qualität der Tagebücher,
nämlich komplizierteste Gedanken auf einen überraschenden, brillant formulierten Punkt zu
bringen, im *Diamant* jeder Person eignet, läßt diese Komödie zu einem hohen Vergnügen werden.

Was die Befindlichkeit der Kleinbürger ausmacht, beschreibt Hebbel ohne Rücksicht auf
Wunschbilder: aus der Armut resultierende Raffgier, totale Perspektivelosigkeit, der hieraus resultierende Mangel an Solidarität, latente Fähigkeit zum Antisemitismus und eine verblüffend
realistische Einschätzung der eigenen Situation. Daß diese Ansammlung von Negativ-Eigen-
schaften nicht eine Galerie von Bösewichtern hat entstehen lassen, ist ein Verweis auf die Dimension des Stückes. Die wütigen Kleinbürger im *Diamant* sind nie nur Täter, sondern zuvor
immer auch Opfer.

Ähnliches läßt sich über Hebbels Beschreibung der adligen Figuren sagen. Nirgendwo
ein Ansatz, sie zu Feudalungeheuern zu machen. Sie sind durchaus ,,Menschen geblieben", aber
eben Exemplare jener der Realität verständnislos gegenüberstehenden, verwelkenden, flieder-
farbenen Fossilien.

Man steht keiner der Figuren der Komödie teilnahmslos gegenüber. Alle evozieren Interesse. Sie sind keine Abschilderungen, sondern meisterlich konstruierte, das meint bei aller Ferne zum denkbaren individuellen Vorbild höchst betroffen machende Findungen, denen sehr eigene Wirklichkeit zukommt.

Der Diamant ist eine Komödie, die nur auf den zweiten Blick einer materialistischen Bestandsaufnahme der Zeit vor 1848 ähnelt; bei näherem Hinsehn erweist sie sich als ein höchst empfindsames deutsches Wintermärchen.

Der Rubin: Obzwar Hebbel diese Märchen-Komödie erst zu Beginn des Jahres 1849 schrieb, war die Idee zu diesem Stück wesentlich älter. Bereits im Oktober 1836 hatte er eine ,,beste Lebensregel" verzeichnet, die häufig zum Motto dieses zweiten Edelsteinstückes gemacht wird: ,,Wirf weg, damit du nicht verlierst"[1].

> Es geht um folgendes: Fatime, die Tochter des Kalifen, ist seit einem Jahr spurlos verschwunden. Ihr Vater verkündet öffentlich, er wolle seine Krone dem geben, der ihm die Tochter zurückbringt. Der Fischersohn Assad und sein Freund Hakkam hören die Verlautbarung. Beide genießen den exotischen Reiz Bagdads, trennen sich aber im Streit, als Hakkam auch Diebstahl als Mittel zum Zweck begreift, als Mittel, Amusements zu bezahlen. Auf dem weiteren Weg durch die Stadt entdeckt Assad in den Auslagen eines Juweliers einen großen Rubin, in dem er, ihm ganz unerklärlich, den ,,Mittelpunkt der Welt" zu sehen vermeint. Er glaubt, den Edelstein unbedingt besitzen zu müssen, und da er ihn nicht bezahlen kann, stiehlt er ihn. Der flüchtende Dieb wird jedoch sehr schnell gefaßt und zum Tode verurteilt. Irad, ein zauberkräftiger alter Mann, rettet Assad in letzter Sekunde vor dem Henker und erzählt, daß Fatime von einem teuflischen Geist in den Rubin gezaubert worden sei. Mit Hilfe Irads beschwört Assad das Mädchen, es erscheint ihm auf einer Wolke, erzählt ihm von seinem Schicksal, von seiner Not, aber nichts von der einzigen Möglichkeit, wie sie, Fatime, befreit werden könne. Die nicht ruhende Justiz Bagdads nimmt Assad erneut gefangen, weil der Juwelier, der um das seltsame Verhältnis zwischen Rubin und Dieb weiß, auf der Wiederbeschaffung seines Eigentums insistiert. Es kommt zu einer spannenden Gegenüberstellung. Assad will den Rubin auf gar keinen Fall zurückgeben und entschließt sich in seiner Bedrängnis, den Edelstein, wenn er ihn schon nicht behalten kann, wegzuwerfen, sich selbst aber umzubringen. Zum zweiten kommt es nicht, weil das erste die Bedingung für die Erlösung Fatimes war. Assad erhält die Krone des Kalifen, heiratet Fatime und verkündet im ganzen Land eine Amnestie (was bei der Uraufführung zu politischen Demonstrationen geführt haben soll).

Diese Märchen-Komödie gehört ebenfalls zu den unbekannteren Stücken Hebbels und muß sich in der Sekundärliteratur häufig den Vorwurf der Uneinheitlichkeit oder des Mißverhältnisses von Form und Inhalt gefallen lassen. Das Theater hat das Stück nur peripher behandelt und hat eigentlich noch nicht geprüft, inwieweit es aufführbar, belastbar ist.

Es erscheint sinnvoll, beide Edelsteinstücke zusammenzudenken. Die Zahl der vergleichbaren Momente fordert dazu heraus. Wieder stehen sich Bürgertum und Adel gegenüber, wieder ist es ein Edelstein, dem dramaturgische Katalysatorfunktion eignet, wieder steht das Leben der adligen Tochter auf dem Spiel, und wieder lösen sich die Schwierigkeiten in einem glücklichen Ende auf.

Neben diesen Gemeinsamkeiten nehmen sich die Unterschiede aber wichtiger aus. Was im *Diamant* an Methoden, sich das große Geld zu beschaffen, noch unbezeichnet bleibt, wird im *Rubin* in der Figur des Hakkam eindeutig als kriminell verurteilt. Und zum Beschluß der Komödie wird keine Perpetuierung des Nebeneinander von Bürgertum und Adel vorgeführt, sondern die Übernahme der Krone durch den Sohn des Fischers.

Auch dieses Stück Hebbels ist historisch sehr genau ortbar. Was immer an Gedanken zu ihm vor 1848 bestanden haben mag, geschrieben worden sein kann es erst nach 1848. Hebbel beschreibt eine restaurative Situation. Die Zeit der wilden bürgerlichen Aneignung ist vorbei. Die ökonomische hatte stattgefunden – die politische, die auch versucht wurde, nicht. Und obwohl es zur Revolution nicht gekommen war, restauriert Hebbel das Kalifentum. Neu, und das erscheint wichtig, ist das bürgerliche Vorzeichen dieser Restauration. Es entsteht so etwas wie ein nahtloser Übergang, eine stille Wachablösung. Das Bürgertum wirft als Geste gegenüber dem Adel das weg, was ihm so nicht zusteht, und gewinnt so alles. Die Geburtsstunde der Gründerzeit in Versen.

Hebbel hielt den *Diamant* für ein Meisterwerk. Zu Recht. Denkt man die beiden Stücke zusammen, mag für die Literaturwissenschaft der Gegenstand zu leicht befunden werden, für das Theater liegt hier ein faszinierendes Material vor, den Aufstieg des Bürgertums zwischen Vor-48er- und Gründerzeit unter bezeichnender Auslassung von 1848 szenisch aufzuarbeiten. Hebbel erzählt diese Geschichte sehr poetisch, sehr klar und genau, unideologisch und mit erstaunlichem bös-bitterem Witz.

Nach dem Vorausgegangenen sind Mißverständnisse denkbar. Man könnte meinen, die Hochschätzung der Edelsteinstücke entspringt der Sucht nach materialistischer Vulgarisierung. Aber dem ist nicht so. Der notwendig hartnäckige Versuch, die beiden Komödien Hebbels mit ihrer Entstehungszeit in Verbindung zu bringen, verweist vielmehr auf die zentrale Schwierigkeit des Theaters, die szenische Verwirklichung des Autors betreffend.

Seine Theorie über die Idee im Verhältnis zum Drama, nach der sich u. a. die Gattung wesentlich als „realisierte Philosophie" zu begreifen habe, ist eine zutiefst untheatralische Vorstellung. Und die Konsequenz dieser Theorie, wonach die entscheidenden Probleme der Menschheit eigentlich immer dieselben sind, eine zutiefst unphilosophische. Ließe sich Hebbel mit diesen Kategorien wirklich ausreichend beschreiben, hätte er nur langweiliges Theater geschrieben, dem jegliche Kraft zur Utopie abginge.

Da er aber auf der anderen Seite immer wieder betont hat, daß ein Drama nur so weit lebendig ist, „als es der Zeit, in der es entspringt, d. h. ihren höchsten und wahren Interessen zum Ausdruck dient"[2], muß es erlaubt sein, den punktuell analysierenden Hebbel gegen den linear verallgemeinernden in Schutz zu nehmen, das meint: zu untersuchen, welche *spezifischen* höchsten und wahren Interessen *seiner* Zeit Hebbel mit seinen Stücken Ausdruck verliehen hat.

Es gibt ein Wort, wonach es Ideen, ähnlich den Lügen, an der Länge der Beine mangelt. Ein Theater, das sich vornimmt, nur kurzbeinige Ideen darzustellen, die sogenannten zeitlosen Probleme also, reduziert seine Schwierigkeit einzig und allein auf die Besetzung, auf die „guten" Schauspieler, die, wenn schon nicht die Idee des Stückes, so zumindest sich selbst vermitteln.

Wenn man sich auf diese Ebene des Kunststücks zurückzieht, wenn das Mißtrauen gegenüber dem Text durch „ankommende" Besetzungen kompensiert wird, eben dann wird ein Spezifikum der meisten Hebbelschen Stücke zum Fallbrett: das autodidaktische Nebeneinander von höchst unterschiedlichen Qualitäten, von wahrscheinlichen Gedanken und schlecht erfundenen, von Gegründetem und Ungegründetem, von genauen und verwaschenen Formulierungen, von herrlichen und miserablen Versen. Nur, wenn es gelingt, dieses Nebeneinander einem höheren Zweck unterzuordnen, es so als Eigenart zu verstehen, kann Hebbel wichtig werden.

Literaturwissenschaft und Theater sind sich einig, daß es diesen höheren Zweck zumindest bei einigen Stücken – auch wenn man sich streitet, um welche es sich dabei handelt – gibt und daß dieser höhere Zweck den partiellen Mangel an Qualität und die daraus resultierende streckenweise Langeweile aufhebt. Für die Literaturwissenschaft scheint das die Qualität der Idee zu sein, für das Theater ist es ihre historische Ortbarkeit und damit ihre konkretisierende Darstellbarkeit.

Maria Magdalene: Nach dem Vorausgegangenen dürfte verständlich sein, warum es sich hier erübrigt, viel über dieses Stück auszuführen. Es ist dasjenige Drama Hebbels, bei dem die Beziehungen zwischen der historischen Kongruenz und der aus ihr abgeleiteten Idee am klarsten sind, bei dem es eigentlich nur unwichtige Zweifel darüber gibt, was hier bezeichnet wird.

Die wichtigen Ansatzpunkte jeder Konzeption finden sich in den Selbstäußerungen Hebbels, die hier lapidar zitiert seien: „. . . Es kam darauf an, durch das einfache Lebensbild selbst zu wirken und alle Seitenblicke des Gedankens und der Reflexion zu vermeiden, da sie sich mit den dargestellten Charakteren nicht vertragsen . . .“[3] – „. . . Es war meine Absicht, das bürgerliche Trauerspiel zu regenerieren und zu zeigen, daß auch im eingeschränkten Kreis eine zerschmetternde Tragik möglich ist . . .“[4] – „. . . und ich bin zufrieden, besonders damit, daß sie eigentlich alle Recht haben, sogar Leonhard . . .“[5]

Das Stück ist eine illusionslose, genaue – das meint weder heroisierende noch denunzierende – Beschreibung des deutschen Kleinbürgertums um 1840. Wieder eindeutig die Punktbeschreibung einer „Krankheitsgeschichte“: Den Beteiligten mangelt es grundsätzlich an Fundament, an Perspektive, an Solidarität. Statt dessen ein Übermaß an gedanklichem Leerlauf, das sich in Leid umsetzt, in eigenes und anderen zugefügtes. Keiner ist recht eigentlich nur Täter, alle sind sie auch Opfer, und an eben dem Punkt gerät man leicht in Gefahr, dieses Tränental, genannt Welt, oder schlicht und unprägnant „die banalen Verhältnisse“ zum Gegenstand des undifferenzierten Jammers zu machen.

Nicht Hebbel. Er seziert. Er beschreibt die Verhältnisse, dieses große Leid, und da es in dem Stück keine Verbrecher gibt, keine eindeutigen Täter, aber eben auch niemand, der wüßte, daß er selbst dazu beigetragen hat, Opfer zu sein, hält uns Hebbel auf bemerkenswerte Weise an nachzudenken. Nachzudenken, was dem geschichtlich vorausging, was diesen Zustand herbeiführte, was aus alledem geworden ist und ob und was man hätte ändern können. *Maria Magdalene* ist die einleuchtende Antwort des Theaters darauf, warum die Revolution von 1848 so ausgegangen ist und nicht anders.

Die Nibelungen: Zu Lebzeiten Hebbels wohl sein größter Erfolg, nicht nur auf der Bühne, sondern auch bei den Rezensenten, und nach Hebbels Tod für einige Jahrzehnte sein meistgespieltes Werk.

Hierfür gibt es naheliegende Gründe. Der Stoff malt die „gigantische Grundwurzel“[6] des deutschen Volkes, und das liberale Bürgertum, welches den größten Teil des Theaterpublikums stellte und das sich gerade daran machte, den Großstädten durch prachtvolle, ringförmige Straßenanlagen seinen Stempel aufzudrücken, dieses liberale Bürgertum war in sonderlichem Maße interessiert, sich in der Bedeutsamkeit des Anfangs die Wichtigkeit des Jetzt zu bestätigen. Es schätzte, wie gesagt, den Stoff.

Hebbel hat denn auch in vielen Bemerkungen seiner Rolle bei der Dramatisierung der *Nibelungen* ein kleines Maß zugewiesen – natürlich gibt es auch andere Selbstäußerungen –, hat sich in diesem Zusammenhang nicht als Künstler, sondern als „Küster“[7] bezeichnet und somit dem Eindruck Vorschub geleistet, die Trilogie verdanke ihre damalige Faszination recht ausschließlich dem Material. Und dieser Eindruck würde denn auch erklären, warum *Die Nibelungen* nach ihrer zweiten Erfolgswelle im Dritten Reich auf dem heutigen Theater – wohl von einer einzigen Ausnahme abgesehen[8] – keinen Platz gefunden haben: Der Stoff hat für uns keinerlei existentielle Bedeutung.

Doch ist wirklich alles geklärt, wenn man konstatiert, Hebbels Stoff fasziniere als Chronik, etwa als Chronik der „Fortsetzung der Entwicklung des abendländischen Kulturkreises – nach dem Griechisch-Antiken – im Germanisch-Christlichen . . ."[9]?

Es fehlt nicht an Hinweisen der Sekundärliteratur, wonach Hebbel weit mehr als der Küster der Trilogie war, daß *Die Nibelungen* zahlreiche Themenkreise früherer Stücke aufnehmen, weiterführen, daß es sich hierbei also doch um so etwas wie einen autonomen Hebbel handelt; aber das alles reicht als Motivation nicht aus, sich aus nicht-literaturwissenschaftlichen Gründen mit der Trilogie zu beschäftigen. Die entscheidende Frage ist eine recht einfache. Gibt es in den *Nibelungen* nicht doch den im Vorausgegangenen erwähnten „höheren Zweck", und ist dieser Zweck historisch ortbar?

Ein Wort Goethes meint, Chroniken schreibe nur der, dem die Gegenwart wichtig sei. Zu diesem Thema haben sich vermutlich alle Dramatiker des 19. Jahrhunderts geäußert. Hebbel hat der Beziehung zwischen Vergangenheit und Gegenwart jedoch besondere Aufmerksamkeit gewidmet, was sich in den theoretischen Schriften und in den Tagebüchern deutlich niederschlägt. Der vielleicht eindringlichste Kommentar:

> Ich glaube nun . . . daß der wahre historische Charakter des Dramas niemals im Stoff liegt und daß ein reines Phantasiegebilde, selbst ein Liebesgemälde, wenn nur der Geist des Lebens in ihm weht und es für die Nachwelt, die nicht wissen will, wie unsere Großväter sich in unseren Köpfen abgebildet haben, sondern wie wir selbst beschaffen waren, frisch erhält, sehr historisch sein kann . . .[10]

Wenn wir davon ausgehen, daß wir Hebbels Nachwelt sind und das Zitat auf die Trilogie beziehen, sagt er mit anderen Worten folgendes:

1. Die Historizität der *Nibelungen* liegt nicht im Stoff.
2. Uns interessiert nicht, wie sich Hebbel die Burgunder vorgestellt hat.
3. Uns interessiert, wie Hebbel und seine Welt waren.
4. *Die Nibelungen* sind historische Dramen.

Es ist brutal, jemanden beim Wort zu nehmen, zu überprüfen, inwieweit sich die Theorie durch die Praxis bestätigen läßt. Der einzige Vertreter der Literaturwissenschaft, der diesen Versuch unseres Wissens unternommen hat, ist Emrich. Aus diesem Grunde ein längeres Zitat aus seiner Studie „Friedrich Hebbels Vorwegnahme und Überwindung des Nihilismus":

> Das große Thema des Werkes ist Siegfrieds Betrug an Brunhilde und die mörderischen Folgen dieses Betrugs. [. . .]
> Aber wer ist Siegfried? Er lebt nicht wie Brunhilde von Beginn an wie ein „Element" im Absoluten, in der Freiheit vor dem Tod. Sondern er hat, wie Hagen mit Recht sagt, „den Tod ja abgekauft und so den Mord geadelt". Seine schrankenlose Stärke und Macht sind erschlichen, erlistet, gekauft durch Mittel, durch die Schlangenhaut, die Tarnkappe, das Schwert Balmung, das Schlangenblut, das ihm die Sprache der Vögel zu verstehen ermöglicht. D. h. Werkzeuge, technische Mittel verleihen ihm Macht über die Welt, sollen ihn sichern selbst vor dem Tod. Er ist Sinnbild des modernen Technikers der Macht. Sein erstes Wort ist Weltherrschaft. [. . .]
> Siegfried ist bloßer Händler, Betrüger, Mörder, schrankenloser Imperialist, ohne selbst zu wissen, genauer, wissen zu wollen, was er tut. Im Gefühl himmlischster, strahlender Reinheit verübt er seine Untaten. Und genau das ist die eigentliche Hölle, in der die moderne Welt sich befindet. Bewußtlos und besten Gewissens werden die pausenlosen Schlachtungen und Seelenverkäufe arrangiert.
> Der eigentliche Grund aber dieser teuflischen Ahnungslosigkeit des modernen Mannes liegt für

Hebbel in seinem Verhältnis zur Frau: Gerade weil Siegfried nur als bewußtlos-naiver Mann seine Untaten hemmungslos ausführen kann, muß er jede Bewußtwerdung scheuen. Darum wählt er die naive, blond-schöne Kriemhilde statt Brunhilde, deren extrem weltentrückter Zustand eine äußerste, ihn selbst umstülpende Bewußtwerdung ihm abnötigen würde. Das ist der permanent sich wiederholende Kurzschluß: Der rastlos welterobernde Mann erbaut sich am sogenannten natürlichen Liebreiz eines ihn sanft umstrickenden Weibes. [. . .] das absolute Wissen, das in Brunhilde schlummert, wird abgewürgt durch ein raffiniertes Schachergeschäft, durch das es Siegfried und mit ihm der gesamten Kulturwelt gelingt, absolutes Wissen mit technischen Tricks zu entmachten und dem Geist das Bewußtsein seiner eigenen Ohnmacht beizubringen[11].

Die übrige Literaturwissenschaft hält diesen Ansatzpunkt offenbar für nicht wichtig. Denn die späteren Untersuchungen gehen unseres Wissens ausnahmslos nicht auf ihn ein. Auf seiten des Theaters ist das anders. Emrichs These ist die einzige konzeptionell wichtige. Das hat nicht nur die Kölner Aufführung, sondern letztendlich auch Patrice Chereaus Inszenierung des „Ring" in Bayreuth gezeigt.

Es gibt eine einzige, nicht zentrale Formulierung Emrichs, die man vielleicht präzisieren könnte, die Bestimmung „modern". Sie kann primär nicht unsere Zeit meinen. Aber alles, was Emrich unter dieser Moderne subsumiert, trifft auch für die Zeit um 1860 zu. Hebbel ist kein Prophet. Er benutzt die Nibelungensage, um seine Welt in ihr zu spiegeln. Daß an dieser Welt wesentliche Schwächen ihren Weg auch in die unsrige gefunden haben, daß die „deutsche Nation", auch von heute aus gesehen, eine „Krankheits-Geschichte aufzuzeigen hat"[12], das läßt ahnen, was mit den *Nibelungen* zu belegen wäre, was dieses Material an Aufarbeitung unserer Vergangenheit und damit Klärung unserer Gegenwart leisten könnte.

Wichtig wäre auf seiten des Theaters, alle Stücke Hebbels auf ihre historische Ortbarkeit zu überprüfen, sie, wenn es sein muß, mit Gewalt auf die Erde zu holen, genau zu untersuchen, inwiefern sie ein Bild für das Hebbelsche „wie wir waren" sind, um sie, aber eben erst dann, wieder in Hebbels unnaturalistische Ästhetik zu entlassen. So ließe sich sagen, worauf die Ideen dieser Stücke gegründet sind. Und diesen jeweiligen Grund zu bestimmen, wäre die im Augenblick primäre Aufgabe der Auseinandersetzung mit Hebbel.

Hegels Dramentheorie und ihre Wirkung
Roland Galle

Wie umstritten, komplex und widersprüchlich wirksam der Einfluß der Hegelschen Philosophie und Ästhetik ist, davon hat PETER WEISS (geb. 1916) mit einem besonders großen Theatererfolg der jüngeren Zeit, seinem 1971 aufgeführten *Hölderlin* [1], ein nicht ganz freiwilliges Zeugnis abgelegt. In diesem Stück wird der Dichter des *Empedokles* als bislang verkannter poetischer Welterneuerer präsentiert, indem sein berühmter 40-jähriger Aufenthalt im Tübinger Turm umstilisiert wird zum Exil der reinen und reingehaltenen revolutionären Gesinnung. Der Weiss'sche Hölderlin sichert diese seine Gesinnung vor allem gegen Hegel als den inzwischen abgefallenen Exponenten ehemals gemeinsamer Jugendideale; so ist auch szenisch eine Trennung in heroische Verweigerung und vermeintlichen Untergang einerseits, Einlassen auf die Wirklichkeit und damit verbundenem Erfolg andererseits vorgegeben. Dieser Trennung nun ist ein gegenläufiges Aktualisierungsangebot dadurch einbeschrieben, daß Hölderlins Untergang zum Erkennungszeichen der von ihm gesicherten Wahrheit und Hegels wirklichkeitsorientierter Erfolg zum Siegel endgültiger Obsoletheit wird.

Durch diese Auflösung aber gibt der skizzierte Konflikt seinen paradoxen Stellenwert zu erkennen: Der so vehement gegen Hegel gewendete Konflikt erfährt nämlich eine Strukturierung und eine Lösungsperspektive, die den Einfluß der Hegelschen Dialektik überdeutlich zu erkennen geben. ,,Purer Hegelianismus‘‘ [2] wird Weiss denn auch von Ulrich Schreiber für die Anlage seines Hölderlin bescheinigt; eine Zuordnung, die dadurch interessant wird, daß sie den Hegel-Einfluß festhält, zugleich aber den Verlust der Hegel selbst wohl zugute gehaltenen Differenziertheit und Komplexität zum Ausdruck bringt. Worauf Schreiber mit dem Vorwurf des Hegelianismus zielt, das zeigt, deutlicher noch als das skizzierte Konflikt-/Lösungsmodell selbst, eine Äußerung, mit der Peter Weiss zu Protagonisten seines Theaters und vor allem zu seiner Hölderlin-Figur Stellung nahm: ,,selbst wenn sie untergehen, so bleiben sie ihrer Umwelt doch überlegen, sie lassen sich nicht korrumpieren, sie betrügen ihre Ideale nicht, sie betrügen sich selbst nicht, sie halten an ihrer Wahrheit fest – so scheint mir auch in diesem Stück Hölderlin der am wenigsten gebrochene: nicht er ist umnachtet – die Welt, in der er lebt, ist umnachtet.‘‘ [3]

Angesichts dieses programmatisch gemeinten Satzes über das Verhältnis von dramatischem Held und Wirklichkeit können wir es nicht bei der etwas pointenhaften Feststellung eines Hegel-Einflusses in einem polemisch gegen Hegel gewendeten Stück belassen. Das Weiss'sche Programm einer Apotheose des heroischen Einzelnen und der korrespondierenden Abwertung einer als korrumpiert angesehenen Wirklichkeit – obendrein unter Absehung aller geschichtlichen Bedingtheiten vorgetragen – provoziert vielmehr in seiner allzu offenkundigen Unzulänglichkeit die Frage, ob der zu solchen Verkürzungen geronnene Hegelianismus nicht revidiert werden könnte durch einen Rückgriff auf Hegel selbst. Für einen so verstandenen Aktualisierungsversuch der Hegelschen Dramentheorie bieten sich – als Antwort auf das idealistische Programm von Weiss – vor allem folgende Fragenkomplexe an:
– Welches Verhältnis zwischen dramatischem Helden und ihm zugeordneter Wirklichkeit liegt Hegels Theorie zugrunde?

– Welchen Einfluß hat nach Hegel der geschichtliche Wandel auf dieses Verhältnis?
– Legt Hegel selbst Explorationen seiner Dramentheorie in die ihm nachfolgende Zeit nahe,
und wenn ja, wie verhalten sich diese zu historischen Formen der Hegel-Aneignung im 19.
und 20. Jahrhundert?

Sind damit einige Leitfragen für eine wie mir scheint auch heute noch ergiebige Diskussion der Hegelschen Dramentheorie gegeben, so soll im folgenden mit dem Versuch ihrer Beantwortung zugleich das Ziel verfolgt werden, zwar nicht normative, wohl aber hermeneutisch klärende Kategorien für eine Auseinandersetzung mit dem Drama, dem vergangenen und dem gegenwärtigen, zu unterbreiten.

Von Aristoteles bis zu Lessing, von der ursprünglichen Formulierung der Katharsislehre bis zu deren moralischer Adaption im aufkommenden Bürgertum, ist die Theorie des Dramas von wirkungsästhetischen oder poetologischen Bestimmungsversuchen beherrscht worden. Gemeint ist damit, daß aus den jeweils analysierten Wirkungszielen oder aus einem normativen Regelkanon oder – wie es häufig der Fall war – aus einer Mischung von beidem die entscheidenden Merkmale des Dramas abgeleitet wurden. Gemessen an dieser säkularen Tradition wertet G. W. F. HEGEL (1770–1831) die in seiner Perspektive philosophisch relevante Wirklichkeit maßgeblich für die Kunsttheorie dadurch auf, daß er seine Analyse der Weltgeschichte zum Ausgangspunkt seiner Aussagen über Kunst macht, so deren geschichtsphilosophische Bestimmung begründet und erst daraus etwaige Wirkungsziele und Kunstregeln ableitet.

Dadurch nun, daß das Drama ihm als Einheit von objektivierender Epik und subjektivitätsbezogener Lyrik und mithin als die „höchste Stufe der Poesie und Kunst überhaupt"[4] gilt, gewinnt es auch eine Schlüsselrolle innerhalb der geschichtsphilosophischen Kunstbestimmung. Des näheren besagt dies, daß Hegel einen funktionalen Zusammenhang zwischen den formbestimmten Inhalten und Wandlungen des Dramas und den prozeßhaften Veränderungen der Weltzustände zugrunde legt. Die Hegelsche Bestimmung des Dramas ist mithin ohne seinen Entwurf der Weltgeschichte nicht zu denken; dieser Entwurf der Weltgeschichte wiederum gewinnt entscheidende kategoriale Vorstellungsformen aus der Analyse der dramatischen Kunst. Wie durchgehend der somit angesprochene funktionale Zusammenhang von Dramenbestimmung und philosophischem Weltentwurf Hegels Aussagen zum Drama geprägt hat, zeigt sich etwa an folgender denkbar weitgefaßten Formulierung, die ich als Leitfaden für einen einführenden Kommentar zu diesem Zusammenhang wählen möchte: In der *Ästhetik* wird gefordert, „daß sich in dem Verlauf und Ausgang der dramatischen Handlung tragisch oder komisch die Realisation des an und für sich Vernünftigen und Wahren vollbracht erweise", und präzisiert wird diese Forderung dadurch, daß „die Einsicht in das Wesen des menschlichen Handelns und der göttlichen Weltregierung" das Ergebnis des Dramas sein müsse[5].

Die Formulierung, daß die „Realisation des an und für sich Vernünftigen und Wahren" die Aufgabe des Dramas sei, gewinnt ihre umfassende Bedeutung erst, wenn man sie vor dem Hintergrund sieht, der in der *Philosophie der Geschichte* entworfen ist. Dort nämlich ist an zentraler Stelle die Weltgeschichte verstanden als „diese reiche Produktion schöpferischer Vernunft"[6], ergänzt durch den Grund- und Hauptsatz dieses Werks, „daß die Vernunft die Welt beherrsche"[7].

Entscheidend ist dabei, daß die Weltgeschichte als ein Prozeß gedacht wird, der sukzessiv die keimhaft angelegte Vernunft zur Entfaltung bringt und zwar auf ein konkret umrissenes Ziel hin, das der Hegelschen Vorstellung des Weltgeistes entsprechend gefaßt wird als „das Bewußtsein des Geistes von seiner Freiheit"[8], so daß dann der Verlauf der Weltgeschichte selbst einsichtig wird als „Fortschritt im Bewußtsein der Freiheit"[9]. Dieser Gedanke hat seine konkreteste Wendung in der Formel gefunden, daß im Orient *einer* (nämlich der Despot), in der antiken Welt *einige* (die freien Bürger, nicht die Sklaven), im modernen Verfassungsstaat aber *alle* frei seien.

Wird somit deutlich, wie Hegel die Weltgeschichte als Produktion der Vernunft, als Herausbildung der Freiheit und von daher als säkularisiert gewendete Einlösung der Theodizee verstehen kann, so sind dennoch in den bisherigen Bestimmungsversuchen die Mittel unterschlagen worden, mit deren Hilfe die apostrophierte Realisation der Vernunft sich allererst ins Werk setzt. Es ist aber erst die analysierende Einbeziehung der Mittel, die den diskutierten Entwurf aus der ihm anhaftenden Abstraktheit herauslöst und ihm jene Wirklichkeitsfülle gibt, aufgrund derer Hegels Philosphie bis auf den heutigen Tag aktuell geblieben und seine Dramenanalyse überhaupt wirkungsmächtig geworden ist. Eben diese Mittel aber sind angesprochen, wenn Hegel das „Wesen des menschlichen Handelns" zur „göttlichen Weltregierung" in ein dialektisches Verhältnis setzt. Um die Implikationen dieser Beziehung deutlich zu machen, ist ein knapper Rückgriff auf die Analyse von Besonderem und Allgemeinem angezeigt.

Soweit Hegel die Weltgeschichte als Realisation der Vernunft und als prozeßhafte Herausbildung der Freiheit faßt, bildet er lediglich ein Grundanliegen der Aufklärung systematisierend aus. Sein entscheidender Schritt über die Aufklärung hinaus – als Sicherung einer neuen Wirklichkeitsdimension zu verstehen – liegt darin, daß für ihn die skizzierte Erkenntnis des Allgemeinen erst durch eine neuartige Integrierung des Besonderen Dasein gewinnt: daß er das Allgemeine nicht denkt, ohne die Funktion des Besonderen einzubeziehen, den Zweck nicht bestimmt, ohne die Notwendigkeit der Mittel zu berücksichtigen, die Idee nur analysiert, indem er auch die sie allererst ermöglichenden Leidenschaften mitdiskutiert, kurzum daß er eben jenes Zusammenspiel aufdeckt, das unter dem Titel der vielberedeten Dialektik mehr berühmt als vertraut geworden ist.

Die Dialektik als Bewegungsgesetz der Geschichte ermöglicht Hegel eine weitreichende Integration von Wirklichkeitselementen, die vorderhand mit den affirmativen Zielen der Weltgeschichte kaum vereinbar scheinen, die nun aber als notwendiger Bestandteil für deren allgemeine Ziele gedeutet werden können. Die partikularen Interessen der Menschen, die Leidenschaften der Individuen, auch die meist machtorientierten Antriebskräfte für die Kämpfe der welthistorischen Individuen, all die wirklichkeitsbildenden Elemente der Geschichte also, die einer ständigen Auflösung und Vernichtung anheimfallen, werden als das Besondere und Bestimmte gefaßt, dessen Negation allererst das Allgemeine hervorbringen kann. Während also der berühmte Satz über die List der Vernunft, demzufolge die Idee „den Tribut des Daseins und der Vergänglichkeit nicht aus sich bezahlt, sondern aus den Leidenschaften der Individuen"[10] gemeinhin so gelesen wird, als schließe er eine mißachtende Geringschätzung einzelnen Leids und eine individualitätsblinde Apotheose des Allgemeinen ein, kann der Akzent doch auch so gesetzt werden, daß die Unabdingbarkeit individueller Bewegkräfte für die Realisation der Vernunft als eine neuartige Dignität des Besonderen ins Licht gerückt wird.

Läßt sich unser Rückgriff auf die Gesetzmäßigkeiten der Weltgeschichte dahingehend zusammenfassen, daß deren allgemeines Ziel, die Realisation der Vernunft, nur durch die verzehrende Auflösung des Besonderen, der partikularen Interessen und Leidenschaften, ins Werk gesetzt werden kann, so werden vor dem Hintergrund dieses Ergebnisses die beiden eingangs zitierten Präzisierungen der Hegelschen Dramenbestimmungen nun in ihrem systematischen Zusammenhang deutlich: Postuliert Hegel als Ergebnis des Dramas Einsicht in die göttliche Weltregierung und in das Wesen des menschlichen Handelns, so sind damit eben die beiden entscheidenden Elemente abgerufen, die auch den Gang der Weltgeschichte selbst, dialektisch miteinander verwoben, bestimmen.

So wie nun die dialektische Einheit, die zwischen der Selbstrealisierung des absoluten Geistes und dem menschlichen Handeln besteht, von Hegel als epochenübergreifende und allgemeine Gesetzmäßigkeit gedacht wird, so sieht er auch eine Gattungs- und Zeitunterschiede übergreifende Aufgabe des Dramas darin, die Wirksamkeit des an und für sich Vernünftigen zum Vorschein zu bringen. Normativ werden Tragödie und Komödie, antikes und modernes Drama diesem Ziel zugeordnet, wenngleich – wie später zu zeigen ist – die Analyse des geschichtlichen Wandels auch gegenläufige Dramenbeobachtungen freisetzen wird. Was nun die Komödie angeht, so kann in unserem Zusammenhang[11] nur kurz belegt werden, daß Hegel sie im besprochenen Sinne mit der Tragödie parallelisiert:

> Das an und für sich Wahrhafte erweist sich zwar in der dramatischen Poesie, in welcher Form sie auch immer das Handeln zur Erscheinung herausführen mag, als das eigentlich Durchgreifende; die bestimmte Art aber, in welcher diese Wirksamkeit zur Anschauung kommt, erhält eine unterschiedene, ja entgegengesetzte Gestalt, je nachdem in den Individuen, Handlungen und Konflikten die Seite des Substantiellen oder umgekehrt die Seite subjektiver Willkür, Torheit und Verkehrtheit als die bestimmende Form festgehalten ist.   II, 547

Während also hier der Hinweis genügen muß, daß Hegel auch die Komödie als eine Bestätigung des Affirmativen ansieht, und zwar insofern, als die komische Auflösung sich nur auf das Nichtige beziehe, die gediegene Subjektivität, als Zeugnis des Affirmativen, aber unangefochten bleibe, ist nun näherhin die Explikation der antiken Tragödie und die besondere Form, über die in ihr eine Bestätigung des Affirmativen und Substantiellen erreicht wird, darzulegen. Da es sich um das wirkungsmächtige Herzstück der Hegelschen Dramentheorie handelt, soll ihr auch hier eine vorrangige Bedeutung eingeräumt werden.

Liegt für Hegel die Leistung des Dramas darin, in der Dialektik von Besonderem und Allgemeinem die Wirksamkeit des an und für sich Vernünftigen und Wahren zur Vorstellung zu bringen, so sieht er dieses Ziel in ganz besonderem Maße durch die antike Tragödie verwirklicht. In der antiken Tragödie nämlich – wie Hegel sie unter Einbeziehung ihrer geschichtlichen Voraussetzungen rekonstruiert – konnte die Realisierung des Substantiellen in einzigartiger Weise dargestellt werden: die Individualitätsbildung war hinreichend entwickelt, um überhaupt eine dramatische, notwendigerweise um Individuen konzentrierte Konfliktgestaltung zu ermöglichen, und die in Frage kommenden Gegenstandsbereiche für die tragische Auseinandersetzung, das familiäre und das staatliche Leben vor allem, konnten repräsentativ die konfliktorientierte Entfaltung des Geschichtsprozesses in der künstlerischen Darstellung plausibel machen.

Die antike Welt als Bedingung der Möglichkeit der ,reinen' Tragödie pointiert also genau die spezifische Differenz, die die Tragödie gegenüber dem Drama im allgemeinen Sinne auszeichnet: Realisiert sich im Drama das an und für sich Vernünftige gleichsam hinter dem Rücken der Protagonisten, in vielfach vermittelter Form also, so ist in der Tragödie die Teilhabe der Protagonisten und des von ihnen vertretenen Geschehens am Prozeß des absoluten Geistes auf eine singuläre Ebene gehoben. Singulär ist diese Ebene deswegen, weil sowohl die Charaktere und Zwecke der Protagonisten als auch die Qualität des Konflikts wie auch dessen besonderer Ausgang die Gestaltwerdung des absoluten Geistes gleichsam unvermittelt repräsentieren. Was dies konkret heißt, wie von diesem Ausgangspunkt aus die Hegelsche Tragödientheorie sich erschließt, welche Folgen von hieraus auf die stets von uns mitgeführte Wirklichkeitskonzeption

Hegels sich ergeben, dies soll nun erörtert werden, indem einleitend, zur Skizzierung des Problems, auf das von Hegel als tragisch explizierte Schicksal des Sokrates und dann, im Detail, auf
die Tragödienbestimmungen in der *Ästhetik* eingegangen wird.

In der *Geschichte der Philosophie* schreibt Hegel:

> Im wahrhaft Tragischen müssen berechtigte, sittliche Mächte von beiden Seiten es sein, die in Kolli-
> sion kommen: so ist das Schicksal des Sokrates. Sein Schicksal ist nicht bloß sein persönliches, indi-
> viduell romantisches Schicksal, sondern es ist die Tragödie Athens, die Tragödie Griechenlands,
> die darin aufgeführt wird, in ihm zur Vorstellung kommt. Es sind hier zwei Mächte, die gegenein-
> ander auftreten. Die eine Macht ist das göttliche Recht, die unbefangene Sitte [. . .]. Das andere
> Prinzip ist dagegen das ebenso göttliche Recht des Bewußtseins, das Recht des Wissens (der subjek-
> tiven Freiheit)[12].

Die vorrangige Rolle, die Sokrates für die Erklärung des Tragischen zugeschrieben wird,
resultiert daraus, daß Hegel aus dessen Schicksal alle entscheidenden Bestimmungen des Tragischen gewinnen konnte: Sokrates und das athenische Volk vertreten beide, als Protagonisten des Geschehens, allgemeine, überindividuelle Prinzipien und stellen insofern das Pathos,
das erste wichtige Element der Tragödie, dar. Weiterhin haben die jeweils dargestellten Prinzipien eine wechselseitige Berechtigung, führen auch notwendigerweise in einen antagonistischen
Konflikt und machen somit verständlich, was unter der Kollision als der zweiten Hauptbestimmung der Tragödie zu verstehen ist. Schließlich mündet diese Kollision – wie aus dem weiteren
Zusammenhang hervorgeht – in eine neue, geschichtlich produktive Lösung, von Hegel präzisiert durch den dritten entscheidenden Begriff, den der Versöhnung.

Für eine heutige Erörterung der Hegelschen Konzeption des Tragischen nun ist das So-
krates-Beispiel deswegen besonders ergiebig, weil von ihm aus gut zu fassen ist, wie Hegel die
Gestaltwerdung des absoluten Geistes, die Realisierung des Göttlichen denkt. Zeigt doch seine
Analyse, daß er einen aus einer geschichtlichen Situation geprägten und selbst wiederum ge-
schichtswirksamen Konflikt im Auge hat, wenn er von der Realisierung so schwer verständlich
gewordener Abstrakta wie dem Göttlichen und dem Allgemeinen spricht. Der Konflikt zwischen Sittlichkeit und Moralität, zwischen der unbefragten Gültigkeit der Gesetze und der reflektierenden Berufung auf ,,das Entscheiden des inneren Bewußtseins''[13] enthüllt die in Hegels
Sicht wichtigste, für die Moderne konstitutive Krise der Antike und hat insofern höchste ge-
schichtswirksame Beglaubigung. Anders gesagt: in der Tragödie enthüllt sich das Wesen des
Geschichtsprozesses; das, was rückblickend als entscheidend erkannt wird, hat in der Tragödie
eine konfliktträchtige, aber auch lösungsverheißende Darstellung gefunden. Vor allem aber hat
es eine Darstellung gefunden, an der die Intention des absoluten Geistes unvermittelt ablesbar
ist, womit nochmals auf die Besonderheit der Tragödie hingewiesen sei, den Progreß des Weltgeistes gleichsam kurzgeschlossen wiederzugeben. Die Entschiedenheit des Sokrates nämlich
und die des athenischen Volkes arbeitet sich an Prinzipien ab, die selbst als Fortschrittsele-
mente der Weltgeschichte fungieren: Die dialektische Einheit von Sittlichkeit und Moralität
wird die Grundlage des modernen Staates bilden. Vor dem Hintergrund dieses Entwurfs läßt
sich nun auch Hegels spezifisch ästhetische Applikation des Tragischen erläutern; am sinnvoll-
sten wohl, indem man den bereits als zentral benannten Begriffen Pathos, Kollision und Versöhnung nachgeht. Ihre Einheit bildet die Einheit der antiken Tragödie, wie sie in der *Ästhetik*
dargestellt ist.

Die Generalisierung des geschichtlichen Anspruches, der nach Hegel an die Tragödie gestellt wird, schließt eine individuelle Konturierung der Protagonisten weitgehend aus. Der
Heros der antiken Tragödie interessiert als Repräsentant des Allgemeinen, nicht als Individu-

um. Gleichwohl ist die Präsentierung des Allgemeinen nur möglich durch die Vermittlung iso-
lierender Vereinzelung, Abgrenzung und Abschließung. Das geschichtliche Wirksamwerden
des Allgemeinen hat solche Vereinzelung, wie sie im Pathos vorliegt, zur Voraussetzung:

> Die Individuen dieses Pathos sind weder das, was wir im modernen Sinne des Wortes Charaktere
> nennen, noch aber bloß Abstraktionen, sondern stehen in der lebendigen Mitte zwischen beidem
> als feste Figuren, die nur das sind, was sie sind, ohne Kollision in sich selbst, ohne schwankendes
> Anerkennen eines anderen Pathos und insofern – als Gegenteil der heutigen Ironie – hohe, absolut
> bestimmte Charaktere, deren Bestimmtheit jedoch in einer besonderen sittlichen Macht ihren In-
> halt und Grund findet. Indem nun erst die *Entgegensetzung* solcher zum Handeln berechtigten In-
> dividuen das Tragische ausmacht, so kann dieselbe nur auf dem Boden der menschlichen Wirklich-
> keit zum Vorschein kommen.   II, 561

Braucht hier nicht mehr auf die Herkunft der Pathosbestimmung eingegangen zu werden, die sich aus dem Schema der Dialektik ergibt, so scheint mir doch von erheblicher Folge-
wirkung für Hegels Tragödienkonzept, daß er das Pathos inhaltlich in einer Art konturiert, die
als gegenmodernistische Utopie zu verstehen ist. Das Pathos ist gleichsam die retrospektiv eingelöste Antwort auf die kritische Analyse des modernen Bewußtseins und des modernen Welt-
zustands. Was Hegel als Moderne analysiert – zu der hier genannten Ironie treten dann noch die
Partikularisierung und Subjektivierung als Kennzeichen des modernen Charakters –, dient offensichtlich als Bezugsrahmen, von dem her die antiken Charaktere kontrastiv spezifiziert werden. Dies zu verdeutlichen, sei auf eine weitere zentrale Pathosbestimmung hingewiesen:

> Das eben ist die Stärke der großen Charaktere, daß sie nicht wählen, sondern durch und durch von
> Hause aus das *sind*, was sie wollen und vollbringen. Sie sind das, was sie sind, und ewig dies, und
> das ist ihre Größe. Denn die Schwäche im Handeln besteht nur in der Trennung des Subjekts als
> solchen und seines Inhalts, so daß Charakter, Willen und Zweck nicht absolut in eins gewachsen er-
> scheinen und das Individuum sich, indem ihm kein fester Zweck als Substanz seiner eigenen Indivi-
> dualität, als Pathos und Macht seines ganzen Wollens in der Seele lebt, unentschlossen noch von
> diesem zu jenem wenden und sich nach Willkür entscheiden kann.   II, 565 f.

Dadurch also, daß Hegel in der identischen Einheit von Charakter, Willen und Zweck, von Subjekt und ihm zugehörigem Inhalt eine ausgezeichnete Form menschlichen Daseins entwirft,
projiziert er eine kontrastiv gewonnene Alternative zu der offensichtlich als defizitär empfundenen modernen Zerrissenheit zurück in den antiken Weltzustand. Diese Einsicht ist für unseren Zusammenhang deswegen wichtig, weil sie verdeutlicht, daß die Hegelsche Tragödientheorie, geschichtsphilosophisch abgeleitet, auch eine idealisierende Alternative zum modernen
Weltzustand darstellt. Dieser Grundidee verdankt sie ihre Geschlossenheit, thematisiert damit
aber auch die Grenzen, die vorschnellen Adaptionen in der Folgezeit entgegenstehen.

Bevor aber Adaptionsprobleme im einzelnen besprochen werden, bleibt die Relevanz
der Idealisierung auch für die zweite Hauptkategorie der Tragödie, das Konzept der Kollision,
darzustellen. So wie das Pathos selbst dadurch bestimmt ist, daß es aus dem Allgemeinen als dessen Entzweiung abgeleitet wird, so ist auch die Grundidee des tragischen Konflikts: daß zwei
gleichberechtigte Mächte einander gegenüberstehen und sich mit Notwendigkeit wechselseitig
zerstören, nur schlüssig als Folgegedanke der Pathosbestimmung. Nur wenn die Träger des tragischen Konflikts unvermittelt die Selbstrealisierung des absoluten Geistes präsentieren, folgt
aus der wechselseitigen Gleichberechtigung der oppositionellen Mächte, daß sie per negationem
aufeinander angewiesen sind und auf diese Art den Ausgang des Kampfes vororientieren. Hegel
hebt denn auch an zentraler Stelle auf die Gleichberechtigung der kollidierenden Mächte ab:

Das ursprünglich Tragische besteht nun darin, daß innerhalb solcher Kollision beide Seiten des Gegensatzes für sich genommen *Berechtigung* haben, während sie andererseits dennoch den wahren positiven Gehalt ihres Zwecks und Charakters nur als Negation und *Verletzung* der anderen, gleichberechtigten Macht durchzubringen imstande sind und deshalb in ihrer Sittlichkeit und durch dieselbe ebensosehr in *Schuld* geraten.   II, 549

Interpretativ eingelöst wird diese Konzeption der Kollision in der berühmten Antigone-Deutung Hegels, derzufolge Antigone in Vertretung familiärer Blutsbande und Kreon in Vertretung staatlicher Interessen sich gleichermaßen berechtigt gegenüberstehen, sich notwendigerweise wechselseitig in ihrer Existenz zerstören und gerade durch die Schuld, die sie dadurch auf sich nehmen, sich als tragische Heldenfiguren auszeichnen. Von diesen tragischen Helden sagt Hegel, daß ,,ihr kollisionsvolles Pathos sie zu verletzenden, schuldvollen Taten'' führe. ,,An diesen nun'', fährt er fort, ,,wollen sie nicht etwa unschuldig sein. Im Gegenteil: was sie getan, wirklich getan zu haben, ist ihr Ruhm. Solch einem Heros könnte man nichts Schlimmeres nachsagen, als daß er unschuldig gehandelt habe. Es ist die Ehre der großen Charaktere, schuldig zu sein'' (II, 566).

Betont wird mit diesem Insistieren auf der an die tragische Kollision gebundenen Schuld, daß die Helden selbst aktive Träger des von ihnen ausgeführten Konflikts, nicht etwa dessen passive Opfer sind. Damit aber wird deutlich, daß auch der Entwurf der Kollision gegen Tendenzen der Moderne gewonnen ist. In der Kollision der antiken Tragödie, wie sie Hegel skizziert, ist gleichsam die – in der Moderne entschwundene – Möglichkeit festgehalten, weltgeschichtlich zentrale Auseinandersetzungen repräsentativ auszuführen.

Dieser in der Tragödie festgehaltenen Möglichkeit entspricht denn auch deren Ausgang, die perspektivische Versöhnung. Geht man nämlich bei einer Rekonstruktion der Hegelschen Tragödientheorie – wie es angezeigt ist – davon aus, daß das Theorem von der Entzweiung des Göttlichen übersetzt werden kann als Gestaltwerdung zentraler geschichtlicher Konfigurationen, dann nimmt nach Pathos und Kollision auch die dritte Hauptbestimmung der Tragödie, die Versöhnung, zunächst und vor allem einen Kerngedanken von Hegels Konzept des Prozesses der Weltgeschichte auf: Alle Negation des Besonderen führt zum Allgemeinen; die Kollision und wechselseitige Zerstörung – heißt dies – ist aufgehoben in einem neuen geschichtlichen Ergebnis, in der Versöhnung:

Die wahre Entwicklung besteht nur in dem Aufheben der Gegensätze als *Gegensätze*, in der Versöhnung der Mächte des Handelns, die sich in ihrem Konflikte wechselweise zu negieren streben. Nur dann ist nicht das Unglück und Leiden, sondern die Befriedigung des Geistes das letzte, insofern erst bei solchem Ende die Notwendigkeit dessen, was den Individuen geschieht, als absolute Vernünftigkeit erscheinen kann und das Gemüt wahrhaft sittlich beruhigt ist: erschüttert durch das Los der Helden, versöhnt in der Sache. Nur wenn man diese Einsicht festhält, läßt sich die alte Tragödie begreifen.   II, 566

Wie sehr Hegels Entwurf der antiken Tragödie auf sein Modell des Geschichtsprozesses bezogen ist und dieses gleichsam transparent macht, das zeigt sich schließlich noch, wenn mit dem Begriff der Versöhnung eine Explikation oder gar eine Ablösung der Aristotelischen Katharsislehre angeboten wird. Auch ohne auf die Auslegungsgeschichte dieser Lehre, die bei Aristoteles bekanntermaßen durch Furcht und Mitleid zur Reinigung ebensolcher Leidenschaften führen und die höchste Wirkung der Tragödie ausmachen soll, hier eingehen zu können, ist leicht zu erkennen, daß Hegel die traditionellen Bestimmungen nur aufnimmt, um sie einer neuen, rein kognitiven Funktion dienstbar zu machen:

Über der bloßen Furcht und tragischen Sympathie steht deshalb das Gefühl der *Versöhnung*, das die Tragödie durch den Anblick der ewigen Gerechtigkeit gewährt, welche in ihrem absoluten Walten durch die relative Berechtigung einseitiger Zwecke und Leidenschaften hindurchgreift, weil sie nicht dulden kann, daß der Konflikt und Widerspruch der ihrem Begriffe nach einigen sittlichen Mächte in der wahrhaften Wirklichkeit sich siegreich durchsetze und Bestand erhalte.   II, 551

Hatte Hegel zunächst schon die tragische Furcht auf die „verletzte Sittlichkeit" und das tragische Mitleid auf das, was „in sich selbst gehaltvoll und tüchtig" (II, 551) ist, bezogen und damit bereits die Bedingungselemente der Katharsis an einen geschichtlich repräsentativen Konflikt gebunden, so macht seine Auslegung der Versöhnung als dem Durchscheinen von der dialektischen Aufhebung des dargestellten Konflikts weiterhin deutlich, wie sehr Geschichts- und Tragödienmodell sich miteinander verschränken: Im Ausgang der Tragödie ist die philosophische Interpretation der Geschichte vorweggenommen. Wahrheit und Singularität der Tragödie liegen mithin für Hegel darin, das Wesen der Geschichte aufgedeckt zu haben.

Dieses Modell der antiken Tragödie ist, der geschichtsphilosophischen Kunsttheorie entsprechend, an den antiken Weltzustand gebunden:

Nur in den heroischen Tagen können die allgemeinen sittlichen Mächte, indem sie weder als Gesetze des Staats noch als moralische Gebote und Pflichten für sich fixiert sind, in ursprünglicher Frische als die Götter auftreten, welche sich entweder in ihrer eigenen Tätigkeit entgegenstellen oder als der lebendige Inhalt der freien menschlichen Individualität selber erscheinen.   II, 560 f.

Vor dem Hintergrund dieser Einbettung der antiken Tragödie wird die Notwendigkeit einsichtig, mit der das moderne Drama von dem antiken sich abhebt. Im Bereich der Religion, des Staates und besonders in dem der bürgerlichen und privatrechtlichen Verhältnisse tritt in der Neuzeit die Subjektivität zunehmend in den Vordergrund, so daß deren Vorrang in Hegels Sicht zur Signatur der Moderne überhaupt wird:

indem sich in den genannten Kreisen das Prinzip der Subjektivität selber sein Recht verschafft hat, treten eben hierdurch in allen Sphären neue Momente heraus, die der moderne Mensch zum Zweck und zur Richtschnur seines Handelns zu machen sich die Befugnis gibt.   II, 574

Es wird mithin die Substantialität als strukturierendes Prinzip der antiken Tragödie von der Subjektivität als dem kohärenzbildenden Schwerpunkt des modernen Dramas abgelöst. Wie diese Umpolung Hegels Ausführungen zum modernen Drama leitet, läßt sich in einem ersten Schritt an seiner Kommentierung der Shakespeareschen Charaktere verdeutlichen:

Nicht sittlich berechtigt, sondern nur von der formellen Notwendigkeit ihrer Individualität getragen, lassen sie sich zu ihrer Tat durch die äußeren Umstände locken oder stürzen sich blind hinein und halten in der Stärke ihres Willens darin aus – selbst wenn sie jetzt nun auch, was sie tun, nur aus Not vollführen, um sich gegen andere zu behaupten, oder weil sie nun einmal dahin gekommen, wohin sie gekommen sind.   II, 579

Die großen Charaktere Shakespeares unterscheiden sich demnach von den Helden der antiken Tragödie vor allem dadurch, daß ihnen das sittlich-moralische, geschichtsrepräsentative Fundament entzogen ist. Während der antike Held nur *persona* und Maske für den allgemeinen Zweck ist, dem er gleichsam Gestalt leiht, sind für die modernen Charaktere, umgekehrt, die generalisierbaren Zwecke nur ein gelegentliches Angebot in Hinsicht auf das jeweilige Hauptanliegen: die Entfaltung der eigenen Subjektivität. Deren Verselbständigung aber bedeutet eine

Dissoziation von den allgemeinen Interessen und Anliegen der Geschichte, so daß dem Drama nicht mehr die ausgezeichnete Funktion für die Repräsentierung geschichtlicher Wahrheit zukommen kann, die Hegel der antiken Tragödie zusprach. Diese Krise des Dramas, der bekanntermaßen eine Krise der autonomen Kunst überhaupt zugrunde liegt, gibt gleichwohl – innerhalb einer Fülle von berücksichtigten unterschiedlichen Formen – zwei deutlich gegeneinander abgesetzte Möglichkeiten des modernen Dramas frei. Wichtiger als die von Hegel bei dieser Gegenüberstellung mitgeführten Normen scheint die Analyse: das Insistieren auf der vollen Entfaltung eines subjektivitätsorientierten Dramas.

Als positives Muster fungiert der schon benannte Typ Shakespeareschen Theaters. Dessen Wesensmerkmal sieht Hegel darin, daß zwar auch eine freigesetzte Subjektivität entfaltet wird, diese aber konzentriert bleibt in der Einheit eines Charakters, in dem also, was „unbeugsam und ungebeugt auf sich selber beruht und in dieser Festigkeit entweder sich durchführt oder zugrunde geht" (I, 553). Der damit angesprochene Dramenausgang kann zwar nicht mehr die von der antiken Tragödie in Aussicht gestellte „objektive Versöhnung" (I, 555) einbringen, hatte diese doch die Kollision zweier sittlich fundierter und gleichberechtigter Mächte zur Voraussetzung. Die „einzige Versöhnung", die von der Voraussetzung der modernen Charaktergestaltung her konzipierbar erscheint, „ist für das Individuum sein unendliches Sein in sich, seine eigene Festigkeit" (I, 555). Trägt ein solcher Entwurf auch nicht bis zur objektiven Versöhnung, so ermöglicht er doch einen Konflikt, in dem „die Individuen an einer vorhandenen Macht, der zum Trotz sie ihren besonderen Zweck ausführen wollen, zerschellen" (II, 580). Mit dem Spielraum eines solchen Konflikts zwischen der unbedingten Intention eines Individuums und der Macht ihm entgegenstehender äußerer Umstände ist eine Dramenform bewahrt, die – wenn auch wesentlich vermittelter als die antike Tragödie – Anschlußmöglichkeiten an das Schema des Geschichtsprozesses und die in ihm wirkende Dialektik von der Negation des Besonderen und der Bildung des Allgemeinen freigibt.

Es ist offensichtlich diese Anschlußmöglichkeit, die dem Modell des Shakespeareschen Theaters Hegels Anerkennung einbringt, wogegen er einer nicht minder bedeutenden Variante subjektivitätsbestimmter Dramatik mit erheblicher Reserve und normativ formulierter Ablehnung begegnet. Es handelt sich dabei um ein Drama, das von der „Zweiheit, Zerrissenheit und inneren Dissonanz des Charakters" (I, 554) bestimmt wird. In diesem Drama, das Hegel an Beispielen vom *Cid* bis zu Kotzebueschen Stücken exemplifiziert, ist der Konflikt in die Hauptpersonen selbst, d. h. in ihre bloße Subjektivität verlagert. Die Aufspreizung dieser Subjektivität – um einen Hegelschen Lieblingsausdruck zu verwenden – fällt nun mit dem Verzicht auf Welthaftigkeit zusammen. Was bleibt, ist eine Entfaltung teils formalisierter, teils gemütvoller Innerlichkeit, die in dem dauernd wechselnden „Herüber und Hinüber der Reflexion" (II, 578) zwar die Vielschichtigkeit des modernen Charakters und einer auf „Phantasie und Gesinnung" (II, 559) gegründeten Subjektivität präsentiert, mit der inneren Festigkeit des Charakters aber auch die Möglichkeit dramatischer Zuspitzung und – in der Terminologie des Geschichtsmodells – das dialektische Zusammenspiel von Besonderem und Allgemeinem preisgibt; ist doch die Realisierung des Besonderen in der klassischen Kunstperiode nur über die Form individueller Bestimmtheit denkbar. Indem nun diese aufgegeben wird, verwischt neben dem Konflikt auch der Ausgang des Stücks:

> (Es) stellt sich der tragische Ausgang auch nur als Wirkung unglücklicher Umstände und äußerer Zufälligkeiten dar, die sich ebenso hätten anders drehen und ein glückliches Ende zur Folge haben können. In diesem Falle bleibt uns nur der Anblick, daß sich die moderne Individualität bei der Besonderheit des Charakters, der Umstände und Verwicklungen an und für sich der Hinfälligkeit des

Irdischen überhaupt überantwortet und das Schicksal der Endlichkeit tragen muß. Diese bloße Trauer ist jedoch leer und wird besonders dann eine nur schreckliche, äußere Notwendigkeit, wenn wir in sich selbst edle, schöne Gemüter in solchem Kampfe an dem Unglück bloß äußerer Zufälle untergehen sehen.   II, 580 f.

Das Wichtigste an dieser Bestimmung ist, daß das Ende der mit sich selbst befaßten Subjektivität die Disparatheit von moderner Individualität und Welt am entschiedensten entfaltet. Noch der Shakespearesche Held steht in einem unmittelbaren Zusammenhang mit der ihn umgebenden Welt sofern er an ihr zerbricht, was aber einschließt, daß die Welt noch Anlaß bietet zur Entfaltung großer Leidenschaften. Solche Verschränkung ist in der gegenwärtigen Welt nun aufgehoben; was bleibt, ist mithin eine wahrheitsentleerte Präsentation von Subjektivität. Wenn ihr Untergang nur noch leere Trauer auslöst, dann wird damit indiziert, daß dieser Untergang funktionslos geworden und in keinen einleuchtenden Zusammenhang mehr mit der Notwendigkeit des Geschichtsprozesses zu bringen ist. Philosophisch-geschichtlich relevante Wahrheit und dramatisch präsentierte Subjektivität sind auseinander getreten. Zu Ende geführt ist damit auch das Auseinanderbrechen von der klassischen Einheit von Innerem und Äußerem in die romantische Trennung von Innigkeit und die Freiheit der äußeren Welt, ,,sich für sich zu ergehen und sich seiner Eigentümlichkeit und Partikularität nach zu erhalten'' (I, 568).

Indem Hegel die Dissoziation von Innigkeit und äußerer Welt als Grundzug der Moderne analysiert und auf dieser Analyse seine Aussagen über das moderne Drama aufbaut, schickt er sich gleichsam resignativ in den dem Drama geschichtsphilosophisch aufgezwungenen Verzicht, einem globalen Wahrheitsanspruch gerecht werden zu können. Die Einheit, die zwischen Geschichtsprozeß und Drama in der antiken Tragödie unmittelbar, vermittelt aber auch noch bei Shakespeare bestanden hatte, erscheint hinfort als unwiderruflich zerbrochen.

Hegel wird, wie wir gesehen haben, durch seinen geschichtsphilosophischen Ansatz dazu geführt, zwei Haupterscheinungsformen des Dramas zu unterscheiden. Das Drama der Neuzeit, das nicht mehr den Geschichtsprozeß selbst transparent machen kann, sondern nur noch partialisierte Erscheinungsformen der modernen Wirklichkeit zu vergegenwärtigen vermag, wird abgesetzt gegen die antike Tragödie, die geschichtsrepräsentativ in dem Sinne war, daß sie die Hauptelemente der Wirklichkeit zur Darstellung brachte. Die Wirkungsgeschichte von Hegels Dramentheorie, so die These für die abschließende Skizzierung, läßt sich sinnvollerweise in eine Tendenz aufteilen, in der die Hegelsche Zweiteilung berücksichtigt wird und in eine solche, in der dies nicht der Fall ist.

Es kann hier nicht exhaustiv der Wirkung von Hegels Dramentheorie nachgegangen werden; nicht einmal die wichtigsten Linien dieser Wirkung können auch nur benannt werden. Ein symptomatologischer Hinweis ist allerdings darauf zu geben, daß Hegel unter Einbeziehung der von ihm angestellten geschichtsphilosophischen Reflexion mit wichtigen Ergebnissen für die Analyse des modernen Dramas rezipiert worden ist (junger Lukács) und daß zweitens diese Rezeption von bezeichnender Belanglosigkeit für das moderne Drama ist, wenn von dieser geschichtsphilosophischen Reflexion abgesehen wird (Sickingen-Debatte). Beide in dieser Zuspitzung natürlich pointierten Rezeptionsformen sollen nun noch kurz vorgestellt werden.

In der Sickingen-Debatte wird bekanntermaßen ein Streit zwischen Lassalle und Marx/Engels ausgetragen. FERDINAND LASSALLE (1825–1864) präsentiert sein Stück *Franz von Sickingen* zusammen mit einer Konzeption von Revolutionsdarstellung und Tragik, die von KARL MARX (1818–1883) / FRIEDRICH ENGELS (1820–1895) als individualistisch abgelehnt und durch eine am Konzept des Klassenkampfes gewonnene Alternative ergänzt wird. Die ideologisch verursachte Schärfe und Verbitterung, mit der die Sickingen-Debatte von Lassalle und Marx/Engels, später dann auch von den wahren oder vermeintlichen Nachfolgern der großen Initiatoren geführt worden ist, hat offensichtlich das ganz banale Faktum verdrängt, daß diese Debatte zwar für einen Exegetenstreit offensichtlich sehr geeignet war, die in ihr ausgetragenen Argumente aber ebenso offensichtlich nahezu wirkungslos für die Analyse des modernen Theaters geblieben sind.

Geht man von diesem Sachverhalt aus und konzentriert man sich nicht nur immer wie gebannt auf die Frage, welche der streitbaren Parteien aus heutiger Sicht im Recht sei, so wird nämlich bald offenkundig, daß Marx/Engels nicht weniger als Lassalle – wenn auch in anderer Art – einem Dramenkonzept folgen, das schon die Hegelschen Analysen als obsolet ausgewiesen hatten. Marx/Engels ebenso wie Lassalle gehen nämlich davon aus, daß das moderne Drama noch befähigt sei, im repräsentativen Sinne unvermittelt Geschichte zu vergegenwärtigen, also eben das zu leisten, was Hegel explizit der Zeit der antiken Tragödie vorbehalten und dieser gerade in Opposition zur Moderne zugeschrieben hatte.

Diese Gemeinsamkeit der Opponenten tritt in dem Lob hervor, das Engels Lassalle spenden will, wenn er schreibt:

> Ihr Sickingen ist durchaus auf der richtigen Bahn; die handelnden Hauptpersonen *sind* Repräsentanten bestimmter Klassen und Richtungen, somit bestimmter Gedanken ihrer Zeit, und finden ihre Motive nicht in kleinlichen individuellen Gelüsten, sondern eben in der historischen Strömung, von der sie getragen werden[14].

Der Rückgriff auf die Hegelsche Formulierung von den kleinlichen individuellen Gelüsten kann nicht darüber hinwegtäuschen, daß das hier entworfene Konzept mehr dem von Hegel der antiken Tragödie zugeschriebenen als seiner Analyse des modernen Dramas folgt. Wenn Engels die Protagonisten als Repräsentanten antagonistischer Klassen sehen will, dann folgt er damit durchaus der Vorstellung vom Pathos und der daraus resultierenden Kollision. Engels reproduziert nurmehr die Hegelsche Analyse der antiken Tragödie und unterschlägt dabei die geschichtsphilosophische Analyse Hegels vom modernen Weltzustand, von der Vorrangigkeit der Subjektivität, von der Dissoziation des Äußeren und Inneren. Hatte Hegel den heroischen Weltzustand gerade gegen die Analyse der Moderne gewonnen, so liegt der Kurzschluß von Engels darin, daß er glaubt, im Zuge der geschichtlich-politischen Konkretisierung der Hegelschen Begriffe sich deren geschichtsphilosophischer Zuordnung entschlagen zu können.

Deutlicher noch als Engels folgt Marx mit den von ihm entwickelten zwei Tragödienmodellen, in denen Vertreter einer zu früh oder zu spät (im Sinne von letztmals) sich artikulierenden Klasse als Protagonisten vorgesehen sind, dem Hegelschen Modell der antiken Tragödie. Beide von Marx herangezogenen Beispiele, der Repräsentant des *Ancien Régime* in der Französischen Revolution und Thomas Münzer als Vertreter der Bauern – von Marx als Alternative zu Sickingen vorgeschlagen –, sind nämlich abgeleitet aus der Vorstellung, daß das Wesen moderner Geschichte, insofern vergleichbar mit Hegels heroischem Weltzustand, sich in unvermittelter Form antagonistisch realisiere. Daran ändert sich – zumindest für das hier zur Diskussion stehende Drama – sehr wenig durch den Umstand, daß Marx den antiken Heros durch die Klasse und deren Repräsentanten substituiert[15].

Auf den ersten Blick ganz anders läuft die Argumentation von Lassalle. Er unterscheidet sich von Marx/Engels dadurch, daß er den für das Drama konstitutiven Konflikt in den Protagonisten selbst verlegt und von daher Hegels Feststellung über eine Tendenz des modernen Dramas entspricht. Lassalle verteidigt Marx/Engels gegenüber sein Stück und seine Konzeption mit dem Argument, der von ihm gewählte Konflikt sei „ohne Zweifel bei weitem *tiefer, tragischer* und *revolutionärer* [. . .] schon deshalb, weil mein Konflikt Sickingen selbst *immanent* ist, während jener Konflikt nur zwischen ihm und seiner Partei stattgefunden hätte"[16].

Die Frage freilich, ob Lassalle mit dem Entwurf eines Protagonisten, der das Problem der Revolution in der eigenen Widersprüchlichkeit von Zweck und Mitteln in sich selbst zur Erscheinung bringt, die Hegelsche Analyse moderner Subjektivität erfüllt, muß verneint werden. Lassalle nämlich bindet seinen Entwurf von der Subjektivierung der Tragik keineswegs an die Hegelsche Prämisse, daß moderne Kunst nur noch als partiale, d. h. ohne globalen Wahrheitsanspruch, zu denken sei. Vielmehr behauptet er umgekehrt, „die Tragödie der *formalen revolutionären Idee par excellence*"[17] geschrieben, also das maßgebliche Problem moderner Revolutionen, mithin moderner Geschichtsbildung, gestaltet zu haben. Mit seinem Entwurf des *Franz von Sickingen* löst Lassalle also den für die Revolution konstitutiven Konflikt aus dem von Marx/Engels als einzig relevant angesehenen Antagonismus der Klassen heraus; er behauptet aber – wie seine Opponenten –, einen geschichtsrepräsentativen Konflikt darzustellen. Er behauptet dies sogar mit besonderer Emphase:

> Was ich dagegen seit langem für die höchste Aufgabe der historischen Tragödie, und somit der Tragödie überhaupt, halte, ist, die großen kulturhistorischen Prozesse der Zeiten und Völker, zumal des eigenen, zum eigentlichen Subjekte der Tragödie, zur dramatisch zu gestaltenden Seele derselben zu machen, die großen Kulturgedanken solcher Wendeepochen und ihren ringenden Kampf zu dem eigentlichen zu dramatisierenden Gegenstand zu nehmen. So daß es sich in einer solchen Tragödie nicht mehr um die Individuen als solche handelt, die vielmehr nur die Träger und Verkörperungen dieser tiefinnersten kämpfenden Gegensätze des allgemeinen Geistes sind, sondern um jene größesten und gewaltigsten Geschicke der Nationen[18].

Damit stellt er – mit wörtlichen Reprisen – eben den Anspruch, den Hegel für die Tragödie der Antike reserviert hatte. Mit wieviel Grund Hegel dies getan und wie ergiebig die von ihm selbst nur contre coeur festgehaltenen Charakteristika moderner Kunst für eine Analyse des modernen Dramas geworden sind, soll nun ein abschließender Ausblick auf die Dramentheorie des jungen Lukács verdeutlichen.

Im Unterschied zu seinen späteren Arbeiten, in denen er klassizistischen Positionen verhaftet bleibt, führt GEORG LUKÁCS (geb. 1885) in seiner frühen Studie *Zur Soziologie des modernen Dramas*[19] den geschichtsphilosophischen Ansatz Hegels fort, indem er Merkmale des bürgerlichen Lebens zur Grudlage für die Formbestimmung des neueren Dramas macht. Hatte Hegel Subjektivierung, Auseinandertreten von Innerem und Äußerem und den daraus folgenden partialen Wahrheitsanspruch der Kunst als spezifische Bedingungsqualitäten moderner Kunst angesehen, so folgt Lukács dieser Linie und konkretisiert sie zugleich, indem er sagt, jedes neue Drama sei bürgerlich, historisch und individualistisch: Eigenschaften, die er als nicht hintergehbare und mithin formbildende Merkmale des modernen Dramas betrachtet. Damit aber – und dies ist zur Abhebung gegenüber den Argumentationen der Sickingen-Debatte besonders wichtig – wird eine klare Trennungslinie gegenüber den entscheidenden Merkmalen des vorbürgerlichen Theaters gezogen. Das wird an den Lukács'schen Bestimmungen sogleich einsichtig.

Als bürgerlich sieht er das moderne Drama vor allem dadurch bestimmt, daß die in ihm agierenden Protagonisten gezwungen seien, das Wertsystem, aus dem sie handeln, in Relation zu anderen gültigen und denkbaren Wertsystemen zu behaupten und zu verteidigen: „Die Lebensäußerungen der neuen bürgerlichen Klasse, auf deren Lebensformen das heutige Leben sich aufbaut, erscheinen von Anbeginn in der Form des Ableitbaren, des Erläuternden, des Bestreitbaren und des im Streite zu Verteidigenden."[20] Die auch für das Drama folgenreiche Differenz der feudalen Klasse gegenüber liegt darin, daß diese in der Lage war, „die Existenz anderer Gefühls- und Wertungsformen gar nicht wahrnehmen zu müssen, ja nicht einmal deren relativ-subjektive Berechtigung neben der eigenen"[21]. Indem nun der bürgerlichen Welt diese „Instinktsicherheit"[22] versagt ist, tritt eine handlungshemmende Komplizierung in Gestalt von moralischem Schuldbewußtsein an die Stelle der ungebrochenen Selbstrealisierung, die das Pathos des antiken Heros, aber auch noch die Shakespeareschen Helden kennzeichnete. Dieses moralische Schuldbewußtsein – nur zusammen mit der Relativierung der Werte zu verstehen – ist das Gegenbild der Schuld, von der Hegel gesagt hatte, daß der vorbürgerliche Held sie sich zum Ehrentitel gemacht habe. Die Schuld des antiken Helden bezeugt dessen ungebrochene Selbstrealisierung, die moralische Schuld hält umgekehrt die Handlungslähmung fest, die zum epochenbedingten Erkennungsmal der Morderne wird.

Zeigt die moralische Schuld die Einbettung des Helden in die bürgerliche Welt gleichsam von innen, so geht Lukács unter dem Stichwort der Historisierung dem Einfluß nach, den die Einsicht in die geschichtliche Verflochtenheit der Individualität auf die dramatische Konzeption der Moderne ausübt:

> Die Dramen werden also zu historischen dadurch, daß in ihnen nicht mehr nur in Kämpfen einzelner Menschen gegen einzelne, oder aber höchstens in auf Geheiß einer Gottheit ausgefochtenen Kämpfen, sich das Leben symbolisiert, sondern daß (obgleich seine Form natürlich ein Geschehen zwischen Menschen bleibt) doch auch ein über einfach interindividuelle Zusammenhänge Hinausweisendes hinzukommt. [. . .] Um also die Dinge von jenem künstlerischen Zentrum aus anzusehen, in welchem die zwei großen Gesichtspunkte des Historismus im Drama sich begegnen, eins werden und gleichsam nur wie zwei Seiten derselben Sache erscheinen: der Hintergrund löst sich ab von den sich im Vordergrund abspielenden Aktionen der Menschen. Er hört auf, lediglich Kulisse zu sein und bekommt ein von dem der Menschen loslösbares organisches Leben[23].

Der entscheidende Unterschied, der diesen Passus den Argumenten von Marx/Engels gegenüber auszeichnet, liegt darin, daß diese Thomas Münzer als Repräsentanten einer Klasse entworfen hatten, Lukács die Bedeutung des Hintergrunds und die damit gegebene Relativierung des überkommenen Individualitätsbegriffes aber gerade dazu nutzt, die Möglichkeit geschichtsrepräsentativer Darstellung in Frage zu stellen. Während das in der Sickingen-Debatte gemachte Angebot an das Individuum, Repräsentant einer Klasse zu sein, nur unter neuen Bedingungen noch einmal das Ideal einer klassizistischen Ästhetik aufgreift, im einzelnen das Allgemeine darzustellen, führt Lukács mit der Analyse des Historismus, vollends aber mit der des Individualismus, auf die für die Moderne konstitutive Differenz zwischen Individuum und es bedingender gesellschaftlicher Situation. Der moderne Individualismus nämlich – gerade wenn man seine epochale Singularität anerkennt – ist durch das Paradox bestimmt, mit der Entmachtung des Individuums zusammenzufallen:

> So können wir denn sagen, daß das Drama des Individualismus (und des Historismus) zugleich das Drama des Milieus ist. Nur ein so hochgradig gesteigertes Gefühl der Bedeutung des Milieus, durch welches es zum dramatischen Element zu werden vermag, kann den Individualismus wahrhaft problematisch machen und dadurch das Drama des Individualismus hervorbringen. Dieses Drama ist der Zusammenbruch des doktrinären Individualismus des XVIII. Jahrhunderts[24].

Was Lukács den doktrinären Individualismus des 18. Jahrhunderts nennt, ist eben die Norm, die Hegels Dramentheorie leitete. Gegen diese Norm freilich gab Hegel mit der Analyse der Subjektivität und ihrem nur partialen Wahrheitsanspruch eine Dimension frei, die Lukács aus Hegels normativer Verklammerung herauslöst und als Erkennungszeichen des modernen Dramas freilegt. Er rezipiert Hegel damit auf eine Weise, in der sich vom Naturalismus über Brecht bis zum zeitgenössischen Theater die wichtigsten Dramenformen des 20. Jahrhunderts in ihren Bedingungsqualitäten zu erkennen vermögen.

Ergebnisreich hat PETER SZONDI die Hegelexegese des jungen Lukács fortgeführt. Szondi – auf den hier nur noch unverdientermaßen kurz eingegangen werden kann – setzt Hegel als Kronzeugen für die „Historisierung der Gattungspoetik"[25] an und erklärt von diesem Ausgangspunkt her das Spannungsverhältnis zwischen überkommenen dramatischen Formgesetzen und neu entstandenen dramatischen Bedürfnissen zum Steuerungsprinzip des modernen Dramas. Ihm gelingt damit eine Synthese von Geschichtsphilosophie und Poetik, die als fruchtbarste Adaption von Hegels Dramentheorie in neuerer Zeit gelten darf, weil in ihr die Analyse des modernen Individuums und die Formprobleme des modernen Theaters eine einheitliche Antwort finden.

Blicken wir nach dieser Erörterung von Hegels Dramentheorie und einigen Stationen ihrer Wirkung auf Peter Weiss und sein Unbedingtheitspostulat zurück, so ist es nicht schwer, darin das Fortleben eines überholten Individualismus zu erkennen. Mit der Figur seines Hölderlin folgt Weiss – wenn auch in der Negation – einem absolut gesetzten Individualitätsbegriff, der dem durch Hegel freigegebenen Problemstand der Moderne nicht mehr entspricht. Wenn der Weiss'sche Hölderlin über Empedokles sagt – und für sich selbst als Programm entwirft –, daß „er / der nie sich selber / zum Verräther wurde [. . .] den nach ihm Kommenden / zum Vorbild"[26] wird, dann versucht Weiss mit diesem Entwurf von Selbstopfer und Welterneuerung eine Konfiguration wiederzubeleben, die Hegel als vorbürgerlich und als mit der Situation der Moderne unvereinbar diagnostiziert hatte. Das Gewicht, das den aus Hegels Dramentheorie extrapolierbaren Kategorien und Kriterien auch heute noch zukommt, mag daran ablesbar sein, daß der Erfolg des *Hölderlin* sehr ephemer war und das Stück inzwischen aus dem Repertoire der Bühnen verschwunden ist.

Die Dramatik Grabbes
Peter Michelsen

Als im Jahre 1818 der junge CHRISTIAN DIETRICH GRABBE (1801–1836) sich eine Ausgabe der Shakespeareschen Dramen bestellte, handelte er in der Überzeugung, daß es „in seiner Art das erste Buch der Welt" sei und „bei Vielen mehr als die Bibel"gelte: es sei „das Buch der Könige und des Volks", „das Buch, wovon einige behaupten, daß es ein Gott geschrieben habe"[1]. Der Sohn eines Detmolder Zuchthausverwalters wiederholte mit solchen Worten nur das Credo jener geniegläubigen Generation, der im Jahrhundert zuvor als Wort Gottes und schließlich an dessen Stelle das des Dichters gegolten hatte. Zwar war die Aureole des *vates* inzwischen verblaßt: geblieben aber war der Gedanke der Größe, der gerade durch die Verflüchtigung der mit ihm einmal verbunden gewesenen religiösen Elemente ins Kolossale gesteigert erschien.

Von der „religiösen Unterweisung" Grabbes, von der wir wohl nicht nur zufällig nur wenig wissen[2], blieb bei dem begabten, aus seiner kleinbürgerlichen Umwelt herausstrebenden Jungen tatsächlich nur wenig haften; er bevorzugte Geographie und Geschichte, Wissensbereiche, die keine Glaubensgewißheiten mehr vermitteln und den Menschen in ungewohnte Weiten locken. Und waren die in das europäische Staatengefüge tief einschneidenden Veränderungen, von denen der Knabe Grabbe in dem Herzogtum Lippe mit Bewunderung vernahm, nicht auch Veranstaltungen eines einzigartig großen Subjekts gewesen, das mit seinen Unternehmungen die Grenzen des bisher dem Menschen Möglichen überschritt? Solche die Überzeugung statischer Ordnungen erschütternde Geschichtswelt seiner Zeit stach von der Erfahrung residenzstädtischer Normalität in Detmold – verstärkt noch durch die Dumpfheit der familiären Verhältnisse – kraß ab; in dieser Spannung erblickte er die Erscheinung Bonapartes, die am Himmel seiner Jugend meteorhaft aufglänzte, als Helden-Idol, das er noch 1830 „an Kraft, Geist, Charakter und Wirksamkeit" über Goethe und Schiller stellte (GAA IV, 99). Das Phänomen des Empereurs hatte sich ja der Zeitgenossenschaft überhaupt unauslöschlich eingeprägt: „Un seul homme", bezeugt Alfred de Musset, „était en vie alors en Europe; le reste des êtres tâchait de se remplir les poumons de l'air qu'il avait respiré."[3] Ähnlich urteilte Grabbe: „Mit Napoleons Ende ward es mit der Welt, als wäre sie ein ausgelesenes Buch" (GAA IV, 93). Wenn angesichts des Mittelmaßes, das dem Sturz des Heroen folgte, der junge Grabbe sich Dichter zu Vorbildern wählte, dann waren es solche, deren Helden gleichfalls der miserablen Alltagswelt trotzig die Stirn zu bieten schienen. So war es, über den genannten, als eine Art Stürmer und Dränger aufgefaßten Shakespeare hinaus, vor allem der seinen mächtigen Schatten über die ganze Epoche werfende Schiller, der ihn in seinen Bann zog: „Schillers Feuer machte mich zum Dichter."[4] Und was ihn für beide – Shakespeare und Schiller – einnahm, waren die den handelnden Helden sich (wie ihn dünkte) manifestierenden Kraft-Aufschwünge bedeutender Individualitäten. So wurde allein das Drama, die Gattung sich gegenwärtig darstellenden Handelns, seine Domäne, und zu Außerordentlichem auf diesem Gebiet fühlte er sich früh berufen[5].

Freilich waren auch in die Dramatik schon seit geraumer Zeit Elemente eingedrungen, die der Determinierung durch innere und äußere Umstände Rechnung zu tragen suchten. Die daraus resultierenden fatalistischen Tendenzen, die bei Schillers Dramenhelden noch durch Anspruch und Haltung der Freiheit aufgewogen wurden, feierten im zweiten und dritten Jahrzehnt mit dem sogenannten ‚Schicksalsdrama' (seit Zacharias Werners ,,Vierundzwanzigsten Februar") ihre modischen Triumphe. Diese waren sicherlich, besonders was Müllners theatralische Produkte angeht, ,,nur durch die geistige Ermüdung Deutschlands nach den Napoleonischen Kriegen erklärlich"[6]. Daß auch Grabbe sich ihrem Einfluß nicht ganz entziehen konnte, lehrt ein Blick auf sein erstes (erhaltenes) Drama *Herzog Theodor von Gothland*. So unreif dieses Werk auch ist: gerade in seiner wüsten Ungeheuerlichkeit sind die Wurzeln zu erkennen, aus denen sich die Grabbesche Dramatik bis zuletzt speist.

Angesichts der beiden Helden: der bramarbasierenden Totschläger Berdoa und Gothland, vermag zwar an die Macht der gelegentlich apostrophierten Fatalität niemand zu glauben. Wie aber steht es mit dem, was ein Drama überhaupt erst konstituiert, mit dem *Handeln* der Täter? Nur mühselig und widersinnig hat Grabbe ja die Paroxysmen der Zerstörungswütigen motiviert. Die jeweils angeführten Gründe – Rache zumeist – für ihr mörderisches Verhalten liegen nicht in den objektiven Gegebenheiten, ja nicht einmal in dem Schein dieser Gegebenheiten. So wie Berdoa die Geschichte seiner Folterung durch die Weißen nur braucht, um seine Raserei ,,von neuem anzufrischen" (G I, 3; 37), diese selbst aber aus einem Entscheidungsakt nicht des Handelns in Hinblick auf andere, sondern des Seins in Hinblick auf sich selbst – dem Willen nämlich, eine Bestie zu sein[7] – gewinnt, so wird Gothland durch die Intrige des Negers lediglich zu sich selbst gebracht. Vorher hatte ihm die Freundschaft noch die Stelle der Welt ersetzt; nunmehr faßt er den Tod des Bruders als Vernichtungsvorgang auf, in welchem die eigentliche Lebensgesetzlichkeit zu finden sei. Dem Boten ruft er zu: ,,Entschuldige dein Dasein!" (G I, 2; 24). Das menschliche, ja alles Sein erscheint durch den Schöpfungsakt nicht mehr gerechtfertigt; als Lebendes ist es im Unrecht gegenüber dem Nicht-Sein; der Tod scheint Gebot. Destruktion ist der Kern auch aller Enthüllungsgesten in diesem Stück. Wenn die Liebe durch die Brunst entlarvt wird (wie es Berdoa bei Gustav bewirkt), dann wird die Person zerstört.

Können diejenigen, denen alles gleich zerstörenswert ist, handeln? Die einzelnen Akte des *Gothland* – ja, man kann verschärfend sagen: oft auch die einzelnen Szenen – stellen ,,relativ selbständige Handlungsstufen" dar[8]; ihre Aneinanderfügung ist nur summativ, durch kein erkennbares Aufbauprinzip bestimmt. Das in den jeweiligen Handlungseinheiten Geschehende ist dabei nicht etwa Ausschnitt aus einem epischen Ereignisstrom, sondern ein durchaus von Taten erfülltes, aktionsreiches Spektakel. Nun haftet der Tat ja stets ein Punktuelles an, ein im augenblicklichen Zeitmoment auf einmal Sich-Vollziehendes; sie ist ein Eingreifen in die Zeit. Ihre Darstellung auf der Bühne als Gegenwart ist indes nur im Zuge eines größeren Handelns- oder Wirkenszusammenhangs sinnvoll. Handeln, Wirken, ist ein in Phasen sich abspielendes, in der Zeit verlaufendes Geschehen: mit dem Planen, den Entschlüssen am Anfang, mit dem Ziel, der Vollendung oder auch mit dem veränderten, anders als geplanten Ausgang am Schluß. Im Bogen dieser Spannung allein gibt es den Handelnden. Die bloß um der Zerstörung willen erfolgende Tat dagegen ist isoliert, ist die ohne jede Verbindung mit dem Fluß des Geschehens, der Welt oder dem Sich-Erfüllen eines menschlichen Daseins stehende Plötzlichkeit: die Un-Tat.

Diesen ‚Taten', der Häufung dieser Art von Taten, eignet im *Gothland* noch eine Getragenheit, die sich auch darin äußert, daß der Dichter seinen Helden noch zutraut, in Versen zu sprechen, ihr Tun und Leiden in rhetorischer Selbstdarstellung zu zelebrieren. In ausschweifenden Reden und Selbstgesprächen ergießt sich Gothlands und Berdoas Suada über die Bühne; beim Verlust allen Sinnes, aller Bedeutungen, reißen sie sich zu einem überspannten Anspruch an Bedeutsamkeit empor. In den Versen, die sich überstürzen – sie gehören, wie Grabbe meint, zum *Gothland* ,,wie das Fell zur Hyäne"[9] –, ballt sich hektische Angestrengtheit. Und in der

Länge der Ergüsse wird das Ich, von einer fast manisch zu nennenden Sucht des Sich-Ausspre-
chens, des Explizierens der eigenen Zustände beherrscht. Erklärlich ist das nur, weil sich „Nihilität" (diesen Ausdruck gebrauchte ein Freund Grabbes[10]) noch vor dem Hintergrund eines als
Traum-, Vergangenheits- oder Hoffnungs-Vorstellung schwach imaginierten, als werthaltig
gedachten Bereiches profiliert. Würde Nichtigkeit nur passiv erfahren, dann schlüge sie sich
konsequenterweise nur als bodenlose Langeweile nieder; tatsächlich treibt sie aber die Aktivität
des Ichs heraus in Form einer wahren Wut auf alle wie und wo auch immer auftretende Affirmation des Daseins als Etwas. Dieses ist rückgängig zu machen. Den alten Gothland befragt der
Sohn unerkannt, mit verstellter Stimme, über sich selbst: „Wer hatte dir das Recht verliehn, das
Leben ihm zu geben?!", worauf der Vater antwortet: „Gut mach ich meinen Fehler, indem ich
ihn vertilge!" (G III, 1; 92). Die Vernichtung ist die Gutmachung eines Fehlers: des Seins. Gegenüber den Anmaßungen, daß etwas sei, muß das Nichts tätig hergestellt werden: aus diesem
Soll eines durchaus unermeßlichen Aktionsprogramms schöpfen die Helden ihre Pathetik.

In dem heftigen Aufbegehren, das dem Vorgang des Zerstörens und Entlarvens inne-
wohnt, stellt sich ein Bewegungsungestüm dar, in welchem das Ich noch einen Gradmesser seiner Bedeutung sieht. Daher auch hat die Tiermetaphorik, die bei wohl keinem anderen Dichter
in einer derartigen Exorbitanz vorkommt wie bei Grabbe, ihren Schwerpunkt bei den Raubtieren. Die Bestimmung des Menschen als Bestie ist von dem geheimen Hochmut der Sprechenden
begleitet, selber gleichfalls jener den Raubtieren eigenen Qualität teilhaftig zu sein: gewaltiger
Kraft. Und indem solche Bilder verselbständigt und absolut, an der Stelle anzubetender Gott-
heiten, auftreten (vgl. G IV, 2; 152), macht sich eine Mythisierungstendenz breit, der auch die
außer Rand und Band geratene Hyperbolik zustatten kommt: *ein* Tiger genügt Gothland nicht,
um seinen Gemütszustand zu illustrieren, „zehntausend" müssen es sein, die er in seiner Brust
eingebettet fühlt (G I, 3; 46). So bläht sich das Kraftpotential der Helden in inkommensurabler
Weise ins Bombastische auf. Gleich am Anfang bringt der durch einen Blutsturz dem Tode nahe
Berdoa es fertig, durch einen bloßen Entschluß mit einem Schlage zu genesen (G I, 1; 18), und
Gothland vollbringt athletische Wunderwerke, indem er verschlossene Türen aufsprengt und
Ketten zerbricht (G IV, 4; 167; V, 4; 192).

Man hat den Eindruck: wo die Fassungen zertrümmert, die Bande religiöser oder ethischer Werte zerrissen sind, da strömt Kraft, wie Blut aus geöffneten Adern, stoßweise heraus.
Mit ihr füllen die Heroen die öde Welt an, in der sie sich wie in einem Hohlraum bewegen. Um
des Scheines der Fülle willen läßt der Autor sie, unter Strapazierung des geräuschvollen Apparates seiner Theatralik – bei Sturmgewittern, bei Donner und Blitz –, ein dröhnendes Kraftge-
schrei anstimmen, großsprecherisch ihre Aktionen ankündigen und protzig sich ihrer Untaten
rühmen. Ihre Größe ist ein Großtun.

Selbst dieses aber läßt Grabbe hin und wieder zerbröckeln. Als Gothland, im Gebirge
verirrt, in einer kleinen Hütte Schutz sucht, trifft er dort, wo gerade seine Gemahlin gestorben
ist, seinen Vater und Schwiegervater (ohne daß er sie erkennt). Diese beiden beschließen, ihn –
der wie magisch an seine Stelle festgebannt ist – zu töten:

DER ALTE GOTHLAND *(zu Skiold):*
> Dort liegt ein Messer auf dem Tische,
> Geh hin und hole es mir her!

SKIOLD *(hat das Messer geholt):*
> Was sollen wir nun tun?

DER ALTE GOTHLAND:
> Nun wollen wir ihn schlachten wie ein Huhn!   G IV, 4; 165

Das Groteske, das sich in solchen Versen und dem Atmosphärischen der ganzen Szene mitteilt, straft den tragischen Anspruch des Stückes Lügen. Die Menschen werden sich selbst fremd wie Gespenster. Der sich der Panther- und Tiger-Sphäre zugehörig fühlt, wird in die der Hühner versetzt. Grabbe hat das, was hier im Stück selbst schon versteckt enthalten ist, später an unerwarteter Stelle sehr scharf ausgesprochen. In der ersten Fassung seines – sonst nicht weiter erwähnenswerten – Lustspiels *Aschenbrödel* vergleicht eine in einen Kutscher verwandelte Ratte sich mit dem frühen Grabbeschen Helden: ,,ich bin wie der Herzog Gothland oder der Don Carlos, die vermutlich auch so etwas von idealisiertem Vieh oder verwandelten Ratten waren, und darum von Schafsköpfen so bewundert werden" (*Aschenbrödel*, 1. Fassung, III, 1; 296). Schweigen wir von der Idealität des Don Carlos; der Herzog Gothland jedenfalls konnte ,,idealisiert" erscheinen nur in dem sich überschlagenden Schwulst seiner Vernichtungsgebärden, die (wenn man den Worten der Grabbeschen Ratte glauben darf) auch nicht wahrer sind als seine abgelegten Illusionen. Ist die Wahrheit der Helden die des Guignol?

So scheint es, wenn man das Lustspiel *Scherz, Satire, Ironie und tiefere Bedeutung* liest. Daß es nicht nur ,,mit dem Gothland zugleich in einer Periode" entstand[11], sondern auch ,,aus den nämlichen Grundansichten" entsprang[12], ist ein Bekenntnis des Dichters selbst. Tatsächlich stehen alle seine oft nicht eben glücklichen, z. T. pennälerhaften und pubertären Scherze – von ,,schaalen Namen- und Wortwitzen" spricht er selbst[13] – im Dienste eines hemmungslosen Desillusionierungswillens. Damit übertrumpft das Stück noch die Intentionen des *Gothland,* das an einer wenn auch noch so verkrampften und ins Monströse verzerrten Idee der Größe festhielt. Nichts auch wäre falscher, als die schwachen Reste einer konventionellen Komödienhandlung als ein Gerüst anzusehen, das die satirischen und ironischen Züge zu tragen und zu halten in der Lage wäre. Der Ton, in dem die Lucretia-Pose Liddys, ihr ,,edles, heldenmütiges" Verhalten, ihre und Mollfels' Liebesbeteuerungen präsentiert werden (Sch III, 6; 269), ist durchaus trivial und gehört eben jener Ideal-Sphäre an, deren komische Vernichtung sich der Dichter angelegen sein läßt[14]. Das Gewicht des Stückes liegt daher auch gar nicht auf der auf ein Minimum zusammengeschrumpften Handlung, sondern auf den nach allen Seiten auswuchernden Episoden; die in ihnen dominierende Satire auf meist literarische – aber auch politische – Phänomene der Zeit ist zweifellos, über die ,,Entlarvung von Scheinwerten" hinaus, ein ,,Überfall auf die Wertwelt schlechthin"[15]. Der Marquis Posa, seines ,,gewaltig schallenden Sprachrohrs" beraubt, entpuppt sich als Kuppler, und der ,,griechische Freiheitskampf" ist nur ein ,,Possenspiel" (Sch II, 2; 241 u. 243).

,,Alles was besteht kann man sich umgekehrt denken", erklärt Grabbe einmal als eine Art Produktionsprinzip[16]. Die Figur der ,verkehrten Welt', mit der er häufig arbeitet, richtet sich auch gegen die Gestalt der Verkehrtheit selbst, den Teufel, der seinen Beruf als zelotischer Missionar der Negativität vollständig aufgegeben hat und ein ganz gewöhnlicher, nicht sehr erfolgreich intrigierender Filou geworden ist. Auch kann seine Herkunft aus der Schwank- und Volksspiel-Literatur über seine Funktion nicht hinwegtäuschen, die er mit den anderen Enthüllungs-Mitteln in dem Lustspiel gemein hat: Idealität wird nicht auf einen niederen, doch soliden Boden der Realität heruntergeholt, sondern wie von einer Säure zersetzt. Aus geilem Erdreich schießt nur noch Groteskes auf, bei dessen Anwendung Grabbe sich um Sinn und Verstand keinen Deut schert. Hatte er schon den alten Gothland, der zur Tötung seines Sohnes schreiten will, sich zuvor – der Tragik nicht eben zuträglich – die Rockärmel aufstreifen lassen (G IV, 4; 165 f.), so muß sich nunmehr der Freiherr von Mordax noch absonderlicher gebärden: er ,,geht spazieren, ihm begegnen dreizehn Schneidergesellen, er macht sich die Serviette vor und schlägt sie sämtlich tot" (Sch III, 2; 263). So etwas könnte aus einem Puppenspiel stammen (und Anregungen dieser Art dürfte Grabbe sicherlich verwertet haben), entbehrt aber der dort heimischen Harmlosigkeit. Die Kasperlpuppe und die Marionette sind durch ihr Liliputformat, ihr Material und ihre Bewegungsmechanismen von vornherein so augenscheinlich ins Spielzeugartige verfremdet, daß sich kein Ernst in das lustige Totschlagen der Holzfiguren zu mischen vermag. Bei Grabbe kommt weder Ernst noch Heiterkeit auf, nur Verstörung.

Eine Welt, die „weiter nichts ist, als ein mittelmäßiges Lustspiel, welches ein unbärtiger, gelbschnabeliger Engel, der in der ordentlichen, dem Menschen unbegreiflichen Welt lebt, ... während seiner Schulferien zusammengeschmiert hat" (Sch II, 2; 241 f.), ist keinerlei Darstellung, welcher auch immer, würdig; Bedeutung – gar eine „tiefere" – ist ihr nicht abzugewinnen. Das Stück, das der – der ‚Gelbschnäbeligkeit' kaum ganz ermangelnde – junge Grabbe zusammenschrieb, vermischt wahllos Scherz, Satire und Ironie um der Spiegelung keiner Welt willen, sondern nur um *alle* Erwartungen der Leser *ad absurdum* zu führen (auch noch diejenigen, die sich auf die Bedeutungsträchtigkeit eines ‚absurden Theaters' spitzen möchten). Wie Mollfels von dem Tisch, auf den er kletterte, um nicht herunterzufallen, herunterfällt (Sch III, 1; 263), so wird der Leser unweigerlich von jeder Position, die er einzunehmen sich entschlösse, herunterpurzeln: der in der Betrunkenheitsszene verzapfte Blödsinn (Sch III, 1; 253 ff.) ist dieses Lustspiels Weisheit letzter Schluß. Wer aber das In-den-April-Schicken zur Literatur-Maxime erhebt, kann sich auch als Autor nicht behaupten. Wenn er am Schluß als „zwergigte Krabbe" seinen Auftritt auf der Bühne begehrt, wirft seine Laterne, mit der er durch die Nacht kommt, ihren Schein nur noch auf ihn selbst als auf das Ende des Spiels (Sch III, 6; 273). In gewissem Sinne also hat Grabbe mit seinem Lustspiel sein ‚Tiefstes' – das zugleich das Allerflachste ist – ausgesagt: daß nämlich „alles ... eins und allerlei"[17], „alles am Ende ... Eins ist"[18]. Dazu aber bedarf es keiner Aussage mehr, bedarf es nicht des Dichtens und nicht des Theaters.

So war die Pause in seinem dichterischen Schaffen nach 1823 vielleicht nicht nur Folge seines äußeren Mißerfolges. Dem fehlgeschlagenen Versuch, sich von dem vertraut-gehaßten Detmold loszureißen und sein Glück als Schauspieler und Poet in der großen Welt zu machen, folgte der verzweifelt-resignative Rückzug in eine bürgerliche Existenz seiner Vaterstadt; und erst durch Kettembeils Verlagsangebot 1827 wurde der Auditeur – ob zu seinem Heile? – wieder in den Strudel literarischer Hoffnungen und Ambitionen gezogen. Im Gepäck des in die Heimat Geflüchteten hatten sich – abgesehen von dem schwächlichen, Tieck und den Konventionen zuliebe geschriebenen (im Grunde aber nur scheinbar zahmen!) „tragischen Spiel" *Nannette und Maria* – noch Fragmente befunden: Fragmente des begonnenen Don-Juan-und-Faust-Dramas, und ein Fragment, mit dem Grabbe sich zum erstenmal einem geschichtlichen Stoff zuwandte: *Marius und Sulla*. Friedrich Sengle hat sicherlich völlig recht, wenn er Grabbes Kultivierung des Geschichtsdramas „charakterologisch und weltanschaulich gesehen, *nicht* selbstverständlich" findet: „es bedurfte dazu der historischen Stunde" der zwanziger Jahre, in denen diese Gattung „fast unumstritten" herrschte[19]. Zugleich aber war Grabbe hier der Schein der Möglichkeit gegeben, einen Neuanfang zu unternehmen.

Zunächst vollendet er noch den alten Plan des *Don Juan und Faust*, eines Stückes, mit dem er sich „auf die Hohenstaufen und deren reine Geschichtlichkeit" vorbereiten wollte, „indem ich alles, was ich noch auf dem Herzen habe, darin abschäume"[20]. Wie Grabbe das bewerkstelligte und den aus der Ohnmacht künstlich hochgepumpten Vernichtungswillen des Ichs – sei es in der Machtausweitung des Wissens oder des ‚Genusses' – bis in die Verdammung hinein als Trotzhaltung verherrlichte, habe ich an anderer Stelle ausführlich dargelegt[21]. Hier genüge der Hinweis, daß die Wahl zweier symbolhaltiger Figuren der Neuzeit als Helden – entworfen zweifellos auch zum Zwecke der Überbietung alles Vorhergehenden (der Wunsch, ,,imponieren" zu wollen, klingt ja in den Briefen Grabbes immer wieder an[22]!) – vor allem der Herausstellung einer sozusagen archetypischen Konstellation dient: des Sich-Messens zweier großer Individuen, die als ,,Extreme der Menschheit"[23] gelten können. Daher müssen die beiden Übermenschen sich – der Dichter betont es ausdrücklich – auf dem ,,welthistorischen" Schauplatz Rom begegnen[24]. Diese Tragödie sollte den ,,Schlußstein" seines ,,bisherigen Ideenkreises" bilden: ,,dann *binde* ich mich an die Geschichte"[25].

,Sich binden an die Geschichte': was konnte das für den Dramatiker Grabbe heißen? Einerseits hatte er vielleicht ernstlich vor, die Ideologie des maßlosen Einzelnen durch die Empirie einer Korrektur zu unterziehen[25]. Andererseits aber wollte er sie im Medium der durch die Überlieferung besiegelten historischen Größe bestätigt sehen. Das, was er im chaotischen Raum der Subjektivität hatte toben lassen, meinte er nunmehr im Raum der Vergangenheit mit den beglaubigten Geschicken hervorragender Persönlichkeiten nachweisen zu können. Dieser Versuch – mit *Marius und Sulla* und den Hohenstaufen-Dramen hochgemut einsetzend – sollte scheitern: Grabbes weitere dichterische Entwicklung zeichnet den Weg einer allmählichen Destruktion der Idolatrie des Einzelnen in der Geschichte. In der Paradoxie, den Übermenschen dort zu suchen, wo er sich nicht befand, zerreibt sich – letztlich mehr durch innere als äußere (alkoholische) Ausschweifungen begünstigt[27] – die Person des Autors. Auf seinem bitteren Wege aber blieb ein Markstein zurück, der dem deutschen Drama Zeichen für die Zukunft setzte: das Stück *Napoleon oder die hundert Tage*.

Die Geschichte – das sei gleich festgestellt – ist für Grabbe mitnichten bloßer Rohstoff: ihren ,,wahren Geist" möchte er beschwören (GAA I, 409), und kraft eingeborener Wahlverwandtschaft des Genies mit dem Tatmenschen[28] glaubt er sich dazu fähig, ja auserlesen. Des öfteren hat er sich auch seiner Vertrautheit mit der Geschichte gerühmt – er hielt sich fast für einen Historiker –, und tatsächlich bleibt er mit vielen nachweisbaren Einzelzügen seinen Quellen treu[29]. Aber zugleich geht er ,,mit der Aufeinanderfolge der großen Begebenheiten ziemlich frei um"[30].

Dieses ,freie Umgehen' befördert die Herausarbeitung seiner – zunächst noch scheinbar ungebrochenen – Geschichtsidee, die als Gegenstand des historischen Geschehens allein das Handeln der Großen sieht: das Leiden und Ergehen der Menschen zeigt lediglich die Druckhöhe der von den Helden verwendeten Energien an. So versteht Sulla sich selbst: ,,–'s ist doch schön, ein Feldherr sein – Man fühlt / Die Welt, die eigne Kraft" (MuS 1, I, 4; 311). Die Welt fühlt man nur mittels des Widerstandes, den sie der Kraft entgegensetzt, und diese nur, indem jener gebrochen wird.

Doch da die Menschen als ,Viele' dem Machtmenschen ebenbürtig nicht gegenüberzutreten vermögen, bedarf es zum mindesten einer anderen Kraft, an der die erste sich bewährt. Die Männer, die die Geschichte machen, sind auch ihre einzigen nennenswerten Objekte: ,,Nichts mir fataler als Schauspiele, wo alles sich um Einen Götzen dreht."[31] In diesem Sinne ist dem Dichter lange Zeit die Rivalität gleichartiger riesenhafter Gegner – Sulla und Marius, Friedrich Barbarossa und Heinrich der Löwe – dramatisches Kompositionsprinzip. Die Rechtfertigung freilich der titanischen Charaktere aus der historischen Situation – etwa ,,daß die römische Welt weder auf der Erde noch in der Religion einen festen Haltepunkt mehr hat und daß . . . nur der Despotismus sie halten kann" (MuS 2; II, 5; 388) – ist nicht zu akzeptieren. Es ist Grabbes eigener – der geheim in seiner Zeit schwelende – Geist, in dem die Geschichtszeiten seiner Dramen sich bespiegeln, ein Geist, in dem jene in der Neuzeit einsetzende verhängnisvolle Verwechslung von Herrschaft und Macht wurzelt, die bis heute ihre giftigen Blüten treibt. Herrschaft nämlich – wie immer man sie verstehen mag, im sakralen oder im institutionellen Sinne – ist nur als Stellvertretung denkbar. Nicht den Kampf um sie aber stellt Grabbe dar, nur den Kampf um die pure Macht.

Man wird dem vielleicht entgegenhalten wollen, daß Grabbe sich doch gerade in den Hohenstaufen-Dramen darum bemüht habe, seine Protagonisten als Exponenten weltgeschichtlicher Ideen zu begreifen. Doch die Ideen stehen ihnen so unwahr zu Gesicht wie Schauspielern die Ritterrüstungen; und der üppige, zum Teil mit Operneffekten versehene Ausstattungsaufwand erfolgt allein um eines Dekors willen, der nicht viel mehr repräsentiert als die Kleiderpracht eines Kostümfestes. Was Grabbe von den renommistischen Tiraden seines Don Juan – so voll ,,Feuer, Poesie und scheinbarer Wahrheit" – selbst gesteht, daß das alles ,,nur – Heuchelei" sei[32], das gilt gleichfalls von den hochtrabenden Prahlereien in seinen historischen Dramen: ob sie nun patriotischer, genealogischer oder gar liberaler Natur sind[33]. Am stärksten sind die nationalen, um nicht zu sagen: nationalistischen Züge; doch ist Grabbe damit am wenigsten er selbst, folgt nur einer allgemeinen Zeittendenz. Der deutsche Nationalismus trat ja in der napoleonischen Zeit aus dem geistig-kulturellen Raum, auf den er im 18. Jahrhundert beschränkt blieb, heraus in die politische Sphäre und nahm sich dabei das (gerade endgültig verabschiedete) alte Reich – das wesentlich *nicht* national war – zum Muster. Daß sich die Unwahrheit dieser Verbindung indes, in deren Talmigoldglanz die im Poetischen und Rhetorischen schwelgende Tendenzliteratur des 19. Jahrhunderts prunkte, bei Grabbe stärker als bei seinen glücklicheren und talentloseren Zeitgenossen aufdrängt, hat seinen Grund in der Modernität derjenigen, die diese Ideen verkörpern sollen und es nicht vermögen. Tatsächlich sind sie alle Männer ohne Eigenschaften. Denn das Übermenschliche oder ,,allzu Große", mit dem sie sich selbst zu kennzeichnen belieben[34], ist keine Eigenschaft, sondern Kraft, die sich zu beschränken, sich zu definieren nicht gewillt ist.

Als Constanze ihren Gemahl nach dem Sieg über die Normannen ermahnt: ,,Sei nun zufrieden", antwortet Heinrich: ,,Nimmer – hätt ich auch die ganze Welt" (H VI.; V, 1; 225). Das Großsein bei Grabbe heißt in der Tat, wie Friedrich Sengle schrieb[35], ,,nicht der Repräsentant eines übergeordneten Ganzen sein", da es Übergeordnetes nicht kennt. Im Grunde ist es gar nicht ,groß' – das setzte Maße, ein Messen-Können, voraus –, sondern ein Sich-Hochreißen, eine permanente Hau-den-Lukas-Haltung, die, jedenfalls im Geistigen (und oft genug auch im Physischen) naturgegebene Grenzen leugnet. ,,Selbst das Weltrund" ist dem Übermenschen ,,eng" und scheint ihm ,,bloß ein Netz" (FB I, 2; 23 f.); dementsprechend muß für zwei solch superlativische Gestalten, so sehr sie im Herzen sich verwandt fühlen[36], allemal ,,die Welt zu klein" sein (FB IV, 2; 90). Siegt der eine über den anderen, dann darf er mit Fug ausrufen: ,,Ich bin Herr der Welt" (FB V, 1; 98), da die Welt außer den beiden nichts Wesentliches birgt. Wenn man überhaupt von einer Tragik bei Grabbe wird sprechen wollen, so ist es allein die der Übersteigerung von Einzelnen, die – jeder – Ein und Alles zu sein sich anmaßen. So sind sie und erschöpfen sie sich im Exzeß, im Exzedieren, das kein Ziel findet. Daher rührt auch ihre durchaus irrationale Kampfeswut, ja ihre Todeslust, wie sie in der Schlacht von Legnano von den Gefolgsleuten Kaiser Friedrichs artikuliert wird: ,,So laß uns sterben! . . . Kaiser, laß uns untergehn!" (FB II, 3; 58).

Mit der Lust am Untergang verbinden sich Weltverachtung und Zynismus der Macht. Die Grausamkeit der Grabbeschen Helden – Sullas oder Heinrichs VI. – ist, im Gegensatz zu der der historischen Gestalten, unnaiv: nicht Natur, gerade sie nicht, sondern Pose, Sich-in-Positur-setzen dessen, der kein Gesetz als das seiner selbst – seines ungenügsamen Selbst, seines eigenen Machttriebes – kennt. Als eine Mutter mit ihren Kindern sich vor Sulla niederwirft und um Gnade fleht – „Rett uns Gut und Leben!" –, läßt Grabbe den Diktator entgegnen: „Warum?" (MuS 1 u. 2; III, 1; 330 u. 394), eine Frage, auf die es keine zulängliche Antwort gibt, da dem Nichtigen gegenüber Vernichtung angemessen sein muß. So sind die Bürger von Bardewick „Gesindel", „Würmer" (H VI.; II, 3; 160), deren spießbürgerliche Behäbigkeit Grabbe satirisch und deren gnadenlose Ausrottung er mit Behagen schildert (H VI.; II, 4; 161–165). Die Erbärmlichkeit der Feinde, alles dem großen Ich Entgegenstehenden, läßt die anderen, läßt ‚Welt' überhaupt unbeträchtlich erscheinen. Der Helios als altes Herrscher-Emblem gießt seinen Glanz über die Fluren nur aus, um die Erde als „elend" zu überführen (H VI.; V, 3; 235), und die Taten der Großen müssen – im Kern intentionslos – „brennen" und „zünden, ob auch Land und Stadt darob zu Grunde gehen" (H VI.; II, 3; 157).

Wer außer sich anderes nicht erkennt, geschweige denn anerkennt, darf sich über die Leere der Welt nicht wundern. Wer sie „einsam und verloren, ein in den Wind gefall'nes Blatt", durchirrt (FB II, 2; 44), mag sich mit dem Surrogat einer exaltierten Freundschaft – die sich zudem nur als Feindschaft verwirklichen läßt – eine Zeitlang notdürftig behelfen; aber selbst sein Glück legt mit der Partikel des Übermaßes – es ist „zu groß" (FB V, 3; 104) – die fundamentale Disproportion seiner Existenz bloß. Noch im Augenblick des Triumphes klingt es schrill: „Weh ihr, die Helden liebt!" (FB V, 3; 105), jene Helden nämlich des Ichs, denen in den Stunden der Wahrheit – wie Marius – „die Himmelswölbung . . . beinahe als das Innere eines ungeheuren Schädels" vorkommt, und sie selbst „als seine Grillen" (MuS 1 u. 2; III, 2; 333 u. 396). Ihre eigenen „Freuden" und „Taten" umwandeln sie „gespensterhaft" und blicken sie „höhnisch" an (H VI.; II, 3; 156).

In der eben zitierten Szene sieht der alte Heinrich der Löwe sich selber als Geschichte:

> Wie wird mir? Sitz ich bei
> Der Abendlampe, les in einer Chronik?
> Die wilde Heide hier, vom Meer bespült,
> Mit ihren struppgen Büschen, starren Fichten,
> Ist sie es selber, oder ists ein auf-
> Gerolltes Buch mit ungeheuren Lettern,
> Die die Geschichte meines Lebens mir
> Erzählen?
>   H VI.; II, 3; 156

Solch – in diesem Fall aus der Situation verständliches – Neben-sich-selber-Stehen der Grabbeschen Personen ist ihnen nicht äußerlich. Was Hans-Henrik Krummacher an den Sprechweisen im *Don Juan und Faust* beobachtet hat: daß sie in „fast nur stets wiederholten Selbstbestätigungen und Selbstcharakteristiken der beiden Hauptgestalten" bestehen, die „ein gleichsam literarisches Selbstbewußtsein" zeigen[37], gilt – *mutatis mutandis* – von ihnen allen: sie stellen ein gleichsam ‚historisches' Selbstbewußtsein zur Schau. Ein zeitgenössischer Kritiker der Hohenstaufen-Dramen hat das mit boshaftem Scharfsinn „das historische Lob" genannt: „Es besteht darin, daß die Charaktere unter einander Freund und Feind dermaßen schwatzen als hätten sie im 19-ten Jahrhundert Collegien über sich selbst gehört."[38] Der Spott Heinrichs VI. über Heinrich den Löwen: „Narr, der selbst beschreibt, was er getan" (H VI.; III, 1; 185), trifft auch ihn selbst. Grabbes Helden reden und reden über ihre Taten, und sie müssen es tun, da sie nicht in der Welt sind, nicht da sind und so des Beweises bedürfen. Auch das Geschehen in den historischen Dramen geschieht nicht in präsentisch-dramatischer Gegenwart, sondern wird vorgeführt. Der Geste einer Tat gehen voran, zur Seite und folgen Erläuterungen und Erklärungen, in denen die Bewegungen des Inneren, des Denkens und Fühlens, kommentiert und demonstriert, nicht vollzogen werden. Mit Hilfe der dabei erfolgenden Überhebungen inszenieren die Helden sich selbst. Der Übermensch ist nur seine eigene Prätention: ein trauriger Fall.

Die Trauer über diesen Fall konnte auf die Dauer nicht verborgen bleiben. Nicht an ihm selbst, nur im Medium anderer Instanzen bemerkt der Dichter sie: im Schmerz der Heinrich dem Löwen erscheinenden weißen Frau über das ewige ‚Blühen und Welken‘ der Geschlechter (H VI.; III, 2; 195) oder in der – senkrecht in die Handlung hineinstürzenden – Katastrophe des „schmählichen Hinsterbens“ des Kaisers, der mit dem Inhalt seiner letzten Worte „Der Tod! – Der Hund! . . . o wär ich lieber nimmermehr geboren!“ das Gepränge der harmonisierend reimenden Schlußverse desavouiert (H VI.; V, 3; 238). In *Heinrich VI.* zuerst hat Grabbe die Komposition nicht mehr auf den Antagonismus zweier gleichwertiger Gegenspieler aufgebaut; ersatzweise fügte er wohl noch in separaten Szenengruppen sich verselbständigende übermächtige Kraftnaturen (den alten Heinrich den Löwen und vor allem Richard Löwenherz) in das dramatische Spiel ein, aber für den „maßlosen Willen“ Heinrichs hielt er nur noch – wie man sich ausgedrückt hat –, „einen Gegenspieler besonderer Art bereit: den Nihilismus, die Sinnlosigkeit des Schicksals“[39]. Freilich, längst bereit stand dieser Gegenspieler, kein Neuankömmling war er, nicht erst „vor der Tür“ stand dieser „Unheimlichste aller Gäste“[40]. Aber er beginnt nunmehr ein dichterisch-dramatisch neues Gesicht anzunehmen. Schon die zweite Fassung von *Marius und Sulla* hub ja an mit einer Prosa-Szene, in der am Rande der großen Geschehnisse eine kleine Fischerfamilie auftritt, deren Daseinsform unberührt von dem Streit der Giganten bleibt; und in *Kaiser Heinrich VI.* wird das Bild des Hirtenlebens ganz bewußt als ein merklicher Akzent dem Schrecklich-Pathetischen der ‚großen‘ Gestalten und Ereignisse entgegengesetzt:

> sieh da die Trümmer des Apollotempels, – dort die Befestigungen der Karthager, – da wieder der Römer, – hier einen zerfallenen Turm der Byzantiner wider die Korsaren, – da Welle und Linien der Sarazenen, – alles zu Stücken. Nur Eines ist geblieben: Der Hirte wechselt hier mit Hirten, der, welcher hinaustreibt, hört das Rufen dessen, der hineintreibt. H VI.; V, 3; 234

Die Indifferenz eines Naturhaften bleibt dem historisch Bedeutsamen kontrastiert, ohne daß sie diesem zur Auflösung verhülfe.

Die große Individualität ist auch im *Napoleon oder die hundert Tage* Grabbes Thema, obgleich mit der Schrumpfung des zeitlichen Abstandes die relativierenden Details stärker in den Blick rücken. Die Wahl der Prosa, anstatt des bisher meist noch beibehaltenen Verses, hat darin ihren Grund. „Ich kann die Artillerie-Trains, die congrevischen Raketen pp. nicht in Verse zwingen, ohne sie lächerlich zu machen. . . . Napoleon bewegt sich zu nah in unserer prosaischen . . . Zeit.“[41] Das bedeutet aber keineswegs, daß die Gestalt des Kaisers selbst verkleinert und auf ein menschlich einsehbares Maß heruntergeholt würde. Wenn Grabbe auch brieflich meinte, Napoleon sei „kleiner als die Revolution“, und: „Nicht Er, seine Geschichte ist groß“[42], hat er doch tatsächlich alles getan, um ihn in der dramatischen Gestaltung – sowohl bei seinem eigenen Auftreten als auch in den vielfachen Reflexen durch die Umwelt – in dem titanischen Übermaß erscheinen zu lassen, das er seinen Helden stets zugedacht hatte. Wenn ein preußischer Jäger einräumt: „Ja, Napoleon ist auch groß, ist riesengroß, – aber er ist es nur für sich, und ist darum der Feind des übrigen Menschengeschlechtes“ (N IV, 5; 412), so hat er mit der einschränkend gemeinten Charakterisierung „nur für sich“ gerade das wesentliche Unterscheidungsmerkmal der aus der Vereinzelung des Ichs erwachsenen Größenvorstellung Grabbes getroffen; ihr gegenüber mißlingt der vom Dichter – vielleicht redlich unternommene – Versuch, als Gegenbild eine andersgeartete Größe in der Gestalt Blüchers zu entwerfen.

Die Erkenntnis: „Er [Napoleon] hatte nie einen großen Gegner"[43] bestimmt die Struktur des Stückes.

Diese Konstellation also – die des Übermenschen *ohne* Gegenspieler – ist der eigentliche Ursprungskeim der Volksszenen. Pate gestanden haben mögen dabei zwar Shakespeare und einige Sturm-und-Drang-Dramen (*Götz* vor allem); dennoch ist Grabbes Art, Massen auf die Bühne zu bringen – vielleicht auch beeinflußt durch französische Vorbilder wie Vitets *Scènes historiques*[44]? –, ein denkwürdiges Novum in der deutschen Dramatik. Des damit verbundenen Verzichts auf theatralische Realisierung – jedenfalls in seiner Zeit – war sich der Dichter wohlbewußt[45]. Die künstlerische Absicht aber, die er mit den Massenszenen verfolgte, bestand sicherlich zunächst in nichts anderem, als mit ihnen eine wirksame Grundierung zur einsamen Größe des Einzelnen zu schaffen, und dieser Absicht widerspricht auch die „Stationentechnik" des Dramas[46] nicht. Der sich darin äußernde, einem historischen Stück ohnehin leicht innewohnende „epische Zug"[47], den Grabbe extensiv ausbaut, erlaubt es sogar, in den Spiegelungen und Widerspiegelungen von den verschiedensten Seiten aus den Helden in eine quasi-mythische Gegenwart zu versetzen, ohne ihn unmittelbar auf der Bühne präsent sein zu lassen.

Allerdings: was sich ihm entzieht, ja was als ein nicht „höheres"[48], aber doch allgemeineres Prinzip auch ihn einzuschließen scheint, jene ungeschichtlich-naturgesetzlichen Rhythmen eines Auf und Ab, eines Hin und Her, manifestiert sich in den Massenszenen des „Napoleon" in verstärktem Grade. Grabbe benutzt sie – Walter Höllerer hat das eindringlich dargetan – „immer wieder dazu, um in ihnen durch begriffliche Rede, oft aber durch die bildlichen und darstellerischen Mittel, wie etwa das Auftreten des Savoyardenknaben, das *Karussell* zu erweisen" – das Karussell, nämlich die „unaufhaltsame Kreisbewegung", wie sie leitmotivisch etwa durch die Wiederkehr des Marmotte-Liedes (N I, 1; II, 2; III, 1 u. IV, 1) symbolisiert wird[49]. Es ist sicherlich richtig, daß der dadurch bewirkte Eindruck einer universellen Gleichartigkeit des Geschehens – „Es geht wohl mit den Herrschern wie mit den Blumen, – jedes Jahr neue" (N II, 1; 356) – geeignet ist, die Differenzen des Geschichtlichen einzuüben. Dem Zuschauer stellt sich in der Folge der Bilder, der Zeit- und Situationspanoramen, das epische Prinzip als das Erscheinen und Verschwinden von Massen vor Augen, von immer anderen Gruppen und Menschen, die wiederum von anderen abgelöst werden (weit über 150 Personen betreten im *Napoleon* die Bühne). Sowenig diese Vielen auch als selbständige Akteure fungieren, so sehr ist in ihrer Trägheit, dem Ponderösen, dem zähen Kreisen ihres Daseins um stets das Gleiche, Unbesiegbarkeit enthalten. Auch Napoleons Scheitern – nicht mehr Resultat eines gigantischen Gegen-Willens – ordnet sich ihrer Struktur, der Struktur des Kollektivs, ein. Die Gebärden des Agierens sind auf diesem Hintergrund lediglich solche von Komödianten: was der gräßliche Zyniker Jouve[50] ausspricht und selber praktiziert: „'s ist ja doch alles Komödie" (N IV, 1; 398 und N III, 1; 384), ist auch Napoleons Handlungsmaxime, die er als Politiker – auf dem Marsfeld (N IV, 1) etwa – befolgt. Der „Schandflitter der Oberfläche" (N IV, 2; 399) überdeckt nur das Gleichmaß, das „Spiel der Welt, das Kleines wie Großes in das Nichtige hineinreißt"[51]. Zweifellos ist auch das Kaisertum als bloße Kostümierung in diese Komödie einzubeziehen[52].

Man könnte daher meinen – und man hat gemeint –, daß damit auch der pointierte Heroismus des Übermenschen selbst nivelliert wird. Und doch ist ein solcher Schluß falsch. Er verkennt, daß der Übermensch gar keine geschichtliche Figur ist, von Grabbe in die Geschichte nur hineinprojiziert wurde. Daß der Kaiser sich sprachlich hauptsächlich in Imperativen und Monologen äußert[53], bezeichnet seine auf den Respons durch andere oder anderes verzichtende, ihre Antriebe allein aus sich selbst holende Existenzform: sein Verhältnis zur Außenwelt ist das eines Vulkans zu seiner Umgebung. Was dem Historischen bereitet ist, wird ihm nur insofern zuteil, als er an diesem partizipiert. Das aber tut er in seinem Wesen gerade nicht. Auf die Aufforderung Cambronnes angesichts der Niederlage: ,,Imperator, falle!" antwortet Napoleon: ,,General, mein Glück fällt – Ich falle nicht" (N V, 7; 458). Die weltlose Position des Ichs ist durch dessen Ergehen in der Welt nicht zu widerlegen. Es definiert sich durch sich selbst: ,,Ich bin Ich" (N III, 3; 390), und diese einzige nicht ausgelöschte, nicht auszulöschende Wertsetzung behält für Grabbe auch eine in Hinblick auf die Massen sinnvermittelnde Funktion.

Man hat neuerdings mit Recht darauf hingewiesen, welchen wichtigen Platz der Kampf im *Napoleon* einnimmt – und zwar nicht nur in den Schlachtszenen des vierten und fünften Aktes, sondern von Anfang an in den dauernden Bezügen auf frühere Feldzugssituationen; in der ,,Schlachtidylle" wolle Grabbe die ,,Utopie des Heroismus" dramatisch realisieren[54]. Das ist in der Tat der springende Punkt: der Ausgang der Schlachten ist demgegenüber ganz gleichgültig. Vor dem letzten Einsatz der Garde verabschiedet sich Cambronne von dem Pächter Lacoste:

> Laufen Sie von hier was Sie können – Grüßen Sie die Frau, die lieben Kinder, und wenn Sie nach zehn Jahren mit denselben wieder zum tausendsten Male einen Kuchen essen, oder ihren Töchtern neue Kleider schenken, so freuen Sie sich ja von neuem über Ihre Existenz und Ihr Glück – Wir gehen jenen Kanonenmündungen entgegen und bedürfen Ihrer Elendigkeit nicht mehr!
>
> N V, 5; 454

Dem Karussel, der sinnlosen Wiederkehr des ,,Glücks" und der ,,Elendigkeit" des Durchschnittlichen stellt sich das Einmal, der einzige, unwiederholbare Moment des Endes, des endlichen Haltens gegenüber – der Erfahrungsaugenblick des Todes. Wo alles destruiert werden soll, gewinnt der Vorgang der Destruktion einen Wert, zu welchem dem Kollektiv zu verhelfen die Leistung des großen Einzelnen bleibt. Er spielt für die Vielen eine katalytische Rolle, indem er sie, ohne selber berührt oder verändert zu werden, ihren sozialen, familiären oder sonstigen Verbindungen entreißt und in den Reigen des Todes einreiht. Auf diesen kommt alles an und auf diesen läuft alles zu. Daß dabei der Höhepunkt der Schlacht-Erfüllung am Schluß erfolgt, ist nicht als Ergebnis einer dramatischen Entwicklung mißzuverstehen, sondern ist nur kompositorisch, im Sinne einer musikalischen Steigerung, belangvoll[55].

Noch einem anderen Mißverständnis ist entgegenzutreten, das der Text selber zu nähren in der Lage ist. Denn wenn die Truppen – weniger die französischen als die preußischen – immer wieder für Ideen der Freiheit oder des Vaterlandes zu kämpfen und zu fallen bereit zu sein scheinen, so wird das zwar durch viele nicht immer geschmackvolle[56], Volkstümlichkeit fingierende, halbanekdotische Genrebilder unterstützt, verrät sich aber, angesichts der unverändert illusionsfeindlichen und -zerstörenden Grundhaltung der Grabbeschen Helden, als in sich brüchige Ideologie. Ein wenig wird sie am Schluß als solche ruchbar, wenn Blücher seinen Waffengefährten zuruft: ,,Wird die Zukunft eurer würdig – Heil dann! – Wird sie es nicht, dann tröstet euch damit, daß eure Aufopferung eine bessere verdiente!" (N V, 7; 459). Das der Aufopferung würdige Ziel verschwindet ins Utopische. Die Soldaten bedürfen des Absingens vaterländischer Lieder, um in chorischem Einklang sich in eine Gemeinschaftlichkeit einstimmen zu lassen, die nur Dichtung ist. Soll der Schlachtentod des Schiller-Epigonen Theodor Körner die Poetizität seiner von den Preußen gesungenen Verse belegen, so zeigt der Zwischenruf eines Soldaten: ,,Wer ließe sich nicht gern von Kartätschen zerschmettern bei diesem Liede und seiner Musik" (N IV, 5; 413 f.), daß in Wahrheit die Verse dem Schlachtentod seine Poetizität verschaffen sollen. Deren ist der Große nicht bedürftig: er steht ,,still und lächelnd" in der Schlacht (N IV, 6; 420).

Das Verhältnis oder besser: das Mißverhältnis des Einzelnen zum Kollektiv bleibt Grabbes Thema in der Zeit der – durch die unglückliche Ehe, durch die Aufgabe seines Berufes – zunehmenden Verdüsterung seiner Existenz. Im *Hannibal* ist es die Geschichte fast nur noch eines Leidens, die in Phasen – nach Immermanns Vorschlag in fünf Gruppen gedrungener und lakonisch gestalteter Szenen gegliedert – bis zu der einer völligen Ohnmacht abläuft. Man hat daher von einer ,,Umkehrung des Napoleon" gesprochen[57]: zur heroischen Gemeinschaftserfüllung in der Schlacht komme es nur noch im Bericht (als Teichoskopie oder Erzählung von vergangenen oder fernen Ereignissen). Eine dem Helden angemessene oder nacheifernde Haltung der Massen findet sich paradoxerweise fast allein bei den Gegnern: den Römern. So ist das Volk – außer in der Glorie seines Untergangs – seines Helden nicht wert.

Indes: nur potenziert, als Alienierung, erscheint hier, was stets schon statthatte: die Fremdheit zwischen dem Einzelnen und dem Volk. Das in der linearen Handlungsführung vermittelte Bild einer Entwicklung ist also eine – von Grabbe freilich in dieser Weise intendierte – optische Täuschung. Im Grunde stand das vermessene Ich stets außerhalb des Schicksals, das seinem Heldentum daher auch nichts anzuhaben vermag. Noch das preziös-mediokre Ästhetentum der ,,Uechtritz'schen Gegend", das ,,unermeßliche Chaos des Gemeinen"[58] beim König Prusias, ist dem Übermenschen Folie für seine weltlose Größe. Daß der Geschichtsheld von der Geschichte widerlegt wird, ist gar keine Katastrophe, sondern die Konsequenz einer Konzeption, die den in seinem Wesen Kommunikationslosen, nur in und aus sich Existierenden, zum Leitbild für die Menschen machen wollte. Nur in Bildern der Destruktion schien das gelingen zu wollen – und mißlang von Anfang an. Kein Drama findet statt zwischen Held und Volk, zwischen der steinernen Innerlichkeit des zum ,Tatmenschen' hochstilisierten Genies[59] und den in den Niederungen der Handels- und Zufallswege ihr Leben sinnlos dahinfristenden Menschen.

Als der in der Welt gestrandete, todkranke Dichter aus Düsseldorf nach Detmold zurückgelangte, führte er sein fast vollendetes letztes Werk *Die Hermannsschlacht* mit sich. In ihr sollte, was bisher nie glückte, auf heimatlichem Boden hergestellt werden. Der Harmonie von Heros und Masse sollten, indem wechselnde Landschaftselemente als Mitspieler ins Bild treten[60], die kühnen Schlachtszenen dienen, aus denen fast das ganze Drama besteht; auf dem Theater sind sie nicht, wären in ihrer ,Schnittechnik' heute höchstens im Medium des Films zu realisieren. Daß sich in alledem eine neue – vielleicht durch Lektüre Rankes bedingte?[61] – Geschichtsauffassung durchringen möchte, mag wohl sein; doch kann weder sie selbst noch ihre Darstellung überzeugen. Möglicherweise ist daran die nachlassende Gestaltungskraft des Dichters schuld; aber wir haben nicht das Gewollte, nur das Geleistete zu beurteilen. War es schon ein nicht ganz unerheblicher Mangel des *Napoleon* gewesen, daß Grabbe darin dem – vom Zeitgeist ihm freilich bequem dargebotenen – Patriotismus huldigen wollte, so gerät er hier, wo man sein Herz mitschlagen hört: bei der Darstellung niedersächsisch-bäuerischer Art, in die Nähe späterer ,Heimatdichtung', ins Provinzielle. Und wo größere ,nationale' Gesichtspunkte hervortreten (von den welthistorischen in der Schlußszene zu geschweigen), da wirken sie – trotz der Zurückhaltung, die Grabbe sich, im Gegensatz zu vielen seiner Zeitgenossen, noch auferlegt – wie einstudiert. Hört man, daß Hermann den im Sinne der ganzen bisherigen Trauerspiel-Dramatik Grabbes ,heroischen' Freitod des Varus mit den Worten quittiert: ,,Noch im Tod ein Phrasenmacher" (He, 3. Nacht, 375), dann wird man der Haltbarkeit seiner eigenen ,,patriotschen Phrasen" (DJuF I, 1; 421) auch kaum trauen dürfen.

Und das – sozusagen ,gekappte' – Übermenschentum Hermanns selbst? Ist es wirklich von seiner Isolation befreit? Verstellen muß doch Hermann sich nicht nur vor den Römern, auch vor seinen eigenen Volks- und Stammesgenossen, die er gegen die Feinde und deren

Schlachtruf „Rom" nicht im Namen „Deutschlands", das sie nicht kennen, sondern nur in dem von „Linsen, Kohl, Erbsen und großen Bohnen" führen kann (He, 1. Tag, 354). Mit seinen Verwandten gerät er in Konflikt, Thusnelda hält ihm ihr Versprechen nicht (He, 3. Nacht, 376), und seine Wahrheiten kann er fast nur in Apartes und Monologen sagen: sich selber. Es schließen alle seine Auftritte mit einem Bei-Seite, in dem sich schmerzlich die Trennung von seinem Volke ausspricht (He, 3. Nacht, 377). So ist auch er nur ein zweiter „Charon" (He, 1. Tag, 344), der dem Tod gehorcht und nach der Gemeinschaftsfiktion der Schlacht wieder in die „wüste Stille" (He, 1. Nacht, 360) seiner Einsamkeit zurücksinken wird. In ihr verendet, resignierend, die große Bestie des Grabbeschen Theaters. Denn: „Im Leben ahnt man das Große, und hat's nicht."[62]

Grabbes Bedeutung als Dramatiker liegt in seiner Negativität. Von den mancherlei Vermittlungen und Verbrämungen, die das Zeitalter noch tröstend für den Menschen bereithielt, nahm er nur wenig an. Einer radikalen Enthüllungs- und Desillusionierungstendenz gegenüber soll sich allein die Größe des Einzelnen behaupten, mit deren Übersteigerungen ins Maßlose er in menschenleere, daher letztlich undramatische Bezirke geriet. Vergebens versuchte er aus ihnen durch Entdeckung des Kollektivs wieder zu entweichen; die den Kreislauf des Immergleichen bewußtlos folgenden Massen – mit deren szenischen Arrangements er in dramaturgisches Neuland vorstieß – konnten das Ich aus seiner Weltlosigkeit nicht lösen. Frei von allem und gefangen in sich ist der Grabbesche Held ein metaphysisches – insofern wohl recht deutsches – Wesen, das sich ins Labyrinth der Geschichte verlaufen hat und dort seine Größe träumt (vgl. N V, 7; 457). Mit seiner aus der Autonomie des Ichs resultierenden Bestienmoral ist er auf fatale Weise modern. Da er nichts achtet als sich selbst, schlägt er alles kurz und klein, nur um in seine Heimat der Irrealität einkehren zu können. Über Trümmer bloß gelangt er – gelangt er nicht – in sein Reich. . . Er liebt den Tod.

Georg Büchner
Hiltrud Gnüg

Wurde Georg Büchner (1813–1837), der in Straßburg in der revolutionären Bewegung der „Société des droits de l'homme" mitarbeitete, der die politische Flugschrift „Der Hessische Landbote" verfaßte, plötzlich zum Geschichtspessimisten, Fatalisten, der nichts als die immergleiche Absurdität geschichtlichen Handelns sah, der letztlich nihilistisch an der Veränderung der sozialen und politischen Verhältnisse durch den Menschen zweifelte? Sah er, der durch seine politische Tätigkeit seine Verhaftung riskierte, in der französischen Revolution nur die Sinnlosigkeit allen revolutionären Handelns bestätigt? Die Büchner-Interpreten der letzten Jahrzehnte vertreten fast durchgehend diese These, „Dantons Tod" – 1834 wenige Monate nach dem „Hessischen Landboten" entstanden – dient ihnen als Beleg. Prämisse dieser Deutung ist die Gleichsetzung Danton/Büchner, ein immer schon fragwürdiges methodisches Vorgehen, das die ästhetische Vermittlung von Sinn durch die Dramaturgie ignoriert, verkürzt die Meinung einer dramatischen Figur als Aussage des gesamten Dramas nimmt. Zu leicht macht es sich der Interpret, würde er in Dantons Angriff auf Robespierre Büchners eigene Bewertung sehen. Denn eines macht die Lektüre der Büchnerschen Briefe klar: Büchner teilt die politische Position Robespierres, verurteilt den Liberalismus der Dantonisten.

Interpreten wie z. B. Viëtor, Martens, Szondi, Sengle, Lehman[1], die das Drama entpolitisiert als Ausdruck eines Büchnerschen Geschichtsfatalismus deuten, übergehen die Tatsache, daß Büchner in seinen Briefen von 1833–1837 kontinuierlich dieselbe politische Auffassung vertrat, er neben der politischen gerade die soziale Revolution anstrebte, die Robespierre durchführen wollte. Von einem Bruch im politischen Geschichtsverständnis Büchners kann keine Rede sein.

Während das liberale Großbürgertum vornehmlich an einer politischen Umwälzung interessiert war, an einer demokratischen Staatsform, die die Grundrechte garantierte, ohne die Eigentumsverhältnisse anzutasten, stellte Büchner sozialrevolutionäre Forderungen, die auf eine Aufhebung der ökonomischen Widersprüche zielten. Überdeutlich zeigen die Differenzen zwischen Büchner und Weidig[2] um den „Hessischen Landboten" die politischen Gegensätze innerhalb der oppositionellen Bewegung der Metternich-Ära. Kritisch stellte Büchner das politische Konzept der bürgerlichen Liberalen infrage, die gewaltlos über eine aufklärerische Vernunft die bürgerlichen Freiheiten und Rechte durchsetzen wollten. Nicht die gebildete Schicht, die Intellektuellen, sondern das Volk war für Büchner das einzig mögliche revolutionäre Subjekt. So schreibt er im Juni 1833 an die Familie: „Ich werde zwar immer meinen Grundsätzen gemäß handeln, habe aber in neuerer Zeit gelernt, daß nur das notwendige Bedürfnis der großen Masse Umänderungen herbeiführen kann, daß alles Bewegen und Schreien der einzelnen vergebliches Torenwerk ist . . ." (L II, 418, 24). Denselben Gedanken, daß nur die breiten Volksmassen und nicht eine intellektuelle Bildungsschicht die revolutionäre Veränderung herbeiführen können, wiederholt er 1835 in einem Brief an Gutzkow (L II, 441, 5).

Deutlicher noch spricht er seine Überzeugung in dem folgenden Brief an Gutzkow aus:

> Übrigens um aufrichtig zu sein, Sie und Ihre Freunde scheinen mir nicht gerade den klügsten Weg gegangen zu sein. Die Gesellschaft mittels der Idee, von der gebildeten Klasse aus reformieren?

Unmöglich! Unsere Zeit ist rein materiell, wären Sie direkter politisch zu Werke gegangen, so wären Sie bald auf den Punkt gekommen, wo die Reform von selbst aufgehört hätte. Sie werden nie über den Riß zwischen der gebildeten und ungebildeten Gesellschaft hinauskommen.

L II, 455, 7

Dreierlei belegen diese Briefe aus den Jahren 1833 bis 1836: a) Die Kontinuität der politischen Auffassung; b) Nur der Kampf der politisch und ökonomisch unterdrückten *Volksmassen* kann eine revolutionäre Veränderung der Machtverhältnisse herbeiführen; c) Es hilft nur Gewalt gegen die herrschende legale Gewalt. Immer wieder vertritt Büchner seine Überzeugung, daß die gewaltsame Bekämpfung legalisierter Rechtszustände, die im Wesen inhumane Gewaltzustände sind, nicht nur legitim, sondern notwendig ist (vgl. 5. April 1833; 27. Mai 1833). Zugleich beurteilt er nüchtern die Möglichkeiten politischer Veränderung[3]. Das Volk als revolutionäres Subjekt ist ohne revolutionäres Bewußtsein, nur eine Verschlimmerung seiner schlimmen ökonomischen Lage könnte es zum Kampf bringen. „Mästen Sie die Bauern, und die Revolution bekommt die Apoplexie. Ein Huhn im Topf jedes Bauern macht den gallischen Hahn verenden" (L II, 441, 9). Anders als später Marx geht Büchner nicht von dem Klassenwiderspruch als der revolutionären Triebkraft aus; er plädiert im Gegenteil für gerechte Eigentumsverhältnisse; gerecht aber sind sie nach Büchner nur dann, wenn das Eigentum Produkt der eigenen Arbeit ist. Das liberalistische Gleichheitsprinzip, das die Dantonisten vertraten, ging von der – auch wieder sehr beschränkten – formalen Rechtsgleichheit aus, zugleich aber von der natürlichen Ungleichheit, die den einen zum Herrn über Paläste, den anderen zum Bettler werden ließ. Daß aber diese natürliche Ungleichheit nicht nur ein Spiel der Natur, sondern ihrerseits wiederum gesellschaftlich vermittelt ist, bezweifelte Büchner nicht. In dem Brief vom Februar 1834 an die Familie (L II, 422, 16) verficht Büchner – zwar polemisch und dialektisch als Entgegnung auf die These von der natürlichen Ungleichheit – die gesellschaftliche Prägung des Charakters, und etwas weiter empört er sich über die arrogante Verachtung der Privilegierten, die „im Besitz einer lächerlichen Äußerlichkeit, die man Bildung oder eines todten Krams, den man Gelehrsamkeit heißt, die große Masse ihrer Brüder ihrem verachtendem Egoismus opfern" (L II, 423, 14). Damit setzt sich Büchner entschieden von dem liberalistischen Konzept ab, das die Dantonisten – in der geschichtlichen Realität wie im Drama – vertreten. Hérault fordert:

> Die Revolution muß aufhören, und die Republik muß anfangen. – In unseren Staatsgrundsätzen muß das Recht an die Stelle der Pflicht, das Wohlbefinden an die der Tugend und die Notwehr an die der Strafe treten. Jeder muß sich geltend machen und seine Natur durchsetzen können. Er mag nun vernünftig oder unvernünftig, gebildet oder ungebildet, gut oder böse sein, das geht den Staat nichts an. Wir sind alle Narren, es hat keiner das Recht, einem anderen seine eigentümliche Narrheit aufzudringen. – Jeder muß in seiner Art genießen können, jedoch so, daß keiner auf Unkosten eines anderen genießen oder ihn in seinem eigentümlichen Genuß stören darf.   L I, II, 8

Was auf den ersten Blick so human freiheitlich aussieht und als konkrete Auslegung des Gleichheitspostulats erscheint, propagiert letztlich den natürlichen Egoismus eines jeden einzelnen, der sich jedoch wechselseitig regulieren sollte. Prämisse ist die naturgegebene Ungleichheit, die die Individuen in Gebildete und Ungebildete, Genußfähige und Abgestumpfte einteilt. Die hier verkündete Chancengleichheit der so verschiedenen Individuen, die alle – ungehindert durch staatliche Kontrolle und Gesetz – ihre noch so eigentümlichen Bedürfnisse ausleben sollen, zielt im Grunde auf einen Sozialdarwinismus ab, auf einen Konkurrenzkampf, in dem nur der Stärkere „seine Natur" durchsetzt. Daß das Liberalismuskonzept der Dantonisten die bestehenden Widersprüche zwischen den verarmten Volksmassen und dem privilegierten Bürgertum, der neuen Geld-Aristokratie, nur verbrämt, macht Büchner in seinem Drama offenkun-

dig. Lacroix selbst – ein Dantonist – gesteht geradezu zynisch ein, daß die natürliche Ungleichheit wohl so naturgegeben nicht ist, daß Hunger sicher nicht der Lehrmeister eines verfeinerten
Sinnengeschmacks ist (L I, 25, 22).

Der *Hessische Landbote* zieht seine agitatorische Kraft durchgehend aus dem sozialen
Widerspruch, daß des Bauern Schweiß „das Salz auf dem Tische des Vornehmen" ist
(L II, 44, 37), daß die „schönen Kleider" der vornehmen Herren und Damen „in ihrem
Schweiß gefärbt", die „zierlichen Bänder" aus den „Schwielen ihrer Hände geschnitten", die
„stattlichen Häuser" aus „den Knochen des Volkes erbaut" sind. D. h., Luxus ist für Büchner
sowie für Robespierre nicht ein individueller Glückszufall, sondern ein Raub am Eigentum der
anderen, ist unsozial, unmoralisch. Aus dieser Argumentation geht schon hervor, daß Robespierres Tugendbegriff nicht als verinnerlichte Moral eines asketischen Individuums zu begreifen
ist, das die Epikuräer letztlich willkürlich auf seine Moral verpflichten will – gleichsam wie der
Vegetarier den Fleischesser –, sondern daß Tugend bzw. Libertinage ein Politikum ist. Das sich
emanzipierende Bürgertum hat seit Beginn des 18. Jahrhunderts seinen Tugendbegriff als politische Waffe gegen die Aristokratie eingesetzt, Robespierre wendet ihn gegen diejenigen, die „der
toten Aristokratie die Kleider ausgezogen und ihren Aussatz geerbt" haben (L I, 28, 19), d. h.
gegen die Dantonisten, die die „Rosse der Revolution am Bordell halten machen", während das
Volk hungert.

Dantons Tod zeigt einen historischen Augenblick – die Revolution am Scheideweg zwischen egalitärer und liberaler Demokratie! Der gemeinsame Feind – der Monarch, die Aristokratie – ist beseitigt, jetzt zeigt sich der Interessenkonflikt innerhalb des Bürgertums selbst. Den
Sieger kennt der Nachgeborene, die Restauration. Hat dieses Wissen um die geschichtliche
Entwicklung bei Büchner den Fatalismus erzeugt, den viele Interpreten beschwören? Die Briefe
lassen keinen Zweifel: Büchner hegt keineswegs einen ontologischen Geschichtsfatalismus, der
die Machtlosigkeit menschlichen Eingreifens in die Geschichte propagiert, aber er teilt auch
nicht die blind optimistische Sicht derer, die ohne Rückhalt in der breiten Masse eine Veränderung herbeiführen wollen. Realistisch erkennt er, daß man nicht „im entferntesten jetzt an die
Möglichkeit einer politischen Umwälzung glauben" kann, „daß nichts zu tun ist und jeder, der
im Augenblick sich aufopfert, seine Haut wie ein Narr zu Markte trägt" (L II, 440, 17). Nicht
Geschichtsfatalismus also, sondern Einsicht in das politisch noch nicht Machbare prägt seine
Haltung.

Dantons Tod reflektiert die Möglichkeiten revolutionären Handelns. In Robespierre und
Danton stehen sich nicht nur der Asket und der Epikuräer, der Geschichtsoptimist und Fatalist
gegenüber, sondern zugleich die Repräsentanten einer unterschiedlichen politischen Position,
der egalitären bzw. liberalen Demokratie. Auch wenn sich wie im klassischen Drama die Handlung aus dem Gegensatz von Protagonist und Antagonist entwickelt, zeigt das Stück nicht die
geschlossene Dramaturgie eines linearen, kausalen Handlungszusammenhangs, vielmehr eine
offene facettenreiche Szenenstruktur, deren Szenen oft kontrastvoll und zugleich analogisch
aufeinander bezogen sind. Diese Dramaturgie vermag die Fülle von widersprüchlichen Aspekten in einem geschichtlichen Augenblick, das gesellschaftliche Spektrum der verschiedensten
Gruppen, sprechender Situationen zu spiegeln, ohne alles der zwingenden Fluchtlinie einer
Handlungsfinalität unterzuordnen[5]. Sind die Protagonisten auch im weitesten Sinne Repräsentanten einer Idee, so erscheinen sie doch nicht idealistisch als die geschichtsmächtigen großen
Individuen, deren Genius die Geschichte gestaltet, sie sind in ihrem Handeln abhängig von den
verschiedenen politischen Fraktionen, von einer gewissen Eigenlogik der geschichtlichen Entwicklung. Wenn die Volksszenen eine relative Selbständigkeit gewinnen, so ermöglicht das eine

Dramaturgie, die nicht ausschließlich auf den Charakter der Protagonisten, auf das Handeln des „Helden" zugeschnitten ist. Nicht eine *Tat* Dantons löst den dramatischen Konflikt aus, und keine *Intrige* knüpft den dramatischen Knoten, die soziale und politische Situation treibt den Widerspruch zwischen Dantonisten und Jakobinern hervor.

Unvermittelt, gleichsam expositionslos beginnt das Stück; zeigt die Dantonisten im Salon, in einer Atmosphäre erotischer Libertinage, man spielt, führt plänkelnde Gespräche, macht sexuelle Anspielungen im leichten metaphorischen Konversationston. Vom ersten Augenblick an erscheint Danton als müde gewordener Revolutionär, der seinen Lebensüberdruß, Ennui, im erotischen Spiel, im Genuß zu vergessen sucht. Auch seine Freunde und Anhänger, Philippeau, der von neuen Hinrichtungen warnend berichtet, Hérault, der das Ende der Revolution fordert, oder Camille, der Danton zum gezielten Gegenangriff auf die jakobinische Politik anhält, können ihn nicht aus seiner melancholischen Lebensmüdigkeit reißen, die auch alles politische Handeln sinnlos erscheinen läßt. Ihre Reden prallen gegen Worte der Resignation, Zynismen, in denen sich das existentielle Gefühl von der Absurdität alles Handelns ausspricht. Doch Büchner interpretiert dieses Lebensgefühl nicht als seinsgegebene Geworfenheit des Menschen, er zeigt die geschichtlich-politischen Gründe, läßt Danton selbst die Ursachen des vorprogrammierten politischen Scheiterns anführen. Die Dantonisten haben gegen die Interessen der Gironde gekämpft, ohne die Interessen der breiteren Volksschichten zu vertreten. Dantons pessimistische Weltsicht ist geprägt von der politischen Einsicht, daß er keinen Rückhalt mehr hat in den verschiedenen Fraktionen: „Übrigens, auf was sich stützen? Unsere Huren könnten es noch mit den Guillotinen-Betschwestern aufnehmen; sonst weiß ich nichts" (L I, 32, 10).

Auf die Salonszene folgt in scharfem Kontrast eine Straßenszene; Perspektivenwechsel, ein betrunkener Kleinbürger, der seine Frau beschuldigt, sie treibe die Tochter zur Prostitution an, die Frau, die ihm Heuchelei vorwirft: „Hättest Du nur ein Paar Hosen hinaufzuziehen, wenn die jungen Herren die Hosen nicht bei ihr herunterließen", aufgebracht diskutierende Bürger, die den Streit ins Politische wenden: „Ja ein Messer, aber nicht für die arme Hure! Was tat sie? Nichts! Ihr Hunger hurt und bettelt. Ein Messer für die Leute, die das Fleisch unserer Weiber und Töchter kaufen. Weh über die, so mit den Töchtern des Volkes huren!" (L I, 14, 3).

Des Bürgers Argumentation gleicht der Büchnerschen im *Hessischen Landboten*. Wie Büchner selbst in der Flugschrift und in den Briefen bindet er Besitz an die persönliche Arbeit, denunziert er den Luxus als Diebstahl an den Verarmten, wie Robespierre verficht er einen politischen Moralbegriff, der nicht die Hure, sondern den, der sich Huren leisten kann, verurteilt. Prostitution – als Produkt von sozialen Widersprüchen, Libertinage als Ausdruck drohnenhafter Existenz –, das vertreten Robespierre und Büchner gemeinsam. Und daß das Porträt, das Robespierre von den Dantonisten zeichnet, als Selbstporträt sofort verstanden wird, spricht für die richtige Zeichnung.

So unvermittelt die zweite auf die erste Szene folgt, so kontrastreich das Ambiente ist – Salon, Straße, erotische Metaphorik, derbe sexuelle Rede, politische Staatstheorie, angewandte Praxis –, so beziehungsvoll sind die beiden Szenen einander zugeordnet. Kontrast und Korrelation als dramatisches Kompositionsprinzip zwingen den Interpreten, selbst die Schlüsse zu ziehen, zu denen die dramaturgische Anordnung auffordert. Daß Büchner Danton im Salon, Robespierre „begleitet von Weibern und Ohnehosen" auftreten läßt, ist sprechend, signalisiert, daß Robespierre Rückhalt im Volk hat. Für Danton dagegen reduziert sich der Umgang mit dem Volk auf den Umgang mit den Grisetten, die für ein Nachtmahl ihren Körper zum sexuellen Gebrauch feilbieten, d. h., das Drama stellt ihn als einen derjenigen aus, die „das Fleisch unserer Weiber und Töchter kaufen". Robespierres erster Auftritt dagegen zeigt diesen als politisch besonnenen Führer, der die emotionalisierten Bürger beruhigt, ihre berechtigte Enttäuschung und Wut über den krassen Gegensatz zwischen ihrer Armut und dem Luxusleben einer neuen „Aristokratie" kanalisiert: „Kommt mit zu den Jakobinern! Eure Brüder werden euch ihre Arme öffnen, wir werden ein Blutgericht über unsere Feinde halten." Robespierre verhindert hier die blinde unpolitische Empörung, die wahllos einige Geldaristokraten vernichten würde, ohne die politische Fraktion zu treffen, und die, im Gegenteil, nur die gegenrevolutionäre Macht stärken würde. Der Kampf gegen die Dantonisten ist hier angekündigt – und zwar mit der Legitimation im „Volkswillen".

Die ersten beiden Szenen geben das Kolorit ab für die politische Skizze, die Robespierre in seiner großen rhetorisch glanzvollen Rede im Jakobinerclub entwirft. Aufgefordert zum politischen Handeln ist er auch durch die Klage einer Lyonnaiser Delegation, die dringend vor der erstarkten Reaktion warnt, die die revolutionären Errungenschaften liquidieren will: „Eure Barmherzigkeit mordet die Revolution." Und auch Legendre, ein Dantonist (L I, 17, 7), beobachtet eine Bedrohung der Republik durch eine sicher gewordene Geldaristokratie, die ihr privilegiertes Luxusleben offen zur Schau stellt. Daß er letztlich mit diesem Porträt auch sich selbst und seinen politischen Freunden das Urteil spricht, muß er sich von Lacroix sagen lassen (L I, 20, 14).

Robespierres Rede im Jakobinerclub ist dramaturgisch so vorbereitet, daß sie als notwendige politische Initiative verstanden werden muß, als repräsentatives Urteil derjenigen, die für die egalitäre Demokratie kämpfen. Büchner übernimmt aus der Originalrede Robespierres wichtige Passagen[6], die die politischen Fraktionen charakterisieren und die Terreur politisch begründen. Doch er erweitert diese Zitate um eine rhetorisch wirksame Argumentation, die seiner eigenen im *Hessischen Landboten* gleicht: die Anprangerung von Libertinage als einem politischen Laster. Wenn Robespierre am Ende seiner Rede die Vertreter einer „falschen Empfindsamkeit" beschreibt als dieselben, die mit „allem Luxus der ehemaligen Höflinge Parade machen", so braucht er keine Namen zu nennen: „Die Portraits sind fertig." Die Konsequenz drängt sich auf: Soll die Revolution nicht die Möglichkeit einer human gerechten Gesellschaft verspielen, muß sie die Gemäßigten, die zugleich die Besitzenden sind und den Besitz verteidigen, bekämpfen. Lacroix schätzt die politische Situation richtig ein, Legendre hat „die Contrerevolution offiziell bekanntgemacht", hat „die Dezemvirn" zur Energie gezwungen, zugleich warnt er Danton, der ein Tête à Tête mit Marion der dringenden politischen Gegenmaßnahme vorzieht: „der Mons Veneris wird dein Tarpejischer Fels".

Der Dialog zwischen Danton und Robespierre in I, 6 treibt den politischen Gegensatz zwischen den beiden Protagonisten heraus. Robespierres Ziel, die soziale Revolution durchzuführen, entspricht nicht mehr Dantons liberalistischem politischen Konzept, insofern ist er der revolutionären Bewegung entfremdet und fühlt sich nicht mehr als ihr Vollstrecker, sondern als ihr Opfer. Deutlich wird diese Wandlung in der Traumszene (II, 5); innerhalb einer Traumvision wird der Wechsel vom gestaltenden Subjekt der Geschichte zum erleidenden Objekt festgehalten: „Unter mir keuchte die Erdkugel in ihrem Schwung; ich hatte sie wie ein wildes Roß gepackt, mit riesigen Gliedern wühlt' ich ihre Rippen, das Haupt abwärts gewandt, die Haare flatternd über den Abgrund; so ward ich geschleift" (L I, 41, 3). Sein Epikuräismus, der sein politisches „Laisser faire" zunächst zu bedingen scheint, ist letztlich nicht Ausdruck überschäumender Vitalität, sondern eines absurden Lebensgefühls, das nur die Nichtigkeit alles Tuns, die Langeweile der immergleichen Abläufe wahrnimmt. Die Jakobiner kämpfen nicht mehr seinen Kampf, und insofern sieht Danton in ihren politischen Maßnahmen nur das blutige Spiel von Akteuren, die doch nur Marionetten sind. Eine sachgerechte gezielte Auseinandersetzung findet zwischen Danton und Robespierre im Grunde nicht statt. Während Robespierre von einem politischen Tugendbegriff ausgeht, argumentiert Danton so, als wolle Robespierre seine private Moral, spezieller Sexualmoral, zum allgemeinen Dogma erheben, als wolle er die Guillotine als „Waschzuber für die unreine Wäsche anderer Leute" mißbrauchen. Danton vertritt einen individualpsychologischen Standpunkt, fordert, wie zuvor Camille und Hérault, die freie Entfaltung des Individuums, übersieht aber, daß diese humane Utopie sich solange in das Gegenteil eines sozialdarwinistischen Egoismus verkehrt, als die politisch-soziale Grundlage dafür noch nicht geschaffen ist. Er läßt sich auf Robespierres Argument „Die soziale Revolution ist noch nicht fertig", „Das Laster ist zu gewissen Zeiten Hochverrat" nicht ein, zieht daraus nur den Schluß, daß weitere Blutbäder zu befürchten sind.

Obwohl es nur diesen einzigen Dialog zwischen Danton und Robespierre gibt, zeigt Büchner die beiden als Antipoden, die sich gleichsam über die Szenen hinweg voneinander abheben – durch korrespondierende Situationen, analoge Bildlichkeit: Der eine wie der andere grübelt – allein in seinem Zimmer aus dem Fenster in die Nacht blickend (L I, 28, 28; L I, 40, I) – über seine politische Verantwortung nach, über die Legitimation des Blutvergießens, über Schuld, über das Verhältnis von Individuum und Geschichte. Robespierre hat, bestärkt durch die Argumentation St. Justs, den Tod der Dantonisten, u. a. Camilles, an dem er hängt, beschlossen; und er erleidet jetzt die Skrupel des politisch Handelnden, der sieht, daß er Individuen seiner politischen Überzeugung opfern muß, daß er seine Hände mit Blut befleckt, Schuld auf sich lädt, obwohl er im Sinne einer höheren politischen Verantwortung handelt. Mit dem Urteil über Camille erfährt Robespierre die tragische Dialektik des Revolutionärs, den der Kampf um humane gerechte Verhältnisse zur Inhumanität zwingt. Robespierres Vergleich mit Christus (L I, 30, 33) ist keineswegs blasphemisch, drückt nur das Leiden an der eigenen auferlegten Unmenschlichkeit aus. Robespierre vertritt hier die Gegenposition zu Danton, der lieber guillotiniert werden will, als guillotinieren lassen. Auch Danton vergleicht seine Tat mit dem Kreuzesopfer Christi (L I, 41, 25). Wie Robespierre beneidet er den sich Opfernden um das erhabene Gefühl seiner Schuldlosigkeit, wie Robespierre hatte er damals im Sinne der politischen Notwendigkeit die Ermordung der Konterrevolutionäre verantwortet, empfindet er die Tragik revolutionärer Dialektik. Doch anders als Robespierre, der seine Verantwortung annimmt, spricht er sich letztlich davon frei, begreift sich als unfreies Medium einer blinden Geschichtsmacht: „Wer hat das Muß gesprochen, wer? – Puppen sind wir, von unbekannten Gestalten am Draht gezogen; nichts, nicht wir selbst!" Die Idee vom Determinismus der Geschichte verscheucht den Alpdruck der Gewissensqualen: „Jetzt bin ich ruhig", endet die Szene.

Daß Dantons Frage „Wer hat das Muß gesprochen" wörtlich dem berühmten Fatalismusbrief Büchners (L II, 425, 17 f.) entstammt, galt vielen Interpreten als Beleg für eine Identität in den Anschauungen Büchners und Dantons. Doch abgesehen davon, daß viele Analogien zwischen Robespierres Aussprüchen und Briefstellen unberücksichtigt blieben, daß Büchner seine politische Flugschrift nach diesem Brief verfaßt hat, daraus läßt sich nicht ein Votum Büchners für Danton ablesen. Nicht nur die Tugend / Libertinage – Debatte spräche dagegen, auch die zwei großen politischen Reden, die Robespierre und Danton vor dem Nationalkonvent bzw. vor dem Revolutionstribunal halten. Robespierres Anklagerede und Dantons Verteidigungsrede, beide in großen Teilen historisches Zitat, sind kontrastvoll aufeinander bezogen: Während Danton im eigentlichen Sinn nicht politisch argumentiert, er seine persönlichen Verdienste aufzählt, gilt für Robespierre nur die politische Notwendigkeit. Im Gegensatz zu Büchners Geschichtsbild begreift Danton sich als das große Individuum, Schöpfer historischer Taten: „Ich habe auf dem Marsfelde dem Königtum den Krieg erklärt, ich habe es am 10. August

geschlagen, ich habe es am 21. Januar getötet und den Königen einen Königskopf als Fehde-
handschuh hingeworfen." Monumentalisch ist dieses Geschichtsbild, das geschichtliche Prozesse personalisiert im handelnden Heros. Zwar vertritt Danton auch hier einen undialektischen
Determinismus „Das Schicksal führt uns den Arm", doch er fährt fort: „aber nur gewaltige Naturen sind seine Organe", d. h., er setzt die politische Notwendigkeit der vergangenen Hinrichtungen voraus und stellt sich als Vollstrecker der revolutionären Idee hin. Daß er hier die Terreur als notwendig begreift, aber weitere Hinrichtungen für sinnlos hält, ist nicht nur begründet
in einem sensibilisierten Gewissen, das vor neuem Blutvergießen zurückschreckt, sondern in
seinem Geschichtsfatalismus, der kein politisches Ziel mehr sieht (L I, 32, 21). Nicht sein Tod
ist tragisch, der ist nur die Konsequenz seines Fatalismus. Tragisch ist dieser Fatalismus, Ausdruck der Selbstentfremdung des Revolutionärs von der Revolution, die er mitgetragen hat.
Wenn Büchner, der das politische Konzept Robespierres teilt[7], dennoch Danton als komplexen
tragischen Charakter darstellt, so ist das kein Widerspruch: Danton erleidet die Dialektik revolutionären Handelns zu dem Zeitpunkt, als er den Glauben an die Revolution verloren hat, und
er sieht nur noch die Sinnlosigkeit des Blutvergießens; Robespierre erfährt diese tragische Dialektik in dem Augenblick, als er den Freund seinem revolutionären Ziel opfern muß, und er erlebt den Schmerz über die Notwendigkeit des Blutvergießens.

In dem Brief vom 10. März 1834 heißt es, „Ich gewöhnte mein Auge ans Blut. Aber ich
bin kein Guillotinenmesser." Hier spricht Büchner die Problematik des politischen Intellektuellen aus, der die Revolution als notwendig befürwortet und sich gleichzeitig vor der notwendig
blutigen Umsetzung der revolutionären Idee in die Wirklichkeit entsetzt. Robespierre ist der
Aktionist, der einer humanen Gesellschaft der Zukunft das humane Gefühl in der Gegenwart
opfert, Danton als der passive, politisch Resignierende, der Robespierres weitergreifendes revolutionäres Ziel nicht teilt, vertritt die Humanität des Augenblicks, fordert ein Ende des Blutvergießens. Das Sympathische, das Identifikationsmoment, das er dem Zuschauer liefert, liegt
darin begründet, daß er – innerhalb der Stückrealität – vor allem die psychologischen Empfindungen, die Gewissensskrupel äußert.

Büchner hat kein abstraktes Thesenstück über die Dialektik revolutionärer Gewalt geschrieben, sondern er hat gerade auch den Preis gezeigt, den die Individuen, die ihr zum Opfer
fallen, zahlen müssen. Im Vergleich zu *Dantons Tod* scheint das 1836 entstandene Lustspiel *Leonce und Lena* ohne jede politische Dimension zu sein. Büchner greift hier ein altes Lustspiel-
motiv auf: Fräulein und Herr fliehen vor erzwungener Heirat und verlieben sich – ohne Wissen
in den vorbestimmten Partner. Das Happy-End ist gesichert. Und ganz im Sinne romantischen
Weltschmerzes verliert die Handlung als dynamische Aktion an Bedeutung, lebt weitgehend aus
Stimmungsszenen voller Melancholie und Langeweile. Doch daß Melancholie als reflektierte
Erfahrung von Langeweile und Langeweile als Bewußtsein sinnlos vertaner Zeit nicht seinsgegebene existentielle Lebensgefühle sind, sondern ihrerseits gesellschaftlich vermittelte Ursachen
haben, das gerade zeigt Büchner in seinem Lustspiel auf. Wie bei Danton verbietet sich eine einfache Gleichsetzung Büchner/Leonce. Wie kritisch Büchner die Langeweile und damit auch die
Melancholie beurteilt, das belegt sein Urteil über die „abgelebte moderne Gesellschaft" in seinem Brief an Gutzkow: „Zu was soll ein Ding wie diese zwischen Himmel und Erde herumlau-
fen? Das ganze Leiden derselben besteht nur in Versuchen, sich die entsetzlichste Langeweile zu
vertreiben. Sie mag aussterben, das ist das einzig Neue, was sie noch erleben kann"
(L II, 455, 25). Büchner prangert hier die Langeweile als Lebensgefühl einer überlebten großbürgerlichen Gesellschaft an, die – abgeschnitten von der realen Macht und entlastet von ökonomischen Zwängen – ihre politische Ohnmacht kompensiert durch sublime Innerlichkeit.

Damit drückt er die gesellschaftliche Dimension des Melancholie-Phänomens aus, die Wolfgang Lepenies in seiner umfassenden Studie über „Melancholie und Gesellschaft" analysiert hat[8]. Lepenies unterscheidet zwischen der Melancholie des entmachteten Adels innerhalb der feudalistischen absolutistischen Ära und der des ökonomisch erstarkten, aber politisch gelähmten Bürgertums. Jeweils erzeugt das Bewußtsein der eigenen Machtlosigkeit Melancholie; der französische Feudaladel verfiel in dem Moment der Melancholie, als er die Etikette, die seine reale Machtlosigkeit mit den rituellen Funktionen innerhalb des höfischen Zeremoniells verbrämte, als bloßes Surrogat erkannte. Das deutsche Bürgertum des 18. und des beginnenden 19. Jahrhunderts, das das privilegierte Leben der feudalen Muße zu imitieren suchte, ergriff Melancholie erst in dem Augenblick, als die erarbeitete ökonomische Basis ihm zwar Muße, jedoch keine politische Macht bescherte. Dort die Melancholie der Entmachteten, hier die der Entlasteten[9]! Die bürgerliche Intelligenz vor allem, aufgestiegen zur kulturtragenden Schicht und zugleich abgedrängt von jeder politischen Aufgabe, kompensiert politische Ohnmacht, reale Unfreiheit durch die „Macht des Geistes", „innere Freiheit", flüchtet sich aus den gesellschaftlichen Zwängen in die freie Natur, in die Tiefe der eigenen Seelenlandschaft. Infolge dieser Verinnerlichung der Werte wie Freiheit oder Selbstverwirklichung geraten öffentliches und privates Leben, Politik und Kunst in Widerspruch. Vor dem Anspruch übersublimierter Geistigkeit erscheint die Realität dem Melancholiker nur als banal, gesellschaftliche Praxis als sinnlos.

Gleich die erste Szene zeigt Prinz Leonce als aristokratischen Melancholiker, der den Leerlauf des verselbständigten höfischen Ritualsystems durchschaut und mit Gesten der Langeweile provokativ seine Einsicht demonstriert. Selbstironisch gibt er lauter Nonsens-Handlungen als gewichtige nützliche Tätigkeiten aus, stellt durch seinen bewußten Müßiggang die Sinnlosigkeit seines Daseins aus. Wird „Leonce" – wie Jancke interpretiert – „zum Vertreter einer privilegierten Langeweile, indem er die klassenspezifische Langeweile der Oberschicht nobilitiert"? Denunziert Büchner in ihm einen geistigen Aristokratismus, der Melancholie als Leiden eines höheren Bewußtseins stilisiert? Läßt die erste Szene diese Deutung noch zu, das Stückganze problematisiert sie. Janckes Argumentation – Leonce fliehe ja vor den Regierungsgeschäften nach Italien, ziehe den Müßiggang der nützlichen Tätigkeit vor – übergeht die Gründe dieser Flucht. Das Regierungsgeschäft – eine absolutistische Feudalherrschaft – wird von Leonce ja gerade als überlebtes, erstarrtes System erfahren. Er zieht den offenen Müßiggang der leerlaufenden Betriebsamkeit vor, schätzt das bewußt unwirkliche Leben „voll Masken, Fackeln, Guitarren" (L I, 117, 6) mehr als die Maskerade einer in leeren Formen erstarrten Gesellschaft, die sich ihrer Maskierung nicht bewußt ist.

Daß lebendige Kommunikation, politische Diskussion innerhalb des Feudalabsolutismus nicht möglich ist, signalisiert schon der komisch mechanisierte „Dialog" zwischen Leonce und dem Hofmeister, der noch den unsinnigsten Ausspruch Leonces als richtig bestätigt. Leonce, der in seinen bewußt provozierenden Nonsensworten Widerspruch geradezu erzwingen müßte, hat – automatisch – Recht, als zukünftiger Herrscher! Verdinglicht sind die Beziehungen zu ritualisierten Formen, die Machtverhältnisse spiegeln. Daß Leonces Monolog über Müßiggang und Langeweile eben auf diese Hofmeisterszene folgt, deutet schon auf den geistig-politischen Hintergrund dieser Langeweile hin; die Ankleideszene König Peters, eine Parodie auf das Lever du Roi Louis XIV, verdeutlicht ihn: Das königliche Ankleideritual, Symbol absolutistischer Repräsentanz, kommentiert König Peter – in unfreiwilliger Komik – mit den Kategorien der formalen Logik, und er entlarvt wider Willen das Angemaßte seines Herrschaftsanspruches. Versteht der Mensch „König Peter" sich als Substanz, als An-sich, als das bleibende, in sich ruhende Wesen, so enthüllt die Szene gerade, daß das „nackte Menschenkind" Peter als solches nichts ist, es sein Wesen – seine königliche Macht – gerade aus den „Attributen", „Akzidentien", den königlichen Kleidern und Insignien empfängt. Ein Zitat aus dem *Hessischen Landboten* könnte als Motto dieser Szene dienen:

> Im Namen des Großherzogs sagen sie, und der Mensch, den sie so nennen, heißt: unverletzlich, heilig, souverän, königliche Hoheit. Aber tretet zu dem Menschenkinde und blickt durch seinen Fürstenmantel. Es ißt, wenn es hungert, und schläft, wenn sein Auge dunkel wird. Sehet, es kroch so nackt und weich in die Welt wie ihr, und wird so hart und steif hinausgetragen wie ihr, und doch hat es seinen Fuß auf eurem Nacken, hat 700 000 Menschen an seinem Pflug, hat Minister, die verantwortlich sind für das, was es tut, hat Gewalt über euer Eigentum durch die Steuern, die es ausschreibt, über euer Leben durch die Gesetze, die es macht, es hat adlige Herren und Damen um sich, die man Hofstaat nennt, und seine göttliche Gewalt vererbt sich auf seine Kinder mit Weibern, welche aus ebenso übermenschlichen Geschlechtern sind.   H. L., L II, 44, 2

Die komische Analogie zwischen geistigen Werten – freier Wille, Moral, Denken – und Kleidungsstücken gipfelt in der Gleichsetzung „freier Wille" und Hosenlatz – stellt satirisch den leeren Formalismus des scheinbar ethisch fundierten Systems aus. Die Komik eines König Peter, den z. B. ein Knoten im Schnupftuch nur ans Erinnern erinnert, der die logischen Kategorien zu inhaltlichen Tautologien mißbraucht (L I, 109, 10), der die Feierlichkeit der feierlichen Gelegenheit nur Kraft königlicher Autorität vorschreibt, diese Komik geißelt einen wirklichkeitsfernen „Rationalismus", dem die Wirklichkeit widerspricht. Bergson definiert Komik als „Quelque chose de mécanique plaqué sur du vivant"[10], d. h. als Mechanisierung eines Lebendigen, sei es der verselbständigte Körpermechanismus des Stehaufmännchens oder das mechanisierte Verhalten des geistigen Guckindieluft, der im starren Blick auf die eine plane Idee über die unebene vielschichtige Wirklichkeit stolpert. Büchner setzt diese komische Struktur – Automatismus und Mechanik – bewußt ein, um das in Formalismen erstarrte Leben eines geschichtlich überholten Systems zu kritisieren.

Im *Danton* thematisierte er die bürgerliche Revolution am Scheideweg zwischen egalitärer und liberalistischer Demokratie, und die Protagonisten Robespierre und Danton hatten ihre geschichtliche Berechtigung; in *Leonce und Lena* entlarvt er einen geschichtlich überholten Feudalismus, dem „nur noch die Komödie beikommt". Das scheinbar Zusammenhanglose des Büchnerschen Werks – da eine Tragödie über die bürgerliche Revolution, hier ein Lustspiel über die staatserhaltende Heirat zweier prinzlicher Individualitäten – enthüllt seine Kohärenz nur, wenn man die unterschiedliche Gattung mitberücksichtigt.

In seiner ästhetischen Entscheidung für das jeweilige Genre entspricht Büchner der späteren Marxschen poetologischen Unterscheidung: Danach konnten die Vertreter einer untergehenden Klasse – z. B. der Adel in der französischen Revolution – noch Gegenstand der Tragödie sein, denn sie hatten noch die historische Legitimation in ihrem wiederum historisch notwendigen Untergang, doch – so Marx – „Das moderne ancien régime ist nur mehr der Komödiant einer Weltordnung, deren wirkliche Helden gestorben sind. . . . Die letzte Phase einer weltgeschichtlichen Gestalt ist ihre Komödie"[11]. In diesem Sinne sucht Büchner in seiner Komödie die feudale deutsche Kleinstaaterei in ihrer unzeitgemäßen Gegenwärtigkeit satirisch zu treffen.

Deutlich wird diese satirische Stoßrichtung nicht nur in den Hofszenen, die ein Versailles im Puppenstubenformat karikieren, sondern auch an Valerios Klagen, die sich offensichtlich auf deutsche Verhältnisse beziehen. „Wir sind schon durch ein halbes Dutzend Großherzogtümer und durch ein paar Königreiche gelaufen, und das in der größten Übereilung in einem halben Tag . . ." (L I, 119, 12).

Büchners karikaturistische Zeichnung der König Peter-Gestalt ist offenkundig; doch wie hat man den melancholischen Sohn dieses Kleinstpotentaten zu deuten, Leonce, dessen Melancholie gerade der kritischen Reflexion auf den leerlaufenden höfischen Staatsapparat entspringt, der sich seiner melancholischen Langeweile jedoch als privilegierter Prinz nur hingeben kann? In Leonces Melancholie vermischt sich die Langeweile des zum Müßiggang verurteilten Adels mit dem melancholischen Weltschmerz des gebildeten Bürgertums, das sich in Gegenwendung zur politischen Praxis in Natur, Kunst, Innerlichkeit flüchtet und seine Melancholie – entpolitisiert – zum Lebensexistential umdeutet. Wenn Leonce sich mit Valerio – gleichsam wie ein Eichendorffscher *Taugenichts* – auf die Reise begibt, er wie Brentanos *Ponce de Léon* in melancholische Sehnsucht versinkt oder wie Mussets *Fantasio* die melancholische Narrenkappe aufsetzt, flüchtet er aus der höfischen Scheinwelt in eine ästhetische Eigenwelt sensibler Stimmungen, romantischer Sehnsucht, die die Banalität realer Verhältnisse überfliegt. Mit dem bürgerlichen Melancholiker teilt er die Flucht in die Innerlichkeit – in den Selbstgenuß melancholischen Leidens.

Die Begegnung mit Rosetta, eingebettet in ein künstliches Arrangement intimer Festlichkeit, zeigt einen Leonce, der fast zynisch seine sterbende Liebe feiert, der das Surrogat des Andenkens dem Genuß des Augenblicks vorzieht, der aus Langeweile liebt und aus Langeweile aufhört zu lieben und alle Tätigkeit nur als Zeitvertreib empfindet. Ähnlich wie Lenaus Don Juan, der aus Sehnsucht nach dem Ideal des Weiblichen von einer Frau zur anderen treibt und im Bewußtsein der Wiederholung von Lebensekel, Langeweile ergriffen wird, hängt Leonce idealistisch einem Traum von Liebe, Glück nach, der ihn die Gegenwart nur als schales Nichts zwischen monotoner Vergangenheit und immergleicher Zukunft erleben läßt. ,,Wenn ich nur etwas unter der Sonne wüßte, was mich noch könnte laufen machen" (L I, 106, 23) klagt er! Auch seine Begegnung mit Lena, der Märchenprinzessin, die der Prinz am Ende heiratet, hat die Irrealität eines Traums. Wie von fern her hört Leonce die müd melancholische Stimme Lenas: ,,Ist denn der Weg so lang", und wie in Trance gleichsam führt er die Melodie weiter: ,,o, jeder Weg ist lang [. . .] Für müde Füße ist jeder Weg zu lang . . .", und Lenas Stimme variiert das Thema in harmonischem Wechsel: ,,und müden Augen jedes Licht zu scharf, und müden Lippen jeder Hauch zu schwer, und müden Ohren jedes Wort zuviel". Ein Gleichklang der melancholischen Stimmung, ohne daß die Personen sich als Person erkannten. Namenlos blieben sie füreinander auch in einem metaphorischen Sinn. Valerios Frage: ,,Und weiß Eure Hoheit auch wer sie ist?", wehrt Leonce heftig ab: ,,Frag doch die Nelke und die Tauperle nach ihrem Namen" (L I, 126, 17). Statt einer gelebten realen Beziehung, die das Widerständige der jeweils anderen Individualität erfährt, gibt sich Leonce dem Traumbild der Fernen-Liebe hin, die durch keinen Mißklang gestört werden kann. Auch das nächtliche Zusammentreffen im Garten – ein Stimmungszitat der mondbeglänzten Zaubernacht – vollzieht sich schlafwandlerisch, traumverloren. Leonce spricht das Unwirkliche, Märchenhafte dieser Beziehung im Bild des Traums auch aus: Auf Lenas Frage: ,,Wer spricht da?" antwortet er ,,Ein Traum", und wieder drücken beide im harmonischen Wechsel der Stimmen, die von Traum und Tod als seligstem Traum sprechen, den Gleichklang ihrer melancholischen Stimmung aus, schwingen – gleichsam körperlos – zur Harmonie einer Empfindung zusammen, die die konturierte Helle des Tagesbewußtseins flieht. Leonce will sich – im Augenblick der Glücksempfindung – in den Fluß werfen, und nur Valerio verdirbt ihm diesen schönen Selbstmord, entlarvt ihn als literarische Pose, als falsche ,,Leutnantsromantik", und Leonce gibt ihm widerstrebend recht. D. h., Leonce ist nicht ungebrochen der gefühlsselige Schwärmer, der ,,das Glas zum Fenster hinauswirft, woraus man die Gesundheit der Geliebten getrunken" (L I, 125, 19), er selbst reflektiert seinen emotionalen Ästhe-

tizismus; auch an anderer Stelle, als er sein schmerzendes Wissen um die vergreiste Welt ohne
Zukunft beklagt, ironisiert er doch wieder seine Empfindung als Selbstmitleid (L I, 121, 16).
Was bei Tieck, Brentano, Lenau oder Musset fraglos existentielles Lebensgefühl ist, wird in *Leonce und Lena* zugleich als literarisches Motiv zitiert; Leonce ist nicht nur melancholisch, er
weiß sich auch melancholisch (L I, 123, 6). Einerseits kritisiert Leonce durch seine Melancholie
das Feudalsystem, andererseits kritisiert Büchner in Leonce zugleich die bürgerliche Melancholie, die im epikuräischen Genuß des melancholischen Schmerzes schwelgt, stellt er den Ennui,
Lebensekel und Langeweile, als Privileg einer gebildeten Oberschicht aus, die sich die Flucht in
die Innerlichkeit leisten kann.

Hat man auch oft – mit Recht – die Übernahme romantischer Motive in *Leonce und
Lena*, die Parallelen zu Mussets *Fantasio* betont, die Unterschiede sind grundsätzlicher Art.
Dort wiegen die Tränen der Prinzessin, die zur Friedenssicherung den ungeliebten Prinzen von
Mantua heiraten soll, mehr als das Volk, das dem Krieg zum Opfer fallen wird[12]. In *Leonce und
Lena* dagegen wird das Volk in seiner Verelendung dargestellt, bricht der Widerspruch zwischen fürstlicher Märchenhochzeit und der erbärmlichen Lebenswirklichkeit der fürstlichen
Untertanen offen hervor. Die Bauernszene (L I, 127, 1) ist die dramatische Umsetzung der politisch agitatorischen Argumentation des *Hessischen Landboten*:

> Geht einmal nach Darmstadt und seht, wie die Herren sich für euer Geld dort lustig machen, und
> erzählt dann euren hungernden Weibern und Kindern, daß ihr Brot an fremden Bäuchen herrlich
> angeschlagen sei, . . . und dann kriecht in eure rauchigen Hütten und bückt euch auf euren steini-
> gen Äckern, damit eure Kinder auch einmal hingehen können, wenn ein Erbprinz mit einer Erb-
> prinzessin Rat schaffen will, und durch die geöffneten Glastüren das Tischtuch sehen, wovon die
> Herren speisen, und die Lampen riechen, aus denen man mit dem Fett der Bauern illuminiert.
>
> HL, L II, 44, 33

Wenn das zeremonielle Programm vorsieht: ,,Sämtliche Untertanen werden von freien
Stücken reinlich gekleidet, wohlgenährt und mit zufriedenen Gesichtern sich längs der Land-
straße aufstellen'' –, so entlarvt dieses königliche Dekret die Inhumanität des Feudalsystems allein schon dadurch, daß es Freude, zufriedene Gesichter *verordnen* muß. Die reale Situation der
ausgehungerten, zerlumpten Bauern, die nur die Furcht vor der herrscherlichen Gewalt auf-
recht hält – ein jämmerliches Spalier –, potenziert die satirische Anklage noch. Wortspiel und
Kalauer ,,Zeigt die gehörige Rührung, sonst werden rührende Mittel gebraucht'' – sind durchgehende Stilmittel der satirischen Kontrastierung. Der den Untertanen verordneten Freude entspricht in III, 3 der königliche Beschluß zur Freude: ,,Gerade mit dem Glockenschlag zwölf
wollte ich anfangen und wollte mich freuen volle zwölf Stunden'' (L I, 130, 12), hier wird die
höfische Etikette als Surrogat für jede doch spontane Emotionalität *ad absurdum* geführt. Keineswegs verselbständigt sich hier die Komik, gibt Büchner in König Peter nur einen Popanz dem
spöttischen Gelächter preis, er stellt in karikaturistischer Übertreibung eine Grundstruktur höfischen Lebens aus: die Affektdämpfung[13], die Unterdrückung aller Gefühlsregungen durch die
Regeln der Etikette, die Bändigung der Empfindung durch den guten Geschmack, der der Geschmack der Herrschenden ist; die Geometrisierung des Leibes in Kleidung, Bewegung, Gestik
(L I, 108, 10) ist der sinnlich sichtbare Ausdruck dieser Struktur. Die Automatenszene
(L I, 130, 28 ff.) zeigt nur einen anderen Aspekt desselben Phänomens, der Verdinglichung le-
bendiger Individualität innerhalb einer überlebten ausgehöhlten Gesellschaftsform. Leonce und
Lena werden von Valerio dem Hof als kunstvolle Automaten vorgeführt, diese Automaten wer-
den als Menschen mit bestimmten Standesattributen beschrieben, als Angehörige der gebildeten
Oberschicht. Valerio beschreibt sie als sehr ,,edel, denn sie sprechen Hochdeutsch'', ,,als sehr

moralisch, denn sie stehn auf den Glockenschlag auf, essen auf den Glockenschlag zu Mittag und gehn auf den Glockenschlag zu Bett". „Sie sind sehr gebildet, denn die Dame kennt alle Opern, und der Herr trägt Manschetten" etc.; jeweils werden ihre ethischen oder intellektuellen Eigenschaften damit begründet, daß sie die formalen Regeln des Geschmacks und der Etikette beherrschen. Manschetten als Zeichen der Bildung – das entlarvt einen letztlich leeren Formalismus, der ethisch humane Werte zu Statussymbolen entleert.

Ganz im Sinne des Lustspiels, das eine glückliche Auflösung aller Verwirrung fordert, kommt es in dieser Szene zur freudigen Entdeckung, daß die namenlose Geliebte die Leonce zugedachte Prinzessin ist und der unbekannte Geliebte der Lena zugedachte Prinz. Der König kann seinen Beschluß zur Freude einhalten, das allgemeine Happy-End ist gesichert. Doch der Leser bzw. Zuschauer betrachtet die ungetrübte Heiterkeit dieses Märchenschlusses vor dem Hintergrund der satirisch realistischen Bauernszene, sieht in dem beschworenen Paradies mit dem Kalender nach der Blumenuhr, einem Paradies vor dem Sündenfall, eine Märchenutopie, die mit dem ewigen Sommerglück zugleich Geschichtslosigkeit propagiert. Es ist die Märchenutopie eines kritischen Bewußtseins, das gesellschaftliche Veränderung in absehbarer Zeit für unmöglich hält und bewußt den Märchenschluß als phantastische zeitlose Utopie, als bloße Fiktion ausstellt. Leonces Entwurf eines „Arcadia" verbirgt kaum seine melancholisch zynische Grundierung: „Nun, Lena, siehst du jetzt, wie wir die Taschen vollhaben, voll Puppen und Spielzeug? Was wollen wir damit anfangen? Wollen wir ihnen Schnurrbärte machen und Säbel anhängen? Oder wollen wir ihnen Fräcke anziehen und sie infusorische Politik oder Diplomatie treiben lassen und uns mit dem Mikroskop danebensetzen?" (L I, 133, 32). Wenn Leonce den feudalen Staatsapparat mit seinen Repräsentanten als Spielzeug hinstellt, kritisiert er auch hier diese Gesellschaft als eine überlebte unwirkliche ohne Funktion; seine karikierende Darstellung des Militärs und der Diplomatie zeugt nicht von seinem Unernst, sondern von seiner Einsicht in das Parasitäre eines Staatsapparats, der nur eine Persiflage demokratischen gesellschaftlichen Lebens darstellt. Büchner kritisiert zwar in Leonce den politischen Eskapismus der bürgerlichen Melancholie, doch er zeigt ihn zugleich als Kritiker des feudalen Systems.

Büchners drittes Drama *Woyzeck* basiert wie zuvor *Dantons Tod* und die Erzählung *Lenz* auf dokumentarischem Material, auf einem Kriminalfall, der das Interesse der Öffentlichkeit erregt hatte. Die Frage der Verantwortlichkeit, Zurechnungsfähigkeit wurde diskutiert, der juristische Fall wurde unter psychologischem Aspekt gesehen – eine progressive Entwicklung in der juristischen Diskussion, die Kants aufklärerische Konzeption von der Willensfreiheit als Bedingung der Verantwortlichkeit zur Prämisse macht. Büchner geht von der progressiven Deutung der fehlenden Zurechnungsfähigkeit Woyzecks aus, stellt alle Symptome einer fortgeschrittenen Psychose aus – Selbstentfremdung, imaginierte Stimmen, Halluzinationen, Wahnvorstellungen, ein verschobenes Raumgefühl, das Gefühl abgründiger Leere; wie Lenz fühlt sich auch Woyzeck von einem unheimlichen „Es" verfolgt, das letztlich seine eigene Wahnwelt ist. Doch im Gegensatz zur zeitgenössischen Diskussion zeigt Büchner die gesellschaftlichen Ursachen der Psychose, die zum Mord führt.

Gleich die erste Szene zeigt Woyzeck als einen von Angst Getriebenen, der seine übermächtige existentielle Angst nach außen projiziert in die Vorstellung eines bedrohlichen anonymen Wesens „Es geht was" – „Es geht hinter mir, unter mir. Hohl, hörst du? alles hohl da unten" (L I, 168, 13). Natur wird als apokalyptische Vision erfahren, Stille als furchtbarer Hinterhalt, zugleich als Leere, Erstarrung. Immer wieder hat Woyzeck Wahnvorstellungen – „die schönste aberratio" (L I, 175, 19), wie der Doktor zynisch formuliert, der ihn verdinglicht zum interessanten Versuchsobjekt, hört Woyzeck Stimmen, die ihn schließlich zum Mord drängen.

Büchner, der sich auf die medizinischen und psychologischen Gerichtsgutachten stützte, die Woyzeck allerdings für zurechnungsfähig erklärten, setzt die Psychose-Symptome ein, um das Bewußtsein eines Individuums darzustellen, das an der Wirklichkeit zerbricht. Das sogenannte Eifersuchtsdrama ist nur die letzte Konsequenz eines Menschen, der arbeitet, um zu leben, doch dessen Arbeit paradoxerweise sein Leben zerstört. Marie und sein Kind sind für Woyzeck das bißchen Utopie, das das Leben ertragen läßt. Ist auch dieses letzte Stückchen Geborgenheit zerstört, bleibt nur noch die sinnlose Mühe.

Die Szene „Beim Doktor" (L I, 417, 1) entlarvt diesen als Repräsentanten einer inhumanen Wissenschaft, die Forschung zum Selbstzweck macht auf Kosten menschlichen Lebens. Der Arbeitskontrakt mit Woyzeck – die Verpflichtung zur ausschließlichen Ernährung von Erbsen, die Verfügung über seinen Harn – ist in sich inhuman, bedeutet Abbau der physischen, psychischen und intellektuellen Substanz. Des Doktors Vorwurf „Er hat auf die Straß gepißt, an die Wand gepißt, wie ein Hund!" zielt nicht auf Unanständigkeit; nicht die Frage moralischen oder obszönen Verhaltens steht zur Debatte, sondern die ‚Arbeitsmoral', verbürgt durch den Arbeitskontrakt. „Und doch drei Groschen täglich und Kost! Woyzeck, das ist schlecht; die Welt wird schlecht, sehr schlecht!" (L I, 174, 12). Auf Woyzecks hilflosen Einwurf „Aber, Herr Doktor, wenn einem die Natur kommt" tadelt der Doktor entrüstet die mangelnde Beherrschung der Körperfunktion, proklamiert pathetisch die menschliche Willensfreiheit und verbrämt so mit hohem Idealismus Woyzecks tatsächliche völlige Unfreiheit. Gerade im Widerspruch zum idealistischen Anspruch, den Menschen als Selbstzweck zu nehmen, mißbraucht der Doktor Woyzeck als Mittel seines inhumanen Experiments, verletzt seine Würde, schwächt seine Vitalität. Die Folgen dieser inhumanen Arbeit, physische Schwäche, Schwindel, Haarausfall etc., greifen auch in den privatesten Bereich ein, in seine Beziehung zu Marie. Ihr Treuebruch stellt sich nicht als leichtfertige Laune einer reuelos Genießenden dar, Marie hat Skrupel, fühlt sich schlecht gegenüber Woyzeck, der für sie und das Kind sorgt: „ich bin doch ein schlechter Mensch. Ich könnt' mich erstechen. – Ach was Welt? Geht doch alles zum Teufel, Mann und Weib" (L I, 171, 11), sie ist verführbar, weil Woyzeck, durch die entwürdigende Arbeit zum physischen und psychischen Wrack gemacht, ihr nicht genügen kann. Die Dramaturgie des schnellen kontrastvollen Szenenwechsels treibt den Gegensatz heraus zwischen dem verstörten, verhetzten Woyzeck und dem kraftstrotzenden vitalen Tambourmajor. Dieser, eine Verkörperung von Potenz und sozialer Anerkennung, hat Marie Ohrringe geschenkt; das Geschenk – ein oft bewährtes Mittel zur Korruption sozial Schwächerer – signalisiert nicht nur den Treuebruch, in den Ohrringen materialisiert sich gleichsam für Marie der Traum vom Glück, ein Stückchen Luxus, das über die bloße Erhaltung des Daseins hinausgeht und sie an die Welt der großen Madamen und schönen Herrn erinnert. „Was die Steine glänze", „S'is gewiß Gold", mehrfach wiederholt Marie diese Sätze. Während Lenz in seinem Stück *Die Soldaten* u. a. die Aufsteigermentalität des Bürgertums zeigt, stellt Büchner hier die Resignation der Verachteten dar, die Verzweiflung, die sich eine Flucht sucht.

Die zweite Begegnung mit Woyzeck, der mißtrauisch wird beim Anblick der Ohrringe und Marie doch „seine Löhnung und was von seinem Hauptmann" bringt, verdeutlicht, wie die sozial elende Situation Woyzecks auch sein Leben mit Marie letztlich zerstört. Seine Begegnungen mit Marie, für die er arbeitet, sind alles Abschiede, da er arbeiten muß. Das Paradox, daß er Arbeit und Mühsal aufwenden muß, um ein Leben zu erhalten, das selbst nur Mühsal ist, legt Woyzeck als Daseinsprinzip der „armen Leut" überhaupt aus: Beim Anblick des schlafenden Jungen bemerkt er: „Die hellen Tropfen stehn ihm auf der Stirn; alles Arbeit unter der Sonn, sogar Schweiß im Schlaf. Wir arme Leut" (L I, 171, 6); und auf die Vorhaltungen des Haupt-

manns, er habe keine Moral, erwidert er: ,,Wir armen Leut. Sehn sie, Herr Hauptmann, da setz
ei(n)mal eine(r) seinsgleichen auf die Moral in der Welt. Man hat auch sein Fleisch und Blut.
Un(s)eins ist doch einmal unseelig in der und der anderen Welt, ich glaub' wenn wir in Himmel
kämen (,) so müßten wir donnern helfen" (L I, 172, 20). In scharfem Kontrast zu Woyzecks Resignation über ein Leben, das ,,ein langer Werktag" ist (HL, L II, 36, 1), steht die Klage des
Hauptmanns über die ewig lange leere Zeit, in der sich nur die ,,Langeweile der abgelebten Gesellschaft" ausdrückt, für die Zeit zur leeren Ausdehnung wird, die man mit Tätigkeiten ,,ver-
treiben" muß: ,,Langsam, Woyzeck, langsam; [. . .] was soll ich dann mit zehn Minuten anfangen, die er heut zu früh fertig wird. [. . .] Woyzeck, bedenk er, er hat noch seine schöne dreißig
Jahr zu leben, dreißig Jahr! [. . .] Was will er denn mit der ungeheuren Zeit all anfangen?"
(L I, 171, 16). Büchners Zorn über die Langeweile der ,abgelebten Gesellschaft' hat hier seinen
dramatisch pointierten Ausdruck gefunden. Zugleich entlarvt er – wie in *Leonce und Lena* in
den Hofszenen – den entleerten Moralbegriff einer Gesellschaft, deren Normenkodex jeder
humanen Ethik widerspricht. Die widersprüchliche Rede des Hauptmanns: ,,Woyzeck, Er ist
ein guter Mensch, ein guter Mensch – aber (mit Würde) Woyzeck, Er hat keine Moral! Moral
das ist wenn man moralisch ist, versteht Er" (L I, 172, 6), enthüllt satirisch dessen Scheinmoral;
die Tautologie der Bestimmungen karikiert einen Denkformalismus, der sich als starres Raster
über das Leben stülpt. Seinem Vorwurf der Unmoral, der sich auf die außereheliche Geburt des
Kindes bezieht, begegnet Woyzeck mit einem Bibelzitat, das die formalisierte Pseudomoral des
Hauptmanns infrage stellt. Doch wie König Peter gerät er in die ,,größte Verwirrung", verhed-
dert er sich in seinen Sätzen, wenn sein Denkmechanismus durch etwas – und sei es ein Einwand
– gestört wird. Während Woyzeck dem Moralbegriff die Natur, den menschlichen Sexual- und
Liebestrieb gegenüberstellt, vertritt der Hauptmann wiederum einen mechanischen Tugendbegriff, der Woyzecks menschliche komplexe Beziehung zu Marie und seinem Kind entwertet, zu
einer bloß kreatürlichen, gesellschaftlich anrüchigen. Dieser Tugendbegriff schließt nicht nur
die Unterdrückung jeder außerehelichen Sexualität ein, er macht Sexualität erst zu einem Fetisch
des Bösen, indem er sie innerhalb des menschlichen Lebenszusammenhangs isoliert und dämo-
nisiert. War gerade der (früh-)bürgerliche Tugendbegriff zunächst eine auch politische Waffe
gegen die feudale Libertinage, so ist er jetzt zu einem rigiden Dogma pervertiert, einer neuen gesellschaftlichen Etikette, die sich an die Stelle humaner ethischer Werte setzt. Woyzeck entlarvt
die genannten Werte wie Tugend, Moral, Freiheit als klassenspezifische, die reale gesellschaftliche Mißstände verbrämen helfen.

Der Zynismus dieser akademischen Oberschicht, die die Würde des freien Individuums
proklamiert und Woyzecks Menschenwürde verhöhnt, gipfelt in einem sadistischen Spiel mit
Woyzecks Gefühlen für Marie. Genüßlich setzt der Hauptmann (LI, 163, 22) seine Anspielungen auf die Untreue Maries ein, um sich an der Betroffenheit Woyzecks zu weiden; der Doktor
verkündet – ein fühlloses Seziermesser – nur eine Zulage angesichts der wirren Reden des an den
Rand des Wahnsinns getriebenen Woyzeck.

Auch Marie gewinnt nichts in diesem menschlichen Drama, das ein soziales, gesellschaft-
liches ist: Sie fühlt sich schuldig, verlassen (LI, 180, 15), versucht Trost zu schöpfen aus der Bi-
belgeschichte der reuigen Ehebrecherin, der Jesus verzieh, doch sie fühlt nur Leere. ,,Alles
todt" (LI, 180, 34). Das Märchen der Großmutter – ein Anti-Märchen ohne glückliches Ende –
faßt parabolisch das utopielose, resignative Lebensgefühl, das Marie mit Woyzeck teilt. Da gibt
es auch nicht mehr die Vertröstung auf ein besseres Leben im Jenseits. Der Mond ist nur ein
,,Stück faul Holz", die Sonne ,,eine Sonneblum" und die Sterne sind ,,klei golde Mück", ,,an-
gesteckt wie der Neuntöter sie auf die Schlehe steckt." Dieses antimetaphysische Märchenbild,

das die kosmische Lichtwelt als bloße Illusion demaskiert, verheißt der Glückssehnsucht auch keinerlei Erfüllung im Irdischen: Denn wie das Kind ,,wieder auf die Erd wollt, war die Erd ein umgestürzter Hafen und war ganz allein und da hat sich's hingesetzt und geweint, und da sitzt es noch und ist ganz allein" (L I, 151, 23). Das Leben – sinnlos, perspektivelos –, das war auch die Sicht der Dantonisten und Leonces; und doch welch ein Unterschied bei Woyzeck in der Motivation dieses absurden Lebensgefühls! Nicht die Melancholie der Entmachteten und Entlasteten drückt sich hier aus, sondern das stumme, resignative Leiden der Getretenen, Beladenen, die der letztlich elitäre Melancholiker als geistlos, ,,dumm" verhöhnt. Woyzeck hat kein kritisches Bewußtsein von den gesellschaftlichen Ursachen der Armseligkeit seines Lebens: einer inhumanen Arbeit, die ihn sich selbst entfremdet, seine menschlichen Beziehungen zerstört; den sozialen Bedingungen, die solche selbstzerstörerische Arbeit zulassen. Doch Büchner zeigt in satirischer Schärfe, daß der tragische Widerspruch entfremdeten Lebens nicht seinsgegeben, sondern Produkt inhumaner Verhältnisse ist.

Obwohl Büchner keine geschlossene ästhetische Theorie entwickelt hat, es nur vereinzelte theoretische Äußerungen von ihm gibt[14], zeugen seine Werke von einem fest umrissenen ästhetischen Standpunkt, der zugleich seinem politischen Selbstverständnis entspricht. Büchners ästhetischer Realismus läßt sich von seinem materialistischen Humanismus nicht trennen. Der politische Büchner, der soziale Gerechtigkeit, materielle Sicherheit als Bedingung von Humanität setzt, der die revolutionären Leitworte von Freiheit, Gleichheit, Brüderlichkeit politisch konkret auslegt, muß sich gegen eine idealistische Ästhetik wenden, die die schlechten realen Verhältnisse – gleichsam *ex negativo* – durch die Utopie von Humanität nur infrage stellt, die Idealität der Kunst gegen die Realität der Geschichte, der Natur behauptet. Im Brief über den *Danton* vom 28. 7. 1835 schreibt er:

> Wenn man mir übrigens noch sagen wollte, der Dichter müsse die Welt nicht zeigen, wie sie ist, sondern wie sie sein solle, so antworte ich, daß ich es nicht besser machen will als der liebe Gott, der die Welt gewiß gemacht hat, wie sie sein soll. Was noch die sogenannten Idealdichter anbetrifft, so finde ich, daß sie fast nichts als Marionetten mit himmelblauen Nasen und affektiertem Pathos, aber nicht Menschen von Fleisch und Blut gegeben haben.

Das ist polemisch gegen Schiller, mehr noch gegen die Schiller-Rezeption gerichtet. Dieselbe Argumentation vertreten auch Camille (L I, 37, 5 ff.) und Lenz (L I, 86, 25 ff.); Büchner verficht hier einen ästhetischen Realismus, der den Autor weniger auf seine schöpferische Einbildungskraft als auf genaue Beobachtung verpflichtet, der das Autonomie-Prinzip der Kunst dem mimetischen Prinzip unterordnet. Daß Büchner damit nicht einem platten Naturalismus das Wort redet, beweist schon sein Werk; keine mechanische Widerspiegelung wird hier propagiert, keine standpunktlose Aufzeichnung ohne Wertung und Emotion, sondern die deutende Darstellung einer genau beobachteten Wirklichkeit. Gerade da Büchners Realismuskonzept die ästhetische Konsequenz seines politischen Engagements ist, werden kritische Wertung und fühlende Parteinahme zur Voraussetzung des genauen Sehens. Dantons Kritik an dem Maler David (L I, 37, 30) prangert letztlich die Inhumanität des Künstlers an, der technisch perfekt, aber ,interesselos' Wirklichkeit nur abbildet.

Drei Dramen hat Büchner hinterlassen, jedes stellt einen eigenen Dramentyp dar (Geschichtsdrama, Lustspiel, soziales Drama), jedes beschäftigt sich mit einer anderen Klasse (Bürgertum, Feudaladel, vierter Stand), alle drei zusammen fügen sie sich zu einem großen Spektrum der entscheidenden politischen und sozialen Widersprüche seiner Zeit.

Das Bühnen-Erfolgsstück des 19. Jahrhunderts
Roswitha Flatz

Für den dramengeschichtlichen Sonderfall ‚Erfolgsstück' ein ganzes Jahrhundert zu bemühen, erscheint auf den ersten Blick als Überfrachtung, um so mehr, als es einen historisch-geographischen Aktionsraum betrifft wie das deutsche 19. Jahrhundert: Politisch war das Land zu Beginn des Jahrhunderts ‚besetzt', und zwar von einer Nation, von der es sich im vorangegangenen Jahrhundert kulturell zu emanzipieren begonnen hatte, und am Ende war es ein ‚geeintes Kaiserreich' mit weltweitem imperialistischen Anspruch, nachdem es eben diese Nation in einem kurzen Krieg besiegt hatte. Vor dem Hintergrund historischer Dramatik, vor einer ungeheuren wirtschaftlichen Kräfte-Explosion vollzogen sich soziale Neuerungen, Erfindungen, spannungsreiche Reaktionen, die nicht ohne Einfluß bleiben konnten auf Entwicklungen in jenem weiten Feld menschlicher Verwirklichungen, das man mit ‚Kultur' zu umschreiben pflegt. Weil dieser Bereich im 19. Jahrhundert – gegen mannigfache Anfechtungen: feudale bis junkerliche Restpositionen willkürlicher Machtausübung, revolutionäre Versuche und reaktionäre Rückschläge, schwächliche Liberalisierungen – von der breiter gewordenen sozialen Mitte, von dem im 18. Jahrhundert ‚befreiten' Bürgertum getragen wurde, beschreibt ihn das Epitheton ‚bürgerlich' am verbindlichsten. Tatsächlich bestimmten die spätidealistischen Kategorien des aufgeklärten Bürgertums weitgehend den Stil der öffentlichen gesellschaftlichen Kultur.

Ungleichmäßige Entwicklungen und verschiedenartige Stilmerkmale dürfen in einer Jahrhundertübersicht übergangen werden, wenn es eine dramatische ‚Gattung' zu erfassen gilt, die keine ist. Am einzelnen Objekt nämlich sind ihre spezifischen Kriterien nicht auszumachen, nichts Immanentes zwingt zu immanenter Analyse. Der Gegenstand ist öffentlich und nur in seiner Öffentlichkeit erklärbar und beschreibend festzuhalten. Nur wer die große Zahl bestimmter veröffentlichter Handlungen auf dem deutschen Theater über einen großen Zeitraum verfolgt, kann in der Erscheinungen Flucht jene Mechanismen der Herstellung, Verwirklichung und Verbreitung aufdecken, die ihren Erfolg bedingten und allein durch dieses Kriterium zu einer gemeinsamen Erfassung auffordern. Daß der „Ideologie des Erfolgs wesentlich die Faszination des Quantitativen zugrunde liegt, also des statistisch Greifbaren", ist ein Lehrsatz erfolgssoziologischer Theorie[1].

Im 18. Jahrhundert setzte jener oft beschworene Prozeß ein, der zur Teilung der Dramatik in ‚Kunst' und ‚Nichtkunst' führte, zunächst nicht wahrgenommen, dann erkannt und beklagt, später oft durch wertende Analysen befrachtet, die an der unumstößlichen Tatsache vorbeisehen, daß es genuines Theaterspiel mit literarisch schwachem Material immer schon gab und geben wird, daß das Theaterstück eben nicht eine Dichtung zu sein und vor der Bühnenkunst stramm zu stehen hat. Diese divergierende Entwicklung des dramatischen Angebots verläuft parallel zur institutionellen Konsolidierung des deutschen Theaters, zu seiner festen Verankerung im öffentlichen Leben. Gewiß, das Theater Lessings hat mit seinem aufklärend idealistischen Impetus dem (Bedeutungs-)Wandel des Theaters von der Schaubude zur Schaubühne als moralischer Anstalt und weiter zum Nationaltheater als Tempel bürgerlicher Selbstdarstellung wesentlich beigetragen. Aber solche Hoch-Zeiten des Bildungsaufschwungs führen leicht zu Bewertungen, die an der historischen Theaterwirklichkeit vorbeisehen. Kraft seines gesunden Appetits hat sich das Theater seine Nahrung niemals ausschließlich aus dichterischer Schonkost er-jagt, sondern es orientierte sich immer auch am Anspruchsniveau des breiten Publikums, dem Autoren und Theaterleute ‚Ware' liefern, die ‚gekauft' wird.

Als der Bürger sich zu einem theaterbewußten, besser gesagt „theaterleidenschaftli-chen"[2] gesellschaftlich orientierten Gemeinschaftswesen entwickelt hatte, wurde er als neue Personnage der dramatischen Literatur gleichsam aus dem Publikum auf die Bühne verpflanzt, um von dort in selbstdarstellerischer, mimetischer Spiegelung über die Rampe ins Auditorium zurückzuwirken. Mit vordergründigen Popularisierungen durch vage dramatische Abbilder bürgerlichen Wohlverhaltens als Bildungsideal wurden die Bühnendarstellungen gegenwärtiger Menschen zu ungenauen Durchschnittstypen aus dem Arsenal der aktuellen gesellschaftlichen Szenerie entwertet. Daß das ein Akt sozialer Überkompensation war, weil der Bürger sein poli-tisches Klassenziel nicht erreicht hatte, beweist die Heftigkeit der Theaterleidenschaft, die am Ende des 18. Jahrhunderts ausbrach, das ganze 19. dauerte und noch im 20. nachwirkte. Mit dieser Flucht ins Theater festigte sich die Trennung in ‚hohe' und ‚niedere' Dramatik, in ‚erhe-bende' und ‚unterhaltende', in solche des ‚Gebrauchs' und solche des dichterischen ‚Überflus-ses'. Leidenschaftliche Manie verwischt die wertenden Konturen und bereitet damit den Boden für ein unreflektiertes Abbilden des Bekannten, dem nachgiebig und anpassungswillig als Wir-kungsabsicht ein bloßes Gefallen genügt. Klischierte Bilder der Wirklichkeit, durch das Me-dium Theater in Serie produziert, trivialisierten in stetigem Maß den Erwartungshorizont des Publikums. Sie wirkten mit bei der polarisierenden Entwicklung der Literatur und führten – in „geschmackssoziologischer" Hinsicht – zu einer Klassifizierung des Publikums[3]. Und trotz-dem ist es nicht angebracht, kulturpessimistisch wertende Maßstäbe anzulegen, etwa von einer Zerstörung des deutschen Geistes durch das Theater zu sprechen, denn bei aller vergleichsweise gesunden Prosperität des Mediums im 19. Jahrhundert war sein Wirkungsgrad doch nicht breit genug, um politisch relevante Bewußtseinsveränderungen zu bewirken. –

„Bürgerlich und romantisch" – wie der Titel des vielgespielten Bauernfeldschen Lust-spiels seinen inhaltlichen Tenor, die Zielrichtung seiner Wirkungsabsicht und die Disposition seines präsumptiven Publikums in epigrammatischer Kürze ‚sprechend' umschreibt, mußte das deutsche Theaterstück im 19. Jahrhundert sein, wenn es ein Erfolgsstück werden sollte. Formal durfte es nicht extravagant aus dem engherzig abgesteckten Rahmen fallen, in bürgerlichem Mi-lieu hatte es bürgerliche Personen in nicht zu strapaziösen Konfliktsituationen vorzuführen, de-ren Lösungen nur scheinbar glückhaft endeten, weil das Glück als unabdingbare Grundvoraus-setzung, als verläßliche Basis aller Erscheinungen ohnedies immer das Spiel bestimmte. Inhalt-lich und formal unproblematisch, ohne widerborstige Tücken der Gesellschaft gegenüber, die es sehen sollte und auch sehen wollte, spiegelt es Anpassung in vielschichtiger Brechung: ein Jahr-hundert, dessen politisch-soziale Kraftentfaltung immer wieder rasch erlahmte, dessen krea-tiv-vitale (Kunst-)Äußerungen im ganzen gesehen von solch zerstreuter Müdigkeit waren, daß ihr Versinken im epigonalen Historismus als logische Folgerichtigkeit erscheint, dessen einziger Aktivposten die sozial so teuer erkaufte wirtschaftliche Expansion war. Für dieses Jahrhundert und seine Menschen ereignete sich das fiktive Spiel im gerahmten Spielfeld von bildhafter Flä-chigkeit, wie es die Guckkastenbühne anbot, nicht als Medium der Selbsterkenntnis, sondern als ein Spiegel mit goldenem Glas, der Widersprüche glättet. Rührung und Lächeln über ein the-atralisch aufgefächertes Spektrum eigener Verhaltensweisen – der Bürger als sein eigener ‚bür-gerlicher Held' – war das äußerste Maß an emotionalem Streß, das man als Wirkung des Theaters zu ertragen gewillt war.

Aber auch das Theater wurde nicht herausgefordert: Die Kunst der Szene hat im 19.

Jahrhundert durch das Drama keine wesentlichen Impulse erfahren. Das Guckkastengehäuse schien für alle Ewigkeit die adäquate Rahmung für dramatische Handlungen zu sein. Illusionierung als Basis der Wirkungsabsicht wurde zwischen den Kulissen produziert und in vollstem Einverständnis vor der Rampe konsumiert.

Das „bürgerliche Rührstück" ist das Fundament, auf dem das Erfolgsstück im 19. Jahrhundert baute. Ohne wesentliche Züge dieses Genres ist keines ausgekommen. Von AUGUST WILHELM IFFLAND (1759–1814) wurde in fast episch breiter Manier das rührende Geschehen ausgebreitet, mit ausführlicher Gelassenheit der dramatischen ‚Erzählweise' steuerte er seine Handlungen dem Höhepunkt einer ausgleichenden sozialen Gerechtigkeit zu. Alle weiteren Ausformungen vertrauten dieser Basis. Die Nachfolger wiederholten das Erfolgsrezept, wenn auch die Macharten sich mit den veränderten sozialen Wirklichkeiten der Stoffe und mit den handschriftlichen Eigenheiten und spezifischen Talenten der Epigonen änderten. AUGUST VON KOTZEBUE (1761–1819) brachte die leichtere, bürgerliche Moralvorstellungen manchmal erstaunlich weit aus dem dramatischen Gleichgewicht ausbrechen lassende, libertinische Freizügigkeit (auch als kritische Anmerkung zu bürgerlicher Selbstgefälligkeit) ins Spiel. CHARLOTTE BIRCH-PFEIFFER (1800–1868) variierte das bürgerlich Rührende in siegreicher Auseinandersetzung mit bürgerlicher Ehrsucht – ganz wie Iffland, nur in der Form gestraffter, das epische Material effektiver verarbeitend als gelehrige Schülerin Kotzebues. EDUARD VON BAUERNFELD (1802–1890) verbarg rührende Elemente hinter kritischem Spott, hinter ironischem Infragestellen sozialer Unfreiheiten in der dramatisierten Form gesellschaftlicher Konversation, und JULIUS RODERICH BENEDIX (1811–1873) schließlich legte das Rührende wieder unkaschiert frei, nun freilich ‚moderner' als Iffland, in großbürgerlicher Aufgeklärtheit sozusagen, auch in weiteren Aktionsräumen angesiedelt: Die ständische Skala des Rührstücks hatte ihren szenischen Ort bei Iffland im bürgerlichen Zimmer, bei Benedix im besitzbürgerlichen Gütchen auf dem Lande.

Das für den Bühnenerfolg geschriebene Theaterstück existierte neben der ‚großen' Literatur des Jahrhunderts, neben Klassik, Romantik, Realismus, Historismus und Naturalismus. Theorieferne und Praxisbezogenheit sind die literarhistorisch relevantesten Merkmale dieser Gebrauchskunst. Parallel zu den epochengeschichtlich charakteristischen Prägungen, zu klassischer Ruhe, zu romantischer Ironie, zu realistischem Ernst, historischem Pomp und naturalistischer Anklage verlaufen die Klischierungen der Vorbilder in der populären dramatischen Literatur, die den Bühnenerfolg einheimste und Aufführungsziffern erzielte, die sich die ‚hohe' Literatur nur durch wiederholte Auseinandersetzungen erobern kann. Diese Unterwanderung nutzte zeitbedingte Vorlieben, stoffliche Schwerpunkte der ‚hohen' Dramatik zum Erfolg. Unter der Hand einiger Erfolgsautoren geriet z. B. das Künstlerdrama zu einer effektiven Spezialität der Restaurationsepoche[4]. Wenn auch nur selten mit dem Lorbeer des ganz großen Erfolges ausgezeichnet, verraten doch die häufigen Versuche und ihre formalen Verknüpfungen mit gefälligeren oder gängigeren Gattungen die Tendenz zu nivellierendem Niveauverlust.

Schicksalstragödie, romantische Komödie, Historienstück und realistisches Drama und selbst das Volksstück des 19. Jahrhunderts blieben Randerscheinungen des Bühnenerfolgs. Die großen Aufführungsserien erzielten „bürgerliche Genrebilder", „Charaktergemälde", „ländliche Gemälde", „bürgerliche Lustspiele" und wie die Gattungsbezeichnungen alle heißen mögen. Das Theater verstand unter dem Stichwort „bürgerlich" alles, „was den Lebensverhältnissen des Bürgers entspricht". Bürgerliche Stücke seien „meist gleichbedeutend mit Conversationsstück, Drama, Familiengemälde und Schauspiel". Und für ihre Verwirklichung auf dem Theater sah der theaterkundige Robert Blum nichts weniger vor als im bürgerlichen Habitus versierte Schauspieler: „Sie erheischen vom Darsteller vorzugsweise den Ton und die Haltung der Gesellschaft mit Ausschluß jedes übertriebenen Pathos bei den tragischen und jedes Carriciren bei den komischen Charakteren und Situationen, indem jede Übertreibung das Stück aus seiner eigentlichen Sphäre heraushebt."[5] Damit benennt Blum einen theaterhistorisch wesentlichen Faktor des Erfolgs der bürgerlichen Dramatik: nämlich die am Ende des 18. Jahrhunderts beginnende berufsständische Emanzipation des Schauspielers, welche wiederum mit der Festigung der Institution, mit dem Gründungseifer der Kommunen und der aufklärerischen Toleranz der Höfe zusammenhängt. Der Schauspieler wurde achtbar. Im Verlauf des 19. Jahrhunderts entwickelte er sich in einer bürgerlichen Umwelt vom vagabundierenden Zunftgenossen zum seßhaften Sozialpartner. Als bürgerliche Identifikationsfigur erfuhr er – das gilt wenigstens für die Protagonisten des Metiers – bald eine Wertschätzung, die ihn dazu verleitete, sich aus dem Verband eines Ensembles zu lösen, um die persönliche Kunst als reisender Virtuose zu Markte zu tragen. Solches Verfahren war möglich, weil das Zusammenspiel auf der Guckkastenbühne von den Rollenfächern regiert wurde. Schauspielkunst bedeutete im 19. Jahrhundert individuelle Rollengestaltung im Rahmen dieses für den Berufsstand verbindlichen Schemas. Erst die ausgefeilten Regiekonzeptionen des neuen Jahrhunderts machten mit dem ‚Einsteigen' von Bühnenstars in stehende Schauspielinszenierungen Schluß.

Nicht nur der Bürger sah sich im Protagonisten der bürgerlichen Rolle gleichsam zu Ende geformt, der Schauspieler tat es nicht weniger. Er verwirklichte sich gerne – und produzierte sich Texte dazu – im bürgerlichen Ambiente als bürgerliche Figur in bürgerlichem Wohlverhalten und gesellschaftlicher Angepaßtheit. Auch ein berufsbildnerischer Sinn ist darin zu erkennen, abgesehen von ökonomischen Gründen, wenn bürgerlich gewordene Schauspieler für Kollegen bürgerliche Rollen schrieben und spielten.

Am Ende des 18. Jahrhunderts begann ein Theatermann, der erste ‚virtuose' Schauspieler des deutschen Theaters, nein, der erste einer „deutschen Schule"[6], der das Menschendarstellen mit der Willenskraft des Gefühls betrieb, FRIEDRICH LUDWIG SCHRÖDER (1744–1816), Stücke mit bürgerlich familiären Inhalten aus England zu importieren und deutschem Ton anzupassen für Schauspieler, die nichts weniger wünschten, als ebenso bürgerlich-familiär und reputierlich sozial gebettet zu sein wie die ‚Helden', die sie darstellten, und das Publikum, dessen Unterhaltung sie dienten – um selbst meist nur notdürftig ‚unterhalten' zu werden. Friedrich Ludwig Schröder war der erste in einer langen Reihe von Schauspielerbegabungen, die auch erfolgreich zur Feder griffen: Iffland, Weißenthurn, Birch-Pfeiffer, Benedix, Kadelburg und Schönthan, sie alle kannten das Metier von der Wirkungsbasis der Bühne her. Aber auch Kotzebue mit seinen wechselvollen Bemühungen um das Theater als Schauspieler eines Liebhabertheaters, als Theaterdirektor und als Hofburgtheatersekretär, was etwa dem heutigen Beruf eines Dramaturgen entspricht, Bauernfeld als Hausautor des Burgtheaters, Moser als dem Wallnertheater in Berlin verpflichteter Stückeschreiber, sie alle erhielten durch ihre intime Kenntnis des Theaterbetriebs jenes fundamentale Wissen um die Wirkungsmöglichkeiten des Schauspielers, der Szene, des szenischen Arrangements, einer angewandten Dramaturgie sozusagen, die es ihnen ermöglichte, souverän mit dem Medium zu spielen und auch die wirtschaftliche Struktur des Apparats zu beherrschen. Schauspielerisches Virtuosentum ist in Analogie zu sehen mit dem der Stückeschreiber, beide gründen auf praxisbezogenen ‚theatralischen Verkaufsstrategien', die trotz aller Klagen und Lamentos jedes geschäftlich ausgerichtete Theatersystem bestimmen. „Erfolgstüchtig"[7], mit einer wahren Besessenheit des Produzierens fürs Theater, verdingten sich die Autoren der Bühnenerfolge des 19. Jahrhunderts bedingungslos an den Betrieb, um gespielt zu werden, immer wieder, und damit die Chance des großen ‚Schlagers' zu erhöhen.

Eine der Strategien war das rasche Fabrizieren, das ‚im Rennen bleiben' des gängigen Stoffs wegen. Das Theater wurde immer aktueller. Kotzebue hatte damit angefangen, ins rührende Stück voll pikanter Romantik Aktualität einzubauen, metaphorische und stofflich-realistische Anknüpfungen an von der Zeit vorgearbeitete Muster als Wirkungsmittel kalkuliert einzusetzen, und seine Nachfolger lernten von ihm. Von den „Konstanten des Erfolges" war es die Sensation, der sensationelle Coup, an dem der Einbruch der vom Tag angebotenen Realität auf das Theater ansetzte. Aus idealistisch-romantischer Distanziertheit der dramaturgischen Verarbeitung entwickelte sich stetig bis zum Ende des 19. Jahrhunderts das Gebrauchstheater für Zeitgenossen. Nur dieses Genre des ‚angängigen' Theaters, das durch totale Illusionierung die totale Identifikation des Zuschauers erreicht, hatte letztlich den Erfolg auf dem Theater, allerdings nur dann, wenn es die anderen Konstanten, „Rührung, Komik, Spannung", nicht ungenutzt ließ[8].

Der Theater-Coup, diese Spezialität des populären Theaters, definiert der Meister solch theatralischen Verfahrens, sei „ein interessanter und überraschender Moment eines Schauspiels, der nicht bloß vernommen, sondern auch gesehen wird, der aber ohne Zwang aus der Handlung hervorgeht"[9]. Die Anschaubarkeit ist also wichtig, mimische Plastizität ist es, die effektive Wirkungen erzielt. Wieder einmal ist es der Schauspieler, der für den Autor zu kämpfen hat. Jede Kritik an Kotzebue und seinen Epigonen setzt an der dramaturgischen und schauspielerischen Überrumpelung des Zuschauers an, ohne zu berücksichtigen, daß effektives Theater nicht notwendigerweise schlechtes Theater sein muß. Die Korrumpierung beginnt erst da gefährlich und langfristig verhängnisvoll zu wirken, wo zwar der Coup zwanglos aus der Handlung hervorgeht, wo er aber die Rücksicht auf die psychologische Konsequenz des Dargestellten vermissen läßt, wo er Rollencharaktere um des Effektes willen verbiegt und damit – die Gefahr liegt in der Dauer – den Charakter des Schauspielers verformt, indem er seine berufsbedingte Anfälligkeit für effekthaschende, veräußerlichende Routine unterstützt. –

Das Publikum als konstituierendes Element des Ereignisses Theater wird seit einiger Zeit verstärkt und erneut unter sozialgeschichtlichem Aspekt erforscht[10]. Aber immer noch muß ‚das Publikum', das die Bühnenerfolge des 19. Jahrhunderts mitgeschaffen hat, als zwar mitgestaltende, aber weithin unbekannte Variable, gleichsam als unkonstante Konstante akzeptiert werden, deren ‚Reaktion' sich nur quantitativ abzeichnet, das heißt an den Bilanzen der deutschen Spielpläne. Das Publikum ist die eigentliche Hürde, die genommen werden muß. Wie immer die ökonomische Situation des Theaters einer Zeit – große strukturelle Unterschiede existieren parallel – beschaffen ist, wenn das Publikum sich nicht bewegen läßt dabeizusein, sich mit dem Stück und dessen theatralischer Präsentation einzulassen, die Uraufführung als ‚Ereignis' zu erleben und dieser Art der Veröffentlichung durch Beifall zuzustimmen, ein Theaterstück also zu einem ‚Publikumserfolg' zu machen, der zu Wiederholungen führt und zu weiteren Inszenierungen, wenn das nicht gelingt, dann versinkt das Werk des Autors in der anonymen Masse vergeblicher Versuche. Am Premierenabend setzt jene entscheidende Funktion ein, die als „Dramaturgie des Publikums"[11] sich durch Zustimmung oder Ablehnung artikuliert. Sie richtet sich an die beiden anderen Eckpfeiler des Theaters, an Theatermacher und Autoren, deren inszenatorisch-dramaturgische Absichten sich erst im Nachvollzug des Publikums zum ‚Ereignis' verdichten. Auf die Dauer gesehen hält das Publikum durch diese ‚passive' Aktivität das Theater in Gang und behauptet sich damit als sein wesentlichster Faktor immer wieder. Im 19. Jahrhundert vermittelte das Theater als unangefochten, ja geradezu monopolhaft gefestigte Instanz den ‚Warenaustausch' zwischen Produzenten und Konsumenten: Durch seine ‚Kunst' verwirklichte sich das Werk des Autors im Miterleben der Zuschauer. Das Theater also, seine

Struktur, sein Betrieb, seine Produktionsweisen, seine Mitarbeiter waren die Erfüllungsgehilfen des beiderseitigen Erfolges von produzierenden und rezipierenden Mitgestaltern und letztlich auch seines eigenen. Das Theater war im 19. Jahrhundert die einzige Schaltstelle, an der dramatische Literatur sich erfolgreich verwirklichen konnte.

Es ist meist weniger eine Frage des Stoffs, ob ein Theaterstück erfolgreich ist, das heißt, ob es vielen gefallen kann oder nicht. Eine ‚angehende‘, gegenwartsbezogene Verpackung eines historischen Stoffs kann z. B. die gemeinsame Zustimmung ebenso auslösen wie ein Nachahmen des Heute. Ausschlaggebend für den Erfolg ist die Verpackung, um bei diesem Ausdruck der Warenästhetik zu bleiben, der einmal mehr die spezifischen Kriterien eines Erfolgsstückes am stimmigsten zu umreißen in der Lage ist. Dieser Begriff ‚Verpackung‘ meint das Theatermäßige an Stück, Präsentation und Rezeption eines Erfolges auf der Bühne. Den Gütestempel des Erfolges erringt ein dramatisch-literarisches Produkt erst auf dem Prüfstand des Theaters. Warum gelingt es einem Autor, Bühnenerfolg an Bühnenerfolg zu heften, einem anderen nicht? Der Gradmesser muß in der theatralischen Qualität begründet sein, die durch die Textgestalt den Theatermachern angeboten wird. Nur wenn ein Autor schon Theater schreibt, kann das Theater ihm und sich und seinem Publikum Erfolge schmieden. Theatralische Qualität rekurriert auf theaterimmanente Wirkungsmittel, auf szenische Illusionierung durch Bühnenbild und Kostüm, Lichteffekte, Geräuschkulisse, durch szenische Arrangements, die schauspielerische Bravour als Rollenidentifikation ins Publikum wirken lassen, um auf diese Weise mitgestaltet, nachvollzogen und mitgefühlt zu werden. Ein wesentliches Kriterium der dramatischen Erfolgsliteratur ist ihr großes Maß an Wirkung im emotionalen Bereich. Das Lachen ist die eine Säule des Erfolgs auf dem Theater, das Weinen ist die andere: Genuß in beidem, wenn er mit jener Überrumpelung erzielt wird, die den Verstand zugunsten des Gefühls auszuschalten in der Lage ist.

Was hat nun das deutsche Theaterpublikum im Jahrhundert seiner großen Theaterbesessenheit wirklich gesehen, welchen Autoren hat es durch ausdauerndes Interesse an ihren Produkten dazu verholfen, über die nivellierende historische Distanz hinweg, heute noch bekannt zu sein? Die aktuellen Spielpläne zeigen, daß es auf dem Feld der Theaterware ohne festen literarischen Stellenwert jene ungebrochenen theaterimmanenten Traditionen der deutschen populären Dramatik nicht gibt, wie sie sich das französische Sittenstück erobern konnte. Von den deutschen Erfolgsautoren des 19. Jahrhunderts wird alleine Kotzebue gelegentlich noch gegeben[12]. Alle anderen hat die Zeit verschlungen. Weder stoffliche noch formale Anknüpfungen scheinen möglich. Das moderne Theater hat sich besonnen, wieder unangepaßt, kritisch, formal grell, kontrastreich und mimisch schockierend zu arbeiten. Keine bürgerliche Ordnung, ein kunstvoll geordnetes Chaos stellt sich dar.

In einer Zeit, in der die spontane Kreativität des Machens und des Aufnehmens von Theater durch vielschichtige Mechanismen des Theaterbetriebs und der Umverteilung von dramatischer Literatur, durch den Warencharakter dieser gebrauchten (Kunst-)Produkte gesteuert wurde, konnte sich das Ereignishafte nicht in der Deutlichkeit des heutigen Theaters vermitteln, das fast ohne wirtschaftliche Zwänge lebt. Erfolg allerdings, die Breite des Erfolges, ist eine andere Sache. Sie gründet in der unangefochtenen Spitzenposition des Theaters als Medium für darstellende Kunst, die es im 19. Jahrhundert einnahm. Es war die einzige Instanz, die Handlung formte, und es nutzte – im Überschauen seiner Entwicklung zeichnet sich das ab – dieses Monopol nicht für die Kunst, sondern für den Kommerz, und stumpfte damit durch illusionistische Gefälligkeit die Kritikfähigkeit des Publikums ab.

Was also sagen die deutschen Spielpläne des 19. Jahrhunderts[13], was wurde in den Theatern nicht nur gespielt, sondern was wurde gesehen? Keine erneute Klage über den großen Anteil Kotzebues am Weimarer Spielplan Goethes, nur einmal noch sei die unleugbare Tatsache seiner Dominanz erwähnt, um ihren symptomatischen Charakter zu betonen: andernorts das gleiche Bild. Kotzebue beherrschte die deutschen Spielpläne bis 1840 wirklich. Im Burgtheaterrepertoire des 19. Jahrhunderts[14] stehen 3872 Aufführungen (114 Stücke) Kotzebues gegen 1690 Scribes und Compagnie; es folgen Schröder mit 1412 Aufführungen (54), Iffland mit 1329 (39), Bauernfeld mit 1126 (48), Weißenthurn mit 912 (48), Benedix mit 641 (34) und schließlich die erfolgreiche Birch-Pfeiffer mit nur 564 Aufführungen von 25 Stücken. Zum Vergleich: Schiller 1911 (19), Goethe 881 (15), Shakespeare 2177 (27), Goldoni 330 (13), Molière 199 (9). Die durchschnittliche Frequenz Kotzebues liegt mit fast 34 Aufführungen pro Stück absolut höher als der Durchschnitt von 22,5, den Birch-Pfeiffer erreichte, damit aber doch ganz entschieden unter dem Niveau von Shakespeare mit 80 und Schiller mit gar 100 Aufführungen pro Titel. Der Spielplan des Berliner Belle-Alliance-Theaters, von 1869 bis 1913 aufgelistet, als Beispiel für ein großstädtisches und großbürgerliches Unterhaltungstheater, sagt einiges aus über das Phänomen der relativen Dauer des Theatererfolges im 19. Jahrhundert, über die vergleichsweise gemächliche Abstoßung von Stücken oder über die treue Vorliebe des Publikums: Kotzebue und Iffland erschienen nicht mehr in seinem Repertoire, aber Benedix und Birch-Pfeiffer, die um 1840 das Erbe angetreten hatten, waren nach 1870 noch stark vertreten neben dem neuen Fabrikanten von Moser, der allerdings nicht wesentlich öfter gespielt wurde als sein 1873 verstorbener Kontrahent Benedix[15]. Erfolg, Sukzeß zeigt sich auch als Bewährung in der Dauer, in der langen Laufzeit eines Stücks: Stetig wachsende Bevölkerung und wirtschaftliches Wachstum verstärkten die Nachfrage nach Theater und änderten damit seine Produktionsmethoden. Nach 1870 begannen Spezialitätentheater mit En-suite-Spielplänen in den Großstädten den Repertoire-Theatern die Erfolge abzujagen, weil sich das Stückeschreiben nach der Einführung der Tantieme allmählich zu einem lukrativen Erwerbszweig entwickelte und den Autoren nun die Aussicht winkte, rasch, sozusagen bei Lebzeiten in den Genuß des pekuniären Niederschlags eines erfolgreichen Stücks zu kommen. Aber selbst dann noch richteten sich Regiekonzeptionen – wenigstens im gängigen Stadttheaterbetrieb – nach der Typendekoration und dem Rollenfach, so daß sich Inszenierungen nach wenigen Vorstellungen amortisierten und dann lange stehen blieben, um sichere Gewinne zu erzielen. Mit wechselnden Besetzungen, die Rollenauffassungen einem Publikum von Kennern zum Vergleich anboten, hielten sie sich frisch; durch eine Arbeitsweise, die erst mit der ungeschminkten Kommerzialisierung des Betriebs ein Ende fand.

Die großen Erfolge hielten sich Jahrzehnte in den Repertoires. Im Burgtheater *Die Jäger* von Iffland von 1786 bis 1869 (105 Aufführungen), Kotzebues *Menschenhaß und Reue* von 1789 bis 1855 (123), Birch-Pfeiffers *Dorf und Stadt* von 1847 bis 1901 (114), Bauernfelds *Bürgerlich und romantisch* 1835 bis 1912 (157) und schließlich Benedix' *Doktor Wespe* von 1843 bis 1896 (107), aber auch Moser und Schönthan hielten sich gut: mit *Krieg im Frieden* zum Beispiel, das von 1880 bis 1914 keiner Neuinszenierung unterzogen und 125mal gegeben wurde. In Berlin das nämliche Bild. Was in Berlin gefiel, war auch in Wien erfolgreich und umgekehrt. Eine solch unterschiedliche Bewertung, wie sie Raupachs *Der Müller und sein Kind* erfuhr, das im Burgtheater von 1830 bis 1897 125 Aufführungen erlebte, dagegen im Berliner Hoftheater bis 1833 nur achtmal gegeben wurde, ist selten.

Und die Provinz spielte nach. Auch in einem Stadttheater-Repertoire in der dramatischen Flaute zwischen 1850 und 1890, aufgelistet nach Autoren, Stücktiteln und Aufführungen in zehnjährigen Frequenzen, hielten sich die verläßlichen Erfolgsstücke von Kotzebue, Birch-

Pfeiffer und Benedix Jahrzehnte, während die neuen Größen Fulda, L'Arronge, Lindau, Freiherr von Schlicht, Kadelburg und Schönthan in der Provinz größerem Verschleiß ausgesetzt waren. An Gustav von Mosers Bilanzen zeichnet sich die Tendenz zur kürzeren Laufzeit, zum ra-
scheren Ummünzen der Erfolge ab[16]. Im Deutschen Bühnen-Spielplan von 1899/1900 gab es
Iffland nicht mehr, Kotzebue und Bauernfeld mit wenigen Aufführungen, Benedix und Birch-
Pfeiffer aber spielten immer noch eine gewichtige Rolle neben Anzengruber, Fulda und Lindau
und den Produzenten um und mit Gustav von Moser, dem erfolgreichen Inaugurator des dramatischen Kompagniegeschäftes. Das Verfahren wurde von den Autoren-Teams der Filmpro-
duktion in den zwanziger Jahren fortgesetzt. Symptomatisch für die ‚Wende' der Produktionsmethoden – individuelles ‚Schaffen' und kontaktfreudiges ‚Fabrizieren' – ist das Scheitern
der Zusammenarbeit von Benedix mit Gustav von Moser an dem später unter Mosers Signum erfolgreichen Stück *Das Stiftungsfest*[17].

Die für das Phänomen Erfolgsstück theaterhistorisch bedeutsamen Entwicklungen resultieren aus der im 19. Jahrhundert zunehmenden Nachfrage nach Theater. Außer seiner nationalen Bedeutung als Bildungsinstrument erfüllt es mehr und mehr Funktionen der ‚Unterhaltung'. Vorformen der Unterhaltungsindustrien des 20. Jahrhunderts, Grundstrukturen der
Machbarkeit von Unterhaltung bildeten sich im vergleichsweise bescheidenen, aber weitgehend
von kommerziellen Rücksichten abhängigen Theaterbetrieb des 19. Jahrhunderts. Hoftheater
und Stadttheater, die beiden Theaterformen, die der nationale Aufschwung auskristallisierte,
das eine von den Höfen, das andere von Kommunen oder Aktionärsgesellschaften subventio-
niert und damit in der Spielplangestaltung von den Unternehmern oder Eigentümern abhängig,
bekamen Konkurrenz von privaten Theatergründungen, die – zunächst in den Großstädten –
wettbewerbsähnliche Praktiken anwendeten, um mit erfolgreichen Autoren ins Geschäft zu
kommen, welche das Publikum mit unterhaltsamer Entspannung im Theater und die Direktoren an der Kasse befriedigten. Die Frage, ob Honorar oder Tantieme dem Autor am besten gerecht wird, bestimmte die Diskussion in der ersten Hälfte des Jahrhunderts. Das Unterwandern
der Honorierung durch ‚Billig-Importe' aus dem französischen und englischen Angebot (Übersetzungen wurden niedrig gehandelt) und aus Auftragsarbeiten der Theaterunternehmer
drängte die erfolgreichen deutschen Autoren in die Defensive. Oft hatten sie Mühe, das Güte-
zeichen ,,Originalstück" für ihre Markenartikel bestätigt zu erhalten, denn es war auch eine
Frage des dramaturgischen Geschicks, ob die Quelle noch erkennbar blieb oder nicht[18].

Schon am Ende des 18. Jahrhunderts fand die Beschäftigung der Öffentlichkeit mit ,ih-
rem' Medium ein reges Echo in der populären Publizistik. Eine Unmenge von Theater-Almana-
chen und Zeitschriften informierten aber nicht nur das theaterwütige Publikum, sondern sie
dienten auch den Produzenten als Nachrichtenbörse. Oft boten sie – trotz umfangreicher privater Korrespondenzen – die einzige Möglichkeit, sich über Aufführungen an den topographi-
schen Rändern der deutschen Theaterlandschaft zu informieren und finanzielle Ansprüche an-
zumelden, die rechtlich langsam und mühevoll einer gesetzlichen Regelung zugeführt werden
konnten. Erst um die Mitte des Jahrhunderts begann sich die Stellung des Autors als wesentlicher Zulieferer der Ware Theater zu festigen, als sich einerseits der Berufsstand des ausschließlich für das Theater schreibenden Autors zu etablieren begann und andererseits sich die Direktoren der stehenden Theater im Deutschen Bühnenverein zusammenschlossen. Eine Motivation
dieser Gründung galt der Regelung des Verhältnisses von Autoren und Theatern. Erst mit der
rechtsverbindlichen Einführung der Tantieme hörte die willkürliche Honorierung – freilich in
einem langwierigen, bis ins 20. Jahrhundert reichenden Anpassungsprozeß – auf und damit das
widerrechtliche Kopieren und Plagiieren immerhin auch geistigen Eigentums[19].

In den Etats der deutschen Theater nach der Jahrhundertmitte, von einem Gründungsmitglied des Deutschen Bühnenvereins erstmals gesammelt und veröffentlicht, werden für das Königliche Theater in Berlin an „Tantiemen und Honoraren für Dichter und Kompositeurs"[20] 2000 bis 3000 Taler angegeben, während dieser Posten in den übrigen Bilanzen immer noch nicht ausgewiesen wurde. Veranschlagt man etwa die Hälfte der in Berlin gespielten Stücke als tantiemefrei, hätten den Autoren bei der Gesamteinnahme von 260 000 Talern gute 13 000 Taler zugestanden werden müssen.

Es war also keineswegs Publikumserfolg, das heißt Kassenerfolg, mit dem Erfolg des Autors identisch[21]. Lange Zeit galt Schreiben als ‚feine' Tätigkeit, die durch plumpe Entlohnung in ihrer sozialen Qualität degradiert würde. Erst mit der zunehmenden Kommerzialisierung des Theaterbetriebs verdichtete sich bei den Unternehmern die Einsicht, der Autor müsse als gleichberechtigter Zulieferer der Ware Theater am Gewinn beteiligt werden. Die Autoren verstanden sich bald als Produzenten im gewerblichen Sinne zurecht entlohnt, schlossen sich zu Interessenverbänden zusammen, der Beruf des ausschließlich oder doch hauptsächlich für das Theater arbeitenden Autors, der ‚Theaterdichter', hatte sich am Ende des Jahrhunderts ein festes Berufsbild erobert. Aber der geschäftliche Erfolg der Autoren blieb bis 1870 höchst unsicher und bescheiden. Erst mit der sogenannten Theaterfreiheit, mit der Freiheit, Theater zu betreiben ohne wesentliche reglementierende gewerbliche Auflagen, aber gebunden an das Urheberrechtsgesetz von 1870, konzentrierte sich der Verteilungsmodus von Theaterliteratur auf wenige, auf dem freien Markt operierende Theaterverleger, welche die Rechte der Autoren wahrnahmen und – wenn nötig – verteidigten und mit Mitteln der modernen Reklame das Machen von Theater-Erfolgen betrieben. Die industrielle Vermarktung von szenischen Ideen setzte damit ein. Der Theaterbetrieb wurde zum „Moloch", der Talente zu ruinöser „Manier" und anonymer Beiträgerei zwang und schließlich zur Fabrikation von ‚Unterhaltungsware', von Lustspielen und Schwänken mehrerer Spezialisten in der arbeitsteiligen Produktionsmethode marktwirtschaftlich-kapitalistischer Industrialisierung führte[22].

Wenn Termini des Dramas und Theaters, für Leben und Gesellschaft gebraucht, ein Indiz für den „besonderen Gesellschaftsbezug und Wirklichkeitsgehalt" eben dieses Dramas sind[23], können solche der Ökonomie – seit der Mitte des 19. Jahrhunderts immer häufiger angewandt – mit schlagender Deutlichkeit auf den Warencharakter des erfolgreichen Stücks hinweisen. Schon der fast populär zu nennende Theoretiker der realistischen Schauspielkunst des 19. Jahrhunderts, HEINRICH THEODOR RÖTSCHER (1803–1871)[24], kam nicht ohne das Vokabular der Wirtschaft aus, wenn er Erscheinungsformen und Auswüchse des Virtuosentums analysiert, das in verkaufsstrategischem Kalkül bereits über das berühmte Klappern (das zum Handwerk gehört) hinausging und Techniken der modernen Reklame benutzte: das Buhlen um den Schauspieler mit der für den Protagonisten maßgeschneiderten Hauptrolle[25] (freilich immer im Schema der Rollenfächer[26], um der Verteilung der Ware Erfolgsstück in der Provinz keine Hemmnisse entgegenzusetzen); auch das Rollenmonopol und das Stückmonopol gehörten dazu. Derartige Praktiken verbreiteten sich mit der gewerblichen Theaterfreiheit nach 1870 rasch. Autoren und Theater entwickelten spezifische Strategien, zum Beispiel warenästhetisch formale der ‚Verpackung': Titel werden plakativer, Aktschlüsse effektvoller, Dekorationen opulenter durch illusionierende szenische Tricks. Um das gewinnbringende Geschäft mit den Großstadttheatern zu machen, wurde es durch wohlpropagierte Erprobungsinszenierungen in der Provinz angekurbelt. Nach einem En-suite-Erfolg in der Metropole setzte sofort der Verkaufsfeldzug bei den Provinztheatern ein, Verleger und Autoren arbeiteten mit konzertierter Einkreisungstaktik. Schließlich wurde mit Marketing-Methoden der theatralische Massenkonsum befriedigt. Jene „Schlager" entstanden so, die bis 1914 und weit darüber hinaus – trotz (oder gerade wegen) ihres Warencharakters – zu Klassikern des Unterhaltungstheaters wurden. *Der Raub der Sabinerinnen,* dieser Schwank in vier lustigen Akten, dieses selbstironische Paradestück des dramatischen Metiers, dies ,bürgerliche' Rollenaufgebot, das zwei Routiniers des Theaters, versehen mit allen Klischierungen der erfolgreichen dramatischen Unterhaltungsware schmackhaft zusammenmixten, wurde am 21. September 1884 in Stettin uraufgeführt. Der Verkaufserfolg erschien in diesem Fall so sicher – eine Prognose, die nicht getrogen hat –, daß das Wallnertheater in Berlin, eine der wichtigsten Brutstätten theatralischer Erfolge jener Jahre, ohne die Erprobungsergebnisse abzuwarten, zusammen mit dem Posener Stadttheater schon am 27. September nachzog und nun Schlag auf Schlag, bis zur Helgoländer Premiere am Spielzeitende, 91 Theater folgten. Bei vorsichtiger Schätzung (10 Aufführungen durchschnittlich mit einer Abendeinnahme von 2500 Mark) erschrieben sich die Autoren damit 225 000 Mark – das wäre heute weit über eine Million –, und noch in der Spielzeit 1899/1900 gab es 90 Aufführungen an 56 Theatern mit einer geschätzten Ausbeute von 22 000 Mark für die Brüder SCHÖNTHAN. Ein kleines Gerangel um die Urheberschaft konnte – wie sonst üblich – den Erfolg nicht steigern und von den Autoren mit launiger Grandezza erledigt werden[27]. 1934 wurde *Der Raub der Sabinerinnen,* in dessen Bühnengeschichte die Namen aller alten Komödianten des deutschen Theaters erscheinen, tantiemefrei, und bis heute erfreut sich das Stück einer ungebrochenen Bühnenfrische: 1975/76 gab es Neuinszenierungen in Biberach, Darmstadt, Frankfurt, Mainz, Wien und Zürich, immerhin.

Die Unterhaltungsfunktion des deutschen Theaters im 19. Jahrhundert, seine Fabrikation von dramatischer Ware für Unterhaltung scheint ganz dem Maß des auch heute noch Üblichen zu entsprechen, wenn man das Fernsehen als Zulieferer zum Vergleich heranzieht. Die Familienserien des neuen Mediums zum Beispiel mit ihren unreflektierten Identifikationsmodellen und -figuren haben die Aufgabe der Massenbefriedigung durch dargestellte Unterhaltung übernommen, und mit den Sehgewohnheiten änderten sich die Erwartungen: Unterhaltung sucht man heute in der Zweidimensionalität des Fernsehens, schon nicht mehr im Kino und schon gar nicht mehr im Theater, wo man etwas dicht Gestaltetes modelliert und existentiell exemplarisch geformt erleben möchte. Allerdings beginnt man in den Dramaturgien zu raunen, daß es – nach einer Phase der ernsten Sammlung – auch (wieder) Vergnügen bereiten sollte.

Gerhart Hauptmanns dramatisches Werk
Gerhard Schulz

Lebensgeschichte und Werk GERHART HAUPTMANNS (1862–1946) sind eng mit der Geschichte des vergangenen deutschen Reiches verbunden. Walther Rathenau nannte ihn einmal den „Dichter unseres Zeitalters"[1], und Hauptmann selbst bekannte von sich in einem Gespräch im Juli 1933: „Meine Epoche beginnt mit 1870 und endigt mit dem Reichstagsbrand."[2] Er hat dann allerdings den Reichstagsbrand noch um dreizehn Jahre überlebt, aber er fühlte sich dieser Zeit gewiß nicht mehr im gleichen Maße zugehörig wie den vorausgehenden vier oder fünf Jahrzehnten, und ebensowenig galt er noch als eine Figur des öffentlichen Interesses. Das wiederum war er seit dem Theaterskandal 1889 um sein erstes Stück *Vor Sonnenaufgang* in immer zunehmendem Maße gewesen, wenn auch zunächst keineswegs von der offiziellen Öffentlichkeit gebilligt. Er hatte Schwierigkeiten mit der Zensur, sein Drama über die Revolte der schlesischen Weber konnte erst nach langwierigem Prozeß aufgeführt werden, und Kaiser Wilhelm II., der drei Jahre älter als Hauptmann war und sein öffentliches Wirken ungefähr gleichzeitig mit ihm begonnen hatte, hielt zeitlebens nichts von Hauptmannscher Kunst. Wilhelm verhinderte 1896 die Verleihung des Schiller-Preises an den jungen Dramatiker, dessen Ehrungen zuerst vom Auslande kamen: 1896, 1899 und 1903 aus Österreich der Grillparzer-Preis, 1905 ein Ehrendoktorat aus Oxford und 1912 der Nobelpreis. Die frühesten deutschen Auszeichnungen für Hauptmann waren ein Leipziger Doktorat 1909 und ein bayrischer Orden 1911. Seine literarische Laufbahn begann in der Tat auf den Bänken der Opposition, und als Nationaldichter konnte er sich uneingeschränkt nur in der Zeit der Weimarer Republik fühlen, die er nach dem Wunsche von Freunden und Verehrern sogar als Reichspräsident repräsentieren sollte. Dennoch lassen sich die Fronten nicht so eindeutig trennen, wie Hauptmann überhaupt für politische Bekenntnisse oder parteiliches Engagement nicht zu gewinnen war. Er legte oft in politischen Dingen eine erstaunliche Naivität an den Tag und ließ sich nach 1933 deshalb auch anfänglich zu Konzessionen herbei, die den alttestamentarischen Fluch des einstigen Freundes Alfred Kerr aus der Emigration herausforderten: „Dornen sollen wachsen, wo er noch hinwankt... Sein Andenken soll verscharrt sein unter Disteln; sein Bild begraben in Staub."[3]

Es hat den Anschein, als ob Kerrs Fluch von größerer Tragweite geworden sei, als Kerr selbst oder der Betroffene sich das ausdenken konnten. Die Feiern zum siebzigsten Geburtstag 1932, die sich über viele Wochen erstreckten und zahllose Ehrungen einschlossen, ließen Hauptmann noch als den ersten Dichter der Nation erscheinen. Im gleichen Jahr gedachte man auch der hundertsten Wiederkehr von Goethes Todestag, und Hauptmann hatte mit seinem Drama *Vor Sonnenuntergang* zu solchem Gedenken einen Beitrag voller Goethe-Bezüge geleistet, aber mit dem Titel zugleich auch auf den Beginn seiner eigenen Dichterlaufbahn angespielt. Eine gewisse Goethe-Ähnlichkeit hat er mit Kleidung, Haartracht und Stehpult gern gefördert, aber Klassizität ließ sich auf diese Weise nicht erzwingen. Geschichte und Literaturgeschichte kennen keine Reprisen; Persönlichkeit und Werk haben sich unter den jeweils eigenen Bedingungen zu bewähren. Es kann kein Zweifel daran sein, daß Hauptmanns Ruhm, den er auf der Höhe seines Lebens genoß, allmählich abgenommen hat. Auf dem Theater stieg nach 1950 der Stern Brechts auf. Hauptmanns Opportunismus 1933 schadete seinem Ruf beträchtlich. Man-

ches Schwache in seinem Werk, das einst durch unbedenkliches lautes Lob zugedeckt worden
war, wurde sichtbar. Vor allem aber hatte die Realität, aus der dieses Werk hervorgewachsen
war, 1945 aufgehört zu existieren. Denn die Verbundenheit – in Opposition oder Zustimmung –
zwischen Hauptmann und dem von Bismarck konstituierten deutschen Reich ist nicht nur rhetorische Floskel oder beiläufige Analogie. Dieses Reich war von Preußen dominiert, und seine
Hauptstadt hieß Berlin; von beidem aber ist Hauptmann nicht zu trennen. Seine Zeitstücke, und
das sind die Werke, die ihn vor allem berühmt gemacht haben, spielen nahezu ausschließlich auf
preußischem Territorium, meistens in Schlesien sowie in und um Berlin. In ihnen werden Dialekt und Umgangssprache dieser Gegenden gesprochen, und in Berlin ist schließlich auch
Hauptmanns Werk im wörtlichsten Sinne zur Welt gekommen. Bis 1914 wurden 22 von seinen
bis dahin 24 Dramen in Berlin uraufgeführt. Anziehungs- und Ausstrahlungskraft der Reichshauptstadt haben sein Werk in entscheidendem Maße gefördert, und zwar im ganzen Umkreis
des Theaters. In Berlin fanden sich nicht nur die vorzüglichsten Schauspieler und die experimen-
tierfreudigsten Regisseure, sondern auch das breiteste Spektrum von Publikum und Kritik. Zu
den frühen Hauptmann-Kritikern gehören bekanntlich Gustav Freytag, Theodor Fontane,
Franz Mehring, Otto Brahm und Alfred Kerr. Und seinen Zuschauerkreis bildeten nicht nur
Großbürgertum und die Intellektuellen; die von der Sozialdemokratie geförderte Volksbühnenbewegung ermöglichte es auch den Arbeitern von Siemens oder Borsig, tatsächlich einmal
ins Theater zu kommen. Die Inszenierungen der *Weber* 1893 an der Freien Volksbühne und der
Neuen Freien Volksbühne wurden von der konservativen Kritik sogar als Aufreizung zum Umsturz interpretiert. Das scheinbar Provinzielle in Hauptmanns Werk – die starke, von naturalistischen Prinzipien ausgehende Bindung an den Dialekt und an ein bestimmtes geographisches
Milieu – erwies sich keineswegs als hinderlich für die Rezeption in der Metropole des Reichs.
Die Provinz war preußische Provinz, und Berlin war als das eigentliche Regierungszentrum
ausgesprochen oder unausgesprochen in den meisten Werken mit einbezogen. Das änderte sich
auch nicht in den Jahren der Weimarer Republik. Berlin blieb als Hauptstadt politisch und
künstlerisch dominierend, und die Verbindung zum preußischen Hinterland war offen. Erst der
Zerfall des deutschen Reiches 1945 schuf völlig neue Verhältnisse.

    Von diesem Zeitpunkt an hörte Schlesien auf, eine deutsche Provinz zu sein, und Schle-
sisch wurde in der Diaspora der Schlesier mehr und mehr zum gehüteten Erinnerungsstück; als
Kommunikationsmittel innerhalb eines lebendigen gesellschaftlichen Organismus gibt es den
schlesischen Dialekt nicht mehr. Außerdem verlor Berlin seine führende Rolle als Hauptstadt
wie als Kulturzentrum, womit sich natürlich zugleich die allgemeine Vertrautheit mit den Eigenheiten der Berliner Umgangssprache und das Interesse dafür beträchtlich verminderten.
Auch die Verbundenheit einzelner Theater zu einem Autor, der in ihnen und durch sie groß geworden war, konnte sich als Tradition nicht fortsetzen. Alle diese Faktoren haben in verschiedener Mischung und Stärke dazu beigetragen, daß Gerhart Hauptmann heute nicht mehr jener
deutsche Nationaldramatiker ist, der er seit seinen großen Bühnenerfolgen im Berlin der Jahrhundertwende geworden war.

    Eine derartige Beobachtung kann allerdings zu falschen Schlüssen führen, wenn sie nicht
durch einen Blick auf die tatsächlichen Bühnenstatistiken ergänzt wird. Denn Hauptmann ist als
Dramatiker keineswegs in eine Statistenrolle abgedrängt worden. Unter den zehn an den Bühnen der Bundesrepublik, Österreichs und der Schweiz meistgespielten Stücken finden sich im
Spieljahr 1976/77 von ihm als einzigem Autor gleich zwei Dramen: *Der Biberpelz* und *Die Ratten,* und zwar in der Gesellschaft von Lessings *Minna von Barnhelm,* Zuckmayers *Hauptmann
von Köpenick* und Brechts *Mutter Courage.* An weiteren Hauptmann-Stücken wurden in der-

selben Zeit *Michael Kramer, Schluck und Jau, Einsame Menschen, Vor Sonnenuntergang, Das Friedensfest* und *Der rote Hahn* aufgeführt[4]. Trotz aller Schwierigkeiten, die der Rezeption seines Werks unter veränderten historisch-politischen Verhältnissen entgegenstehen, und trotz eines generellen Rückgangs von Hauptmann-Inszenierungen seit den fünfziger und frühen sechziger Jahren[5] gehört Hauptmann also weiterhin zu den populärsten deutschen Bühnenautoren, und es fragt sich, ob nicht einfach sein Ruhm eine im Verhältnis zur einstigen Überhöhung zwar gemäßigte, aber dafür nunmehr solide Position erhalten habe. Dem steht jedoch entgegen, daß selbst die erfolgreichsten Werke Hauptmanns bei Kritik und Literaturwissenschaft nur noch wenig Zustimmung finden, obwohl sie in den Händen bedeutender Regisseure immer wieder zu faszinierenden Theatererlebnissen werden. In den *Ratten* zum Beispiel sehen Kritiker heute nur mehr „spätnaturalistische Ausgelaugtheiten", „schlampige, eigentlich unmögliche Konstruktion" und schließlich nichts Besseres als die Apotheose einer kleinbürgerlichen „Anstandsgesellschaft"[6]. Liebt also das Publikum etwas, das im Grunde nicht zu lieben ist? Der Widerspruch zwischen dem Urteil der Kritik und den Sympathien von großen Zuschauer- oder Leserkreisen ist ein verbreitetes Phänomen, für das gerade die Rezeptionsgeschichte von Hauptmanns Werk reichlich Beispiele liefert.

Daß die Schwierigkeiten für das Verständnis von Hauptmanns Werk nicht nur im schlesischen oder berlinischen Dialekt begründet sind, ergab sich schon aus seinen ersten Dramen. Hauptmann betrat die Bühne als Repräsentant der jungen, sich revolutionär fühlenden literarischen Bewegung des Naturalismus. 1884 war er nach Berlin gekommen, als Student zunächst, aber dann sich immer stärker der Literatur widmend. Seit den frühen achtziger Jahren hatten in der Hauptstadt des jungen Reiches die Brüder Heinrich und Julius Hart literarische Gruppen und Zirkel um sich versammelt, in denen eine den Realitäten des Industriezeitalters angemessene Kunst proklamiert und diskutiert wurde. Neben Zola als großes Vorbild für eine nach naturwissenschaftlichen Prinzipien verfahrende experimentelle und nicht mehr klassizistisch-epigonale Literatur trat bald Henrik Ibsen mit seinen die bürgerliche Moral- und Lebensphilosophie in Frage stellenden Stücken: *Nora*, so schreibt Hauptmann in seinem Erinnerungsroman *Das Abenteuer meiner Jugend*, „wurde uns eine helle Fanfare" (VII, 1013). Denn der Naturalismus erfüllte sich in Deutschland hauptsächlich auf dem Theater. Eine epische Tradition, auf die sich hätte bauen lassen oder der man entgegentreten konnte, gab es in Deutschland nicht; die besten Romane Raabes und Fontanes waren zur Zeit des naturalistischen Aufstieges, also in den achtziger Jahren, noch ungeschrieben. Dagegen bot die Konjunktur der Unterhaltungs- und Bildungsindustrie in der neuen Reichshauptstadt auf dem Medium Bühne den günstigsten Boden für literarische Erneuerungsversuche. Die Sonntagsaufführungen des von Theodor Wolff, Otto Brahm, Paul Schlenther und Maximilian Harden gegründeten Theatervereins „Freie Bühne" und die späteren verwandten Unternehmungen wie Bruno Willes und Franz Mehrings „Freie Volksbühne" oder danach Willes eigene „Neue Freie Volksbühne" stellten Werke junger deutscher oder in Deutschland bisher weitgehend unbekannter ausländischer Autoren zum erstenmal dem hauptstädtischen Publikum vor und ebneten ihnen auf diese Weise den Weg auf die stehenden Bühnen. Die „Freie Bühne" begann am 29. September 1889 mit Ibsens *Gespenstern* und brachte als zweite Inszenierung am 28. Oktober des gleichen Jahres Hauptmanns *Vor Sonnenaufgang* heraus. Es folgten Dramen der Brüder Goncourt, Tolstois, Zolas, Strindbergs, Björnsons und immer wieder Ibsens. Daneben wurde der junge deutsche Sturm und Drang außer durch Hauptmann noch durch Arno Holz und Johannes Schlaf – die *Familie Selicke* wurde 1890 uraufgeführt – sowie durch Otto Erich Hartleben, Georg Hirschfeld und Max Halbe repräsentiert, um nur die wichtigsten Namen zu nennen. Hermann Sudermann bedurfte der besonderen Förderung durch Bühnenvereine nicht, sondern setzte sich sehr bald allein an den etablierten Repertoiretheatern durch.

Keines der Werke von Hauptmanns deutschen Autorenkollegen hat die Lebenskraft und Lebensdauer seiner eigenen Dramen gezeigt; sie sind trotz manchem Augenblicksbeifall ausnahmslos historische Dokumente geworden. Hartlebens Thesenstücke wurden entweder gegenstandslos, wenn sich die Nebentüren, gegen die sie anrannten, von selbst öffneten, oder sie verwirrten sich im Widerspruch von Gesellschaftskritik und individualistischem Eskapismus. Holz und Schlaf waren jenseits des Technischen nicht über einen Rührkonflikt hinausgekommen, Halbe blieb früh im Landschaftsmystizismus hängen, und Sudermann erschöpfte sich in modischen Kontrastierungen von Gesellschaftsschichten, woraus er dann den süßen Saft sentimentaler Konflikte zog, ohne im Gesellschaftlichen wie im Psychologischen mehr als das Offensichtliche zu sehen und zu sagen, so daß seine Stücke für das bourgeoise Theaterpublikum eher eine Alibifunktion hinsichtlich ihrer sozialen und menschlichen Verantwortlichkeit hatten, als daß sie zur Besinnung auf tatsächliche soziale und menschliche Verantwortung nötigten. Alles dies ließ sich von Hauptmanns Dramen nicht sagen. Aus *Vor Sonnenaufgang* konnte man weder Thesen abziehen, noch war der Untergang eines jungen Mädchens in der Gefangenschaft von Milieu und Vererbung zu resignierter Beruhigung geeignet, da auch der bürgerliche Reformer einen beträchtlichen Schuldanteil hatte. Gewiß erkannte man die großen Zeitthemen von der Bedingtheit des Menschen durch biologische und soziale Faktoren auf der Bühne wieder. Wie in Ibsens *Gespenstern* die Sexualsünde des Vaters fortzeugend Böses gebar, so in Hauptmanns Stück der Alkoholismus des Familienoberhaupts. In eine solche Familie geboren zu sein, war also schon Schicksal und Verhängnis. Daß der Verfall wiederum nicht von den Göttern verhängt war, sondern auf den Verkauf von Bauernland an kapitalistische Bergwerksunternehmer zurückging, fügte sich ein in das Konzept des neuen, der Gegenwart und ihren ökonomischen Veränderungen Rechnung tragenden Naturalismus. Hier wurde gewiß niemandem mehr „klassischer" Sand in die Augen gestreut. Naturalistisch war auch die Sprache, die als soziologisches Charakterisierungsmittel die Positionen der einzelnen Gestalten in dem Raster des Milieus so genau wie möglich zu bezeichnen versuchte und damit nicht schlechthin Dialekt, sondern auch „Soziolekt" war. Die Verhältnisse in Hauptmanns neureicher und dem Alkohol verfallenen schlesischen Bauernfamilie wurden nun durch den „Boten aus der Fremde"[7], den Sozialwissenschaftler Alfred Loth, exponiert, getreu einer späteren, an Ibsen geformten eigenen Theorie Hauptmanns, wonach das Drama „vom ersten bis zum letzten Wort Exposition" sein sollte (VI, 1037). Hauptmann ist dabei oft mißverstanden worden, hier vor allem, indem man Loth als den Protagonisten des Dichters angesehen hat. Aber Loth exponiert nicht nur andere, sondern auch sich selbst. Denn sind nicht eigentlich seine Vorstellungen von Reinheit und der Macht der Erbfaktoren nichts als eine willkommene wissenschaftliche Verbrämung eigener Vorurteile, Schwächen und mangelnder Entschlußkraft? Immerhin ist Loth der unmittelbar Schuldige am Selbstmord Helene Krauses, der er für einen Augenblick die Befreiung aus dem Gefängnis ihres elterlichen Hauses und damit auch die Befreiung zur eigenen Persönlichkeit vorgespiegelt hat. In der Maske Loths tritt also keineswegs „das epische Ich" auf[8], auch nicht nur ein Handlungskatalysator, der am Ende wieder verschwinden darf, sondern eine dramatische Partei, durch die eben das herbeigeführt wird, was überhaupt das Drama immer und zu allen Zeiten ausmacht: ein menschlicher Konflikt. Es ist offensichtlich, daß dieser Konflikt in Hauptmanns Erstling bereits die Modethemen des Naturalismus relativiert. Soziales und Biologisches haben zwar ihren verhängnisvollen Anteil an der Entwicklung dieses Konflikts, aber dabei kann nicht entgehen, daß es sich in erster Linie doch um ein Stück über die erotischen und sexuellen Beziehungen der beteiligten Menschen untereinander handelt. Der Vater schwärmt im trunkenen Zustand von seinen Töchtern und versucht, sich an der jüngeren zu vergreifen. Schwager Hoffmann macht Helene ebenfalls sexuelle Angebote, während ihre Stiefmutter ein Verhältnis mit dem ihr zugedachten Bräutigam Wilhelm Kahl hat. Wie von den Tieren der Bauernwirtschaft sieht sich Helene von der Begehrlichkeit der Männer umstellt, und auch für Loth, zu dem sie als Befreier aufsehen möchte, ist sie schließlich nur potentielle Kinderproduzentin, nicht eigenständiger Mensch: Wenn ihre Funktionstüchtigkeit in dieser Hinsicht in Zweifel gezogen werden muß, verliert sie für den Befreier auch ihren Wert als Persönlichkeit. Hauptmann enthüllt also in seinem ersten Stück bereits mehr als nur menschenunwürdige Verhältnisse oder eine Lebenslüge. Gerade das aber hebt ihn weit über die Versuche seiner naturalistischen Kollegen und Mitstreiter hinaus.

Der Naturalismus war für Gerhart Hauptmann – wie übrigens für die meisten anderen deutschen Autoren auch – eine Durchgangsstufe, aber eine entscheidende und sein gesamtes Werk prägende. In seinen ersten Dramen blieb er den Themen und Formen der naturalistischen Bewegung unmittelbar verpflichtet. Ibsens *Rosmersholm* hatte bei den *Einsamen Menschen* (1891) Pate gestanden, im *Friedensfest* (1890) und in *Kollege Crampton* (1892) wurden tragische oder komische Verwirrungen bürgerlicher Hausväter und ihrer Familien vorgeführt, im *Biberpelz* (1893) und den *Webern* (D 1892, EA 1893) schließlich erschienen soziale Gegensätze des preußisch-deutschen Reiches in ihrer ganzen Fragwürdigkeit, Lächerlichkeit oder Unmenschlichkeit. Das historische Gewand der *Weber* als ein ,,Schauspiel aus den vierziger Jahren" konnte nicht darüber hinwegtäuschen, daß Armut und Ausbeutung, die damals die Ursache zur Revolte gegeben hatten, noch unvermindert weiter bestanden. Das hatte Hauptmann auf einer Reise durch das Riesengebirge selbst gesehen, und das bescheinigte dem Stücke auch die offizielle Zensur, die eine Aufführung zu verhindern suchte. Danach jedoch begann Hauptmann seine Zuschauer und Leser zu verwirren, zuerst mit *Hanneles Himmelfahrt* (EA 1893, D 1894), wo im schlesischen Elendsmilieu plötzlich Engel und ein geheimnisvoller Fremder als Vision erscheinen und in zarten oder üppigen Jugendstilversen zu sprechen beginnen. Der Vers breitete sich von nun an immer stärker aus, von Hauptmanns größtem Erfolg, der *Versunkenen Glocke* (EA 1896, D 1897) über *Schluck und Jau* (1900), *Der arme Heinrich* (1902), *Kaiser Karls Geisel* (1908), *Der Bogen des Odysseus* (1914), *Der weiße Heiland* (1920) und *Indipohdi* (D 1920, EA 1922) bis hin zu seinen letzten Dramen, der *Atriden-Tetralogie*, an der er seit 1940 arbeitete. Dazwischen stehen jedoch immer wieder Werke im naturalistischen Stil der Anfangszeit, also Stücke aus dem bürgerlichen oder proletarischen Milieu der Gegenwart, in denen die Gestalten eine Sprache sprechen, die ihre geographische, soziale und bildungsmäßige Position charakterisiert. Dazu gehören Werke wie *Fuhrmann Henschel* (EA 1898, D 1899), *Michael Kramer* (1900), *Der rote Hahn* (1901), *Rose Bernd* (1903), *Die Ratten* (1911), *Dorothea Angermann* (1926) und *Vor Sonnenuntergang* (1932). Kritik und Literaturwissenschaft haben sich zur Klassifikation mit Begriffen wie ,,Spätnaturalismus" oder ,,Rückfall in den Naturalismus" geholfen, womit aber nicht viel mehr gesagt wird, als daß Hauptmann in diesen Stücken einen gewissen technisch-formalen Bühnenrealismus fortsetzte, der gegen Ende des 19. Jahrhunderts auf dem europäischen Theater begann und der sich außerhalb Deutschlands viel ungebrochener weiterentwickelte. Erinnert sei vor allem an Sean O'Casey, Eugene O'Neill und das amerikanische Nachkriegstheater mit Autoren wie Tennessee Williams, Arthur Miller oder Edward Albee. Hauptmann hat es seinen Klassifikatoren und Registratoren nicht leicht gemacht. Sein dramatisches Werk ist von einer Vielfalt, die es schwer werden läßt, Einheit und Zusammenhang darin zu sehen. Der immense Nachlaß mit drei abgeschlossenen Dramen und rund einem Dreiviertelhundert größerer oder kleinerer dramatischer Fragmente steigert noch diesen Eindruck. Aber gerade die Tatsache dieses in seiner Art wohl einzigartigen Nachlasses führt auch deutlich vor, woraus Hauptmann selbst nie ein Hehl gemacht hat, nämlich daß er nur dramatisch und nicht abstrakt zu denken in der Lage war.

> Es meldeten sich in meinem Innern stets viele Stimmen zu Wort, und ich sah keine andere Möglichkeit, einigermaßen Ordnung zu schaffen, als vielstimmige Sätze: Dramen zu schreiben. Ich werde dies weiter tun müssen; denn es ist bis jetzt meine höchste geistige Lebens- und Ausdrucksform,
> VI, 689

hatte er 1905 erklärt, und kurz darauf nannte er im Geleitwort zur ersten Gesamtausgabe 1906 das Drama ,,Ausdruck ursprünglicher Denktätigkeit auf hoher Entwicklungsstufe, freilich ohne daß jene Entscheidungen getroffen werden, auf die es dem Philosophen ankommt" (VI, 912). Hauptmann reflektierte, indem er Gestalten miteinander und gegeneinander sprechen und agieren ließ; er führte sie nicht auf sicher vorbedachten Bahnen zu Ergebnissen oder Erkenntnissen, die auch außerhalb des Kunstwerks denkbar oder als Ideologie faßbar waren. Seine über siebzig Dramenfragmente sind ebensoviele abgebrochene Denkakte – abgebrochen aus den verschiedensten Gründen, die von der Inkongruenz zwischen Stoff und Gedanken bis zur Undenkbarkeit des Gedankens selbst reichen mochten. Ebenso war es aber auch möglich, daß Hauptmann frühere Denkansätze später an der abgebrochenen Stelle wieder aufnahm; die ersten Pläne zu einem Perikles-Drama stammen zum Beispiel aus dem Jahre 1883, also von dem Einundzwanzigjährigen, die ersten ausgeführten Szenen dagegen aus den Jahren 1941/42, also von dem Achtzigjährigen. Hauptmann hat sich im Laufe seines Lebens neue stilistische Ausdrucksbereiche gesucht und neue Erfahrungsbereiche aufgeschlossen, aber das einmal Gewonnene blieb ihm zeitlebens verfügbar. Begriffe wie Spätnaturalismus sind dementsprechend eher irreführend als aufschlußreich.

Der Naturalismus kam allerdings Hautpmanns Veranlagung besonders entgegen. Ziel naturalistischer Kunst, wie sie etwa Arno Holz verkündete, war Darstellung der ,,Natur", wobei allerdings nicht an eine möglichst wertneutrale photographische oder phonographische Nachahmung der Realität gedacht war, sondern an das, was Kunst erst interessant machen kann: an die Betrachtung der Wirklichkeit durch die Augen eines bestimmten, schärfer, weiter und tiefer sehenden Menschen, eben des Künstlers. Das war es auch, was Holz' berühmte Formel ,,Kunst = Natur – x" ausdrücken sollte, denn jenes ,,x" waren eben die besonderen, individuellen Reproduktionsbedingungen, unter denen ein Kunstwerk erst entstehen konnte. Was nun Hauptmanns Talent bei solchen und ähnlichen Gedanken, mit denen er früh schon in Berlin in Berührung kam, ansprechen mußte, war der damit implizierte, sehr weitgehende Verzicht auf ,,Handlung", auf artifizielle Bühnenintrigen speziell, aber allgemeiner auch auf den vom Autor planvoll zu Ende gedachten und geführten Konflikt, der in Katastrophe oder Apotheose kulminierte.

Anstelle solcher ,,Handlung" hatten die Charaktere zu stehen, was bedeutete, daß die eigentliche Aktion auf der Bühne in das Innere der auftretenden Gestalten verlegt war: ,,Die ,Handlung' im Drama ist entweder eine innere oder ist nicht da."[9] Menschen zogen einander an und stießen einander ab, ohne daß sie Herr solcher Gravitationsvorgänge waren, ebensowenig aber auch der Autor, der mit seinen Figuren experimentierte, indem er solche Prozesse einleitete. Dennoch war natürlich nicht an ein fatalistisches Spiel gedacht, obwohl manches in Hauptmanns Werk dem nicht fernsteht. Das Drama blieb immerhin Denkvorgang, also Artikulation von bisher Unartikuliertem und damit letzten Endes eben doch der Versuch, der Wirklichkeit größere Transparenz abzugewinnen, sie verständlich und damit humaner zu machen. Der Autor war nicht ein außerhalb des Menschlichen stehender Beobachter und Arrangeur, sondern selbst ein an solchen Konflikten vielfach beteiligtes Wesen. Ein Widerspruch allerdings bleibt, wie er sich auch bei anderen bedeutenden Künstlern findet: es gibt in Hauptmanns Werk Darstellungen von Brutalität, Blutlust und Gier, die nicht einem eindeutigen ethischen Urteil unterstehen, sondern die einfach als Tatsachen animalischen Menschseins vorgeführt werden, und zwar zuweilen mit einer Kraft der Anschauung, die über die momentane innere Anteilnahme des Autors an solchen Vorgängen keinen Zweifel läßt.

In diesem Zusammenhang erhält auch die Verwendung von Dialekt und Soziolekt bei Hauptmann ihr besonderes Gewicht. Denn nicht nur um „Naturnachahmung" ging es dabei. Je mehr die Sprache der Figuren des Dramas über sie aussagt, desto besser lassen sie sich auch in ihren Aktionen und Reaktionen begreifen, denn schließlich stehen und sprechen sie im Drama für sich allein, gerade weil der Autor in ihnen *allen* spricht und denkt. Das bedeutet jedoch: Gerhart Hauptmann hat keine eigene Sprache außerhalb der seiner Gestalten. Dies ist der Grund für die oft beklagte Nachlässigkeit Hauptmanns in sprachlichen Dingen, sobald er nicht aus einem Charakter heraus spricht, und es ist der Grund dafür, daß seine theoretischen Äußerungen, seine Reden und auch weite Strecken seiner erzählenden oder autobiographischen Werke so wenig eine eigene Note tragen. In der Rolle des bürgerlichen Großschriftstellers, der sich erinnert oder der zu diesem oder jenem Anlaß ein paar liebenswürdige Worte sagen möchte, hatte Hauptmann wenig Individuelles zu bieten und verfiel nicht selten in stilistische Eigenheiten, die er in seinen Dramen eher einigen pedantischen oder pathetischen Künstlerbürgern in den Mund legt. Dialekt und Soziolekt jedenfalls mußten ihm für das Sich-Darstellen seiner dramatischen Charaktere die geeignetsten Mittel sein, denn in beidem war nicht nur Individuelles, sondern auch Überindividuelles gleichzeitig mitausgedrückt. Nirgends wird die Abhängigkeit des Menschen von seinem „Milieu" und seiner Herkunft rascher und deutlicher faßbar als in seiner Sprache. Die Sprachschablonen, Klischees, Modewörter und Phrasen verraten ihn, lassen seine sozialen Bindungen, sein Erziehungs- und Reflexionsniveau sichtbar werden und erlauben schließlich auch Einblicke in jene psychologischen Mechanismen und Abhängigkeiten, deren sich der Sprecher selbst kaum oder gar nicht bewußt ist. Das geht bis zum Punkt des Zerbrechens der Sprache, des Sprachversagens und Stammelns, das bei Hauptmann verschiedentlich eine Rolle spielt. Gesellschaft und Ich, Bewußtsein und Unterbewußtes mischen sich in der Sprache jedes einzelnen; in der künstlerischen Gestaltung auf die Bühne gebracht, machen sie ihn und seine Handlungen zugleich durchschaubarer. Denn eben die Verwendung von Dialekt und Umgangssprache erlaubte Hauptmann auch die Distanz zu seinen Gestalten, die er von seiner Position als Dramatiker brauchte, wenn er das Drama zum eigenen Denkakt machen wollte. So entsteht eine doppelte Wirkung: die individuelle Sprache der jeweiligen Gestalt setzt den das Kunstwerk Aufnehmenden in Distanz zu ihr und versetzt ihn zugleich kritisch erkennend in sie hinein. Das bedeutete allerdings für den Autor eine sprachschöpferische Anforderung und Leistung höchsten Grades. Jede seiner Gestalten hatte in ihrer Ausdrucksweise genau abgetönt zu sein gegen die andere, wodurch sie dann nicht nur als Individuum schlechthin erschien, sondern als eine von den verschiedensten Einflüssen geformte und bewegte Persönlichkeit. Hauptmanns Meisterschaft hat Dialekt und Umgangssprache ausdrucksfähig gemacht für Höchstes und Tiefstes, für Komik wie Tragik; er parodiert und ironisiert damit ebenso, wie er erschüttern kann. Hauptmanns Sprachgebrauch hat deshalb auch wenig mit der Verwendung des Dialekts in Volksstücken gemein, denn weder handelt es sich bei ihm um ein sprachpflegerisches Verhältnis zur Mundart, noch werden regionale Sprachmuster geboten, die in solche anderer Regionen übersetzbar sind, wie das etwa bei Mundartstücken besonders für Laientheater häufig geschieht. In der Wiedergabe feinster Schattierungen des Denkens und Empfindens, in der sie durchsichtig machenden Reproduktion von Alltagssprachen und Jargons, aber auch in der Fülle von Zitaten, Anspielungen und symbolischen Bezügen, die hinter das Aussprechbare führen, ist Hauptmanns Sprache eine höchst kondensierte Kunstsprache. Es bedürfte eines zweiten Dichters von Hauptmanns Statur, um diese Stücke anderen Dialektbereichen anzupassen; ihrem Schlesiertum werden sie also wohl hinsichtlich ihrer Rezeptionsmöglichkeiten auf Gedeih und Verderb verbunden bleiben.

In Stücken wie *Hanneles Himmelfahrt*, *Die versunkene Glocke* und *Schluck und Jau* hat Hauptmann nun allerdings krudesten naturalistischen Dialekt mit Dramenversen verschiedener Metren kontrastiert und, etwa im Falle der alten Wittichen in der *Versunkenen Glocke*, beide sogar miteinander verbunden. Die Widersprüche sind nicht so extrem, wie es auf dem Papier zuerst den Anschein hat. Denn der Vers hat im Grunde eine ähnliche distanzierende Funktion für den Autor wie der Dialekt: Wo dieser die größte Konkretheit bedeutet, dort bedeutet jener die größte Allgemeinheit. In beiden Fällen kann sich der Autor auf Vorgegebenes stützen, auf eine regionale oder soziale Sprachtradition oder aber auf die Vorschriften einer normativen Poetik, in beiden Fällen kann er „sprechen lassen" beziehungsweise seiner Sprache ein festes äußeres Gerüst geben. Hauptmann hatte ein starkes sprachmimisches Talent und Sinn für Rhythmus wie Melodie von Sprache, denen beide Ausdrucksbereiche entgegenkamen, nur mit dem Unterschied, daß im Vers letzten Endes eben doch die Sprache in einer standardisierten Form erschien. Es ist bezeichnend, daß eine Reihe von Hauptmanns Versdramen denn auch die Schwächen seiner nicht-dramatischen Prosa, also der Reden und mancher erzählenden Schriften, übernehmen und einfach uncharakteristischer sind. Die Tendenz zum lyrischen Klischee wie zu einem epigonalen dramatischen Sprachgestus ist in der *Versunkenen Glocke* oder auch in Werken wie *Der weiße Heiland*, *Indipohdi* oder *Veland* (1925) durchaus vorhanden. Aber das Problematische gerade dieser Werke ist dann allerdings auch, daß sie nicht mehr in Hauptmanns eigenem Begriffe Denkprozesse waren, sondern entweder Widerspiegelung biographischer Konflikte und Erfahrungen oder Versuche zu Ideendramen, die sich auf die eigene Theorie von einem sogenannten Urdrama stützten.

Die Frage nach einer Einheit hinter der Vielfalt von Hauptmanns Werk hat die Literaturwissenschaft oft beschäftigt, denn wenn man auch die Definition der Dramen als Denkvorgänge zu akzeptieren bereit ist, so bleibt immerhin noch offen, aus welchen Prämissen sich solches dramatisches Denken herleitet und was aus der rezeptiven Beteiligung an den Denkvorgängen für den Zuschauer oder Leser schließlich zu gewinnen ist. Das von Hauptmanns naturalistischen Anfängen her nächstliegende Einheitsprinzip für sein Werk war seine Rolle als Sozialkritiker, als Ankläger gegen die Versklavung des Menschen durch die Selbstsucht und Machtlust der Herrschenden. Ein Stück wie *Die Weber* ist das flagranteste Beispiel für eine derartige Tendenz. Im *Biberpelz* feiert die Gewitztheit und Schlauheit der Unterdrückten ihre Triumphe, und die Unzulänglichkeit oder Hohlheit bürgerlicher Moralvorstellungen tritt in Dramen wie *Das Friedensfest*, *Einsame Menschen* und zuletzt auch in *Vor Sonnenuntergang* zu Tage, wo schließlich die nackte Gier nach Geld die in einer humanistischen Erziehung erworbenen ethischen Grundsätze vom Tisch fegt. Es kann kein Zweifel daran sein, daß Hauptmann tatsächlich in einer Vielzahl seiner Stücke als scharfer, kritischer Beobachter gesellschaftlicher Verhältnisse seiner Zeit auftritt und daß ihn dabei ganz eindeutig und unmißverständlich Sympathien für die

Opfer allen Unrechts bewegen. Ebenso unbestreitbar ist es jedoch auch, daß sich darin die Aussagemöglichkeiten seines Werkes noch nicht erschöpfen. Wer zum Beispiel verursacht die Tragödie Helene Krauses in *Vor Sonnenaufgang*? Ist es der schwächlich-selbstische Sozialreformer Loth, ist es die Situation im Elternhaus oder ist es das Kapital, durch das dieses Elternhaus erst korrumpiert wurde? Sind die Tragödien des Fuhrmanns Henschel, der Rose Bernd oder auch der Frau John in den *Ratten* die Folgen einer auf Ungleichheit gegründeten Gesellschaft, in der Aufstiegsmöglichkeiten nur dem Rücksichtslosesten gegeben sind? Darauf gibt es keine eindeutigen Antworten, denn so sehr die sozialen Umstände der Helden an ihren Untergängen mitwirken, so wenig sind sie doch bereits die alleinige Ursache dafür. ,,Im rauhen Gewand volkstümlich-realistischer Gegenwart eine attische Tragödie" hat Thomas Mann den *Fuhrmann Henschel* genannt[10], und wirklich scheinen hier wie anderswo in Hauptmanns Werk die zum Untergang treibenden Kräfte nicht nur von außen, sondern auch von innen zu kommen oder eben, wie es in der antiken Tragödie symbolisch geschah, von oben und unten.

In den *Webern* wird bezeichnenderweise der revolutionäre Impetus der Unterdrückten von einem der Ihren in Frage gestellt: Der alte Hilse verweist auf die Sinnlosigkeit ihrer Aktion und wird in tragischer Ironie das erste Opfer des Aufstands. In der Deutung dieses Schlusses trafen schon die Parteien des Zensurverfahrens aufeinander: Was der Staatsanwalt als theatralische Strafe für das Abseitsstehen interpretierte, das wollte die Verteidigung als indirekte Kritik an allem gewaltsamen Aufbegehren verstanden wissen. Hauptmann selbst hielt sich aus der Parteinahme heraus und behauptete, in den *Webern* von seinem Gestaltungsdrang ohne Rücksicht auf politische Konzepte fortgetragen worden zu sein[11]. Eine solche Haltung hat Hauptmann gerade bei marxistischen Kritikern den Vorwurf der Entscheidungslosigkeit, ja des politischen Opportunismus eingetragen. Georg Lukács bestätigte ihm 1932 zum siebzigsten Geburtstag in einem Aufsatz in der ,,Linkskurve":

> Er ist ein wirklich echter Dichter in der traditionellen Bedeutung des Wortes. Eine Aeolsharfe: Der Wind saust (oder säuselt) durch die Saiten und diese erklingen stets, je nach der Stärke und der Richtung des Windes. Aber der Wind, der durch die Saiten fährt, ist nur der Atem der liberalen Bourgeoisie Deutschlands, bzw. ihrer Intelligenz. Hauptmann reproduziert wahllos alle Widersprüche der gesellschaftlichen Lage dieser Schicht, ihrer langen – nicht allzu ruhmvollen – Entwicklungsgeschichte von 1890 bis zum heutigen Tage. Er tut es naiv, ohne diese Widersprüche als widerspruchsvoll zu erkennen, ja auch nur zu empfinden[12].

In anderen Lagern der Hauptmann-Forschung, wo der Blick auf das Kunstwerk nicht bestimmt war von einem ideologischen Konzept der Klasseninteressen, sah man in ihm eher den Dichter menschlichen Leids schlechthin, das verbunden war mit aller menschlichen Existenz. Die zu Leid und Tragik führenden Ursachen lagen bei solcher Betrachtungsweise nicht im gesellschaftlichen Sein des Menschen begründet, sondern gehörten schon zu seiner besonderen Zwischenstellung zwischen Tier und Gott, die ihn als *homo sapiens* vor allen Naturwesen auszeichnete. Trieb und Vernunft führten dann im Zusammenprall immer wieder verhängnisvolle Konstellationen herauf. Es war dies eine Ansicht und Theorie, der auch Hauptmann in einer Art Selbstinterpretation immer stärker zuneigte. Auf seiner Griechenlandreise 1907 war ihm in Delphi angesichts des antiken Amphitheaters die Erkenntnis gekommen:

> Tragödie heißt: Feindschaft, Verfolgung, Haß und Liebe als Lebenswut! Tragödie heißt: Angst, Not, Gefahr, Pein, Qual, Marter, heißt Tücke, Verbrechen, Niedertracht, heißt Mord, Blutgier, Blutschande, Schlächterei – wobei die Blutschande nur gewaltsam in das Bereich des Grausens gesteigert ist. Eine wahre Tragödie sehen hieß, beinahe zu Stein erstarrt, das Angesicht der Medusa

erblicken, es hieß, das Entsetzen vorwegnehmen, wie es das Leben heimlich immer, selbst für den Günstling des Glücks, in Bereitschaft hat.   VI, 80

Und in einem Aufsatz *Deutschland und Shakespeare* acht Jahre später fällt dann auch das Wort vom „Urdrama", das aus dem Widerstreit von Vernunft und blinden Trieben hervorgehe und das

> mit Leben und Tod, Liebe und Haß, Blut und Tränen, Honig und Galle gesättigt ist, worin Wahn und Sinn einen Wahnsinn ausmachen, vor dem höherer Sinn ins Entsagen flüchtet: einen Wahnsinn, mit dessen verschiedenen Formen sich die Menschheit zersetzt, zerreißt und zerfleischt.
>
> VI, 927

Tatsächlich sind damit wesentliche Inhalte wie Tendenzen seiner Dramen, auch schon der frühen, bezeichnet, und manche seiner späteren Werke weisen bis ins Wörtliche gehende Anklänge an diese Definitionen auf; die *Atriden-Tetralogie* mußte sich geradezu zwanghaft daraus entwickeln. Die Hervorrufung von Mitleid als einem Mitleiden auf dem Wege zur Katharsis war unter solchen Voraussetzungen dann Zweck und Sinn des Theaters, denn auf den Willen zum Besseren und zum Bessern hat Hauptmann im Prinzip nie verzichtet. Religiosität und das Suchen nach einer Lösung aus dem existentiellen Dilemma des Lebens beherrschen denn auch wesentliche Partien von Hauptmanns Werk, angefangen bei der pietistischen Erziehung der Helene Krause über die Bibelfestigkeit des alten Hilse und die erotischen Christusvisionen des Hannele bis zu dem Hader der Atriden mit den Göttern.

Die Schwierigkeit mit Selbstinterpretationen dieser Art ist jedoch, daß sie das Werk nur mit den Augen des Autors sehen lassen und unzureichend Antwort geben auf die Frage nach der tatsächlichen Wirkungskraft und Bedeutung über derartige Intentionen oder Grundvorstellungen hinaus. Denn daß in ein Kunstwerk auch Dinge eingehen, von denen sein Schöpfer nichts wahrhat oder wahrhaben will, ist bekannt, ebenso wie es bekannt ist, daß unter Umständen gerade sie das Interesse eines gegenwärtigen oder späteren Publikums bestimmen können. Stücke, in denen sich Hauptmanns Urdrama oder sein Gottsuchertum am reinsten ausprägen, haben nicht immer die Gunst des großen Publikums zu gewinnen vermocht, während seine populärsten Werke wiederum nur sehr allgemein auf die Theorie bezogen werden können und auch nicht wegen solchen Untergrundes geliebt werden. Die Frage nach der Einheit von Hauptmanns Werk bleibt unzulänglich beantwortet, solange die Antwort nicht zugleich auch etwas über die Aktualität Hauptmanns aussagt und damit die Frage nach dem literarischen Wert einbezieht.

In Hauptmanns Notizen zur Dramaturgie steht der Satz: „Jede Familie trägt einen heimlichen Fluch oder Segen. Ihn finde! Ihn lege zugrunde!" (VI, 1042). Tatsächlich wird sein dramatisches Werk vor allem von Familienkonflikten bestimmt. Das beginnt mit der Darstellung des „Verfalls einer Familie" in *Vor Sonnenaufgang* und im *Friedensfest*, und es endet in der blutigen Mythe von Liebe, Haß, Mord und Totschlag in der Familie Agamemnons von Mykene, also in der *Atriden-Tetralogie*. Dazwischen liegen so charakteristische und drastische Familienkonflikte wie diejenigen im *Bogen des Odysseus* oder in *Vor Sonnenuntergang*. In den *Ratten* werden sogar zwei Familien und ihre Probleme kunstvoll miteinander verwoben und kontrastiert. In der Sphäre des Theaterdirektors Hassenreuter vollzieht sich eine bürgerliche Komödie voll großer Worte und kleiner Taten, bestimmt vom pater familias in seiner ganzen Fülle von Pathos, scheinbarer Stärke und wirklicher Schwäche. Gleichzeitig jedoch vollzieht sich auch das archaische Drama der Frau John, die sich ihre Macht als Frau dadurch versichern möchte, daß sie Mutter wird. Denn nicht eine Proletariertragödie entwickelt sich in dieser Berliner Mietska-

serne im Gegensatz zum bürgerlichen Lustspiel, so konkret und dicht auch die Realität von
Hauptmanns Stück ist, sondern etwas weit hinter alle sozialen Zeitprobleme Zurückgehendes.
Frau Johns Pakt mit ihrem asozialen Bruder, ihre eigene Irrationalität in Rede und Handlung –
in einer früheren Fassung Hauptmanns ist sie zeitweilig in einer Heilanstalt gewesen – verweisen
deutlich genug darauf, daß hier Vorzivilisatorisches einbricht. ,,Da kommt Ihre tragische Muse,
Spitta" (II, 780), meint Hassenreuter ironisch zu seinem aufsässigen und an der deutschen klassischen Ästhetik zweifelnden Schüler, als Frau John vorübergeht. Daß der Einbruch des Ele-
mentaren gerade im sozialen Milieu des arrivierten Maurerpoliers John geschieht, ist allerdings
zwingend und notwendig, denn dort findet sich nicht der Widerstand einer gesellschaftlichen
Konvention im gleichen Maße, wie das im Bürgertum der Fall war, wofür die Hassenreuter-
Komödie das Beispiel liefert. Aber bei John gibt es auch nicht mehr den rein ökonomischen Widerstand der Armut, der zum Beispiel die Mutter Wolffen im *Biberpelz* abgehalten haben würde, sich in eine Verwicklung wie diese zu stürzen. Verständlich wird jedenfalls die Handlungsweise der Frau John erst, wenn man ihren Wunsch nach einem eigenen, nicht adoptierten Kinde
als den Versuch versteht, mit den der Frau zur Verfügung stehenden Mitteln Macht über den
Mann zu bekommen; John arbeitet in Hamburg und ließe sich erst durch ein solches Ereignis
wieder sicher nach Berlin zurücklocken. Als Frau John spürt, daß ihr Plan mißlingen könnte,
hält sie ihrem Manne vor:

> Wat läßte mir jahrelang alleene, Paul? wo ick in mein Käfije sitzen muß und keen Mensch nich is,
> mir ma auszusprechen. Manch liebet Mal hab' ick hier jesessen und jefracht, warum det ick immer
> rackern du', warum det mir abdarbe, Jroschens mühsam zusammenscharre, dein Verdienst jut an-
> leje und wie ick uff jede Art wat zuzuverdien mir abjrübeln du'. Warum denn? Det soll allens for
> fremde Leite sind? Paul, du hast mir zujrunde jerichtet!   II, 810

Selbstverständlich kann ihre eigene Begründung nur das Äußere treffen, nicht die inneren Motivationen, über die sie sich selbst nicht im klaren ist, aber der Kontrast zwischen dem
plausiblen, wenn auch wenig bedeutenden Grund (,,Det soll allens for fremde Leite sind?") und
dem tiefen Vorwurf (,,Paul, du hast mir zujrunde jerichtet!") spricht deutlich genug von den unterhalb der Worte liegenden Motivationen. Hauptmanns Berliner Kreidekreis ist kein Stück von
irregeleiteter Mutterliebe, sondern vom Selbstbehauptungskampf der Frau gegen den Mann mit
Hilfe eines Kindes. Denn auch Pauline Piperkarcka will ihr Kind nur zurückhaben, um den Vater zur Heirat zu zwingen: ,,Muß mir heiraten" (II, 772). Frau John unterliegt in der großstädti-
schen Sphäre; Mutter Wolffen glückt ihre Herrschaft, solange sie sich aus der Großstadt heraus-
hält und in ihrem beschränkten Julius allerdings auch den rechten Mann hat. Ist ihre Vormachtstellung in der Familie erst gesichert, so kann sie sie auch auf die Gesellschaft ausdehnen. Denn
daß es in *Biberpelz* und *Rotem Hahn* ebenfalls um Familienangelegenheiten geht, ist offensichtlich. Oskar Seidlin hat im einzelnen nachgewiesen, daß beiden Stücken geradezu eine Art ,,Ur-
mythos" unterliegt, nämlich der von Matriarchat und Patriarchat[13]. Im *Biberpelz* etabliert Mutter Wolffen die Herrschaft der Frau über die sich klug dünkende Männerwelt, im *Roten Hahn*
verliert sie das Gewonnene wieder an die Patriarchen. Macht hatte sie über die Natur und ihre
Produkte, über Holz, Wild und Pelz; sobald sie aus der einfachen Warenwirtschaft in den Bereich des Geldes und der Spekulation trat, war ihre Macht gebrochen – hier herrscht der Mann.
Nun sind solche Bezüge bei Hauptmann nicht an den Haaren herbeigezogen, ganz abgesehen
von den schlüssigen textinternen Belegen, die Seidlin gibt. Schon früh hatte Hauptmann die
Schriften J. J. Bachofens und besonders sein Werk über das Mutterrecht kennengelernt; der
Roman *Die Insel der großen Mutter* (1924) ist die utopische Geschichte einer matriarchalischen

Gesellschaft irgendwo im Pazifik, und Bachofens Interpretation des Aeschylus liest sich über weite Strecken wie ein Kommentar zur *Atriden-Tetralogie*[14]. Hauptmann war empfänglich für Mythen, und er hat sich selbst zuweilen mit wechselndem Erfolg an der Schaffung eigener synkretistischer Mythen versucht. Sieht man auf das von ihm Übernommene, so fällt auf, daß es zumeist ebenfalls dem Begriffsbereich „Familie" angehört, unter dem ja Patriarchat und Matriarchat eingeschlossen sind. Neben Delphi, das ihm die Vorstellung eines „Urdramas" suggerierte, war es besonders Eleusis und sein Demeter-Kult, der Hauptmann auf seiner Griechenlandreise 1907 inspirierte.

„Große Mütter" gibt es in guter Zahl in Hauptmanns Werk, von Frau Wolff und Frau John bis Klytemnästra. Ihnen ordnen sich die verschiedenen religiösen und literarischen Sohnesgestalten zu: Orest, Christus und Hamlet, um nur die gängigsten zu nennen. Auch sie finden sich in den verschiedensten Spielarten oder Bezügen in Hauptmanns Werk, und sei es in so scheinbar nebensächlichen Identifikationen wie der Widmung der *Weber* an den Vater Robert Hauptmann – das Werk sei das Beste, „was ‚ein armer Mann wie Hamlet ist' zu geben hat" (I, 321). Hauptmanns lebenslange Faszination gerade durch den Hamlet-Stoff ist außerdem manifest in seiner Übersetzung von Shakespeares Stück, in dem Drama *Hamlet in Wittenberg* (1935) und in dem Roman *Im Wirbel der Berufung* (1936). Ein anderes episches Werk, *Der Narr in Christo Emanuel Quint* (1910), verweist auf den bedeutendsten religiösen Sohnesmythos, und es überrascht nicht, daß sich in Hauptmanns Nachlaß auch Entwürfe zu einem Christus-Drama fanden. Zu den Mutter- und Sohnesmythen tritt schließlich noch als populärste Vater-Mythe die Geschichte vom König Lear hinzu, die Hauptmann schon in den neunziger Jahren hatte neu schreiben wollen; im Dr. Scholz aus dem *Friedensfest* hatte er bereits eine Vorstudie dazu geschaffen, Geheimrat Clausen in *Vor Sonnenuntergang* identifizierte sich dann selbst mit dieser Rolle.

Die Dominanz von Familienkonstellationen, von Mütter-, Väter- und Sohnes-Mythen in Hauptmanns Werk fordert zur Frage nach Ursachen und Bedeutung heraus. Der erste Teil ist der schwerere, denn er betrifft den weithin unzugänglichen Bereich des Inneren der schöpferischen Persönlichkeit. Es ist verhältnismäßig leicht, Gerhart Hauptmann einen Ödipus-Komplex zu attestieren[15], aber einmal ist ein solcher Begriff aus der Psychologie nur von sehr beschränktem Nutzen bei der Betrachtung eines Menschen in seinen vielfachen inneren und äußeren Verhältnissen, und zum anderen wird die Relevanz eines Kunstwerks nicht schon durch den Verweis auf ein seelisches Trauma seines Autors erklärt. Anderes kommt hinzu: Hauptmanns Abstammung aus dem schlesischen Kleinbürgertum als Sohn eines nicht sehr erfolgreichen Gastwirts, berufliches Scheitern auf verschiedenen Ebenen, eine lange und tief wirkende Ehekrise, die zur Trennung von seiner ersten Frau und den drei Söhnen führte – alles dies hat zweifellos zusammen mit Anlagen und tieferen Antrieben ebenfalls auf Hauptmann eingewirkt und zur Vorherrschaft jener familialen Themen, Stoffe und Motive geführt. Wichtiger jedoch als die Ursachen sind die Wirkungen, also die Erkenntnisse und Erfahrungen, zu denen ein solches Werk den Weg bereiten kann.

Überblickt man die Personen von Hauptmanns Dramen, so fällt auf, daß unter den sympathischen Gestalten die Frauen durchaus vorherrschen, wobei Sympathie im weitesten Sinne als Mitleiden und Mitempfinden verstanden werden soll. Der bei weitem dominierende Männertyp dagegen ist der Schwache, Schwätzer oder Versager, dessen Ansprüche auf eine führende Rolle in keinem Verhältnis stehen zu seiner Kraft, Einsicht, Intelligenz oder Leistungsfähigkeit. Die Variationen reichen vom Grotesk-Lächerlichen bis zum Bedauernswerten oder gar Tragischen. Hierher gehören Alfred Loth, Johannes Vockerat, Fuhrmann Henschel, die verschiedenen Titelhelden der Künstlerdramen, sämtliche Männer aus dem *Biberpelz*, der Träumer Michel Hellriegel in *Und Pippa tanzt!* (1906), natürlich Harro Hassenreuter aus den *Ratten*, aber auch Florian Geyer, der Geheimrat Clausen und schließlich selbst König Agamemnon, der in seiner Jagdlust eine tragende Hinde, ein heiliges Tier der Artemis, tötet und so den Zorn der Göttin auf sich herabbeschwört, dessen Konsequenzen er dann nicht mehr gewachsen ist. Überhaupt läßt Hauptmann gern seine Männergestalten als Jäger erscheinen oder stattet sie mit Insignien der Jagd aus, von Wilhelm Kahl in *Vor Sonnenaufgang* über Flamm in *Rose Bernd* und Odysseus bis zum großen König von Mykene. Daß Hetzjagd, Meute und zur Strecke gebrachtes Tier häufige Metaphern in Hauptmanns Dichtung sind, ist früh schon erkannt worden, und es gibt Männergestalten in seinem Werk, deren ganzes triebhaftes Trachten allein darauf gestellt ist: Neben Kahl ist wohl der mit dem suggestiven Namen Streckmann ausgestattete Verderber Rose Bernds das signifikanteste Beispiel. Aber die Jagd ist zumeist nur Ausdruck männlicher Übermacht und nicht menschlicher Stärke, ebensowenig wie es auf der anderen Seite der religiöse Eifer von Rose Bernds Vater und Bräutigam oder gar die Bigotterie eines Pastor Angermann ist. Es fällt schwer, wirklich starke Männergestalten dagegenzustellen. Der Mann versagt bei Hauptmann fast immer als Mensch und weiß seine Rolle nur durch Gewalt oder Tradition aufrechtzuerhalten. Erst außerhalb der Gesellschaft oder in der Nähe des Todes läßt sich zuweilen Stärke und Kraft wiedergewinnen. Aber nur in Mythe oder Geschichte findet sich das bei Prospero im *Indipohdi* zum Beispiel oder auch bei Odysseus, Veland und bei Montezuma im *Weißen Heiland*.

Unter den Frauen Hauptmanns treten entsprechend ihrer Rolle in einer Männergesellschaft hauptsächlich zwei Gruppen hervor: die Mütter einerseits und die jüngeren Frauen oder Töchter als Sexualobjekte andererseits. „Wenn's dem Manne nach ginge, Vater Bernd, gäb's nischt wie bloß ledige Mannsen und Weibsbilder" (II, 205), sagt Frau Flamm in *Rose Bernd*. So sehr die Ehe ein Mittel des Mannes zur Ausnutzung und Unterdrückung der Frau sein kann, so sehr ist sie doch zugleich auch Schutz der Frau gegen seine absolute Willkür, vor allem wenn die Frau zugleich Mutter ist und mit dem Kind ein eigenes Machtinstrument in die Hand bekommen hat, dem der Mann sich nicht leicht entziehen kann. In der vom Stoff her allerdings schwachen Komödie *Griselda* (1909) hat Hauptmann die Eifersucht, ja den Haß des Mannes auf das Kind zum Thema gemacht und die Entwicklung bis an den Rand der Tragödie oder zumindest der Auflösung der Familie getrieben. Es handelte sich dabei speziell um das männliche Kind, den Sohn, also das Abbild des Vaters, aber aus dem Leibe der Mutter. Wie die beiden großen literarischen Mythengestalten Orest und Hamlet zeigen, ist jedoch auf die erwachsenen Söhne in ihrem Verhältnis zur Mutter kein Verlaß. Deshalb spielt gerade der im Kindesalter gestorbene Sohn bei Hauptmann mehrfach eine merkwürdige Rolle. Sowohl Frau John wie Frau Flamm und Frau Wolff haben früh ihre Söhne verloren und tragen die Erinnerung daran gelegentlich mit Sentimentalität zur Schau. Frau John sucht nach einem neuen „Adelbertchen" (II, 757), die an den Rollstuhl gebundene Frau Flamm versucht, das Mutterverhältnis auf den unter diesen Umständen besonders schwer zu regierenden lebenslustigen und jüngeren Mann zu übertragen, und nur Frau Wolff findet es am besten, sich zwar des Sohnes dann und wann ostentativ zu erinnern, aber mit Hilfe der Töchter zu regieren, die den andern beiden Frauen fehlen.

So wird die Solidarität zwischen Mutter und Töchtern ein weiteres Mittel zum Schutze der Frau gegen die Macht des Mannes.

> Nein, niemals soll sie leiden, was ich litt
> und irgendein vom Mann mißbrauchtes Weib.
> Eh das geschieht: ich morde um mich her,
> sinnlos wie eine rasende Harpyie!

III, 887

sagt Klytemnästra, als Agamemnon Iphigenie zu opfern bereit ist. Und die von den Männern gejagte und in Verwirrung getriebene Rose Bernd, deren Mutter früh gestorben ist, meint: ,,Ma sellde vielleicht . . . doch ane Mutter han . . .'' (II, 229). Der Fuhrmann Henschel aber versucht sein eigenes Unterliegen unter den Machtwillen seiner zweiten Frau zu verhindern oder auch nur hinauszuzögern, indem er sich deren unehelicher Tochter versichert und sie ins Haus bringt. Den eigenen Töchtern dagegen bringen die Väter gewöhnlich jene Strenge entgegen, die sie für die möglichen Verbündeten der Mütter als nötig empfinden. Eine Tochtertragödie ist das Stück von den Leiden und der Himmelfahrt des Hannele Mattern, Rose Bernds Sündenbewußtsein wird durch den frommen Vater geprägt, und Dorothea Angermann wie Iphigenie fallen der väterlichen Autorität zum Opfer. Als Objekte der Machtbesessenheit oder Gier der Männer sind überhaupt die jüngeren Frauen ohne den Schutz, den Ehe und Mutterschaft wenigstens in gewissem Umfange bieten. Schutz und Freiheit müssen sie, wenn sie nicht unterliegen wollen, aus sich selbst entwickeln, und das geschieht vorwiegend mit den drei Mitteln Wissen, Gewalt und Promiskuität. Bürgerliche Frauen wie Helene Krause oder Käthe Vockerat empfinden vor allem ihren Mangel an Wissen, ihre unentwickelten Denkfähigkeiten als wesentlichen Teil der Unterlegenheit ihres Geschlechts und versuchen die Gelegenheiten zur Bildung wahrzunehmen, wo sie sich bieten, etwa in der Begegnung mit Loth oder Anna Mahr, der russischen Emigrantin, die in Zürich eingeschriebene Studentin ist, denn in der Schweiz waren bereits seit der Mitte des neunzehnten Jahrunderts Frauen zum Universitätsstudium zugelassen. Auch Mutter Wolffen weiß übrigens, daß Bildung Macht ist:

> Du hast keene Bildung, Julian. Von Bildung hast du ooch keene Spur. Wenn ich nee gewest wär', Julian! Was wär' ock aus da Mädeln geworden? Ich hab' se gebild't erzogen, verstehste. De Bildung is heutzutage de Hauptsache.   I, 488

Gewalt als weibliche Schutz- und Befreiungsreaktion findet sich bei Hauptmann in den verschiedensten Formen. Dazu gehört das Töten des eigenen Kindes bei Rose Bernd, aber auch, als indirekte weibliche Gewaltanwendung, verschiedene Fälle männlicher Selbstmorde wie der von Fuhrmann Henschel oder Gabriel Schilling (*Gabriel Schillings Flucht*, 1912), der gar von der vampirhaften Galionsfigur eines gestrandeten Schiffes ,,geholt'' wird als Opfer seiner Verwicklungen mit der Weiblichkeit. Elsalil in der *Winterballade* (1917) rächt den Mord an einer Familie durch einen vampirisch tödlichen Otternbiß. Auf dem Tiefpunkt der Gewaltausübung jedoch steht Iphigenie in Tauris, die Priesterin der blutigen Hekate, die alle Fremden dort, also vor allem ihre eigenen Landsleute, in Scharen auf dem Opferaltar hinschlachten muß:

> Ich opferte
> auf deinem Altar Griechensöhne: Kinder
> von Müttern meines Volks,   III, 2071

so daß es für sie auch nach der Befreiung und Rettung keine Rückkehr ins menschliche Leben mehr geben kann.

Unblutig ist der Einsatz weiblicher Sexualität als Mittel des Protestes und der Selbstbehauptung, wo die Frau sonst gewöhnlich nur Objekt der Begierde ist. In der Promiskuität versuchen Charaktere wie Elga (*Elga*, 1905), Gersuind in *Kaiser Karls Geisel*, Hamida in *Hamlet in Wittenberg* oder aber auch Hanne Schäl in *Fuhrmann Henschel* ihre Freiheit und Macht über die Männer zu behaupten. ,,Nach meinem Wohlgefallen laß mich leben,'' sagt Gersuind zu Kaiser Karl,

> ... mich meine Wege gehn
> und keinem, der mich fragt, wohin ich gehe
> und wo ich war, die Antwort schuldig sein.   II, 503

In Spuren findet sich darüber hinaus in Hautpmanns Werk auch das Ausbrechen aus traditionellen sexuellen Partnerschaften als Zeichen des möglichen Aufbruchs in das Utopia neuer und humanerer menschlicher Beziehungen.

> Du Männin, Mannesmutter! Mutter mir,
> mir Neugebärerin und Weib und Schwester –
> gesuchte selige Insel meines Lebens –   II, 1410

redet im *Indipohdi* Prospero seine junge Frau Tehura an, und die Andeutung von inzestuösen Neigungen zwischen Geschwistern findet sich im selben Drama. Und in der späten Komödie *Ulrich von Lichtenstein* (1939) kommt es zu einem grotesken sexuellen Rollentausch des Helden, bis er sich schließlich zur distanzierten Frauenverehrung der Hohen Minne durchringt: Erziehung zum Matriarchat.

Die realistisch greifbarste Gestalt einer um ihr eigenes Recht ringenden Frau bleibt zweifellos Anna Mahr in *Einsame Menschen*. In ihr drängen sich am überzeugendsten die Symptome der Emanzipation zusammen: Entschlußkraft und Entschlossenheit, Zartheit und Rücksichtslosigkeit, Wissensdurst und ideologische Verbohrtheit, Erotik und Kälte. „Daß Erlösung an Schuld, Aufstieg an Verhärtung des Herzens geknüpft sein soll, – das ist die allem Sinn entfernteste Geheimchiffre der Natur", hat Max Brod einmal bei der Betrachtung der Anna Mahr festgestellt[16].

Es wäre bei alledem falsch, in Gerhart Hauptmann einen ausdrücklichen Vorkämpfer des Feminismus sehen zu wollen. Als Dramatiker stellt Hauptmann Konflikte, also Kollisionen von Menschen dar, und er tut es in der Überzeugung von der Notwendigkeit des „Anderscherwerdens". „Und das muß anderscher wern, sprech' ich, jetzt auf der Stelle" (I, 379), schwört Weber Ansorge, als er das Weberlied gehört hat, und der alte Huhn in *Pippa* träumt: „Aber eemal wird's vielleicht anderscher sein" (II, 284). Daß sich die Zusammenstöße bei Hauptmann in erster Linie als Familienkonflikte darstellen, ist nicht nur allgemeine Nötigung des in der Familie aufgewachsenen und ökonomisch an sie gebundenen bürgerlichen Autors, sondern auch Folge eines besonderen familialen Denkens, das sich aus dem Zusammentreffen historischer und soziologischer Faktoren mit besonderen psychologischen ergeben hat. Das geht bei Hauptmann so weit, daß sich selbst politische Konflikte im Bilde der Familie darstellen, denn auch der Aufstand der schlesischen Weber ist zum Beispiel, genau betrachtet, Mythos und Familienangelegenheit. „Die meisten der harrenden Webersleute" – Männer, Frauen und Kinder – „gleichen Menschen, die vor die Schranken des Gerichts gestellt sind, wo sie in peinlicher Gespanntheit eine Entscheidung über Leben und Tod zu erwarten haben" (I, 324), heißt es in der Szenenanweisung zum ersten Akt. Von einzelnen Familien nimmt der Aufstand seinen Ausgang, und in den unaufgehobenen Gegensätzen der Familie Hilse – Vater, Mutter, Sohn und Schwiegertochter – läuft das Stück schließlich aus. Daß der andere große Versuch zur Darstellung politischer Bewegung, der *Florian Geyer* (1896), insgesamt daran scheiterte, daß Hauptmann geschichtliche Kräfte nicht sah und sich im Grunde dafür auch nicht interessierte, kann nur am Rande vermerkt werden. Jedenfalls ergab sich aus Hauptmanns besonderen Erfahrungen in einer ganz und gar vom Mann dominierten Gesellschaft damit nahezu selbstverständlich die Hervorhebung der Frau als des häufigeren Opfers in den Konflikten und als der stärker Leidenden, was nicht identisch ist mit einem Engagement für die Frauenemanzipation. Ein Stück mit dem Thema *Mutterschaft*, das die Mühen einer jungen Ärztin um größere Humanität für ledige Mütter zum Thema haben sollte, ist Entwurf geblieben. Als Ideal konnte Hauptmann außerdem kaum die Befreiung des einen Teils der Menschheit auf Kosten des anderen erscheinen, sondern eher wechselseitige und gegenseitige Befreiung. Daß er tatsächlich entsprechende Vorstellungen gehabt hat, bezeugen Stücke wie *Der arme Heinrich, Griselda* oder *Die Tochter der Kathedrale* (1939). Und als Anna Mahr Johannes Vockerat fragend erinnert: ,,Sie haben mir oft gesagt, Sie ahnten einen neuen, höheren Zustand der Gemeinschaft zwischen Mann und Frau," antwortet dieser ,,mit Wärme und Leidenschaft":

> Ja, den ahne ich, den wird es geben, später einmal. Nicht das Tierische wird dann mehr die erste Stelle einnehmen, sondern das Menschliche. Das Tier wird nicht mehr das Tier ehelichen, sondern der Mensch den Menschen.   I, 238

Von der Realität sind solche Hoffnungen noch weit entfernt, wie diese und die vielen anderen Tragödien Hauptmanns zeigen. Selbst Triumphe wie derjenige der Frau Wolff im *Biberpelz* oder der Weber in ihrem Aufstand gegen die Maschinen und ihre Besitzer behalten ästhetisch wie inhaltlich deutlich etwas Vorläufiges und Offenes, ganz abgesehen von dem Wissen des Zuschauers um die Fortsetzung des einen Stückes oder die historischen Tatsachen des Weberaufstandes im Falle des anderen.

Hauptmanns Versuche, aus mythischen und legendären Stoffen stärkere Anschauung für Zukünftiges zu gewinnen, stoßen oft auf den Widerstand dieser Stoffe, in denen immerhin bereits etwas Abgeschlossenes, zumindest im Bilde zu Ende Gedachtes vorlag, das sich seiner Neigung und seiner Fähigkeit widersetzte, das Drama und seine gegeneinander handelnden Figuren als Denkmittel zu benutzen. Selbst in der *Atriden-Tetralogie* stand der versöhnliche Schluß in Delphi der sich entwickelnden Konsequenz der drei anderen Stücke entgegen. Deren sprachlich oft hinreißender Ausdruck des Hohnes und der tiefen Verzweiflung hatte von der brutalen Wirklichkeit des Zweiten Weltkrieges entschieden Inspirationen empfangen und auf diese Weise den Mythos wie in jeder bedeutenden mythischen Dichtung mit der unmittelbaren Lebenssphäre des Autors verschmolzen. Die mild herabgetönte *Iphigenie in Delphi*, das letzte der vier Atriden-Dramen, ist dagegen als erstes Stück entstanden und verschafft so dem Gesamtwerk eine gewisse Inkonsequenz oder Brüchigkeit. Hauptmann ist und bleibt dort am stärksten, wo er Wirklichkeit aus eigener Anschauung darstellt – in *Vor Sonnenaufgang,* den *Webern* und dem *Biberpelz,* in den *Ratten* und *Rose Bernd,* um nur einige seiner bedeutendsten Stücke noch einmal zu nennen. Er ist am stärksten, wo er die konkrete Wirklichkeit mit seiner Erkenntnis von den Kämpfen und Kollisionen menschlicher Triebe, von Sexualität und Machtgier, durchdringt und in aller tragischen Verstrickung den ununterdrückbaren Wunsch nach Befreiung aus solcher Herrschaft sehen läßt. Endgültige Antworten sind nicht zu finden, Ambivalenz bleibt, denn Hauptmann hatte keine Ideologie zur Hand oder zur Seite. Aber wenn das manchem als Schwäche erscheint, so läßt es sich doch auch als Stärke sehen. Indem er sich auf eine viel weitere Problematik als die innerhalb eines gewissen historischen Kontexts gegebene bezieht, dürfte er auch bedeutend und relevant bleiben, wenn die eine oder andere Erlösungslehre längst ihre eigenen Versklavungsmechanismen enthüllt hat.

Arthur Schnitzlers Dramatik
Ernst L. Offermanns

ARTHUR SCHNITZLER (1862–1931) zählt zu den wenigen Autoren deutscher Sprache, die zu fast gleichen Teilen als Erzähler und Dramatiker Bedeutung erlangt haben. Allerdings unterscheiden sich das dramatische und das erzählende Werk Schnitzlers in ihrer Intention und strukturellen Eigenart in geringerem Maße, als es die Bestimmungen der traditionellen Gattungspoetik vermuten lassen. Vielmehr weisen die Erzählungen einen deutlichen dramatischen Einschlag, die Dramen ein starkes episierendes Moment auf, eine Tendenz, die bis zur Mischgattung führt, etwa in der Monolog-Novelle *Leutnant Gustl*. Im Vordergrund der dramatischen wie der erzählenden Darstellungsweise steht die Fiktion der unmittelbaren individuellen Selbstaussprache der Figuren, in der Epik unter fast völligem Verzicht auf jegliche Erzählerreflexion, in der Dramatik unter erheblicher Abschwächung der eigentlich dramatischen Elemente wie Konflikt, Willensentscheidung und Tat – beides Tendenzen der literarischen Moderne schlechthin.

Schnitzler, Jude, Angehöriger des Wiener Großbürgertums – sein Vater hatte sich aus ärmlichen Verhältnissen hochgearbeitet – und von Beruf Arzt, wurde weder von feststehenden religiösen, philosophischen, politischen oder sozialen Doktrinen noch auch durch eine bestimmte literarische Tradition oder Theorie wesentlich geprägt. Voraussetzung für Weltsicht und Werk waren vielmehr zwei teils im Widerspruch zueinander stehende Derivate aufklärerischen Denkens: eine für seine Gesellschaftsschicht typische vage und utilitaristisch entstellte Liberalität, die aber die Leitvorstellung individueller Autonomie und Toleranz noch mitumfaßte und die sich im Rationalitätsprinzip mit dem naturwissenschaftlichen Positivismus und seiner strikt empirischen Erkenntnismethode, beherrscht jedoch vom reinen Kausalitäts- und Quantitätsdenken, traf. Eine universelle Sinngebung der Welt war von hierher nicht mehr möglich. Statt dessen konnte sich jedoch ein unverstellter subtiler Realitätssinn ausbilden, der in weitgehend vorurteilsfreier Offenheit des Beobachtens und Denkens, jeglicher vorschneller Abstraktion mißtrauend, sich die Wirklichkeit, vornehmlich die psychische, neu zu erschließen suchte, nicht zuletzt durch Introspektion, in der erkenntnistheoretischen und ethischen Grundhaltung eines skeptischen Rationalismus. Dem entsprach ein religiös-metaphysischer Agnostizismus, für den die scheinbar selbstverständliche Naturgesetzlichkeit das eigentliche und einzige „Wunder" bedeutete[1].

Die für Schnitzlers Erkenntnisinteresse und seine literarischen Arbeiten wesentlichen Fragestellungen sind mit dem menschlichen Leben gesetzt. ‚Liebe' und ‚Tod' verweisen als Stichworte auf Glück, Rätsel und Ungewißheiten erotischer Erfüllung wie auf die leidvolle Gewißheit der Vergänglichkeit individuellen Lebens. Hinzutritt das Element des ‚Spiels'[2]. Seine Dialektik umschließt die Vielfalt des Möglichen in der Steigerung und Verwandlung, die Vorwegnahme besserer Wirklichkeit, Leidüberwindung, Heiterkeit, Freiheit, aber auch den Verlust von Identität und Realität, Täuschung, Unernst, verantwortungsloses Abenteurertum, Marionetten- und Rollenexistenz. Zwischen beiden Möglichkeiten drohen die Übergänge, zwischen Wirklichkeitssteigerung und -verlust, teils schuldlos, teils schuldhaft, fließend zu werden. Unsicherheit, Verwirrung, Mißverständlichkeit bestimmen das Lebensspiel im kleinen wie im großen, das seine adäquate Spiegelung auf der Bühne erfährt: Leben und Theater unter dem gleichen ambivalenten Gesetz des Scheins, durchaus in der Tradition des Barock, jedoch ohne dessen metaphysisches Fundament.

Die anthropologischen Grundmöglichkeiten bleiben in den Wandlungen des Geschichtslaufs weitgehend konstant. Ihre realen Ausprägungen stehen jedoch in enger Wechselwirkung mit den geistigen, moralischen, politischen, sozialen und ökonomischen Tendenzen eines jeweiligen Zeitalters. Dem zollte Schnitzler zunächst geringe Aufmerksamkeit, wenngleich bereits die Anfänge seines Schaffens einen klaren Blick für die ungerechten Besitz- und Standesverhältnisse seiner Zeit, aber auch für die selbstquälerische Inhumanität bürgerlicher Moralkonvention erkennen lassen. Doch ist Schnitzler in seiner Frühzeit stark von einem Apolitizismus geprägt, der gegen Ende des Jahrhunderts für den größten Teil des mit dem Niedergang des Liberalismus politisch einflußlos gewordenen ‚gehobenen' Wiener Bürgertums in seiner Hinneigung zu einer ästhetizistischen und narzißtischen Lebensform charakteristisch war[3]. In zunehmendem Maße nötigen dann aber Erscheinungen wie der sich verstärkende Antisemitismus, insbesondere der christlich-sozialen und der deutschnationalen Partei, deren ressentimentäre, partikulare Interessenpolitik ihr Pendant in der Korruptheit großer Teile der Presse hatte, Zensurschwierigkeiten, Demütigungen seitens öffentlicher Instanzen und schließlich die verantwortungs- und phantasielose Kriegsbereitschaft der meisten Politiker und Intellektuellen und großer Teile des Volkes Schnitzler zu einer stärkeren politisch-sozialen Akzentuierung seines Werkes, vor allem in dem Roman *Der Weg ins Freie* und im Dramen-, inbesondere dem Komödienwerk des Vorkriegsjahrzehnts.

Ausschlaggebend für die gehaltliche und formale Eigenart von Schnitzlers Dramatik wurde indessen seine Auffassung vom Ich. Der Scharfblick des empirischen Psychologen hatte, teils in Parallele zu den Erkenntnissen des Empiriokritizismus Ernst Machs und der Psychoanalyse Sigmund Freuds, gelegentlich auch in der Vorwegnahme von deren Ergebnissen, die Fragwürdigkeit der Annahme einer psychischen Kontinuität des Individuums erkannt, wobei offenblieb, ob die früheren geschlossenen Weltanschauungssysteme die Einheitlichkeit und Konstanz der Person lediglich fingiert oder postuliert hatten oder ob tatsächlich die rapide Dynamisierung aller Lebensphänomene im Zuge des Industrialismus und Kommerzialismus des 19. Jahrhunderts den Ichzerfall erst angebahnt oder zumindest ins Extrem gesteigert hatte. Wie aber konnte ein Drama beschaffen sein, wenn die dramatis personae, ohne festen Personkern und durchgängige Ich-Identität, als grundsätzlich kontaktlos zu denken waren und primär bestimmt von einer inneren und äußeren Suggestibilität? Als adäquate dramatische Darstellungsform entwickelte Schnitzler, dessen vorwiegende Begabung für literarische Kurzformen ihm selbst bewußt war, seinen Typus des Einakters und Einakterzyklus' als Abspiegelung der episodischen Lebensform des auf seine wechselnden Eindrücke reduzierten Individuums in der durch Isolation bedingten weitgehend nicht-dialogischen Selbstaussprache. Dieser Dramentypus beherrscht die erste große Schaffensphase, die der 90er Jahre. Die wenigen mehraktigen Stücke dieser Zeit, von eher traditionell-realistischer Machart, bleiben, bis auf *Liebelei,* auf eine mehr äußerliche gesellschaftliche Detailkritik beschränkt.

Seit den ersten Jahren des neuen Jahrhunderts wandelte sich Schnitzler unter dem Eindruck seiner Lebenserfahrung im öffentlichen, aber auch im privaten Bereich – Vaterschaft und Legitimierung der Verbindung mit Olga Gussmann 1902/03, Intensivierung eines selbstkritischen Verantwortungsbewußtseins – vom eher distanziert-‚klinischen' Diagnostiker des dekadenten, angeblich ‚unrettbaren' Ichs zunehmend zu dessen Kritiker und gelangte zur Ausbildung einer spezifischen Komödienform, in der sich das in den Einaktern als satirischer Einschlag zwar schon vorhandene, aber nicht ständig durchgehaltene individual- und gesellschafts-kritische und appellative Moment deutlich verstärkt und der mitunter resignativen Auffassung vom Marionettencharakter des Individuums die Forderung nach Autonomie entgegenstellt. Allerdings geschieht dies auch in den Komödien mit wechselnder Intensität und nicht mit letzter Entschiedenheit, da die notwendige Voraussetzung, die Willensfreiheit, in Schnitzlers Vorstellungswelt auch der mittleren und späteren Jahre eigentümlich zwischen den Seinsmodi der Realität, pragmatischer Fiktion und eines ethischen und ästhetischen Postulats schwankt und eher als ein Gegenstand des Glaubens und der Ahnung denn als unabweisliche Gewißheit erscheint.

Trotz einer deutlichen Einschränkung des positivistischen Kausalitätsdenkens steht auch der neue Dramentypus unter dem nach Schnitzlers Meinung für das moderne Drame seit Kleist konstitutiven ,,unauflösbaren Widerspruch zwischen Verstand und Gefühl‘‘, der darin begründet liegt, daß beide Vermögen ,,auch bei gelegentlicher scheinbarer Übereinstimmung und Versöhnung völlig getrennten Haushalt führen‘‘ und einander wechselseitig ,,verwirren‘‘[4]. Diese mangelnde personale Integration, Verwirrbarkeit des Verstandes und Beirrbarkeit des Gefühls, schränkt die autonome Entscheidungsfreiheit des Individuums erheblich ein und führt unter Auflösung der Denk- und Handlungssouveränität verleihenden Dialektik von Spiel und Ernst dazu, daß einerseits dem unverstellten Erlebnis mit Befangenheit und unangemessener Schematisierung begegnet wird, zum anderen der Verstand auf die Triebansprüche mit sich selbst täuschender Rationalisierung (im Sinne der Psychoanalyse) antwortet, sei es in der Form ideologischer Fixiertheit oder in der Unverbindlichkeit des absoluten Spiels.

Diese Grundkonstellation nannte Schnitzler selbst ,tragikomisch‘, verwendet die Gattungsbezeichnung ,,Tragikomödie‘‘ jedoch nur einmal (*Das weite Land*). Mit Blick auf die Komödientradition wäre unmißverständlicher von einer ,Partialkomödie‘ zu sprechen, da ein mit Notwendigkeit ablaufendes Geschehen, dem die prinzipielle Schwäche des Menschen im Erkennen, Wollen und auch Sprechen zugrunde liegt und zu der dann noch charakterliche und soziale Zwänge hinzutreten können, nur einen geringen Spielraum für klare Einsicht und freie Entscheidung und damit für das kritisch-satirische und das utopische Element, die die Komödie konstituieren[5], beläßt. Den Mischtypus von protokollierendem Schauspiel und rudimentärer Komödie nennt Schnitzler dennoch durchweg – insgesamt sechsmal – ,,Komödie‘‘, nicht zuletzt wohl, um den kritischen, unter dem Freiheitspostulat stehenden Grundzug desjenigen Dramentypus zu akzentuieren, der für seine zweite dramatische Schaffensphase, etwa ab 1904, repräsentativ ist.

Die Einakterproduktion klingt nunmehr ab und versiegt, und es laufen lediglich einige Schauspiele nebenher, die mit ihrer historischen Tendenz den epochenübergreifenden Aspekt aktueller Problemlagen sichtbar machen und angesichts der andrängenden Überfülle disparater Gegenwartsphänomene die Möglichkeit größerer Distanz, Überschau und schließlich sogar eines typisierenden Ordnungsentwurfs anbahnen.

Schnitzler selbst war sich des undramatischen Grundzugs seiner Bühnenwerke durchaus bewußt, doch führte er den Umstand, daß ihm ein geschlossener, konsequenter Handlungsablauf, der auf der Spontaneität in der Zielsetzung, Entschluß- und Handlungsfreiheit mit sich identischer dramatis personae beruht, nicht gelingen wollte, auf ein Unvermögen jüdischer Wesensart zurück[6], während doch alle bedeutendere Dramatik um die Jahrhundertwende aus einer gleichen Bewußtseinslage heraus durchweg eine undramatisch-epische Form aufweist. 1910 konstatierte Schnitzler, ausgehend von *Das weite Land*:

> Da meine Weltanschauung eine eminent undramatische ist, d. h. vielmehr das Drama in seiner jetzigen Form aufhebt [. . .] bleibt mir sozusagen nichts anderes übrig als irgendwas wie eine neue

Form zu suchen. Ganz charakteristisch auch, dass ich mich in den letzten Jahren aus dieser Art Übergangsdramen in das stilisierte rette, wo Grenzen a priori gegeben[7].

Als „Gegenströmungen", d. h. als allerdings problematische Alternativen zur traditionellen Form des ‚geschlossenen' Dramas erschienen ihm die „Concentrirung (Einakter!)" und das „Auseinanderlaufen"[8], etwa in der Mehrsträngigkeit der Handlung und verschiedenen Weisen der Episierung. Die bereits 1904 formulierte Devise, „Aus dem anekdotischen heraus"[9], bezeichnet die bewußte Abkehr Schnitzlers vom weitgehend Beziehungslos-Partikularen der Einakter zu stärker unter dem Postulat von „Kontinuität"[10], ‚Totalität', ‚Zusammenhang' stehenden „Übergangsdramen", die dann zur spezifischen „neuen Form" der Gesellschaftskomödie und auch des historischen Dramas hinführte, wobei das epische „Auseinanderlaufen" noch am ehesten in Kauf zu nehmen war.

Schnitzlers Drama ging im wesentlichen aus seiner eigenen besonderen Welterfahrung hervor. Gehaltliche und formale Einflüsse mögen von der österreichischen Theatertradition – Grillparzer, Raimund, Nestroy, Bauernfeld, Anzengruber, vielleicht auch Halm und Wilbrandt – ausgegangen sein, vor allem aber von Ibsens gegen individuelle Lebenslüge und kollektive, doktrinäre Denkzwänge gerichtetem analytischen Drama mit seinen Anti-Helden, während schwer zu entscheiden bleibt, ob Maeterlincks ‚drame statique' – erste Erwähnung bei Schnitzler 1892 – einen Einfluß ausübte oder ob eine teilweise parallele Entwicklung stattgefunden hat wie etwa auch im Falle Tschechows. Während das Drama des deutschen Naturalismus wegen seines naiven und unkomplizierten Wirklichkeitsbegriffs und der Undifferenziertheit seiner Psychologie wenig Anregung zu bieten vermochte, gewannen für Schnitzlers Stücke, vornehmlich die Einakter der 90er Jahre, das die Wiener Bühne gegen Ende des Jahrhunderts stark beherrschende französische Salon- bzw. Konversationsstück der Ohnet, Pailleron, Sardou u. a. sowie Dialogszenen von Halévy, Donnay, Gyp, Marni, Monnier u. a., aber auch ein Roman wie Murgers *Scènes de la Bohème*, besondere Bedeutung. Gemäß der Dialektik von Spiel und Ernst bot die geschmeidige, funkelnde Causerie als der Schein des Gesprächs, der den Zerfall des Ich und damit den Verfall von Gesellschaft gleichzeitig verhüllte und offenkundig machte, den angemessenen dramatischen Ausdruck von „Wiens fröhlicher Apokalypse" (H. Broch).

Die Eigenart von Schnitzlers Einakter wirkt bereits in der ersten dramatischen Arbeit, die der Autor später in seine Gesammelten Werke übernahm, in dem Zyklus *Anatol* (1888–1891), vollendet ausgeprägt. Schnitzler ist bei Erscheinen der Buchausgabe bereits über 30 Jahre alt, und es liegt eine Fülle niemals gedruckter Dramen und -fragmente vor; schon 1880 waren es 23 abgeschlossene Stücke gewesen.

In der Figur des Anatol, einem jungen Lebemann im Wien des Fin de siècle, Verwandtem der westeuropäischen *décadents,* verkörpert sich jene auf die Empfindung des Augenblicks reduzierte Lebensform. Aus der schalen Alltäglichkeit heben sich die Episoden eigentlichen Daseins, die „unsterblichen Stunden" (1, 59) des Liebesabenteuers, heraus, deren Stimmung, sei es im Vollzug oder in der Erinnerung, das Bewußtsein einer beglückenden Identität mit sich, dem Du und dem ‚Leben' zu vermitteln scheint. Bewußtsein und Skepsis lassen jedoch in diesem unnaiven Abenteurer immer aufs neue den Verdacht aufkommen, lediglich als Gattungswesen zu fungieren, damit weder sich selbst noch auch den Frauen gerecht zu werden und in der immer wieder erlebten ‚Agonie' der Liebesempfindungen gar den Vorklang des Todes zu erfahren. Diese Einsicht sucht das diskontinuierliche Ich in der halbbewußten Verlogenheit der Pose zu überspielen, getrieben von einem der Ich-Schwäche korrespondierenden Verlangen nach Bestätigung seiner Einmaligkeit und seines Wertes und einer Sehnsucht nach Beständigkeit und Treue, wobei kaum zu entscheiden ist, ob solche ‚Werte' im Sinne des Autors als der Menschheit verlorengegangene, erst noch zu gewinnende oder als Illusionen einzuschätzen sind. Die Kompensation des Ichzerfalls in der Egozentrik führt dann bis zu größenwahnsinnigem Herrschergebaren gegenüber den Frauen; sie dienen Anatol lediglich als Projektionen seiner selbst und damit als Zweckobjekte.

Anatol gelangt in Wirklichkeit über eine entwicklungslose Summation bloßer Lebensquantitäten in der Wiederholung des Immergleichen nicht hinaus. Im wechselweisen Verwirrspiel von Verstand und Gefühl wird dabei die immer neu einsetzende Klarsicht, die den Wandel begründen könnte, von neuer Selbstillusionierung durchkreuzt. Diese Dialektik von Illusion und Wirklichkeit, die nicht von der Stelle kommt, obwohl sie ständig im Gange ist, bestimmt Statik und Komik der einzelnen Akte, bedingt aber auch gemäß dem Prinzip der Iteration die Reihungstechnik des Zyklus'. Die Personenkonstellation: Anatol – Max als ‚alter ego' – die teils bis zur Austauschbarkeit typenhaften Frauen, verstärkt die Tendenz zur spannungslos undialogischen Rede, die in die substanzlose Konversation und die monologische Selbstaussprache auseinandertritt.

Schnitzlers Intention ist wohl nicht als primär gesellschaftskritisch einzuschätzen. Die soziale Differenzierung der Frauen erscheint wenig ausgeprägt, Anatol weder als ‚Rentner' oder ‚parasitärer Bourgeois' noch auch als gegen das Utilitätsdenken sich sperrender, Leistung verweigernder ‚Dandy' genügend akzentuiert. Durchweg behält Schnitzler die Gegebenheiten der Menschennatur und die Resultate eines weitläufigen Kulturprozesses im Blick, die allerdings aktuellen, sozial bedingten Modifikationen unterliegen.

Ihre Vollendung findet die Reihungstechnik des *Anatol* in dem Einakterzyklus *Reigen* (1897)[11], in dem der Kreis als bestimmendes Formprinzip exakt dem Wiederholungsmechanismus entspricht, dem alles Geschehen unterliegt. In ästhetisch reizvollem Kontrast zur Trivialität der Vorgänge präsentiert die artifizielle Choreographie des Liebesreigens, der die Differenziertheit der Dialogkunst entspricht, zehnmal die gleiche Situation des ‚Davor' und des ‚Danach' mit einem jeweils anderen Paar, jedoch so, daß eine jede Szene im Austausch je eines Partners mit der vorangehenden wie mit der nachfolgenden und schließlich die letzte wieder mit der ersten ‚verhakt' ist.

Bei aller reizvollen Verschiedenheit der zehn Figuren nach Stand, Charakter, Vorstellungswelt und Sprache reduziert sich ihre Personalität in der Willkür des Partnerwechsels und der Verlogenheit, mit der die Begierde sich, auf die unterschiedlichste Weise allerdings, zu kaschieren sucht, auf die jeweilige Triebbefindlichkeit. Die durchgängige Dominanz der Männer in diesem die soziale Unterschicht, das Bürgertum, die Bohème und den Adel umschließenden Geschlechterreigen in ihrer Herrscherpose und ihrem Selbstbestätigungsdrang erfährt Einschränkungen durch Rollentausch (Schauspielerin), Emanzipationsversuche von der bürgerlichen Doppelmoral (junge Frau) und durch den Ausschluß des Angehörigen der Unterschicht (Soldat) von der herrschenden Promiskuität. Bei den Frauen, insbesondere den ungesichert lebenden, zeigt sich ein natürliches und soziales Schutzverlangen, auf das, zumindest teilweise, auch der Wunsch nach Durchbrechung der Anonymität und einer individuellen Beziehung, trotz aller Flüchtigkeit, zurückgeht. Doch bedeutet die Konstellation – hastiger, ernüchterter Aufbruch des Mannes nach dem Akt entgegen den Bitten der Frau, noch zu bleiben – nichts Zeittypisches. Sie stellte wohl bereits in Hogarths Kupferstichfolge ‚Before and After' von 1736, die Schnitzler möglicherweise inspiriert hat[12], einen Topos dar.

In dem erotischen Marionettentheater des *Reigen* fehlen die Gegenkräfte nicht völlig. Sie regen sich in der Bekundung von Leiden und Sehnsucht, in der freundlichen Geste und in der Solidarität der Sterblichkeit, nicht als Sache eines Geschlechtes oder Standes, sondern einzelner Individuen. Am ehesten zeigen noch Dirne und Graf, an den beiden Endpunkten der sozialen Skala stehend, menschliche Züge. Sie bilden vielleicht nicht von ungefähr das Paar des Schlußakts. Der Gestus des Stückes oszilliert entsprechend der objektiven Ungewißheit und Unentschiedenheit des Autors zwischen sachlicher Diagnose, spielerischem Witz, ästhetischer Stilisierung, kritischer Satire und mitfühlender Sympathie. Thematisch und der Form nach gehören in den Umkreis von *Anatol* und *Reigen* noch die Einakter *Die überspannte Person* (1894), *Halbzwei* (1894), *Die Gefährtin* (1898) und *Sylvesternacht* (1900), Stücke, in denen allerdings die Frauen durchweg aus ihrer Objektrolle herausgetreten sind.

     Eine erste Ausweitung der modernen Problematik von Spielertum und Momentexistenz ins Überindividuelle, auch der mit dieser Lebensform einhergehenden Verantwortungslosigkeit, vollzieht Schnitzler mittels distanzierender Kostümierung in zwei historisierenden Einaktern, in *Paracelsus* (1898), wo er die Situation der modernen Wissenschaft in die Spannung der komplementären Positionen von Abenteurer und Bürger einbezieht, und in *Der grüne Kakadu*, einem Stück, das wesentliche individuelle Antriebskräfte des politischen Lebens erkennbar macht.

     Paracelsus versteht als ‚moderner‘ Wissenschaftler bei umfassender Relativität des ‚Ganzen‘ und in der Auflösung des Wirklichkeitskontinuums in ein „Nur der Augenblick ist unser“ (1, 481) seine partikulare Wissenschaft in der Ambivalenz von Nützen und Herrschen als ein Spiel, das an die Stelle des erhabenen universalen Spiels des Weltenlenkers getreten ist. In einer vorwegnehmenden Darstellung von Leistung und Gefahr psychoanalytischer Behandlungsweisen zeigt das Stück auf, wie Paracelsus anderen mittels Bewußtmachung von Verdrängtem hilft, jedoch auch in die Versuchung gerät, Menschenseelen zu manipulieren, und in die Gefahr, sich in den eigenen Fiktionen zu verfangen. Durchaus nicht Sprachrohr des Autors, wird Paracelsus weder in seiner Erkenntnisskepsis desavouiert, noch aber auch in seinem narzißtischen Spielertum gerechtfertigt. Cyprian, zunächst der Vertreter einer konventionell verfestigten und verflachten ‚bürgerlichen‘ Lebensordnung, wandelt sich unter Paracelsus’ Einwirkung zu einer offeneren Gesinnung hin und erkennt ihm, im Tonfall der Moralität das Stück beschließend, das Verdienst zu, mit seinem ambivalenten Spiel jegliche ‚idealistische‘ Selbstüberschätzung mit der Folge konventioneller Zwänge und seelischer Leiden, insbesondere für die Frauen, zugunsten einer wirklichkeitsgemäßen Einschätzung menschlicher Möglichkeiten und Grenzen erschüttert zu haben.

     Gegenüber dem „Versspiel“, dessen Blankvers mitunter nicht sehr glücklich an Partien des *Faust* erinnert, läßt sich die „Groteske in einem Akt“, *Der grüne Kakadu* (1898), in ihrer unstilisierten Sprachgebung trotz des historischen Milieus – Paris am Beginn der Großen Revolution – unmittelbarer auf die zeitgenössischen Verhältnisse beziehen. In der Desillusionierung des Revolutionspathos und der Aufhebung einer festen moralischen Bestimmbarkeit der Stände tritt das Irrational-Triebhafte als Movens auch der politischen Abläufe hervor, die gleichfalls dem Mechanismus der Wiederholung unterliegen, der sich in der Kreisstruktur auch dieses Stückes spiegelt.

     Das mit Recht vielgerühmte, sich ständig steigernde Ineinanderspielen von Schein und Wirklichkeit bis hin zur völligen Desorientiertheit aller zunächst souverän die Situation einschätzenden Spieler und Zuschauer (durchaus in Parallele zur Paracelsus-Figur) zeigt an, wie in teils schuldhafter, teils auf Schwäche beruhender mangelnder Rationalität die angemessene Einschätzung der Wirklichkeit mißlingt, bei den naiven Schauspieler-Revolutionären ebenso wie in dem bewußten, dekadenten Spielertum des Herzogs von Cadignan, für den es ausgesprochenermaßen nur Augenblickswahrheiten gibt. Politik als Fortsetzung des Komödienspiels, das dazu dient, die individuelle Triebsituation zu rationalisieren, läßt am Ende auf ,groteske' Weise die nächste historische Ära anheben, indem Grasset, ein politischer Phraseur und Rückversicherer, den persönlichen Racheakt des von seiner Frau mit dem Herzog betrogenen Henri, der nichts sehnlicher erstrebt hatte als eine private Idylle, zur revolutionären Aktion ummünzt und ihn als Freiheitshelden reklamiert.

Mit *Lebendige Stunden* (1901) präsentiert Schnitzler eine Form des Einakterzyklus', die sich von dem mit *Anatol* und *Reigen* gegebenen Typus, für den man als angemessener die Bezeichnung ,Episodendrama' vorgeschlagen hat[13], durch einen weit loseren Zusammenhang der einzelnen Akte – in sich abgeschlossene Handlung mit jeweils verschiedenem Personal – unterscheidet, die lediglich durch eine gemeinsame innere ,Leitidee' zusammengehalten werden. Thema des Zyklus' ist das dialektische Wechselverhältnis von ,Leben', ,Kunst' und ,Tod', das in Abwandlungen und auf unterschiedlichen Stilebenen entfaltet wird. Der erste, dem Zyklus den Namen gebende Akt, *Lebendige Stunden,* wägt mit dem Ergebnis der Unentschiedenheit die Werte des lebendigen, aber vergänglichen Lebens und der leblosen, aber unvergänglichen Kunst gegeneinander ab und läßt auch die Frage der Berechtigung des Opfers des jeweils einen für das andere behutsam in der Schwebe. In *Die Frau mit dem Dolche* ermöglicht die Stück-in-Stück-Technik[14], die die Gegenwartshandlung zeitweilig in ein grelles Renaissance-Milieu verlegt, eine besonders intensive und beziehungsreiche Explikation der Tödlichkeit aller Bestrebungen in Liebe und Kunst, den Menschen als ein Mittel zu mißbrauchen oder ihn zum Selbstopfer als Objekt zu veranlassen. Ohne Ausblick auf eindeutige Lösungen erscheint das Künstlertum in der Ambivalenz von Schöpfertum und Zerstörung, wobei der bereits in *Lebendige Stunden* hervortretende egoistisch-herrscherliche, dem Leben gebieten wollende Grundzug künstlerischer Existenz besonders akzentuiert erscheint und mit dem Motiv des Lebensspielertums der Anschluß an die früheren Einakter erfolgt. Das ,Leben' jedoch sucht in dem unerbittlichen Kampf zwischen seiner oft nur scheinhaften Verewigung in der Kunst und seiner tatsächlichen Verwirklichung in der Liebe, die freilich der Vergänglichkeit unterliegt, triumphierend zurückzuschlagen. So auch in dem folgenden Akt, *Die letzten Masken.* Hier allerdings mildert sich bei gleicher Personenkonstellation, Künstler – Frau – Liebhaber, die Feindschaft, die sich in *Die Frau mit dem Dolche* bis zum tödlichen Anschlag gesteigert hatte, in der Würde der Todesverfallenheit und der wechselseitigen Relativierung von Glück und Leiden in Leben und Kunst ab. In *Literatur,* als wirkungsstarkem ,,Lustspiel in einem Akt" Satyrspiel zu den drei voraufgehenden Stücken, geht es schließlich nurmehr um Trivialformen von Leben und Kunst, die in der ,Kolportage' identisch werden, wenn eine Romanautorin und ihr Kollege in der literarischen Verwertung ihrer bereits auf dieses Ziel hin arrangierten gemeinsamen Erlebnisse wetteifern und sich dabei gegenseitig in die Quere kommen.

Den Abschluß der Serie von Einaktern und -zyklen, die als eine Deskription der determinierten Existenz und eines zumeist auf den Augenblick gestellten Lebensspielertums angesehen werden können, bildet der Einakterzyklus *Marionetten* mit einer ,,Studie" bezeichneten Schauspielszene, einem Puppenspiel und einem Mischspiel aus beidem. *Der Puppenspieler* (1901) führt das Thema der Autonomie des Künstlers gegenüber dem Leben weiter. Jedoch verselbständigt sich sein Spielertum und löst sich vom Schaffen als möglicher Legitimation ab. Übrig bleibt ein hybrides Verfügenwollen über Menschenseelen, das sich im Irrtum gegen den ,Puppenspieler' selbst kehrt, Kunst wie Leben korrumpiert und ihm nurmehr in der Illusion und der Attitüde als zugehöriger Verhaltensform sein Dasein zu fristen erlaubt. Auch im Puppenspiel *Der tapfere Cassian* (1902) ist der vermeintlich göttergleiche, souveräne und über andere verfügende Spieler am Ende selbst zur Puppe geworden. Das Marionettenspiel thematisiert hier in reizvoller inhaltlich-formaler Entsprechung die Marionettenexistenz und enthüllt in der gattungsbedingten farcenartigen, ruckhaften Beschleunigung aller Vorgänge, Handlungsumschwünge und Stimmungswandlungen das Lächerlich-Verächtliche der obwaltenden Egozentrik, Triebimpulsivität, Momentaneität und Fiktionalität der Figuren.

Diese Tendenz prägt auch die „Burleske" *Zum großen Wurstel* (1904; Erstfassung u. d. Titel *Marionetten,* 1900), die drastisch das Durcheinander des Weltzustandes, die Wurstelhaftigkeit der Menschen wie des Theaters, das dies alles nur sinnlos reproduziert, vorführt: Marionetten spielen Marionetten die Marionettenhaftigkeit des Daseins vor. Nach der Selbstparodie der eigenen bisherigen Figuren, Themen und Motive und der Satirisierung des Theaterpublikums läßt Schnitzler kurz vor Schluß den „Unbekannten" auftreten, der mit zwei Schwertstreichen die sichtbaren Drähte der Puppen und die unsichtbaren der Menschen durchtrennt, die sämtlich zusammensinken. Dieser Unbekannte repräsentiert das in völliger Ungewißheit und in der bloßen Negativität sich begründende Prinzip intellektueller und moralischer Selbsterkenntnis, das, indem es die „Puppe" in ihrer „fragevollen Wirklichkeit" (1, 894) konstatiert, den „Menschen" (ebd.) und damit Freiheit postuliert. Zwar hebt das Puppenspiel von Welt und Bühne nach dem kritischen Zwischenfall, der den Kreislauf des Geschehens nur zu unterbrechen, nicht aber zu durchbrechen vermochte, wieder von neuem an, für Schnitzlers eigenes Dramenwerk ist jedoch eine Zäsur markiert. Die Frage nach der Möglichkeit freier menschlicher Existenz ist gestellt, gleichzeitig die nach einer diesem Thema adäquaten Dramenstruktur. Schnitzler entwickelt sie, etwa ab 1904, in seiner spezifischen Form der Komödie, die die zweite Phase seines dramatischen Schaffens beherrscht.

Neben den Einaktern entstammen den 90er Jahren jedoch noch eine Reihe mehraktiger Schauspiele, von denen einige zum naturalistischen Thesenstück hin tendieren und irrationale Verfestigungen der bürgerlichen Moralkonvention kraft individueller Vernunft aufzubrechen suchen: *Das Märchen* (1891), *Freiwild* (1896) und *Das Vermächtnis* (1898). Gegen Formen der Deklassierung der Frau, der Kommerzialisierung menschlicher Gefühle und Beziehungen, Standesdünkel, Duellzwang u. ä. richten sich die damals auf heftigen Widerstand stoßenden Attacken dieser Stücke, wobei Schnitzler den Frauen als dem am stärksten bedrückten und dennoch am wenigsten verformten Element noch eher, wenn auch nicht ausschließlich, die Kraft zur Durchbrechung konventioneller Zwänge, und sei es um den Preis gesellschaftlichen Außenseitertums, zumißt. Auch die Darstellung verschiedener Grade von Verinnerlichung eines Sittenkodex', der daraus resultierenden Charakterdeformation und Leiden, die Möglichkeit rationaler Gegenwehr, aber auch die Erwägung, ob mögliche in der ‚Natur' des Menschen verankerte Gefühle der Verstandeskorrektur grundsätzlich widerstreiten, geben diesen Stücken, insbesondere dem *Märchen* und *Freiwild,* eine über die Zeitgebundenheit hinausreichende Bedeutung.

In diesen Schauspielen dominiert das gesellschaftliche Moment, während sich in *Liebelei* (1894), von Schnitzler ebenfalls zurückhaltend „Schauspiel" genannt, obwohl hier das Tödliche ungleich stärker akzentuiert erscheint, das bürgerliche Trauerspiel zur Tragödie des unbedingten Gefühls weitet. Der aus den Einaktern geläufigen Anatol-Welt sind hier deutlich Züge von Nestroys Volksstück, aber auch der Gretchen-Tragödie und des Lessingschen, Kleistschen und Hebbelschen Dramas integriert. Fritz, ein junger Herr, ‚erholt' sich, den Reiz der stillen Natürlichkeit Christines, eines Kleinbürgermädchens, das ihn liebt und das für ihn den Typus des „süßen Mädels" verkörpert, nicht ohne Skrupel als Kontrast genießend, von einer entnervenden Affäre mit einer verheirateten Frau vom Typus „dämonisches Weib". In die Idylle der Unbeschwertheit dringt der Ehemann ein und mit seiner Duellforderung die Drohung des Todes. Das Stück entfaltet sodann mit Blick auf Christine die gefährliche Alternative von Selbstbewahrung und Selbstverlust, einem Zuwenig oder Zuviel an Lebensunmittelbarkeit. In einer neuerlichen Begegnung mit Christine spürt Fritz, wie sich sein Gefühl für sie in der Todesahnung belebt. Doch bleibt ihm in der kurzen Idylle der Geborgenheit und den Regungen der Leidenschaft gleichzeitig das nur Momentane und Atmosphärische seiner Empfindungen und damit das Lügenhafte dieser Stunde bewußt. Die Kraft ihrer individuellen Liebe, die alle Konvention sprengt, während er sie allenfalls umgeht, vermag er nur von ferne zu ahnen. Christines Sehnsucht ist es, diese angenommen zu sehen in einer Liebesverbindung, die keine Vorbehalte kennt, der es nicht um Dauer, wohl aber um Ganzheit geht. Die Unbedingtheit dieser „unsinnigen Lieb", wie sie der alte Weiring nennt, führt sie in hoffnungslose Einsamkeit, die noch durch eine Verkennung des Geliebten, von dem sie annimmt, er habe sie gar nicht, die andere hingegen so geliebt wie sie selbst ihn, gesteigert wird. Es kann auch im Tode keine Vereinigung mit dem Geliebten geben. Die sie vernichtende Erkenntnis, von seinem Begräbnis ausgeschlossen gewesen zu sein, markiert den Höhepunkt dieses bürgerlichen Trauerspiels in der Ständegesellschaft des Wiener Fin de siècle wie der Tragödie der allezeit und allerorten möglichen absoluten Fremdheit in der Unterschiedenheit des Gefühls.

    Der Schleier der Beatrice (1899), in Bologna zur Zeit Cesare Borgias am Beginn des 16. Jahrhunderts angesiedelt, ist nach den Einaktern *Paracelsus, Der grüne Kakadu* und *Alkandi's Lied,* an den letzteren mit dem Thema Herrscher- und Künstlerruhm anknüpfend, das erste mehraktige Schauspiel in historischem Milieu. Es gehört in den Umkreis der modischen, von Jacob Burckhardt, Nietzsche u. a. ausgehenden Renaissance-Dichtungen der Neuromantik und sucht den Renaissance-Mythos zur intensivierten Darstellung und gleichsam historischen Beglaubigung des modernen Problems von Bewußtsein und Lebensunmittelbarkeit und verschiedener Formen des Abenteuertums innerhalb dieses Gegensatzes zu nutzen, wobei maniert-exaltierte und eklektizistische Züge in der Figurenzeichnung und Sprache nicht gescheut werden. Als Vorklang des ungleich wesentlicheren *Der einsame Weg* stellt das Stück dem Dichter Filippo Loschi, einem egozentrischen, dem Augenblicke hingegebenen, aber überwachen Abenteurer – „heute Gott und morgen Affe" (1, 629) – den lebensvollen, unbekümmerten Herzog gegenüber, zwischen denen Beatrice schwankt, in ihrer „geniale[n] Einfalt"[15] als ‚femme enfant' im Sinne des Autors Verkörperung des elementaren Lebens in seiner rätselhaften Abgründigkeit, Intensität und Ganzheit, jenseits der Autorintention hochsentimentalischer Ausdruck eines hysterisch gebrochenen jugendstilhaften ‚Lebenspathos' (W. Rasch), das den Einengungen der zeitgenössischen Moralkonvention korrespondiert. Die Dialektik der Lebenssteigerung, begleitet und forciert von der ständigen Drohung des Untergangs, führt am Ende konsequent zum Umschlag in die Tödlichkeit.

    Das fünfaktige Schauspiel *Der einsame Weg* (1903) markiert als eine erste umfassende und tiefgreifende kritische Auseinandersetzung mit der Lebensform eines auf den Augenblick gestellten ästhetischen Abenteurertums den Übergang zur zweiten durch das Komödienwerk bestimmten dramatischen Schaffensphase Schnitzlers. Dies Drama scheint zunächst in traditioneller Weise auf einen Gegensatz zweier Positionen, der von Abenteurer (Sala, Julian) und Bürger (Wegrat, Dr. Reumann) und dessen Austrag gestellt zu sein. Angesichts des Gewichts jedoch, das der weitgehend monologischen, episch-lyrischen Selbstaussprache der beiden Abenteurer und ihres weiblichen Pendants, Irene, zugestanden wird, erweist dieser Gegensatz sich als sekundär. In der Nachbarschaft Ibsens, Maeterlincks und Tschechows beklagen in diesem

Schauspiel statisch-retrospektiver Existenz vornehmlich die beiden Künstler, Sala und Julian, die trotz unterschiedlicher Wesensart als dramatische Figuren nicht antagonistisch, sondern parallel zueinander angeordnet sind, ihre Leidenssituation. In der Einsamkeit des Alters und der Todesnähe ist ihr egoistisches Lebensspielertum – ,,von Gnaden des Augenblicks Götter – und zuweilen etwas weniger als Menschen" (1, 778) – schal geworden. Desillusioniert sucht Sala der Leere durch Selbststilisierung zu begegnen, in der Attitüde der Souveränität, die selbst dem Niedergang noch einen perversen Reiz abgewinnt, während der naivere Julian vergeblich seine einstige ,große' Zeit zu beschwören und über seinen zuvor verleugneten Sohn Felix neue Verbindung mit dem ,Leben' zu gewinnen trachtet. Der fordernde Egoismus beider Repräsentanten des Fin de siècle verstärkt sich noch zeittypisch in ihrem Niedergang, ohne daß die Tugenden der bürgerlichen Männer und die Verzichtgesinnung der durchweg leidenden Frauen einen Gegenentwurf darzustellen vermöchten. Selbst der jugendliche Felix, der laut Sala ein heranwachsendes ,,besseres Geschlecht" vertritt – ,,mehr Haltung und weniger Geist" (1, 836) –, bleibt eine ambivalente Figur in diesem ,Endspiel', in dem die Kreisstruktur deutlich aufgegeben ist und das einen noch unentschiedenen Übergang zu neuen gedanklichen Positionen und dramatischen Formen darstellt.

Der Übergang zur Komödie vollzieht sich zunächst noch zögernd und auf einer schmalen Basis. Ein Jahr nach *Der einsame Weg* erscheint *Zwischenspiel* (1905), eine Komödie des individuellen Eros. ,Offen' auslaufend wie alle nachfolgenden Exemplare dieser dramatischen Untergattung, entfaltet das Stück die Problematik der ,modernen' Ehe, die in der Auflösung der patriarchalisch-bürgerlichen Ehemoral einzig auf individuelle Übereinkunft gestellt und unter der immerwährenden Antinomie des Menschen als Individuum und als Gattungswesen und der von Freiheit und Determination stärker denn je dem Widerspruch zwischen der Inkonstanz erotischer Empfindungen und dem Anspruch der Institution auf Dauer und Kontinuität ausgesetzt ist. Gegenüber dem Einakter-Frühwerk verstärkt sich die kritisch-satirische Tendenz, bleibt aber auch jetzt mit der von Skepsis bestimmten bloßen Deskription von Unabänderlichem eng verknüpft. Es werden die Experimente eines Künstlerehepaars vorgeführt, das den Zwiespalt von Vernunft und Gefühl zu überwinden trachtet, wobei der männliche Teil, Amadeus, stärker dem Selbstbetrug und Fiktionen erliegt als Cäcilie, die nurmehr im Leiden sich die individuelle Autonomie zu bewahren vermag.

Ähnlich düster endet *Stunde des Erkennens* (1914) aus dem letzten Einakterzyklus Schnitzlers, *Komödie der Worte*. In der Verquickung von Irrtum und Schuld führt hier der Mißbrauch der Sprache zur Zerstörung einer Ehe. Heiterer getönt erwägt *Das Bacchusfest* (1914) aus dem gleichen Zyklus die Möglichkeiten einer befristeten Entlastung von Individuation und ehelicher Bindung in einer Renaturierung ,auf Zeit', während in dem Einakter *Komtesse Mizzi oder der Familientag* (1907) die Einschnürung des Eros durch die Zwänge der Konvention nurmehr einen Widerschein von Glück zuläßt.

Die Ausweitung von Schnitzlers Komödie ins Soziale geht nicht unvermittelt vor sich, vielmehr führt der Weg zunächst über zwei Geschichtsdramen, in denen das Gesellschaftliche im historischen Muster und Modell leichter faßbar und überschaubarer erscheint als in der unmittelbaren Gegenwartskonfrontation. *Der Ruf des Lebens* (1905) entwickelt im ersten Akt die vor-geschichtliche Grundspannung von Lebenstrieb und Todesverfallenheit, der der zweite Akt den Bereich der ,Geschichte' als denjenigen gegenüberstellt, in dem Sinngebungen des Lebens wie des Todes erfolgen, jedoch durchweg mit der Tendenz, zu Ideologien zu gerinnen und die Wirklichkeit zu verstellen, ein Prozeß, den dieser Akt in nuce vorführt. Die starke Wort-

und Handlungsdramatik wendet sich im dritten Akt ins Kontemplative. Hinter einer vordergründigen Uneinheitlichkeit und Diskontinuität sowie einem gelegentlich zeitgebundenen jugendstilhaften Sprachgestus verbirgt sich ein Problemdrama von Rang, dessen disparate Teile sich zu einem Modell übergeschichtlicher und geschichtlicher, Individuum und Gesellschaft bestimmender Mächte und Gegebenheiten wie ,Leben', ,Tod', ,Aggression', ,Ideologie' und ,psychische Integration' zusammenschließen.

Ein extensiv angelegtes Totalbild geschichtlichen Lebens entwirft mit einem Aufgebot von 72 Rollen *Der junge Medardus* (1909), die „Dramatische Historie" genannte Centenarerinnerung an die Wiener Ereignisse des Jahres 1809. Medardus verkörpert die ambivalenten Eigenschaften und Kräfte des vorwiegend skeptisch eingeschätzten Volkes, dessen größter Teil in seinem mangelnden Wirklichkeitsbewußtsein die objektive Undurchdringlichkeit der geschichtlichen Welt noch schuldhaft steigert und im Stück dem Leittopos der ,Narretei' und der Metapher des Komödienspiels unterliegt. Nur wenige vermögen der so entstehenden falschen historischen ,Tendenz' zu widerstehen. Napoleon, in diesem Stücke allgegenwärtig, ohne auch nur einmal selber aufzutreten, gilt nurmehr scheinbar als der große, Geschichte ,machende' einzelne; in Wirklichkeit ist er der bedeutendste aller Komödienspieler und Exponent und Inbegriff der Masse, die ganz im Sinne Le Bons gesehen wird. In klarsichtiger Erkenntnis wesentlicher Wirkkräfte, die zum Ersten Weltkrieg hinführten und ihn bestimmten, deckt diese „Historie" u. a. die Umdeutung verschleierter unregulierter Triebregungen zu Pseudotugenden wie ,Patriotismus', ,Heroismus' und ,Kriegsbegeisterung' auf. Beide Historiendramen dieser Phase stellen Ansätze dar, den ursprünglich bei Schnitzler vorhandenen geschichtsphilosophischen Agnostizismus zu durchbrechen.

Die Tragikomödie *Das weite Land* (1909) läßt erstmals deutlich die Tendenz zur umfassenderen Darstellung der zeitgenössischen Gesellschaft, zumindest zur Analyse einer ihrer tragenden Schichten, des Großbürgertums, erkennen. Zentrale Figur ist der Fabrikant Hofreiter, in dem sich Abenteurer- und Bürgermentalität in einer starken psychischen Gespanntheit miteinander verbunden haben, die den frivolen Zyniker zwischen der Libertinage des Spielers und kleinlicher Konventionalität schwanken läßt. Kernlosigkeit und innere Leere seines Ichs bedürfen der Auffüllung nicht nur durch das Liebesabenteuer, sondern mehr noch durch den Geschäftserfolg, der bis zu Formen des Wirtschaftsimperialismus hinführt. An die Stelle des egozentrischen Fin de siècle-Ästhetizismus sind bei diesem ins Pragmatische gewendeten *décadent* platte Affektiertheit und der massive Egoismus eines handfesten Besitz- und Konkurrenzdenkens getreten. Als in dem Alternden Lebensneid aufkommt, entlädt er seine innere Spannung in der gleichermaßen vom Haß wie vom Kalkül bestimmten Aggression des vermeintlich Zukurzgekommenen gegen alles Junge und Neue. Auch dieses Drama gibt wiederum ein Stück Genese des Krieges, und auch in ihm sind wiederum menschliche Schwäche – die Abgründe der Seele, auf die der Titel anspielt – und individuelle Schuld aufs engste miteinander verknüpft.

Bereits 1906 war sich Schnitzler, wie er in einem Brief an Otto Brahm schreibt, bewußt geworden, daß drei der von ihm begonnenen Dramen „in einem inneren Zusammenhang stehen", eine „österreichische(n) zusammenhängende(n) Komödienreihe", eine „Trilogie [. . .] mit dem Obertitel etwa ,O du mein Österreich!'"[16] bilden. Es handelt sich um die späteren Stücke *Professor Bernhardi, Fink und Fliederbusch*, das Fragment gebliebene *Das Wort*, die mit der ebenfalls in diesen Jahren konzipierten *Komödie der Verführung* das eigentliche gesellschaftskritische Komödienwerk Schnitzlers ausmachen.

Professor Bernhardi (1912), die gewichtigste dieser Komödien, erscheint als erste. Die Epochenübel der totalen Unverbindlichkeit, Verantwortungslosigkeit, von Taktik und Spiel ohne Wertsetzung, also Nihilismus, auf der einen Seite und auf der anderen die Verfestigung einer Doktrin zum Dogmatismus, der sich nicht mehr an der Wirklichkeitserfahrung orientiert, also Ideologie, diese beiden Einstellungen, die zu vergleichbaren Verhaltensweisen führen, werden in dem Stück von zwei markanten Figuren verkörpert, dem Unterrichtsminister Flint und dem Pfarrer Reder. Beide berufen sich gerne auf „höhere Werte", bzw. die „heiligste Sache", um deretwillen sie zu konkretem Unrecht, einer Vorstufe offener Barbarei, bereit sind. Flint, der Politiker und Opportunist mit dem guten Gewissen, paßt sich in der Diskontinuität seiner Person nicht nur dem gerade herrschenden System, sondern einer jeden Situation geschmeidig an. Reder sucht die Wirklichkeit seiner undiskutierbaren, geschlossenen Weltanschauung anzuverwandeln. Beide sind ohne Autonomie und stellen als „Sportsman" und „Monomane" (wie Schnitzler diese komplementären Zeittypen in *Fink und Fliederbusch* nennt) jeweils den Prototyp des Pragmatikers und Mitläufers und den des Fanatikers und damit, obgleich der eine nicht ohne Geist und Charme, der andere nicht ohne Charakter, zwei verhängnisvolle Exponenten der bestehenden und nachfolgenden totalitären Gesellschaft dar.

Bernhardi lebt zunächst in seiner ärztlichen Partialwelt, und erst die Intrige, die seinem Gewissensentschluß folgt, einem Geistlichen den Zutritt zu einer in Euphorie Sterbenden zu verwehren, zwingt ihn zur Konfrontation mit der gesellschaftlichen Wirklichkeit. Aus dem Erlebnis des antisemitischen Affekts, aber auch der „selbstlosen Gemeinheit" (2, 453), also aus der Negation heraus, sucht er, trotz des objektiv gebotenen Werteagnostizismus, eine auf Wahrhaftigkeit gegründete, systemfreie konkrete Moralität zu entwickeln, mittels deren er allen Versuchen einer ideologischen oder machtrealistischen Reglementierung glaubt widerstehen zu können, ohne doch irgendeiner sich ihm anbietenden Programmatik verfallen zu müssen, die, in Gestalt etwa einer Partei oder eines Presseorgans, seinen persönlichen Fall zu verallgemeinern, schematisieren und ihn selbst damit in eine Rollenexistenz zu drängen sucht. Diese absolute Autonomie ist indessen nur in einer ständigen Festigung personaler Kontinuität erreichbar, um die sich Bernhardi ausdrücklich bemüht, etwa in der ständigen Rückbeziehung auf die eigene Vergangenheit und deren Erfahrungsresultate.

Das Drama Schnitzlers hat mit Bernhardi erstmals eine weitgehend positiv angelegte Hauptgestalt gewonnen, die von den übrigen wesentlichen Figuren des Stückes, die einer mehr oder weniger intensiven Satire unterliegen, absticht, einen ‚Helden' freilich, der nicht handelt, sondern allenfalls reagiert, der entscheidenden Aussprachen eher verständnislos beiwohnt, als sie mitzubestimmen, und der in den wesentlichen Dialogen – mit Flint und dem Pfarrer – die Unmöglichkeit auch nur eines sinnvollen wechselseitigen Bezugs der Rede für sich konstatiert. Es gibt so in dem Stück nicht nur keine Freundschaften, sondern es gelingen nicht einmal wirkliche ‚dramatische' Konfrontationen. In der Empfindung einer totalen Isolation in einer Welt durchgängigen Rollen- und damit Komödienspiels erwacht in Bernhardi schließlich der Zweifel, ob es überhaupt sinnvoll sei, gegen das übermächtige, möglicherweise völlig determinierte Sosein der Verhältnisse anzugehen, in einer Welt von Marionetten den individuellen Willensentschluß zu fordern. So droht er sich selbst „lächerlich" (2, 461) zu werden, doch macht nicht dieser Umstand das Komödienhafte des Stückes aus, dies wird vielmehr durch die Darstellung des Gesellschaftszustands bewirkt, der „diesem lauen Gefühl des Lächerlichwerdens" (2, 461) zugrunde liegt. Die Komödie läuft völlig offen und ‚undramatisch' aus; fast stellt der Dramenheld am Schluß dieses Stückes mit seinen relativistischen Erwägungen und der völligen Wendung vom Handeln zur philosophischen Betrachtung implizit die dramatische Gattung schlechthin in Frage. Trotz der Verlockung zu prinzipiellem Unernst resigniert Bernhardi jedoch nicht, sondern beharrt auch für alle Zukunft – unter Einbeziehung des kontemplativen Elements – auf der

Befähigung und Pflicht des Individuums, im jeweiligen „ganz speziellen Fall [. . .] das Richtige" (2, 463) zu tun.

Im Mittelpunkt der gleichzeitig konzipierten, aber erst später fertiggestellten Komödie *Fink und Fliederbusch* (1917) steht mit dem Journalisten Fliederbusch ein Flint verwandter Typus, der den bereits in den Gestalten des Frühwerks angebahnten Identitätszerfall bis zur Spaltung in ein Doppel-Ich widerstandslos geschehen läßt, um ungehemmt und einzig zu seinem Nutzen die gegensätzlichsten Bestrebungen verfolgen zu können. Nurmehr punktuell existierend und doch stets instinktiv zweckgerichtet, ist in Fliederbusch – ähnlich Hofreiter aus dem *Weiten Land* – der ästhetische Abenteurer zum Pragmatiker geworden, der nicht mehr passiv leidet, sondern ‚doppelte' Aktivität entfaltet und genießt: Fliederbusch, der für die liberale „Gegenwart" schreibt, vertritt unter dem Namen Fink in der snobistisch-konservativen „Eleganten Welt" gleichzeitig die jeweils entgegengesetzte Meinung. Diese Pressefehde steigert sich bis zur Drohung eines Duells mit sich selbst. In dem absoluten Spiel Fliederbuschs blitzt zwar kurz die Utopie von Selbstbefreiung und Spontaneität auf, erlischt aber sogleich wieder in der totalen Unverbindlichkeit und Verantwortungslosigkeit.

Die teilweise groteske Darstellungsform dieser Komödie, die der Dramatik Wedekinds und Sternheims nahesteht, arbeitet mit den Mitteln greller Zuspitzung und Übersteigerung und des ‚Zeitraffers', um gemeinhin schleichend und unmerklich sich vollziehende individuelle Abläufe des Gesinnungswandels, totaler Fungibilität und immer erneuter Anpassung als zeittypische Verhaltensweisen in diesem bei allem deterministischen Vorbehalt – zumindest ansatzweise – aufklärerischen Lehrstück erkennbar werden zu lassen. Das wegen seiner durchweg negativen Positionen dramatisch spannungslose Stück – die Konfrontation Fink-Fliederbusch ist ja fingiert und im Pressemilieu ist letztlich alles gleich-gültig – hat seinen potentiellen positiven Gegenpol allenfalls im erkennenden Publikum. Als Pressesatire steht diese Komödie mit dem Aufweis der Feuilletonisierung von Bewußtsein und Wirklichkeit der gleichzeitigen Pressekritik von Karl Kraus nahe.

Der Fliederbusch-Figur verwandt sind der Schauspieler Herbot aus *Große Szene* (1913), einem Akt aus Schnitzlers letztem Einakterzyklus *Komödie der Worte,* und der Schriftsteller Treuenhof aus der nicht vollendeten Tragikomödie der ‚O du mein Österreich'-Serie *Das Wort*[17]. Der Mißbrauch des Wortes verbindet Treuenhof, den „Literaten" – in wesentlichen Zügen ein Porträt Peter Altenbergs – mit dem „Journalisten". Beide sind als Ausprägungen *eines* negativen Zeittypus' dadurch charakterisiert, daß sie „die augenblickliche Wirkung in jedem Falle höher werten als Sachlichkeit, Wahrheit, Folge"[18]. Während des Krieges entsteht schließlich noch ein Stück, das wie ein bewußtes Gegenbild zum „grauenhaften Weltzustand"[19] anmutet, das in Abhebung von den zeitkritischen Komödien „Lustspiel" genannte Drama *Die Schwestern oder Casanova in Spa* (1917). Die reizvolle Heiterkeit und spielerische Anmut dieser Idylle erscheinen jedoch mit dem Fehlen jeglichen Realitätsbezugs erkauft.

In den Zwanziger Jahren geht Schnitzlers Dramenproduktion deutlich zurück zugunsten erzählender Literatur, die nun auf einen neuen, wenn nicht ihren Höhepunkt überhaupt gelangt. Die letzte dramatische Arbeit, die Schnitzler veröffentlichte, *Im Spiel der Sommerlüfte* (1928), ist ein Alterswerk, in dem sich alle Lebensdramatik zu heiterer Gelassenheit beruhigt hat, die das Wissen vom Tode mitumschließt. Ein letztes Mal erscheinen die Lockungen, Spannungen, Verstrickungen des Eros, aber ungleich weniger lastend und bedrohlich als zuvor. Der Aufruhr der Gefühle löst sich wie das nächtliche Unwetter in der Heiterkeit des nachfolgenden Spätsommertags.

Ob bei den beiden anderen Stücken der Zwanziger Jahre, der *Komödie der Verführung*

(1924) und dem Geschichtsdrama _Der Gang zum Weiher_ (1925), das altersbedingte Schwinden eines spezifisch dramatischen Formwillens im Spiele ist, läßt sich schwer entscheiden, zumal dem Dramenwerk insgesamt ein epischer Grundzug von Anbeginn eigen war. Jedenfalls sollte der Mangel an Bühnentauglichkeit nicht über das literarische Gewicht, insbesondere den Erkenntnisertrag beider Stücke, hinwegtäuschen. Die Anlage beider Dramen, geprägt vom Erlebnis des Krieges als Ausdruck einer umfassenden Kulturkrise, läßt eine Tendenz zur universellen Zeitanalyse und zur Fixierung bleibender Grundmuster im rapiden geschichtlichen Wandel erkennen, der die dramatische Gattung kaum ganz gewachsen sein kann und die hier zu komplexen Handlungs-, Motiv- und Gehaltsstrukturen führt, die deutlich zum modernen Bewußtseinsroman, etwa im Sinne von Musils _Mann ohne Eigenschaften_ u. a., hinlenken. Ist die universale Gegenwartskomödie stärker auf die kritische Darstellung des Phänotypischen aktueller Wirklichkeit und deren psychologischer und sozialer Besonderungen aus, so trachtet das Geschichtsdrama, Quintessenz der Geschichtserfahrung und -reflexion Schnitzlers, in der Verbindung von Historie und Mythos, eher die konstanten geschichtsbestimmenden Mächte, vom Individuellen bis in Kollektive reichende archetypisch-modellhafte Personen- und Kräftekonstellationen, die allesamt in anthropologischen Grundgegebenheiten wurzeln, anschaubar zu machen und eine historische Kontinuität unterhalb des Wandels der Phänomene erkennbar werden zu lassen.

Die _Komödie der Verführung_ sucht unter dem Leitbegriff der ‚Verführung‘ bzw. ‚Verführbarkeit‘ in der Entfaltung eines umfassenden Gesellschaftspanoramas der Vorkriegsära den Zusammenhang von depraviertem Eros und Ichzerfall und den zeittypischer personaler Desintegration und Realitätsflucht mit den daraus resultierenden Auswirkungen im Bereich von Gesellschaft, Kunst, Wirtschaft und Politik und der schließlich sich herstellenden Bereitschaft zum Kriege aufzudecken. Die durchgängige Wechselbeziehung der Kernmotive ,,Märchen" und ,,Krieg" erweist die Korrelation von irrationaler, illusionärer Vorstellungswelt und realer geschichtlicher Katastrophe: Das Moment der Destruktion schließt so den pseudomythischen Selbstmord Aureliens und Falkenirs mit dem gleichzeitig erfolgenden Kriegsausbruch zu _einem_ Vorgang zusammen. Das Stück beschwört ein letztes Mal Falschheit und Glanz der endenden _Belle Epoque._

Der Frage nach der Zukunft begegnet – scheinbar paradox – das historische Drama. _Der Gang zum Weiher_ entwirft eine idealtypisch verfremdete Geschichtstotalität. Auch hier ist der Gedanke wesentlich, der Lauf der Geschichte im großen gründe in den individuellen Voraussetzungen der Identitätsfindung, Sozialisation und des Realitätsbezugs und deren Zusammenhang mit den jeweiligen erotischen ‚Triebschicksalen‘. Die irrationale Komponente der Menschennatur wird, erst recht nach den Erfahrungen des Krieges, ernstgenommen und das Triebgeschehen, vor allem mittels der Weihersymbolik, mythisiert – teilweise in Nähe zu Freud aber auch zu Thomas Mann. Die ironische Brechung, der die Mythisierung der Psyche, die ja zugleich die Psychologisierung des Mythos bedeutet, unterliegt, verweist jedoch bei unbezweifelbarem Fortwirken der animalischen ‚Vorgeschichte‘ des Menschen auf seine – allerdings bedingte – Freiheits- und relative Fortschrittsmöglichkeit, die beide vor allem von der Vorbildfigur des Freiherrn exponiert werden mit der Warnung, statt ein ,,Reich der Lieb' und Güte" (2, 813) als ,,Wahnbild hohen Menschentums" (ebd.) errichten zu wollen, sich bescheidenere Ziele, weniger ,,Bosheit" (ebd.), mehr ,,Verträglichkeit" (ebd.), zu setzen. So bekräftigt diese dramatische Gedankendichtung den Grundzug des gesamten Dramenwerks, den einer ideologie- und vorurteilsfreien, aufklärerisch-realistischen Skepsis.

Schnitzler gehört mit seinem dramatischen Werk keiner Schule an, noch hat er seinerseits eine solche begründet. Er fand zwar unter Autoren zweiten Ranges einige Nachahmer (F. Salten, F. Dörmann, R. Auernheimer, H. Müller u. a.), wichtiger jedoch ist sein im einzelnen schwer abzuschätzender und oft vermittelt sich vollziehender Einfluß etwa auf Pirandello und die von ihm ausgehenden dramatischen Strömungen[20] und – nicht mehr gattungsgebunden – auf Musil, Broch, Frisch u. a. Innerhalb der „Krise des Dramas" (P. Szondi) schrieb Schnitzler, wie er selber es, sich messend an der klassischen und klassizistischen Dramentradition des 18. und 19. Jahrhunderts sah, „Übergangsdramen"[21], die meist von einem subtilen, vornehmlich psychologisch gerichteten Realismus bestimmt sind. Es gelangen ihm vor allem zwei Ausprägungsformen, die bis heute ihren literarischen Rang und ihre Bühnentauglichkeit bewährt haben: das Einakterwerk, vornehmlich der 90er Jahre, als Darstellung des Ich- und Wirklichkeitszerfalls und die Gesellschaftskomödien der unmittelbaren Vorkriegs-, Kriegs- und Nachkriegszeit, die einen dennoch möglichen Handlungsspielraum des Individuums kritisch und in mannigfach gebrochener Zuversicht zu behaupten suchen. Lebendig geblieben ist schließlich das Schauspiel *Liebelei*. Zusammen mit Teilen des dramatischen Œuvres von Hauptmann, Wedekind, Sternheim und einzelnem von Hofmannsthal, K. Kraus, G. Kaiser, Barlach u. a. repräsentieren diese Werke denjenigen Teil der deutschen Dramatik zwischen 1890 und 1925, der wegen seiner Kraft der Vermittlung einer „poetischen Wirklichkeit"[22] – im Gegensatz zu jeglicher ideologisch fixierten – für die Gegenwart bedeutungsvoll geblieben ist. Im europäischen Rahmen behauptet sich Schnitzlers Dramenwerk neben dem seiner Generationsgenossen Tschechow und Shaw.

In den ersten anderthalb Jahrzehnten des Jahrhunderts galt Schnitzler trotz aller Mißverständnisse, denen sein Werk unterlag, und trotz der Böswilligkeiten der völkisch, antisemitisch oder christlich orientierten Kritik als der bedeutendste lebende deutschsprachige Dramatiker neben Hauptmann. Auf dem Höhepunkt seines Ansehens wurde so *Das weite Land* am 14. Oktober 1911 an neun führenden Bühnen zugleich, in Berlin, Breslau, München, Hamburg, Prag, Leipzig, Hannover, Bochum und Wien uraufgeführt. In die Jahre vor dem Ersten Weltkrieg fällt auch Schnitzlers Popularität als Dramatiker im Ausland, vor allem in den USA und in Rußland. Den überregionalen Durchbruch – nach dem bis dahin einzigen größeren Erfolg, der *Liebelei*, am Wiener Burgtheater – förderte entschieden das Wirken Otto Brahms, der zwischen 1896 und 1911 in Berlin, zunächst als Direktor des Deutschen Theaters, seit 1904 des Lessing-Theaters, sieben Uraufführungen Schnitzlerscher Werke veranstaltete; in Wien waren es im gleichen Zeitraum fünf. Den Schlußpunkt der Berliner Uraufführungsreihe markiert *Professor Bernhardi*. Die Komödie, von der Zensur für Österreich verboten, wurde am 28. November 1912, dem Todestag Brahms, von V. Barnowsky am Kleinen Theater herausgebracht. Die seither entstandenen Stücke gelangten zumeist nicht mehr über die Wiener Bühnen hinaus. In Deutschland wurde Schnitzler, nachdem ein organisierter Skandal der Erfolgsserie des *Reigen*, 1920/21 in Berlin, ein Ende gesetzt hatte, kaum noch gespielt. Sein Werk galt nach dem Kriege, obwohl doch zu großen Teilen mit dessen ‚Aufarbeitung' beschäftigt, als unzeitgemäß und abgetan. Seit 1933 war Schnitzler im Deutschen Reich, seit 1938 in Österreich verboten.

Während des Zweiten Weltkriegs gab es vereinzelt Aufführungen in den USA, nach Kriegsende auch wieder in Wien. Weltweiten Erfolg hatte 1950 die Filmadaption des *Reigen*, „La Ronde", von Max Ophüls, der bereits 1933 *Liebelei* verfilmt hatte. Eine anhaltende Neubelebung erfährt Schnitzlers Dramatik seit etwa 1960. Sie ging vom Wiener Theater, den Inszenierungen von Heinrich Schnitzler, Ernst Lothar, Gustav Manker u. a. aus, deren Bestrebungen in der Bundesrepublik mehr noch als von den Bühnen von den Fernsehanstalten aufgenommen wurden (Peter Beauvais u. a.)[23]. Als Gründe für die neuerliche Rezeption von Schnitzlers Werk stellt die gegenwärtige Kritik neben vordergründiger Vergangenheitsseligkeit und dem bloßen Reiz des Atmosphärischen die Kontinuität bzw. Parallelität der ‚Zeitalter' heraus: die positivistische Denkweise mit ihrem Sinnproblem, geistig-moralische Verflachung, Probleme der Wohlstandsgesellschaft, der Erotik und schließlich die mannigfachen Emanzipationsbestrebungen, insbesondere die der Frauen, wobei die Darstellungsweise Schnitzlers, der präzise psychologische Realismus, als besonders adäquat und aufschließend gewertet wird[24].

Hofmannsthals Dramatik
Wolfgang Nehring

HUGO VON HOFMANNSTHAL (1874–1929) wurde in den letzten drei Jahrzehnten zum jüngsten Klassiker der deutschen Literaturgeschichte stilisiert, und nun teilt er das problematische Schicksal der Klassiker, ebenso berühmt wie unbekannt zu sein, in großen Editionen aufbewahrt und als unzeitgemäß beiseite geschoben zu werden. Es werden Bibliotheken über Detailprobleme des Oeuvre verfaßt, aber nur wenige Dichtungen sind ins allgemeine literarische Bewußtsein eingegangen: *Der Tor und der Tod* als berühmtestes Zeugnis des Fin de Siècle, *Jedermann* als ehrwürdiges Schaustück der Salzburger Festspiele, die *Rosenkavalier*-Dichtung als integraler Teil von Richard Strauss' populärster Oper – aber schon *Der Schwierige* oder der Chandos-Brief werden weniger gelesen als zitiert. Die Hofmannsthal-Renaissance hat den Reichtum und die Tiefe des Werks sichtbar gemacht, aber sie hat nicht in die Breite gewirkt. Sie hat weder zur Entstehung eines großen Theaterpublikums noch einer ansehnlichen Leserschaft beigetragen.

Seit den sechziger Jahren ist die Zahl der Hofmannsthal-Inszenierungen wieder rückläufig[1], und besonders die Sprechstücke verlieren zusehends an Boden. Das liegt nicht nur an den sprachlichen Schwierigkeiten, den differenzierten, österreichisch gefärbten Dialog, von dem besonders die Komödien leben, angemessen wiederzugeben – es liegt vor allem an dem Fehlen eines breiten, für Hofmannsthals Stücke aufgeschlossenen Publikums. Die theaterbesuchenden Philister wissen wenig mit der scheinbar so belanglosen Anmut der Lustspiele oder mit den gar nicht erhebenden Tragödien anzufangen, und die intellektuelle Kritik findet den Autor veraltet, weil er weder für die absurde noch für die gesellschaftskritische Richtung des zeitgenössischen Theaters zu gebrauchen ist. Beide, die Intellektuellen wie die Philister, tun sich schwer, die symbolische Wirklichkeit von Hofmannsthals Welt zu begreifen und die historische oder zeitgeschichtliche Relevanz in der poetischen Konzentration und mythischen Verallgemeinerung seiner Werke zu erfassen. Eine Hofmannsthal-Renaissance auf dem Theater ist nicht vorauszusehen, wenn sich nicht die Erwartungen von der Bühne ändern. Die produktive Auseinandersetzung mit Hofmannsthals Stücken wird vorläufig auf einen kleinen Kreis von Zuschauern oder Lesern beschränkt bleiben.

Nun war freilich die Wirkung des Dichters schon zu seinen Lebzeiten begrenzt – trotz seines ,,Wegs vom Tempel auf die Straße"[2], trotz aller Bemühungen um das große Publikum. Zwar errangen Bühnenwerke wie *Elektra, Jedermann* oder *Der Rosenkavalier* starke Erfolge, aber die Kritik war dem Autor selten günstig, und selbst die Freunde des Dichters schätzten meistens nur einen Teil seiner Werke. So drängte der Autor seinen Verleger Fischer im Jahre 1922 dazu, baldmöglichst die vorgesehene Gesamtausgabe seiner Schriften zu veröffentlichen, damit sein ,,Lebenswerk . . . erst in Erscheinung trete"[3].

Hofmannsthals Gesamtwerk ist so vielseitig wie das keines anderen deutschen Dichters der Moderne, und besonders die Dramatik ist unerschöpflich an Gattungen, Formen und Stilen. Zwar war der Autor zu keiner Zeit, nicht einmal in den an der griechischen Tragödie und der Shakespeare-Tradition geschulten Dramen nach der Jahrhundertwende reiner Dramatiker im Sinne eines durch Spannung und Zielbestimmtheit gekennzeichneten Konflikt- oder Entscheidungsdramas, aber er besaß ein spontanes Gefühl für alle dramatisch-theatralischen Möglichkeiten. Schon die lyrischen Gedichte der Jugendperiode zeigen häufig eine dramatische Struktur. Die Gebilde, die der Dichter unter dem Titel „Gestalten" vereinigt hat, sind Rollen- oder Dialoggedichte und enthalten gelegentlich sogar Regieanweisungen. Die *Idylle* von 1893 könnte ebensogut unter den „Kleinen Dramen" stehen wie unter den Gedichten. Im Jahre 1892 hat sich der achtzehnjährige Loris auch bereits unter dem Eindruck von Otto Ludwigs Shakespeare-Studien an einer fünfaktigen Jambentragödie *Ascanio und Gioconda* versucht, die für die „wirkliche, brutale Bühne"[4] bestimmt war und deren fertiggewordene Teile im Nachlaß erhalten sind; und in den Jahren 1893–1895 skizzierte er ein historisches Drama um Alexander den Großen. Mögen diese Entwürfe auch nicht gar so dramatisch sein, wie der junge Dichter, der das novellistische Drama überwinden wollte, glaubte, mögen ihm auch für das große Drama noch die Mittel gefehlt haben, so zeugen die Fragmente doch für sein starkes dramatisches Talent. – Die eigentliche Leistung der neunziger Jahre in der dramatischen Form sind jedoch die sogenannten lyrischen Dramen. Hier verbindet sich die lyrische Bewußtseinshaltung des Dichters mit den theatralischen Mitteln von Dialog, Kostüm und Bewegung zu dramatischen Dichtungen, die in ihrer Art einzig in der deutschen Literatur dastehen. – Nach Versiegen der lyrischen Poesie gegen Ende der neunziger Jahre unter krisenhaften inneren Zuständen, die sich in der Persönlichkeits- und Sprachproblematik des berühmten Chandos-Briefes (1902) spiegeln, treten Hofmannsthals Bemühungen um das Drama in ein neues Stadium. Auf der Suche nach einem eigenen dramatischen Stil knüpft der Autor an Otways Revolutionsstück *Venice Preserved* an und verwandelt sophokleische Schicksalsdramatik in psychologische Enthüllungsdramen. Fast gleichzeitig wendet er sich dem *Everyman* und Calderons barockem *La vida es sueño* zu. Zwar werden zunächst nur *Das gerettete Venedig* (1905) und die griechischen Tragödien abgeschlossen, aber die mittelalterliche und die barocke Tradition wirken in dem Dichter weiter, bis sie in den geistlichen Spielen *Jedermann* (1911) und *Das Salzburger große Welttheater* (1922) Gestalt annehmen und die psychologische Tragödie überwinden. Im *Turm* (1925/27) wird der Autor schließlich die beiden dramatischen Tendenzen zu einer Synthese vereinigen.

Neben den Trauerspielen und religiösen Dramen setzt ab 1907 die Reihe der Lustspiele ein, die mit dem *Rosenkavalier* (1911) und dem *Schwierigen* (1919) Hofmannsthals persönlichste und gelungenste dramatische Dichtungen einschließt. In der komischen Gattung orientiert sich Hofmannsthal vornehmlich am Vorbild Molières. Mehrere Molière-Bearbeitungen und -Übersetzungen sowie die Integration des *Bürger als Edelmann* in die erste Fassung der Oper *Ariadne auf Naxos* (1912) geben davon Zeugnis. – Mit dem *Rosenkavalier, Ariadne auf Naxos* (1916) und *Arabella* (1929) reicht die Reihe der Lustspiele auch in die Opernlibretti hinein, die jedes geradezu eine Gattung für sich darstellen. Nach der musikalischen Tragödie *Elektra* (1909) folgt die „Komödie für Musik" *Der Rosenkavalier; Ariadne auf Naxos* ist die Verbindung einer heroischen Oper mit dem Maskenspiel der *Commedia dell'arte*; an diese schließt sich mit der *Frau ohne Schatten* (1916) eine Märchenoper an, der wiederum nach längerer Pause die mythologische Oper *Die ägyptische Helena* (1928) folgt; das letzte Textbuch für Richard Strauss, *Arabella*, heißt eine „lyrische Komödie". Hofmannsthal hat sich bewußt vorgesetzt, ohne Rücksicht auf den Erfolg einer bereits erprobten Manier jede Stilwiederholung zu vermeiden und in jedem Werk einen neuen Ton zu finden und eine neue Atmosphäre zu gestalten[5].

Am Rande der dramatischen Produktion entsteht ein „Festspiel mit Tänzen und Chören" *Die Ruinen von Athen* (1924), entstehen Filmszenarien, entstehen vor allem aber eine große Anzahl von Pantomimen und Tanzdichtungen, deren bedeutendste *Der Triumph der Zeit* (1900) und die für Diaghilews russisches Ballett entworfene und von Strauss vertonte *Josephsle-*

gende (1914) sind. Hofmannsthal entwickelte schon früh einen produktiven Sinn für die Ausdrucksformen des Tanzes, wie nicht nur seine Essays zeigen: In mehreren Dramen vertraut er auf Tanzstrukturen und Tänze zur Kommunikation des ‚Unsagbaren‘. Es ist bezeichnend, daß die eigentlichen Ballettdichtungen um 1900 beginnen. Je mißtrauischer der Autor gegenüber dem dichterischen Wort als Mittel des Theaters wird, desto mehr experimentiert er mit der ‚stummen‘ Dichtung. So schreibt er 1914 an Max Reinhardt über einen neuen Pantomimen-Plan:

> Es ist in dieser stummen Form jetzt eine namenlose Fascination für mich – fast scheint mir das heroische und das tragische Sujet nur *so* möglich, die Worte lösen mir alles auf, in Worten kann ich nur die Comödie fühlen, wo die Worte eben Masken vor den Gesichtern sind und in dieser Weise mit dazugehören, in den Tragödien brechen die Worte lauter Löcher . . .[6].

Hofmannsthals enges Verhältnis zu der Tänzerin Grete Wiesenthal, für die er mehrere Pantomimen entworfen hat, ist der Ausdruck seiner systematischen Bemühungen um die Tanzbühne. In diesem experimentellen Bereich arbeitet der Dichter auch mit anderen Musikern als mit Richard Strauss zusammen. Unter den Komponisten seiner Ballettdichtungen finden sich Alexander von Zemlinsky, Egon Wellesz, Einar Nilson und Clemens Franckenstein.

Die Vielfalt von Hofmannsthals Theaterdichtungen bringt mit sich, daß selten das Gesamtwerk in den Blick kommt. Dennoch besteht das Werk keineswegs aus disparaten Teilen; denn dem Reichtum an Formen steht die Geschlossenheit der dichterischen Konzeption, steht eine Fülle von Werkkonstanten gegenüber. Dieselben Grundprobleme – das Verhältnis von Ich und Gemeinschaft, von Einsamkeit und sozialer Existenz, die „Antinomie von Sein und Werden“ (A 217) und ihre Auswirkung auf das Leben, die Spannung von Wort und Tat, von traumhafter Weltbeziehung und den Anforderungen der Wirklichkeit und viele andere – durchziehen in immer neuen Variationen das Gesamtwerk und schaffen ein Netz von Beziehungen zwischen scheinbar weit entfernten Bereichen. Bestimmte Figurentypen kehren in den verschiedensten Verwandlungen wieder, so daß für den Leser oder Zuschauer bald die Begegnung mit dem Neuen durch den Reiz des Wiedererkennens von Vertrautem erhöht wird.

Die dramatischen Jugenddichtungen Hofmannsthals haben alle hier und da eine Aufführung erlebt, aber sie sind nicht primär für die Bühne geschaffen, sondern für die Lektüre oder den Vortrag. Die Mehrzahl ist monologisch angelegt: Die Figuren sagen sich selbst aus, ohne einem Partner gegenüberzutreten oder in den anderen Figuren den Partner zu erkennen. Es ist dem Leser vorbehalten, über die monadische Isolierung der Gestalten hinweg die Bedeutung des Raums zu erkennen, in dem sie stehen.

Die Dichtungen leben in hohem Maße von der Schönheit der Sprache und der Hoheit großer Gedanken und haben deswegen dem Autor den Ruf eines Ästheten eingetragen. Noch 1927 muß sich Hofmannsthal gegen diese oberflächliche Auslegung verwahren. Er nennt das „Jugendœuvre ein so berühmtes als unverstandenes“ und schreibt: „Ich staune, wie man es hat ein Zeugnis des l'art pour l'art nennen können – wie man hat den Bekenntnischarakter, das furchtbar Autobiographische daran übersehen können“ (A 240). – Aber nicht eigentlich das Autobiographische hat man übersehen, sondern das Kritisch-Moralische. Allzu vordergründig hat man den Dichter mit seinen Helden identifiziert und nicht erkannt, daß Hofmannsthal sich in diesen Gestalten mit untauglichen Lebensformen auseinandersetzt. Die Figuren des *Kleinen Welttheaters* (1897) heißen die „Glücklichen“ und erscheinen traumhaft mit sich selbst und ihrer Umwelt eins. In ihnen wird ein gnadenhaft vollkommener Bewußtseinszustand dargestellt. In allen anderen Jugenddramen geht es um die Schwierigkeiten des jungen Menschen, sich in ein rechtes Verhältnis zum Leben zu setzen. Der Begriff des Lebens ist in den Dichtungen – gemäß dem Lebenskult der ganzen Epoche – höchster Wert, Zweck und Ziel in sich selbst. Alle Figuren haben zwar traumhafte Vorstellungen und ,,Ahnungen von den Lebensdingen" (G 219), aber sie vermögen ihre Erwartungen und Gedanken nicht mit der Wirklichkeit in Einklang zu bringen, sie kommunizieren nicht mit ihren Mitmenschen und erlangen keine eigene Identität, so daß sie letztlich das ersehnte Leben verfehlen. Hier wird das autobiographische Problem erkennbar: die Dichtungen spiegeln die Sorge des jungen Hofmannsthal, eine Identität im Leben zu finden, seine Angst vor der mangelnden Unmittelbarkeit und vor der Beziehungslosigkeit. Die jüngste Forschung hat versucht[7], dieses Dilemma sozialpsychologisch als ein Generationenproblem des politisch bedeutungslos gewordenen, kulturell überfeinerten liberalen Wiener Bürgertums zu deuten. Hofmannsthal selbst spricht bekenntnishaft von dem ,,Chamäleondasein des Dichters" und erklärt gegenüber einem Jugendfreund, von dem er sich entfremdet hatte, er wisse

> . . . daß die sonderbare, fast unheimliche seelische Beschaffenheit, diese scheinbar alles durchdringende Lieblosigkeit und Treulosigkeit, die dich an mir so befremdet und mich manchmal so sehr geängstigt hat – der ,,Tor und Tod" ist nichts als ein Ausdruck dieser Angst –, daß diese seelische Beschaffenheit nichts andres ist, als die Verfassung des Dichters unter den Menschen. BII 253 f.

Und er setzt hinzu, daß es ihm leid wäre, wenn er wegen seines Dichtertums ,,kein Mensch wäre (woran ich jetzt nicht mehr zweifle, hatte aber etwas böse Phasen mit diesem Zweifel)". Der Dichter hat es sich nicht leicht gemacht: in allen lyrischen Dramen außer dem *Kleinen Welttheater* und dem fragmentarischen *Tod des Tizian* (1892) werden die Toren sowohl ,,vom Standpunkt des Lebens" (BI 103) als auch moralisch ad absurdum geführt, und alle Stücke enden – zumindest für den Leser – mit einer klaren Lehre, so daß Herman Bahr nur wenig übertreibt, wenn er im Jahre 1900 schreibt:

> Man kann ja jetzt alle Tage irgendwo lesen, bald als Lob, bald als Tadel, daß Hofmannsthal ein Dichter des art pour art sei. Das ist wohl das Dümmste, was man ihm nachsagen kann. Will man ihn schon in ein ,,Kastl" stecken, so würde er eher zu den Moralisten gehören. Ich kenne kaum einen Vers von ihm, der nicht eine moralische Frage, eine moralische Sorge aussprechen würde[8].

Hofmannsthals erstes lyrisches Drama *Gestern* (1891), mit dem der Siebzehnjährige sich die Hochachtung der Wiener literarischen Kreise erschrieben hat, heißt im Untertitel eine ,,dramatische Studie". Diese Bezeichnung führte dazu, daß selbst kritische Geister vom Rang eines Karl Kraus das Werk in den Zusammenhang des Naturalismus gestellt haben. Aber der Begriff der Studie hat hier nichts mit der Wissenschaftlichkeit zu tun, auf die die Naturalisten so großen Wert legten. Er ist vielmehr eine Bescheidenheitsformel für einen ersten Versuch in der dramatischen Form. Denn so farbig die Renaissance-Welt dieses Stücks auch ist – theatralisch bunter als in den meisten anderen Jugenddramen –, so wenig besitzt es doch eine dramatische Handlung und so wenig gibt es darin einen echten Dialog. Andrea, der jugendliche Protagonist, redet ununterbrochen selbst. Seine Geliebte Arlette und die Freunde sind nur dazu da, ihm die Stichwörter zu geben und andächtig seinen Sentenzen zu lauschen. So kann kein Spiel und Gegenspiel entstehen. ,,Wenn dieses Stück einen ,Konflikt' hat", schreibt Richard Alewyn, ,,ist es nicht der, der sich zwischen Andrea und Arlette abspielt, sondern der zwischen Andreas Grundsätzen und seiner Erfahrung."[9] Diese dramatische Schwäche tut dem Stück freilich kaum Abbruch; denn die formale Bedenklichkeit paßt genau zu der Bedenklichkeit von Andreas Weltanschauung und hebt sich dadurch beinahe selbst auf. Das pausenlose Perorieren des Helden, die sentenzenreiche, lehrhafte Sprache voller gewaltsamer Übergänge von einem Gegenstand zum anderen entspricht der Erzwungenheit seiner Lebensphilosophie. Und ebenso wie der unerwartete Schmerz über Arlettes Untreue seine Unberührtheit von dem Dasein der anderen und die Gleichgültigkeit gegenüber der Vergangenheit widerlegt, so strafen die stummen Tränen des Endes nicht nur die fadenscheinigen Verse lügen, mit denen der Getäuschte sich über diese schmerzliche Erfahrung erheben will, sondern sie widerlegen die großen Worte des ganzen Stücks.

Hofmannsthals Erstling, das Spiel von den Worten, die durch die Wirklichkeit widerlegt werden, darf durchaus als Ausgangspunkt seiner Komödiendichtung gelten. Der Zuschauer oder Leser durchschaut die unfreiwillige Ironie in Andreas Reden, weil er von Anfang an über Arlettes Untreue im Bilde ist. Der Dichter selbst bezeichnet das Stück als ,,Proverb'' und betont die Nähe zum Lustspiel, wenn er 1892 an die Schriftstellerin Marie Herzfeld schreibt:

> Meine Lieblingsform von Zeit zu Zeit, zwischen größeren Arbeiten, wäre eigentlich das Proverb in
> Versen mit einer Moral; so ungefähr wie ,,Gestern'', nur pedantesker, menuetthafter: im Anfang
> stellt der Held eine These auf (So wie: das Gestern geht mich nichts an), dann geschieht eine Kleinigkeit und zwingt ihn, diese These umzukehren (,,mit dem Gestern wird man nie fertig''); das ist
> eigentlich das ideale Lustspiel, aber mit einem Stil für Tanagrafiguren oder poupées de Saxe.
>
> BI 62

Ob Hofmannsthal diese Briefstelle im Gedächtnis hatte, als er das Spiel *Der weiße Fächer* (1897) ,,ein Zwischenspiel'' nannte? Jedenfalls ist dieses Stück die Erfüllung der gegebenen Beschreibung. Schon der Prolog weist auf das *Gestern* zurück, wenn er den Geist des Spiels vorausdeutet:

> Daß Jugend gern mit großen Worten ficht
> Und doch zu schwach ist, nur dem kleinen Finger
> Der Wirklichkeit zu trotzen. G 225

Wieder wird altkluge Lebensüberlegenheit zur Schau gestellt, und wieder werden die großen Prinzipien ironisch in Frage gestellt. Aber *Der weiße Fächer* ist dramatisch viel geschickter gebaut: Es stehen zwei Hauptfiguren einander in der gleichen Situation gegenüber, jede begleitet von zwei Nebengestalten, die als Zuhörer bzw. Zuredner fungieren, so daß der Dichter das Stück ganz auf den für seine Dramatik so charakteristischen Prinzipien von Parallelismus und Spiegelung aufbauen kann. Im Spiegel des anderen erkennen Fortunio und Miranda das eigene Problem, ehe sie es an sich selbst wahrnehmen. Die Ironie ist subtiler, und die Figuren sind zarter, ,,menuetthafter'' als in *Gestern*. Und da mit der Wandlung der beiden ein Happy-End angedeutet wird, ist das Lustspiel diesmal komplett.

Inhaltlich ist das Problem des Dramas freilich beinahe die Umkehrung der Problematik des *Gestern*. Während Andrea die Vergangenheit ignoriert und nur im Augenblick leben will, halten Fortunio und Miranda starr an der Vergangenheit fest und entziehen sich der Gegenwart. Fortunio will mit seiner Treue zu der verstorbenen Gattin ,,besser sein als dieses Schattenspiel, darin die Rolle des Witwers auf mich fiel'' (G 223), und Miranda verschließt sich vor dem Leben, weil sie von falschen Schuldgefühlen gegenüber dem verschiedenen Ehemann gequält wird. Beide müssen lernen, daß man sich gegen die Gesetze des Lebens ebenso durch zuviel Treue verschulden kann wie durch Unbeständigkeit. Hofmannsthals Moralismus ist nicht durch fixierte Positionen bestimmt, wie allzuoft in der Forschung vorausgesetzt wird. Der Dichter kann das gleiche Problem durchaus aus ganz verschiedenen Perspektiven behandeln und zu gegensätzlichen Ergebnissen führen, die sich erst versöhnen, wenn ihr Stellenwert im Gesamtwerk abgewogen wird.

Die existentielle Not des jungen Menschen angesichts der Forderungen des Lebens ist am eindrucksvollsten in Hofmannsthals berühmtem Dramolett *Der Tor und der Tod* (1892) Gestalt geworden. Die Sprachform korrespondiert mit dem Gehalt: Der monologische Charakter entspricht der Isolierung des Helden, der nie zu seinen Mitmenschen eine echte Beziehung angeknüpft hat. Die Begegnung mit dem Tod wird Claudios erstes wirkliches Erlebnis, und so stellt der Tod den einzigen Dialogpartner des Helden dar. Die anderen Gestalten, die verstorbene Mutter, die Geliebte, der Freund, werden nach Art des mittelalterlichen Totenreigens an Claudio vorbeigeführt, um ihn über sein verfehltes Leben zu belehren, aber er kann nicht mit ihnen kommunizieren.

Was aber ist das Problem des Toren? Mit Recht hat Wolfram Mauser darauf hingewiesen[10], daß es nicht genügt, Claudio als Ästheten zu deuten und das Drama auf den Gegensatz von Kunst und Leben zu reduzieren. Claudios Beziehung zur Kunst oder zur ,,Rumpelkammer voller totem Tand" (G 202) ist mehr die Folge seiner Weltfremdheit als Ursache davon. Weil der Held keine Identität im Leben findet, weil er keine Bindung eingehen kann, weil er die Forderungen der Wirklichkeit nicht versteht und nicht erfüllen kann, sucht er in den künstlichen Dingen eine Ersatzbefriedigung. – Eine präzise kausale, psychologische oder soziale Erklärung für Claudios Lebensschwäche bleibt das Stück freilich schuldig. Über die Analyse des bestehenden Zustands geht es nur hinaus mit den Erinnerungen des Helden an eine traumhaft glückliche Kindheit, die ihn mit so hohen Erwartungen gegenüber dem Leben erfüllt hat, daß die Wirklichkeit seiner Sehnsucht nicht genügen konnte und in ihren Ansprüchen verkannt und versäumt wurde. Den seligen Zustand des Kinds deutet man gewöhnlich mit Hofmannsthals Terminologie aus dem *Ad me ipsum* als ,,Präexistenz", so daß Claudio als Zeuge für diesen ,,glorreichen, aber gefährlichen Zustand" (A 213) erscheint bzw. für die Schwierigkeit, nach Verlust der Präexistenz den Eintritt in das wirkliche Leben zu vollziehen. Dabei bleibt freilich fraglich, wie weit Claudios Erinnerung an die Kindheit ein verklärtes Wunschbild darstellt, das aus dem Ungenügen an der Gegenwart hervorgeht. Wenn am Ende des Stücks Claudio sein verfehltes Leben korrigiert, indem er die neue Wirklichkeit, den Tod, frei akzeptiert, so ist die plötzliche Wandlung natürlich keine Lösung der früheren Problematik, sondern eine gnadenhafte Heilung, ein Mysterium, wie die Rettung Jedermanns in dem späteren ,,Spiel vom Sterben des reichen Mannes".

Das Jahr 1897 ist der Höhepunkt von Hofmannsthals Jugenddramatik. Es entstehen nicht weniger als vier lyrische Dramen: außer dem *Kleinen Welttheater* und dem *Weißen Fächer* das märchenhaft-moralische Spiel *Der Kaiser und die Hexe,* das aus der Tradition von Grillparzers *Der Traum ein Leben* stammt und auf *Die Frau ohne Schatten* vorausweist, sowie *Die Frau im Fenster,* die im nächsten Jahr von Otto Brahm als erstes Bühnenstück Hofmannsthals aufgeführt werden wird. Von jetzt an bemüht sich der Dichter konsequent um die Aufführbarkeit seiner Werke. Die Dramen der folgenden Jahre, *Der Abenteurer und die Sängerin* (1898) und *Die Hochzeit der Sobeide* (1899), sind wesentlich bühnengemäßer als alle früheren Stücke. Bei der gleichzeitig in Berlin und in Wien veranstalteten Uraufführung gewannen sie dem Dichter viele Freunde – unter ihnen Gerhart Hauptmann, dessen Komödie *Schluck und Jau* (1900) deutlich den Einfluß von Hofmannsthals Werken verrät –, doch konnten sie sich weder beim Publikum durchsetzen noch die Kritik überzeugen.

Der Abenteurer und die Sängerin, nach einem Stoff aus Casanovas Memoiren, ist Hofmannsthals erstes Drama, das die Grenzen des Einakters durchbricht. In den frühen Drucken hieß es freilich im Titel noch: ,,In einem Aufzug (mit einer Verwandlung)"[11], aber später nannte der Dichter das Stück werkgerecht: ,,ein Gedicht in zwei Aufzügen". Beide Teile sind lebhafte

Gesellschaftsakte; in einem dominiert Baron Weidenstamm, der Abenteurer, in dem anderen seine frühere Geliebte, die Sängerin Vittoria. Die Begegnung zwischen den beiden ist jeweils der Höhepunkt, alle anderen Figuren sind vornehmlich Spiegelbilder und Kontrastfiguren, die das Wesen der Hauptgestalten, besonders des Barons, differenzieren. Niemand hat ein eigenes Schicksal, aber auch niemand ist reiner Statist. Die Handlung ist freilich im ersten Akt schon so weit geführt, daß der zweite nicht viel Neues bringen kann, was die dramatische Wirkung wesentlich beeinträchtigt.

Die Hofmannsthal-Forschung hat das Stück besonders beachtet, weil es zum erstenmal klar umrissen die Figur des Abenteurers enthält, die in den kommenden Komödiendichtungen, vielfach verwandelt, ihr Wesen treiben wird: in *Cristinas Heimreise*, im *Rosenkavalier*, in *Ariadne*, im *Schwierigen* wie im *Unbestechlichen*. Der Abenteurer, der haltlos von einem Erlebnis zum anderen, von einer Frau zur anderen fliegt, der ganz im Augenblick aufgeht und kein Gedächtnis für die Vergangenheit hat, wird von den Kritikern meistens an seinen positiven Gegenbildern gemessen[12], an den Treuen und Beständigen, die sich nicht vom momentanen Rausch tragen lassen, sondern wie Vittoria bewußt Schicksal und Gemeinschaft suchen. Damit wird man dieser Figur aber nur teilweise gerecht. Denn Hofmannsthals Abenteurer sind nicht nur den Beständigen entgegengesetzt, sondern auch den Lebensarmen, Ungeschickten, Isolierten aus der Familie des Claudio, zu denen hier die Figur des Salaino gehört. Sie sind nicht einfach Lebensdilettanten, sondern auch wahre Lebenskünstler, in deren Nähe das Leben aufleuchtet. Der Abenteurer ist ,,das soziale Wesen par excellence"[13], ein Zentrum der Geselligkeit, das Menschen und Ereignisse magisch anzieht, ein Stifter von Gemeinschaft, der er selbst entflieht. Erst die doppelte Perspektive des Abenteurers erklärt die Faszination, die von dieser Figur auch für den Dichter ausgeht: Es ist durchaus erlaubt, die Leichtigkeit des Abenteurers zu bewundern, bevor der Leichtsinn und das sittliche Ungenügen verworfen werden.

Die Hochzeit der Sobeide ist wenig bekannt, obwohl hier zum erstenmal das Problem der falschen Lebenseinstellung zu einer kleinen spielbaren Tragödie gestaltet wurde. Besessenheit von haltlosen Jugendträumen und Autosuggestion durch das aufreizende Wort bei der jungen Heldin sowie lebensfremde, passive Kontemplation bei ihrem Gatten führen in drei Bildern zur Verfehlung der Ehe und zur Zerstörung Sobeides durch eine häßliche Wirklichkeit. Freilich zeigt sich auch hier die im *Abenteurer* beobachtete und fast gleichzeitig im *Bergwerk zu Falun* (1899) wiederkehrende dramaturgische Schwäche, daß die dramatische Spannung zu früh verbraucht ist und das Ende an Interesse verliert.

Das *Bergwerk* ist sowohl in formaler als auch in gehaltlicher Hinsicht ein ebenso problematisches wie interessantes Übergangsstück. Es ist das erste vollendete fünfaktige Drama des Dichters, doch die Akte sind von so unterschiedlichem Gewicht, daß die Schwierigkeiten des Autors bei der Strukturierung des Stoffs ganz augenfällig werden. Vor allem scheint jedoch der Schlußakt völlig überflüssig. Die Entscheidung ist, wenn am Ende des dritten Aufzugs etwa noch ein Zweifel bestand, spätestens im vierten Akt gefallen: Elis Fröbom wird seine Braut Anna verlassen, um der überirdischen Geliebten anzugehören. Anna weiß das ebensogut wie er selbst, und die Details des bevorstehenden Aufbruchs hat nicht nur der alte Torbern beschrieben, sondern Elis selbst hat sie der blinden Großmutter vorausgesagt. Alles was im letzten Akt noch folgt, ist schwache Wiederholung und Ausmalung der Situation.

Wenn Hofmannsthal das Drama nie vollständig veröffentlicht hat, so sind dafür aber wohl kaum die formalen Mängel verantwortlich. Es ist vielmehr der befremdliche Gehalt, der ihn dazu bewogen haben dürfte. Der Held, der die liebenswürdig menschliche Anna zerstört, um sich mit der geisterhaften Bergkönigin zu verbinden, widerspricht auffällig dem sozialen

Ethos von Hofmannsthals Dichtung. Der Kaiser in *Der Kaiser und die Hexe* mußte sich aus der Verbindung mit der geisterhaften Geliebten lösen, um seine menschlichen und sozialen Pflichten zu begreifen und zu erfüllen. Die Kaiserin in *Die Frau ohne Schatten* wird ihre überirdischen Privilegien aufgeben und sich demütigen, um ganz Mensch zu werden. Elis dagegen tritt das menschliche Dasein mit Füßen, um in die geisterhafte Sphäre einzugehen. Die einzige Figur in Hofmannsthals Werk, die einen ähnlichen Weg geht, ist der Wahnsinnige im *Kleinen Welttheater*. Dieser darf die Schalen des Irdischen abwerfen, um „einen unerhörten Weg zu suchen in den Kern des Lebens" (G 312), weil die soziale Wirklichkeit in dieser Dichtung noch keine Rolle spielt. Im *Bergwerk* ist jedoch die menschliche Welt der Anna mit großer Wärme geschildert – ja darin liegt gerade eine Errungenschaft dieses Dramas, daß Hofmannsthal einen neuen innigen, naiv-treuherzigen Ton für den sozialen Bereich gefunden hat. So erscheint Elis' Entscheidung tief fragwürdig. Das Stück krankt an dem Widerspruch zwischen der im Leser geweckten Sympathie für die irdische Welt und der hohen Wertschätzung des Geisterreichs, auf der die Handlung letztlich beruht. Die verschiedenen Töne sind nicht richtig aufeinander abgestimmt und beeinträchtigen die Wirkung des Ganzen. – Der Dichter hat im *Ad me ipsum* vom *Bergwerk* gesagt, es habe mit *Der Kaiser und die Hexe* „gemeinsam: Analyse der dichterischen Existenz" (A, 223), und seit Walther Brechts Auslegung[14] hat die Forschung diesen Hinweis immer wieder der Deutung des *Bergwerks* zugrunde gelegt. Aber man muß die Selbstinterpretation mit Vorsicht gebrauchen. Sie ist nicht unmittelbar im Stück verankert; denn Elis ist keineswegs als Dichtergestalt konzipiert. Die Bemerkung eröffnet eine ergänzende Perspektive, ohne eine verbindliche Interpretation vorzuschreiben.

Die Tragödien nach der Jahrhundertwende markieren den endgültigen Durchbruch Hofmannsthals zur großen Dramatik. Schon stofflich liegen ihnen bedeutende Vorwürfe zugrunde, eine gescheiterte Revolution im *Geretteten Venedig* (1905), der Königsmord und seine Folgen in *Elektra* (1903), Heimsuchung und Erlösung der Stadt Theben in *Ödipus und die Sphinx* (1906); geistig steht das Problem des Handelns im Mittelpunkt, der Versuch, durch Taten die Welt zu verändern und sich ein Schicksal zu schaffen. – Die Diktion der Tragödien ist freilich noch reich an lyrischen oder dekorativen Elementen. Trotz der unmittelbaren Nähe zum Chandos-Brief (1902), der die großen Worte in Frage gestellt hatte, äußern sich die Figuren in einer rauschhaften Bild- und Metaphernsprache. *Das gerettete Venedig* ist durch sein Übergewicht an Dekoration und durch die geringe Plausibilität der psychologischen Beziehungen das schwächste der drei Dramen – der Dichter hat selbst bald nur noch den fünften Akt gelten lassen –, *Elektra* und *Ödipus und die Sphinx* werden dagegen zu Unrecht als poetische „Sackgasse" abgetan[15]. *Elektra* ist eine von Hofmannsthals konsequentesten und künstlerisch geschlossensten Arbeiten, und *Ödipus und die Sphinx* zeichnet sich ebenso durch seine kühne Verwandlung des Mythos (die den Plan einer Ödipus-Trilogie unter Einbeziehung von Sophokles' *König Ödipus* verhinderte) wie durch seine Tiefe der Gedanken aus.

Die antiken Tragödien Hofmannsthals sind Zeugnis für den gesuchten „Anschluß an große Form" (A 370), zielen aber nicht auf eine systematische Erneuerung der Antike. Unmittelbarer Anlaß zu *Elektra* und *Ödipus und die Sphinx* war die Begegnung mit dem Theater Max Reinhardts. Reinhardt hatte einen Vorschlag des Dichters, antike Stücke zu spielen, mit dem Hinweis auf den „gipsernen Charakter der vorhandenen Übersetzungen und Bearbeitungen" (BII 384) abgewiesen. Als Hofmannsthal dann im Mai 1903 das Ensemble des „Kleinen Theaters" in einem Gastspiel mit Gorkis *Nachtasyl* erlebte, fühlte er sich durch diese Inszenierung und die Darstellung der Schauspielerin Gertrud Eysoldt sogleich angeregt, eine neue *Elektra* zu schaffen, die dem Stil dieses Theaters entgegenkam. Hermann Bahr bewunderte,

... wie fein er die „Elektra" ... den Bedürfnissen und den Kräften des „Kleinen Theaters" angepaßt hat. Dekorativ und überhaupt scenisch hat er sie eigentlich völlig ins Nachtasyl gesteckt das
auf seine Phantasie sehr stark gewirkt haben muß[16].

Hiermit beginnt die lebenslange künstlerische Verbindung zwischen Hofmannsthal und dem
Theater Max Reinhardts. Der Dichter hatte in dem Regisseur einen kongenialen Bühneninter-
preten gefunden, und er löste konsequent die Verbindung mit dem ihm befreundeten Otto
Brahm, um fortan ganz für Reinhardts Bühne frei zu sein. Elektra ist auch die erste Rolle, die der
Autor bewußt für eine bestimmte Schauspielerin geschrieben hat. Der Kontakt mit den Darstel-
lern seiner Gestalten wurde künftig in immer höherem Maße ein Bedürfnis seiner produktiven
Phantasie. Die Hauptrolle des *Unbestechlichen* hat er so sehr auf den Komiker Max Pallenberg
abgestimmt, daß sich lange kein anderer Schauspieler dieser Rolle gewachsen zeigte.

Man betont häufig den Einfluß der Psychoanalyse auf Hofmannsthals Griechendramen,
und schon stofflich scheint die Behandlung des Ödipus-Mythos und des Elektra-Mythos die
Beziehung zu Sigmund Freuds Erkenntnissen nahezulegen. Außerdem hat der Dichter selbst
darauf hingewiesen, daß er während der Entstehung der *Elektra* in den „Studien über Hysterie"
von Freud und Breuer „geblättert" habe (BII 384). Dennoch ist das unhumane oder vorhumane
Griechenbild des Dramas mehr der Tradition Bachofens, Nietzsches und Erwin Rohdes verpflichtet als den psychoanalytischen Lehren. In bewußtem Gegensatz zu Winckelmanns Bild
der Antike und zu Goethes „verteufelt humaner" (A 131) *Iphigenie* beschwört der Dichter den
dunklen, dionysisch-orgiastischen Urgrund der griechischen Tragödie; der Plan eines *Pen-
theus*-Dramas nach dem Stoff von Euripides' *Bakchen* sollte diese Elemente noch stärker zur
Geltung bringen.

Dem Geist des modernen Griechenbilds wird die Szenerie der Tragödie anverwandelt.
Noch vor der Niederschrift der *Elektra* faßt der Dichter seine *Szenischen Vorschriften* zu dem
Drama ab, um sich der Atmosphäre des Stücks zu versichern; denn ‚Atmosphäre' ist ihm, wie er
in dem Vortrag *Shakespeares Könige und große Herren* (PIII 139) betont, das Schlüsselwort
für die Wirkung des Dramas. Er schaltet aus dem Bühnenbild alles aus, was an das konventionel-
le, klassizistische Griechentum erinnert, „jene Säulen, jene breiten Treppenstufen, alle jene an-
tikisierenden Banalitäten" (PII 68) und setzt an deren Stelle „jenes Lauernde, Versteckte des
Orients". Der Eindruck des Ganzen ist „Enge, Unentfliehbarkeit, Abgeschlossenheit"; jedes
Detail ist sowohl emotional suggestiv als auch symbolisches Zeichen für die innere Situation der
Figuren.

Handlungsmäßig kommt die Abgeschlossenheit in der Polarität zwischen der Ermordung Agamemnons und der erwarteten Rache zum Ausdruck. Die Untat liegt in der Vergangenheit, die Strafe in der Zukunft. Auf diese beiden Punkte ist das Leben der drei Frauen ganz
ausgerichtet. – Keine der weiblichen Hauptgestalten steht für sich, sondern alle drei sind wie die
„Schattierungen eines intensiven und heimlichen Farbtons" (BII 384) aufeinander bezogen;
denn in fortschreitendem Maße vertraut Hofmannsthal den Gehalt seiner dramatischen Dichtungen der Konfiguration an. An die Stelle der direkten Charakterisierung und Sinndeutung
tritt die indirekte Vermittlung durch den Zusammenklang der verschiedenen Stimmen. Die
dramatischen Figuren sind dem Dichter „kontrapunktische Notwendigkeiten" (PII 37), nicht
vollständige Personen, sondern Verkürzungen von wirklichen Charakteren, die erst durch den
zwischen ihnen liegenden dramatischen Raum Leben und Bedeutung bekommen. Es ist bezeichnend für Hofmannsthals Kunst, wie er die Nebenfiguren seiner Vorlagen auf die Hauptpersonen bezieht oder wie er das Personal der Vorbilder um korrespondierende Gestalten erweitert[17].

Elektra, Klytämnestra und Chrysothemis sind alle durch die Ermordnung Agamemnons zerstört, doch jede auf ihre eigene Art: Chrysothemis, die den Frevel vergessen möchte, um ein normales Dasein als Frau und Mutter zu führen, wird von außen im Bann der Tat festgehalten und versäumt ihr Leben. Klytämnestra sucht Vergessen, weil sie ihrer Tat nicht gewachsen ist und von heillosen Angstträumen heimgesucht wird. Indem sie aber die Vergangenheit abzustreifen trachtet, löst sich von innen ihre Individualität auf. Elektra dagegen hat heroisch ihre ganze Existenz der Aufgabe geweiht, dem Vater die Treue zu halten und die Schuldigen der Strafe zuzuführen. Wie Chrysothemis die Vergangenheit abtun will, um die Gegenwart zu ergreifen, so entsagt Elektra dem gegenwärtigen Leben, um die Vergangenheit wachzuhalten und die Zukunft herbeizuführen. Zwanghaft gehen die Visionen des Geschehenen und die Antizipationen des Künftigen aus ihr hervor. Sie bezahlt ihre Stärke als Priesterin der Rache mit dem Verlust der Identität: ,,Ich bin das hündisch vergoßne Blut des Königs Agamemnon'' (DII 58). – Die Welt der drei Frauen ist entwicklungslos. Orest muß aus der Außenwelt kommen, um den Krampf und die Stagnation durch die Sühnetat zu lösen. Der unproblematische Bruder Elektras gehört eigentlich nicht in die Atmosphäre des Stücks, und Hofmannsthal hat einmal dem Kritiker Maximilian Harden recht gegeben, daß *Elektra* ,,ein schöneres Stück und ein reineres Kunstwerk wäre, wenn der Orest nicht vorkäme''[18], aber ohne sein Erscheinen könnte das psychologische Enthüllungsdrama nicht zu dem notwendigen dramatischen Abschluß kommen, denn jede Lösung von innen erscheint unmöglich.

Ein weiter Abstand trennt die Griechendramen von den geistlichen Spielen, sowohl in künstlerischer Hinsicht als auch im geistigen Gehalt. Der ekstatischen Rede Elektras steht das altertümliche, leicht stilisierte Bauerndeutsch im *Jedermann* (1911) gegenüber. An die Stelle der psychologischen Ergründung der menschlichen Seele tritt das moralische Geschehen zwischen den allegorischen Gestalten.

Ursprünglich hatte Hofmannsthal beabsichtigt, dem alten englischen *Everyman* eine moderne Gestalt zu geben. Aber mit der Zeit überwog der Wunsch, ,,fremdem Gebild sein Lebensrecht zu wahren, . . . gewähren zu lassen ohne Einmischung, wiederherzustellen ohne Willkür'' (PIII 116 f.). Er sah in dem Spiel das durch günstige Umstände erhaltene Dokument einer alten europäischen Theatertradition, und da diese Tradition im österreich-bayrischen Raum vom Mittelalter über das Barock bis in die Gegenwart weiterlebte, nahm er sich vor, das Stück in den lebendigen Besitz des Volkes zurückzuführen. Durch sein geniales Einfühlungsvermögen in den Geist und die Möglichkeiten des Stoffs und durch Reinhardts vorbildliche Inszenierung des Spiels auf dem Domplatz zu Salzburg (1920) ist der *Jedermann* tatsächlich aufs engste mit der heimischen Tradition verbunden worden. – Die dichterische Verwandlung des Vorbilds ist durchaus sehr weitreichend. Hofmannsthal hat im ersten Teil mehrere Figuren ergänzt, um das Wesen Jedermanns in den verschiedensten Verhältnissen vorzuführen, bevor er vom Tode angesprochen wird. Er hat im zweiten, dem theologischen Abschnitt, wo sich das alte Spiel in langatmigen Diskussionen erging, ebensoviel gekürzt. Die strenge und etwas trockene Handlung des spätmittelalterlichen Theologen wird unter der Hand des Dichters zu einem lebendigen und in der kunstvollen Steigerung der Todesdrohung sogar spannenden Spiel. Aber alle Veränderungen sind aus dem Geist des mittelalterlich-barocken Theaters geboren. Jedermann wird zum barocken Schloßherrn, der seiner Geliebten einen als Allegorie kunstvoll entworfenen Lustgarten schenkt. Ins Zentrum des Stücks rückt ein barockes Fest, in dem die Lebensfreude unmittelbar mit dem Todesgrauen konfrontiert wird. Das geistliche Ende wird durch Einführung der aus mittelalterlichem (und Goetheschem) Geist gestalteten Figur des um die Seele ,,geprellten'' Teufels verlebendigt und trägt damit zu der auch sonst charakteristischen

Verbindung von Ernst und Komik bei. Die wenigen modernen Elemente, die in das Stück eingegangen sind, betreffen das Geldwesen. Jedermann ist zwar auf der einen Seite der naive Reiche, der sein Gold in einer großen Truhe aufbewahrt, aber auf der anderen Seite ist er der moderne Kapitalist, für den das Geld anonym „werken und laufen" (DIII 16) muß, der Aktionär,
der nicht weiß, welches Heil oder Unheil mit seinem Vermögen angerichtet wird. Da es in dem
Drama um das Mißverhältnis von Geld und Sittlichkeit geht, ist dieser zeitgeschichtliche Bezug
immerhin der Aufmerksamkeit wert.

Das einzige gehaltliche Problem ist die Rettung Jedermanns. Seine Reue in der Todesstunde, der wiedergefundene Glaube und die dadurch erstarkten Werke bewahren ihn vor
der Verdammung, die er sich eigentlich mit seinem unfrommen Leben verdient hat. Dieser
Ausgang ist in einem christlichen Mysterienspiel durchaus in der Ordnung, aber Hofmannsthal
hat mehrfach ausgesprochen, daß der Kern des Stoffs „menschlich absolut" sei, „keiner bestimmten Zeit angehörig, nicht einmal mit dem christlichen Dogma unlöslich verbunden"
(PIII 115), und daß er sich „der christlichen Mythe wie einer anderen bedient"[19] habe. – Man
kann wohl wie Hebbel biblische Stoffe bearbeiten und sie bibelfremd deuten; man kann auch
wie Wagner ein christliches Drama schreiben, ohne selbst an den dargestellten Gehalt zu glauben – aber kann man sich wirklich einer Glaubenslehre zur Motivierung einer Handlung bedienen und zugleich den Gehalt dieser Lehre von dem Werk abstrahieren? Ohne den Zusammenhang mit der christlichen Heilslehre ginge der Sinn des Dramas verloren. Hofmannsthals *Jedermann* ist in höherem Maße ein christliches Drama, als der Dichter wahrhaben will.

Dasselbe Problem stellt sich noch einmal im *Großen Welttheater* (1921). Hofmannsthals
Hauptfigur, der Bettler, der, wie man oft betont hat[20], über den Rahmen der Calderonschen
Vorlage hinaus zu einer geradezu modernen Proletariergestalt umgebildet wurde, tritt auf dem
Höhepunkt des Spiels, durch eine wunderbare Erleuchtung verwandelt, in den naiven religiösen
Rahmen zurück und akzeptiert sein Schicksal, das er eben noch durch Vernichtung der herr-
schenden Ordnung selbst in die Hand nehmen wollte. Wieder verwahrt sich der Dichter dage-
gen, daß dieser Lösung ein religiöser Dogmatismus zugrunde liege[21]. Er geht sogar so weit, die
Entscheidungsszene für die Bühne umzuarbeiten und die Wandlung des Bettlers als plötzlichen
Ekel vor dem ganzen „Erden-Macht-Streit" neu zu motivieren[22]. Aber letztlich ist die Umkehr
des Bettlers doch nur sinnvoll, wenn man die bestehende Ordnung wirklich als von Gott gewollt
ansieht. Freilich fällt es in diesem Drama schwerer, die christliche Lösung Calderons gelten zu
lassen, weil die moderne soziale Perspektive so viel stärker hervortritt als im *Jedermann* und
ganz andere Erwartungen weckt. Hofmannsthal war tief beunruhigt von der Zerstörung der alten Ordnung Europas durch den Ersten Weltkrieg sowie von der russischen Revolution. In der
Figur des Bettlers, der als „Zeitgestalt" einen Augenblick lang von dem gleichen Trieb besessen
ist wie die historischen Mächte – „Umsturz des Bestehenden, Ansichreißen der Gewalt; und
was dann? aufs neue Gewalt! Lenins Lösung"[23] –, macht er sozusagen diese Entwicklung rückgängig. Daß dieser Versuch den Rahmen eines traditionell religiösen Dramas übersteigt, ist einleuchtend.

Die eigentliche Auseinandersetzung Hofmannsthals mit den politischen und sozialen
Tendenzen seiner Zeit ist seine *Turm*-Dichtung (1925–27). In ihr spiegeln sich die Erschütte-
rung über den Zusammenbruch der österreich-ungarischen Monarchie und der alten sozialen
Ordnung, die Beunruhigung durch die geist- und kulturfeindlichen politischen Kräfte der Gegenwart, die Sorge über die verlorene wirtschaftliche Sekurität und die Entwertung des Gelds
sowie – unverkennbar zumindest für den nachgeborenen Leser – die Angst vor einer zukünftigen Diktatur. Im Bilde einer historisch-mythischen Welt, „eines Königreiches Polen, aber

mehr der Sage als der Geschichte" (DIV 8), wird hier die Furcht vor dem „Untergang des Abendlandes" gestaltet. Doch aus dem Chaos von Korruption und Eigennutz, von Ungeist und Zerstörungstrieb wächst zugleich die Frage nach den Chancen der geistigen und moralischen Prinzipien, sich zu behaupten, und wächst die chiliastische Hoffnung auf eine durchgreifende Erneuerung des Lebens.

Das Drama ist nicht leicht zugänglich. Schon sprachlich entzieht es sich dem naiven Verständnis. Der Dialog ist selten funktionale Rede oder personale Enthüllung; alle realistischen Elemente sind abgestreift. Die Figuren scheinen oft geisterhaft aneinander vorbeizureden; denn die Sprache ist Chiffre und Symbol, die über das jeweilige Hier und Jetzt hinausweist auf ein Allgemeineres und Wesentlicheres. Die Gestalten sind zugleich Individuen und Repräsentanten geschichtlicher Kräfte. Sie haben ein persönliches Schicksal wie die Helden der psychologischen Dramen und stehen doch unter einem überpersönlichen geistig-sittlichen Prinzip wie die Figuren der geistlichen Spiele. Nur durch diese Mehrschichtigkeit konnte aus dem Sigismund-Drama, wie es in der ursprünglichen Bearbeitung von Calderons *Das Leben ein Traum* angelegt war, eine so umfassende Weltdeutung werden.

Politisch steht der Dichter in dieser Tragödie den Vertretern der alten Sozialstruktur ebenso kritisch gegenüber wie den Umstürzlern. Die Aristokratie ist eine skrupellose, um ihre Privilegien besorgte und auf Ausbeutung bedachte Klasse, die demjenigen König huldigt, der der Schwächste ist und die meisten Versprechungen macht. König Basilius aber stellt das Zentrum der Unmoral und Korruption dar. In dem Widerspruch zwischen seinem von Gott abgeleiteten Herrschaftsanspruch und seiner schwachen und niedrigen Persönlichkeit liegen die Ursachen alles Übels. Der Mißbrauch der Gewalt und die Willkür seines Handelns haben das Land in den Ruin getrieben, und der Frevel an dem Sohn, die Verstoßung Sigismunds, wird geradezu zum Symbol des Weltunrechts: „An der Stelle, wo dieses Leben aus den Wurzeln gerissen wird, entsteht ein Wirbel, der uns alle mit sich reißt" (DIV 31). – Das andere Ende des sozialen Spektrums beherrscht Olivier, der die Machtansprüche des „ewig ochlokratischen Elements"[24] vertritt. Voller Haß auf alles, was ihm geistig oder sozial überlegen ist, geht er auf rücksichtslose Vernichtung des Bestehenden aus. Seine Vorstellung von einem „neuen Weltzustand" zielt auf Anarchie und Chaos: „Die Zucht soll verschwinden! Es sollen hinter uns die Geier und Wölfe kommen und sie sollen nicht sagen, daß wir halbe Arbeit getan haben" (DIV 163).

Diesen negativen Elementen steht positiv das einfache „Volk" gegenüber, die Menge der Bedrängten und Beladenen, die auch in der Not ihre ursprüngliche Unschuld und Naivität nicht verloren, die in der allgemeinen Auflösung die Ehrfurcht vor dem Hohen bewahrt haben und sich nach der Erlösung durch einen messianischen „Armeleute-König" sehnen. Dieses emotional verklärte Volk, wie Hofmannsthal es auch in seinen Kriegs- und Nachkriegs-Aufsätzen – die soziologischen Begriffe der „Masse" und „Klasse" vermeidend – beschwört, vermag in der ersten *Turm*-Fassung die Basis einer neuen Weltordnung zu werden. Es findet in Sigismund seinen charismatischen Führer, der Geist und Sittlichkeit mit Tatkraft und Opferbereitschaft vereinigt. Und gegenüber dieser Gemeinschaft kann sich weder die alte Herrschaft noch der Aufstand behaupten.

Was Hofmannsthal hier gestaltet, kann man durchaus als „konservative Revolution" im Sinne der vielgenannten Rede über *Das Schrifttum als geistiger Raum der Nation* deuten: Es ist die Überwindung von erstarrten Formen und die Erneuerung des sozialen Lebens aus chaotischen Verhältnissen, aber nicht im Sinne einer neuen Sozialstruktur, sondern im Sinne alter, ehrwürdiger Tradition mit einem ursprünglichen Vertrauensverhältnis zwischen dem Volk und seinem geweihten König.

Wenn diese Vision am Ende von *Turm* I steht bzw. durch die Utopie eines Friedensreiches unter der Herrschaft des unschuldigen Kinderkönigs noch transzendiert wird, so ist das Ausdruck von Hofmannsthals verzweifeltem Bemühen um einen optimistischen Ausgang des Dramas. Aber er war sich wohl bewußt, daß der letzte Akt „etwas von einem über dem Abgrund gebauten Schloß"[25] hatte. Das Drama ist gegen Ende ungeheuer verkürzt. Der am Schluß des vierten Akts vom Volk aus dem Gefängnis und aus seiner reinen Innerlichkeit geführte Sigismund erscheint zu Beginn des fünften Akts als erfolgreicher Heerführer, dem alle gegnerischen Kräfte erlegen sind. Diese illusionistische Handlungsführung hatte vor dem selbstkritischen Blick des Autors keinen Bestand – er entschloß sich, das Drama umzuarbeiten und „darzustellen das eigentlich Erbarmungslose unserer Wirklichkeit" (A 242). – Der Geist Sigismunds vermag sich in der neuen Fassung nicht mehr in der Welt zu entfalten. Der Prinz wird zwar vor der Hinrichtung durch Basilius gerettet, aber er fällt der Brutalität des Olivier zum Opfer, ohne je aus seiner Innenwelt in den sozialen Raum getreten zu sein. Der anarchische Machtmensch, der von einem brutalen Bramarbas zu einer kalten technokratischen Vernichtungsmaschine verändert ist, behauptet das Feld, und Sigismund, der berufene Erlöser mit Christuszügen, stirbt einen Märtyrertod – freilich ohne daß die Tragödie durch die Aussicht auf die Transzendenz versöhnt würde. – Dennoch darf man dieses Ende nicht mißverstehen: Es bedeutet nicht den Verzicht „des Geistes auf Selbstverwirklichung in der Welt des Politischen und Sozialen durch die gesetzgebende Tat"[26], es bedeutet nicht „Entsagung" des Geists gegenüber der Wirklichkeit. Hofmannsthal hält durchaus in der zweiten *Turm*-Fassung an dem Anspruch des geistigen Menschen auf Führerschaft fest. Sigismunds Bereitschaft, mit dem „Volk" hinauszugehen und eine neue Ordnung zu begründen, ist unverändert, doch die Mächte des Ungeists bestimmen die geschichtliche Stunde und verhindern von außen sein Tun. Von Entsagung kann nicht die Rede sein, nicht einmal von Kapitulation, sondern höchstens von Resignation des Dichters gegenüber der Übermacht.

Neben den düsteren Tragödiendichtungen Hofmannsthals erscheinen seine Lustspiele wie eine Befreiung. Zwar begegnen auch hier problematische Stoffe – der problematischste von allen, die soziale Komödie *Timon der Redner,* mit der der Autor ein ironisches Zeitdrama schreiben wollte, ist nach jahrelangen Bemühungen als großer Trümmerhaufen liegen geblieben – aber der Ernst ist stets im heiteren Spiel aufgehoben und durch geistige Anmut sublimiert. Die Komödiendichtung hatte in Österreich eine kräftigere Tradition entfaltet als im nördlichen Deutschland. Hofmannsthal konnte nicht nur auf das österreichische Volkstheater zurückblicken, sondern auch auf das Konversationslustspiel Eduard von Bauernfelds. Obwohl er sich vor allem an der Komödie Molières geschult hat, glaubte er deshalb, in ein ihm vorgegebenes Feld einzutreten. Schritt für Schritt hat er sich seit den Jugenddichtungen das komische Genre erschlossen, bis er im *Schwierigen* (1920) sein Meisterwerk schrieb, das man als „das vollkommenste Lustspiel des 20. Jahrhunderts" bezeichnet hat[27].

Drei Dinge machen vor allen anderen den Rang und die Wirkung von Hofmannsthals Lustspielen aus. Mit Recht betont Katharina Mommsen Hofmannsthals Kunst des Dialogs, seine Fähigkeit, die Figuren rollen- und zeitgemäß in natürlicher Differenzierung sprechen zu lassen, als wichtigste Auszeichnung[28]. Schrieb der Dichter doch selbstbewußt an Richard Strauss:

> Im Reden der Figuren sehe ich die eigentliche dichterische Kreation. Wie sie reden, wie ihr Ton wechselt, wie ihre Diktion steigt und sinkt – darin ist mir das Mittel gegeben, die Charakteristik wahrhaft lebendig zu machen, alle sozialen Unterschiede, auch vieles kaum direkt Aussprechbare *zwischen* den Figuren fühlen zu machen... Ich arbeite in diesem Punkt immer mit der gleichen

Sorgfalt. Wenn Sie schreiben, die Diktion sei ,für H. v. H.' an irgendwelcher Stelle nicht auf der Höhe, so waltet da ein Irrtum[29].

Neben dem Dialog bestimmt besonders die Konfiguration die Wirkung von Hofmannsthals Komödien. Mehr noch als in den Tragödien legt der Dichter auf das wert, was zwischen den Figuren geschieht. So sagt er über seine erste vollendete Komödie *Cristinas Heimreise* (1910):

> Das Eigentliche in dem Stück liegt nicht in den Figuren (vielleicht wird das überhaupt in meinen Comödien so sein) sondern in dem, wie die Figuren zueinander stehen. Verhältnisse zwischen Menschen sind mir etwas besonders Anziehendes. . . Beziehungen schweben frei zwischen, ja über den Menschen, geistige Kinder gleichsam mit dämonischen- oder Engelsgesichtern[30].

Die Konfiguration dient also nicht nur der Kontrastierung und wechselseitigen Spiegelung von Gestalten, sondern sie schafft eine neue Dimension der Wahrnehmung, sie vermittelt das unmittelbar nicht Sagbare einer sozialen Atmosphäre. – Schließlich ist hier der soziale Gehalt zu erwähnen. Hofmannsthals Lustspiele führen durchweg in Übereinstimmung mit uralter Komödientradition zu einer Eheschließung. ,,Gut ist die Ehe" (LI 240), heißt es in *Cristinas Heimreise,* und der ganze *Unbestechliche* (1922) hat kein anderes Thema als die Erneuerung einer brüchig gewordenen ehelichen Gemeinschaft. Aber das Einfache, Selbstverständliche, scheinbar so Vertraute wird in Hofmannsthals Komödien mit unkonventionellem Blick betrachtet als das Besondere, Schwierige und, wenn es gelingt, Wunderbare. Nur ein Dichter, der ein so intensives und zugleich problematisches Ich-Verhältnis hatte wie Hofmannsthal, konnte dem Weg zum Du derartige neue Dimensionen abgewinnen. Bekanntlich hat der Autor im *Ad me ipsum* die Komödie als ,,das erreichte Soziale" (A 226) bezeichnet, und das vieldeutige Wort hat die verschiedensten Interpretationen erfahren. Sicher mag es auch auf die Zugänglichkeit der Lustspiele für ein größeres Publikum zielen, sicher mag die Sphäre des Gesellschaftlichen oder Geselligen in den Lustspielen mitgemeint sein, aber im Kontext von Hofmannsthals Gesamtwerk bedeutet der Hinweis primär: Überwindung von Isolierung und Einsamkeit durch die Verbindung mit dem Mitmenschen.

Cristinas Heimreise lebt noch von derselben Grundstruktur wie *Der Abenteurer und die Sängerin:* Der leichtsinnige Abenteurer steht der liebenden, dauerhafte Gemeinschaft suchenden Frau gegenüber, und als er die Geliebte verläßt, tritt ein ernsthafterer Bewerber an ihre Seite. – Die Beurteilung der Figuren ist einfach: Auf der einen Seite findet sich der Glanz des Eros, auf der anderen Seite die Würde des Ethos[31]. Der Dialog ist von großer Direktheit. Die Personen sagen sich selbst aus, Florindo in rauschhafter Rede, die anderen in schlichter, individuell gestalteter Sprache. Die Mittel der Individualisierung sind teilweise noch einfach: typische, sich wiederholende Redewendungen und Stilfiguren. Von der gekonnten Nonchalance des *Schwierigen* ist dieser Stil noch weit entfernt.

Im *Schwierigen* hat der Dichter sich eine Konversationssprache geschaffen, die für alle Figuren eine gemeinsame gesellschaftliche Grundfarbe besitzt, aber je nach Person und Stand bis ins Kleinste nuanciert ist. Letztlich hat jede Gestalt im Ensemble ihren eigenen Ton. Neu ist aber vor allem die Kunst der indirekten Darstellung: die Sprache geht nicht auf die Sache aus und dient doch dem Verständnis, sie lenkt scheinbar ab und trägt doch zur Wirkung bei. Wenn der Diener Vinzenz seinen Herrn auszuspionieren sucht und zu dem Ergebnis kommt: ,,er will ein Ende machen mit den Weibergeschichten" (LII 149), wenn die eifersüchtige Antoinette über Helen medisiert: ,,die lauft ihm nach auf Schritt und Tritt" (LII 232 f.), oder wenn der Außenseiter der Gesellschaft Baron Neuhoff das soziale Milieu, in das er sich eindrängt, despektierlich abwertet: ,,Das sind ja alles nur mehr Schatten. Niemand, der sich in diesen Salons bewegt, ge-

hört zu der wirklichen Welt, in der die geistigen Krisen des Jahrhunderts sich entscheiden"
(LII 230), so sind diese Worte Ausdruck der Indiskretion oder des Übelwollens, an ihrem jeweiligen Platz unwahr und selbstsüchtig – und doch behalten sie recht, wenn man vom Sprecher
und der augenblicklichen Situation absieht. Hans-Karl wird sich von Antoinette lösen, Helen
wird ihm nachlaufen, und die österreichische Aristokratie wird nach Kriegsende nicht nur entmachtet, sondern direkt aufgehoben werden. – Die Sprachskepsis, das Mißtrauen gegenüber
den Worten im *Schwierigen* ist oft erörtert worden. Der Titelheld und sein Autor begegnen sich
in diesem Mißtrauen. Hans-Karl ist überzeugt davon, ,,daß es unmöglich ist, den Mund aufzu-
machen, ohne die heillosesten Konfusionen anzurichten!" (LII 312) und daß das absichtsvolle
Reden ,,auf einer indezenten Selbstüberschätzung" (LII 258) beruht. Der Dichter aber distanziert sich vom ,,zweckvollen Gespräch als einem Mittel des Dramatischen" (PIV 457) und will
nichts davon wissen, daß ,,Figuren durch direkte Mitteilung ihre Existenz beglaubigen sollen"
(PIV 458). So geschieht es konsequent, daß Hans-Karls soziale Absichten, Antoinette und Hechingen zu versöhnen und eine Verbindung zwischen Helen und Stani zu vermitteln, scheitern.
Aber dieses Scheitern hat einen tieferen Sinn: denn was Hans-Karl *indirekt* wissen läßt, seine
zarte Empfindung für Helen und das tiefe Zusammengehörigkeitsgefühl, ist die höhere Wahrheit und führt zu dem gewünschten Ausgang.

Der gesellschaftliche Raum des Dramas ist das alte Österreich vor dem ersten Weltkrieg,
genauer: eine stilisierte Aristokratie dieses Österreich. Zugleich hat Hofmannsthal aber das Erlebnis des Kriegs in das Werk hineingenommen, von dem her die Vorkriegsgesellschaft in Frage
gestellt wird. Die doppelte Perspektive des einerseits selbstverständlich gelebten, andererseits
tief verunsicherten Lebens zeigt sich nicht nur bei der Hauptfigur, sondern auch bei Hechingen
und dem Baron Neuhoff. Helens Hinauswachsen über ihre gesellschaftliche Umwelt ist unabhängig von den Kriegserfahrungen. – Kari und Helen sind zugleich Mittelpunkt und Außenseiter der Gesellschaft. Hans-Karl erscheint wie der geometrische Punkt aller gesellschaftlichen
Ereignisse und möchte sich doch auf keines einlassen. Helen ist das Muster gesellschaftlicher
Artigkeit, aber ihre Manieren sind nur eine Art, sich ,,die Leute vom Hals zu halten" (LII 223).
Bei ihr erweist das doppelte Verhältnis zur Gesellschaft Überlegenheit und Kraft, bei ihm mischen sich Stärke und Schwäche. Daß Hans-Karl sich der Gesellschaft entzieht, weil ihm die
Formen künstlich erscheinen, ist kein Fehler, aber das mangelnde Zutrauen zu sich selbst droht
sein Leben zu ruinieren. Der Krieg hat dazu beigetragen, seine früheren Lebensanschauungen
zu korrigieren, aber er hat ihm nicht die Kraft gegeben, sein neues Selbst in einer Verbindung
mit Helen zu realisieren. Wenn er angesichts der Zufälligkeit des Lebens und der Unverbindlichkeit nach dem Notwendigen sucht, so spiegelt sich in diesem Suchen Hofmannsthals An-
waltschaft von überpersönlicher Bindung und Satzung[32]. Aber erst durch Helens mutige Hilfe
vermag er die erkannte Notwendigkeit zu ergreifen und festzuhalten. – Daß die Verbindung mit
Helen zugleich erneute Integration in die Gesellschaft, Hans-Karls ,,Resozialisierung" bedeutet, wie oft angenommen wird, erscheint höchst fraglich. Es galt ja nicht, ein traumatisches
Kriegserlebnis zu heilen und den Helden in ein verlorenes Gültiges und Bestehendes zurückzuführen, sondern es ging darum, die Kriegserfahrung zu nutzen, um seinem Leben eine neue
Richtung zu geben.

Hofmannsthals Libretti sind keine Gattung für sich, sondern Variationen der dramatischen Formen, deren er sich auch sonst bedient. Oft ging der Dichter lange mit einem Stoff um,
bevor er sich entschied, ob er ihn als Sprechstück oder als Operndichtung ausarbeiten wollte.
Die Affinität seiner dramatischen Kunst zum Musikalisch-Opernhaften ist oft bemerkt worden,
und er selbst schreibt darüber an Strauss:

> Denn als etwas Großes und Notwendiges in meinem Leben erscheint mir dies, daß Sie vor nun 18 Jahren mit Ihrem Wunsch und Bedürfnis an mich herantraten. Es lag in mir vorgebildet, daß ich diesen Wunsch – innerhalb der Grenzen meines Talentes – erfüllen könne und daß diese Erfüllung mir wiederum ein innerstes Bedürfnis stillen sollte. Vieles, das ich in aller Einsamkeit der Jugend hervorgebracht hatte, völlig für mich, selbst an Leser kaum denkend, waren phantastische kleine Opern und Singspiele – ohne Musik[33].

Was den Autor an der Verbindung seiner Dichtungen mit der Musik besonders reizte, ist die Möglichkeit, wortlos auf die Seele der Zuhörer zu wirken. Die Magie des lyrischen Wortes, die ihm fragwürdig geworden war, konnte in dem neuen Medium reiner und ursprünglicher auferstehen.

   Der Rosenkavalier (1911), Hofmannsthals erstes ausdrücklich für Strauss geschriebenes Textbuch, ist zugleich die erste Gesellschaftskomödie des Dichters. Die Sprache der Figuren weist bereits auf den *Schwierigen* voraus. Hofmannsthal charakterisiert sie im Jahre 1926, möglicherweise nicht unbeeinflußt von dem, was ihm in den dazwischenliegenden Konversationslustspielen gelungen war, als

> eine besondere Sprache, die – wie alles in dem Stück – zugleich echt und erfunden war, voll Anspielung, voll doppelter Bedeutungen. Eine Sprache, durch welche jede Person zugleich sich selber und ihre soziale Stufe malt, eine Sprache, welche in dem Mund aller dieser Figuren die gleiche ist – die imaginäre Sprache der Zeit – und doch im Mund jeder Figur eine andere, mit einer beträchtlichen Spannweite.   PIV 429

Verglichen mit dem *Schwierigen* ist der Sprachstil noch schlichter und volkstümlicher, und wegen der Verbindung mit der Musik kann der Dichter sich weitgehend auf die Andeutung der Sprachgebärde beschränken und die weiteren Ausführungen dem Komponisten überlassen.

   Von allen Opern-Dichtungen Hofmannsthals ist *Der Rosenkavalier* die einfachste, unmittelbar verständlichste. Die leicht durchsichtige, dramatisch klar gegliederte Handlung lebt von zwei Elementen: dem Gesellschaftlichen und dem Menschlichen. Der Dichter weist mehrfach auf eine Verwandtschaft zu Wagners *Meistersängern* hin. Wie Wagner ein Bild des mittelalterlichen Nürnberg gegeben hatte, so sucht Hofmannsthal das Wien zur Zeit Maria Theresias abzuspiegeln. In den breit angelegten Theaterszenen des ersten und dritten Akts entwirft er ein reich differenziertes Personenpanorama. Die Hauptgestalten sind alle nach Stand und Alter genau voneinander abgehoben: in der Marschallin und Octavian steht der elegante Stadtadel dem verbauerten Landadel des Ochs gegenüber; beide Sphären sind wiederum deutlich getrennt von dem Geldadel Faninals. Geld oder Liebe vermögen freilich die Unterschiede äußerlich bzw. innerlich zu überbrücken. – Im menschlichen Bereich geht es um die Auflösung von problematischen oder unnatürlichen Verbindungen zwischen Jugend und Alter zugunsten einer spontanen und natürlichen Beziehung von Jugend zu Jugend. Rein schematisch fordert das Verhältnis des knabenhaften Octavian zur Marschallin ebenso die Korrektur heraus wie die geplante Heirat zwischen dem alten Lebemann und der blutjungen Sophie, und am Ende des Dramas sind sowohl die Fürstin als auch Ochs von ihren Partnern isoliert. Aber seelisch stehen hier wie da ganz andere Dinge auf dem Spiel. Die Marschallin suchte in der Liebe zu Octavian den Schmelz der Jugend festzuhalten und weiß doch, wie sehr dieser Versuch nur eine kurzlebige Illusion ist; Ochs dagegen geht skrupellos auf den doppelten Gewinn einer reichen Mitgift und einer jugendlich begehrenswerten Gattin aus. Dementsprechend entwickelt der Dichter die Ochs-Handlung als grobe Burleske, während er das Schicksal der Marschallin als lyrisch-melancholisches Drama behandelt. Die Unmoral des Landjunkers wird zum Grotesk-Komischen entschärft, die schmerzliche Erfahrung der Marschallin wird zu Grazie verwandelt. Octavian ist der Mittelpunkt und der Motor des Spielgeschehens, der Baron ist das Zentrum der Komik, die Marschallin aber ist die geistig und seelisch bedeutendste Figur, die einzige, die nicht nur ihrem Trieb oder ihren Gefühlen folgt, sondern sich selbst überwindet, im Loslassen Octavians ihrer Liebe zu ihm gerade treu bleibt und sich wie Hans-Karl im *Schwierigen* zum Notwendigen bekennt.

Hofmannsthals Lieblingskind unter den gemeinsamen Werken mit Richard Strauss und vielleicht das geistreichste dramatische Gebilde, das er geschaffen hat, ist jedoch die Oper *Ariadne auf Naxos* (1912/16). Der Dichter hatte es zunächst schwer, den Komponisten für diesen Stoff zu erwärmen, was zur Niederschrift des berühmten *Ariadne*-Briefs führte. Als dann die Aufführung in Verbindung mit Molières *Bürger als Edelmann* gescheitert war, unterzog er sich der Mühe, ein neues Vorspiel zu entwerfen; und obwohl auch die veränderte Version lange keinen rechten Erfolg erzielte, hielt der Autor vertrauensvoll an dem Werk fest.

Das Stück ist zunächst ein geniales kulturgeschichtliches Dokument: Es vereinigt zwei verschiedene theatralische Genres, die heroische Oper des Barock und das Stegreifspiel der italienischen Commedia dell'arte, zu einem einzigen Bühnengeschehen und belebt damit den barocken Brauch, das Tragische und das Komische, das Hohe und das Niedrige in einem Werk zu vereinigen. Das Verhältnis von Geisterwelt und Menschenwelt im österreichischen Volkstheater sowie in Hofmannsthals eigener *Frau ohne Schatten* wächst aus dieser Tradition. Im Vorspiel gibt der Dichter für die ungewöhnliche Kombination von Oper und Commedia eine witzige Begründung, die ihrerseits wieder aus der kulturgeschichtlichen Realität des Barock abgeleitet ist. Die barocken Künstler standen im Sold des Hofes bzw. der hohen Aristokratie. Der Mäzen des Vorspiels ist zwar kein Fürst, sondern ,nur' der ,,reichste Mann von Wien'' (LIII 9), aber er versteht es ebenso wie die aristokratischen Vorbilder, die Künstler unter die Domestiken einzuordnen und willkürlich mit ihren Werken zu schalten. Die tragende Spielidee ist also komödienhaft durch den barbarischen Befehl des Mäzen motiviert.

Das zentrale Motiv der Oper ist die Auflösung der Antinomie von Treue und Wandlung, von Sterben und Wiedergeburt, die der Dichter bereits im *Weißen Fächer* und in *Elektra* angegriffen hat. Hofmannsthal formuliert das Problem in den vielzitierten Sätzen:

> Verwandlung ist Leben des Lebens, ist das eigentliche Mysterium der schöpferischen Natur; Beharren ist Erstarren und Tod. Wer leben will, der muß über sich selber hinwegkommen, muß sich verwandeln: er muß vergessen. Und dennoch ist ans Beharren, ans Nichtvergessen, an die Treue alle menschliche Würde geknüpft.   PIII 138

Daß in Ariadne die beiden einander ausschließenden Positionen versöhnt werden; daß die Verlassene ihrer ersten Liebe treu bleibt bis zur Konsequenz des Todes, um in dem Todesgott dann eben doch den Lebensbringer Bacchus zu umarmen; daß Bacchus selbst in dieser Begegnung zum Gott verwandelt wird und so die Liebenden einer dem anderen zum Schicksal werden – das ist dem Dichter ein Sinnbild höchster Daseinserfüllung. Die Perspektive Zerbinettas, aus der das Wunder nur als der Wechsel zwischen zwei Liebhabern erscheint, relativiert und trivialisiert durch ihre vordergründige Richtigkeit das Mysterium. Aber sie ist nicht nur da, um abgelehnt zu werden; denn in der Gestalt Zerbinettas hat auch das Triviale Charme. Vor allem aber ist das ironische Gegenbild unentbehrlich, um den leichten Ton des Ganzen über den gehaltlichen Tiefsinn hinaus festzuhalten. Hofmannsthal ist auch da, wo er die für ihn tiefsten menschlichen Probleme behandelt, kein strenger Moralist oder absoluter Denker, sondern ein Theatraliker, dem das Leben in seiner Vielgestalt, in seinem irdischen ebenso wie in seinem göttlichen Teil reizvoll bleibt.

Frank Wedekind
Franz Norbert Mennemeier

FRANK WEDEKIND (1864–1918) gehört zu den großen Vorläufergestalten nicht nur des modernen deutschen, sondern darüber hinaus des modernen europäischen Dramas und Theaters. So bedeutend er erscheint, wenn man sein Werk isoliert betrachtet – wichtig ist dieses vor allem durch die in die Zukunft weisenden Tendenzen, die sich in ihm verkörpern. Zum Klassiker der Moderne hat es Wedekind aus eben diesem Grunde bis heute nicht gebracht. Nicht nur zu seinen Lebzeiten war er umstritten, er ist es gegenwärtig noch. Die überschwengliche Anerkennung seitens berühmter Zeitgenossen, denen das Kritisieren meist näher lag als das Loben, hat es weder bei der Mitwelt noch bei der Nachwelt vermocht, die öffentliche Meinung über Frank Wedekind einhellig positiv zu machen. Karl Kraus, der ihn als den „faszinierendsten Dramatiker Deutschlands" betrachtete, Heinrich Mann, der ihn als Autor feierte, „der in seinen Stücken vorweggenommen (hat), was erst noch kommen sollte" und der „jene bis zum Furchtbaren gehende szenische Wirksamkeit" an ihm bewunderte, der junge Bertolt Brecht schließlich, der ihn „mit Tolstoi und Strindberg zu den großen Erziehern des neuen Europa" rechnete – sie haben mit ihrem Urteil ebensoviel Zustimmung wie Widerspruch hervorgerufen.

Brecht, der sein Wedekind-Lob in dem Satz zusammenfaßte „Sein größtes Werk war seine Persönlichkeit", weist mit dieser Formulierung indirekt bereits auf einen Umstand, der die Wirkungs- und Rezeptionsgeschichte der Dramatik Wedekinds nicht nur am Rande betrifft und der erklären helfen kann, wieso über den Rang dieses Autors noch immer gestritten wird. Zur Erscheinung Wedekinds gehört es, daß seine „Persönlichkeit" und sein Werk für die zeitgenössische Öffentlichkeit auf irritierende Weise miteinander verschmolzen. Wedekind, der gegen diese Identifikation bisweilen leidenschaftlich aufbegehrte und sie insbesondere in seinem Spätwerk durch die Neuorientierung seines Schaffens an einem als befremdlich klassizistisch empfundenen Dichttyp gewaltsam wieder aufzubrechen trachtete – Wedekind selbst hat jener tatsächlichen oder scheinbaren Verwechslung kräftig Vorschub geleistet: Er, der von Haus aus Schriftsteller, nicht Schauspieler war, trat, angeblich um sein Werk aus dem langwährenden Verkanntsein herauszureißen, als Darsteller zahlreicher seiner aggressiv konzipierten Dramenfiguren auf und lenkte, da er sich überdies mit provokantem „Dilettantismus" (7; 312) in Widerspruch zur vorherrschenden Schauspielerei setzte, die Aufmerksamkeit des Publikums und der Kritik von der ‚eigentlichen' Aussage seiner Stücke weg hin auf diese persönlichen Auftritte samt deren spektakulären Begleitumständen in Gestalt befürchteter oder erhoffter Erregung öffentlichen Ärgernisses, von Eingriffen der Zensurbehörden usw.

Hinter diesem Vorgang, durch den allein schon Wedekinds Erscheinung bis heute mit dem Nimbus der Zweideutigkeit versehen ist, und hinter den mehr zufällig sensationellen Aspekten des Vorgangs verbirgt sich freilich die eigentliche geschichtliche Wedekind-Sensation: die extreme Replik auf einen im Gang befindlichen tieferen, umfassenden Prozeß. Dieser hat mit den im Schaffen Wedekinds beispielhaft sichtbar werdenden soziologischen Prämissen moderner Kunst im allgemeinen und moderner Dramatik im besonderen zu tun. Es ist ein ästhetischer Umbruch, der die Geschichte des Theaters des 20. Jahrhunderts vor allem in seinen sogenannten surrealistischen und absurden Repräsentanten prägen sollte, die einen neuen, ungemütlichen

Komödientypus bzw. paradox komödienhaften Tragödientypus, manchmal am Rande oder auch jenseits jeden überlieferten Begriffs von Kunst, zur Geltung brachten. Entschiedener als die übrigen zeitgenössischen Dramatiker (von Ausnahmen wie dem Franzosen Alfred Jarry abgesehen) brach Wedekind in seiner dramatischen Kunst mit der Ästhetik des autonomen, von der geschichtlich-empirischen Realität – tendenziell – sich abhebenden ,schönen Scheins‘, einer Ästhetik, wie sie grundsätzlich selbst für den Naturalismus und seine die ,häßlichen‘ Daseinsaspekte entdeckende Dramatik noch bestimmend gewesen war.

Wedekind wollte keinen im Fin de siècle verbreiteten Gemeinplatz wiederholen, wenn er in seinem Dramenentwurf *Kitsch* notierte, daß ,,die Kunst unter dem Leben steht‘‘ (9; 209). Seine eigenen Auftritte als Schauspieler machten – wie die Zeitgenossen richtig empfanden – ernst mit dieser Maxime: Als Schauspieler-,,Dilettant‘‘ immer ein wenig neben seinen Rollen stehend, wies Wedekind auf diese hin und auf sich selbst, der sich offenkundig für etwas engagierte, was ihm wichtiger war als die Rollen und das Spiel. Den Schriftsteller Alwa Schön in der ,,Tragödie‘‘ *Die Büchse der Pandora* (Neufassung 1902) ließ Wedekind sein Konzept einer neuen Kunst folgendermaßen umschreiben:

> Das ist der Fluch, der auf unserer jungen Literatur lastet, daß wir viel zu literarisch sind. Wir kennen keine anderen Fragen und Probleme als solche, die unter Schriftstellern und Gelehrten auftauchen. Unser Gesichtskreis reicht über die Grenzen unserer Zunftinteressen nicht hinaus. Um wieder auf die Fährte einer großen gewaltigen Kunst zu gelangen, müßten wir uns möglichst viel unter Menschen bewegen, die nie in ihrem Leben ein Buch gelesen haben, denen die einfachsten animalischen Instinkte bei ihren Handlungen maßgebend sind.   3; 125 f.

Nun ist die emphatisch formulierte Rede vom Rückgriff auf das wahre Leben als ideologischer Rechtfertigungstopos bürgerlicher Kunsttheorie seit den Tagen des Sturm und Drang zu wohlbekannt, als daß Alwa-Wedekinds Programmwort als beweiskräftiges Argument für die These eines mit dem Schaffen dieses Dichters sich ankündigenden Umbruchs gelten könnte. Auch lassen sich Wedekinds Ästhetik und seine dramaturgischen Konzepte in der Tat solchen und ähnlichen reflektierenden Äußerungen und Selbstkommentaren, so aufschlußreich sie im einzelnen sein mögen, nur mit Vorbehalt entnehmen. Einschlägige Statements entbehren meist des systematischen Zusammenhangs; sie besitzen häufig ad hoc-Charakter, dienen bisweilen der Verhüllung der eigentlichen Absichten und offenbaren ihren vollen Sinn jedenfalls erst dann, wenn man sie im Licht der Dramen selbst liest, in denen Wedekinds außerordentliche kritische Intelligenz hervortritt – am deutlichsten übrigens dann, wenn diese, wie sich bereits in seinem frühen Meisterwerk par excellence *Frühlings Erwachen* (1891, uraufgeführt 1906) erweist, in einem Kontext unbewußten Produzierens wirken kann. Hier, in den poetischen Werken und ihrer gesamten Struktur, gewahrt man die ,Theorie‘ der Wedekindschen Kunst, und eben dort erkennt man auch viel von dem zentralen gesellschaftlichen Inhalt, der, von außerhalb des Werks her, in dessen formalen Bereich hineinwirkt, ihm das Zeichen des Revolutionären aufprägend.

Revolutionär erscheint Wedekinds Theater allerdings nicht durch ästhetisches Tabula-Rasa-Machen, wie es für zahlreiche Dramatiker des deutschen Expressionismus (von dem er jedoch einige Züge vorweggenommen hat) charakteristisch gewesen ist. Wedekinds Schaffen besitzt im allgemeinen das Pathos des Setzens neuer Formen nicht, durch das der Expressionismus, ungeachtet seiner Gebärde radikaler Auflehnung gegen die Tradition, eine herkömmliche idealistische Kunstgläubigkeit wiederaufleben ließ. Wedekind knüpfte bei seinem Versuch der Schaffung einer ,,großen gewaltigen Kunst‘‘ vielmehr in erster Linie bei den literarischen und außerliterarischen Genres an, die unterhalb der im traditionellen Bildungskanon anerkannten hohen Kunst, sei es der Tragödie, sei es der Komödie, angesiedelt waren und die, obwohl offiziell ignoriert, in Wahrheit längst den Hauptgegenstand bürgerlichen theatralischen Vergnügens ausmachten. Es waren das die niederen Formen, Haltungen, Effekte der Salonkomödie, des Kabaretts, des Zirkus. Sie griff Wedekind zum Teil durchaus naiv, ohne bildungshaft-literarisierende Hinwendung auf – mit ,,Kolportageromanphantasie" (Karl Kraus). Er parodierte diese Formen, funktionierte sie um, trieb sie in die Dimension des Grotesken und verlieh ihnen zugleich einen neuen, universellen, kritischen Gehalt. Er hob sie auf diese Weise an die Stelle, die einst im System der traditionellen dramatischen Gattungen, das nunmehr zerfiel, die Tragödie eingenommen hatte.

Wedekind, der wie wenige Autoren mit seiner Dramatik die Bedürfnisse der zeitgenössischen Zuschauer berücksichtigte, dem bewußt war, daß dem Drama ,,das Publikum verlorengegangen" war (9; 395), verwandte eine Art ästhetischer Doppelstrategie: Dem Geschmack des Publikums, dem der Sinn nicht mehr unbedingt nach dem Höheren stand, paßte er sich scheinbar hemmungslos an. Er lockte es mit den gewohnten Schemata der Salonkomödie, versprach ihm im Theater die barbarischen Vergnügen des Zirkus. Zugleich wollte er das Publikum aber mit neuen Wahrheiten vor den Kopf stoßen, es angriffslustig belehren, bis in den Grund hinein verändern. Um dieser außerästhetischen Wirkung willen behandelte Wedekind selbst die niedere Kunst oft mit einer Art Verachtung. Derart auf Wirkung bedacht, jeden Begriff des Kunstprodukts als einer Sache für sich relativierend, mußte Wedekind stärker als andere in die lebendige gesellschaftliche Auseinandersetzung hineingerissen werden, die er provozierte; stärker als andere war er deshalb auch als Dramatiker, der aller poetologischen Klimaveränderung zum Trotz Werke geschaffen und hinterlassen hat, nach seinem Tode dem geschichtlichen Verschleiß ausgesetzt.

Freilich sollte dieser letzte Aspekt nicht überpointiert werden. Wedekind – wenngleich er zentral interessiert war an den gesellschaftlichen Folgen der Kunst, das Effektvolle auch in trivialer Gestalt keineswegs verschmähend – verfolgte dennoch keine partikularen politischen Zwecke wie etwa die Zeitstücke-Autoren der zwanziger Jahre. Wedekinds Aufmerksamkeit galt einem Problem, das mit Basisstrukturen der bürgerlichen Gesellschaft zusammenhängt, einer Gesellschaft, die im wesentlichen noch die unsrige ist. Es handelt sich, grob skizziert, um den Widerspruch einer Gesellschaft, die im Bewußtsein des hohen Stands ihrer eigenen Produktivkräfte totale Befriedigung aller ihrer Bedürfnisse mit Vehemenz erstrebt, an eben dieser Befriedigung aber durch die politisch-ökonomischen Verhältnisse, an die sie gefesselt bleibt, schmerzhaft gehindert wird. Wedekind hat für diesen Widerspruch der modernen Gesellschaft ein deutliches, nicht nur unbewußtes und diffus ,dichterisches' Verständnis gehabt. Diese Seite seines Werks, die intellektuelle und poetische Reflexion auf diesen ,Inhalt' läßt Wedekind noch heute aktuell erscheinen. Dies ist auch der wesentliche Punkt, an dem die von der Wedekind-Forschung oft berufene enge Beziehung zwischen Brechts und Wedekinds Theater ins Auge fällt.

Dieser universelle Zug in der kritischen Reflexion, die Wedekind leistet, muß um so mehr hervorgehoben werden, als es üblich geworden ist, den Autor als Spezialisten einer ,Emanzipation des Fleisches' einzustufen und mit Hinweis darauf, daß diese Emanzipation angeblich längst durchgesetzt sei, als altmodischen Eiferer und zeitbedingten Propheten abzutun. Doch ist die Ansicht von der gelungenen Emanzipation des sinnlichen Menschen so verkehrt und oberflächlich, die Emanzipation selbst ist so sehr ,,bloßer Schein" geblieben[1], daß umgekehrt Wedekind, der angebliche Erotomane, gegenüber seinen Kritikern durch seine tiefsinnige Diagnose recht behält und als wirklicher Zeitgenosse von heute erscheint. Denn die Verflachung des Emanzipationswunsches in das Gerede des Markts, die Verkehrung des Programms befreiter Sinnlichkeit in eine Ware, deren Schicksal durch die Zwänge der Tauschgesellschaft bestimmt wird – diesen nach wie vor aktuellen Vorgang hat Wedekind in einigen seiner besten Werke hellsichtig ins Bewußtsein gehoben (vgl. *Erdgeist, Die Büchse der Pandora, Karl Hetmann, der Zwergriese [Hidalla]*).

Wedekind ist – in einem begrenzten Sinn des Politischen – ein eher unpolitischer Autor gewesen. Seine Mitarbeit am ,,Simplicissimus", die ihm einen Prozeß wegen Majestätsbeleidigung und Festungshaft einbrachte, war nur am Rande politisch motiviert; nichts beweist dies so deutlich wie die – in der Wedekind-Forschung unterschätzte – Komödie *Oaha* (1908), die sich als eine ,,Satire der Satire" (nämlich der, wie sie im ,,Simplicissimus" betrieben wurde) dadurch darstellt, daß sie die politischen Aspekte des in Frage stehenden Satire-Betriebs schlechterdings ignoriert und dafür auf die ökonomische Struktur und die hierdurch bestimmten zwischenmenschlichen Beziehungen abhebt.

Politisch war Wedekind in einem schwierigeren, komplexen Sinn, jenem, der erkennbar wird, wenn man Politik als eine reflektierende und handelnde Auseinandersetzung mit den verborgenen Tiefenstrukturen der Gesellschaft begreift. Als Tiefenstruktur aber verstand Wedekind vor allem die sinnlich-sexuelle Sphäre und deren gesellschaftlich bedingte Entfremdung. Er nimmt durch diese Betrachtungsweise in mancher Beziehung vorweg, was später Wilhelm Reich (1897–1957) lehrte. Dessen theoretischer Ansatz ist dem Wedekinds eng verwandt, auch wenn dieser beispielsweise die am Begriff ,,Arbeitsdemokratie" sich festmachenden sozialistisch-utopischen Hoffnungen des Autors der ,,Sexuellen Revolution" nicht teilte. (Den ihm bekanntgewordenen zeitgenössischen politischen Erscheinungen des Sozialismus wie übrigens auch der Frauenbewegung seiner Epoche stand Wedekind ablehnend gegenüber; offenbar gehörten sie für ihn wesentlich mit zu dem Verblendungszusammenhang bürgerlicher Gesellschaft.)

Wilhelm Reichs Thesen aus dem Vorwort zur zweiten Auflage der ,,Sexuellen Revolution" (von 1936): ,,Wir greifen daher an die Wurzel der seelischen Massenerkrankung, wenn wir die Frage nach der sozialen Ordnung des geschlechtlichen Lebens der Menschen aufrollen [. . .] ,Sexualität' [. . .] ist die produktive Lebensenergie schlechthin. Ihre Unterdrückung bedeutet nicht nur im ärztlichen Bereich, sondern vielmehr ganz allgemein Störung der grundsätzlichen Lebensfunktionen"[2] – diese radikalen, zur damaligen Zeit noch immer fremdartig erscheinenden Einsichten, der sie leitende Begriff der eigentlichen, ,,hohe(n) Politik" und der heftige Angriff auf die ,,Sexualmoral"[3] charakterisieren eine entscheidende Tendenz auch im Schaffen Frank Wedekinds.

Wedekind, der sich mit dem umrissenen gesellschaftlichen Problem konfroniert sah und sich auf vielfältige produktive Weise mit ihm auseinandersetzte, war gleichzeitig jedoch Kind seiner Zeit und hatte an deren Zwängen und Verblendungen teil. Den sexuell-sinnlichen Komplex erfuhr Wedekind nicht in erster Linie vermittelt durch das Gedankliche, sondern in Gestalt persönlich-elementaren Betroffenseins. Zu seinem ,geschlechtlichen' Grunderlebnis gehört, nicht zu leugnen, von allem Anfang ein Zug von Besessenheit. Darin mischen sich seltsam Wahrheit und ideologische Täuschung, derart, daß in gleicher Weise nicht Betroffenen Wedekinds Reaktionen leicht als unfreiwillig komisch, als starr, penetrant, abwegig erscheinen konnten. Solchen Mißverständnissen sind immer Versuche ausgesetzt, Tatsachen des verdrängten kollektiven Unbewußten ins Bewußtsein der Gesellschaft zu heben; es bricht dann eine schmerzhafte Dialektik des Normalen und des Anomalen auf, deren erstes Opfer vielfach der ist, der sie in Bewegung zu setzen riskiert hat; ,wahnsinnig' erscheint er dann oft nicht nur der Gesellschaft, sondern auch sich selbst; Wedekind hat, indem er eine typische Problemkonstellation des absurden Theaters, z. B. Pirandellos, vorwegnahm, in seinen Dramen *Karl Hetmann, der Zwergriese* (1903) und *König Nicolo* (1901) diesen Vorgang exemplarisch dargestellt.

Jene Ambivalenz von Wahrheit und Täuschung in der geistigen und künstlerischen Verarbeitung seiner körperlich-sinnlichen Grunderfahrungen läßt sich gut an einem Prosa-Fragment Frank Wedekinds beobachten, der Erzählung *Mine-Haha oder Über die körperliche Erziehung der jungen Mädchen* (begonnen 1895). Der Text hat Implikationen, die für das Verständnis auch des Wedekind-Theaters überaus wichtig sind. In dem faszinierten Hinsehen auf körperliche Schönheit, das das Fragment in jeder Zeile prägt und in dem sich eine authentische, positive Vision des Sinnlichen als einer überwältigenden Lebenskraft ausdrückt, verrät sich zugleich – in der Starrheit des Blicks – eine an die Oberfläche des Phänomens voyeurhaft entäußerte, zeitbedingt-männliche Form in der Einstellung zum geschlechtlichen Bereich. Dieselbe Zweideutigkeit ist in der Konstruktion der raum-zeitlichen Anordnung der Erzählung wahrnehmbar. Die abgeschlossene Welt, die Wedekind beschwört, ist einmal Idylle, von Sonnenschein durchtränkt, „der durch dichte grüne Blätter fällt", voll des Bewußtseins einer Geschichtsfrühe, wie sie sich mit Erinnerungen und Ahnungen der Kindheit verbindet. Zum andern ähnelt die ästhetische Erziehung, die in der geheimnisvollen Exklusivität dieses Orts stattfindet, den Ritualen von Unterwerfung und Bestrafungen, wie sie in den künstlichen Träumereien pornographischer Literatur (die weitgehend eine Männer-Literatur ist) anzutreffen sind. Daß Wedekind, wie das Ende der Geschichte zeigt, in der Entwicklung der Fabel den Widerspruch von nicht-entfremdeter ‚Poesie' (des Fleisches) und entfremdeter ‚Realität' (der triebunterdrückenden Gesellschaft) thematisieren wollte, ändert nichts daran, daß schon die Darstellung des Bereichs jener ‚Poesie' selbst, dieser hochgespannte Entwurf einer „Erziehung" zu körperlicher Schönheit und einer besseren, ebenso sinnlich wie keusch empfindenden erotischen Gesellschaft, den Widerspruch enthält, jedoch als einen unbewußten, vom Dichter selbst nicht bewältigten, insofern echt ambivalenten.

Typisch für den zum Teil ideologisch eingetrübten enthusiastischen Materialismus, der Wedekinds Verhältnis zum (weiblichen) Geschlecht bestimmt und der, insofern er körperlich Konkretes abstrakt vermittelt, als undialektisch bezeichnet werden kann, ist das Stehenbleiben der künstlerischen Reflexion beim Generischen: „Hüben und drüben dichtes Gebüsch dem Ufer entlang, daß man von aller Welt abgeschlossen schien, und zu beiden Seiten des Baches, soweit ich sehen konnte, hunderte von Mädchen, die sich zum Baden entkleideten" (1; 335). Auch wenn Wedekind einzelne Figuren schildert, dringt er nicht zur Sphäre der Individuation, der sinnlich-geistigen, vollplastischen, geschichtlichen Gestalt vor. Er reduziert in der Art, wie er auf dem Körperlichen als solchem besteht, in ungeheurer Weise auf das Allgemeine. Zugleich aber gelingt es ihm durch die gewaltsame Verbannung traditionell menschlicher Werte und ihnen entsprechender literarischer Darstellungsmittel, Anschauungen von innovatorischer Kraft poetisch zu verwirklichen.

In der Erzählung *Mine-Haha,* in welcher Wedekind mit der Fiktion einer aus frühesten Kindheitserinnerungen schöpfenden weiblichen Erzählerin arbeitet, derart eines ästhetischen Schutzes sich bedienend, um den Ausdruck höchster Unmittelbarkeit in der Darstellung eigenen sinnlichen Betroffenseins zu erreichen, teilt sich mit, was in den Stücken des Autors, auch den Lulu-Dramen, infolge der Gesetzlichkeiten des Dramaturgischen in gleicher Intensität nicht mitgeteilt werden kann, was ihnen aber nie ganz fehlt und in adäquaten Wedekind-Inszenierungen nie ganz fehlen darf: das Pathos des Hingerissenseins durch das Körperlich-Sinnliche in doppeltem Sinn des Worts Pathos: als hohe Leidenschaft und als Leiden, das bei Wedekind spürbar das Leiden an der eigenen, unbegriffenen Unzulänglichkeit mit einschließt.

Mine-Haha (in seinem Hauptteil) ist ein – übrigens durchaus unrhetorischer – Wedekindscher Hymnus in Prosa auf eine mannigfaltige Einheit sinnlicher Körperreize: auf Gehen, Tanzen, die graziöse Form und Bewegung einzelner Glieder, der Hände, Füße, der Knie. Zu dieser Sphäre zählt wesentlich die Kleidung, deren stoffliche und farbige Besonderheit von Wedekind mit detailverliebter Eindringlichkeit beschrieben wird. In den Dramen wiederholt sich dies alles exakt – Beweis, daß, was in ihnen äußerlich, bloße szenische Anmerkung, Requisit usw., zu sein scheint, auf einen Kernbereich Wedekindschen Sehens und Empfindens verweist. Das ‚Natürliche‘ des vermeintlich immer schon verstandenen körperlichen Bereichs soll bei Wedekind als ‚Übernatürliches‘ erscheinen – mit dem gewünschten Resultat, daß in der Einbildungskraft des Zuschauers (auch die Erzählung setzt spürbar einen solchen voraus) die Unterschiede zwischen Mädchen und Frau, aber auch weiblichem und männlichem Geschlecht, ja Menschheit und Tierheit zu fließen beginnen. – Das folgende Text-Stück aus *Mine-Haha* erhellt eine positiv-utopische und zugleich ideologisch fixierte Tiefenstruktur Wedekindschen Dichtens, die in dessen Oberfläche hineinwirkt und noch jenseits der je verhandelten Inhalte durchschlägt:

> Wie ich so weiterging, stand ich unversehens vor dem Weißen Haus und sah etwas, das mich wie gebannt hielt und woran ich mich lange nicht satt sehen konnte. – Es war ein leichter eleganter vierrädriger Wagen mit einem Pferde davor. Ich hatte schon mehrere Pferde gesehen an den Lastwagen, die durch den Park fuhren und vor jedem Hause hielten, um es zu verproviantieren. Sie wurden von älteren Mädchen in kurzem Wams, Pluderhosen und Stulpstiefeln geführt; aber nie hatte mich eines jener Tiere im geringsten zu interessieren vermocht. Hier wurde mir ganz seltsam. Ich sah die Augen und fühlte, daß ich ein menschliches Wesen vor mir hatte. Mein nächster Gedanke war Gertrud. Diese Stellung der Füße war Gertrud. Diese stolze Haltung hatte ich nur an Gertrud gesehen. Dieses sprühende Feuer in den Blicken, die Art, den Kopf zu schütteln, alles rief mir Gertrud vor Augen. – Auf dem Bock saß ein sehr hübsches Mädchen. Wie sie mich so versteinert dastehen sah, schnalzte sie leise mit der Zunge und das Pferd ging vorwärts. Sie führte es vor der Säulenhalle langsam im Kreis herum. Ich lief nebenher. Der Anblick verwirrte mich. Wie kam dieses Vorderteil mit dem Hinterteil zusammen. Das waren zwei verschiedene Geschöpfe, die nicht zueinander paßten. Oder vielleicht doch, gerade. Das Hinterteil schien mir häßlicher als das Vorderteil. Das Vorderteil zog mich mehr an, infolge seiner Eleganz; der schmale Ansatz der Beine; das hatte niemand von uns. Aber das Hinterteil des Pferdes war so riesenhaft, so übermenschlich, ich fühlte mich ganz beklommen. Und doch, abgesehen von den Augen und der ganzen Haltung, war es das Hinterteil, was am meisten an Gertrud erinnerte. Sie hatte die nämliche einfache, ruhige Bewegung in den Hüften, diese ruhige sichere Kraft, und auch die Art und Weise, wie sich die Schenkel aneinander rieben. Unwillkürlich dachte ich mir Gertruds schlanken Oberkörper über der mächtigen Croupe, aber dann gehörten auch ihre Füße dazu. Und plötzlich sah ich in dem Vorderteil die Knaben wieder, mit denen wir bei Gertrud zusammen Springen und Laufen gelernt. Die Sinne vergingen mir. Ich schlich müde nach Hause. 1; 348 ff.

Bekanntlich sollte die Kindfrau Lulu, dieses „Prachtexemplar von Weib" (7; 311), Hauptfigur der aus einer einzigen „Monstretragödie" entwickelten Dramen *Erdgeist* (1893) und *Die Büchse der Pandora* (1902), eine ähnlich unwiderstehliche, betörende Wirkung wie das halbmythische Pferd aus *Mine-Haha* auf die sie umgebende Männerwelt üben und partiell auch beim Zuschauer einen Zustand erzeugen, in dem ihm die ‚Sinne‘ ‚vergehen‘. „Wer sich diesen blühenden, schwellenden Lippen, diesen großen unschuldsvollen Kinderaugen, diesem rosigweißen strotzenden Körper gegenüber in seiner bürgerlichen Stellung sicher fühlt, der werfe den ersten Stein auf uns", sagt, auf dem Höhepunkt der Katastrophe, der heruntergekommene Schriftsteller Alwa elegisch-hingerissen angesichts Lulus Porträts (3; 181) – ein von Karl Kraus

mit Vorliebe zitierter Schlüsselsatz der Tragödie, der die der Lulu-Gestalt zugedachte gesellschaftliche Funktion umreißt. Aber was die Fabel der Lulu-Dramen mit gehäuften dramaturgischen Argumenten zu ,beweisen' sucht, das hat die Kritik keineswegs immer überzeugt. Die
Männer im Publikum haben keineswegs immer empfunden, was die Männer in der Handlung
auf der Bühne angeblich fühlten. Friedrich Gundolf (um nur ihn anzuführen) fand die Gestalt
der Lulu ,,merkwürdig dürftig und ärmlich geraten". Dieses Manko hat unter anderm ästhetische, mit Gattungsfragen zusammenhängende Gründe. Lulu, eine großartige Wedekindsche
Vision und Obsession, konnte naturgemäß nicht vollständig in die objektive Welt des Dramas
und des Theaters eintreten. Um zu klären, was die Gestalt der Lulu eigentlich ist und meint, war
der Rückgriff auf das thematisch verwandte *Mine-Haha* -Fragment und auf dessen authentische,
,erzählte' Subjektivität deshalb hilfreich. Wedekind, der Dramatiker, mußte bei dem extrava-
ganten Versuch der Schaffung eines ,materialistischen', wesentlich in der Körperlichkeit wur-
zelnden Ideals – und Lulu, eine Naiven-Rolle[4], soll ein solches Ideal verkörpern – scheitern.
Entsprechend war die Zweideutigkeit der Prosaerzählung dazu bestimmt, sich im Drama in po-
tenzierter Weise zu wiederholen: Lulu schwankt als Gestalt zwischen universellem Anspruch,
der ihr angesonnen wird, und der totalen Oberflächenhaftigkeit eines unhegelschen ,sinnlichen
Scheinens' ohne ,Idee' (und im Grunde auch ohne ,Sprache'), in dem sich die spätere, warenästhetisch perfektionierte Zubereitung des weiblichen Körpers zum aufreizenden Sexsymbol
mit Nachdruck bereits ankündigt.

   Die Größe Wedekinds besteht nun darin, daß er in seinem Schaffen den Hauptakzent
nicht auf die literarische Fixierung seines wie immer gearteten Ideals von Sinnlichkeit und Sexualität gelegt hat (sein Talent wäre dann wohl zur Verschrobenheit entartet), sondern daß er
sich als seine wesentliche poetische Arbeit die Darstellung von gesellschaftlichen Ursachen vorgenommen hat, die zum Scheitern jenes Ideals in der Wirklichkeit oder richtig: zur Produktion
von Idealen und Ideologien anstelle der Befriedigung elementarer Bedürfnisse geführt haben.

   Die beiden Lulu-Dramen sind so Sozialdramen im gleichen Maß, wie sie Dramen des
Geschlechts sind. Die Abstraktheit, die Wedekinds Utopie-Entwurf partiell eignet, wird darin
aufgewogen durch Momente einer tendenziell historisch-materialistischen Gesellschaftskritik.
Wedekind dichtet die groteske Satire einer kapitalistischen Männergesellschaft, die sich dem
Mysterium des ,,Fleisches" – ,,Das Fleisch hat seinen eigenen Geist" (1; 199) – nur mit der Geste des Besitzen- und Verfügenwollens nähern kann und logischerweise statt Lust Enttäuschung
und Zerstörung erfährt. Lulu selbst, obwohl ins Mythische ragende Idealgestalt, wird zum Teil
durch ihre soziale Vorgeschichte ,erklärt'. Die sadomasochistische Komponente ihrer Erotik –
Lulu tyrannisiert Männer, und sie ist begierig nach Unterwerfung durch die Männer – hängt mit
negativen Kindheitserfahrungen zusammen. Kaum geschlechtsreif, wurde sie sexuell und
kommerziell ausgebeutet. Lulus gefährliche Koketterie, die viel verspricht, aber nichts hält,
kann als Rache an der Männergesellschaft gedeutet werden. Ihr Befreier, der sie am tiefsten enttäuscht hat, wird am gründlichsten von ihr gedemütigt (Erdgeist, IV). Die Konfiguration der
Geschlechter ist hier wie in vielen Wedekind-Dramen bestimmt durch das Muster der Prostitution. Kaufen und Gekauftwerden – das ist die Basis ehelicher wie nichtehelicher Beziehungen,
wie sie Wedekind zeigt. Dr. Schön, der ,,Gewaltmensch", hat wie viele andere Figuren in den
Stücken Wedekinds nicht nur im metaphorischen Sinn etwas von einem Zuhälter. So vermittelt
Schön Lulu, die ihm lästig geworden ist, an den Kunstmaler Schwarz, der sie seinerseits in spie-
ßiger Ehrbarkeit als sein Eigentum betrachtet und selbst noch über ihre Vergangenheit verfügen
zu können meint. Durch die Betonung des schneidenden Widerspruchs von Sexualität und Geschäft und durch die Herausarbeitung der tragischen Konsequenz, die sämtliche Hauptfiguren,

männliche wie weibliche, am Ende scheitern läßt, sind die Lulu-Dramen einem Stück wie *Das Sonnenspektrum* (1894), einer poetisch ungemein reizvollen, geistig aber fragwürdigen Bordell-Idylle, ebenso hoch überlegen wie der künstlich-naiven Sinnlichkeit des *Pariser Tagebuchs,* in dem der junge Wedekind als Freund und Kunde der Mädchen vom Café d'Harcourt den Anschein erweckt, die Geschlechterwelt sei in Ordnung.

Sozialdrama ist das Drama Wedekinds insgesamt durch die feine Witterung für fundamentale Zersetzungsprozesse der bürgerlichen Gesellschaft. Angst und Lust sind bei der Darstellung dieses Themas die vorherrschenden Empfindungsweisen des Autors. Am deutlichsten ist die widerspruchsvolle Mischung der Gefühle im *Marquis von Keith* (1898/99) erkennbar. Auffallenderweise entstammen viele, die meisten Zentralfiguren in den Dramen Wedekinds den unteren und untersten Schichten. Der Autor hebt einen gefährlich dynamischen, klein- bzw. unbürgerlichen Typus ans Licht, dessen steile politische Karriere später, mit dem Nationalsozialismus, beginnen sollte. Die Keith, Schön, Casti-Piani, Gerardo usw. sind zwielictige Figuren mit einem Firnis von Bürgerlichkeit, der in der fortschreitenden Analyse der Dramen Stück um Stück abspringt. Die Grenzen zwischen Lumpenproletariat und Bürgertum, zwischen der Welt der Schigolch, Rodrigo und der Dr. Schön und Konsul Casimir fließen prinzipiell ineinander. Es ist eine chaotische, durch das Chaotische freilich wiederum geeinte, finanziell und sexuell total promiske Gesellschaft, die sich in Paris, in Lulus Salon (Pandora, II) und in München, im Gartensaal des falschen Marquis (Keith, III) einfindet. Die Labilität der Welt, die sich hier spiegelt, ist erschreckend, auch wenn Wedekind sein eigenes Erschrecken angesichts des Befunds mit einem quasi heroisch-liberalistischen ,,Das Leben ist eine Rutschbahn" (4; 98) zu verdrängen sucht.

Alle diese Figuren hält im Grunde nichts außer dem Balanceakt auf dem dünnen Seil fragwürdiger Geschäfte. Dr. Schön: ,,Meine ganze Habe treibt auf den Wellen" (3; 81). Lulu, die zu ihrem Geliebten Casti-Piani, der sie an ein Kairoer Bordell verschachern will, sagt ,,Ich kann nicht das Einzige verkaufen, das je mein eigen war" (3; 153) – auch sie muß sich verkaufen. Ihr schmähliches Ende in einer Londoner Mansarde ist Resultat auch einer finanziellen und sozialen Katastrophe. Daß Lulu die Erfüllung ihrer sexuellen Wünsche im Gewaltakt, der sie tötet, sucht und findet, dies ergibt neben der biologisch-sexuellen Bedeutung zugleich einen triftigen historischen und sozialpsychologischen Sinn: Der sexuelle Todestrieb, dem Lulu wie magisch angezogen folgt, kann als Reflex des ,Triebs' einer Gesellschaft gedeutet werden, deren geschichtliche Tendenz nach der Meinung des Autors nicht nach vorn und in die Höhe, sondern nach unten, in die Vernichtung wies.

Am knappsten und – wenn man so will – am witzigsten hat Frank Wedekind seine poetische Anatomie der spätbürgerlichen Gesellschaft samt deren Grundkonflikt von unbefriedigtem menschlich-sinnlichen Bedürfnis und selbsterzeugter ökonomischer Repression in seinem Drama *Der Kammersänger* (1897) umrissen (3; 197 ff.). Es ist eins der charakteristischsten Wedekind-Werke und überdies sein meistinszeniertes (welch letzterer Tatbestand für einige Rezeptionsmißverständnisse spricht).

Die Absicht, eine Darstellung jenes Grundkonflikts zu geben, hat Wedekind in seinem ,,Vorwort" selbst angedeutet, in dem er sagt, der ,,Kammersänger" sei ,,weder eine Hanswurstiade noch ein Konversationsstück, sondern der Zusammenstoß zwischen einer brutalen Intelligenz und verschiedenen blinden Leidenschaften". Die nicht ganz logische Formulierung, die Verlegenheit des Autors gegenüber dem Gattungscharakter seines eigenen Stücks verrät, macht immerhin klar, daß es hier in einer leicht zu unterschätzenden dramaturgischen Form um ein Problem von Rang geht.

Wedekind exemplifiziert an der zu seiner Zeit beliebten Dialektik von Kunst und Leben. Doch unterscheidet sich seine Darstellung erheblich von der symbolistischer Autoren, etwa eines Hofmannsthal in seinem ,,Tod des Tizian" (1892), und zwar durch den konkreten, gesellschaftskritischen Zugriff und durch eine ernüchternde Strenge der ökonomischen Analyse, die ihrerseits etwas von einer ,,brutalen Intelligenz" besitzt. Wedekind hat bei anderer Gelegenheit die Zuschauer aufgefordert, ,,das Stoffliche nicht allzu ernst zu nehmen, um so ernster aber auf die logischen Zusammenhänge achten zu wollen" (6; 135). Befolgt man in der Betrachtung des ,,Kammersängers" diese Maxime, erweist sich die tiefe, im literaturgeschichtlichen Kontext der Zeit exzeptionelle Einsicht Wedekinds in eine aporetische gesellschaftliche Struktur.

Das Dilemma, das der Autor erkennt, hat er in ,,drei Szenen" (= zehn Auftritten) herausgearbeitet, in jeweils komisch-grotesker Zuspitzung der Auseinandersetzung. Diese ergibt eine dramaturgische Klimax. In dem letzten, zehnten Auftritt ,explodiert' die Handlung in einer komisch-heftigen Aktion, die die Beweisführung des Stücks in einer pointierten Gebärde zusammenfaßt und die scheinbare Befremdlichkeit der mitgeteilten Wahrheit noch einmal provokant herausstellt. Das Ende ist das einer offenen Dialektik. Eine Lösung, wie fast immer bei Wedekind, fehlt[5]. Der Schluß des Stücks ähnelt, bildlich geredet, dem Hohnlachen, das für den Ausgang der späteren, absurden Komödien z. B. Luigi Pirandellos typisch ist und das diese oft in einem ganz buchstäblichen Sinne abschließt[6].

Den Helden des Stücks, den sechsunddreißigjährigen, von Erfolg verwöhnten k. k. Opernsänger Gerardo, führt Wedekind in einem für die Entwicklung des Themas prägnanten Moment vor: Der Sänger ist in Begriff, aus seinem Hotelzimmer aufzubrechen. In einer halben Stunde muß er fort sein. Er hat ,keine Zeit'. Die äußere Situation und die dramatische Handlung stehen in einem Verhältnis der Ironie zueinander und beleuchten sich wechselseitig: Der Kammersänger muß einen Tag später in Brüssel den ,,Tristan" singen, den musikalisch-dramatischen Lobgesang einer weltverlorenen, absoluten Liebesleidenschaft. Während Gerardo in Gedanken bereits bei seinem Auftritt ist, wird er an Ort und Stelle sukzessive mit Vertretern eben der absoluten Kunst- und Liebesleidenschaft konfrontiert, der er als bezahlter Bühnenstar öffentlichen Ausdruck zu verleihen hat. Die Anlage des Stücks läuft also darauf hinaus, die Probe aufs Exempel zu machen. Geprüft wird, was es mit der leidenschaftlichen Menschlichkeit und der autonomen Kunst in Wirklichkeit auf sich hat. Kunst und Leben werden einander gegenübergestellt, derart, daß am Ende die Kunst als ideologische Kompensation genau des Lebens erscheint, das in der gesellschaftlichen Realität keinen Platz mehr findet.

Zunächst taucht eine sechzehnjährige Bewunderin auf und bietet dem berühmten Mann ihre Liebe an. Gerardo weist das Angebot zurück – mit dem Anschein behutsamer Menschlichkeit, der sich lediglich der Tatsache verdankt, daß der Sänger keine Zeit hat, der Versuchung zu erliegen. (Die Unmenschlichkeit, die er später Helene gegenüber an den Tag legt, erklärt sich aus dem gleichen Umstand: Menschlichkeit/Unmenschlichkeit erscheinen in dem Stück Wedekinds als bloße Funktionen.) Wenn Gerardo den Teenager auf die ,,keusche Göttin" Kunst verweist, dann bedient er sich eines rhetorischen Topos, um eine Belästigung abzuwehren. Gerade die Ansicht von der ,,keuschen" Kunst wird im folgenden demoliert.

Das geschieht vor allem im siebenten Auftritt, in der Auseinandersetzung zwischen Gerardo und dem siebzigjährigen Professor Dühring, eine groteske Erscheinung, gleichsam der verkörperte idealistische Kunstenthusiasmus im Koma. Dühring bedrängt Gerardo, dieses ,,Lieblingskind des Glückes", seine Oper anzuhören und ihr zur Aufführung zu verhelfen. Der Alte, obwohl so oft in seinem Leben enttäuscht, geht noch immer von der naiven Vorstellung eines direkten Wegs zwischen Kunstproduzenten und Kunst-Genießenden und einer prästabilierten Harmonie zwischen Kunstprodukt und (kulturellem) Markt aus. Dühring selbst liefert, bis in seine körperliche Erscheinung hinein, den lebendigen Beweis für das Verfehlte jener Ansicht.

Wirkliche Sprache gewinnt die Beweisführung jedoch erst in der Argumentation des Kammersängers, der, indem er Dühring bittere Aufklärung verabreicht, zugleich ein ähnlich wie dieser in Illusionen befangenes Publikum in die wahren Verhältnisse einweiht. (Und das bürgerliche Publikum zu Wedekinds Zeiten war, zumindest offiziell und seinem Selbstverständnis nach, kunstgläubiger als das heutige.) Gerardo zeigt, was zwischen der Kunstproduktion und dem Kunstgenuß liegt und was, scheinbar jener Beziehung äußerlich, sie doch bis in ihr Wesen trifft. Es ist das die Sphäre des Kunstbetriebs als Partialbereich einer Gesellschaft, für die der Primat des Tauschwerts vor dem Gebrauchswert chrakteristisch ist. Daß dieser Partialbereich nicht nur einer unter anderen ist, daß er vielmehr seine ausgezeichnete Funktion darin besitzt, eben jene allmächtige ökonomische Struktur zu verhüllen, dies macht Wedekind hinreichend klar. Er verrät durch den Mund Gerardos das soziologische Betriebsgeheimnis spätbürgerlicher Kunstpraxis: von der gemütlosen, inhumanen Realität des Geschäfts abzulenken und den versöhnenden Schein von Menschlichkeit als einer angeblich unmittelbar zugänglichen Dimension zu erzeugen.

Zunächst: Gerardo, vermeintlicher Repräsentant der freien Kunst, erscheint als das Gegenteil eines Freien. „Ich muß tun, was man von mir verlangt; dazu bin ich kontraktlich verpflichtet", sagt er zu Dühring. „Meine Ketten sind enger bemessen als das Geschirr, in dem ein Equipagenpferd geht."[7] Dührings Anspruch auf öffentliche Anerkennung, der dem idealistischen Bewußtsein entspringt, daß das Genieprodukt sich umstands- und im Grunde problemlos in die allgemeine gesellschaftliche Sphäre zu vermitteln habe, hält Gerardo eine desillusionierende Kategorie entgegen, nämlich die des ‚In-Betracht-kommens' (3; 222). In dieser Formel spiegelt sich eine Ansicht, die die Lostrennung der eigentlichen Qualität des Kunstprodukts von dessen Marktwert voraussetzt und das Genie ebenfalls in die durch diese Lostrennung erzeugte prinzipielle Zweideutigkeit und Unerkennbarkeit hineingerissen sieht. Der Satz Gerardos: „Es gibt keine verkannten Genies [. . .] der Mensch ist zum Sklaven geboren", weist mit einer geradezu Brechtschen Verfremdung des Ausdrucks auf diesen negativen Tatbestand. Wie sehr das Gesetz des Markts, auf dem man ‚in Betracht kommen' muß, die künstlerische Produktion selbst verändert hat, hat Wedekind angedeutet. Während für Dühring die Hingabe ans Werk stets das Wichtigste gewesen ist – mit dem Erfolg, daß er in der Öffentlichkeit scheiterte bzw. nicht einmal die Chance auch nur zum Scheitern erhielt, haben sich die Künstler neuen Typs den rüden Sitten im Bereich von Distribution und Konsumtion angepaßt: „Die Opern schreiben sie herunter, und ihre geistigen Kräfte bewahren sie sich, um die Aufführungen zustande zu bringen."

Der Kammersänger ist ein Eingeweihter. Sein Rang liegt darin, daß er die Solidarität derer durchbricht, die ein – geschäftliches – „Interesse" an der Verbreitung der „Ansicht" haben, die Kunst sei „das Höchste auf Erden", wie Dühring naiv glaubt. Gerardo glaubt daran nicht, und er sagt es. Wie die Ideologie der „Kunst" als angeblich höchsten Ausdrucks von Menschlichkeit bei denen funktioniert, die an diese Ideologie jedoch ‚glauben', hat Wedekind mit bemerkenswerter Realistik im einzelnen ausgeführt. Prämisse des Funktionierens jener Ideologie ist ein Akt der Transformation, durch den das Kunstwerk in einen Bereich überführt wird, in dem es von seinen konkreten Inhalten, seinen eigentlichen gesellschaftlichen Tendenzen rigoros gereinigt erscheint und Menschlichkeit nur mehr als abstrakt-illusionärer Inhalt, als ein schlechtes Allgemeines übrigbleibt.

Durch diesen Verwandlungsakt wird Kunst erst verwendbar als ,,Luxusartikel der Bourgeoisie". Wedekind verdeutlicht es an Wagners ,,Walküre", ,,die sich um Dinge dreht, deren Bloßstellung dem Publikum in tiefster Seele zuwider ist".

> Singe ich aber den Siegmund, dann führen die besorgetesten Mütter ihre dreizehn- und vierzehnjährigen Töchterchen hinein. Und ich auf der Bühne habe auch die absolute Gewißheit, daß nicht ein Mensch im Zuschauerraum mehr auf das achtet, was bei uns oben gespielt wird. Wenn die Menschen darauf achteten, würden sie hinauslaufen. Das haben sie getan, solange die Oper neu war. Jetzt haben sie sich daran gewöhnt, es zu ignorieren. Sie bemerken es so wenig, wie sie die Luft bemerken, die sie von der Bühne trennt.

Wenn Gerardo in diesem Zusammenhang von den ,,reelle(n) Bedürfnissen" spricht, die er befriedige, so soll damit ein Mechanismus bezeichnet werden, der teils den Gang der Geschäfte, unterhalb jeden Interesses am ästhetischen Gebrauchswert der Kunst, vorantreibt, teils einem echten menschlichen Bedürfnis, nämlich nach Werten unabhängig von ökonomischem Nutzen, eine wahnhafte Befriedigung zuteil werden läßt – wobei diese Ersatzbefriedigung wiederum jenem Gang der Geschäfte zugute kommt, ja ihn in gewisser Weise ermöglicht. Die Scheinbefriedigung des unerfüllten menschlichen Bedürfnisses durch zur Ware entstellte Kunst kommt, den sehr präzisen Hinweisen Wedekinds zufolge, unter anderm durch eine Reaktion zustande, in der die verfehlte Begeisterung des Publikums für das abstrakt Menschliche und schlechte Allgemeine dieser entfremdeten Kunst und Kunstpraxis sich gleichwohl in beharrlichen Konkretisationsversuchen auf bizarre Weise niederschlägt. ,,Das Interesse klammert sich an unser Privatleben ebenso krampfhaft, wie an unser Auftreten", sagt Gerardo, und er macht damit auf die inbrünstige Verwechslung aufmerksam, durch welche die fatalen Abstraktionsprozesse des Kunstbetriebs vom betroffenen Publikum gewissermaßen rückgängig gemacht werden und durch die es sich für den ihm angetanen Betrug zu rächen scheint.

Eben diese Rückverwandlung eines falschen Abstrakten in ein falsches Konkretes, diese süchtig angestrebte Verwechslung hebt der letzte Auftritt, die tödlich ausgehende Begegnung des Kammersängers mit seiner Gelegenheits-Geliebten Helene, einer ,,blendende(n) Schönheit" von zwanzig Jahren, mit Schärfe hervor. Ein Leidenschaftsdrama spielt sich ab, das an der Unmöglichkeit der Leidenschaften scheitert. Obwohl das Drama in der Darstellung Wedekinds die Gestalt einer Groteske annimmt, ist diese doch insgeheim erfüllt von dem ,,unendliche(n) Bedauern" darüber, daß ,,der Freudenquell in dieser engen Welt zur Pandora-Büchse werden muß"[8]. Die ,,logische" Struktur, die Wedekind der Fabel gegeben hat, ist trotz deren Knappheit komplex. Es tritt nicht einfach die reine Leidenschaft (der Frau) der pervertierten Gesinnung (des Mannes), das Leben der Kunst gegenüber. Insbesondere Helene verkörpert die ,,blinde Leidenschaft", von der das Vorwort spricht. Helene ist Opfer einer Illusion, kraft deren sie Gerardo als Darsteller leidenschaftlicher Rollen mit diesen Rollen identifiziert. Sie nimmt Gerardo im Leben für das, was er auf der Bühne verkörpert. So erscheint er ihr als ,,Halbgott". Die Insistenz, mit der Helene auf der Verwechslung beharrt (und diese allein verspricht ihr menschliche Befriedigung), geht unter anderm daraus hervor, daß sie Gerardo durchweg mit dem Namen Oskar anredet. Die Frau, von dem klarer sehenden Mann zurückgewiesen, zerbricht am Ende nicht so sehr an der ihr übermittelten brutalen Aufklärung über das Liebesverhältnis als an der eigenen Unfähigkeit, den geschilderten Schematismus der Verwechslung zu verlassen. Helene macht, indem sie sich erschießt, gleichsam ernst mit der Täuschung durch die ,Kunst'; sie stirbt an einer Leidenschaft, die formal, als Leidenschaft, echt, dem Inhalt nach, insofern das Gefühl Gerardo gilt, jedoch Ideologie ist. Das Pathos des Selbstmords ist durch Selbstbetrug seiner Würde beraubt. Die extreme Tat kann deshalb ästhetisch ohne allzu-viel Zwang im Komödiengenre untergebracht werden.

Die Analyse einer individuellen Täuschung, die auf eine allgemeinere, gesellschaftliche verweist, betreibt Wedekind auch hier mit der intellektuellen ‚Grausamkeit‘, die für sein Thea-ter weithin charakteristisch ist. Die Liebe, an deren große Leidenschaft die Frau irrtümlicher-weise geglaubt hat, erscheint in der Darstellung des Werks als etwas, was nicht nur wegen der gesellschaftlichen Folgen nicht zur Existenz, zu wirklichem Wesen gelangen kann, sondern was von allem Anfang an wirklichen Wesens ermangelte. Der erwähnten Selbsttäuschung der Frau, Resultat eines ökonomischen und ideologischen Mechanismus, entspricht als Ergebnis dessel-ben Mechanismus die Täuschung der Frau durch den Mann – mit dem einzigen Unterschied, daß der Mann wußte, was er tat. Gerardo – so seine eigene Deutung der Vorgeschichte – konnte es sich aus Gründen, die das Problem öffentlicher Anerkennung berühren, letztlich aus ökono-mischen Gründen nicht leisten, die von der schönen, prominenten Helene ihm angebotene Liebe nicht zu akzeptieren. Die Situation, zufällig entstanden, bedeutete für ihn ein notwendi-ges Dilemma:

> Ich habe in solchem Falle nur eine Wahl: – mir eine Feindin zu schaffen – die mich verachtet, oder – mir eine Feindin zu schaffen, die – – – wenigstens Respekt vor mir hat [. . .] Deine gesellschaftliche Stellung gab dir die Möglichkeit, mich zu provozieren. Du hast davon Gebrauch gemacht [. . .] Aber verdenke es mir nicht, wenn ich meine Rechte gewahrt wissen möchte.

Wedekinds Analyse klammert das moralische Problem aus – nicht zufällig: Er geht von der Prämisse aus, daß die von ihm geschilderte „Welt“ nach Prinzipien nicht der Moral, son-dern des Geschäfts funktioniert; er zeigt eine Welt, in der der Mensch „abgerichtet“ oder „hin-gerichtet“ wird, wie der Marquis von Keith sagt. Auch stellt sich nicht die Frage, ob Gerardo etwa leidenschaftlich sei oder nicht. Auch und gerade Leidenschaften fallen bei Wedekind in die Sphäre des Ökonomischen und unterliegen damit einer krassen Verwandlung ihres Wesens.

Daß dies für den Autor, der selbst ein ungewöhnliches Bedürfnis nach Leidenschaften hatte, ein barbarischer Vorgang war, den er nicht billigte, auch wenn er nicht wußte, wie dessen Ursachen zu beseitigen gewesen wären, dies macht der oben erwähnte zehnte Auftritt auf schrille Weise deutlich. Gerardo, Held des Dramas und überlegener Räsoneur der schlecht ein-gerichteten „Welt“, erscheint nunmehr als ihr jämmerliches Opfer. Ein universelles Dilemma, das in der scheinbar harmonisch funktionierenden gesellschaftlichen Ordnung latent ständig vorhanden ist, wird vom Autor zugespitzt zu farcenhafter, grotesk-lächerlicher Eindeutigkeit: Die schöne Helene liegt tödlich verletzt am Boden. Der Liebhaber jedoch muß fort, will er nicht unmenschlich erscheinen. Würde er von der Polizei verhaftet, wäre er vorläufig gerettet. Der „Sklave“ des Kunstbetriebs hätte dann eine Ausrede bei den Sklavenhaltern. Die Polizei aber kommt nicht rechtzeitig. Gerardo muß also eine Entscheidung fällen. Er entscheidet sich für das ‚realere‘ Prinzip: das ökonomische. „Alles vergessend“, springt er auf, „indem er Helene auf den Teppich zurückfallen läßt.“ „An verschiedene Möbelstücke anrennend“, läuft er „durch die Mitte ab.“

In der anstößigen Hast dieses Aufbruchs soll für den Zuschauer eine Leidenschaft neuer Art erkennbar werden. Die hektische Bewegung, ein Wedekindscher Kunstgriff der Verfrem-dung, soll noch einmal darauf aufmerksam machen, daß in der Gesellschaft, wie sie wirklich ist, häßliche Leidenschaften vorherrschen, die mit den schönen Leidenschaften, die im ideologi-schen Überbau gehätschelt werden, nicht einmal die Gebärde mehr gemeinsam haben. Das Drama *Kammersänger* veranschaulicht so drastisch das Ziel kritischer, nicht-angepaßter Kunst, das Wedekind einmal mit dem Begriff der „Realpsychologie" (zu verstehen „in ähnlichem Sinn wie Realpolitik") bezeichnet hat (9; 426).

Im *Kammersänger* wie auch in seinen sonstigen Hauptwerken war es Wedekind darum zu tun, dem Publikum Wahrheiten der Art zu vermitteln, von der der philosophierende Bordellbesitzer Casti-Piani in dem Drama *Tod und Teufel* (1905) gegenüber der kleinbürgerlich verhemmten Elfriede, Mitglied des „Internationalen Vereins zur Bekämpfung des Mädchenhandels", spricht. „Seien wir uns im Leben immer sonnenklar darüber, mein gnädiges Fräulein, daß wir auf einem Dachfirst nachtwandeln und daß uns jede unvorhergesehene Erleuchtung das Genick brechen kann", doziert Casti-Piani (5; 15).

Dieser ‚didaktische' Impuls kennzeichnet insgesamt das Drama Frank Wedekinds. Ein Drama wie *Der Kammersänger*, scheinbar typisches leichtfertiges Salonstück und ephemere Satire über den Opernbetrieb seiner äußeren Anlage nach, bekommt durch das Element der Lehre, einer Lehre, die nicht diesen oder jenen, sondern einen zentralen Inhalt betrifft, Gewicht und Bedeutung. Dabei ist es ein Grundzug der Dramaturgie Wedekinds, daß er die „Erleuchtung" des Publikums als „unvorhergesehene" zu bewerkstelligen sucht; die übermittelten Wahrheiten sollen als ‚genickbrechend' erfahren werden.

Hier wird, bei aller Ähnlichkeit des Wedekind-Theaters mit dem Bertolt Brechts, eine entscheidende Differenz zu dessen epischer Kunst und ihren spezifischen komödienhaft-heiteren Aspekten erkennbar. Wedekind hat, durchaus nicht nur ansatzweise, wirkungsästhetische Strategien entwickelt, wie sie später mit besonderer Radikalität in Antonin Artauds „Theater der Grausamkeit" angewandt wurden. Die bei Wedekind beliebte Zirkus-Metaphorik weist in diese Richtung[9]. Die ‚Lehre' wird bei Wedekind in eine rasante Handlung voller Überraschungen eingebettet. Seine Dramatik akzentuiert Tempo und Überfluß. Selbst der Einakter *Der Kammersänger* weist bei aller Konzentration eine Überfluß-Struktur auf, wie sie in der abrupten pantomimischen Einlage mit der Klavierlehrerin (3; 216), aber auch in den durchweg sprudelnd-witzigen Dialogen zum Ausdruck kommt, die beim Zuschauer nicht den Eindruck erwecken, es solle ihm um jeden Preis etwas beigebracht werden.

Man darf bei der Gesamteinschätzung der Dramaturgie Wedekinds nicht vergessen, daß seine ausgeprägte, oft mit absichtsvoller Kälte demonstrierte Rationalität in wesentlicher Hinsicht einem irrationalen Grundimpuls untergeordnet ist. Sein ‚zirzensisches' Theater ist nicht nur bewußte oder unbewußte Anpassung an eine im Grunde nicht mehr traditionell-idealistisch empfindende und denkende Zuschauerschaft (das ist es auch), es ist bis zu einem gewissen Grad orgiastischer Selbstzweck. Die Konstitution der Fabeln ist hierfür aufschlußreich. Lehre und Handlungsbau sind keineswegs streng aufeinander bezogen. Das ist bei Wedekind nicht Mangel, sondern Formentsprechung einer gehaltlichen, mit dem Thema Lust zusammenhängenden Tiefenstruktur – eine Tendenz, die der Autor gegen seine Kritiker manchmal mit schiefen Argumenten verteidigt hat[10]. In diesem Zusammenhang einer aggressiven Lebendigkeit der formalen Großstruktur fügen sich die „Vielzahl und Mannigfaltigkeit der [. . .] sprachlichen Stilhaltungen" und der „häufige abrupte Wechsel in der Einstellung des Autors"[11]. Wedekind, dessen Geschmack ein Eulenberg letztlich mehr entsprach als ein Ibsen (vgl. 7; 305 ff.), hat in auffallender Weise und *expressis verbis* immer wieder neben der „Intelligenz" die „Leidenschaftlichkeit" und das „Temperament" als dramaturgische Maximen betont (vgl. 7; 312). Er verlangte vom Schauspieler, „eine Rolle so zu spielen, wie man ein Hindernisrennen reitet" (7; 317). Das ist das „Prinzip der Manege": „Elastizität", „plastisch allegorische Darstellung", dramatische Abläufe wie bei „einer ununterbrochenen rast- und ruhelosen Steeplechase" (9; 297). Bereits das ungemein sensible Frühwerk *Frühlings Erwachen* läßt trotz episch-verweilender Aspekte ein dynamisches, durch Wechsel elektrisierendes Strukturprinzip erkennen. Auch in der späten Phase (ab ca. 1907), in der umstrittene, in ihrer Eigenart erst noch zu entdeckende Stücke wie *Schloß Wetterstein* (1910) und *Franziska* (1911) entstehen, auch in scheinbar klassizistischen Werken wie *Simson* (1913) und *Herakles* (1916) hält sich Wedekind gleich weit von einer Dramaturgie realistischer Widerspiegelung wie von intellektualistischen Lehrtheater-Modellen entfernt, erzeugt er in einem Versuch, Ansätze der ‚tragisch'-analytischen mittleren Phase nicht aufzugeben, aber zu übersteigen, eine dramatisch-theatralisch vielfältige Welt, in der schneidende Wahrheiten mit einem das Daseinsgefühl großartig intensivierenden, kühnen „Humor" jenseits von Versöhnlichkeit verschmelzen. Wedekinds Theater hat eine innere Beziehung wie zum Orgiastischen so zum Tanz. In dem Schauspiel *Franziska*, das auf expressionistische Theaterexzesse wie etwa den vierten Akt von Arnolt Bronnens *Geburt der Jugend* (1914) vorausweist, tanzt die Heldin „in wildem Taumel mit den Mädchen des Chores herein. Alle drehen sich [. . .] wie vom Wahnsinn erfaßt, um sich selber [. . .] schwingen Thyrsosstäbe und Schellentrommeln [. . .]" (6; 200). „Denn die Welt wie das Weib zeigt ganz / Die gleiche höchste Präponderanz / Zum Tanz", heißt es in dem Gedicht *Modernes Mädchen* (1; 131). Im zweiten Teil der poetisch verschlüsselten Konfession *Mine-Haha* bereits findet sich, ein dramaturgisches Grundmotiv Wedekinds intonierend, der eindrucksvolle Entwurf eines Totaltheaters der Zukunft mit amphitheatralischem Theatersaal und kreisrunder Bühne. Auf ihr wird, vor Beifall heulendem Publikum und bei dröhnender Musik, eine entfesselte Tanz-Pantomime voller bizarrer, schockierender und faszinierend erotischer Gebärden aufgeführt (1; 362 ff.).

Es handelt sich hier jedoch lediglich um eine Tendenz des Wedekind-Theaters. Voll realisiert wird sie erst später, in den Werken der Audiberti, Gombrowicz, Genet, Arrabal. Es gibt bei Wedekind auch eine gegenläufige, auf verfremdende Distanzierung abzielende Tendenz. Interessant, aber auch problematisch kommt sie in dem „Sittengemälde" *Musik* (1906) zum Vorschein; Wedekind unternimmt es hier, kleinbürgerliche Empfindens- und Verhaltensweisen in Form einer „kaltherzige(n) Karikatur" (9; 434) förmlich auszustellen, ohne daß es ihm jedoch geglückt wäre, sich von dem zugrunde liegenden Rührstück-Muster vollständig zu lösen. Wedekind, dem in seinen besten Hervorbringungen kraftvolle und scharfsinnige Darstellungen eines zerreißenden Widerspruchs gelangen, ist so selbst widerspruchsvoll und bietet im ganzen ein uneinheitliches Bild. Bezeichnend, daß in seiner allerletzten Schaffensphase stilistisch und inhaltlich toto genere verschiedene Werke wie der surreal-sinnliche *Überfürchtenichts* (1916; uraufgeführt 1919 im Phantastischen Theater, Berlin) und das unsinnliche historische Schauspiel *Bismarck* (1914/1916), eine gemäßigt deutsch-nationale Rühmung des großen konservativen Realpolitikers und einer der ersten Versuche im zukunftsträchtigen Genre des dokumentarischen Theaters, gleichsam unversöhnt einander gegenüberstehen.

Carl Sternheim
Heinrich Vormweg

Sangeslust und Fürstenliebe in altdeutscher Kleinstadt, Butzenschreibenromantik, Handwerker- und Beamtenstolz und mit dem allen der Aufstieg eines Proleten zum Kleinbürger – das gab den Stoff zu Carl Sternheims gefühlvoll-sarkastischer Komödie *Bürger Schippel*. Das von Eindrücken und Erlebnissen Sternheims im Thüringischen um die Jahrhundertwende ausgehende Stück wurde am 5. März 1913 unter Max Reinhardts Regie in den Kammerspielen des Deutschen Theaters Berlin mit großem Erfolg uraufgeführt und zu Sternheims Lebzeiten öfter gespielt als alle seine anderen Stücke. Inzwischen ist nicht nur die Komödie hochbetagt, scheint auch alle Kleinstadtromantik untergegangen zu sein, ist die Handlung des Stückes auf den ersten Blick einem Märchen ähnlicher als Vorgängen innerhalb der modernen gesellschaftlichen Realität. In einer Inszenierung des *Bürger Schippel* im Frühjahr 1961 in den Kölner Kammerspielen ließ der Regisseur Michael Kehlmann Szene und Handlung sich lösen aus lebenden Bildern im Kostüm der guten alten Kaiserzeit und zum lebenden Bild wieder erstarren: alles Vorzeit, Historie, signalisierte der Regieeinfall, alles zwar immer noch aufschlußreich und amüsant, doch längst überwunden, erledigt.

Es war, wie sich bald erwies, eine etwas voreilige und allzu eindeutige Interpretation. Die Kölner Inszenierung fand statt in den Anfängen einer bundesdeutschen Sternheim-Renaissance, die dem Dramatiker nach zunächst folgenlosen Wiederbelebungsversuchen in den frühen Nachkriegsjahren für lange einen festen Platz auf den Spielplänen der Bühnen sicherte. Die erneute Auseinandersetzung mit Sternheims Theaterstücken, die bald erleichtert wurde durch eine erste breit angelegte, ab 1963 erschienene Werkausgabe[1], brachte immer wieder und für sehr viele Zuschauer das Erlebnis überraschender Aktualität, bestätigte die zunächst noch sehr zögernd akzeptierte widerspruchsvolle Erfahrung, daß die bundesrepublikanische Gesellschaft allen Neuerungen zum Trotz noch immer tief drinsteckte in der Bürgerzeit, aus der diese Stücke kommen. Es war sicherlich auch Nostalgie im Spiel, doch aus ihr allein läßt sich der Boom in Sternheim-Inszenierungen, der bis weit in die 70er Jahre hinein vorhielt und noch immer nicht ganz gebrochen ist, sicherlich nicht erklären. Zu Skandalen reichte es nicht mehr, wie bei so vielen Sternheim-Aufführungen vor dem ersten Weltkrieg und in der Weimarer Zeit[2]. Doch der Griff dieses Dramatikers ins „volle Bürgerleben", sein selbstbewußter Anspruch, des „Bürgers Wesenskern" aus der Fassung gebrochen zu haben, „knapp, einfach, brutal" (X/1, 282), fesselten noch immer auch deshalb, weil in ihnen trotz und mit der schillernden Widersprüchlichkeit der Stücke eine Art Vorgriff bis in die Gegenwart hinein sich andeutete. Sie schienen noch immer wohlbegründet zu sein, die bewundernden Charakteristiken Sternheims als „Bürger-Breughel" und „deutscher Molière"[3]. Immer neue Inszenierungen sorgten dafür, daß Sternheims ebenso hochfahrende wie widersprüchliche Selbstinterpretationen wieder Gehör fanden, in denen er sich zugleich als Protagonist und als rabiater Kritiker des Bürgertums apostrophierte.

Von der erstaunlichen, irritierenden und provozierenden Aktualität jener Komödien und Dramen vor allem, die Sternheim selbst schon unter der Rubrik „Aus dem bürgerlichen Heldenleben" zusammengefaßt hat, abgesehen, brachte allerdings die erstmalige umfassende

Beschäftigung mit Sternheim und seinem Werk zwei Erkenntnisse zutage, die inzwischen auch bei einer Darstellung seiner Stücke und seiner Dramaturgie zumindest resümierend vorwegzunehmen sind. Zunächst: CARL STERNHEIM, geboren am 1. April 1878 in Leipzig als Sohn eines Bankiers jüdischer Herkunft, als Kind der in der Gründerzeit sich etablierenden neuen deutschen Oberschicht, war nicht nur psychisch labil, sondern psychisch krank von Jugend an, ein schizoider Neurotiker. Und zweitens: das Werk Sternheims enthält in sich ein beispielloses Gefälle zwischen Gelingen und Mißlingen, dokumentiert als Ganzes drastisch nicht zuletzt auch vergebliches Bemühen – keineswegs nur im stets unbeachtet gebliebenen Frühwerk – und den vorzeitigen Verfall der Schreibfähigkeit. Aus diesen neuen Erkenntnissen lassen sich manche unauflöslichen Widersprüche in Sternheims Stücken selbst, in seiner Dramaturgie, seiner Lebensphilosophie und seiner Selbstdarstellung leichter fassen und erläutern. Sie sind einmal Ergebnis einer detaillierten, stichhaltigen, wenn auch insgesamt zu linear folgernden Analyse des Autors Sternheim unter psychologischen und soziologischen Aspekten von Winfried Georg Sebald, die ihn vor allem als Opfer der Wilhelminischen Ära beschreibt[4]. Und sie sind ein unerwartetes Nebenergebnis der auf Vollständigkeit angelegten Werksausgabe. Die Absicht, endlich Sternheims Gesamtwerk zugänglich zu machen, womöglich Großes in den bis dahin unveröffentlichten Teilen zu entdecken, die den Herausgebern zu Beginn ihrer Editionstätigkeit selbst offensichtlich noch weitgehend unbekannt waren, ließ die Ausgabe über weite Strecken zu einer Materialsammlung für psychoanalytische und ideologiekritische Interpretations- und literaturkritische Wertungsübungen geraten.

Statt des Geheimnisses eines übergroßen Autors sind also – vor allem mit der Gesamtausgabe – seine Grenzen sichtbar geworden. Immer andere Belege für seine Krankheit. Anfälle und Nervenzusammenbrüche schon in früher Jugend, Erschöpfungs- und extreme Erregungszustände, Zwangsvorstellungen, Absencen, Ohnmachten, später Schreikrämpfe. 1933 hat Sternheim laut seinen eigenen Aufzeichnungen 120 Anfälle dieser Art gehabt. Schon früh Aufenthalte in psychiatrischen Kliniken, Erklärungen seiner Unzurechnungsfähigkeit nach exaltierten Auftritten und Ausbrüchen. Jene fordernde Egozentrik, jene Ich-Bezogenheit, für die sein literarisches Werk ein einziger widerspruchsvoller Beleg ist, war also pathologisch, war wie dieses Werk auch in seinen Höhepunkten selbst Ausdruck der Anstrengungen eines Kranken, sich immer wieder wie Münchhausen an den eigenen Haaren aus dem Sumpf zu ziehen. Sebald benennt sicherlich einen gravierenden Aspekt gerade auch der dramatischen Meisterstücke Sternheims, wenn er sie als utopische Projektionen einer versuchten Selbstheilung bezeichnet, die aber identisch bleiben mit der Ideologie der Gesellschaft, die ihn krank gemacht hat[5].

Die Kunst- und Literaturgeschichte zeigt nun freilich, daß Krankheit immer wieder ein Motor außerordentlicher Produktivität gewesen ist. Und auch im Fall Sternheims sagt die Freilegung dessen, worin die widerspruchsvolle, doch kompakte und bis heute die Vorstellung kritisch herausfordernde Selbstbehauptung seiner bürgerlichen Helden, sein eigener, vielfach belegter Anspruch, eine beispielhafte Existenz zu verwirklichen, sein unablässig wiederholtes Plädoyer für die „eigene Nuance", für „revolutionären Subjektivismus", für die „Ursprünglichkeit der Privatkurage"[6] psychologisch und ideologisch sich gründeten – auch im Fall Sternheims sagt diese Freilegung noch wenig über die literarische und literaturgeschichtliche Bedeutung seines Werks. Es macht die Übergänge deutlicher, an denen das Œuvre sich verwirrt, abflacht, verdeutlicht auch die Bedingungen, unter denen seine Höhepunkte möglich wurden, und zwar in der frühen Phase der 1907 geschlossenen zweiten Ehe mit der „reichen Erbin" Thea Bauer, die – so Sternheim selbst –, „wie es Frauen vermögen, alles schlicht in Ordnung brachte" (VI, 311). Mag die Mythologie übertreiben, mit der Sternheim – damals Schloßbesitzer, Sammler kostbarer Kunst und seltener Erstausgaben, sich als zur europäischen Geisteselite gehörig fühlender Gesprächspartner aufstrebender deutscher Schriftsteller, Künstler, Politiker – seine wenigen mühelos produktiven Jahre in seinen autobiographischen Schriften umgibt: sein „Ich holte tief in der Zeit Atem" (X/1, 270), das ihm nach unablässigen, doch wenig ergiebigen Schreibversuchen seine erste große Komödie eingab, *Die Hose,* war keine Illusion.

Die Jahre 1909 bis 1915 brachten, gegen ihr Ende zu schon wieder abfallend, Sternheims eigentlich produktive Lebensphase. Sternheim schrieb die entscheidenden Stücke der Maske-Tetralogie – *Die Hose* (1909/10), *Der Snob* (1913) und *1913* (1913/14); das sie abschließende Stück *Das Fossil* (1921/22) stellt zwar aus der Nachkriegsperspektive noch einmal die Beziehung her zur Unmittelbarkeit und Intensität der in den ersten drei Stücken sich artikulierenden Erfahrung des aufsteigenden, über wirtschaftliche die politische Macht ergreifenden feudalen Bürgertums, doch sein Thema – der rapide Verfall dieses Bürgertums – schlug gleichsam schon zurück auf das Drama selbst, der dramaturgische Zugriff bleibt indirekt, ist entscheidend gestört. Sternheim schrieb *Die Kassette* (1910/11), *Bürger Schippel* (1911/12) und *Tabula rasa* (1915). Damit sind jene Stücke genannt, die seinen Ruhm ausmachen und seine Nachwirkung im Theater tragen. Schon *Der Kandidat* (1913/14, nach Flaubert) und *Der Stänker* (1915/16) wurden, wie noch einige weitere Bearbeitungen und Entwürfe der produktiven Phase und die späteren Stücke, aus guten Gründen weniger gespielt und blieben auch während des jüngsten Sternheim-Booms meist beiseite. Außer *Das Fossil* gewann allein *Der Nebbich* (1922) nach dem Zweiten Weltkrieg noch nennenswerte Aufmerksamkeit. Dagegen war das Kostümstück *Die Marquise von Arcis* (1918) nach Diderot zwar eines von Sternheims erfolgreichsten, doch thematisch – Entstehung und Rettung der Liebe aus Intrigen – wie dramaturgisch bleibt es konventionell, läßt es nur noch einen Abglanz des Zugriffs spüren, der die Komödien und Dramen aus dem bürgerlichen Heldenleben zeichnet.

Es sind dies, vor allem in der knappen Zusammenfassung, weitreichende Behauptungen. Die Aussonderung eines Hauptwerks aus breitem Rahmenwerk, auf die sie, nicht einmal alle Titel nennend, hinauslaufen, ließe sich nur in einer sehr langwierigen vergleichenden Analyse begründen, die hier nicht möglich ist. Und sie wäre zudem, sei behauptet, eine überflüssige Anstrengung. Es läßt sich in diesem Fall den Ergebnissen der geschichtlichen Erprobungsprozesse trauen. Die Aussonderung basiert auf der unterschiedlichen Wirkung der Stücke Sternheims in mehr als einem halben Jahrhundert, ist allerdings nicht nur statistisch belegbar, sondern auch von der Intensität der Wirkungen her. So fragwürdig die Berufung auf Erfolg und Mißerfolg häufig ist – in der literatur- und theatergeschichtlichen Dimension sind Wirkung und Nachwirkung etwas anderes als der Erfolg, den die Bestsellerlisten, also Verkaufszahlen für kurze Zeiträume ausweisen. Die Anfälligkeit für Manipulationen ist hier nur noch sehr gering. Die Lektüre des mit seinen bis dahin unbekannt gebliebenen sehr umfangreichen frühen und den späten Teilen seit kurzem komplett vorliegenden Gesamtwerks bestätigt im übrigen den Befund in geradezu ermüdender Breite, und so eindeutig, daß jeder Disput als überflüssig erscheint. Was die Edition selbst betrifft, ließe sie sich deshalb charakterisieren als Ergebnis eines allerdings aus der Forschungslage zu Beginn der Arbeit an ihr erklärlichen Mißverständnisses. Zu Beginn der Sternheim-Renaissance war noch nicht abzusehen, daß in diesem Fall der Wunsch nach Vollständigkeit in der Textkenntnis und -vermittlung zum Wahn wird.

Es sei wiederholt: *Die Hose, Der Snob, 1913, Die Kassette* und *Bürger Schippel* – das ist der Sternheim, der mit seinen Stücken Theatergeschichte gemacht hat und fortlebt. *Tabula rasa* und *Der Nebbich* riskieren ebenfalls noch den direkten Griff ins volle Bürgerleben, doch schon mit spürbar schwächerem Gelingen. Es ist an der Zeit, dies einmal ganz grob festzustellen – als eine These hinzustellen, die zu diskutieren von Bedeutung ist auch für die weitere Nachwirkung Sternheims. Nur in jener kurzen Lebensphase, in der in dieser schizoide Neurotiker sich durch eine Frau von den Leiden an seiner Zeit geheilt fühlte, in der ihm nach seinem Gefühl die Welt zu Füßen lag, in der er die paradoxe Fähigkeit spürte und erwies, auch zerstörerische Widersprüche ganz einfach durch ihre Bejahung und Darstellung zu überwinden – nur in dieser Lebensphase war Carl Sternheim der beispiellose szenische Chronist jenes späten Bürgertums, das sich vom späten Bürgertum heute in Deutschland vielleicht nur dadurch unterscheidet, daß es noch zum Feudalismus aufschaute. Er war es kraft einer Hellsicht und Emphase, die vermutlich ebenfalls Reflexe seiner scheinbar überwundenen Krankheit waren, und obwohl er in diesem Bürgertum befangen blieb. Im Blick aber auf Sternheims wodurch immer ermöglichte Produktivität und Produktion zu dieser Zeit ist es nicht nur erlaubt, sondern unerläßlich und sinnvoll, diese als sie selbst vorauszusetzen und zu reflektieren.

Was begründet die provozierende Wirkung von Sternheims Stücken, was in ihnen hat die Zuschauer der Entstehungszeit bis zu Skandalen erregt und packt sie heute noch immer? An ihrer Dramaturgie kann es nicht liegen, denn die war und bleibt konventionell, durchbricht die gewohnten Schemata der Aufzüge, Auftritte und Figurenhierarchien an keiner Stelle, funktioniert mit Haupt- und Nebenrollen und Schauplätzen, mit Plot und Handlung nach klassischen Mustern. Sie nimmt nicht einmal Anregungen des expressionistischen Dramas auf, zu dessen Repräsentanten Sternheim also nur sehr bedingt zu zählen ist. Wenn Sternheim mittels erstaunlicher Knappheit, Direktheit, trockener Sachlichkeit der Szenen- und Figurenführung dennoch die Wirkung von etwas auch formal ganz Neuem erzielte, so trotz seiner Dramaturgie (was übrigens ein Vergleich mit seinen ganz ähnlich gebauten frühen dramatischen Versuchen auffällig bestätigt). Sieht man es vom inzwischen gegebenen historischen Abstand aus an, ist möglicherweise auch Sternheims vieldiskutierte knappe, fettlose, raffende, dennoch plastische Sprache, sein „kahles Deutsch", das stets direkt zur Sache drängt, nicht das entscheidende Wirkungsmoment – soviel es auch zur Wirkung beiträgt und obwohl hier vielleicht ein Umschlag über die Intention des Autors hinaus stattgefunden hat. Eigengewicht und Wirkung der Stücke aus dem bürgerlichen Heldenleben sind bedingt vor allem durch stoffliche, thematische und ideologische Momente. Sternheim riß von einigen gesellschaftlichen Grundtatsachen und Praktiken der Zeit, die als solche alltäglich waren, denen nicht zu entsprechen gesellschaftlich in gewissem Sinn sogar disqualifizierte, einige Schleier weg, wonach übrigens noch genügend Verschleierung blieb. Der Skandal kam daher, daß es zugleich gesellschaftliche Regel war, den Realitäten zwar zu entsprechen, doch davon nicht, sondern immer nur von etwas anderem zu sprechen. Zur Basis – so sah es damals Sternheim – gleichsam ein falscher, von ihr ablenkender Überbau, dienlich vor allem der Irreführung, doch schwächend und schädlich längst auch für die Basis.

Der Auftakt der Komödie *Die Hose* war da geradezu symbolisch: Die junge und hübsche Frau Maske verliert auf der Straße – „Die Königliche Majestät soll nicht weit gewesen sein" – ihre Unaussprechlichen, und Sternheim läßt davon nicht nur ausgiebig sprechen, er macht es zum Aufhänger der Komödie, in der zugleich jedoch der Protagonist Theobald Maske, ein subalterner Beamter, als seine grundlegende Erkenntnis festhält:

> Mit dem, was mir Geburt beschieden, bin ich an meinem Platz in günstiger Lage und seiner bis zum Tod gewiß, unterscheide ich mich nicht allzusehr von meinen Kollegen im ganzen Vaterland. Nur Tüchtigkeit oder außerordentliche Schande könnten mich um die Sicherheiten bringen, die er verbürgt . . . Meine Freiheit ist mir verloren, achtet die Welt auf mich in besonderer Weise. Meine Unscheinbarkeit ist die Tarnkappe, unter der ich meinen Neigungen, meiner innersten Natur frönen darf.
>
> III, 1

Sternheim hat den Helden der Komödie in seinem Aufsatz „Privatkurage" völlig zutreffend folgerndermaßen charakterisiert:

> Ein kleiner Beamter in plüschener Welt weiß, Peinlichkeiten von außen zu entgehen, genügt es, Plüsch unter Plüsch zu *scheinen*. Das begreift er mit aller Welt. Neu aber, für sich allein, weiß er ein unerhörtes Geheimnis: führt man sich nach außen hinreichend mitbürgerlich und psychologisch auf, darf man innen brutal, bronzen, ja ein cyklopischer, zu sich selbst gewillter Viechskerl sein, Leben zu eigenem Nutz und Frommen abweiden.   VI, 311

Dies war das eigentlich Unaussprechliche. Und nicht nur für Maske – für Sternheim selbst schon deshalb „das Wesentliche". Maskes Ideale sind kräftige Glieder, Gesundheit, Regelmäßigkeit, beschränkter, mit dem eigenen Dunstkreis völlig einverstandener Sinn. Er will seine Ruhe haben, sein Behagen, soviel Geld und Genuß, wie er ohne Risiko einheimsen kann. Alles, was anders, was fremd ist, gilt ihm als „widerlich". Er lebt „nach Schema F". Sein Lebensziel ist seine Pension. Er macht sich keine Gedanken, vergnügt sich, wo immer möglich, doch es darf nicht auffallen. Und dank dieser Lebenshaltung, dieses Charakterprofils zieht er in der Komödie Vorteil noch daraus, daß ein egozentrischer Pseudopoet namens Scarron und der Friseur und Wagnerianer Mandelstam vom Anblick der rutschenden Hose seiner Frau Luise auf Gedanken gebracht worden sind. Auch sexuell kommen weder sie, noch die lüsterne Frau Maske zu dem erhofften Extravergnügen, dafür Theobald selbst.

Materielle Sicherheit – also Geld, Besitz – und Genuß sind die Konstanten der Maske-Welt, beide als Ausdruck des blanken Egoismus. Der ist für Sternheim, wie er in seinen Äußerungen über die Stücke aus dem bürgerlichen Heldenleben immer wieder betont, wie diese aber auch selbst irritierend spüren lassen, tief zu bejahende Sache an sich. Die Erscheinungsform der Konstanten variiert. Doch ob Anpassung wie in *Die Hose*, gesellschaftlicher Aufstieg wie in *Bürger Schippel* und *Der Snob*, rasantes Machtkalkül wie in *1913*, Gier nach Aktien- und Staatspapierbesitz als der Steigerungsform des Geldes wie in *Die Kassette* – überall der gleiche „Wesenskern", die gleiche „erhabene, riskierte Wirklichkeit" des Bürgers. Um diesen Pol kreist der Lauf der im übrigen nach den bekannten dramaturgischen Regeln funktionierenden Sternheimschen Szenenwelt mit all ihrem Personal, all den kleinen Beamten, lüsternen Hausfrauen, windigen Phantasten, Oberlehrern, feinen Pinkeln, Erbtanten, Arbeiterfunktionären, Industriebossen. Den Schock löste immer wieder aus, daß Sternheim es ganz offensichtlich nicht nur kritisch sah und meinte, die Maskes und Krulls in gewissem Sinn vielmehr völlig „positiv" darstellte. Beifällig hat er einen Brief seines Dieners Gunschera zitiert, der ihm nach dem Erfolg der *Hose* geschrieben habe: „Ich glaube, die Persönlichkeit des ‚Maske' in Ihrem Spiel zu kennen: Sie sind es selbst, Herr Sternheim!" (X/1, 275). Die Lebensphilosophie Maskes ist zwar in den Augen Scarrons und Mandelstams schauerlich, stumpfsinnig, doch die da urteilen, sind zugleich gezeichnet als ziemlich windige Schwärmer. Sie obsiegt im Stück deutlich genug, um Sternheims persönliche Bejahung solcher Haltung glaubwürdig zu machen. Und gerade diese Aporie des Dramatikers ließ seine Stücke aus dem bürgerlichen Heldenleben zu Provokationen werden.

Zunächst einmal noch abgesehen von der schwer faßlichen persönlichen Identifikation Sternheims mit Maske, dem bürgerlichen Helden als spießigem, eigensüchtigem kleinen Beamten, läßt das Positive in diesem Zusammenhang sich begreifen als eine Form der Darstellung. Auch als „Wesentliches", als der „Wesenskern" Erkanntes muß ja nicht moralisch, gesellschaftlich oder politisch bejaht werden. In der Tat enthält sich Sternheim in den Stücken auch indirekter Meinungsäußerung, gar Wertung. Unverkennbar – selbst ohne den Seitenblick auf Sternheims Selbstinterpretationen – die Absicht, durch szenische Darstellung gesellschaftlich

Konkretes, schlicht Seiendes in exemplarischen Szenen zu erkennen zu geben. Die komprimierende Verwendung der traditionellen Dramaturgie, die trocken-muskulöse Sprache zielen angespannt auf sachgerechte Herausarbeitung von Wirklichem, auf erkennende Darstellung tatsächlicher Verhältnisse. Durchaus verständlich dabei, daß Sternheim schon früh als „deutscher Molière" apostrophiert wurde. Die Sinnfälligkeit, karge Zweckdienlichkeit, schneidende Sachlichkeit, dabei plastische Körperlichkeit seiner Szenen erinnert in der Tat an Molière. Maske, Oberlehrer Heinrich Krull – in *Die Kassette* –, Schippel, der Funktionär Ständer – in *Tabula rasa* – sind in ganz ähnlichem Sinn wirklich wie Tartuffe oder der Geizige. Sie sind weder Marionetten noch Karikaturen, sondern bleiben trotz Zuspitzung zum Typus Charaktere. Daß dies erkannt würde, darum hat Sternheim gekämpft. Er wehrte sich gegen die Auffassung, seine Stücke seien Bürgersatire. Und in dem Sinn, daß man sich ihnen gegenüber auf Übertreibung, Überspitzung herausreden könnte, um so die Wirklichkeit dem Zugriff wieder zu entziehen, sind sie das gewiß nicht. Sie setzen gegen gefühlige Idyllik und pathetische Metaphorik kraß das konkrete Banale, dramatisiert. Das ist nicht Satire. Es ist etwas Schlimmeres. Es ist ein Striptease, der das vorgeblich Gute, Wahre, Schöne als Teile der unter den Leuten üblichen Verkleidung denunziert.

Und dennoch nur das falsche Gute, Wahre, Schöne. Wie schwierig es ist, mit der zweifellos produktiven Aporie des Dramatikers Sternheim umzugehen, zeigt das Vorwort des Herausgebers Wilhelm Emrich im ersten Band der Gesamtausgabe, das den zahlreichen, durchweg auf unterschiedliche Weise einseitigen Deutungsversuchen einen weiteren hinzufügt, von dem Emrich zwar meint, er mache alle vorhergegangenen zunichte, der aber die Verwirrung zunächst nur steigerte. Gegen die gewohnte Auffassung, Sternheims Stücke seien Bürgersatire, wandte Emrich sich mit dem Einfall, Sternheims Helden seien durchweg ganz das, was man „positive Helden" nennt, durchaus im Sinn von „vorbildliche Helden". So einfach entkommt man jedoch dem Dilemma nicht, dem Sternheims Werk seine Interpreten aussetzt. Dieses Dilemma hat verschiedene Aspekte, zu denen nicht zuletzt gehört, daß Sternheim auf eine freilich für seine Zeit durchaus repräsentative Weise psychisch krank war. Es wird beträchtlich verstärkt dadurch, daß Sternheim, wie schon angedeutet, sein Werk in vielen Artikeln und Aufsätzen selbst interpretiert, gedeutet, verteidigt hat und es dabei begriff als Teil des umfassenden Ganzen seiner Lebensschau, das aber neben herausfordernden und einleuchtenden auch ausgesprochen abstruse Züge hat.

Damit gerät die Argumentation unversehens über die Komödien und Dramen aus dem bürgerlichen Heldenleben hinaus und hinein ins Spannungsfeld der allgemeinen Ideen und Vorstellungen Sternheims, die jedenfalls in diesen Stücken zum Teil gar nicht oder nur vage nachzuweisen sind. In dem deutlichen Bewußtsein aber, daß gerade diese Stücke seinen Rang als Autor begründet haben und garantieren, hat Sternheim auch viel spätere Überlegungen wiederholt auf sie bezogen. Das sei – auch im Hinblick auf die für diese Charakteristik vorausgesetzte Unterscheidung zwischen Haupt- und Rahmenwerk – angedeutet. In dem zwar schon 1918 als Nachwort zur Erzählung „Ulrike" erschienenen kurzen Text *Kampf der Metapher*, den Sternheim aber, stilistisch leicht verändert, noch in seine 1936 im Amsterdamer Querido Verlag erschienene Autobiographie *Vorkriegseuropa im Gleichnis meines Lebens* aufgenommen hat – in diesem Text heißt es:

> Das Verdienst beanspruche ich, in einer Komödienreihe, dann in Erzählungen ein bis 1914 wesentlich durch praktische Erfolge und große Bankguthaben hervorragendes Bürgertum als seiner eigenen, gehätschelten Ideologie inkommensurabel gezeigt zu haben.
> Ich entfachte zu keiner Erziehung; im Gegenteil warnte ich vor einer Verbesserung göttlicher Welt durch den Bürger und machte ihm Mut zu seinen sogenannten Lastern, mit denen er Erfolge er-

rang, und riet ihm, meiner Verantwortung bewußt, Begriffe, die einseitig nach sittlichem Verdienst
messen, als unerheblich und lebensschwächend endlich auch aus seiner Terminologie zu entfernen.
Es sei unwürdig und lohne nicht, das Ziel, eigener Natur zu leben, metaphorisch ängstlich zu umschreiben. Es gehe damit, bei selbstisch gerichtetem Urtrieb, kostbare Kraft verloren.

Auch müsse er fürchten, es käme ihm sonst noch der Proletarier zuvor, der mit Metaphysik und allem Eidos kräftig tabula rasa zu machen sich anschicke, nachdem der Adel schon seit Menschenal-
tern vernünftig und politisch lebe.   VI, 50

Etwas anders schon stellt der gleiche Sachverhalt sich dar in der folgenden Passage, die
Sternheim in *Vorkriegseuropa* als Reaktion im Unterbewußtsein „aller Welt" auf seine Stücke
formulierte:

> Dieser Dichter brach bewußt zu einem Gesamtangriff auf breitester Front auf, ritt mit verbissener
> Freude an; sammelt den lächerlichen Titaniden, der die Welt beherrscht, in ein bürgerliches Gebil-
> de; entreißt ihm Waffe, Schuppenkinn, Lendentuch; zeigt ihn, erbarmungslos in seiner Entschleie-
> rung, als Bürger und Spießer . . . Des Bürgers Wesenskern wird aus der Fassung gebrochen, knapp,
> einfach, brutal. An der Oberfläche erscheint der Ausdruck des seelischen Motors. Der feige
> Zweck, dem die allgemeine Verlogenheit dient, wird entschleiert; die anmaßende Heftigkeit der
> technischen Behelfe, der Errungenschaften, Spekulation, des Geldes, werden aufgehoben, in ihren
> zersetzenden Kräften beleuchtet. Immer gegen die Seelenlosigkeit der bürgerlichen Seele zischt der
> Kampf! Daß der Mensch die Dinge hat Gewalt nehmen lassen über sich, statt ihnen das Diktat sei-
> nes besonderen Geistes und Herzens aufzulegen – darin mündet des Dichters Wort! Sein Kampf
> entlädt Haß. Doch – ein Göttliches, elementare Sehnsucht streift durch seinen schnellen Atem ins
> All, wo – er weiß es – der Geist in seiner magischen Inkarnation gelagert ist!   X/1, 282

Die Widersprüche zwischen den Aussagen in diesen beiden Zitaten lassen sich wohl
kaum auf einen gemeinsamen Nenner bringen. Einmal wird den Bürgern zu ihren Lastern Mut
gemacht, dann wird ein lächerlicher Titanide als Bürger und Spießer entlarvt. Einmal die Aufforderung zur Selbstbehauptung, wie immer das Selbst beschaffen ist, dann die Berufung aufs
All, den „Geist in seiner magischen Inkarnation". Das Positive, es zeigt sich hier auf sehr unterschiedliche Weise. Und seinem Bürger Schippel, dem aus Proletendasein zum Bürger Aufge-
stiegenen, sagt Sternheim in *Vorkriegseuropa* nach:

> In diesem Werk wurde prophetisch des Deutschen mentale und politische Entwicklung bis heute,
> 1936, wahrscheinlich noch für lange hinaus vorweggenommen.
>
> Alle, die aus der Tiefe zur schwindelnden Höhe der Volksverführer inzwischen Angelangten und
> immer noch Anlangenden, haben ihr Urbild in dem auch mentalen Bastard Schippel! Heil!!!
>   X/1, 290

Emrich merkt hierzu in seinem Vorwort an: „In der Komödie ‚Bürger Schippel', die in
der zweiten Fassung den Titel ‚Der Prolet Le prolétaire bourgeois' trug, hat der durch seine ille-
gitime Geburt und proletarische Herkunft aus der Gesellschaft ausgeschlossene Paul Schippel
sich zwar gleichfalls durch Masken hochgespielt, aber nicht bestimmt durch Erkenntnis und
Eigenbewußtsein, sondern durch instinktiv blinde Anpassung im Wechselmechanismus von
Minderwertigkeitsgefühlen und auftrumpfender Frechheit, einzig getrieben vom Wunsch, ein
Bürger wie alle anderen Bürger zu werden" (I, 16). Gibt es also mehrere Sorten Bürger, die einen dürfen und die anderen nicht? Es geht schon aus diesen wenigen zitierten Deutungsversuchen hervor, daß Klarheit hier nicht erreichbar, daß eine eindeutige Grundanschauung nicht gegeben ist. Einerseits Apotheose des Bürgers, andererseits seine Entlarvung mit durchaus satirischen Zügen. Daß sich jeweils Argumente für die widersprüchlichen Auffassungen finden,
spricht dabei durchaus für die Stücke selbst, für ihre Komplexität, ihren Realitätsbezug. Nur

klare Schlüsse, die sind nicht möglich. Und wenn bei naher Sicht die Widersprüche immerhin noch überschaubar bleiben, so nicht mehr aus der später von Sternheim angezielten Gesamtschau bürgerlichen und menschlichen Lebens. Es überwogen denn wohl doch die unangenehmen Seiten der Maske-Krull-Schippel-Welt zu sehr, als daß der elitär gesonnene Großbürger Sternheim mit ihrer Positivität sich hätte zufrieden geben können; hinzu kam, daß die Hochstimmung des wie erlösten Selbstgefühls in den ersten Jahren mit Thea Bauer-Sternheim und der ersten großen Erfolge verflog. Wieder die Krankheit. Halt suchte der Dramatiker nun mehr und mehr in der emphatischen Apotheose ganz anderer Werte, als die Entschleierung feudalbürgerlicher Realitäten sie freilegte.

Das hatte allerdings auch noch andere, objektive, historische Gründe. Kaum nämlich waren Sternheim die Selbstverwirklichungs- und Entwicklungsmöglichkeiten aufgegangen, die solche Realitäten boten, da zerbarsten sie in dem durch ebendiese ausgelösten Ersten Weltkrieg. Es bestätigt die übersteigert hellsichtige Umwelterfahrung Sternheims in seiner produktiven Phase, daß er die Wahrscheinlichkeit solchen Zusammenbruchs erkannt hat. Nur vier Jahre von *Die Hose* über den grandiosen, durch Einheirat in ein altes Adelsgeschlecht gekrönten Aufstieg von Theobalds Sohn Christian Maske in *Der Snob* bis zu *1913*. Da ist Exzellenz Freiherr Christian Maske von Buchow alt geworden, ist er einer der großen Finanzmagnaten des Landes, muß er sich wehren gegen den Drang der ungeliebten Tochter Sofie zur Macht. Und er hat plötzlich ein Ohr für ganz andere Stimmen als jene der positiv triumphierenden nackten Eigensucht. Konnte Sternheim schon dem Proleten Schippel nicht zugestehen, was er für Maske ganz richtig fand, so muß er Christian Maske an den Konsequenzen, im circulus vitiosus eben jener Ideologie umkommen lassen, die seinen Aufstieg ermöglichte. Die folgende Schlüsselszene hat Sternheim selbst ganz zu recht prophetisch genannt:

Sofie: Warum ermutigst du diesen Nichtstuer in seinem platonischen Geschwätz?
Christian: Krey setzt Leben an die Sache, hat einen Auftrieb, der mir schon warm macht.
Sofie: So sieht der Mensch nicht aus, der Völker erschüttert.
Christian: Seine Gedanken zur Sache sind bedeutend. Trifft er erst völlig ins Schwarze – dem Publikum nicht allein steckt Grauen in den Knochen, die Eingeweihten schlottern vor dem Brüllen der Goldlawinen, die wir über uns angehäuft, und die jetzt mit Herabsturz drohen. Was sagst du zu einem Streik der Konsumenten?
Sofie: Aus welchen Ursachen heraus?
Christian: Aus einer sittlichen Forderung. Jeder Verbraucher sparte ein wenig, nur einen Schuhknopf, einen Nagel, ein Stück Papier. . .
Sofie: Warum sollte er, da wir sie immer billiger produzieren?
Christian: Weil ihm der Dreck über denselben Leisten, den wir ihm aufhängen, endlich zum Hals heraushängt, weil er vielleicht wieder einmal Anständiges in der Hand haben will. Weil der massenweise Verschleiß aller Lebensutensilien ihn erzogen hat, auf das einzelne nicht mehr zu achten, und er Gefühle, Urteile und sich selbst hinwirft und verbraucht wie das übrige und ihnen keine Qualität mehr geben kann. Weil ihn das endlich in tiefster Seele ekelt. Oft habe ich euch gesagt, laßt neben dem rastlosen Nachdenken, wie man von dem gleichen Artikel in der selben Zeit das Doppelte und Vielfache herstellen kann, in allen Betrieben, Laboratorien darüber arbeiten, wie gleichzeitig Materie verbessert würde.
Sofie: Man kann nicht mit zwei Prinzipien arbeiten, die einander widersprechen. Wir dringen auf Simplizität, Massen, nicht Maßgeschäft. Alles Besondere ist uns Greuel, da es aufhält.
Christian: Das sehe ich, Toren. In den Glaswerken triumphiert die Glühlampe aus schlechtem Glas, zu zehn Millionen gepreßt, und die Qualität der Mikroskope ist zum Gotterbarmen. Ich habe mich stets diesem Drang entgegengestellt.

SOFIE: Solche Gedanken finde ich im Gegenteil ganz neu an dir; vielleicht schon die Früchte der Kreyschen Lehrsätze und erste Angstzustände. Wer hat Kapitalien gehäuft, monopolisiert und unablässig fusioniert? Wer hat immer neue Millionen aus der Vorstellung gestampft, die jetzt verzinst werden sollen? Womit um Gotteswillen? Unsere Generation hat den Industriestaat fertig von euch übernommen und lehnt für seine Basis alle Verantwortlichkeit weit von sich ab. Jedes Rezept habt ihr uns und das Hauptbestandteil aller Rezepte übermacht: Skrupellosigkeit. Wir gründen wie ihr, weit vorsichtiger und geschäftskundiger sogar, ohne freilich irgendwie sehen zu können, wohin das alles geht.

CHRISTIAN: Und ein unglücklicher Krieg?

SOFIE: Man wird sehen. Ich habe keine Angst.

CHRISTIAN: Nach uns Zusammenbruch! Wir sind reif. . .   Der Snob, III, 2

So also steht es, kaum daß sie etabliert ist, um „des Geschäfts, der Tratten und Verrechnungsschecks erhabene, riskierte Wirklichkeit". Sternheim hat es, von dieser Wirklichkeit eben noch fasziniert, überraschend schnell erkannt. Seine Konsequenz: sich auf die Seite ganz anderer Werte zu schlagen als jener von Eigensucht, Genußgier, Anhäufung von immer mehr Besitz. In der zitierten Szene ist die Rede von einem Mann namens Krey, den Sofie als Nichtstuer und platonischen Schwätzer bezeichnet, den Christian Maske offenbar protegiert. Krey ist Maskes Sekretär, befreundet mit einem auf unbestimmte Weise revolutionär gesonnenen, seherischen Mann namens Friedrich Stadler (das Stück ist gewidmet dem bald nach Ausbruch des Ersten Weltkriegs bei Ypern gefallenen Dichter Ernst Stadler). Sie reden vom „Kampf gegen internationale Geldwirtschaft". Krey läßt sich durch die Liebe zu Christian Maskes Tochter Ottilie von seinen Ideen abbringen, vielleicht korrumpieren zu handfester Eigensucht. Friedrich Stadler aber gibt Sternheim in der letzten Szene des Stücks einen großen Abgang, der sicherlich auch als persönliche Absichtserklärung gemeint war. Stadler bricht sofort auf, als er sieht, daß er falsche Hoffnungen in Krey gesetzt hat. Seine Worte haben, als Finale des Stückes, symbolische Bedeutung:

DER DIENER: Darf ich Pferde bestellen? Durch die Nacht. . .

FRIEDRICH: Ich finde den Weg.

DER DIENER: Es ist schwarz. Ein Licht?

FRIEDRICH: Muß sich finden! Gebe Gott – Leuchte zum großen Ziel.

Carl Sternheim war unablässig auf der Suche nach den für ihn selbst und für die Epoche gültigen Werten. Glaubte er sie in dem erkannt zu haben, was Theobald Maske repräsentierte, so hielt er an diesem Glauben doch nicht fest. Er kultivierte gleich daneben – als sei beides vereinbar – seine hochfahrenden Elitevorstellungen. Hatte er kurz zuvor noch triumphierend mitgeteilt, daß er selbst in der Gestalt Theobald Maskes erkannt worden sei, so ist ebenso deutlich, daß er sich nun wie Friedrich Stadler auf einen anderen Weg zu begeben gedenkt. Wohin konnte er führen?

Es läßt sich aus seinem Gesamtwerk ohne weiteres belegen, daß Sternheim Bewunderer des Adels, überzeugter Kapitalist und Sozialist zugleich war, Moralist und Immoralist, Ethiker, Idealist und Materialist, Imperialist und Antiimperialist, Anwalt der Instinkte und der großen leidenschaftlichen Emphasen. Über dem allen aber war er Individualist. In seinem „Großen Bestiarium" hat Franz Blei, Freund und Bewunderer des Dramatikers, „Das Sternheim" als ein kleines und graues Tier charakterisiert, das einem umgekehrten Mimetismus huldige – es mimetiere Auffallen. Auf etwas anderer Ebene stellt sich seine Suche nach den gültigen Werten so dar, daß Sternheim die Vielfalt der Ideen seiner Zeit als einen Steinbruch benutzte: Er holte heraus, was ihm auffiel, worauf er gerade gestoßen war, wovon er sich Wirkung versprach, woran er glauben konnte. Er riß es ohne Bedenken aus den vorgegebenen Zusammenhängen in die seinen. Und so finden sich bis in seine Stücke Anschauungen aus Max Stirners „Der Einzige und sein Eigentum"; aber auch aus der Wertphilosophie Heinrich Rickerts, bei dem er als Student in Freiburg gehört hatte, findet sich einiges von Nietzsche und anderes von Marx oder Bakunin. Und seine rigiden Elitevorstellungen waren ihm keineswegs ein Hindernis, in seinem Roman „Europa" des „Mitmenschen Zeitalter" zu proklamieren.

Bei dem allen bleibt es eine faszinierende Vorstellung, daß Sternheims dem Anspruch nach adlige, auf Ausformung ins Spirituelle gerichtete Lebensplanung zur Maske-Krull-Schippel-Welt nicht im Gegensatz stehe, wenn sie auch keineswegs mit ihr identisch sei. Daß nur das Bekenntnis zum Ich, wie es konkret ist, die Möglichkeit biete, dieses zu kultivieren, zu steigern, auf Höhen zu führen. Daß bürgerliche Wirklichkeit, wie Sternheim sie erkannte und rücksichtslos publik machte, als ihren anderen Pol auch Verantwortung, Ehre, sittliches Verdienst, Liebe und Geist in sich habe. Diese Begriffe bezeichnen ganz gewiß humane Forderungen. Aber es fragt sich inzwischen, ob die Vorstellung einer nicht nur in Sternheims Obsession, sondern in der Realität begründeten und literarisch realisierten Spannung zwischen der Maske-Krull-Schippel-Welt und den höchsten menschlichen Selbstverwirklichungen sich hier halten läßt. Wenn Sternheim in seinem Stück *Manon Lescaut* (1921) die große Liebende darstellt, die sich gegen Geldgebote wie Gewalt des heraufkommenden Bürgertums behauptet, oder in *Oscar Wilde* (1924) einen Souverän des Geistes und der Selbstverwirklichung, der von Plattheit und Gier zu Fall gebracht wird und daraus noch Gewinn für seine Persönlichkeit zieht, dann hat er mit solchen Apotheosen die Bürgerwelt hinter sich gelassen wie Friedrich Stadler sie in *1913* hinter sich läßt. Aus der Maske-Krull-Schippel-Welt ist das nicht abzuleiten. Sternheim ist hier auf der Suche nach einer stärkeren Arznei für seine Leiden als die vage Hoffnung auf die Entwicklung dieser Welt zu Höherem sie noch sein konnte. Er ist auf dieser Suche, weil der geschichtliche Verlauf der Hoffnung widersprach, die er in seine bürgerlichen Helden gesetzt zu haben scheint. Sie hat keineswegs diese Helden selbst in Frage gestellt, wohl aber einige der Vorstellungen, die Sternheim über seine Stücke hinaus immer wieder mit dem, was sie repräsentieren, verband.

Sternheims spätere Apotheosen des Wunsches, wie der Adel individualistisch-politisch zu leben, lassen sich, obwohl er sie nicht den *Happy few* vorbehalten wollte, sondern jedermann anbot, nicht mehr – wie noch Emrich in dem genannten Vorwort es versucht – zur Deutung seiner Stücke aus dem bürgerlichen Heldenleben heranziehen. Da war Sternheim längst auf anderem Weg, einem gewiß auch durch seine Krankheit erzwungenen Weg, der seine Vorstellungen, ihn zugleich an sie fesselnd, aus der Bürgerwelt hinausführte. Diese, die fortbestand, entsetzlicheren Katastrophen zustrebend, wurde nun für den Dramatiker inkommensurabel. Der Zugriff gelang nicht mehr. Die Realität entzog sich. Realität ergriffen und szenisch zu erkennen gegeben zu haben, war aber das Kriterium, nach dem sich gerade Sternheims Rang als Dramatiker bestimmte.

Die verschiedenen Apotheosen und Projektionen und Willenserklärungen Sternheims in seinen Erzählungen und im Roman, vor allem in seinen zeitkritischen und autobiographischen Schriften kommen bei der Charakteristik des Dramatikers Sternheim ins Spiel, weil dieser selbst sie auf die Stücke bezogen hat, weil sie die Literatur über Sternheim und das allgemeine Bild vom Dramatiker Sternheim auf zuletzt verwirrende Weise geprägt haben, weil Sternheim sie in jenem Teil seines dramatischen Werks, der in dieser Charakteristik als Rahmenwerk figuriert, immer wieder umzusetzen versucht hat. In diesem Rahmenwerk spielt z. B. die Liebe als eine absolute Macht eine erstaunlich konventionelle Hauptrolle, und keineswegs die Liebe, wie Theobald und

Christian Maske, das Ehepaar Krull oder Schippel sie zu ihrem jeweiligen Vorteil und Vergnügen handhaben. Zugespitzt könnte man sagen, daß über Idealisten wie Friedrich Stadler sich im Grunde eine pseudopoetische Phantasterei à la Scarron, die Sternheim in *Die Hose* noch rückhaltlos denunziert, in Sternheims Vorstellungs- und Erwartungshorizont zurückgeschlichen hat. Mit dem allen bleiben besagte Apotheosen und Projektionen faszinierend noch, wo sie sich abstrus verwirren. Den Leser vor allem der zeitkritischen und autobiographischen Schriften schreckt da immer wieder ein beunruhigendes, irritierendes Wiedererkennen auf. Und doch lenkt es von dem ab, was Sternheim zu einem der wenigen großen deutschen Dramatiker des Jahrhunderts gemacht hat.

Sternheim verstand sich als der „Arzt am Leib seiner Zeit", als den er Molière apostrophierte. Aber er hatte auch selbst ihre Krankheit. Es gab auch für ihn höchstens imaginäre Wege aus ihr hinaus. War schon der Erste Weltkrieg für ihn eine katastrophale Demonstration menschlichen Unvermögens, bei den denkbar besten materiellen Vorbedingungen die menschliche Chance wahrzunehmen, so sah er in Hitler und den Nazis, die seine Bücher und die Aufführung seiner Stücke verboten, nur noch „rassistisches Pack" (X/2, 1273). Schon von Jugend auf unablässig auf Reisen, hatte er bis 1933 teils in Deutschland, teils in Belgien, Holland und der Schweiz seinen Wohnsitz gehabt. 1927 trennte sich Thea Bauer-Sternheim von ihm. 1930 heiratete er Pamela Wedekind und übersiedelte endgültig nach Brüssel. Bald darauf war er wieder geschieden. Die Nervenkrankheit verschlimmerte sich rapide. Völlig vereinsamt, ist Carl Sternheim am 3. November 1942 in Brüssel gestorben.

Auch das Biographische, gerade bei Sternheim stets eng verknüpft mit dem Werk und selbst ein überwältigender Stoff, aus dem sich ein komplexes, repräsentatives Exempel der deutschen Hoffnungen, Ausweglosigkeiten und Katastrophen des ersten Jahrhundertdrittels präparieren ließe, lenkt ab von dem, was den Dramatiker Sternheim ausmacht. Wichtigstes Erfordernis einer angemessenen Charakteristik seines zentralen Werks, der Komödien und Dramen aus dem bürgerlichen Heldenleben, ist jedoch noch immer, diese gegen die Inanspruchnahme vom erst in jüngster Zeit durchsichtiger gewordenen Geschick seines Autors und von dessen widerspruchsvoller Ideologie her deutlicher abzuschirmen, als das bisher üblich und vielleicht möglich war. Ohne die Stücke aus dem bürgerlichen Heldenleben wäre Sternheim, soviel tausend Seiten er geschrieben hat, als Schriftsteller eine Randfigur. Durch sie – und durch sie allein – aber ist er der mit allen seinen Widersprüchen unvergleichliche szenische Chronist des deutschen Bürgertums in seiner feudal-imperialistischen Phase, dessen Komödien und Dramen für das Deutschland kurz vor dem Ersten Weltkrieg eine Bedeutung haben wie Lessings *Minna von Barnhelm* oder Kleists *Zerbrochner Krug* für ihre Zeit.

In diesen Stücken, die sich längst ganz direkt vermitteln, ist Sternheim weder Klassizist noch auch Expressionist, sondern – innerhalb ihrer Entstehungszeit jedenfalls – ein konsequenter Realist, der bei komprimierender Verwendung der traditionellen Dramaturgie in der Umwelt unmittelbar Erfahrenes szenisch konkretisiert hat, und zwar mit einem erstaunlichen Instinkt für die gesellschaftliche Bedeutung des Banalen, Alltäglichen, Gewohnten, das er aus dem Wust der zeitüblichen Vorstellungen als es selbst auslöste. Gründlichere Analysen, die noch fehlen, dürften ergeben, daß auch um seine Sprache kein Geheimnis ist. Er fand sie, wie die Stoffe, auf der Straße. Er hat sich zum Beispiel nach eigener Aussage von der Kommandosprache anregen lassen, von ihrer Knappheit, ihrem Fordern, ihrer Wirkung: „Jeder Satz enthalte ein Kommando, stramm erfüllbar!" (X/1, 282). Das Außerordentliche war und bleibt, daß ihm in jenen Jahren vor dem Ersten Weltkrieg der direkte, weder psychologisch noch in seiner Wirkung ganz entschlüsselbare Zugriff in die Realität möglich war und er auf ihm bestanden hat.

Das konkrete Banale, dramatisiert. Durchaus auch nach einem Grundsatz wie dem, der Sternheim nach Mitteilung in seiner Autobiographie damals vor allem herausgefordert hat: ,,Aus schlichtem Anlaß – Pommern! – das schlechthin Vollendete!" (X/1, 180). Ebenso plausibel und kurios und paradox vermitteln sich Sternheims bürgerliche Helden und die Szenen, in denen sie auf- und abtreten. Es verspricht ein noch unabsehbar langes Theaterleben.

Georg Kaiser und das Drama des Expressionismus
James M. Ritchie

Die allgemeine Vorstellung verbindet Expressionismus auf dem Theater mit Schrei- und Oh-Mensch Drama, aber damit wird lediglich eine zeitspezifische Art chaotischer Ausdruckskunst angeprangert, von der Kaisers Dramatik verhältnismäßig frei bleibt. Gegen den formlosen Schrei setzte er strenggeschlossene dramatische Form. Außerdem macht die flüchtigste Analyse der Wurzeln dieser Bewegung deutlich, daß der Expressionismus eher durch literarischen Eklektizismus als durch gedankenlosen Radikalismus gekennzeichnet wird. Dies trifft entschieden für GEORG KAISER (1878–1945) zu, der von Jugend an eine umfassende Lektüre getrieben hat, darunter nicht nur Schopenhauer und Nietzsche[1], sondern auch klassisches und zeitgenössisches Drama. Ohne Schwierigkeiten lassen sich naturalistische und neuromantische Züge in seinen Jugenddramen erkennen, während für andere Werke Wedekind und Sternheim Modelle abgegeben haben[2]. Trotz gelegentlicher Erfolge blieb Kaiser aber am Rande des literarischen Zeitgeschehens, bis seine ersten expressionistischen Dramen ihn in den Mittelpunkt der öffentlichen und kritischen Aufmerksamkeit rückten. Wie Kaiser zum Expressionismus hinfand, blieb lange unerforscht. Er war einige Jahre älter als Sorge und Hasenclever, nahm weder am Krieg noch am Nachkriegsaufruhr aktiv teil, und doch erweist sich, daß er sich explizit zum Expressionismus bekannt hat:

> Locker waren seine Beziehungen zu streng programmatischen Gruppen: Vom ,,Aktions"-Kreis und ,,Ziel"-Kreis wurde er zwar empfohlen: Kaiser seinerseits aber arbeitete dort nicht mit. In vergleichsweise weniger engagierten und weniger radikalen Veröffentlichungen wie der ,,Gemeinschaft" und dem ,,Dramatischen Willen" war er durch dramatische Beiträge vertreten. Dasselbe gilt für esoterische Publikationen wie ,,Die Dichtung" und den ,,Daimon". Intensivere Mitarbeit und damit in gewissem Maße Identifizierung gewährte Georg Kaiser nur einer Zeitschrift aus dem expressionistischen Umkreis, dem ,,Jungen Deutschland", dessen Programm tatsächlich eine prinzipielle Identität mit der Stellung Kaisers aufweist, indem es sich nicht festlegt, sondern ,,alle Richtungen und Schattierungen" der jungen Generation zusammenstellt. Das Nebeneinander der Gegensätze ist beidemal charakteristisch. Was jedoch dort eine Gruppe umfaßt, vereint sich hier in der Person und Konzeption eines Individuums, der Stellung und Vorstellung Georg Kaisers[3].

Von morgens bis mitternachts und *Die Bürger von Calais,* beide schon sehr früh entstanden, weisen noch Züge von Kaisers eklektischer Lektüre auf, bedeuten aber auch den Durchbruch sowohl zu einem eigenen Persönlichkeitsstil als auch zu einem expressionistischen Zeitstil. Diese beiden Werke zusammen mit der Gastrilogie und *Hölle Weg Erde* machten ihn zu einem der führenden Vertreter der expressionistischen Bewegung[4]. Die Werke, die er vor und nach seiner expressionistischen Phase verfaßt hat, so bedeutsam sie für die deutsche Theatergeschichte auch sein mögen, müssen hier unberücksichtigt bleiben, um eine eingehendere Analyse eben dieser expressionistischen Werke zu erlauben.

Von morgens bis mitternachts, 1912 geschrieben, war Kaisers erstes Drama im neuen Stil. Dem Datum nach ist es neben Sorges *Der Bettler* und Hasenclevers *Der Sohn* eines der ersten Stücke expressionistischer Dramatik überhaupt. Wedekinds *Frühlings Erwachen* behandelt das geschlechtliche Wachwerden Jugendlicher, deren Schicksal durch die Jahreszeiten von Frühling bis Winter, vom neuen Leben zum Tod dramatisch verfolgt wird. Auch in Kaisers Stück wird das Erwachen sexuell motiviert, aber das dramatische Tempo hat sich beschleunigt, so daß sich jetzt alles auf einen Tag konzentriert, der nicht mehr nach dem naturalistischen Dogma des *tranche de vie* ein beliebiger Tag, sondern ein symbolisch konzentrierter, das Wesen des Lebens darstellender Tag wird. Das als „Stück" bezeichnete Drama besteht jetzt einfach aus zwei Teilen, wobei der zweite Teil den Charakter einer Wiederholung in beschleunigtem Tempo hat. Obwohl von dramatischer Spannung im gewöhnlichen Sinne nicht die Rede sein kann, da die Handlung an sich belanglos ist, wird dadurch doch eine große Steigerung erzeugt, die in dem schon im voraus angedeuteten Freitod des Protagonisten ihren Höhepunkt erreicht. Das Ganze, so behauptete Kaiser später, sei auch Teil einer größeren, aus *Kanzlist Krehler* und *Nebeneinander* bestehenden Trilogie. Ob dieser Behauptung Glauben geschenkt wird oder nicht, allein der Gedanke unterstreicht die expressionistische Neigung, eher zu großen formalistischen Strukturen als zu chaotischen Äußerungen hinzustreben. Worum es sich in diesem Fall handelt, hat K. S. Guthke näher definiert, indem er behauptet, daß alle Teile der Trilogie Tragikomödien seien, obwohl nur *Kanzlist Krehler* diesen Untertitel führt[5]. Aus dieser Perspektive gesehen, ist jeder Protagonist einfach lächerlich. Der reichen Italienerin gegenüber ist der Kassierer nur ein bebrillter Roboter, seine Jagd nach dem Leben ist kurz und sein Tod nicht tragisch, sondern bloß ein „Kurzschluß in der Leitung" (I, 517).

Schon die Liste der handelnden Personen deutet darauf hin, daß das Stück sich von dem realistisch-naturalistischen Drama weit entfernt hat. Die Entpersönlichung der modernen Gesellschaft wird dadurch ausgedrückt, daß Namen wegfallen, um durch Funktionen oder sogar Ziffern ersetzt zu werden. Ort und Zeit der Handlung fallen auch weg, obwohl Sprache, Bildhaftigkeit und „elektrische" Spannung nur die moderne Welt andeuten können. Es ist zum kritischen Gemeinplatz geworden, Kaisers kleine Stadt W. und große Stadt B. mit Weimar und Berlin gleichzusetzen. Vieles spricht dafür, aber Zeit und Ort offen zu lassen, ist eben eines der wichtigsten Kennzeichen des expressionistischen Werkes. Dadurch wird ausgedrückt, daß die Handlung sich nicht wie in einem naturalistischen Werk auf einen bestimmten Ort und eine bestimmte Zeit beschränken läßt, sondern daß der Kassierer für einen modernen Jedermann stehen soll, den *homme moyen* in einer modernen Geldgesellschaft. Ausgedrückt werden soll die Übertragbarkeit des Geschehens auf jede Kleinstadt und jede Großstadt in jedem Land, wobei die Kleinstadt für die alte, in überholten Konventionen erstarrte, die Großstadt für die moderne, frenetisch bewegter Leere verfallene Welt steht.

Der neue expressionistische Stil von Kaisers *Von morgens bis mitternachts* macht sich auch sofort in den ersten Regieanweisungen des Stückes bemerkbar. Anstatt volle realistische Einzelheiten zu enthalten, reduziert sich alles auf das Wesentlichste. Anstatt eine Exposition zu bringen, die durch quasi-realistische Gespräche die Vorgeschichte der Charaktere einführt, läuft das Stück mit wortlosen Gesten und Gebärden an. Ausdruckskunst heißt ferner Ausdruck ohne Sprache. Auch der Kassierer, der in der „einpoligen"[6] Art des neuen Dramas zum alleinigen Träger der Handlung wird, dem passiven Vakuum, auf das alles zusteuert, ist am Anfang der Sprache kaum mächtig. Seine „Wandlung", deren visionäre Darstellung für Georg Kaiser Hauptzweck der dramatischen Gestaltung ist, geschieht erst durch Ankunft einer erotisch wirkenden Dame, seine Neugeburt in der Bank erfolgt in Anwesenheit eines nicht näher bestimmbaren, Wedekindschen ‚vermummten Herrn", seine endgültige Erneuerung vollzieht sich durch die Wirkung des Exotischen, nicht etwa durch die magische Ausdruckskraft von Südsee oder Korallenmeer, sondern von Italien und Mittelmeer: „das wirkt verblüffend – märchenhaft. Riviera-Mentone-Bordighera-Nizza-Monte Carlo!" (I, 471).

Daß das Stück so schnell von stummfilmartigen Regieanweisungen auf lange, durch grotesk wirkende Gebärden unterbrochene Monologe wechseln kann, ist ein weiterer Hinweis darauf, daß es sich nicht mehr in naturalistischem Fahrwasser bewegt. Der von den Naturalisten als unwahrscheinlich verpönte Monolog feiert im expressionistischen Stück wieder wahre Exzesse, und der Kassierer, am Anfang noch buchstäblich sprachlos, wird sich zu gewaltigen rhetorischen Ausbrüchen hinreißen lassen; aber vorher muß die minimale Handlung angekurbelt werden. Dramatische Handlung, in der Moderne im ganzen schon mager und schwach geworden, verschwindet jetzt im Expressionismus fast gänzlich. Dramatischer Charakter als psychologische Kontinuität hat keinen Bestand. Zum Ausdruck kommen soll die allgegenwärtige Möglichkeit der Erneuerung. Jedem kann die Erleuchtung kommen auf dem Weg nach Damaskus! Das geschieht auch hier. Dank einem ungeheuren Mißverständnis wird der gute Bankangestellte im Nu zum Verbrecher und entdeckt dadurch sowohl die Enge seiner Existenz als auch die Fülle des Lebens. Demzufolge baut sich das Stück als Stationendrama auf, wobei jede Station als eine mögliche Welt potenziert wird. Der Mensch ist nicht, wie der Naturalismus behauptet, durch Klassenzugehörigkeit, Milieu, Rasse usw. bedingt, sondern er kann über das Potential des Lebens frei verfügen. Das zu demonstrieren bedeutet die Zerstörung des bis dahin gewöhnlichen dramatischen Gefüges. Statt dessen wird das neue Drama aus einer anscheinend lockeren, nur durch den Protagonisten zusammengehaltenen Reihe von Szenen bestehen, die kein logisches Nacheinander, sondern nur mögliche Stationen darstellen; das Stück nimmt die ,,offene'' Form des Weges, der Suche an.

Interessant dabei ist das Gewicht, das Kaiser der ersten Station gibt. Es ist behauptet worden, daß sich Kaiser hier übernimmt und daß sie nicht nur unwahrscheinlich, sondern für die weitere Entwicklung des Stückes auch entbehrlich sei. Wie dem auch ist, es bleibt doch die vermeintliche Entdeckung eines Cranach auf der ersten Station der Reise von großem Wert für ein Verständnis der expressionistischen Kunstauffassung. Aus der Besprechung des Bildes könnte man fast eine ganze Ästhetik des Expressionismus herauslesen. Die Cranachverehrung war zum Beispiel ein typisches Merkmal der expressionistischen Moderne, die aus der Regression auf die sogenannte naive und primitive Kunst, besonders der altdeutschen Meister der Gotik, ihre Inspiration zog. Darüber hinaus bringt das Bild Nord und Süd, Beherrschtheit und Ekstase, Erotik und Exotik, Emphatik und geometrische Abstraktion zusammen, alles Merkmale der expressionistischen Kunst, die in dem Stil auch des dramatischen Werkes vorkommen. Das Leben ist eine Reise, und für den naiven Sohn bedeutet diese erotische Figuration das, was Kaiser anstrebt, nämlich die selige Menschheitsverkündigung, aber für den Kassierer bedeutet sie nur Enttäuschung. Die Welt der Erotik und der Kunst hat versagt, daher macht er eine neue Wandlung durch und taucht erst in einer freien Landschaft wieder auf. Vor diesem Bühnenbild, das man mit dem Stil eines Franz Marc verglichen hat, drückt er sein neues Lebensbewußtsein aus. In dem früher sprachlosen kleinen Mann sind plötzlich ,,Fähigkeiten ermittelt und mit Schwung tätig'' (I, 481). Fast wie im Stil eines expressionistischen Simultangedichtes hält er eine mächtige, sich über verschiedene Sprachregister bewegende Rede, die Gaunersprache, rhetorische Periode, Alliteration, Frost und Fieber, Leben und Tod zusammenfügt, bis hin zu dem für den expressionistischen Stil typischen Zusammenfügen von Trivialem mit Kosmisch-Apokalyptischem anläßlich einer verlorenen Manschette: ,,Katastrophe im Waschkessel. Weltuntergang!'' (I, 482). Was das expressionistische Stück vor allem vom naturalistischen unterscheidet, ist der Versuch, der Vision Ausdruck zu verleihen; eben das geschieht in dieser Szene in den großen Entdeckungen, die der Kassierer nicht nur über sich selbst, sondern auch über das Wesen des Menschen überhaupt macht. Typisch auch für das expressionistische Drama ist die Verwendung von innovativen Theatereffekten, um diese Vision plastisch darzustellen. Das plötzliche Erscheinen des menschlichen Gerippes in dem Baum inmitten dieser Schneelandschaft gehört zu den bühnenwirksamsten Szenen des modernen Theaters und verfehlt nie seine Wirkung auf das Theaterpublikum[7]. Daß das behandelte Problem ein existentielles sei, kommt durch dieses Eingreifen der ,,Polizei der Existenz'' (I, 484) deutlich zum Ausdruck.

,,Am Morgen noch erprobter Beamter . . . Mittags ein durchtriebener Halunke . . . Und der Tag erst zur Hälfte bezwungen'' (I, 482), mit diesen Worten aus dem Monstermonolog bricht der erste Teil ab. Der zweite Teil wird sich von Mittag bis Mitternacht bewegen und beginnt in der Tat zu Mittag mit einer ,,Sternheimschen'' Szene aus dem bürgerlichen Heldenleben. Der Kassierer hat ein Frühlings-Erwachen erlebt: ,,Aufgetaut? Von Stürmen – frühlinghaft – geschüttelt . . . Dermaßen von Grund auf geschah die Erneuerung'' (I, 486). Immer noch im Besitz dieser Sprachgewalt redet er in reicher Bilderflut von Verlies und Kerker, Wallfahrt und Landstreicher, Hammelherde und Fleischbank, aber was stattfinden soll, hier wie überall, ist ,,letzte Prüfung''. Die ,,hübsche Gemütlichkeit des Zusammenseins'', der ,,vertrauliche Zauber'' werden auf die Waage gelegt, ein bürgerliches Leben wird ausgemessen und auf seinen Kern reduziert (,,morgens Kaffee, mittags Koteletts''), wobei die Tragikomödie sehr leicht ins Groteske umkippt, als die Großmutter stirbt, bloß weil der Kassierer die Lebensroutine durchbricht und vor dem Mittagessen weggeht. Charakteristisch für das Wandlungsdrama ist es, daß nicht nur der Mann, sondern auch die Frau erneuert wird und plötzlich ,,ausbricht''.

Wenn die Franz Marcsche Schneelandschaft mit dem menschlichen Gerippe im Baum als beispielhaft für expressionistische Bühnen-Innovation zählen darf, so muß auch die folgende Szene im Sportpalast als erfolgreichstes Modell von Ausdruckskunst in der Bühnengestaltung betrachtet werden. Trotz allen Aussparens und Reduzierens auf das Wesentlichste war Ausdruckskunst im Theater selten billig; sie verlangte im Gegenteil die fortgeschrittensten Mittel des modernen Theaters in Ton, Farbe, Beleuchtung und Choreographie. All dies kommt in der Sportpalastszene zum Ausdruck. Das Bogenlampenlicht ist die absichtlich unnatürliche Szenenbeleuchtung, die Kaiser später in der Gastrilogie voll ausnützen sollte. Die jüdischen Herren als Kampfrichter sind ,,alle ununterscheidbar: kleine bewegliche Gestalten'' (I, 490), und das Publikum drückt sich nur in tierischen Lauten aus. Hier kommt wieder das Zahlenmäßige der modernen Gesellschaft durch das rituelle Hersagen von sich immer steigernden Ziffern zum Ausdruck, wobei das Erniedrigende und Entmenschlichende der Geldsummen theatralisch unterstrichen wird. Der Kassierer hat schon wieder eine Wandlung vollbracht, diesmal durch Kostümänderung kenntlich gemacht, und tritt als der Dandy auf, so etwa wie er durch Schnitzler und Sternheim dramatisch ausgeschlachtet worden war. Und genau wie in der vorangehenden Szene eine Demaskierung bürgerlicher Gemütlichkeit vorgenommen werden sollte, so wird hier der illusionäre Zauber des Sports bloßgelegt, und zwar wieder unter Verwendung grotesker Bildhaftigkeit.

> Sehen Sie doch: die Gruppe. Fünffach verschränkt. Fünf Köpfe auf einer Schulter. Um eine heulende Brust gespreizt fünf Armpaare. Einer ist der Kern. Er wird erdrückt – hinausgeschoben – da purzelt sein steifer Hut – im Dunst träge sinkend – zum mittleren Rang nieder. Einer Dame auf den Busen . . . zeitlebens trägt sie den steifen Hut auf ihrem Busen.   I, 495

Dieses groteske Bild wird dann ferner dadurch ausgebaut, daß der Mann in der Mitte dem Hut folgt und in das Volk unten hineinfällt, wodurch er den elektrischen Kontakt schließt und alle zusammenfügt. Auffallend in diesem Zusammenhang ist der Gebrauch des Begriffes ,,Ballung'', der nicht nur leitmotivartig in dem Stück wiederkehrt, sondern der sich auch als

Sammelbegriff für den expressionistischen Stil verwenden läßt. Was in dieser Szene in solch hektischer und fieberhafter Sprache ausgedrückt wird, hat scheinbar schwerwiegende politische Implikationen, obwohl Kaiser wie viele Expressionisten absichtlich das rein Politische vermeidet und eher am Metapolitischen interessiert ist. Was sich anbahnt, ist das Durchdringen zum Kern, so daß der Mensch durch Steigerung zur Ekstase sein eigenstes Wesen realisiert:

> Wogender Menschheitsstrom. Entkettet – frei. Vorhänge hoch – Vorwände nieder. Menschheit. Freie Menschheit. Hoch und tief – Mensch. Keine Ringe – keine Schichten – keine Klassen.
>
> I, 498

Aber mit diesem visionären Ausbruch wird weder der sozialistische Traum einer klassenlosen Gesellschaft verwirklicht, noch wird durch die Reaktion auf das Erscheinen einer königlichen Persönlichkeit etwa die Monarchie angegriffen; im Gegenteil, was ausgedrückt wird, ist ein expressionistisches Verlangen nach Gemeinschaft[8], das aber in eine Art nationalsozialistischer „Gleichschaltung" ausartet. Auch diese Szene nimmt ein groteskes Ende, indem der Kassierer einem jüdischen Herrn „den Seidenhut auf die Schultern treibt" (I, 499).

Jetzt, wo die Welt des Sports versagt hat, wendet sich der Kassierer, immer noch im Kostüm eines Lüstlings, an die Vergnügungsindustrie und tritt zunächst in einem Ballhaus auf, wo er „Spitzen, letzte Ballungen" sucht. Charakteristisch für die expressionistische Kurzschrift ist die Einsicht in die Mentalität des modernen Menschen, die jetzt geboten wird. Anstatt der Kontinuität der Persönlichkeit, anstatt psychologischer Tiefe ist der moderne Mensch aus expressionistischer Sicht nur noch ein Haufen Presseausschnitte: „Man ist ja geladen. Alles – einfach alles. Torero – Carmen. Caruso. Den Schwindel irgendwo mal gelesen – haften geblieben. Aufgestapelt." Der Kassierer wird im Vergnügungspalast genausowenig wie im Sportpalast oder im glücklichen Heim das „Erfülltsein bis in die Augen" finden. Alles läuft grotesk und nach dem „Ausbruch" des Kellners sogar tödlich aus, denn „es geht nicht ohne Tote ab, wo andere fiebernd leben" (I, 496).

In der Sportpalastszene war ein Mädchen der Heilsarmee aufgetreten. Daraus ergibt sich sehr leicht der Übergang zu der Schlußszene in dem Lokal der Heilsarmee. Das hat man das Bert-Brecht-Milieu genannt, es könnte aber genau so gut das G. B. Shaw-Milieu genannt werden, da Shaw wie kaum ein anderer zu den geistigen Vorfahren des deutschen Expressionismus zählt. Warum sich die Dramatiker des expressionistischen Zeitalters gerade von diesem Lokal angezogen fühlten, läßt sich durchaus verstehen. Zum einen bot dies eine äußerst farbige theaterwirksame, musikalische Szene, zum anderen gab es die Möglichkeit, zugleich die Religion der asphaltenen Stadt und eine öffentliche Diskussion von deren Sünden und Lastern auf der Bühne zu gestalten. Und was vielleicht noch wichtiger war, hier boten sich durch das öffentliche Bekennen gemeinsamer Vergehen Parallelen zu dem Schicksal des Protagonisten, so daß das Typische an seiner Suche nach seelischen anstatt materiellen Werten voll zum Ausdruck kommen konnte. Wichtig außerdem für den expressionistischen Stil ist die epische Tendenz des Darzustellenden. Unter voller Ausnutzung des geteilten Bühnenbildes erscheint der Offizier oben auf der Tribüne und führt die Massen dazu, das Körperliche zu verwerfen und das Seelenhafte zu erkennen und zu bejahen. Dabei dringt er darauf, daß ein jeder sein Leben *erzähle*, was jeweils immer das Leben des Kassierers widerspiegelt. In dem einpoligen Drama des Expressionismus dienen alle anderen Gestalten bloß dazu, das Schicksal des Protagonisten zu reflektieren, und genau das geschieht hier. Jede Station seines bisherigen Lebensweges ist eine Demaskierung gewesen, und auch diese ist keine Ausnahme. Zweck des expressionistischen Dramas ist es gerade, durch den äußeren Schein hindurchzudringen zum ewigen Sein. Hier wird das Geld selbst,

Mammon, als die Grundkraft der modernen Gesellschaft entlarvt: „Das Geld verhüllt das Echte – das Geld ist der armseligste Schwindel unter allem Betrug!" (I, 515). Aber zu dieser Erkenntnis ringt sich der Kassierer allein durch; denn als er das wertlose Geld von sich wirft, entbrennt ein grotesker Kampf, in den die ganze Versammlung verwickelt wird. Nicht einmal das Mädchen der Heilsarmee hält sich heraus, es kommt also wieder nicht zu der im Cranachbild angedeuteten Mann-Weib-Urgemeinschaft der Menschenverkündigung in der Liebe. Nach einem Schlußmonolog voller kosmisch-apokalyptischer Bilder erschießt sich der Kassierer. Die letzten Worte des Sterbenden: Ecce Homo, gemahnen eher an Nietzsche als an das Christentum, wobei Kaiser ganz absichtlich das Kreisförmige des Ganzen betont. Der Tod des Kassierers ist gründlich vorbereitet worden, kann also unmöglich überraschen, und doch bleibt der Schluß offen, der Sinn undeutlich, das Ende ein neuer Anfang, und jeder Anfang ein Ende. Dieser mystische Begriff des Kreises kehrt in fast jedem Kaiserschen Stück wieder.

Aus irgendeinem Grund wurde Kaisers Stück von dem Zensor verboten und erreichte also seine erste Aufführung erst am 28. April 1917 in den Kammerspielen München, eine Aufführung, die durch die Hilfe von Gerhart Hauptmann zustande kam. Sie war ein großer Erfolg und wurde im folgenden Jahr verschiedentlich wiederaufgenommen. Auch als Stummfilm bewahrte das Stück seine Ausstrahlungskraft[9], und als Übersetzung, etwa in der englichen Fassung von Ashley Dukes, verhalf das Stück dem theatralischen Expressionismus auf internationaler Ebene zum Sieg[10]. Kaiser war der Beweis gelungen, daß es sich beim Expressionismus um keine rein deutsche Angelegenheit handelte, die das Theater in anderen Teilen der Welt nichts anging. Die Wirkung gerade dieses einen Stückes läßt sich gar nicht überschätzen.

Kaisers nächstes großes expressionistisches Stück, *Die Bürger von Calais* (1912), wurde erst 1914 kurz vor Kriegsausbruch veröffentlicht, aber trotz des pazifistischen Trends hatte es überhaupt keine Schwierigkeiten mit der Zensur; es wurde fast stillschweigend übergangen, bis Kriegsmüdigkeit und Gustav Landauers Aufsatz „Ein Weg deutschen Geistes" den Direktor des Frankfurter Neuen Theaters, Arthur Hellmer, dazu veranlaßten, das Stück im Jahre 1917 aufzuführen. Die Inszenierung war ein durchschlagender Erfolg, der den sogenannten Frankfurter Expressionismus einleitete und einen Wendepunkt in der Geschichte des deutschen Theaters bedeutete[11]. Aus verschiedenen Gründen aber, so etwa zum Beispiel wegen der enormen sprachlichen Schwierigkeiten, blieb dieses positive Ergebnis auf die deutschsprachige Welt beschränkt. Die erste vollständige englische Übersetzung erschien erst 1970 und wurde bisher kaum beachtet[12].

Auf den ersten Blick scheint das Stück aus dem expressionistischen Rahmen herauszufallen, da das Thema ein historisches ist, nämlich die Belagerung von Calais durch Eduard III. von England, um Philip VI. von Valois den strategisch wichtigen Hafen nach dem Sieg bei Crecy zu entreißen. Geschichtliche Themen waren an sich im modernen Theater verpönt, nicht nur wegen der Haltung der Naturalisten, die zeitgenössische Relevanz verlangt hatten; die Expressionisten lehnten die Geschichte ab, um darzustellen, daß der Mensch genausowenig durch die Vergangenheit wie etwa durch Klassenzugehörigkeit, Milieu oder individuelle Psychologie bestimmt sei. Aber Kaiser weicht nicht so sehr von diesem ästhetischen Dogma ab. Zwar wählt er für sein großes Werk ein bekanntes historisches Thema, doch behandelt er es auf rein expressionistische Art und Weise. Rodins bekannte Plastik und Rilkes Buch darüber mögen wohl den Anlaß gegeben haben, aber davon bleibt anscheinend nur das Statuarische erhalten[13]. Froissarts Chronik scheint er nur das Allernotwendigste entnommen zu haben. Historische Namen kommen noch im Stück vor, aber ansonsten ist alles wie in *Von morgens bis mitternachts* auf Funktion und Zahl reduziert. Alles ist geordnet, formalistisch und unnatürlich, wie schon das

Anfangstableau zeigt, das, auf architektonischen und geometrischen Formen aufgebaut, mit seinen stilisierten Gebärden, grellen Farben, jähen Schreien und choreographischen Bewegungen zugleich gotisch und modern wirkt. Auch die Treppenbühne, die durch Jessner zum beliebten Mittel expressionistischer Bühnenkunst werden sollte, taucht hier auf und wird in ihren Ausdrucksmöglichkeiten voll ausgenutzt. Hier wieder zeigt sich, daß der Expressionismus im Drama sehr oft weit davon entfernt ist, chaotisch zu sein; im Gegenteil, Kaiser scheint sich eher der formalistischen Struktur des klassischen Dramas zu nähern. In diesem Stück bewahrt er die Einheiten, die dramatische Sprache zeichnet sich durch erhabene, abstrakte Rhetorik aus; epischer Bericht ersetzt dramatische Handlung auf der Bühne; eine äußerst tektonische, symmetrische Form überwiegt in dem dreiteiligen Aufbau, und universale Begriffe, nicht historische Wirklichkeiten bestimmen den Gang der Handlung. Aber der Schein trügt, und dem Stück fehlen gerade die Eigenschaften der Kontinuität und Zielstrebigkeit, die für das echt klassische Stück kennzeichnend sind.

> Nicht eine Verknüpfung von Spiel und Gegenspiel bildet also den dramatischen Grundriß des Stückes, sondern das Widerspiel von vehementem Anlauf zur Lösung hin und unerwartetem Aufschub, der neuen Anlauf erzwingt[14].

Das Stück zeichnet sich in der Tat durch anscheinend unmotivierte Verwicklungen innerhalb einer einfachen Ausgangssituation aus. Kaiser, der Denkspieler, ergeht sich in einer Gedankenakrobatik, wobei das Spielen oft wichtiger ist als das Denken. Logik und Wahrscheinlichkeit sind für Kaiser nie die Hauptsache.

Was an diesem Stück expressionistisch ist, läßt sich sehr leicht zusammenfassen, nämlich: ,,die Aufbruchstimmung, . . . Opferenthusiasmus, die Erlösungssehnsucht, die Idee der Menschenverbrüderung, die Manifestationen eines kämpferischen Pazifismus, die Vision von der Erneuerung des Menschen''.[15] Bei Kaiser hat diese Vision eine Vorrangstellung. *Von morgens bis mitternachts* war auch visionär, aber da war die Vision die des Menschen in der Großstadt. Hier entsteht gegen einen quasi-zeitlosen Hintergrund die Vision des Menschen an sich, der bereit sein soll, sich für ein Größeres aufzuopfern. Gewählt wurde für diesen Zweck ein historisches Beispiel von Opferbereitschaft; was aber im Stück selbst zum Ausdruck gebracht werden sollte, war das Wesen des Opfergangs an sich. Dies erklärt die stilisierte Struktur, die sich absichtlich von jeder Widerspiegelung der Wirklichkeit entfernt, um eine abstrakte Ebene zu erreichen. Auch hier werden Charaktere trotz historischer Namen zu stellvertretenden Typen, die in einer Welt ohne Gewißheit auch im Tode Gewißheit verlangen. Was erzielt wird durch das bizarre Spiel mit den Zahlen der Opferbereiten, ist die Notwendigkeit, sie alle zu einer neuen Gemeinschaft zusammenzufügen, eine Wandlung, die für die Menschheit beispielhaft werden soll. Einerseits, da Kaiser eine neue Gemeinschaft ohne Krieg vorschwebt, fühlt man sich gezwungen, eine solche Vision einer erneuerten Menschheit zu bejahen, dieselbe Vision wurde ja in *Von morgens bis mitternachts* angedeutet: ,,Ins Unendliche schweifende Entlassenheit aus Fron und Lohn in Leidenschaft. Rein nicht – doch frei'' (I, 498). Andererseits aber gibt Kaiser beunruhigende Szenen von Hysterie und Hilflosigkeit, wie sie seitdem in Kriegs- und Krisenzeiten nur allzu offenbar geworden sind: ,,Führer-Erbötigkeit der Masse, Opferexzesse gerade der Besten, totalen Funktionalismus und – Sehnsucht nach Frieden ohne Gewalt.''[16] All dies kommt gewiß in dem Stück zum Ausdruck, aber was in erster Linie auffällt, sind die expressionistischen Theatermittel, mit denen Kaiser das Denkspiel visuell und emotionell untermauert. Genau so wie sich das Stück in einer wellenartigen Bewegung zwischen Einzelgestalten und Masse vor- und rückwärtsbewegt, so ist auch das Ganze auf einer fast dialektischen Rededuellstruktur aufgebaut. Die Gebärde ist der Sprache gleichgeordnet, Schweigen kontrastiert mit überwältigender Rhetorik, Farbenpracht mit Sacktuch. Daß der Expressionist hier wieder eklektisch vorgeht, zeigt die Kombination von gotisch und christlich anmutendem Ritual mit einer neuen, nicht orthodoxen, anthropozentrischen Grundhaltung: ,,Das Maß ist der Mensch'' (II, 75).

Kaisers Stück läßt, wie von einem expressionistischen Denkspiel zu erwarten ist, eine verwirrende Vielfalt von Interpretationsmöglichkeiten offen. Man kann es, wie auch *Von morgens bis mitternachts*, als den Übergang vom Chaos durch Läuterung und Negation des Selbst zum Ideal verstehen oder als das Offensein für den Aufbruch bei gleichzeitiger Verneinung des Alten und Bejahung des Neuen oder wieder als eine Demonstration der Kreisförmigkeit des Lebens. So wichtig diese Themen für das Stück auch sein mögen, so muß man doch sehen, daß Kaiser selbst den Hauptakzent auf die Vision von der Erneuerung des Menschen legt. Paradox wie immer, läßt er die Vision (wie Hasenclever in seiner *Antigone*) von einem Blinden projizieren, was aber der Theaterwirksamkeit des Ausgedrückten keinen Abbruch tut. Was die Vision an sich auszusagen hat, wird dann aber leider dadurch abgeschwächt oder verdunkelt, daß Kaiser auf weitere ,,opernhafte'' Verwicklungen nicht verzichten kann. Nach dem Ziehen der Lose, dem morgendlichen Gang zum Marktplatz, dem symbolischen Freitod von Eustache de Saint-Pierre, der Vision des Blinden, kommt noch die plötzliche Wendung, daß die Königin von England in dieser Nacht einen Sohn geboren hat und daß deshalb kein Blut vergossen werden soll. Lichtsäule, Freitod, neues Leben als Abschlußapotheose sollten nur zu bald zum theatralischen Klischee des expressionistischen Stückes werden, und Kaiser muß als einer der Schuldigen für die Exzesse gelten. Das Stück wirkt überladen, die Botschaft wird äußerst ambivalent. Was von Kaisers Stück übrigbleibt, ist der Ausdruck einer treibenden ,,Energie'', die aber zu unverdaulicher Dichte statt zu klassischer Eindeutigkeit geführt hat. *Die Bürger von Calais* mag wohl das klassische Stück des deutschen Expressionismus sein, aber eines zum Lesen. Nach den ersten Erfolgen in der expressionistischen Periode ist das Stück verhältnismäßig selten wiederaufgeführt worden.

Ein weiteres Stück, das wie *Die Bürger von Calais* die Hauptmerkmale des Kaiserschen Denkspiels aufzeigt, indem es klassische Einfachheit und Struktur durch eigenwillige Logik und Paradoxie verunklärt, ist *Der gerettete Alkibiades*, (1917/19). Hier erkennt man sofort wieder die expressionistische Absage an jede Form von Gewaltanwendung, verbunden mit dem Thema des Gegensatzes zwischen Geist und Leben. In seinem Aufsatz: *Das Drama Platons* (VI, 916) hatte Kaiser die Theorie eines dialektischen Aufbaus herausgearbeitet, aber die Erwartung einer im Drama selbst scharf profilierten Dialektik kann nur zu Mißverständnissen führen. Der Kontrast zwischen dem häßlichen Kopfarbeiter und Intellektuellen Sokrates und dem schönen Kriegshelden und Verteidiger Athens, Alkibiades, scheint einleuchtend zu sein. Sokrates scheint die potentielle Neigung der Vernunft zur Zerstörung, Alkibiades dagegen die gedankenlose, aber bewunderte und beneidete Macht des Lebens selbst zu vertreten, aber die Möglichkeiten dieses Kontrastes werden so ironisch behandelt, daß überhaupt keine klare Botschaft vermittelt wird und der Eindruck entsteht, daß Kaiser sein Publikum absichtlich an der Nase herumführt. Sokrates rettet in der Tat den Alkibiades vom sicheren Tod, aber nur weil er sich einen Dorn in den Fuß getreten hat. Das bildet den Anlaß für die weitere Entwicklung; Handlung als solche wird auf ein Mindestmaß reduziert, und das Stück besteht einfach aus Komplikationen, die aus dieser Grundsituation entstehen. Aber wie in *Die Bürger von Calais* läßt es Kaiser zu keiner klar fortschreitenden Entwicklung kommen, im Gegenteil, er häuft Komplikation und Paradox aufeinander. Hier wieder ist das Verhalten der Hauptgestalt Sokrates nicht psychologisch zu begreifen; nicht einmal der Titel des Stückes läßt sich eindeutig erklären. Sokrates rettet den Alkibiades, aber darauf gibt es verschiedene weitere „Rettungen" bis zu dem rätselhaften Spruch vor dem Erscheinen des Henkers: „Nur der Sokrates kann den Sokrates retten – sonst stürzte der Himmel über Griechenland zusammen" (I, 811). Wie in *Die Bürger von Calais* wird die Lösung des Rätsels hinausgezögert, bis schließlich das Stück rasch und mit einem Minimum an logischer Entwicklung abgeschlossen wird. Sokrates wird plötzlich zum Tode verurteilt, anscheinend, weil er den jetzt des Gottesfrevels angeklagten Alkibiades gerettet hat. In letzter Ironie fällt ein Sonnenstrahl auf den Fuß des toten Sokrates, nicht auf seinen Kopf. Sokrates, der Vertreter des Geistes, ist gestorben, um die durch Alkibiades vertretenen Werte des Körperlichen und des Lebens zu verteidigen. Wie in *Die Bürger von Calais* tritt in diesem Schlußtableau mit Freitod und Lichtsäule das Theatralisch-Visuelle an die Stelle logischer Konsequenz.

Walter Sokel hat gezeigt, daß man wichtige Elemente der expressionistischen Ästhetik aus *Dem geretteten Alkibiades* herauslesen kann[17]. Auch das von Guthke am Drama des Expressionismus festgestellte Tragi-Komische fehlt nicht, wie aus der letzten großen Rede des Sokrates hervorgeht:

> Gebe ich auch ein Schauspiel? Ist es Tragödie oder spielt sich Lachen hinein? Der Spieler oben weiß es nicht – der Neugierige unten enthüllt es nicht – wie ist die Mischung vollkommen? – Trauer hat Tränen – Freude vergießt sie – – in eine Seligkeit münden die beiden.   I, 812

Diese Rede verliert sich dann wie die Abschiedsrede des Protagonisten in *Von morgens bis mitternachts* in kosmischen Vergleichen, aber die Gedankenkombination von Tragödie und Komödie findet sich wieder in einem anderen kleinen expressionistischen Stück, *Der Protagonist* (1920), das zum erstenmal in Breslau 1922 aufgeführt und dann später von Kurt Weill vertont wurde. Wie so oft in Kaisers Œuvre geht es um den Einbruch der Wirklichkeit in die autonome Welt der Vorstellung, und wie immer in einem solchen expressionistischen Stück bleiben die handelnden Gestalten ohne Namen und alles rollt innerhalb kahler Wände in einer zeitlosen Welt ab. Diesmal aber scheint Kaiser Shakespeares England und nicht das klassische Griechenland gewählt zu haben. Der Protagonist ist der expressionistische Bühnenkünstler, der von einer Leidenschaft für Verwandlung besessen ist. Kornfeld hatte zwar in seinem berühmten Aufsatz *Der beseelte und der psychologische Mensch* behauptet, daß der expressionistische Schauspieler sich in seiner Rolle nicht verlieren dürfe, er müsse spielen; und Kaisers Schauspieler scheint gegen diese Regel zu verstoßen. Aber was der Protagonist und seine Mitspieler hervorbringen, sind keine naturalistischen Dialoge, sondern Stücke, in denen Gebärde, Improvisation und Musikalisches überwiegen. Wie im *Geretteten Alkibiades* angedeutet wird, ist der Abstand zwischen Komischem und Tragischem minimal geworden, wobei das eine schnell in das andere umschlagen kann. Das Stück im Stück, das gespielt wird, eine komische Verführung, wird schnell mit umgekehrtem Vorzeichen zur Tragödie und die gespielte Tragödie zum tatsächlichen Tod der Schwester des Protagonisten, als er ihr am Ende des Stückes den Dolch in den Hals stößt. Seine beste Rolle ist eben die, die Unterscheidung zwischen gespieltem und echtem Wahnsinn nicht mehr zuläßt.

In *Die Bürger von Calais*, *Der gerettete Alkibiades* und *Der Protagonist* lassen sich Zeit und Ort der Handlung noch gewissermaßen erkennen. In Kaisers großer Gastrilogie ist das aber nicht der Fall. Jeder Teil heißt einfach Schauspiel, ohne jegliche Zeit- oder Ortangabe. Natürlich kommt man in Versuchung, diese Stücke (*Koralle* 1917, *Gas* 1918, *Gas II* 1920) mit bestimmten sozialen und politischen Verhältnissen in Zusammenhang zu bringen. So ist *Die Koralle* auf das Wilhelminische Deutschland bezogen, *Gas* als eine Widerspiegelung des Ersten

Weltkriegs gesehen worden, und in *Gas II* wollte man die weiteren Folgen des Weltkrieges erkennen. Daß Kaiser sich die Aufgabe gestellt hat, eine Vision von Weltkrieg theatralisch zu gestalten, läßt sich gar nicht bestreiten. Aber man müßte die russische Dimension mit Revolution und Sozialisierung, den wahnsinnig rapiden Industrialisierungsprozeß in der modernen Welt und weiter noch die neuen daraus entstehenden gesellschaftlichen Systeme einbeziehen, um den Umfang von Kaisers Trilogie in den Griff zu bekommen. Der Expressionist gibt eben kein realistisches Abbild historischer Zustände, sondern ein visionäres Zukunftsbild aller Entwicklungsmöglichkeiten der modernen Welt. Kaiser läßt sich nicht auf ein bestimmtes Programm festlegen. Hier geht er abermals metapolitisch vor. Sozialist und Kapitalist sind gleich beschränkt; Arbeitnehmer, die sich zu sehr auf das materielle und wirtschaftliche Vorwärtskommen konzentrieren, müssen in dem gleichen Maße an geistige und humanitäre Werte gemahnt werden wie Arbeitgeber. Darin kommt Kaiser Toller sehr nahe; er verabscheut die Gewalt als Verbrechen gegen die Menschheit und er bejaht das Ethisch-Moralische gegenüber der Jagd nach Materiellem in der modernen Welt. Daß einem eine solche Grundhaltung außerordentlich naiv erscheinen kann, liegt auf der Hand, aber sie ist eine Haltung, die bewußt erstrebt und nicht bloß aus politischer Blindheit ersehnt wird.

Die drei Teile der Gastrilogie verfolgen den rapiden Aufschwung der Industrie und werden progressiv expressionistischer in Stil und Inhalt. In *Die Koralle* ist der Vorgang noch nicht so weit fortgeschritten, aber Entpersönlichung und Identitätsverlust in der modernen Welt werden unter anderem auch durch Verdoppelung der dramatischen Gestalten angedeutet. Auch die Hauptfigur, der Milliardär, tritt mit einem identischen Doppelgänger auf. Durch einen kahlen, geometrischen Raum schreiten nur durch Farben näher gekennzeichnete Herren und Damen. Die Möglichkeit einer „Wandlung" ist fast zum automatischen Kunstgriff eines kapitalistischen Wohlfahrtssystems geworden. Diese ironische Behandlung des expressionistischen Wandlungsbegriffs wird durch das „hysterisch, ekstatische" Fräulein in Taffet weiter unterstrichen, das durch zwei grotesk herkulische Diener in gelber Livree entfernt wird. Der Mann in Grau beschwört den Traum vom ewigen Frieden zwischen arm und reich, aber vor Ende des Stückes wird er sich in einen Superkapitalisten verwandelt haben. Genauso paradox verfährt Kaiser mit dem Milliardär, der das Bild vom Übermenschen, der im Kampf ums Dasein sich behauptet, auf den Kopf stellt und sich als ein schwacher Flüchtling enthüllt. „Die Klassen sind kürzer oder weiter vorgekommene Flüchtlinge" (I, 664). Das ist seine Weltordnung.

Daß Kaiser durchaus bereit ist, mit expressionistischem Gedankengut zu jonglieren, zeigt sich in dem weiteren Verlauf des Stückes. Das Thema vom totalen Bruch mit der Vergangenheit wird z. B. einem Museumsdirektor in den Mund gelegt, der das von der expressionistischen Generation enthusiastisch aufgenommene Credo des futuristischen Manifests scheint in die Tat umsetzen zu wollen:

> Wir wollen die Museen, die Bibliotheken und die Akademien jeder Art zerstören . . .
> Wir werden die großen Menschenmengen besingen, die die Arbeit, das Vergnügen oder der Aufruhr erregt; besingen werden wir die nächtliche, vibrierende Glut der Arsenale und Werften, die von grellen elektrischen Monden erleuchtet werden; die gefräßigen Bahnhöfe, die rauchende Schlangen verzehren; die Fabriken, die mit ihren sich hochwindenden Rauchfäden an den Wolken hängen[18].

Die gleich darauf folgende Szene nach dem Wettrennen in der Luxusjacht versetzt die Handlung in dieses Milieu, nämlich in das Arbeitszimmer des Milliardärs, einen quadratischen Raum, dessen Hinterwand Glas ist. Rechts und links auf den Wänden, vom Boden bis an die Decke hoch sind mächtige, brauntönige Photographien befestigt, welche Fabrikanlagen darstel-

len. Draußen stehen Schornsteine, ,,dicht und steil wie erstarrte Lavasäulen. Rauchwolkenge-
birge stützend" (I, 880). Das ist die Arbeitswelt eines Kapitäns der Industrie. Kein Wunder also,
daß dies die Arena ist für den expressionistischen Generationskonflikt zwischen Vater und
Kind. Tochter und Sohn haben beide eine Wandlung durchgemacht, die Tochter unwahrschein-
licherweise dadurch, daß sie einem ,,gelben" Heizer die Hände auf die fiebernde Brust gelegt
hat, um dann ihr Leben den Elendsten der Elenden zu widmen. Der Sohn tritt, wie der junge
Mann in einem anderen berühmten expressionistischen Stück (in Hasenclevers *Sohn*), mit einem
Revolver vor seinen Vater, um dann neben dem niedrigsten der Arbeiter Schulter an Schulter zu
stehen. Die Enttäuschung für den Milliardär ist bitter, aber der ganze Auftritt wird von dem Sekretär erläutert: ,,Aber da es sich so tausendfach wiederholt, mutet es fast wie ein Gesetz an. Vater und Sohn streben voneinander weg. Es ist immer ein Kampf auf Leben und Tod" (I, 689).
Jedoch an dieser Stelle gibt der Denkspieler Kaiser dem expressionistischen Gemeinplatz eine
neue Wendung. Der Milliardär erschießt seinen Doppelgänger, und der letzte Teil des Stückes
spielt in dem expressionistischen Milieu eines Gefängnisses. Wieder geht es um Identität, oder
besser Identitätsverlust, obwohl auch hier im Vorhof des Todes das Hauptthema der Erneuerung des Menschen wieder vorrangig wird. Der Milliardär muß neu geboren werden, aber paradoxerweise kann dies nur geschehen, indem er die Identität des Sekretärs wegen dessen idylli-
scher Vergangenheit annimmt, was aber auch wiederum bedeutet, daß er für dessen Mord zum
Tode verurteilt wird. Alle Ideologien werden verneint, so etwa ,,Kampf . . . auf der ganzen Linie. Jeder gegen jeden schonungslos" (die Weltanschauung des ehemaligen Sozialisten und jetzigen Kapitalisten); Solidarität mit den Arbeitern der Welt (die Weltanschauung des Sohnes);
oder gar die christliche Botschaft des Gefängnisgeistlichen. Was in *Von morgens bis mitternachts* als der Weisheit letzter Schluß geboten wurde, erscheint hier wieder als die endgültige
Losung: ,,Am Ende findet man es nicht – im Anfang steht es da: das Paradies." Daher wählt er
nicht das Kreuz, das nur den Schmerz betäubt, sondern die Koralle, die von Leid befreit.

> Man erhoffte Karl Marx, aber es wurde Schopenhauer. Man trieb drei Akte im Drama und versank
> zum Schluß im Lyrizismus einer subtilen Poesie aus Weisheit und Klang. Die sozialen Frager im
> Publikum wurden betäubt mit dem Haschisch einlullender Wortmusik – Vogel-Strauß-Poesie[19].

Das Arbeitszimmer von *Koralle*, Akt III, ist auch die Szene für *Gas*, Akt I, nur daß Tabel-
lentafeln die Wände bedecken. Aus dem Gespräch zwischen dem weißen Herrn und dem Schreiber
geht hervor, daß die Industrialisierung noch weiter fortgeschritten ist. Alles läuft jetzt ohne Chef,
und Gewinnaufteilung nach Altersstufen hat dazu geführt, daß alle Beteiligten sich total dem Pro-
duktionszwang unterwerfen. Die ganze Welt ist jetzt von dieser Energiequelle abhängig, die äußerste Grenze der Produktivität ist erreicht worden. Das ,,Entsetzen" rührt nicht mehr von Elend
und Armut, die hinter dem Milliardär lagen, sondern von der industriellen Katastrophe her, die die
Menschheit bedroht. Was Kaiser in dem Stück untersucht, ist die Möglichkeit von Wandlung und
Umkehr in einer Welt, in der offenbar keine Sicherheit mehr bestehen kann. Schreiber, Arbeiter,
Offizier, alle sind unfähig, das Wesen der Hetzjagd zu durchschauen, die sie als Menschen verstümmelt. Auch die anonymen schwarzen Herren um den grünen Tisch können nicht erkennen,
daß es jetzt um Leben oder Vernichtung der Menschheit geht. Das expressionistische Drama verlangt Entscheidungen, und nur der Mensch kann in so Wesentlichem eine Lösung finden. Der
vierte Akt von *Gas* erinnert wieder an das Heilsarmeelokal in *Von morgens bis mitternachts*, aber
ohne die zwingende dramatische Echtheit jener Szene zu haben. Ekstatische Äußerungen, große
Gebärden, rhetorische Monologe von Schwester, Mutter, Frau in Parallele zu Bruder, Sohn,
Mann enthüllen die expressionistische Schreibweise in ihrem schwächsten Punkt, und das Rede-

duell zwischen Milliardärsohn und Ingenieur (durch tiefe Stille, Brandung von Schreien und melodramatische Gesten unterbrochen) wirkt nicht überzeugend.

In dem expressionistischen Stück werden die Probleme der modernen Welt nicht direkt widergespiegelt, sondern eher visionär angedeutet. Die Lösung, die Kaiser bietet, nämlich Gartensiedlungen statt Fabrikwirtschaft, ist seit den zwanziger Jahren oft als äußerst naiv getadelt worden, aber fünfzig Jahre später ist in den entwickelten Industrieländern die Suche nach menschen- und naturfreundlichen, ökologisch akzeptablen Alternativen zu überholter Technologie ganz allgemein geworden. Wichtiger noch als solches Denken ist die Vision von kosmischer Verwirrung, die heraufbeschworen wird und der die Menschheit nur entgehen kann, wenn sie zur Besinnung kommt. Hier wieder kommt der pazifistische Zug im expressionistischen Programm zum Ausdruck. Energiemangel zieht die Rüstungsindustrie in Mitleidenschaft, und der Milliardärsohn weigert sich ausdrücklich, ,,Waffen gegen den Menschen" (II, 55) herzustellen. Daß er verlieren muß in diesem Kampf mit den gesichtslosen Bürokraten, ist klar, aber mit typischer Ambivalenz bekommt der pessimistische Ausgang seinen optimistischeren Ausblick, durch das Versprechen der Tochter, den neuen Menschen zu gebären.

Gas II spielt ausschließlich in einer Betonhalle unter Bogenlampenlicht. Abgesehen von dem Milliardärarbeiter und dem Großingenieur als Individuen, treten nur noch numerierte Blau- und Gelbfiguren und Arbeiter, Männer, Frauen, Greise, Greisinnen, Halbwüchsige auf. Farben und Zahlen überwiegen. Alles ist unmenschlich und unnatürlich. Bunte Glasscheiben, Drähte und Leuchtzeichen rufen den Eindruck einer durch Radar und Computer gesteuerten Menschheit in einem Kommandobunker hervor. Der Feind ,,ballt sich", die ,,Entscheidung" wird nicht von einem Menschen, sondern von einer Rechenmaschine gefällt; der Ausgang dieses totalen Krieges kann nur gegenseitige Vernichtung sein. Kaiser kehrt zu dem Grundthema der Belagerung von Calais zurück, nur erweitert er sie ins Globale. Der Großingenieur ist wie Duguesclins bereit, seine Hälfte der Menschheit in den ,,Tunnel ohne Ausgang" hineinzutreiben, wohingegen der Milliardärarbeiter wie Eustache de Saint Pierre für die Sache der Menschheit plädiert. Die Arbeiter gelangen kurz zur Besinnung, die Möglichkeit einer Umkehr scheint sich zu ergeben, aber als der Dom geöffnet und die Botschaft an die ganze Menschheit ausgestrahlt wird, kommt keine Antwort zurück. Die Welt schweigt. Schließlich fällt in der endgültigen Konfrontation die letzte Entscheidung, ob die Menschheit fortbestehen soll oder nicht, und der Mensch entscheidet sich für das Giftgas, das das Weltschicksal besiegelt. *Von morgens bis mitternachts* endet mit dem Selbstmord des Kassierers und den Worten: Ecce homo; *Gas II* endet mit der Selbstvernichtung der Menschheit und den Worten: dies irae.

Kaisers Gastrilogie stellt den Höhepunkt seiner expressionistischen Dramatik dar. *Hölle Weg Erde* (schon 1918 angefangen und 1919 umgeformt) wirkt fast wie ein optimistisches Gegenmodell zu dieser pessimistischen Vision totaler Vernichtung und ist als das Stück verstanden worden, das neben dem Fragment *Die Erneuerung* am konsequentesten den neuen Menschen darstellt und die expressionistische Vision einer vergeistigten Menschheit verwirklicht. Das dramatische Modell, dem Kaiser in diesem Stück folgt, scheint auch dasselbe zu sein, dem Ludwig Rubiners pazifistisches Stück *Die Gewaltlosen* verpflichtet ist. Wie üblich im expressionistischen Stück, ist die Grundsituation äußerst trivial, wenn nicht gar irreal, und der Titel deutet schon an, daß der Verfasser auf den üblichen dreiteiligen Aufbau abzielt. Die Hölle ist die Welt; der Weg bezeichnet wie in *Die Gewaltlosen* den Aufbruch, eine um sich greifende allgemeine Bewegung der Menschheit; der Teil Erde führt den Zug der aufbrechenden Menschen vor Augen. Damit lehnt sich Kaiser nicht nur an Rubiner an, er nimmt hier wieder das Modell von Strindbergs *Weg nach Damaskus* auf, insofern als Spazierer in dem zweiten Teil die Stationen wiederholt, die er in dem ersten Teil durchgemacht hat. Strindbergs dramatische Wucht und Schlichtheit fehlen aber vollkommen:

> Ist dieser Expressionismus an sich noch Expressionismus? Wenn Kaiser in diesen Bildern der Hölle die Monotonie des Geschäftsmäßigen stanzt, wenn er den Automaten der Gewohnheit das Gefühl, den Motor des Gewinns den Geist zermalmen läßt, so entstehen technische Meisterstücke. Der Mechanismus einer Zeit hat den mechanischen Ausdruck gefunden. Aber den Weg aus dem Materialismus findet Kaiser nicht[20].

Als gelungen also kann nur der erste Teil bezeichnet werden, in dem Kaiser durch die Perspektive des naiven Protagonisten den Unterschied zwischen arm und reich, Nächstenliebe und Gleichgültigkeit bloßlegt. Was danach kommt, ist nicht nur lächerlich, sondern auch höchst problematisch, da nicht nur, wie Brecht sah, eine „Orgie der Ethik" gefeiert wird, sondern auch Kaisers fatale Schwäche, kontaminiertes Vokabular und Gedankengut (Führer, Erde, Blut) zu verwenden, deutlicher als sonst zum Ausdruck kommt:

> Hier zeichnet sich 'Totalitäres' ab: die Lust am Überwältigtsein, der hysterische Gestus des Appells an alle, das Vergnügen am Mitmachen, am Marschieren in der Gemeinschaft. – Die Schrumpfung der Sprache, die man konstatiert, läßt alles expressionistisch Witzige, wie andererseits auch alle schönen Verdichtungen und Sublimierungen wirklichen Idealismus vermissen. Wie Befehle knallen einem die visionär gemeinten Rufe ins Ohr. Das gemahnt an die gar nicht imaginären Parteitage der Faschisten, an denen die Sprache des Unmenschen aus den Megaphonen ertönte. „Euer Blut braust – denn ihr seid die Erde."[21]

Dies bleibt festzuhalten, obwohl Kaiser selbst ein überzeugter Pazifist war, der „jenen vierjährigen, unflätigen Krieg" haßte, und obwohl er, von den Nazis vertrieben, im Exil sterben sollte.

Mit *Hölle Weg Erde* hatte Kaiser seinen letzten ernsthaften Versuch im expressionistischen Stil gemacht, und die Schwächen der neuen Schreibweise schienen jetzt stärker durch als die Stärken. In den darauffolgenden Stücken wurden Thematik und Stilmittel des Expressionismus nur noch ironisch verwendet. *Noli me tangere* (1921) z. B. basiert auf Kaisers eigener Erfahrung der Gefangenschaft (5. Nov. 1920–16. April 1921), aber die Wirklichkeit des Gefängnislebens bleibt inkongruent zur expressionistischen Behandlung des Verrats an Christus und zur Darstellung des expressionistischen Künstlers als eines Pioniers. Realismus, epische Distanz, religiöse Mystik, christliche Symbolik und expressionistische Ästhetik werden zu keinem überzeugenden Ganzen zusammengefügt. *Gilles und Jeanne* (1922) ist ein anderes Stück, das beliebige Züge der expressionistischen Thematik mit dramatischen und sprachlichen Stilmitteln aus anderen Bereichen vermengt, ohne zu überzeugen. Es wirkt zum Teil wie eine Stilübung in der Manier von Kornfeld, vor allem durch den Versuch, das Äußerste an religiöser und moralischer Würde mit einem Absoluten an sadistischer Sexualität zu verbinden. Gilles de Rais, „der verworfenste der Menschen", entflammt mit einer verheerenden Leidenschaft für Jeanne d'Arc und ist für ihren Tod verantwortlich. Nach einer verwickelten Geschichte voll ritueller Sexualmorde und Alchemie gewinnt er Erlösung durch einen märtyrerhaften Opfergang. Wie in den besseren expressionistischen Stücken fehlen auch hier nicht Mystik, eine „Orgie der Ethik" und qualvolles Suchen nach der Wahrheit vor Gericht. Was jedoch in *Die Bürger von Calais* noch Gedankenkraft und visuelle Wucht besaß, ist jetzt zu einem entleerten expressionistischen Klischee abgeschwächt worden.

Wie Kaiser sich vom Expressionismus endgültig entfernt, läßt sich auch aus dem letzten Teil der Trilogie herauslesen, die *Von morgens bis mitternachts* abrunden soll. In *Kanzlist Kreh-*

ler (1921) genießt der Protagonist einen Tag der Freiheit nach der Hochzeit seiner Tochter. Er „kommt zur Besinnung" und fällt die große Entscheidung, seine lebensfeindliche Arbeit aufzugeben und sich der vollen Ausbildung und Realisierung seines Lebenspotentials zu widmen. Dadurch gerät er in Konflikt mit seinem Chef, der den bekannten Fall des „Kassierers" zitiert, sowie auch mit seiner Frau und Familie. Schließlich ermordet er seinen Schwiegersohn und geht selbst freiwillig in den Tod. Was in dem Stück aber auffällt, ist das totale Fehlen der kosmischen Dimensionen der früheren Stücke. Was jetzt geboten wird, ist nicht mehr ein Stationendrama von uferlosen Ausmaßen, sondern ein bürgerliches Stück von beängstigender Enge, nicht mehr Sokrates und Xantippe, sondern bürgerliches Eheleben. Das Volksstück *Nebeneinander* (1923) wirkt sogar noch kühler und sachlicher. *Gats* (1924/25), das wie *Gas II* innerhalb der Glaswände einer Kommandozentrale mit Stahlmöbeln und Leuchtscheiben beginnt, führt einen messianischen Führer ein, der weit über den Gedanken einer Gartensiedlung für die Menschheit hinausgegangen ist. Aber das äußerst wichtige Problem der Überbevölkerung wird durch Kaiser restlos bagatellisiert. Das Ende ist jetzt lächerlich trivial: Die Frau des ehemaligen Führers kann nicht mehr den neuen Menschen gebären, weil er ihr gegen den Willen die Anti-Babylösung „Gats" in den Wein geschüttet hat!!

Kaiser hat es Zeitgenossen und späteren Generationen äußerst leicht gemacht, gravierende Schwächen in seinen Werken zu finden. Von den in diesem Kapitel besprochenen Stücken wird höchstens *Von morgens bis mitternachts* noch aufgeführt. In seiner expressionistischen Phase mag Kaiser wohl die Exzesse der chaotischen Schreidramen vermieden haben, indem er fast ins andere Extrem des übertriebenen Formalismus (beinahe Kubismus) der Struktur fällt, aber wie Grenville vor kurzem dargelegt hat, neigt Kaiser dazu, expressionistische Themen und Stilmittel auf eine darunterliegende Denkspielstruktur aufzupfropfen, mit dem Ergebnis, daß seine Stücke einen paradoxen, fast konfusen Eindruck machen. Sogar die besten Stücke scheinen ambivalent und widersprüchlich. Aber obwohl man Kaiser eines pathetisch-utopischen, abstrakt-rhetorischen Stils bezichtigen kann, muß man sich doch klar vor Augen halten, welche Wirkungen Kaiser dadurch erzielt, daß er den Bühnenrealismus fallen läßt und stattdessen Prosa und Pathos, Episches und Musikalisches miteinander verbindet. Kaiser hat gezeigt, daß die engen Grenzen der Bühne durchaus in der Lage sind, den ganzen Umfang der modernen Welt zu erfassen. Was dabei entsteht, sind vielleicht keine vollendeten Meisterstücke, eher wohl „Versuche", die es unternehmen, eine moderne Dialektik theatralisch zu gestalten. Kaiser sind wohl keine vollendeten Meisterwerke gelungen, obwohl *Von morgens bis mitternachts* nahezu vollkommen ist, dafür hat er eine Reihe von theatralischen „Versuchen" hinterlassen, welche nicht selten zünden. Vor allem war er ein großer Handwerker. Stücke wie *Von morgens bis mitternachts* und *Die Bürger von Calais* entstanden erst nach einer Lehrzeit, die fast dreißig Theaterstücke hervorbrachte. Plötzlich aber ist etwas Niedagewesenes auf dem Theater erschienen, das offenbar „modern", jedoch so ausgeglichen in Gehalt und Gestalt, so ausgewogen in der Behandlung von alten und neuen Elementen ist, daß es schnell den Status klassischer Geltung errang. Brecht hatte recht, als er behauptete, Expressionismus auf der Bühne sei Vergröberung, als er wirkliches Leben und wirkliche Menschen vorzog, er hatte recht, als er das Literarisch-Rhetorische der Sprache rügte, aber er hatte auch recht, als er das Filmische und das Epische an Kaisers Dramentechnik lobte und die Vorteile seines „kühlen" Stils hervorhob. Kaiser war, wie Brecht klar sah, ein wesentlicher Vertreter der neuen Bewegung, die die Achse der Handlung und der progressiven Psychologisierung im modernen Drama zerbrach und Theater für ein wissenschaftliches Zeitalter zu schaffen versuchte. Kaiser bewies überzeugend, daß das Theater dazu befähigt war, die Vision einer modernen Welt zu entwerfen, die nicht von der Geschichte eingeschränkt oder durch das naturalistische Drama des häuslichen Innenraums begrenzt war, sondern Militarismus, Kapitalismus, Mechanisierung, eigentlich alle Kräfte der Entfremdung der modernen Welt erfassen konnte. Weit davon entfernt, unzeitgemäß zu sein, hat sein dramatisches Werk im Verlauf der Jahre zunehmend an Bedeutung gewonnen. Die hundertjährige Wiederkehr seiner Geburt im Jahre 1978 kann sehr wohl ein erneutes Interesse an seinem Schaffen wecken.

Das Drama der Weimarer Republik
Thomas Koebner

Die wissenschaftliche Diskussion zum ‚Drama für das literarische Theater' in der Weimarer Republik ist vor allem durch die Forschung zu Brecht bestimmt worden. In geringerem Maße gilt dies auch von der Forschung zu Horváth. Beide Autoren haben durch ihren Einfluß auf die deutsche Nachkriegsdramatik und durch ihren Platz im Spielplan historische Prominenz erworben. Um eine typische Verzerrung einer an Brecht fixierten Betrachtung dieser Periode der Dramengeschichte handelt es sich etwa, wenn das epische Theater als vorwiegend persönliche Schöpfung Brechts verstanden wird. Die ‚Leistung' des Klassikers erscheint aber in einem anderen Licht, wenn man das Umfeld seines Wirkens betrachtet.

Literarhistorisch unterscheidet man gewöhnlich – und die Geschichte des Dramas wird da nicht ausgenommen – in der Zeit der Weimarer Republik Expressionismus (als Grenzscheide gilt 1923, das Jahr der Inflation), Neue Sachlichkeit (von 1924–1929) und eine schwer zu etikettierende Zeit der Krise zwischen dem Börsenkrach 1929 und dem Beginn der nationalsozialistischen Herrschaft 1933. Hinsichtlich der Dramengeschichte ist dieses Schema, das durch politische und wirtschaftliche Daten bestimmt ist, nicht grundsätzlich aufzugeben. Doch es soll an ihm gerüttelt werden, so daß sich die Grenzlinien ein wenig verschieben und verschwimmen. 1920 erlahmt die Produktivität der expressionistischen Dramatiker sichtlich, der Kritiker Herbert Ihering bemerkt die Klischeehaftigkeit etlicher expressionistischer Vokabeln wie Menschheit und Brüderlichkeit, eine viel beachtete Theaterzeitschrift (,,Die Scene") feiert den Expressionismus aber immer noch als neue Epoche. Der Widerspruch läßt sich vielleicht so erklären: Etliche der expressionistischen Dramen, zum Teil schon vor dem Krieg geschrieben, sind mit mehrjähriger Verspätung oft erst in den letzten Kriegsjahren (wegen der Zensur in geschlossenen Aufführungen – zum Beispiel in solchen Veranstaltungsreihen wie der der Max-Reinhardt-Bühnen in Berlin mit dem Titel ,,Das junge Deutschland"), oft erst nach dem Krieg einem breiteren Publikum vorgestellt worden. Die Epoche des expressionistischen Theaters schleppt also der des expressionistischen Dramas nach. Ältere Betrachter wie Alfred Kerr oder Robert Musil haben das expressionistische Drama mit Bedenken gesehen – als kunstlosen ,,Explosionismus" (Kerr) oder als Verbindung von Pseudo-Mystik, verstiegenem Menschheitspathos und enthemmter Sprachform (von Musil als ,,Rabengekrächze", ,,Ideen anbellen" und ,,Schwulst" bezeichnet). Sie haben also die Epoche nicht ‚mitgemacht'. Die sogenannte Neue Sachlichkeit – auf der Bühne auch von Autoren wie Brecht oder Hasenclever vertreten – erhielt als eine Art Romantik der Gefühls- und Leidensfreiheit, als posenhaft kaltblütiger ,,Überamerikanismus" (Diebold) viel Widerspruch von liberaler und sozialistischer Seite (unter anderem von Bernhard Diebold, Paul Kornfeld, Béla Balázs). Die dritte Periode der Dramengeschichte in der Weimarer Republik zersplittert schließlich in die verschiedensten radikalisierten Fraktionen, die rituell geprägte Stücke, Dramen über eine ruhmreichere Vergangenheit und Bilder aus dem zeitgenössischen ‚Volksleben' mit verschiedensten Stilgriffen besetzen – in dieser verworrenen Situation lassen sich ungefähr die propagandistischen Dramen der Linken und der Rechten von einer romantisierenden Gegenbewegung im Unterhaltungsgenre abheben. Doch ein solches Nebeneinander bestand auch 1918, nur sind hier die Unterschiede weniger extrem und auffällig: Sie werden gleichsam nicht zur Signatur der Epoche. Doch muß man von einer Mehrzahl verschiedener Strömungen, Entwicklungszüge oder Traditionen in der Dramengeschichte der Weimarer Republik sprechen. Es gibt keine lineare Entwicklung des deutschen Dramas vom Expressionismus zum Nationalsozialismus.

Die Gleichzeitigkeit der Strömungen wahrzunehmen heißt, auch auf die außerordentliche Spannweite der dramatischen Erscheinungen in jedem Moment dieser Dramengeschichte aufmerksam zu werden – heißt also auch, nicht mehr ausschließlich in Perioden zu denken, die mehr oder weniger überlappend aufeinander folgen. So schreibt Arthur Schnitzler an weiteren Dramen und beruft sich auf die Konstanz der Phänomene Liebe und Tod, um dem Vorwurf zu begegnen, seine Probleme gehörten einer inzwischen versunkenen Welt an. So publizieren Hugo von Hofmannsthal, Gerhart Hauptmann und Carl Sternheim. Während der ganzen Zeit der Weimarer Republik behandeln nationalistische Dramen Deutschlands Rettung und Erneuerung, konzentrieren sich sozialistische Werke auf das Thema Revolution, debattieren christliche oder im weiteren Sinne religiöse Dramen die Verlorenheit des Menschen in einer Welt des Unglaubens. Der Krieg hatte in deren Sicht nicht die Bedeutung eines Einschnitts, nach dem eine neue Zeit anhebt. Zumal sozialistische und nationalistische Autoren betrachten die Weimarer Republik nur als Übergang.

Das Drama der unmittelbaren Nachkriegszeit ist im wesentlichen das Drama der Vorkriegszeit. Diese Feststellung bezieht sich nicht nur darauf, daß schon vor dem Krieg das expressionistische Drama als Formtyp entstanden ist – als Fortführung und Ablösung des neuromantischen Erlösungsdramas –, sondern auch auf die Situation, in der sich das Drama für das literarische Theater findet. Schon vor dem Krieg wird das Kino als Existenzbedrohung für die Bühne – aber dadurch auch als Chance des wahrhaft geistigen, künstlerischen Dramas verstanden, das solche Konkurrenz nicht fürchten müsse, da es sich an ein anderes Publikum richtet. Wie die Filme scheinen die Inszenierungen Max Reinhardts in den zehner Jahren Anzeichen für eine neue visuelle Kultur, eine Blüte der visuellen Künste zu sein – die endlich von der intellektualistischen Kultur der abstrakten Begriffe, vom Wort zu erlösen verspricht, einer Kultur, die nur für die gebildete Menschheit reserviert war. Die visuelle Kultur dagegen tritt gleichsam mit dem Willen auf, das ganze Volk ‚anzusprechen‘ (dieses Selbstverständnis wird in entscheidender Weise auch das Theater der Weimarer Republik bestimmen). Unverkennbar jedenfalls beginnt mit Max Reinhardt sich der Regisseur auf der Bühne gegen den Dichter durchzusetzen: Eine Vorherrschaft des Szenischen, die, durch die Theaterarbeit Leopold Jessners oder Erwin Piscators in den zwanziger Jahren gestützt, die Dramatiker dazu zwingt, die Theatralik ihrer Stücke ausführlicher zu bedenken – vorausgesetzt, sie wollen dem Modernitäts-Anspruch des Theaters genügen.

Schon vor dem Krieg hat sich das Drama gegen das Geschäftstheater, gegen die Übermacht der Vergnügungsindustrie auf der Bühne wehren müssen – gegen Unterhaltungs-Lustspiele, Revuen, Operetten (die von den Berliner Zeitungen ernsthaft besprochen werden). Dieses Gewerbe zeigt auch nach 1918 keinerlei Spuren des Krieges: Die Feudalgesellschaften in der Operette der Fall, Léhar, Kalman gedeihen auch unter der Republik, und die Schwänke fleißiger Autoren-Teams (im Gefolge der Arnold und Bach) erweisen sich als unbeeinflußbar durch alle tieferen historischen Veränderungen. Die „Londonisierung“ des Theaters (Alfred Kerrs Ausdruck für die Entwicklung zum Amüsierbetrieb) droht auch nach dem Weltkrieg und wird bis zum Ende der Weimarer Republik schlagwortartig als ‚Rotterwelt‘, mit dem Theater- und Dramentyp bezeichnet, den die Theater-Unternehmer Brüder Rotter begünstigen.

Schon vor dem Krieg hat sich auch eine Programmatik der jungen Generation ausgebildet, die über Jugendbewegung und Expressionismus gleichermaßen weit in die Dramatik der Weimarer Republik hineinwirkt. Die Verderbtheit dieser Wilhelminischen Epoche – auf der expressionistischen Bühne figurieren für sie gelegentlich der Vater (Hasenclever, *Der Sohn*) oder der Spießer

(Kornfeld, *Die Verführung*), denen die aufbegehrenden jungen Protagonisten ans Leben wollen und gehen –, diese alte Welt wird 1917/18 von Kasimir Edschmid und vielen anderen für überwunden oder für überwindbar gehalten. Die Charakteristik der Vorkriegs-Zeit fällt vernichtend aus: Vom ,,Warenhaus Europa" (Kornfeld) ist die Rede, in dem nur Geld Geltung hatte, vom Übermut des Materialismus, einer vermessenen Vernunft (Diebold), die nur meßbare Tatsachen zu sehen wünschte und den Geist verleugnete, vom ,,Maschinenzeitalter" (Richard Weichert), von doppelter Moral und Vergötzung des Leibes. Es ist ein Höllenbild, das alle Teufel aufzählt, die der Geist, der Geistige zu fürchten hat. Schon in die Kriegsbegeisterung 1914 mischt sich bei vielen jungen Intellektuellen die Hoffnung, im Kampf werde dieses Sodom gereinigt werden. Doch die hochfliegende Illusion einer großen Erneuerung wird selbst in den expressionistischen Dramen der zehner Jahre nicht ganz geglaubt – zu viele der Retterhelden sterben beim Zusammenstoß mit der ungeistigen Bürgerwelt, und bei denen, die als umleuchtete Mörder von der Szene schreiten (Hasenclever, Arnolt Bronnen, *Vatermord*) weiß man nicht, in welche Welt sie ihr Weg führen wird. Als sich der Gefühlsüberschwang des Expressionismus auch auf der Bühne erschöpfte und eine ,,neue Gegenständlichkeit" (Julius Bab) vordrang, als schließlich neusachliche Dramatik die ,nüchternen' Tatsachen heiligte und dies als Dogma für diese Welt vorschrieb – da hatte gleichsam das Gespenst der niedrig materiell gesinnten Vorkriegszeit die Hoffnungen eingeholt, die sich einst mit dem Kriegsende verbanden: Im Politischen wie Literarischen bemüht sich die Weimarer Republik vergeblich, aus dem Schatten des Wilhelminismus zu entkommen. Das Begehren nach einer solchen radikalen Trennung wird von jüngeren Dramatikern vor und nach dem Krieg in einer Ideologie der Zeitenwende akzentuiert, als Konfrontation von Alt und Neu – auf der Bühne wie in der Ästhetik, die dem angeblich veränderten Leben auch eine veränderte Kunstauffassung folgen lassen will (diese Verknüpfung von Geschichtsprozeß und Kunstprozeß ist eine typische Gedankenformel etwa des jungen Brecht). Nationalistische Dramatik beurteilt eine solche Loslösung von der Vorkriegszeit als Abfall und beschwört bis 1933 ununterbrochen ein Deutschland, das im alten Glanz wieder erstehen soll. Auf verhängnisvolle Weise hat sich diese vaterländische Kontinuitäts-Polemik historisch durchgesetzt.

Für einige geschichtliche Erfahrungen hat sich das Drama in der Weimarer Republik besonders empfindlich gezeigt, um sie wiederholt in Szene zu setzen – wenn auch oft erst in der Rückschau: für die Revolution, die Aufstände der Soldaten und Arbeiter 1917 bis 1919 und in den folgenden Jahren bis 1923; für die Zerrüttung bürgerlich-liberalen Selbstbewußtseins in der Inflationszeit 1923; für die scheinbare Erholung und Festigung der Verhältnisse in den Jahren ab 1924; für die Erinnerung an den Weltkrieg nach 1928; für den wehrlosen Bankrott der Republik im Gefolge der Wirtschaftskrise 1930 bis 1933.

Die große Anzahl der Dramen, die sich die Revolution als Vorwurf wählen – sie sind überwiegend, aber nicht ausschließlich aus sozialistischem Blickwinkel geschrieben –, läßt sich in ungefähr drei Gruppen einteilen: die Gruppe der allegorisch-modellhaften Stücke, die der historisch-vergleichenden, schließlich die der dokumentarisch rekonstruierenden. Die erste Gruppe entsteht zum Kriegsende und danach unter dem unmittelbaren Eindruck revolutionärer Zuversicht und der Niederlage – der Niederlage der Revolution, nicht der des Reiches, die später und vornehmlich bei nationalistischen Dramatikern eine Rolle spielt. Eine anfänglich individuelle, dann überindividuelle, fast heilsgeschichtliche Erneuerung erwarten mehrere Dramen GEORG KAISERS (1878–1945), die zum Teil schon in der Vorkriegszeit entstanden sind: *Von morgens bis mitternachts, Die Bürger von Calais*, die Gas-Trilogie: *Die Koralle, Gas I* und *Gas II, Kanzlist Krehler*. ERNST TOLLERS (1893–1939) Drama *Die Wandlung* – seinerzeit wohl das Revolutionsstück, das am meisten beachtet worden ist – läßt die Stimmung der Revolte, wie man sie von einigen früher datierenden expressionistischen Dramen her kennt, in den globalen Revolutionsaufruf münden. Dabei verdeckt die Idee der brüderlichen Versöhnung die des revolutionären Kampfes. Das Scheitern der Revolution wird bereits im Scheitern mancher Revolte gegen die bürgerliche Welt vorweggenommen – zumal bei Kaiser und Kornfeld läßt sich diese Gegenmacht in mancherlei Sinn des Wortes nicht erschüttern. Vielfach hat der Triumph der Empörer ein utopisches Moment – die Schlüsse dieser und später geschriebener Revolutionsdramen gipfeln eher in einer Verheißung als in einer Erfüllung. Eine der frühesten – angeblich schon vor dem Ende der Revolution abgeschlossenen – Darstellungen dieser Zeit gibt LION FEUCHTWANGERS (1884–1958) panoramatisch breites „episches Drama“ *Thomas Wendt* (später unter dem Titel *Neunzehnhundertachtzehn* erschienen). Dagegen verzichtet in der Folge die Mehrzahl der allegorisch-modellhaften Stücke darauf, die Revolution auf einem historisch erkennbaren Schauplatz stattfinden zu lassen – allerdings waren für das zeitgenössische Publikum viele Anspielungen auf die Realität greifbar, so in ERICH MÜHSAMS (1878–1934) viel gesehenem Drama *Judas*, so auch in den etwas abstrakt-gerüsthaften Debattenstücken *Freiheit* von HERBERT KRANZ (*1891), *Die Kanaker* von FRANZ JUNG (1888–1963) oder *Rote Soldaten* von KARL WITTFOGEL (*1896). Bereits in Feuchtwangers Werk wird die Problematik der Figuren im Revolutionsdrama deutlich: Der Dichter entwickelt sich zum Revolutionär, der Intellektuelle zum Täter – wie in Tollers *Wandlung* und *Masse Mensch*. Auch in Mühsams *Judas*, in FRIEDRICH WOLFS (1888–1953) *Der arme Konrad*, in Tollers *Feuer aus den Kesseln* werden die Anführer als geistig beweglich, als Bücherleser, wenn nicht als Literaten, als Volkstribunen mit Redner-Begabung gekennzeichnet. Zweifellos hat hier die lebensgeschichtliche Erfahrung der intellektuellen Autoren auf die Charakteristik der revolutionären Hauptfiguren Einfluß genommen – wie auf die Revolte der intellektuellen Jungen im expressionistischen Generationen- und Zwei-Welten-Konflikt.

Offensichtlich ist aber die Vorstellung, den Vater zu ermorden, leichter gefallen als die, in der Revolution ‚unrein‘ zu werden, das Töten fortzusetzen, Gewalt anzuwenden. Vor der grausamen Tat schaudern Thomas Wendt bei Feuchtwanger wie Sonja Irene L. in Tollers *Masse Mensch* zurück: In einem Grundsatzdialog, der stets um dieselben Positionen kreist, streitet sie sich mit dem unerbittlichen „Namenlosen“, der als Fürsprecher revolutionärer Gewalt Sonja Irene als bürgerliche Intellektuelle angreift, die vor der ‚Rache‘ des Proletariats zurückschreckt. Dieser Disput zwischen Menschlich-sein-wollen und Befreiungstat-um-jeden-Preis findet auch in Jungs *Kanakern* statt – nicht von ungefähr wieder als Gegeneinander von Frau und Mann verdeutlicht.

Diesen intellektuellen Bedenken gegen revolutionäre Gewalt entspricht die Übersetzung der Niederlage in eine Passionsgeschichte des oder der Revolutionäre. Die Nachfolge-Christi-Metaphorik überhöht ihr Leiden zum Martyrium – die Hauptfigur in PAUL GURKS (1880–1953) Drama *Thomas Münzer*, von den Zeitgenossen vielfach ausgezeichnet, doch vergleichsweise wenig aufgeführt, wird ausdrücklich als „Bauernheiland“ angesprochen und gepeinigt. Ähnliche Züge nimmt das Sterben der Sonja Irene L. in *Masse Mensch* oder des Bauernführers Konz in *Der arme Konrad* an. Es mag verwundern, im sozialistischen Drama christlich-religiöse Elemente zu entdecken – doch ist es gerade für Revolutionsdramen der ersten Nachkriegszeit bezeichnend, daß sie nicht nur ein politisches Erlösungsstreben voraussetzen. Dies erhellt etwa auch aus Karl Liebknechts letztem Artikel, mit dem Kampfruf „Trotz alledem“ überschrieben, in dem die später oft wiederholten Formeln auftauchen, daß die Zeit noch nicht reif gewesen sei, der Golgathaweg der deutschen Arbeiterklasse noch nicht beendet, der Tag der Erlösung aber nahe, an dem die hingemordeten Kämpfer auferstehen und die Geschlagenen von heute die Sieger von morgen sein werden. Zur Passions-Dramaturgie gehört auch die Schluß-Apotheose der sterbenden Revolutionäre und Helden – die gleicherweise in sozialistischen wie vaterländischen Stücken die Botschaft der letzten Worte durch das Pathos des nahenden Todes beschwert. Diesen Schlüssen kann bei sozialistischen und vaterländischen Stücken die mehr oder weniger deutliche Aufforderung folgen, im Schlußgesang der jeweiligen Hymne, an dem Schauspieler und Publikum sich beteiligen, das Gemeinschaftserlebnis zu verstärken. Nationalistische Dramen tendieren eher zum Pomp szenischer Verklärung – als Inszenierung der Gegner parodiert, bloßgestellt in Brechts *Heiliger Johanna der Schlachthöfe*, als gloriose Himmelfahrt vorgeführt in RICHARD EURINGERS (1891–1953) *Deutscher Passion 1933*. Die Gegenspieler der Revolte, der Revolution unterliegen – jedenfalls in den frühen Dramen der Weimarer Republik – seltener einer vergleichbaren Mythisierung. Im expressionistischen Drama sind es die gewöhnlichen Bürger, im Revolutionsstück wendige Revolutionsgewinner, die durch ihre opportunistische Existenz den Kampf um die Zukunft erst recht zunichte machen – die Ironie der Geschichte läßt sie in *Thomas Wendt* oder WALTER HASENCLEVERS (1890–1940) *Die Entscheidung* am Ende sogar vom unberatenen Volk als Wohltäter verehren.

Bemerkenswert ist an einigen Revolutionsdramen dieser ersten Gruppe die Rolle des Verräters – gewöhnlich wird er gerechtfertigt als jemand, der um der Revolution willen, um die erschöpften Ausgebeuteten zu entschiedenerem Widerstand aufzustacheln, die eigenen Genossen in den vorerst aussichtslosen Kampf treibt oder gar den Feind auf sie hetzt. Der Verräter handelt so um eines höheren Auftrags willen – ausführlich wird dieses komplizierte Verhalten in Mühsams Drama *Judas*, im Ansatz aber auch in *Masse Mensch* und noch in Wolfs *Armer Konrad* auseinandergelegt. In gewisser Weise handeln ähnlich ‚verräterisch‘ die Helden des nationalen oder nationalistischen Dramas: Der Titelheld im Drama *Gneisenau* von WOLFGANG GOETZ (1885–1955) setzt sich über den Willen und Befehl seines Königs hinweg, um den Feind Napoleon niederzwingen zu können. Der Erfolg gibt dem recht, der sich dem inneren Befehl, der höheren Pflicht gebeugt hat. Allerdings beziehen die Verräter im sozialistischen Drama ihre Legitimität aus dem Leiden und dem historischen Anspruch des Proletariats, während sie im nationalen Drama als einsame Führernaturen erscheinen – so auch die Hauptfigur in HANNS JOHSTS (*1890) *Der König*. Die Massen in den Revolutionsdramen machen es den revolutionären Leitfiguren erstaunlich schwer – besonders durch ihre Trägheit und ihr dumpfes Bewußtsein, die verraten, daß sie offensichtlich nicht ausreichend auf die Revolution vorbereitet sind. Sie werden mitschuldig an der Niederlage ihrer eigenen Sache – auch weil sie sich häufig als wankelmütig, unzuverlässig, verführbar zeigen (wie es generell der Erscheinungsweise dieser dramatischen Person im europäischen Drama seit Shakespeares *Coriolan* oder *Julius Cäsar* entsprechen mag). In *Gas I* und in *Maschinenstürmer* läßt sich die blindwütige Menge sogar gegen die treiben, die ihr Glück wollen.

Nicht zuletzt ist es auch die Uneinigkeit der Revolutionäre, die den Sieg verhindert – Spaltung der Kräfte wird als drohendste Gefahr in vielen Revolutionsdramen zum Thema. Selten wird der Staat in gleicher Weise ernst genommen – der Anarchist Mühsam allerdings beachtet ihn als historischen Faktor (in seinem Drama über den Justizmord an Sacco und Vanzetti, *Staatsraison*, spricht er dem Staat Kalkül zugunsten des Kapitalismus und der Staatsherrlichkeit zu, Humanität jedoch ab). An dieser Staatsfremdheit sogar der Revolutionsdramatik läßt sich ablesen, welche ‚introvertierte‘, weltferne, auf den ‚schwachen‘ Menschen konzentrierte Vorstellung von Revolution den meisten Dramatikern noch bis zum Ende der Weimarer Republik vorgeschwebt hat. Der Vorwurf, daß zerstrittene Revolutionäre den Sieg verspielt hätten, mag auf geschichtliche Erfahrungen zurückgehen – jedenfalls erinnert die Klage über die Spaltung auch an jene metaphysisch, existenzkritisch orientierten Dramen in der Nachfolge Strindbergs, die in der Gestalt des bösen Doppelgängers einen selbst zum schlimmsten Feind erklären – so in verschiedenen Werken Kaisers, in FRANZ WERFELS (1890–1945) *Spiegelmensch*, in FRANZ THEODOR CSOKORS (* 1885) *Die rote Straße*.

Neben den zweifellos dominierenden pathetischen Revolutionsdramen gibt es einige satirische Werke, die die Figur des närrischen Pseudo-Revolutionärs und Sektierers vorstellen – den Weltverbesserer, der mit einem religiös-politischen Wahnsystem Unheil zu bringen droht, der vorübergehend Resonanz bei anderen Schwärmern findet. Sein Ruhm wird von einem meist recht nüchternen, geschäftstüchtig-gewinnsüchtigen Agenten gesteuert. Zu diesen Helden gehören die Friseure in ROLF LAUCKNERS (1887–1954) *Der Sturz des Apostels Paulus* und in Ernst Tollers *Der entfesselte Wotan*, die sich beide als Messias wähnen, gehört auch der Jude Kaftan in WALTER MEHRINGS (* 1896) *Der Kaufmann von Berlin*, der als großer Retter gefeiert und ausgenutzt wird. Närrische Systeme und närrische Weltbeglücker verspottet aus individualistischer und liberaler Gesinnung Kornfeld in seinen Nachkriegs-Dramen *Der ewige Traum* und *Kilian und die gelbe Rose*. Die Revolutionäre in Brechts *Trommeln in der Nacht*, ziemlich lumpenhafte Kaschemmenexistenzen, können gleichfalls nicht den ernüchterten Kriegsheimkehrer dazu bewegen, an der Revolution teilzunehmen. Auf der Grenze zwischen tragischem Idealismus und fanatischer Schwarmgeisterei angesiedelt sind die Figuren des Pfandleihers in Kaisers *Nebeneinander* und des verspäteten Revolutionsphantasten in Tollers *Hoppla, wir leben!*. Ihre unbedingten Forderungen lassen diese Figuren nicht in ihre Zeit passen: Die ‚Revolutionäre‘ vernichten sich selbst (im Freitod).

Nach wenigen Jahren bereits verlegen Revolutionsdramen, die deshalb einer zweiten Gruppe zuzurechnen sind, die (vorläufige) Niederlage in die Geschichte zurück. Sie sollen das Klassenbewußtsein der Zeitgenossen stärken, indem sie den revolutionären Forderungen und Leiden historisch gewachsenes Recht zuschreiben. Sie betonen in ihrer Chronik vergangener Revolutionen das ,,Trotz alledem". Nicht zuletzt wird diese Propagierung revolutionären Mutes und revolutionärer Geduld dadurch gestärkt, daß die Autoren um den in Rußland geglückten Umsturz 1917 wissen. Tollers Stück *Maschinenstürmer* nimmt sich (in Erinnerung an Gerhart Hauptmanns *Weber*) einen Weberaufstand im England des 19. Jahrhunderts zum Gegenstand, die Zeit der Bauernkriege wird in mehreren Thomas-Münzer-Dramen (unter anderem auch von nicht sozialistischen Autoren wie von Paul Gurk oder Ernst Lissauer) und Friedrich Wolfs *Der arme Konrad* aufgegriffen. Piscator gibt durch sein Theaterkonzept dieser zweiten Gruppe von Revolutionsdramen Impulse: Im Sinne eines Optimismus, der sich durch keinen Rückschlag entmutigen läßt, inszeniert er ALFONS PAQUETS (1881–1944) Dramen *Fahnen* (ein anarchistisch geprägter Arbeiter-Aufstand im Chikago des 19. Jahrhunderts) und *Sturmflut* (die Oktoberrevolution wird als symbolisches Geschehen berichtet – Granka Umnitsch, nicht Lenin heißt die Hauptfigur), er führt zwei kommunistische Revuen auf: *Revue roter Rummel* und *Trotz alledem*, er nimmt die Auseinandersetzung zwischen dem vorbildlichen Vernunftsrevolutionär und dem gefährlichen Gefühlsrevolutionär in seine Interpretation von Schillers *Räuber*, von EHM WELKS (1884–1966) *Gewitter über Gottland* und Tollers *Hoppla, wir leben!* auf.

Hoppla, wir leben! führt wie Wolfs Drama *Kolonne Hund* über in die dritte Gruppe der Revolutionsdramatik, die sich der nachrevolutionären Situation in der Weimarer Republik zuwendet und über diese Brücke wieder an die knapp ein Jahrzehnt zurückliegenden Aufstände erinnert. Revolutionäres Ungestüm soll nicht nur an längst vergangenen Konflikten demonstriert werden – die Notwendigkeit der Revolution soll mit der eigenen Lebens- und Leidensgeschichte, mit den vertrauten Umständen gerechtfertigt und wieder ins Gedächtnis gerufen werden. Es ist eine Vielfalt von Anregungen, die die deutschen Revolutionsversuche der jüngsten Vergangenheit zu aktualisieren helfen: Die Krise der Weimarer Republik scheint zum erstenmal wieder seit 1923 einen Wandel des ‚Systems' im sozialistischen oder kommunistischen Sinne zu erlauben, einige Meutereien auf europäischen Kriegsschiffen verraten, daß überall noch revolutionäre Brandherde bestehen. Der außerordentlich große Eindruck, den der Film *Potemkin* von Sergej Eisenstein nach seiner deutschen Aufführung 1926 bei den Intellektuellen hinterlassen hat, kürzlich erst veröffentlichte Untersuchungsprotokolle zu Matrosenaufständen während des Weltkriegs, schließlich der Widerhall dokumentarisch reportagehafter Dramen haben schließlich 1930 zur Aufführung von drei Dramen über Matrosenrevolten geführt – Tollers *Feuer aus den Kesseln*, Wolfs *Die Matrosen von Cattaro* und THEODOR PLIEVIERS (1892–1955) *Des Kaisers Kulis*. Die in den letzten Jahren der Weimarer Republik zunehmende Zensur an den Theatern, die Konzentration sozialistischer Dramatik auf agitatorisch-propagandistische Werke, die Erwartung einer bald bevorstehenden Umwälzung haben die Produktion von Revolutionsstücken, Stücken über vergangene und verlorene Revolutionen, eingeschränkt.

Die Zeit der Inflation 1923 hat offenbar schon den Zeitgenossen als Wende gegolten: Zahlreiche bürgerliche Existenzen wurden ruiniert, zwischen Kommunisten und dem neuen Staat fanden die letzten bürgerkriegsähnlichen Kämpfe statt, Versuche von rechts, durch einen Staatsputsch an die Macht zu kommen, schlugen fehl, die Franzosen besetzten das Ruhrgebiet, rheinische Separatistenbewegungen flammten auf und erloschen. Die expressionistischen Familienkonflikte verlieren sich allmählich aus der Bühnenliteratur – Konflikte, in denen die beschimpfte und beschädigte Vaterautorität durch das Bild der einfältig-treuen Mutter aufgewogen wird. Der Anruf der Mutter wird beinahe zu einem dauerhafteren Klischee als der Angriff auf den Vater. Der Mutter gelten oft die letzten Worte Sterbender im expressionistischen Drama (selbst bei Kaiser, bei Toller), sie vertritt das pazifistische Prinzip – nicht zuletzt auch, weil sie außerhalb der heroischen Welt der Männer steht (so in Unruhs *Geschlecht*, in Hans Francks *Freie Knechte*, in Mühsams *Judas*). Ihr Wandel zur Revolutionärin, zur Empörerin wird nur von wenigen Dramen vorgeführt – im *Geschlecht*, in den Bearbeitungen des Romans *Die Mutter* von Gorkij durch Wittfogel oder Brecht. Doch auffälliger ist im Drama seit Beginn der zwanziger Jahre der Zerfall der Familie: die Gleichgültigkeit, die zwischen den Generationen herrscht; die Verlassenheit und Desorientiertheit der Jugend, die moralisch und existentiell zu entgleiten droht. Dies äußert sich in erotisch-sexueller Bindungslosigkeit, in Experimenten mit dem eigenen Leben, bei dem ein tödlicher Ausgang nicht gescheut wird – aber auch im kaltschnäuzigen Sich-Abfinden, im ungehemmten Lebensgenuß. ARNOLT BRONNEN (1895–1959) betont die ungefesselte dionysische, wollüstige Lebensfreude in seinen *Exzessen*, wie wenig später (1925) CARL ZUCKMAYER (1896–1977) in *Der fröhliche Weinberg*. Die unromantische Nüchternheit jugendlicher Libertinage erschreckt CARL STERNHEIM (1878–1942) – er geißelt sie, recht altväterlich in der moralischen Ermahnung, in *Die Schule von Uznach oder Die neue Sachlichkeit*. Die verwickelten Qualen der Jungen, ihre unerfüllte Glücks-Sehnsucht, die Zukunftslosigkeit als ihr Lebensgefühl – sie werden im Drama erst ab der zweiten Hälfte der zwanziger Jahre erschlossen. In diesen Werken kündigt sich schon früh die Krise an, die später dann vor allem der Weltwirtschaft angehängt wird: Die ‚Krankheit der Jugend' deutet auf die ‚Krankheit der Gesellschaft' in der Weimarer Republik – schon zu einer Zeit, als die Neue Sachlichkeit noch keine Zweifel an sich und der prosperierenden Republik aufkommen lassen wollte. Chronisten der gefährdeten Jugend werden FERDINAND BRUCKNER (Pseudonym für Theodor Tagger) (1891–1958) mit seinen Dramen über keineswegs als fröhlich empfundene Exzesse (*Krankheit der Jugend*), über eine verratene, gedemütigte und bedenkenlos gewordene Generation (*Die Verbrecher*), MARIELUISE FLEISSER (1901–1974) mit ihren Dramen über den ‚Dschungel' in Ingolstadt (*Fegefeuer in Ingolstadt, Pioniere in Ingolstadt*), ÖDÖN VON HORVÁTH (1901–1938), der in der letzten Phase der Republik, in der Zeit der offenen Krise, die Tragik der jungen Frauen in differenzierten Sozial- und Sprach-‚Porträts' einfängt (*Italienische Nacht, Geschichten aus dem Wiener Wald, Kasimir und Karoline, Glaube, Liebe, Hoffnung*). Das immer noch wilhelminische Erziehungssystem vieler Schulen und Anstalten, menschenverachtend, militaristisch, kasernenähnlich, wird in einigen Dramen angegriffen, die aus der Alltagsnot der Zöglinge und Schüler berichten – das am meisten beachtete dieser Reportagestücke ist PETER MARTIN LAMPELS (1894–1965) *Revolte im Erziehungshaus* gewesen.

Die Gesellschaft der Weimarer Republik scheint die Jugend auszusperren oder einzusperren (will man dem Wirklichkeitsverständnis vieler Dramen trauen). Die sonst in Literatur und Leben so demonstrativ zur Schau gestellte Jugendlichkeit scheint sich als Trug und Selbstbetrug herauszustellen – eine Jugend, die nicht altern will, weil sie vielleicht keine Chance hat, alt zu werden. In den Raumphantasien der Dramatiker kehrt eine Art Gefängnisvision immer wieder – in ihr scheinen sich der Ausdruck persönlicher Befindlichkeit und die Erkenntnis der realen Situation zu überlagern. Kerkerzellen, hoch ummauerte Höfe und Hallen (die sich zu Fabrikräumen verwandeln können und umgekehrt) sind häufig gewählte Schauplätze bei Toller, Kaiser, Kornfeld, Werfel – im Gegensatz zur lichterfüllten Weite, die Freiheit, ein anderes Leben oder gar das Jenseits verheißt. Bereits im frühen expressionistischen Drama konnte sich die enge Szene plötzlich glückhaft weiten – bedeutet das beharrliche Wiederauftauchen dieses Enge-Motivs aber nicht, daß sich das Empfinden der Dramatiker, in einem gesellschaftlichen Verlies zu leben, vom Kaiserreich bis zur Republik hin erhalten hat? – BERT BRECHT (1898–1956) entdeckt ähnliche Lokalitäten: die kleinen Spelunken, die winkligen und engen Vorstadt-Zimmer und -Straßen in *Trommeln in der Nacht* oder im *Dickicht der Städte* – Orte des Verrottens, wo Menschen verkommen, verrohen, verzweifeln. Allerdings verlieren sich solche Raumphantasien ein wenig nach den Jahren extremer Unsicherheit, nach 1923. Zugleich aber verliert sich auch allmählich, langsam, der eigenartige Exotismus, dem das deutsche Drama in der ersten Hälfte der zwanziger Jahre gehuldigt hat – mit Stücken über die Südsee und andere tropischen Breitengrade (Dramen von Alfred Brust, Bernhard Blume, Wilhelm Speyer, Melchior Vischer), über ein Phantasie-Amerika oder ein Phantasie-Asien (nicht zuletzt die Dramen von Brecht). Noch 1929 fragte sich Arthur Eloesser, wo eigentlich die deutschen Autoren wohnen. Mangelnder Sachverstand ist den Dramatikern schon wenig früher von Herbert Becker vorgeworfen worden. Auch Friedrich Wolf sieht sich in dieser Zeit gezwungen, daran zu erinnern, daß die Themen auf der Straße lägen. Kurz darauf erfüllte die Woge der Zeitstücke diese Bitten. Die Dramen, die nicht vor der Wirklichkeit ausweichen und sich doch ‚gegen die Zeit' richten, bevorzugen eine symbolisierende Darstellung, für die etwa auch das Jahr 1923 zum Inbegriff einer allgemeinen Verstörung wird: Der an Büchners Woyzeck gemahnende Held in Tollers *Hinkemann* ist im Krieg entmannt worden und muß auf dem Jahrmarkt die deutsche Stärke markieren. Die Hohlheit nationaler Kraftposen entlarvt Toller auch in seiner Satire *Der entfesselte Wotan*. Arnolt Bronnen sieht das Jahr 1923 unter anderem Aspekt: Deutschland ist in den Schmutz getreten worden wie die deutsche Flagge – die dann doch wieder am Schluß seines Dramas *Rheinische Rebellen* triumphierend aufgezogen wird und über der Szene flattert. Schlageter, der 1923 im Kampf gegen französische Ruhrbesetzung umkommt, wird bald zu einem heimlichen Idol der Nationalisten – als Märtyrerheld, der für Deutschland den Tod fand, von Johst im Drama *Schlageter* zum Denkmal erhoben. Die wahren Antriebe der nationalen

Landsknechte im Jahre 1923 – die Ratlosigkeit nach dem verlorenen Krieg, der Wahn betrogen worden zu sein, der fatalistische Glaube an die Gesetzmäßigkeit ewigen Mordens – deckt Horváth in seinem Drama *Sladek, der schwarze Reichswehrmann* auf. Sternheim führt in *Nebbich* (Zeitangabe: im Jahre 1923) Karriere und Sturz eines Spießers im neuen Deutschland vor, wo Irrtum und Verblendung ihre Heimstätte gefunden haben. Auch Walter Mehring schildert in *Der Kaufmann von Berlin* Karriere und Sturz eines betrogenen Betrügers als Taumelweg über den Abgrund der Inflationszeit: Alles verliert seinen Wert, Geld und Leben werden zu Dreck, den Straßenkehrer auf der Bühne wegfegen. Schuldige werden genannt: Es sind gerade die Kräfte, die sich sonst als staatstragend ausgeben, revanchistische Militärs und charakterlose Karrieristen, die als Totengräber der (nur der republikanischen?) Gesellschaft erscheinen. Der Erfolgstyp auf der Szene macht seit dem Wilhelminismus nur Verpuppungen durch, die seine Kontur kaum verändern: Aus dem Bourgeois-Untertanen wird der Kriegs-, der Revolutions-, der Krisengewinnler.

Kämpfe bis zum Knock-out, Zerstörungen von Liebe und Vertrauen, überdimensionale Täterhelden, die im bürgerlichen Sinne gewissenlos sind, prägen viele neusachliche Dramen. Deren aggressives ‚kriegerisches‘ Bild der Wirklichkeit wird durch das arrogante Gebaren des Modern-Seins übertüncht. Legitimitäts- und Humanitäts-Denken scheint außer Kraft gesetzt zu sein: Diese ‚Kriegs-Einwirkung‘ wird erst in der Mitte der zwanziger Jahre, in der Phase des ‚Landfriedens‘, sichtbar – schon in Brechts *Dickicht der Städte,* in dem zwei Männer aus Gründen, die nicht verraten werden, einen Kampf austragen, der einem Schattenboxen gleichkommt: Sie kommen einander nicht näher. Immerhin läßt sich schwach ein Generationskonflikt erkennen, stärker schon eine Spannung zwischen dem reichen Manne Shlink, der mit seinem Leben wie ein Spieler umgeht, und dem armen Intellektuellen Garga, der im Kampf zum schäbigen Gegner wird. Brechts Drama *Mann ist Mann* will in kühler, aufgesetzt wirkender Ungerührtheit (für manche Dramen Brechts aus der Zeit der Weimarer Republik eigentümlich) zeigen, daß jeder Mensch austauschbar ist – allerdings führt er dies am Beispiel der uniformierten Soldaten vor, was die Übertragbarkeit der Philosophie, Mann sei Mann, doch eingrenzt. Die Zweikämpfe im nach-expressionistischen Drama werden zu Titanenkämpfen vergrößert, bei denen es um Wohl und Wehe der ganzen Gesellschaft gehen soll – so schon in *Gas I* und *Gas II,* wo der Milliardärssohn und der Milliardärarbeiter für das Menschheitswohl, den Frieden argumentieren, während der Großingenieur Industrie und damit Krieg dem menschlichen Ruhm zurechnet. Auch in den Dramen Arnolt Bronnens wird heftig und brünstig gekämpft – äußerlich vielleicht von zwei Männern um eine Frau, von zwei Frauen um einen Mann, in der Tiefe aber um die Zukunft des Landes, Deutschlands (etwa in *Anarchie in Sillian* oder in *Rheinische Rebellen*). Vielleicht ist auch der erotische Kampf zentral und der nationale Ehrgeiz nur Verbrämung. Der Schlagabtausch, der Kampf im Ring – nicht etwa der ‚parlamentarische‘ Dialog – werden zum dramatischen Modell der Konfliktlösung, einer Konfliktlösung, die in die historische Dimension projiziert wird. Der Sieger erscheint oft als Heilsbringer, als Retter aller – etwa der Ingenieur Carrell in *Anarchie in Sillian,* der den brutalen Arbeiter, der dem Land den Strom absperrt, handgreiflich außer Gefecht setzt. Selbst sozialkritische Autoren gewähren solche Gloriole kapitalistischen Erobererfiguren. In dieser Weise stilisiert Feuchtwanger seinen Helden im Drama *Warren Hastings* (1916), das er zehn Jahre später mit Brecht überarbeitet und unter dem Titel *Kalkutta 4. Mai* aufführen läßt. In Feuchtwangers Drama *Die Petroleuminseln* tobt der Gigantenkampf zwischen Frau und Mann, zwischen der mächtigen, häßlichen Ölmagnatin und dem virilen Moskauer Agenten, zwischen Kapitalismus und Sozialismus – doch die Überlegenheit der einsam großen ‚Imperatorin‘ des Öls steht von vornherein fest.

Diese Figuren – von staunenswerter Unsentimentalität, von keinem Gefühl, keiner Geliebten, keinem Naturtrieb beirrbar, wenn sie etwas wollen –, diese Figuren müssen nach 1923 eine große Faszination ausgeübt haben. Sie ist noch spürbar in der Konzeption des Pierpont Mauler, des „Fleischkönigs" im Chikago der *Heiligen Johanna der Schlachthöfe* von Brecht, in der Konzeption eines dämonisierten Filmproduzenten und Menschenverführers in Unruhs *Phaea*. Eine Variante stellt der Heiratsschwindler als Geschäftsgenie dar, der sich in Hasenclevers Komödie *Ein besserer Herr* virtuos als Herzensbrecher ‚managt' und Liebesgefühle anderer ‚sachlich', in industriellem Ausmaß, reguliert.

Vermutlich sind diesem Typus der über-intellektuellen Täter-Riesen jene historischen Heroen verwandt, mit denen auf der Bühne der zehner und zwanziger Jahre ein devoter Kult getrieben worden ist – vorweg mit Friedrich II. von Preußen, dessen Verhältnis zum tyrannischen Vater, dessen Härtung vom Ästheten zum Staatsmann, zum ‚Führer' im siegreichen Kampf gegen fast ganz Europa vielfach, seit der Vorkriegszeit, in dramatischen Legenden und Heiligenviten behandelt wird (etwa von Hermann Burte, Joachim von der Goltz, Hermann von Boetticher). Sein Ruhm wird in den zwanziger Jahren schließlich noch in Fridericus-Rex-Filmen und -Operetten verbreitet. Napoleon, der souveräne Tatmensch, der selbstgeschaffene Imperator, bewegt eher liberale Autoren wie Unruh oder Hasenclever. Martin Luther und Thomas Münzer betreten wiederholt als nationale und soziale Reformatoren die Szene. Gegen eine Welt von Feinden kämpfen mit Erfolg die auch-intellektuellen Täter in *Gneisenau* von Goetz und in *Thomas Paine* von Johst. Die Verherrlichung des ‚Handelns ohne Zögern' in all diesen Dramen scheint einer Tradition intellektuellen Mißvergnügens daran zu entsprechen, sich bloß auf die Welt des Geistes eingeschränkt zu sehen – vielleicht auch einer Neigung, den Ausgleich in der Schöpfung aktiver Phantasiefiguren zu suchen. Das Nicht-Eingreifen, die Haltung vorwiegend betrachtenden Erwägens, die Gelähmtheit des deutschen Ästheten verurteilen Heinrich Mann (in seinem Essay *Geist und Tat,* 1910) und andere schon vor dem Krieg. 1918 greifen im Gegenzug Kerr oder Bab gerade die untertänige Bewunderung von Tat und Täterhelden als knechtische Gesinnung an. In den expressionistischen Dramen ist es vorzüglich der Dichter, der dem Volk den Weg zum Heil weisen will, der zum revolutionären Anführer werden kann – nach 1918 treten bisweilen auch Studenten als revolutionäre Jünger und Wortführer auf. Toller weiß Bescheid um den Wunsch des Intellektuellen, Täter sein zu wollen, um den möglichen Widerspruch zwischen Tat und Geist – und um den Verdacht, der Revolutionären aus Gesinnung und nicht selbst erlittener Not von seiten der Arbeiter entgegenschlägt (*Masse Mensch*). ROBERT MUSIL (1880–1942) dagegen fühlt sich in einem gewissen Hochmut den irrlichternden Tätern gegenüber der Handlungträgheit, dem melancholischen Beiseite-Stehen verbunden – in seinen Dramen *Die Schwärmer* und *Vinzenz und die Freundin bedeutender Männer.*

Eine mögliche Tat, die böse Folgen vermeidet, ist das Selbstopfer – in allgemeinerem Sinn die Selbstüberwindung. Die Selbstkritik des Geistes vertieft sich zur Selbstverleugnung, Verleugnung des eignen Lebens. Diese Verwandlungs-Sehnsucht – sich als geschichtliche Person los sein zu wollen – kennzeichnet das Menschenbild vieler Dramen vor und nach 1918. Kaisers jählings erweckte Büromenschen und Werfels Sucher wollen, nachdem sie im raschen Umlauf die Welt geprüft haben, sich aus ihr fortschaffen – auf diese Weise eine vollständige Verwandlung erreichen (*Von morgens bis mitternachts, Spiegelmensch*). Experimente mit dem eigenen Leben können als Umwege, Verirrungen oder auch ‚Weg nach unten' doch endlich zur Erlösung von sich führen – zu einem Tod als Erleuchtung, einem Sterben in Frieden (zum Beispiel in HANS KALTNEKERS [1895–1919] Drama *Die Schwester*). Bei ERNST BARLACH (1870–1938) kämpfen viele Personen darum, ihre bürgerliche Person zu überwinden, um in ein neues Leben ‚jenseits' aufzubrechen – so in *Der arme Vetter* und *Der blaue Boll*. Bei HANS HENNY JAHNN (1894–1959) ringen die Kinder des *Pastors Ephraim Magnus* darum, den quälenden Körper zu foltern, zu zersprengen, der sie in ihr altes Dasein einschnürt: Selbsttortur scheint die Selbstüberwindung zu versprechen, zumindest zu begleiten. Überwindung des eitlen Ich verlangt noch der Chor in Brechts *Badener Lehrstück vom Einverständnis* – wie ja auch die Formel Mann ist Mann bei aller Provokation wenigstens in der ersten, neusachlichen Fassung des Dramas ernst gemeint gewesen ist: Der Glaube an die Unantastbarkeit und Eigenheit, an den unverwechselbaren ‚Charakter' des einzelnen sei historisch überaltert – in der Epoche der Kollektive. Zugleich aber kann diese Auflösung des einzelnen in eine Gruppe auch als Entfremdung von sich selber erscheinen. Selbstüberwindung als Sich-selbst-fremd-werden kann dann schreckhaft erfahren werden – als Verkürzung des Menschen auf Arbeitsfunktionen (*Gas I*) oder auf Triebe, die von ihm Besitz ergreifen. Wohl auch beeinflußt durch Strindbergs erotischen Mystizismus, durch Wedekinds Spektrum triebverfallener Figuren haben einige Dramen seit der Vorkriegszeit den barbarischen Exzeß als radikalste Form des Selbstopfers bühnenfähig gemacht. Sicherlich gehören dazu Jahnns frühe Dramen, in denen die Helden als verzweifelte Sucher, die eine andere Identität erflehen, Greuel gegen sich und andere begehen. In ALFRED BRUSTS (1891–1934) Drama *Die Wölfe* läßt sich eine unbefriedigte Pfarrersfrau, enttäuscht von den Männern, von einem Wolf lieben und den Hals zerbeißen – ein potenter Kraftmensch vollzieht den gleichen Akt an einem Mädchen, das Verwandlung durch Vernichtung erhofft (in Bruckners *Krankheit der Jugend*). Weitere Beispiele solcher Triebrevolten, die Individualitätswahn und Individuum ‚umzubringen' versprechen, finden sich bei Brecht, Bronnen, HERMANN ESSIG (1878–1918) *Überteufel* oder ERNST WEISS (1884–1940) *Olympia*.

Bei den Dramen, die sich mit dem Weltkrieg befassen, lassen sich zwei Phasen unterscheiden: Die erste Phase setzt bereits in den letzten Kriegsjahren an, als in Kontrast zu den siegesgewissen Kriegsrevuen 1914/15, den Stücken, die den Mythos der ‚großen Zeit' propagieren, und den Militärschwänken einige Dramen den Krieg als furchtbare Zerstörung darstellen. Dabei ist das Denken in nationalen Gegensätzen nicht ganz aufgehoben – so in RENÉ SCHICKELES (1883–1940) Drama *Hans im Schnakenloch*, das die Volkscharakteristik von ehrbaren Deutschen und leichtfertigen Franzosen vertieft, so in REINHARD GOERINGS (1887–1936) Tragödien *Seeschlacht* oder *Scapa Flow*. Die eine führt vor, daß den deutschen Matrosen gutes Schießen und Sterben fürs Vaterland näher liegt als gutes Meutern – auch wenn einige von ihnen das ‚entheroisierende' Gefühl haben, im abgeschlossenen Panzerturm wie Schweine auf den Metzger zu warten. Die andere feiert die Selbstversenkung der deutschen Flotte mit Monologen der Admirale auf dem englischen und deutschen Flaggschiff – auf der deutschen Seite wird gleicherweise die heilige Heimaterde beschworen und eingestanden, daß man sich „irgendwo geirrt" habe. WILHELM SCHMIDTBONN (1876–1952) will in seinem Drama *Der Geschlagene* – ein abgestürzter und erblindeter Flieger kehrt zurück – ein Monument für die deutsche ‚Nationalkatastrophe' setzen. Unruh, der sich als Mensch und Dramatiker in der Vorkriegszeit mit dem preußischen Militärsystem identifiziert, bricht im *Geschlecht* mit dieser Ordnung – der heftigste Empörer in diesem Drama, der schuldig gewordene älteste Sohn, stürzt sich selbst zu Tode, seine Mutter und schließlich auch noch andere nehmen die Botschaft auf: In symbolischer Geste streift ein bekehrter Soldatenführer seinen blutroten Mantel von der Schulter. Die Begeisterung von 1914, die Hoffnung, im Krieg werde es keine Parteien und keine Klassen, keinen alten Zwist mehr geben, wenn sich eine geeinte Nation zum scheinbar gerechtfertigten Verteidigungskampf stellt, diese Ekstase weicht in den Kriegsstücken, die um 1918 entstehen, nicht etwa der Ernüchterung, sondern einem anderen Pathos – dem Pathos des nicht ganz sinnlosen Sterbens, wenn es als Fanal gemeint ist, dem Enthusiasmus für eine friedliche Gemeinschaft, in der alle Menschen versöhnt zusammenfinden (*Die Wandlung*).

Versteckte Kritik an der Heeresleitung, am Weltkriegs-Offizier üben einige Dramen, um den deutschen Soldaten zu entlasten. Die Friedrich-Dramen halten dem unterlegenen Deutschland das Bild eines siegreichen Herrschers vor. Das Drama *Gneisenau* – so der Vorspruch des Autors – schildert die Tragödie eines wahren Führers, der von all denen absticht, die sich im Weltkrieg der Maschine des Militarismus als gute ,Funktionäre' eingefügt haben. Vom sozialistischen wie vom nationalistischen Dramatiker wird die Nachkriegszeit nicht als Nachkriegszeit erlebt. Die Formel: Es ist noch immer Krieg, bezieht sich hier auf den Kampf für Deutschlands Sieg und Ehre, dort auf den Kampf der Arbeiterklasse gegen Imperialismus, Kapitalismus und bürgerlichen Staat. Erst nach 1923, in der Zeit, in der die radikalen Parteien die Republik zunächst einmal hingenommen haben, kommt diese Agitation auf der Bühne für eine kurze Weile zur Ruhe. Die Arbeiter-Sprech-Chöre, die der SPD nahe sind (Autoren wie Alfred Auerbach, Hans aus Sachsen, Bruno Schönlank), sublimieren den ,Endkampf' um die neue Gesellschaft zu einer Art historischem Wunder – der Sieg fällt den Arbeitern in den meisten der allegorischen Handlungen so plötzlich zu wie auf der Bühne die Ketten von ihnen abfallen.

Die zweite Phase der Kriegsstücke beginnt ungefähr ein Jahrzehnt nach Kriegsschluß. Eines der zentralen Probleme, das des Vergessenwerdens, gibt das vielgespielte Drama von Paul Raynal vor: *Grabmal des unbekannten Soldaten* (*Le Tombeau sous l'Arc de Triomphe*, aus dem Französischen 1926 übertragen). Der Soldat findet bei seinem Urlaub kaum mehr Platz in der Heimat – er wird bald aus dem Gedächtnis seiner Familie und seiner Lieben entschwunden sein. 1926 ist auch das Drama *Die endlose Straße* von SIEGMUND GRAFF (* 1898) und CARL ERNST HINTZE (1899–1931) geschrieben worden, das von seiner verspäteten deutschen Erstaufführung 1930 bis zu seinem Verbot 1936 das wohl am meisten gespielte Kriegsstück gewesen ist. Der Krieg erscheint als überindividuelle Gewalt, als Muß, dem man als einzelner Soldat nicht ausweichen kann. Alles Private wird um des Überpersönlichen willen zwangsweise ausgelöscht – eine ,sachliche' Verneinung aller Ansprüche des Individuums, die unpathetische Ergebenheit verlangt. Zweifellos hängt diese Ideologie mit dem hier gewählten Schauplatz Front/Frontnähe zusammen: Die Front scheint die Soldaten zu einer Art Schicksalsgemeinschaft zusammenzuschließen, die im Vergleich zur Friedensgesellschaft einfach und übersichtlich aussieht. An der Front fehlen Frauen und erotische Verwirrungen, die gesteigerte Unverantwortlichkeit des Ich entlastet es von eigenen Entscheidungen, das aufgezwungene Zusammenleben mit anderen, die in der gleichen Situation sind, läßt angeblich keinen Spielraum für Parteienhader. Die sogenannte Frontgemeinschaft erscheint – in der Sicht dieses und anderer national empfindender Kriegsstücke – als Urform einer männlich-unkomplizierten Volksgemeinschaft, die Ende der zwanziger, Anfang der dreißiger Jahre mehr oder weniger ausdrücklich gegen die Anarchie und Entartung in der Republik gehalten wird. Den Rachegelüsten, die nach der Niederlage, als Schock erfahren, und nach dem demütigenden Versailler Vertrag entstanden, durch Verarmung oder Arbeitslosigkeit vertieft worden sind, leisten solchen Kriegsdramen Vorschub: Sie sentimentalisieren und heroisieren das ,Kriegserlebnis', um den Kampf um Vergeltung, selbst den Tod in diesem Kampf als leichtes Übel, als Segensstat herauszustreichen. In nationalistischen Dramen tritt der Soldat als Betrogener auf, dem Unrecht widerfahren ist – das danach ,schreit', wieder gutgemacht zu werden. Der Heimkehrer klagt die verräterisch treulose Heimat an. Ein typisches Motiv: Die Frauen der Frontsoldaten haben andere Männer genommen. Auf der Szene mahnen die Zurückgekehrten, tot oder totgeschwiegen, selten zum Frieden, zur Versöhnung – sie mahnen zur Revanche für Deutschland, sie halten der erbärmlichen Friedenszeit die

‚große Zeit' des Krieges entgegen, sie verwandeln das häusliche Wohnzimmer symbolisch oder szenisch realistisch in einen Unterstand (zum Beispiel in EBERHARD WOLFGANG MÖLLERS (1906–1972) Drama *Douaumont oder Die Heimkehr des Soldaten Odysseus*). Eine Ausnahme macht HANS CHLUMBERGS (1897–1930) *Wunder um Verdun*: Die Gefallenen beider Seiten sind auferstanden und kehren in die Welt zurück. Durch ihren Auftritt verstören sie die schachernden und phrasentönenden Politiker – ihr Erscheinen ruft die Hoffnung auf eine bessere Welt zurück.

Sozialistische Dramatiker haben wie in der ersten so auch in der zweiten Phase der Kriegsstücke die Leiden des einfachen Soldaten – als des Proletariers auch in Kriegszeiten – scharf abgehoben von den Vorrechten der Offiziere, der Herrenkaste. Die gefeierte Frontgemeinschaft besteht für sie allenfalls als Solidarität der Unterdrückten. Nicht von ungefähr sind es gerade Revolten in der nicht-kämpfenden Marine (die als Symbol der Weltmacht des Kaiserreiches ihren Nimbus nicht in ständigen Schlachten einbüßen sollte), an die die Stücke von Wolf, Toller oder Plievier erinnern. Die extrem sinnlose Fron auf dem stilliegenden Kriegsschiff, durch keinerlei militärische Notwendigkeit erfordert, ist jeweils Anlaß zu einem Aufstand, der noch an der Schwäche, Uneinigkeit und Unorganisiertheit der Matrosen scheitert. Es ist nicht so sehr die Kriegserfahrung, als vielmehr die Revolutionserfahrung, die in diesen Dramen weiterwirkt – und wiederbelebt wird. Damit demonstrieren auch diese Kriegsstücke, daß man an eine parlamentarisch gefundene Hilfe für die gegenwärtige Not nicht glauben soll. Auch angelsächsische Dramen sind aufgeführt worden, die dem Militär- und Männerleben eine Eigenwertigkeit zumessen, die nicht unbedingt gegen den Krieg gerichtet ist. Es bezeichnet die Unempfindlichkeit der späten zwanziger Jahre für solche Relativierung der Friedenswelt, daß zum Beispiel ein Stück dieser Art, *Rivalen* (*What Price Glory?*) von Maxwell Anderson und Lawrence Stalling, in der Bearbeitung des pazifistischen Autors Zuckmayer von dem kommunistisch denkenden Regisseur Piscator auf die Bühne gebracht worden ist. Alfred Kerr glaubt im Rückblick aus dem Exil, während der ganzen Zeit der Weimarer Republik in Theater, Drama und Film eine antidemokratische militaristisch-nationalistische Grundströmung wahrzunehmen, die den Beteiligten selbst meist nicht aufgefallen sei.

Schon vor dem Börsenkrach 1929, mit dem die Weltwirtschaftskrise akut geworden ist, äußern sich im Drama Rechts- und Zukunfts-Unsicherheit, Unzufriedenheit mit einer als unfertig und hinfällig betrachteten Republik. Legitimitätskrise und Mißtrauen lassen in etlichen Zeitstücken die geltende Ordnung (spätestens von der Spielzeit 1928/29 an) als Hohn auf Menschlichkeit und Gerechtigkeit erscheinen. Die Justiz zeigt für die verführte, bedrängte Jugend und die Qual der Armen nur den Hochmut, die Schneidigkeit der Vorkriegszeit und verkennt zudem, in Vorurteilen darüber befangen, was ein Verbrechen sei, die wahren Ursachen einer Tat (etwa in Bruckners *Die Verbrecher* oder in LEONHARD FRANKS [1882–1961] *Die Ursache*). So fechten am Ende der zwanziger Jahre zahlreiche Dramen gegen Todesstrafe und erbarmungslosen Strafvollzug – darunter auch Stücke von Juristen, wie *Amnestie* von dem Geheimen Oberjustizrat und Präsidenten des Strafvollzugs in Preußen, KARL MARIA FINKELNBURG. Sie attackieren Klassenjustiz und Richteranmaßung, fatale Gesetze und brutale Amtsausübung. Sie wehren sich gegen die Verleumdung und Verfolgung der Mütter, die aus sozialer Not ihre Kinder nicht gebären können und wollen, die wegen des Abtreibungsverbots in die Illegalität getrieben werden (HANS J. REHFISCH [1891–1960] *Der Frauenarzt*, Friedrich Wolf *Cyankali*, CARL CRÉDÉ (* 1878) *Paragraph 218*). Sie decken die Verquickung von Militär und Macht, von Antisemitismus und Nationalismus auf (Hans J. Rehfisch/Wilhelm Herzog *Die Affäre Dreyfus*). Die Anklagen dieser Dramen gelten dem Dünkel, Philistertum und ‚Übermut der Ämter', Eigenschaften, die aus dem zweiten Kaiserreich her schon vertraut sind – dadurch aber, daß sie immer noch so gegenwärtig sind, die Weimarer Republik als „Halbrepublik" (Kerr) bloßstellen. Die Auseinandersetzung mit dem augenscheinlich immer noch unbewältigten Wilhelminismus sucht etwa Zuckmayer in seinem deutschen Märchen *Der Hauptmann von Köpenick.* Bruckners *Elisabeth von England,* nur vordergründig ein historisches Charakterbild, greift imperialistisches Machtstreben, die Politik der Waffen an – und die Kriegshetze einer jüngsten Generation, die die vergangenen Schlachten nicht mehr erlebt hat und sich angeblich aus nationalem Ehrgefühl männlich bewähren will. Kommunistische Dramatiker benennen als Ursache des Zerfalls, dem die Republik ausgeliefert scheint, den Kapitalismus (nicht primär den Nationalsozialismus, den sie als historische Größe geringschätzen). In Brechts Dramen *Aufstieg und Fall der Stadt Mahagonny* und *Die heilige Johanna der Schlachthöfe* taucht zur Darstellung des Kapitalismus die Metapher des blutigen Schlächters auf. Ein entsprechendes Gesicht zeigen seine Repräsentanten in Wolfs *Cyankali* – konkretisiert als Schreckensmaske wird er in GUSTAV VON WANGENHEIMS (* 1895) Stück *Die Mausefalle.* Das sogenannte Volksstück bemüht sich weniger als das Zeitstück darum, den angegriffenen Gegner als identifizierbare Bühnenperson – als Richter oder als Kapitalisten – vorzuführen. Es entdeckt vielmehr eine republikfeindliche grausam-archaische Denkungsart als Regelfall bei den Menschen ,draußen im Lande' – so die Dramen von Fleißer, Horváth, RICHARD BILLINGER. Vermutlich hat die wilhelminische Bürgersatire der Wedekind, Sternheim oder Heinrich Mann auf diese Dramatiker, wie auch vermittelt, Einfluß ausgeübt. Doch durchaus zeitbewußt lassen zum Beispiel Horváths Dramen die Vertierung hinter der heuchlerischen Fassade von Phrasen, des Desillusionierung der Glücks- und Gottsucher, die Anfälligkeit für alle Versprechen eines weniger elenden Lebens, für Glaube, Liebe und Hoffnung, die Disposition eines abgesunkenen und hilflosen Menschentums als Voraussetzung der faschistisch-nationalsozialistischen Massenbewegung erkennen.

In den zwanziger Jahren ist die Alternative zwischen einer älteren und einer neueren Dramaturgie häufiger als zuvor debattiert worden. Dies darf jedoch nicht übersehen lassen, daß eben diese neuere Dramaturgie, die sich häufig als episch definiert, selbst schon eine weit zurückreichende Tradition hat, auf die Brecht ebenso hinweist wie sein Widersacher Kerr. Nur hat Brecht seltener die unmittelbaren Vorstufen im Blick gehabt. Schon vor dem Weltkrieg haben sich einige Werke des europäischen Dramas vom Akte-Schema losgelöst, bewußt mit dem herkömmlichen Theaterkonzept gebrochen – die Fabel in Bilderfolgen, die Hauptperson in ,Reflexgestalten', die Konturen des Individuums, des Bewußtseins aufgelöst. Das lyrische Drama der Jahrhundertwende, der Antirealismus der Traumspiele und Stationendramen Strindbergs, die Rampennähe der Szenenhandlungen Wedekinds, die Stilbühne mit angedeuteten Dekorationen, mit Licht- und Farbsymbolik: All diese Entwicklungen haben bereits in der Vorkriegszeit eine Szene geschaffen, die über-naturalistischen Charakter annehmen kann, auf der die Gestik des Schauspielers aus der Salonallüre in die bedeutende Gebärde übersetzt und das Wort von der sprechenden Figur abgehoben wird. Die hymnischen, monologischen Auftritte des expressionistischen Dramas sind für diese neue nicht-mehr-,dramatische' Bühne geschrieben. Die Kenntnis des ostasiatischen, des japanischen Theaters, seit der Jahrhundertwende vertieft, hat die Tendenz nur gefördert, die Guckkasten-Bühne und das ihr entsprechende Repertoire aufzugeben. Der schon bald zum Klischee gewordene Vorwurf, gerichtet gegen Kulissenrealismus und seine Wirklichkeits-Wiedergabe, er liefere nur Photographien, läßt erkennen, daß die Stilbühne dagegen den Anspruch erhebt, der Ort der eigentlichen Kunst zu sein. Schon vor dem Krieg deutet sich auch in Überlegungen zur neuen Kunst Film eine Ästhetik der Bilder, der Gebärde und der Gebärdensprache an, die die Wort-Sprache eindämmen soll – im Sinne einer Rückkehr zur Pantomime als Urform des Theaters. Einige Dramatiker nehmen sich Ende der zehner Jahre das Kino zum Muster: Bilder ohne Worte, Anweisungen bloß für Szenenabläufe finden sich zum Beispiel in Hasenclevers Dramen, die kaum von seinen Filmszenarien aus der gleichen Zeit zu unterscheiden sind. Kaiser und Werfel benutzen (unbewußt?) die grellen Effekte und mysteriösen Verwandlungen, die von den Zeitgenossen mit dem Kino assoziiert werden. Brecht, der als junger Autor mit mehr Intensität an Filmen als an Bühnenstücken zu arbeiten beginnt, hat an dem neuen Medium die Außensicht auf die Figuren, den sozialen Gestus eines Verhaltens studieren können.

Bereits in der Vorkriegszeit wünscht das neuromantische, dann das expressionistische Drama ein Publikum zu erreichen, das den Theaterbesuch nicht als Luxus oder Rollenspiel abtut. In den zwanziger Jahren begehrt man schließlich einen Zuschauer, der betroffen, eingeweiht oder fachmännisch – als ,real existierender' Mensch reagiert. Der Vergleich mit dem Sportpalast-Publikum wird gerne gezogen – so von Brecht oder Ihering –, wenn es ein Vorbild für ein solcherart interessiertes Publikum zu nennen gilt. Das Theater definiert sich durch die Wendung zu diesem gesuchten Publikum als Tempel oder als Tribüne: Im Theater als Tempel wird ein beinahe heilig anmutendes Gemeinschaftserlebnis gefeiert, bei dem sich sogar die Grenze zwischen Spieler und Zuschauer verwischen soll – dies sind Ideen etwa des frühen proletarischen Theaters oder der Arbeiter-Sprech-Chor-Bewegung. Das Theater als Tribüne dient als politisches oder überpolitisches Instrument, in die Öffentlichkeit hineinzuwirken. Diese publikumsorientierten Strategien des Theaters als Tempel oder Tribüne bedienen sich auch neuer Rollentypen, in denen das Publikum seine Identifikations- und Feindbilder wiederfinden kann – den Herren mit Monokel, das Girl, den muskulösen jungen Arbeiter mit offenem Hemd, den feist-dicken Börsianer usw. Diese Rollentypen kehren bei Kaiser (etwa in *Nebeneinander*), im Sprechchor wie bei einer Agitprop-Vorstellung wieder. Die Vorliebe für solche schablonisierten Figuren, aus der zeitgenössischen Gesellschaft mit fast karikaturistischer Absicht gleichsam herausgeschnitten, ist aufschlußreich für die Dramaturgie der Weimarer Republik: Im Bewußtsein der großen Aufgaben, mit dem das Theater als Tempel oder Tribüne auftritt, erstrebt sie eine starke, deutliche ,,Plakatwirkung" (Kaiser) – Appell oder Demonstration. Brechts Vorstellung eines kühl-distanzierten Zuschauer-Erlebens – zeitweilig in den zwanziger Jahren formuliert – entspringt zumal seinem Widerspruchsgeist. Sie ist keinesfalls epochentypisch – im Gegenteil: Auf ,hochdramatische' Suggestivität und dynamische Steigerung der Bühnenvorgänge zielen die meisten Dramatiker ab, auch die bedeutenden Autoren des politischen Theaters in der Weimarer Republik: Ernst Toller und Friedrich Wolf (nicht zu vergessen Erwin Piscator, dessen Wirken als Regisseur dem eines Autors gleichkommt). Brechts Abwehr eines Dramas und Theaters, die vornehmlich Gefühlsbewegungen erzeugen, ist überdies nicht so eindeutig. Dafür hat die Musik in seinem Werk eine zu auffällige Bedeutung – angefangen bei den Balladen und zahlreichen melodramatischen Effekten seines Frühwerks (Effekte, die einen gewissen Stimmungszauber auch in der Parodie bewahren) bis zu den Opern oder Dramen mit Musik, die er in Zusammenarbeit mit den Komponisten Kurt Weill, Paul Hindemith oder Hanns Eisler ab der zweiten Hälfte der zwanziger Jahre verfaßt.

Appelle kleiden sich in rhetorisch ausladende Monologe und Ansprachen, in Massenwirkungen und chorische Multiplikationen von Ausrufen und Gebärden, in Tableaus und aufwühlende Schock-Schlüsse. Die Demonstration auf der Bühne verlangt die Aufspaltung in Handlung und Kommentar, in das, was ,zur Schau gestellt' wird, und das Räsonnement aus der externen Position. Diese Kommentierung – als ,episches' Element, als Erzählereingriff deutbar – wird durch vermehrte ex-persona- oder ad-spectatores-Reden, durch Ansager-Conférencen oder durch Chor-Ansprachen, durch eine Redeweise, die das Neben-sich-Stehen der Personen ausdrückt, oder durch entpersönlichten Tonfall geleistet. Auch szenische Mittel wie Projektionen und Film – bei Piscator als mehrwissender Chor fungierend: als „chorus filmicus" (Diebold) –, Ballade und Song als quasi eingestreute ‚Arien', das Spiel im Spiel, die Verschränkung von Traumszenen mit realistischen Szenen – all dies hilft Handlung und Kommentar zu unterscheiden. Diese Formen der Demonstration fordern Perspektivenwechsel und Perspektivenbewußtheit vom Zuschauer, verhindern voreilige Analogieschlüsse und zwingen zur verschärften Beobachtung dessen, was da Revue passiert.

Den Bestimmungen Tempel und Tribüne, Appell und Demonstration entspricht es, daß im Drama der zehner und zwanziger Jahre Pathos und Satire vorherrschen – manchmal nebeneinander wie in einigen expressionistischen Dramen, in denen das Pathos eher dem Empörer reserviert ist, die Satire eher dem ‚häßlichen Bürger'. Die Satire verschärft sich in der ersten Nachkriegszeit zur Groteske in den Werken, die den ‚Bürger' als Gegenspieler der Revolution angreifen, verhöhnen – etwa in Tollers *Wandlung,* in Jungs *Kanaker,* in JOHANNES R. BECHERS (1891–1958) *Arbeiter Bauern Soldaten,* in Mehrings *Kaufmann von Berlin.* Die groteske Demontage bürgerlicher Rituale und Familienzeremonien bei Brecht (*Kleinbürgerhochzeit, Trommeln in der Nacht*) oder IWAN GOLL (1891–1950) (*Methusalem*) läßt hinter der Fassade einen lauernden Egoismus erkennen. Die Groteske verschont aber auch nicht die problematischen Heilsbringer – wie in Tollers *Entfesseltem Wotan.* Mitte der zwanziger Jahre weicht die Groteske der Tendenz zur Parodie, zur Persiflage – im neusachlichen Drama. Dessen antipathetischer Trotz und leichtfertiger Relativismus waren von kurzer Lebensdauer – ebenso schnell verlieren sich etwa die Parolen, die die alte Tragik als heute leicht reparierbares Mißgeschick erklären (George Bernard Shaw hat durch seine Dramen und Vorreden wahrscheinlich diese Respektlosigkeit vor allem Tragischen verstärkt). Davor und danach aber überwiegen im Drama der Weimarer Republik der emphatische Ernst und das strafende Verlachen.

Sprache wird in vielen Dramen der Weimarer Republik kaum mehr als Eigenbesitz, als Ausdruck von Charakteren betrachtet. Im Gefolge Wedekinds haben Sternheim und Kaiser eine poetisierende Dramensprache verdrängt durch eine neue synthetische Redeform von künstlich verdichtetem Barbarismus, von der Hektik verblos ausgestoßener Befehle, Ausrufe, Anrufe – eine Sprache aus der Retorte, die bei Sternheim (zumindest im Zyklus *Ein bürgerliches Heldenleben*) dem preußischen Leutnantston verwandt scheint und sich daher als ideologisch geprägtes Idiom der wilhelminischen Ära deuten läßt. Kaiser treibt die Sozialtypik der Rede weiter. In *Nebeneinander* trennt er sorgsam die Sprache des närrisch-traurigen Idealisten, des kernig-braven Bürgertums und die der Glücks- und Konjunkturritter voneinander. Die jüngeren Autoren streben im Sinne eines Theaters als Tempel und Tribüne eine einheitliche Sprache an, die weniger nach Personen nuanciert ist, sich dafür in kommentierender Funktion zur Demonstration eignet oder die wirkungsmächtigen Elemente Schlagwort und Sentenz für Appelle bereithält: der Darlegung oder dem Oratorium dient. Toller verteidigt sein angebliches Papierdeutsch damit, daß es dem Autor darum geht, eine unzweideutige Verständigung mit seinem Publikum herzustellen. Brecht beraubt seine Figuren oft einer spezifischen Sprachfärbung, erfindet eine künstliche, lakonisch verknappte, epigrammatisch verdichtete Sprache, die oft mit spitzen Paradoxen, Parodien und Umwertungen tabuierter Begriffe durchsetzt ist. Horváth versteckt sich als Dramatiker völlig hinter der eigentümlich automatisiert-reflexhaften Kommunikationsform seiner Personen, die aus Floskeln, hochtrabenden Redensarten und beredten ‚Schweigeminuten' zusammengesetzt ist. Ein „Nicht-weiter-Können" (Kerr) im Reden führt auch Marieluise Fleißer vor. Die entpersönlichte Sprache zeigt sich hier wie bei Horváth als entfremdete Sprache.

Sprachskepsis gegenüber kollektiv gebrauchten Formeln, die das Eigene und Eigentliche verfehlen, der Zweifel an der Verbindlichkeit allgemeiner Begriffe, findet sich bereits im Drama Arthur Schnitzlers. Nach dem Krieg wird Sprachskepsis vor allem bei österreichischen Autoren thematisiert – etwa im Drama *Der Schwierige* von HUGO VON HOFMANNSTHAL (1874–1929). Doch auch andere Autoren lassen ihre Dramenfiguren erleben, daß die herkömmliche Sprache an ihre Grenzen gekommen ist, wenn es gilt, das sonst Verschwiegene, Unterdrückte, Elementare, die Entgrenzungserfahrung in Worte zu fassen. Diese Sprachgrenzen haben sich schon im Hymnenstil oder im ekstatischen Stottern des Expressionismus gezeigt: Sorges Dichterfigur schreitet auf seinem Erkenntnisweg allmählich ins Sprachlose vor. Leidenschaftlich kämpfen die Personen im Drama Jahnns gegen die Fesseln der Sprache und des Leibes gleicherweise an – außerordentliche Sehnsüchte, Ekel und Gier von Übermaß sind selbst in den ausschweifenden Monologlitaneien dieser Werke kaum zu dolmetschen. Brust ermahnt dazu, seine Dramen möglichst langsam zu sprechen, damit jedes Wort in seiner vielfachen Bedeutung erkennbar werden könne – auf diese Weise ritualisiert er zugleich sein Spiel. AUGUST STRAMM (1874–1915) verkürzt in seinen Dramenversuchen die Sprache auf Schrei, Ruf, Stammeln – ähnlich wie Hasenclever in seinen ‚Film-Dramen‘ *Die Menschen* oder *Jenseits*. Sprachverzweiflung wird auch bei Brecht zum Problem – im *Dickicht der Städte* kommen die zwei Kontrahenten weder im Revierkampf noch im Dialog zueinander. Die zahlreichen Versuche im Drama der Weimarer Republik, Dialekte (zumal süddeutsche Dialekte) aufzunehmen, haben nicht die Individualisierung der Dialektsprecher, eher deren Stilisierung im Sinne – eine Stilisierung zu Menschen, die die Kultur weniger überformt hat, die undifferenzierter, manchmal mechanischer, manchmal triebhafter reagieren. Besonders gegen Ende dieser dramengeschichtlichen Epoche erscheint die Mundart als zusätzlich uniformierende ‚Maske‘ der Figuren (zum Beispiel bei Horváth). Bei einigen Dramen, es sind Ausnahmen, erhöht der Dialekt die Prägnanz der appellhaften Rede – so wird in Wolfs *Der arme Konrad* recht kunstvoll Fraktur im Volkston gesprochen. Zusammenfassend und etwas überspitzt gesagt: Die Sprache des Dramas in der Weimarer Republik verhindert eher Dialoge, als daß sie sie begünstigt. Sie verdeckt eher Ausdruck und Aussprache einer Person, als daß sie beides ermöglicht. Sie zeigt eine Tendenz zum Lakonischen, zugleich aber auch eine Starrheit, die ihre Grenzen fühlbar macht. Die Instabilität, Unsicherheit der Zeit wird gerade in den Dramen vernehmbar, die die Sprachnot ihrer dramatischen Figuren als existentielles u n d soziales Dilemma eingestehen. Es sind dies etwa die Werke Horváths oder des jungen Brecht, die vom heutigen Spielplan seit den sechziger Jahren wieder entdeckt worden sind.

Das völkisch-heroische Drama
Uwe-K. Ketelsen

Man wird mit gutem Recht fragen können, ob in einer historischen und systematischen Darstellung des deutschen Dramas eine Behandlung des „völkisch-heroischen Dramas" anders als mit dem Hinweis auf dessen pure Existenz, die seine Behandlung verlange, zu rechtfertigen sei; denn eine direkte Auseinandersetzung damit, etwa auf der Bühne, findet heute nicht mehr statt. Die Stücke, die man unter diesem Rubrum versammeln könnte, haben sich in Inhalt und in wesentlichen Beständen auch der Form nach in der Zeit, zu der sie gehören, erschöpft, und zwar so sehr, daß noch nicht einmal ein musealer Theaterbetrieb sie zu einem Scheinleben erwecken will. Sie leben selbst nicht mehr indirekt, über eine Wirkungsgeschichte vermittelt, für uns fort. Sie erwecken überdies nicht nur den Eindruck, abgestorben zu sein, vielmehr sieht sie das gegenwärtige Bewußtsein (zumindest in Westdeutschland) auch durch einen Traditionsbruch abgespalten[1] und damit außerhalb des relevanten Bestandes deutscher Dramatik. Aber so paradox es sein mag, gerade dieser Umstand, daß sie völlig von der (fatalen) deutschen Geschichte absorbiert zu sein scheinen, rechtfertigt über ein bloß antiquarisches *Interesse* hinaus eine Beschäftigung damit: In dieser dramatischen Produktion artikuliert sich Geschichte, die – trotz allem! – unsere Geschichte ist; diese Dramen gehören mittlerweile mehr der allgemeinen Geschichte an als der speziellen Literaturhistorie. In dieser Weise sind sie Tradition, unsere Tradition.

Die literaturwissenschaftliche Beschäftigung mit dem völkisch-heroischen Drama hat das nach 1945 (ausgesprochen oder unausgesprochen) auch immer gewußt[2] und ihr Interesse daran weniger literarisch als historisch motiviert. Während für die meisten Themen aus dem Bereich der Geschichte des deutschen Dramas die jeweiligen *historisch-gesellschaftlichen* und *ideologiegeschichtlichen Konstellationen* allenfalls als „Bezugsfelder" in den Blick kommen, verhält es sich in Hinsicht auf das völkisch-heroische Drama gerade umgekehrt: Es erscheint immer als Produkt einer historischen Konstellation, gegenüber der es nie, und sei es auch nur scheinhaft, eine „Autonomie" gewonnen hat. Damit tritt klar ans Licht, daß die Beurteilung dieser historischen Konstellation und des Zusammenhangs, der zwischen Literatur und der politisch-gesellschaftlichen Realität gesehen wird, für die Beschäftigung mit diesem Komplex von unmittelbarer Bedeutung ist. Das Dritte Reich stellt für das völkisch-heroische Drama den Kreuzstein dar: seine Verabsolutierung zur zeitgenössischen Dramatik schlechthin in den Jahren zwischen 1933 und 1945 hat zu seiner Reduktion zur „Dramatik des Dritten Reichs" geführt – ohne diese identifizierende Koppelung wäre aber selbst ein antiquarisches Interesse kaum zu rechtfertigen. So gehen Erklärungen und Beurteilungen des Dritten Reichs unmittelbar in die Behandlung des völkisch-heroischen Dramas ein, wenn es entweder als Indiz für Entwicklungstendenzen auf dieses hin oder als dessen literarischer Ausdruck betrachtet wird. Die Auseinandersetzung mit Faschismus und Faschismustheorien ist deswegen implizit oder in neueren Arbeiten explizit Bestandteil der Beschäftigung mit der völkisch-nationalen und nationalsozialistischen Literatur geworden, ja hat teilweise schon rituellen Charakter angenommen[3].

Da diese Diskussionen und die darin bezogenen Positionen mittlerweile allseits bekannt sind[4], soll hier – selbst auf die Gefahr hin, in der erzwungenen Kürze in überpointierende Verschärfungen zu verfallen – nur stichwortartig angegeben werden, was für diese Untersuchung daraus von Bedeutung sein wird: Das völkisch-heroische Drama wird als Teil einer umfassenden völkisch-national-konservativen und nationalsozialistischen Literatur gesehen; diese wird als ein Artikulationsmedium eingeschätzt, in dem weite Kreise des unteren und mittleren Bürgertums und des Bildungsbürgertums ihre sozialen Ängste artikulierten. Diese Gruppen sahen sich spätestens seit dem letzten Drittel des 19. Jahrhunderts als Folge der rapiden Umwälzungen, die die schnelle Industrialisierung in Deutschland und die daraus resultierenden gesellschaftlichen Veränderungen mit sich brachten, in eine Bedrängnis gezwängt, die ihre soziale Existenz bedrohte. So wandten sie sich zur gleichen Zeit gegen die Industrialisierung und die damit verbundenen Tendenzen zur Demokratisierung der deutschen Gesellschaft wie gegen das sich langsam organisierende Proletariat, durch das sie ihre relativ privilegierte Stellung innerhalb der gesellschaftlichen Struktur angegriffen sahen. Da diese Schichten von der Furcht geschüttelt wurden, ins Proletariat „abzusteigen" (wovon sie in der Realität des Alltags teilweise kaum weit entfernt waren), orientierten sie sich – wenn auch stark fraktioniert – an den kulturellen und politischen Leitbildern des höheren Bürgertums; diese verteidigten sie zäh, gerade auch gegen Versuche der bürgerlichen Avantgarde, die historischen Prozesse ästhetisch und politisch adäquat zu verarbeiten. Seit den 20er Jahren drückten die Schlagworte „Amerikanisierung" und „Kulturbolschewismus" diese gesellschaftlich motivierte Haltung einer Kulturopposition aus. In der Verschärfung der gesellschaftlichen Krise im ersten Drittel dieses Jahrhunderts, die vor allem die unteren und mittleren Schichten des Bürgertums traf, radikalisierte und entrealisierte sich diese Haltung einer „antimodernization" zunehmend bis zu einem Grad, daß diese am Ende ohnmächtige Opposition gegen die Tendenzen des gesellschaftlichen Prozesses zur wütenden Pose erstarrte[5]. Von hier aus ist es verständlich, warum die Autoren alle politischen Bestrebungen unterstützten, die sie willens und in der Lage glaubten, die Krise zu wenden; so konnte sich – vor allem seit dem Ersten Weltkrieg – die Oppositionshaltung zur nackten Propaganda steigern und Literatur funktional-propagandistische Bedeutung gewinnen[6]. In diesem Engagement traf sich die pessimistische Grundstimmung der bedrohten bürgerlichen Schichten mit der eher aggressiven Haltung der neuen, zum Bürgertum stoßenden Eliten, vor allem in Naturwissenschaft und Technik, und der kapitalistischen Großindustrie, die die Gewinnerin der angedeuteten historischen Tendenz war.

Durch solche Überlegungen werden keine Gesichtspunkte von außen an das Phänomen herangetragen, welche etwa Bestimmungen ersetzten, die dem völkisch-heroischen Drama eigentümlich wären, z. B. solche literarischer Art. Diese gibt es nämlich gar nicht. Das völkisch-heroische Drama ist weder durch spezifische formale Charakteristika noch durch typische Themenstellungen ausreichend zu bezeichnen, wenngleich jenseits aller Verschiedenheiten, ja Widersprüche gewisse Tendenzen in Themenwahl und formaler Struktur zu erkennen sind. Unter rein literarischen Gesichtspunkten wäre gar kein völkisch-heroisches Drama zu konstituieren, es bliebe unter anderen Erscheinungen subsumierbar. Was diese Texte und ihre dramaturgischen Begründungen nicht nur charakterisiert, sondern auch definiert, ist ihre Bedeutung im sozialgeschichtlichen Kontext; insofern wäre es möglicherweise zutreffender, vom Drama der „antimodernization" zu sprechen; die Bezeichnung „völkisch-heroisches" Drama wiederholt im Grunde nur anerkennend, was seine Verfechter von sich selbst behaupteten[7].

Die Fixierung des Blicks auf das Jahr 1933 hat nur zu leicht vergessen lassen[8], daß das völkisch-heroische Drama eine *Geschichte* hat, die weit ins 19. Jahrhundert zurückreicht. Obwohl aus dem ganzen Komplex der völkisch-nationalen Literatur die dramatischen Genres immer noch die gründlichste Untersuchung gefunden haben[9], ist die Kenntnis solcher Zusammenhänge relativ gering, und gerade das Theater der zweiten Hälfte des 19. Jahrhunderts verdiente eingehendere Auseinandersetzungen (die hier nicht nachgeliefert werden können). Dabei wird man sich nicht auf formale Konstanten beschränken dürfen, die teilweise in der Tat bis in die Reformationszeit zurückzuverfolgen sind[10], weil sonst – und zudem nicht einmal mit vollem Recht – das völkisch-heroische Drama zu einem nach Form und Inhalt epigonalen Theater zusammenschrumpfte. Es ginge dabei der bedeutsame Aspekt verloren, daß es sich bei der vorherrschenden Orientierung an der Tradition um eine bewußte Traditionswahl handelt. Auffällig ist allerdings, daß diese Suche zu keinem allseits anerkannten Ergebnis führte. Es herrschte wohl Einigkeit darüber, daß die Tradition nicht als eine rein literarische gestiftet werden könne, so wenn 1935 ein Literarhistoriker zustimmend und auf seine Gegenwart beziehend Paul Ernsts Meinung zum Traditionsproblem zitierte: ,,Wenn aber die Zeit gekommen ist, daß das Volk sich wieder sammelt, dann werden meine Dramen auch eine Stätte finden, von der aus sie zum Volk sprechen können.''[11] Aber eine verbindliche materielle Füllung der Tradition war nicht zu erreichen. Die völkisch-heroische Dramatik stellte sich plötzlich weniger als eine Sache der Vergangenheit und Gegenwart dar als allenfalls eine solche der Zukunft: ,,Es ist – alles in allem – der Weg von einer überalterten Literatur zu einem jungen Schrifttum der kommenden Generation.''[12] Diese Unfähigkeit, die Sehnsucht nach Tradition durch den Entwurf eines verbindlichen Kanons zu stillen, weist auf eine spezifische geschichtliche Erfahrung hin, die sich hier literarhistorisch artikuliert: Das Verhältnis zur Geschichte als der Verwirklichung der eigenen Hoffnungen wird als ein negatives erfahren; Geschichte ist für diese Autoren und ihre Adressaten eben nicht Geschichte des ,,Volkes'', der sozialen Gemeinschaft jenseits der historisch-gesellschaftlichen Widersprüche der bürgerlich-industriellen Gesellschaft, von der die klein- und bildungsbürgerlichen Ideologen immer wieder träumten. So wird man Namen wie die von Heyse, Wildenbruch oder Hans Franck in den selbstentworfenen Ahnenreihen des völkisch-heroischen Dramas nicht oder nur sporadisch antreffen. Die Geschichte des antimodernen Theaters konnte für dessen Vertreter allenfalls ein Torso sein. Sie verkürzte sich vor allem in der Weimarer Republik zu einer Leidensgeschichte der politischen Unterdrückung durch ,,Juden'', ,,Asphaltliteraten'' und ,,Bolschewisten''. Lediglich große ,,Einsame'' wie Wagner, Halbe oder Ernst (und auch diese nicht ohne Widerspruch) leuchteten aus dem Dunkel einer verfehlten Geschichte[13]. Insofern wird zumindest subjektiv verständlich, warum diese Autoren und ihr Publikum 1933 doch zu so etwas wie einem Epochenjahr machen wollten: Es schien ihnen die Chance zu einer realen (Literatur-)Geschichte zu bieten – vergeblich, wie sich bald zeigen sollte.

Insofern ist die ,,Geschichte des völkisch-heroischen Dramas'' nur ungenau mit der historiographischen Metapher der ,,Genese'' zu fassen; denn diese suggeriert gerade, was dieser Geschichte abgeht: Kontinuität und Konsistenz. Die Geschichte des völkisch-heroischen Dramas ist eine solche der jeweiligen Reaktion auf sozialgeschichtliche Konstellationen und deren spezifische Verarbeitung, die sich literarisch artikuliert. Der Rückgriff auf die bürgerliche Kulturtradition gehört dabei zu den Mechanismen der Verarbeitung historischer Erfahrungen. Unter solchem Gesichtspunkt wäre der historische Einsatzpunkt zu bedenken. An Goethes *Des Epimenides Erwachen* (1814) lassen sich durchaus Züge ausmachen, die auch das völkisch-heroische Drama zeigt (etwa Entpersonalisierung der Figuren, Schematisierung der Handlung, die Möglichkeit der Entliterarisierung des Textes in seinem historischen Umfeld); außer daß solche Züge unter formgeschichtlichen Gesichtspunkten eher als Relikte des höfisch barocken Trauerspiels zu verstehen sind, gehören sie außerdem in einen funktionsgeschichtlichen Zusammenhang, der ein ganz anderer ist als der, in welchem das völkisch-heroische Drama seinen Platz hat; sie signalisieren den politischen Widerstand der an den Höfen orientierten Gruppen und Schichten der deutschen Gesellschaft um 1800 gegen die Verfassungsideen der französischen Revolution sowie gegen deren politisch-gesellschaftliche Bedingungen; sie sind dagegen kein Indiz für eine Unruhe vor sozialen Umwälzungen in der bürgerlich-industriellen Gesellschaft (die es in Deutschland ja noch gar nicht gab).

Diese Unruhe wird man erst bei jenen Versuchen ahnen können, die nach 1850 breit einsetzten, wobei das Schillerjahr 1859 einen ersten Höhepunkt brachte. Sicher: der Gedanke, die zersplitterte soziale Einheit der Gesellschaft mit ihrem ästhetischen Gegenbild von der versöhnten (vaterländischen) Volksgemeinschaft zu konfrontieren, spielte neben den ins Ästhetische abgedrängten bürgerlich-liberalen Hoffnungen auf eine geeinte politische Nation wohl erst eine zweite Rolle, aber er blieb dennoch ein zentrales Moment. Dieser Ansatz findet sich zudem nicht nur in der Dramatik, sondern – als Reflex auf 1848 auch in der Erzählliteratur, z. B. bei J. Gotthelf oder A. Stifter. Von solchen Vorstellungen gingen auch – teilweise angeregt durch Wagner – theaterpraktische Impulse aus, beispielsweise in den Plänen zu einem ,,Festspiel- und Weihehaus" in Worms, das die Trennung zwischen Zuschauern und Schauspielern vermindern sollte[14]. Der Gedanke an die nationale Einheit bestimmte in erster Linie auch noch die Fest- und Weiheakte ab 1871, in denen die politische Abdankung des liberalen Bürgertums sich literarisch manifestiert. Die allegorischen und historisierenden Stücke (etwa von Rudolf Bunge, Otto Devrient, Paul Heyse, Friedrich Hofmann, Hans Hopfen oder Julius Rodenberg) und ihre Imitationen bis hinein in die 80er und 90er Jahre (Johanna Balz, Axel Delmar, Max Jähns) berufen Geschichte und metaphysische Imaginationen, um die nationale Einheit des Bismarckreiches zu rechtfertigen. Aber das ,,Volk" wurde nicht allein als politische Einheit phantasmagoriert; dahinter tauchte, wenn auch erst selten und mehr andeutungsweise, das ,,Volk" als die befriedete soziale Gemeinschaft auf. Was nach 1914 zu einem Generalthema werden sollte, klingt bereits an: der Krieg als Überwinder sozialer Spannungen[15]. Und auch die antidemokratische, staatsautoritäre Bewältigung der Krise wurde bereits gepriesen, so wenn es bei Heyse mit Blick auf Ludwig II. von Bayern heißt: ,,Das höchste Kronrecht hat er groß geübt: Vom Nebel des Parteikampfs ungetrübt, Auf hoher Warte spähend klar und scharf Das zu erkennen, was die Zeit bedarf [. . .]" (*Der Friede,* 1871)[16].

Die Moderichtung des historischen, an den dramaturgischen Mustern Schillers orientierten Dramas der 80er und 90er Jahre knüpfte hier nicht im Sinne einer Fortführung an, aber sie lebte aus demselben Zusammenhang, wobei das soziale Moment sehr viel deutlicher heraustrat, und zwar nicht nur thematisch, sondern auch im Bereich der formalen Konzeption. Vor allem ERNST VON WILDENBRUCHS (1845–1909) historische Dramen, und unter diesen wiederum speziell *Die Quitzows* (1888) machen das deutlich. Große Individuen sind die Träger der Ereignisse, aber sie agieren nicht als Individuen, sondern als Vertreter von Prinzipien; die Technik, durch die dargestellte historische Welt die Gegenwart durchscheinen zu lassen, ohne diese aber je zu entschleiern, läßt diese Gegenwart teilhaben an der Welt des Symbolisch-Ewigen; die bedrohliche gesellschaftliche Situation wird ins Überzeitliche einer gesellschaftlichen Harmonie erlöst; die bestehende Macht (die der Hohenzollern), die die Existenz zumindest des status quo zu garantieren scheint, wird charismatisch gerechtfertigt[17]. Die deutliche Orientierung an Schiller meint eine doppelte Opposition: eine gegen das französische (das ,,welsche") Boulevardstück und eine andere gegen den Naturalismus und seine materialistischen Implikationen. Beide werden aber unter demselben Aspekt betrachtet: sie sind ästhetische Artikulationen westlichdemokratischer und westlich-industrieller Ideale und Realitäten. Th. Mann hat noch über ein Vierteljahrhundert später mit seiner Chimäre vom ,,Zivilisationsliteraten" dieses Beziehungsfeld bloßgelegt[18].

Ob das völkisch-heroische Drama wirklich erst mit den 90er Jahren breit einsetzt, wie B.

Fischli meint[19], wird man erst dann deutlich erkennen können, wenn die deutsche Theaterliteratur der 70er und 80er Jahre genauere Untersuchungen gefunden hat, als das bis jetzt der Fall ist. Von dort wird sich auch die Frage nach der Einschätzung der These beantworten lassen, die Wiederaufnahme der Bismarckschen Sammlungspolitik 1897/98, welche ihrerseits als ein Indiz für den Eintritt der deutschen Geschichte in ihre imperialistische Periode zu bewerten sei, müsse als historisch-politischer Grund für diese literarische Erscheinung gelten. Die mögliche Antwort wird auch nicht ganz ohne Einfluß auf die Perspektive sein, unter der das völkisch-heroische Drama ins literarhistorische Blickfeld tritt; Fischli betont die bourgeois-kapitalistischen und proletarischen Gegensätze im Feld der sozialen Spannungen innerhalb der deutschen Gesellschaft und favorisiert auf diese Weise kausal-deterministische und instrumentalistische Deutungen des Zusammenhangs zwischen politisch-gesellschaftlicher und ideologisch-literarischer Ebene; damit läßt er zugleich die klein- und bildungsbürgerlichen Auseinandersetzungen sowohl mit den bourgeois-kapitalistischen wie mit den proletarischen Kräften und eine sozialfunktionale Deutung des genannten Zusammenhangs zurücktreten; für ihn ist im Sinne der orthodox marxistischen Faschismustheorie die Frage ,,cui bono?" die entscheidende.

Gemäß den geschichtlichen Erfahrungen der klein- und bildungsbürgerlichen Schichten und den antizipierten Lösungsmöglichkeiten der erfahrenen Widersprüche gruppieren sich die Dramen seit den 90er Jahren des vorigen Jahrhunderts um mehrere ideologische Schwerpunkte. Einer der wichtigsten wird durch die Versuche festgelegt, innerhalb der gefährdenden sozialen Prozesse rettende Gegenwelten zu entwerfen[20]. Sie setzen ein mit der ,,Heimatliteratur" der 90er Jahre und haben womöglich mit 1945 noch kein endgültiges Ende gefunden[21], wenngleich die Enttäuschung, die die Realität der nationalsozialistischen Agrar- und Industriepolitik für das Kleinbürgertum brachte, wohl doch eine spezifische Zäsur setzte. Die vorindustrielle kleinbäuerliche Agrarwirtschaft lieferte die Bilder und Symbole für solche Wunschräume jenseits der sozialen und politischen Wirklichkeit. Allerdings wurde der Ausbau der industriellen Gesellschaft unter kapitalistischen Interessengesichtspunkten nicht Gegenstand genauer Analysen, vielmehr artikulierte sich die klein- und bildungsbürgerliche Opposition in dämonisierender Stadtfeindlichkeit, in einer magischen Verfallenheit an das Land und an die vorindustrielle agrarische Produktionsweise, in der Beschwörung halbfeudaler Sozialstrukturen und in aggressiver Industriefeindlichkeit. Von dort her werden die Fabeln der Stücke, die Personenzeichnung und der verkündende Charakter der Personenrede bestimmt. Mittlerweile hatte aber der Industrialisierungsprozeß das Bewußtsein der Beteiligten schon so ergriffen, daß eine naive Landidyllik, eine heile Welt ländlicher Verhältnisse nirgends mehr recht gelingen mochten. Allenthalben stellt sich der Idealzustand als umkämpft dar; das gute Prinzip steht in Abwehr gegen die attakkierenden Kräfte aus Stadt, Industrie und Business.

Man war sich teilweise darüber klar, daß mit einer bloß ästhetisierenden Darstellung einer möglichen rettenden Gegenwelt nichts mehr zu wenden war; so sollte im Rückgriff auf spätromantische oder klassische Kunstdoktrinen die gesellschaftliche Realität von einer ästhetischen Realität überwunden werden. Am weitesten in diese Richtung ging wohl der Versuch Ernst Wachlers mit seinem Harzer Bergtheater (seit 1903). Dieses Naturtheater zielte auf die Bildung einer pseudoreligiösen Gemeinde: ,,Alle Sommerspiele müßten in einem Waldheiligtum stattfinden, damit schon die Stätte ihnen das Gepräge der Andacht und Feier verleihe."[22] Diese Gemeinde sollte Kern einer antizivilisatorischen, antiindustriellen Erneuerungsbewegung sein (die man im ,,Wandervogel" oder auch in der ,,Lebensreformbewegung" glaubte keimhaft erkennen zu können). Wie ohnmächtig diese Opposition war, macht die Widerstandslosigkeit deutlich, mit der sich diese Heimatdramatik in die Propagierung des Ersten Weltkriegs ziehen ließ; auch ihr willenloses Anheimfallen an die Fremdenverkehrswerbung bleibt ein Zeichen solcher Ohnmacht. Die Kritik an der bürgerlich-kapitalistischen Industriegesellschaft und an den sozialistischen Antworten auf deren Probleme stieß nicht zum Kern der gesellschaftlichen Prozesse vor (und hätte diese ohnehin nicht beeinflussen können).

Angesichts der sozialgeschichtlichen Konstellationen erscheint diese Konstanz der grundlegenden Argumentationsmuster und ihrer literarischen Formulierung wichtiger als die deutlich zu erkennende Phasenbildung innerhalb des Komplexes, die von synchron liegenden Krisenphasen des Kleinbürgertums abhängig ist[23]. Ein deutlicher Höhepunkt dieser Bewegung liegt um 1900 (M. Halbe *Mutter Erde*; A. Bartels *Martin Luther*; E. Wachler *Walpurgis*; F. Lienhard *Wieland der Schmied*; K. Schönherr *Erde*); die Beruhigungsphase der Weimarer Republik 1925/26, die eine Konsolidierung des Industrialisierungsprozesses bedeutete, brachte Versuche einer Neubelebung in einer mehr agrarromantischen (R. Billinger) und in einer mehr national-völkischen Richtung (E. Ortner). Ab 1928/29 erlebte das antimoderne Heimat- und Agrarstück einen zweiten, ungeheuren Boom (Billinger *Rosse, Spiel vom Knechte*; F. Griese *Mensch aus Erde gemacht, Der heimliche König*; S. Graff *Die Heimkehr des Matthias Bruck*; Th. v. Trotha *Engelbrecht*; H. Kyser *Es brennt an der Grenze*; G. Menzel *Bork*; H. Chr. Kaergel *Bauer unterm Hammer*). Diese Phase, die 1938/39 ziemlich plötzlich abbrach, war von einer deutlich politisch-aktionistischen Tendenz getragen, die vor allem in der Schlußphase der Weimarer Republik – wie Aufführungsberichte deutlich machen – vom Publikum verstanden wurde. Auch sonst lassen sich die geschichtlichen Tendenzen an den Formulierungen grundlegender Ideologeme der Heimatliteratur ablesen. So wurde das Motiv der Unterdrückung der Arbeiterschaft, das die frühen Stücke bestimmte, seit den 20er Jahren durch eine integrierende Auffassung ersetzt; die Arbeiter sollten in die „Volksgemeinschaft" inkorporiert werden – freilich an ihrem Ort. Auch läßt sich beobachten, wie in der Weimarer Republik antiproletarische und antidemokratische Argumente zusammengebündelt wurden. Dabei machten sich die spezifischen Fraktionsbildungen innerhalb des antimodernen Klein- und Bildungsbürgertums in den literarischen Debatten bemerkbar, wenn im Dritten Reich gegen die magisch-vitalistischen Ausmalungen dieser ideologischen Konstruktionen vor allem bei Griese und Graff Bedenken geltend gemacht wurden[24].

Es ist gar nicht zu übersehen, daß diese Dramatik für mehrere Jahrzehnte die Propagandafunktion hatte, den konservativ-reaktionären politischen Entscheidungsspielraum in Rücksicht auf die sozialen Erfahrungen der kleinbürgerlichen Schichten literarisch abzusichern[25]. Auffällig bleibt jedoch, wie selten die Dramatiker in ihren literarischen Texten zu einzelnen politischen Entscheidungen Stellung bezogen. Sie verharrten meist im generellen ideologischen Begründungszusammenhang und blieben somit abstrakt. Und auch nach 1933 wurde das nicht viel anders. So ist es problematisch, am völkisch-heroischen Drama nichts als seine Propagandafunktion erkennen und die Texte auf ihren bloßen Inhalt reduzieren zu wollen; man würde gerade das zum Wichtigsten an diesen Texten erklären, wovon in der Regel am wenigsten in ihnen die Rede ist. Die Autoren taten alles, um den Anschein zu meiden, Propagandatexte zu verfassen, d. h. sie trugen selten dezidierte Botschaften vor, die sich unmittelbar in den politischen Handlungsspielraum übertragen ließen. Wenn eine ideologiekritisch orientierte Literaturwissenschaft dennoch eine so starke Vorliebe für instrumentalistische Erklärungsmodelle entwickelt, müßte sie ihren Ansatz auch einmal auf sich selbst wenden. Sie müßte sich also fragen, ob nicht das, was sie an ihrem Objekt erkennen will, zugleich ein Reflex ihres eigenen Begründungszusammenhangs ist: ob das Insistieren auf einer primär propagandistischen Funktion der völkisch-heroischen Literatur, das diese in einen politisch-pragmatischen Zusammenhang vermittelt, nicht auch ein Reflex auf den Druck ist, sich selbst politisch-pragmatisch legitimieren zu müssen, ob sie nicht an ihrem Gegenstand gerade diejenige Qualität herauspräpariert, deren sie selbst zum Nachweis ihrer eigenen gesellschaftlichen „Nützlichkeit" bedarf.

Das völkisch-heroische Drama ist nicht nur Propagandarede, es ist auch als Gegenrede gegen die historisch bestimmenden Prozesse zu verstehen. Die Opposition der Mittelschichten gegen ihre Proletarisierung, und d. h. gegen die Verdinglichung ihrer Arbeit mit allen ihren materiellen und ideologischen Folgen, suchte nach Ausdruck, den sie u. a. literarisch fand. Die klassisch-idealistische Literaturtheorie, die These von den „höheren" Einsichten der Dichtung in den Lauf der Geschichte, die Vorstellung, Dichtung mache – wie man später sagte – das „Wesentliche" sichtbar, lieferte dazu die Möglichkeit. Traditionalität des Sprechens und Abstraktheit des Inhalts sind notwendige Folgen dieser Orientierung zu diesem Zeitpunkt. So sind diese Theaterstücke über den vermittelten Inhalt hinaus Teil einer spezifischen Kulturattitüde und als solche politisch gemeint. Gegen die „materialistischen" Tendenzen der Zeit beanspruchten diese Autoren, (deutsche) Kultur zu bewahren. Die Leser oder Zuschauer sollten aus den Texten weniger realisierbare Entwürfe zu gesellschaftlich-pragmatischem Handeln abziehen, sondern eher kontemplative Sinnentwürfe, die realgeschichtliche Defizite kompensierten, eigene Probleme zu allgemeinen Fragen der Zeit erhoben, die eigene, partikulare Geschichte zur Tendenz der Geschichte überhaupt erweiterten. Insofern zielte die Neigung der Figuren in diesen Stücken, in weitläufigen Mono- und Dialogen Sinndeutungen der Bühnenhandlung zu geben, und rechnete der Hang der Autoren, die schauspielerisch-mimische Aktion zugunsten deklamatorisch-verbaler Gesten zu verdrängen, auf das Bedürfnis nach Sinndeutendem im Zuschauer. Solcher Anspruch schlug sich dann auch in der Kritik am „herrschenden" Theater, vor allem der Weimarer Republik, nieder: Es „blieb ein Durchgang, ein aufpeitschendes, politisiertes, unbeseeltes, vernünftlerisches Kräftespiel, aber niemals Gleichnis, Sinnbild, zum Höchsten gestaltetes Leben"[26]. Solch festhaltendes Bewahren einer überlieferten Literaturdoktrin schloß unterschiedliche Perspektiven ein, die sich in einzelnen Stücken oder ganzen Trends jeweils verschieden artikulierten: die Krise des Kapitalismus als gesellschaftlichen Systems, die Krise des bürgerlichen Herrschaftsapparats im beginnenden 20. Jahrhundert, ideologisch nicht ausartikulierte Geschichtserfahrungen im Bildungsbürgertum (etwa unter dem Stichwort: Verlust der „machtgeschützten Innerlichkeit"), Kleinbürgerängste, Aufsteigermentalität. Die Detailanalyse nur kann die jeweiligen Konstellationen herausarbeiten. Charakteristisch für das völkisch-heroische Drama aber bleibt (im Unterschied zum „linken" politischen Stück der Weimarer Zeit), daß die Umsetzspanne zwischen außerliterarischer historisch-politischer Realität und literarischer Fiktion zumeist sehr groß ist.

Die Literatur, die vor den Problemen der Gegenwart in anscheinend heile agrarisch-ländliche Welten jenseits der Geschichte floh und dort Heilung von den Übeln der Zeit versprach, ist so sehr mit der völkisch-heroischen Literatur identifiziert worden, daß diese überhaupt mit dem Etikett „Blut-und-Boden-Literatur" hinreichend gekennzeichnet scheint. Dennoch gab es auch andere Versuche, rettende Gegenwelten zu entwerfen. Als eine weitere Erlösung verheißende Sphäre wurde der Krieg präsentiert, so paradox das scheinen mag; denn der Weltkrieg hatte die Lage des Klein- und Bildungsbürgertums noch prekärer gemacht, als sie ohnehin schon war. Aber auch die Blut-und-Boden-Dramatik war ja durchaus nicht in der Weise wörtlich zu nehmen, daß diese Schichten und Gruppen selbst wirklich aufs Land hätten zurückwollen. Die Gegenwelten sind poetisch verzerrte Realitätserfahrungen und daran anschließende Heilungsträume. Es gab nur gelegentlich Ausnahmen, so wenn der Krieg als Instrument wirtschaftlicher Gesundung mittelständischer Betriebe innerhalb einer Kriegsökonomie entdeckt wurde, wie etwa in HEINRICH ZERKAULENS *Jugend von Langemarck* (1933). Die tatsächliche Wirtschaftspolitik der Nationalsozialisten im Vorfeld und dann im Verlauf des Zweiten Weltkriegs ließ solche Hoffnungen schnell schwinden.

Die Kriegsdramatik, die – ähnlich wie der Kriegsroman – thematisch die „rechte" Literatur der späten Weimarer Republik und der ersten Hälfte des Dritten Reichs bestimmte, schloß sich nur äußerlich an die hurra-patriotische und flottenbegeisterte Vorkriegsdramatik an. Auch HERMANN BURTES *Herzog Utz* (1913), PAUL ERNSTS *Preußengeist* (1915), D. ECKARTS *Heinrich der Hohenstaufe* (1915), HANS FRANCKS *Freie Knechte* (1919), F. v. ZWEHLS *Nach Trojas Fall* (1923) füllten eher dekorativ die Ahnenreihe auf. Als erstes Stück signalisierte SIEGMUND GRAFFS und CARL HINTZES *Die endlose Straße* (1926) die Möglichkeiten, die im Motiv Krieg lagen. Kennzeichnend für die Situation am Ende der Weimarer Republik ist, daß im Drama (noch mehr als im Roman) scheinbar nachhaltig und parteilich auf die reale Kriegserfahrung gerade des „kleinen Mannes" eingegangen wird. Schützengraben und Heimkehr nach dem verlorenen Krieg sind die zentralen Themen dieser Theaterstücke. Das politische Engagement ist entschiedener und unverhohlener als je zuvor; diese Stücke verstehen sich als Agitationstheater, zumeist im Dienst der Politik der NSDAP. Von GERHARD MENZELS *Toboggan* (1928), EBERHARD WOLFGANG MÖLLERS *Aufbruch in Kärnten* (1928), desselben *Douaumont* (1929), KURT KLUGES *Ewiges Volk* (1933), S. GRAFFS *Die Heimkehr des Matthias Bruck* (1933), P. J. CREMERS *Rheinlandtragödie* (1933), HANNS JOHSTS *Schlageter* (1933) bis hin zu den etwas verspäteten Stücken von HANNS HEINZ EWERS und P. BEYER *Stürmer!* (1934), GERHARD SCHUMANNS *Das Reich* (1934), K. EGGERS' *Schüsse bei Krupp* (1937) zieht sich eine lange Reihe agitierender Kriegs- und Bürgerkriegsstücke, die 1933/34 durchaus nicht abbricht, sondern historisierend und mythisierend bis in den Zweiten Weltkrieg fortgesetzt wird, etwa in ROLF LAUCKNERS *Bernhard von Weimar* (1933), FRIEDRICH BETHGES *Marsch der Veteranen* (1935), TH. v. TROTHAS *Engelbrecht* (1937), F. BETHGES *Rebellion um Preußen* (1939), desselben *Anke von Skoepen* (1941), FRIEDRICH GRIESES *Der heimliche König* (1939), E. v. HARTZ' *Odrun* (1939), HANS FRIEDRICH BLUNCKS *Kampf um Neuyork* (1940), CURT LANGENBECKS *Das Schwert* (1940), E. W. MÖLLERS *Das Opfer* (1941) oder W. DEUBELS *Die letzte Festung* (1942), das als Grundlage für den Durchhaltefilm „Kolberg" diente[27]. An den Stücken, die im Krieg veröffentlicht wurden, kann man das propagandistische Engagement wieder deutlicher ablesen als an den verblasenen Dramen der mitdreißiger Jahre, wenngleich die Deutlichkeit der Werke im Einzugsfeld der „Neuen Sachlichkeit" nicht wieder erreicht wurde (wohl auch – wenn nicht nur – aus propagandataktischen Gründen); die mythisierende und historisierende Tendenz macht die Absicht auch dieser Stücke offenbar, aus der Realität in eine Welt des „Sinnes" zu flüchten und von dort her wieder Entwürfe für eine politische und gesellschaftliche Realität nach dem Geschmack des Klein- und Bildungsbürgertums zu entwerfen. Diese (auch literaturtheoretisch nicht uninteressante) Grenze zwischen realem politisch-gesellschaftlichen Handeln und poetisch-literarischer Aktivität ist in beide Richtungen offen. Die meisten dieser Autoren verstanden sich auch als politisch handelnde Zeitgenossen, zumeist im Dienste der NSDAP oder ihrer Organisationen. Dort bilden sie das, was die Nationalsozialisten stolz ihre „Junge Mannschaft" nannten[28].

Auf einer ersten, handlungsbezogenen Ebene reihen diese Kriegsdramen die äußeren und inneren Gegner der politischen Rechten nach 1918 auf: vor allem die Franzosen (einschließlich ihrer Kolonialtruppen), die slawischen Nationen Osteuropas, wobei Jugoslawen, Polen und die nicht russischen Völker der Sowjetunion (die „Tartaren") an der Spitze standen, dann die Feinde von innen, die den „Dolchstoß" geführt hatten: „Linke" und „Juden"; gelegentlich – besonders aus der kleinhändlerischen Perspektive vor allem der Völkischen – die Krämer und

Bürokraten. (Diese bunte Mischung, in der sich allerdings doch System verbirgt, brachte übrigens manchem Stück aus taktischen Gründen Schwierigkeiten, als die NSDAP seit 1933 gesamtstaatliche Politik machen mußte. Johsts *Schlageter* wäre an erster Stelle zu nennen.) Hier wiederholen die Dramen – oft mit stärkerem Tonfall –, was die kleinbürgerliche Rechtsopposition und die kapitalistische Konkurrenzbourgeoisie seit dem Ende des 19. Jahrhunderts an Feindbildern an den Bewußtseinshorizont gerade der Kleinbürger geworfen hatten; der Nationalismus und dann zunehmend der Rassismus produzierten reziprok die positiven Gegenbilder[29]. Allerdings war nach 1918 eine deutliche Radikalisierung eingetreten. Der Zusammenbruch des Kriegsenthusiasmus von 1914 führte gerade bei den Kleinbürgern durchaus nicht zur lang andauernden Einsicht in die Situation, im Gegenteil: Die Niederlage von 1918 wurde schnell teils als Kapitulation vor dem „Materialismus" der westlichen Industrienationen, teils als Folge des Verrats der Heimat aufgefaßt. Gegen beides galt es sich ideologisch zu rüsten: durch „Idealismus" und „Aufräumen im Inneren". Die Dramen artikulieren diese Intention der jeweiligen politischen Lage entsprechend.

Hinter dieser Handlungsebene liegt allerdings eine zweite, eine – wenn man so will – „geistige": Da sind durchaus nicht Franzosen, Slawen, Linke oder wer auch immer die Gegner, da hat die Zentralfigur (oder die Zentralgruppe) überhaupt keinen ebenbürtigen Gegner, und je mehr sich die politische Lage Mitte der 30er Jahre scheinhaft stabilisierte, desto deutlicher trat diese bemerkenswerte Gegenspielerlosigkeit hervor, ja es konnten – wie in Bethges *Marsch der Veteranen* oder Cremers *Nachbarn zur Linken* – sogar beim politischen Feind dieselben Phänomene erkannt werden: Der Mensch steht schicksalhaft in einer Kampfsituation, die positive Figur zeichnet es aus, daß sie dieser existentiellen Konstellation nicht ausweicht, sondern sie annimmt. Da die Bedrohung total gedacht wird, muß sich der Mensch ihr auch total stellen. Nur der „Kämpfer" bringt diesen Rigorismus auf, während der Zivilist weich in die Knie geht und am Ende zum Verräter an den Idealen des „Kämpfers" wird. Der „Kämpfer" unterwirft sich einer vitalistischen Reduktion, er durchschlägt seine Gesellschaftlichkeit, um ganz „Natur", pure lebende Existenz zu werden, wobei man sich „Natur" im Sinne des nietzschisch angehauchten darwinistischen Vitalismus zurechtlegte. Somit ist das Verfahren in der Kriegsdramatik das gleiche wie in den Bauern- und Landstücken, wenngleich der Ton härter und aggressiver ist. Im Krieg, in der Situation an den Grenzlinien des Lebens, im Angesicht der Macht des Schicksals hat der „Kämpfer" alle „banalen" Probleme hinter sich gelassen, vor allem jene, die aus der Realität seiner gesellschaftlich-historischen Welt stammen. Diese Konstellation schließt in sich die komplexe Situation der klein- und bildungsbürgerlichen Schichten ein. Ähnlich wie die Blut-und-Boden-Literatur zielt die „stählerne Romantik" (wie Goebbels diese aggressive Variante der Literatur der „antimodernization", vor allem um 1933, nannte) auf Räume jenseits der Geschichte. In ihrer Ausweglosigkeit suchten die Autoren und ihr Publikum nach einem „Sinn" in der Geschichte, den sie in der Realität des Industriestaats für sich nicht zu entdecken vermochten. Daß sie ihn nur in pseudo-metaphysischen Konstruktionen eines waltenden Schicksals finden konnten, war der Reflex auf ihre historische Ohnmacht, daß sie sich nur als Opfer des Schicksals empfanden, entsprach durchaus der Wahrheit ihrer geschichtlichen Erfahrung, daß sie ihre „Kämpfer" unter das Gesetz des „Seins zum Tode" stellten, war Ausdruck der aggressiven Potenzen, die dieser Geschichtspessimismus einschloß. Die Autoren verhielten sich mit diesen „Sinn"deutungen der Geschichte nicht allein affirmativ gegenüber den gesellschaftlichen Tendenzen, denen sie ihre Erfahrungen verdankten, sie wiederholten sie nicht einfach; sie legitimierten sie nachgerade, bekannten sich dazu. Zu individualistischen Fassungen dieses Entwurfs, wie sie sich bereits in Ernst Jüngers *Stahlgewittern* angedeutet hatten und wie sie dann bei der nach-45er Intelligenz Mode wurden, konnten sich diese Autoren nicht durchringen. Ihr antiliberales Erbe hielt sie an den Gemeinschaftsideologemen des 19. Jahrhunderts fest.

Allerdings reflektierte auch diese Illusion eines „Kriegssozialismus" unter der Faust des Schicksals durchaus gemachte Erfahrungen und war nicht nur bloße Propaganda im Klassenkampf, die sie natürlich trotzdem blieb. Die Übertragung der (teils auch angeblichen und schön gefärbten) Erlebniswelt des Stellungskriegs an den Frontlinien des Ersten Weltkriegs auf eine gesamtgesellschaftliche Organisation knüpfte an den bitteren Alltag des Lebens in den Gräben an und wurde auch deswegen so bereitwillig aufgenommen. Auf einer sehr handgreiflichen Ebene war die Kameradschaft, die persönliche Bindung der Frontsoldaten jenseits oder diesseits der sozialen Strukturen, eine Chance zu überleben. Zuweilen war überdies in der überschaubaren Frontwelt der „Erfolg" als Ergebnis persönlicher und gemeinsamer Anstrengungen noch zu erreichen, den das Alltagsleben in Industrie und Bürokratie kaum noch bot. Und endlich spiegelte auf einer subtileren Ebene dieses Ideologem vom Frontsozialismus eine zentrale gesellschaftliche Erfahrung innerhalb des Industrialisierungsprozesses wider: im Maschinenkrieg trat extrem ans Licht, was überhaupt an der Zeit war: die Umstrukturierung des Arbeiters zum Material (und zwar des Arbeiters im weißen wie im blauen Kragen). Diese Konstruktion enthielt somit eine gesellschaftliche Wahrheit und bog diese zugleich um zur verschleiernden Lüge, wenn sie den Ausgleich der Klassengegensätze nur im Raum kleinbürgerlicher Illusionen ausmalen konnte, nämlich unter Beibehaltung der tradierten Hierarchie der gesellschaftlichen Realität und der relativen Privilegien der mittleren Schichten. Solche Zwiespältigkeit befähigte dieses Ideologem von der Frontgemeinschaft überhaupt erst, für die klein- und bildungsbürgerlichen Literaten und ihr Publikum Funktionen in den Auseinandersetzungen mit und in der sozialen Realität der ersten Jahrhunderthälfte zu übernehmen. Ob allerdings der gesellschaftliche Nutzen aus dieser Konstruktion einer von Todesbereitschaft, ja Todessehnsucht ergriffenen Frontgemeinschaft wirklich den herrschenden Klassen zukam, wie Fischli meint, wurde indes fraglich, als sich erwies, daß die Betroffenen in der Lage waren, die Götterdämmerung aus dem Theatersaal in die Realität zu übertragen. Diese verworrenen und vom „Sinn der Geschichte" durchnebelten Stücke nehmen vielleicht doch vergleichsweise realistisch das blutige Ende vorweg, indem sie anzeigen, welche zerstörerischen Potenzen in den Gruppen und Klassen lagen, deren Erfahrungen sie artikulierten.

Zwar ist der pessimistisch-vitalistische Entwurf eines Lebens unter der Herausforderung des Schicksals in dieser (bislang) letzten Phase der völkisch-heroischen Dramenliteratur in der Tat vorzüglich mit dem Kriegsmotiv verknüpft, aber durchaus nicht notwendigerweise. Darauf verweist schon teilweise die Motivüberschneidung mit dem agrarischen Heimatdrama. Es war zudem mit anderen Motiven zu verbinden. Immer aber steht die positive Figur als ein Vertreter des meist völkisch oder rassistisch gefaßten transhistorischen Prinzips in existentieller Auseinandersetzung mit dem Schicksal; die Gegenspieler auf der Handlungsebene sind allenfalls Statisten, die dem „Helden" das Stichwort geben. Er bleibt einsam in seinem stellvertretenden Kampf mit den Mächten des Schicksals. So können auf der Oberfläche die Dramen in Fabelführung und Personenkonstellation sehr unterschiedlich ausfallen, in ihrer ideologischen „Tiefenstruktur" sind sie nahezu identisch. E. Bacmeisters Pippin (*Der Kaiser und sein Antichrist* 1935), H. F. Bluncks Jakob Leisler (*Kampf um Neuyork* 1940), H. Böhmes Guiskard (*Volk bricht auf!* 1934), O. Erlers Thysker und Thorolf (*Thors Gast* 1937), R. Euringers Unbekannter Soldat (*Deutsche Passion 1933* 1933), F. Grieses Stelzbeiniger (*Der heimliche König* 1939), F. Hymmens Ingenieur Krüger (*Beton* 1938), H. Johsts Thomas Paine (*Thomas Paine* 1927) oder

E. G. Kolbenheyers Heinrich (*Gregor und Heinrich* 1934) – um nur einige wenige „Helden"
aus dem Dramenrepertoire zu erwähnen – sind bei manchen Varianten in der Maserung alle aus
demselben Holz geschnitzt.

Sowenig der Inhalt das völkisch-heroische Drama konstituiert, sowenig tut das die
Form. Allerdings legt auch hier die Funktion der Stücke im sozialgeschichtlichen Kontext gewisse formale Elemente nahe, die zwar das völkisch-heroische Drama nicht definieren und in ihrer Verwendung nicht einmal auf diese Erscheinung beschränkt bleiben, die aber eben doch charakteristisch dafür sind. Auf den ersten Blick scheint das völkisch-heroische Drama das Ergebnis des durchgehaltenen Versuchs zu sein, den Tendenzen der Moderne auf dem Theater zu widerstehen. Wenn man sich erinnert, welche Bedeutung die Bewahrung „deutscher" (und das
hieß dann der klassischen-romantischen) Kultur gegen den Einfluß westeuropäischer „Zivilisation" in den Bestrebungen des Klein- und Bildungsbürgertums zukam, ihre soziale Identität innerhalb der Wandlungsprozesse der „modernization" zu bestimmen, dann wird deutlich, daß
dieser Traditionalität entscheidende Wichtigkeit zukam. So trachteten die Autoren danach, die
klassischen dramaturgischen Schemata zu bewahren, konservierten das, was die Tradition als
die höhere Realität des Theaters geheiligt hatte, pflegten den deklamatorischen Stil des Rezita-
tionstheaters, oftmals indem sie am Vers festhielten. Zwar wurden moderierte Neuerungen
durchaus zugelassen, vor allem im Schatten von Expressionismus und Neuer Sachlichkeit, aber
doch nur so weit, wie die Tradition die Innovationen dem Gewohnten anglich. Die Frage war
bei alledem nur, ob die historischen Bedingungen solche Versuche nicht allein zum Scheitern
verurteilten und lediglich steriles Bildungstheater erlaubten oder ob sie solche Rettungsmanöver
nicht überdies auch von innen anfraßen. Brechts Satz „Das Petroleum sträubt sich gegen die
fünf Akte"[30] betrifft ja nicht nur die „Moderne", sondern auch die Antimoderne; er kennzeichnet sie als hoffnungslosen Widerstand gegen die Geschichte. Insofern zeichnet die Situation der
Modernität auch die Dramen jener Autoren, die dagegen zu opponieren versuchten. Nur: wenn
das moderne Drama ein Versuch war, die Forderungen der neuen Realität angemessen zu verarbeiten, so wucherten diese Bedingungen wie ein Krebs im heroisch-völkischen Drama. Alles,
was P. Szondi als charakteristisch für das moderne Drama erkennt[31], findet sich auch im völkisch-heroischen Drama, allerdings trotz dem Willen, diese Tendenzen zu negieren. Obwohl
sich die Autoren gerne auf Shakespeare, auf Schiller oder Kleist beriefen: auch bei ihnen zerbricht der Dialog, an die Stelle der Objektivität der Bühnenhandlung tritt das Autorenbekennt-
nis, die unmittelbare Gegenwärtigkeit des dramatischen Ereignisses verdorrt zur belehrenden
Demonstration, die deklamatorische Anrede an den Zuschauer bestimmt den Gestus der Stük-
ke, und zwar am penetrantesten dort, wo er aufpeitschender action ausgesetzt wird, wie etwa in
Johsts *Schlageter*. Das völkisch-heroische Drama ist gezeichnet von dem, gegen das es Widerstand leisten will. Die ästhetische Opposition erweist sich als kraftlos gegenüber der gegebenen
Situation. Die Geschichte hatte jene Bastionen schon eingenommen, von denen aus sie bekämpft werden sollte.

Diese Situation schlug sich in verschiedenen dramaturgischen Ansätzen nieder[32]. Zum
einen wurde nach einer traditionalistischen Lösung gesucht; gegen alle Anfechtungen wurde an
einer Dramenkonzeption festgehalten, die seit Lessing die deutsche Theatertheorie bestimmt
und die in der Shakespearerezeption ihren markantesten Ausdruck gefunden hat. Es sollen
„Menschen" in „Situationen" auf der Bühne stehen, die Handlung wird durch die Charaktere
erzeugt. Aber schon der Streit über die „Psychologisierung" der Dramenperson machte deutlich, wie problematisch eine solche Konzeption war. Ihr wurde Unvereinbares zugemutet: sie
sollte die Alltagserfahrungen reflektieren, zugleich aber kein einfacher Abklatsch der Realität

sein, sondern diese „überhöhen" ins Sinnfällige hinein. Wo die Personen über ihre Individualität sprechen und demgemäß handeln sollen, deklamieren sie die Weltanschauungssätze ihrer Erfinder und des Publikums, wo sie aus spezifischer Motivation handeln sollen, agieren sie als Allegorien der Kräfte, die das Weltbild der Autoren anfüllen. Das klassische Einfühlungsmodell reduziert sich zur agitierenden Manipulationsmechanik, vor allem dort, wo Formelemente des expressionistischen Dramas adaptiert werden.

Gegen diese traditionalistische Shakespeare-Schiller-Nachfolge, die den Hauptstrom der heroisch-völkischen Dramatik darstellt, wandte sich zum andern eine klassizistisch-formalistische Auffassung, die den idealistisch-liberalen Kern dieser Konzeption entdeckte und den Begriff des (bürgerlichen) Individuums als überholt erkannte. Der Kronzeuge dieser Richtung war vor allem Paul Ernst. Mit dem Rekurs auf das „Wort", der nicht anders als im Rückgriff auf klassizistische Normen gedacht werden konnte, sollte der Krise des Individualismus durch Transzendierung ins Verbindliche, Transhistorische begegnet werden; dabei wurde der Bereich der „Kunst", des „Geistes" schlechthin, als Gegenwelt gedacht. Nur noch in der Form konnte das Rettende gegen die transitorischen Gewalten der (Zeit)Geschichte gefunden werden. Form aber war das Konstruierte, das Schematische, das Antipsychologische, das Normative, oft aber auch lediglich das Gehabte. Der Klassizismus Ernsts fand im III. Reich theoretische Anhänger, die seine Vorstellungen teils mit nietzscher Hilfestellung (C. Langenbeck), teils mit wagnerisch-völkischen Träumen (E. v. Hartz), teils mit idealistisch-rechtshegelianischen Mythen (E. Bacmeister) aufgriffen und in Trimeter- und Blankverstragödien ins Rampenlicht zogen – mit sehr wenig Erfolg übrigens. Dieser klassizistische Flügel tat sich vor allem auf dem Felde der Dramentheorie hervor[33].

Neben diese Kunstreligion im klassizistischen Gewande stellte sich zum dritten eine vor allem von den Völkischen propagierte Religionskunst mit durchaus kunstgewerblichen Zügen. Was E. Wachler mit seinem Freilichttheater in der Wilhelminischen Zeit auf den Weg gebracht hatte, blühte jetzt. Dabei wurde weniger eine zusammenhängende Dramaturgie entworfen, vielmehr wurde lediglich traditionalistisches oder dem nachempfundenes Theater in stimmungsvoller Naturkulisse zur transhistorischen Fundierung quasi-religiöser Gemeinschaftsbildung jenseits der politisch-gesellschaftlichen Interessen verwendet.

Solche Tendenzen wurden schließlich zum vierten noch von einer Form theatralischer Darstellung überboten, die man neben dem klassizistischen Strang lange Zeit für die charakteristischste Form des Theaters des Dritten Reichs gehalten hat: vom Thingspiel. Ältere Auseinandersetzungen damit haben es als endgültigen Tiefpunkt einer langen Entwicklung kleinbürgerlichen Kulturbewußtseins eingeschätzt. Die Entdeckung, daß diese Form sehr starke Wurzeln in der kommunistischen und sozialdemokratischen Arbeiterbewegung der 20er Jahre hat, führt neuerdings zu der Neigung, das Thingspiel zum Erbteil des linken Flügels der NSDAP zu erklären und das Dritte Reich nachgerade als Totengräber dieses Ansatzes zu verstehen[34]. Obwohl genauere Untersuchungen[35] nötig sind, scheint mir das eine wie das andere eine Überspitzung zu sein, die einerseits von einem in sich geschlossenen Phänomen „Thingspiel" ausgeht und die andererseits aus dem Gedanken zu leben scheint, diese Form könne entweder nur „rechts" oder nur „links" sein. Seit die Totalitarismustheorie Geschichte geworden ist und mittlerweile auch deren Kritik nicht mehr ein verbindliches Diskussionsregulativ darstellt, tauchen vor dem Blick in die Weimarer Zeit neue soziokulturelle Szenerien auf. Den Entwürfen zu einer Arbeiterkultur haften wie den kleinbürgerlichen Kulturmythen antiliberale Tendenzen an; überdies scheinen diese durchaus einen Einfluß auf jene gehabt zu haben. Den gesellschaftlichen Ort, an denen solche Vorstellungen wirksam waren, lieferten wohl die unteren Schichten des Bürgertums und die oberen Schichten der Arbeiterklasse. Die Formierung kollektiver, anti-individualistischer Formen politischen wie kulturellen Verhaltens war kennzeichnend für sie; sie besaßen das Bild einer stark vororganisierten Öffentlichkeit. Das Thingspiel machte das sichtbar. Man kann dabei einige Grundtypen erkennen, ohne daß es aber zu einer verbindlichen Formensprache gekommen wäre: etwa R. Euringers *Deutsche Passion 1933* (1933), K. Heynickes *Neurode* (1934), E. W. Möllers *Frankenburger Würfelspiel* (1936). Gemeinsame Züge sind daran auffallender als spezifizierende: Massenhaftigkeit (wobei unter „Masse" etwas Transgesellschaftliches gedacht wird, unter Individuation aber gerade das Prinzip des herrschenden negativen Gesellschaftszustands), Teilhabe der Zuschauer mit dem Ziel ihrer organisierten Aktivierung, plakativer gestischer Darstellungsduktus, technisierte Suggestionsmethoden mit Hilfe von Film- und Rundfunktechnik, Identifikation von künstlerischer Fiktion und politischem Handlungsspielraum in Form von öffentlicher Weihe und Demonstration und demzufolge ein dekorativer Darstellungsstil in der Weise politischer Großveranstaltungen, Reduktion von Charakteren und Problemen auf Grundtypen und Basiskonstellationen, Revoltenstimmung und Führerideologie. Ähnlich wie Quellen und Formensprache ist auch das Ende des Thingspiels vielschichtig. Überhaupt ist am Vorabend des Kriegs eine Stagnation der dramatischen Aktivitäten festzustellen, die letzten Gefechte sollten wieder in der Realität ausgefochten werden.

Zur deutschsprachigen Exildramatik
Franz Norbert Mennemeier und Frithjof Trapp

Wenn zum Phänomen der deutschen Exilliteratur das Schicksal des Vergessen- und Verdrängtwerdens gehört, dann kann die deutsche Exildramatik für ihre repräsentative Gattung gelten: Im Bewußtsein selbst der literarisch Interessierten kommt das Exildrama als Exildrama im allgemeinen nicht vor.

Um gleich den hervorragendsten Beweis für diese Behauptung anzuführen: Stücke BERTOLT BRECHTS (1898–1956) wie *Der gute Mensch von Sezuan*, *Mutter Courage*, *Der kaukasische Kreidekreis* verdanken ihren triumphalen Einzug in die Klassizität nicht zuletzt der Tatsache, daß man ihre wenig triumphalen Entstehungsbedingungen schlechterdings übersehen hat. Man hat beispielsweise jenen schmerzhaften durch die Exilverhältnisse erzwungenen Verzicht auf politisch-ästhetisch revolutionäres ,eingreifendes' Schaffen ignoriert, den Brecht im Arbeitsjournal andeutet. Dort heißt es in einer Notiz vom 25. Februar 1939: ,,LEBEN DES GALILEI ist technisch ein großer rückschritt, wie FRAU CARRARS GEWEHRE allzu opportunistisch." Als Werke höchsten technischen Standards bezeichnet Brecht ebenhier ,,das FATZERfragment und das BROTLADENfragment"[1]. Beide aber entstammen der ,avantgardistischen' Phase der Jahre 1927 bis 1930, in welcher Brecht den endgültigen Zusammenbruch des kapitalistischen Bürgertums und die Heraufkunft einer neuen, sozialistischen Gesellschaft und einer neuen, sozialistischen Kunst irrtümlicherweise für unmittelbar bevorstehend ansah.

Das Exil bedeutete auch und gerade für Brecht zunächst einmal das Zurückschrauben der künstlerischen Absichten, die mit Blick auf die Prämissen seiner im Ausgang der Weimarer Republik entwickelten Lehrstücke-Dramaturgie als die eigentlich fortschrittlichen bezeichnet werden können. ,Rückschritt', ,Opportunismus' – dies sind selbstkritische Formeln Brechts, die trotz der Beiläufigkeit, mit der sie verwandt werden, auf eine allgemein gültige, durch den damaligen materiellen Geschichtsprozeß freilich ungeheuer verschärfte, insofern wahrhaft ,exilspezifische' Dialektik von Fortschritt und Rückschritt als entscheidende Dimension künstlerischer Hervorbringung hinweisen.

Das rechte Verständnis jener Dialektik von Fortschritt und Rückschritt und ihrer methodologischen Konsequenzen setzt den heutigen Betrachter erst instand, Brechts ,klassische' Dramen als geschichtliche Texte zu lesen und noch die ihnen entgegengebrachte rückhaltlose Bewunderung gegebenenfalls als Anlaß für eine kritische Reflexion auf eine gesellschaftliche Kontinuität im Negativen zu begreifen, zu deren Momenten unter anderm eben jene Form von Bewunderung gehört. Es handelt sich bei dieser Kontinuität um einen gegen revolutionäre Neuerungen ungemein widerständigen Zusammenhang jüngerer und jüngster Geschichte, in den der Exilautor Brecht zunehmend tiefere, von Resignation keineswegs unbehelligt gebliebene Einsicht gewann.

Allerdings vermochte Brecht, der ,,Spezialist des Von-vorn-Anfangens" (Benjamin), allein schon kraft seines überlegenen theoretischen Rüstzeugs auf die neue, schwierige Situation produktiv sich einzustellen. Brechts ästhetische ,Rückschritte' als Exildramatiker weisen meistens den Charakter strategischer Entscheidungen auf, wie sie in seinem dialektisch-materialistischen, praxisorientierten Kunst-Konzept von der ,,Bauart langdauernder Werke"[2] vorgesehen waren. Es waren Rückschritte, die in dem gesellschaftlich-politischen Zusammenhang, auf den sie reflektierten und auf den sie Einfluß nehmen sollten, in objektive Fortschritte umzuschlagen disponiert waren. Gerade der Verzicht Brechts auf Teilnahme an einem undialektisch, linear gedachten imaginären Fortschritt der Kunst ermöglichte seine bedeutende dramatische Produktion unter den extrem negativen Bedingungen des Exils. Die theoriebegünstigte elastische ‚Zurücknahme' einiger seiner wesentlichen bisherigen Schaffenstendenzen und natürlich seine ungewöhnliche poetische Begabung qualifizierten Brecht zu der Ausnahmeerscheinung unter den deutschen Exildramatikern, als die er sich uns heute darstellt, und die Ursache ist, daß das zumindest quantitativ imposante Werk der sonstigen Exildramatiker durch den übergroßen Schatten, den das Brechtsche Œuvre noch immer wirft, gewissermaßen verschlungen zu werden droht.

Nicht zu leugnen: Die Dialektik von Fortschritt und Rückschritt, aus der ein Brecht auch dann noch Gewinn zu schlagen verstand, wenn er „für die schublade"[3] produzierte, hat im Werk der sehr zahlreichen neben Brecht tätigen deutschen Exildramatiker zum Teil außerordentliche Verwüstungen angerichtet. Das Weiterschreiben dieser Autoren, das angesichts der hemmenden Umstände, unter denen sie schufen, jeden Respekt verdient, kann oft nur im politisch-moralischen Sinn positiv gewertet werden. Die hier leicht feststellbaren Rückschritte waren oft Rückschritte pur und simpel, solche der ersten, nicht der erwähnten zweiten, dialektischen Potenz.

Oft waren sie das. Keineswegs immer. Das ist mit Nachdruck festzuhalten. Diese positive Einschränkung einer generell zutreffenden negativen Einschätzung bietet reichlich Gründe, sich mit der deutschen Exildramatik zu beschäftigen – ganz abgesehen von den Motiven nationaler Wiedergutmachung mittels Philologie, die auch nicht von vornherein zu verachten sind. Unter den nach vorsichtiger Schätzung mehr als 700, zum größten Teil noch unveröffentlichten Exildramen finden sich Stücke, die wegen des Rangs ihrer Verfasser, ihrer bedeutsamen Thematik und ihrer dramaturgischen Form die Aufmerksamkeit des heutigen Lesers und in einer ganzen Reihe von Fällen durchaus auch des heutigen Theaters verdienen. Einige dieser Dramen können sich eigenständig neben Brecht behaupten. In ihnen kommt etwas zum Ausdruck, was bei Brecht, dessen Größe auch ihre Grenzen besitzt, vermißt wird, und es handelt sich dabei für uns nicht bloß um eine Angelegenheit retrospektiven und statistischen Charakters. Abgesehen von solcher Begründung gilt freilich, daß die wissenschaftliche Neugier hier wie auch sonst durchaus auch durch das Unvollkommene, Mißlungene, ganz und gar Überholte gereizt werden kann, dann nämlich, wenn es in seinem systematisch-historischen Zusammenhang ‚verstanden' wird.

Die deutsche Exildramatik der Jahre 1933 bis etwa 1948 wird demgemäß insbesondere durch die Überlegung interessant, daß diese Dramatik, ungeachtet des Zusammenbruchs des gesamten einst sie tragenden gesellschaftlichen und kulturellen Systems, ungeachtet zumal des katastrophal sich auswirkenden Verlusts ihrer Basis im einzigartig lebendigen deutschen Theater vor 1933, dennoch durch zahlreiche Fäden mit der Dramatik der Weimarer Republik verbunden blieb, und zwar derart, daß die Exildramatik, indem sie die Tendenzen der ihr vorausgehenden Dramatik fortsetzte, veränderte, verbrauchte, zugleich deren Substanz unter Bedingungen einer äußersten Bedrohung wie in einem Experiment, das die Geschichte selber anstellt, erprobte.

Das sogenannte Zeitstück der Weimarer Republik, dessen Glanzzeit aus inneren und äußeren Gründen gegen 1929 offenbar bereits zu Ende war, wirkte so in mannigfacher, zwangsläufig zum Teil fragwürdig gewordener Gestalt bis in die Exil-Epoche hinein fort. Veranlassung für die forcierte Neubelebung der Gattung waren die zu raschem literrarischen Handeln nötigende Empörung und das Erschrecken der Autoren angesichts der Machtergreifung seitens der Nazi-Faschisten und angesichts des durch diese geübten physischen und geistigen Terrors. FRIEDRICH WOLFS (1888–1953) *Professor Mamlock* (1933) und FERDINAND BRUCKNERS (1891–1958) *Die Rassen* (1933) – um diese beiden Werke herauszugreifen – sind bei allen Unterschieden ihrer dramaturgischen Form und ihres ästhetischen Rangs im wesentlichen Zeitstücke. Sie verfolgen die Absicht, die europäische Öffentlichkeit über die Untaten der Nazis zu unterrichten, vermittelst schockierend gestalteter Szenen der Gewalt die eigene Empörung zur allgemeinen anschwellen zu lassen und zugleich, neben der Erzeugung von Emotion und in wie immer verkürzter Form, politische Aufklärung über die Ursachen der barbarischen Vorgänge im ‚Land der Dichter und Denker' zu vermitteln.

Bruckners Schauspiel *Die Rassen*, das literarisch wohl bedeutendere der beiden Dramen, ist Zeitstück, gedrängt voll von den bedrohlichen aktuellen Tatsachen und zugleich auf poetisch und politisch tiefsinnige Weise bemüht, jenen ideologischen Furor zu deuten, der damals verheerende Zerstörung in den Köpfen keineswegs nur des Abschaums der deutschen Gesellschaft, sondern auch einer ganzen kleinbürgerlich-idealistischen, intellektuell und emotional enttäuschten, sozial vom Abstieg bedrohten Schicht anrichtete. Im Mittelpunkt des Dramas stehen Studenten. Die neue, rassistische Heilslehre ergreift die Gemüter. Akademische Schlägerbanden werden gegründet, sie drangsalieren jüdische Professoren, Andersdenkende. Faszinierte Mitläufer verstärken die Bewegung. Eben noch Zweifelnde erleben vermeintlich eine innere Kehre. Selten sind in deutscher Dramatik die seelischen Entstehungsbedingungen des Nazi-Faschismus mit solcher Eindringlichkeit des Mitdenkens und Mitempfindens zu expressiv überhöhter und zugleich didaktisch verfremdender Anschauung gebracht worden wie in Bruckners stellenweise episch ausgreifender Nachzeichnung des Seelendramas einiger Studenten. Der Autor zeigt: Die Nazi-Ideologie nistete sich im toten Winkel des Bewußtseins dieser Menschen ein, dort, wohin der mangelhaft aufgeklärte Verstand nicht zu schauen vermochte und wo chaotische seelische Bedürfnisse und trübe Relikte scheinbar toter chauvinistischer Weltanschauung von einst darauf warteten, sich in brutalem Aktionismus zu entladen. – Bruckner, darin dem ‚mittleren' Horváth der zeitkritisch-satirischen Volksstücke verwandt, vergegenwärtigt Strukturen und Aspekte des Nazi-Faschismus, die in Brechts Dramatik dieser Zeit, etwa in dem Drama *Die Rundköpfe und die Spitzköpfe* (1931–1935), infolge des vordringlichen Interesses an der politisch-ökonomischen Analyse der Situation eher vernachlässigt wurden.

In Friedrich Wolfs Schauspiel *Professor Mamlock*, dessen Handlung in den Apriltagen 1933 spielt und das bereits wenig später in Zürich unter zum Teil tumultuösen Umständen 62 Aufführungen erlebte, sind die eigentlichen Zeitstück-Strukturen stärker noch als in Bruckners Drama ausgeprägt. Wolf arbeitet des politisch-aktuellen Zwecks halber mit einem robust gehandhabten ‚aristotelischen' Handlungsschema und hält am Wahrscheinlichkeits-Dogma scheinbar strikt fest. Tatsächlich fungiert die Fabel zum Teil als boßes Substrat für eine über Figuren und Vorgänge verteilte politische Aufklärung. Selbst insgeheim farcenhafte Strukturen (z. B. bei Gelegenheit atemlos schnelle, gehäufte Folge von Personenauftritten) werden nicht verschmäht. Zugleich aber ist nicht zu übersehen, daß die gewählte Form – eine ‚dramatische' Form im Sinne Peter Szondis – die Absichten des Autors, der nicht nur agitieren, sondern auch aufklären will, unfreiwillig wieder konterkariert, indem sie ihn veranlaßt, im knappen Gehäuse des Stücks allerhand Verwicklungen ‚menschlicher' Art anzudeuten. Im Endeffekt kommen weder das Prinzip des sich aus sich selbst entwickelnden Handlungsablaufs und das Psychologische noch das Politische (im Sinn durchgreifender Aufklärung) zu vollem Recht.

Bis zu einem gewissen Grad können kritische post-festum-Betrachtungen dieser Art freilich als der damaligen Situation inadäquat gelten. Wolf hatte nicht im Sinn, ein ‚großes' Drama zu schreiben. Entsprechend seiner Ansicht, daß das „wahre Drama" „sofortige innere Entscheidungen" beim Publikum zu provozieren habe, kam es Wolf darauf an, durch eine zündende Bühnenaktion eine breite antifaschistische Bewegung insbesondere unter dem ‚neutralen' bürgerlichen Publikum hervorzurufen. Mamlock, obwohl Jude, sollte nach Meinung des Autors für Millionen Bürger seines Typus stehen, die liberal, pflichtbewußt, im übrigen aber unpolitisch waren und die sich der für sie verhängnisvollen Illusion hingaben, der faschistische Staat werde die bürgerliche Rechtsordnung nicht anzutasten wagen. Mamlock ist positive dramatische Figur. Der Zuschauer kann und soll sich trotz ihrer Irrtümer mit ihr identifizieren, er soll mit ihr Demütigung und Gewalt erleiden, und er soll in die Lage versetzt werden, wie Mamlock – für den die Erkenntnis freilich zu spät kommt – einzusehen, daß angesichts der Nazi-Barbarei nicht banges Abwarten, sondern Kämpfen das Richtige ist. Wie meistens bei Wolf (vgl. *Floridsdorf, Das trojanische Pferd*) fehlt natürlich der nicht, der in Erkenntnis und Handeln bereits einen Schritt weiter als seine Umgebung ist. Das ist in diesem Fall Mamlocks Sohn, überzeugter Kommunist. Dieser, die eigentlich positive Gestalt des Stücks, hat den illegalen Kampf bereits begonnen, vor dem die Bürger zurückschrecken.

Die Zeitstück-Dramaturgie hatte, zusätzlich zu den Handicaps ihrer eigenen Form-Inhalt-Konstitution, freilich mit viel gravierenderen, außerästhetischen Schwierigkeiten zu kämpfen. In mancher Beziehung politisch so hellsichtige Dramen wie die Bruckners, Wolfs, Wüstens (*Bessie Bosch*, 1936), Tollers (*Pastor Hall*, 1939), von Wangenheims (der mit seinen *Helden im Keller*, 1933/34, ein drastisches Beispiel eines politisch gemünzten ‚Theaters der Grausamkeit' lieferte) basierten auf der Illusion, das gesamte nicht-faschistische Ausland werde, empört, den Nazis alsbald massiven politischen oder gar militärischen Widerstand entgegensetzen. Eher das Gegenteil traf zu. Die internationale Politik reagierte mit Beschwichtigung. Die Appeasement-Politik begann praktisch bereits am Tage nach der faschistischen Machtergreifung.

Diese bittere Erfahrung im Verein mit der Tatsache, daß selbst prominente exilierte Dramatiker für anspruchsvolles politisches Theater schwer oder gar nicht mehr die Chance einer Aufführung erhielten, erklärt es unter anderm, daß etwa bis zu Beginn des Zweiten Weltkriegs eine Vielzahl weitgehend unpolitischer Dramen nach der Manier der im europäischen Theaterbetrieb allenthalben fest etablierten französischen Boulevard-Komödie geschrieben wurden. Salon- und Konversationsstücke entstanden, die nur wenig Schauplätze und wenig Schauspieler verlangten, mithin ohne große Kosten leicht aufzuführen waren bzw. gewesen wären. Selbst eine Untersuchung der Verhältnisse im sowjet-russischen Exil, das für ‚fortschrittliche' Dramatiker, Regisseure und Schauspieler manche herbe Enttäuschung bereithielt, erweist diese Tendenz. Ein GUSTAV VON WANGENHEIM (1895–1975) beispielsweise machte sich Hoffnung, mit seiner im Milieu französischer Kleinstadtpolitik spielenden harmlosen Unterhaltungskomödie *Er weiß es noch nicht* (1939) einigermaßen komplikationslos zu einem Moskauer Theatererfolg zu gelangen.

Andere reagierten auf die ungünstige Exilsituation, indem sie eine eingängige komödienhafte Form mit einer Reflexion verbanden, die nicht mehr so sehr die – vorerst offenkundig nicht zu verändernde – Lage in Deutschland als die europäische Situation im allgemeinen zu ihrem Hauptthema hatte (Toller, *Nie wieder Frieden!*, 1935/36; Horváth, *Pompeji*, 1937; Hasenclever, *Konflikt in Assyrien*, 1938/39). Unmittelbar ‚eingreifende' politische Kunst ist hier nicht intendiert. Für diesen Typus der Exildramatik ist oft zugleich mit der kritischen Selbstreflexion die philosophische Auseinandersetzung mit dem Politischen als einem Existenzproblem kennzeichnend. Es sind insbesondere Autoren bürgerlich-liberaler Geistesprägung, die zu dieser Dramenform neigen. Dabei wird häufig deutlich, daß ein Zug zu ,interesseloser' Darstellung, wie er in der Komödientradition seit je angelegt ist, sich in der Entwicklung des Schaffens einiger dieser Autoren von der Weimarer Republik zur Exilsphase verstärkt durchsetzt: Das zeitbezogene Kritik-Moment schwächt sich ab; der satirische Zugriff lockert sich zu – oft melancholisch gefärbter – Heiterkeit; die den Texten zu entnehmende Geschichtsphilosophie läßt Prämissen eines zeitlos-anthropologischen Denkens erkennen.

Aufschlußreich für diesen Dramentyp ist ÖDÖN VON HORVÁTHS (1901–1938) Komödie *Figaro läßt sich scheiden* (1936). Fabel und Konfiguration, erstellt durch eine Art Verschmelzung literarischer Entlehnungen aus dem Beaumarchais und tatsächlicher Horváthscher Exilserfahrungen und Stimmungen, sind absichtsvoll in einer imaginären Zeitdimension zwischen vergangener und gegenwärtiger Historie angesiedelt. Was bei Horváth ,,Revolution" heißt, bestimmt zwar äußerlich noch das Geschehen zwischen den Gestalten, erscheint im übrigen aber in völlig entheroisierter Gestalt, entwesentlicht zum bloßen Anlaß für das Private. Figaro ist eine Gestalt umsichtiger Anpassung an das Gegebene, ein ins gedämpft Elegische spielender Horváthscher Antiheld, weit entfernt vom Schweyk und dessen plebejisch praller Aufsässigkeit. Im Gegensatz zu seinen in pathetischen Vorurteilen befangenen Mitspielern verleugnet dieser Figaro (und mit ihm Horváth) sein skeptisches Desinteresse an Prozessen historischer Veränderung nicht. Ob Figaro als Emigrant in ,,Großhadersdorf" ein Friseurgeschäft betreibt oder ob er, ins nunmehr republikanische Frankreich heimgekehrt, das einstmals gräfliche Schloß verwaltet – es macht für ihn keinen wesentlichen Unterschied aus. Die Parteilichkeit des Stücks ist von absolut unkämpferischer Art, sie entstammt dem Dégoût am ,Politischen' und richtet sich auf das Menschliche jenseits der Klassen und Klassenkonflikte; die Mann-Frau-Beziehung beispielsweise gilt hier für wichtiger als der Umsturz eines gesellschaftlichen Systems. – Horváth bringt jetzt entschieden eine Betrachtungsweise zur Geltung, die man ansatzweise etwa schon in seiner ,,Italienischen Nacht" und ihrer gleichermaßen ,linke' wie ,rechte' Positionen angreifenden Satire entdecken konnte.

Eine ähnliche Haltung einer Abwendung von der Geschichte läßt sich an WALTER HASENCLEVERS (1890–1940) komödienhaftem ,,Schauspiel" *Münchhausen* (1934) beobachten. Das Stück besitzt Züge einer ins Sentimental-Tragische eingedunkelten Idylle. Die die Fabel tragende Liebeshandlung wird pointiert gegen revolutionäre Wirren der Zeit ausgespielt. Der gewählte Schauplatz, ein Adelsgut im Westfälischen, wandelt sich, ungeachtet der Thematik des Verfalls, zum symbolischen Ort einer besseren, begrenzten Welt gegen die fragwürdige der großen Geschichte. Der Hauch von Ironie, der über dem Stück liegt, soll dessen eigentliche individualistisch-idealistische Botschaft eher retten als relativieren. Mag die Darstellung von der großen Liebe zwischen dem alten Herrn und dem blutjungen Mädchen am Ende des Stücks als Märchen ausgegeben werden, dann ist es eben dessen höhere, poetische Wahrheit, was hier nach Meinung des Autors gegenüber der Prosa des Lebens und der Historie recht behält.

In prinzipiell den gleichen Komödienkontext, für den die problematisierende Darstellung des Politischen charakteristisch ist, gehört auch FERDINAND BRUCKNERS *Heroische Komödie* (1939). Die Hauptfigur dieses eleganten historischen Konversationsstücks, die Vorkämpferin republikanischer Freiheit Madame de Staël, wird vom Autor zwar mit großer Sympathie gezeichnet. Sie erscheint zugleich aber durch die dramaturgisch gleichgewichtige Gestalt des in Haßliebe ihr verbundenen Gegenspielers Benjamin Constant provozierend in Frage gestellt. In einem der bei ihr seltenen Augenblicke metapolitischer Reflexion formuliert Germaine de Staël Sätze, in denen der ins Exil verbannte bürgerlich-liberale Humanismus selbst sich angesichts des dürftigen Erfolgs seiner (vorwiegend literarischen) antifaschistischen Aktivitäten melancholischen Trost zuzusprechen scheint: ,,Wir sind keine Helden. Wir machen so viel Komödie. Aber alles in allem wird es dann doch ein heldisches Leben gewesen sein. [. . .] Was immer uns treibt – auch in der Komödie tut es weh, und wir erleiden das Heldentum" (III, 5).

Auffällig ist, daß viele Komödien des umrissenen Typus sich formal der Historie auch dort noch zuwenden, wo sie sich inhaltlich manchmal geradezu programmatisch von ihr abwenden. In der Tat ist das Interesse der Exildramatiker an der (vergangenen) Historie als Medium künstlerischer Reflexion sehr weit verbreitet. Hier treffen sich vielfach bürgerliche und marxistische Autoren an einem Punkt. Dabei verschmilzt häufig das Komödiengenre mit dem des historischen Dramas. Bei Brecht läßt sich dieser Vorgang exemplarisch beobachten. In *Leben des Galilei*, in *Herr Puntila und sein Knecht Matti*, selbst in *Mutter Courage*, Dramen, die alle ein Komödienelement besitzen, obwohl allein der *Puntila* ,reine' Komödie ist, hat Brecht den komplexen gesellschaftlichen Gegenstand, über den er aufklären will, vermittelst der Kunst historisierender Distanzierung durchsichtig gemacht. Zugleich hat er, grundsätzlich ähnlich wie große, klassische Vorbilder verfahrend, ästhetisches ,Vergnügen' an von Haus aus ,tragischen Gegenständen' zu erzeugen gesucht. Gerade der letztgenannte Zug ist ein elementar ,positives' Bestreben, das mit einschneidenden ,negativen' Exilerfahrungen aufs engste zusammenhängt, wobei ungeachtet aller Objektivierung das Moment einer verschwiegenen Selbsttherapie eine alles andere als triviale Rolle gespielt haben dürfte.

Die Beschäftigung der Exilautoren mit Geschichte kann als Kompensation einer zum Teil radikalen materiellen und kulturellen Entwurzelung begriffen werden: Was einer in der Gegenwart nicht mehr besitzt, dessen sucht er sich durch Rückgriff auf die Vergangenheit zu versichern. Auch spielt in vielen Fällen die List von politisch Verfolgten eine Rolle, die ihr Werk nicht nur vor den Nazis, sondern auch vor den Herrschenden ihrer Gastländer schützen mußten. Ob man deshalb, etwa mit Günther Heeg, von einer ,,Wendung zur Geschichte"[4] als Charakteristikum der Exilliteratur sprechen kann, scheint gleichwohl fraglich. Das Geschichtsdrama findet sich bereits vor 1933 sehr häufig in der deutschen wie in der übrigen europäischen Literatur. Von den Exilanten wird da zum Teil, selbst wenn man nur an ihr eigenes Schaffen denkt, eine Tradition fortgesetzt (vgl. Bruckners *Elisabeth von England*). Immerhin, es lassen sich exilspezifische Modifikationen des Geschichtsdramas beobachten.

Trotz des weiterhin oder auch neuerlich bekundeten Interesses exilierter Schriftsteller am historischen Drama kann von einer inhaltlichen und formalen Gemeinsamkeit der einschlägigen Stücke freilich nicht oder nur mit Vorbehalt gesprochen werden. Wesentliche Gemeinsamkeiten existieren nicht einmal in einer relativ homogenen Gruppe wie der der marxistischen Autoren. Eine vergleichende Betrachtung von Friedrich Wolfs *Beaumarchais*, Julius Hays *Der Barbar*, v. Wangenheims *Heinrich von Lettland*, Johannes Wüstens *Weinsberg*, Arnold Zweigs *Bonaparte in Jaffa* würde diese Ansicht rasch bekräftigen.

Unterschiedlich sind insbesondere die von den Autoren angewandten Methoden der Aktualisierung des geschichtlichen Stoffs. Nicht einmal bei ein und demselben Autor ist – wie das Beispiel Brechts lehrt (vgl. *Galilei* und *Courage*) – die Methode die gleiche. Sieht man von Brecht ab, sind bedeutende ästhetische Neuerungen in dieser Hinsicht im allgemeinen nicht zu verzeichnen.

GEORG KAISER (1878–1945) zum Beispiel, von dem es eine große Zahl von Exildramen gibt, hält grundsätzlich an dem aus seiner expressionistischen Phase bekannten Verfahren einer rationalen, zur Parabel tendierenden Durcharbeitung des Stoffs fest. Kaisers Exildramen *Das Floß der Medusa* (1940/43) und *Die Spieldose* (1941) bezeugen die alte Neigung des Autors zu künstlerischer Abstraktion. Diese wird, noch immer mit eindrucksvoller Virtuosität, jetzt bisweilen so übersteigert, daß etwa das Drama *Die Spieldose* ironischerweise und gegen die Absicht des politisch unverdächtigen Autors in die Nähe des von den Nazi-Literatur‚theoretikern‘ geschätzten heroisch-archaisierenden Stils der Schicksalstragödie geraten ist. Die gleiche Tendenz zur Abstraktion prägt Kaisers Geschichtsdrama, die „Tragikomödie" *Napoleon in New Orleans* (1937–1941). Typisch für den „Denkspieler" Kaiser ist, daß er nicht bei der tatsächlichen Biographie Napoleons, sondern bei einer Anekdote aus der legendären Napoleon-Überlieferung ansetzt. Aus der konkreten Geschichte wird bei ihm im Handumdrehen eine verwegene, phantastische Konstruktion. Sie dient einer als solche höchst interessanten, verhüllten Auseinandersetzung mit dem zeitgenössischen Faschismus (und insgeheim wohl auch einer Selbstauseinandersetzung Kaisers). Analysiert wird der fatale Mechanismus, der es damals bewerkstelligt hatte, daß ein in konservativen Träumereien befangenes, weltfremdes Bürgertum, verführt durch lumpenproletarische Betrügerei, an seinem eigenen Untergang tatkräftig mitzuwirken bereit war. Mit den Mitteln einer bitteren, auf das ‚absurde‘ Drama vorausweisenden Komik, die das irritierend Bodenlose, Fiktive geschichtlicher Prozesse ans Licht holt, indem sie selbst irritierend mit der Geschichte spielt, hat Kaiser das für ihn zentrale Thema der (Selbst-)Täuschung des Bewußtseins, der ideologischen Verhexung erneut behandelt. (Die gleiche Absicht liegt der knappen, wuchtigen Allegorie *Das Floß der Medusa* zugrunde. Durch die Reduktion des vielschichtigen historischen Geschehens auf eine höchst einfach gebaute, ‚konstruktivistische‘ Kindertragödie erlangt die dichterische Darstellung des moralisch-ideologischen Selbstentfremdungsprozesses ursprünglich ‚guter‘ Menschen samt den destruktiven Folgen für ihr Zusammenleben außerordentliche Prägnanz – allerdings, wie immer bei Kaiser, auf Kosten einer eigentlich historischen Erklärung des Vorgangs.)

Der bei Georg Kaiser wie bei vielen andern Exilautoren spürbaren Tendenz, sich in der Isolierung des Emigrantendaseins abzukapseln – mit dem Erfolg, daß selbst politisch gemeinte Anstrengungen einen Zug ins Unpolitische erhalten konnten –, stand eine andere Tendenz gegenüber: die Versuchung, sich der neuen Umgebung anzupassen – oft mit dem Erfolg, daß notwendige Strategien eines dialektisch zu begreifenden Rückschritts und Opportunismus sich in Opportunismus im handfest-kritischen Sinn des Worts verkehrten. (Daß es sich hierbei bisweilen um ‚verinnerlichten‘ Opportunismus jenseits bewußter Absicht gehandelt hat, kann ohne weiteres unterstellt werden.)

Für die zweite der genannten Tendenzen bietet das UdSSR-Exil diffiziles Anschauungsmaterial. Für zahlreiche der marxistischen Dramatiker und Theaterleute, die in die UdSSR geflüchtet waren, bedeutete das Exil durchaus Exil mit oft erhöhten, bisweilen lebensgefährlichen Risiken. Natürlich gab es prinzipielle ideologische Übereinstimmung zwischen den deutschen Exilierten in der Sowjetunion und den maßgeblichen politischen Instanzen. Negativ aber wirkte sich durchweg die Tatsache aus, daß sich inzwischen dramatische Produktion und Theaterpraxis in der UdSSR weit von den entsprechenden Verhältnissen entfernt hatten, die im Ausgang der Weimarer Republik bestanden und durch die auch und gerade die politisch ‚links‘ engagierten Exilautoren geprägt waren. In der Zeit, da in Deutschland der Faschismus seine Macht befestigte, herrschten im Moskauer Theaterbetrieb paradoxerweise stilistisch konservative Klassikeraufführungen vor. „Klassik in Moskau – revolutionäres Theater in New York – Dialektik", notierte Friedrich Wolf sarkastisch anläßlich einer Reise in die USA[5].

Selbst Piscator, prominentester Vertreter einer politischen avantgardistischen Bühnenkunst, hatte sich aus realistischer Einschätzung der Lage entschieden, in Moskau zunächst einmal „repräsentatives" Theater zu machen[6]. Brechts epische Dramatik mit ihrer für traditionel-

les Theatervergnügen unbequemen Wendung gegen „Einfühlung" galt in Moskau als sektiereri-
sche Abweichung von jener Generallinie „sozialistischen Realismus", wie sie damals vor allem
von Lukács und seinen Gesinnungsgenossen bestimmt wurde. Deren ästhetisches Programm
verlangte vom sozialistischen Drama den positiven proletarischen Helden, „psychologische
Darstellungsweise", spannende dramatische Aktion. Selbst Friedrich Wolf, der mit seiner formal stark konventionellen, ‚aristotelischen' Dramaturgie dergleichen Forderungen partiell immer schon entsprochen hatte, wurde wegen des Mangels an lebendiger Figurendarstellung von
Lukács und den Redakteuren der „Internationalen Literatur" heftig getadelt[7].

GUSTAV VON WANGENHEIM und JULIUS HAY machten, mit unterschiedlichem Erfolg,
Anstrengungen, sich dem sozialistischen Realismus in der offiziösen Bedeutung des Worts anzupassen. Wangenheims Schauspiel *Die Friedensstörer* (1939)[8], auf sowjetischen Bühnen
aufgeführt (nach Abschluß des Hitler-Stalin-Pakts jedoch abgesetzt), behandelt die Nazi-Ok-
kupation Österreichs nach dem ‚Anschluß'. Der Autor benutzt das Schema des Familiendra-
mas; das Stück ähnelt stark den einschlägigen Teilen der im ganzen komplexer, episch konstruierten „deutschen Tragödie" *Winterschlacht* (1941) von Johannes R. Becher. Die selbstzerstörerische Krise des faschisierten Kapitalismus wird von Wangenheim aus der Perspektive des
bürgerlichen Wohnzimmers dargestellt (allerdings auch aus der der Küche, wo sich vorzugsweise aufrechte proletarische Widerstandskämpfer ein Stelldichein geben). Der Bruder erhebt
sich in diesem ‚Wohnzimmer' gegen den Bruder, der Sohn gegen die Mutter. Neid, Machtgier,
Brutalität, denen die Rassenideologie lediglich als Vehikel dient, sind die vorherrschenden An-
schauungs- und Deutungskategorien. Unfähig, die universellen ökonomischen Prozesse ‚widerzuspiegeln', treiben sie das Stück psychologisierend und moralisierend in eine Sackgasse, aus
der es bestenfalls durch eine allegorisierende Rückübersetzung wieder hinausgeführt werden
könnte. Doch eine solche begrifflich überhöhende Aussageform wird durch den realistischen
Stil und die ‚psychologische' Darstellungsweise im Ansatz schon verhindert. Mit seinen zum
Teil tollen Verwicklungen, angetrieben durch eine Intrige, hinter der sich die beschränkte Interpretation des Nazi-Faschismus als – wiederum – einer Intrige, nämlich einer kapitalistischen,
verbirgt, liest sich das Drama heute streckenweise wie die ins Absurde überdrehte Parodie einer
Shakespeareschen Tragödie.

Erfolgreicher als v. Wangenheim entwickelte sich der geschickte JULIUS HAY (* 1900)
zum ‚sozialistischen Realisten' der deutschen Exildramatik. *Der Damm an der Theiß* (1935/36),
Tanjka macht die Augen auf (1937), *Haben* (1938) – diese und andere Stücke besitzen über Hays
eigenes Werk hinaus repräsentative Bedeutung. Durchweg verkörpern sich bei Hay die reaktionären und die progressiven gesellschaftlichen Mächte in guten und bösen und bisweilen auch
wohldosiert gemischten, immer aber ‚lebendigen', ‚farbigen' Charakteren. Die zwischen ihnen
stattfindende Auseinandersetzung schließt regelmäßig ab mit einem moralisch eindrucksvollen
Sieg der besseren Partei, die vielfach Partei durchaus auch im Sinn von Parteigenossenschaft ist.
Es wird dafür gesorgt, daß die möglicherweise schwankenden Gefühle des Zuschauers gereinigt
werden; diesem wird Mut gemacht zu sozialistischer Aufbauarbeit. Das Drama *Tanjka macht
die Augen auf* zeigt didaktisch gesteuerten, deshalb einigermaßen penetrant wirkenden Humor.
Dem Autor, der sich in verinnerlichter Übereinstimmung mit der damaligen Devise des ‚Sozialismus in einem Lande' befindet, dient seine Heldin Tanjka, das in die Großstadt verschlagene
Mädchen aus den Wäldern Rußlands, sozialistische Variante des Mythos vom Mütterchen Rußland, als dramaturgisches und erzieherisches Mittel, um die offiziell erhoffte ungeheure Lern-
und Produktionskraft des Volks zu veranschaulichen und dessen Sieg über heimische Korruption und über Unterwanderung durch fremde Agenten als unzweifelhaft hinzustellen. – Brecht

hat Hay boshafterweise mit Sudermann verglichen, zuungunsten des ersteren[9]. Doch v. Wangenheim, heimgekehrt aus der UdSSR, damals Intendant des Berliner Deutschen Theaters, sah sich, als es um die erste Aufführung eines Stücks mit Gegenwartsthematik ging, veranlaßt, Hays Drama *Gerichtstag* (1943) aufzuführen.

Dramatik im Stil Hays, die ein gewiß nicht eingebildetes, vielmehr tiefes und zwingendes Bedürfnis des bestehenden Systems einer ‚sozialistischen Übergangsgesellschaft' zu befriedigen suchte, wirkt bis heute in der DDR-Dramatik weiter. Es ging und geht, wie Brecht erkannte, um die Mobilisierung des Theaters „für die erzeugung staatsgewünschter eigenschaften"[10], und wiederum Brecht war es, der mit seinem letzten dramaturgischen Systementwurf, den „Katzgraben-Noten", den Versuch unternahm, auf eine unausweichliche Entwicklung produktiv zu reagieren und deren negative Auswirkungen zugleich durch das Konzept einer neuen, den geschichtlichen Umständen entsprechenden Komödie gleichsam zu unterlaufen[11]. Ein neuerliches Beispiel für die Dialektik von Fortschritt und Rückschritt, nunmehr als ein Phänomen der Nachkriegsliteratur.

In der DDR gibt es also eine Dramenproduktion und eine Theaterpraxis, in der unterschiedliche Tendenzen sozialistischer deutscher Exildramatik (von Brecht bis zu Hay) bis auf den heutigen Tag fortwirken, und dies keineswegs mit der Eintracht, wie sie seitens offizieller Kulturpolitik drüben und hüben gern unterstellt wird. Mit Blick auf die Verhältnisse in der Bundesrepublik ist dagegen eher der Bruch zwischen deutscher Exildramatik und deutscher Nachkriegsdramatik zu konstatieren. Einige der politischen Gründe für diesen Bruch kann man, wenn man will, einem der letzten deutschen Exildramen entnehmen, Bruckners Schauspiel *Die Befreiten* (1945). Eindrucksvoll veranschaulicht es die Kluft zwischen denen, die wegen ihres antifaschistischen Widerstands Nazi-Deutschland hatten verlassen müssen, und denen, die zurückgeblieben waren, und es zeigt die notgedrungen unzulänglichen Bemühungen der ‚Befreier', die eine neue Ordnung vor allem mit Hilfe der alten zu errichten sich anschickten.

Brechts Theater zwischen Abbild und Utopie
Silvia Volckmann

Noch inmitten der ‚finsteren Zeiten' des Faschismus war BERTOLT BRECHT (1898–1956) überzeugt davon, ,,an der Schwelle einer neuen Zeit zu stehen" (WA 17, 103). Seitdem er gegen Ende der 20er Jahre begonnen hatte, sich mit dem Marxismus zu beschäftigen, vermochte er auch dort noch zukunftsträchtige Ansätze zu sehen, wo ,,der Begriff des Neuen selber verfälscht" wurde durch die nationalsozialistische Ideologie. Die Nazis operierten nicht umsonst mit dem Vokabular revolutionärer Hoffnungen, um die Unzufriedenheit der Massen aufzufangen und in ihrem Sinne zu lenken: ,,Es ist eben jetzt die Barbarei, die sich als die neue Zeit gebärdet. Sie sagt von sich, sie hoffe, 1000 Jahre zu dauern" (WA 17, 105). Nichtsdestoweniger war Brecht nicht gewillt, deshalb von Deutschland als ,,von dem versunkenen Atlantis" zu reden.

Seine Zuversicht gründete sich auf die Dialektik der Klassenkämpfe, die, wenn schon vorerst nicht dem einzelnen Individuum, so aber doch der Gesellschaft den Durchbruch zu ,,glücklichen Zeiten" ermöglichen sollten. Während der junge Brecht mit seinem Glücksanspruch auf die Schranken der individualistischen Sichtweise gestoßen war[1], richtete er seinen Blick später auf den geschichtlichen Prozeß als die Bedingung und Resultante individuellen menschlichen Handelns. Dessen Gesetzmäßigkeiten, wie sie Marx aufgezeigt hatte, gaben ihm die Hoffnung, daß da glücklichere ‚Nachgeborene' ‚auftauchen werden aus der Flut, in der wir untergegangen sind'[2].

Der Sieg über die Nazitruppen schien dem Optimismus des Stückeschreibers recht zu geben. Wenigstens in einem Teil Deutschlands wurde mit dem Aufbau des Sozialismus begonnen. Dort erhielt Brecht nach seiner Rückkehr aus dem Exil sein eigenes Theater am Schiffbauerdamm und konnte an der praktischen Umsetzung seiner zunächst nur theoretisch entwickelten Konzeption eines ‚Theaters im wissenschaftlichen Zeitalter' arbeiten. Zwar gab es Schwierigkeiten: mit ,,engstirnigen Behörden" in der DDR, mit antikommunistischen Boykottmaßnahmen gegen diesen mißliebigen deutschen Dichter in der Bundesrepublik. Mittlerweile aber ist Bertolt Brecht zum meistgespielten Dramatiker auf deutschen Bühnen avanciert, und dort wie hier gilt er als unangefochtene Autorität in Sachen sozialistisches Theater. Ob für oder wider die jeweiligen politischen, ästhetischen und philosophischen Positionen – Brecht ist als Kronzeuge aufgerufen.

Gleichwohl, oder besser: aus diesem Grund sind heute, rund zwanzig Jahre nach seinem Tod, gewisse Ermüdungserscheinungen bei den Diskutanten seines Werks zu vermerken. So entscheidet Benjamin Henrichs definitiv: ,,Brecht ist passé – und äußerst erfolgreich." Dieser Urteilsspruch trifft keineswegs etwa nur mißlungene Brecht-Inszenierungen. Vielmehr richtet er sich unmittelbar gegen den Autor selbst: ,,Brechts Sätze, die Veränderung predigend, schläfern die Lust auf Veränderung ein."[3] Die Brecht-Rezeption ist in eine historische Phase eingetreten, wo Grundsätzliches nicht mehr nur aus antikommunistischen Erwägungen in Frage gestellt wird, sondern wo die Realität selbst gegen Brecht zu sprechen scheint: ,,Zu munter kommt er daher, zu wohlgerüstet mit seiner Veränderungsdialektik, seiner kalten Emphase, auf alles gefaßt, für alles ein passendes Wort – und doch unangemessen den veränderten Umständen und veränderlichen Menschen."[4]

Von ‚munterer Veränderungsdialektik' kann bei dem jungen Brecht keine Rede sein. Er sieht sich geworfen in eine ‚kalte Welt', den Zwängen von Natur und Gesellschaft ausgeliefert. Gesellschaftskritik, wo sie anklingt, äußert sich als entschiedene Gesellschaftsfeindlichkeit: Die ersten Stücke Brechts rebellieren gegen die Fiktion des freien, sich selbst verwirklichenden Individuums, wie sie das Bürgertum trotz Kriegsdesaster und sozialer Wirren aufrechtzuerhalten sucht. Diesem Phantombild hält Brecht die Realität des vereinzelten Einzelnen entgegen, der sein Selbst, wenn überhaupt, nur in radikaler Verweigerung bewahren kann.

Im *Baal* verkörpert sich der Wunsch nach Regression, nach ungeschiedener Einheit von Mensch und Natur und der Auslöschung des ‚unglücklichen Bewußtseins' (Hegel) im ursprünglichen tierischen Egoismus. Der ‚asoziale' Einzelgänger Baal negiert jegliche soziale Norm und lebt seinen unmittelbaren triebhaften Bedürfnissen. Auch der Ex-Soldat Kragler in *Trommeln in der Nacht*, dem zweiten Stück Brechts, wehrt sich gegen die ihm vorgegebene soziale Rolle. Er pfeift auf die ‚Ehre' und nimmt seine Braut „gebraucht" zurück. So entzieht er sich bürgerlichen Maßstäben; aber er ist keineswegs ein Revolutionär. Die Teilnahme am Spartacusaufstand bedeutet ihm keine Alternative: „Mein Fleisch soll im Rinnstein verwesen, daß eure Idee in den Himmel kommt?", hält er den Aufständischen entgegen. Während hier noch die Perspektive des individuellen Rückzugs offenbleibt, verwerfen die folgenden Dramen auch solche Lösung. In *Im Dickicht der Städte* und *Mann ist Mann* wird der Determinismus total. Der einzelne ist hier nur mehr eine Marionette im Spiel der Macht- und Konkurrenzmechanismen, aus deren Herrschaft es kein Entkommen gibt.

Bis einschließlich 1928 bezieht sich der Stückeschreiber ausschließlich auf ein bürgerliches Publikum. Noch die spektakuläre Identifikation von Bürgerwelt und Verbrechermilieu in der „Dreigroschenoper" bleibt in diesem Rahmen genießbar. Der geniale Bürger-Gangster Mackie Messer geht aus dem gleichsam natürlichen Kampf aller gegen alle in der Welt des Brechtschen Frühwerks als Sieger hervor. Das Recht ist, wie außerhalb des Theaters, auf Seiten des Stärkeren. So kann das bürgerliche Publikum Macheath' Sieg als den eigenen verbuchen, und die provokative Aggression verkehrt sich in der Rezeption in eine Hommage.

Die Entwicklungslinien von Brechts dramatischem Schaffen lassen sich von den jeweiligen Adressaten her bestimmen. Die Beschäftigung mit dem Marxismus sorgt für einen Einschnitt. Den Stückeschreiber beschäftigt von nun an bis zu seinem Tode 1956 die Frage nach Möglichkeit und Bedingungen eines von Freundlichkeit und Solidarität getragenen menschlichen Zusammenlebens. Nun wendet er sich direkt an das revolutionäre Proletariat, das ihm die Kraft repräsentiert, die die – in den vorangegangenen Stücken dargestellte – Auslieferung der Individuen an die Verhältnisse in die Herrschaft der Menschen über ihr soziales Leben verwandeln kann. In diesen Jahren experimentiert Brecht mit seinen dramaturgischen Möglichkeiten. Die Oper *Aufstieg und Fall der Stadt Mahagonny* etwa ist das direkte Gegenstück zu den parallel entstandenen *Lehrstücken*. Steht in der Satire auf das kapitalistische Geldparadies die analytische Vermittlung von ökonomischer Basis und sozialem Verhalten im Zentrum, fehlt in *Mahagonny* der Aspekt revolutionärer Veränderung, so konzentrieren sich hingegen Stücke wie *Der Jasager*, *Der Neinsager*, *Die Maßnahme* und *Die Ausnahme und die Regel* auf Probleme des verändernden Handelns. Die theatralische Mimesis ist hier weitgehend zurückgenommen zugunsten des abstrakten Modells, das der Diskussion von Haltungen in der außerästhetischen Realität dienen soll. In der *Maßnahme* z. B. demonstriert Brecht, wie ‚an sich' gute Eigenschaften wie Mitleid, Güte und Hilfsbereitschaft zur Gefahr für das Gelingen der revolutionären Aktion werden, die die Basis für die allgemeine Verwirklichung eben solcher Eigenschaften schaffen soll.

Die gesellschaftlichen Verhältnisse fordern Härte, der Gute vermag nichts zu erreichen noch zu überleben: Dieses Motiv durchzieht von nun an die Dramen Brechts. Das Heilsarmee-Mädchen Johanna Dark (*Die heilige Johanna der Schlachthöfe*) sieht das Scheitern ihrer karitativen Vermittlungsversuche zwischen den streikenden Arbeitern und den ‚Fleischkönigen‘ Chicagos; sie stirbt mit dem Aufruf zu revolutionärer Gewalt und Härte auf den Lippen. Shen-Te, der *Gute Mensch von Sezuan*, erfährt ihre Freundlichkeit als Existenzbedrohung und ist gezwungen, in die Maske des bösen, ausbeuterischen Vetters Shui-Ta zu schlüpfen. Die stumme Kattrin aus der *Mutter Courage* rettet das Dorf und wird selbst dafür erschossen. Schließlich die Kommunarden von Paris (*Die Tage der Commune*), die ein Blutbad vermeiden wollen und ihre Feinde schonen, beschwören ein um so größeres Blutbad herauf. So kehrt sich humanes Verhalten unweigerlich gegen den guten Menschen, der Illusionen über die Wirkung seiner Taten hegt. Lediglich im *Kaukasischen Kreidekreis* macht Brecht eine Ausnahme. Grusche, die Mütterlichkeit beweist und ein Kind rettet und aufzieht, das nicht ihr eigenes ist, bekommt am Ende von dem listigen Volksrichter Azdak das Kind zugesprochen, während die leibliche Mutter sich in ihrer Herzlosigkeit offenbart. Doch bereits die Rahmenhandlung verweist die Fabel in den Raum der Utopie.

Die im Exil entstandenen Stücke unterscheiden sich von den ersten marxistischen, aber auch den in der DDR entstandenen dadurch, daß sie den direkten Aufruf zur revolutionären Gewalt zurückhalten. Statt des Kollektivs bildet hier jeweils ein einzelner den Zentralpunkt des Dramas. Während in der *Heiligen Johanna*, der *Mutter* oder den *Tagen der Commune* offener Klassenkampf propagiert wird, überlassen die Exildramen diese Schlußfolgerung dem Zuschauer. Das mag seinen Grund einmal darin haben, daß Brecht nun – gezwungenermaßen – für ein mehr intellektuelles Publikum schreibt; zugleich aber reagiert der Stückeschreiber auf diese Weise auf das Verhalten der deutschen Arbeiterklasse unter dem Faschismus, das die Hoffnung auf die revolutionäre Lösung mittelfristig erstickt: In der Bearbeitung des Gorki-Romans „Die Mutter“ scheint der Sieg des Kommunismus schon fast greifbar. Die Stücke dagegen, die sich unmittelbar mit dem deutschen Faschismus auseinandersetzen (*Die Rundköpfe und die Spitzköpfe; Der aufhaltsame Aufstieg des Arturo Ui; Furcht und Elend des Dritten Reiches; Schwejk im Zweiten Weltkrieg*), müssen einen tiefen Rückfall in die Barbarei registrieren. Die Frage nach der Veränderbarkeit und ‚Aufhaltsamkeit‘ derartiger gesellschaftlicher und politischer Entwicklungen steht im Mittelpunkt des Brechtschen Hauptwerks.

Hans Mayer hat darauf aufmerksam gemacht, daß bei dem marxistischen Brecht „das Prinzip dialektischer Weiterentwicklung ebenso orgiastisch ausgekostet wird wie einst das Prinzip des Vergehens“[5]. Der Gedanke der Veränderung bestimmt nun die gesamte Theaterarbeit Brechts: Veränderung des Theaters, Veränderung des Publikums, Demonstration einer sich verändernden Welt auf der Bühne und nicht zuletzt Anstöße geben zur Veränderung der Gesellschaft – das alles wollte der Stückeschreiber. In den finsteren Zeiten sollte das Theater die Idee einer besseren Welt retten und zugleich die Fähigkeiten vermitteln, die notwendig sind, um sie zu schaffen; denn „die glücklichen Zeiten kommen nicht, wie der Morgen nach durchschlafener Nacht kommt“ (WA 17, 1106).

Wie die Entwicklung der Technik eine nie geahnte Herrschaft des Menschen über die Natur ermöglicht hat, so soll die Entwicklung des Theaters dazu beitragen, daß nun auch die Herrschaft über die gesellschaftlichen Prozesse errungen wird. Denn die Menschen „machen zwar ihre eigene Geschichte, aber sie machen sie nicht aus freien Stücken, nicht unter selbstgewählten, sondern unter unmittelbar vorgefundenen und überlieferten Umständen“[6]. Möge es der antike Zwang des Schicksals, der mittelalterliche des ordo ordinorum oder der moderne

Sach- bzw. Warenzwang sein – die bisherige Geschichte hat sich nach Gesetzen vollzogen, die als den Menschen äußerliche, fremde erscheinen und auf die sie scheinbar keinen Einfluß haben.

Diesen Zustand hat Marx als ideologischen Schein aufgewiesen, als einen Schein freilich, der gleichwohl die Handlungen der Menschen bestimmt. Mit seinen Stücken will Brecht diese Dialektik aus der Sphäre begrifflicher Abstraktion in die sinnliche Anschauung übertragen und so die „Auslieferung der Welt" an die Produzenten betreiben. Erkenntnis der Welt zum Zweck ihrer Umgestaltung, die Kunst als Medium der Veränderung – ein aufklärerischer Gedanke, der, wie es scheint, die Kunst zur Magd von Politik und Wissenschaft degradiert.

Und tatsächlich: Das Verhältnis seiner Kunst zur Wissenschaft steht im Mittelpunkt der Überlegungen Brechts. Im „wissenschaftlichen Zeitalter", so meint er, kann es sich die Kunst nicht erlauben, in undialektischen, das heißt für ihn: vorwissenschaftlich-ideologischen Rastern steckenzubleiben, wenn sie adäquate ‚Abbildungen' vom ‚Zusammenleben der Menschen' liefern will. Entsprechend hat er die Handlungsführung seiner Stücke genauestens „ausmathematisiert", d. h. er hat sie ‚zum Skelett gemacht' (Eisler), um sich ihrer Stringenz zu versichern. Peinlich war er darum bemüht, eventuelle Ungenauigkeiten bei der Behandlung eines Stoffes auszuschalten und seinen Stücken gleichsam wissenschaftliche Stichhaltigkeit zu geben. Auch daß er mit Vorliebe auf authentisches historisches Material zurückgegriffen hat, paßt ins Bild: Verbürgte geschichtliche Fakten stützen, untermauern und belegen das geschichtsphilosophische Konstrukt, dessen Herzstück die Änderbarkeit der gesellschaftlichen Verhältnisse ist.

So gesehen entsteht der Eindruck nüchterner Strenge, kaum dazu angetan, die Bedürfnisse der Theaterbesucher zu befriedigen; und je beharrlicher Brecht die politische, ‚belehrende' Aufgabe seiner Stücke betont hat, um so mehr ist er als Langeweiler in Verruf gekommen. Ausgerechnet in Deutschland, wo traditionell Ernsthaftigkeit mit Tiefsinn verwechselt wird, wo die Komödie nichts gilt, wurde ihm vorgeworfen, er vernachlässige das Unterhaltungsbedürfnis seines Publikums. So sah er sich 1948 gezwungen, seine frühere Absichtserklärung, „aus dem Genußmittel den Lehrgegenstand zu entwickeln und gewisse Institute aus Vergnügungsstätten in Publikumsorgane umzubauen", zu differenzieren. Sein ‚Kleines Organon' behandelt das Theater als „Stätte der Unterhaltung", des Vergnügens und des Genusses und insistiert auf dem Luxuscharakter der Kunst[7].

Aber was Brecht nun Genuß nennt, unterscheidet sich wesentlich von dem, was landläufig mit diesem Begriff verbunden wird. So spricht er z. B. vom „lustvollen Zweifel", von der „Sinnlichkeit" des Galilei, die zum großen Teil „geistiger Natur" ist – „wichtig ist, daß er auf sinnliche Weise *arbeitet*" (WA 17, 1127) –, und von der Schönheit, die ein „Tun" ist: „Schön ist, wenn man die Probleme löst." Eine ‚neue Art der Unterhaltung' ist angestrebt: Das Vergnügen, die Lust bezieht der Theaterbesucher nicht wie im traditionellen Drama aus der Katharsis. Während er diese passiv erleidet, etwas mit sich geschehen läßt, will Brechtsches Theater das Gegenteil, nämlich „die Produktivität zur Hauptquelle der Unterhaltung machen" (WA 16, 672).

Die Produktivität – auch und vor allem die des Zuschauers. Das Publikum, im traditionellen Drama eher stiefmütterlich behandelt, wird bei Brecht zum Hauptfaktor des Theatergeschehens, man könnte pointiert sagen: zum Hauptakteur[8]. Der beschränkte Horizont der ‚Bretter, die die Welt bedeuten', ist aufgegeben. Der Stückeschreiber will das Publikum beteiligen, aktivieren. Es repräsentiert ihm die Instanz, die über den Realitätsgehalt des auf der Bühne Gezeigten das Urteil fällt. Deshalb ist die ‚Lehre' Brechts nicht auf Lehrsätze reduzierbar. Es geht um Haltungen, nicht um Dogmen. Es geht um die Emanzipation des Publikums von der Bevormundung durch Bühne und Drama, nicht um eine neue – nunmehr marxistische – Gängelung. Das ‚dialektische Theater‘ – so präzisiert Brecht später den Begriff des ‚epischen‘ – zielt aufs Ganze. Erst in der Rezeption und ihrer ‚Nützlichkeit‘ im Kampf gegen Unterdrückung und Ausbeutung und für eine veränderte Menschheit in einer veränderten Welt vollendet sich das Werk des Stückeschreibers.

Daher ist es zu kurz gegriffen, von einer ‚Wirkungsästhetik‘ oder ‚–poetik‘ Brechts zu sprechen. Zwar knüpfen viele seiner Vorstellungen an das wirkungsorientierte Drama der Aufklärung an; zwar bestimmen sich Stückaufbau und Darstellungsweise von einer ‚Lehre‘, einer ‚Moral‘ her, die dem Zuschauer nahegebracht werden soll. Aber der Begriff unterstellt einen ‚wirkenden‘ (lehrenden) Teil und einen, auf den eingewirkt (der belehrt) wird. Das Verhältnis zwischen Dramatiker/Regisseur/Schauspieler und Publikum bleibt ein einseitiges. Demgegenüber sieht Brecht diese Pole der theatralischen Welt aus der Perspektive der *einen* Realität, deren Produzenten und Betrachter Theaterleute und Zuschauer gleichermaßen sind.

Brecht, so weiß man, hat mit Begeisterung Detektivromane verschlungen – zweifellos eine seiner eigenen Vergnügungen, die ihn zu seiner ästhetischen Definition von Unterhaltung/Genuß/Vergnügen geführt haben. Denn das postulierte Vergnügen in seinem Theater gleicht aufs Haar dem des Krimi-Lesers, der gemeinsam mit dem Detektiv mittels logischer Schlußfolgerungen die Fäden der Handlung zu entwirren sucht.

So soll es sein: Einheit von Vergnügen und Lehre, von lustvoller und sinnvoller Tätigkeit, von Genuß und Nutzen. Beileibe kein blutleeres Lehrtheater, eher Volksspektakel als Schillersche moralische Anstalt – auch wenn Eisler Brecht als den „besten Schüler von Schiller“ bezeichnet. Da gibt es derbe, von plebejischem Witz strotzende Szenen, subtile Anspielungen und artistische ‚Kisten‘, Komik ebenso wie Pathos. Brecht wollte ein buntes Theater, das alle menschlichen Haltungen erfaßt, die Ratio, aber auch die Gefühle. Seine Konzeption zielt auf Verwissenschaftlichung der Kunst *und* Poetisierung der Wissenschaft, Zusammenführung des ‚Kältestroms‘ der Analyse mit dem ‚Wärmestrom‘ befreiter Humanität:

> Wie die Umgestaltung der Natur, so ist die Umgestaltung der Gesellschaft ein Befreiungsakt, und
> es sind die Freuden der Befreiung, welche das Theater eines wissenschaftlichen Zeitalters vermitteln
> sollte.   WA 16, 678

Mit seinem Theater will Brecht eine ‚neue Zuschaukunst‘ fördern: nicht passiv miterleben sollen die Zuschauer, sondern beobachten; nicht sich von den Vorgängen auf der Bühne einlullen lassen, sondern die Lust der Erkenntnis, des Zweifels, der Veränderung entdecken – um, so der Hintergedanke des Stückeschreibers, mit ähnlich lustvoller Haltung auch ihre eigene Umwelt zu verändern.

So verlockend das klingt, da ist ein Haken: Der dem Proletariat verbündete Stückeschreiber macht seine Erfahrungen als Intellektueller zum Ausgangspunkt seiner theoretischen und praktischen ‚Vorschläge‘; alles andere wäre letztlich auch unehrlich. Er will seinem Publikum einen Genuß vermitteln, der aus intellektueller Aktivität resultiert – aber seine Stücke fordern schon die entsprechende Genuß*fähigkeit*.

Produktivität als Quelle der Lust – ein utopischer Gedanke, wo Aktivität nur als (entfremdete Zwangs-)Arbeit erfahren wird, wo produktive Phantasie vor westlichen und östlichen Bildschirmen verkümmert und Genuß nur im passiven Konsum, sei es materieller, sei es geistiger Waren, erlebt wird. Auch Brecht-Stücke werden da zur Ware, zum gleichgültigen Konsumartikel – wenig lehrend, kaum vergnüglich und sicher nur eine schwache Verunsicherung der Herrschenden. Die rigorose Trennung zwischen Arbeit und Freizeit sabotiert die Entwicklung der ‚neuen Zuschaukunst‘ in unseren Theatern, auch wenn sie Brecht spielen.

Dieser selbst hat die Problematik zwar, scharfsichtig wie stets, erfaßt, aber er weist keinen Ausweg aus dem dialektischen Labyrinth, das zu neuen Haltungen führen soll, diese aber als Eintrittskarte fordert – zumindest, wenn's auch Spaß machen soll. In den ‚Nachträgen zum Kleinen Organon' vertröstet er auf eine bessere Zukunft:

> Es handelt sich nicht nur darum, daß die Kunst zu Lernendes in vergnüglicher Form vorbringt. Der Widerspruch zwischen Lernen und Sichvergnügen muß scharf und als bedeutend festgehalten werden – in einer Zeit, wo man Kenntnisse erwirbt, um sie zu möglichst hohem Preis weiterzuverkaufen, und wo selbst ein hoher Preis denen, die ihn zahlen, noch Ausbeutung gestattet. Erst wenn die Produktivität entfesselt ist, kann Lernen in Vergnügen und Vergnügen in Lernen verwandelt werden. WA 16, 701

Wenn im Folgenden daher vom ‚Zuschauer' die Rede ist, so weniger vom empirischen als vielmehr vom idealen, dessen Überlegungen die Bühnenhandlung ergänzen.

„Ich glaube an den Menschen, und das heißt, ich glaube an seine Vernunft! Ohne diesen Glauben würde ich nicht die Kraft haben, am Morgen aus meinem Bett aufzustehen" (WA 3, 1256). So spricht Galilei, zumindest der Brechtsche. Als müsse er sich selbst von der Wahrheit seines Satzes überzeugen, seinem Glauben durch Beschwörung zusätzliche Kraft verleihen, beteuert er seine Auffassung in fast jeder Szene – wider alle Vernunft, wie es scheint, denn die herrschende sakrale Gewalt läßt kein Mittel ungenutzt, um den Fortschritt der Vernunft und des Wissens zu verhindern.

In diesem Fall spricht Galilei für den Stückeschreiber. Auch Brecht glaubt an / hofft auf den Sieg der Vernunft über die Unvernunft, der ‚großen Ordnung' über die ‚große Unordnung'[9]. Seine Stücke suchen im Gefolge der Marxschen Theorie den Beweis für die Hypothese anzutreten – unter ähnlich ungünstigen Bedingungen wie Galilei.

Vernunft ist nicht eben Maßstab menschlichen Handelns, wenn man von der bisherigen Geschichte ausgeht. Jede neuerrichtete Klassenherrschaft ist für die Beherrschten unvernünftig, jeder Krieg ist es für die Verlierer: die Soldaten beider Armeen. Spätestens seit Beginn der Industrialisierung und der modernen Kriegsführung bleibt die Einführung neuer Technologien in der Produktion oder zum Zweck militärischer ‚Effektivität' nicht ohne Folgen. Sie stößt die Menschheit in den Strudel unvorhersehbarer Ereignisse, die – in welcher Qualität und in welchem Ausmaß auch immer – verheerend wirken, kurz- oder langfristig. Und noch immer ist die Mehrheit der Menschen unterjocht von einer kleinen Minderheit, werden immer totalere Vernichtungskriege geführt und Technologien angewendet wie etwa Kernkraftwerke, deren geringstes Versagen ein Leben auf der Erde unmöglich machen kann. Die Beispiele für (folgenschwere) menschliche Unvernunft lassen sich beliebig ergänzen.

Man darf nicht annehmen, Brecht habe geflissentlich solche Einwände übersehen. Er weiß von den Vernichtungslagern der Nazis, von der Atombombe, die auf Hiroshima niederging. Zwar haben neuere ökologische Forschungen die veränderte Qualität der Bedrohung deutlich gemacht, aber die Problematik bleibt dieselbe: Für einen Sozialisten wie Brecht kann die Alternative nicht mehr nur ‚Sozialismus oder Barbarei' heißen. Denn jedes weitere ökonomische ‚Wachstum' ist ein Schritt zur endgültigen Zerstörung der menschlichen Lebensbedingungen – möge es dem kapitalistischen Zwang zur Profitsteigerung entspringen oder einem ‚realen Sozialismus', der seine politischen und sozialen Mißstände durch wirtschaftliche Planerfolge wettzumachen sucht[10]. Welche Argumente führt also Brecht an, um seine Hoffnung zu rechtfertigen?

Karl Marx hat die Möglichkeit eines Sprungs aus der Geschichte der Klassengesellschaften in die einer klassenlosen ‚Assoziation freier Individuen' aus der inneren Dynamik des Kapitalverhältnisses deduziert. Um sich zu reproduzieren, macht das Kapital eine permanente Entwicklung von Produktivkräften erforderlich, die schließlich die Produktionsverhältnisse zu sprengen drohen. Brecht bezieht sich in seinen Stücken indes weniger auf diese Dialektik von Ökonomie und Gesellschaft im Kapitalismus, als vielmehr auf die historische Komponente des Marxschen Materialismus[11]. Seine Hoffnungen nähren sich daraus, daß nichts, was dauert, ewig währt.

Nehmen wir als Beispiel sein ‚Leben des Galilei'. „Wir stehen wirklich erst am Beginn", erklärt Andrea einem kleinen Jungen, als er in der Schlußszene, „die Wahrheit unter dem Rock", die Grenze nach Deutschland überschreitet. Der Schlußsatz des Dramas kündigt einen Anfang an. Der Zuschauer weiß, was da beginnt; Andrea kann es nicht wissen. Was für diesen Zukunft ist, Unausgemachtes, noch Offenes, ist für jenen Vergangenheit, historisch nicht rückgängig zu machendes Faktum: Das kopernikanische Modell gilt unbestritten; Newtons Mechanik und Einsteins Relativitätstheorie basieren gleichermaßen auf dieser ‚Wahrheit' des Galilei. Wissenschaft und Technik haben seitdem enorme Sprünge gemacht – nicht immer zum Besten der Menschheit. Auch die Philosophie hat eine ‚kopernikanische Wende' vollzogen; das theozentrische Weltbild ist dem homozentrischen gewichen, die Autorität Gottes durch die des Menschen ersetzt. Das Bürgertum hat nach einer Übergangsphase des Feudalabsolutismus säkularer Prägung im Gefolge der ökonomischen auch die politische Macht an sich gerissen; die Herrschaft der Herren über die Knechte ist abgelöst worden von der des Kapitals über die Menschen. Schließlich sind Versuche sozialistischer Revolutionen unternommen worden . . .

Die Spannung zwischen dem Horizont der Dramenfigur und dem des Autors (bzw. Zuschauers) prägt die Struktur des gesamten Stückes. Louis Althusser, der die ‚Wissenschaftlichkeit' Brechts im Sinne seines Begriffs des ‚dialektischen Materialismus' nachzuweisen sucht, bezeichnet diese *„dissymmetrische, dezentrierte* Struktur" als Grundlage einer „Umwälzung der Problematik des klassischen Theaters":

> Das klassische Drama [. . .], dessen Verhältnis und ‚Dialektik' sich im Spiegelbewußtsein einer zentralen Figur ungebrochen wiederfinden, – dieses Theater reflektiert also den gesamten Sinn eines Stückes in einem Bewußtsein, einem menschlichen Wesen, das spricht, handelt, meditiert, sich verändert . . . Bei Brecht hingegen ist keine Person in sich selbst ‚die Moral der Geschichte', es sei denn, einer schreitet zur Rampe, schlüpft aus der Maske und zieht aus dem Stück, wenn es zuende ist, ‚die Lehre'[12].

Zwar ist auch der Zuschauer nicht „oberster Richter des Stücks". „Auch er sieht und erlebt das Stück in der Weise eines falschen Bewußtseins"[13], aber wenn in unserem Fall Andrea mit dem Ende des Stücks einen Anfang prophezeit, so ist der Zuschauer aufgefordert, daran mitzuwirken, daß dieses Versprechen im Hinblick auf *seine* Gegenwart und Zukunft eingelöst wird. Denn das Drama spielt zwar in der finsteren Vergangenheit sakraler Fürstenwillkür. Die Disziplinierung von Wissenschaftlern und Künstlern jedoch, die den staatlich abgesicherten Konsens mißachten, von aufmüpfigen Arbeitern und Studenten, ist finstere Gegenwart.

Brechts theatralische Demonstration hält sich präzise daran, daß die historische Komponente ‚stimmt'[14]; von der Sprache und Kleidung bis hin zum Bühnenbild soll ein möglichst wahrheitsgetreues Bild der Zeit des Galilei geliefert werden – wie weit Brecht dabei ging, zeigt, daß er z. B. für die ‚Hofmeister'-Inszenierung auf *echtem* Rokoko-Mobiliar bestanden hat. Seine Art der ‚Aktualisierung' eines historischen Stoffes unterscheidet sich um einiges von der, die in den zwanziger Jahren in Mode kam: Da wurde Shakespeare in Kleidern der Gegenwart gespielt, die Problematik einer vergangenen Epoche unmittelbar als gegenwärtige präsentiert. Anders das ‚epische' Theater: Der Gegenstand bleibt ein historischer, aber Brecht „verwendet aus der Historie nur das, was seiner Fabel dient"[15], um die dialektische Reibung zwischen Gegenwart und Vergangenheit zu verdeutlichen. Im Medium der Verfremdung (diese kann mit Mitteln der Komik oder Anspielung erreicht werden, durch ein Aus-der-Rolle-Treten eines Schauspielers oder durch einen zwischengeschalteten Song) erscheint Geschichte als „Gegenstand einer Konstruktion, deren Ort nicht die homogene und leere Zeit, sondern die von Jetztzeit erfüllte bildet"[16].

Was Brecht „V-Effekt" nennt – die Spannung verschiedener ‚Bewußtseine' innerhalb der ‚dissoziierten Struktur' (Althusser) eines Stücks –, ermöglicht es, „das Kontinuum der Geschichte aufzusprengen" und damit eine Erfahrung zu antizipieren (und zu provozieren), die sonst nur, wie Benjamin sagt, „bei den revolutionären Klassen im Augenblick ihrer Aktion" vorkommt. Verfremdungen und Historisierungen (d. h. ein Vorgang wird als historisch relativ gekennzeichnet) dienen dem einen Zweck, auch gegenwärtige Probleme und Zustände, gegenwärtige Unterdrückung und gegenwärtiges Leid als historisch bestimmt kenntlich zu machen, als sich verändernd und veränderbar. Insofern ist Jan Knopf recht zu geben, wenn er betont, daß der Verfremdungsbegriff nicht von Brechts marxistisch-geschichtsphilosophischen Prämissen abgelöst und als beliebige dramaturgische Technik angesehen werden kann[17].

„Verfremdung ist die Entfremdung der heimischen Entfremdung", sie macht auf diese aufmerksam: Das *Leben des Galilei* schildert historische Verhältnisse, aber so, daß ein Vergleich mit gegenwärtigen naheliegt. Brecht schrieb das Stück 1938; die Vertreibung der Vernunft aus Deutschland hatte ihren Höhepunkt erreicht: ein Großteil der Intellektuellen mußte – wie Andrea im Drama – das Heimatland verlassen, „um wissenschaftlich (bzw. künstlerisch) arbeiten zu können". Brecht hatte – wie sein Galilei – staatliche Macht am eigenen Leib erfahren; es gab für die Kritiker des Faschismus nur die Alternative zwischen der moralischen und wissenschaftlichen Selbstaufgabe und der Verfolgung durch die Nazis.

Das Stück endet mit der Unterwerfung Galileis: Die Gewalt hat den Sieg über die Vernunft errungen. Oder hat Galilei gesiegt? Hat er nicht seine ‚Discorsi' – wiewohl unter strenger Aufsicht der Kirche – zu Ende geschrieben? Und gar eine Abschrift angefertigt, die sein Schüler ins Ausland retten kann? Warten nicht schon die nachfolgenden Generationen darauf, der Wahrheit zu ihrem Recht zu verhelfen? Hat also Galilei nicht im Sinne der Vernunft gehandelt, wenn er sich dem Schein nach gebeugt, den Fakten nach aber ‚die Wahrheit mit List' verbreitet hat?

Das Stück schließt also, wie es begonnen hatte: mit den Fragen einer kommenden Generation. Und immer sind es die Kinder der Armen, die das Vernünftige schnell begreifen: zuerst Andrea, der Sohn der Haushälterin, schließlich Giuseppe, von dem ‚der zweite Junge' sagt, als er seine Zweifel am Hexenglauben geäußert hat: „Er weiß rein gar nichts, weil er nicht in die Schule geht, weil er keine ganze Hose hat." Diese Schlußszene – die Brecht übrigens für die Aufführung in Hollywood gestrichen hat – unterstreicht das parabolische Element der theatralischen Geschichtsdarstellung. Sie illustriert, daß Galileis Hoffnungen keine bloße Illusion sind. Die vernünftige erscheint als die einfache Lösung, während die ideologische – der Hexenglauben und das Ptolomeische Weltbild – mühsam in der Schule erlernt werden muß. Die ‚Enkel fechten's besser aus' – so ein Lied aus dem Bauernkrieg und so auch die geschichtsoptimistische Schlußfolgerung Brechts; was für die von den Nazis ermordeten, gefolterten und vertriebenen Sozialisten und Kommunisten als Niederlage endet – ihr ‚Ziel war deutlich sichtbar, wenn auch für sie kaum zu erreichen'[18] –, muß nicht auch für spätere Generationen eine solche sein, wie die analoge Situation des Galilei beweist.

Nun krankt freilich jeder Analogieschluß daran, daß die jeweiligen besonderen Bedingungen der einander gleichgesetzten Fälle unterschlagen werden. Daß die beschriebene Fassung des Stücks zu viel Gewicht auf die zuversichtspendende ,Lehre' des historischen Fortschritts legt, mag Brecht nach Hiroshima klar geworden sein. 1938 jedoch, als der Stückeschreiber den ,Galilei' am Vorabend des Zweiten Weltkriegs verfaßte, war derartiger Zweckoptimismus ein ,Trotzalledem', die Abwehr von Verzweiflung und Hoffnungslosigkeit. 1947 erhält das Drama eine andere Stoßrichtung. Was zuvor unterzugehen drohte in der geschichtsphilosophischen Aussage – nämlich die Fragwürdigkeit von Galileis moralischem Verhalten –, rückt durch die hinzugefügte Selbstanklage des Forschers in den Mittelpunkt der Problematik.

Gegenüber Andrea, der, als er von Galileis Abschrift der ,Discorsi' erfährt, sofort sein Urteil über Galileis Widerruf revidiert und nunmehr seinen alten Lehrer zum Helden stilisiert, beharrt Galilei selbst auf der Tatsache seines Verrats. Während Andrea – nun bereits mit bürgerlichen Wertmaßstäben ausgerüstet – die strenge Trennung zwischen moralischen und erkenntnismäßigen Kategorien vollzieht (,,Die Wissenschaft kennt nur ein Gebot: den wissenschaftlichen Beitrag"), postuliert Galilei, den Brecht damit über seinen historischen Schatten springen läßt, die Einheit von wissenschaftlicher Arbeit und moralischer Verantwortung. Er verachtet die ,neue Ethik' wertfreier Forschung, deren praktisches Beispiel Andrea in seinem Widerruf erblickt:

> Ich halte dafür, daß das einzige Ziel der Wissenschaft darin besteht, die Mühseligkeit der menschlichen Existenz zu erleichtern. Wenn Wissenschaftler, eingeschüchtert durch selbstsüchtige Machthaber, sich damit begnügen, Wissen um des Wissens willen aufzuhäufen, kann die Wissenschaft zum Krüppel gemacht werden, und eure neuen Maschinen mögen nur neue Drangsale bedeuten. Ihr mögt mit der Zeit alles entdecken, was es zu entdecken gibt, und euer Fortschritt wird nur ein Fortschreiten von der Menschheit weg sein.   WA 3, 1340

So spricht nicht mehr die historische Dramenfigur, so spricht der Autor, der die Auswirkungen der Atombombe erlebt hat[19]. Indem er diese Worte dem Galilei in den Mund legt, wird aus dem Verräter an Wissenschaft und Moral, wie Hanns Eisler bewundernd kritisiert, ,,einer der großen Heroen der Arbeiterbewegung"[20]: Die Verhältnisse sind nicht so, daß er heroisch – gemäß seinen Überzeugungen – handeln könnte, aber immerhin ist er sich dessen bewußt und fordert deshalb ein Land, das keine Helden nötig hat.

Um seine Zuschauer auf die Probleme ihrer Gegenwart zu stoßen, scheut Brecht auch den offensichtlichen Anachronismus nicht. Und wirklich: wenn ich jetzt den ,Galilei' lese, ertappe ich mich bei völlig unwissenschaftlichen – weil von der historischen Bestimmtheit der Brechtschen Figur abstrahierenden – Vergleichen, so z. B. daß Galilei ja so etwas ist wie heute ein ,Verfassungsfeind'! Seine Erkenntnisse stellen den Absolutheitsanspruch der päpstlichen Hierarchie *grundsätzlich* infrage; deshalb wird er zum öffentlichen Widerruf gezwungen – auch wenn es ihm subjektiv nicht um Politik, sondern um seine Forschungen geht.

Brechts Galilei vereinigt in sich Momente der Gegenwart und der Vergangenheit; die Interferenz, die auf diese Weise entsteht, führt zu einer eigentümlichen Überzeugungskraft des Stückes. Denn wenn ich schon – bei allen historischen Differenzen – Parallelen zwischen dem Physiker des 17. Jahrhunderts und jenen feststelle, die sich heute aufgrund ihrer (wissenschaftlichen, weltanschaulichen oder moralischen) Auffassungen im Konflikt mit ihrem Staat sehen, so muß ich mich auch der Brechtschen Konsequenz fügen. Nichts bleibt, wie es ist – so erfährt man im Rückblick auf die Geschichte; Galilei kann nicht voraussehen, was mit seinen ‚Discorsi‘ geschieht. Ihm bleibt die Hoffnung. Das Stück überläßt die Schlußfolgerung dem Zuschauer: Die historische Entwicklung hat Galileis wissenschaftliche Niederlage aufgehoben, nicht aber seine moralische. Erst wenn es keine Korruption des Wissens mehr geben wird, ist das Versprechen, das Galilei mit seiner Selbstanklage gibt, eingelöst. Der Appell ist deutlich. Und er wird gestützt von der hoffnungsfrohen Argumentation des Dramas: Die Unterdrückung durch eine allmächtige Kirche gehört der Vergangenheit an – sollten nicht gegenwärtige Formen der Unterdrückung ebenso schwinden, d. h. abgeschafft werden?

Formal schließt sich die Dramenhandlung zu einem Kreis. Der Anfang gleicht dem Ende. Inhaltlich jedoch wird der Ausblick in eine andere, ‚neue‘ Welt ermöglicht, die weder die Realität des Stückes noch bereits die des Zuschauers ist. Brechts Stücke sind geprägt durch diese eigentümliche Dialektik von Einheit und Divergenz: Ihre Einheit ist keine äußerliche des Ortes, der Zeit und der Handlung; die auseinanderstrebenden und einander widersprechenden Einzelteile ordnen sich *funktional* – im Hinblick auf die Einheit der gesellschaftlichen Struktur – zu einem geschlossenen Ganzen. Zugleich hat dieses Ganze Verweisungscharakter: die Parabelstruktur. Es verweist auf zweierlei, nämlich auf die Gegenwart und Umwelt des Zuschauers und – ex negativo – auf eine andere, bessere Zukunft, in der die dargestellten sozialen Konflikte behoben sind.

Das ‚dialektische Theater‘ zeigt die Welt als sich verändernde und veränderbare. Es liefert ‚realistische‘ Abbildungen des menschlichen Zusammenlebens, aber keine naturalistischen. Denn bewußt hebt Brecht die Bühnenrealität von der Wirklichkeit ab. Deren Komplexität ist auf ihre wesentlichen Strukturmerkmale reduziert, Zufälligkeiten sind ausgeschaltet bzw. nur insoweit zugelassen, als ihnen immanente Notwendigkeit innerhalb der dargestellten sozialen Verhältnisse eignet. Dazu ein Beispiel: Es ist ein Zufall, daß Galilei von dem in Holland entwickelten Fernrohr erfährt, aber dieser Zufall ermöglicht ihm den Beweis der Kopernikanischen Theorie. Dieser Beweis indes war historisch notwendig, insofern das aufsteigende Bürgertum die Autorität der empirischen Fakten benötigte, um die Autorität der Kirche zu brechen. Diese Überlegung geht der Konstruktion des Dramas voraus; die Realitätselemente, die es aufnimmt, treten in eine Beziehung zueinander, die allererst eine vom Künstler *gedachte* ist. Gleichwohl ist sie nicht willkürlich; vielmehr beruht sie auf der theoretischen (wissenschaftlichen) Einsicht in das Organisationsprinzip der abgebildeten Gesellschaft.

Anders als Lukács es für das realistische Werk gefordert hatte, geht es Brecht nicht darum, im Nachhinein das Moment der Erkenntnis, das derart in das Stück eingeht, zu verdecken, um den Schein von lebendiger Wirklichkeit hervorzurufen. Er zerschlägt die organischen Zusammenhänge erlebter Realität und setzt an ihre Stelle den ‚Chok‘ (Benjamin) der Montage. Die einzelnen Wirklichkeitsausschnitte, deren Abfolge das Drama bestimmt, bilden eine funktionale Totalität, die durch verschiedene ‚Haupt-‘ und ‚Nebenwidersprüche‘ gekennzeichnet ist. Auf diese Weise treten die Angelpunkte, deren Veränderung eine Veränderung des Ganzen zur Folge hat, ins Licht des Erkennbaren. Indem das Theater derart die außerästhetische Lebenswelt auf ihre einfachen Strukturen zurückführt, gibt es ein ‚handhabbares‘ Erkenntnis- und Orientierungsmodell für die Wirklichkeit.

Der Vorwurf der Simplifizierung, gegen Brecht erhoben, trifft nicht. Niemals hat Brecht behauptet, komplexe Realität widerzuspiegeln. Vielmehr hat er immer darauf insistiert, daß das, was sich auf der Bühne abspielt, *Schein* ist, Schau-*Spiel*, Aktions-*Modell*. Das Theater führt eine durchschaubare, beherrschbare, eindeutige Welt vor – aber die ist nicht Wirklichkeit, sondern

Utopie. Das Kunstwerk antizipiert ein Stück dieser Utopie, einmal, indem es sie inhaltlich zum Greifen nahe rückt („das Einfache, das schwer zu machen ist'), zum anderen, indem es formal ihre Strukturen aufweist. Von daher erscheint es mir wichtig, daß Brechts Stücke weniger an der gegenwärtigen Wirklichkeit, als vielmehr an dem utopischen Entwurf gemessen werden, der ihnen eigen ist[21].

Was das meint, soll im folgenden exemplarisch erläutert werden. Vergleicht man die Wirklichkeit der Stücke Brechts mit der historischen Realität, so kommt man zu der banalen Feststellung, daß es sich allemal um Halbwahrheiten handelt. Daß Selbstlosigkeit und Gutmütigkeit in einer Gesellschaft, die auf Ausbeutung basiert, entweder Dummheit oder Masochismus sind, daß der bzw. die Gute in einem solchen System nicht überleben kann, um das zu erkennen, brauche ich nicht die umständliche Beweisführung des *Guten Menschen von Sezuan*. Daß der Krieg die kleinen Leute frißt, weiß jeder; und trotzdem gelingt es den Herrschenden immer wieder, ihre Kriege zu legitimieren. Die *Mutter Courage* zeigt nur, daß es schon immer so war. Schon das Sprichwort sagt: Quod licet Jovi, non licet bovi; daß der Hofmeister Läuffer seine individuellen Regungen und Bedürfnisse, aber auch seine Erkenntnisse rabiat unterdrücken muß, „um Lehrer bleiben zu können", nun, die gegenwärtige Realität liefert genügend analoge Fälle, und wer die nicht sieht oder sehen will, den wird auch die Brechtsche Bearbeitung nicht überzeugen. Und schließlich Galilei: Daß jemand, um sein Wohlleben zu retten, der Wahrheit abschwört, zumal wenn ihm andernfalls die Folter droht, ist kaum ein Ausnahmefall, eher wohl die Regel. „Wir, die wir den Boden bereiten wollten für Freundlichkeit, konnten selber nicht freundlich sein", heißt es in ‚An die Nachgeborenen'; kaum viel mehr ‚lehren' die Stücke Brechts über die Klassengesellschaft, als *daß* deren Veränderung notwendig ist, wenn Freundlichkeit, Güte, moralische Größe, Mutterliebe etc. etc. real werden sollen.

So gesehen können Brechts Stücke der Realität nicht standhalten. Aber kann umgekehrt die Wirklichkeit den Stücken standhalten? Ausgangspunkt war die These, daß Brechts Stücke in erster Linie an der Utopie gemessen werden müssen, daß sie – sei es nun dem Stückeschreiber selbst bewußt oder nicht – gar kein strukturgleiches Abbild der Realität geben, sondern vielmehr diese transzendieren wollen. Sofern sie die gegebene Wirklichkeit nicht abstrakt negieren, durchdringen sich in ihnen die Momente der realen Unterdrückung mit denen der Befreiung. Brecht selbst hat 1941 die begrenzte Gültigkeit seiner Definition des Sozialismus als einer ‚Großen Ordnung' erkannt und seine Utopie als ‚Große Produktion' bestimmt. Dieser Begriff hebt – im Hegelschen Sinne – den ersten auf:

> der große irrtum, der mich hinderte, die lehrstückchen vom BÖSEN BAAL DEM ASOZIALEN herzustellen, bestand in meiner definition des sozialismus als einer *großen ordnung*. er ist hingegen viel praktischer als *große produktion* zu definieren. produktion muß natürlich im weitesten sinn genommen werden, und der kampf gilt der befreiung der produktivität aller menschen von allen fesseln. die produkte können sein brot, lampen, hüte, musikstücke, schachzüge, wässerung, teint, charakter, spiele usw. usw.[22].

Der Sozialismus, den Brecht sich erhofft, ist durchaus keine repressive ‚große Ordnung' im stalinistischen Sinne, die die Entfesselung der Individualität ausklammert bzw. unterdrückt. Die utopische ‚Ordnung' besteht im Gegenteil darin, daß sich „die großen genüsse" „essen, trinken, wohnen, schlafen, lieben, arbeiten"[23] erst entfalten können, indem sie den privaten Charakter verlieren, den sie in der kapitalistischen Gesellschaft annehmen, und als konstitutive, produktive Glieder des gesellschaftlichen Ganzen fungieren. Denn dieses ist Einheit, Ordnung nur als Zusammenfassung der konkreten Mannigfaltigkeit seiner Teile, und diese wiederum sind besondere, individuelle nur durch ihren Bezug zur Totalität; das ist Hegelsch-Marxsche Dialektik.

Insofern hier die Elemente des gesellschaftlichen Ganzen, auch in ihrer Individualität, als produktive Genüsse gedacht sind, unterscheidet sich die Organisation der utopischen Gesellschaft von der kapitalistischen Wirklichkeit. Denn auch diese funktioniert dialektisch, aber die abstrakte Totalität des Kapitals löscht die Besonderheit seiner Elemente, der Waren, aus. Nur als ‚Genuß'-Gegenstände, als Gebrauchswerte, sind sie von besonderer Qualität; aber eben diese Seite ist dem Wert gleichgültig, der allein auf dem Markt zählt.

‚Große Ordnung' meint demnach lediglich die *Formbestimmtheit* der Gesellschaftsutopie, wohingegen ‚Große Produktion' die inhaltlichen Momente einschließt. Das Bauprinzip Brechtscher Stücke entspricht der hier beschriebenen Dialektik. Jede Szene, jede einzelne Handlung einer Dramenfigur hat ihren deutlich bestimmten Bezug zum Ganzen des Stücks. Und doch ist auch jede Szene, jede ‚Kiste', jede Geste von eigenständiger, in sich ruhender Bedeutung. Im Brechtschen Theater folgt eben gerade nicht eine Szene mit zwanghafter Notwendigkeit aus der vorangegangenen: ‚so ist es, aber es könnte auch anders sein', das ist damit impliziert. Was Brecht Befreiung der Produktivität aller Menschen von allen Fesseln nennt, ist durch die werkästhetische Konstruktion eines Stückes vorweggenommen. Der ‚ideale Zuschauer', von dem ich oben gesprochen habe, muß entsprechend rezeptive (= produktive) Fähigkeiten entwickeln.

Was nun die inhaltliche Seite der Utopie betrifft, so kann diese nur bruchstückhaft zum Ausdruck kommen; denn nur wo sie der Möglichkeit nach in der vorhandenen Realität bereits vorkommt und sich aus dieser negativ erschließen läßt, kann der Stückeschreiber sie aufnehmen, ohne bewußtlos die Gegenwart zu verklären. Nur wo unter der Unterdrückung und Fesselung der Produktivität deren befreite Form hervorscheint, die sich unter den realen Bedingungen nicht entfalten kann, ist diese im Drama erkennbar. Was Hanns Eisler den ‚niederen Materialismus' Brechts nennt, seine plebejische Sichtweise der Realität, ist ein solches Moment des Utopischen.

> Ich bin der Glücksgott, sammelnd um mich Ketzer
> Auf Glück bedacht in diesem Jammertal.
> Ein Agitator, Schmutzaufwirbler, Hetzer
> Und hiermit – macht die Tür zu – illegal.   WA 10, 894

In diesem Jammertal, schreibt Brecht. Auch der späte Brecht insistiert auf seiner früheren Vorstellung einer baalschen Menschnatur; Figuren wie Galilei, Azdak, Puntila zeugen davon. Dieser Galilei ist ein Tier, ein Menschentier. Sein Hang zur Forschung, zum Wissen, zur Wahrheit ist ebenso groß wie der zum sinnlichen Genuß. Damit ist er eine utopische Gestalt; denn solche entfaltete Einheit *aller* menschlichen ‚Fähigkeiten und Fertigkeiten', wie sie Marx für die kommunistische Gesellschaft postuliert hatte, ist in der Klassengesellschaft in der Tat „illegal". Das zeigt das Beispiel des Hofmeisters Läuffer, ein Beispiel, das immerhin der Stürmer und Dränger Lenz gegeben hat, und nicht etwa erst Brecht, um seine Thesen zu versinnlichen –; das zeigt auch das Beispiel Galileis, denn dieser sieht sich vor die bittere Wahl zwischen seinen leiblichen und seinen geistigen und moralischen Bedürfnissen gestellt; und das zeigt schließlich auch, um ein nicht-literarisches Beispiel zu nennen, die Kanalisierung und Normierung der individuellen Sinnlichkeit durch Warenästhetik, Sexfilme etc. auf der einen und staatlich verordnete Denkschranken auf der anderen Seite, die als ‚geronnener' Klassenstandpunkt auch unbewußt sich durchsetzen: das herrschende Bewußtsein ist immer noch meistens das Bewußtsein der herrschenden Klasse.

Die spezifische Bestimmtheit der Brechtschen Utopie ist Resultat der Wirklichkeitser-

fahrung des Stückeschreibers. Sein Traum einer geordneten, übersichtlichen und durchschaubaren Welt negiert die zunehmende Unübersichtlichkeit und von abstrakten Warenvermittlungen
geprägte Realität des kapitalistisch-imperialistischen Systems. Sein Wunsch nach Entgrenzung
der Produktivität – Sinnlichkeit und Vernunft einschließend – erwächst aus den Schranken, die
dem Denken und Fühlen real gesetzt sind. Brechts Stücke begnügen sich nicht mit der ästhetischen Wiederholung der außerästhetischen Wirklichkeit; sie ahmen diese nicht nach, ohne sie
zugleich zu übersteigen. Das, nicht der abstrakte Lehrsatz, macht die Subversivität der Stücke,
aber auch das Vergnügen auf dem Theater aus: daß die Kunst der Wirklichkeit vorauseilt und,
wenn es so etwas wie Wirkung in die Realität hinein gibt, dazu anspornt, die ästhetische durch
die außerästhetische Wirklichkeit einzuholen.

Statt eines Resümees sei zum Abschluß auf eine Anekdote verwiesen, die Hanns Eisler,
langjähriger Freund, Lehrer und Mitarbeiter Brechts, erzählt. Als er in den 50er Jahren mit einigen Studenten über das Theater Brechts diskutierte, kam das Gespräch sehr rasch auf den Marxismus.

> Was die Studenten auch sehr interessiert hat. Nicht alle. Bis ich zum Schluß protestierte. „Wissen
> Sie", sagte ich zu den Studenten, „ich – im Unterschied zu meinen Freunden – lese Brecht nicht,
> weil er Marxist ist. Ich denke gar nicht daran. Denn da lese ich Marx." Ich sagte ihnen etwas ganz
> Plumpes. Ich sagte: „Erstaunen Sie nicht über diesen originellen Standpunkt: ich lese Brecht, weil
> er schön ist."[24]

Dürrenmatt und Frisch
Marianne Kesting

Die Schweizer Autoren Dürrenmatt und Frisch werden im deutschen Sprachbereich gern zum dioskurenartigen Auftritt gezwungen, was, unter den Massen von Sekundärliteratur, die sich ganz von selbst zu einer Art Piedestal zu verfestigen pflegen, sie in die Nähe der angeblichen Dioskuren Schiller und Goethe rückt. Aber weder sind sie Klassiker, noch haben sie besonders viel miteinander gemein außer der Staatsangehörigkeit und einer allerdings sich ganz verschieden auswirkenden Beeinflussung durch Brecht und Wilder. Gemeinsam ist ihnen allenfalls, daß ihre Schriftstellerei Esoterik vermeidet und sich im Rahmen einer allgemeinen Verständlichkeit aufhält, was ihnen gleichermaßen beim großen Publikum wie in den Schulen Popularität sicherte.

Sie sollen hier, seien sie auch in einem Kapitel vereint, dennoch gesondert behandelt werden.

Die Dramen FRIEDRICH DÜRRENMATTS (* 1921) sind gleichermaßen von religiösen wie gesellschaftlichen Fragen stimuliert. Der Berner Pfarrersohn, der, wie er selbst anmerkte, im Elternhaus mit biblischen Stoffen bekannt wurde (I, 252), benutzte nicht nur mehrfach biblische Themen (das Hiob-Thema in *Der Blinde*, 1947; das Lazarus-Thema in *Der Meteor,* 1965; die Geschichte vom Turmbau zu Babel in *Ein Engel kommt nach Babylon*, 1953), sondern brach die ursprünglich religiöse Themenstellung Gnade, Glaube, Macht und Gerechtigkeit in gesellschaftliche Fragen um und exemplifizierte ihre Pervertierung in der modernen zivilisatorisch-sozialen Situation.

Von Beginn an suchte der genuine Dramatiker für seine Themenstellung eine theatergemäße Form, in der verschiedene Traditionen eines spezifisch antiillusionistischen Dramas zusammenliefen. Waren die ersten Dramen (*Es steht geschrieben*, 1946; *Der Blinde*) noch stark vom expressionistischen Theater und seiner Szenenreihungstechnik beeinflußt, basierten sie zudem auf einer ausladenden Rhetorik, so lehnte sich Dürrenmatt in *Die Ehe des Herrn Mississippi* (1950) an die Wildersche Form des epischen Theaters und seine Art der Illusionsdurchbrechungen an (TS I, 105, 110), dann sehr stark an die Parabelform Brechts unter Einblendung von Songs (*Ein Engel kommt nach Babylon; Frank V*, 1958) und suchte vor allem das Exemplarische durch das imaginativ Theatralische auszudrücken (III 182 f.; M, 87; TS I, 72; MV, 16). Einflüsse der harten, ans Abstruse grenzenden Wedekindschen Dialogtechnik (TS I 244 f.) und der Komödientik der Wiener Volkskomödie (vor allem Nestroys) (I, 348; TS I, 105), endlich Technik und Thematik des Kriminalgenres verbanden sich zu einer speziellen Komödienauffassung, die, überblendet von oft kabarettistischen Momenten, Richtung auf das „Theater des Absurden" nahm, ohne auf dessen ästhetische Konsequenzen einzugehen.

Grundsätzlich werden im Theater Dürrenmatts biblische und historische Stoffe (*Romulus der Große*, 1948/56; *Die Wiedertäufer*, 1966; *Herkules*, 1962) enthistorisiert, sie dienen als bewußt theaterhafte Exempel für die moderne Situation, d. h. sie wollen selbst am historischen Beispiel nicht erörtern, wie es damals war, sondern wie es heute ist, wobei zu bemerken wäre, daß dort, wo Dürrenmatt seine Stoffe frei erfindet (*Der Besuch der Alten Dame*, 1955; *Die Phy-*

siker, 1961; *Der Meteor,* 1965; *Frank V; Der Mitmacher,* 1976), seine Thematik in eine ungleich schärfere und aggressivere Beleuchtung gerät.

Schon in seinem ersten Drama über die Herrschaft der Wiedertäufer in Münster, *Es steht geschrieben,* behandelt Dürrenmatt die Themen Macht, Glaube, Gnade und Gerechtigkeit in einer Art, die ihm nur neuzeitliche Erfahrungen vermitteln konnten: die Errichtung totalitärer Herrschaften unter der Fahne unterschiedlicher Ideologien, die Ideologie selbst als Ausfluß religiösen Wahns – oder, im Falle des Protagonisten Bockelsen, der dichterischen Phantasie; von den katholischen und protestantischen Gegenkräften wiederum, die sich gegen die Münsteraner Wiedertäufer merkwürdig schnell vereinigen, wird sie zu reinen Machtinteressen benutzt. In Münster beherrschen noch religiöse Narren und vitale Spieler das Feld, bei den zynischen Gegnern aber geht es um das Geschäft der Macht, das in der späteren Fassung des Dramas, *Die Wiedertäufer,* deutlich von der Macht des Geschäfts geprägt ist.

Der Schneidergesell Bockelsen, der in der späteren Fassung bezeichnenderweise zum Schauspieler wird, benutzt den Ausbruch der sozial-religiösen Revolte in Münster, die Verwirrung innerhalb der Stadt durch die Belagerung, um sich selbst auf den Thron zu schwingen und kurze Zeit ein baalisches Leben der grenzenlosen Völlerei zu führen, die ihren Kulminationspunkt in einem trunkenen Tanz vor dem Mond auf dem Dachfirst findet, um dann, während sein Kumpan Knipperdollinck, ein unbedingt Gläubiger, auf dem Rade den Märtyrertod stirbt, unbemerkt zu verschwinden, d. h. von den Straßenfegern hinweggefegt zu werden. Dagegen geht er in der zweiten Fassung in der Schauspieltruppe des Bischofs seinem ursprünglichen Metier nach, nachdem er mit Hilfe seiner Theaterphantasie in Münster sein närrisches blutiges Reich errichtet hat. Als loyale Kräfte tauchen in Dürrenmatts Stück allenfalls Randfiguren auf, ein Mönch (der in der späteren Fassung „Humanist" wird) und – philosophisch gebildete Straßenkehrer. Die Herrschaft beider Lager ist blutig, aber es steht ihnen keineswegs in den bürgerkriegsähnlichen Zuständen die positive Gegeninstanz eines revolutionären Proletariats entgegen. Darin nahm Dürrenmatt schon früh eine Position gegen Brecht ein, die sich in der späteren Dramatik noch vertiefte (M, 278 f.).

Hatte Wedekind im *Marquis von Keith* einen scheiternden „Don Quijote der Lebenslust" mit einem scheiternden „Don Quijote der Moral"[1] ins Spiel gebracht, so läßt Dürrenmatt in der *Ehe des Herrn Mississippi* gleich drei Donquijotische Helden auftreten, die sich alle um die gleiche Frau bemühen. Die drei Weltverbesserer – Florestan Mississippi, der das „Gesetz Mosis" wieder einführen möchte und unter den Aspekten der absoluten Gerechtigkeit als Staatsanwalt Hunderte von Todesurteilen verhängt, Bodo von Übellohe-Zabernsee, der sein Vermögen in christlicher Nächstenliebe preisgibt und aus Unschuld dem Mord seine Hand leiht, und der Funktionär Saint-Claude, der einen Kommunismus *sui generis* einführen möchte und dabei ebenso die Bluttat nicht scheut – führen die Thematik Macht, Glaube, Gnade und Gerechtigkeit in die Abstrusität. Die drei Protagonisten sehen sich letztlich überrundet vom Vierten, Minister Diego, der keinerlei auch noch so pervertierte Ideale sein eigen nennt. Jeder ist auf seine Weise ein Narr der Konsequenz, dem nur die Konsequenzen der anderen pausenlos als „Zufall" die Pläne durchkreuzen, so daß sich, da jeder sich noch in einer Rolle tarnt, ein virtuoses Spiel von Peripetien, Wiedererkennungen und permanenter Situationskomik ergibt, welches Dürrenmatt hart an die Grenze eines „Theaters des Absurden" führt, das durch eine kabarettistische Komponente aufgefangen wird.

Die Themen Macht, Gnade und Gerechtigkeit blieben die beherrschenden auch in Dürrenmatts weiteren Komödien. Noch der Verbrecher Cop in *Der Mitmacher* möchte, „daß sich hie und da etwas Gerechtigkeit verwirklichen ließe" (M, 71), und Claire Zachanassian im *Be-*

such der Alten Dame geht es um nichts anderes als um eine, freilich zum persönlichen Racheakt degradierte, Gerechtigkeit, die sie durch Geld zu erreichen sucht: Sie korrumpiert eine ganze Stadt, wird also, ähnlich wie Florestan Mississippi, zu einem Monstrum der Gerechtigkeit. Hatte Brecht die Pervertierung der Tugenden im System der Ware dramatisiert im *Guten Menschen von Sezuan*, die zwangsläufige Spaltung der Shen Te in die gute Shen Te und den „bösen Vetter", der Tüchtigkeit im pervertierten System demonstriert, so befaßt sich Dürrenmatt mit der Konsequenz des Scheiterns. Heldentum wird, wie er es in seinem *Herkules* (1962) zeigte, im alten Verstande zum Unzeitgemäßen – es richtet konsequent Unheil an. Was in der historischen Welt als Tugend galt, wird in der modernen Gesellschaft zu blankem Verbrechen oder zur Abstrusität.

Gemäß seiner ursprünglich religiösen Fragestellung mußte sich Dürrenmatt auch mit dem Wunder und der Gnade auseinandersetzen und was sie in der modernen Umwelt bewirken – oder auch nicht bewirken. In Anlehnung an Brechts *Guten Menschen von Sezuan*, wo drei äußerst weltfremde Götter auf der Erde erscheinen, um zu sehen, ob es noch einen guten Menschen gibt und ihr System noch stimmt, läßt Dürrenmatt in *Ein Engel kommt nach Babylon* einen ebenso weltfremden Engel mit der Gnade Kurrubi (Cherub) dem mächtigen Nebukadnezar schicken. Kurrubi gerät in das verzweiflungsvolle Spiel der Macht und verschwindet zuletzt mit dem Bettler-Sänger Akki in der Wüste, den Schauplatz dem morbiden Nachtspiel zwischen Nimrod und Nebukadnezar überlassend.

Das Wunder hat, ebenso wie die Gnade, keinen Ort in dieser Welt. Im Falle des dauernd wieder auferstehenden Lazarus Kurt Schwitters (*Der Meteor*) wirkt sich jenes Wunder, das dereinst das christliche Heilsgeschehen förderte, in der zivilisatorischen Gegenwart als veritable Katastrophe aus. Eine Art rückwärts laufender Tragödie spielt sich ab. Senkte sich in der historischen Tragödie über die Leiche des Helden der Vorhang, so hebt er sich nun über der Leiche des Helden, der zwei Akte lang immer wieder aufersteht und als zynisch gewordener Lazarus die gesamte Umgebung ruiniert. Um ihn häufen sich die Selbstmorde, Herzinfarkte, während er selbst nicht sterben kann und die düster-komischen Veranstaltungen zu seiner eigenen Beerdigung mit ansieht, ja, er erlebt noch, ähnlich Brechts *Heiliger Johanna der Schlachthöfe,* seine Kanonisierung durch die Heilsarmee, die das Wunder zu ihrer eigenen Bestätigung benutzt.

Die Frage nach einem möglichen Heldentum oder doch wenigstens nach einem akzeptablen Verhalten führt Dürrenmatt experimentierend zu allerlei ausweichenden Positionen. Während er in *Romulus* den Verzicht auf Macht zur Nachahmung empfahl (TS I, 177) und die Narrenkappe, die sich Romulus aufsetzte, um nicht aus Machtstreben sein Volk zu ruinieren, als echte Zuflucht schildert, läßt er solches Ausweichmanöver in den *Physikern* mißlingen. Der Physiker Möbius, der ins Irrenhaus flüchtet, um der Regierung die Verwendung seiner Erfindungen zu entziehen, sieht sich plötzlich von gleich ihm als Irre getarnten Geheimdiensten anderer Regierungen umzingelt und endlich von der Irrenhausleiterin überrundet, die sie alle gefangen hält – und dazu noch selbst irre ist. Möbius scheitert an den konsequenten Intentionen von anderen, die seine schwache List längst durchschaut haben.

Als der einzig positiv Weise erscheint bei Dürrenmatt noch der Dichter-Bettler Akki (*Ein Engel kommt nach Babylon*), der bewußt arm bleibt, obgleich er Geld genug haben könnte, auf Macht verzichtet und sich in die Wüste begibt – oder die Helden des schieren Duldens (*Der Blinde*), zu denen endlich sogar der sicherlich nicht tugendhafte Ill gehört, wenn er zum Wohlstandsopfer der ganzen Stadt Güllen wird (*Der Besuch der Alten Dame*).

Verhindern in Dürrenmatts Komödien die scheinbaren Irrationalitäten eines im Hintergrunde konsequent betriebenen Zufalls die Intentionen der Protagonisten, so ließ Dürrenmatt die gesellschaftlich stimulierte Frage nach dem Hintergrundssystem keine Ruhe, und er beantwortete sie mit der Darstellung der grundsätzlich kriminellen Macht, der Macht der Kriminalität und seines Vermittlungssystems, des Geldes.

Brecht ließ seinen Macheath in der *Dreigroschenoper* philosophieren: ,,Was ist ein Dietrich gegen eine Aktie? Was ist ein Einbruch in eine Bank gegen die Gründung einer Bank? Was ist die Ermordung eines Mannes gegen die Anstellung eines Mannes''[2], um die Überführung altmodischer Kriminalität in die neue institutionalisierte anzukündigen. In *Frank V*, der ,,Oper einer Privatbank'', schuf Dürrenmatt quasi eine Fortsetzung der *Dreigroschenoper,* indem er solch eine Gangsterbank als Familienunternehmen schildert, in dem die zynische Kriminalität zu den Grundsätzen gehört, die Bank aber, als sie endlich zur öffentlichen Enthüllung ansteht, vom Staat selbst gerettet wird, zu dessen System sie schließlich gehört. Daß die Geschäftsleute in Jamben sprechen wie in Brechts *Heiliger Johanna der Schlachthöfe,* Barockchoräle parodiert und in Songs versifiziert Resümees der Handlung gezogen werden, geht, trotz aller Dementi Dürrenmatts, weniger auf Shakespeare (II, 285) denn auf Brecht zurück, den Dürrenmatt hier direkt imitiert[3].

In seinem letzten Stück, *Der Mitmacher,* schätzt Dürrenmatt die Möglichkeit, dem Gangstersystem auszuweichen, so gering ein, daß er seinen Biologen Doc, der ,,reine Forschung'' betreiben möchte, bei nächster Gelegenheit arbeitslos werden und sich einem perfekten Gangstersystem als mörderischen Handlanger unterwerfen läßt. Tief unten in einem Keller löst er chemisch die Leichen der Gangsterbande auf, gerät in den Teufelskreis des ,,Mitmachens'', ,,aus dem es kein Entkommen mehr gibt'' (M, 173), und sieht den Hauptgangster nur noch von Gegengangstern umlagert, deren Macht sich im System der Oberwelt ungehindert entfaltet. Eben die Kriminalität selbst stellt sich als ein perfekt durchkonstruiertes System dar, innerhalb dessen Docs Sohn Bill, der die Gesellschaft ändern will, sich als hilflos wahnhafter Ideologe erweist. Es gibt für Dürrenmatt nur positive und negative Mitmacher, engagierte und unengagierte (M, 89).

Mag sich Dürrenmatts Opfern und Narren noch einige Sympathie zuwenden, so ist der Widerstand des Protagonisten Doc nicht mehr glaubwürdig, zumal die nun äußerst auf Handlung und gegenseitige Kurzverständigung an modernen Kriminalromanen und Gangsterfilmen orientierten verknappten Dialoge kaum noch eigentliche Reflexion zulassen, welches Manko dann Dürrenmatt in einem überdimensionalen Kommentar zum Stück auszufüllen meinte.

Dieser Kommentar, der Dürrenmatts Anschauungen zu seiner Dramatik resümiert, zeigt, daß seine Form der Komödie der Komik der Verzweiflung nahe ist, seine Narren ,,potentiell tragische Helden'' sind (M, 168)[4], der gesellschaftliche Zustand selbst, der keine Tragik mehr zuläßt (TS, 119 f.), sie zu Narren macht, die Diskrepanz ihres Wünschens und Wollens zum gesellschaftlichen Zustand selbst sich als Komik situiert. Dürrenmatt ist in der Polemik gegen das Gangstersystem von Macht und Geld Brecht noch nahe, indes rückt er in seiner Anschauung von der Undurchschaubarkeit der Vorgänge durch den einzelnen (M, 234), von der Ohnmacht des einzelnen (TS, 228), seiner Meinung überdies, daß der Marxismus zum Dogma und zur ,,Kosmetik der Macht'' (MV, 50) heruntergekommen sei, in die Nähe Ionescos, dessen Dramatik die Überzeugung vom Bankrott der Ideologien und der hilflosen Preisgegebenheit des einzelnen zugrunde liegt.

In seiner letzten Komödie, *Die Frist* (1977), die offenbar durch das von den Ärzten angehaltene Sterben Francos inspiriert wurde, führt Dürrenmatt noch einmal das morbide, zynische Spiel um die Macht vor, das sich nun im Rücken des sterbenden Generalissimus entfaltet. Der zynische Drahtzieher all der gespenstischen Macht-Marionetten, Exzellenz, der versucht zwi-

schen den Parteigängern des Generalissimus, dem verrotteten, nur TV-Fußballspielen hingege-
benen Adel und den Parteien, den Geheimdiensten zu lavieren, offene Kriminalität nicht scheu-
end, wird endlich zum überwältigten Manipulierer, da ein Bauer, dessen Sohn er töten ließ, ihn
ermordet. Aber er übergibt noch sterbend die Macht an zwei Figuren, die junge Prinzessin von
Saltovenia, die er mit einem jungen Studenten verheiratet, um das Adelssystem zu liquidieren,
und an den integeren Arzt Goldbaum, der, in Erinnerung an die an ihm selbst vollzogenen nar-
koselosen Operationen im KZ, es ablehnt, den sterbenden Generalissimus ohne Narkose zu
operieren, sich dem Regime gegenüber als eine Art Sacharow erweist und Macht im Grunde ablehnt. Was aus der Machtübernahme dieser beiden Figuren wird, läßt Dürrenmatt offen, auch,
ob sie nun die ihnen von der sterbenden Exzellenz übergebende Macht überhaupt übernehmen
und auch übernehmen wollen. Offen bleibt ferner, ob sie, wenn sie sie übernähmen, dies unkor-
rumpiert überstehen könnten. Denn Dürrenmatt demonstriert die Pervertierung aller Handlungen durch Technik, ein Thema, das schon im *Mitmacher* und dessen technischer Mordhilfe
auftauchte.

In der *Frist* wird ärztliche Lebenshilfe zur technischen Sterbensverlängerung morbide-
ster Art, die Szene wird beherrscht von der Fernsehübertragung; man engagiert einen Schauspieler, der dem sterbenden Diktator pausenlos die letzte Ölung reicht, und dieser vollzieht die
Handlung besser für das Fernsehen, als der wirkliche Kardinal es könnte. Das Fußballgeschrei
des Televisions durchkreuzt das ebenfalls übertragene Sterberöcheln. Das barock-manieristi-
sche Durcheinander der Szenerie, das von späten Fellini-Filmen beeinflußt scheint, wird gekrönt durch einen von Dürrenmatts monströsen Theatereinfällen, nämlich dem Auftreten der
weiblichen Verwandten des Generals, die alle Rosa heißen – beglatzte und fette Monstren, die
sich damit beschäftigen, Gouvernanten zu Tode zu trampeln. Diese männerfeindliche Frauen-
horde beschließt das Stück mit einem parodierten Choral „O Welt der Männer und der Morde",
um dann plötzlich sterbend zusammenzubrechen – wodurch, das verrät Dürrenmatt nicht. Sie
scheinen, ohnehin nur als monströse Theatereffekte zur Handlung gehörend, am Schlußakt
selbst zu sterben.

Dürrenmatts Sympathie nicht für die Mächtigen, aber deren Opfer, verführt ihn zu einem Klischee. Natürlich ist der, neben der Prinzessin und dem Studenten, einzig integere Arzt
und Nobelpreisträger Goldmann KZ-Opfer und trifft am Hofe des sterbenden Diktators auf jenen KZ-Arzt, der ihn selbst operierte, und auf den KZ-Kommandanten, den vom Adel bestell-
ten Geheimdienstler Möller. Dieses Zusammentreffen beweist, was nicht mehr bewiesen zu
werden braucht, enthält also kein neues Erkenntnismoment.

Die barocke Monstrosität und Irrationalität der Einfälle, durch die Dürrenmatt versucht, „mit der Unwirklichkeit der heutigen Wirklichkeit Schritt zu halten" (F, 11), führt ihn,
wie schon oft, wieder in die Nähe Ionescos, ohne daß seine Konzeption in dessen traumhafte
Dramaturgie mündete.

Öfter hat sich Dürrenmatt gegen das sogenannte „absurde Theater" ausgesprochen
(TS I, 186; M, 235)[5], aber sich immer nur mit dem fragwürdigen Begriff, den übrigens auch
Beckett und Ionesco ablehnen[6], nie mit der Sache auseinandergesetzt, es sei denn, daß ihm in
Strindbergs *Totentanz* die „Nähe seiner theatralischen Vision zur Moderne deutlich" wurde,
„zu Beckett und Ionesco" (III, 349), eine Ähnlichkeit, die er in *Play Strindberg* (1968) heraus-
arbeitete. Ionescos Drama leitet sich vom surrealistischen her und hat die ins Parabolische ten-
dierende Traumstruktur zur Basis. Dürrenmatt betont das reine, erfundene und als Erfindung
sich dauernd signalisierende antiillusionistische Theater, in dem, was früher Schicksal war, nun
als „dramaturgische Notwendigkeit" (M, 234) und Konsequenz der „schlimmst möglichen

Wendung" (II, 335; TS I, 193) die Szene beherrscht, jenes Schicksal, das als „Zufall" und „Panne" sich den Intentionen der Protagonisten entgegenstemmt. Der geplante Zufall der Surrealisten, der bei Ionesco als irrationaler Schock auf die Bühne bricht, aber mit gleicher Konsequenz die Protagonisten zum Scheitern bringt wie bei Dürrenmatt das „unzerreißbare Netz der Sackgassen und Zwangslagen"[7], hat einiges mit dem Dürrenmattschen Zufall und seinem irregulären Plan gemein, wenngleich Dürrenmatt wenigstens im Raume der Bühne wieder zu rationalisieren sucht, was Ionesco als irrationalen Schock bestehen läßt. Der surrealistische Schock des disparaten Details ist bei Dürrenmatt zur Lust am makabren oder morbiden Detail gemildert, den sich auf der Dürrenmattschen Szene häufenden Leichen oder morbiden Hautgouts oder monströsen Unwahrscheinlichkeiten wie Claire Zachanassians kastrierte Doppelmänner oder ihr ganz aus Prothesen zusammengesetzter Körper. Der „schwarze Humor", den Dürrenmatt für sich in Anspruch nimmt (TS I, 72), der das Makabre dem Lächerlichen annähert (M, 86), die Basis der Paradoxie (III, 180), dürfte beiden Dramatikern gemeinsam sein ebenso wie das Schicksal, das die „Bühne verlassen hat . . . um hinter den Kulissen zu lauern" (TS, 79), jenes schwer entwirrbare gesellschaftliche Gesamtsystem, das ungreifbar im Hintergrunde wirkt und dessen Folgen auf die Protagonisten herabkommen. Die eiserne Konsequenz wiederum, mit der das Geschehen im Raum der Bühne sich entfaltet, läßt bei beiden die klassische Ortseinheit zum symbolischen Gefängnis für die Protagonisten werden. Daß bei Dürrenmatt die Ein-Ort-Dramatik gleichnishaft für die Gefängnissituation steht, wird deutlich am Kontrast seiner sich in offener Szenenreihung frei entfaltenden Dramen wie *Es steht geschrieben* (und in seiner späteren Fassung *Die Wiedertäufer*) und *Ein Engel kommt nach Babylon*, die einigen Protagonisten noch ein Entkommen ermöglichen. In jenen Dramen aber, die die Konsequenz des Zufalls und der *Panne* entwickeln, wird die Einheit des Ortes streng gewahrt (*Die Ehe des Herrn Mississippi, Der Besuch der Alten Dame, Frank V, Die Physiker, Der Mitmacher, Die Frist*) und signalisiert sowohl die Unentrinnbarkeit der Situation wie die Zwangsläufigkeit des Handelns. Gerade die Konzentration auf einen Ort führt, bei den disparaten Intentionen der Protagonisten, zu permanenter Situationskomik, Überraschungseffekten und Peripetien der Handlung. Die Figuren, die zum Typus tendieren und ihren Charakter mehr als Wahn und Abstrusität zum Ausdruck bringen, zappeln marionettenhaft am Strang ihrer eigenen Anschauungen oder Charakterticks und sehen sich, indem sie meinen zu schieben, stets von anderen geschoben (M, 145), wobei sich nur jene als sieghaft erweisen, die sich dem kriminellen Gesellschaftssystem konform zeigen und es in ihre Kalkulation einbringen.

Daß eine solche verzweifelte Komödie des Paradoxen (das Paradoxe erscheint nur als eine gemilderte Form dessen, was man auch das „Absurde" genannt hat), die das Erlöschen einer möglichen gesellschaftlichen Gegenposition anzeigt, dem Publikum immer stärker die Identifikationsmöglichkeit abschneidet, ist deutlich.

Identifikation ist denn auch Dürrenmatt von vornherein nicht erwünscht. Baute Brecht dort, wo er diese Identifikation nicht wollte, den Verfremdungseffekt ein, der übrigens oft in Komödiantik bestand, so hält Dürrenmatt das Komödiantische, bewußt Theatralische, Paradoxe, durchaus für genügend (III, 178 f.), wenngleich er sich der brechtschen „Einlagen" von kommentierenden Songs (*Ein Engel kommt nach Babylon, Frank V, Der Mitmacher*) und episierenden Vorstellungen der Figuren (*Die Ehe des Herrn Mississippi, Herkules und der Stall des Augias*) durchaus bedient.

In seinem ersten Tagebuch bewunderte MAX FRISCH (* 1911) an Brecht, „daß hier ein Leben wirklich vom Denken aus gelebt wird" (286), er bewunderte eine gewisse Konsistenz und

Konsequenz des einen in dem anderen, um zugleich zu konstatieren: „Auf dem nächtlichen Heimweg, seine Glossen überdenkend, verliere ich mich nicht selten in einen unwilligen Monolog: Das stimmt ja alles nicht!" (285).

Mit dieser Stellungnahme zu Brecht, mit dessen Figur er sich sein Leben lang auseinandersetzte, lieferte Frisch unfreiwillig einen Kommentar zu sich selbst und seiner literarischen Produktion, die Brechtsche Konsequenz anstrebte, aber aus Gründen berechtigter politischer Zweifel nie erreichte, zugleich aber auch keine schlüssige Konzeption der Vermittlung seiner privaten und seiner öffentlich-politischen Interessen fand. „Links" aus Einsicht und Neigung, durch alle tagespolitischen Ereignisse zur Äußerung provoziert, waren seine Stellungnahmen doch immer von Zweifeln umlauert, ob der Schriftsteller zu politischen Ratschlägen berufen sei (Ö, 81 f.), ob er Einfluß habe (T I, 206), ob man über das Private hinaus Genaues sagen könne (Ö, 60), ja, er bekannte sich zum Privaten als der eigentlichen Domäne der Literatur[8]. Endlich meinte er, daß die Öffentlichkeit selbst den Schriftsteller in den Irrtum einer gesellschaftlichen Verantwortung dränge (Ö, 60), er das Engagement aber vor allem zur Produktion brauche (Ö, 80). Zugleich gab es kaum ein tagespolitisches Problem, zu dem er nicht öffentlich Stellung bezogen hätte, sei es der Vietnam-Krieg, das Nachkriegs-Deutschland, die Atom-Rüstung, der israelische-ägyptische Krieg, der Pariser Mai, die Waffengeschäfte der Schweiz, der Prager Frühling und seine Unterdrückung.

In ähnlicher Weise fand Frisch keine Vermittlung zwischen seinen ästhetischen Einsichten und seiner dramatischen Produktion. Er bediente sich zeitweilig der dramatischen Parabel, die, wenn es sich nicht um die vielschichtige, surrealistische oder „absurde" handelt, zum „quod erat demonstrandum" tendiert, welches „demonstrandum" er durch Untertitel wie „Lehrstück ohne Lehre" wieder aufzuheben trachtete, um endlich gegen das Theater der „Fügung", der festgelegten Dramaturgie, mit Hilfe einer Dramatik der Permutation (Ö, 99), dem Theater der Möglichkeiten, zu revoltieren. Die ästhetischen Einsichten, die er vor allem in den Tagebüchern formulierte und die ihn für schriftstellerische Phantastik (T I, 241), für die Übertragungen des Marionettentheaters (T I, 153), in dem es keine Verwechslung mit der Natur gebe, oder für das Schreiben des Unsagbaren (T I, 42), das Phantastische (T II, 241) plädieren ließ, widersprachen grundsätzlich dem Quasi-Realismus seiner Formulierungen. Konsequent war Max Frisch vor allem in seiner Inkonsequenz, was eine thematisch-dramaturgische Einheitlichkeit seiner Dramatik verhinderte, zugleich aber seine immer neu aufbrechende denkerischen Zweifel interessant machte, für die er letztlich in der Form des Tagebuchs oder des tagebuchartigen Romans das adäquate Ausdrucksmittel fand. Die politisch-moralische Stellungnahme, die im Bereich der Bühne zum Öffentlich-Exemplarischen tendiert, liest sich hier als private Meinung.

Ohne Zweifel wurde Frischs Dramatik zunächst von politisch-moralischen Fragen stimuliert, so in *Nun singen sie wieder* (1945) von der des Geiselmords, des Kriegsverbrechens im letzten Weltkrieg, der Frage, wie sich Kultur und Geist mit unmenschlichem Handeln vereinen lasse. Um zu zeigen, daß dieses moralische Problem nicht vergessen sei, konfrontierte er, darin von Thornton Wilders *Our Little Town* beeinflußt, die Überlebenden mit den Toten und nannte das Stück im Untertitel „Versuch eines Requiems", der zum Schluß zu einem mehr religiösen Resümee fand.

Nachdem er in *Santa Cruz* (1946) eine sentimentale private Liebesgeschichte dramatisiert hatte, von deren Stoff er sich später distanzierte[9], stellte er in *Die chinesische Mauer* (1946, 2. Fassung 1955) einen modernen Intellektuellen, der Heutige genannt, den Machtverhältnissen am Hofe jenes chinesischen Kaisers gegenüber, der die chinesische Mauer erbaute. Der Heutige, im Vorspiel als eine Art ,,Spielleiter" eingeführt, befragt auf dem Siegesfest des Kaisers allerlei historische Masken (Napoleon, Christoph Columbus, Pilatus, Don Juan, Philipp II.) und will endlich den Kaiser von der Bedrohung unserer Welt durch die infolge atomarer Rüstung gefährlich gewordene Macht unterrichten, lehnt aber selbst die Machtergreifung ab, zu der er durch eine Art Turandot-Prinzessin Gelegenheit hätte, und räumt dem siegreichen Prinzen das Feld, der sich des Volksaufstandes bedient, sich aber als Usurpator und Fortführer der Machtverhältnisse erweist. Die subversiven Warnungen des Heutigen nimmt der Kaiser so wenig ernst, daß er sie, statt sie als revolutionär zu empfinden, mit einer Ehrenkette für rhetorische Kunststücke belohnt. *Die chinesische Mauer* ist eine Parabel über die Ohnmacht, aber auch das Versagen des Intellektuellen im politischen Machtspiel.

Endlich ist noch *Biedermann und die Brandstifter* (1953, 2. Fassung 1958) als eine rein politische Parabel anzusehen, eine intime Studie über die Mentalität des wohlsituierten, im Sicherheitsdenken und in der eigenen ökonomischen Egozentrik befangenen Kleinbürgers, des vollkommen Angepaßten, der alles mitmacht, in der Furcht um sein Eigentum die anarchischen Brandstifter, die in sein Haus dringen, unterstützt und sie obendrein noch hofiert. Unerläßlich zum Verständnis des Stücks ist das erst in der zweiten Fassung zugefügte *Nachspiel in der Hölle*, worin Biedermann nach der Katastrophe und völligen Zerstörung der Stadt, die er selbst mit verursacht hat, in der Hölle sitzt, sich als Opfer bejammernd. Indes: es passiert ihm nichts, da die Hölle, in der allgemeinen Pervertierung jeder Moral, streikt. Die zerstörte Stadt ist jedoch schnell wieder aufgebaut, in Nickel und Chrom – und alles bleibt wie es war. Das Stück ist durchzogen von den feierlichen Mahnungen der Feuerwehr in Form eines parodierten griechischen Chors, dessen ,,Weisheit" indes ebenso wenig den Brand der Stadt verhindert wie das kompromißlerische Verhalten des Herrn Biedermann. Die szenische Parabel, die Martin Esslin als eine Exkursion Frischs in das Gebiet des ,,humor noir" wertete und dem ,,Theater des Absurden" zurechnete, obgleich es keinerlei surrealistische Komponenten hat[10], ist vielmehr eine direkte politische Parabel, in der privat das ökonomische Denken zum Kompromiß mit den Brandstiftern führt, schließlich aber das Wirtschaftswunder die moralisch-politische Frage unter sich begräbt. Es ist eines von Frischs besten und geschlossensten Stücken – eine Parabel, deren Form ihm freilich später suspekt wurde (T II, 214). Was im übrigen in Frischs Dramen vielfach als politische Stellungnahme gewertet wurde, in Dramen wie *Als der Krieg zuende war* (1949, 2. Fassung 1962), *Andorra* (1961) und *Graf Öderland* (1951, 2. Fassung 1956, 3. Fassung 1961), benutzt das Zeitgeschichtliche und Politische mehr als Hintergrund[11], um jenes Pirandello-Problem zu behandeln, das seit Frischs Roman *Stiller* (1953/54) mehr und mehr zu seinem zentralen wurde: der Zwang und die Festlegung der einzelnen Person durch ihren Beruf, ihre gesellschaftliche Rolle, ihre Ehe, und der Zwang der Festlegung der Person durch die Meinung der anderen.

Sein Staatsanwalt in *Graf Öderland,* der aus den bürgerlichen Reglementierungen von Beruf und Ehe auszubrechen sucht, provoziert durch den *acte gratuit* eines Mörders, dessen Fall er zu behandeln hat, geistert als Graf Öderland durch die Gegend und wird per Zufall auf der Flucht von den durch eine Revolution überraschten ,,Herren der Lage" zum Diktator ausgerufen, wobei im Zwielicht bleibt, ob er letztlich nicht alles nur geträumt hat (I, 386), um endlich festzustellen, daß ,,man" ihn geträumt habe, er oder sein Traum also durch eine im Unbestimmten bleibende Öffentlichkeit hervorgebracht sei. Die ,,Moritat", die sich aus verschiedenen Fabeln ineinandersetzt (T I, 23 f., 70, 173 ff.), thematisiert, neben dem immer ausbruchbereiten Anarchismus, der die unbestimmte soziale Folie für die Handlung abgibt, die Schwierigkeiten eines Ausbruchs aus der bürgerlichen Rolle, die den Protagonisten sogleich den vom Zufall gesteuerten, hier irrationalen Zwängen einer Öffentlichkeit überantwortet. Das Stück ist verworren in seiner Konzeption.

Als der Krieg zuende war und *Andorra* variieren Frischs Hauptthematik der Festlegung der Person durch die öffentliche Meinung. Das erstere Stück will durch den Ausnahmefall einer Liebe zwischen einer deutschen Frau und einem Russen während der russischen Besetzung Berlins einen „Widerspruch gegen die Regel, gegen das Vorurteil" von den Schrecknissen jener russischen Besatzungszeit einlegen und die „einzig mögliche Überwindung in der Liebe, die sich kein Bildnis macht" (T I, 220), zeigen, eine Absicht, die in *Andorra* besser gelungen scheint, insofern, als *Andorra* nicht einen Ausnahmefall, sondern ein öffentliches Problem am Beispiel der Judenverfolgung behandelt. Neben der nationalsozialistischen Judenverfolgung diente als Hintergrund der Fabel offenbar die Vorstellung Frischs, was geschehen wäre, wenn die nationalsozialistischen Truppen die Schweiz besetzt hätten (Ö, 16).

Frisch schildert, wie ein junger Mann, den man für einen Juden hält, zwangsläufig jene Eigenschaften entwickelt, die seine Umgebung als jüdische Eigenschaften von ihm erwartet. Damit liefert er die Argumente, deren seine Umgebung bedarf, ihn zu ächten. Fiktion überlagert die Fiktion. Einmal ist fragwürdig, ob die Eigenschaften, die als jüdisch denunziert werden, jüdisch sind; die Bewohner Andorras konstruieren sie nach dem beliebten Vorbild. Der junge Mann paßt sich dieser Fiktion an, der nur seine Geliebte, die sich „kein Bildnis" von ihm macht, widerspricht. Schließlich stellt sich, um dem ganzen die Krone aufzusetzen, noch heraus, daß er gar kein Jude ist. Frisch verbindet dieses Thema mit einer massenpsychologischen Analyse, der Durchleuchtung jener Mentalität, in der Wahn und Ideologie mit der Schnelligkeit einer Seuche die Hirne besetzen und den einbrechenden neuen Machthabern gegenüber den Widerstand erlahmen lassen. Die Andorraner passen sich schon von vornherein deren Meinung an – oder deren Meinung ist von vorn herein schon die ihre.

Nicht nur der Roman *Stiller* beweist, daß Frisch am zeitgenössisch-politischen Exempel die Frage des Vorurteils, das ihn auch privat beschäftigte, zu dramatisieren sucht. In dem szenischen Schwank *Die große Wut des Philipp Hotz* (1958) parodiert er den komisch-mißlingenden Versuch eines Schwächlings, aus der Ehe und ihren Zwängen und Festlegungen der Person auszubrechen; in *Don Juan oder Die Liebe zur Geometrie* (1953, 2. Fassung 1961) versucht sein Don Juan dem Don Juan-Mythos des Tirso de Molina, der Formulierung seiner Figur durch eine Theatertradition, zu entkommen. (Seine Figur tauchte schon auf dem Maskenball der *Chinesischen Mauer* auf.) Er liebt keineswegs die Frauen, sondern hat „Bedürfnis nach männlicher Geometrie" (II, 46), wird aber immer wieder von den Frauen vereinnahmt, die der Mythos seiner Figur verlockt, und inszeniert sogar seine theatergemäße Höllenfahrt, um unbemerkt in einem Kloster verschwinden zu können, fällt aber doch zum Schluß der Ehe anheim und verdämmert unter dem Pantoffel einer von der berühmten spanischen Kupplerin Celestina herausgeputzten Miranda.

Mit *Don Juan oder Die Liebe zur Geometrie* näherte sich Frisch der Formulierung Pirandellos, der bereits die Festlegung der sozialen Rolle durch die Theaterrolle parabolisiert hatte, d. h. die Festlegung der Person durch das Vorurteil der anderen und ihr „Bildnis", ihre Fiktion als ebenso künstlich begriff wie die Rolle auf dem Theater, ohne im übrigen zu proklamieren, daß die Liebe diese Festlegung der Person im Privaten überwinde, was im Grunde Frisch durch seine Ehedramen denn auch widerruft.

Während die Figuren Pirandellos, indem sie reflektierend aus ihrer von anderen oktroyierten „Rolle" fallen, die innere Realität ihrer Person wenigstens zeitweilig wieder berühren können oder durch selbstkonstruierte Rollen ihre Person vor den Fiktionen der Umgebung zu schützen suchen, sich also auf dem Theater ein tödliches Spiel zwischen der Fiktion der „anderen" und der bewußten Fiktion des einzelnen ergibt, welches durch das Theaterrollenspiel parabolisiert wird, verwechselte Frisch in *Biografie* (1968) Leben und Theater.

Wie Frisch in *Mein Name sei Gantenbein* (1964) sich mit der Beliebigkeit der Erfindung von Geschichten und Varianten von Geschichten auseinandersetzte, so interessierte ihn seit jeher die Situation der Theaterprobe (T I, 63 ff.), der anregende Anblick einmal der leeren Bühne, der den Zuschauenden erfinderisch macht, aber auch zugleich das Spiel mit den Varianten und Möglichkeiten der Inszenierung, falls man das Stück als Folie betrachtet, welche die Interpretation entsprechend variiert. In seinem zweiten Tagebuch (87 ff.) machte er sich Gedanken sowohl über eine „Dramaturgie der Fügung" – im Grunde die klassisch kausale Dramaturgie der ineinander verschränkten Motivation und Zwangsläufigkeit des Verlaufs – und des von Zufällen, die so aber auch anders sein können, gesteuerten Lebens. Er überdachte eine Dramaturgie, die diese Zufälligkeit akzentuiere. „Die einzige Realität auf der Bühne besteht darin, daß auf der Bühne gespielt wird. Spiel gestattet, was das Leben nicht gestattet [. . .]. Leben ist geschichtlich, in jedem Augenblick definitiv, es duldet keine Variante. Das Spiel gestattet sie" (T II, 89). In *Biografie* inszenierte Frisch seinen persönlichen Wunschtraum, aus dem Definitiven „des Lebens" auszubrechen, in Form einer Theaterprobe, wobei ihm, da es sich selbst auf dieser Theaterprobe um die Biographie seines Protagonisten Kürmann handelt, eine Verwechslung der ästhetischen mit realen Möglichkeiten passierte. Während der Schriftsteller die Wahl hat, eine Geschichte so oder so verlaufen zu lassen, und der Regisseur innerhalb des Rahmens eines Stückes die Interpretation variieren kann, soll Kürmann die Gelegenheit haben, sein Leben zu wiederholen und eventuell – zu ändern, d. h. anders verlaufen zu lassen.

Da Frisch versäumt, dieses Theater von vornherein im Phantastischen, bewußt Fiktiven anzusiedeln und da die einzelnen Szenen durchaus realistischen Duktus haben, erscheint der Registrator – eigentlich der Regisseur, der ihm die Variante erlaubt – als eine Art Eliotschen lieben Gottes im Gesellschaftsanzug, der die geheimen Fäden des „Lebens" in seiner Hand hält. Eine weitere Paradoxie: Frisch demonstriert mit Hilfe der ästhetischen Freiheit der Wahl, die ja durchaus besteht, die Zwangsläufigkeit des biographischen Verhaltens. Der Registrator zieht das klägliche Resümee jener Theater- und Lebensprobe: „Dieselbe Wohnung. Dieselbe Geschichte mit Antoinette. Nur ohne Ohrfeige. Das haben Sie geändert. Ferner sind Sie in die Partei eingetreten, ohne deswegen ein anderer zu werden. Was sonst? Und sie halten einigermaßen Diät. Das ist alles, was Sie geändert haben, und dazu diese ganze Veranstaltung!" (B 99). Die Wahl, die Kürmann hat, stellt ihn übrigens jeweils vor eine unechte Alternative; vor allem aber kann er den Festlegungen, die in seiner eigenen Person begründet liegen, nicht entfliehen.

Biografie ist zweifellos Frischs Versuch, vom Bühnenrealismus wie der eindeutigen Parabel loszukommen. Aber eben im intern wieder hergestellten durchaus biographischen Realismus der Formulierung bleibt das Stück hängen, weil die Theaterprobe nicht, wie bei Pirandello, Gleichnis für das Fiktionsproblem ist, sondern einer durchaus realistisch gesehenen Aktion aufgepreßt wird, quasi als eine Wunschvorstellung von Kürmann-Frisch. Im Grunde hat Frisch für seinen Helden den falschen Beruf gewählt. Der hätte nicht Verhaltensforscher, sondern ein Schriftsteller sein müssen, der als Theaterautor auf der Bühne sein eigenes Leben zu korrigieren versucht oder der sich auf der Bühne mit den Möglichkeiten herumschlägt, eine Geschichte so oder so verlaufen zu lassen, aber dem die Realität in viele ihm als theatralisch oder willkürlich erscheinende Aspekte zerfällt.

Im Blickpunkt seines gesamten dramatischen Werks aber erscheint dieser Theaterausbruch in eine – mißlingende – Dramaturgie der Permutation merkwürdig ähnlich den anderen mißlingenden Ausbruchsversuchen seiner Helden Öderland, Philipp Hotz oder des Rittmeisters in *Santa Cruz*, schließlich seines Stiller und seines Gantenbein im Prosawerk.

Geistige oder lebensmäßige Inkonsequenz ist noch nicht der Aufbruch der Freiheit der Möglichkeiten, des ,,Möglichkeitsmenschen" und der ,,Utopie des Essayismus", von dem Musils *Mann ohne Eigenschaften* träumte, der die Festlegung scheute – und auch konsequent nicht vollzog.

In seinem bisher letzten Stück, *Triptychon* (1978), greift Frisch die Frage aus *Biografie* wieder auf, ob man sein Leben ändern könne, und transportiert sie in das Reich der Toten selbst und damit in die Verneinung. Nachdem im ersten Bild die Trauerversammlung nach der Beerdigung des Antiquars Proll dargestellt wurde, erscheint Proll selbst wieder unter den Lebenden, wird aber von ihnen nicht wahrgenommen. Die weiteren Bilder zeigen, wie in *Nun singen sie wieder,* die Versammlung der Toten, die in Gesten, Redensarten und kleinen Handlungen ihres Lebens innerhalb einer sich rapide verändernden Umwelt immer wiederholen oder in der Erinnerung ihrer Fehler und Versäumnisse ihrer Mitmenschen gegenüber dahinvegetieren in der Ewigkeit des Immergleichen, von der ihre in das Totenreich hinübergenommene Alltagswelt regiert wird. Das dritte Bild, offenbar als Steigerung der Perspektive gedacht, dringt nun ganz in den privaten Intimbereich, indem es sich der versagenden Beziehung eines Lebenden zu einer Toten widmet. Aber nicht die Lebenden, die Toten sind die Eigentlichen in Frischs Stück, und sie ziehen die Resümees der Handlung: ,,Es ist grauenvoll, die Toten lernen nichts dazu" (Tr, 35). ,,[. . .] die Toten [. . .] sie wandeln in der Ewigkeit des Vergangenen und lecken an ihren dummen Geschichten, bis sie aufgeleckt sind" (Tr, 43). ,,Was gewesen ist, läßt sich nicht verändern, und das ist die Ewigkeit" (Tr, 81). ,,Die Ewigkeit ist banal" (Tr, 84).

Das Traumhafte dieses Herumgehens der Toten unter den Lebenden und der Wiederholung erinnerter Szenen, die Durchkreuzung der drei Bilder durch momenthafte Einzelszenen und ,,Stationen" erinnert stark an Strindbergs *Traumspiel* (1900), ohne ins Traumhaft-Phantastische abzuwandern oder in die Bild-Dramaturgie des Traumes. Aber wie in Strindbergs *Traumspiel* geht es um die kleinen, nun in melancholisches Licht getauchten Alltäglichkeiten und Versäumnisse, und ein gebildeter Clochard, der einmal Schauspieler war, zitiert denn auch Strindbergs berühmte Zeile: ,,Es ist schade um die Menschen" (Tr, 79). ,,Das Leben, das keine Variante duldet" aus der *Biografie* (B, 89) ist nun der Tod, und insofern gleichen die Toten den Lebenden und die Lebenden den Toten.

Wie seinen Helden die jeweiligen lebensmäßigen Ausbruchsversuche mißlingen, so konnte sich Frisch meist nicht vom biographischen Detail seiner Personen befreien. Wenn man sich auch nicht selbst entrinnen kann und sicher die authentische Art zu sprechen im Zeitalter der ,,reichinformierten Weltfremdheit" (Gehlen) darin besteht, von sich selbst zu sprechen (Ö, 60), so fragt sich doch, wie weit die private Person zum Durchgangsort des Exemplarischen gemacht wird, wie es etwa auf der Ebene der vielschichtigen und nicht eindeutig auflösbaren Parabel Kafka oder Beckett gelang. Frisch hat sich zur Abstrahierung von seiner privaten Person nur in Parabeln wie *Biedermann und die Brandstifter, Andorra* und *Don Juan oder Die Liebe zur Geometrie* verstanden.

Frisch hat immer wieder die übertragene Ausdrucksweise und die Durchbrechung der realistischen Dramaturgie versucht. Wenn er dafür plädierte, daß die Tabuisierung des *L'art pour l'art*-Begriffes aufgehoben werde (Ö, 61), für das Marionettentheater sich erwärmte (T I, 153 f.), gegen das Imitiertheater schrieb (T II, 90), Kunst als Antwort auf die ,,Unabbildbarkeit der Welt" verstand (Ö, 76) oder ,,mit der Bühne dichten" (T I, 265), sie selbst zum ,,Spielplatz der menschlichen Seele" machen wollte (T I, 264), so hat er doch stets jene Dramaturgie abgelehnt, die genau diesen Intentionen entsprochen hätte, nämlich die seit Strindbergs *Traumspiel* und durch Alfred Jarry und die Surrealisten Artaud, Vitrac, Apollinaire initiierten übertragenen Ausdrucksweisen der nach den Gesetzen des Traum sich entwickelnden vieldeutigen Parabel, die Esslin das „Theater des Absurden" nannte. Gegen dieses hat Frisch stets polemisiert als eine Art unverbindlicher Apokalypse, darin sich das Publikum befriedige, das keine Aufklärung wolle (Ö, 71 f.). Seine politisch aufklärerischen Intentionen widersprachen dieser Form der Darstellung, von der er übrigens zu Unrecht behauptet, sie müßten einen Diktator entzücken[12]. In Wirklichkeit aber sind gerade diese Stücke unter keiner Diktatur erlaubt, während keine Diktatur Frischs Stücke als besonders subversiv empfinden könnte. Insgeheim gestand er zwar Beckett die „radikalste Authentizität" in seiner übertragenen Ausdrucksweise zu (Ö, 95) und räumte ein, daß eine intakte Dramaturgie wie auch das Theater einer konzisen gesellschaftlichen Opposition einer intakten bürgerlichen Gesellschaft als Gegenüber bedürfe, von der er behauptet, daß es sie in der Schweiz noch gebe[13], in Deutschland aber nicht mehr: Jetzt sitze vor den deutschen Bühnenrampen das Unbekannte. Das Drama vor „Tarnkappen" aber sei – das absurde Theater[14]. Falls es in der Schweiz noch jene intakte Bürgerlichkeit gibt, mit der das sich von den dramaturgischen Traditionen nur unwillig und zeitweilig lösende Drama Max Frischs den Zuschauer konfrontiert, wäre der Schweizer Zustand nicht exemplarisch, sondern ein Sonderfall der modernen Welt.

Dramatik in der Bundesrepublik Deutschland und Österreich
Ulrich Schreiber

Eine Geschichte der Dramatik in der Bundesrepublik nicht als Satire zu schreiben, fällt schwer. Es sei denn, man nähme eine Spurensicherung schon für den Aufweis einer lebhaft anerkannten Existenz solcher Dramatik. Der Deutsche Bühnenverein, Bundesverband der in der Bundesrepublik und West-Berlin ansässigen Theater, hat 1978 eine Spielplanstatistik veröffentlicht[1], die eine Bilanz der meistgespielten Stücke und Autoren zwischen 1947 und 1975 enthält. Faßt man den Begriff „Dramatik der Bundesrepublik" so eng, daß er von den Autoren gefüllt wird, die in diesem Land einschließlich West-Berlin ihren Hauptwohnsitz haben, dann wird es heikel, die gesellschaftliche Relevanz der im folgenden zu behandelnden Autoren nachzuweisen.

Wenn Brecht als Emigrant und DDR-Bewohner ausfällt, Frisch und Dürrenmatt als Schweizer ausgeklammert werden und der von der Bundesrepublik in die DDR übergewechselte Peter Hacks außer Betracht bleibt, dann kann man die öffentlich wahrgenommene deutsche Dramatik unter dem Motto „Zuckmayer und Ansätze" subsumieren. Und wäre man auch in diesem Fall exakt, da Carl Zuckmayer sein Erfolgsstück *Des Teufels General* im Exil geschrieben hat und sich später in der Schweiz niederließ, käme als erster Fackelträger der bundesdeutschen Dramatik Rolf Hochhuth an 80. Stelle der Rangliste ein, mit einigem Vorsprung vor Martin Walser (92.). Und erst am Ende der Auflistung jener Bühnenautoren, die es im erwähnten Zeitraum und Spielgebiet auf mehr als 1000 Aufführungen gebracht haben, wird es eng. Da drängen sich, als wollten sie nicht draußen vor der Tür der Statistikwürdigkeit vegetieren, Heinar Kipphardt (129), Tankred Dorst (130), Wolfgang Borchert (131), Günter Grass (133), Stefan Andres (136) und Wolfgang Hildesheimer (137) so eng, daß es kein Akt von Kulturimperialismus, sondern reiner Humanität ist, wenn wir diesen Kreis um ein paar österreichische Autoren vergrößern: Peter Handke (57), Wolfgang Bauer (131) oder auch den schwedischen Staatsbürger Peter Weiss (96).

Angesichts dieser Rangliste, in der noch Franz Xaver Kroetz (116) als Vorreiter des in dieser Untersuchung ausgeklammerten Genres des neuen Volksstücks fehlt, scheint der Publizist Joachim Fest Ende 1971 mit seiner doppelsinnigen Frage „Wozu das Theater?" nicht Unrecht gehabt zu haben. Fest zitierte damals eine (ungenannte) Untersuchung, derzufolge in Frankfurt/Main „nur ein Prozent des Publikums die Werke einheimischer Zeitgenossen wie Graß (sic!), Handke oder Hochhuth sehen" wolle[2]. Solcher Feindschaft des Publikums gegen die zeitgenössische Dramatik stellte ein so parabelgescheit denkender Autor wie Hartmut Lange die These an die Seite, das Theater beute seine Autoren ökonomisch aus: „Wer vom Dramenschreiben nicht mehr leben kann, wird kein Drama mehr schreiben. Vollzieht das Theater den eigenen Tod, der durch Subvention verhindert werden soll, am Dramenschreiber, dann stirbt das Theater ebenso, und zwar mit der vollen Schönheit seiner Subvention."[3] Tatsächlich weist der primär ökonomisch begründete Hang zeitgenössischer Dramatiker zu Film und Fernsehen auf die Gefahr hin, daß das zeitgenössische Drama zwischen Publikumserwartung und Theaterpraxis zerrieben wird. In Anbetracht dieser kulturellen Verschiebung zugunsten der Massenmedien klingt die These schon beschwörend, es gebe „keine Alternative zu unserem System der Stadt- und Staatstheater, wenn man auf deren Substanz und Funktionalität nicht verzichten will[4]."

Nach dem Untergang des sogenannten Dritten Reichs waren Substanz und Funktionalität des deutschen Theaters für manchen auf die Lernbereitschaft von Künstlern und Zuschauern geschrumpft. Gustaf Gründgens, der nicht in die Emigration gegangen war, sprach das aus, als er 1946 das Deutsche Theater in Berlin übernahm: „Wir kennen nichts von den Stücken, die in der Welt in den letzten zwölf Jahren geschrieben wurden, wir wissen wenig von dem Theater, das inzwischen dort gespielt wird. Wir haben, abgeschnitten von der Außenwelt und ihrer künstlerischen Entwicklung, nichts weiter tun können, als unser Handwerkzeug für die großen Aufgaben, die uns jetzt gestellt werden, frisch zu erhalten."[5] In dieser Frischhaltetherapie, die in einer anti-chiliastischen Mythologie das „Tausendjährige Reich" auf eine kurze Durststrecke reduzierte, sahen andere einen großen Selbsbetrug. Für einen Schriftsteller wie Hans-Erich Nossack, der sich Anfang der dreißiger Jahre antifaschistisch betätigt hatte, ehe er in die innere Emigration ging, war der Glaube an die Unversehrbarkeit der Kunst als Handwerk und Botschaft ein großer Irrtum, weil man nämlich 1945 meinte, ein für allemal davongekommen zu sein[6]. In einer kritischen Selbstprüfung stellte Nossack 1967 fest, man habe sich über den alltäglichen Faschismus und die Banalität des Bösen[7] einer Selbsttäuschung hingegeben: Am erschreckendsten am Nationalsozialismus sei nämlich der „Alltag und die allmähliche Korrumpierung durch ihn" gewesen; eben dies hätten aber viele nicht wahrnehmen wollen und sich auch nach 1945 der Einsicht widersetzt, der Faschismus sei „ein geschichtsloses Phänomen, das sich deshalb auch nicht geschichtlich abtun und für die Zukunft verhindern läßt". Jene aber, die das „Dritte Reich" nicht einfach als abgeschlossen abtun konnten, hätten in der literarischen Gestaltung ihrer Erfahrungen zu allegorischen Stilmitteln gegriffen, „denn jede realistische Darstellung eines unrealistischen Zustands wäre den Tatsachen nicht gerecht geworden. Man bildete sich ein, zu leben, und machte dieselben Gesten wie Lebende, aber alles war nur Schein. Das Schattenhafte eines solchen Zustands ließ sich darum nur metaphorisch andeuten."[8]

Das dramatische Modell für dieses Zeitgefühl war ein Stück, das nach seinem Untertitel „kein Theater spielen und kein Publikum sehen will": WOLFGANG BORCHERTS *Draußen vor der Tür* (Uraufführung: Hamburg 1947). Borchert (1921–1947), der einen Tag nach der Uraufführung seines einzigen Stücks starb, hat das Schlüsselwerk für eine ganze Generation geschrieben. Ähnlich Max Frisch, dessen „Versuch eines Requiems" *Nun singen sie wieder* ein Jahr zuvor in München seine deutsche Erstaufführung erlebt hatte, bediente sich auch Borchert der Formmittel des allegorischen Mysterienspiels[9]. Natürlich strebt dieses keinen Beitrag zur Feier der Welt als der besten aller möglichen an; vielmehr erscheint Gott bei Borchert als ein alter Mann, dem man nur eines glaubt: sein Selbstmitleid. Andere allegorische Figuren, denen der Kriegsheimkehrer Beckmann begegnet, sind der Tod als rülpsender Beerdigungsunternehmer und sein alter ego. Dieses hat hauptsächlich die Funktion, Beckmanns Überlebenswillen zu stärken. Der ist tatsächlich stützbedürftig, da Beckmann nur trübe Erfahrungen macht. Seine Frau lebt mit einem anderen zusammen, seine Eltern haben sich das Leben genommen, und ein Kabarettdirektor, bei dem er mit tristen Songs ein Engagement sucht, rät ihm das Positive an: „Denken Sie an Goethe! Denken Sie an Mozart! Die Jungfrau von Orleans, Richard Wagner, Schmeling, Shirley Temple!" (4. Sz.). Der Oberst, dem er die Verantwortung für einen ihm im Krieg erteilten Befehl zurückgeben will, antwortet auf Beckmanns Frage nach der Wahrheit, nach dem Grund für alle Schrecken der Vergangenheit, im Pathos nationaler Selbstzufriedenheit: „Wir wollen doch lieber bei unserer guten deutschen Wahrheit bleiben. Wer die Wahrheit hochhält, der marschiert immer noch am besten, sagt Clausewitz" (3. Sz.). Am Ende wagt

Beckmann die Revolte gegen die sinnentleerte Welt im Selbstmordversuch, und Borchert läßt seine Schlußworte zu der in mehrfacher Wiederholung gesteigerten Existenzfrage eines chorus mysticus ans Publikum richten: „Gibt denn keiner, keiner Antwort?"

Antwort bekam Borchert postum von der konservativen Kritik, nachdem sein Wahrheitspathos die Währungsreform des Jahres 1948 nicht überstanden hatte. So sah etwa Hans-Egon Holthusen 1950 in Borcherts Drama keineswegs den Nachläufer expressionistischer Form- und Motivvorlagen wie Brechts *Trommeln in der Nacht,* Tollers *Die Wandlung* und *Der deutsche Hinkemann*; für ihn hatte dieser Heimkehrer auch nichts mehr mit der inzwischen durch die Gründung der beiden deutschen Staaten sowie den Kalten Krieg geprägten deutschen Wirklichkeit gemein: „Jeder Zuschauer, der gesunden Menschen- und einigen Kunstverstand besitzt, wird zugeben müssen, daß es einen solchen Heimkehrer nicht gibt."[10] Für viele, die in den Folgen des Untergangs des sogenannten Dritten Reichs den „Verlust der Mitte"[11] beklagten und ihn über das setzten, was 1933 verloren gegangen war, hatte Borcherts Frage nach Wahrheit und Schuldzusammenhang einen unangenehm schrillen Klang, der sich mit der geistigen und wirtschaftlichen Restauration der frühen fünfziger Jahre nicht vertrug. Symptomatisch dafür ist Holthusens Sprachregelung, wonach der Begriff militaristisch denjenigen denunziert, der ihn kritisch gebrauchte. In der Begegnung Beckmanns mit dem Obristen stellte Borchert für Holthusen nur „die Geschichte eines jungen und grundsätzlich verzweifelten Heimkehrers dar, der – natürlich – das Elternhaus zerstört findet, seinen früheren Kommandeur besucht und ihn – natürlich – genauso hartherzig und ‚militaristisch' findet wie einst im Felde"[12]. Dahinter verbirgt sich eine gesamtgesellschaftliche Abwehrhaltung in der Bundesrepublik, wo die Frage nach der Schuld durch Verdinglichung beantwortet wurde: der ökonomisch abgewickelten Wiedergutmachung gegenüber NS-Geschädigten. Während das Thema der deutschen Kollektivschuld und damit die Vergangenheitsbewältigung in der DDR getreu nach Brechts Wort, das Böse habe Name und Anschrift, zur Dingfestmachung der Schuldigen meist außerhalb des eigenen Staatsgebildes führte, griff in der Bundesrepublik eine Mythisierung der historischen Schuld um sich[13]. Ihre philosophische Legitimation hatte sie schon 1945 durch Karl Jaspers' Aufsatz „Die Schuldfrage" erhalten. In Weiterführung seiner 1931 erschienenen Schrift „Die geistige Situation der Zeit", in der er die Krise der abendländischen Menschheit nicht nur analysiert, sondern auch als schicksalhafte Grenzsituation angenommen hatte, nahm er nun auch den Faschismus als dämonisches Schicksal in einer existentialistischen Transsubstantiationslehre auf sich: „Mit uns ist durch die zwölf Jahre etwas geschehen, das wie eine Umschmelzung unseres Wesens ist. Mythisch gesprochen: die Teufel haben auf uns eingehauen und haben uns mitgerissen in eine Verwirrung, daß uns Sehen und Hören verging."[14]

Die *Bewältigungsdramatiker* der ersten Nachkriegszeit folgten Jaspers insofern, als sie seine Kritik an der These von der deutschen Kollektivschuld in fiktiven Figuren des Widerstands zu konkretisieren suchten. GÜNTHER WEISENBORN (1902–1969), der nach seinem Anti-Kriegsstück *U-Boot S 4* (1928) zusammen mit Brecht an der Dramatisierung von Maxim Gorkis Roman *Die Mutter* gearbeitet hatte, wollte mit seinem Bilderbogen *Die Illegalen* (Berlin 1946) die in breiten Bevölkerungskreisen durch die Propaganda des NS-Regimes verankerte Kriminalisierung der Widerstandskämpfer korrigieren. Im Vorwort zu seinem Stück verlangte er ausdrücklich eine öffentliche Diskussion des Themas, die er selbst durch die Herausgabe einer Dokumentation über den deutschen Widerstand förderte[15]. Die Zielsetzung läßt die Mängel seines Stücks begreiflich erscheinen: das Pathos des Widerstandskämpfers Weisenborn (er kam 1942 ins Zuchthaus) ist ebenso ungefilterter Zeitausdruck wie das Pathos (des ebenfalls von den Nazis eingekerkerten) Kriegsteilnehmers Borchert. Wird von Weisenborn das Moment der Schuld

durch die ausdrücklich verbotene Liebesbeziehung zwischen zwei Widerstandskämpfern eingeführt und die Verhaftung des Helden Walter Weihnacht somit in den Kategorien einer Spannungsdramaturgie zwischen Pflicht und Neigung illusionistisch individualisiert, so brechen
eingestreute Songs diese Dramaturgie nicht auf; vielmehr verstärken sie die Verlagerung des
Problems in Richtung auf eine Realitätsflucht, weil sie das Angriffsziel der Widerstandskämpfer
mythisieren. Was bei Jaspers die Teufel waren, ist hier das „Untier", gegenüber dem der
Mensch verloren ist. In seiner *Ballade von Eulenspiegel, vom Federle und der dicken Pompanne*
(Verden 1954) versuchte Weisenborn 1949, die niederdeutsche Legendenfigur in den Bauernkrieg des Jahres 1525 zu verpflanzen und sie gleichzeitig zu einer allegorischen Figur des antifaschistischen Widerstands zu stilisieren. Aber auch hier wird das Historische vom Privaten erdrückt, und am Ende bleibt für die Überlebenden nur die Mahnung, nicht in Schwermut zu verfallen, da die Finsternis nicht ewig währe.

Den Rückzug in den geschichts- und politikfreien Raum des sogenannten Allgemeinmenschlichen predigt auch CARL ZUCKMAYERS (1896–1977) Erfolgsstück *Des Teufels General*,
das 1942/45 im Exil entstanden war und nach seiner deutschen Erstaufführung 1947 in Frankfurt
(Uraufführung: Zürich 1946) einen Siegeszug über die westdeutschen Bühnen antrat. Dreißig
Jahre später indes segelte der Luftwaffengeneral Harras, der für manchen Deutschen ebenso
eine höhere Identifikationsfigur gewesen war wie Borcherts Beckmann eine niedere, von den
Höhen der Subventionskultur in die Gefilde des Boulevardtheaters, wo ein beliebter Fernseh-
Quizmaster den längst schon zum Filmhelden avancierten Mustersoldaten als bestaunenswertes
Fossil vorführte. Allerdings galt das konventionell gebaute Stück manchem schon bei seinem ersten Erscheinen als suspekt. Gaben es die amerikanischen Behörden erst nach Zögern für das
deutsche Theater frei, weil sie „eine ‚rückschrittliche' politische Wirkung, das Aufkommen einer ‚Generals- und Offizierslegende'"[16] befürchteten, so mündete der Rückzug des Luftwaf-
fengenerals Harras auf Ehre und Autonomie des Soldatentums in eine Apologie genau jener
„deutschen Wahrheit", die Borcherts Beckmann an seinem Kommandeur geißelt. Zwar ist
Harras kein Nazi, aber er kritisiert nur Ausartungen des Faschismus – nicht diesen selbst. So
kommt auch die Gegenfigur des Harras, der Oberingenieur Oderbruch als aktiver Widerstandskämpfer, in der dramaturgischen Perspektive des Stücks zu kurz; denn Zuckmayer landet
immer wieder bei seinem Helden und „beim Behagen an der gemütlichen Bestialität des Kerls in
Uniform. Zuckmayer segnet, wo er fluchen müßte. Er kriegt es mit der deutschen Seele, wo die
Scheinheiligkeit der seelenlosen Teufelei blutig zu stigmatisieren wäre."[17]

Erstaunlich ist der langanhaltende Erfolg von Zuckmayers Generalsstück auch insofern,
als ihm die Kollision mit travestierten Heldenmythen (Frischs *Graf Öderland* und *Don Juan
oder Die Liebe zur Geometrie*, Dürrenmatts *Romulus der Große*) nichts anhaben konnte.
Zuckmayers Normal-Realismus drückte auf alle anderen Darstellungsformen, die – abgesehen
von Borcherts Mysterienspiel – nur kurzfristige Aufmerksamkeit erregten. Das gilt auch für
Zuckmayers eigenen Beitrag zu diesem Genre, den *Gesang im Feuerofen* (Göttingen 1951) sowie für den *Tanz durchs Labyrinth* (1946) von STEFAN ANDRES (1906–1970) und seine Novel-
len-Dramatisierung *Gottes Utopia* (Düsseldorf 1950). Ist der *Tanz durchs Labyrinth*, bemerkenswert als erste Annäherung an die KZ-Realität, ein zwischen Soli und Chor aufgeteilter Reigen quer durch die Geschichte der organisierten Folter bis hin zur Sinngebung des Tods als
„Lichtgeburt" (!), so geraten in *Gottes Utopia* die Motive von Schuld, Sühne und Versöhnung
durch den Wechselbezug zwischen Außen- und Innenwelt ins Schleudern. Der Realbezug dieser durch Seelenläuterung erreichten Versöhnung zwischen „Rot" und „Schwarz" zum spanischen Bürgerkrieg reproduziert fatalerweise die Zerrbilder der faschistischen Geschichtsschrei-

bung. Der Rückzug des ehemaligen Mönchs Paco Hernandes in eine paulinische Utopia-Welt entpuppt sich als konkreter Rückzug vor den Greueltaten, die im Namen des Christentums von den Frankisten begangen wurden. Wie in Zuckmayers Generalsstück zeigt sich eine merkwürdige Ambiguität der Zuordnungen: Die explizite Gesinnung des Autors kehrt sich im Werk selbst potentiell ins Gegenteil um. Um so aufschlußreicher ist es, daß die Andres-Novelle *Wir sind Utopia* in den fünfziger Jahren zum bevorzugten Lese- und Deutungsgut an bundesdeutschen Gymnasien zählte[18]. Zuckmayers *Gesang im Feuerofen,* ein Versuch, die Schuldfrage quer durch die historischen Fronten zu verlagern (das Stück handelt von französischen Widerstandskämpfern, die von einem Landsmann an die Deutschen verraten werden), leidet an einer Relativierung durch das Eifersuchtsmotiv wie in Weisenborns Widerstandsdrama. Hinzu kommt die Verunklarung des Geschehens durch allegorische Figuren (zwei Engel, Vater Wind, Mutter Frost, Bruder Nebel), die für jenes fatalistische Geschichtsbild stehen, das bei Jaspers die Teufel und bei Weisenborn das Untier zu mythischen Exkulpationsfiguren macht. Ganz heikel geriet das Erfolgsstück der Spielzeit 1949/50, das von 30 Bühnen gespielt wurde: *Die Verschwörung* von dem späteren Stuttgarter Staatstheaterintendanten Walter Erich Schäfer. Dieser Darstellung des Attentats auf Hitler am 20. Juli 1944 aus der Perspektive von Gestapo und SS warf die zeitgenössische Kritik nicht grundlos eine geheime Rehabilitierung der genannten Organisationen vor[19].

Die Bewältigungsdramatik lief angesichts des Fortbestands ökonomischer und gesellschaftlicher Strukturen des sogenannten Dritten Reichs Gefahr, ästhetisch etwas vorzutäuschen, das realiter nicht stattfand. So erlahmte der erste Bewältigungsschub auch bald angesichts des Wirtschaftswunders. Das Vacuum füllte aber keine andere Form deutscher Dramatik (abgesehen natürlich von den Schweizern Frisch und Dürrenmatt sowie der später einsetzenden Brecht-Rezeption); vielmehr befriedigten die frühen fünfziger Jahre hauptsächlich jenen *Nachholbedarf* an ausländischer Dramatik, der durch die faschistische Herrschaft entstanden war. An den Konversationskomödien von T. S. Eliot und Christopher Fry sowie den lyrischen Dramen Federico García Lorcas bewunderte man die poetischen Kunsträume, an Paul Claudel die christliche Rechtfertigungsgewißheit, an den Neo-Naturalismen von Eugene O'Neill und Tennessee Williams die Nachwirkung Gerhart Hauptmanns, an Thornton Wilder und Arthur Miller die Domestizierung des Schreckens, an Anouilh, Giraudoux und Sartre den fatalistischen Zug, der eine erstaunliche Parallele zwischen dem Versagen der deutschen und französischen Intelligenz vor dem Faschismus aufdeckte[20]. Die Geschichtsphilosophie der Epoche bezog man aus Ortega y Gassets *Der Aufstand der Massen*: Barbarei entstehe durch Massenbewegungen (wie etwa der des Syndikalismus), Besinnung auf das Aristokratische in jedem Individuum tue not[21]. Soziologische Untersuchungen, die den „autoritären Charakter" und das faschistische Potential in jedem einzelnen nachweisen, wurden nicht zur Kenntnis genommen[22], selbst notorische Antifaschisten bemerkten nicht das Fortbestehen von Sprachgewohnheiten aus der Nazizeit[23], das bildungsbürgerliche Publikum entspannte sich, indem es sich Vergangenheitsbewältigung als exotische Schnulze vorspielen ließ: *Das kleine Teehaus* von John Patrick erscheint 1954/55 auf 54 Bühnen und übertrifft damit Zuckmayers „Rekord" mit *Des Teufels General,* der es 1948/49 „nur" auf 53 Theater gebracht hatte. Neue deutsche Stücke kommen kaum über Ansätze (Hildesheimers *Drachenthron,* Heys *Thymian und Drachentod*) bzw. handfeste Gebrauchsware (Asmodi mit *Jenseits vom Paradies, Pardon wird nicht gegeben, Nachtsaison*) oder später nicht eingelöste Talentproben (Wittlingers *Kennen Sie die Milchstraße?*) hinaus. Die große Ausnahme ist Zuckmayers Problemstück *Das kalte Licht* (Hamburg 1955). Aber auch diese Kolportage über den Atomspion Klaus Fuchs kann der bundesdeutschen Dramatik keine

Impulse geben: zu klischiert sind die Theatermittel, die Zuckmayer einsetzt und mit erstaunlicher Selbstüberschätzung im Nachwort kommentiert: Der Mensch trete über seine Grenzen hinaus und greife ins Weltschicksal ein; diese Schuld könne in der Konfrontation mit einem rein Gebliebenen gesühnt werden. Dahinter verbirgt sich die Forderung nach Demut des Menschen, wodurch wiederum der Realitätsgehalt des Stücks zurückgenommen wird. Dennoch überstrahlt *Das kalte Licht* in der Spielzeit 1955/56 mit Aufführungen an 27 Bühnen alle anderen Zeitstücke der fünfziger Jahre: etwa CLAUS HUBALEKS (* 1926) Komödie *Der Hauptmann und sein Held* (Berlin 1954), eine Satire auf den Heroismus des Soldatentums, PETER HIRCHES (* 1923) ebenfalls auf eine Kritik am Soldatenethos abzielendes Schauspiel *Triumph in tausend Jahren* (Berlin 1955) oder LEOPOLD AHLSENS (* 1927) eine Zeitlang recht erfolgreiches Schauspiel *Philemon und Baukis* (München 1956). Dieses führt in konventioneller Spannungsdramaturgie vor, wie ein altes griechisches Ehepaar aus Gastfreundschaft im Zweiten Weltkrieg deutsche Soldaten verbirgt und deshalb von griechischen Partisanen – mit denen es sympathisiert – zum Tode verurteilt wird. Ahlsen flüchtet hier ideologisch in den während des Kalten Kriegs zu neuer Wertschätzung gelangten und durch Dämonisierung des Freund-Feind-Verhältnisses determinierten Politik-Begriff des Historikers Carl Schmitt[24], ästhetisch in die aufgesetzt wirkende Geschichtslosigkeit des Mythos, die den Krieg als numinose Macht erscheinen läßt.

Konkret brach die Geschichte in das westdeutsche Theater ein, als 1956/57 insgesamt 44 Bühnen die Dramatisierung des *Tagebuchs der Anne Frank* von Frances Goodrich und Albert Hackett aufführten. Allerdings blieb der Nachfolgeversuch von ERWIN SYLVANUS (* 1917), in *Korczak und die Kinder* (Krefeld 1957) einen belegten Fall der Judenverschleppung zu schildern, ein Einzelfall. Zudem begünstigte er nicht die Auseinandersetzung mit dem Thema, da die von Sylvanus eingesetzte Bewußtmachung des Rollenspiels auf der Bühne keine epische Verfremdung, sondern eine Verharmlosung bewirkt. Wenn sich der Darsteller des deutschen Kommandoleiters als unbelehrbar erweist, hat das die gesellschaftliche Relevanz eines Betriebsunfalls. Wirkungslos blieb das Stück auch deshalb, weil in der zweiten Hälfte der fünfziger Jahre das *absurde Theater* seine Herrschaft antrat. Die Machtübernahme läßt sich auf den 5. Mai 1957 datieren, als die von Gustav Rudolf Sellner inszenierte deutsche Erstaufführung von Ionescos *Opfer der Pflicht* in Darmstadt zu einem bundesweit beachteten Skandal führte. Nachdem sie bis dahin dem Getto der Studio-Bühnen vorbehalten gewesen waren, übernahmen nun die Absurdisten für das nächste Jahrzehnt das Regiment und trieben jene Neutralisierung der Kultur voran, von der Theodor W. Adorno schon 1950 gesagt hatte, sie habe „die Funktion, das geschehene Grauen und die eigene Verantwortung vergessen zu machen und zu verdrängen"[25]. Wurde die absurde Welle in der Bundesrepublik mehr durch Ionescos als Becketts Stücke ausgelöst, so fand sie ihre Vertiefung in der aktuellen Auseinandersetzung mit dem französischen Existentialismus, besonders Camus' *Mythos von Sisyphos,* und der fieberhaft sich ausweitenden Kafka-Rezeption. Allerdings hatte der Absurdismus eine sehr geteilte Aufnahme. So schlug Martin Esslin nicht nur alles über diesen Leisten, was nur eine gewisse Ähnlichkeit mit Erscheinungsformen des Absurden hatte, sondern meinte auch, das absurde Theater markiere „eine Rückkehr zur ursprünglichen, religiösen Aufgabe des Theaters: es konfrontiert den Menschen mit dem Bereich des Mythos und des Religiösen"[26]. Der britische Kritiker Kenneth Tynan, der Ionesco in England durchzusetzen geholfen hatte, bekam 1958 Zweifel, ob nicht dessen Anti-Realismus den Weg in eine Welt weise, die alle absurden Schreckenswirklichkeiten enthalte[27]. Max Frisch dagegen sah im absurden Theater Ionescos ein Mittel der Realitätsverdrängung und folgerte daraus: „Wenn ich Diktator wäre, würde ich nur Ionesco spielen lassen."[28] In Samuel Beckett wiederum sah Adorno den Umschlag der zu Ende gekommenen Aufklärung: das Fungieren der menschlichen Vernunft als bloßes Herrschaftsinstrument jenseits begrifflichen Erkennens; somit sei der Absurdismus Becketts ein Spiegel der „Irrationalität der bürgerlichen Spätphase"[29].

Dieses Meinungsspektrum kommt im deutschen absurden Theater kaum zu sinnlicher Anschauung. Sogar ein Spezifikum des französischen Absurdismus, der Wechselbezug von sinnloser Bewegung und sinnlosem Sprechen[30], wird meist auseinanderdividiert. In WOLFGANG HILDESHEIMERS (* 1916) *Pastorale oder Die Zeit für Kakao* (München 1958; Neufassung 1965) verwandelt sich eine blühende Sommerlandschaft in ein winterliches Schreckbild, in dem die Menschen bis auf eine Frau absterben. Der szenische Vorgang hat so sehr das Übergewicht, daß die innere Abgestorbenheit in den Figuren eines aus besten Gesellschaftskreisen zusammenkommenden Gesangsquartetts kaum Ausdruck findet. So wird der Vorgang des Quartettsingens, dem ein Diener assistiert, zur kalauernden Kritik an der Wirtschaftswundergesellschaft: „Gesegnet sei unser guter Kern, / Seine Spaltung und unsere Waffen", oder: „Nation und Freiheit und ewiger Wert, / Ewiger Wert, ewiger Wert" (148 f.). Absurditäten wie die Schilderung der Bewegung unsichtbarer Figuren wirken wie Entlehnungen aus Beckett, und die Liquidation des Subjekts zur absurden Nicht-Qualität wird durch eine vage Gesellschaftskritik verniedlicht bzw. in Stücken wie *Landschaft mit Figuren* (Berlin 1959) oder *Die Uhren* (Celle 1959) zu Chiffren des Menschen als mechanisch tickendem Wesen veräußerlicht. In dem Zweiakter *Die Verspätung* (Düsseldorf 1961) erzielt Hildesheimer dagegen im Umschlag realistischer Handlungsmomente ins Absurde eine spezifische Spannung, wenn der Professor als Urheber und zugleich Opfer eines von ihm selbst eingeleiteten Entvölkerungsprozesses zusammen mit einem Sargtischler übrigbleibt und eingestehen muß, er habe sich das Ende anders vorgestellt. Die Geschwätzigkeit des Stücks mündet hier in das Schreckbild einer an Wortüberfülle erstickenden Welt: „Nun finde ich keinen Namen mehr. Die Namen sind besetzt, die Eigenschaften vergeben" (76). Ist hier durch den Einbezug von Zeitbeschleunigung und Häusereinsturz die Motorik des Absurden eingefangen, so macht den Reiz des Zweipersonenspiels *Nachtstück* (Düsseldorf 1963) kaum die Konfrontation des sich von der Außenwelt abschirmenden Schlaflosen mit einem Einbrecher als Wissenschaftler der Welthaftigkeit aus, sondern der Versuch, aus der Diskrepanz von Bewegung und Sprechen eine absurde Einheit zu gewinnen. Am Ende räumt der Einbrecher seelenruhig die Wohnung aus und gibt dabei durchs Telefon noch präzise Anweisungen für einen Orgelbau. Aber auch diese Diskrepanz schafft keine Absurdität Beckettscher Dichte, weil sie nicht in der Autonomie der disparaten Momente begründet ist, sondern im einheitsstiftenden Bewußtsein des Zuschauers. Hildesheimers Dramatik hängt geradezu begierig dem an, was sie auf der Bühne preiszugeben scheint: der psychologischen Einheit des Theaters. So hat er in seiner Erlanger „Rede über das absurde Theater" 1960 für dieses die Parabel zu vereinnahmen versucht, als wolle er den Existentialismus (und das absurde Theater) mit dem Marxismus (und dem parabelhaft epischen Theater) versöhnen. Das führte in *Mary Stuart* (Düsseldorf 1970) zum utopischen Versuch einer Sinngebung des Absurden durch die Geschichte.

In stärkerem Maße noch als Hildesheimer ist GÜNTER GRASS (* 1927) als Dramatiker dem Epiker unterlegen. In dem Einakter *Noch zehn Minuten bis Buffalo* (Bochum 1954) spielen zwei von der Marine Desertierte auf einer stillgelegten Lokomotive Eisenbahn, ehe sie von ihrer eigenen Vergangenheit durch eine Dame mit dem beziehungsvollen Namen Fregatte eingeholt und zu einer Bootsfahrt gezwungen werden: eine heitere Widersinnigkeit. Auch die folgenden Stücke sind im Grunde nur Sketches, die etwas mühsam auf zwei bzw. vier Akte gestreckt wurden. In *Hochwasser* (Frankfurt 1957) macht die Gewöhnung der Betroffenen an die Katastrophe diese zum Normalfall, nach dem die Menschen sich geradezu sehnen: ein Hinweis auf die latente Gefahr des Neofaschismus. *Onkel, Onkel* (Köln 1958) setzt die Linie fort: Hier wird die Bedrohung durch den Serienmörder Bollin dadurch ins Absurde überführt, daß sich ihm alle Figuren des Stücks geradezu aufdrängen. Das lähmt die Triebkraft des Mörders so sehr, daß die Handlung umkippt und er von zwei Kindern spielerisch erschossen wird: die Todesbereitschaft der Gesellschaft schlägt um in die „Normalität" von naiver Tötungsbereitschaft. Spielt in beiden Stücken neben der gesellschaftskritischen Latenz die Wortabsurdität eine vorrangige Rolle, so gewinnt das fünfaktige Schauspiel *Die bösen Köche* (Berlin 1961) seinen Hauptreiz durch die choreografierte Geschwindigkeit, mit der die Köche einem Grafen das Rezept für eine Suppe abzujagen versuchen[31]. Die Jagd wird so weit getrieben, bis der Graf – der in Wirklichkeit ein Bürgerlicher ist und das Rezept nur im Kopf hat – sich und seine Geliebte durch den Freitod dem Zugriff der Jäger entzieht. Daß diese selbst Gejagte sind, hinter denen Standesorganisationen und Erfolgszwänge stehen, ist unbestreitbar; dennoch überwiegt diesen gesellschaftskritischen Bezug eine Hochstilisierung des Individuums zum Einzigen und Letzten, die wohl gegen den Willen des Autors mit den Ängsten und Träumen der Gesellschaft in der Bundesrepublik auch seine eigenen reproduziert.

Ebenfalls eine andere als die explizite Zuordnung offenbart das „deutsche Trauerspiel" *Die Plebejer proben den Aufstand* (Berlin 1966), das gattungstypisch und historisch nicht mehr dem absurden Theater der fünfziger und frühen sechziger, sondern dem um die Mitte der sechziger Jahre sich herausbildenden *Polittheater* nahesteht. In mehrfacher Brechung von Fiktion und Realität, politischer und künstlerischer Wirklichkeit läßt Grass am 17. Juni 1953 die für eine Senkung der Arbeitsnormen in Ost-Berlin demonstrierenden Bauarbeiter auf eine Bühne ziehen, wo sie den „Chef" des Theaters (alias Brecht), der seine Bearbeitung von Shakespeares *Coriolan* probt, um die Abfassung eines Manifests bitten. Der „Chef", notorischer Freund der Arbeiterklasse, erweist sich als ein vor der Staatsgewalt kuschender Zyniker, der die ihn bedrängende Realität nur benutzt, um daraus Erfahrungen für seine Theaterarbeit zu gewinnen. So, wie Grass Prosa, freien Vers, Jamben und expressionistische Sprachkürzel bunt durcheinandermischt, gerät ihm auch die ideologische Stoßrichtung außer Kontrolle. Zwar hat er, als das Stück für die Zwecke des Kalten Kriegs ausgebeutet zu werden drohte, die Identität seines „Chefs" mit Brecht zu bestreiten versucht, aber dieser Versuch war paradoxerweise zum Scheitern verurteilt, weil Grass die Figur Brechts in wesentlichen Zügen verfehlt hatte. In seiner Darstellungsperspektive der Ereignisse des 16. und 17. Juni 1953 in der DDR unterlag Grass, was später nicht mehr rückgängig zu machen war, dem Wunschdenken westlicher Entspannungsgegner: Daß sich nämlich ein auf Systemveränderung strebender Aufstand ereignet habe, der zu einer Änderung der politischen Machtverhältnisse in Mitteleuropa hätte führen können. Bei Grass spürt der „Chef" diesen revolutionären Weltveränderungsgeist – aber nicht lange genug: „Es atmete der heilge Geist. / Ich hielt's für Zugluft, / rief: Wer stört!" (III, 9). Tatsächlich aber stellten sich die Ereignisse für Brecht[32] als ein sozialistisches Binnenproblem dar, da die Berechtigung der zunächst im Vordergrund stehenden Forderung auf Normensenkung für ihn ebenso außer Frage stand wie das Verbleiben der DDR im Staatenverbund des Warschauer Pakts (was bei Grass anklingt). Deshalb handelte Brecht, zumal er nicht grundlos befürchtete, die Ereignisse erführen durch die westlichen Massenmedien eine Fremdsteuerung, wie ein taktisch versierter Realpolitiker – was bei Grass unter der Oberfläche auch anklingt. So schlägt also, was als hämische Denunziation erscheint, ins Gegenteil um: die latente Feier des Polit-Dichters. Dieser taucht aus den von Grass zubereiteten Materialien als dessen erdrückendes Über-Ich hervor, so daß die von Grass vier Monate nach der Uraufführung der *Plebejer* in Princeton gehaltene Rede „Vom mangelhaften Selbstvertrauen der schreibenden Hofnarren unter Berücksichtigung nichtvorhandener Höfe"[33] wie ein beschwörender Aufruf wirkt, die Einmaligkeit der Identität von Theorie und Praxis bei Brecht nicht durch Politdichtungen nachzuahmen.

Die Auseinandersetzung mit Geschichte im Brecht-Stück von Günter Grass ist Teil einer Bewegung, die Ende der fünfziger Jahre von den damals einsetzenden KZ-Prozessen und besonders von dem Jerusalemer Eichmann-Prozeß 1961 ausgelöst worden war. Sie führte zu einer allmählichen Politisierung der Gesellschaft und auch des Theaters. Ein Reflex dieser Bewegung läßt sich sogar in den geschichtslosen und letztlich a-politischen Parabeln von SIEGRIED LENZ (* 1926) (*Die Zeit der Schuldlosen*, Hamburg 1961; *Das Gesicht*, Hamburg 1964 und dem Nachzügler *Die Augenbinde*, Düsseldorf 1970) ausmachen. Auch geraten die absurden Versatzstücke bei TANKRED DORST (* 1925): ein grotesk bewegtes Personal in einer zerfallenen Schloßhalle (*Gesellschaft im Herbst*, Mannheim 1959) oder die Scheinidylle, die sich als Todesfalle entpuppt (*Die Kurve*, Lübeck 1960), näher an gesellschaftliche Befindlichkeiten als in den absurden Stücken von Grass und Hildesheimer. Erst recht gilt das für die vom Theater unterschätzten Stücke von HANS GÜNTHER MICHELSEN (* 1920). In *Stienz* (Frankfurt 1963) sitzt ein ehemaliger Offizier in einem abgeschlossenen Trümmerkeller und versucht, seine Memoiren zu schreiben. Bei ihm ist, vergebens nach Licht und Leben sich sehnend, seine Tochter, und beider Gespräche kreisen um Stienz, von dem man nur Schritte wahrnimmt. Stienz, einst Leibbursche des Offiziers, riegelt diesen von der Außenwelt ab. Am Ende erschießt ihn der Offizier in einer Angstaufwallung. Aber an die Stelle des toten Wächters tritt ein anderer: die Tochter. Auch in *Lappschieß* (Frankfurt 1964) wird ein sich verschlimmernder Kreislauf des ewig Gleichen zwischen einem alten Mann und einer jungen Frau beschrieben: traumatische Versuche, in der Abgeschlossenheit auseinanderbrechender Räume die in der Geschichte verloren gegangene Identität wiederzufinden. In Michelsens stärkstem Stück, *Helm* (Frankfurt 1965), öffnet sich der Raum und läßt Geschichte ein: Eine Altherrengemeinschaft ehemaliger Offiziere begegnet einem ihrer früheren Opfer, das sie wegen sogenannter Wehrkraftzersetzung denunziert hatten. Nach einem die Versöhnung der an die neuen Zustände Angepaßten mit dem verkrüppelten Helm scheinbar besiegelnden Saufgelage warten die fünf in einer Scheinidylle auf diesen. Und während sie warten, steigt die Erinnerung an die Vergangenheit in ihnen hoch. Mit einer an Beckett gemahnenden Präzision des Absurden kommt Stienz, der irgendwo im Wald versteckt sitzt, auf sie zu: mit Schüssen, die einen nach dem anderen treffen.

Benutzt Michelsen Versatzstücke des absurden Theaters, so bedient sich MARTIN WALSER (* 1927) in seinem Erstlingsstück *Der Abstecher* (München 1961) der grotesken Überzeichnung eines erotischen Dreiecksverhältnisses und einer dem Untenstehenden nicht zu Bewußtsein zu bringenden Herr-Knecht-Beziehung. Ein Jahr später aber kritisierte er den mangelnden Realitätsbezug des westdeutschen Theaters: ,,Manchmal fürchte ich, unser Drama könnte seinen Dornröschenschlag noch später beenden, weil jeder der um den Erweckungskuß bemühten Prinzen spürt, daß ihm ein ganzes Land auf den Mund schaut, den er dem gipsblassen Dornröschen nähert. Mein Gott, so eine Verantwortung, denkt er. Was passiert dir, wenn du jetzt küßt — und die schläft weiter."[34] Als wolle er sich selbst seine Berührungsängste nehmen, forderte Walser dann forsch die Auseinandersetzung mit der Zeit von 1933 bis 1945: ,,Jeder Satz eines deutschen Autors, der von dieser geschichtlichen Wirklichkeit schweigt, verschweigt etwas."[35] In *Eiche und Angora* (Berlin 1962) zeigt Walser ein Stück deutscher Wirklichkeit: Das NS-Opfer Alois, im KZ kastriert, entlarvt unfreiwillig die Anpassungswut der gewandteren Zeitgenossen, indem er immer in die jeweils ,,überwundene" Stufe des ideologischen Prozesses zurückfällt. Diesem Exempel folgt *Überlebensgroß Herr Krott* (Stuttgart 1963) als Ausflug in die gesellschaftliche *bel étage* des Unternehmertums: ein Rückfall in die Beharrungslethargie des absurden Theaters. *Der schwarze Schwan* (Stuttgart 1964) zeigt wieder deutsche Vergangenheitsbewältigung, aber Walser verfugt das Schuld-Sühne-Thema so sehr in die Behandlungsmechanismen einer Nervenheilanstalt, daß der Faschismus und diejenigen, die sich seiner Verdrängung widersetzen, als pathologische Phänomene erscheinen. Dieser Gefährdung suchte Walser durch eine Präzisierung seiner Dramaturgie zu begegnen. In Abgrenzung zu Brecht und partieller Annäherung an Frisch und Dürrenmatt rückt er 1967 von dem realitätsbezogenen Theater ab und fordert ein Bewußtseinstheater nach dem Vorbild Becketts: ,,Was auf der Bühne gespielt wird, ist selber Wirklichkeit; eine Wirklichkeit aber, die nur auf der Bühne vorkommt. Also kein Abbild mehr aus anderem Material."[36] Das teilweise schon zehn Jahre zuvor geschriebene ,,Übungsstück für ein Ehepaar" *Die Zimmerschlacht* (München 1967) wird aber zwischen Albees *Wer hat Angst vor Virginia Woolf?* und Frischs *Biografie* sozusagen zerrieben, ohne den durch Perspektivenverengung ermöglichten Einblick in gesellschaftliche Gegebenheiten zu gewähren, den etwa Franz Xaver Kroetz in seinen gegen den Strich gebürsteten Volksstücken erreicht. In einer weiteren Kehre suchte Walser daraufhin in den siebziger Jahren eine sanft an der marxistischen Widerspiegelungstheorie angelehnte Affinitätstheorie zu gewinnen. In den ,,Szenen aus dem 16. Jahrhundert" *Das Sauspiel* (Hamburg 1975) sieht er eine Bezüglichkeit zum 20. Jahrhundert: ,,Die mißglückte Geschichte von damals ist in unseren Erfahrungen immer noch wirksam. Und unsere Erfahrungen mit mißglückter Geschichte werden verständlicher, wenn wir sie in einer verwandten Geschichte darstellen können" (159 f.). Aber die dialektische Vermittlung zwischen 1525/35, als in Nürnberg das erste deutsche Gymnasium eingeweiht und die Bauernaufstände niedergeschlagen wurden, und der Gegenwart geht in parolengeschwängerten Prätentionen ebenso unter wie die Konfrontation von Nietzsche und Franz Liszt in den ,,Letzten Stunden der Reichskanzlei" von HARTMUT LANGES (* 1937) *Jenseits von Gut und Böse* (Hamburg 1975) oder die Diskussion von Revolutionsthesen in desselben Autors Stück *Trotzki in Coyoacan* (Hamburg 1972). Vergebens beschworen diese vom Theater sang- und klanglos vereinnahmten Werke mit ihrem historischen Material die ungeheure Wirkung, die das dokumentarische Polittheater der Bundesrepublik in den sechziger Jahren entfaltet hatte.

Das Signal für den Siegeszug des politisch engagierten *Dokumentartheaters* gab ein Stück, das kaum diesem Genre entspricht. Tatsächlich ist nämlich ROLF HOCHHUTHS (* 1931) Drama über die Mitschuld des Vatikans an der Judenvernichtung durch das NS-Regime, *Der Stellvertreter* (Berlin 1963), ein historisches Entscheidungsdrama konventioneller Bauart. Hochhuth bediene sich in seinem von Erwin Piscator inszenierten Erstlingsstück keiner avancierten Dramaturgie, sondern griff auf Techniken und sogar sprachliche Eigenarten von Schillers Geschichtsdramen nicht unbedingt erfolgreich zurück. Obwohl er konkrete und fiktive Figuren auftreten läßt, am Schluß des Personenverzeichnisses sogar Henker und Opfer als austauschbar hinstellt, bleibt sein Stück der geschlossenen Form einer idealistischen Illusionsdramaturgie verpflichtet. Das änderte sich auch nicht, als Hochhuth Auschwitz als Spielort der ersten Fassung (,,Schauspiel") in der zweiten Druckfassung von 1967 (,,Ein christliches Trauerspiel") nicht zuletzt aufgrund der Kritik Adornos[37] strich. Eine epische Öffnung des Dramas erfolgt indes ,,durch die Fülle historisch beglaubigter und bekannter Fakten, Namen und Vorgänge, die in ihrer Gesamtheit ein Verweisungspotential darstellen, das den vorgegebenen Rahmen sprengt"[38]. Eine Verlagerung von der Immanenz-Ästhetik zur Wirkungsgeschichte führte Karl Jaspers schon im Uraufführungsjahr als Erklärung für den Erfolg des Stücks an: Überall ,,wird geschwiegen, verschleiert und man sieht nicht, wohin wir gehen. Und Hochhuth verlangt von uns: offen sein, fragen, ganz ernst nehmen, und zwar angesichts Gottes, der ganzen Welt."[39] Der moralische Appell des Stücks zwang selbst Papst Paul VI. dazu, sich öffentlich mit Hochhuths Vorwürfen auseinanderzusetzen, die wiederum im bösen Wort des damaligen Bundeskanzlers Erhard vom „Pinscher" 1965 die Einschätzung der Schriftsteller durch führende Vertreter von CDU/CSU erschreckend offenbarten.

Trotz der von ihm selbst *sub specie aeternitatis* gestellten und der „Rettung des Menschen"[40] dienenden Wirkungsästhetik hat Hochhuth an der Illusionsdramaturgie seines Bühnenerstlings nicht festgehalten. In dem auf den Bombenkrieg und das Schicksal der polnischen Exilregierung im England des zweiten Weltkriegs zielenden „Nekrolog auf Genf" *Soldaten* (Berlin 1967) verwendet er die Form des Spiels im Spiel. Dennoch wird die Anlehnung ans barocke Jedermann-Spiel ebensowenig wie der Anklang an Traumspiel-Momente genutzt: „Auch hier hängt nichts davon ab, ob dieses Everyman-Spiel real oder als Traum inszeniert wird: Figuren und Schauplätze in einem Gewissensprozeß sind genauso wirklich und gegenwärtig, wie wir sie nehmen und zulassen in uns" (Vorwort, 13). Die „Unverträglichkeit verfremdender Elemente mit der Dramaturgie des idealistischen Geschichtsdramas, die auf Einführung und auf den inneren Mitvollzug der Entscheidungssituationen angelegt ist"[41], wird von Hochhuth ausdrücklich in der Wirkung seines solcherweise als Potential klassifizierten Stücks aufgehoben. Zu dieser Wirkungsgeschichte gehört Hochhuths Aufruf an den damaligen Bundespräsidenten Heinrich Lübke, für ein Zusatzabkommen zu den Genfer und Haager Land- und Seekriegsgesetzen einzutreten, ebenso wie die Befragung des britischen Premierministers Harold Wilson zu der von Hochhuth behaupteten Mitschuld Churchills am Tod des polnischen Generals Sikorski vor dem britischen Unterhaus; zu ihr gehören aber auch Fakten wie das Aufführungsverbot für das Stück am Londoner National Theatre oder Verleumdungs- und Schmerzensgeldklagen gegen Hochhuth. Möglicherweise führten diese schmerzlichen Aspekte der Wirkungsgeschichte seines Stücks Hochhuth dazu, in der Tragödie *Guerillas* (Stuttgart 1970) eine fiktive Zukunftsprojektion und in der Komödie *Lysistrate oder die NATO* (Essen, Hamburg sowie Wien 1974) eine Gegenwartsutopie zu entwerfen. In diesen Stücken sowie den dokumentarisches Material nur streifenden – *Die Hebamme* (1972 an fünf Theatern gleichzeitig uraufgeführt) und dem Ernest Hemingways Selbstmord ausbeutenden Monodram *Tod eines Jägers* (Salzburg 1977) – reduziert sich Hochhuths Geschichts-, Gesellschafts- und Menschenbild, nun des Wirkungs-Potentials entkleidet, auf eine widerspruchsvolle Regressivität. So weisen etwa seine sozial-therapeutischen Lehren in *Lysistrate* einen eklatanten Mangel an historisch, politisch und sozio-ökonomisch perspektiviertem Denken auf. Die These des Autors zur Frauenemanzipation könnte einem Lehrbuch für Emanzipationsfeinde entnommen sein: Selbstbefreiung der Frau durch Vollbeschäftigung in sexuellen Besitzansprüchen. Auch seine politischen und ökologischen Vorstellungen stecken, nicht nur in diesem Stück, voller falscher Analogien und Alternativen, so daß „wenig mehr übrigbleibt von Hochhuth als ein stümpernder Schiller-Epigone auf dem Kriegsfuß mit der deutschen Sprache, ein moralisierender Eiferer mit dem kruden politischen Weltbild eines Stammtisch-Nörglers"[42]. Bestehen bleibt aber auch die Tatsache, daß Hochhuth bis hin zu dem durch seine kritischen Publikationen ausgelösten Sturz des baden-württembergischen Ministerpräsidenten Filbinger im August 1978 der folgenreichste Dramatiker der Bundesrepublik ist: ein Paradox, das auf die Revisionsbedürftigkeit tradierter literarischer Bewertungsmaßstäbe verweist.

Gelten für Hochhuth Geschichte im allgemeinen, Faschismus und Machtmißbrauch im besonderen als „faszinativ böse" Erscheinungen, deren „Diskussion in gesellschaftlicher, ökonomischer und ideologischer Hinsicht überflüssig"[43] sei, so beharrt ein anderes Erfolgsstück der sechziger Jahre, eine prototypische Ausformung des Dokumentartheaters, auf Diskussion: Heinar Kipphardts (* 1922) *In der Sache J. Robert Oppenheimer* (München und Berlin 1964).

Im Gegensatz zu Dürrenmatts thematisch verwandten *Physikern* geht es um einen historischen Fall: das Verhör des Atomphysikers Oppenheimer durch einen amerikanischen Sicherheitsausschuß im Jahre 1954 (also der Zeit des Anti-Kommunismus McCarthys) und damit um das Problem der moralisch-politischen Verantwortlichkeit von Naturwissenschaftlern. Kipphardt präsentiert den Stoff in einer ästhetisch komplizierteren Weise als in seinem fiktiven Politstück *Der Hund des Generals* (München 1962). Verfremdender Demonstrationscharakter und aufgehobene Rollenidentifikation verbinden sich mit einer sprachlichen Differenzierung von Geschichte und Bühnengegenwart, so daß das Stück in eine auffällige Parallele mit Brechts *Leben des Galilei* mündet[44]. Als Kipphardt aber das Stück Ende 1977 wieder aufführen ließ (Hamburg), verzichtete er auf die meisten seiner epischen Brechungen und spekulierte nicht vergebens auf die Appellstruktur der von ihm ausgewählten Protokollmaterialien selbst. Im Vorwort zu seinem Stück hatte Kipphardt sich die Forderung gestellt, „ein abgekürztes Bild des Verfahrens zu liefern, das die Wahrheit nicht beschädigt". Aus diesem Glauben an die Unversehrbarkeit des Dokuments in einem ästhetischen Ambiente entsteht ein spezifisches Problem des Dokumentartheaters. Es bedarf notwendigerweise jener Ideologisierung des Materials, die es der offiziellen Geschichtsschreibung vorhält, und beschwört dadurch die Gefahr herauf, im Publikum eine Vorurteilshaltung durch die andere zu ersetzen. Die Schadenfreude über Hochfiguren wie Papst Pius XII. in Hochhuths *Stellvertreter* oder Goethe, Schiller, Fichte, Schelling und Hegel im *Hölderlin* von Peter Weiss erklärt sicher auch den Publikumserfolg dieser Stücke. Peter Weiss hat dieses Problem 1968 in seinen „Notizen zum dokumentarischen Theater" geradezu thematisiert, als er die Bühne zum Instrument der Gegengeschichtsschreibung ernannte, denn erst die „Auswahl und das Prinzip, nach dem die Ausschnitte der Realität montiert werden, ergeben die Qualität der dokumentarischen Dramatik"[45]. Mit diesem Vertrauen in die erkenntnisstiftende Macht des Arrangements von Wirklichkeitspartikeln schien die Auseinandersetzung um Fiktion und Realität im Dokumentartheater hinter den Bewußtseinsstand des Methodenstreits zwischen Brecht und Lukács einerseits, Lukács und Karl August Wittfogel andrerseits zurückgefallen[46], und zwar aufgrund der Mißachtung von Hegels Inhalt-Form-Dialektik, derzufolge „der Inhalt nichts ist als Umschlagen der Form in Inhalt, und die Form nichts als Umschlagen des Inhalts in Form" (§ 133 der Enzyklopädie). Exemplarischen Ausdruck fand der undialektische Dokumentarismus in Hans Magnus Enzensbergers Einschätzung, sein *Verhör von Habana* sei „weder ein Drehbuch noch ein Theaterstück" (54) und entgehe also dem Vorwurf der Fiktionalisierung und Illusionierung trotz seines Erscheinens auf der Bühne und dem Bildschirm.

In der Praxis allerdings waren die Verfasser der dokumentarischen Stücke ihrer Theorie voraus. Die Kennzeichnung der *Ermittlung* (1965 an 15 Theatern der Bundesrepublik und der DDR sowie bei der Royal Shakespeare Company gleichzeitig) von PETER WEISS (* 1916) als Oratorium weist schon auf die Vermitteltheit der im Stück angeordneten Realitätspartikel hin. Tatsächlich handelt es sich nicht, wie etwa im *Oppenheimer,* um eine auf Objektivität zielende Verkürzung des zur Verfügung stehenden Materials, sondern um dessen Subjektivierung: Weiss hatte 1964 den Frankfurter Auschwitz-Prozeß besucht und das Stück aus Gedächtnisprotokollen zusammengefügt. Durch die Stilisierung des Materials wird das Spezifikum des Prozesses: der Erinnerungsvorgang bzw. die Sperrung der Angeklagten und auch Zeugen gegen diesen, als Bewußtseinsspiegel der Zeit überhaupt sinnlich erfahrbar, und zwar in der Sprechweise der Angeklagten, „die nichts von dem zurücknimmt, was diese Mulka, Kaduk, Capesius und Stark einst zu fähigen KZ-Bewachern gemacht hatte"[47]. Damit rückte das verdrängte Auschwitz-Trauma durch den Aufweis gleichgebliebener Denk- und Sprechweisen von Bundesbürgern ins deutsche Drama: nicht als Blick zurück im Zorn, sondern als traurige Vergegenwärtigung. Auch HANS MAGNUS ENZENSBERGERS (* 1929) *Verhör von Habana* (Bühnen der Stadt Essen bei den Ruhrfestspielen Recklinghausen 1970) folgt dem Muster einer Prozeßverhandlung bzw. eines Verhörs. Dabei geht der Autor einen Schritt weiter in Richtung auf eine operative Dramaturgie, weil die von ihm ausgewählten Protokolle im April 1961 verhörter Kuba-Invasoren dem Zuschauer „Möglichkeiten der Identifikation anbieten, von denen ich hoffe, daß der Verlauf des Verhörs sie zerstört" (53). Was also wie ein Rückfall in die Positionen der Illusionsdramaturgie wirkt, soll in Wirklichkeit der Funktionalisierung der Dokumente dienen und damit dem Aufweis typischer Bewußtseinsstrukturen bei den auf der Bühne Verhörten und den Rezipienten. Bei der Uraufführung ließ Enzensberger einige vorher nach Kriterien einer möglichen Gemeinsamkeit mit den Verhörten ausgesuchte Zuschauer zu deren Verteidigungsargumenten befragen (kurz danach hatte das Deutsche Theater in Ost-Berlin seine deutsche Wahrheit und Identität zu bieten, indem es aus den Invasoren Bundesdeutsche machte): ein fragwürdiges Unterfangen, aber ein Versuch, das Dokumentartheater von den Fesseln der Werkästhetik zu befreien. Versuche politischer Meinungsbildung hat auch Peter Weiss mit dem „Stück mit Musik in zwei Akten" *Gesang vom lusitanischen Popanz* (Stockholm 1967) und dem *Viet Nam Diskurs* (Frankfurt 1968) unternommen. Wie bei Enzensberger (und schon Hochhuth) wird der Wirklichkeitsausschnitt nicht auf Deutschland begrenzt, und wie Enzensberger gestaltet auch Weiss seine Imperialismus-Kritik ohne hochfahrende ästhetische Konkretion. Die Simplizität der benutzten Mittel wie Rolle, Maske, Musik und Tanz ergibt in dem Oratorium trotz ihrer von der jeweiligen Inszenierung abhängigen Vielfalt der Mischungsmöglichkeiten keine feste ästhetische Form. Vielmehr zwingt Weiss dem Material eine Appellstruktur auf, die er im *Diskurs* durch den szenischen Perspektivenwechsel nach dem ersten Teil nur grob stilisiert. Hier stehen die eingesetzten theatralischen Mittel der Material-Collage letztlich nur im Wege und haben derart teil an der Dialektik der Aufklärung: „Gänzlich versachlicht, wird das Kunstwerk, kraft seiner Gesetzmäßigkeit, zum bloßen Faktum und damit als Kunst abgeschafft."[48]

Der Gang der Dramatik in der Bundesrepublik von der Bewältigungsliteratur der ersten Nachkriegsjahre zum Dokumentartheater der sechziger Jahre spiegelt die Entwicklung einer Gesellschaft, die im Schock des Jahres 1945 zunächst zu keiner angemessenen Trauerarbeit fand. Diese „Unfähigkeit zu trauern"[49] führte zu einem Verdrängungsprozeß, in dem die Deutschen sich über ihren Selbstwertverlust hinwegzutäuschen suchten. In den sechziger Jahren griff ein umfassender Wandel platz, der auf dem Gebiet des Theaters im Dokumentarstück gipfelte. Dieses wurde zur authentischen Erscheinungsform eines Theaters[50], das zum einen über Brecht hinausging und zum anderen in der Rückbindung an Erwin Piscators dokumentarisches Polittheater der zwanziger Jahre eine dialektische Traditionsbildung leistete. Jedoch machte es vor politischen Gegebenheiten wie der Teilung Deutschlands halt[51], während es Triebüberschüsse in *Geschichtsdramen* ableitete, die eine auffällige Vorliebe für Revolutionsszenen und scheiternde Geistesheroen zeigen. Den ästhetisch komplexesten Ausdruck hat dieser Dramentypus in einem Stück gefunden, das neben Hochhuths Erstling den zweiten Welterfolg des deutschen Theaters nach Brecht markiert: dem *Marat/Sade* (Berlin 1964) von Peter Weiss. Der genaue Titel: „Die Verfolgung und Ermordung Jean Paul Marats dargestellt durch die Schauspielgruppe des Hospizes zu Charenton unter Anleitung des Herrn de Sade" deutet schon den für diesen Dramentyp wichtigen Spiel-im-Spiel-Charakter mit seiner Realitätsdialektik an und weist zugleich zurück auf die geschichtsphilosophische Rechtfertigung durch Karl Marx. Dieser schrieb 1852 in seiner Abhandlung „Der 18. Brumaire des Louis Bonaparte", besonders in Krisenzeiten beschwören die Menschen „ängstlich die Geister der Vergangenheit zu ihrem Dienst herauf, entlehnen ihnen Name, Schlachtparole, Kostüme, um in dieser altehrwürdigen Verkleidung und mit dieser erborgten Sprache die neue Weltgeschichtsszene aufzuführen"[52]. Genau dies ist der binnendramaturgische Ansatzpunkt des Stücks, wobei eine der zahlreichen Verschachtelungen von Ort, Zeit, Handlung und Bedeutung darin zu sehen ist, daß das Spiel im Spiel von jemandem geleitet wird, dem am wenigsten an einer Veränderung der sozio-ökonomischen Verhältnisse gelegen haben dürfte: dem Leiter der Irrenanstalt von Charenton, in der der theaterwütige Marquis de Sade einsitzt. Daß dieses ebenso explosive wie in der verfremdenden Zuspitzung seiner Theatermittel ungemein reiche Stück zu vielen Mißverständnissen Anlaß gab und den Autor selbst in einen Prozeß der Meinungsumbildung zwang[53], unterstreicht seine auslösende Funktion für das Polittheater der sechziger Jahre.

Die späteren Beiträge des Autors zum Genre des Geschichts-, Revolutions- und Dichterdramas weisen keine mit dem *Marat/Sade* vergleichbare ästhetische Komplexität auf. *Trotzki im Exil* (Düsseldorf 1970) und – trotz nachträglicher Korrekturen – *Hölderlin* (Stuttgart 1971) schwanken bei vorherrschend illusionistischer Dramaturgie zwischen einer übergroßen Abstraktheit des dokumentarischen Materials und einer undialektischen Ent- bzw. Remythisierung der bemühten historischen Figuren. Materialreich und undialektisch in ihrer Vermittlung sind auch die Stücke von DIETER FORTE (* 1935): *Martin Luther und Thomas Münzer* (oder *Die Einführung der Buchhaltung*, Basel 1970) und *Jean Henry Dunant* (oder *Die Einführung der Zivilisation*, Darmstadt 1978). Forte schlägt von der Reformation und den Bauernkriegen über das 19. Jahrhundert den Bogen in die Gegenwart, indem er den Reformator Luther oder den Begründer des Roten Kreuzes, Dunant, als Verstrickte im Netz des Monopolkapitalismus zeigt. Erheblich reicher an Theatermitteln ist dagegen TANKRED DORSTS *Toller* (Stuttgart 1968). Der Autor, der sich zuvor am absurden Theater, an fantastisch-poetischen Sujets und in der *Großen Schmährede an der Stadtmauer* (Lübeck 1961) an der Parabelform erprobt hatte, ehe er mit geringem Erfolg das problematische Realitätsverhältnis anderer Dichter in *Eiszeit* (Bochum 1973; auf Knut Hamsun bezogen) und *Goncourt oder Die Abschaffung des Todes* (Frankfurt 1977, zusammen mit Horst Laube; Bezugspunkt ist neben den Brüdern Goncourt die Pariser Commune) ausstellte, hat die Geschichte der Münchner Räterepublik anhand dokumentarischen Materials in der Konfrontation des Revolutionsliteraten Ernst Toller mit dem Revolutionspragmatiker Eugen Leviné dramatisiert. Die revuehafte Übertheatralisierung dieser Materialien, nicht zuletzt Tollers Verwechslung der Räterepublik vom April 1919 mit einem expressionistischen Theaterstück denunzierend, macht aufgrund der offenen Dramaturgie das historische Material mit dem fiktionalen austauschbar. So gibt das Stück eine anti-illusionistische Vermittlungsform nur vor, denn – wie der 1969 noch als Kritiker, später als Dramaturg und schließlich als Autor tätige Botho Strauß urteilte – „ihrer inneren, ihrer ideellen Struktur nach gehorcht sie einer geschlossenen, gefertigten Dramaturgie." Und: „das Dokumentarische leistet hier eher Vorschub dem historischen Falsifikat, das entsteht, wo die Fakten sich hineinmischen in das illusionistische Personendrama, das wiederum aber seine Personen auf eine Faktensprache verarmt hat."[54] Diesem ungewollten Traditionalismus Dorsts, dem bewußte Anleihen aus Tollers Stücken *Masse-Mensch* und *Die Maschinenstürmer* sowie Brechts *Tage der Commune* Vorschub leisten, entspricht nach dem Urteil Peter Handkes eine Dialogtechnik, die als Abbild der kapitalistischen Gesellschaft unfreiwillig einmünde in eine „Dramaturgie des herrschenden Systems, nicht nur im Theater, auch in der Außenwelt"[55].

Erstaunlicherweise ist diese scharfe Kritik an Dorsts Realitätsverhältnis von zwei Autoren wie Peter Handke und Botho Strauß formuliert worden, die in ihren eigenen Werken eine *Neue Subjektivität* vertreten. Nach dem immensen Öffentlichkeitsdrang des Polittheaters, der in seinen Revolutions-, Gerichts- und Spiel-im-Spiel-Szenen potenziert erscheint, schlug das Pendel schon in den sechziger Jahren langsam nach einer Innerlichkeitsliteratur aus. PETER HANDKE (* 1942) ist einer ihrer Vorbereiter, und konsequenterweise leitete er diese Tendenzwende mit einer Pervertierung des Öffentlichkeitsdrangs des Polittheaters ein: Als er im April 1967 die auf einer Tagung der „Gruppe 47" lesenden Neo-Realisten der „Beschreibungsimpotenz" zieh, hatte er mit einem Schlag die nötige Öffentlichkeit für seine Innerlichkeitsliteratur. Aber nicht nur Kollegen beschimpfte Handke, sondern auch das Publikum im Theater, und zwar buchstäblich mit seinem Sprechstück *Publikumsbeschimpfung* (Frankfurt 1966). Dieses, wie die folgenden Sprechstücke, ist kein Abbild der Außenwelt, und in dem auf den historischen Kaspar Hauser zurückgehenden Fall einer zwanghaften Sprachaneignung *Kaspar* (Frankfurt und Oberhausen 1968) heißt es in der Vorbemerkung lapidar gegen die komplizierte Realitätsdiskussion im Umkreis des dokumentarischen Polittheaters: „Das Stück ‚Kaspar' zeigt nicht, wie *es wirklich ist* oder *wirklich war* mit Kaspar Hauser. Es zeigt, *was möglich ist* mit jemandem. Es zeigt, wie jemand durch Sprechen zum Sprechen gebracht werden kann." Wenn Handke auch auf die Künstlichkeit der in seinen Sprechstücken auftretenden Figuren und die „Geschichtslosigkeit" der benutzten Bühnenrequisiten hinweist – allmählich nimmt seine aus Ludwig Wittgensteins Sprachphilosophie und dem französischen Strukturalismus abgeleitete Dramaturgie der Sprachwirklichkeit doch außersprachliche Realitätsbezüge auf: in *Das Mündel will Vormund sein* (Frankfurt 1969) die sprachlose Pantomime, in *Quodlibet* (Basel 1970) das Angebot einiger Satzbrocken für Figuren aus einem imaginären Welttheater, in *Der Ritt über den Bodensee* (Berlin 1971) Anleihen bei Handkes bevorzugter Kunstwelt, dem Kino. Nach Aussage des Autors (Vorwort) ist dieses Werk „weder Tragödie noch Farce noch Lehrstück noch Volksstück, es ist Darstellung der gesellschaftlichen Entsprechungen dieser Theaterformen". An die theatralische Entsprechung gesellschaftlicher Gegebenheiten wagt sich Handke erstmals mit *Die Unvernünftigen sterben aus* (Zürich 1974). Aber die von Ferne an Walsers *Überlebensgroß Herr Krott* erinnernde Geschichte des eine Kartellabsprache durchbrechenden Unternehmers Quitt stößt keineswegs zu solcher Beschreibungspotenz vor, daß etwa der Widerspruch zwischen der gesellschaftlichen Organisation in der Arbeitswelt und dem individuellen Eigentum an den Produktionsmitteln analysiert würde; vielmehr wird er zu einer exquisiten Trauer über den Gang der Welt verklärt. Die *grande tristesse* des Unternehmers leitet sich nicht aus objektiven Widersprüchen ab, sondern aus wohl- bzw. fehlplazierten Details des schöneren Lebens – etwa wenn Quitt sich einsam fühlt, als er die lackierten Zehen seiner Frau sieht. Diese Verwechslung von Innen- und Außenwelt wird bei Handke zur poetologischen Methode, die darin gipfelt, daß er seinen Unternehmer höhnen läßt, er würde sich „auch lieber mit der Sprachlosigkeit ausdrücken wie die einfachen Leute" – wahrscheinlich aus den modernen Volksstücken eines Kroetz, Sperr oder des frühen Fassbinder (1. Sz.).

Die in Handkes Unternehmerstück nach einer Stifter-Lesung aufkommende Vorstellung: wenn man Gefühle „so ernst und geduldig und gewissenhaft wie ein Restaurateur, Stifter war ja ein Restaurateur, nachspielte, stellten sich die Gefühle auch wirklich ein, vielleicht" (53), könnte als Motto über den ersten Stücken von BOTHO STRAUSS (* 1944) stehen. Auch bei ihm ist, wie bei Handke, eine wachsende Annäherung an die gesellschaftliche Realität zu konstatieren. In seinem Erstlingsstück *Die Hypochonder* (Hamburg 1972) exerziert Strauß eine Kommunikationsverweigerung als Fluchtbewegung in den Wahn durch. In *Bekannte Gesichter, gemischte Gefühle* (Stuttgart 1974) findet er für den mörderischen Leistungszwang der kapitalistischen Gesellschaft eine eindrucksvolle Chiffre in dem auf der Bühne geprobten Turniertanz. Erstaunlich eine Parallele zu Handkes Unternehmerstück: Befördert sich Herr Quitt mittels mehrmaligem Laufen gegen einen Felsblock ins Jenseits, so hat bei Strauß der Hotelier dafür die Methode des Sich-selbst-Einfrierens gesetzt. In der *Trilogie des Wiedersehens* (Hamburg 1977) zeigt Strauß in dem kleinen Kreis von Besuchern einer Vernissage nach dem Vorbild von Gorkis *Sommergästen* (deren Berliner Schaubühnen-Aufführung er 1974 dramaturgisch betreut hatte) die wachsende Sinnentleerung zwischenmenschlicher Beziehungen in der Selbstentblößung. Wie Handke will auch Strauß seine Figuren nicht gleich denunzieren, wodurch er in einen preziösen Eigentlichkeits-Realismus verfällt. Der wirkt wiederum so „ausgestellt", daß er in jeder Aufführung sowohl als Alarmsignal wie als (trügerisches) Sicherheitsventil fungieren kann. Und wie Handke nie ein Hehl daraus machte, daß er dem Theater das Kino vorzieht, so steuert Strauß in der *Trilogie* geradewegs in die Blendendramaturgie von Film und Fernsehen. *Groß und klein* dagegen (Berlin 1978) gibt sich wiederum theaterimmanent als ein Stationendrama. Die Reise, die Lotte (eine trotz Verheiratung alleinstehende Grafikerin Mitte dreißig) von einem exotischen Startpunkt in Marokko aus quer durch die Bundesrepublik antritt, füllt sich im Ablauf der zehn Szenen paradoxerweise um so mehr mit Partikeln deutscher Wirklichkeit, je aussichtsloser die Kommunikationsversuche dieser Frau werden. Trotz aufgesetzter biblischer und literarischer Anklänge, die eine gewisse Preziosität entfalten, gestaltet Strauß auf eine sehr theaterwirksame Weise jene „kleinbürgerliche Schrumpfmelancholie", die in seiner 1976 spielenden Erzählung „Die Widmung" ein Buchhändler nicht nur an sich allein als Signum der Zeit diagnostiziert. In der Schlußszene von *Groß und klein* kann Lotte, als unangemeldeter Patient im leeren Wartezimmer eines Internisten, dem Arzt nur noch sagen: „Mir fehlt ja nichts" – eine treffende Diagnose totaler Selbstentfremdung.

   Groß und klein ist nicht nur das literarisch dichteste und trotz seiner Anlage als Stationendrama das dramaturgisch meistschichtige Werk in der westdeutschen Dramatik der späten siebziger Jahre, sondern enthält auch eine ebenso anspruchsvolle wie publikumswirksame Frauenrolle, neben der alle anderen Personen des Stücks zu Randerscheinungen schrumpfen. Noch einen Schritt weiter ging der Österreicher Thomas Bernhard (* 1931), der für den Schauspieler Bernhard Minetti ein Exklusivstück schrieb: *Minetti* (Stuttgart 1976). Kennzeichnet dieses Stück über einen gealterten Schauspieler, der sein ganzes Künstlerleben lang vergeblich hinter der Rolle des Königs Lear hergereist ist, eine Motorik des Stillstands, so kreisen seit *Ein Fest für Boris* (Hamburg 1970) alle Stücke Bernhards um einen winzigen Kern oder eine fixe Idee. Dabei spielt die „alte" Kultur eine entscheidende Rolle: sei es der Wahn des Zirkusdirektors Caribaldi in *Die Macht der Gewohnheit* (Salzburg 1974), eine Besetzung für die Aufführung von Schuberts „Forellenquintett" zusammenzubringen, sei es die „Königin der Nacht" in *Der Ignorant und der Wahnsinnige* (Salzburg 1972) oder der Philosoph in *Immanuel Kant* (Stuttgart 1978) auf einer fiktiven Amerika-Reise. Ist die eine besessen von der Vorstellung, vom eisernen Vorhang zerquetscht zu werden, so ist vom Lebenswerk des anderen nur noch der immer wieder von einem Papagei ausgestoßene Ruf „Imperativ" übrig geblieben. Was diese Figuren produzieren, sind Kunststückchen in einer lebenslangen Krankheit zum Tode. Versuchen sie, ihre Rolle monomanisch durchzustehen (Caribaldi in der ersten Szene der *Macht der Gewohnheit*: „Die Wahrheit ist, ich liebe das Cello nicht, mir ist es eine Qual, aber es muß gespielt werden"), so haben die Figuren von Bernhards Landsmann Wolfgang Bauer (* 1941) mit den alten Rollen auch die alte Kunst verabschiedet – und gehen daran zugrunde. So kommt es in *Magic Afternoon* (Hannover 1968) zu einer Bücherschlacht, in deren Verlauf sich Charley und Birgit mit Literaturwerken bewerfen und diese dabei symbolisch dem Orkus überantworten. Die Vernichtungsorgien der Bauerschen Figuren aus der Pop- und Rockkultur finden immer unter Menschen statt, die mit Kunst zu tun haben. Aber diese hat den bürgerlichen Anstrich verloren, sie existiert, wie in der vom Schriftsteller Fred in *Gespenster* (München 1974) intendierten Ibsen-Paraphrase, bestenfalls noch als Rollen-Rolle. Der Sog zur Selbstauslöschung ist der wichtigste Lebenstrieb dieser Figuren. Der Maler Fery in *Change* (Wien 1969) landet konsequenterweise da, wohin er in einer Persönlichkeitsmanipulation den Naturburschen Blasi treiben wollte: im Selbstmord.

Dieser Selbstvernichtungstrieb macht aus dem Theater einer gesteigerten Sensibilität für die Widersprüche der Realität, wie es der vom deutschen Theater nicht angemessen rezipierte PETER RÜHMKORF (* 1929) (*Lombard gibt den Letzten*, Dortmund 1972; *Was heißt hier Volsinii?*, Düsseldorf 1973) einmal formuliert hat, ein ,,Tollhaus und Krüppelheim mit einem Leben darin, teils noch sich blähend in eitler Güte, teils nur noch mampfend, grunzend, sich zu Tode gierend"[56]. Da ist der Moment des Umschlags nicht fern, und am Ende der siebziger Jahre scheint das Theater der Bundesrepublik auf eine neue Empfindsamkeit für die Historie zu warten. Die dürfte weniger von jenen Realisten gefördert werden, die im Umkreis der Literatur der Arbeitswelt von einer wachsenden Perspektivenverengung bedroht sind, als durch einen Rückkoppelungseffekt der DDR-Dramatik. In Westdeutschland bzw. West-Berlin uraufgeführte Stücke von HEINER MÜLLER (* 1929) wie *Germania, Tod in Berlin* (München 1978) und *Leben Gundlings Friedrich von Preußen Lessings Schlaf Traum Schrei* (Frankfurt 1979) oder von dem seit Ende 1976 in West-Berlin lebenden THOMAS BRASCH (* 1945) wie *Rotter* (Stuttgart 1979) und *Lovely Rita* (Berlin 1978) haben auf dem Theater der Bundesrepublik zu einem entwickelteren Bewußtsein von deutscher Geschichte und Realität beigetragen. Mehr als nur einen Reflex davon enthält GERLIND REINSHAGENS (* 1926) Zeitstück *Sonntagskinder* (Stuttgart 1976; Fortsetzung in *Frühlingsfest*, Bochum 1980). Aus der Erlebnisperspektive eines halbwüchsigen Mädchens in einer mitteldeutschen Kleinstadt kommt da als Figur des reibungslosen Systemwechsels im Jahre 1945 ein wortloser General auf die Bühne: ein direkter Nachfahr des Obristen aus Borcherts *Draußen vor der Tür*. Er hat uns noch viel zu berichten.

Dramatik in der DDR
Wolfgang Schivelbusch

Die dramatische Literatur der DDR stand bis vor einiger Zeit unter einem politischen Primat. Dies konnte sehr eng und sehr weit gefaßt sein. Als politisch im engeren Sinn wurden die Stücke verstanden, in denen der Aufbau des Sozialismus direkt thematisiert wurde. Politisch in einem umfassenderen Sinn erschienen die Dramen, in denen sich die marxistische Weltanschauung allgemeiner formulierte, also etwa historische Dramen als marxistische Reflexion auf die Geschichte.

Dieser politische Primat verlor in den letzten Jahren zunehmend an Bedeutung. Die westdeutsche Literaturkritik und -wissenschaft, die jahrelang die Stücke aus der DDR als offene oder verschlüsselte Stellungnahmen zur Kulturpolitik der SED betrachtete und bewertete, beginnt, sich für die größeren Traditionszusammenhänge zu interessieren, von denen die einzelnen Dramen offensichtlich Teil sind. Ähnliches läßt sich in der Dramatik selber feststellen, eine Verschiebung vom Politischen zum Literarischen. Dieser Vorgang steckt noch in seinen Anfängen, es läßt sich keine Richtung feststellen, die er nehmen könnte. Wahrscheinlich ist aber, daß sich hier die gesellschaftlich-kulturelle Entwicklung der DDR unter Honecker niederschlägt, die mit Begriffen wie Entpolitisierung und Konsumgesellschaft zu umreißen ist. Außerdem bahnt sich ein literarischer Generationswechsel an vergleichbar demjenigen, der in den 50er Jahren Autoren wie Baierl, Hacks und Heiner Müller hervorbrachte.

Die folgenden Ausführungen beschränken sich auf die im wesentlichen abgeschlossene ‚politische' Phase des Dramas der DDR, die grob gesagt von Anfang der 50er bis Mitte der 70er Jahre reicht. Politisch ist diese Periode, weil die Dramatik hier auf den die Gesellschaft der DDR dominierenden Vorgang ,,Aufbau des Sozialismus" reagiert, sei es unmittelbar propagandistisch in Form von Aufbau- und Produktionsstücken, sei es in mehr philosophisch-reflektierender Parabelform.

Was das Drama der DDR von der übrigen deutschsprachigen dramatischen Literatur abhebt, ist die Tatsache, daß es die Verhältnisse einer sozialistischen Gesellschaft zum Gegenstand hat. Wie immer deformiert sozialistisch die Gesellschaft in der DDR auch sein mag (gemessen an klassisch-sozialistischen Vorstellungen, von denen aus die heutige Kritik an diesen Verhältnissen kommt), es ist doch unbestreitbar eine nach entscheidend anderen Prinzipien funktionierende Gesellschaft als diejenige der Bundesrepublik Deutschland. Die neuen gesellschaftlichen Gehalte, Vorgänge, Kollisionen dieser sozialistischen Gesellschaft, die in den Dramen gestaltet erscheinen, könnte man, sehr vorsichtig, analogisieren mit denjenigen, die im 18. Jahrhundert die bürgerlichen Dramen von den barock-höfischen unterschieden. Bürgerliches Trauerspiel und weinerliches Lustspiel formulierten – um nicht zu sagen propagierten – damals spezifisch bürgerliche Emotionen, Ideen, Lebensformen, Konflikte usw. gegen die höfisch-absolutistische Kultur. Die Dramen der DDR formulieren/propagieren spezifisch sozialistische Ideen, Lebensformen, Konflikte usw. gegen die bürgerliche Ideologie. Weiter läßt sich die historische Analogie nicht treiben. Anders als die bürgerliche Dramatik des 18. Jahrhunderts, die sich sozusagen naturwüchsig innerhalb der Klassengesellschaft als ästhetisch-politische Artikulation einer Klasse gegen die andere entwickelte, ist die Dramatik der DDR Reflexion einer realen sozialistischen Gesellschaft. Dieser Umstand macht sie zugleich ‚primitiver' und entwickelter als die frühbürgerliche Dramatik. Primitiver: Dramatik als dramatisierte Propaganda eines sozialistischen Staats. Entwickelter: Dramatik als Reflexion auf die Schwächen und Widersprüche der realen sozialistischen Gesellschaft. Diese Situation unterscheidet die sozialistische Dramatik der DDR auch von der sozialistischen Dramatik des 19. Jahrhunderts, der Weimarer Republik und der heutigen Bundesrepublik.

Wie die DDR als historisches Gebilde teilhat an verschiedenen Entwicklungs- und Traditionslinien (nationale deutsche Geschichte, sowjetische Geschichte, Geschichte des Sozialismus usw.), so auch die Dramatik der DDR. Die Dramen, die in der DDR geschrieben werden, sind vor mehreren *Horizonten* von Traditionen zu sehen, die sich in den einzelnen Stücken materialisieren. Diese Horizonte lassen sich in folgender Reihenfolge aufzählen: Erstens, die sozialistischen Verhältnisse in der DDR, die Tatsache dieses sozialistischen Staats; zweitens, die sozialistisch-kommunistische Geschichte, in deren Verlauf die DDR entstand. Diese kommunistische Geschichte wiederum zerfällt in mehrere Horizonte: die reale Geschichte – Oktoberrevolution, Stalinismus, Poststalinismus usw. – sowie die geistesgeschichtlich-ideologische Entwicklung konkurrierender marxistischer Auffassungen (z. B. dialektischer versus mechanistischer Materialismus, Luxemburgismus versus Leninismus). Der geistesgeschichtlich-ideologische Horizont seinerseits schlüsselt sich literaturgeschichtlich auf in weitere Neben- oder Unterhorizonte: etwa sozialistischer Realismus versus literarischer Modernismus (episches Theater, Montagetechnik usw.). Neben dem bedeutsamen Horizont der kommunistischen Geschichte und Geistesgeschichte findet sich der für das Drama der DDR nicht weniger wichtige nationale Horizont der deutschen Geschichte und Geistesgeschichte, realgeschichtlich als Geschichte der deutschen Misere, des Faschismus usw., geistes- bzw. literaturgeschichtlich als Traditionslinien der deutschen Klassik, Expressionismus, Brecht etc.

Wir können folgende schematische Darstellung der auf das Drama der DDR einwirkenden Traditionshorizonte geben:

Kommunistische Geistesgeschichte

Kommunist. Real- geschichte	*Drama der DDR*	Konkurrierende marxi- stische Ästhetiken
Deutsche National- geschichte (Misere)	Deutsche Geistes- geschichte	Deutsche Literatur- geschichte (Klassik)

Diese Traditionshorizonte lassen sich unendlich spezifizieren und aufschlüsseln, hier sind nur die wichtigsten aufgeführt. In jedem in der DDR geschriebenen Drama wird einer dieser Horizonte thematisch bzw. sichtbar sein, welcher, hängt vom Gegenstand des Stücks, der Strategie des Autors usw. ab. In den minderen Dramen wird tendenziell nur ein Horizont, gewöhnlich der sozialistisch-ideologische, entwickelt sein, die komplexeren Dramen werden mehrere, virtuell alle Horizonte integrieren.

Der wichtigste Horizont der DDR-Dramen, der sie von anderen deutschsprachigen Dramen unterscheidet, ist der sozialistisch-kommunistische. Er muß nicht notwendig explizit erscheinen (etwa als Aufbau- oder Revolutionsstück), er kann auch enthalten sein in einem der anderen Horizonte. Eine Vermischung und sogar Verschmelzung der hier aufgezählten Horizonte ist möglich und in den besten Dramen vollzogen; die separate Aufzählung der verschiedenen Horizonte hat lediglich die Funktion, die Zusammensetzung der Einheit aus ihren Elementen zu zeigen. Ein gutes Beispiel für eine rein additive, aus Gründen des politisch-literarischen

Opportunismus vorgenommene Summe verschiedener Horizonte ist Ulrich Plenzdorfs (* 1934) *Die neuen Leiden des jungen W.*, ein Saisonerfolg von 1974, in dem deutsche Vorklassik, sozialistischer Realismus und westliche Populärkultur miteinander vermengt sind.

Daß der sozialistisch-kommunistische Horizont der wichtigste für die DDR-Dramatik ist, hat eine Implikation, die hier kurz abgehandelt werden muß, weil ohne sie das Verständnis einer großen Anzahl für die DDR-Dramatik charakteristischer Stücke und Stück-Typen unmöglich ist. Gemeint ist die Dialektik als konstitutives Element der kommunistischen Geistesgeschichte. Die Hegelsche Dialektik, die von Marx in die kommunistische Geistesgeschichte eingeführt wurde, war, solange die europäische Arbeiterbewegung sich im Klassenkampf mit der bürgerlichen Gesellschaft befand, das theoretische Vehikel dieses antagonistischen Verhältnisses. Seit Bestehen des ersten sozialistisch-kommunistischen Staates Sowjetunion hat sich ein Wandel vollzogen. Die Dialektik wurde vom ersten und später auch von den folgenden kommunistischen Staaten für den Hausgebrauch außer Kraft gesetzt. Der mit und insbesondere nach Lenin entwickelte „Sowjetmarxismus" (Karl Korsch) versteht die Entwicklung in der einmal sozialistisch gewordenen Gesellschaft nicht mehr als eine Folge von Kämpfen, Kollisionen, Widersprüchen zwischen Gruppen und Individuen, sondern als eine einzige harmonische Evolution zu immer schöneren Verhältnissen. Die Begriffe Dialektik, Widerspruch, Konflikt usw. wurden formell zwar beibehalten, aber harmonistisch uminterpretiert. Widersprüche in der sozialistischen Gesellschaft waren jetzt nur noch dazu da, schnellstens überwunden zu werden, d. h. sie waren nur noch Scheinwidersprüche. Eine Definition im Lehrbuch „Grundlagen des Marxismus-Leninismus" zeigt das deutlich und enthält bereits die Anwendbarkeit auf die Dramatik: „Die wichtigsten . . . sind die Widersprüche zwischen den Kräften, die für das Neue kämpfen, und den Kräften, die das Alte verteidigen. Es ist verständlich, daß es ohne die Geburt von Neuem und seine Durchsetzung im Leben, ohne Kampf für das Neue keine Entwicklung geben kann. . . Im Kampf um die Lösung der Widersprüche zerbrechen die Menschen die veralteten Ordnungen und Verhältnisse, überwinden Konservativismus und Routine, nehmen neue, kompliziertere Aufgaben in Angriff und schaffen vollkommenere Formen des gesellschaftlichen Lebens."[1] – Diese Domestizierung der Dialektik für den innenpolitischen Gebrauch der bestehenden sozialistischen Gesellschaften/Staaten ist bekannt geworden als Theorie der nichtantagonistischen Widersprüche. Sie findet ihren Niederschlag in dem Schema sozialistischer Dramen, die seit der Stalinzeit und bis heute so verlaufen, daß der Held – in der Regel ein sogenannter Neuerer in einem industriellen oder landwirtschaftlichen Betrieb – eine technische Verbesserung gegen rückständige Elemente durchsetzt.

In der philosophischen Diskussion in der DDR ist vor einigen Jahren Jürgen Kuczynski für eine Revision der Theorie der nichtantagonistischen Widersprüche eingetreten. Kuczynski unterscheidet zwischen *dem* antagonistischen Grundwiderspruch, der kapitalistischen Ausbeutung, der in der sozialistischen Gesellschaft aufgehoben sei, und *den* antagonistischen Widersprüchen, die auch in einer sozialistisch organisierten Gesellschaft weiterbestehen und nur langsam absterben. Daß die aus der kapitalistischen Gesellschaftsformation überkommenen Widersprüche auch in der sozialistischen Übergangsgesellschaft weiterhin antagonistisch bleiben, darf, so Kuczynski, nicht verschleiert werden. Es wäre „nichts verfehlter, als hierin einen ‚Makel' der ersten Phase des Kommunismus zu sehen. Wir Marxisten sind keine moralisierenden Kleinbürger. Wir wissen, daß der Kommunismus auch in seiner ersten Phase der kapitalistischen Gesellschaft unendlich weit überlegen ist. Gerade darum können wir ihn auch, ohne noch ein paar völlig überflüssige, ja gegenüber all dem Großen und Großartigen, das er gebracht hat, nur peinlich wirkende schönfärbende Pünktchen wie das Etikett ‚ohne antagonistische Widersprüche' aufzusetzen, analysieren."[2] In der philosophischen Landschaft der DDR steht Kuczynski mit dieser Auffassung ähnlich isoliert da wie die dialektische, tiefe Konflikte herausarbeitende Dramatik auf ihrem Feld. In der DDR-Dramatik lassen sich zwei Richtungen unterscheiden. Erstens, die Dramen, die man als Illustrationen der Theorie der nichtantagonistischen Widersprüche bezeichnen kann, gemeinhin parteioffizielle Dramatik genannt, zweitens, die dialektische Dramatik, für die es auch in der sozialistischen Gesellschaft tiefe, für das Individuum ausweglose Konflikte gibt. Diese Zweiteilung in ,harmonistische' und ,dialektische' Dramatik ist als Annäherungswert zu verstehen, sie gilt nur für die hier behandelte Periode des DDR-Dramas, noch enger gefaßt: sie gilt nur für einen bestimmten politisch-geschihtsphilosophischen Stücktypus. Selbstverständlich gehören zu diesem Stücktypus nicht nur die Dramen, die den Gegenstand ,,Aufbau des Sozialismus" in Form des Gegenwarts- oder Zeitstücks behandeln, sondern ebenso historische Dramen und Parabeln, sofern ihr Gehalt politisch-geschichtsphilosophisch ist. Die Diskussion um Hanns Eislers Faust-Libretto in den 50er Jahren oder um bestimmte Klassiker-Inszenierungen in den 60er Jahren hat gezeigt, daß die Konfrontation von dialektischer und harmonistischer Geschichtsauffassung und Dramaturgie sich nicht beschränkt auf die sozialistische Gegenwart, sondern ebenso gilt für die Geschichte. Für die harmonistische Auffassung ist das fortschrittliche Prinzip, sei es der sozialistische Neuerer, sei es die frühbürgerliche Monumentalfigur Faust, stets ungebrochen positiv, während die dialektische Auffassung gerade die Widersprüchlichkeit daran interessiert. Eine andere strittige Frage zwischen den beiden Auffassungen ist die nach Möglichkeit oder Unmöglichkeit der Tragödie in der sozialistischen Gesellschaft. Die Vertreter der harmonistischen Dramatik neigen dazu, die Komödie für die der sozialistischen Gesellschaft eigentümliche Gattung zu halten, so etwa Helmut Baierl und Peter Hacks (in der Literaturwissenschaft vertritt Hans Kaufmann diese Position), mit der Begründung, es gebe keine ausweglosen Konflikte mehr in dieser Gesellschaft. HEINER MÜLLER ist der einzige bekannte Autor, der sich konsequent in Richtung Tragödie entwickelt hat. Einzig vielleicht ein relativ unbekannter Autor wie ALFRED MATUSCHE wäre in dieser Hinsicht Müller an die Seite zu stellen. Doch Matusche fällt aus allen Rastern der östlichen wie westlichen literar-politischen Wahrnehmung heraus, einschließlich derjenigen dieses Artikels. (Matusches wenige Dramen haben nicht die sozialistische Gegenwart zum Gegenstand, sondern die Zeit des Faschismus, und diese wird nicht geschichtsphilosophisch von einer marxistischen Position aus gesehen. Matusches Dramatik ist nicht ,politisch' im oben angegebenen Sinn, d. h. nicht spezifisch Dramatik der DDR. Im Laufe der bevorstehenden Entpolitisierung und Reliterarisierung der Literatur der DDR wird Matusche sicherlich und zu Recht neu entdeckt werden. Im Zusammenhang dieses Artikels muß es bei diesem Hinweis bleiben).

Die Geschichte des Dramas in der DDR beginnt mit den aus der Emigration zurückgekehrten Dramatikern der Vorkriegsgeneration, Brecht und Friedrich Wolf, Karl Grünberg, Gustav von Wangenheim usw. BERTOLT BRECHTS (1898–1956) zwischen 1949 und 1956 abgeschlossene Stücke und Bearbeitungen sind noch aus der Emigration zurückgebrachte Stoffe, die keinen Bezug zur Gesellschaft der frühen DDR haben. In zwei Projekten allerdings setzte Brecht sich mit dem Gegenstand ,,Aufbau des Sozialismus" (oder in Brechtscher Terminologie gesprochen: Änderung von Verhaltensweisen im Übergang von kapitalistischen zu sozialistischen Verhältnissen) auseinander. Erstens, die Inszenierung von Strittmatters *Katzgraben*, dokumentiert in den ,,Katzgraben-Notaten", die interessant sind als der Versuch Brechts, seine ,epische' Dramaturgie zur Darstellung neuer gesellschaftlicher Verhaltensweisen und Konflikte zu modifizieren. Zweitens, das ,,Büsching"-Projekt, ein über einige Szenenentwürfe nicht hinausgediehenes Stück ,,im Stil der Maßnahme" (Brecht), das den ersten sozialistischen Aktivisten

Hans Garbe zum Vorwurf nimmt. Beide Versuche nehmen vorweg, selbstverständlich ihrerseits beeinflußt von der sowjetischen Literatur der 30er Jahre, was später charakteristische Dramentypen in der DDR werden, das sogenannte Landstück und das Neuerer- oder Produktionsstück. Mit einem ‚Landstück‘ tritt auch FRIEDRICH WOLF (1888–1953) in Erscheinung. *Bürgermeister Anna* (1950) beschreibt, ähnlich wie *Katzgraben* und zahlreiche andere Stücke dieses Typs, wie die Kleinbauern eines Dorfes sich durch den Bau einer ihren Interessen dienenden Einrichtung (einer Straße, einer Schule usw.) gegen Grundbesitzer und Großbauern durchsetzen. Dieser Fabel-Typ reflektiert die Periode der sogenannten antifaschistisch-demokratischen Ordnung in der SBZ/DDR, die man als Formations- oder Vorbereitungsperiode des eigentlichen systematischen Aufbaus des Sozialismus bezeichnen kann. Es geht hier noch nicht so sehr um die sozialistische „Ankunft“ der Helden (es gibt in der Literaturkritik der DDR das Genre des „Ankunft“-Stücks) als lediglich um die Darstellung der Klassenverhältnisse und -konflikte, die als Rahmen dienen, zu zeigen, wie die bisher unterdrückten Teile der Bevölkerung sich gegen die zunehmend kaltgestellten ehemals Mächtigen durchsetzen. Diesem Klassenkampf auf dem Lande, den die Landstücke thematisieren, entspricht das Agentenmotiv in einem anderen Stücktypus, wie ihn z. B. Wangenheim und Grünberg vertreten. In diesen Stücken wird gewöhnlich die Gefahr beschworen, die der DDR von Saboteuren und Agenten droht. Das Agentenmotiv ist fester Bestandteil der sozialistisch-realistischen Literatur sowjetisch-stalinistischen Typs. Georg Lukács’ Analyse gilt nicht nur für die stalinistische Literatur, sondern ebenso für die Literatur der DDR, bis in die jüngste Zeit hinein: „Wo immer in einer solchen Literatur eine Schwierigkeit des sozialistischen Aufbaus behandelt wird, wird sie auf die unterirdische Tätigkeit der Agenten des Feindes zurückgeführt, und deren Entlarvung ist nicht bloß die ‚dichterische‘ Lösung des Konflikts, sondern auch das entsprechende Erhellen seiner Ursachen: vor dem Auftreten der Agenten und nach ihrer Entlarvung ist alles konfliktlos.“[3]

Mitte der 50er Jahre, sicherlich nicht ohne Zusammenhang mit dem kulturellen Tauwetter nach dem XX. Parteitag, tritt eine neue Generation von Autoren in Erscheinung, die alle in den späten 20er Jahren geboren sind: der aus der Bundesrepublik in die DDR emigrierte PETER HACKS (* 1928), HEINER MÜLLER (* 1929), HELMUT BAIERL (* 1926). Die Stücke dieser Autoren in den Jahren 1956–1959 wurden in der damaligen Literaturkritik und werden heute noch von der Literaturwissenschaft in der DDR zusammengefaßt unter der Bezeichnung „didaktisches Theater“. Diese Stücke sind Helmut Baierls *Die Feststellung,* Heiner Müllers *Der Lohndrücker* und *Die Korrektur,* Peter Hacks’ *Die Sorgen und die Macht.* Die Bezeichnung „didaktisches Theater“ für diese Dramen sehr unterschiedlichen Charakters erscheint heute nicht mehr gerechtfertigt, sie erklärt sich durch die damalige tageskulturpolitische Diskussion, die Konfrontation einer stalinistisch eingefärbten Tradition von sozialistischem Realismus mit einer neuen, sich teilweise auf Brecht berufenden Dramatikergeneration. Das Attribut ‚didaktisch‘ bezeugt dabei einmal das damalige (Miß-)Verständnis vom Brechtschen Lehrstücktypus, zum anderen die Tatsache, daß die Besinnung auf Brecht skeptisch betrachtet wurde von den Instanzen, die in der DDR die literarisch-politische Sprachregelung leiteten. Hermann Kähler, der selber nicht weit davon entfernt anzusiedeln ist, gibt die damalige Situation 1966 folgendermaßen wieder: „Das Anliegen dieser ‚didaktischen‘ Versuche war weniger Ausdruck einer Einheit mit der revolutionären Bewegung als vielmehr der eines rationalistischen Heranarbeitens an die historischen Ereignisse, eines Versuchs, abstrakt-reflektierend ins Reine zu kommen. Das ‚belehrende‘ Moment war in diesen Stücken weniger *offensive* Attacke, mehr *defensives* Erklären und Rechtfertigen.“[4]

Wie sinnleer die Bezeichnung ‚didaktisch‘ ist, zeigt ein kurzer Blick auf die entsprechenden Stücke von Baierl und Müller. Ihre einzige Gemeinsamkeit besteht darin, daß sie kurz, d. h. nicht abendfüllend sind. *Feststellung* knüpft formal an die Brechtschen Lehrstücke der 30er Jahre an, indem derselbe Vorgang – hier die ‚Republikflucht' eines Bauernehepaars – mehrmals mit vertauschten Rollen durchgespielt und von den Darstellern diskutiert wird. Anders als bei Brecht steht am Ende jedoch nicht der offne Widerspruch, sondern die vollkommene Lösung aller Widersprüche. Damit führt *Die Feststellung* vor, was alle späteren, ebenfalls meist auf Brecht sich berufenden Stücke (*Frau Flinz, Johanna von Döbeln*) Baierls wiederholen: Die Widersprüche, in denen sich die Helden befinden, sind subjektive Einbildungen von Figuren, die nur noch nicht wissen, daß ihr objektives Interesse (sie gehören zur Arbeiter- und Bauernklasse) mit dem Interesse der sozialistischen Gesellschaft identisch ist. Dieses Sich-Sträuben ist nach Baierl, der seine Stücke meist Komödien nennt, komisch. Die letzte Szene in Baierls Komödien zeigt stets, wie der ‚komische' Starrsinn der schließlichen Einsicht weicht.

Diese Gestaltung unterscheidet *Feststellung* von Müllers *Lohndrücker* und *Korrektur*, welches weder ‚didaktische' noch formal an Brechts Lehrstücke anknüpfende Stücke sind. Müllers Figuren sind Arbeiter, in ihrem Bewußtsein geprägt von Kapitalismus und Faschismus, die sich aus undurchsichtigen bzw. egoistischen Motiven der sozialistischen Produktion zur Verfügung stellen. In kurzen, mehr an Büchner denn an Brecht erinnernden Szenen skizziert Müller eine Perspektive von sozialistischem Aufbau, die an dessen Härte so wenig zweifeln läßt wie sie am Innenleben der Figuren sich interessiert zeigt.

Man spricht von den Stücken, die zwischen 1956 und 1959 von dieser neuen Dramatikergeneration geschrieben wurden, sinnvollerweise also nicht von einer irgendwie kohärenten Gruppierung des ‚didaktischen' Theaters, sondern eher als der Konstituierungsperiode des Dramas in der DDR. Denn erst mit dieser Generation, deren Erfahrung wesentlich die des Lebens in der DDR ist, endet die weitgehend von den Remigranten geprägte Periode der Dramatik, beginnt die ‚politische' Dramatik in der DDR.

Um 1960 läßt sich ein neuer Abschnitt in dieser Entwicklung erkennen. Die Stücke dieser Periode – Hacks' *Moritz Tassow*, Müllers *Umsiedlerin* (später veröffentlicht als *Die Bauern*) und *Der Bau*, Hartmut Langes *Marski*, Volker Brauns *Kipper Paul Bauch* (später veröffentlicht als *Die Kipper*) – haben eine ganz neue Perspektive. Sie sind nicht mehr Reflexion über den Gegenstand „Aufbau des Sozialismus", sie zeigen sich nicht mehr interessiert am sozialistischen Bildungsroman, der „Ankunft" des Helden in der sozialistischen Gesellschaft, vielmehr entwickeln sie ein Bewußtsein von der Diskrepanz zwischen der sozialistischen Realität einerseits, einer sozialistischen Utopie, die mit den Schriften des jungen Marx sowie Ernst Blochs zu umschreiben wäre, andrerseits. Diese Stücke sind philosophischer, emanzipierter von der gesellschaftlichen Situation als die früheren. Die Kollision besteht in der Regel zwischen dem Helden, der idealistisch-spontan seine kommunistische Utopie realisieren will, und den Vertretern der Partei, die den realen Sozialismus repräsentieren. In der Ausarbeitung dieser Kollision und dieses Figurentypus gibt es allerdings wesentliche Unterschiede. Hacks handelt die Kollision zwischen Utopie und Realität in der Komödie ab, sein utopischer Held ist eine komische Figur aristophanischer Qualität, die ihr schließliches Scheitern leicht erträgt.

Ganz anders Müller, der sich immer mehr der Tragödie nähert. *Bau* stellt dar – in erkennbarer Weiterentwicklung von Motiven aus *Lohndrücker* und *Korrektur* –, wie das aktive Individuum sich in der gesellschaftlichen Produktion entleert. Müllers Begriff der gesellschaftlichen Produktion ist komplex, er umfaßt die konkret industrielle Produktion der frühen Stücke und *Bau* wie auch – in *Mauser* und *Zement* – die ‚Arbeit' des Revolutionärs.

Ist die Dramatik der frühen 60er Jahre von ‚großen' Figuren à la Moritz Tassow, Kipper

Bauch, Marski usw. bestimmt, so die zweite Hälfte der 60er Jahre von einer Aufnahme klassischer Stoffe. In deren Neuinterpretation zeigt sich die komplementäre geschichtsphilosophische Haltung von Hacks und Müller immer deutlicher. Hacks' *Amphitryon, Omphale, Adam und Eva* sind Parabeln über die Vervollkommnung des Menschen, die Liebe erscheint als Metapher für menschliche Vollkommenheit, der Eros wird kontrastiert der Partikularisierung durch beschränkte Tätigkeit. Das ist deutliche Anspielung auf den Marx der Pariser Manuskripte, für den das Verhältnis vom Menschen zum Menschen sich im Verhältnis von Mann und Weib manifestierte. Darüber hinaus hat man in diesen Stücken eine Aufnahme von Ideen Herbert Marcuses bemerkt[5]. Entsprechend läßt sich im Werk Müllers, insbesondere in *Philoktet,* ein Einfluß von Adorno/Horkheimers „Dialektik der Aufklärung" nicht übersehen. Müllers Umdeutung klassischer Stoffe (*Philoktet, Ödipus, Prometheus*) ist der Hacksschen entgegengesetzt, nicht schöne Humanität ist hier Gegenstand, sondern ihre Vernichtung in der Produktion.

In den jüngsten Stücken von Hacks und Müller nimmt ihre geschichtsphilosophische und ästhetische Polarität überspitzte Züge an. Bei Hacks zeigt sich das an einem zunehmenden Hang zur bloßen Unterhaltungskomödie. Müller auf der anderen Seite neigt immer mehr zu einer Dramaturgie des Grand Guignol, des Theaters der Grausamkeit, des Elisabethanismus. An seiner „Macbeth"-Bearbeitung, die zu einer heftigen Kontroverse in „Sinn und Form" führte, zeigte sich diese Tendenz zum erstenmal; *Germania* und *Schlacht* stellen Anwendungen der Dramaturgie der Grausamkeit und des Grand Guignol auf die deutsche Geschichte dar.

Hacks und Müller kann man wegen der Polarität, die sie darstellen, bezeichnen als die beiden Pole des Dramas in der DDR, um die sich alle anderen bewegen. Bis *Moritz Tassow* war es möglich – u. a. auch aufgrund derselben politischen Reaktion der Partei gegenüber Hacks *und* Müller –, diese beiden Dramatiker als ‚dialektische' den übrigen ‚harmonistischen' Autoren vom Schlag Baierl, Kerndl, Hammel, Kleineidam, Salomon usw. gegenüberzustellen. Seit den späten 60er Jahren hat sich dann gezeigt, wie Hacks und Müller, indem sie sich auf geschichtsphilosophische Parabeln konzentrierten, unabhängig von der Kulturpolitik der Partei auf konträre Positionen rückten, der eine sich stilisierend in weimarisch-goethesche Klassik, an einem harmonischen Menschenbild arbeitend, der andere, wenn eine Analogie gewagt sein darf, ein Kleist. Eben weil beider geschichtsphilosophische Position nicht mit der Parteilinie verbunden ist, erscheinen Hacks' und Müllers Positionen so allgemein und umfassend, daß sich um sie die übrige Dramatik der DDR gruppiert. (Ein Autor wie Volker Braun, der zwischen dialektisch-offener und apologetisch-harmonischer Position schwankt, bezieht sich laufend auf die Parteilinie, egal ob er sie kritisiert oder reproduziert.)

Die jüngste Entwicklung von Hacks und Müller, einmal die Verflachung der Komödie zur Unterhaltungskomödie, zum anderen die Ersetzung der Tragödie durchs Theater der Grausamkeit, hat etwas Verzweifeltes an sich, verzweifeltes Ausreizen immer wieder derselben Geschichtsphilosophie, die jeweils vertreten wird und die mittlerweile verschlissen ist. Eine neue Generation scheint überfällig. Heiner Müller läßt in einem seiner jüngsten Stücke, *Leben Grundlings*, einen Schauspieler folgenden Text sagen, der nicht nur auf Lessing, sondern den zum Zeitpunkt der Abfassung gleichaltrigen Müller zutrifft: „Mein Name ist Gotthold Ephraim Lessing. Ich bin 47 Jahre alt. Ich habe ein/zwei Dutzend Puppen mit Sägemehl gestopft, das mein Blut war, einen Traum vom Theater in Deutschland geträumt und öffentlich über Dinge nachgedacht, die mich nicht interessierten. Das ist nun vorbei. . ."[6]

Formen des Volkstheaters im 19. und 20. Jahrhundert
Jürgen Hein

Was „Volkstheater" einmal war, läßt sich heute nur noch am historischen Beispiel rekonstruieren: elisabethanisches Volkstheater in London, Vorstadttheater in Paris und Venedig und vor allem: das Wiener Volks- und Vorstadttheater, für einen gewissen Zeitabschnitt vielleicht auch das Volkstheater in Berlin. Volkstheater meint zunächst ganz vordergründig ein Theater „über das Volk" und „für das Volk", d. h., auf der Bühne werden Geschichten „vom Volk" vorgeführt, und „Volk" ist das Publikum, die breite Masse der Bevölkerung. Volkstheater grenzt sich einmal vom höfischen bzw. ähnlich institutionellen Theater, zum anderen von z. T. verwandten Formen wie Volksschauspiel, Schul- und Jugendtheater, ländliches Brauchtumstheater und Straßentheater ab.

Hinter dem Begriff „Volkstheater" verbergen sich die unterschiedlichsten Erscheinungen; zugleich artikulierten sich seit dem Beginn des 19. Jahrhunderts disparate Vorstellungen von Aufgaben und Zielen des Volkstheaters, die eine genaue Bestimmung des vielschichtigen Phänomens fast unmöglich machen. Die definitorischen Probleme haben mit den Schwierigkeiten der Bestimmung dessen zu tun, was jeweils unter „Volk" verstanden wurde, überdies ist ein bis heute anhaltender undifferenzierter Gebrauch der Begriffe Volkstheater und Volksstück zu beobachten[1]. Vorab scheinen daher einige Bemerkungen zu diesen Begriffen notwendig, bevor der Versuch eines historischen Überblicks gemacht wird. Der historische Überblick kann nicht viel mehr als Tendenzen und Entwicklungen verdeutlichen, wobei viele Erscheinungen im Rahmen der spezifischen Entwicklung von Drama und Theater im 19. und 20. Jahrhundert zu sehen sind. Überdies fehlen weitgehend literatur-, theater- und gattungsgeschichtliche Untersuchungen zum Volkstheaterschaffen in den einzelnen deutschsprachigen Landschaften und Ländern, die einen solchen Überblick erleichterten. Bis auf die Forschungen zum Wiener (und österreichischen) Volkstheater ist der gesamte übrige Bereich noch nicht aufgearbeitet. Das Wiener Volkstheater stellt auch hierin eine Ausnahmerscheinung dar, und so kommt es, daß Volkstheater allgemein oft als mit dem Wiener Volkstheater identisch gesehen wird[2]. Allerdings ist mit Roger Bauer zu bedenken, daß die Entwicklung in Wien nur innerhalb der deutschen Literaturentwicklung einen „Sonderfall" bedeutet. In Paris, Venedig und anderen Großstädten Europas leben „hohes" und „niedriges" Theater durch das ganze 18. Jahrhundert hindurch nebeneinander fort. Die norddeutsche Literaturgeschichtsschreibung habe das Wiener Volkstheater zu einem „Unikum" gemacht; erst die komparatistisch und soziologisch orientierte Forschung verhelfe zu einem besseren Verständnis des Phänomens Volkstheater allgemein[3].

Im Blick auf die internationalen Bezüge, den Zusammenhang von volkstümlichen Mythen und Trivialliteratur-Entwicklung sowie auf die spätere Entwicklung des Volkstheaters zu Formen kommerzieller Unterhaltungsindustrie empfiehlt sich eine Unterscheidung zwischen „Volkstheater als Institution" und „Volkstheater als Intention" (Begriffsbildung nach Helmut Arntzen)[4].

„Volkstheater als Institution" meint den Zusammenhang von Produktion, Aufführung und Publikumsrezeption; „Volk" bedeutet dabei die große Masse der Bevölkerung im Gegensatz zur „Oberschicht", zu den „Herrschenden" (vgl. Wörterbuch der Brüder Grimm). Es ist

ein Theater für die emotional und rational anders disponierten Volksschichten, wobei sich mit
der jeweiligen sozialgeschichtlichen Akzentuierung von Volk (alle Schichten der Bevölkerung,
die Mehrheit der Bevölkerung, Bürgertum, Pöbel, Bauern und Arbeiter, Unterdrückte usw.)
auch die Produktions- und Wirkungsbedingungen für das Volkstheater (Parallelen zwischen Intentionen, Publikumsstruktur und Sozialstruktur) änderten. Auch muß ein Unterschied zwischen ländlichem und (vor-)städtischem Volkstheater gemacht werden. Das Volkstheater paßt
sich den Aktionsmöglichkeiten des Ensembles, mehr noch den Bedürfnissen des Publikums an.
Themen, Probleme, Figuren usw. werden aus dem Alltagsleben des Volkes vorgeführt, wobei
die Akteure in der Regel schon Berufsschauspieler sind. Volkstheater und Amateurtheater müssen aber nicht von vornherein im Widerspruch zueinander stehen.

„Volkstheater als Intention" meint in erster Linie Inhalt, Art und Dramaturgie der abgebildeten Szenen aus dem „Volksleben", d. h., sagt etwas aus über ein „Programm" des Theaters „über das Volk" und „für das Volk", wobei naive, restaurative, reaktionäre und progressiv-kritische Bedeutungen von „Volkstümlichkeit" und „Volksverbundenheit" eine bedeutende Rolle spielen. Zwischen den beiden Grundmöglichkeiten – Verklärung oder Kritik bzw.
Unterhaltungstheater und aufklärerisches Theater – haben sich vor dem Hintergrund der Veränderungen des Volks und seiner Probleme viele Spielformen von Volkstheater herausgebildet,
deren programmatische Hervorbringungen meist „Volksstück" genannt werden.

Die Begriffe Volkstheater, Volksschauspiel und Volksstück sind erst wesentlich später
als die Sache selbst entstanden (z. T. erst nach 1850). Dadurch überlagern sich Gegenstandsbe-
stimmung und Begriffsgeschichte und machen eindeutige Definitionen unmöglich; erschwe-
rend kommt hinzu, daß der Inhalt des Bestimmungselementes „Volk" jeweils nur für einen
Zeitabschnitt festgelegt werden kann. Hilfreich ist die Betrachtung der historischen und topo-
graphischen (lokale, regionale und zeitliche Begrenzung), der soziologischen (Sozialstruktur
der Autoren, Spieler, Themen und des Publikums) und der ästhetischen Komponenten (Motive,
Stoffe, dramaturgische Modelle, Wirkungsmittel usw.).

„Volksschauspiel" ist an eine eng begrenzte bodenständige Tradition einer Gemeinschaft gebunden, die Spieler und Zuschauer hervorbringt. Mit dem „Volkstheater" hat es die
Abgrenzung nach „oben" gegen das Theater der Gebildeten gemeinsam. Volkstheater und
Volksstück sind zwar in der Regel an eine bestimmte Region gebunden, nicht mehr aber an eine
„Gemeinschaft"; die Bedeutung von Volk ist hier schon allgemeiner; die Aufführung zielt auf
ein größeres Publikum. Der Vorschlag, den gesamten Komplex unter den Begriff „volkstümliches Theater" zu fassen, der ideologisch nicht vorbelastet sei[5], führt zu keiner Klärung, weil der
gesamte Bereich der volkstümlichen Literatur und ihrer wissenschaftlichen Erforschung sehr
wohl ideologisch belastet ist. Mit der seit dem 18. Jahrhundert anhaltenden deutschen Begeisterung für die „Volkspoesie", die u. a. mit den Namen Hamann, Herder, Bürger, Goethe, Schiller und der Romantiker verbunden ist, wurde nicht erst im Zusammenhang der beiden Welt-
kriege durch Ideologisierung Mißbrauch getrieben[6]. „Volkstümlichkeit" in der Literatur ist
seither suspekt; nur zögernd besinnt sich die Literaturwissenschaft in der Aufarbeitung ihrer
Vergangenheit auch auf die Aufgaben in diesem Bereich der Literatur und erkennt ihr „Versäumnis"[7].

Hannelore Schlaffer hat in ihrer wichtigen Untersuchung zur dramatis persona „Volk"
auf den ideologisch bedingten Wandel der Vorstellungen vom ‚Volk' hingewiesen, geht dabei an
keiner Stelle auf Volkstheater und Volksstück ein, wiewohl doch gerade hier die historische Gebundenheit des Volks im Drama (Personal, Handlungsweisen, Ziele, Lösungen) besonders deutlich wird[8]. Volk als Kollektivfigur taucht nach ihren Untersuchungen seit dem 18. Jahrhundert als

neue dramatis persona auf und werde im Laufe der Entwicklung entweder szenisch (Volk agiert) oder dialogisch (über Volk wird gesprochen) dargestellt; seine Geschichte habe sich erfüllt, wenn es sich als selbstständige Figur verwirklicht habe. ,Volk' müsse eigenständig genug sein, um der Handlung von seinem Blickpunkt aus einen neuen Aspekt zu verleihen. Gerade dies läßt sich in der Entwicklung des Volksstücks nachweisen.

„Volksstück" ist einmal das regional begrenzte, dialektgebundene, teils moralisierende, teils unterhaltende Drama; zum anderen sieht man in ihm eine Form der kritisch-realistischen, zum Teil auch mit Mitteln der Unterhaltung arbeitenden (Selbst-)Darstellung des Volkes. Die Mehrdeutigkeit des Begriffs und seiner unter ihm gefaßten Formen (z. B. Posse, Lokalstück, Bauerndrama, Schwank, Lebens- und Charakterbild, Genrebild) gründet auf der wechselnden und oft unklaren Bedeutung dessen, was jeweils in der Geschichte unter „Volk" und „Volkstümlichkeit" verstanden wurde. Das Problem des volkstümlichen und volksverbundenen Schreibens besteht in der Überwindung der Diskrepanz zwischen den Interessen und dem Unterhaltungsbedürfnis des Volkes einerseits und dem ästhetisch-pädagogischen Programm der „Bildungsliteratur" andererseits, die am „einfachen Volk" vorbeischrieb. Mit Volkstümlichkeit ist mehr gemeint als Einfachheit der Inhalte, Verständlichkeit der Darstellung oder Angemessenheit an die Lebens- und Denkweisen des Volks, vielmehr ist sie aus einem konkreten Wirklichkeits- und Sozialbezug heraus zu verstehen. In der Geschichte lassen sich verschiedene Entwicklungsstufen des Volksstücks erkennen, auf denen jeweils der kritische Typus gleichzeitig neben dem Unterhaltungstypus steht. Die Konstruktion einer Abfolge von „traditionalistischem", „sozialkritischem" und „sozialistischem" Volksstück greift zu kurz[9].

„Das Volksstück", schreibt Bertolt Brecht in seinen *Anmerkungen zum Volksstück*, „ist eine lange verachtete und dem Dilettantismus oder der Routine überlassene Gattung. Es ist an der Zeit, ihr das hohe Ziel zu stecken, zu dem ihre Benennung diese Gattung von vornherein verpflichtet."[10] Dies gilt nicht nur für den Stückeschreiber und die Theater, sondern in ähnlichem Sinne auch für die Rezipienten. Es geht um die Erkenntnis der Intentionen, die Autoren und Kritiker zu verschiedenen Zeiten bewogen haben, dramatisch-theatralische Texte als Volksstücke zu bezeichnen, für ein Theater vom Volk und für das Volk einzutreten. „Volk" ist dabei fast immer ein undifferenzierter Begriff, meint ein Publikum, das nicht in die Theater der Privilegierten und Gebildeten geht oder gehen darf. In der ständisch gegliederten Gesellschaft grenzte sich das Bürgertum als Volk nach oben vom Adel, in der Klassengesellschaft nach unten vom „Pöbel" ab; selten ist mit Volk wirklich die breite Masse gemeint. Im Zuge der sozialgeschichtlichen Entwicklung wandelte sich die Bedeutung von Volksstück und Volkstheater bis hin zur sozialistischen Gesellschaft der DDR, in der Volkstheater kein „Gegentheater" mehr sein kann, sondern in der allgemeinen Theaterarbeit aufgegangen ist[11].

Das Volkstheater lebte von Anfang an aus der Spannung zwischen Ästhetik und sozialer Wirklichkeit, zwischen Literaturbetrieb und Theaterpraxis (Mimus-Tradition) und zwischen Unterhaltung und Kritik. Es war zu gewissen Zeiten eine Art „Gegentheater" (gegen höfisches, bürgerliches, kommunales Theater), konnte in der Hand des Volkes zum Medium kritischer Selbstdarstellung werden, hatte befreiende Ventil- und Unterhaltungsfunktion. Zu anderen Zeiten war es bürgerliches Theater mit einem bildungspädagogischen Programm und diente der beschönigenden Selbstdarstellung kleinbürgerlichen Lebens. Darin macht auch die Entwicklung des proletarischen zum sozialistischen Volkstheater keine Ausnahme. In anderer Weise verspielte das sich zum kommerziellen Unternehmen wandelnde Volkstheater sowohl die satirisch-kritische als auch die pädagogisch-moralische Funktion nach und nach in Schwank und Boulevardkomödie zu Formen unverbindlicher, unkritischer und trivialer Unterhaltung.

Der Begriff „Volksstück", vereinzelt schon um 1800 als Gattungsbezeichnung und in Theaterlexika auftretend, meint den historisch-sozioökonomisch konkreten Bezug des Theaters auf Publikum und Gesellschaft (Publikumstruktur, Bedürfnisse, Geschmack usw.) in ihrem wechselseitigen Verhältnis[12]. Volksstück kann daher nicht ein einmal geprägtes Formmuster sein, das beliebig verwendbar ist, sondern dessen Intentionen jeweils geschichtlich neu erkannt und unter den gegebenen Umständen dramatisch und theatralisch realisiert werden müssen. Offen bleibt dabei zunächst, ob es sich beim Volksstück um eine eigenständige dramatische Gattung oder ‚nur' um eine Unterform von Komödie und Lustspiel handelt. Die vorschnelle Reduktion auf Formen des komisch-aggressiven und sozialkritischen Theaters führt zu einer unreflektierten Abwertung der mehr ernsten und moralisierenden Formen und damit zu einseitiger Paradigmabildung. Ebenso ist zu fragen, ob es sich beim Volksstück um eine Art Neben- und Weiterentwicklung des bürgerlichen und sozialen Dramas oder des in anderen Bahnen verlaufenden Mimus-Theaters handelt. Hinzu kommt das Problem der ideologischen Perspektive, aus der heraus vielfach nur die „fortschrittlichen" Stücke, weil gegen die bestehenden Verhältnisse gerichtet, als Volksstücke anerkannt werden.

Solange es in Berlin, Frankfurt/M., Hamburg, München und vor allem in Wien mit den Vorstadtbühnen ein Volkstheater gab, als „kleinbürgerlich-plebejische Alternative zum Hoftheater der Aristokratie"[13], waren die dort gespielten Stücke, gleichgültig, ob sie (Lokal-)Posse oder anders hießen, Volksstücke. Die Gattungsbezeichnung Volksstück wird erst zu einer Zeit verstärkt verwendet, in der sich die Institution Volkstheater bereits in der Auflösung befand. Nestroy z. B. nannte nur ein einziges seiner Stücke ausdrücklich so, wohl auch deshalb, weil er sich nicht der zeitgenössischen Kritik, die das erzieherische Volksstück von ihm forderte, oder dem, was sich schon im 19. Jahrhundert alles Volksstück nannte, beugen wollte.

Roger Bauer weist im Rückgang auf die zeitgenössische Bedeutung der Begriffe Volkstheater und Volksstück auf deren sich in den letzten 150 Jahren gewandelte Implikationen hin und bemüht sich um die notwendige örtliche, zeitliche und soziologische Fixierung der Begriffe in konkreten historischen Situationen[14]. In den frühen Zeugnissen wird „Volkstheater" in einen sozialen Gegensatz zum „Hoftheater" gestellt, entsprechend das Volk als breites Publikum dem engeren Publikum aus einer ständisch, bildungsmäßig abgegrenzten Oberschicht gegenübergesetzt. In weiteren zeitgenössischen Quellen wird dann der Zusammenhang zwischen den auf dem Volkstheater, topographisch auch als Vorstadttheater bestimmt, gespielten Stücken und dem „Volksgeist" hergestellt; um 1840 fließen, auch unter dem Einfluß der Ideen des „Jungen Deutschland" und der verschiedenen Strömungen des „Vormärz", noch andere Bedeutungen in den Begriff mit ein. Die einen verstehen ein „seriöses, erbauendes, moralisch-politisch engagiertes Theater", die anderen ein mehr unterhaltendes Lachtheater darunter. Nach 1860 setzt sich der Begriff „Volksstück" durch, „und zwar in der Bedeutung eines erbaulichen, das ‚echte' Volk und das ‚echte' Leben des Volkes darstellenden Spiels", und wird in dieser Bedeutung sowohl in das Programm des 1889 gegründeten „Deutschen Volkstheaters" in Wien als auch durch Karl Goedeke (1881) in die Literaturwissenschaft übernommen[15]. Die „Relikte und Reminiszenzen aus der romantisch-nationalen Epoche" (R. Bauer) belasten nicht nur den Begriff des Wiener Volkstheaters, sondern unsere Vorstellungen von Volkstheater überhaupt, wenngleich sich diese wiederum fast ausschließlich am Beispiel des Wiener Volkstheaters ausgebildet haben. Ähnlich verlief die Entwicklung in Berlin und Frankfurt/M.; für andere Regionen fehlen entsprechende Untersuchungen.

Die Trennung und genaue Unterscheidung einzelner dramatischer Formen und Gattungen des Volkstheaters ist mit geringen regionalen Sonderentwicklungen gattungstypologisch wie gattungsgeschichtlich problematisch, da fast zu allen Zeiten ein Neben- und Nacheinander verschiedener Formen unter dem Einfluß der gesamteuropäischen Literatur- und Theaterentwicklung zu beobachten ist. Volksstück kann geradezu als Kontaminationsprodukt verschiedener Gattungen und Einflüsse definiert werden.

Roger Bauer, der von der Terminologie der Zeit ausgeht, zeigt durch die Analyse der damals üblichen Gattungsbezeichnungen, daß die Intentionen und Erwartungen der Volksautoren bezüglich der Volkstümlichkeit ganz anders geartet waren, als es der romantische Volksbegriff erwarten ließe. Die tatsächlich intendierte Volkstümlichkeit – Volk als Publikum jenseits aller ständischen Unterschiede – sieht er in der Posse verwirklicht[16]. Unter Posse wurde und wird eine Form der „niederen" Komik verstanden, der Derbheit, mangelnde „künstlerische Tiefe" und Problemlosigkeit nachgesagt werden. Man betont ihren improvisatorischen Charakter, ihre mimisch-musikalische Ausgestaltung und ihre Einstellung auf den Publikumsgeschmack. Die Posse ist lokal- und sozialbezogen, auch in der Art der Publikumsbezogenheit und Illusionsdurchbrechung. Wegen dieser „Offenheit", z. T. auch aufgrund ihrer satirischen Aggressivität wurde sie ästhetisch abgewertet. Sie sei nicht in der Lage, das bürgerliche Leben widerzuspiegeln; statt Ideale aufzurichten und erzieherisch zu wirken, sei die Posse zersetzend, destruktiv und ziehe alles in den Schmutz. Demgegenüber sehen Gottfried Keller und Hermann Hettner in der Wiener Posse den Ansatz für eine neue deutsche Komödie[17]. Die Posse verbindet die konventionelle Handlungsfiktion, oft aus Adaptionen zeitgenössischer Dramatik gewonnen, mit satirischem, gesellschaftskritischem Kommentar, den vor allem die komische Zentralfigur des Stücks äußert. Das Spielschema, in seiner Fiktivität der Zensur entzogen, ist gleichwohl der zeitkritischen Aktualisierung fähig, wenngleich sich viele Possenschreiber mit seiner Unterhaltungsfunktion begnügten.

Den von der Posse ausgesparten Bereich der ‚positiven' Darstellung des bürgerlichen Lebens versuchte das Lebens-, Charakter- oder Genrebild zu besetzen, das als ernst-komisches Volksstück in einer ausgewogenen Mischung von Ernst und Komik ein getreues Abbild des wirklichen Lebens geben wollte. Mit der Ausbildung dieser Gattung, die der zeitgenössischen Auffassung von „Volksstück" nahe kam, begann die Ausformung jenes Volksstück-Typs, der im Prozeß der Literarisierung des Volkstheaters zum Formalismus kleinbürgerlicher, sentimentaler Selbstdarstellung erstarrte und auf den später das ‚neue' Volksstück kritisch reagierte[18]. Das neue Volksstück, das der zwanziger Jahre wie das der Gegenwart, ist ohne die Folie des alten nicht denkbar, setzt die Kenntnis des alten Formmusters und seiner Wirkmöglichkeiten voraus[19].

Daneben konnte sich der von der Posse ausgehende kritisch-satirische Volksstück-Typ besonders nach 1850, bedingt durch die verschiedenen Einflüsse (Reaktion, Literarisierungsprozeß, Realismus-Auffassungen), nicht durchsetzen. Seine Grundstruktur bestand darin, daß eine fiktive Handlung und „Helden aus dem Volk" mit einer aktuellen, wirklichkeits- und sozial bezogenen Fabel verbunden waren, wobei das Publikum – vielfach aus allen Schichten der Gesellschaft zusammengesetzt – ein mitbestimmender Produktionsfaktor war. Die Rücksicht auf ein breites Publikum und die jeweiligen Aufführungsbedingungen (z. B. Konzessionsbeschränkung, Zensur) erforderten eine spezifische Dramaturgie der in die Unterhaltung integrierten Kritik und Aufklärung, ein Zusammenspiel von Tarnung und Enthüllung, Illusion und Desillusion, wie es sich am ausgeprägtesten in den Stücken Johann Nestroys zeigt.

Der zuletzt beschriebene Volksstück-Typ ist am lebendigen Theater zum Teil noch an der Mimus-Tradition orientiert und entzieht sich weitgehend der Literarisierung und damit dem Zugriff der Literaturwissenschaft. Für uns heute ist es schwer, die Spieltexte des Volkstheaters von denen sicherlich weniger als ein Fünftel im Druck vorliegen, in ihrem ästhetischen Wert und in ihrer Wirklichkeitsbeziehung adäquat zu beurteilen. Von der Literaturwissenschaft als Nicht-Literatur oder Trivialliteratur im „Gebrauchstheater" abgetan, von der Theaterwissenschaft vernachlässigt, gerieten die Spieltexte des Volkstheaters – bis auf wenige Ausnahmen, darunter etwa die Stücke Nestroys, Niebergalls und Raimunds – in Vergessenheit. Dafür festigte sich in Literaturkritik und Literaturgeschichte ein Bild vom Volksstück, das weitgehend an den Erscheinungsformen nach Anzengruber gewonnen war und heute im Kontext der Trivialliteratur-Forschung auf seine ‚falsche' Ideologie hin untersucht wird[20]. Die noch ungeschriebene Geschichte des deutschsprachigen Volksstücks hätte aber über diesen kleinen Ausschnitt aus einer späten Periode der Entwicklung alle Erscheinungsformen im Zusammenhang von Ästhetik, Kulturentwicklung und Sozialgeschichte sowie in den unterschiedlichen regionalen Ausprägungen zu berücksichtigen. Leider fehlen dazu die nötigen Vorarbeiten, die mit der Sicherung der schwer zugänglichen Texte beginnen müßten; nur ein Bruchteil der Texte ist „Literatur" geworden.

Wiewohl es zu Beginn des 19. Jahrhunderts in mehreren Städten und Regionen zu Volkstheater-Gründungen kam, kann der historische Überblick zunächst von der Situation in Wien ausgehen, weil die Bemühungen anderswo – oft mit zeitlicher Verschiebung – fast immer am „Vorbild" Wiens orientiert sind. Es kommt auch nicht überall in den Residenz- und Provinzialhauptstädten zu Volkstheater-Formen ‚gegen' das Hoftheater; vielfach führen die kommunalen Stadttheater mit ihrem breiten Repertoire lokale Traditionen und bestimmte Volkstheater-Intentionen weiter. Aufgrund der Materiallage kann auf diese Entwicklungen – wie etwa in Köln, Münster oder Nürnberg – hier ebenso wenig eingegangen werden wie auf die unter anderen Einflüssen stehenden Volkstheater-Ausprägungen im Elsaß, in Luxemburg und in der Schweiz.

Für viele liegen die Wurzeln des Volkstheaters und des deutschsprachigen Volksstücks überhaupt im Wiener Volkstheater[21]. Hier wird das zu Beginn des 18. Jahrhunderts aus der Synthese von volkstümlich-literarischem und höfisch-literarischem Theater im Prozeß des Seßhaftwerdens der Wanderbühnen entstandene Volkstheater bald zum vollkommenen Ausdruck der Gesellschaft, erobert auch die höheren Schichten. Um 1800 ist seine erste Phase, die durch die Auseinandersetzung zwischen Stegreifburleske und ‚regelmäßigem' Drama gekennzeichnet ist, abgeschlossen, äußerlich dokumentiert durch die Gründung der drei Vorstadttheater (in der Leopoldstadt 1781, an der Wien 1787/1801 und in der Josefstadt 1788) und ihrem spezifischen Repertoire.

Im Konkurrenzkampf der Wiener Vorstadtbühnen galt das Theater in der Leopoldstadt den Zeitgenossen als das „eigentliche Volkstheater", als das Lachtheater Europas. Die überregionale Wirkung gründet auf einer langen Tradition, deren Voraussetzungen in der Einheit von theatralischer Produktion und einem spezifischem, alle Gesellschaftskreise repräsentierenden Publikum liegen, das – glaubt man zeitgenössischen und späteren Stimmen – bis weit in das 19. Jahrhundert hinein kein Beispiel in anderen deutschsprachigen Regionen findet. Nach Goedekes Worten – auf Bäuerle gemünzt – war das Wiener Volkstheater „Schaubühne ohne ideale Ansprüche", ein Gebrauchstheater, das nicht nur mit literarischen Maßstäben zu messen ist, dessen Produktions- und Rezeptionsbedingungen bei der Beurteilung der Spieltexte ausschlaggebend sind.

Aus der Vielzahl der oft fest angestellten Theaterdichter seien genannt: EMANUEL SCHIKANEDER (1751–1812), KARL FRIEDRICH HENSLER (1759–1825), JOACHIM PERINET (1765–1816), FRANZ XAVER KARL GEWEY (1764–1819) und FERDINAND KRINGSTEINER (um

1776–1810). Sie prägen mit der Entwicklung der verschiedenen Gattungen (Zauberspiel, Parodie, Lokal- und Sittenstück, Singspiel, Märchendrama) das Gesicht der zweiten großen Phase des Wiener Volkstheaters, die bis etwa 1815 reicht.

Mit dem eingreifenden Wandel auf politischem, sozialem und ökonomischem Gebiet gehen die Veränderungen auf dem Theater einher. Die Ära der Lustigmacher und Volksnarren (Hanswurst, Kasperl, Thaddädl) war mit dem Tode Laroche-Kasperls (1806) zu Ende gegangen. In Auseinandersetzung mit der eigenen Tradition, mit literarischen Einflüssen (z. B. Iffland) und dem Wandel in der Struktur des Publikums mußten neue Wege in der Entwicklung des Volkstheaters gesucht werden[22].

Adolf Bäuerles *Die Bürger in Wien* (1813) steht am Beginn der Entwicklung eines neuen Lokal- und Sittenstücks mit Typen aus dem Wiener Leben und aus dem Umland, mit Ansätzen zur Sitten- und Sozialkritik, soweit dies die herrschenden Verhältnisse zuließen, nicht selten mit einer starken patriotischen Tendenz. Es wuchs eine neue Generation von Autoren und Spielern heran, die die barocke und josefinische Theatertradition in Auseinandersetzung mit der Realität der Nachkongreß-Zeit in neue Bahnen lenkten. Um 1820 beginnt eine Neublüte der Gattung des Zauberspiels, gleichzeitig wandelt sich die Komik in Richtung auf die Darstellung wahrscheinlicher, lebensmöglicher Charaktere in den Stücken von JOSEF ALOIS GLEICH (1772–1841), KARL MEISL (1775–1853) und ADOLF BÄUERLE (1786–1859), die mit ihren fast fünfhundert Stücken die Vorstadtbühnen bis in die dreißiger Jahre hinein beherrschten.

Nach 1825 kündigt sich mit dem wirtschaftlichen Zerfall der Vorstadtbühnen und dem Wandel der Publikumsstruktur das Ende der Biedermeier-Zeit und der Beginn des Vormärz an. Man spricht von der Krise der dreißiger Jahre, in denen die Theater unter dem Druck der politischen und ökonomischen Verhältnisse zu Geschäftsunternehmen im modernen Sinn wurden, die ihr Angebot an der Nachfrage des Publikums orientierten. Diese Entwicklung ist mit dem Namen des berüchtigten Theaterdirektors KARL CARL (1787–1854) verbunden, dem zeitweise alle drei Wiener Volkstheater gehörten. Zwar lastet man ihm die beschleunigte Kommerzialisierung des Vorstadttheaterbetriebs an, doch erkennt heute auch seine Leistung in der Erhaltung der Bühnen, im Ausbau des Repertoires und in der Förderung der spezifischen Possen-Form. Für die Zeitgenossen – und spätere Kritiker schlossen sich an – schien die glanzvolle Entwicklung des Wiener Volkstheaters nach 1830 vorüber zu sein. Raimund und Nestroy wurden als Endpunkte einer Tradition angesehen, die sie zugleich zerstörten. Der Wandel in der Perspektive auf dem Wiener Volkstheater hängt mit der fortschreitenden Politisierung aller Lebensbereiche nach 1830 und der später als in Deutschland entstehenden oppositionellen Bewegung in Österreich zusammen[23]. Auch durch Anstöße von außen (Julirevolution 1830) wuchs die Kraft der Auflehnung gegen das ‚System‘, gegen die Bevormundung des Volkes durch Dynastie, Staat und Kirche.

Der Tod Kaiser Franz’ (1835) brachte die Wende, und neben den kritischen Strömungen in der Literatur (z. B. Postl-Sealsfield, Anastasius Grün) ist auch auf dem Volkstheater die Wende spürbar. Willibald Alexis beklagt 1833 den Tod des ,,poetischen“ Volkstheaters; Raimunds Tod (1836) wurde als weiteres Symbol des endgültigen Niedergangs gewertet. Die in Theaterkritik und Literaturforschung oft beschworene Polarität zwischen Raimund und Nestroy erklärt sich zum großen Teil aus den spezifischen Produktions- und Rezeptionsbedingungen des Vormärz-Volkstheaters. Die Anhänger des älteren, biedermeierlichen Volksstücks werfen den Vormärz-Stücken vor, sie zeigten anstelle eines homogenen Volkslebens die unerfreulichen Klassenverhältnisse; sie fordern, das Volksstück solle das Gemüt erheben und nicht zum Unruhe stiftenden ,,Pöbelstück“ werden[24]. Die spätere Literaturgeschichtsschreibung übernahm die Wertungen der Vormärz-Theaterkritik. So kommt es, daß zunächst die – auch von Zeitgenossen empfundene – ‚neue‘, aggressivere, kritische Komik auf dem Volkstheater nicht anerkannt wird.

Erich Joachim May hat festgestellt, daß es sich bei den Stücken im Vormärz meist um Bearbeitungen internationaler Bühnenerfolge handelt, wobei die Lokalisierung und konkreten Sozialbezug herstellende Bearbeitung der Vorlagen gesellschaftlichen und politischen Charakters sei. Wesentliches Moment der Adaption ist die Herausbildung der komischen Volksgestalt in der konventionellen Handlungsfiktion; die komische Zentralfigur ist zugleich Teilnehmer der Handlung und deren Kommentator, sie leistet Illusion und Desillusion zugleich. May ist der Meinung, schon um 1844 habe die zunehmende Entfremdung von der lebendigen volkstümlichen Tradition zum literarischen Formalismus geführt; das Volksdrama münde in die bürgerliche Gebrauchsdramatik mit kleinbürgerlicher Selbstdarstellung, die eine bestimmte Auffassung von ,,Volksstück" ausgeprägt hat.

Die zweite Hälfte des 19. Jahrhunderts wird von der Forschung meist als Periode des Niedergangs bezeichnet[25], ohne daß Autoren, Stücke, Produktions- und Rezeptionsfaktoren dieser Zeit zusammenhängend und eingehend untersucht worden wären. So wie mit Raimunds Tod für die Zeitgenossen das Ende der Blütezeit des Wiener Volkstheaters gekommen war, so wurde auch Nestroys Todesjahr (1862) als Einschnitt betrachtet. Die Spielpläne spiegeln die unterschiedlichsten Strömungen und Einflüsse wider. Zu beobachten ist sowohl ein Anknüpfen an die Formen der Biedermeierzeit, an das Vorbild Raimunds, als auch Versuche, an die Erfolge Nestroys und auch Friedrich Kaisers anzuschließen, die zwischen 1848 und 1853 allein zwei Drittel des Spielplans der Vorstadtbühnen bestritten. Ferner zeigen sich die ersten Annäherungen von Volksstück und Operette, zum einen als Fortsetzung der eigenständigen Wiener Entwicklung (z. B. bei Suppé), zum anderen aufgrund des Offenbach-Einflusses. Daneben mehren sich die Einakterabende, sicherlich mehr Verlegenheitslösung aufgrund fehlender neuer Stücke, vielleicht aber auch schon Suche nach ‚modernen‘ Möglichkeiten der Dramatik auf dem Volkstheater. Insgesamt ist aufgrund der strengeren Zensur ein starker Rückgang der politischen und sozialen Orientierung in den Volksstücken zu beobachten. Emotionale Abwehr, an Raimund und Nestroy orientierte Maßstäbe und Pauschalurteile haben bisher eine gründlichere Untersuchung der Volkstheater-Produktionen nach 1850 verhindert. Der sogenannte Niedergang des Wiener Volkstheaters ist – zumindest quanitativ – eine äußerst schöpferische Periode, in der mit Volksstück und Operette zwei neue, an die Tradition anschließende Genres entstehen.

In der Zeit zwischen Nestroy und Anzengruber, der als ,,Reformator" des Volkstheaters gilt, fallen das von der Forschung noch nicht genügend beachtete Spätwerk Nestroys, bedeutende Stücke Friedrich Kaisers (1814–1874), ferner die Produktionen von Alois Berla (1826–1896), O. F. Berg (1833–1889), Carl Elmar (1815–1888), Karl Haffner (1804–1876) und anderer. Später kommen Vincenz Chiavacci (1847–1897), Karl Morre (1832–1897) und Karl Karlweis (1850–1901) hinzu; ferner sind Zusammenhänge mit dem süddeutschen und österreichischen Volks- und Bauerndrama zu berücksichtigen (z. B. Salomon Hermann Mosenthal 1821–1877, Franz Prüller 1805–1879, Franz von Pocci 1807–1876).

Friedrich Kaiser, der etwa 150 Stücke schrieb, nimmt eine Zwischenstellung ein zwischen Nestroy, mit dem er konkurrierte, und Anzengruber, dessen mehr ernste Volksstücke er durch seine ,,Lebensbilder" mit vorbereiten half. Pseudorealistische Tendenzen und ein Zug zur Aufhebung der dramatischen Spannung führen in die Nähe des sentimentalen Rührstücks, ersetzen den Spielwert der Posse und ihren satirischen Kommentar durch eine Art moralischer Überhöhung. In der Thematik sind die Stücke ,,fortschrittlich"; sie greifen in der Art der auf das

Volkstheater großen Einfluß gewinnenden Dorfgeschichten soziale Probleme auf (z. B. *Stadt und Land* 1844)[26].

Der Versuch einer ernsthaften, positiven Schilderung und Aktivierung bürgerlichen Selbstbewußtseins gerät in Widerspruch mit den erstarrten Darstellungsmitteln und zu den veränderten historischen Bedingungen. Kaiser ist ein wichtiger Zeuge für den Literarisierungsprozeß des Volkstheaters und für die Herausbildung jenes Volksstück-Modells, das später – z. B. von Horváth – zerstört wird.

LUDWIG ANZENGRUBER (1839–1889) stand zu seinen Vorgängern in einem gespaltenen Verhältnis. Seine Bemühung um ein neues, ernstes Volksstück, das in der Lage war, die aktuellen sozialen und politischen Probleme einprägsam darzustellen, ist einerseits vor dem Hintergrund der Tradition und ihren gewandelten Formen um 1870 (erstarrter Formen-Apparat, Eingriffe der Zensur, Fehlen eines spezifischen Volkstheater-Publikums als Adressat, Wirkung der Operette, Neigung zum tagespolitischen Tendenzstück usw.) zu sehen, andererseits im Blick auf Anzengrubers Intention als Volksaufklärer. Nach dem Vorbild der Dorfgeschichten Auerbachs stellt er die Verbindung von Mensch, sozialen Beziehungen und lokalem Milieu in der dörflichen Modell-Situation dar. Sprach- und Figurengestaltung zielen nicht auf Abbildung bäuerlichen Lebens, sondern auf Sichtbarmachung und Kritik sozialer Probleme; der Dialekt hat weder naturalistische Funktion, noch ist er „Heimatkunst", sondern dient als Kunstsprache der Analyse sozialer Spannungen. Anzengrubers moralischer Ansatz ist stärker als die Analyse der Konflikte und seine Gesellschaftskritik; hinzu kommt der harmonisierende Formzwang des Volksstücks, den er – wie in seinen Alt-Wiener-Stücken im Großstadt-Milieu – immer wieder zu durchbrechen versuchte. Er hat unfreiwillig der späteren einseitigen Rezeption des Begriffs und des Modells Volksstück mit seinen sentimentalen, unkritischen oder gar völkischen Implikationen Vorschub geleistet, wiewohl der Versuch der Erneuerung und Literarisierung des Volksstücks eine historisch und sozialgeschichtlich gerechte Bewertung verdiente.

Die Diskrepanz zwischen Erziehungsintention und publikumswirksamer Darstellung – mit eine Folge der immer stärker werdenden Literarisierung des Volksstücks –, der fast völlige Verzicht auf die satirische Komponente und die Veränderungen innerhalb des Theaterbetriebs lassen daran zweifeln, ob die Stücke Anzengrubers wirklich noch ,Stücke für das Volk' waren, daran ändert auch die Gründung des „Deutschen Volkstheaters" (1889) in Wien nichts, dessen Hausautor er sein sollte. Das Programm dieses Theaters, „die Herkunft aus dem Volke, die Sprache des Volkes, einen Appell an das soziale Gewissen, dichterisches Bekenntnis zur Menschlichkeit"[27], wie auch die Programme der Volksbühnen anderswo, war auf ein Bürgertum zugeschnitten, das sich von der breiten Masse des Volkes entfernt hatte. Anzengrubers Bemühungen um ein neues Volksstück markieren einen wichtigen Punkt in der Entwicklung des literarischen Volksdramas. Mit ihm endet die Tradition dessen, was mit dem Wiener Volkstheater begonnen hatte; bei ihm löst sich das Volksstück endgültig von der Institution, die es ursprünglich hervorgebracht hatte, und beginnt ein Eigenleben als literarische Gattung zu führen. Seitdem bestimmen die Probleme der Literarisierung des Volkstücks – von Anzengruber erkannt, von seinen Mit- und Nachläufern (u. a. Franz Prüller, Hermann von Schmid, Ludwig Ganghofer, Karl Schönherr, Franz Kranewitter) kaum weiterentwickelt, von der „Heimatkunst"-Bewegung und später durch die Blut- und Boden-Mystik verfälscht – seine Entwicklung bis zu neuen Formen einer kritisch-realistischen Dramatik.

Die in der Entwicklung des Wiener Volkstheaters bis zu seiner Auflösung in literarische Genres zu beobachtenden Tendenzen gelten mit gewissen Einschränkungen auch für die Volkstheater im übrigen deutschsprachigen Raum, wenngleich die lange und stets zu Erneuerungen fä-

hige Wiener Tradition – dies liegt vor allem auch an dem gegenüber anderen Großstädten spezifischen Verhältnis von Gesellschaftsstruktur und Publikum – ohne Beispiel ist. Zumindest gab es
keine vergleichbare Tradition, die einen ‚deutschen' Raimund oder Nestroy hervorgebracht hätte,
obwohl um 1820 auch in Deutschland überall die Lokalposse aufblühte und in mehreren Städten
Vorstadtbühnen mit spezifischem Repertoire entstanden (z. B. 1811 München, 1817/18 Hamburg, 1821 Frankfurt/M., 1824 Berlin neben den sog. Sommertheatern)[28].

Die Hamburger Lokalposse, mit den Namen GEORG NIKOLAUS BÄRMANN (1785–1850)
und JAKOB HEINRICH DAVID (1812–1839) verbunden, sinkt bereits vor 1848 zur Bedeutungslosigkeit herab; Erneuerungsversuche nach 1870 und später durch die niederdeutsche Komödie
(z. B. Julius Stinde, Fritz Stavenhagen, Hermann Boßdorf, Paul Schurek)[29] sind auf ein Volksstück im Sinne Anzengrubers aus, führen letztlich aber zur trivialen Bauernkomödie und zum
Mundartschwank, der später durch das Fernsehen eine Verbreitung über den gesamten deutschsprachigen Raum erfährt. Dies gilt in ähnlicher Weise auch für die Mundartstücke anderer Regionen.

In Frankfurt und Darmstadt leiteten die Lokalstücke von KARL MALSS (1792–1848) und
die beiden Possen ,,in der Mundart der Darmstädter" von ERNST ELIAS NIEBERGALL
(1815–1843) eine Volksstück-Tradition ein, die wenig später in für das Unterhaltungstheater zu-
rechtgeschnittenen Bearbeitungen französischer Vaudevilles endete[30]. Malß, dem als Bearbeiter und Erfinder komischer Situationen Verwandtschaft mit Nestroys Arbeitsweise nachgesagt
wurde, hatte mit *Der alte Bürger-Capitain oder die Entführung* (1821) Maßstäbe gesetzt, an denen sich auch Niebergall mit *Des Burschen Heimkehr oder Der tolle Hund* (1837) und *Datterich*
(1841) orientierte. In Malß' *Hampelmanniaden* ist schon der Ansatz zu Niebergalls Bloßstellung kleinbürgerlicher Verhaltensweisen zu erkennen. Niebergall erfindet mit Datterich eine
Figur, die als Anti-Bürger, als Außenseiter durch provokantes Verhalten in Wort und Tat die
bürgerlichen (Schein-)Ideale zerstört, am Ende aber in seiner Existenz doch den Bürgern ausgeliefert ist. Die Mundart ist mehr als Lokalkolorit, sie erhält gesellschaftskritische Funktion und
dient im Rahmen der übrigen dramaturgischen Wirkungsmittel einer realistischen Volksstück-
Intention[31].

Noch am ehesten mit dem Wiener Volkstheater ist – auch in bezug auf die Zusammensetzung des Publikums und in gewissem Sinn auf den politischen Hintergrund – die Entwicklung
des Berliner Volksstücks zu vergleichen[32]. Aus den Sommerbühnen – Bierschanktheater mit
speziellem Repertoire (1783 bis 1848 neun Gründungen) – entwickelte sich ein Volkstheater neben dem 1824 im inneren Stadtbezirk gegründeten Königstädtischen Theater, dessen Repertoire
auf Lust- und Singspiele beschränkt bleiben mußte. So entfaltete sich das ‚echte' Volkstheater
mit einer entschiedenen Hinwendung zum Bürgertum außerhalb der Mauern der Residenz;
nach 1848 wurden die Sommertheater in konzessionierte Privattheater mit ganzjährigem Spielplan umgewandelt.

Der Vergleich mit den Wiener Theaterverhältnissen ist schwer möglich, dennoch läßt
sich auch in Berlin eine vormärzliche und eine nachmärzliche Phase unterscheiden. Die Vormärz-Posse, auf dem Königstädtischen Theater entwickelt, mit den Namen JULIUS VON VOSS
(1768–1832), LOUIS ANGELY (1787–1835) und KARL VON HOLTEI (1798–1880) verbunden,
gleicht in der dramaturgischen Struktur und in der Bearbeitung fremder Vorlagen der Wiener
Posse. Voß gilt als der Begründer des Berliner Volksstücks (z. B. *Stralower Fischzug* 1821); in
patriotischem Geist und volkstümlichem Humor ist er dem Wiener Bäuerle verwandt. Auch in
den Stücken von Angely (z. B. im ,,Komischen Gemälde aus dem Volksleben" *Das Fest der
Handwerker,* 1830) fehlen weitgehend sozialkritische Elemente, wird die Harmonie zwischen

„arm" und „reich", „oben" und „unten" propagiert. Holtei, der die Repertoire-Nöte auf dem Königstädtischen Theater beschreibt – aus dem Repertoire des Hoftheaters durften nur Stücke gespielt werden, wenn nach ihrer letzten Aufführung zwei Jahre vergangen waren –, strebt mit seinen „Liederspielen" (*Die Wiener in Berlin, Die Berliner in Wien* 1825/26) eine Verbindung zum Wiener Volkstheater an, kommt aber trotz Aufnahme fortschrittlicher Ideen über ein schönfärbendes Volksstück nicht hinaus. Ein Vergleich in der Bearbeitungspraxis (z. B. *Sieben Mädchen in Uniform* bei Angely, Malß und Nestroy oder *Wohnungen zu vermieten* bei Angely und Nestroy) würde die Harmlosigkeit der Berliner Vormärz-Posse gegenüber den sozialkritischen Ansätzen in Wien verdeutlichen. In Berlin werden bereits vor 1848 die Grundlagen der späteren Berliner Operette, des nur unterhaltenden städtischen Volksstücks und der Boulevardkomödie (in Form des Schwanks) gelegt.

Allgemein wird der Mangel an Stücken und Theaterdichtern sowie das Fehlen eines breiten Publikums als Grund dafür genannt, daß sich vor 1850 in Berlin kein Volkstheater habe bilden können. Erst die Ereignisse von 1848 und die Bewußtwerdung Berlins als Residenz- und Großstadt gaben neue Impulse. Die Revolutionspossen von DAVID KALISCH (1820–1872), RUDOLF HAHN (1815–1889) und anderer sowie satirische Bilderfolgen, in denen die von Holtei erfundene und von ADOLF GLASSBRENNER (1810–1876) akzentuierte Figur Nante als „Nationalversammelter" oder „Wahlkandidat" die Hauptrolle spielte (z. B. bei FRIEDRICH BECKMANN, 1803–1866 und ALBERT HOPF, 1813–1885), leiteten eine neue Zeit des Berliner Volkstheaters ein, die Kalisch 1849 in einem Prolog auf dem Theater so charakterisiert:

> Die Zeit ist schwer, das Volk ist kritisch!
> Was heut' gefallen will, das muß
> Sozial gespickt sein und politisch,
> Sonst findet's keinen Enthusiasmus[33].

Bei Kalisch ist zu beobachten, wie die schon für die Wiener Entwicklung konstatierte Politisierung auch die Berliner Posse beeinflußt und sie zum Instrument von Unterhaltung und Kritik zugleich werden läßt (z. B. *Einmal hunderttausend Taler,* 1847). Nach 1850 werden die kritischen Impulse der Revolutionsposse immer stärker abgeschwächt; in den Stücken in der Art von *Berlin wie es weint und lacht* (1858) wird fast nur noch reines Unterhaltungstheater geboten. Horst Denkler, der den Zusammenhang von Volkstümlichkeit, Popularität und Trivialität in den Berliner Revolutionspossen betrachtet, sieht Kalisch unter ideologiekritischer Perspektive und findet, daß Autor und Text, falsches Bewußtsein erzeugend, falsche Popularität gewannen[34]. Anders Glaßbrenner, der bereits 1837 satirisch erkennt:

> Nun schaut mal her und gebt recht acht,
> hier wird ein Schauspiel fürs Volk gemacht.
> Wir haben schon Couplets, sehr hübsche Sachen,
> jetzt müssen wir die Sauce dazu machen[35].

Glaßbrenner schrieb – zum Teil in Anlehnung an das Wiener Volksstück (Couplet und Auftrittsmonolog, Redensarten usw.) – dialogische Szenen und Einakter, verzichtete aber weitgehend auf dramatisch-theatralische Realisierung und wählte die Publikationsformen Buch, Broschüre und Zeitung. Vielleicht schätzte er die Wirkungsmöglichkeiten des Theaters für seine aufklärerisch-progressiven Intentionen zu gering ein, vielleicht erkannte er auch, daß die Berliner Theaterverhältnisse – besonders im Vormärz – deren Darstellung nicht zuließen. An satirischer Schärfe ist er Nestroy vergleichbar; in vielen seiner Forderungen wird er den Vorstellungen vom wahren Volksschriftsteller gerecht[36].

Über den literarischen und sozialgeschichtlichen Wert der Stücke auf den nachmärzlichen Berliner Volkstheatern, dem Friedrich-Wilhelmstädtischen Theater und dem Wallner-Theater, ist man geteilter Meinung. Neuere Detailanalysen, die die Durchsicht des umfangreichen Materials scheuen, neigen zur uneingeschränkten ideologiekritischen Abwertung, während die stärker die Theaterbedingungen berücksichtigenden Darstellungen meinen, das Volkstheater sei dem Anspruch nach Unterhaltung und zugleich kritischer Aufklärung gerecht geworden. Vor allem wird die Einheit von Spielvorlage, Zeitbezug, Darstellung und Publikum hervorgehoben, die ein Grund dafür sei, daß bei Wegfall dieser Einheit die Spielvorlagen – anders als bei vielen Wiener Stücken – für die heutige Zeit nicht zurückzugewinnen sind. Trotz ähnlicher Produktionsverhältnisse wie in Wien, ist die Wirkkraft doch ganz anders. Um ein gerechtes Urteil über den ästhetischen und politischen Wert der Berliner Nachmärz-Posse fällen zu können, müßte erst das gesamte Material aufgearbeitet werden. Sicher ist, daß das Volkstheater nach 1848, ,,in dem das von der Revolution enttäuschte Volk sich durch zugleich beziehungsvolle und harmlose Unterhaltung entspannen und abreagieren konnte"[37], im weiteren Verlauf in das schwankhafte Unterhaltungs- und Zugstück in der Art der Possen von ADOLF L'ARRONGE (1837–1909, z. B. *Hasemanns Töchter*) oder von *Der Raub der Sabinerinnen* (1885 von FRANZ und PAUL SCHÖNTHAN) mündete.

Die Entwicklung führte wie in Wien und Berlin auch im übrigen deutschen Sprachraum – zeitlich und regional verschieden – zum Niedergang der Vorstadtbühnen als ,,Volkstheater". Mit dem Verfall der künstlerischen Möglichkeiten ging auch der kommerzielle einher. Zwar ,pflegten' Operetten- und Boulevardtheater das Volksstück – oder das, was von ihm übrig geblieben war – als Abwechslung im Spielplan, aber das Volkstheater als Institution zwischen Bildungstheater und anspruchsloser Freizeitunterhaltung hatte zu existieren aufgehört. Die neu gegründeten Volkstheater und Teile der Volksbühnen-Bewegung arbeiteten mehr in Richtung auf ein bürgerliches Bildungstheater. ,,Das Kleinbürgertum und Teile des Proletariats bezogen von den ambitionierten Bühnen ihr ,Bildungserlebnis' und vom Kintopp die Unterhaltung. Dazwischen blieb nur noch ein schmaler Raum für die abgestandene Kost der Vorstadtbühnen."[38] Diese retteten sich zum Teil in das Schwanktheater (z. B. Millowitsch-Bühne in Köln, Ohnsorgtheater in Hamburg, Komödienstadel) oder suchten später den Anschluß an das Fernsehen. In dem Maße wie der Film, dann das Fernsehen wesentliche Aufgaben des Mediums Volkstheater übernahmen – z. B. Gesellschaftsbildung, Selbstdarstellung, Kritik, ,,volkstümliche" Unterhaltung – ,war für das Vorstadttheater kein Platz mehr, wurden die Volksstücke von der sie tragenden und jeweils aktualisierenden Grundlage – der Einheit von Produktion und Rezeption – abgeschnitten.

Der weitere Weg von Volkstheater und Volksstück verläuft, sofern überhaupt noch von ,,Entwicklung" gesprochen werden kann, in den Bahnen, die in der zweiten Hälfte des 19. Jahrhunderts vorgezeichnet wurden. Die wesentlichen Punkte – auch für eine Wertung aus der Perspektive des 20. Jahrhunderts – seien hier kurz zusammengefaßt.

Obwohl die Ausgestaltung der Posse unter dem Diktat künstlerischer, ökonomischer und politischer Zwänge (Konzessionsvergabe, Zensur, keine Subventionen usw.) stand, führte sie doch am ehesten zur Ausbildung von Volksstück-Formen kritischer Unterhaltung zwischen reflektierter Anpassung und artistischem Widerstand. Dagegen wandten sich seit dem Vormärz Volksstück-Ideologien, die vom Volksstück fordern, in sozialer Harmonie zwischen ,,arm" und ,,reich", ,,oben" und ,,unten" zu vermitteln und überdies das Nationalbewußtsein zu stärken[39]. Dieser Forderung konnte und wollte die regionalistische und progressiv-kritische Posse nicht entsprechen, wiewohl sie – z. B. bei Nestroy und Niebergall – durchaus in der Lage war, über den lokalen und regionalen Rahmen hinaus allgemein zu wirken. Die Mißachtung der ästhetischen Qualität der Posse durch die Kritik verhinderte den weiteren Ausbau der kritischen Volksstück-Form und führte zur einseitigen „Literarisierung" des Volksstücks. Daneben ist auch auf die Versuche einer Erneuerung des ernst-komisch-sentimentalen Volksstücks – z. B. bei Raimund, Kaiser und Anzengruber – zu verweisen, die heute unter Mißachtung des historischen Kontexts einseitig ideologiekritisch abgewertet werden[40].

Nach 1850 verstärkt sich der Einfluß von Elementen des Literaturtheaters auf das Volkstheater und führt mit dem Entstehen der für das Volkstheater immer schon charakteristischen Mischgattungen in die Nähe des bürgerlichen Unterhaltungsstücks (Roderich Benedix, Charlotte Birch-Pfeiffer), das seinerseits die Nähe zum Volksstück sucht (z. B. bei Birch-Pfeiffer). Die Diskrepanz zwischen dramatischer Produktion und Theaterleidenschaft des Publikums einerseits und der Bewertung durch die zeitgenössische Kritik („Tiefstand", „Niedergang")[41] wirkte sich auch auf das Urteil über die Volksstück-Formen nachteilig aus. Dabei ist trotz der vielen überformenden Einflüsse weiterhin ein Nebeneinander von bloß unterhaltendem und je nach den Möglichkeiten kritischem Volksstück zu beobachten, wie es auch für das 20. Jahrhundert charakteristisch ist.

Die Volkstheater stehen im gesamteuropäischen Prozeß der Umwandlung zum Unterhaltungstheater. Gleichzeitig häufen sich die wehmütigen Rückblicke und Verklärungen des „ursprünglichen" Volkstheaters und führen zu einem bis heute sentimentalisierten oder aber mit negativen Konnotationen verbundenen Begriff von „Volkstheater". Dem vielschichtigen Prozeß der Auseinandersetzung zwischen Theater und Literatur (z. B. Einfluß des Naturalismus, der „Heimatkunstbewegung", völkisch-nationaler Tendenzen; der Wandel theatralischer Genres unter dem Einfluß der „Literatur"), der Suche des Theaters nach „seinem" Publikum und der Suche des Publikums nach neuen Medien zur Befriedigung seiner ästhetischen Bedürfnisse sollte auf dem Feld des Volkstheaters einmal intensiver nachgegangen werden. Ludwig Hoffmann merkt dazu an: „So ist das Volksstück zwar von den Vorstadttheatern ausgegangen, jedoch nicht eben weit gekommen. Weder in die Literatur, noch bis zum Volk im wirklichen Sinne ist es vorgedrungen. Denn nicht das Volk ist der Bezugspunkt für diese Dramatik, in den Sujets nicht und nicht in den Mitteln oder im Publikumsspiegel, was sich im ordinären Volksstück als Volk gibt, ist vor allem Kleinbürgertum, in Süddeutschland mit einem bäuerischen Zusatz, auch mit einem offenen Rand zum Proletariat hin, niemals aber die Volksmassen echt repräsentierend.[42].

Er und andere weisen darauf hin, daß Kino und Film die Funktion des Volkstheaters übernehmen, der Film in dem Maße, indem er mehr und mehr Volkstheater-Sujets und Volksstücke adaptiert, zum Teil auch Formen der Publikumsdramaturgie weiterführt. Der Prozeß der Ablösung des einen Massenmediums (Volkstheater) durch ein anderes (Film, später Fernsehen) müßte genauer untersucht werden, zumal sich in den heutigen Fernsehprogrammen schematisierte und trivialisierte Volksstückformen erhalten haben und das Fernsehen – nicht allein in den Serien-Produktionen – an Formen „volkstümlicher" Unterhaltung aknüpft.

Neben der Fortsetzung des Volksstücks des späten 19. Jahrhunderts in der Film- und Fernsehunterhaltung des 20. Jahrhunderts lassen sich weitere Fortführungen bzw. kritische Auseinandersetzungen feststellen: der wenig dokumentierte Rückzug des Volkstheaters in das – oft regional begrenzte – Laienspiel, der Übergang der Volksstückdramaturgie in das Schwank- und Boulevardtheater, das sich in einzelnen Regionen auch „Volkstheater" nennt, die Fortsetzung des bäuerlichen Volksstücks und Bauerndramas, die vom Naturalismus ausgehenden Ansätze, die Erneuerungsversuche eines kritischen Volksstücks in den zwanziger Jahren und bei

Brecht, schließlich die Experimente mit Formen und Intentionen des Volksstücks in den sechziger und siebziger Jahren.

Die Fortsetzung der von Anzengruber eingeleiteten Richtung des Volksstücks unter dem Einfluß des Naturalismus (Gerhart Hauptmann *Der Biberpelz* 1893, Arno Holz *Sozialaristokraten* 1896), der „Heimatkunstbewegung" und später völkischer Tendenzen führt mit ihrer Betonung des Archaischen, Ungeschichtlichen und Schicksalhaften zu den Formen, gegen die sich das neue, kritische Volksstück der zwanziger Jahre wendet. HERMANN SUDERMANN (1857–1928), FRANZ KRANEWITTER (1860–1938), KARL SCHÖNHERR (1867–1943) und RICHARD BILLINGER (1890–1965) schreiben „landschaftsgebundene Stücke" im Umkreis des Naturalismus, in denen sozialkritische Impulse weniger stark erkennbar sind und die zum Teil die spätere Blut- und Boden-Mystik mitvorbereiten helfen[43]. Eine satirisch-kritische Abbildung sozialer Grundverhältnisse ist dagegen bei JOSEF RUEDERER (1861–1915; *Die Fahnenweihe,* 1895), LUDWIG THOMA (1867–1921; *Die Lokalbahn,* 1902; *Moral,* 1908) und EMIL ROSENOW (1871–1904; *Kater Lampe,* 1902) festzustellen und weist in die Richtung der *Wupper* (1909, UA 1919) von Else Lasker-Schüler und der Gesellschaftskritik bei Frank Wedekind und Carl Sternheim. Von dort gingen wohl auch die Impulse für die Erneuerung des Volksstücks aus, dessen Entwicklung oft zu sehr unter der Perspektive der Situation der Komödie zwischen 1900 und 1933 betrachtet wird, wobei der für das Volksstück wichtige Theater-Kontext und die wechselseitigen Einflüsse weniger Beachtung finden[44].

In den zwanziger Jahren arbeiten BERTOLT BRECHT (1898–1956), CARL ZUCKMAYER (1896–1977), ÖDÖN VON HORVÁTH (1901–1938) und MARIELUISE FLEISSER (1901–1974) an der Erneuerung dessen, was man den vitalen und proletarischen Zug des Volksstücks nennen könnte, indem sie die sozialen Implikationen von Region, Zeitgeschichte und „Volk" dem Publikum bewußt machen wollen[45]. Horváth versucht die Erneuerung durch die Zerstörung des ‚alten' Volksstücks, Zuckmayer entdeckt die sinnlich-vitale Komponente, Brecht experimentiert mit Formen expressionistischer Dramaturgie und des Schwanks (*Die Kleinbürgerhochzeit,* 1926; in *Trommeln in der Nacht* erkennt die Kritik einen volksmäßigen Zug), die Fleißer setzt gegen die lustige Idylle der Provinz im alten Volksstück das desillusionierende „Heimat"-Stück. Mit den Versuchen, neue Stücke für das Volk zu schreiben, geht Piscators Theaterkonzept einher, gegen die inzwischen verbürgerlichte Volksbühnenbewegung das „Proletarische Theater" zu setzen, die „Erziehung von oben" – bürgerliches Theater für die unteren Volksschichten – durch eine kritische Selbstdarstellung dieser Schichten abzulösen. In die gleiche Richtung zielen die Anfänge sozialistischer Dramatik durch Anknüpfen an das „plebejische Traditionsgut" des unliterarischen Volkstheaters und der Volksbühnen-Bewegung[46]. Diese Impulse, in den zwanziger Jahren vom Unterhaltungstheater aufgesogen, zwischen 1933 und 1945 verdeckt und verfälscht, sind erst in unserer Zeit wieder aufgegriffen worden. In diesem Zusammenhang ist auf die von Reinhold Grimm untersuchten fließenden Übergänge vom „tümlichen" und ernsten, politischen Volksstück zum Volksstück in der NS-Zeit und zum Boulevardstück hinzuweisen (z. B. Hans José Rehfisch *Wer weint um Juckenack,* 1924; Alfred Döblin *Die Ehe,* 1931; Oskar Maurus Fontana *Hiob der Verschwender,* 1925; Bruno Frank *Sturm im Wasserglas,* 1930), die mit dazu beigetragen haben, daß der Volksstück-Begriff unscharf wurde, anders gesagt, daß das Volksstück in der Komödie aufging[47]. Dies gilt in gewisser Weise auch für Georg Kaisers „Volksstück 1923" *Nebeneinander* mit seiner Mischung aus Stationendrama, Gesellschaftssatire und melodramatischem Volksstück, mit dem Kaiser ein möglichst großes Publikum ansprechen wollte, dabei Elemente des Volksstücks – ähnlich wie Horváth – satirisch brach[48].

Zuckmayers skandalbegleitetes Stück *Der fröhliche Weinberg* (1925) gewinnt jene – auch sprachliche – Vitalität für das Volksstück zurück, welche die frühe Lokalposse auszeichnete; später verbindet Zuckmayer bewährte Volksstück- und Schwank-Elemente mit einer aktuellen Fabel, stößt erst mit dem *Hauptmann von Köpenick* (1931) zum kritischen Volksstück vor. Die Fleißer geht in *Fegefeuer in Ingolstadt* (1926) und *Pioniere in Ingolstadt* (1929) von der beengenden Lebensform der Provinz aus, die sich vor allem in der „geliehenen" Sprache artikuliert. Sie gewinnt der dialektgefärbten Sprache neue, analysierende und kritische, Qualitäten ab. Kurt Pinthus äußert nach der Berliner Aufführung: „Man darf der Dichterin nicht vorwerfen, sie finde nicht die richtigen Ausdrücke, sondern sie läßt absichtlich ihre Gestalten sich nicht richtig ausdrücken, weil sie sich nicht richtig ausdrücken können [. . .] Die Fleißer schreibt Volksstükke. Sie gibt die volkstümlichste Sprache und dennoch die kompliziertesten Gefühle."[49] Ihre Figuren benutzen in Sprache und Gesten eingelernte, anerzogene Stereotype. Sie haben keine anderen Mittel sich auszudrücken und müssen sich in einer Sprache mitteilen, die sie nicht beherrschen. Fleißers Dramen sind „umgekehrte" Volksstücke; die Figuren sind negative Helden, erregen fast Mitleid, weisen aber über die private und emotionale Sphäre hinaus auf die sozialen Verhältnisse, deren Produkt sie sind.

Die Entdeckung der Sprachschichten, des Dialekts, nicht als Lokalkolorit, sondern als Indikator des Bewußtseins, als Instrument kritischer und satirischer Gesellschaftsanalyse macht auch die wesentliche Qualität der Volksstücke Horváths aus. Wenn er vom „alten" Volksstück spricht, das er zugleich zerstören und erneuern will, meint er das von Anzengruber ausgebildete und von seinen Nachfolgern sentimentalisierte Volksstück: „Bei Anzengruber ist eine Reihe von Momenten – der Stadt-Land-Kontrast, der Dialektgebrauch, die Art der Probleme und Konflikte, die Charakterdarstellung, der Gesang – zu dem Volkstümlichen amalgamiert, das Horváth zitiert und zerstört, um Zuschauererwartungen zu zerstören."[50] Er will durch die Bewußtmachung der Klischees des Volksstücks und der Operette, durch eine „Synthese von Ernst und Ironie", neue Möglichkeiten der Zeit-, Sozial- und Sprachkritik finden (*Geschichten aus dem Wienerwald*, 1931). Ihm schwebte so etwas „wie die Fortsetzung des alten Volksstücks" mit anderen Mitteln und für eine andere Gesellschaft vor, er konnte aber auf den zumeist unreflektierten Dialektgebrauch nicht zurückgreifen, mußte „der völligen Zersetzung der Dialekte durch den Bildungsjargon Rechnung tragen"[51]. Auch seine Figuren verfügen, wiewohl sie sich um Hochsprache und den vertraut klingenden Dialekt bemühen, nicht über ihre Sprache, entlarven sich im Sprechen als Kleinbürger und Spießer und verweisen auf die gesellschaftliche Wirklichkeit, die sie dazu macht. Was das kritische Volksstück der zwanziger Jahre auszeichnet und zugleich seine Wiederentdeckung nach 1960 einleitet, ist die unsentimentale Parteinahme für die Randfiguren und die unter dem gesellschaftlichen Druck Zerbrechenden, die provozierende Kritik an den bürgerlichen Normen und Erwartungen.

Eine Zwischenstellung zwischen der Fleißer und Horváth einerseits und dem einen Schritt weiter gehenden Brecht nimmt der wenig bekannte Jura Soyfer (1912–1939) ein, der den Versuch eines parteilichen Volkstheaters macht, indem er an Traditionen des Wiener Volkstheaters anknüpft, um soziale Probleme der modernen Arbeitswelt darzustellen[52]. Entschiedener darum bemüht sich Brecht in *Herr Puntila und sein Knecht Matti* (1940) und den dazugehörenden „Anmerkungen zum Volksstück", doch zeigen Theaterkritiken und Interpretationen bis heute, daß seine Intentionen mißverstanden, seine Umkehr der Volksstück-Dramaturgie mißdeutet werden[53]. Es ist wohl kein Zufall, daß das kritische Volksstück nach 1960 eher von Fleißer und Horváth als vom Entwurf Brechts ausgeht, von dem Jost Hermand annimmt, daß er auch gegen Zuckmayers *Der fröhliche Weinberg* gerichtet war und damit gegen ein Stück, das die Volksstück-Rezeption stark beeinflußt hat[54].

Die Neuinszenierung von Horváth fällt mit dem Beginn der neuen Volksstück-Ansätze in der Mitte der sechziger Jahre zusammen, der auch im Zusammenhang des Anti-Theaters und des avantgardistischen Theaters der sechziger und siebziger Jahre zu sehen ist. Daneben hat sich – fast unbeschadet – der Unterhaltungstyp des Volksstücks mit leichter Sozialromantik bei CURTH FLATOW (* 1920) und HORST PILLAU (* 1932) erhalten[55].

Auf die Umkehrung der Funktionen und Wirkungsmittel des alten Volksstücks in der Weimarer Zeit greifen u. a. zurück: KARL OTTO MÜHL (* 1923), WOLFGANG BAUER (* 1941), PETER HENISCH (* 1943), FRANZ XAVER KROETZ (* 1946), RAINER WERNER FASSBINDER (* 1946), HARALD SOMMER (* 1935), MARTIN SPERR (* 1944), PETER TURRINI (* 1944), WOLF-GANG DEICHSEL (* 1939), FRANZ BUCHRIESER (* 1938). Sie erneuern – zum Teil unter ausdrück-licher Berufung auf Fleißer und Horváth – Intentionen des Volksstücks aus der Sprache heraus. Ausgehend von konventionellen Hör- und Sehgewohnheiten, von der freundlich-heiteren At-mosphäre der Mundart, dem Hintergrund der regional begrenzten und sozial determinisierten Heimat, einfachen Problemen und Konflikten, einem überschaubaren Personal in einer „klei-nen Welt", wird dem Zuschauer das Vertraute zur „unheimlichen Idylle", zur bedrückenden Enge verfremdet. Was früher das Volksstück zeigte – Alltägliches in einer familiären, sozialen und lokalen Umwelt, genau begrenzt und nach außen schützend abgeschirmt –, ist hier nüch-terne, fast ausweglose Wirklichkeit, die sich in der Sprachnot und Sprachlosigkeit der Figuren artikuliert. Die zurückgewonnene Literaturfähigkeit des Dialekts dient nicht der Unterhal-tungsfunktion; überhaupt fehlen die wichtigsten unterhaltenden Wirkungsmittel des alten Volksstücks (z. B. Musik und Theaterlied). Das neue Volksstück gewinnt seine kritische Ag-gressivität selten aus der Komik – wie die frühe Posse –, sondern durch realitische Abbildung der sozialen Verhältnisse in der Sprache. Nach 1975 geht zumindest Kroetz einen Schritt weiter, in-dem er ‚positive', auf Identifikation und Einfühlung angelegte Gestalten vorführt, die sich durchaus artikulieren und ihre Wirklichkeit verändern können (z. B. in *Das Nest*, 1975). Damit hat er den vielen Ansätzen zu einem kritischen Volkstheater eine neue Variante hinzugefügt; die Skala reicht von der zerstörenden Parodie (Henisch, Turrini) über die Assimilation mit Formen des zeitgenössischen Theaters (Bauer, Faßbinder, Mühl) bis zu diesem neuen Versuch eines ern-sten Volksstücks mit ‚gutem' Schluß, der wieder auf die Tradition zurückblicken läßt.

In anderer Weise hat die sozialistische Dramatik in der DDR auf das Genre des Volks-stücks zurückgegriffen. Der von Brecht und der sozialistischen Dramatik der Weimarer Zeit gewiesene Weg eines artistischen und volksverbundenen Stils wird von PETER HACKS (* 1928) weiter verfolgt, während ERWIN STRITTMATTER (* 1912, *Katzgraben*), HELMUT BAIERL (* 1926, *Frau Flinz*) und andere an schwankhafte Formen des Volksstücks und Bauerndramas anknüp-fen. Das sozialistische Volksstück[56], wenn es das als eigene Gattung überhaupt gibt, da sich die Theaterarbeit in der DDR in ihrem Selbstverständnis als Verwirklichung von Volkstheater überhaupt begreift, erinnert an den pädagogisierend-moralisierenden Stil des alten Volksstücks. Die Funktionen der Sprache, der sozialen Fabel und der dramaturgischen Wirkungsmittel sowie die Aufhebung der Widersprüche im „Happy end" unterscheiden die DDR-Volksstücke we-sentlich vom neuen Volksstück im übrigen deutschsprachigen Raum. In der DDR-Diskussion sind nach Ulrich Profitlich sowohl Abgrenzungen zum alten Volksstück wie Subsumierungs-versuche zu beobachten. Auch in der DDR sei in den sechziger Jahren ein Stücktypus in Mode gekommen, der Bewußtseinshaltungen von Kleinbürgern, Arbeitern und Randgruppen sze-nisch wiedergibt. Man greife dabei einerseits auf Brecht, andererseits auf Ihering zurück, wolle die Gegensätze zwischen Kunst und Volkskunst aufheben. Eine Sonderstellung nehme Hacks ein, der die Möglichkeiten eines plebejischen Volksstücks nach Beseitigung des Antagonismus zwischen dem ‚Volk' und den ‚Mächtigen' für gering einschätzt. Insgesamt sei eine Tendenz zur Auflösung des Begriffs Volksstücks in die sozialistische Dramatik allgemein und zur Forderung von Volkstheater als übergreifendem Programm zu erkennen.

Im übrigen deutschsprachigen Raum haben die Formen moderner, politisch engagierter Dramatik, Desillusionsdramaturgie und des Kabaretts (z. B. Karl Valentin, Helmut Qualtinger) am neuen Volksstück ebensoviel Anteil wie die Auseinandersetzung mit dem immer wieder anklingenden Traditionshintergrund des ‚‚alten" Volksstücks. Zu untersuchen wäre der Widerstreit zwischen den Erwartungen, die der Begriff Volksstück beim Publikum auslöst, und den Rezeptionshaltungen gegenüber den neuen Volksstück-Formen, aber auch, ob nicht heutigen Bemühungen um ‚‚Volkstheater" die institutionellen Bedingungen des Theaterbetriebs und das fehlende ‚‚Volk" als Publikum entgegenstehen. Auf der anderen Seite zeigen sich neue Volkstheateransätze im Kinder- und Jugendtheater, in der Kulturarbeit in den Stadtteilen und im Straßentheater der Bürgerinitiativen, stellt Peter Zadek die Frage, ob nicht aus dem Boulevardtheater – richtig verstanden – ein Theater für alle, ‚‚ganz nah an der Straße" entwickelt werden könne[57]. Dies scheint fast unmöglich zu einer Zeit, in der sich das Fernsehen immer stärker selbst als Volkstheater begreift und den Zuschauern mit einer Mischung aus Information, Unterhaltung und Bildung suggeriert, fürs Volk da zu sein, seinen Standpunkt zu vertreten[58]. Der Ausschreibungstext für einen vom Bundeskanzler gestifteten ‚‚Förderpreis Bonner Volksstück", in dem an Glaßbrenner und Niebergall, aber auch an Flatow und den *Schneider Wibbel* (1913) von Hans Müller-Schlösser erinnert wird und in dem von ‚‚Volksleben" und ‚‚Lebensfreude" die Rede ist[59], macht deutlich, was unter Volksstück heute immer noch verstanden und wie schwer es das kritische Volksstück bei solcher Rezeptionssteuerung haben wird.

Probleme der Adaption von Dramen im Fernsehen
Volker Canaris

Der folgende Beitrag ist geschrieben aufgrund von langjähriger Erfahrung mit seinem Gegenstand: der Produktion von Dramen im Fernsehen. Er versucht die in dieser Praxis gewonnenen Einsichten (allzu oft sind es nur Ansichten) zu verallgemeinern und zu Thesen zuzuspitzen: der nicht allzu weit fortgeschrittene Stand der Diskussion über die noch junge Problematik der Vermittlung und Rezeption von Dramen im Fernsehen legte dieses Verfahren nahe. Die Knappheit des zur Verfügung stehenden Raumes gebot dabei den Verzicht auf die Erläuterung von praktischen Beispielen, anhand derer sich hätte erhärten lassen, was nun oft als unbewiesene, aber hoffentlich diskussionsfördernde Behauptung dasteht[1].

Als das bundesdeutsche Fernsehen im März 1951 seine erste Spielproduktion ausstrahlte, zeigte man das „Vorspiel auf dem Theater" zu Goethes *Faust*. Die Wahl dieses Programms war sicher auch ein Bekenntnis zur Devise des Theaterdirektors „Wer vieles bringt, wird manchem etwas bringen" – sie war vor allem programmatisch für das Genre „Fernsehspiel" gedacht: Daß es sich bei den Spielproduktionen des Fernsehens in erster Linie um Adaptionen von Dramen handeln würde und müßte, dazu gab es zunächst kaum eine Alternative. Die Dramaturgie, die Autoren, die technischen Voraussetzungen für eine fernsehspezifische Produktion von fiktionalen Programmteilen in größerem Umfang war in jenen Anfangsjahren des Fernsehens auch nicht ansatzweise vorhanden. Die Zahlen für die ersten zehn Jahre Fernsehprogramm belegen denn auch, daß der Satz keineswegs übertrieben ist: „Am Anfang war das Fernsehspiel Fernsehtheater." Von den 657 Fernsehspielen, die die ARD in den Jahren 1951 bis 1960 sendete, waren 529 Literaturadaptionen, davon basierten 420 Produktionen auf Theaterstücken: 64 %, also fast Zweidrittel der Spielproduktionen des Fernsehens jener ersten Dekade waren Dramenadaptionen[2]. Diese Zahl sank in den folgenden Jahren kontinuierlich; und das ARD-Fernsehspielprogramm für 1978 weist noch ganze 16 Theaterstücke auf, bei insgesamt 85 Produktionen also knapp 20 %. Unter diesen sechzehn dominieren angloamerikanische Boulevardstücke und die realistischen Dramatiker der Jahrhundertwende: Ibsen, Gorki, Tolstoi. Nur ein einziges Drama, aus dem eine 1978 gesendete Fernsehproduktion entstand, stammt von einem lebenden deutschsprachigen Autor[3].

Die Gründe für die anfängliche Dominanz der Adaption von Dramen im Fernsehen sind in strukturellen, technischen und gesellschaftlichen Voraussetzungen des Mediums jener ersten zehn Jahre zu suchen. Das neue Medium war, wie fünfzig Jahre zuvor das Kino, weitgehend auf das angewiesen, was es an Benutzbarem aus anderen Medien vorfand: für die Produktion von Spielen in erster Linie auf das Angebot der dramatischen Literatur. Und so wurden die Stücke des Welttheaters für das Fernsehen adaptiert, zunächst als Live-Übertragungen aus Theatern oder Studios, später als elektronische oder filmische Aufzeichnungen von Theaterinszenierungen oder als eigene Fernsehproduktionen. (Lediglich Goethes *Faust* hat sich das Fernsehen, trotz des Beginns mit dem „Vorspiel", bis heute nicht „anverwandeln" können.)

Die große Zahl der Dramen-Adaptionen läßt sich auch mit der Zuschauerstruktur jener Jahre erklären: Fernsehen war zunächst aufgrund der hohen Anschaffungskosten der Geräte durchaus noch kein Medium für die Massen, seine Verbreitung war beschränkt auf die wohlha-

benderen Schichten, auf das Bildungs- und Kleinbürgertum. Bei einer Begrenzung der Zuschauerschaft auf diese gesellschaftlichen Gruppen, die identisch waren mit dem traditionellen
Theaterpublikum, fanden Theateradaptionen ein ungewöhnlich hohes Interesse – teils weil sie
das Kulturgut Theater auf bequem rezipierbare und leichter konsumierbare Weise anboten, teils
auch weil die Fernsehideologie jener Pionierjahre dem kleinbürgerlichen Zuschauer den Abbau
von Bildungsprivilegien mit Hilfe des neuen Mediums anbot. Das Kulturgut Drama paßte also
in doppelter Hinsicht in die Fernsehlandschaft. Und die für heutige Verhältnisse ungewöhnlich
hohen Einschaltquoten und Zustimmungsindices jener Jahre für große Dramenproduktionen
sind damit prinzipiell erklärbar: Wenn, zum Beispiel, die Ausstrahlung des *Hamlet* am Neu-
jahrstag 1961 mit einer Zuschauerquote von 58 % und einem Index von + 7 honoriert wurde
(Zahlen, die später den großen Fernsehunterhaltern, den Grzimeks und Odes, Lembkes und
Beckenbauers vorbehalten blieben), so spiegelt sich darin auch das klassenspezifische Interesse
jener dreißig Prozent der Bevölkerung wider, die aufgrund ihrer ökonomischen Lage bis Anfang der sechziger Jahre über ein Fernsehgerät verfügten.

Auch der technische Zustand des neuen Mediums erklärt die Vorliebe für die Produktion
von Theaterstücken. Da es bis zum Ende der fünfziger Jahre nicht möglich war, elektronisch
produzierte Fernsehbilder zu konservieren (,,aufzuzeichnen"), dominierte die Live-Übertragung, also die direkte Ausstrahlung des Fernsehbildes im Augenblick seiner Herstellung. Und
Dramen, die in aller Regel auf der Einheit des Spielortes, der Spielzeit und des Zuschauvorgangs
basieren und daraus die Dramaturgie ihrer Handlungen, die Struktur ihres Dialogs, die Form ihrer Vermittlung ableiten, kamen diesem Zwang zur Live-Übertragung entgegen: Die Stücke
wurden im Theater (oder im Studio ,,wie" im Theater) gespielt und direkt vom Zuschauer gesehen. Lediglich die Vermittlung durch den technischen Apparat und die Zuschausituation zu
Hause unterschieden solche Theaterabende im Fernsehen von denen im Theater. Daß Unmittelbarkeit und Kollektivität der Rezeption wesentlich zum Theater-Vorgang gehören – auf diesen essentiellen Unterschied der Zuschauersituation vor dem Bildschirm beziehungsweise im
Theaterraum wird noch einzugehen sein. Der Ausgangspunkt jedoch, das Theaterstück und
seine Realisierung durch Schauspielerei und Regie, durch Bühnenbild, Kostüm und Maske, waren für die Live-Produktion im Fernsehen und die Vorstellung im Theater weitgehend identisch.

Der Rückgang der Dramen-Adaptionen im Spiel-Angebot der Fernsehprogramme ist
auch, ja weitgehend darauf zurückzuführen, daß sich die drei hier skizzierten Voraussetzungen
im Lauf der Entwicklung des Fernsehens in der Bundesrepublik während der letzten fünfzehn
Jahre gravierend verändert haben. Je länger das neue Medium praktiziert wurde, desto stärker
wurde der Wunsch nach eigenen Formen und eigener, fernsehspezifischer Praxis – im Bereich
des Spiels sogar nach einer eigenen Ästhetik. Zwar ist die Systematik einer möglichen Kunstgattung Fernsehspiel erst in Ansätzen geschrieben, aber die Praxis hat sich weitgehend nach eigenen
Gesetzen entwickelt – und vom Drama, vom Theater wegentwickelt[4]. Die Dramaturgen, Produzenten, Autoren und Regisseure, die heute den fiktionalen Anteil des Fernsehprogramms
realisieren, kommen kaum noch vom Theater, sie haben ihre Arbeitspraxis und deren Kategorien entwickelt zusammen mit der Entwicklung des neuen Mediums Fernsehen und nicht mehr
abgeleitet von denen des vorhandenen Mediums Theater. Drei programmatische Grundtenden-
zen kennzeichnen die Entwicklung des Fernsehspiels in den letzten zehn, fünfzehn Jahren: die
Beschäftigung mit alltäglicher deutscher Wirklichkeit als Gegenstand von Spielen und, daraus
abgeleitet, die Affinität zu Formen publizistischer Recherche und journalistischer, reportage-
haft-dokumentarischer Darstellung in Original-Fernsehspielen; die Tendenz zum fiktiven

Ausbreiten von Welten und Epochen und damit die Hinwendung zur Adaption von epischen (und nicht mehr dramatischen) literarischen Vorlagen; die Übernahme der Serie als fernsehspezifischer Spiel- und Erzählform. Diese in den Fernsehspielabteilungen entwickelten und realisierten Programmvorgaben haben dazu geführt, daß das Fernsehspiel heute weniger als je zuvor Fernsehtheater ist.

Die technische Möglichkeit, Fernsehbilder zu speichern, hat seit dem Ende der fünfziger Jahre das Abrücken von der Live-Situation ermöglicht und gefördert – und damit das Aufgeben der Einheit von Spielzeit und Spielort, das Auflösen der Identität von Produktions- und Zuschauvorgang; der Prozeß der Herstellung von Spielen wurde zeitlich und räumlich zerlegt, wurde arbeitsteiliger, wurde technisierter; und das Produkt wurde synthetischer, die Trennung von Spiel und Zuschauen wurde nicht mehr nur räumlich, sondern auch zeitlich vollzogen. Die Notwendigkeit, sich der Grundstrukturen von dramatischen Texten zu bedienen, die für *eine* Bühne, *einen* Zuschauerraum, *einen* Theaterabend gedacht und gemacht sind, wurde durch die technische Entwicklung immer geringer. Und als die immer größer werdenden Teilnehmerzahlen ein immer höheres Gebührenaufkommen garantierten, als die Fernsehanstalten also immer mehr Personen beschäftigen, immer größere und aufwendigere Apparaturen benutzen und immer mehr Geld ausgeben konnten, da war der Schritt der Spiel-Abteilungen zum Film nur noch ein ganz kleiner. Denn die Live-Produktion eines Theaterstückes war auch aus ökonomischen Gründen für das Fernsehen der Anfangsjahre erstrebenswert: die Produktion eines Originalfernsehspiels mit Film an Originalschauplätzen kostet einen vielfach höheren Einsatz von Menschen, Material und Geld und war erst in den Jahren der Hochkonjunktur des Fernsehen ab etwa 1965 in großem Umfang möglich.

Die tiefgreifende Trennung des Fernsehens vom Drama wird auch daran sichtbar, daß die Entwicklung der Fernsehspiel-Produktion in der Bundesrepublik über das technische Verfahren Film und über die personelle Verbindung zu fast allen wichtigen bundesdeutschen Film-Regisseuren inzwischen zur Symbiose mit einem anderen Medium geführt hat: zur engen künstlerischen, ökonomischen und personellen Ko-Produktion mit dem Kino. Und diese Entwicklung ist durch das seit 1974 praktizierte Rahmenabkommen zum Filmförderungsgesetz, in dem die beiden Fernsehsysteme zu beträchtlicher Zusammenarbeit mit der Kinoindustrie verpflichtet werden, sogar gesetzlich abgesichert – Vergleichbares im Zusammenhang mit dem Theater wäre zur Zeit undenkbar.

Und wenn inhaltliches und mediales Selbstbewußtsein der Fernsehmacher und technische und ökonomische Entwicklung des Fernsehsystems weg vom Drama führten, so entsprach diese Tendenz durchaus der sich verändernden gesellschaftlichen Situation des Mediums. Seit Anfang der siebziger Jahre ist praktisch jeder Haushalt der Bundesrepublik Deutschland mit mindestens einem Fernsehgerät versorgt: Das Medium hatte sich innerhalb von zehn Jahren rasant zu einem der Massen der Bevölkerung entwickelt. Dies konnte nicht ohne Folgen für die Programmteile bleiben: Das Fernsehen wurde immer mehr zu einem Medium politischer Information und Indoktrination (aufgrund seiner massenhaften Wirkungsmöglichkeit einerseits, der Kontrolle durch die politischen Gruppierungen andererseits) – und es wurde auch zu *dem* großen Unterhaltungsmedium. Der Kultur- und Bildungsanspruch, der noch die Dramenproduktionen der ersten Jahre mit geprägt hatte, wurde immer mehr zurückgedrängt beziehungsweise auf die neu entwickelten praktischen Anwendungsgebiete der Schul- und Kursprogramme umgeleitet. Zwar behaupteten noch 1972 dreiundvierzig Prozent der Zuschauer, sie seien an der Sendung von Theaterstücken „stark interessiert"[5], doch diese Äußerung ist ganz offensichtlich ideologisiert, ist geprägt von dem Bonus, den das Kulturgut Drama theoretisch hat – die Praxis des Zuschauerverhaltens sieht ganz anders aus. Dem Konkurrenzdruck von Unterhaltungssendung, Sportübertragung, Kinofilm, Serienkrimi, ja von Originalfernsehspiel oder politischem Magazin ist das Drama im Fernsehen inzwischen weit, ja hoffnungslos unterlegen. Zuschauerzahlen, die über zehn Prozent liegen, sind für ein Theaterstück im Fernsehen kaum noch zu erreichen – soweit es sich nicht ausdrücklich als dem Unterhaltungsgenre zugehörig kenntlich macht (was bei Boulevardstücken und ihren – nun freilich erst durch das Fernsehen popularisierten – Verwandten, den sogenannten Volksstücken des Ohnesorg-, Millowitsch- oder Komödienstadel-Typus der Fall ist). Und selbst wenn zwei ,,elitäre" Kunstmedien im Fernsehen miteinander konkurrieren, zieht die Adaption des Theaterstückes weit weniger Interesse auf sich: Als zum Beispiel am 25. 11. 1973 die ARD Peter Steins Inszenierung des *Prinzen von Homburg* sendete, lief gleichzeitig im ZDF eine Fernsehfassung von John Crankos ,,Romeo und Julia"-Choreographie. Die Zuschauerzahlen: neun Prozent für das Drama, neunzehn für das Ballett.

Was hier als historische Entwicklung beschrieben und aus ihren Voraussetzungen ansatzweise begründet wurde, die kontinuierliche Abnahme der dramatischen Literatur als Grundlage von Fernsehproduktionen, ist jedoch auch auf systematische Zusammenhänge zurückzuführen, die mit dem Drama (und seiner spezifischen Vermittlungsform, dem Theater) einerseits und dem Fernsehen andererseits zu tun haben. Das europäische Drama hat sich entwickelt in enger Bindung an das europäische Theater – und die großen Dramatiker sind nicht selten große Theaterleute gewesen, von den Griechen über Shakespeare und Moliere bis zu Brecht. An diesen Gemeinplatz zu erinnern, erscheint nützlich, wenn es darum geht, die Benutzung einer literarischen Gattung (des Dramas) in einem Medium zu untersuchen, für das es nicht geschaffen wurde (das Fernsehen). Das heißt: die unterschiedlichen Bedingungen der je verschiedenen Medien lassen Rückschlüsse zu auf die Verwendbarkeit, auf die Adaptionsfähigkeit des vermittelten Gegenstandes, des Theaterstücks. Konkret: die Bedingungen zu untersuchen, unter denen Dramen im Theater produziert und rezipiert werden, und diese zu vergleichen mit jenen, unter denen das im Fernsehen geschieht, heißt zu erklären, wie das Drama im Fernsehen funktioniert – und heißt auch zu begründen, warum es im Fernsehen – vielleicht – nicht funktionieren kann. (Eine gewisse Unverträglichkeit ist jedenfalls zwischen Drama und Fernsehen in der Praxis festzustellen – diese ist um so größer, je spezifischer theatralisch das zu adaptierende Drama ist[6].)

Um mit einer ganz simplen, nur scheinbar äußerlichen Frage der Rezeption zu beginnen: warum sind Originalfernsehspiele und im Fernsehen ausgestrahlte Kinofilme und Unterhaltungsshows in der Regel nur etwa neunzig Minuten lang – und Theaterstücke (und ihre Aufführungen) in aller Regel mindestens eine Stunde länger, ja doppelt oder gar dreifach so lang? Wenn man diese Äußerlichkeit auf ihre systematischen Ursachen zurückführt, lassen sich – thesenhaft – verschiedene Schlußfolgerungen ableiten.

Der Zuschauer begibt sich, um ein Drama an *seinem* Ort zu sehen, ins Theater – dieses kommt, wird es vom Fernsehen vermittelt, zu ihm ins Haus. Der Theaterzuschauer ist Besucher – der Fernsehzuschauer Hausherr, Besitzer des Apparates, der ihm das Drama zeigt. Der Zuschauer sieht das Drama im Theater in einem Kollektiv mit anderen Zuschauern – er sieht es im Fernsehen allein oder mit wenigen anderen. Der Zuschauer sieht das Drama im Theater für sich – im Fernsehen im Zusammenhang mit und in Konkurrenz zu anderen Programmangeboten. Der Zuschauer ist im Theater, hat er sich einmal dafür entschieden, aufgrund seiner lokalen Situation (fern von zu Hause, im Dunkeln, eingebunden in die Menge der anderen) auf den Zuschauvorgang fixiert – der Zuschauer des Dramas im Fernsehen ist frei für andere, parallele Aktivitäten (Versorgungsvorgänge wie Essen und Trinken ebenso wie divergierende Kommunikationsarten, Lesen, Sprechen, Telefonieren), ja aufgrund des konkurrierenden Angebotes ist er frei für die Rezeption eines anderen Produkts. Der Zuschauer, der ins Theater geht, zahlt für den einen Abend einen Preis, für den er zumindestens einen ganzen Monat lang fernsehen kann. Der Zuschauer, der ins Theater geht, ist aufgrund seiner Situation spezifisch für das Zuschauen motiviert und auf dieses konzentriert – der Zuschauer, der das Drama im Fernsehen sieht, ist nur vorläufig motiviert und a priori nicht konzentriert. Dem Zuschauer kann im Theater schon rein quantitativ mehr zugemutet werden (eine längere Konzentration aufs Zusehen) als dem im Fernsehen. Ja, die Phasen von vorübergehender Unkonzentration und von streckenweisem Desinteresse gehören quasi als Erholungsphasen zur Dramaturgie (zur Technik, mit der das Drama gemacht und vermittelt wird) – sie führen zu neuer Konzentration, schärfen die Rezeptionsbereitschaft, da sie aufgrund der Zuschausituation im Theater in aller Regel ausgehalten werden; dieselben Momente führen im Fernsehen bei der Rezeption des selben Dramas unter eben anderen Bedingungen ebenso in aller Regel zur Zerstörung des Rezeptionsvorgangs, zum Ab- und Umschalten. Die simple Frage simpel beantworten heißt also zunächst einmal: den Fernsehzuschauer neunzig Minuten interessiert zu halten ist viel schwerer, als den Theaterbesucher drei oder vier Stunden zu interessieren. Und Theaterstücke, die nach den Rezeptionsbedingungen *ihres* Mediums gebaut sind, in den prinzipiell andersgearteten Rezeptionszusammenhang des fremden Mediums zu verpflanzen, das bedeutet schon unter dem quantitativen Aspekt: entweder das rücksichtslose Beharren auf der Integrität des Theaterstücks von zweieinhalb oder drei Stunden Dauer (und damit den Verlust der meisten Zuschauer) – oder die Reduzierung des quantitativen Angebotes mit verheerenden qualitativen Folgen (,,Wallenstein" ohne die Frauenfiguren)[7].

Auch das Verhältnis des einzelnen Zuschauers gegenüber dem Drama, die Sehweise, mit der es aufnimmt, ist im Theater eine prinzipiell andere als im Fernsehen. Der Theaterzuschauer sieht immer die Totale der Bühne – aus dieser Totalen sucht er sich, gelenkt zwar durch die Intensität des Spiels der Schauspieler, durch Effekte von Ausstattung, Licht und Musik, die Ausschnitte, die er jeweils wahrnimmt; er stellt sich seine eigene Abfolge von – filmisch gesprochen – Einstellungen, von Großaufnahmen, Totalen, Schwenks, Überblendungen, Schnitten etc. her: Die Komposition der optischen und akustischen sinnlichen Eindrücke einer Theatervorstellung, durch die sich das Drama vermittelt, wird vom jeweiligen Zuschauer individuell geleistet. Nicht nur ist jeder Theaterabend, jede Aufführung desselben Stückes in der selben Inszenierung verschieden, sondern jeder Zuschauer sieht auch am selben Abend tendenziell eine andere Aufführung (und damit ein anderes Drama). Seine Rezeption steht dabei zugleich im Kontakt mit der der anderen Zuschauer: Reaktionen wie Lachen oder schweigende Konzentration oder Unruhe oder Empörung, das alles entsteht im Zusammenspiel oder Widerspiel der Individuen im Zuschauerkollektiv.

Der Bindung des Zuschauers an den Ort Theater korrespondiert eine große Freiheit im Vorgang des Zuschauens. Und umgekehrt: der Freiheit des Zuschauers vor dem Bildschirm (um- oder abzuschalten, hin- oder wegzusehen) entspricht eine große Unfreiheit beim Vorgang der Wahrnehmung: Die gesamte Abfolge von Bildern und Tönen ist für ihn auf unabänderliche Weise von Kamera, Regie und Schnitt vorsortiert. Der Fernsehzuschauer kann die Segmente des Theatervorgangs, in dem sich das Drama realisiert, nur sehen, soweit sie ihm *gezeigt* werden, er ist prinzipiell passiver, unfreier als der im Theater – und dieses, im Falle des Dramas, gegenüber einem Gegenstand, der für den aktiven Zuschauer gedacht und gemacht ist. Der Zuschauvorgang im Theater fordert die Imaginationskraft des Zuschauers heraus, ja er ist darauf angewiesen: Der Spielvorgang des Theaters setzt den aktiven Zuschauer voraus, Drama realisiert sich erst durch das komplettierende Bewußtsein des Zuschauers. Dasselbe Drama im Fernsehen verlangt nicht mehr nach der Imagination, sondern nach der Konsumhaltung: Der Phantasievorgang des Theaterprozesses ist ersetzt durch die Manipulation der technischen Vermittlung durch das Fernsehen. Dabei ist „Manipulation" nicht a priori abwertend gemeint: Das Wort beschreibt vielmehr die prinzipiell andersartige Vermittlung, die mit dem Fernsehen und – in diesem Sinn durchaus vergleichbar – auch mit dem Kinofilm geleistet wird. Wie genau diese Art von Manipulation funktioniert, also die Festlegung der Reaktionen des Zuschauers durch die Art und Weise der Aufnahme, durch Kameraeinstellungen, Schnitte, Lichtsetzung, Musikeffekte, durch das gesamte synthetisierte und technisch fixierte Ensemble der Elemente eines Filmes, zeigen in besonderer Weise die Kinofilme von Alfred Hitchcock (zumal Hitchcock diesen Vorgang im vollen Bewußtsein der Relation von Mitteln und Wirkung handhabt[8]). Und prinzipiell funktionieren Film und Fernsehen in gleicher „manipulierender" Weise gegenüber dem Zuschauer.

Zu welchen Problemen unter diesen Aspekten die Umsetzung von Dramen ins Film-Fernseh-Medium führt, läßt sich an einem der Höhepunkte der Theaterpraxis in der Bundesrepublik und seiner Adaption in einen Kino-Fernsehfilm ablesen. Peter Steins Berliner Inszenierung der „Sommergäste" nach Gorki hatte das aktive, seine eigene Komposition herstellende Zuschauen des Theaterbesuchers zum Grundprinzip der theatralischen Realisierung des Stückes gemacht und diese Methode der Aufführung aus der Dramaturgie der Textbearbeitung und ihrem inhaltlichen Interesse an Kommunikationsvorgängen entwickelt. Doch was auf der Bühne, mit rein theatralischen Mitteln hergestellt, scheinbar so „filmisch" wirkte („scheinbar", weil es nicht synthetisch funktionierte, sondern spontan, nicht manipulativ, sondern in der Imagination) – das widersetzte sich der Umsetzung in das Film-Fernsehprodukt: Steins Film bleibt letztlich die Dokumentation eines großen Ereignisses aus einem anderen Medium, wird nicht zum Produkt, das nach *seinen* Gesetzen gemacht ist. Der unmittelbare Phantasieprozeß ließ sich in die technisch vermittelte Montage nicht übertragen. (Dieses wird gerade im Fall der „Sommergäste" besonders deutlich, da beides – die Theateraufführung und der Versuch ihrer filmischen Adaption – auf höchstem handwerklichen Niveau ansetzten.) Und die Folgen für das Ausgangsprodukt, Gorkis Drama „Sommergäste", waren gravierend: Aus einem höchst aktuellen Stück, das, kurzgeschlossen mit Phantasie und Bewußtsein seiner Zuschauer, von den komplizierten Umgangsformen bürgerlicher Intellektueller erzählte, wurde plötzlich ein in die Distanz gerücktes Historiendrama über die Probleme einer anderen, längst vergangenen, überholten Zeit.

Daß der Zuschauer am theatralischen Prozeß der Realisierung des Dramas beteiligt sein kann, liegt natürlich an der Unmittelbarkeit dieses Prozesses, an der zeitlichen und räumlichen Identität von Spiel- und Zuschauvorgang. Der Zuschauer des Dramas im Theater ist Teil eines integralen Produktionsvorgangs, er ist sogar in gewissem Sinn Mit-Produzent. Dasselbe Drama, im Fernsehen produziert, wird nicht nur technischer Vermittlung unterzogen, sondern auch in einem prinzipiell untheatralischen, nicht integralen sondern extrem synthetischen Prozeß hergestellt. Die Einheit des einen Theaterabends wird zerlegt in viele Arbeitsminuten, die über Tage, ja Wochen verteilt hergestellt (und konserviert) werden – und dieses selten in der Chronologie des Stückes. Daß etwa eine Rolle, die für den Aufbau durch einen Schauspieler an einem Abend geschrieben ist, sich verändert, wenn sie sozusagen scheibchenweise zusammenmontiert wird, liegt auf der Hand. Noch deutlicher wird der Prozeß, dem ein Drama bei der Umsetzung ins Fernsehen unterworfen ist, bei der Behandlung von Zeit und Raum. Theater, in der unmittelbaren Realität sich ereignend, kann und muß Zeit und Raum voraussetzen, kann sie manipulieren nur mit Hilfe der Phantasie der Zuschauer. Das technische Medium Fernsehen kann – wie der Kinofilm – seine Räume und seine Zeitabläufe synthetisieren, kann sie vergrößern und verkleinern, verlängern und verkürzen. Ein einfaches Beispiel: das Zurücklegen einer Strecke (der einfachste Vorgang, um ein Raum-Zeit-Gefüge zu versinnlichen) dauert auf der Bühne so lange, wie der entsprechende Gang des Schauspielers eben dauert; derselbe Gang im Fernsehen ist mit Hilfe der Kamera fast beliebig veränderbar, zu verkürzen oder zu verlängern: an die Stelle des realen Vorgangs tritt seine Montage. (Dieses wirkt in aller Regel konzentrierend, also Zeit verkürzend – auch eine Erklärung für die so viel kürzere Dauer des Fernsehspiels, des Films.) Ein Gang, der für eine Bühne geschrieben ist, auf einer Bühne einstudiert ist, wird also, in den anderen Produktions- und Vermittlungsvorgang übertragen, entweder (unverändert übernommen, abphotographiert) gedehnt, überlang, übertrieben erscheinen – oder (einem synthetisierenden Montageprozeß ausgesetzt) zerhackt, verkürzt, verstümmelt wirken.

Ein weiterer wichtiger Aspekt der Umsetzung von Theaterstücken in Fernsehproduktionen ist die Nachbarschaft zu anderen Programmteilen. Das Drama, für den einen geschlossenen Theaterabend geschrieben, kommt plötzlich nach der Tagesschau und vor der Übertragung des Fußballspiels: Es tritt, vermittelt durch dasselbe Medium Fernsehen, in Nachbarschaft, in Konkurrenz zu ganz heterogenen Ereignissen. Diese anderen haben eines gemeinsam: den Anschein der Authentizität. Die Praxis der Entwicklung des Fernsehens hat dazu geführt, daß die Zuschauer – wie alle Untersuchungen bestätigen – die im Fernsehen gezeigten Bilder für ,,die Wirklichkeit" halten. Auch die fiktionalen Programmteile haben sich dieser Tendenz nicht entziehen können: Sie versuchen auf ihre Weise der alltäglichen Wirklichkeit des Zuschauers nachzugehen. ,,Da der Zuschauer sich daran gewöhnt hat, die Bilder des Fernsehens als Abbild der Wirklichkeit zu nehmen, richtet er den Wunsch nach Realitätsnähe auch an Hervorbringungen des Fernsehens, die kein Hehl daraus machen, erfunden, also künstlich zu sein" (Günter Rohrbach[9]). Selbst die Ungeheuerlichkeiten und Katastrophen, die extremen Momente unserer Realität, rücken im Fernsehen, ,,mediengerecht" dargeboten und im Ablauf des Programms konsumiert, in die Nähe des üblichen Alltäglichen: Die Berichterstattung über den Vietnamkrieg war, zum Beispiel, ein solcher, die Wirklichkeit auf das fernsehgerechte Maß des Wahrscheinlichen und also Akzeptablen hin manipulierender Vorgang.

Das Drama dagegen hat sich Jahrtausende lang gerade mit dem Unwahrscheinlichen, dem Außergewöhnlichen, dem großen Gegenstand, der bizarren Persönlichkeit, dem überraschenden Handlungsverlauf, dem ungeheuren Ereignis, dem extremen Gefühl und kompliziert formulierten Gedanken befaßt – es hat dieses zudem auf eine Weise getan, die die Nicht-Alltäglichkeit nicht nur nicht versteckte, sondern geradezu ausstellte und für seine Wirkungen nutzbar machte. Das Drama hat das Unwahrscheinliche zu seiner Wirklichkeit gemacht, zu seiner Wahrheit; ausgesetzt dem Zwang, sich in der Nachbarschaft anderer Programmteile des Fernsehens mit dem Wahrscheinlichen zu messen, wird es entweder seine Wahrheit verraten und sich anpassen (und zur Boulevard-,,Komödie" oder zum ,,Volkstheater" verkommen) – oder es wird als unverträglicher, dem Medium Fernsehen nicht adaptierbarer Fremdkörper erkennbar bleiben und nicht rezipiert werden. Von daher ist es nur logisch, daß sich gerade die Dramen der Jahrhundertwende und des angelsächsischen Realismus der Nachkriegszeit, die sich der Forderung des Alltäglichen und Wahrscheinlichen ihrerseits angenähert und auch im Zusammenhang mit einer eher illusionistischen Spiel- und Inszenierungsweise entwickelt haben, der Umsetzung in Film und Fernsehen erfolgreich und vergleichsweise unbeschadet ausgesetzt haben.

Bei der Transponierung von Dramen ins *Massen*kommunikationsmittel Fernsehen wird auch besonders deutlich, daß die Dramen des europäischen Theaters in aller Regel Produkte eines elitären Kunstmediums sind, entstanden und zum Funktionieren gebracht unter historisch-gesellschaftlichen Bedingungen, die von monarchischen, aristokratischen, feudalen, allenfalls großbürgerlichen Strukturen geprägt waren. Ihre emanzipatorischen Kräfte haben diese Dramen in der Regel als Antithesen zu den bestehenden Verhältnissen und zu den Bedingungen des Mediums, in dem sie realisiert wurden, entfalten müssen: Ihr elitärer Charakter wirkte avantgardistisch nur auf dialektische, ja subversive Weise. Selbst das Drama unserer Tage ist entwickelt für ein Medium, das nur einen kleinen, noch dazu den ideologisch (mehr als ökonomisch) privilegierten Teil der Bevölkerung erreicht. Ausgesetzt den Bedingungen des Massenkommunikationsmittels Fernsehen und seiner bestehenden Strukturen muß das Drama in aller Regel an den Bedürfnissen der Zuschauermassen, für die es gar nicht gedacht ist, vorbeizielen – sein elitärer Charakter, zudem der ihm eigenen Funktions- und Vermittlungsweise beraubt, wird besonders deutlich, ja erhält den Anschein des Reaktionären, weil bestehende Klassen-Unterschiede scheinbar Zementierenden.

Daß dieser Charakter von Dramenproduktionen im Fernsehen keineswegs mit den Inhalten allein, sondern auch mit den unterschiedlichen, unverträglichen Vermittlungsformen zusammenhängt, zeigt ein bezeichnendes Detail: Produkte eines anderen Massenkommunikationsmittels, das unter ganz anderen Bedingungen als das Theater seine Vermittlungsformen entwickelt hat, nämlich des Kinos, funktionieren auch dann noch im Fernsehen viel breiter und weniger elitär als Theaterstücke – selbst wenn sie sich vergleichsweise komplizierter Inhalte und vergleichbar differenzierter, unwahrscheinlicher Vermittlungsformen bedienen: So haben selbst die durchaus ungewöhnlichen, ,,elitären" Kinofilme von Luis Bunuel im Fernsehen ein Vielfaches an Publikum erreicht von dem, was Theaterproduktionen haben: Diese Quantität ist auch auf die dem Medium Fernsehen gemäßere Qualität zurückzuführen. (Bezeichnenderweise ist das Fernsehen durch das Ausstrahlen von Kinofilmen zum entscheidenden Konkurrenten des Kinos geworden – der Theaterbesuch ist längerfristig durch die Sendung von Theaterstücken im Fernsehen nicht berührt worden.)

Die Problematik der Transponierung von Dramen ins Fernsehen läßt sich schließlich noch an einem weiteren grundlegenden Aspekt verdeutlichen. Die Abbildungen der Realität geschehen im Theater zwar gerade nicht (wie Fernsehen und Kinofilm es ihrerseits suggerieren) im Maßstab eins zu eins: die Wirklichkeit wird im Theater auf erkennbare, durchschaubare, immer sichtbare Weise transponiert in Bilder eigener Realität und anderen Maßstabs. Doch im Unterschied zu den technischen Medien Film und Fernsehen ereignet sich der Vermittlungs*prozeß* ,,eins zu eins": Nicht nur ist der Zuschauer unmittelbar anwesend beim Vorgang der Produktion des Spiels und in denselben einbezogen – die Vermittlung selbst geschieht sozusagen in natürlicher Größe. Die Auseinandersetzung mit den übergroßen Gegenständen des Dramas vollzieht sich über die Normalgröße des Schauspielers. Die immer erkennbar bleibende humane Dimension des Schauspielers garantiert letztlich die Möglichkeit einer aktiven, produktiven Rezeption – bei noch so ausgefallenen Inhalten, bei noch so extremen Formen des Spiels. Selbst die ,,Übersetzung" des Gestus, der Stimme, der Mimik in die Reichweite eines tausend Leute fassenden Auditoriums bleibt immer noch für jeden einzelnen Zuschauer gebunden an die menschliche Figur des Vermittlers, wie überdimensional auch immer seine Rolle sein mag. Und dieser Vorgang wird – auf in der Tat grotesk wirkende Weise – verzerrt, wenn er eingezwängt wird in die untermenschlich kleine Dimension des Bildschirms. Die Verzwergung der menschlichen Gestalt im Fernsehvorgang tritt dann in Spannung zu Dialogen und Aktionen, zum Gestus eines Dramas, das nicht für diesen Rahmen gemacht ist – dieses wirkt, wie es gedacht ist: ,,theatralisch", im Produktions- und Rezeptionszusammenhang des anderen Mediums wirkt es deplaziert.

Auf solch essentiellen Voraussetzungen basieren die Dramen der europäischen Theatergeschichte in gleicher Weise, so verschieden auch sonst die Bedingungen ihrer Entstehung im Detail gewesen sein mögen: der Unmittelbarkeit des Spiels, der zeitlich-räumlichen Identität von Produktions- und Zuschauvorgang und der unlöslichen Bindung an die Vermittlung durch den menschlich dimensionierten Schauspieler. Alle diese Voraussetzungen sind bei der Transponierung von Dramen ins Fernsehen nicht mehr gegeben: Die eingangs skizzierte historische Entwicklung der Abkehr des Fernsehens vom Drama hat auch strukturelle Ursachen, die in der Verschiedenartigkeit der Medien liegen. Einige dieser Divergenzen sind hier beschrieben worden – dem Anlaß dieses Buches entsprechend aus der Perspektive des Dramas, des Theaters; aber auch um zu belegen, daß die Zukunft des Fernsehens nicht bei der Rückkehr zum Drama liegt, daß es die Suche nach einer Ästhetik *seiner* fiktionalen Programmteile aus eigenen Voraussetzungen betreiben muß und nicht unter Anlehnung an andere (zugegeben: nicht *ganz* unverwandte) Medien.

Das Drama im Unterricht
Klaus Göbel

Übersichten zum Drama im Unterricht liegen in Form von Literaturberichten, Aufrissen und enzyklopädischen Zusammenfassungen vor[1]. Hier wird deswegen versucht, die Problementfaltung auf einen zentralen Punkt hinzuführen, um dann aus der Paraphrase des gewonnenen Schwerpunktes einen Unterrichtsvorschlag zu entwickeln. Die – allerdings aus Gründen vertretene – Einseitigkeit der Argumentation soll den Beitrag öffnen für Kritik und Alternativen zugunsten einer dringend erforderlichen Belebung der Diskussion um die Behandlung des Dramas in der Schule.

Dramen sind nicht für die Schule geschrieben. Sie sind so weder Lerngegenstände noch Lernmittel im Unterricht. Sie haben überhaupt keinen genuinen Platz in schulischen Erziehungsprozessen, sondern ihr Ort ist das Theater, und eine Öffentlichkeit (im Sinne Frischs) macht sich zu ihrem Partner. Wenn hierunter Schüler sind, so sind sie während der Aufführung nicht Schüler, die Anforderungen des Faches Deutsch gerecht werden, sondern Teil des Publikums[2]. Der im Zusammenhang mit Dramentheorien immer wieder diskutierte Erziehungsgedanke macht aus dem Theater ganz sicher noch keine Schule, weder in der griechischen Polis, noch bei Gottsched, Lessing, Schiller, Hauptmann, Brecht.

So zusammenhanglos scheint eine solche These allerdings höchstens von provokanter, aber sinnleerer Taktik bestimmt zu sein. Dennoch steckt in ihr ein erstes, naives Resümee aus der fast drei Jahrhunderte umfassenden Geschichte des Dramas im Deutschunterricht. Die Ursache liegt in einem geschichtlich ungeklärten Verhältnis zwischen Poetik, literarischer Praxis und Pädagogik. In der Simplifizierung des Horazschen Prinzips vom zuhöchst komplizierten Wechselspiel des *delectare et prodesse* erreicht dieses über Opitz bis zu Gottsched den Charakter eines additiv zu verstehenden Zweischritts vom Angenehmen zum Nützlichen. Nach Kants *Analytik des Schönen*, insbesondere der Explikation der hier relevanten Hauptaspekte des Kunstschönen (,,Zweckmäßigkeit ohne Zweck", ,,interesseloses Wohlgefallen") und nach Lessings Auseinandersetzung mit Gottsched ist das zugrundeliegende Problem auf Seiten der Literatur einer zumindest zeitlichen Lösung nahe – auf Seiten der Literaturpädagogik lebt es um so intensiver fort.

Aus Gründen, die zu nennen sind, steht das Drama weit mehr als alle anderen Gattungen mitten in dieser Problematik, die in Hinsicht auf die dramendidaktische Rezeptionsgeschichte ein Verhängnis genannt werden muß. War die Gattung des Romans noch bei Sulzer als Nachfolgerin der milesischen Liebesgeschichte unwert zur Aufnahme in das System der Künste, so ergeht es der ,Königin der Künste' ein Jahrhundert später aus pädagogischer Sicht nicht anders: ,,in den meisten Dramen ist die Liebe zu sehr das überwiegende Interesse"[3], und deswegen ist seine Behandlung auf Sekunda zu beschränken, und zwar auf *Tell*, *Götz* und Uhlands *Ernst von Schwaben*. Nur wo in einem Übermaß an sittlichem Wollen auch noch die Liebe überwunden wird, ist eine Chance für unterrichtliche Behandlung gegeben; das Iphigenienproblem in der Dramendidaktik taucht in solcher Verzerrung auf und zieht wie ein roter Faden durch die Folgezeit. Die Ursache liegt vordergründig in der falsch gestellten Frage nach den aus der Dramatik unmittelbar zu entnehmenden Identifikationsangeboten und Lernmustern. (So wird das überlieferte *delectare et prodesse* in der Literaturpädagogik zur Frage nach Schülermotivation und apologetischen Lernpostulaten sittlich-moralischer Bildung.)

Das Drama steht immer in der Gefahr, als Instrument für ganz andere Ziele des Unterrichts ‚verwendet‘ zu werden, als Gegenstand des Literaturunterrichts aber in demselben Maße zu entgleiten, wie seine effektorische Funktion hochgeschätzt wird. Die fortwährende Bedrohung eines sachgemäßen Dramenunterrichts liegt also in der vorschnellen Verengung des Dramatischen als willkommener Methode zur Optimierung von schulischen Lernprozessen, ohne daß das Dramenspezifische in seiner Struktur, Inhalts- und Wirkungsqualität hinreichend bedacht würde. Dieses aber müßte geschehen in bezug auf den adäquaten Ort; dieser ist die Bühne: die Simultanbühne, die Hof-, Staats-, Stadttheaterbühne, das Podium des Straßentheaters usw., nicht aber der isolierte Text, sei er Schulausgabe oder historisch-kritische Ausgabe in der Philologie. Spätestens im Zeitpunkt seiner Realisierung liegt dem Drama eine besondere Kommunikationssituation zugrunde, eine polymediale Struktur, die für die aristotelisch/lessingsche Dramaturgie zunächst genauso gilt wie für die epische. Die medienspezifischen und wirkungspoetischen Eigengesetzlichkeiten sind der Partitur des Dramentextes inhärent, gerade auch dort, wo es nicht so ausführliche Regieanweisungen gibt wie im *Fuhrmann Henschel*. So gesehen (und aus vielen Gründen mehr) ist ein Drama zunächst einmal ein Zeitstück, denn es unterliegt dem Entwicklungsstand und der aktuellen Programmstruktur ‚seines‘ Mediums genauso wie – im umfassenden Sinne – den Bedingungen der ,,Literaturgesellschaft‘‘, an der es teilhat, manchmal sogar des einen konkreten Theaterpublikums, für das es komponiert wurde[4].

Gerade aber eine medienpoetologische Diskussion um das dramenkonstituierende Prinzip *Theatralität* hatte wenig Platz in der Dramendidaktik der Vergangenheit – mehr noch, der Dramen-Unterricht distanzierte sich sogar vom Theater in demselben Moment, wo Wirkprinzipien des Theatralischen im Rahmen der aristotelisch geschlossenen Form in einem technokratischen Sinne zur ,,Dramaturgie des Unterrichts‘‘ insgesamt umgesetzt wurden[5]. Es ist viel zu wenig gewürdigt worden, wie die Theaterarbeit der Gottscheds, C. Neubers, Schönemanns, Ekhofs usw. nicht nur einer Disziplinierung des Theaters galt, sondern vor allem dem Zweck, die Einheit Drama-Theater wiederherzustellen und nutzbar zu machen für eine volkspädagogische Aufgabe. Trotz aller Differenzen stehen Idee und Praxis eines deutschen Nationaltheaters sowie das Wirken Lessings hierzu nicht im Widerspruch.

Sinnlich-unmittelbare Präsentation des Bösen (und sei es nur als Kontrapunkt des Guten), Darstellung des Unmoralischen und Unsittlichen, menschlicher Verfehlungen und Laster, auch nur die ‚in Szene gesetzte‘ Liebe zwischen Mann und Frau reichen hingegen schon aus, um im popularwissenschaftlich-pädagogischen Vorfeld von Entwicklungspsychologie und Lerntheorie einer ‚Schaustellung‘ vor Jugendlichen mißtrauisch gegenüberzustehen. Die pädagogisierte Katharsistheorie des 18. Jahrhunderts gilt für Lesestoffe, für darstellende Künste hingegen nicht, erst recht nicht für die unmittelbar sinnliche Kunst des Theaters. *Die Schaubühne als eine moralische Anstalt betrachtet* und *Wilhelm Meisters theatralische Sendung* werden gerade in Hinsicht auf das Theatralische übergangen und auf das Drama als Lesetext vereinseitigt. Theater und Theaterleute gewinnen oftmals eine exotische oder auch triviale Qualität in der Einschätzung der urbanen Literaturgesellschaften des 19. Jahrhunderts. Literaturpädagogische Strömungen dieser Zeit haben daran wesentlichen Anteil. Eine durchgängige Idee des 18. Jahrhunderts, auch dramatische Literatur wie das Theater als Institution für Bewußtseins- und Geschmacksbildung, nicht zuletzt auch zur Förderung eines Nationalbewußtseins während feudalabsolutistischer Unterdrückung, in die Pflicht zu nehmen, endet am Ausgang des Jahrhunderts in einem mehr oder minder apolitischen Kulturbetrieb. Die Reaktion der Pädagogik auf die Theatromanie der Jahrhundertwende und danach lautet Distanzierung vom Theater und Behandlung des Dramas unter völlig anderen Gesichtspunkten, insbesondere Gleichschaltung des Dramas mit den anderen literarischen Gattungen. Hier liegt ein Grund für die bis heute in der Fachdidaktik immer wieder gestellte Frage: ,,Was hat das Drama nur an sich, daß sich die Schule so schwer damit tut?"[6] Dieses ist keineswegs ein besonders kennzeichnendes Problem gegenwärtiger Dramendidaktik, wie immer wieder behauptet wurde, sondern eine Leitfrage in der Geschichte der Fachdidaktik Deutsch. Sie korrespondiert mit den ebenso immer wiederkehrenden Krisenbefunden zum Drama in der Literaturtheorie. Hilflosigkeit, Resignation, Apologien oder Endzeitvorstellungen aus einem solchen Tatbestand ableiten zu wollen, bedeutete, vor der Wirklichkeit die Augen zu verschließen: Dramenproduktion, Theaterlandschaften und Publikumsinteresse in Vergangenheit und Gegenwart beweisen deutlich, wie sehr eine solche Argumentation am Drama und seiner Position im ,,Literarischen Leben" immer wieder vorbeigeht.

So steht eine große Vielfalt produktiver Auseinandersetzung und praktischer Konzeptionen in der Theatergeschichte des 19./20. Jahrhunderts im Gegensatz zu einer gewissen Monotonie literaturwissenschaftlichen Forschens und zu einer Dramendidaktik, welche in der Vergangenheit einige wenige dramatische Werke zu ,Literaturdenkmälern' der Nation und das Theater – wenn überhaupt – zum feierlichen Kultraum für Bildungserlebnisse einengte. Heute scheint es zunächst punktuell so, daß sich die Instanz Theater in Dramaturgie, Aufführungspraxis und Öffentlichkeitsarbeit des wissenschaftlichen und didaktischen Mankos selbst annimmt (z. B. der literarisch-gesellschaftlich-historischen Dimensionen und der Aktualisierung im Bewußtsein von Geschichte). Gegensätzliche Prinzipien treffen gerade in solchen Momenten aufeinander: ,,Was ein Drama ist und sein soll, ist schon in der Antike festgestellt worden"[7] gegen etwa solche Thesen: Was ein Drama ist und sein soll, ist allein aus den Belangen des Publikums und der Zeit zu erschließen, in der es gespielt wird. – Das inszenierte Drama steht dazwischen, als tertium comparationis über den Oppositionen hat es keinen Bestand, allein schon wegen seines medienspezifischen Grundcharakters: der sich einer Dokumentation entziehenden Flüchtigkeit der Aufführung als Ergebnis spontanen Ineinanderwirkens von Produktion und Rezeption an diesem einen Theaterabend.

Die Dramendidaktik reduziert nach wie vor dramatische Partituren auf Lesestoffe für Schüler im Unterricht und löscht so fast alle Rezeptionskonstanten des Dramatischen willfährig aus. ,,Kein Medienwissenschaftler oder -pädagoge käme auf die Idee, ein Fernsehspiel, einen Spielfilm, einen Fernseh-Werbespot oder eine Unterhaltungssendung nur vom Skript her zu untersuchen. Wann endlich erfüllt auch die Dramenanalyse diese selbstverständliche Voraussetzung (die audio-visuelle Produktion, Distribution und Rezeption dramatischer Texte entsprechend zu berücksichtigen)?"[8] Dies ist der Aufruf eines Theaterwissenschaftlers, der sieht, daß bislang weder seine eigene Disziplin oder die Literaturwissenschaft noch die Fachdidaktik sich des Problems ,Drama' im medienpoetologischen und -soziologischen Sinne hinreichend angenommen haben. Mag es dabei paradox erscheinen, daß dieses für die Theaterwissenschaft gilt, deren Entstehung doch gerade aus jenem Tatbestand abgeleitet wurde, mag es auch verwunderlich sein für die traditionelle Literaturwissenschaft, die nicht einmal durch den Leitgedanken von der ,,Zwei-Einheit Drama und Theater" in R. Petschs ,,Wesen und Formen des Dramas" aufmerksam wurde (,,Dichterwort und Bühnenvorgang gehören so eng zusammen wie Seele und Leib"[9]), so bedeutet diese Fehlentwicklung in der Folge erst für die Dramendidaktik ein wirkliches Fiasko. Zu Beginn der 70er Jahre spätestens wird es sinnfällig: Es gibt in den Bundesländern Richtlinien für das Fach Deutsch, in denen das Drama überhaupt nicht mehr vorkommt, zumindest nicht als Unterrichts*gegenstand,* sondern teils in effektorischer Funktion als Motivationsmittel, teils als Träger von Inhalten, als reichhaltiges Depot einer literarischen Tradition, mit der es abzurechnen gilt. Verwertbarkeit, ein Begriff von technischer Vordergründigkeit und der Rigorosität des Ahistorischen, wird teilweise zum Maßstab für das Drama im Unterricht. Und gerade die dramatische unter den literarischen Gattungen trifft es am meisten, wenn mit dem Zynismus eines gestörten historischen Bewußtseins gegen ‚die Klassiker' zu Felde gezogen wird: Den Deutschlehrern gilt die Parole, ,,die Klassiker nicht weiterhin als Evergreens an(zu)sehen, in denen immer noch Leben steckt. Sie müssen sie vielmehr als ideologische Leichen betrachten, an denen die Schüler das Sezieren, d. h. Analysieren von Literatur lernen, damit sie, wenn sie lebendigen literarischen Werken gegenüberstehen, zu erkennen vermögen, ob und wie ihnen diese schaden oder nützen können."[10] Hier und in vielen ähnlichen Stellungnahmen kündigen sich Tendenzen zur Selbstaufgabe einer Literaturdidaktik im konkreten Sinne an, die zwar heute teilweise überwunden scheinen, jedoch deutliche Spuren – im weiterführenden wie im destruktiven Sinne – hinterlassen haben.

Um zusammenzufassen: Schon immer stand das Drama im Zentrum pädagogischer und fachdidaktischer Kontroversen. Dies ist kein spezifisches Problem unserer Gegenwart. Es insbesondere aus der Kritik an der werkimmanenten Interpretation oder allgemeiner aus der Methodenkritik an der bürgerlichen Literaturwissenschaft des 20. Jahrhunderts herleiten zu wollen, ist falsch. Das Dramenproblem ist in seinem Kern kein methodisches. Seine Ursache liegt vielmehr im Drama selbst. Das Drama setzt Aufführbarkeit voraus und fordert von sich her Theaterpraxis. Das Theaterpublikum, und sei es noch so heterogen, ist im Sinne der Kommunikationsforschung niemals Massenpublikum, sondern es ist Partner in Individual- und kategorialen Kommunikationsprozessen im deutlichen Unterschied zu den technisch-elektronischen Medien. (Das Fernsehen hat in diesem Sinne überhaupt kein Publikum.)

Noch sehr viel differenzierter wird die dramatische Kommunikationsstruktur dadurch, daß es sich dabei um Spielsituationen handelt, also um repressionslose Freiräume zur Simulation, Variation und Imagination von Wirklichkeit, die Menschen und Zwischenmenschlichkeit betreffen und ,,ecce homo"- oder ,,tua res agitur"-Appelle aufweisen. Ob nun ästhetische, psychologische oder soziologische Spieltheorien zur genaueren Erklärung des komplizierten Zusammenhangs bemüht werden, fest steht, daß sich das Drama in einer solchen Kommunikationsstruktur als Lerngegenstand im rezeptiv-kognitiven Sinne zunächst grundsätzlich entzieht. Alle Unterrichtsmethoden, die ausschließlich am Kognitiven des Lernprozesses festhalten, müssen versuchen, den genuinen Modus der sinnlichen Wahrnehmung im Freiraum der Imagination in einen Modus der objekthaften Vorstellung umzuwandeln. Damit wird der Weg frei für eine Behandlung des Dramatischen unter ‚normalen' Unterrichtsbedingungen. Er ist erkauft unter zumindest partieller Preisgabe von gattungsspezifischen Merkmalen des texttragenden Mediums.

Akzeptable Alternativen sind sicher weder in der Laienspielbewegung der 20er Jahre noch in der gymnasialen Praxis des Darstellenden Spiels in den 50er Jahren zu finden. Nur am Anfang oder gegen Ende der hier überschauten Zeit gab es Lösungsversuche, beides miteinander zu vereinbaren: im Zittauer Schuldrama Christian Weises und bei Brecht, in je höchst unterschiedlicher Weise, beide Lösungen auch ohne den erneut verschleiernden ‚Modell'-Charakter etwa für den gesamten dramendidaktischen Bereich[11].

Was ebenso in der Geschichte zu beobachten ist, ist das Ungenügen an einem solcherart versimpelten Lerngegenstand in der Schule. Dies dokumentiert sich in den verschiedenen deutschdidaktischen ‚Epochen' als immer wieder aufflammende Kontroverse um den jeweiligen

Dramenkanon, um Klassik und Zeitgenossenschaft[12], vaterländische Musterdramen und aktuelle Problemstücke, um Dramen als Träger von normativen Maximen einer abendländischen Sittenlehre oder nationalpolitischer Ideologien, als Träger praktischer Handlungsmuster und Vorbildraster zur Lebenshilfe für die jeweilige Schülergeneration[13]. Was dem Theater der Zensor, war dem Drama im Unterricht außerdem die zuständige Kultusbehörde. Die Unruhe in der Geschichte des Dramenunterrichts war so immer auch politischen Ursprungs. So sind die vieldiskutierten Problemkonstanten der Dramendidaktik, das Tellproblem, das Nathan-, Iphigenienproblem – man darf heute ergänzen: das Brechtproblem[14], nur verständlich aus einem schwer entwirrbaren Zusammenhang fachwissenschaftlicher, pädagogischer und politischer Komponenten. Sie sind demzufolge nicht fachimmanent lösbar. Alle nur denkbaren Rezeptionsvarianten wären an *Wilhelm Tell* zu verifizieren. Obschon mit Abstand *das* bevorzugte Drama der Volksschulen und Gymnasien Preußens und dann des Reichs wurde der *Tell* zweimal offiziell von den Lehrplänen gestrichen: 1854 infolge der „Stiehlschen Regulative" und 1941 auf persönlichen Wunsch Hitlers[15]. Gegenbeispiele sind diese: Gerade zehn Jahre nach Skandal und Prozeß um Hauptmanns *Die Weber* erscheint mitten in unruhigster Zeit das Stück als Unterrichtsvorschlag in einem literaturdidaktischen Werk zur Schulreform in Preußen[16]. Und bevor noch in Lehrplänen und amtlichen Unterrichtsempfehlungen genannt, wird Brecht in den Schulen der Bundesrepublik durchgesetzt.

Welche Schlußfolgerungen ergeben sich aus dem Aufriß für das Drama im Unterricht?

1. Dramenunterricht bereitet in seinem Bereich vor zur Teilnahme am literarischen Leben, zu einer aktiv-kritischen Ausübung von Zeitgenossenschaft aus dem Horizont einer intakten oder selbst in Frage zu stellenden Literaturgesellschaft. Konkreter: Dramenunterricht hat zum Ziel notwendige Kompetenzen eines qualifizierten Theaterbesuchers, der durch Einbezug in den theatralischen Prozeß sich seiner Rolle im ästhetischen wie übergreifend kritischen und gesellschaftlich-politischen Sinne bewußt wird und demgemäß handelt. Ohne den Zuschauer, der seine Rolle tätig begreift, gibt es kein Theater und zumindest im medienpoetologischen Sinne auch kein Drama, es sei denn als antiquarisch-musealen Kulturakt. So wenig wie sich „Kritisches Lesen" als das globale Lernziel des Literaturunterrichts der Gegenwart nur auf moderne Texte bezieht, so wenig ist das aktiv-kritische Teilhaben am Theater nur auf offene/epische Formen des Dramatischen beschränkt[17]. Nur aus der Verkennung des Dramas im 18./19. Jahrhundert und einer völlig abwegigen Dogmatisierung von Brechts Gegenüberstellungen ist das Stigma von der Passivität des Zuschauers im ‚Klassischen Dramentyp' zu erklären. Peter Szondis These: „das Verhältnis Zuschauer-Drama kennt nur vollkommene Trennung und vollkommene Identität"[18] entsteht aus Theoriezwängen, ihr widerspricht die in der Geschichte des Dramas ohne Ausnahme immer sehr viel differenzierter mitbedachte Publikumsbezogenheit. Selbst in einem so ästhetisch-ausschließlichen Denken wie in Schillers ‚Vorrede' wird die produktiv-verändernde Funktion des Zuschauers ausdrücklich angesprochen[19].

Wegen der besonders intensiven Beachtung von Text-Medium-Leser-Bezügen im literaturdidaktischen Denken kommen beim Drama neben der Literaturwissenschaft andere, die Unterrichtsarbeit fördernde Korrespondenzdisziplinen zu Hilfe: Theaterpraxis, Theatergeschichte als Geschichte der Aufführungen, des Bühnenbaus, des Theaterbaus usw., Kostümgeschichte, Theaterkritik in Vergangenheit und Gegenwart, Medienforschung, Theatersoziologie usw. Sie alle haben, deutlicher als die Literaturwissenschaft, den theatralischen Prozeß, Dramenrealisierung unter Einbezug der Zuschauer zum Thema und wenigstens teilweise und annähernd Aufgaben, die der Dramendidaktik in den oben skizzierten Zielpunkten vergleichbar sind. Daraus ergibt sich eine Möglichkeit für die Behandlung des Dramas im Unterricht, sich aus ihrer

schwerwiegenden, so einengende Prämissen setzenden Tradition zu lösen und wenigstens methodisch neue Wege zu gehen, welche zum Teil von eben diesen Disziplinen vorgegeben sind.
Ein solcherart entstehendes *integratives* dramendidaktisches Prinzip ist so zu beschreiben:

2. Es ist abzusetzen von zwei Extremen, die sowohl als Zielbeschreibung wie auch als
Unterrichtsmethode nicht zu rechtfertigen sind: Auf der einen Seite widerspricht *Theatralität*
als medienspezifische Grundstruktur dramatischer Texte einer ausschließlichen Literarisierung
im Sinne des ‚Wortkunstwerks‘ (Lernziel: ‚Erfassen von literarischen Strukturen‘[20]), auf der
anderen Seite ist die in der Schule mögliche Praxis eines ‚Darstellenden Spiels‘ ungeeignet, einen
so komplexen Gegenstand wie das Drama auch nur annähernd sinnvoll vorzustellen. Die heute
zu beobachtende Spieleuphorie an den Schulen hat andere Ursachen und andere Ziele. (Sie liegen in einer fortgeschrittenen Interaktionspädagogik, die in den Fachdidaktiken auf unterschiedliche Weise konkretisiert wird.) Wir nennen die gesuchte didaktische Grundeinstellung
zum Drama das *Prinzip der simulierten Dramaturgie und Inszenierung.* Es ist zugleich
schülerorientiert wie sachangemessen bezüglich der im Unterricht zu behandelnden Textparti-
turen. Es enthält ebenso Aussagen zur Methodik des Lehrgangs wie zu Lernzielkriterien. Das
Drama bietet prägnanter als alle anderen literarischen Gattungen die Möglichkeit zu einem ständigen Ineinander von rezeptiv-kognitiven und produktiv-kreativen Arbeitsweisen bei der Text-
behandlung. Nur scheinbar dient dieses ausschließlich literarischer/ästhetischer Kompetenz-
bildung. Der im dramatischen Text selbst angelegte *Zwang zum Transfer* in ein anderes Medium (= die unmittelbar sinnliche ‚Vorstellung‘ im Theater, wie immer dieses institutionell zu
bestimmen sein mag) fordert Engagement, Gestaltungspotenz des Vorstellenden, fordert kritische Kompetenz gegenüber dem Stück aus den Sichtweisen der eigenen Verhältnisse. Hierin
liegt in jedem Fall ein gewisses Maß an Verfremdung, die in der distanzierenden Kommunikationsstruktur Text–Theater–Zuschauer begründet ist. Zumindest ist es die institutionelle, ästhetische, soziologische wie medienspezifische Eigenständigkeit des Theaters, das trotz seiner
wichtigen Aufgabe als ‚Medium‘: zu vermitteln, also Text und Rezipienten in der Aufführung
zusammenzuführen, diese immer zugleich auch trennt. Es gibt eben nicht *das* inszenierte Drama
in *diesem* kulturell-politischen Raum, sondern es gibt diese und jene Aufführungen in verschiedenen Theaterlandschaften und -zeiten. Der theatralische Prozeß, in dem das Drama schließlich
zu sich selbst kommt, ist so immer als Aufführung eine subjektive Verstehensleistung der Theaterleute, die zur Diskussion und Alternative zwingt. Wenn gerechtfertigt erscheint, daß nicht
die Textualität des Dramas, sondern immer erst seine sinnliche Vergegenwärtigung das ‚fertige‘
Drama ausmacht, so gilt deutlicher als je sonst, daß hier ein literarisches Werk beinahe ausschließlich erst als subjektive Leistung von Rezipienten vorliegt. Diese ist in einer Kette des
Handelns der Theatermacher in der Inszenierung, dann der Zuschauer in der Aufführung an jedem Theaterabend neu. ,,Das Theater legt (dem Zuschauer) nunmehr die Welt vor zum Zugriff.‘‘[21] Brechts berühmter Satz schließt das aristotelische Drama nicht grundsätzlich aus.
,,Über eine nichtaristotelische Dramatik‘‘ handelt mehr von praktischer Dramaturgie (also von
den genannten Transferprinzipien), von Theater und Zuschauer und medialen Prozessen als von
literaturtheoretisch verstandenen ‚Formen‘. Wie immer diese Zusammenhänge hergeleitet werden, aus der alten ‚hermeneutischen Differenz‘, aus der Horizonttheorie der philosophischen
Hermeneutik oder aus materialistisch dialektischem Denken, fest steht im Rahmen einer solchen Herleitung, daß im textkonstitutiven Zwang des Dramas zum Medientransfer eine grundlegende Aufgabe der Didaktik zu finden ist. Sie liegt in der produktiven Vermittlung von
Text-Medium-Leser, auf die Literaturunterricht initiierend, motivierend und korrigierend,
nicht aber normsetzend Einfluß nimmt.

3. Zur Praxis der simulativen Dramaturgie und Inszenierung:

So wie die Schule einen sozialen Raum sui generis darstellt, der sich trotz Übernahme des Ökonomie-Leistungs-Komplexes in vielen anderen Punkten von dem Außen der Lebenswirklichkeit unterscheidet, so ist auch das Lesebuch zum Teil ungeeignet, so etwas wie das Leben einer Literaturgesellschaft, in der literarischen Texten erst Sinn und Aktualität zukommt, angemessen zu dokumentieren. Trotz aller Neukonzeptionen in der Gegenwart bleibt das Lesebuch in der anthologischen Struktur eines Lehr- und Arbeitsbuches stecken, das als Lernmittel im Sonderraum Schule/Unterricht seine ausschließliche Funktion hat. Nicht zu lösen ist mit dem Lesebuch vor allem das Problem der sogenannten ‚Großformen‘ der Literatur, zu denen ja auch das Drama zählt. (Daß die Schwierigkeiten mit dem Drama oder dem Roman in der Schule so groß sind, hat nicht zuletzt eine solche, vordergründig-technische Ursache.) Unter Berücksichtigung der diesem Aufriß zugrundeliegenden didaktischen Konzeption ist für das Drama eine besondere Art von Publikation zu fordern: eine Textausgabe mit der Dokumentation der Entstehungs- und Rezeptionsgeschichte unter besonderer Berücksichtigung der Aufführungsgeschichte. Daß hierbei Bildmaterialien und soziologische Daten eine wichtige Funktion haben, versteht sich von selbst. Solche Publikationen liegen bisher nur in ungenügender Zahl vor, dennoch ist die Möglichkeit des Arbeitens durchaus gegeben[22]:

a) Alle Arbeit am Drama in der Schule gründet in konsequent durchgeführten Unterrichtseinheiten zum Thema *Spiel*. Ob im Märchenspiel, Puppenspiel, in der Pantomime, im Stegreifspiel oder im modernen Rollenspiel, in allen Varianten dieser ersten Phase des Gesamtlehrgangs müssen die Differenzen zwischen Spiel und Wirklichkeit klarwerden, infolgedessen die Fiktionalität von Spielentwürfen, Freiheit und Repressionslosigkeit im Raum des Spiels, aber auch Regularien der Produktion und Rezeption, damit gutes Spiel entsteht[23]. Überall da, wo Spiel und nicht Spielerei ist, verweist Spiel auf Wirklichkeit, macht diese fragwürdig, stellt Alternativen heraus, setzt Engagement frei, macht fähig zur Einsicht in Veränderungsbedürftigkeit. So komplex diese Vorgänge auch immer sind: Begreift der Schüler das Spiel als ein Gegenüber zu seiner Wirklichkeit im partiellen Freiraum der Fiktionalität, so ist die wichtigste Voraussetzung für eine Behandlung des Dramas gegeben.

b) Am historischen Punkt eines Medienwechsels lernt der Schüler die medienpoetischen und gattungsspezifischen Merkmale von ‚Drama‘ kennen. Am Beispiel der Entstehung des ersten deutschen Dramas, des geistlichen Spiels im Mittelalter, ist dies besonders einprägsam zu entwickeln, da der Zusammenhang denkbar einfach ist und ohne jegliche Befrachtung durch Theorien hergestellt werden kann[24]. Schon in der ersten Phase, dem Wechsel von der Bibelepik des NT zur Verkündigung der Osterbotschaft im Tropus und in den frühen Feiern zeigen sich die Grundkriterien des Dramatischen: *Versinnlichung* durch darstellendes Spiel, (chorische) *Dialogie* und *Publikumsbezug* (die Gemeinde bestätigt die ‚Vorstellung‘ des Ostergeschehens im deutschen Sprachraum bald mit dem Lied „Christ ist erstanden"). Auch die Strukturschichten des Dramas sind hier bereits andeutungsweise vorhanden (*Handlung, Raum, Zeit, Figur, Sprache, Gestik*). In dem Maße, wie sie medienspezifisch immer konzentrierter eingesetzt werden, löst sich die Osterfeier aus der sakralen Bindung und dem Osterritus der Kirche und unterstellt sich dramaturgisch-theatralischen Bedingungen (*Jüngerlauf, Krämerszene, Wächterspiel, Magdalenenszene, Höllenfahrt* usw.) im Zusammenhang mit zeitbezogenen, gar aktuellen Elementen. Oft fehlt nicht einmal die Publikumsansprache, wo, wie im Osterspiel von Muri, Zuschauer sogar namentlich aufgerufen werden[25]. Der rekonstruierte Text gerade dieses Osterspiels gibt außerdem einen wichtigen Hinweis für das konsequent theatralische Denken: Der geschriebene Text ist Hilfsmittel für Inszenierung und Aufführung, eine Mischung aus Soufflier-

und Dirigierrolle, dem modernen Regiebuch durchaus vergleichbar. Literarische Eigenständigkeit im Sinne eines abgeschlossenen Werkcharakters kommt ihm nicht zu.

c) Der Schüler lernt Theater als Institution kennen. Hier sind die ökonomisch-künstlerischen Bedingungen und Programme der Wanderbühnen (als Schwerpunkt z. B. Velten – Neuber – Schröder) genauso gemeint wie Organisation und Zielsetzungen der Nationaltheater, der Weimarer Bühne und der Hoftheatertradition in Deutschland, der Freien Volksbühne und der Stadttheaterstrukturen unserer Zeit. Theaterzensur, das gegenwärtige Verhältnis von Theater und Politik, innere Abhängigkeiten des Theaters von Besucherorganisationen und staatliche Subventionsbedürftigkeit sind weitere Aspekte, die im Zusammenhang mit dem schwierigen Thema der bildungspolitischen, gesellschaftlich-kulturellen Aufgabe etwa eines Stadttheaters unserer Zeit behandelt werden sollten. Organisation und technisch-architektonische Gegebenheiten können natürlich am effektivsten ,vor Ort' studiert werden und sind für die hier vorgelegte dramendidaktische Konzeption von Nutzen. Voraussetzung dafür ist der Fortfall der aus der Goethezeit stammenden ,Theatertempelideologie' (die sich in den Film- und Fernsehstudios von heute wiederholt) und die Öffnung des Theaters zum Kommunikationszentrum eigener Art. Das Kennenlernen des für Theaterarbeit zutreffenden arbeitsteiligen Verfahrens im Team (Intendanz – Dramaturgie – Regie – Darsteller – Technik, auch Haushaltsführung) leitet dann zur unterrichtlichen Arbeit am Text über[26].

d) Die Teamarbeit der Theaterleute kehrt als Gruppenarbeit in der Klasse wieder. Aus einer Vorschlagsliste bei ständiger Beratung des Fachlehrers wird gemeinsam ein ,Spielplan' erstellt. Wichtig ist hier wie bei allen folgenden Operationen, daß die Entscheidungen mit Gründen vertreten werden. Der ,Spielplan' – es ist der durch gemeinsame Entscheidung der Schüler gewonnene Textkanon des betreffenden Schuljahres – berücksichtigt alle Prämissen, die die Schüler für eine sinnvolle Spielplankonzeption vorher gefunden haben (Vielseitigkeit, Reihenfolge, Schwerpunktprogramme, Verbindung Vergangenheit – Gegenwart, Aktualität eines Themas, Autors oder einer Gattung des Dramatischen usw.). Selbstverständlich haben bei einer solchen Methode auch Boulevardstück, Musical, Kabarett, literarische Revue usw. ihren legitimen Platz im Unterricht[27].

Für jedes Stück werden nun Gruppen gebildet, die für abzugrenzende Aufgaben verantwortlich sind und bei jedem neuen Stück wechseln. Die gesamte unterrichtliche Arbeit vollzieht sich dann im Wechsel von Gruppenarbeit und Plenumskonferenzen, in denen Gruppenentscheidungen diskutiert und beschlossen werden. Darüber ist Protokoll zu führen.

Eine Gruppe ,Dramaturgie' versucht eine Verstehensanalyse auf Textbasis unter Berücksichtigung weiterführender Literatur und von Materialien nach Angaben des Lehrers. Wichtiger als eine ,stimmige' Interpretation ist dabei das Herausstellen von Verstehensschwierigkeiten, wo immer diese ihren Grund haben (in Sprache, Figurenkonstellation, historischer Ferne der Thematik usw.). Dramen ,,stellen innerhalb des modernen Informationschaos einsichtgewährende Ordnungsangebote (im informationstheoretischen und nicht im metaphysischen Sinne) dar und dienen der Welterkenntnis''[28]. Das bedeutet für die Gruppe ,Dramaturgie' auch, vorgegebene Ordnungsangebote (Problementfaltung und Lösung im gesellschaftlich-ökonomischen Horizont der Textvorlage) selbst in Frage zu stellen. Eine Indikation *fremd, völlig gegenwartsfern* hat nicht die Absetzung des Stücks im Dramenkanon des Schuljahres zur Folge, sondern die theatralische Bearbeitung des Fremdartigen in einer entsprechend simulierten Inszenierung. Auch dieses ist im Sinne der globalen Lernziele eine Möglichkeit des Schülers, seine eigene Gegenwart verstehen zu lernen.

Um Auswege aus indizierten Negativbefunden zu erreichen, stellt sich für die Gruppe

‚Dramaturgie' als weitere Aufgabe, Stückbearbeitungen vorzunehmen oder wenigstens den Text „einzustreichen", wenn dadurch mehr Klarheit der Handlungsführung oder von Problemkonstellationen zu erreichen ist. Besonders diese Arbeit ist vor dem Plenum genau zu begründen; eine notwendige Diskussion darüber ist nicht mit einer normativen Setzung von ‚Werktreue' im Keim zu ersticken. Solche Bearbeitungen sind als Modelle auch für den Schüler zugänglich, am Beispiel des *Woyzeck* ist es sogar unumgänglich, eine Bühnenfassung zu erstellen[29].

Eine Gruppe ‚Regie/Schauspieler' versucht die auf Vorschlag der Dramaturgie gemeinsam verabschiedeten Daten zum Textverständnis auf die Bedingungen der Bühne zu übertragen und sich auf einen dementsprechenden Inszenierungsstil zu verständigen. Hierbei sind Entscheidungen wie ‚realistisch', ‚symbolisch', ‚naturalistisch', ‚abstrakt' schon ausreichend, wenn sie mit Gründen vertreten werden und die Folgerungen klar bedacht werden. Denn für jede der Strukturschichten des Dramas gilt es nun, konsequente Schlußfolgerungen für den Transferbereich Bühne zu finden. Jegliche Arbeit, bezogen auf die ästhetisch-sinnliche Bühnendimension, bedeutet hier Schritt für Schritt eine Verstehensleistung, die der dramatischen Textpartitur adäquat ist; auf der Basis immer wieder zu begründender Entscheidungen: konkrete Konzeptionen für Bühnenfiguren, einschließlich Mimik und Gestik, Bezüge zwischen den Rollen, choreographische Entwürfe im Spannungsverhältnis Bühnenraum – Figurenkonstellation, Verwendung des Lichts als gestalterischer Faktor, Verbindung der Szenen und Akte durch Wandschriften oder andere hier denkbare Einfälle, Umsetzung des Dramentextes in eine adäquate Bühnensprache, Aktivierung des Publikums usw.

Hier haben Improvisation und Tests (z. B. Stellproben) eine wichtige Funktion, wobei immer klar bleiben muß, daß nicht ein Inszenierungsergebnis zur Premiere kommen soll, sondern ausschließlich der Prozeß einer simulierten Inszenierung Gegenstand des Unterrichts ist.

Eine Gruppe ‚Bühnenbau, Kostüm, Musik' arbeitet eng mit der ‚Regie' zusammen und bezieht im Laufe der Arbeit deutlicher werdende Konzeptionen auf die ihr übertragene Aufgabe: Welche Bühnenform eignet sich für das Stück – wird ein Vorhang benutzt, welche Funktion soll er erfüllen, wie soll er demgemäß aussehen – welche Bühnenbauelemente sind für die Konzeption förderlich, welche erschweren den Zugang zum Stück – wie wird bewegtes/unbewegtes Licht in die Raumarchitektur eingeplant – welche Wirkungen erreichen welche Farben zur Verdeutlichung der Intentionen – ist Straßenkleidung historischen Kostümen vorzuziehen – welche Geräusch- und Musikkulisse unterstützt/aktualisiert die Handlungsstränge. Bühnenbildskizzen, Figurinen und Tonproben gehören zum Ergebnismaterial, das die Gruppe dem Plenum vorlegt[30].

Die hier aufgestellten Fragenkomplexe sind natürlich unvollständig, weder Minimalnoch Maximalforderungen an den Unterricht. Sie werden erst sinnfällig, wenn es um die konkrete Arbeit an einem Stück geht, denn dieses präjudiziert von sich her Inszenierungsprobleme und läßt andere in den Hintergrund rücken. Am Schluß einer solchen Arbeit liegt mit erarbeiteter Stückfassung, Beschlußprotokoll und Materialien prägnant das vor, was man im Theater ein Regiebuch nennt. Dieses dokumentiert im ganzen die Verstehensleistung der Schüler, es zeigt die ästhetisch-literarische Produktionsintentionalität dramatischer Texte und fördert somit kreatives Lernen, welches gleichwohl aus der Distanz der eigenen Gegenwart kritisch gesteuert wird.

Ein solcher Entwurf zu Organisation, Methode und Lernzielen des Dramas im Unterricht ist nur einer unter vielen möglichen. Er ist vor allem zeitbedingt unter dem Aspekt der gegenwärtigen Krise der Dramendidaktik, als Folge der verhängnisvollen Entwicklung unserer

Zeit, Literaturunterricht zu einem kasuistischen Lehrgang für Gesellschaftsgeschichte und Ideologiekritik zu mißbrauchen oder ahistorisches Bewußtsein durch ein euphorisches Verhältnis zur jeweiligen Gegenwartsliteratur mit emanzipatorischer Attitude zu verschleiern. Unsachgemäßer kann man Brecht wohl kaum begegnen, als ihn normativ zum neuen Klassiker des Dramenunterrichts zu setzen, wie es in manchen didaktischen Publikationen oder Richtlinien anklingt. Es ist auch nichts anderes als Unkenntnis, wenn man bei fortgeschrittener Medienforschung den Weg zum Drama in der Schule über die ‚zeitgemäßen Formen des Dramas‘: Hörspiel oder Fernsehspiel, finden will – es sei denn, man wollte gerade ihre medienspezifischen *Differenzen* erarbeiten.

Anhang

Anmerkungen

Abkürzungen

DU	Der Deutschunterricht
DVjs	Deutsche Vierteljahresschrift für Literaturwissenschaft und Geistesgeschichte
GGA	Göttingische Gelehrte Anzeigen
GLL	German Life and Letters
GR	The German Review
GRM	Germ.-Rom. Monatsschrift
IASL	Int. Archiv für Sozialgeschichte der deutschen Literatur
JbFDtHochst.	Jahrbuch des Freien Deutschen Hochstiftes
JbSchG	Jahrbuch der Schiller-Gesellschaft
JDSG	Jahrbuch der deutschen Shakespeare-Gesellschaft
JEGP	Journal of English and Germanic Philology
LiLi	Zeitschrift für Literaturwissenschaft und Linguistik
Lit. Jb	Literaturwissenschaftliches Jahrbuch
LWU	Literatur in Wissenschaft und Unterricht
MLN	Modern Language Notes
MLQ	Modern Language Quarterly
NdJb	Niederdeutsches Jahrbuch
NRs	Neue Rundschau
PBB	Paul und Braunes Beiträge
RA	Revue d'Allemagne
RLC	Revue de Littérature comparée
WB	Weimarer Beiträge
WdF	Wege der Forschung (Wissenschaftl. Buchgesellschaft Darmstadt)
WirkWort	Wirkendes Wort
ZfdPh	Zeitschrift für deutsche Philologie
ZfVolkskde	Zeitschrift für Volkskunde

Grundbegriffe der Interpretation von Dramen S. 11

T: Aristotelis: De arte poetica liber. Hrsg. v. R. Kassel. Oxford 1965; Aristoteles: Poetik. Übers. v. M. Fuhrmann. München 1965; Gotthold Ephraim Lessing: Werke. 8 Bde. Hrsg. v. H. G. Göpfert. München 1970 ff.; Georg Wilhelm Friedrich Hegel: Ästhetik. 2 Bde. Hrsg. v. F. Bassenge. Berlin und Weimar 1965; Bertolt Brecht: Gesammelte Werke. 20 Bde. Frankfurt 1967.

L: J. M. R. LENZ: Anmerkungen übers Theater. Leipzig 1774; G. FREYTAG: Die Technik des Dramas. Leipzig 1863; O. LUDWIG: Shakespeare-Studien. Hrsg. v. M. Heydrich. Leipzig 1871; E. ERMATIN-GER: Die Kunstform des Dramas. Leipzig 1925; W. BENJAMIN: Ursprung des deutschen Trauerspiels. Berlin 1928; F. JUNGHANS: Die Zeit im Drama. Berlin 1931; A. NICOLL: The Theory of Drama. London 1931; J. SOLTAU: Die Sprache im Drama. Berlin 1933; U. M. ELLIS-FERMOR: The Frontiers of Drama. London 1944; R. PETSCH: Wesen und Formen des Dramas. Allgemeine Dramaturgie. Halle 1945; E. STAIGER: Grundbegriffe der Poetik. Zürich 1946; A. R. THOMPSON: The Anatomy of Drama. Berkeley 1946; W. KAYSER: Das sprachliche Kunstwerk. Bern und München 1948; B. VON WIESE: Die deutsche Tragödie von Lessing bis Hebbel. Hamburg 1948; A. PERGER: Grundlagen der Dramaturgie. Köln 1952; P. SZONDI: Theorie des modernen Dramas. Frankfurt 1956; K. HAMBURGER: Die Logik der Dichtung. Stuttgart 1957 (zit.: 2. stark veränderte Aufl. Stuttgart 1968); S. MELCHINGER: Drama zwischen Shaw und Brecht. Ein Leitfaden durch das zeitgenössische Schauspiel. Bremen 1957; R. PEA-COCK: The Art of Drama. London 1957; M. KESTING: Das epische Theater. Zur Struktur des modernen Dramas. Stuttgart 1959; M. BOULTON: The Anatomy of Drama. London 1960; V. KLOTZ: Geschlossene und offene Form im Drama. München 1960; J. L. STYAN: The Elements of Drama. Cambridge 1960; E. R. BENTLEY: The Life of the Drama. New York 1964; Sinn und Form. Sonderheft: Probleme der Dramatik. Berlin 1964; R. TAËNI: Drama nach Brecht. Möglichkeiten heutiger Dramatik. Basel 1968; W. CLEMEN: Das Drama Shakespeares. Göttingen 1969; P. PÜTZ: Die Zeit im Drama. Zur Technik dramatischer Spannung. Göttingen 1970; A. NATEW: Das Dramatische und das Drama. Velber 1971; W. SCHULTHEISS: Dramatisierung von Vorgeschichte. Assen 1971; H. SCHLAFFER: Dramenform und Klassenstruktur. Eine Analyse der dramatis persona ,Volk'. Stuttgart 1972; W. HINCK: Das moderne Drama in Deutschland. Vom expressionistischen zum dokumentarischen Theater. Göttingen 1973; H. SCHMID: Strukturalistische Dramentheorie. Semantische Analyse von Čechovs ,,Ivanov" und ,,Der Kirschgarten". Kronberg/Ts. 1973; A. VAN KESTEREN u. H. SCHMID (Hrsg.): Moderne Dramentheorie, Kronberg/Ts. 1975; W. KELLER (Hrsg.): Beiträge zur Poetik des Dramas. Darmstadt 1976; M. PFISTER: Das Drama. Theorie und Analyse. München 1977.

A: [1] Das gilt insbesondere für die Tragödie, weniger dagegen für die Komödie, deren poetologische Deskription bei Aristoteles fehlt. Nicht zuletzt aus diesem Grunde ist in der Folgezeit Dramentheorie weitgehend an Tragödientheorie gebunden, zumindest in den inhaltsbezogenen Aspekten der anthropologischen und wirkungsästhetischen Komponenten (Furcht, Mitleid, Katharsis usw.). Nur die strukturanalytische Betrachtung faßt von Anfang an Tragödie und Komödie gleichermaßen ins Auge.

[2] Experimentelle Formen wie Straßentheater u. a. versuchen, solche Systeme wenigstens ansatzweise aufzubrechen.

[3] Büchmanns Zitatenschatz lebt mehr vom Drama als von Prosa und Gedichten.

[4] Da Aristoteles an dieser Stelle Handelnde nicht ,,δρῶντας", sondern ,,πράττοντας" (1448ª, 1) nennt, könnte in der terminologischen Differenz zugleich eine semantische vermutet werden, so daß in ,,δρῶντας" doch noch eine nur dem Drama eigene Bezeichnung liegen könnte. Doch Aristoteles erklärt im 3. Kapitel die Unterscheidung zwischen δρᾶν und πράττειν als Dialekteigentümlichkeiten der Dorer und Athener, weshalb die Dorer die Herkunft für ihren Sprachbereich beanspruchten.

[5] Hegel hebt die Konzentration als Wesensmerkmal des Dramas hervor. Sie liege im ,,Fortfallen des seiner Totalität nach im Epos geschilderten Weltzustandes" und im ,,Hervorstechen der einfacheren Kollision" (522). K. Hamburger leitet aus dem Übergang vom Modus der Vorstellung (Erzählen) zu dem der Wahrnehmung (Theater) die dramatische Konzentration ab. M. Boulton erklärt diese aus den ,,conventions of decency, the physical capacities of human beings and the possibilities of stage technique" (12).

[6] Schiller an Goethe vom 2. 10. 1797.

[7] Vgl. Goethe und Schiller: Über epische und dramatische Dichtung. Jubiläums-Ausgabe. Bd. 36, S. 150 f.

[8] Vgl. A. 5.

[9] Goethe: Zum Schäkespears Tag. Jubiläums-Ausgabe. Bd. 36, S. 6. P. P.

Mittelalterlich-frühneuzeitliche Spiele und Dramen   S. 26

A: [1] Neuere Gesamtübersichten (jeweils mit zahlreichen Literaturhinweisen) bieten W. F. MICHAEL: Das deutsche Drama des Mittelalters (= Grundriß der germanischen Philologie 20). Berlin – New York 1971 und D. BRETT-EVANS: Von Hrotsvit bis Folz und Gengenbach. Eine Geschichte des mittelalterlichen deutschen Dramas. 2 Tle. (= Grundlagen der Germanistik 15.18). Berlin 1975; vgl. auch H. RUPPRICH: Die deutsche Literatur vom späten Mittelalter bis zum Barock. 2 Tle. (= Helmut de Boor und Richard Newald: Geschichte der deutschen Literatur IV/1.2). München 1970/73, Tl. 1, S. 236–289 und Tl. 2, S. 313–391; H. LINKE: Das volkssprachliche Drama und Theater im deutschen und niederländischen Sprachbereich. In: Europäisches Spätmittelalter. Hrsg. von W. Erzgräber (= Neues Handbuch der Literaturwissenschaft 8). Wiesbaden 1978, S. 733–763; R. BERGMANN: Spiele, Mittelalterliche geistliche. In: Reallexikon der deutschen Literaturgeschichte. Bd. 4. Berlin [2]1979 (1./2. Lieferung), S. 64–100 und W. M. BAUER: Spiele, Mittelalterliche weltliche (Fastnachtspiele), ebd., S. 100–105.

[2] H. HOMEYER (Hrsg.): Hrotsvithae opera. Mit Einleitungen und Kommentar. München–Paderborn–Wien 1970; dies.: Hrotsvitha von Gandersheim. Werke in deutscher Übertragung. München–Paderborn–Wien 1973. – B. NAGEL: Hrotsvit von Gandersheim (= Sammlung Metzler 44). Stuttgart 1965.

[3] R. STUMPFL: Kultspiele der Germanen als Ursprung des mittelalterlichen Dramas. Berlin 1936; vgl. dazu E. SCHEUNEMANNS Rezension in ZfdPh 61 (1936), S. 432–443 und 62 (1937), S. 95–105.

[4] H. REICH: Der Mimus. Berlin 1903; H. M. GAMER: Mimes, Musicians, and the Origin of the Mediaeval Religious Drama. In: Deutsche Beiträge zur geistigen Überlieferung 5 (1965), S. 9–28.

[5] So bei O. B. HARDISON: Christian Rite and Christian Drama in the Middle Ages. Baltimore 1965. Vgl. in diesem Zusammenhang auch die Studien von A. ROEDER: Die Gebärde im Drama des Mittelalters. Osterfeiern – Osterspiele (= Münchener Texte und Untersuchungen zur deutschen Literatur des Mittelalters 49). München 1974.

[6] Vgl. hierzu auch die Überlegungen von R. WARNING: Funktion und Struktur. Die Ambivalenzen des geistlichen Spiels (= Theorie und Geschichte der Literatur und der schönen Künste 35). München 1974.

[7] Die Reichweite dieses methodischen Ansatzes demonstriert die Untersuchung von H. DE BOOR: Die Textgeschichte der lateinischen Osterfeiern (= Hermaea NF 22). Tübingen 1967.

[8] Die umfassendste Sammlung jetzt bei W. LIPPHARDT: Lateinische Osterfeiern und Osterspiele. 5 Tle. (= Ausgaben deutscher Literatur des 15. bis 18. Jahrhunderts. Reihe Drama 5). Berlin–New York 1975/76. Vgl. auch K. YOUNG: The Drama of the Medieval Church. 2 Bde. Oxford 1933 (Repr. 1967), E. HARTL: Das Drama des Mittelalters. Bd. 1: Osterfeiern (= Deutsche Literatur . . . in Entwicklungsreihen. Reihe Drama des Mittelalters 1). Leipzig 1937 (Repr. Darmstadt 1964) und R. FRONING: Das Drama des Mittelalters. Die lateinischen Osterfeiern und ihre Entwickelung in Deutschland. Die Osterspiele. Die Passionsspiele. Weihnachts- und Dreikönigsspiele. Fastnachtspiele. 3 Bde. (= Deutsche Nationalliteratur 14, 1–3). Stuttgart 1891/92 (Repr. Darmstadt 1964). – TH. STEMMLER: Liturgische Feiern und geistliche Spiele (= Buchreihe der Anglia 15). Tübingen 1970.

[9] Texte bei Young II und Froning (A. 7). – M. BÖHME: Das lateinische Weihnachtsspiel. Diss. Leipzig 1917; H. ANZ: Die lateinischen Magierspiele. Leipzig 1905.

[10] Young (A. 8) I, S. 421–429 und K. LANGOSCH: Geistliche Spiele. Lateinische Dramen des Mittelalters mit deutschen Versen. Berlin 1957 (Repr. 1961), S. 108–125.

[11] Abdruck dieser drei in der Carmina Burana-Handschrift überlieferten Stücke u. a. bei Young (A. 8) I, S. 432–437, S. 514–516 und II, S. 172–190 und C. FISCHER, H. KUHN, G. BERNT: Die Gedichte des Codex Buranus lateinisch und deutsch. Zürich–München 1974, Nr. *15, *13 und 227/28. – Zum Benediktbeurer Weihnachtsspiel vgl. H. LINKE, in: Die deutsche Literatur des Mittelalters. Verfasserlexikon 1. Bd. Berlin–New York [2]1978, Sp. 693–702.

[12] Young (A. 8) II, S. 312–314, 325–327 (Hildesheim, 11./12. Jh.) und S. 335–337 (Einsiedeln, 12. Jh.); vgl. H. LINKE: ,Einsiedler Nikolausspiel' (,Tres clerici'). In: Verfasserlexikon (A. 11). Bd. 2 ([2]1979), Sp. 425 f.

[13] Young (A. 8) II, S. 259–264.

[14] Young (A. 8) II, S. 371–387; F. WILHELM (Hrsg.): Der Ludus de Antichristo (= Münchener Texte 1). München [3]1932; R. ENGELSING: Ludus de Antichristo. Das Spiel vom Antichrist. Lateinisch und

deutsch (= Reclam UB 8561). Stuttgart 1968. – A. Dörrer, in: Deutsche Literatur (A. 11), Bd. 3, Sp. 87–185 (auch zur neuzeitlichen Überlieferung).

[15] Zu dem vielschichtigen Prozeß vgl. R. Wimmer: Deutsch und Latein im Osterspiel (= Münchener Texte und Untersuchungen zur deutschen Literatur des Mittelalters 48). München 1974. – Vor überzogenen evolutionistischen Vorstellungen sollte bereits das Osterspiel von Muri (Mitte 13. Jh.) warnen, das als ältestes deutschsprachiges Osterspiel vollkommen frei von lateinischen Passagen ist. Ausgabe des Spiels u. a. von K. Ranke: Das Osterspiel von Muri. Aarau 1944 und von R. Meier: Das Innsbrucker Osterspiel. Das Osterspiel von Muri. Mittelhochdeutsch und neuhochdeutsch (= Reclam UB 8660/61). Stuttgart 1962.

[16] Ausführliche Krämerszene und Ständekritik bereits im Innsbrucker Osterspiel (vielleicht aus Schmalkalden); E. Thurnher u. W. Neuhauser: Die Neustifter-Innsbrucker Spielhandschrift von 1391 [Faksimile] (= Litterae 40). Göppingen 1975 und Meier (A. 15). Bes. eindrucksvoll ist die Ständekritik des Redentiner Osterspiels (um 1464); B. Schottmann: Das Redentiner Osterspiel. Mittelniederdeutsch und neuhochdeutsch (= Reclam UB 9744/47). Stuttgart 1975. – Zahlreiche Literaturhinweise auch auf andere Spiele und andere Erweiterungen bei R. Steinbach: Die deutschen Oster- und Passionsspiele des Mittelalters (= Kölner germanistische Studien 4). Köln–Wien 1970.

[17] Vgl. B. Thoran: Studien zu den österlichen Spielen des deutschen Mittelalters. (Ein Beitrag zur Klärung ihrer Abhängigkeit voneinander.) (= Göppinger Arbeiten zur Germanistik 199). Göppingen ²1976.

[18] G. Bencker: Das deutsche Weihnachtsspiel. Diss. Greifswald 1933. – Besonders hervorzuheben ist das Hessische Weihnachtsspiel (um 1460), hrsg. v. Froning (A. 8), S. 902–939; vgl. L. Berthold: Die Kindelwiegenspiele. In: PBB 56 (1932), S. 208–224 und W. Lipphardt: Das Hessische Weihnachtsspiel. In: Convivium Symbolicum 2 (1958), S. 27–48, 66 f.

[19] R. Bergmann: Studien zu Entstehung und Geschichte der deutschen Passionsspiele des 13. und 14. Jahrh. (= Münstersche Mittelalter-Schriften 14). München 1972; Steinbach (A. 17), S. 249–256; S. 271 f. Literatur zu den Marienklagen, die in ihrer dramatischen Ausformung in enger Beziehung zu den Passionsspielen stehen.

[20] W. F. Michael: Die geistlichen Prozessionsspiele in Deutschland (= Hesperia 22). Baltimore–Göttingen 1947.

[21] Froning (A. 8), S. 375–534; noch aus dem 14. Jh. ist ein Regiebuch, die Frankfurter Dirigierrolle (ebd. S. 340–374), erhalten; zu diesem Überlieferungskomplex vgl. H. Linke im Verfasserlexikon (A. 11), Bd. 2 (²1979), Sp. 808–817.

[22] P. K. Liebenow: Das Künzelsauer Fronleichnamsspiel (= Ausgaben deutscher Literatur des 15. bis 18. Jahrh. Reihe Drama 2). Berlin 1969; vgl. E. Wainwright: Studien zum deutschen Prozessionsspiel (= Münchener Beiträge zur Mediaevistik und Renaissance-Forschung 16). München 1974.

[23] Die wichtigsten, zum Teil weit in die Neuzeit reichenden spätmittelalterlich-frühneuzeitlichen Spiellandschaften für das geistliche Spiel sind Hessen (mit dem Frankfurter Raum als Zentrum), eine schweizerische (Luzern, im 16. Jh. mit Renwart Cysat als hervorstechendem Regisseur; wechselseitige Beziehungen mit Villingen/Schwarzwald) und eine Tiroler Gruppe (Sterzing, Bozen, Brixen mit Vigil Raber und Benedikt Debs als hervorragenden Spielführern); vgl. H. Wyss (Hrsg.): Das Luzerner Osterspiel. 3 Bde. Bern 1967; J. E. Wackernell (Hrsg.): Altdeutsche Passionsspiele aus Tirol. Graz 1897. – Literaturhinweise bei Steinhausen (A. 17) und zu Tirol die Beiträge in dem Sammelband von E. Kühebacher (Hrsg.): Tiroler Volksschauspiel (= Schriftenreihe der Südtiroler Kulturinstitute 3). Bozen 1976. – Die umfassendste Sammlung von Aufführungsbelegen hat B. Neumann veranstaltet; vgl. vorerst seine Teilpublikation: Zeugnisse mittelalterlicher Aufführungen im deutschen Sprachraum. Eine Dokumentation zum volkssprachigen geistlichen Schauspiel. Teil 1: Die Erforschung der Spielbelege. Diss. Köln 1979; vgl. auch die Zusammenstellung von Bergmann (A. 1), S. 76 f.

[24] E. Ukena: Die deutschen Mirakelspiele des Spätmittelalters (= Arbeiten zur Mittleren Deutschen Literatur und Sprache 1). 2 Tle. Frankfurt/M. 1975; zu diesem Spieltyp zählen auch die Teufelsbündlerdramen über Theophilus bzw. Jutta, die eine Verbindung zum Typ der Marienspiele schlagen; R. Petsch (Hrsg.): Theophilus (= Germanische Bibliothek II/2). Heidelberg 1908 und M. Lemmer (Hrsg.): Dietrich Schernberg. Ein schön Spiel von Frau Jutten (= Texte des späten Mittelalters und der frühen Neuzeit 24). Berlin 1971.

[25] Wiederum mit Wendung ins Politische (s. zu A. 14) bei ‚Des Entkrist Vasnacht‘, hrsg. von F. Christ-Kutter: Frühe Schweizerspiele (= Altdeutsche Übungstexte 19). Bern 1963, S. 30–61; diess.: ‚Des Entkrist Vasnacht‘. In: Verfasserlexikon (A. 11), Bd. 2 (²1979), Sp. 570 f.

[26] Im Spätmittelalter belegt durch das Eisenacher Zehnjungfrauenspiel, hrsg. von K. SCHNEIDER (= Texte des späten Mittelalters und der frühen Neuzeit 17). Berlin 1964.

[27] Vgl. C. WALTHER: Über die Lübecker Fastnachtspiele. In: NdJb 6 (1880), S. 6–31; ders.: Zu den Lübecker Fastnachtspielen. In: NdJb 27 (1901), S. 1–21; ders.: Das Fastnachtspiel Henselin oder von der Rechtfertigkeit. In: NdJb 3 (1877), S. 9–36.

[28] K. GOEDEKE (Hrsg.): Pamphilus Gengenbach. Hannover 1856 (Repr. Amsterdam 1966), S. 54–76; vgl. auch die fragmentarischen Basler Fastnachtspielszenen von 1434, hrsg. v. Christ-Kutter (A. 25), S. 20–29.

[29] Das Spiel ‚Vom Streit zwischen Herbst und Mai‘, hrsg. von F. Christ-Kutter (A. 25), S. 5–19; zu den Neidhart-Spielen vgl. die Literaturnachweise bei E. CATHOLY: Fastnachtspiel (= Sammlung Metzler 56). Stuttgart 1966, S. 65 f.; E. SIMON: The Origin of the Neidhart-Plays: A Reappraisal. In: JEGP 67 (1968), S. 458–474; ders.: Neidhart Plays as Shrovetide Plays. In: GR 52 (1977), S. 87–98.

[30] Vgl. E. CATHOLY: Das deutsche Lustspiel. Vom Mittelalter bis zum Ende der Barockzeit (= Sprache und Literatur 47). Stuttgart 1969.

[31] So u. a. Stumpfl (A. 3).

[32] A. VON KELLER (Hrsg.): Fastnachtspiele aus dem 15. Jahrh. 3 Tle. und Nachlese (= Bibliothek des Literarischen Vereins in Stuttgart 28–30. 46). Stuttgart 1853/58 (Repr. Darmstadt 1965/66); D. WUTTKE (Hrsg.): Fastnachtspiele des 15. und 16. Jahrh. (= Reclam UB 9415–19a). Stuttgart ²1978; bei Wuttke und Catholy (A. 29) zahlreiche Literaturhinweise.

[33] Vgl. W. LENK: Das Nürnberger Fastnachtspiel des 15. Jahrh. (= Deutsche Akademie der Wissenschaften zu Berlin. Reihe C. Veröffentlichungen des Instituts für deutsche Sprache und Literatur 33). Berlin 1966. – Zur Tiroler Fastnachtspieltradition vgl. die einschlägigen Beiträge bei Kühebacher (A. 23).

[34] Vgl. dazu (trotz überzogener Verallgemeinerungen von Einzelaspekten) J. MERKEL: Form und Funktion der Komik im Nürnberger Fastnachtspiel (= Studien zur deutschen Sprache und Literatur 1). Freiburg i. B. 1971 und R. KROHN: Der unanständige Bürger (= Scriptor Hochschulschriften. Literaturwissenschaften 4). Kronberg 1974.

[35] Vgl. J. JANOTA: Hans Folz in Nürnberg. In: Heinz Rupp (Hrsg.): Philologie und Geschichtswissenschaft (= medium literatur 5). Heidelberg 1977, S. 74–91; ders.: Folz, Hans. In: Verfasserlexikon (A. 11), Bd. 2 (²1979), Sp. 769–793.

[36] Nachweis der Ausgaben und von Literatur bei B. KÖNNEKER: Hans Sachs (= Sammlung Metzler 94). Stuttgart 1971, bei Catholy (A. 29) und Wuttke (A. 32); eine Auswahlausgabe u. a. durch TH. SCHUMACHER: Hans Sachs. Fastnachtspiele (= Deutsche Texte 6). Tübingen ²1970.

[37] Vgl. etwa sein Spiel ‚Der Ablaßkrämer‘, hrsg. v. P. ZINSLI (= Altdeutsche Übungstexte 17). Bern 1960; auch bei R. FRONING (Hrsg.): Das Drama der Reformationszeit (= Deutsche Nationalliteratur 22). Stuttgart 1894 (Repr. Darmstadt 1964). – Zu Manuels Spielen s. B. KÖNNEKER: Die deutsche Literatur der Reformationszeit. München 1975, S. 124–131, 251 (Lit.); Catholy (A. 30), S. 82–93.

[38] Vgl. das Zürcher Neujahrsspiel (1514) ‚Von den alten und jungen Eidgenossen‘, hrsg. v. F. CHRIST-KUTTER (= Altdeutsche Übungstexte 18). Bern 1963.

[39] Vgl. Catholy (A. 30) 2. Kap.

[40] Er beutet für seine Dramen neben der italienischen Novellistik auch die deutsche Sagengeschichte aus; vgl. etwa seine siebenaktige Tragödie ‚Der hürnen Seufrid‘, hrsg. v. E. GOETZE (= Neudrucke deutscher Literaturwerke NF 19). Tübingen ²1967.

[41] Vgl. hierzu F. DIETRICH-BADER: Wandlungen der dramatischen Bauform vom 16. Jahrh. bis zur Frühaufklärung. Untersuchungen zur Lehrhaftigkeit des Theaters (= Göppinger Arbeiten zur Germanistik 53). Göppingen 1971.

[42] Vgl. J. JANOTA: Auf der Suche nach gattungsadäquaten Editionsformen bei der Herausgabe mittelalterlicher Spiele. In: Kühebacher (A. 23), S. 74–87.

[43] Zu diesem Aspekt jetzt neuerdings R. H. SCHMID: Raum, Zeit und Publikum des geistlichen Spiels. Aussage und Absicht eines mittelalterlichen Massenmediums. München 1975.

[44] Vgl. insgesamt W. F. MICHAEL: Frühformen der deutschen Bühne (= Schriften der Gesellschaft für Theatergeschichte 62). Berlin 1963, und E. KONIGSON: L'espace théâtral médiéval. Paris 1975.

J. J.

Schuldrama und Jesuitentheater S. 35

T: *Bibliographie:* K.-H. Habersetzer: Bibliographie der deutschen Barockliteratur (= Dokumente des Internationalen Arbeitskreises für Barockliteratur 5). Ausg. und Repr. 1945–1976. Hamburg 1978.
    Sammelwerke: J. Bächtold: Schweizerische Schauspiele des 16. Jahrh. Zürich 1890 f.; Barockdrama. Hrsg. v. W. Flemming. 2. verb. Aufl. (Nachdruck d. Ausgabe Leipzig 1930–33). 1–6. Hildesheim 1965 (u. a. Gryphius, Lohenstein, Bidermann, Avancini, Rist, Weise); C. Hofmann von Hofmannswaldau, Daniel Casper von Lohenstein, Heinrich Anselm von Zigler und Kliphausen u. a. (= Dt. Nationallit. 36: Zweite schlesische Schule). Stuttgart–Tokyo–Tübingen 1974 (u. a. Lohenstein, Hallmann u. Haugwitz).
    Autoren: Jakob Bidermann: Ludi theatrales. 1666. Hrsg. v. R. Tarot (= Dt. Neudrucke. Reihe: Barock. 6. 7.). 2 Bde. Tübingen 1967; Philemon Martyr. Lat. u. dt. Hrsg. u. übers. v. M. Wehrli. Köln 1960; Cenodoxus. Dt. Übers. v. J. Meichel (1635). Hrsg. v. R. Tarot (= Reclams UB 8958/59). Stuttgart 1974; Sixt Birck (Xystus Betulius): Susanna. Hrsg. v. J. Bolte (= Lat. Literaturdenkmäler d. 15. u. 16. Jh. 8). Berlin 1893; Thomas Brunner: Jacob und seine zwölf Söhne (1566). Hrsg. v. R. Stumpfl (= Neudr. dt. Lit.werke d. 16. u. 17. Jh. 258–260). Halle 1928; Gulielmus Gnapheus: Acolastus. Latijnse Tekst met Nederlandse Vertaling. Hrsg. v. P. Minderaa. Zwolle 1956; Jakob Gretser (s. A. 17); Andreas Gryphius: Gesamtausgabe der deutschsprachigen Werke. Hrsg. v. M. Szyrocki u. H. Powell. Tübingen 1963; Cardenio und Celinde oder unglücklich Verliebete. Trauerspiel. Hrsg. v. R. Tarot (= Reclams UB 8532). Stuttgart 1974; Carolus Stuardus. Trauerspiel. Hrsg. v. H. Wagener (= Reclams UB 9366/67). Stuttgart 1972; Catharina von Georgien. Trauerspiel. Hrsg. v. A. M. Haas (= Reclams UB 9751/52). Stuttgart 1975; Leo Armenius. Trauerspiel. Hrsg. v. P. Rusterholz (= Reclams UB 7960/61). Stuttgart 1971; Großmütiger Rechtsgelehrter oder Sterbender Aemilius Paulus Papinianus. Trauerspiel. Text d. Erstausgabe, besorgt v. I.-M. Barth. Nachw. v. W. Keller (= Reclams UB 8935/36). Stuttgart 1965; Johann Christian Hallmann: Sämtliche Werke. Hrsg. v. G. Spellerberg. Berlin u. New York 1975; Mariamne. Trauerspiel. Hrsg. v. G. Spellerberg (= Reclams UB 9437/39). Stuttgart 1973; Daniel Casper von Lohenstein: Dramen. Krit. Ausgabe. Hrsg. v. K. G. Just. Bd. 1–3. 1. Türkische Trauerspiele. 2. Römische Trauerspiele. 3. Afrikanische Trauerspiele (= Bibliothek des Literarischen Vereins in Stuttgart. Bd. 292–294). Stuttgart 1953–1957; Cleopatra. Trauerspiel. Text d. Erstfassung von 1661. Besorgt v. I.-M. Barth. Nachwort v. W. Flemming (= Reclams UB 8950). Stuttgart 1965; Sophonisbe. Trauerspiel. Hrsg. v. R. Tarot (= Reclams UB 8394/96). Stuttgart 1970; Jakob Masen: Rusticus Imperans. Krit. Edition. Hrsg. v. H. Burger. In: Lit.wiss. Jahrb. d. Görres-Gesellschaft. N. F. 10 (1969); Johann Sebastian Mitternacht: Dramen. 1662/1667. Hrsg. von M. Kaiser (= Dt. Neudrucke. Reihe Barock. 22). Tübingen 1972; Thomas Naogeorgus: Pammachius. Hrsg. von J. Bolte u. E. Schmidt (= Lat. Literaturdenkmäler des 15. u. 16. Jh. 3). Berlin 1891; Paul Rebhun: Ein Geistlich Spiel von der Gotfürchtigen und keuschen Frauen Susannen (1536). Unter Berücks. d. Ausg. von 1537 u. 1544 krit. hrsg. v. H.-G. Roloff (= Reclams UB 8787/88). Stuttgart 1967; Johann Rist: Sämtliche Werke. Hrsg. v. E. Mannack. Berlin 1967; Christian Weise: Sämtliche Werke. Hrsg. v. John D. Lindberg (= Ausgaben dt. Lit. des 15. bis 18. Jahrh.). Berlin 1971; Ein wunderliches Schau-Spiel vom Niederländischen Bauer. Hrsg. v. H. Burger (= Reclams UB 8317). Stuttgart 1969; Bäurischer Macchiavellus. Lust-Spiel. Hrsg. v. W. Schubert (= Komoedia. 10). Berlin 1966.

L: Historia provinciae Societatis Jesu Germaniae Superioris, authore Ignatio Agricola (3: authore Adamo Flotto; 4 u. 5: authore Francisco Xaverio Kropf) P. 1–5; 1: 1541–1590 Aug. Vind. 1727; 2: 1591–1600 Aug. Vind. 1729; 3: 1601–1610 Aug. Vind. 1734; 4: 1611–1630 Monachii 1746; 5: 1631–1640 Aug. Vind. 1754; Bibliothèque de la Compagnie de Jésus, Première Partie: Bibliographie par les Pères Augustin et Aloys de Backer. Nouvelle Edition par C. Sommervogel S. J. Bruxelles–Paris 1890; R. Vormbaum (Hrsg.): Evangelische Schulordnungen. Bd. 1–3. Gütersloh 1860–64. Bd. 1: Die evangelischen Schulordnungen des 16. Jahrh. Bd. 2: Die evangelischen Schulordnungen des 17. Jahrh.; A. Jundt: Die dramatischen Aufführungen im Gymnasium zu Straßburg. Ein Beitrag zur Geschichte des Schuldramas im 16. u. 17. Jahrh. Programm. Straßburg 1881; H. Holstein: Die Reformation im Spiegelbilde der dramatischen Literatur des 16. Jahrh. Halle 1886; J. Zeidler: Studien und Beiträge zur Geschichte der Jesuitenkomödie und des Klosterdramas (= Theatergeschichtliche Forschungen 4). Hamburg–Leipzig 1891; B. Duhr: Die Studienordnung der Gesellschaft Jesu. Freiburg i. Br. 1896; E. Schmidt: Die Bühnenverhältnisse des deutschen Schuldramas und seiner volkstümlichen Ableger im 16. Jahrh. (= Forschungen zur neueren Literaturgeschichte 24). Berlin 1903; B. Duhr: Geschichte der

Jesuiten in den Ländern deutscher Zunge. 4 Bde. Freiburg i. Br. 1907 ff.; W. Creizenach: Geschichte des neueren Dramas. 2. Bd.: Renaissance u. Reformation. 1. Teil 2. verm. u. verb. Aufl. Halle 1918. – 3. Bd.: Renaissance u. Reformation. 2. Teil. 2. verm. u. verb. Aufl. Halle 1923; W. Flemming: Geschichte des Jesuitentheaters in den Landen deutscher Zunge (= Schriften der Gesellschaft für Theatergeschichte 32). Berlin 1923; J. Massen: Drama und Theater der Humanistenschulen in Deutschland (= Schriften zur deutschen Literatur für die Görresgesellschaft hrsg. v. G. Müller. Bd. 13). Augsburg 1929; J. Müller: Das Jesuitendrama in den Ländern deutscher Zunge vom Anfang (1555) bis zum Hochbarock (1665). 2 Bde. Augsburg 1930; E. Trunz: Der deutsche Späthumanismus um 1600 als Standeskultur. In: Zeitschr. f. Geschichte der Erziehung u. des Unterrichts 21 (1931); abgedruckt in: Deutsche Barockforschung. Dokumentation einer Epoche. Hrsg. v. R. Alewyn (= Neue Wissenschaftl. Bibliothek 7). Köln–Berlin 1965; J. Schröteler: Die Erziehung in den Jesuiteninternaten des 16. Jahrh. Freiburg i. Br. 1940; W. Flemming: Die barocke Schulbühne. In: Die Pädagogische Provinz 10 (1956), S. 537 f.; H. Kindermann: Theatergeschichte Europas. II. Bd.: Das Theater der Renaissance. III. Bd.: Das Theater der Barockzeit. Salzburg 1959; W. Flemming: Formen der Humanistenbühne. In: Maske u. Kothurn 6 (1960), S. 33 f.; D. M. van Abbé: Drama in Renaissance Germany and Switzerland. Melbourne 1961; W. Flemming: Das Jahrhundert des Barock 1600–1700. In: Annalen der deutschen Literatur. Geschichte der deutschen Literatur von den Anfängen bis zur Gegenwart. Eine Gemeinschaftsarbeit zahlreicher Fachgelehrter. Hrsg. v. H. O. Burger. Stuttgart ²1962, S. 339 f.; W. F. Michael: Frühformen der deutschen Bühne. Berlin 1963; A. Horn: Christian Weise als Erneuerer des deutschen Gymnasiums im Zeitalter des Barock. Der ‚Politicus‘ als Bildungsideal. Weinheim/Bergst. 1966; A. Schöne: Emblematik und Drama im Zeitalter des Barock. München ²1968; W. Barner: Barockrhetorik. Untersuchungen zu ihren geschichtlichen Grundlagen. Tübingen 1970; M. Kaiser: Das protestantische Schultheater nach 1648 im Kampf gegen höfische Kultur und absolutisches Regiment (= Palaestra 259). Göttingen 1972; H. Rupprich: Die deutsche Literatur vom späten Mittelalter bis zum Barock. 1. Teil: Das ausgehende Mittelalter, Humanismus und Renaissance 1370–1520. München 1970. 2. Teil: Das Zeitalter der Reformation 1520–1570. München 1973 (= Geschichte der deutschen Literatur von den Anfängen bis zur Gegenwart v. H. de Boor u. R. Newald. 4,1 u. 4,2.); E. M. Szarota: Geschichte, Politik und Gesellschaft im Drama des 17. Jahrh. Bern–München 1976; P.-P. Lenhard: Religiöse Weltanschauung und Didaktik im Jesuitendrama. Interpretationen zu den Schauspielen Jacob Bidermanns (= Europäische Hochschulschriften Reihe I: Dt. Literatur u. Germanistik Bd. 168). Frankfurt/M.–Bern 1976; J.-M. Valentin: Le théâtre des Jésuites dans les pays de langue allemande (1554–1680). Salut des âmes et ordre des cités. 3 t. (= Berner Beitr. zur Barockgermanistik. 3,1–3). Bern 1978.

A: [1] O. F. Best: Handbuch literarischer Fachbegriffe. Definitionen u. Beispiele (= Fischer Handbücher 6092). Frankfurt/M. 1972, S. 124.

[2] Ebd., S. 246.

[3] G. v. Wilpert: Sachwörterbuch der Literatur. 5. Aufl. (= Kröners Taschenausgabe 231). Stuttgart 1969, S. 366 f. u. 693 ff.

[4] Holstein, s. L., S. 75 f.

[5] Rupprich, s. L., IV, 2, S. 352 f.

[6] C. Celtes: Oratio in Gymnasio in Ingolstadio publice recitata. Hrsg. v. H. Rupprich. Leipzig 1932. – Dt. Übers. b. A. Schütz: Die Dramen des Konrad Celtis. Wien, Phil. Diss. 1948, S. 9.

[7] M. Luther: An die Ratsherren aller Städte . . . WA I, 15, S. 9–53.

[8] Luther an Dr. Johannes Cellarius, zit. b. Holstein, s. L., S. 19.

[9] Ebd., S. 21.

[10] Vormbaum, s. L.

[11] Zit. b. Jundt, s. L., S. 15.

[12] Dt. Übers. b. Jundt, s. L., S. 19 f.

[13] Müller, s. L., I, S. 7. ,,Man kann sich die Anfänge nicht unbedeutend und schulmäßig genug vorstellen“ (S. 8).

[14] Barner, s. L.

[15] G. R. Dimler: A Geographic and Genetic Survey of Jesuit Drama in German-Speaking Territories from 1555–1602. In: Archivum Historicum Societatis Jesus 43 (1974), S. 133 f.

[16] E. M. Szarota: Versuch einer neuen Periodisierung des Jesuitendramas. Das Jesuitendrama der obdt. Ordensprovinz. In: Daphnis 3 (1974), S. 158 f.

[17] U. Herzog: Jakob Gretsers „Udo von Magedeburg" 1598. Edition u. Monographie (= Quellen u. Forschungen z. Sprach- u. Kulturgesch. d. german. Völker 33). Berlin 1970.

[18] G. Hess: Spectator – Lector – Actor. Zum Publikum von Jacob Bidermanns „Cenodoxus". Mit Materialien zum literar. u. sozialgeschichtl. Kontext der Handschriften von U. Hess. In: IASL 1 (1976), S. 30–106.

[19] Th. W. Best: Jacob Bidermann (= Twayne's World Authors Series 314). o. O. 1975, S. 55.

[20] Müller, s. L., II, S. 22.

[21] F. G. Sieveke: Johann Baptist Adolph. Studien zum spätbarocken Wiener Jesuitendrama. Köln, Phil. Diss. 1965.

[22] W. Philipp: Das Werden der Aufklärung in theologiegeschichtlicher Sicht (= Forschungen z. systemat. Theologie u. Religionsphilosophie 3). Göttingen 1957; ders.: Das Bild der Menschheit im 17. Jahrh. des Barock. Entstehung, Erscheinung, Verwandlung. In: Studium Generale 14 (1961), S. 721 f.

R. T.

Gryphius, Lohenstein und das Trauerspiel des 17. Jahrhunderts S. 48

T: Andreas Gryphius: Trauerspiele I–III. Hrsg. v. H. Powell (= Gesamtausgabe der deutschsprachigen Werke. Hrsg. v. M. Szyrocki u. H. Powell, Bd. 4–6). Tübingen 1964–66 (zit.: GA).
Reclam-Ausgaben: Leo Armenius. Hrsg. v. P. Rusterholz. 1971; Catharina von Georgien. Hrsg. v. A. M. Haas. 1975; Cardenio und Celinde. Hrsg. v. R. Tarot. 1968; Carolus Stuardus. Hrsg. v. H. Wagener. 1972; Papinian. Hrsg. v. I.-M. Barth. Nachwort v. W. Keller. 1965.
Daniel Casper von Lohenstein: Türkische Trauerspiele. Hrsg. v. K. G. Just. Stuttgart 1953 (TT); Römische Trauerspiele. Hrsg. v. K. G. Just. Stuttgart 1955 (RT); Afrikanische Trauerspiele. Hrsg. v. K. G. Just. Stuttgart 1957 (AT). Reclam-Ausgaben: Cleopatra. Hrsg. v. I.-M. Barth. Nachwort v. W. Flemming. 1965; Sophonisbe. Hrsg. v. R. Tarot. 1970.
Martin Opitz: Weltliche Poemata 1644, Tl. I u. II. Hrsg. v. E. Trunz. Tübingen ²1975 u. 1975 (WP); Geistliche Poemata 1638. Hrsg. v. E. Trunz. Tübingen ²1975 (GP).

L: W. Benjamin: Ursprung des deutschen Trauerspiels. Rev. Ausg., bes. v. R. Tiedemann. Frankfurt/M. 1963 (zuerst 1928); W. Flemming: Einführung. In: Barockdrama. Bd. I. Das schlesische Kunstdrama. Hrsg. v. W. Flemming. Hildesheim ²1965; H. Hildebrandt: Die Staatsauffassung der schlesischen Barockdramatiker im Rahmen ihrer Zeit. Diss. Rostock 1939; A. Schöne: Emblematik und Drama im Zeitalter des Barock. München ²1968; E. M. Szarota: Künstler, Grübler und Rebellen. Studien zum europäischen Märtyrerdrama des 17. Jahrh. Bern 1967; W. Vosskamp: Zeit- und Geschichtsauffassung im 17. Jahrh. bei Gryphius und Lohenstein. Bonn 1967; G. Kirchner: Fortuna in Dichtung und Emblematik des Barock. Stuttgart 1970; W. Barner: Barockrhetorik. Untersuchungen zu ihren geschichtlichen Grundlagen. Tübingen 1970; H. J. Schings: Consolatio Tragoediae. Zur Theorie des barocken Trauerspiels. In: Deutsche Dramentheorien. Hrsg. v. R. Grimm. Bd. I, Wiesbaden ²1978, S. 1–44; E. M. Sparota: Geschichte, Politik und Gesellschaft im Drama des 17. Jahrh. Bern 1976; V. Sinemus: Poetik und Rhetorik im frühmodernen deutschen Staat. Göttingen 1978.
R. Alewyn: Vorbarocker Klassizismus und griechische Tragödie. Analyse der „Antigone"-Übersetzung des Martin Opitz. Darmstadt ²1962; H. J. Schings: Seneca-Rezeption und Theorie der Tragödie. Martin Opitz' Vorrede zu den „Trojanerinnen". In: Historizität in Sprach- und Literaturwissenschaft. Hrsg. v. W. Müller-Seidel. München 1974, S. 521–537.
G. Fricke: Die Bildlichkeit in der Dichtung des Andreas Gryphius. Berlin 1933; E. Geisenhof: Die Darstellung der Leidenschaften in den Trauerspielen des Andreas Gryphius. Diss. (Masch.) Heidelberg 1958; A. Schöne: Postfigurale Gestaltung. Andreas Gryphius. In: A. Schöne: Säkularisation als sprachbildende Kraft. Göttingen ²1968; H. Heckmann: Elemente des barocken Trauerspiels. Am Beispiel des „Papinian" von Andreas Gryphius. München 1959; H. J. Schings: Die patristische und stoische Tradition bei Andreas Gryphius. Köln 1966; W. Eggers: Wirklichkeit und Wahrheit im Trauerspiel von Andreas Gryphius. Heidelberg 1967; Die Dramen des Andreas Gryphius. Eine Sammlung von Einzelinterpretationen. Hrsg. v. G. Kaiser, Stuttgart 1968; H. Steinhagen: Wirklichkeit und Handeln im barocken Drama. Historisch-ästhetische Studien zum Trauerspiel des Andreas Gryphius. Tübingen 1977.
W. Kayser: Lohensteins „Sophonisbe" als geschichtliche Tragödie. In: GRM 29 (1941); F. Schaufelberger: Das Tragische in Lohensteins Trauerspielen. Frauenfeld 1945; K. G. Just: Die Trauer-

spiele Lohensteins. Berlin 1961; E. VERHOFSTADT: Daniel Casper von Lohenstein. Untergehende Wertwelt und ästhetischer Illusionismus. Brügge 1964; G. E. GILLESPIE: Daniel Casper von Lohenstein's Historical Tragedies. Ohio State Univ. Press 1965; U. FÜLLEBORN: Die barocke Grundspannung Zeit–Ewigkeit in den Trauerspielen Lohensteins. Stuttgart 1969; G. SPELLERBERG: Verhängnis und Geschichte. Untersuchungen zu den Trauerspielen und dem „Arminius"-Roman Daniel Caspers von Lohenstein. Bad Homburg v. d. H. 1970; B. ASMUTH: Lohenstein und Tacitus. Stuttgart 1971; G. PASTERNACK: Spiel und Bedeutung. Untersuchungen zu den Trauerspielen Daniel Caspers von Lohenstein. Lübeck 1971; K.-H. MULAGK: Phänomene des politischen Menschen im 17. Jahrh. Propädeutische Studien zum Werk Lohensteins. Berlin 1973; A. MARTINO: Daniel Casper von Lohenstein. Geschichte seiner Rezeption. Bd. I. Tübingen 1977; Die Welt des Daniel Casper von Lohenstein. Hrsg. v. P. KLEINSCHMIDT, G. SPELLERBERG, H.-D. SCHMIDT. Köln 1978.

A: [1] Lohenstein: Epicharis. Programmheft der Kölner Aufführung von 1978.

[2] So schon Benjamin: Ursprung, s. L., S. 55 ff., der mit Hilfe dieses Begriffs vor allem die Theorie der Souveränität im 17. Jahrh. mit ihren Auswirkungen auf das Trauerspiel untersucht.

[3] H. SCHÖFFLER: Deutsches Geistesleben zwischen Reformation und Aufklärung. Frankfurt/M. [2]1956, S. 85 ff.

[4] Vgl. die Skizze AT, S. 413 und Just: Trauerspiele Lohensteins, s. T.

[5] Dazu vor allem: Spellerberg: Verhängnis und Geschichte, s. L.

[6] So schon W. FLEMMING: Deutsche Kultur im Zeitalter des Barocks. Konstanz [2]1960. Neuerdings erfreuen sich die Literaturhistoriker vor allem des Beistandes des Historikers G. Oestreich. Vgl. G. OESTREICH: Geist und Gestalt des frühmodernen Staates. Ausgew. Aufsätze. Berlin 1969; C. WIEDEMANN: Barocksprache, Systemdenken, Staatsmentalität. In: Internationaler Arbeitskreis für deutsche Barockliteratur. Vorträge und Berichte. Wolfenbüttel 1973, Bd. I, S. 21–51.

[7] M. Opitz: Buch von der Deutschen Poeterey (1624). Hrsg. v. C. Sommer. Stuttgart 1970, S. 27.

[8] Immer noch informiert man sich gut bei P. STACHEL: Seneca und das deutsche Renaissancedrama. Berlin 1907. Auf europäischer Basis: Les tragédies de Sénèque et le théâtre de la Renaissance. Hrsg. v. J. JACQUOT. Paris 1964. Jetzt: W.-L. LIEBERMANN: Die deutsche Literatur. In: Der Einfluß Senecas auf das europäische Drama. Hrsg. v. E. Lefèvre. Darmstadt 1978, S. 371–449.

[9] Benjamin: Ursprung, s. L., S. 247.

[10] A. Gryphius:. Dissertationes funebres, Oder Leich-Abdanckungen. Leipzig 1667, S. 347.

[11] Benjamin: Ursprung, s. L., S. 75, 246, 124.

[12] Ebd., S. 197 ff. Demgegenüber beschreibt Schöne die Beziehung der Emblematik zum Weltbild des Trauerspiels als einen „kritischen Zusammenstoß entgegengerichteter Auffassungen", der älteren emblematischen Apperzeptionsform mit ihrem Sinn- und Ordnungsdenken auf der einen Seite, der „Unsicherheitsvorstellungen späterer Zeiten" auf der anderen (Emblematik und Drama. S. 101 f.).

[13] Zu den Einzelheiten: Schings: Seneca-Rezeption, s. L.

[14] D. HEINSIUS: De Tragoediae Constitvtione Liber. Leiden 1643, c.2, S. 5–10. Vgl. Schings: Consolatio Tragoediae, s. L.

[15] M. Opitz: Trost-Getichte in Widerwertigkeit des Kriegs. In: Ges. Werke. Krit. Ausg. Hrsg. v. G. Schulz-Behrend. Bd. I, Stuttgart 1968, S. 210.

[16] Dazu jetzt: W. MAUSER: Dichtung, Religion und Gesellschaft im 17. Jahrh. Die „Sonnete" des Andreas Gryphius. München 1976. Zu den staatstheoretischen Auffassungen des Gryphius: G. K. SCHMELZEISEN: Staatsrechtliches in den Trauerspielen des Andreas Gryphius. In: Archiv f. Kulturgesch. 53 (1971).

[17] J. LIPSIUS: Von der Bestendigkeit [De constantia]. Hrsg. v. L. Forster. Stuttgart 1965, Bl. 10[r].

[18] A. Schöne: Postfigurale Gestaltung, s. L., S. 56.

[19] Dazu jetzt: H.-H. KRUMMACHER: Der junge Gryphius und die Tradition. München 1976, S. 477 ff.

[20] Mit fragwürdigen Modernismen versucht diesen Stachel zurechtzubiegen und zugunsten einer „utopischen Immanenz" zu beseitigen: H. Steinhagen: Wirklichkeit und Handeln, s. L., S. 286 ff.

[21] Immer noch grundlegend: W. DILTHEY: Weltanschauung und Analyse des Menschen seit Renaissance und Reformation. Göttingen [9]1970.

[22] Dazu jetzt die sorgfältige und kenntnisreiche Studie von Mulagk: Phänomene des politischen Menschen, s. L.

[23] Vgl. H. J. SCHINGS: Constantia und Prudentia. Zur Funktionsdifferenz der Trauerspiele von Gryphius und Lohenstein. In: Argenis 4 (1980).

H.-J. S.

Das klassizistische Drama der Frühaufklärung   S. 61

L: TH. W. DANZEL: Gottsched und seine Zeit. Auszüge aus seinem Briefwechsel. Leipzig ²1855; P.
     SCHLENTHER: Frau Gottsched und die bürgerliche Komödie. Berlin 1886; B. AIKIN-SNEATH: Comedy
     in Germany in the First Half of the eighteenth Century. Oxford 1936; H.-R. ALTENHEIN: Geld und
     Geldeswert im bürgerlichen Schauspiel des 18. Jahrh. Diss. (Masch.) Köln 1952; F. WINTERLING: Das
     Bild der Geschichte in Drama und Dramentheorie Gottscheds und Bodmers. Diss. (Masch.) Frankfurt
     1955; H. WETZEL: Das empfindsame Lustspiel der Frühaufklärung (1745 bis 1750). Diss. (Masch.)
     München 1956; H. FRIEDERICI: Das deutsche bürgerliche Lustspiel der Frühaufklärung (1736 bis
     1750). Halle 1957; R. DAUNICHT: Die Entstehung des bürgerlichen Trauerspiels in Deutschland. Berlin
     1963; R. R. HEITNER: German Tragedy in the Age of Enlightenment. Berkeley–Los Angeles 1963; K.
     O. CONRADY: J. Ch. Gottsched: Sterbender Cato. In: B. v. Wiese (Hrsg.): Das deutsche Drama. Bd. I.
     Düsseldorf ³1964, S. 61 f; P. WOLF: Die Dramen J. E. Schlegels. Zürich 1964; W. HINCK: Das deut-
     sche Lustspiel des 17. und 18. Jahrh. und die italienische Komödie. Stuttgart 1965; G. WICKE: Die
     Struktur des deutschen Lustspiels der Aufklärung. Versuch einer Typologie. Bonn 1965; W. PROMIES:
     Der Bürger und der Narr oder das Risiko der Phantasie. München 1966; H. STEINMETZ: Die Komödie
     der Aufklärung. Stuttgart 1966; D. BRÜGGEMANN: Die sächsische Komödie. Studien zum Sprachstil.
     Köln–Wien 1970; J. LACANT: Gottsched „Législateur" du Théâtre allemand: La necessité et les bornes
     de l'imitation du théâtre français. In: RLC 44 (1970), S. 5 ff.; K. WÖLFEL: Moralische Anstalt. Zur
     Dramaturgie von Gottsched bis Lessing. In: R. Grimm (Hrsg.): Deutsche Dramentheorien. Bd. I.
     Frankfurt 1971. S. 45 ff.; W. RIECK: Johann Christoph Gottsched. Eine kritische Würdigung seines
     Werkes. Berlin 1972; H.-A. KOCH: Das deutsche Singspiel. Stuttgart 1974; K. WILLENBERG: Tat und
     Reflexion. Zur Konstitution des bürgerlichen Helden im deutschen Trauerspiel des 18. Jahrh. Diss.
     Marburg 1975; R. MEYER: Das deutsche Trauerspiel des 18. Jahrh. Eine Bibliographie. München 1977.

A: [1] Vgl. aus der umfangreichen Literatur: J. F. LÖWEN: Geschichte des deutschen Theaters (1766). Neu-
        druck hrsg. v. H. Stümcke. Berlin o. J., S. 24 ff., 30 f.; G. WUSTMANN: Die Verbannung des Harlekin
        durch die Neuberin. In: Schriften des Vereins für die Geschichte der Stadt Leipzig. Bd. II. Leipzig
        1878, S. 149 ff.
   [2] Vgl. F. C. NEUBERIN: Ein deutsches Vorspiel. Hrsg. v. A. Richter (= DLD Nr. 63). Leipzig 1897,
        S. 6.
   [3] Vgl. J. F. v. CRONEGK: Die verfolgte Comödie. In: Sämtl. Schriften. Reutlingen 1777. Bd. I, S. 3 ff.
        Vgl. ferner J. CH. KRÜGER: Halle, die Beförderinn der freyen Künste. Sowie: Die mit den freyen Kün-
        sten verschwisterte Schauspielkunst. In: Poetische und Theatralische Schriften. Hrsg. v. J. F. Löwen.
        Leipzig 1763, S. 143 ff. bzw. 125 ff.
   [4] J. E. Schlegel: Die Langeweile. In: Werke. Hrsg. v. J. H. Schlegel. Bd. II. Kopenhagen–Leipzig 1773,
        S. 526.
   [5] So in dem anonymen Vorspiel „Der Sieg der Schauspiel Kunst", Braunschweig 1747. Die bisweilen
        behauptete Autorschaft J. Ch. Krügers muß als höchst unsicher gelten. Vgl. J. JACOBS im Nachwort
        zu: J. CH. KRÜGER: Die Geistlichen auf dem Lande und Die Candidaten. Stuttgart 1970, S. 16 N. 2.
   [6] J. Ch. Gottsched: Sterbender Cato. Hrsg. v. H. Steinmetz. Stuttgart 1964, S. 7.
   [7] Ebd., S. 7, 9.
   [8] Vgl. M. BRAUNECK (Hrsg.): Spieltexte der Wanderbühne. Bd. IV. Berlin–New York 1972, S. 409 ff.;
        537 ff.
   [9] Vgl. Gottsched: Die Deutsche Schaubühne. Bd. II. Leipzig 1741. Vorrede S. 16, 42.
   [10] Gottsched: Deutsche Schaubühne. Tl. II, S. 16 f.
   [11] Vgl. schon Lessings Bemerkungen in der Hamburgischen Dramaturgie, 18. Stück.
   [12] Vgl. Hinck, s. L., S. 77 f.; ferner Rieck, s. L., S. 139.
   [13] J. F. v. Cronegk: Sämtl. Schriften. Reuttlingen 1777. Bd. I, S. 289.
   [14] J. Ch. Gottsched: Critische Dichtkunst. ⁴1751, S. 603 ff.
   [15] Die Uraufführung fand Ende 1731 durch die Neubersche Truppe statt.
   [16] Eine textkritische Untersuchung hat ergeben, daß nur 174 der 1648 Verse von Gottsched selbst stam-
        men. Vgl. J. CRÜGER (Hrsg.): J. Ch. Gottsched und die Schweizer J. J. Bodmer und J. J. Breitinger (=
        DNL Nr. 42). Berlin–Stuttgart 1883, S. 38.
   [17] So Heitner, s. L., S. 26.

[18] G. Stolle, zit. nach der ,,Cato``-Ausgabe von Steinmetz, S. 92. Vgl. den Rechtfertigungsversuch Gottscheds, s. A. 6, S. 101 f.

[19] Gottsched, zit. nach der ,,Cato``-Ausgabe von H. Steinmetz, S. 17; vgl. auch S. 102.

[20] So W. Rieck, s. L., S. 212, unter Zitierung von Gottscheds Rede ,,Cato ist nicht als ein unüberwindlicher Weiser gestorben`` (1726), in: J. Ch. Gottsched: Gesammelte Reden. Leipzig 1749, S. 561 f.

[21] Vgl. dazu Heitner, s. L., S. 30.

[22] So Conrady, s. L., S. 75.

[23] Gottsched: Critische Dichtkunst. [4]1751, S. 620.

[24] Gottsched: Vorrede zum 6. Teil der ,,Deutschen Schaubühne`` (1745), unpaginiert.

[25] F. M. Grimm: Brief an Gottsched vom 18. VIII. 1741; zit. nach Danzel, s. L., S. 346 f.

[26] Vgl. die Bemerkung J. H. Schlegels, des Herausgebers der Werke J. E. Schlegels, in seinem ,,Vorbericht``, Bd. I, S. 285.

[27] Der Versuch, Flavius als ,,Kritiker des Heroismus`` aufzufassen, dem die ,,Emanzipation`` als Individuum und als politisches Wesen gelinge, verfehlt den historischen Gehalt und die Intention des Stücks. Das gegen Willenberg, s. L., S. 46, 36.

[28] Gottsched: Vorrede zum 4. Teil der ,,Deutschen Schaubühne`` (1743), S. 9.

[29] Goethe: Leipziger Theater. 1768. WA I/Bd. 36, S. 226.

[30] So G. L. JONES: J. E. Schlegel: *Canut*. The Tragedy of Human Evil. Lessing Yearbook VI (1974), S. 153.

[31] Vgl. F. Nicolai: Abhandlung vom Trauerspiele. Zit. nach dem Abdruck in: Lessings Briefwechsel mit Mendelssohn und Nicolai über das Trauerspiel. Hrsg. v. W. Petsch. Leipzig 1910, S. 30 f.

[32] Das gegen die Deutung K. MAYS: Johann Elias Schlegels ,Canut` im Wettstreit der geistesgeschichtlichen und formgeschichtlichen Forschung. Trivium VII (1949). S. 257 ff. Die im Text vertretene Meinung auch in der eindrucksvollen Interpretation von Jones, s. A. 30, S. 155 ff.

[33] Vgl. Gedanken über das Trauerspiel Codrus in einem Briefe an H**. In: J. F. v. Cronegk: Sämtl. Schriften. Bd. I, Reuttlingen 1777, S. 277 ff.

[34] Lessing: Hamburgische Dramaturgie, 1. Stück.

[35] Vgl. Cronegk: Gedanken, S. 280.

[36] Durch den Abdruck einzelner Szenen in den ,,Neuen Erweiterungen`` (Leipzig 1756). Vgl. W. HÜTTEMANN: Ch. F. Weiße und seine Zeit in ihrem Verhältnis zu Shakespeare. Diss. Bonn 1912, S. 71.

[37] Lessing: Hamburgische Dramaturgie, 74. und 79. Stück.

[38] Lessing: 81. Literaturbrief (1760), in: Werke. Hrsg. v. P. Rilla. Bd. IV, S. 361.

[39] Vgl. das Repertorium von Meyer, s. L.

[40] Ch. F. Weiße: Trauerspiele. Erster Theil. Carlsruhe 1778. Unpag. Vorbericht.

[41] Danzel, s. L., S. 142.

[42] Gottsched: Critische Dichtkunst. [4]1751, S. 631 ff., hier: 643, 647, 651, 647.

[43] Vgl. ebd., S. 647.

[44] Vgl. Hinck, s. L., S. 173.

[45] So B. MARKWARDT: Geschichte der deutschen Poetik. Bd. II. Berlin 1956.

[46] Gottsched: Critische Dichtkunst. 4. Aufl., S. 641. Bei seinen Vorbehalten gegen Molière kann sich Gottsched auf Boileau berufen (vgl. den Art poétique, Chant III).

[47] J. E. Schlegel: Von der Unähnlichkeit in der Nachahmung. In: Werke. Bd. III. Kopenhagen–Leipzig 1764, S. 173.

[48] Vgl. die Beobachtungen Brüggemanns, s. L., S. 87, 108.

[49] Vgl. J. E. Schlegel: Gedanken zur Aufnahme des dänischen Theaters. In: Werke. Bd. III. S. 282 f.

[50] Vgl. Gottsched: Critische Dichtkunst. 4. Aufl. S. 644, 650.

[51] Vgl. Hinck, s. L., S. 194.

[52] Zur Abhängigkeit der Gottschedin vgl. vor allem: A. VULLIOD: La Femme Docteur. Mme Gottsched et son modèle français Bougeant. Lyon–Paris 1912.

[53] Diese Szene ist viel (und kontrovers) besprochen worden. Im vorigen Jahrhundert hat man sie wegen ihrer Volkstümlichkeit hoch gelobt. Neuerdings erkennt Friederici (s. L., S. 77) in ihr progressives Volksbewußtsein, das sich – Lessing übertreffend – gegen ,,Mächte des Rückschritts`` wendet. Wicke (s. L., S. 30) versteht die Ehrlichinn nur als komische Alte, während Brüggemann (s. L., S. 72) in ihr das ,,gesunde deutsche Volksempfinden`` ausgedrückt sieht. Richtig dürfte sein, daß die Gottschedin hier demonstrieren will, wie sich das rechte moralische Gefühl auch in ungebildeten Gemütern spontan melden kann.

[54] Vgl. Rieck, s. L., S. 220.

[55] Vgl. Brüggemann, s. L., S. 145 f.

[56] Vgl. Hinck, s. L., S. 237 ff.-

[57] Lessing: Hamburgische Dramaturgie, 52. Stück.

[58] Das Stück ist seit Lessings strenger Kritik (Hamburgische Dramaturgie, 52. Stück) nie sonderlich hoch geschätzt worden. Der Rettungsversuch Brüggemanns (s. L., S. 196) kann nicht recht überzeugen.

[59] Vgl. dazu Schlegel: Gedanken zur Aufnahme des dänischen Theaters. Werke Bd. III. S. 271 f.

[60] Vgl. Hinck, s. L., S. 211; ferner Wicke, s. L., S. 76.

[61] Vgl. z. B. Hinck, s. L., S. 225 f.

[62] Vgl. ebd., S. 231.

[63] Vgl. Steinmetz, s. L., S. 41. Schon Moses Mendelssohn meldete Bedenken an, vgl. die von Lessing (Hamburgische Dramaturgie, 52. Stück) zitierte Stelle.

[64] Vgl. Hinck, s. L., S. 279; Steinmetz, s. L., S. 62. Zu Lessing vgl. im übrigen den Artikel von Barner in diesem Band.

[65] Vgl. die Abhandlung Chassirons: Reflexions sur le comique-larmoyant; übersetzt von Lessing, in: Lessing, Werke (Hrsg. P. Rilla). Bd. III, S. 605 ff. Ferner die Bemerkungen Voltaires im Vorwort zu „Nanine" (1749), Œuvres (Kehl), Bd. VII, S. 279 ff. Noch 1736 war Voltaire im Vorwort zu „L'enfant prodigue" sehr viel großzügiger gewesen; vgl. ed. cit. Bd. VII, S. 47 ff.

[66] Vgl. Gottsched: Critische Dichtkunst. 4. Aufl. S. 644, 650.

[67] Vgl. dazu J. JACOBS: Gellerts Dichtungstheorie. In: Lit.Jb. 10 (1969), S. 101 ff.

[68] Ch. F. Gellert: Pro comoedia commovente. In: Lessing: Werke. Hrsg. P. Rilla. Bd. III, S. 642 f.

[69] Lessing, S. 650.

[70] So aber Steinmetz, s. L., S. 55.

[71] Lessing: Hamburgische Dramaturgie, 20. Stück.

[72] A. v. HALLER: Tagebuch seiner Beobachtungen über Schriftsteller und über sich selbst. Bern 1787. Bd. I, S. 298, in einer Rezension von Weißes „Romeo und Julia".

[73] Vgl. dazu vor allem Hinck, s. L., S. 307 ff. und Koch, s. L., S. 44 ff.

[74] N. ELIAS: Über den Prozeß der Zivilisation. Frankfurt 1976. Bd. I, S. 18.

[75] Voltaire, Vorwort zur „Sophonisbe" (1774!). In: Œuvres complètes (Kehl). Bd. V, S. 418 f.; vgl. auch Bd. III, S. 24.

[76] Vgl. Wölfel, s. L., S. 70 f.

[77] Vgl. ebd., S. 56; Lacant, s. L., S. 7.

[78] Vgl. Voltaire, Œuvres (Kehl). Bd. I, S. 300, 306; ferner Bd. VII, S. 154.

[79] Vgl. Lessing: Hamburgische Dramaturgie, 20. Stück.

[80] J. F. Löwen in den Hamburgischen Beyträgen zu den Werken des Witzes und der Sittenlehre. Bd. III. 1754, S. 602.

[81] Briefe der Frau L. A. V. Gottsched gebohrene Kulmus. 3. Theil. Dresden 1772, S. 165.

J. J.

Das bürgerliche Drama des 18. und des frühen 19. Jahrhunderts S. 76

L: A. ELOESSER: Das bürgerliche Drama. Seine Geschichte im 18. und 19. Jahrh. Berlin 1898. Repr. Genf 1970; O. WALZEL: Das bürgerliche Drama. In: ders.: Vom Geistesleben alter und neuer Zeit. Leipzig 1922, S. 142–231; C. STOCKMEYER: Soziale Probleme im Drama des Sturmes und Dranges. Frankfurt/M. 1922. Repr. Hildesheim 1974; F. BRÜGGEMANN: Die Entwicklung der Psychologie im bürgerlichen Drama Lessings und seiner Zeit. In: Euphorion 26 (1925), S. 376–388; ders.: Der Kampf um die bürgerliche Welt- und Lebensanschauung in der deutschen Literatur des 18. Jahrh. In: DVjs. 3 (1925), S. 94–127; A. LUDWIG: Ritterdrama und Familiengemälde. In: Das deutsche Drama. Hrsg. v. R. F. Arnold. München 1925, S. 405–436; H. SELVER: Die Auffassung des Bürgers im deutschen bürgerlichen Drama des 18. Jahrh. Diss. Leipzig 1931; F. O. NOLTE: The Early Middle Class Drama (1696–1774). Lancaster, Pennsylvania, 1935; J. PINATEL: Le Drame bourgeois en Allemagne au XVIIme siècle. Lyon 1938; W. W. PUSEY: Louis-Sébastien Mercier in Germany. His Vogue and Influence in the Eighteenth Century. New York 1939; E. DOSENHEIMER: Das deutsche soziale Drama von Lessing bis Sternheim. Konstanz 1949. Repr. Darmstadt 1967; R. KOSELLECK: Kritik und Krise. Ein Beitrag zur Pathogenese der bürgerlichen Welt. Freiburg 1959, Frankfurt/M. 1973; R. DAUNICHT: Die

Entstehung des bürgerlichen Trauerspiels in Deutschland. Berlin 1963, ²1965; W. Schaer: Die Gesellschaft im deutschen bürgerlichen Drama des 18. Jahrh. Bonn 1963; L. Pikulik: „Bürgerliches Trauerspiel" und Empfindsamkeit. Köln 1966; H. Birk: Bürgerliche und empfindsame Moral im Familiendrama des 18. Jahrh. Diss. Bonn 1967; A. Wierlacher: Das bürgerliche Drama. Seine theoretische Begründung im 18. Jahrh. München 1968; H. Denkler: Revolutionäre Dramaturgie und revolutionäres Drama in Vormärz und Märzrevolution. In: Gattungsgeschichte und Gesellschaftsgeschichte. Hrsg. v. H. Kreuzer. Stuttgart 1969, S. 306–337; H. A. Glaser: Das bürgerliche Rührstück. Stuttgart 1969; P. Weber: Das Menschenbild des bürgerlichen Trauerspiels. Entstehung und Funktion von Lessings „Miß Sara Sampson". Berlin 1970; H. Denkler: Das Drama der Jungdeutschen. Glanz und Elend eines Erneuerungsversuchs. In: ZfdPh. 91 (1972), Sonderheft „Heine und seine Zeit", S. 110–130; K. S. Guthke: Das deutsche bürgerliche Trauerspiel. Stuttgart 1972, ²1976; E. McInnes: The Sturm und Drang and the Development of Social Drama. In: DVjs. 46 (1972), S. 61–81; R. Bauer: Die wiedergefundene dritte Gattung, oder: Wie bürgerlich war das bürgerliche Drama? In: RA. 5 (1973), S. 475–496; H. Denkler: Restauration und Revolution. Politische Tendenzen im deutschen Drama zwischen Wiener Kongreß und Märzrevolution. München 1973, S. 254–276; P. Szondi: Die Theorie des bürgerlichen Trauerspiels im 18. Jahrh. Frankfurt/M. 1973; G. Sauder: Empfindsamkeit. Bd. I.: Voraussetzungen und Elemente. Stuttgart 1974; A. Wierlacher: Das bürgerliche Drama. In: Europäische Aufklärung. 1. Teil. Hrsg. v. W. Hinck (= Neues Handbuch der Literaturwissenschaft, Bd. 11). Frankfurt 1974, S. 137–160; K. S. Guthke: Literarisches Leben im 18. Jahrh. in Deutschland und in der Schweiz. Bern–München 1975.

A: [1] Sämtliche Schriften. Hrsg. v. K. Lachmann. 3. Aufl., besorgt von F. Muncker. VII. Stuttgart 1891, S. 68.

[2] Sämtliche Werke. Hrsg. v. G. Fricke u. H. G. Göpfert. München: I, ²1960, S. 301 f.

[3] Sämtliche Werke. Hrsg. v. R. M. Werner. Berlin ²1904, XI, S. 62.

[4] Mit dem „unregelmäßigen" Drama wird das bürgerliche identifiziert bei Daunicht, s. L.

[5] Vgl. Guthke, Das dt. bgl. Trauerspiel, s. L., S. 15 ff.

[6] Ch. H. Schmid: Über das bürgerliche Trauerspiel. In: Litterarische Chronik. Hrsg. v. J. G. Heinzmann. III, 1788, S. 205 (zuerst 1768).

[7] I. Valdastri: Preisschrift über das bürgerliche Trauerspiel. Hrsg. v. A. Wierlacher. München 1969, S. 38.

[8] Gellert: S. Lessing, Sämtliche Schriften (s. A. 1). VI. Stuttgart 1890, S. 34. Steele: Vorrede zu The Conscious Lovers.

[9] Schmid, S. 212; Th. G. von Hippel, In: F. J. Schneider, Th. G. von Hippel. Prag 1911, Anhang, S. 16.

[10] G. B. Pfeil: Vom bürgerlichen Trauerspiele. In: Neue Erweiterungen der Erkenntnis und des Vergnügens. VI. 31. Stück. 1755, § 5 und 3. (Wiederabgedruckt in Lessing, Miß Sara Sampson. Hrsg. v. K. Eibl. München 1971).

[11] J. von Sonnenfels: Briefe über die Wienerische Schaubühne. 1768. Neudruck: Wien 1884, S. 145.

[12] Hamburgische Dramaturgie, 80. Stück.

[13] Hamburgische Dramaturgie, 75. Stück; A. v. Haller, In: GGA (1773), S. 51; Lessing an Mendelssohn, 28. Nov. 1756.

[14] J. G. Dyk: Nebentheater. V. Leipzig 1787, S. 27.

[15] Glaser, s. L., S. 19. Wieland: Akademie-Ausgabe, 1. Abt., XXI, S. 37.

[16] Vgl. zu diesem Absatz: Guthke, Das dt. bgl. Trauerspiel, s. L., S. 35–39. Verallgemeinerungen über „das deutsche Bürgertum im 18. Jahrhundert" haben ihre Schwierigkeiten, die bedingt sind durch chronologische, regionale, politisch-administrative und standesinterne vertikale Unterschiede, die noch längst nicht en détail erforscht sind. Vgl. etwa: G. v. Graevenitz: Innerlichkeit und Öffentlichkeit. Aspekte deutscher „bürgerlicher" Literatur im frühen 18. Jahrh. In: DVjs. 49 (1975), Sonderheft, S. 1–82, und B. Peschken: Aufgaben der Vermittlung von Literatur und Sozialgeschichte am Beispiel Lessings. In: Literaturwissenschaft und Geschichtsphilosophie. Festschrift für Wilhelm Emrich. Berlin 1975, S. 264–282.

[17] Dichtung und Wahrheit. 13. Buch. Hamburger Ausgabe. IX, S. 569.

[18] Selver, s. L., S. 61.

[19] Z. B.: F. J. Lamport: „Eine bürgerliche Virginia". In: GLL 17 (1964), S. 304–312; R. K. Angress: The Generations in „Emilia Galotti". In: GR 43 (1968), S. 15–23; G. Hillen: Die Halsstarrigkeit der Tugend. Bemerkungen zu Lessings Trauerspielen. In: Lessing Yearbook 2 (1970), S. 115–134.

[20] Z. B.: R. R. Heitner: „Emilia Galotti". An Indictment of Bourgeois Passivity. In: JEGP 52 (1953), S. 480–490.

[21] G. Steiner: Jakobinerschauspiel und Jakobinertheater. Stuttgart 1973.

[22] H. A. Korff: Geist der Goethezeit. Leipzig [8]1966, I, S. 206. Vgl. R.-P. Janz: Schillers „Kabale und Liebe" als bürgerliches Trauerspiel. In: JbSchG 20 (1976), S. 208–228; K. S. Guthke: „Kabale und Liebe". In: Schillers Dramen. Neue Interpretationen. Hrsg. v. W. Hinderer. Stuttgart 1979, S. 58–86.

[23] K. Lohmann: Schiller: „Kabale und Liebe". In: Germanistik in Forschung und Lehre. Berlin 1965, S. 124–129 (mit Diskussionsbeiträgen); auch W. Malsch: Der betrogene Deus iratus in Schillers Drama „Louise Millerin". In: Collegium Philosophicum. Studien Joachim Ritter zum 60. Geburtstag. Basel 1965, S. 157–208.

[24] Lohmann, s. A. 22, S. 129.

[25] Etwa K. May: Friedrich Schiller. Göttingen 1948, S. 44.

[26] Guthke, Das dt. bgl. Trauerspiel, s. L., S. 90–93.   K. S. G.

Die Rezeption der aristotelischen Tragödienpoetik in Deutschland   S. 93

T: Aristoteles: De arte poetica. Hrsg. v. R. Kassel. Oxford 1965; ders.: Poetik. Übers. v. M. Fuhrmann. München 1976; M. Opitz: Buch von der deutschen Poeterey. Breslau 1624, Abdruck Halle [7]1962; J. Chr. Gottsched: Versuch einer Critischen Dichtkunst. Leipzig [4]1751, Nachdruck Darmstadt 1962; ders.: Die Schauspiele und besonders die Tragödien sind aus einer wohlbestellten Republik nicht zu verbannen (1726). In: Dramaturgische Schriften des 18. Jahrh. Hrsg. v. K. Hammer. Berlin 1968, S. 14 ff.; G. E. Lessing: Hamburgische Dramaturgie. In: Werke. Hrsg. v. H. G. Göpfert. Bd. 4. München 1973, S. 229 ff.; G. E. Lessing, M. Mendelssohn, Fr. Nicolai: Briefwechsel über das Trauerspiel. Hrsg. v. J. Schulte-Sasse. München 1972.

L: M. Kommerell: Lessing und Aristoteles. Frankfurt/M. [3]1960; J. G. Robertson: Lessing's Dramatic Theory. Cambridge 1939, Nachdruck New York 1965; H. J. Schings: Consolatio Tragoediae – Zur Theorie des barocken Trauerspiels. In: Deutsche Dramentheorien. Hrsg. v. R. Grimm. Bd. 1. Frankfurt/M. 1971, S. 1–44; K. Wölfel: Moralische Anstalt – Zur Dramaturgie von Gottsched bis Lessing. Ebd., S. 45–122; F. Martini: Die Poetik des Dramas im Sturm und Drang. Ebd., S. 123–166; A. Martino: Geschichte der dramatischen Theorien in Deutschland im 18. Jahrh. Bd. 1: Die Dramaturgie der Aufklärung (1730–1780). Tübingen 1972; H. Freier: Kritische Poetik – Legitimation und Kritik der Poesie in Gottscheds Dichtkunst. Stuttgart 1973; M. Fuhrmann: Einführung in die antike Dichtungstheorie. Darmstadt 1973.

A: [1] Abschluß des Manuskripts: 1. 6. 1978. Zum folgenden Schings, s. L. Lit. zu Opitz bei R. Drux: Martin Opitz und sein poetisches Regelsystem. Bonn 1976, S. 250 ff.

[2] Hierzu Fuhrmann, s. L., S. 187 ff.

[3] Horazische Dichotomie: Ars poetica, v. 332. Rhetorische Reihe: z. B. Quintilian, Institutio oratoria 12, 10, 59. Kritik Platons: Staat 10, 602c–606b.

[4] J. C. Scaliger: Poetices libri VII. Lyon 1561, Nachdruck Stuttgart 1964, S. 12; V. Maggi – B. Lombardi: In Aristotelis librum de poetica communes explanationes. Venedig 1550, Nachdruck München 1969, S. 96 ff.; P. Corneille: Trois discours sur le poème dramatique. Hrsg. v. L. Forestier. Paris 1963, S. 75 ff.; Fr. Robortello: In librum Aristotelis de arte poetica explicationes. Florenz 1548, Nachdruck München 1968, S. 52 f.; D. Heinsius: De tragoediae constitutione liber. Leiden 1643, S. 5 ff.

[5] Robortello, s. A. 4, S. 134; vgl. Schings, s. L., S. 36 f.; A. S. Minturno: De Poeta. Venedig 1559, Nachdruck München 1970, S. 183 f.; L. Castelvetro: Poetica d'Aristotele vulgarizzata et sposta. Wien 1570, Nachdruck München 1967, S. 153 f.; Corneille, s. A. 4, S. 42 f.

[6] Vorrede An den Leser. In: Weltliche Poemata (1644), 1. Teil. Unter Mitwirkung v. Chr. Elsner. Hrsg. v. E. Trunz. Tübingen 1967, S. 314 f.

[7] J. Bedermann: Ludi theatrales (1666). Hrsg. v. R. Tarot. Tübingen 1967, Bd. 1, S. 470.

[8] G. Ph. Harsdörffer: Brief an Johann Klaj zu dessen Herodes. In: J. Klaj, Redeoratorien. Hrsg. v. C. Wiedemann. Tübingen 1965, S. 192.

[9] Gryphius: Gesamtausgabe der deutschsprachigen Werke. Bd. 5. Trauerspiele. Bd. 2. Hrsg. v. H. Powell. Tübingen 1965, S. 3.

[10] B. KINDERMANN: Der deutsche Poet. Wittenberg 1664, S. 240 f.; nach J. PONTANUS: Poeticarum Institutionum libri III. Ingolstadt 1594, S. 110.

[11] A. CHR. ROTTH: Vollständige deutsche Poesie. Teil 3. Leipzig 1688, An den Leser, 2. Seite, und ebd., Teil 3, S. 219.

[12] G. PH. HARSDÖRFFER: Poetischer Trichter. Nürnberg 1647–53, Nachdruck Hildesheim 1971, 2. Teil, S. 83; S. VON BIRKEN: Teutsche Redebind- und Dicht-Kunst. Nürnberg 1679, Nachdruck Hildesheim 1973, S. 331.

[13] Zum folgenden Wölfel, s. L.; Freier, s. L. Vgl. ferner H. P. HERRMANN: Naturnachahmung und Einbildungskraft – Zur Entwicklung der deutschen Poetik von 1670–1740. Bad Homburg v. d. H.–Berlin–Zürich 1970; W. RIECK: Johann Christoph Gottsched – Eine kritische Würdigung seines Werkes. Berlin 1972.

[14] Vgl. hierzu J. BIRKE: Gottscheds Neuorientierung der deutschen Poetik an der Philosophie Wolffs. In: ZfdPh 85 (1966), S. 560–575.

[15] R. LE BOSSU: Traité du poème épique. Paris 1693, S. 25 ff.

[16] Vgl. Wölfel, s. L., S. 100 ff.

[17] Vgl. hierzu D. BROCHMEYER: Corneille, Lessing und das Problem der „Auslegung" der aristotelischen Poetik. In: DVjs 51 (1977), S. 422–435. Zum folgenden Kommerell, s. L.; Robertson, s. L., bes. S. 333–388; Fuhrmann, s. L., S. 268–301.

[18] Hierzu und zum folgenden Martino, s. L.

[19] Vgl. Fuhrmann, s. L., S. 84 ff. und 92 ff.

[20] Vgl. Martino, s. L., S. 109 ff.

[21] Gedanken zur Aufnahme des dänischen Theaters (1764). In: Dramaturgische Schriften, s. T., S. 92 f.

[22] Abhandlung vom Trauerspiele. In: G. E. Lessing usw., Briefwechsel, S. 14 ff.; vgl. Wölfel, s. L., S. 107 f.

[23] M. C. CURTIUS: Abhandlung von der Absicht des Trauerspiels. In: Aristoteles, Dichtkunst. Hannover 1753, S. 390.

[24] Die Tugendlehre: Wonach jede Tugend als Mitte zwischen zwei einander entgegengesetzten Übeln erscheint, z. B. die Tapferkeit als Mitte zwischen Tollkühnheit und Feigheit; s. Aristoteles, Nikomachische Ethik 2,6 1106b 36–1107a 7; 3,9 1115a 6 f. u. ö. Vermag Lessing implizit: vgl. 81. Stück, S. 609 („Ich kenne verschiedene französische Stücke" usw.).

[25] Zum folgenden s. einerseits W. SCHADEWALDT: Furcht und Mitleid? In: Hellas und Hesperien. Zürich ²1970, S. 194–236; andererseits W. H. FRIEDRICH: Sophokles, Aristoteles und Lessing. In: Vorbild und Neugestaltung – Sechs Kapitel zur Geschichte der Tragödie. Göttingen 1967, S. 188–209.

[26] Hierzu A. NIVELLE: Kunst- und Dichtungstheorien zwischen Aufklärung und Klassik. Berlin–New York ²1971, bes. S. 137 ff.; Martini, s. L.   M. F.

Lessing als Dramatiker   S. 106

T: Gotthold Ephraim Lessing: Sämtliche Schriften. Hrsg. v. K. Lachmann. 3., auf's neue durchges. u. vermehrte Aufl., besorgt durch F. Muncker. 23 Bde. Stuttgart (–Leipzig) 1886–1924. Nachdr. 1968 (Krit. Ausgabe, nach der hier zit. wird. Abk.: LM); Gesammelte Werke. Hrsg. v. P. Rilla. 10 Bde. Berlin–Weimar 1954–58, ²1968; Werke. Hrsg. v. K. Wölfel, 3 Bde. Frankfurt/M. 1967; Werke. In Zusammenarbeit mit K. Eibl, H. Göbel, K. S. Guthke, G. Hillen, A. von Schirnding u. J. Schönert, hrsg. v. H. G. Göpfert, 8 Bde. München (auch Darmstadt) 1970 ff.

L: E. SCHMIDT: Lessing. Geschichte seines Lebens und seiner Schriften. 2 Bde. Berlin 1884/92, ⁴1923; J. W. BRAUN (Hrsg.): Lessing im Urtheile seiner Zeitgenossen. 3 Bde. Berlin 1884–97, Nachdr. 1969; F. MEHRING: Die Lessing-Legende. Stuttgart 1893. Neudr. Berlin 1963, Frankfurt/M. usw. 1974; W. OEHLKE: Lessing und seine Zeit. 2 Bde. München 1919, ²1929; H. REMPEL: Tragödie und Komödie im dramatischen Schaffen Lessings. Berlin 1935, Nachdr. 1967; M. KOMMERELL: Lessing und Aristoteles. Untersuchung über die Theorie der Tragödie. Frankfurt/M. 1940, ⁴1970; P. RILLA: Lessing und sein Zeitalter. Berlin 1958, ²1968, Neudr. München 1973; K. J. GUTHKE: Der Stand der Lessing-Forschung (Referate aus der DVjs). Stuttgart 1965; E. BROCK-SULZER: Gotthold Ephraim Lessing (= Friedrichs Dramatiker der Weltliteratur 11). Velber b. Hannover 1967; G. u. S. BAUER (Hrsg.): Gotthold Ephraim Lessing (= Wege der Forschung 211). Darmstadt 1968; H. STEINMETZ (Hrsg.): Lessing – ein unpoetischer Dichter. Dokumente aus drei Jahrhunderten zur Wirkungsgeschichte Lessings in Deutschland. Frankfurt/M.–Bonn 1969; R. Daunicht (Hrsg.): Lessing im Gespräch. Berichte und Urteile von Freunden und Zeitgenossen. München 1971; E. Dvoretzky (Hrsg.): Lessing. Dokumente zur Wirkungsgeschichte 1755–1968. 2 Tle. Göppingen 1971/72; J. Schröder: Gotthold Ephraim Lessing. Sprache und Drama. München 1972; J. Seifert: Lessing-Bibliographie. Berlin–Weimar 1973; K. J. Guthke: Gotthold Ephraim Lessing (= Sammlung Metzler 65). Stuttgart [3]1979; W. Barner u. G. Grimm, H. Kiesel, M. Kramer: Lessing. Epoche – Werk – Wirkung. München 1975, [3]1977; U. Schulz: Lessing auf der Bühne. Chronik der Theateraufführungen 1748–1789. Bremen–Wolfenbüttel 1977; E. P. Harris u. R. E. Schade (Hrsg.): Lessing in heutiger Sicht. Beiträge zur Internationalen Lessing-Konferenz Cincinnati. Ohio 1976, Bremen–Wolfenbüttel 1977; D. Hildebrandt: Lessing. Biographie einer Emanzipation. München 1979.

A: [1] Hier und im folgenden wird zum Teil Bezug genommen auf eine im Entstehen befindliche Tübinger Dissertation von G. Stadelmaier über Lessing auf der heutigen Bühne (seit 1968).

[2] Näheres, mit weiterführenden Hinweisen, in: Barner, Grimm, Kiesel, Kramer, s. L., S. 377 ff.

[3] Friedrich Schlegel, zit. nach Steinmetz: Lessing – ein unpoetischer Dichter, s. L., S. 169.

[4] Vgl. K.-D. Müller: Das Erbe der Komödie im bürgerlichen Trauerspiel. Lessings *Emilia Galotti* und die commedia dell'arte. In: DVjs. 46 (1972), S. 28 ff.

[5] Hierzu M. Möckel: Über Theaterarbeit an Klassikern. Was interessiert junge Zuschauer an *Minna von Barnhelm*? In: WB 12 (1972), S. 121 ff. Das Fundament der historischen Bedeutung bildet, an Mehring (s. L.) anknüpfend, zugleich die Monographie von Rilla (s. L.), die Lessing als ein maßstäbesetzendes Beispiel der frühen DDR-,Erbe'-Politik behandelt hatte.

[6] I. Nagel: *Minna von Barnhelm* – unspielbar? In: Theater heute 12 (1970), S. 23. Nagel selbst freilich bezweifelt die These.

[7] Zit. nach: Programmheft zur Koblenzer Inszenierung der *Emilia Galotti*, Premiere am 6. 9. 1972.

[8] Zu dem hier einschlägigen ,Vaterproblem' vgl. P. H. Neumann: Der Preis der Mündigkeit. Über Lessings Dramen. Stuttgart 1977.

[9] Verf.: Barockrhetorik. Untersuchungen zu ihren geschichtlichen Grundlagen. Tübingen 1970, S. 315 ff.; zum Prinzip der imitatorischen Lektüre: S. 59 ff., S. 285 ff.

[10] Verf.: Lessing zwischen Bürgerlichkeit und Gelehrtheit. In: Bürger und Bürgerlichkeit im Zeitalter der Aufklärung. Hrsg. v. R. Vierhaus. Heidelberg 1979.

[11] Vgl. den Beitrag von Jürgen Jacobs über das Drama der Frühaufklärung, im vorliegenden Band.

[12] W. Hinck: Das deutsche Lustspiel des 17. und 18. Jahrh. und die italienische Komödie. Stuttgart 1965, S. 256 ff.

[13] H. Steinmetz: Die Komödie der Aufklärung. Stuttgart 1966, S. 36 ff., S. 58 ff.

[14] P. Böckmann: Das Formprinzip des Witzes in der Frühzeit der deutschen Aufklärung. In: JbFDtHochst. 1932/33, S. 52 ff. Vgl. auch dens.: Formgeschichte der deutschen Dichtung. Bd. 1. Hamburg 1949, S. 471 ff., bes. S. 530 ff. Zum Prinzip der Wiederholung im *Jungen Gelehrten* s. Hinck (wie A. 12), S. 273 ff.

[15] Zit. nach: Lessing, Werke. Hrsg. v. Göpfert, s. T., Bd. 2, S. 639.

[16] Verf.: Lessing und sein Publikum in den frühen kritischen Schriften. In: Harris u. Schade (Hrsg.), s. L., S. 323 ff.

[17] Zu den genannten Einzelformen in Lessings Gesamtwerk vgl. W. Jens: Feldzüge eines Redners: Gotthold Ephraim Lessing. In: ders.: Von deutscher Rede. München 1969, S. 46 ff. Auch Schröder, s. L., passim.

[18] Daunicht, s. L., S. 42.

[19] Rempel, s. L., S. 13 ff.

[20] Die Daten nennt Schulz, s. L., S. 173, S. 194.

[21] Verf.: Produktive Rezeption. Lessing und die Tragödien Senecas. München 1973, S. 20 ff.

[22] Ramler an Gleim, 25. 7. 1755, zit. nach: Lessing, Werke. Hrsg. v. Göpfert, s. T., Bd. 2, S. 693. Zur Wirkungsgeschichte ausführlich auch: Gotthold Ephraim Lessing, *Miss Sara Sampson*. Ein bürgerliches Trauerspiel. Hrsg. v. K. Eibl. Frankfurt/M. 1971, S. 161 ff.

[23] *Göttingische Anzeigen von Gelehrten Sachen*, 2. 6. 1755, zit. nach Eibl, s. A. 22, S. 216.

[24] Schulz, s. L., S. 189 ff. sowie die Dokumente bei Eibl.

[25] Hierzu bes. Schröder, s. L., S. 162 ff.; auch Rempel, s. L., S. 35 ff.

[26] Die Zeugnisse bei Eibl, s. A. 22, S. 214 ff.

[27] M. Durzak: Äußere und innere Handlung in *Miß Sara Sampson*. Zur ästhetischen Geschlossenheit

von Lessings Trauerspiel. In: DVjs. 44 (1970), S. 47 ff.; auch in: ders.: Poesie und Ratio. Vier Lessing-Studien. Bad Homburg v. d. H. 1970, S. 44 ff.

[28] P. WEBER: Das Menschenbild des bürgerlichen Trauerspiels. Entstehung und Funktion von Lessings *Miß Sara Sampson*. Berlin 1970.

[29] Schulz, s. L., S. 179.

[30] Lessing, Mendelssohn, Nicolai: Briefwechsel über das Trauerspiel. Hrsg. u. kommentiert v. J. SCHULTE-SASSE. München 1972, S. 55.

[31] J. BIRKE: Der junge Lessing als Kritiker Gottscheds. In: Euphorion 62 (1968), S. 392 ff.

[32] Verf.: Produktive Rezeption, s. A. 21, S. 53 ff.

[33] C. WIEDEMANN: Ein schönes Ungeheuer. Zur Deutung von Lessings Einakter *Philotas*. In: GRM 48 (1967), S. 381 ff.

[34] Zit. nach: Werke. Hrsg. v. Göpfert, s. T., Bd. 2, S. 676. Weitere Zeugnisse dort und in den beiden Dokumentenbänden von D. Hildebrandt (= Dichtung und Wirklichkeit Nr. 30). Frankfurt/M.–Berlin 1969 und von J. Hein (Reclams Univ.-Bibl. Nr. 8108). Stuttgart 1970.

[35] Vgl. die in A. 34 genannten Bändchen. Programmhefte sind aufgearbeitet in der Untersuchung von Stadelmaier (s. A. 1).

[36] H. STEINMETZ: *Minna von Barnhelm* oder die Schwierigkeit, ein Lustspiel zu verstehen. In: Festschr. f. Herman Meyer. Tübingen 1976, S. 135 ff.; J. SCHRÖDER: Lessing, *Minna von Barnhelm*. In: Die deutsche Komödie. Hrsg. v. W. Hinck. Düsseldorf 1977, S. 49 ff.

[37] Die folgenden Zitate nach Hein, s. A. 34, S. 67.

[38] P. MICHELSEN: Die Verbergung der Kunst. Über die Exposition in Lessings *Minna von Barnhelm*. In: JbSchG 17 (1973), S. 192 ff.; I. STROHSCHNEIDER-KOHRS: Die überwundene Komödiantin in Lessings Lustspiel. In: Wolfenbütteler Studien z. Aufkl. Bd. 2. Bremen–Wolfenbüttel 1975, S. 182 ff.

[39] Zit. nach: Werke. Hrsg. v. Göpfert, s. T., Bd. 2, S. 674.

[40] E. STAIGER: Lessing: *Minna von Barnhelm*. In: ders.: Die Kunst der Interpretation. Zürich 1955, S. 75 ff.; F. MARTINI: Riccaut, die Sprache und das Spiel in Lessings Lustspiel *Minna von Barnhelm* (1964). In: Bauer, s. L., S. 376 ff.

[41] Wie oben A. 6.

[42] Hinck, s. A. 12, S. 287 ff.

[43] H. STEINMETZ: Literaturgeschichte und Sozialgeschichte in widersprüchlicher Verschränkung: Das Hamburger Nationaltheater. In: IASL 4 (1979), S. 24 ff.

[44] Beispielsweise F. O. NOLTE: Lessings *Emilia Galotti* im Lichte seiner *Hamburgischen Dramaturgie* (1937). In: Bauer, s. L., S. 214 ff.

[45] Zeugnisse in dem Band von J.-D. Müller (= Reclams UB Nr. 8111/11a). Stuttgart 1971, S. 51 ff.

[46] J.-D. Müller, s. A. 45, S. 73.

[47] Ebd., S. 70.   [48] Ebd., S. 72.   [49] Ebd., S. 64.

[50] Barner, Grimm, Kiesel, Kramer, s. L., S. 174 f.

[51] Die Vielfalt der Deutungen zeigen die Dokumente in den Bänden von P. DEMETZ (= Dichtung und Wirklichkeit Nr. 25). Frankfurt/M.–Berlin 1966 und von P. VON DÜFFEL (= Reclams UB Nr. 8118/18a). Stuttgart 1972.

[52] Übersicht: wie A. 50, S. 257 ff.

[53] So Johann Jakob Engel 1783, zit. nach Braun, s. L., Bd. 3, S. 108.

[54] Ebd.

[55] Zitat bei von Düffel, s. A. 51, S. 124 f.

[56] Johann Elias Schlegel, Gedanken zur Aufnahme des dänischen Theaters (1747), zit. nach: J. E. Schlegel, Canut. Hrsg. v. H. Steinmetz (= Reclams UB Nr. 8766/67). Stuttgart 1967, S. 75 ff.; hier S. 88 f.

[57] Zit. nach Steinmetz: Lessing – ein unpoetischer Dichter, s. L., S. 123.   W. B.

Das Drama des Sturm und Drang   S. 120

T: Zitiert wird, wo nicht anders vermerkt, nach krit. Ausgaben: Goethe nach der Hamburger Ausgabe, Herder nach Suphans, Klinger nach Berendt/Wolffs, Lenz nach Titel/Haugs (orthographisch modernisierender) Ausgabe. Gerstenbergs *Literaturbriefe* und *Rezensionen* werden nach dem Abdruck in den „Deutschen Literaturdenkmalen des 18. u. 19 Jahrh." (DLD) Nr. 29/30 und 128 zitiert. Leicht zugänglich sind einige Dramen in Einzelausgaben des Reclam Verlags und in verschiedenen Anthologien, vor allem der mehrfach aufgelegten von E. Loewenthal: Sturm und Drang. Dramatische Schriften. 2 Bde. Heidelberg o. J. Vom selben Herausgeber: Sturm und Drang. Kritische Schriften. Heidelberg 1949, ³1972.

L: Aus Platzersparnisgründen werden hier nur Buchpublikationen genannt, einige Aufsätze in den Anmerkungen. Weitere Angaben u. a. bei Kließ.

Gesamtdarstellungen: H. A. KORFF: Geist der Goethezeit. Versuch einer ideellen Entwicklung der klassisch-romantischen Literaturgeschichte. 1. Teil: Sturm und Drang. Leipzig 1923, ⁶1962; F. J. SCHNEIDER: Die deutsche Dichtung der Geniezeit. Stuttgart 1952; R. PASCAL: Der Sturm und Drang. Stuttgart 1963, ²1977; H. DE BOOR, R. NEWALD: Geschichte der deutschen Literatur von den Anfängen bis zur Gegenwart. Bd. 6: Von Klopstock bis zu Goethes Tod 1750–1832. 1. Teil: Ende der Aufklärung und Vorbereitung der Klassik. München 1957; Sturm und Drang. Hrsg. v. Kollektiv für Literaturgeschichte. Berlin [Ost] 1958; W. KLIESS: Sturm und Drang (= Dramatiker des Welttheaters). Velber b. Hannover 1966, ³1975; G. KAISER: Aufklärung, Empfindsamkeit, Sturm und Drang. 2., erw. und vollst. überarb. Aufl. München 1976 (Gütersloh ¹1966 u. d. T. „Von der Aufklärung bis zum Sturm und Drang"); W. HINCK (Hrsg.): Sturm und Drang. Ein literaturwissenschaftliches Studienbuch. Kronberg/Ts. 1978.

Einzelfragen: F. GUNDOLF: Shakespeare und der deutsche Geist. Berlin 1911, ¹¹1959; C. STOCKMEYER: Soziale Probleme im Drama des Sturmes und Dranges. Frankfurt/M. 1922; J. M. RAMECKERS: Der Kindesmord in der Literatur der Sturm-und-Drang-Periode. Ein Beitrag zur Kultur- und Literatur-Geschichte des 18. Jahrh. Diss. Amsterdam 1927; S. MELCHINGER: Dramaturgie des Sturms und Drangs. Gotha 1929; W. H. BRUFORD: Die gesellschaftlichen Grundlagen der Goethezeit. Weimar 1936, Frankfurt/M. 1975, Frankfurt/M.–Berlin–Wien 1979; H. RUPPERT: Die Darstellung der Leidenschaften und Affekte im Drama des Sturmes und Dranges. Berlin 1941; E. GENTON: Lenz – Klinger – Wagner. Studien über die rationalistischen Elemente in Denken und Dichten des Sturmes und Dranges. Diss. (Masch.) Freie Universität Berlin 1955; B. MARKWARDT: Geschichte der deutschen Poetik. Bd. 2: Aufklärung, Rokoko, Sturm und Drang. Berlin 1956; E. BRAEMER: Goethes Prometheus und die Grundpositionen des Sturm und Drang. Berlin–Weimar 1959, ³1968; V. KLOTZ: Geschlossene und offene Form im Drama. München 1960, ⁸1976; W. SCHAER: Die Gesellschaft im deutschen bürgerlichen Drama des 18. Jahrh. Bonn 1963; G. MATTENKLOTT: Melancholie in der Dramatik des Sturm und Drang. Stuttgart 1968; H. ARNTZEN: Die ernste Komödie. Das deutsche Lustspiel von Lessing bis Kleist. München 1968; M. WACKER: Schillers „Räuber" und der Sturm und Drang. Stilkritische und typologische Überprüfung eines Epochenbegriffs. Göppingen 1973; W. DOKTOR: Die Kritik der Empfindsamkeit. Bern–Frankfurt/M. 1975; R. QUABIUS: Generationsverhältnisse im Sturm und Drang. Köln–Wien 1976; H. KIESEL, P. MÜNCH: Gesellschaft und Literatur im 18. Jahrh. Voraussetzungen und Entstehung des literarischen Markts in Deutschland. München 1977; F. BOUBIA: Theater der Politik, Politik des Theaters. Louis-Sébastien Mercier und die Dramaturgie des Sturm und Drang. Frankfurt/M. 1978.

Autoren: B. VON WIESE (Hrsg.): Deutsche Dichter des 18. Jahrh. Ihr Leben und Werk. Berlin 1977.

Gerstenberg: A. M. WAGNER: H. W. von Gerstenberg und der Sturm und Drang. 2 Bde. Heidelberg 1920–24; K. GERTH: Studien zu Gerstenbergs Poetik. Ein Beitrag zur Umschichtung der ästhetischen und poetischen Grundbegriffe im 18. Jahrh. Göttingen 1960.

Klinger: M. RIEGER: Klinger in der Sturm- und Drangperiode. Darmstadt 1880; O. A. PALITZSCH: Erlebnisgehalt und Formproblem in Friedrich Maximilian Klingers Jugenddramen. Dortmund 1924; O. SMOLJAN: F. M. Klinger. Leben und Werk. Weimar 1962; CH. HERING: F. M. Klinger. Der Weltmann als Dichter. Berlin 1966.

Leisewitz: J. SIDLER: J. A. Leisewitz: Julius von Tarent. Diss. Zürich 1966.

Lenz: E. SCHMIDT: Lenz und Klinger. Zwei Dichter der Geniezeit. Berlin 1878; M. N. ROSANOW: J. M. R. Lenz. Der Dichter der Sturm- und Drangperiode. Leipzig 1909; B. HUBER-BINDSCHEDLER: Die Motivierung in den Dramen von J. M. R. Lenz. Diss. Zürich 1922; H. KINDERMANN: J. M. R. Lenz und die deutsche Romantik. Wien–Leipzig 1925; B. TITEL: ‚Nachahmung der Natur' als Prinzip dramatischer Gestaltung bei J. M. R. Lenz. Diss. Frankfurt/M. 1962; W. HINCK (Hrsg.): J. M. R. Lenz: Der neue Menoza. Text und Materialien zur Interpretation. Berlin 1965; E. GENTON: J. M. R. Lenz et la scène allemande. Paris 1966; J. OSBORNE: J. M. R. Lenz. The Renunciation of Heroism. Göttingen 1975; E. MC INNES: J. M. R. Lenz: Die Soldaten. Text, Materialien, Kommentar. München–Wien 1977.

Maler Müller: B. Seuffert: Maler Müller. Berlin 1877.

Wagner: J. Werner: Gesellschaft in literarischer Form. H. L. Wagners „Kindermörderin" als Epochen- und Methodenparadigma. Stuttgart 1977.

A: [1] Selbst H. A. Korff, meist als Hauptvertreter der irrationalistischen Deutung angeführt, differenziert jedoch: „Erscheint die Sturm-und-Drang-Bewegung darum in gewisser Hinsicht als der Höhepunkt der Aufklärung, so in anderer Hinsicht umgekehrt als ihre Krisis" (s. L., S. 196). Insbesondere sei die Dramatik oft „nur an der Oberfläche irrationalistisch tingiert", wie im Falle Schillers (S. 189).

[2] Zit. bei R. M. Werner: Die erste Aufführung des „Götz von Berlichingen". In: Goethe-Jb. 2 (1881), S. 90.

[3] Im „Teutschen Merkur", Juni 1774.

[4] Am 8. 7. 1773 an H. Chr. Boie.

[5] Am 28. 11. 1771 an Salzmann.

[6] Vgl. zu diesem Drama auch G. Kaiser: Friedrich Maximilian Klingers Schauspiel „Sturm und Drang". Zur Typologie des Sturm-und-Drang-Dramas. In: Untersuchungen zur Literatur als Geschichte. Festschr. f. B. v. Wiese, Berlin 1973, S. 15–35.

[7] Ausführlich dazu Bruford und Kiesel/Münch (s. L.). Vgl. auch H. Stolpe: Versuch einer Analyse der gesellschaftsgesch. Grundlagen u. Hauptmerkmale der Sturm-und-Drang-Bewegung der dt. Literatur im 18. Jahrh. In: Wissenschaftl. Zschr. d. Humboldt-Univ. Berlin, Gesellschafts- u. sprachwiss. Reihe 3 (1953–54), S. 347–389.

[8] Das zeigt der bescheidene Anklang, den selbst F. L. Schröders Aufführungen von Sturm-und-Drang-Dramen in Hamburg 1776 fanden. – Lenz klagt im *Pandämonium Germanicum* (entst. 1775): „Glücklicher Aristophanes, glücklicher Plautus, der noch Leser und Zuschauer fand. Wir finden, weh uns, nichts als Rezensenten" (I, 4).

[9] Über Deutschland. Stuttgart 1977, S. 67.

[10] In seinem Vorwort zu seiner Versifikation vom *Tod Adams*. Zit. nach der Ausgabe des Dramas Stuttgart 1973, S. 44.

[11] Vgl. auch F. Martini: Die feindlichen Brüder. Zum Problem des gesellschaftskrit. Dramas von J. A. Leisewitz, F. M. Klinger und F. Schiller. In: JbSchG 16 (1972), S. 208–265.

[12] Vgl. zu diesem Drama die einläßliche und überzeugende Interpretation W. Kellers im Nachwort zur Ausgabe des Dramas Stuttgart 1965, [2]1975.

[13] Betrachtung Nr. 768, F. M. Klingers sämmtliche Werke. Bd. 12. Stuttgart–Tübingen 1842, S. 252.

[14] Vergleichung Shakespears und Andreas Gryphs . . . (1741).

[15] Vermischte Schriften, 1815–1816, Bd. 3, S. 262. Zum folgenden vgl. Rezensionen, DLD 128, S. 107 f.

[16] Rezensionen, DLD 128, S. 380 und Literatur-Briefe, DLD 29/30, S. 163.

[17] Friedrich der Große: De la littérature allemande. Frz.-Dt., mit der Möserschen Gegenschrift. Hamburg 1969, S. 100.

[18] F. M. Klingers dram. Jugendwerke. Hrsg. v. H. Berendt u. K. Wolff, Bd. 3, S. 352.

[19] Rezension in der „Allgemeinen deutschen Bibliothek", Bd. 11, 1770, S. 100.

[20] 15. Literatur-Brief.

[21] Vgl. Goethes Shakespeare-Rede 1771.

[22] Lenz in seiner Selbstrezension des *Neuen Menoza* (1775).

[23] Zit. nach der Ausgabe der „Werke und Schriften" v. R. Daunicht. Reinbek 1970, S. 240.

[24] Ebd., S. 247.   [25] Ebd., S. 240.   [26] Ebd.

[27] Vgl. Klotz, s. L.

[28] In den „Briefen über die Moralität der Leiden des jungen Werthers" (entst. 1775).

[29] W. Hinderer in seiner bündigen Interpretation des *Hofmeisters*. In: Die deutsche Komödie. Hrsg. v. W. Hinck. Düsseldorf 1977, S. 77.

[30] Nicolais „Allgemeine deutsche Bibliothek". Bd. 27/2, 1776.

[31] Zit. bei Rosanow, s. L., S. 194.

[32] Ges. Schr., hrsg. F. Blei, Bd. 4, S. 217.   J. Z.

Das Drama Goethes   S. 133

T: Zitiert wird nach: Goethes Werke. Hamburger Ausgabe in 14 Bdn. Hamburg 1948 ff. (Abkürzung: HA). Die verdienstvollen Kommentare dieser Edition werden durch Äußerungen Goethes und seiner

Zeitgenossen und ausführliche Bibliographien zu den einzelnen Dichtungen ergänzt. Die Wirkungsgeschichte von Goethes Werk erfassen die durch K. R. Mandelkow gesammelten Zeugnisse: Goethe im
Urteil seiner Kritiker. Bd. 1. München 1975; Bd. 2. München 1977.

L: Die Literatur über Goethe ist unübersehbar geworden. Da sich die folgende Bibliographie auf wenige
    Titel beschränken und diese dürftige Auswahl notgedrungen ungerecht sein muß; da viele vorzügliche
    Arbeiten – bes. in Aufsatzform – unerwähnt bleiben, sei auf die von H. Pyritz begründete „Goethe-
    Bibliographie", auf Eppelsheimer-Köttelwesch, die Zeitschrift „Germanistik" und das „Goethe-
    Jahrbuch" nachdrücklich hingewiesen.
    Allgemeine Literatur zu Goethes Werk: F. GUNDOLF: Goethe. Berlin 1916; F. SENGLE: Goethes Ver-
    hältnis zum Drama. Berlin 1937; P. STÖCKLEIN: Wege zum späten Goethe. Hamburg 1949; K. VIËTOR:
    Goethe. Dichtung, Wissenschaft, Weltbild. Bern 1949; E. STAIGER: Goethe. Bd. 1–3. Zürich 1952 ff.;
    G. LUKÁCS: Goethe und seine Zeit. Berlin (Ost) 1953; B. v. WIESE: Goethes Drama. In: Goethe-
    Handbuch. Hrsg. v. A. Zastrau. Bd. 1, Stuttgart ²1955, Spalte 1898–1934; R. PEACOCK: Goethe's ma-
    jor plays. Manchester 1959; E. M. WILKINSON u. L. A. WILLOUGHBY: Goethe. Dichter und Denker
    (1962). Frankfurt/M. 1974; W. SCHADEWALDT: Goethe-Studien. Zürich 1963; W. H. BRUFORD: Kul-
    tur und Gesellschaft im klassischen Weimar 1775–1806. Göttingen 1966; J. MÜLLER: Goethes Dra-
    mentheorie (1971). In: ders.: Epik, Dramatik, Lyrik. Halle/Saale 1974, S. 269–309; G. BAUMANN:
    Goethe. Dauer im Wechsel. München 1977; I. GRAHAM: Goethe. Portrait of the Artist. Berlin–New
    York 1977.
    Götz: H. A. KORFF: Geist der Goethezeit (1923). Leipzig ²1954, Bd. 1, bes. S. 219 ff.; P. BÖCKMANN:
    Formgeschichte der deutschen Dichtung (1949). Hamburg ³1967, bes. S. 641 ff.; V. NEUHAUS: Götz
    von Berlichingen. Erläuterungen und Dokumente. Stuttgart 1973; J. SCHRÖDER: Individualität und
    Geschichte im Drama des jungen Goethe. In: W. Hinck (Hrsg.): Sturm und Drang. Ein literaturwis-
    senschaftliches Studienbuch. Kronberg/Ts. 1978, S. 192–212.
    Egmont: H. HARTMANN: Goethes Egmont. In: WB 13 (1967), S. 48–75; P. MICHELSEN: Egmonts Frei-
    heit. In: Euphorion 65 (1971), S. 274–297.
    Iphigenie: O. SEIDLIN: Goethes Iphigenie – „verteufelt human"? In: ders.: Von Goethe zu Thomas
    Mann. Göttingen 1963, S. 9–22; A. HENKEL: Die „verteufelt humane" Iphigenie. In: Euphorion 59
    (1965), S. 1–17; TH. W. ADORNO: Zum Klassizismus von Goethes „Iphigenie" (1967). In: ders.: No-
    ten zur Literatur IV. Frankfurt/M. 1974, S. 7–33; H.-G. WERNER: Antinomien der Humanitätskon-
    zeption in Goethes „Iphigenie". In: WB 14 (1968), S. 361–384; H. R. JAUSS: Racines und Goethes
    Iphigenie (1973). In: R. Warning (Hrsg.): Rezeptionsästhetik. München 1975, S. 353–400; W. RASCH:
    Goethes „Iphigenie auf Tauris" als Drama der Autonomie. München 1979.
    Tasso: W. RASCH: Goethes „Torquato Tasso". Stuttgart 1954; G. NEUMANN: Konfiguration. Studien
    zu Goethes „Torquato Tasso". München 1965; L. J. RYAN: Die Tragödie des Dichters in Goethes
    „Torquato Tasso". In: JbSchG 9 (1965), S. 283–322.
    Der Großkophta: F. MARTINI: Goethes „verfehlte" Lustspiele: „Die Mitschuldigen" und „Der
    Großkophta". In: Natur und Idee. Festschr. für Andreas B. Wachsmuth. Weimar 1966, S. 164–210;
    Zum Dauerthema der Französischen Revolution vgl. B. GROETHUYSEN: Philosophie der Französi-
    schen Revolution. Neuwied–Berlin 1971.
    Natürliche Tochter: R. A. SCHRÖDER: Goethes „Natürliche Tochter" (1938). In: H. Mayer (Hrsg.):
    Goethe im 20. Jahrh. Hamburg 1967, S. 162–178; H.-E. HASS: Goethe. Die natürliche Tochter. In:
    B. v. Wiese (Hrsg.): Das deutsche Drama vom Barock bis zur Gegenwart. Düsseldorf 1958, Bd. 1,
    S. 215–247; TH. STAMMEN: Goethe und die Französische Revolution. Eine Interpretation der „Natür-
    lichen Tochter". München 1966; E. BAHR: Goethes „Natürliche Tochter". In: K. O. Conrady
    (Hrsg.): Deutsche Literatur zur Zeit der Klassik. Stuttgart 1977, S. 226–242.
    Pandora: P. BÖCKMANN: Die Humanisierung des Mythos in Goethes „Pandora". In: ders.: Formen-
    sprache. Hamburg 1966, S. 147–166; G. DIENER: Pandora. Zu Goethes Metaphorik. Bad Homburg
    1968.
    Faust: H. RICKERT: Goethes Faust. Tübingen 1932; W. EMRICH: Die Symbolik von Faust II. Berlin
    1943, Bonn ³1964; S. ATKINS: Goethe's Faust. A literary analysis. Cambridge–London 1958; G. DIE-
    NER: Fausts Weg zu Helena. Stuttgart 1961; E. C. MASON: Goethe's Faust. Its genesis and purport.
    Berkeley–Los Angeles 1967; K. MOMMSEN: Natur- und Fabelreich in Faust II. Berlin 1968; H. MEYER:
    Diese sehr ernsten Scherze. Eine Studie zu Faust II. Heidelberg 1970; P. REQUADT: Goethes „Faust I".
    Leitmotivik und Architektur. München 1972; A. FUCHS: Le „Faust" de Goethe. Paris 1973; W. KEL-

LER (Hrsg.): Aufsätze zu Goethes „Faust I". Darmstadt 1974 (mit weiterführender Bibliographie); D. LOHMEYER: Faust und die Welt. Der zweite Teil der Dichtung. München 1975.

A: [1] Lenz' Götz-Rezension ist zit. nach der von B. Titel und H. Haug besorgten Ausgabe: Jakob Michael Reinhold Lenz. Werke und Schriften. Stuttgart 1966, Bd. 1, S. 379.

[2] P. HACKS: Drei Blicke auf Tasso und ein schielender. In: ders.: Die Maßgaben der Kunst. Berlin (Ost) 1978, S. 229–236, zit. S. 230. Hacks' Verdikt zielt zwar auf E. Schumacher, aber es trifft auch auf andere Germanisten zu, deren kritischem Sinn verborgen blieb, daß mit zunehmendem Wissen Urteile zunehmend schwerer werden.

[3] G. JANOUCH: Gespräche mit Kafka. Erw. Ausgabe. Frankfurt/M. 1968, S. 36.

[4] W. EMRICH: Das Rätsel der Faust II-Dichtung. Versuch einer Lösung. In: ders.: Geist und Widergeist. Frankfurt/M. 1965, S. 211–235, zit. S. 218.   W. K.

Zum Drama Schillers   S. 157

T: Zitiert wird nach den Ausgaben: Friedrich Schiller. Sämtl. Werke. Hrsg. v. G. Fricke u. H. G. Göpfert. München [2]1960; Schillers Briefe. Hrsg. v. F. Jonas. Stuttgart 1892/96 (Jonas).

L: P. BÖCKMANN: Schillers Geisteshaltung als Bedingung seines dramatischen Schaffens. Dortmund 1925; E. L. STAHL: Friedrich Schiller's Drama. Theory and Practice. Oxford 1954; Schiller. Reden im Gedenkjahr 1955. Hrsg. v. B. Zeller, Stuttgart 1955; Schiller. Reden im Gedenkjahr 1959. Hrsg. v. B. Zeller, Stuttgart 1961; B. v. WIESE: F. Schiller. Stuttgart 1959; G. STORZ: Der Dichter F. Schiller. Stuttgart 1959; Wissenschaftliche Konferenz über das Schaffen Friedrich Schillers. 6.–9. Nov. 1959 in Weimar. In: WB 1959, Sonderheft; E. BRAEMER u. U. WERTHEIM: Studien zur deutschen Klassik. Berlin 1960; E. STAIGER: Friedrich Schiller. Zürich 1967; Schiller – Zeitgenosse aller Epochen. Dokumente zur Wirkungsgeschichte Schillers in Deutschland. Hrsg. v. N. Oellers, T. I (1782–1859). Frankfurt 1970; T. II (1860–1966). Frankfurt 1976; G. UEDING: Schillers Rhetorik. Idealistische Wirkungsästhetik und rhetorische Tradition. Tübingen 1971; G. SAUTERMEISTER: Idyllik und Dramatik im Werk Friedrich Schillers. Stuttgart 1971; K. L. BERGHAHN u. R. GRIMM (Hrsg.): Schiller. Zur Theorie und Praxis der Dramen (= WdF 323). Darmstadt 1972; D. BORCHMEYER: Tragödie und Öffentlichkeit. Schillers Dramaturgie. München 1973. F. HEUER u. W. KELLER (Hrsg.): Schillers Wallenstein (= WdF 420). Darmstadt 1977.

A: [1] Georg Büchner: Werke und Briefe. Hrsg. v. F. Bergemann. Wiesbaden 1953, S. 231.

[2] Sickingen-Debatte. Hrsg. v. W. Hinderer. Wiesbaden 1974, S. 39.

[3] TH. W. ADORNO: Minima Moralia. Frankfurt 1951, S. 110.

[4] Ueding, s. L.

[5] F. DÜRRENMATT: F. Schiller. In: Schiller. Reden im Gedenkjahr 1959. Stuttgart 1961, S. 41.

[6] Ebd., S. 49.

[7] H. MAYER: Das Ideal und das Leben. In: Schiller. Reden im Gedenkjahr 1955. Stuttgart 1955, S. 164.

[8] K. L. BERGHAHN: Das Pathetischerhabene. Schillers Dramentheorie. In: Deutsche Dramentheorie. Hrsg. v. R. Grimm. Frankfurt 1971, Bd. I, S. 214–244.

[9] Hans Mayer, s. A. 7, S. 164.

[10] V. Wiese, s. L., S. 70.

[11] F. MEHRING: Schiller. Ein Lebensbild für deutsche Arbeiter. In: Werkauswahl I. Hrsg. v. F. J. Raddatz. Darmstadt 1974, S. 102–110.

[12] Mayer, s. A. 7, S. 184.

[13] An Goethe, 31. August 1794. Jonas III, S. 481.

[14] Dürrenmatt, s. A. 5, S. 49.

[15] H. MAYER: Der Moralist und das Spiel. In: Schillers Werke. Frankfurt 1966 (Insel Ausgabe), Bd. IV, S. 815.

[16] V. Wiese, s. L., S. 442.

[17] Gotthold Ephraim Lessing: Gesammelte Werke. Hrsg. v. P. Rilla. Berlin [2]1968, Bd. VI, S. 383.

[18] Ebd., S. 76.

[19] An Süvern, 26. 7. 1800. Jonas VI, S. 176.

[20] Westberliner Projekt: Grundkurs 18. Jahrh. (Analysen). Hrsg. v. G. Mattenklott u. K. R. Scherpe. Kronberg/Ts. 1974, S. 169.

[21] Dürrenmatt, s. A. 5, S. 49.

[22] Ueding, s. L., S. 77.

[23] An Herder, 4. 11. 1795. Jonas IV, 314.

[24] K. WÖLFEL: Zur Geschichtlichkeit des Autonomiebegriffs. In: Historizität in Sprach- und Literaturwissenschaft. Hrsg. v. W. Müller-Seidel. München 1974, S. 576 f.

[25] An Körner, 25. 2. 1789. Jonas II, 238.

[26] P. BÖCKMANN: Formgeschichte der deutschen Dichtung. Hamburg 1949, S. 668 ff.

[27] Ueding, s. L., S. 79 ff.

[28] Böckmann, s. A. 26, S. 689.

[29] An Goethe, 2. 10. 1797. Jonas V, 270.

[30] W. DÜSING: Schillers Idee des Erhabenen. Diss. Köln 1967, S. 206 ff.

[31] W. WITTKOWSKI: Octavio Piccolomini. Zur Schaffensweise des „Wallenstein"-Dichters. In: JDSG 5 (1961), S. 10 ff.

[32] G. LUKÁCS: Zur Ästhetik Schillers. In: ders.: Probleme der Ästhetik. Neuwied 1969, S. 57 ff.

[33] An Goethe, 2. 10. 1797. Jonas V, 271.

[34] An Goethe, 28. 11. 1796. Jonas V, 119.

[35] An Körner, 13. 5. 1801. Jonas VI, 277.

[36] An Goethe, 2. 10. 1797. Jonas V, 270.

[37] Ebd.

[38] An Goethe, 18. 6. 1799. Jonas VI, 46.

[39] W. SPENGLER: Das Drama Schillers. Seine Genesis. Leipzig 1932.

[40] An Körner, 10. 3. 1789. Jonas II, 253.

[41] F. BIEDERMANN: Schillers Gespräche. Leipzig 1913, S. 60.

[42] An Dahlberg, 12. 10. 1781. Jonas I, 48.

[43] R.-P. JANZ: Schillers „Kabale und Liebe" als bürgerliches Trauerspiel. In: JDSG 20 (1976), S. 208 ff.

[44] P. M. LÜTZELER: „Die große Linie zu einem Brutuskopfe". Republikanismus und Cäsarismus in Schillers „Fiesco". In: Monatshefte 70 (1978), S. 15 ff.

[45] An Reinwald, 5. 5. 1784, Jonas I, 185.

[46] W. DILTHEY: Wallenstein. In: Schillers Wallenstein. Hrsg. v. F. Heuer u. W. Keller. Darmstadt 1977 (= WdF 420), S. 74.

[47] K. L. BERGHAHN: Schiller und die Tradition. In: Schiller – Zur Geschichtlichkeit seines Werkes. Hrsg. v. K. L. Berghahn. Kronberg/Ts. 1975, S. 9 ff.

[48] Schillers Don Karlos. Edition der ursprünglichen Fassung und entstehungsgeschichtlicher Kommentar von P. Böckmann. Stuttgart 1974, S. 495.

[49] An Lotte von Lengefeld, 4. 12. 1788. Jonas II, 170. Vgl. auch: W. HINDERER: Freiheit und Gesellschaft beim jungen Schiller. In: Sturm und Drang. Ein literaturwissenschaftliches Studienbuch. Hrsg. v. W. Hinck. Kronberg 1978, S. 230–256.

[50] P. Böckmann: Untersuchungen zur Entstehungsgeschichte des Don Karlos. S. A. 48, bes. Kap. VI u. VII, S. 490–528.

[51] K.-H. HAHN: Schiller und die Geschichte. In: WB 16 (1970), S. 47.

[52] CH. BÜRGER: Deutschunterricht – Ideologie oder Aufklärung. Frankfurt ²1973, S. 85.

[53] So noch Wittkowski, s. A. 31.

[54] Dilthey, s. A. 46, bes. S. 95 ff.

[55] W. MÜLLER-SEIDEL: Die Idee des neuen Lebens: eine Betrachtung über Schillers *Wallenstein*. In: Schillers Wallenstein. S. 364 ff.

[56] G. W. F. Hegel: Ästhetik. Frankfurt o. J., Bd. II, S. 574.

[57] F. SENGLE: Das historische Drama in Deutschland. Geschichte eines literarischen Mythos. Stuttgart ²1969, S. 55.

[58] An Schiller, 18. 3. 1799.

[59] An Goethe, 24. 8. 1798. Jonas V, 418.

[60] An Herder, 4. 11. 1795. Jonas V, 314.

[61] H. MAYER: Das Ideal und das Leben. In: Schiller – Reden im Gedenkjahr 1955. Stuttgart 1955, S. 180.

[62] An Goethe, 31. 8. 1794. Jonas III, 481.

[63] An Goethe, 5. 1. 1798. Jonas V, 316.

[64] An Goethe, 19. 7. 1799. Jonas VI, 59.

[65] K. ZIEGLER: Schiller und das Drama. In: WirkWort. Sammelbd. III, Düsseldorf 1963, S. 301.

[66] Bürger, s. A. 52, S. 89.

[67] Berghahn, s. A. 47, S. 16 ff.

[68] Sautermeister, s. L., S. 19 ff.

[69] G. KAISER: Idylle und Revolution. Schillers *Wilhelm Tell*. In: Deutsche Literatur und Französische Revolution. Göttingen 1974, S. 87 ff.

[70] H. G. THALHEIM: Notwendigkeit und Rechtlichkeit der Selbsthilfe in Schillers *Wilhelm Tell*. In: Goethe-Jb. NF 18 (1956), S. 216 ff.; E. BRAEMER: Wilhelm Tell. In: dies. u. U. Wertheim: Studien zur deutschen Klassik. Berlin 1960, S. 297 ff.

[71] An Iffland, 5. 12. 1803. Jonas VII, 100.

[72] Kaiser, s. A. 69, S. 103.

[73] Ebd., S. 106.

[74] K. L. BERGHAHN: Volkstümlichkeit ohne Volk? Kritische Überlegungen zu einem Kulturkonzept Schillers. In: Popularität und Trivialität. Hrsg. v. R. Grimm u. J. Hermand. Frankfurt 1974, S. 51 ff.

[75] Gottfried August Bürger: Von der Popularität der Poesie (1784) und Vorrede zur zweiten Auflage der Gedichte (1789). In: Bürgers Werke. Hrsg. v. L. Kaim u. S. Streller. Weimar 1956.

[76] An Iffland, 9. 11. 1803. Jonas VII, 93.

[77] D. BORCHMEYER: Tragödie und Öffentlichkeit – Schillers Dramaturgie. München 1973.

[78] G. LUKÁCS: Schillers Theorie der modernen Literatur. In: ders.: Goethe und seine Zeit. Berlin 1955, S. 88.

[79] Ebd.

[80] So der Titel der zweibändigen Wirkungsgeschichte von N. Oellers (München 1970 u. 1976).

[81] Dürrenmatt, s. A. 5, S. 51.   K. L. B.

Kleist als Dramatiker   S. 174

T: Heinrich von Kleist. Sämtl. Werke und Briefe in 2 Bdn. Hrsg. v. H. Sembdner. München [2]1961. – Taschenbuchausgabe in 7 Bdn. München 1964; H. v. Kleists Lebensspuren. Dokumente und Berichte der Zeitgenossen. Hrsg. v. H. Sembdner. Erw. Neuausgabe Frankfurt/M. 1977; H. v. Kleists Nachruhm. Eine Wirkungsgeschichte in Dokumenten. Hrsg. v. H. Sembdner. Bremen 1967. – Taschenbuchausgabe München 1977.

L: O. BRAHM: H. v. Kleist. Berlin 1884; F. GUNDOLF: H. v. Kleist. Berlin 1922; G. FRICKE: Gefühl und Schicksal bei H. v. Kleist. Berlin 1929, Neudruck Darmstadt 1975; C. LUGOWSKI: Wirklichkeit und Dichtung. Untersuchungen zur Wirklichkeitsauffassung H. v. Kleists. Frankfurt/M. 1936; M. KOMMERELL: Die Sprache und das Unaussprechliche. Eine Betrachtung über H. v. Kleist. In: Geist und Buchstabe der Dichtung. Frankfurt/M. 1937, [5]1962; B. v. WIESE: Die deutsche Tragödie von Lessing bis Hebbel. Hamburg 1948, [6]1964; G. BLÖCKER: H. v. Kleist oder Das absolute Ich. Berlin 1960, [2]1962. Taschenbuchausgabe Frankfurt/M. 1977; I. GRAHAM: H. v. Kleist. Word into Flesh: A Poet's Quest for the Symbol. Berlin–New York 1977.

A: [1] H. v. Kleists Nachruhm, Nr. 75.

[2] F. MARTINI: „Das Käthchen von Heilbronn" – H. v. Kleists drittes Lustspiel? In: JbSchG 20 (1976), S. 420–447.

[3] H. v. Kleists Lebensspuren, Nr. 89.

[4] R. SAMUEL: Kleists „Hermannsschlacht" und der Freiherr vom Stein. In: JbSchG 5 (1961), S. 64–101.

[5] H. v. Kleists Nachruhm, Nr. 328.

[6] Vgl. hierzu die Analyse von H. C. SEEBA: Der Sündenfall des Verdachts. Identitätskrise und Sprachskepsis in Kleists „Familie Schroffenstein". In: DVjs 44 (1970), S. 64–100.

[7] H. v. Kleists Nachruhm, Nr. 324.

[8] Vgl. hierzu im einzelnen Blöcker, s. L., S. 75 ff., Taschenbuch S. 63 ff.

[9] A. POLGAR: Kleist: Penthesilea. In: Auswahl. Prosa aus vier Jahrzehnten. Reinbek 1968, S. 284 f.

[10] F. WEDEKIND: H. v. Kleist. In: Prosa – Dramen – Verse. Bd. 1. München 1954, S. 927–932.

[11] G. BENN: Expressionismus. In: Ges. Werke. Bd. 1. Wiesbaden 1959, S. 244.

[12] A. DÖBLIN: Die Psychiatrie im Drama. In: Ein Kerl muß eine Meinung haben. Olten 1976, S. 154.

[13] H. v. Kleists Lebensspuren, Nr. 229.

[14] F. Beissner: Unvorgreifliche Gedanken über den Sprachrhythmus. In: Festschrift für Paul Kluckhohn und Hermann Schneider. Tübingen 1948, S. 427–444.

[15] Zu Kleists Sprache vgl. auch Blöcker, das Kap. „Jenseits der Sprache", S. 226–277, Taschenbuch S. 184–225.

[16] H. v. Kleists Lebensspuren, Nr. 356.

[17] Frankfurter Allgemeine Zeitung, 24. Nov. 1958.

[18] G. Steiner: Der Tod der Tragödie. München–Wien 1962, S. 191.

[19] H. Politzer: Kleists Trauerspiel vom Traum: Prinz Friedrich von Homburg. In: Hatte Ödipus einen Ödipus-Komplex? München 1974, S. 159.

[20] Neue Freie Presse. Wien, 15. 2. 1876.

[21] S. Streller: Das dramatische Werk H. v. Kleists. Berlin 1966, S. 26, 47, 49, 231/32.

[22] Fricke, s. L., S. 76 Anm.

[23] H. Arntzen: Die ernste Komödie. Das deutsche Lustspiel von Lessing bis Kleist. München 1968, S. 230, 232, 235.

[24] S. Jacobsohn: Jahre der Bühne. Theaterkritische Schriften. Reinbek 1965, S. 133.

[25] S. Burckhardt: Kleists politisches Testament. In: Frankfurter Hefte 16 (1961), S. 545–555. – Vgl. hierzu auch Blöcker, s. L., S. 147–159, Taschenbuch S. 120–130. – Zur Gesamtthematik des Stückes ferner: M. Heimann: Eine moralisch-dramaturgische Frage. In: Prosaische Schriften. Bd. 2. Berlin 1918, S. 322–329. – F. Hafner: H. v. Kleists „Prinz Friedrich von Homburg". Zürich 1952; A. Henkel: Traum und Gesetz in Kleists „Prinz von Homburg". In: NRs 73 (1962), S. 438–464; F. Ernst: Kleists „Prinz Friedrich von Homburg". In: Späte Essays. Zürich 1963, S. 146–152; H. Politzer, s. A. 19, S. 156–179.

[26] Bertolt Brecht: Gedichte 4. Frankfurt/M. 1961, S. 168.

[27] Vgl. dazu vor allem A. Schlagdenhauffen: L'univers existentiel de Kleist dans le Prince de Hombourg. Paris 1953. – Ferner auch G. Baumgärtel: Zur Frage der Wandlung in Kleists „Prinz Friedrich von Homburg". In: GRM 16 (1966), S. 264–277.

[28] Werke II, S. 338.   G. B.

Das romantische Drama   S. 186

T: Krit.-Friedrich-Schlegel-Ausg. Hrsg. v. E. Behler. München–Paderborn, 1967 ff. (röm. Ziffer = Band, arab. Ziffer = Seitenzahl); Friedrich Schlegel, Literary Notebooks. Ed. by H. Eichner. London 1957 (LN u. Nr. d. Fragments); Friedrich Schlegels Briefe an seinen Bruder August. Hrsg. v. O. Walzel. Berlin 1890 (zit. Briefe); August Wilhelm von Schlegels Vorlesungen über dramatische Kunst und Literatur. Krit. Ausg. Hrsg. v. G. V. Amoretti. 2 Bde. Bonn 1923 (Band- u. Seitenzahl); Tiecks Werke. Hrsg. v. G. L. Klee. Bd. 1. Leipzig 1892; Arnims Werke. Hrsg. v. A. Schier. Bd. 3. Leipzig o. J.; Joseph von Eichendorff, Sämtliche Werke. Hrsg. v. W. Kosch. Bd. 6: Die Dramen. Hrsg. v. E. Reinhard. Regensburg 1950.
    Von Paul Kluckhohn herausgegeben, erschienen in der Reihe „Deutsche Literatur in Entwicklungsreihen": Dramen der Frühromantik (1936); Dramen von Zacharias Werner (1937); Dramen von Clemens Brentano und Achim von Arnim (1938); Dramen von Achim von Arnim und Joseph von Eichendorff (1938).

L: J. Minor: Die Schicksalstragödie in ihren Hauptvertretern. Frankfurt 1883; W. Liepe: Das Religionsproblem im neuern Drama. Berlin 1904; J. Erdmann: Eichendorffs historische Trauerspiele. 1908; K. G. Wendriner: Der Einfluß von Goethes Wilhelm Meister auf das Drama der Romantiker. Bern 1909; H. Lüdeke: Ludwig Tieck und das alte englische Theater. Berlin 1922; M. Enzinger: Das deutsche Schicksalsdrama. Innsbruck 1922; H. A. Korff: Geist der Goethezeit. 4 Bde. Leipzig 1923–1949; V. Drexler: F. Schlegels Ideen und Gedanken über das Drama. Diss. München 1923; R. Ulshöfer: Die Theorie des Dramas in der Deutschen Romantik. Berlin 1935; P. Kluckhohn: Die Dramatiker der deutschen Romantik als Shakespeare-Jünger. In: Shakespeare-Jb. 74 (1938); W. Paulsen: Friedrich Schlegels ‚Alarcos'. In: MLN 56 (1941), S. 513–521; D. Schäfer: Die historischen Formtypen des Dramas in den Wiener Vorlesungen A. W. Schlegels. In: ZfdPh 75 (1956), S. 397–414; D. Streller: Arnim und das Drama. Diss. Göttingen 1956; W. Kayser: Formtypen des deutschen Dramas um 1800. In: ders.: Die Vortragsreise. Bern 1958; M. Thalmann: Romantik und Manierismus. Stuttgart 1963;

P. SCHMIDT: Das romantische Drama. Zur Theorie eines Paradoxons. In: Deutsche Dramentheorien. Beiträge zu einer historischen Poetik des Dramas in Deutschland. Hrsg. v. R. Grimm. Bd. 1. Frankfurt 1971; Z. SKREB: Die deutsche sogenannte Schicksalstragödie. In: Grillparzer-Jb 9 (1972); H. KRAFT: Das Schicksalsdrama. Interpretation und Kritik einer literarischen Reihe. Tübingen 1974. *Zum Lustspiel:* F. GÜTTINGER: Die romantische Komödie und das deutsche Lustspiel. 1939; I. STROH-SCHNEIDER-KOHRS: Die romantische Ironie in Theorie und Gestaltung. Göttingen ²1977; G. KLUGE: Spiel und Witz im romantischen Lustspiel. Diss. Köln 1963; ders.: Das Lustspiel der deutschen Romantik. In: Das deutsche Lustspiel. Hrsg. v. H. Steffen. Bd. 1. Göttingen 1968, S. 181–203; H. ARNT-ZEN: Die ernste Komödie. München 1971.

A: [1] V. KLOTZ: Geschlossene und offene Form im Drama. München 1960.
[2] P. SZONDI: Theorie des modernen Dramas. Frankfurt 1963.
[3] Korff, s. L., Bd. 3, S. 538.   [4] Korff, s. L., Bd. 3, S. 337.
[5] O. SEIDLIN: Versuche über Eichendorff. Göttingen 1963, Kap. 6, S. 129 ff.
[6] R. Kassner: Sämtliche Werke. Pfullingen 1969. Bd. 1: Die Mystik, die Künstler und das Leben, S. 192 ff.
[7] Arnim an Brentano am 22. 9. 1804.   G. K.

Die Wiener Volkskomödie, Raimund und Nestroy   S. 200

T: Deutsche Literatur. Reihe Barock: Barocktradition im österreichisch-bayrischen Volkstheater, Bd. 1–6. Hrsg. v. O. Rommel. Wien 1935–1939; R. Fürst, Raimunds Vorgänger (= Schriften der Gesellschaft für Theatergeschichte, Bd. 10). Berlin 1907; Ferdinand Raimund, Sämtl. Werke. Hist.-krit. Säkularausgabe. Hrsg. v. F. Brukner u. E. Castle. 6 Bde. Wien 1924–1934; Auswahl-Ausgabe: Ferdinand Raimunds Werke in 2 Bdn. Hrsg. v. F. Hadamowky. Salzburg–Stuttgart–Zürich 1971; Johann Nestroy, Sämtl. Werke. Hist.-krit. Gesamtausgabe. Hrsg. v. F. Brukner u. O. Rommel. 15 Bde. Wien 1924–1930; Auswahl-Ausgabe: Johann Nestroy, Komödien. Hrsg. v. F. H. Mautner. 3 Bde. Frankfurt 1970.

L: *Über größere Zeiträume oder Allgemeines:* C. L. COSTENOBLE: Aus dem Burgtheater, 1817–1837. Tagebuchblätter. Wien 1889; I. BAREA: Vienna. Legend and Reality. London o. J. (Copyright Frankfurt–Stockholm 1946); O. ROMMEL: Die Alt-Wiener Volkskomödie. Wien 1952. (Sehr ausführliches Werk mit umfassendem Literaturverzeichnis); R. BAUER: La Réalité – Royaume de Dieu. Etudes sur l'originalité du théâtre viennois dans la première moitié du XIX siècle. München 1965; W. HINCK: Das deutsche Lustspiel des 17. und 18. Jahrh. und die italienische Komödie. Stuttgart 1965; M. DIETRICH: Jupiter in Wien oder Götter und Helden der Antike im Altwiener Volkstheater. Graz–Wien–Köln 1967; F. SENGLE: Biedermeierzeit. Bd. 1 u. 2. Stuttgart 1971 u. 1972; R. URBACH: Die Wiener Komödie und ihr Publikum. Wien–München 1973; Theater und Gesellschaft. Das Volksstück im 19. und 20. Jahrh. Hrsg. v. J. Hein. Düsseldorf 1973.
Zu Raimund: Schriftenverzeichnisse in den unter T genannten Werk-Ausgaben, ferner bei J. HEIN: F. Raimund. Realienbücher für Germanisten. Stuttgart 1970; D. PROHASKA: Raimund and Vienna. A Critical Study of Raimund's Plays in their Viennese Setting. Cambridge 1970; L. V. HARDING: The Dramatic Art of F. Raimund and J. Nestroy. The Hague–Paris 1974.
Zu Nestroy: Schriftenverzeichnisse in den unter T genannten Werk-Ausgaben, ferner (kommentierend) bei J. HEIN: Nestroyforschung (1901–1966), in: WirkWort 18 (1968), S. 232–245 und Neuere Nestroyforschungen (1967–1973), ebd. 25 (1975), S. 140–150; K. KRAUS: Nestroy und die Nachwelt. In: Die Fackel 349/50 (1912). Abgedruckt in: Untergang der Welt durch schwarze Magie. Wien 1922; O. ROMMEL, J. Nestroy. Ein Beitrag zur Geschichte der Wiener Volkskomik (= Sämtliche Werke, Bd. 15). Wien 1930; F. H. MAUTNER: Nestroys Kunst und unsere Zeit. In: JbSchG 7 (1963), S. 383–415; A. HILLACH: Die Dramatisierung des komischen Dialogs. Figur und Rolle bei Nestroy. München 1967; L. V. HARDING (s. Raimund); F. H. MAUTNER: Nestroy. Heidelberg 1974, rev. Frankfurt 1978 (= suhrkamp tb. 465).

A: [1] U. a. Rommel, s. L., S. 53.
[2] S. W. FLEMMING: „Jesuitendrama" und „Jesuitentheater". In: Merker-Stammler: Reallexikon der deutschen Literaturgeschichte, II (1926).

[3] In: Barocktradition, Bd. 3, s. T.

[4] Ebd., Bd. 4.   [5] Ebd.   [6] Ebd.   [7] In: Fürst, s. L.

[8] 1828. Dieses 28 Verszeilen lange Selbstbekenntnis ersetzte Raimund 1829, nach der 50. Vorstellung, durch eine der üblichen, dem Publikum schmeichelnden Danksagungen für den Beifall (,,Abdankungen"). Beide sind abgedruckt in Hadamowskys Ausgabe, s. L., II, 324 f.

[9] ,,Majestät des Goldes" in Castles Ausgabe.

[10] Wir verweisen statt dessen auf die Einzeldarstellungen in unserer Monographie, s. L.

[11] Bes. S. 52 ff.   [12] S. W. XV, 680–705.   [13] S. unsere Monographie S. 98 f.

[14] Z. B.: ,,Nein, was's Jahr Onkel und Tanten sterben müssen, bloß damit alles gut ausgeht! (*Einen Jux will er sich machen*, letzte Szene) oder am Anfang der Parodie *Weder Lorbeerbaum noch Bettelstab* der Dichter Leicht, die letzten Worte seines neuen Theaterstückes vorlesend: ,,Jetzt sind wir alle glücklich! (Die Anmerkung lesend.) Er umarmt seine Geliebte, alle übrigen im Stück, die einen geliebten Gegenstand aufzuweisen haben, umarmen denselben ebenfalls, der Zauberer tritt segnend vor . . .‟

[15] S. bes. B. Gutts Berichte über Nestroys Gastspiele in Prag, 1844. Abgedr. in K. Kraus' Die Fackel 26, Nr. 657–667.

[16] Costenoble, s. L., II, 336.

[17] Kleine Schriften dramaturgischen und theatergeschichtlichen Inhalts. In: Schriften der Gesellschaft für Theatergeschichte 14, S. 187.

[18] A. Silberstein. In: Österreichische Zeitung, 1861, No. 46.

[19] ,,Mein Gott, man will ja eh nix, als daß man seine paar Bananen und sein Stückel G'fangenen in Ruh' verzehren kann", erklärt der Häuptling, und sein Nachbar-Monarch bestätigt: ,,Freilich, wir sind ja gemütliche Leut" (II, 7).

[20] Vgl. Hillach, s. L.

[21] S. W. V, S. 702. Diese Äußerung für *Höllenangst* wurde erst im Nachlaß gefunden.

[22] Alle 355 Aufführungen von *Nur keck* (aus dem Nachlaß) fanden in einer einzigen Spielzeit, 1943–44, an einem einzigen Wiener Theater statt. Diese Zahl ist also für eine Wirkungsgeschichte kaum relevant.

[23] F. H. Mautner: J. Nestroy und seine Kunst. Wien 1937.

[24] Ders.: Nestroys Kunst und unsere Zeit, s. L.

[25] Ders.: Nestroy, Der Talisman. In: Bd. 1, 23–42.

[26] Dürrenmatts Weisung ,,Man behandle mich als eine Art bewußten Nestroy und man wird am weitesten kommen" (im Nachwort zum *Besuch der alten Dame* und sein Essay *Theaterprobleme*, 1955) haben wohl die Aufmerksamkeit bis dahin Nestroy-fremder Autoren und Kritiker auf sich gezogen, verstärkt seit Horváths ,,Man müßte Nestroy sein, um all das definieren zu können, was einem undefiniert im Wege steht!" (Aus einem Brief vom 23. 3. 1938, laut U. Beckers Nachwort zu Stücke, 1961, 1965, S. 441.)

[27] Titel des einleitenden Artikels von O. F. Best in: Revolte und Experiment. Die Literatur der sechziger Jahre (= Fünftes Amherster Kolloquium zur modernen deutschen Literatur). Heidelberg 1972.

[28] W. Jens: Die deutsche Literatur der Gegenwart. München 1961, S. 149.   F. H. M.

Das Drama der Metternichschen Restaurationsepoche (1815–1848/49)   S. 216

L: G. Witkowski: Das deutsche Drama des neunzehnten Jahrh. in seiner Entwicklung dargestellt. Leipzig 1904; M. Martersteig: Das deutsche Drama im 19. Jahrh. Eine kulturgeschichtliche Darstellung. Leipzig ²1924 (¹1904); P. Hacks: Das Theaterstück des Biedermeier (1815–1840). Diss. (Masch.) München 1951; F. Sengle: Das deutsche Geschichtsdrama. Stuttgart 1952, 2. Aufl. unter dem Titel: Das historische Drama in Deutschland. Geschichte eines literarischen Mythos. Stuttgart 1969; M. Dietrich: Europäische Dramaturgie im 19. Jahrh. Graz–Köln 1961; H. Kindermann: Theatergeschichte Europas. Bd. 7. Realismus. Salzburg 1965; F. Sengle: Biedermeierzeit. Deutsche Literatur im Spannungsfeld zwischen Restauration und Revolution 1815–1848. 2 Bde. Stuttgart 1971/72; H. Denkler: Restauration und Revolution. Politische Tendenzen im deutschen Drama zwischen Wiener Kongreß und Märzrevolution. München 1973; K. Böttcher, R. Rosenberg u. a.: Geschichte der deutschen Literatur. Bd. 8. Von 1830 bis zum Ausgang des 19. Jahrh. 1. Halbbd. Berlin 1975.

A: [1] Dieser Beitrag schließt an meine ideologiegeschichtliche Untersuchung ,,Restauration und Revolution" (s. L.) an und nimmt Thesen voraus, die ich in einer formengeschichtlichen Darstellung des neue-

ren deutschen Dramas breiter belegen werde; einige Abschnitte des ersten Teils wurden in leicht veränderter Fassung auf einer Arbeitstagung der Historischen Kommission zu Berlin (Mai 1977) vorgetragen und erscheinen 1980/81 im Protokollband von dieser Veranstaltung.

[2] MENZEL, in: Morgenblatt für gebildete Stände 36 (1842), S. 19.

[3] GUTZKOW, in: Jahrbuch der Literatur 1 (1839), S. 105.

[4] BÖRNE: Nouvelles lettres Provinciales. In: Gesammelte Schriften. Bd. 5. Hamburg–Frankfurt 1862, S. 249.

[5] [Hermann von Pückler-Muskau:] Tutti Frutti. Aus den Papieren des Verstorbenen. Bd. 1. Stuttgart ²1834, S. 133 f.

[6] GUTZKOW: Säkularbilder II. In: Gesammelte Werke. Bd. 10. Frankfurt/M. 1846, S. 346; Die rothe Mütze und die Kapuze. Hamburg 1838, S. 65; Vermittelungen. Leipzig 1842, S. 146.

[7] Denkler, s. L., S. 375.

[8] Beide Verhaltensweisen lassen sich ideologiegeschichtlich aus der ‚Ungleichzeitigkeit' von historischem Faktengeschehen und politischem Reflexionsgang in Deutschland und den spezifischen Ver-
mittlungsbedingungen zwischen politischer Theorie und Praxis in den deutschen Territorien erklären.

[9] Morgenblatt 27 (1833), S. 1128.

[10] LAUBE: Geschichte der deutschen Literatur. Bd. 4. Stuttgart 1840, S. 119; PRUTZ: Vorlesungen über die Geschichte des deutschen Theaters. Berlin 1847, S. 377 (exemplarisch bezogen auf Kotzebue).

[11] PRUTZ: Vorlesungen über die deutsche Literatur der Gegenwart. Leipzig 1847, S. 28.

[12] GUTZKOW: Philosophie der That und des Ereignisses. In: Gesammelte Werke. Bd. 4. Frankfurt am Main 1845, S. 88; A. E. BRACHVOGEL: Theatralische Studien. Leipzig 1863, S. 63.

[13] J. WIT, gen. von Dörring: Ueber das Wesen und Unwesen des Deutschen Theaters. Kiel 1827, S. 11 und 7.

[14] Laube, s. A. 10, Bd. 4, S. 99; Europa (1842), Bd. 2, S. 520; BÖRNE: Die Leibeigenen. In: Gesammelte Schriften. Bd. 4, S. 33; F. L. SCHMIDT: Dramaturgische Berichte. Hamburg 1834, S. 227; E. WILL-
KOMM, in: Jahrbücher für Drama, Dramaturgie und Theater 1 (1837), S. 79.

[15] LAUBE: Das Burgtheater. In: Schriften über Theater. Berlin 1959, S. 162; C. TH. WINKLER: Amalie. In: Allgemeines Theater-Lexikon. Bd. 1. Altenburg–Leipzig 1846, S. 76.

[16] Laube: Das Burgtheater, S. 236.

[17] GLASSBRENNER: Antigone in Berlin. In: Berlin wie es ist und – trinkt. H. 23. Leipzig ³1846, S. 50; Puppenspiele. Ebd. H. 9. Leipzig ³1845, S. 3.

[18] Die Deutschen Mädchen. Ein Bild der Zeit. Dramatische Szenen. Brügge–Strasburg 1835.

[19] Napoleon oder Die hundert Tage. Ein Drama in fünf Aufzügen. In: Werke und Briefe. Hist.-krit. Gesamtausgabe. Bearb. v. A. Bergmann. Bd. 2. Emsdetten 1963, S. 315–459.

[20] Dantons Tod. Ein Drama. In: Sämtliche Werke und Briefe. Hist.-krit. Ausgabe. Hrsg. v. W. R. Lehmann. Bd. 1. Hamburg 1967, S. 7–75; Woyzeck. Entstehungsstufen, Synopse, Lese- und Bühnenfassung. Ebd. S. 143–181, 337–406, 407–431.

[21] Monatsschrift für Dramatik, Theater, Musik (1847), S. 142.

[22] R. SPRINGER: Berlin's Straßen, Kneipen und Clubs im Jahre 1848. Berlin 1850, S. 137; Untertitel des Witzblatts „Neuer Berliner gemüthlicher Krakehler" (1853/54); vgl. Berliner Straßenecken-Literatur 1848/49. Humoristisch-satirische Flugschriften aus der Revolutionszeit (= Reclams UB, 9856). Stuttgart 1977.

[23] H. MARGGRAFF: Politische Gedichte aus Deutschlands Neuzeit. Leipzig 1847, S. XXV.

[24] Europa (1848), Bd. 2, S. 519; PRUTZ: Die deutsche Literatur der Gegenwart. Bd. 2. Leipzig ²1870, S. 273.

[25] Albini [d. i. Albin Johann Baptist von Meddlhammer]: Im Kleinen wie im Grossen. Lustspiel in einem Akt. In: Jb. deutscher Bühnenspiele 16 (1837), S. 209–254.

[26] LAUBE: Moderne Charakteristiken. Bd. 1. Mannheim 1835, S. 301; BÖRNE: Briefe aus Frankfurt. III. In: Gesammelte Schriften. Bd. 6, S. 263.

[27] MARGGRAFF: Deutschland's jüngste Literatur- und Culturepoche. Leipzig 1839, S. 340; A. Ruge, in: Deutsche Jb. f. Wissenschaft und Kunst 5 (1842), S. 287.

[28] GUTZKOW, in: Der Telegraph (1837), Bd. 2, S. 65; STEINMANN, in: Theater-Locomotive 2 (1846), S. 679; SCHÜCKING, in: Jb. d. Lit. 1 (1839), S. 171; HALL, in: Thalia 4 (1839), S. 92.

[29] HETTNER: Das moderne Drama. Braunschweig 1852, S. 78; v. UECHTRITZ: Blicke in das Düsseldorfer Kunst- und Künstlerleben. Bd. 1. Düsseldorf 1839, S. 85 f.

[30] Vgl. Denkler, s. L., S. 34–41, 234–254.

[31] A. STAHR: Kleine Schriften zur Kritik der Literatur und Kunst. Oldenburgische Theaterschau. Oldenburg 1845, Bd. 1, S. 153 und 149.

[32] MARGGRAFF, in: Dioskuren 2 (1837), S. 131.

[33] A. BERTHOLDI, in: Theater-Locomotive 2 (1846), S. 285.

[34] Unberücksichtigt bleiben das aristophanische Lustspiel, das antikem Vorbild folgend zumeist auf Akteinteilung verzichtet, und die Flugschriftenmonologe und -dialoge der Märzrevolution, die durchweg von der Ausformung der abgerundeten Einakterstruktur absehen.

[35] Der Paria. Trauerspiel in einem Aufzuge. In: Sämmtliche Werke. Hrsg. v. E. v. Schenk. Leipzig 1835, S. 233–284.

[36] Cromwell. Dramatisches Fragment. Zeitpunkt des Erstdrucks nicht festgestellt; Entstehungszeit wohl nach 1840. In: Sämmtliche Werke. Bd. 4. Oldenburg 1863, S. 467–477.

[37] William Ratcliff. Tragödie. In: Sämtliche Schriften. Hrsg. v. K. Briegleb. München–Wien 1976, Bd. 1, S. 339–375.

[38] Immermann: Ein Morgenscherz. Lustspiel in Versen. In: Dramen und Dramaturgisches. Leipzig o. J. [1843], S. 243–300; Hebbel: Ein Trauerspiel in Sicilien. Tragicomödie in einem Act. In: Sämtliche Werke. Hist.-krit. Ausgabe. Hrsg. von R. M. Werner. Bd. 2. Berlin 1901, S. 73–122.

[39] Holtei: Der Kalkbrenner. Liederposse in einem Akt. In: Theater. Breslau 1845, S. 33–40; Beckmann: Der Eckensteher Nante im Verhör. Lokal-Posse. Berlin [12]1833.

[40] Unser Verkehr. Posse in einem Aufzuge. Leipzig o. J.

[41] Elmar [d. i. Joseph Carl Swiedack]: Paperl, der unzufriedene Capitalist. Zauberposse [. . .] in einem Acte [. . .]. Nach einem älteren Stücke desselben Verfassers. Wien 1856.

[42] v. Voß: Die Liebe im Zuchthause. Tragikomödie in Einem Aufzuge. In: Lustspiele. Bd. 1. Berlin 1807 (eigene Paginierung); Malß: Die Bauern. Genrebild in einem Akt. In Wetterauer Mundart. In: Volkstheater in Frankfurter Mundart. Frankfurt/M [2]1850 (eigene Paginierung).

[43] Angely: Das Fest der Handwerker. Komisches Gemälde aus dem Volksleben in Einem Akt als Vaudeville behandelt. In: Vaudevilles und Lustspiele. Bd. 2. Berlin 1830 (eigene Paginierung); Wiese: Die Bettler. Trauerspiel in einem Acte. In: Jahrbücher für Drama, Dramaturgie und Theater 1 (1837), S. 207–214.

[44] Vgl. A. 20.

[45] Büchner und Friedrich Ludwig Weidig: Der Hessische Landbote. Ebd. Bd. 2. Reinbek 1971, S. 58/60, 59/61.

[46] Wiese: Beethoven. Drama in drei Acten. In: Drei Dramen. Leipzig 1836, S. 223. H. D.

Grillparzers Dramatik S. 229

T: Grillparzers Sämtliche Werke. Hist.-krit. Gesamtausgabe. Mit Unterstützung des Bundesministeriums für Unterricht und der Bundeshauptstadt Wien. Hrsg. v. A. Sauer, fortges. v. R. Backmann. Abt. I: Werke. II: Tagebücher, Jugendwerke. III: Briefe. Wien, 1909 ff. (Für alle Text-Editionen ist diese Ausgabe verbindlich geworden.)
In diesem Beitrag habe ich mich auf die leichter zugängliche vierbändige Grillparzer-Ausgabe des Münchner Hanser-Verlags bezogen. Nur bei Texten, die sich in der Hanser-Ausgabe von Grillparzers sämtlichen Werken nicht vollständig finden (zum Beispiel die Urfassung der ,,Ahnfrau"), habe ich auf die Wiener historisch-kritische Gesamtausgabe zurückgegriffen.

L: F. STRICH: Grillparzers Ästhetik. Berlin 1905; F. GUNDOLF: Grillparzer. In: JbFDtHochst. Frankfurt/M. 1931, S. 9–93; J. MÜNCH: Die Tragik in Drama und Persönlichkeit F. Grillparzers. Berlin 1931; J. MÜLLER: Grillparzers Menschenauffassung. Weimar 1934; O.-C. MAY: Das Schicksalsproblem in Grillparzers Drama. Diss. Göttingen 1950; J. NADLER: F. Grillparzer. Wien 1952; G. BAUMANN: F. Grillparzer. Sein Werk und das österreichische Wesen. Freiburg–Wien 1954; W. NAUMANN: Grillparzer – Das dichterische Werk (= Urban-Bücher Bd. 17). Stuttgart 1954; J. KAISER: Grillparzers dramatischer Stil. München 1961; G. SCHÄBLE: Grillparzer. Velber/Hannover 1967; S. BAUER: Ein Bruderzwist in Habsburg. Dichtung und Wirklichkeit. Frankfurt/M.–Berlin 1969; H. POLITZER: F. Grillparzer oder das abgründige Biedermeier. Wien–München–Zürich 1972; H. DANUER: Musikalische Prosa. Regensburg 1975; Z. ŠKREB: Grillparzer. Eine Einführung in das dramatische Werk. Kronberg/Ts. 1976.

A: [1] F. Gundolf, s. L., S. 23 f. „Liest man die Verse Grillparzers in seinem holdesten Werk, dem Hero und Leander-Drama, seinem reichsten, dem Bruderzwist, und seinem tiefsten, der Libussa, so möchte man oft schütteln, um die befangenen, stockenden Seelenschätze herauszubringen: fast immer trennt eine Wand das Wort vom Ton, der zu ihm gehört . . . Fast immer schwingt ein nicht zugehöriger Schiller- oder Shakespeare- oder Goethe-Ton daneben."

[2] W. Naumann, s. L., vor allem S. 1–19, „Der Dichter und die Sprache".

[3] J. Kaiser, s. L., vor allem: „Blankvers-Schema und Abweichungen", S. 14–31.

[4] Baumann, s. L.   [5] Ebd., S. 143.   [6] Politzer, s. L., S. 390.

[7] K. Kraus: Die Fackel Nr. 679–685. März 1925, S. 81 (Nachdruck in der Edition 2001).

[8] Schäble, s. L.   [9] Ebd., S. 136 ff.

[10] Grillparzer: Selbstbiographie, S. 80, zit. nach Hanser-Ausgabe, Bd. 4.

[11] Naumann, s. L., S. 113.

[12] Danuser, s. L., dort: „Grillparzers Schimpfwort ‚Musikalischer Prosaist'", S. 33–50.

[13] Schäble, s. L., S. 31.   [14] Kaiser, s. L., S. 152. Anm. 8.

[15] *Die Ahnfrau*, 1. Fassung, Vers 1642.

[16] *Die Ahnfrau*, 1. Fassung, Vers 1265–1267.

[17] Nadler, s. L., S. 382–388.   [18] Vgl. dazu: Bauer, s. L.   J. K.

Hebbels Dramatik   S. 244

T: Friedrich Hebbel: Hist.-krit. Ausgabe. Hrsg. v. R. M. Werner, Berlin 1901 ff. (zit. W = Werke und B = Briefe mit römischer Band- und arabischer Seitenzählung, T = Tagebücher mit fortlaufender Numerierung der Notate, V = Verszahl); Werke in 5 Bdn. Hrsg. v. G. Fricke u. a. München 1963 ff. (enthält sämtliche Dramen, Dramenfragmente, Erzählungen und Tagebuch-Notate sowie eine Auswahl der Gedichte, Aufsätze und Briefe).

L: E. Kuh: F. Hebbel. Eine Biographie. 2 Bde. Wien 1877, [3]1912; A. Scheunert: Der Pantragismus als System der Weltanschauung und Ästhetik F. Hebbels. Hamburg–Leipzig 1903; O. Walzel: Hebbelprobleme. Leipzig 1909; E. Dosenheimer: F. Hebbels Auffassung vom Staat und sein Trauerspiel „Agnes Bernauer". Leipzig 1912; dies.: Das zentrale Problem in der Tragödie F. Hebbels. Halle 1925; K. Ziegler: Mensch und Welt in der Tragödie F. Hebbels. Berlin 1938, Nachdr. Darmstadt 1966; ders.: F. Hebbel und die Krise des deutschen Geistes. In: Hebbel-Jb. 1949/50, S. 1–46; B. v. Wiese: Die deutsche Tragödie von Lessing bis Hebbel. Hamburg 1948, [8]1973 (über Hebbel S. 551–639); H. Kreuzer: Die Tragödien F. Hebbels. Versuch ihrer Deutung in Einzelanalysen. Diss. (Masch.) Tübingen 1956; ders. (Hrsg.): Hebbel in neuer Sicht. Stuttgart 1963, [2]1969 (zit. HinS); ders.: Zum Stand der Hebbel-Forschung. In: DU 16 (1964), H. 4, Beilage, S. 1–28; A. Meetz: F. Hebbel. Stuttgart 1962, [3]1973; F. Martini: Deutsche Literatur im bürgerlichen Realismus 1848–1898. Stuttgart 1962, [3]1974 (über Hebbel S. 107–109, 130–186); W. Liepe: Der Schlüssel zum Weltbild Hebbels: Gotthilf Heinrich Schubert. In: ders.: Beiträge zur Literatur- und Geistesgeschichte. Neumünster 1963, S. 139–157; ders.: Hebbel zwischen G. H. Schubert und L. Feuerbach. Ebd., S. 158–192; ders.: Hebbel und Schelling. Ebd., S. 193–258; H. Siebert: F. Hebbels Auseinandersetzung mit Hegel und Solger. Diss. (Masch.) Kiel 1964 (Teildruck in: Hebbel-Jb. 1965, S. 156–163); W. Wittkowski: Der junge Hebbel. Zur Entstehung und zum Wesen der Tragödie Hebbels. Berlin 1969; H. Matthiesen: F. Hebbel in Selbstzeugnissen und Bilddokumenten. Reinbek 1970; H. Kraft: Poesie der Idee. Die tragische Dichtung F. Hebbels, Tübingen 1971; H.-J. Anders: Zum tragischen Idealismus bei F. Hebbel. In: Deutsche Dramentheorien. Hrsg. v. R. Grimm. Frankfurt/M. 1973, Bd. II, S. 323–344; Heinz Schlaffer: F. Hebbels tragischer Historismus. In: Hannelore u. Heinz Schlaffer: Studien zum ästhetischen Historismus. Frankfurt/M. 1975, S. 121–139; H. Stolte: F. Hebbels Leben und Werk. Husum 1977.

A: [1] Zur Biographie vgl. Kuh, Meetz, Matthiesen, Stolte, s. L.

[2] So argumentiert L. Lütkehaus: Hebbel. Gegenwartsdarstellung, Verdinglichungsproblematik, Gesellschaftskritik. Heidelberg 1976, S. 61 ff.; ähnlich H. Martin: „Besitzdenken" im dramatischen Werk F. Hebbels. Nürnberg 1976, S. 102 ff.

[3] Vgl. etwa B. v. Wiese, der Hebbel hier einem „totalen Nihilismus" nahe sieht, s. L., S. 592.

[4] Zuletzt z. B. bei Kraft, s. L., S. 114 f., 120 f.

[5] Unter diesem Gesichtspunkt umschreibt Martini instruktiv (s. L.) die Hebbelsche Dramatik. Heinz Schlaffer reflektiert die Problematik in ideologiekritischer Zuspitzung, s. L.

[6] Zit. nach: H. WÜTSCHKE (Hrsg.): Hebbel in der zeitgenössischen Kritik. Berlin 1910, S. 205 f.

[7] So argumentiert Anders, s. L., S. 343 f. Auch Heinz Schlaffer macht eine „restaurative Einstellung" bei Hebbel aus, sieht sie aber „eher in gattungspoetischen als in politischen Motiven [. . .] begründet" (s. L., S. 132).

[8] Vgl. dazu P. SZONDI: Versuch über das Tragische. Frankfurt/M. 1961. Jetzt in: ders.: Schriften I. Hrsg. v. J. Bollack u. a. Frankfurt/M. 1978, S. 149–260, bes. 157 ff.

[9] Sie zog nur gelegentlich falsche Schlüsse in Hinsicht auf einen vermeintlichen philosophischen System-charakter von Hebbels theoretischer Arbeit, z. B. Scheunert, s. L., dessen Begriffsprägung „Pantra-gismus" Schule gemacht hat.

[10] K. W. F. SOLGER: Rez. von : A. W. Schlegel: Über dramatische Kunst und Literatur (1819). Nachdr. in: ders.: Erwin. Vier Gespräche über das Schöne und die Kunst. Hrsg. v. W. Henckmann. München 1970, S. 395–471, Zitat S. 413. Zur Beziehung Solger–Hebbel vgl. Siebert, s. L.

[11] Eine Irrelevanz des religiös-geschichtlichen Horizonts (und überhaupt der Hebbelschen Theorie) hat vor allem Ziegler in seiner forschungsgeschichtlich wichtigen Arbeit behauptet (s. L., Mensch und Welt . . ., S. 15 ff.). Die Gegenthese vertritt bes. exponiert Wittkowski, s. L., S. 195 ff.; vgl. auch HinS, S. 164–184.

[12] Daran anknüpfend hat H. MAYER *Judith* als „Monument und Dokument regredierender Aufklärung" bezeichnet (Außenseiter. Frankfurt/M. 1975, S. 71). Differenzierender äußert sich dazu H. KREUZER, dessen Bewertung den Vorzug hat, textanalytisch begründet zu sein (Die Jungfrau in Waffen. Hebbels „Judith" und ihre Geschwister von Schiller bis Sartre. In: Untersuchungen zur Literatur als Geschich-te. Festschrift für Benno v. Wiese. Berlin 1973, S. 363–384, bes. 374).

[13] Die Vorbehalte von R. GRUENTER im Hinblick auf die dramatische Stimmigkeit gehen von einer Ebene psychologischer ‚Normalität' aus, die Hebbel von Anfang an verlassen hat (In: Das deutsche Drama. Hrsg. v. B. v. Wiese. Düsseldorf 1964, Bd. II, S. 123–140, bes. 134 ff.).

[14] So z. B. bei Ziegler (s. L., Mensch und Welt . . ., S. 74). Eine andere Deutung und Bewertung geben L. RYAN (HinS, S. 247–266, bes. 250, 262 f.) und Kraft (s. L., S. 188 ff.), der auch die Kategorie der „Konstruktion" in die Hebbel-Diskussion gebracht hat (s. L., S. 287).

[15] Vgl. dazu F. SENGLE: Das historische Drama in Deutschland. Stuttgart 1952, Nachdr. 1974, S. 222 f.

[16] Vgl. die Nachweise von Kreuzer, HinS, S. 267–293, dort S. 280 ff. Die ethische Problematik verdeut-licht W. WITTKOWSKI: Menschenbild und Tragik in Hebbels „Agnes Bernauer". In: GRM, N. F. 8 (1958), S. 232–259.

[17] G. W. F. Hegel: Grundlinien der Philosophie des Rechts. § 257. – J. BURCKHARDT: Weltgeschichtliche Betrachtungen. Hrsg. v. R. Marx. Stuttgart 1963, S. 134.   H. R.

Hebbel und das heutige Theater   S. 252

A: [1] Tagebücher.

[2] Vorwort zu „Genoveva". Werke. München 1963, Bd. 1, S. 79.

[3] Tagebücher. 4. 12. 1843.   [4] Ebd.

[5] Tagebücher. 8. 12. 1843.

[6] Brief vom 2. 1. 1859 an Dingelstedt.   [7] Brief vom 3. 7. 1861 an Vechtritz.

[8] Die einzigen Aufführungen in den letzten Jahren waren 1973 in Köln und 1979 in Basel.

[9] H. KRAFT: Die Poesie der Idee. Die tragische Dichtung Friedrich Hebbels. Tübingen 1971, S. 249.

[10] Hebbel: Mein Wort über das Drama. Werke. Bd. 4. Berlin o. J., S. 177.

[11] W. EMRICH: Geist und Widergeist. Frankfurt/M. 1965, S. 158 ff.

[12] Hebbel: Vorwort zu Maria Magdalena. Werke. München 1963, Bd. 1, S. 325.   H. G. H. u. P. K.

Hegels Dramentheorie und ihre Wirkung   S. 259

T: Georg Wilhelm Friedrich Hegel: Ästhetik. Hrsg. v. F. Bassenge. Frankfurt/M. o. J., 2 Bde.; ders.: Werke. Frankfurt/M. 1971, 20 Bde.; ders.: Sämtl. Werke (Jubiläumsausgabe). Hrsg. v. H. Glockner. Stuttgart 1956 ff., 22 Bde.

L: K. LÖWITH: Von Hegel zu Nietzsche. Der revolutionäre Bruch im Denken des neunzehnten Jahrhunderts. Frankfurt/M. 1969, Erstfassung 1939; H. MARCUSE: Vernunft und Revolution. Hegel und die Entstehung der Gesellschaftstheorie. Darmstadt 1972, Erstausg. in Englisch 1941; B. v. WIESE: Die deutsche Tragödie von Lessing bis Hebbel. Hamburg 1948; P. SZONDI: Versuch über das Tragische. Frankfurt/M. 1961; ders.: Theorie des modernen Dramas. Frankfurt/M. 1959; L. GOLDMANN: Le dieu caché. Paris 1959; J. HYPPOLITE: Le tragique et le naturel dans la philosophie de Hegel. In: Hegel-Jb. (1964), S. 9–15; L. MOSS: The unrecognized Influence of Hegel's Theory of Tragedy. In: Journal of Aesthetics and Art Crticism 28 (1969/70), S. 91–97; V. SANDER (Hrsg.): Tragik und Tragödie. Darmstadt 1971; R. GALLE: Tragödie und Aufklärung. Zum Funktionswandel des Tragischen zwischen Racine und Büchner. Stuttgart 1976; H.-D. WEBER: Die Wiederkehr des Tragischen in der Literatur der DDR. In: DU 1978, S. 79–99.

A: [1] P. WEISS: Hölderlin. Frankfurt/M. 1971.

[2] Der andere Hölderlin. Materialien zum ‚Hölderlin'-Stück von Peter Weiss. Hrsg. v. T. Beckermann und V. Canaris. Frankfurt/M. 1972, S. 202.

[3] Ebd., S. 142 f.

[4] Aus der *Ästhetik* wird nach der unter T angegebenen Ausgabe von Bassenge zitiert. Die Belege finden sich im Text, jeweils im Anschluß an das Zitat. Die römische Ziffer gibt den Band, die arabische die Seitenzahl an. Die hier zitierte Wendung: II, 512.

[5] II, 533 f.

[6] Hegel wird – ausgenommen die Ästhetik – nach der unter T angegebenen Werkausgabe von Suhrkamp zitiert. Die Belege sind jeweils im Anmerkungsteil nachgewiesen. Hier: Vorlesungen über die Philosophie der Geschichte, S. 28.

[7] Ebd., S. 20.   [8] Ebd., S. 32.   [9] Ebd.   [10] Ebd., S. 49.

[11] Ausführlich kommt R. Grimm in Bd. II auf die Theorie des Komischen in dem dafür reservierten Beitrag zu sprechen.

[12] Vorlesungen über die Geschichte der Philosophie. Werke, Bd. 18, S. 447.

[13] Ebd., S. 497.

[14] Zit. wird die Sickingen-Debatte nach der von W. Hinderer besorgten Ausgabe, in der auch die Wirkungsgeschichte exemplarisch dokumentiert ist. W. HINDERER (Hrsg.): Sickingen-Debatte. Ein Beitrag zur materialistischen Literaturtheorie. Neuwied 1974. Hier: Engels an Lassalle, S. 48.

[15] Marxens Position zum Tragischen ist treffend von Lukács zusammengestellt und wiedergegeben in dem von Hinderer aufgenommenen Beitrag: G. LUKÁCS: Die Sickingendebatte zwischen Marx, Engels und Lassalle, ebd., insbes. S. 189 f.

[16] Ebd., S. 70 f.   [17] Ebd., S. 77.

[18] F. LASSALLE: Vorwort zur Buchausgabe der historischen Tragödie „Franz von Sickingen", ebd., S. 17 f.

[19] Wir zitieren nach der gekürzten, aber leicht zugänglichen Ausgabe in: G. LUKÁCS: Schriften zur Literatursoziologie. Hrsg. v. P. Ludz. Neuwied 1968, S. 261–295.

[20] Ebd., S. 278.   [21] Ebd., S. 279.   [22] Ebd., S. 278.

[23] Dieser Passus findet sich nur in der vollständigen Ausgabe, in: Archiv für Sozialwissenschaft und Sozialpolitik 38 (1914), S. 324.

[24] S. A. 19, S. 290.

[25] P. SZONDI: Theorie des modernen Dramas. Frankfurt 1959, S. 10.

[26] S. A. 1, S. 135.   R. G.

Die Dramatik Grabbes   S. 273

T: Christian Dietrich Grabbe: Werke und Briefe. Hist.-krit. Gesamtausgabe. Hrsg. v. der Akad. d. Wiss. in Göttingen. Bearb. v. A. Bergmann. 6 Bde. Emsdetten 1960–1973 (= Göttinger Akademie-Ausgabe; zit. GAA); Werke. Hrsg. v. S. Wukadinović, 6 Tle. Berlin–Leipzig–Wien–Stuttgart o. J.

L: O. NIETEN: Chr. D. Grabbe. Sein Leben und seine Werke (= Schriften der literarhistorischen Gesellschaft Bonn 4). Dortmund 1908; A. BERGMANN: Die Glaubwürdigkeit der Zeugnisse für den Lebensgang und Charakter Chr. D. Grabbes. Eine quellenkritische Untersuchung (= Germanische Studien 137). Berlin 1933; F. J. SCHNEIDER: Chr. D. Grabbe. Persönlichkeit und Werk. München 1934; B. v.

WIESE: Die deutsche Tragödie von Lessing bis Hebbel. Bd. 2. Hamburg 1948; G. JAHN: Übermensch, Mensch und Zeit in den Dramen Chr. D. Grabbes. Diss. (Masch.) Göttingen 1950; F. MARTINI: Chr. D. Grabbe, „Napoleon oder die hundert Tage". In: Das deutsche Drama vom Barock bis zur Gegenwart. Hrsg. v. B. v. Wiese. Bd. 2. Düsseldorf 1958; W. HÖLLERER: Zwischen Klassik und Moderne. Lachen und Weinen in der Dichtung einer Übergangszeit. Stuttgart 1958; G. KAISER: Grabbes „Scherz, Satire, Ironie und tiefere Bedeutung" als Komödie der Verzweiflung. In: DU 11 (1959), Heft 5, S. 5–14; H.-H. KRUMMACHER: Bemerkungen zur dramatischen Sprache in Grabbes „Don Juan und Faust". In: Festgabe für Eduard Berend. Weimar 1959, S. 235–256; H. MAYER: Grabbe und die tiefere Bedeutung. In: Akzente 12 (1965), S. 79–95; P. MICHELSEN: Verführer und Übermensch. Zu Grabbes „Don Juan und Faust". In: Jb. d. Raabe-Gesellsch. 1965, S. 83–102; A. BERGMANN (Hrsg.): Grabbe in Berichten seiner Zeitgenossen. Stuttgart 1968; W. HEGELE: Grabbes Dramenform (zur Erkenntnis der Dichtung 7). München 1970; M. SCHNEIDER: Destruktion und utopische Gemeinschaft. Zur Thematik und Dramaturgie des Heroischen im Werk Christian Dietrich Grabbes (= Gegenwart der Dichtung 7). Frankfurt/M. 1973; D. BRÜGGEMANN: Grabbe – Scherz, Satire, Ironie und tiefere Bedeutung. In: Die deutsche Komödie vom Mittelalter bis zur Gegenwart. Hrsg. v. W. Hinck. Düsseldorf 1977, S. 127–144.

A: [1] Brief an die Eltern vom Febr. 1818; GAA V, S. 13.

[2] Nieten, s. L., S. 10.

[3] Alfred de Musset, „La confession d'un enfant du siècle", P. I, ch. 2; Œuvres, Paris o. J., S. 421.

[4] Brief an Wolfg. Menzel v. 22. 11. 1835; GAA VI, S. 294. – Die den Satz einleitende Negation: „Nicht Shakespeare . . ." ist unglaubwürdig; Grabbes Polemik „Über die Shakspearo-Manie" (GAA IV, S. 27 ff.) muß auch als Selbstkritik gelesen werden.

[5] Vgl. den Brief des Sechzehnjährigen an Göschen vom 28. 7. 1817; GAA V, S. 8 f.

[6] P. HANKAMER: Art. „Schicksalstragödie"; Reallexikon der deutschen Literaturgeschichte. Hrsg. v. W. Kohlschmidt u. W. Mohr. Bd. III. Berlin–New York ²1977, S. 632.

[7] „Ich will 'ne Bestie sein!" (G I, 3; S. 38). – Zu Zitierzwecken kürze ich die Dramen Grabbes folgendermaßen ab: G = „Herzog Theodor von Gothland"; Sch = „Scherz, Satire, Ironie und tiefere Bedeutung"; MuS 1, 2 = „Marius und Sulla", 1., 2. Fassung; DJuF = „Don Juan und Faust"; FB = „Kaiser Friedrich Barbarossa"; H VI. = „Kaiser Heinrich der Sechste"; N = „Napoleon oder die hundert Tage"; Ha = „Hannibal"; He = „Die Hermannschlacht". Der Zitierung füge ich Akt und Szene hinzu, sowie die Seitenzahl des betreffenden Bandes der GAA, ohne den jeweiligen Band eigens zu bezeichnen.

[8] Hegele, s. L., S. 15.

[9] Brief an Kettembeil vom 1. 9. 1827; GAA V, S. 182. – Grabbe hat sich wohl ganz bewußt vom harmonisierenden deutschen Shakespeare-Vers August Wilhelm Schegels absetzen wollen. Man vergleiche die spätere Äußerung aus seiner Kritik einer Shakespeare-Aufführung (vom 29. 9. 1827): „Schade für unsere Schauspieler, daß Schlegel die Verse unseres Originals so geglättet hat; die Zungen scheinen auszugleiten" (GAA IV, S. 73).

[10] August Ludwig Robert in dem gemeinsamen Brief Berliner Freunde vom 24. 4. 1823: „Vielleicht haben Sie die Ansicht der Nihilität jeder Anstrengung, die ich in abstracto für die einzig richtige halte" (GAA V, S. 74).

[11] Brief an Tieck vom 18. 3. 1823; GAA V, S. 66.

[12] Brief an Kettembeil vom 1. 6. 1827; GAA V, S. 158.

[13] Brief an Winkler vom 2. 4. 1828; GAA V, S. 239.

[14] Vgl. Kaiser, s. L., S. 10.   [15] Ebd., S. 11.

[16] Brief an Kettembeil vom 24. 6. 1831; GAA V, S. 341.

[17] Brief an Kettembeil vom 4. 5. 1827; GAA V, S. 147.

[18] Brief an Menzel vom 3. 8. 1830; GAA V, S. 308.

[19] F. SENGLE: Biedermeierzeit. Deutsche Literatur im Spannungsfeld zwischen Restauration und Revolution 1815–1848. Bd. II. Die Formenwelt. Stuttgart 1972, S. 364 f.

[20] Brief an Kettembeil vom 2. 3. 1828; GAA V, S. 222.

[21] S. L.

[22] Vgl. etwa GAA V, S. 185 oder 212.

[23] Brief an Kettembeil vom 16. 1. 1829; GAA V, S. 261.

[24] Brief an Kettembeil vom 16. 3. 1828; GAA V, S. 228.

²⁵ Brief an Gubitz vom 7. 3. 1828; GAA V, S. 225.

²⁶ Im Zusammenhang mit dem ‚Hohenstaufen'-Plan schreibt er: „ich habe genug zertrümmert . . ., ich muß wieder aufbauen" (Brief an Kettembeil vom 25. 6. 1827; GAA V, S. 161). Allerdings steht solche Versicherung ziemlich vereinzelt.

²⁷ „Immermann vermuthet's immer schlimm, und meint, der Wein oder spirituosa thäten's. Nein, mein böses spirituosum ist mein eigner Geist" (Brief an die Gräfin von Ahlefeldt vom 25. 9. 1835; GAA VI, S. 283).

²⁸ So meint Kaiser Friedrich von Heinrich von Ofterdingen: „Er ist *meinesgleichen*!" (FB IV, 1; S. 81).

²⁹ Grabbe beteuert das oft z. B. im Brief an Steinmann vom 16. 12. 1829: „Beim Barbarossa bitte ich nicht zu vergessen, daß ich eigentlich meiner Natur und äußeren Lage nach zum Historiker bestimmt war, die Geschichte wirklich genau kenne, und Mancher sich irrt, wenn er an Kleinigkeiten häkelt" (GAA V, S. 286).

³⁰ R. BOCK: Das Verhältnis von Dichtung und Datentreue in den historischen Dramen Grabbes. Diss. Greifswald 1940, S. 22.

³¹ Brief an Immermann vom 17. 12. 1834; GAA VI, S. 115.

³² Brief an Kettembeil vom 16. 1. 1829; GAA V, S. 263.

³³ So kann das Lippenbekenntnis des Grabbeschen Barbarossa „Ich kämpfte für der Völker Freiheit" (FB III, 1; S. 67) nur peinlich wirken.

³⁴ Wie etwa Heinrich der Löwe (FB V, 2; S. 102).

³⁵ Das historische Drama in Deutschland. Geschichte eines literarischen Mythos. Stuttgart ²1969, S. 159.

³⁶ So ruft der alte Heinrich der Löwe dem toten Kaiser nach: „Du warst *mein* Herz und ich das *deinige*!" (H VI; II, 3; S. 157).

³⁷ Krummacher, s. L., S. 238 f.

³⁸ Berliner Konversationsblatt vom 12. 12. 1829; zit. nach GAA V, S. 605.

³⁹ W. MIGGE: Die Staufer in der deutschen Literatur seit dem 18. Jahrhundert. In: Die Zeit der Staufer. Katalog der Ausstellung im Württ. Landesmuseum Stuttgart 1977, Bd. III, S. 281.

⁴⁰ Friedrich Nietzsche, Werke. Hrsg. v. A. Baeumler. Leipzig o. J., Bd. VI, S. 7.

⁴¹ Brief an Kettembeil vom 14. 7. 1830; GAA V, S. 305.

⁴² Ebd., S. 306.   ⁴³ Ebd.

⁴⁴ Dieser von R. F. Arnold ausgesprochenen Vermutung (Das deutsche Drama. Hrsg. v. R. F. Arnold. München 1925, S. 586) ist bisher noch niemand nachgegangen.

⁴⁵ So schreibt Grabbe an Kettembeil: „verwünscht, wenn dieser hölzerne Lumpenkram, der total verändert werden, weit einfacher und doch weit großartiger werden muß, mich durch seine jetzige Äußerlichkeit gänzlich im freien Gebrauch meiner Phantasie stören sollte" (Brief vom 20. 10. 1831; GAA V, S. 358).

⁴⁶ Jahn, s. L., S. 93.   ⁴⁷ Höllerer, s. L., S. 29 f.

⁴⁸ Martini, s. L., S. 53.   ⁴⁹ Höllerer, s. L., S. 35 ff.

⁵⁰ Man nahm bisher an, Grabbe habe diese Figur erfunden. A. Bergmann hat jedoch nachgewiesen, daß als ihr historisches Vorbild ein gewisser Mathieu Jouve Jourdan (1749–94) anzusehen ist (A. BERGMANN: Quellen des Grabbeschen ‚Napoleon'. Detmold 1969, S. 86 ff.). Grabbe konnte sich über ihn vor allem im 2. und 5. Band der „Historischen Nachrichten und politischen Betrachtungen über die französische Revolution" von Chr. Girtanner (Berlin 1792–1803) informieren, deren 17 Bände er alle nacheinander aus der Öffentlichen Bibliothek in Detmold entliehen hat (Bergmann, S. 20).

⁵¹ Martini, s. L., S. 63.   ⁵² Höllerer, s. L., S. 33.

⁵³ Martini, s. L., S. 48.   ⁵⁴ Schneider, s. L., S. 290 ff.

⁵⁵ Grabbe war wohl überzeugt, daß seine dramatischen Formprinzipien der geschichtlichen Stunde entsprächen; man möchte das annehmen, wenn man hört, daß er im Zusammenhang mit dem „Napoleon" von „unserer prosaischen, und darum so sehr musikalischen Zeit" sprach (Brief an Kettembeil vom 14. 7. 1830; GAA V, S. 305).

⁵⁶ Ich denke dabei (nicht nur, aber) vor allem an die peinlich antisemitische Szene zwischen dem Berliner und Ephraim im N V, 2 (S. 433 ff.; mit dem absurden Schlußgag S. 435).

⁵⁷ Schneider, s. L., S. 295 ff.

⁵⁸ Brief an Immermann vom 27. 1. 1835; GAA VI, S. 148.

⁵⁹ Als „Genie" tituliert Grabbe Hannibal in einem Brief an Immermann: „Anbei das Genie, der Hannibal" (Brief vom 11. 2. 1835; GAA VI, S. 156).

⁶⁰ „Alle Bergkappen . . . werden lebendig" (He, 1. Tag; S. 345).

[61] Vgl. Sengle: Das historische Drama, S. 160.
[62] Brief an Schreiner vom 29. 6. [?] 1835; GAA VI, S. 261.   P. M.

Georg Büchner   S. 286

T: Georg Büchners sämtl. Werke und handschriftlicher Nachlaß. Erste Krit. Gesamtausg. Hrsg. v. K. E.
    Franzos. Frankfurt/M. 1879; Werke und Briefe. Gesamtausg. Hrsg. v. F. Bergmann. Wiesbaden 1958;
    Sämtl. Werke und Briefe. Hist.-krit. Ausg. mit Kommentar. Hrsg. v. W. R. Lehmann. Bd. I: Dich-
    tungen und Übersetzungen. Mit Dokumentationen zur Stoffgeschichte. Hamburg 1967. Bd. II: Ver-
    mischte Schriften und Briefe. Hamburg 1971. Bd. III u. IV noch nicht erschienen (zit. L).

L: B. ULLMANN: Die sozialkritische Thematik im Werk Georg Büchners und ihre Entfaltung im Woyzeck
    (= Germanistische Dissertationen I). Diss. Stockholm 1870, 183 S.; K. VIËTOR: Die Quellen von
    Büchners Drama ‚Dantons Tod‘. In: Euphorion 34 (1933), S. 357–379; G. LUKÁCS: Der faschistisch
    verfälschte und der wirkliche G. Büchner. In: Das Wort 1937 (abgedr. in Martens: Beorg Büchner); K.
    VIËTOR: G. Büchner. Politik. Dichtung. Wissenschaft. Bern 1949, 299 S.; K. VIËTOR: G. Büchner als
    Politiker. Bern 1950, 134 S.; G. BAUMANN: G. Büchner. Die dramatische Ausdruckswelt. Göttingen
    1951; E. KÜHNE: Über die Anthropologie Grabbes und Büchners und den Realismus ihres Geschichts-
    dramas. Zur Gesellschaftsgeschichte des Verhältnisses von Volksbewegung und Einzelpersönlichkeit
    in der I. Hälfte des 19. Jahrh. Habil. phil. (Mach) Berlin 1951, 237 S.; F. SENGLE: Das deutsche Ge-
    schichtsdrama. Stuttgart 1952; H. OPPEL: Stand und Aufgaben der Büchner-Forschung. In: Eupho-
    rion 49 (1955), S. 91–109; M. HAMBURGER: G. Büchner. In: ders.: Reason and Energy. Studies in
    German Literature. London 1957, S. 179–208; K. MAY: Büchners Woyzeck. In: B. v. Wiese: Das deut-
    sche Drama 2. Düsseldorf 1958, S. 89–100; P. SZONDI: Versuch über das Tragische. Frankfurt/M.
    1961; G. BECKERS: G. Büchners ‚Leonce und Lena‘. Ein Lustspiel der Langeweile (= Probleme der
    Dichtung 5). Heidelberg 1961; G. F. HARTWIG: G. Büchner: Nineteenth Century Avant-Garde. In:
    The Southern Quarterly I (1962/63), S. 98–128; A. BECK: Unbekannte französische Quellen für ‚Dan-
    tons Tod‘ von G. Büchner. In: JbFDtHochst. 1963, S. 489–538; H. G. PÜTZ: Büchners Lenz und seine
    Quelle. Bericht und Erzählung. In: ZfdPh 84 (1965), Sonderheft, S. 1–22; W. MARTENS (Hrsg.): G.
    Büchner (= Wege der Forschung 53). Darmstadt 1965, 554 S.; G. IRLE: Büchners Lenz. Eine frühe
    Schizophreniestudie. In: ders.: Der psychiatrische Roman (= Schriftenreihe zur Theorie und Praxis
    der Psychotherapie 7). Stuttgart 1965, S. 73–83; J. SCHRÖDER: Georg Büchners ‚Leonce und Lena‘.
    Eine verkehrte Komödie. München 1966, 208 S.; W. R. LEHMANN: Textkritische Noten. Prolegomena
    zur Hamburger Büchner-Ausg. Hamburg 1967, 76 S.; W. RABE: G. Büchners Lustspiel ‚Leonce und
    Lena‘. Eine Monografie. Diss. (Masch.) Potsdam 1967; V. KLOTZ: Dramentypische Einteilung: ge-
    schlossene und offene Form im Drama. München 1968; V. Emrich: G. Büchner und die moderne Lite-
    ratur. In: ders.: Polemik. Frankfurt–Bonn 1968, S. 131–172; H. SCHANZE: Büchners Spätrezeption.
    Zum Problem des ‚modernen‘ Dramas in der zweiten Hälfte des 19. Jahrh. In: H. Kreuzer (Hrsg.): Ge-
    staltungsgeschichte und Gesellschaftsgeschichte. Literatur-, Kunst- und Musikwissenschaftliche Stu-
    dien. Stuttgart 1969, S. 338–351; L. BORNSCHEUER: G. Büchner. Woyzeck. Krit. Lese- und Arbeits-
    ausgabe (= Reclam UB 9347). Stuttgart 1969; W. HINCK: G. Büchner. In: B. v. Wiese (Hrsg.): Deut-
    sche Dichter des 19. Jahrh. Ihr Leben und ihr Werk. Berlin 1969, S. 200–222; W. R. LEHMANN: „Geht
    mal euren Phrasen nach . . .“ Revolutionsideologie und Ideologiekritik bei Georg Büchner (= Hessi-
    sche Beiträge zur deutschen Literatur). Darmstadt 1969, 33 S.; TH. MAYER: Zur Revision der Quellen
    für Dantons Tod von Georg Büchner. In: studi germanici (n. s.) 7 (1969), S. 287–336, 9 (1971), S.
    223–233; L. BORNSCHEUER: Neue Beurteilung der Woyzeck-Handschriften. In: GRM 53, 1972, S.
    113–123; W. LEPENIES: Melancholie und Gesellschaft. Frankfurt 1972; K. KANZOG: Wozzeck, Woy-
    zeck und kein Ende. Zur Standortbestimmung der Editionsphilologie. In: DVjs 47 (1973), S. 420–442;
    A. SOBOUL: Die Große Französische Revolution. Frankfurt 1973; H. MAYER: G. Büchner und seine
    Zeit. Frankfurt ²1974; P. MOSLER: G. Büchners ‚Leonce und Lena‘. Langeweile und gesellschaftliche
    Bewußtseinsform (= Abhandlungen zur Kunst-, Literatur- und Musikwissenschaft 145). Bonn 1974;
    D. GOLDSCHNIGG (Hrsg.): Materialien zur Rezeptions- und Wirkungsgeschichte Georg Büchners
    (= Skriptor Literaturwissenschaft 12). Kronberg/Ts. 1974; U. PAUL: Vom Geschichtsdrama zur poli-
    tischen Diskussion. Über die Desintegration von Individuum und Geschichte bei Georg Büchner und
    Peter Weiss. München 1974, 228 S.; G. JANCKE: G. Büchner. Kronberg/Ts. 1975, S. 41; H. ANTON:
    Büchners Dramen. Topographien der Freiheit. Paderborn 1975; G. KNAPP: G. Büchner. Eine krit.

Einführung in die Forschung. Frankfurt/M. 1975, 190 S.; J. Thorn-Prikker: Revolutionär ohne Revolution. Interpretation der Werke G. Büchners. Stuttgart (LGW 33) 1978; G. Büchner I/II. In: Text und Kritik. Hrsg. von Heinz Ludwig Arnold. München 1979.

A: [1] Vgl. Viëtor: G. Büchner. Politik. Dichtung. Wissenschaft; W. Martens: Ideologie und Verzweiflung. Religiöse Motive in Büchners Revolutionsdrama. In: Euphorion S 4 (1960); Sengle, s. L.; P. Szondi: Versuch über das Tragische. Frankfurt/M. 1961; W. R. Lehmann: Geht einmal euren Phrasen nach . . . Revolutionsideologie und Ideologiekritik zu G. Büchner, s. L.

[2] Dem Herausgeber und Bearbeiter des Hessischen Landboten.

[3] Sehr informativ hinsichtlich der politischen deutschen Verhältnisse und der Büchnerschen politischen Position ist die Untersuchung G. Janckes, s. L., S. 41.

[4] Vgl. Soboul, s. L.   [5] Vgl. Klotz, s. L.

[6] Die Basis des Büchnerischen ,,Danton" ist historisches Material – die Originalreden der Protagonisten, zeitgenössische Geschichtsschreibung, etc. Zu den Quellen vgl. K. Viëtor: Die Quellen zu Büchners Drama ,,Dantons Tod". In: JbFDtHochst. 1963, S. 489–538; T. Mayer, s. L., 1969, S. 287–336, 9. 1971, 2. 223–233.

[7] Lukács, der sich kritisch mit der faschistisch verfälschten Danton-Deutung auseinandersetzt, mit der Entpolitisierung des politischen Konflikts zum Ewig-Menschlichen tragischer Existenz, sieht in Danton den großen bürgerlichen Revolutionär, der aber nicht über die bürgerliche Revolution hinauszugehen vermag. Sein epikuräischer Materialismus, der gegen den Feudalismus die individuelle Freiheit durchsetzte, den ökonomischen Liberalismus, die Konkurrenz, sei für das 18. Jahrh. die Möglichkeit freier Entwicklung, zeuge aber zugleich den Kapitalismus als Unterdrückungsinstrument des sich bildenden Proletariats. Von seinem begrenzten historischen Standort aus habe Büchner ein historisches Verständnis für den zwar historisch begrenzten, aber innerhalb seiner Bedingungen konsequenten bürgerlichen Revolutionär Danton. Er teile die Weltanschauung, den epikuräischen Materialismus – das begründe die lyrische Sympathie für Danton –, doch dieser widerlege mit keinem Wort die politische Anschauung Robespierres. Fragwürdig ist hier die Entgegensetzung von philosophisch–weltanschaulich und politisch! Lukács, s. L.

H. Mayer, der die politische Dimension des Stücks keineswegs leugnet, vertritt dagegen letztlich auch die Fatalismusthese, daß die Einsicht des Nachgeborenen in das Scheitern der Revolution die Danton-Figur präge (Mayer, s. L.). Jancke setzt sich mit diesen beiden Positionen u. a. kritisch auseinander, er zeigt, daß Büchner die individuelle Freiheit der Konkurrenz, den Liberalismus gerade bekämpfe, er von dem Widerspruch zwischen persönlicher Arbeit und Ausbeutung ausgehe. Thorn-Prikker deutet in Anlehnung an Horkheimers kritische Analyse des bürgerlichen Moralbegriffs, der den realen Widerspruch zwischen Einzelegoismus und Allgemeininteresse verbräme, den ,,Danton" im Sinne materialistischer Idealismuskritik. Auch er lehnt die Fatalismusthese ab, sieht im ,,Danton" Büchners Kritik ,,an der Halbheit der Revolution", deren Revolutionäre von ,,den Widersprüchen bürgerlicher Gesellschaft" geprägt sind. Büchner akzeptiere z. B. ,,durchaus Robespierre als Revolutionär. Gestaltet wurde vielmehr die Falschheit seines Versuchs der Fundierung von Politik auf Moral" (s. L., S. 36).

Th. M. Mayer (siehe L., in: Text und Kritik) setzt sich kritisch mit Janckes These auseinander, Büchner sei Jakobiner gewesen und keineswegs schon Frühkommunist, er dagegen sieht sich gezwungen, ihn ,,als revolutionären Frühkommunisten oder als revolutionär-utopistischen Kommunisten zu bezeichnen, und zwar in dem Sinne, in dem dieser Begriff nicht nur von der neueren Forschung zum französischen Neobabouvismus, sondern schon von Marx und Engels gebraucht" wird (s. L., S. 22 f.). Leider kann auf diese letzten Beiträge zur Büchnerforschung nicht näher eingegangen werden, da sie nach der Fahnenkorrektur meines Aufsatzes erst erschienen sind.

[8] Lepenies, s. L.   [9] Ebd., S. 70.

[10] H. Bergson: Le Rire. Paris (PUF) 1964, S. 29.

[11] Karl Marx: Zur Kritik der Hegelschen Rechtsphilosophie. Einleitung. MEW I, 382.

[12] A. de Musset: Fantasio. In: Théâtre I. Paris 1964, S. 182.

[13] Vgl. N. Elias: Über den Prozeß der Zivilisation. Frankfurt 1976, Bd. I, S. 218 f.

[14] Vgl. den Brief vom 28. 7. 1835 an seine Eltern, L II, 443,6.   H. G.

Das Bühnen-Erfolgsstück des 19. Jahrhunderts S. 301

T: Eduard von Bauernfeld: Gesammelte Schriften. Bd. 1–12. Wien 1871–1873; Dramatischer Nachlaß. Hrsg. v. Ferdinand v. Saar. Bd. 1. Stuttgart 1893; Roderich Benedix: Gesammelte Dramatische Werke. Bd. 1–27. Leipzig ³1872–1874; Charlotte Birch-Pfeiffer: Gesammelte Dramatische Werke. Bd. 1–23. Leipzig 1863–1880; A. W. Ifflands theatralische Werke in einer Auswahl. Bd. 1–10. Leipzig 1858–1860; August von Kotzebue: Theater. Bd. 1–40. Wien–Leipzig 1840–1841; August von Kotzebue: Schauspiele. Mit einer Einführung v. B. v. Wiese. Hrsg. und kommentiert v. J. Mathes. Frankfurt/M. 1972; Gustav von Moser: Lustspiele. Bd. 1–24. Berlin 1873–1894; Friedrich Ludwig Schröder: Dramatische Werke. Hrsg. v. E. v. Bülow. Mit einer Einleitung von Ludwig Tieck. Bd. 1–4. Berlin 1831.

L: A. ELOESSER: Das bürgerliche Drama. Seine Geschichte im 18. und 19. Jahrh. Berlin 1898; F. BRÜMMER: Lexikon der deutschen Dichter und Prosaisten des 19. Jahrh. 5. Aufl. Leipzig o. J.; H. KITTENBERG: Die Entwicklung der Idee des deutschen Nationaltheaters im 18. Jahrh. und ihre Verwirklichung. Diss. München 1924; M. MARTERSTEIG: Das deutsche Theater im 19. Jahrh. Eine kulturgeschichtliche Darstellung. Leipzig ²1924; H. DOERRY: Das Rollenfach im deutschen Theaterbetrieb des 19. Jahrh. (= Schriften der Gesellschaft für Theatergeschichte Bd. 35). Berlin 1926; P. F. HOFFMANN: Friedrich Ludwig Schröder als Dramaturg und Regisseur (= Schriften der Gesellschaft für Theatergeschichte Bd. 52). Berlin 1939; E. ZDENEK: Die Problemgestaltung in Kotzebues dramatischem Werk als soziologische Ursache für dessen Erfolg. Diss. Wien 1947; S. TROIZKIJ: Ekhof Schröder Iffland Fleck Devrient Seydelmann. Die Anfänge der realistischen Schauspielkunst. Berlin 1949; H. MATHES: August von Kotzebue und das Bürgertum um 1800 im Spiegel seiner dramatischen Werke. Diss. München 1951; CH. KÖHLER: Effekt-Dramaturgie in den Theaterstücken August von Koetzebues. Eine theaterwissenschaftliche Untersuchung. Diss. Berlin (FU) 1954; G. BOSCHNIK: Das Belle-Alliance-Theater in Berlin 1869–1913. Diss. Berlin (FU) 1957; K.-H. KLINGENBERG: Iffland und Kotzebue als Dramatiker (= Beiträge zur deutschen Klassik. Hrsg. v. H. Holtzhauer u. P. Wersig). Weimar 1962; H. LAMPRECHT: Erfolg und Gesellschaft. Kritik des quantitativen Denkens. München 1964; J. MATHES: Die Sprache in den frühen Dramen August von Kotzebues. Diss. Basel 1967, Heidelberg 1968; H. A. GLASER: Das bürgerliche Rührstück. Analekten zum Zusammenhang von Sentimentalität und Autorität in der trivialen Dramatik Schröders, Ifflands, Kotzebues und anderer Autoren am Ende des 18. Jahrh. (= Dichtung und Erkenntnis 9). Stuttgart 1969; S. JÄHRIG-OOSTERTAG: Das dramatische Werk: seine künstlerische und kommerzielle Verwertung. Ein Beitrag zur Geschichte der Theaterverlage in Deutschland. Diss. Köln 1971; G. MESKE: Die Schicksalskomödie. Trivialdramatik um die Mitte des 19. Jahrh. am Beispiel der Erfolgsstücke von Charlotte Birch-Pfeiffer. Diss. Köln 1971; R. ASPÖCK: Beitrag zu einer Theorie der Unterhaltung. Dargestellt an Wiener Vergnügungen im 19. Jahrh. Diss. Wien 1972; H. SCHANZE: Probleme der „Trivialisierung" der dramatischen Produktion in der 2. Hälfte des 19. Jahrh. In: Das Triviale in Literatur, Musik und Bildender Kunst. Hrsg. v. H. de la Motte-Haber (= Studien zur Philosophie und Literatur des 19. Jahrh. Bd. 18). Frankfurt/M. 1972; ders.: Drama im bürgerlichen Realismus (1850–1890). Theorie und Praxis (= ebd., Bd. 21). Frankfurt/M. 1973; H. NEUMAIER: Der Konversationston in der frühen Biedermeierzeit 1815–1830. Diss. München 1974; K. JUSSENHOVEN-TRAUTMANN: Tendenzen des Künstlerdramas in der Restaurationsepoche (1815–1848). Diss. Köln 1975; V. KLOTZ: Dramaturgie des Publikums. Wie Bühne und Publikum aufeinander eingehen, insbesondere bei Raimund, Büchner, Wedekind, Horváth, Gatti und im politischen Agitationstheater. München–Wien 1976; R. FLATZ: „Krieg im Frieden". Das aktuelle Militärstück auf dem Theater des deutschen Kaiserreichs. Frankfurt/M. 1976; D. H. MAURER: August von Kotzebue – Ursachen seines Erfolges. Konstante Elemente der unterhaltenden Dramatik. Diss. (Masch.) Bonn 1978; E. SCHÖNDIENST: Geschichte des deutschen Bühnenvereins. Ein Beitrag zur Geschichte des Theaters, 1846–1935. Frankfurt/M.–Berlin–Wien 1979.

A: [1] Lamprecht, s. L., S. 8. – Vgl. auch G. ICHHEISER: Kritik des Erfolges. Eine soziologische Untersuchung. Leipzig 1930.
[2] Vgl. dazu E. CATHOLY: Karl Philipp Moritz und die Ursprünge der deutschen Theaterleidenschaft. Tübingen 1962, S. 1 ff. über „Das Theaterproblem".
[3] Schanze, 1972, s. L., S. 78 ff.
[4] Jussenhoven-Trautmann, s. L., S. 103 ff.
[5] R. BLUM, K. HERLESSSOHN u. H. MARGGRAFF: Allgemeines Theater-Lexikon oder Encyklopädie alles

Wissenswerthen für Bühnenkünstler, Dilettanten und Theaterfreunde. Altenburg–Leipzig 1839, Bd. 2, S. 62.

[6] L. Tieck über Schröders Schauspielkunst in der Einleitung zu: Friedrich Ludwig Schröders dramatische Werke, s. T., S. XXXIII.

[7] Vgl. Ichheiser, A. 1, S. 9. [8] Maurer, s. L., S. 296.

[9] August's von Kotzebue ausgewählte prosaische Schriften. Wien 1843, Bd. 45, S. 417.

[10] Das Theater und sein Publikum. Referate der Internationalen theaterwissenschaftlichen Dozentenkonferenzen in Venedig 1965 und Wien 1976. Wien 1977. – Vgl. auch die Veröffentlichungen des Wiener Instituts für Publikumsforschung.

[11] Vgl. das einführende Kapitel „Was ist und wie faßt man Dramaturgie des Publikums?" (Klotz, s. L., S. 13 ff.).

[12] „Die beiden Klingsberg" z. B. am 22. 12. 1977 in einer Neuinszenierung des Theaters in der Josefstadt in Wien mit Vater und Sohn Erik und Thomas Frey als delikate Besetzung der beiden ‚verwandten' Titelrollen, oder „Die deutschen Kleinstädter" 1979 in München und als Musical von Gerhard Jussenhoven in Neuß.

[13] Ortsgeschichtlich orientierte Theatergeschichten des 19. und 20. Jahrh. referieren Spielpläne meist chronologisch, ohne statistisch verwertbare Angaben mitzuliefern, etwa Anzahl der Aufführungen und Neuinszenierungen. Einigermaßen verläßlich sind die Burgtheater-Repertoires von Rub und Buschbeck, während den Spielplänen des Berliner Hoftheaters (Schäffer-Hartmann und Droescher) das wichtige Autoren-Register fehlt. Der Deutsche Bühnen-Spielplan, eine Programmdokumentation der etablierten Theater, erschien ab 1896, ab 1875 veröffentlichte die Deutsche Bühnengenossenschaft Repertoires (der gemeldeten Bühnen).

[14] O. Rub: Das Burgtheater. Statistischer Rückblick auf die Tätigkeit und die Personalverhältnisse während der Zeit vom 8. April 1776 bis 1. Januar 1913. Wien 1913.

[15] Vgl. Boschnik, s. L., S. 333 ff. – Aufführungszahlen: Birch-Pfeiffer 284, von Moser 277, Benedix 217.

[16] Vgl. den Spielplan von Frankfurt. In: Schanze, 1973, s. L., S. 211 ff.

[17] Vgl. W. Schenkel: Roderich Benedix als Lustspieldichter. Diss. Frankfurt 1916, S. 95 f.

[18] Die Urheberrechtsfrage wurde bei „Dorf und Stadt" zum Streitpunkt zwischen Ch. Birch-Pfeiffer und B. Auerbach, der gegen ihre dramatische Vermarktung seiner Novelle opponierte. Dazu A. v. Weilen: Charlotte Birch-Pfeiffer und Heinrich Laube im Briefwechsel (= Schriften der Gesellschaft für Theatergeschichte Bd. 27). Berlin 1917, S. 22.

[19] Vgl. Jährig-Ostertag, s. L., S. 10 ff. – Bundesbeschlüsse: 1835 Nachdruckverbot, 1841 Aufführungsschutz, 1857 Aufführungsvorbehalt auch bei gedruckten Stücken. Nach dem Reichsgesetz von 1870 wurden internationale Regelungen getroffen. – Vgl. auch Martersteig, s. L., S. 397 ff. und Schöndienst, s. L., S. 118 ff.

[20] K. T. v. Küstner: Taschen- und Handbuch für Theater-Statistik. Leipzig ²1857, S. 15.

[21] Der Erfolgsautor war durchaus nicht am pekuniären Erfolg der Direktoren beteiligt, z. B. Bauernfeld: Für „Leichtsinn aus Liebe" erhielt er vom Burgtheater 1831 ein Honorar von 330 Gulden. Bis zur Einführung der Tantieme war das Stück 66mal gegeben worden; Verdienst des Autors pro Vorstellung 5 Gulden, eine vergleichsweise reiche Ausbeute gegenüber den Gewinnen, die in der Provinz zu erzielen waren. Vgl. S. Schlesinger. In: Neues Wiener Tagblatt vom 12. 1. 1881 zur 100. Aufführung des Stücks anläßlich des 79. Geburtstages von Bauernfeld (Ex. Theatermuseum Köln).

[22] M. Epstein: Theater und Volkswirtschaft (= Volkswirtschaftliche Zeitfragen, 283). Berlin 1914, S. 17 f.

[23] Vgl. W. Hinck: Das moderne Drama in Deutschland. Göttingen 1973, S. 13.

[24] H. Th. Rötscher: Das Virtuosenthum in der Schauspielkunst. In: ders.: Kritiken und dramaturgische Abhandlungen. Leipzig 1859, S. 241 ff.

[25] Meske, s. L., S. 92: Dem Publikum werden von Charlotte Birch-Pfeiffer „Hauptrollen zur gefälligen Identifikation dargeboten", ebenso „eindeutig wie erfolgreich". Dazu auch F. Katt: Charlotte Birch-Pfeiffer, ihre dramatisch-litterarische Thätigkeit und deren Einfluss auf die deutsche Schaubühne. In: Neuer Theater-Almanach. Berlin 1900, S. 55 ff.

[26] Vgl. Doerry, s. L.

[27] Vgl. P. v. Schönthan: Wie ein Schwank entsteht. In: Die Deutsche Bühne 7 (1915), S. 544 ff.

R. F.

Gerhart Hauptmanns dramatisches Werk S. 311

Für wertvolles Material danke ich Frau Sigrid Lanzrath (†) von INTER NATIONES, Bonn–Bad Godesberg, und der Intendanz der Freien Volksbühne Berlin.

T: Gerhart Hauptmann: Sämtliche Werke. Centenar-Ausgabe. Hrsg. v. H.-E. Hass u. a. 11 Bde. Berlin 1962–1974. Die Zitate im Text sind dieser Ausgabe entnommen und werden durch Band- und Seitenzahl bezeichnet. Bei den Dramen Hauptmanns wird außerdem an geeigneter Stelle das Jahr des ersten Drucks (D) und der Erstaufführung (EA) angegeben; wo nur ein Datum genannt wird, erfolgten D und EA im gleichen Jahr. – Zur Centenar-Ausgabe vgl. K. S. Guthke: Authentischer oder autorisierter Text? Die Centenar-Ausgabe der Werke Gerhart Hauptmanns. In: Göttingische Gelehrte Anzeigen 228 (1976), Heft 1/2, S. 115–147.

L: Naturalismus
S. Hoefert: Das Drama des Naturalismus (= Sammlung Metzler M 75). Stuttgart 1968; G. Schulz: Zur Theorie des Dramas im deutschen Naturalismus. In: R. Grimm (Hrsg.): Deutsche Dramentheorien. Frankfurt/M. 1971, S. 394–428; R. C. Cowen: Der Naturalismus. Kommentar zu einer Epoche. München 1973; H. Scheuer (Hrsg.): Naturalismus. Bürgerliche Dichtung und soziales Engagement (= Sprache und Literatur 91). Stuttgart 1974; G. Mahal: Naturalismus (= Uni-Taschenbücher 363). München 1975.

Gerhart Hauptmann
Bibliographie und Chronik: C. W. F. Behl u. F. A. Voigt: Chronik von Gerhart Hauptmanns Leben und Schaffen. München 1957; W. A. Reichart: G.-Hauptmann-Bibliographie (= Bibliographien zum Studium der deutschen Sprache und Literatur, Bd. 5). Bad Homburg v. d. H.–Berlin–Zürich 1969; H. D. Tschörtner: G.-Hauptmann-Bibliographie (= Deutsche Staatsbibliothek. Bibliographische Mitteilungen 24). Berlin 1971; S. Hoefert: G. Hauptmann (= Sammlung Metzler M 107). Stuttgart 1974.
Neuere Forschungsliteratur: K. S. Guthke: G. Hauptmann. Weltbild im Werk. Göttingen 1961; R. Michaelis: Der schwarze Zeus. G. Hauptmanns zweiter Weg. Berlin 1962; N. E. Alexander: Studien zum Stilwandel im dramatischen Werk Gerhart Hauptmanns. Stuttgart 1964; H. Mayer: G. Hauptmann (= Friedrichs Dramatiker des Welttheaters, Bd. 23). Velber bei Hannover 1967; H. v. Brescius: G. Hauptmann. Zeitgeschehen und Bewußtsein in unbekannten Selbstzeugnissen. Eine politisch-biographische Studie (= Abhandlungen zur Kunst-, Musik- und Literaturwissenschaft, Bd. 197). Bonn 1976; H. J. Schrimpf (Hrsg.): G. Hauptmann (= Wege der Forschung, Bd. 207). Darmstadt 1976.

A: [1] In einem Brief vom 12. 1. 1912, wiedergegeben bei R. Goetze: Von „Sonnenaufgang" bis „Sonnenuntergang". G. Hauptmanns Berliner Beziehungen. Berlin 1971, S. 49 f.
[2] Vgl. C. F. W. Behl: Zwiesprache mit G. Hauptmann. Tagebuchblätter. München 1949, S. 25.
[3] A. Kerr: Die Welt im Licht. Hrsg. v. F. Luft. Köln–Berlin 1961, S. 286 ff.
[4] Angaben nach Die Deutsche Bühne 48 (1977), Nr. 12, S. 20 ff.
[5] Eine Statistik findet sich bei D. Hadamczik/J. Schmidt/W. Schulze-Reimpell: Was spielten die Theater? Bilanz der Spielpläne in der Bundesrepublik Deutschland 1947–1975 (= Sonderdruck Die Deutsche Bühne). Remagen–Rolandseck 1978, S. 45.
[6] Vgl. Rezensionen der Inszenierung der *Ratten* durch Rudolf Noelte an der Freien Volksbühne Berlin in Frankfurter Allgemeine (4. 10. 1977), Süddeutsche Zeitung (6. 10. 1977) und Frankfurter Rundschau (5. 10. 1977).
[7] Vgl. dazu E. H. Bleich: Der Bote aus der Fremde als formbedingender Kompositionsfaktor im Drama des deutschen Naturalismus. Diss. Greifswald. Berlin 1936.
[8] Vgl. P. Szondi: Theorie des modernen Dramas (= Ed. Suhrk. 27). Frankfurt/M. 1969, S. 66.
[9] G. Hauptmann: Die Kunst des Dramas. Über Schauspiel und Theater. Zusammengestellt von M. Machatzke. Berlin 1963, S. 205.
[10] Th. Mann: G. Hauptmann 1952. Abdruck der Rede bei Schrimpf, s. L., S. 134–144, das Zitat S. 137.
[11] Vgl. Hauptmanns Bemerkung dazu, wiedergegeben von F. W. J. Heuser: G. Hauptmann. Zu seinem Leben und Schaffen. Tübingen 1961, S. 43.
[12] G. Lukács: G. Hauptmann (1932). Abdruck des Aufsatzes bei Schrimpf, s. L., S. 82–95, das Zitat S. 82 f.

[13] O. SEIDLIN: Urmythos irgendwo um Berlin. Zu G. Hauptmanns Doppeldrama der Mutter Wolffen. In: DVjs 43 (1969), S. 126–146.

[14] Vgl. J. J. BACHOFEN: Das Mutterrecht (= Suhrkamp Taschenbuch Wissenschaft 135). Frankfurt/M. 1975, Kap. 31, S. 171 ff.

[15] J. JOFEN: Das letzte Geheimnis. Eine psychologische Studie über die Brüder Gerhart und Carl Hauptmann. Bern 1972. – Die Arbeit trennt leider nicht nach autobiographischen und literarischen Texten und stellt auch nirgends die einzelnen Belegstellen in den Kontext eines Werkes.

[16] M. BROD: G. Hauptmanns Frauengestalten. In: NR 33 (1922), S. 1131–1141, das Zitat S. 1138.

G. S.

Arthur Schnitzlers Dramatik S. 327

T: Arthur Schnitzler: Ges. Werke. Die Dramatischen Werke. Bd. 1 u. 2. Frankfurt/M. 1962. Textgleiche Taschenbuchausg.: Fischer-B. Nr. 1967–1974, 1977–1979. Zit. wird nach d. Buchausg. v. 1962 unter Nennung v. Band- u. Seitenzahl; Ges. Werke. Aphorismen und Betrachtungen. Hrsg. v. R. O. Weiss. Frankfurt/M. 1967; Ges. Werke. Entworfenes und Verworfenes. Aus d. Nachlaß. Hrsg. v. R. Urbach. Frankfurt/M. 1977; Jugend in Wien. Eine Autobiographie. Hrsg. v. Th. Nickl u. H. Schnitzler. Wien 1968; Tagebücher 1879–1931 (in Schreibmaschinenabschrift zugängl. i. d. Handschriftenabt. d. Dt. Literaturarchivs Marbach am Neckar. Die Österreichische Akademie d. Wissenschaften in Wien bereitet die Herausgabe vor. Zit. wird unter Angabe d. Datums d. Eintragung.)

L: *Kommentar:* R. URBACH: Schnitzler-Kommentar. Zu d. erzählenden Schriften u. dramat. Werken. München 1974.
Bibliographien: R. H. ALLEN: An Annotated A. Schnitzler Bibliography. Editions and Criticism in German, French and English 1879–1965. Chapel Hill 1966; J. B. BERLIN: An Annotated A. Schnitzler Bibliography, 1965–1977. München 1978; G. NEUMANN/J. MÜLLER: Der Nachlaß A. Schnitzlers. Verz. d. i. Schnitzler-Archiv d. Univ. Freiburg/Br. befindl. Materials. München 1969.
Forschungsbericht: H. SEIDLER: Die Forschung zu A. Schnitzler seit 1945. In: ZfdPh 95 (1976), S. 567–595.
Darstellungen und Untersuchungen: O. SEIDLIN: Einleitung zu: Der Briefwechsel Arthur Schnitzler–Otto Brahm. Berlin 1953, Tübingen [2]1975; E. L. OFFERMANNS: A. Schnitzler: Anatol. Texte u. Materialien z. Interpretation (= KOMEDIA 6). Berlin 1964; G. BAUMANN: A. Schnitzler. Die Welt von Gestern eines Dichters von Morgen. Frankfurt/M. 1965; W. H. REY: A. Schnitzler. In: B. v. Wiese (Hrsg): Deutsche Dichter der Moderne. Ihr Leben u. Werk. Berlin 1965, S. 237–257; F. DERRÉ: L'Œuvre d'Arthur Schnitzler. Imagerie Viennoise et Problèmes Humains. Paris 1966; R. URBACH: A. Schnitzler (= Friedrichs Dramatiker d. Welttheaters 56). Velber 1968, [2]1972; CH. MELCHINGER: Illusion und Wirklichkeit im dramatischen Werk A. Schnitzlers. Heidelberg 1968; H. SINGER: A. Schnitzler: „Der grüne Kakadu". In: H. Steffen (Hrsg.): Das deutsche Lustspiel II. Göttingen 1969, S. 61–78. W. H. REY: A. Schnitzler. Professor Bernhardi. München 1971; R. WAGNER/B. VACHA: Wiener Schnitzler-Aufführungen 1891–1970. München 1971; H.-P. BAYERDÖRFER: Vom Konversationsstück zur Wurstelkomödie. Zu A. Schnitzlers Einaktern. In: JbSchG 16 (1972), S. 516–575; K. KILIAN: Die Komödien A. Schnitzlers. Sozialer Rollenzwang und kritische Ethik. Düsseldorf 1972; E. L. OFFERMANNS: A. Schnitzler. Das Komödienwerk als Kritik des Impressionismus. München 1973; G. KLUGE: Die Dialektik von Illusion und Erkenntnis als Strukturprinzip des Einakters bei A. Schnitzler. In: JbSchG 18 (1974), S. 482–505; A. DOPPLER: Die Form des Einakters u. die Spielmetapher bei A. Schnitzler; ders.: Die Problematik der Sprache u. des Sprechens in den Bühnenstücken A. Schnitzlers. Beides in: ders.: Wirklichkeit im Spiegel der Sprache. Wien 1975; G. SELLING: Die Einakter u. Einakterzyklen A. Schnitzlers. Amsterdam 1975; H. SCHEIBLE: A. Schnitzler (= rowohlts monographien 235). Reinbek 1976; R.-P. JANZ/K. LAERMANN: A. Schnitzler. Zur Diagnose des Wiener Bürgertums im Fin de siècle. Stuttgart 1977.

A: [1] Vgl. Aphorismen, s. T., S. 72 ff.
[2] Vgl. T., S. 148 f.
[3] Vgl. Jugend in Wien, s. T., S. 276 f. u. C. E. SCHORSKE: Schnitzler u. Hofmannsthal. Politik u. Psyche im Wien des Fin de siècle. In: Wort und Wahrheit 17 (1962), S. 367–381.
[4] Aphorismen, s. T., S. 101.

[5] Vgl. H. Arntzen: Die ernste Komödie. Das deutsche Lustspiel v. Lessing bis Kleist. München 1968, S. 18.

[6] Vgl. Tagebücher: 7.4.06; 22.10.09, s. T.

[7] Tagebücher: 4.7.10, s. T. Unter ‚stilisierten' Dramen versteht Schnitzler wohl die Puppenspiele („Der tapfere Cassian" [1904], als Singspiel: „Der tapfere Kassian" ersch. 1909, „Zum großen Wurstel" [1904]) und die Pantomimen („Die Verwandlungen des Pierrot", ersch. 1908 u. „Der Schleier der Pierrette", ersch. 1910).

[8] Tagebücher: 22.10.09, s. T.   [9] Tagebücher: 16.8.04, s. T.

[10] Vgl. Aphorismen, s. T., S. 148 f.

[11] Die in Klammern hinter den Werktitel gesetzte Jahreszahl bezeichnet jeweils das Jahr der Fertigstellung.

[12] Vgl. Janz/Laermann, s. L., S. 61.   [13] Selling, s. L., S. 198 ff.

[14] Traumartiges Spiel im Spiel als Verdeutlichung einer gegenwärtigen Situation, diese Technik benutzte Schnitzler erstmals in dem frühen einaktigen „dramatischen Gedicht" „Alkandi's Lied" (1889).

[15] Schnitzler i. e. Brief an O. Brahm v. 17. 8. 99; Briefwechsel Schnitzler–Brahm, s. L., S. 78.

[16] Briefwechsel Schnitzler–Brahm, s. L., S. 236.

[17] Arthur Schnitzler: Das Wort. Tragikomödie in fünf Akten. Fragment. Hrsg. v. K. Bergel. Frankfurt/M. 1966. Außer diesem wohl bedeutendsten dramat. Nachlaßfragment wurden inzwischen folgende abgeschlossenen o. unvollendeten dramat. Arbeiten aus dem Nachlaß veröffentlicht (jeweils letzter Druckort): drei „Anatol"-Szenen: „Das Abenteuer seines Lebens", Offermanns: Anatol, s. L., S. 118–140, „Anatols Größenwahn", T., Die dramat. Werke, 1, S. 105–123, „Süßes Mädel", T., Entworfenes und Verworfenes, S. 65–71; „Die Blasierten", T., S. 40–61; „Familie", T., S. 79–151; „Die Mörderin", T., S. 235–257; „Die Gouvernante", T., S. 259–268; „Marionetten", T., S. 269–287; „Das Haus Delorme", T., S. 349–366; „Die Gleitenden", T., S. 367–388; „Ritterlichkeit". Hrsg. v. R. R. Schlein. Bonn 1975; „Zug der Schatten". Hrsg. v. F. Derré. Frankfurt/M. 1970.

[18] Aphorismen, s. T., S. 115.

[19] Wendung in einem Brief an Hofmannsthal vom 1. 10. 19. In: Hugo von Hofmannsthal, Arthur Schnitzler: Briefwechsel. Hrsg. v. Th. Nickl u. H. Schnitzler. Frankfurt/M. 1964, S. 286.

[20] Vgl. S. Sticca: The Drama of Being and Seeming in Schnitzler's „Anatol" and Pirandello's „Così è se vi pare". In: Journal of the International Arthur Schnitzler Research Association 5 (1966), S. 4–28; V. LoCicero: The Persona in the Works of Schnitzler and O'Neill. In: ebd. 4 (1964), S. 20–22.

[21] Außer dem schon gen. Beleg s. T., Tagebücher: 11.10.24.

[22] W. Emrich: Was ist poetische Wirklichkeit? Zum Problem Dichtung und Ideologie. (Abhdlgn. d. Klasse d. Lit. d. Akad. d. Wiss. u. d. Lit. 1973/74, Nr. 5). Mainz 1974.

[23] Ein Verzeichnis der von ARD und ZDF zwischen 1953 und 1975 gesendeten Werke Schnitzlers in: B. Gutt: Emanzipation bei A. Schnitzler. Berlin 1978, S. 197 f. – In der DDR wurde Schnitzler bisher nicht aufgeführt, doch erschien ein Auswahlband: A. Schnitzler: Dramen. Nachwort v. M. Diersch. Berlin–Weimar 1968.

[24] Vgl. b. Gutt, s. A. 23, den Abschnitt „Schnitzler-Renaissance u. Emanzipationsdiskussion", S. 174–181.   E. L. O.

Hofmannsthals Dramatik   S. 343

T: Hugo von Hofmannsthal: Gesammelte Werke in Einzelausgaben. Hrsg. v. H. Steiner. Gedichte und lyrische Dramen (G), Dramen I–IV (D), Lustspiele I–IV (L), Erzählungen (E), Prosa I–IV (P), Aufzeichnungen (A). Frankfurt 1945 ff.; Sämtliche Werke. Krit. Ausgabe. Veranstaltet vom Freien Deutschen Hochstift. Frankfurt 1975 ff. Bisher erschienen: Bd. X, Dramen 8 (Das Salzburger große Welttheater). 1977; Bd. XIV, Dramen 12 (Timon der Redner). 1975; Bd. XXVI, Operndichtungen 4 (Arabella). 1976; Bd. XXVIII, Erzählungen 1. 1975; Bd. XXIX, Erzählungen 2. 1978; Gesammelte Werke in Einzelausg. Hrsg. v. R. Hirsch u. B. Schoeller (= Fischer Tb. Allg. Reihe 2159–2168). 10 Bde. Frankfurt 1979.
    Briefe: H. v. Hofmannsthal: Briefe 1890–1901. Berlin 1935 (BI); Briefe 1900–1909. Wien 1937 (BII); H. v. Hofmannsthal – Leopold von Andrian: Briefwechsel. Frankfurt 1968; H. v. H. – Richard Beer-Hofmann: Briefwechsel. Frankfurt 1972; H. v. H. – Eberhard von Bodenhausen: Briefe der Freundschaft. Berlin 1953; H. v. H. – Rudolf Borchardt: Briefwechsel. Frankfurt 1954; H. v. H. – Carl J.

Burckhardt: Frankfurt ³1958; H. v. H. – Hans Carossa: Briefwechsel. In: NRs. 71 (1960), S. 357–409; H. v. H. – Ottonie Gräfin Degenfeld: Briefwechsel. Frankfurt 1974; H. v. H.: Briefwechsel mit S. Fischer und seinen Mitarbeitern 1891–1929. In: Fischer-Almanach 87 (1973), S. 43–181; Briefwechsel zwischen George und Hofmannsthal. München ²1953; H. v. H. – Willy Haas: Ein Briefwechsel. Berlin 1968; H. v. H.: Briefe an Irene und Paul Hellmann. In: JbSchG 11 (1967), S. 170–224; H. v. H.: Briefe an Marie Herzfeld. Heidelberg 1967; H. v. H. – Edgar Karg von Bebenburg: Briefwechsel. Frankfurt 1966; H. v. H. – Harry Graf Kessler: Briefwechsel 1898–1929. Frankfurt 1968; Thomas Mann – H. v. H.: Briefwechsel. In: Fischer-Almanach 82 (1968), S. 13–44; H. v. H. – Helene von Nostitz: Briefwechsel. Frankfurt 1965; H. v. H. – Florens Christian Rang: Briefwechsel 1905–1924. In: NRs. 70 (1959), S. 402–448; H. v. H. – Josef Redlich: Briefwechsel. Frankfurt 1971; H. v. H. – Arthur Schnitzler: Briefwechsel. Frankfurt 1964; Richard Strauss – H. v. H.: Briefwechsel. Zürich ³1964; H. v. H.: Briefe an Willy Wiegand und die Bremer Presse. In: JbSchG 7 (1963), S. 44–189; H. v. H. – Anton Wildgans: Briefwechsel. Heidelberg 1971.

L: *Zeugnisse:* C. J. Burckhardt: Erinnerungen an Hofmannsthal. München 1943, ³1964; H. A. Fiechtner (Hrsg.): H. v. Hofmannsthal. Der Dichter im Spiegel der Freunde. Bern 1949, ²1963; G. Wunberg (Hrsg.): Hofmannsthal im Urteil seiner Kritiker. Frankfurt 1977; Hofmannsthal-Blätter (= Veröffentlichungen der H. v. Hofmannsthal-Gesellsch.) Heft 1–22, 1968–1979.
Bibliographie: H. Weber: H. v. Hofmannsthal. Bibliographie des Schrifttums 1892–1963. Berlin 1966; ders.: H. v. Hofmannsthal-Bibliographie. Werke, Briefe, Gespräche, Übersetzungen, Vertonungen. Berlin 1972; H. A. u. U. Koch: H. v. Hofmannsthal. Bibliographie 1964–1976. Freiburg i. B. 1976.
Literatur: G. Schaeder: H. v. Hofmannsthal. Die Gestalten. Berlin 1933; K. J. Naef: H. v. Hofmannsthals Wesen und Werk. Zürich 1938; G. Schaeder: H. v. Hofmannsthals Weg zur Tragödie. Die drei Stufen der Turmdichtung. In: DVjs. 23 (1949), S. 306–350; H. Broch: Hofmannsthal und seine Zeit. Frankfurt 1955, 1974; W. Jens: Hofmannsthal und die Griechen. Tübingen 1955; R. Alewyn: Über Hugo von Hofmannsthal. Göttingen 1958, ³1963; M. Stern: Hofmannsthals verbergendes Enthüllen. Seine Schaffensweise in den vier Fassungen des Florindo-Cristina-Komödie. In: DVjs. 33 (1959), S. 38–62; W. H. Rey: H. v. Hofmannsthal: ,,Der Turm". In: Das deutsche Drama. Interpretationen. Hrsg. v. B. von Wiese. Bd. II. Düsseldorf 1958, S. 265–283; E. Hederer: H. v. Hofmannsthal. Frankfurt 1960; R. Brinkmann: Hofmannsthal und die Sprache. In: DVjs. 35 (1961), S. 69–95; E. Schwarz: Hofmannsthal und Calderon. S'Grafenhage 1962; W. H. Rey: Weltentzweiung und Weltversöhnung in Hofmannsthals griechischen Dramen. Philadelphia 1962; G. Erken: Hofmansthal-Chronik. Beitrag zu einer Biographie. In: Jb. Görres-Ges. 3 (1962), S. 239–313; E. Rösch: Komödien Hofmannsthals. Marburg 1963, ²1968; B. Coghlan: Hofmannsthal's Festival Dramas. London 1964; M. Hamburger: H. v. Hofmannsthal. Zwei Studien. Göttingen 1964; G. Erken: H. v. Hofmannsthal. In: Deutsche Dichter der Moderne. Hrsg. v. B. von Wiese. Düsseldorf 1965, S. 213–236; G. Wunberg: Der frühe Hofmannsthal. Schizophrenie als dichterische Struktur. Stuttgart 1965; W. Nehring: Die Tat bei Hofmannsthal. Eine Untersuchung zu Hofmannsthals großen Dramen. Stuttgart 1966; G. Erken: Hofmannsthals dramatischer Stil. Tübingen 1967; W. Volke: H. v. Hofmannsthal in Selbstzeugnissen und Bilddokumenten. Reinbek 1967; G. Pickerodt: Hofmannsthals Dramen. Kritik ihres historischen Gehalts. Stuttgart 1968; S. Bauer (Hrsg.): H. v. Hofmannsthal (= Wege der Forschung 183). Darmstadt 1968; E. Kobel: H. v. Hofmannsthal. Berlin 1970; R. Tarot: H. v. Hofmannsthal. Daseinsformen und dichterische Struktur. Tübingen 1970; K. K. Polheim: Bauformen in Hofmannsthals Dramen. In: Sprachkunst I (1970), S. 90–121; H. Rudolph: Kulturkritik und konservative Revolution. Zum kulturell-politischen Denken Hofmannsthals und seinem problem-geschichtlichen Kontext. Tübingen 1971; B. Rech: Hofmannsthals Komödie. Verwirklichte Konfiguration. Bonn 1971; K. Mommsen: Hofmannsthals Komödiendichtung. In: Die deutsche Komödie im zwanzigsten Jahrh. (= 6. Amherster Kolloquium). Heidelberg 1976; W. Mauser: H. v. Hofmannsthal. Konfliktbewältigung und Werkstruktur. Eine psychosoziologische Interpretation. München 1977.

A: [1] Vgl. die periodischen Theaterberichte von G. Erken in den ,,Hofmannsthal-Blättern".
[2] Zit. nach Alewyn, s. L., S. 170.
[3] Briefwechsel mit S. Fischer, s. T., S. 132.
[4] Briefwechsel mit Arthur Schnitzler, s. T., S. 23.
[5] Mehrfach erwähnt im Briefwechsel mit Richard Strauss.
[6] Der Brief ist abgedruckt in: Nehring, s. L., S. 139–141.

[7] Vgl. Mauser, s. L., bes. S. 69–99.

[8] H. BAHR: Bildung. Essays. Berlin 1900, S. 90–91.

[9] Alewyn, s. L., S. 60.   [10] Mauser, s. L., S. 36 ff.

[11] Vgl. Weber 1972, s. L., S. 270/1.

[12] Vgl. bes. W. H. REY: Dichter und Abenteurer bei H. v. Hofmannsthal. In: Euphorion 49 (1955), S. 56–69 und neuerdings Kobel, s. L.

[13] Alewyn, s. L., S. 110.

[14] W. BRECHT: Über H. v. Hofmannsthals „Bergwerk zu Falun". In: Corona 3 (1932), S. 210–235.

[15] Vgl. Volke, s. L., S. 101.

[16] Meister und Meisterbriefe um Hermann Bahr. Hrsg. v. J. GREGOR. Wien 1947, S. 185.

[17] Vgl. Erken 1967, s. L., S. 88.

[18] Briefwechsel mit Eberhard von Bodenhausen, s. T., S. 59.

[19] Hofmannsthal-Blätter 4 (1970), S. 289.

[20] Vgl. besonders Schwarz, s. L.

[21] Vgl. Brief vom 4. IX. 1922 an R. Strauss, Briefwechsel, s. T., S. 481 f.

[22] Vgl. Krit. Ausgabe, Bd. 8, S. 188 f.

[23] Hofmannsthal an Fritz Viehweg. Abgedr. bei Nehring, s. L., S. 145–146.

[24] Hofmannsthal an Fritz Setz (ohne Datum). In: Corona 10 (1943), S. 797.

[25] An C. J. Burckhardt, Briefwechsel, s. T., S. 129.

[26] Rey 1958, s. L., S. 279.

[27] W. EMRICH: Hofmannsthals Lustspiel „Der Schwierige". In: WirkWort 6 (1955/6), S. 18.

[28] Mommsen, s. L., passim.

[29] Briefwechsel, s. T., S. 638/9.

[30] Hofmannsthal-Blätter 7 (1971), S. 71.

[31] Vgl. W. H. REY: Eros und Ethos in Hofmannsthals Lustspielen. In: DVjs. 30 (1956), S. 449–473.

[32] Vgl. „Das Schrifttum als geistiger Raum der Nation" (PIV 408).

[33] Briefwechsel, s. T., S. 516.   W. N.

Frank Wedekind   S. 360

T: Frank Wedekind: Gesammelte Werke. 9 Bde. München 1912–1921 (Bd. 8 und 9 aus dem Nachlaß. Hrsg. v. A. Kutscher u. J. Friedenthal); Werke. Ausgew. und eingel. v. M. Hahn. 3 Bde. Berlin–Weimar 1969 (enthält mehrere vordem unveröffentlichte Gedichte, Tagebuch-Aufzeichnungen und Briefe). Zit. wird nach der erstgenannten Ausgabe; dabei bezeichnet die Ziffer vor dem Semikolon die Bandzahl, die folgende Ziffer die Seitenzahl.

L: K. KRAUS: Die Büchse der Pandora. In: Die Fackel, Nr. 182, 2 (Juni 1905), S. 1 ff.; A. KUTSCHER: F. Wedekind. Sein Leben und seine Werke. 3 Bde. München 1922–1931; F. GUNDOLF: F. Wedekind. In: Trivium 6 (1948); W. EMRICH: Die Lulu-Tragödie. In: Das deutsche Drama. Hrsg. v. B. von Wiese. Bd. II. Düsseldorf 1958; J. JESCH: Stilhaltungen im Drama F. Wedekinds. Diss. Marburg 1959; P. MICHELSEN: F. Wedekind. In: Deutsche Dichter der Moderne. Hrsg. v. B. von Wiese. Berlin 1965; F. ROTHE: F. Wedekinds Dramen. Ein Beitrag zum literarischen Jugendstil. Diss. Berlin 1967; W. RASCH: Sozialkritische Aspekte in Wedekinds dramatischer Dichtung. In: H. Kreuzer (Hrsg.): Gestaltungsgeschichte und Gesellschaftsgeschichte. Stuttgart 1969; M. KESTING: F. Wedekind. In: dies.: Entdeckung und Destruktion. Zur Strukturumwandlung der Künste. München 1970; G. SEEHAUS: F. Wedekind und das Theater. München 1964. Neuausg. Remagen 1973; H. P. BAYERDÖRFER: Non olet – altes Thema und neues Sujet. In: Euphorion 67 (1973); H. ARNTZEN/V. KLOTZ/E. NEF/W. RASCH: Viermal Wedekind. Methoden der Literaturanalyse am Beispiel von Frank Wedekinds Schauspiel „Hidalla". Stuttgart 1975; H.-J. IRMER: Der Theaterdichter F. Wedekind. Berlin (Ost) 1975; J. FRIEDMANN: F. Wedekinds Dramen nach 1900. Eine Untersuchung zur Erkenntnisfunktion seiner Dramen. Stuttgart 1975.

A: [1] TH. W. ADORNO: Sexualtabus und Recht heute. In: ders.: Eingriffe. Neun kritische Modelle. Frankfurt/M. 1963, S. 100.

[2] W. REICH: Die sexuelle Revolution. Frankfurt/M. 1971, S. 18 f.

[3] Ebd., S. 21.

[4] Wedekind zu Arthur Kahane: „Meine Lulu ist eine Naive und darf von keiner gespielt werden als von der jungen Dame, die sonst das Gretchen und die Ophelia spielt" (Seehaus, s. L., S. 382).

[5] Eine Ausnahme z. B. bildet *Franziska*, ein den „Faust" ‚parodierendes' „modernes Mysterium" eines weiblichen Emanzipationsversuchs. Das als (positive) Synthese gemeinte Ende des Stücks verfällt dem falsch verklärenden Schein einer „Gartenlaubenidylle" (M. Kesting).

[6] Vgl. das Ende von *Die Narrenkappe* und *Sechs Personen (. . .)* (L. Pirandello: Dramen I, München o. J., S. 132 u. S. 271).

[7] Für den sozial-empirischen Bezug dieses Aspekts vgl. den barbarischen „Hausvertrag" einer großen Wiener Theaterdirektion, abgedruckt in Die Fackel Nr. 100 (18. 4. 1902).

[8] Kraus, s. L., S. 13.

[9] Vgl. „Zirkusgedanken", 9; 293 ff.; Prolog zum *Erdgeist*, 3; 7 ff. u. ö.

[10] Vgl. Vorbemerkung zu *Schloß Wetterstein*, 6; 5 u. Fußnote zu *Franziska*, 6; 135.

[11] Jesch, s. L., S. 31.
F. N. M.

Carl Sternheim
S. 374

T: Carl Sternheim: Gesamtwerk. Erste vollst. Ausgabe in 10 Bdn. (X in 2 Bdn.). Hrsg. v. W. Emrich unter Mitarbeit von M. Linke. Neuwied–Darmstadt 1963–1976. Nach dieser Ausgabe wird zitiert. Einzelausgaben der Stücke *Die Hose, Die Kassette, Bürger Schippel* und *1913* liegen vor in der Sammlung Luchterhand, Neuwied–Darmstadt.

L: F. BLEI: Über Wedekind, Sternheim und das Theater. 15. Kap. Leipzig 1915; A. ZWEIG: Versuch über Sternheim. In: Juden in der deutschen Literatur. Essays über zeitgenössische Schriftsteller. Hrsg. v. G. Krojanker. Berlin 1922, S. 293 ff.; P. RILLA: Sternheims Bürgerkomödien. In: Literatur. Kritik und Polemik. Berlin 1950, S. 90 ff.; J. MITTENZWEI: C. Sternheims Kritik am Bürgertum im Rahmen einer Darstellung des Pessimismus. Diss. Jena 1952; K. HAGEDORN: C. Sternheim auf der deutschen Bühne. Diss. Köln 1963; W. WENDLER: C. Sternheim. Weltvorstellung und Kunstprinzipien. Frankfurt/M. 1966; W. G. SEBALD: C. Sternheim. Kritiker und Opfer der Wilhelminischen Ära (= Sprache und Literatur 58). Stuttgart–Berlin–Köln–Mainz 1969. Eine umfassende Bibliographie enthält: R. BILLETTA: C. Sternheim. Werk, Weg, Wirkung. Eine bibliographische Studie. Wiesbaden 1975.

A: [1] Siehe T. Die inzwischen oft betonte Einseitigkeit, ja Unzulänglichkeit des überwiegenden Teils der bisher erschienenen Literatur über Sternheim ist sicherlich vor allem darin begründet, daß erst seit Abschluß dieser Ausgabe Sternheims Werk umfassend zugänglich ist. Außer in zeitgenössischen Einzelausgaben und Rollenheften lag ein Teil des Werkes vor in 1947 und 1948 in Berlin (Aufbau Verlag) erschienenen Auswahlbänden. 1963 bis 1958 erschien im Berliner Aufbau Verlag eine Ausgabe „Gesammelte Werke" in 6 Bdn., hrsg. v. F. Hofmann.

[2] Über die für die Zeitverhältnisse wie für Sternheim selbst aufschlußreiche Serie von Theaterskandalen bei Sternheim-Aufführungen vor und nach dem Ersten Weltkrieg, in einem Fall auch noch nach dem Zweiten Weltkrieg, und über die Zensurmaßnahmen gegen Sternheim informieren die Anmerkungen zu den Stücken in der Gesamtausgabe.

[3] Als „Bürger-Breughel" hat Alfred Polgar Sternheim apostrophiert. Der Vergleich mit Molière geht zurück auf F. Blei, s. L.

[4] Sebald, s. L.

[5] Ebd., S. 97: „Die schizoide Neurose, als die ‚Form' des mißglückten Daseins, ist aber, wie Freud meinte, nicht nur eine Krankheit, sondern auch der Versuch einer Heilung. Sternheims Protest ist ein Ausdruck solchen Versuchs; in seiner Vergeblichkeit liegt seine Tragik. Aus der schmerzlichen Wirklichkeit flüchtet der Kranke in die Wunscherfüllung des Wahns. Der Wahn ist Verzweiflung. Trost und Selbstheilung zugleich. Weil die utopischen Projektionen Sternheims aber identisch sind mit der Ideologie der Gesellschaft, von der sie sich befreien wollten, potenziert sich die Tragik, indem sie sich normalisiert. Derart ist die schizoide Neurose Sternheims das Beispiel einer Epoche, ‚deren Gesundheit darin besteht, daß sie die Flucht in die Krankheit abgeschnitten hat, ohne doch an deren Ätiologie das mindeste zu ändern'."

[6] Bd. VI des Gesamtwerks, s. T., der unter dem Titel „Zeitkritik" die Aufsätze Sternheims sammelt, dokumentiert solch Plädoyer mit immer anderen Texten.
H. V.

Georg Kaiser und das Drama des Expressionismus   S. 386

T: Georg Kaiser: Werke in sechs Bänden. Hrsg. v. W. Huder. Frankfurt/M.–Berlin–Wien 1971–72.

L: B. Diebold: Anarchie im Drama. Kritik und Darstellung des modernen Dramas. Berlin 1921; ders.:
     Der Denkspieler G. Kaiser. Frankfurt/M. 1924; H. F. Koenigsgarten: G. Kaiser. Potsdam 1928; W.
     Beer: Untersuchungen zur Problematik des expressionistischen Dramas unter besonderer Berücksich-
     tigung der Dramatik G. Kaisers und Fritz von Unruhs. Diss. Breslau 1934; H. F. Garten: G. Kaiser.
     The Leading Playwright of Expressionism. In: German Life and Letters (1939), S. 195–205; E. A. Fi-
     vian: G. Kaiser und seine Stellung im Expressionismus. München 1946; N. Schmitt: Grundzüge der
     expressionistischen Dramatik in Deutschland unter besonderer Berücksichtigung G. Kaisers. Diss.
     Münster 1952; K. Ziegler: G. Kaiser und das neue Drama. In: Hebbel-Jb. 1952, S. 44–68; B. J. Ken-
     worthy: G. Kaiser (= Modern Language Studies). Oxford 1957; W. Paulsen: G. Kaiser im expres-
     sionistischen Raum: Zum Problem einer Neudeutung seines Werkes. In: Monatshefte 50, 4 (1958); E.
     Lämmert: G. Kaiser. Die Bürger von Calais. In: Das Deutsche Drama. Bd. II. Hrsg. v. B. von Wiese.
     Düsseldorf 1958, S. 305–323; W. Adling: G. Kaisers Drama ‚Von morgens bis mitternachts‘ und die
     Zersetzung des dramatischen Stils. In: WB 5 (1959), S. 369–386; W. H. Sokel: The Writer in Extremis.
     Expressionism in Twentieth Century German Literature. Stanford 1959. (Deutsch: Der literarische
     Expressionismus. München 1970); K. S. Guthke: Geschichte und Poetik der deutschen Tragikomö-
     die. Göttingen 1961; H. Rück: Naturalistisches und expressionistisches Drama: Dargestellt an Gerhart
     Hauptmanns Ratten und an G. Kaisers Bürger von Calais. In: DU 16 (1964), S. 39–53; R. W. Last:
     Symbol and struggle in G. Kaiser's Die Bürger von Calais. In: GLL 19 (1965/66), S. 201–209; A. Mee-
     se: Die Theoretischen Schriften Georg Kaisers. Diss. München 1965; H. Denkler: Drama des Expres-
     sionismus: Programm, Spieltext, Theater. München 1967; W. Geifrig: G. Kaisers Sprache im Drama
     des expressionistischen Zeitraums. Diss. München 1968; H. F. Garten: G. Kaisers Theorie des Dra-
     mas: Zur expressionistischen Ästhetik. In: Monatshefte 61 (1969), S. 41–48; R. W. Last: Kaiser, Rodin
     and the Burghers of Calais. In: Seminar 5 (1969), S. 36–44; W. Rothe (Hrsg.): Expressionismus als Li-
     teratur. Gesammelte Studien. Bern–München 1969; W. E. Riedel: Der neue Mensch. Mythos und
     Wirklichkeit. Bonn 1970; L. R. Shaw: The Playwright and Historical Change: Dramatic Studies in
     Brecht, Hauptmann, Kaiser and Wedekind. Madison 1970; M. Kuxdorf: Die Suche nach dem Men-
     schen im Drama G. Kaisers. Berlin 1971; G. Martens: Vitalismus und Expressionismus. Stutt-
     gart–Berlin–Köln–Mainz 1971; E. Schürer: G. Kaiser. New York 1971; ders.: G. Kaiser und Bert
     Brecht. Frankfurt/M. 1971; V. Zmegac: Zur Poetik des expressionistischen Dramas. In: Deutsche
     Dramentheorien. Hrsg. v. R. Grimm. Bd. II. Frankfurt/M. 1971, S. 482–515; F. N. Mennemeier: Mo-
     dernes Deutsches Drama. Bd. I. 1910–1933. München 1973; R. Steinlein: Theaterkritische Rezeption
     des expressionistischen Dramas. Kronberg/Ts. 1974; A. B. J. Grenville: Characteristic Elements in
     the Composition of the Plays of Georg Kaiser. Diss. Oxford 1975; A. Kaes: Expressionismus in Ame-
     rika. Rezeption und Innovation. Tübingen 1975; S. Vietta u. H.-G. Kemper: Expressionismus
     (= Uni-Taschenbücher 362). München 1975; H. Bresler: G. Kaisers Drama ‚Die Koralle‘. Persönli-
     che Erfahrung und ästhetische Abstraktion. Diss. Hamburg 1976; K. Petersen: G. Kaiser: Künstler-
     bild und Künstlerfigur. Frankfurt/M. 1976; J. M. Ritchie: German Expressionist Drama. Boston
     1976; P. Stefanek: Zur Dramaturgie des Stationendramas. In: Beiträge zur Poetik des Dramas. Hrsg.
     v. W. Keller. Darmstadt 1976.

A: [1] H. W. Reichert: Friedrich Nietzsche's Impact on Modern German Literature. Univ. of North Caro-
     lina Press 1975, S. 51–72.
     [2] Sokel, s. L., S. 132: „Überdies stellt Kaisers Drama eine Weiterentwicklung des aphoristischen, epi-
     grammatischen Dialogs von Wedekind und Sternheim dar ... Die Verwandtschaft zwischen Wede-
     kind, Sternheim und Kaiser liegt in ihrer Tendenz ‚das Wesen‘ der sozialen Wirklichkeit nicht durch
     naturalistische Nachahmung, die uns immer noch in Illusionen wiegen würde, sondern durch krasse
     und schockierende Formulierungen zu demaskieren".
     [3] Meese, s. L., S. 113.
     [4] Ob Kaiser Expressionist war, hat man so energisch bejaht wie bestritten. Für eine Zusammenfassung
     der verschiedenen Meinungen Grenville, s. L., S. 197.
     [5] Guthke, s. L., S. 343.   [6] Denkler, s. L., S. 174–177.
     [7] E. Schürer (Hrsg.): Von morgens bis mitternachts (Erläuterungen und Dokumente). Stuttgart 1975,
     S. 17–19.

[8] C. EYKMANN: Denk- und Stilformen des Expressionismus (= UTB 256). Bonn–München 1974, S. 28.

[9] L. EISNER: L'Ecran Demoniaque. Paris 1952, [2]1965. S. auch: Hätte ich das Kino. Der Schriftsteller und der Stummfilm. Sonderausstellungen des Schiller-Nationalmuseums, Katalog Nr. 27: „Kaisers Stück . . . regte den Regisseur Karl Heinz Martin zu einem Film an, der neben ‚Caligari' als die reinste Verwircklichung expressionistischer Vorstellungen gilt. Martin schrieb zusammen mit Herbert Juttke das Drehbuch und führte Regie, Carl Hoffmann war der Kameramann, Robert Neppach entwarf Bauten und Kostüme. Die Rolle des Kassierers spielte Ernst Deutsch" (S. 218).

[10] J. M. RITCHIE: Ashley Dukes and the German Theatre between the Wars. In: Affinities. Hrsg. R. Last. London 1971, S. 97–109.

[11] Schürer, s. L., „Georg Kaiser", S. 98.

[12] In: Georg Kaiser – Five Plays. Hrsg. v. J. M. Ritchie. London 1970.

[13] Last, s. L., S. 36–44.   [14] Lämmert, s. L., S. 308.

[15] Ebd., S. 327.   [16] Ebd., S. 324.   [17] Sokel, s. L., S. 132–139.

[18] U. APPOLONIO: Der Futurismus. Manifeste und Dokumente einer künstlerischen Revolution 1909–1918. Köln 1972, S. 34.

[19] Diebold, zit. nach Steffens, s. L., S. 140.

[20] Ihering, zit. nach Steffens, s. L., S. 145.

[21] Mennemeier, s. L., S. 165 f.   J. M. R.

Das Drama der Weimarer Republik   S. 401

L: *Zeitgenössische Darstellungen:* J. BAB: Der dramatische ‚Jugendstil'. In: Die Weltbühne 14, II (1918), S. 173–176; R. ELSNER: Der Weltkrieg im Drama. In: Das Deutsche Drama 1 (1918), S. 108–128; A. KERR: Junges Deutschland. In: NRs. 29, II (1918), S. 976–983; R. PIRK: Die neue ‚Tendenz'. In: Die Scene 9 (1919), S. 37–40; A. KERR: Kritischer Vorklang. In: NRs. 31, II (1920), S. 1081–1088; B. DIEBOLD: Anarchie im Drama. Frankfurt/M. 1921, [3]1925; M. FREYHAN: Das Drama der Gegenwart. Berlin 1922; H. IHERING: Der Kampf ums Theater. Dresden 1922; I. GOLL: Es gibt kein Drama mehr. In: Die Neue Schaubühne 4 (1922), S. 18; A. KERR: Die Komik des Übergangs. Sätze zum Drama. In: NRs. 34, II (1923), S. 910–924; B. DIEBOLD: Bilanz der jungen Dramatik. In: NRs. 34 (1923), S. 734–754; H. KAHN: Das dynamische Drama. In: Der Neue Merkur 7 (1923/4), S. 501–508; H. IHERING: Aktuelle Dramaturgie. Berlin 1924; F. A. ANGERMEYER: Blitzbilanz heutigen Dramas. In: Das Dreieck 1 (1924), H. 1, S. 27 f; W. FRELS: Die deutsche dramatische Produktion des letzten Jahrzehnts. Eine Literaturstatistik. In: Die Deutsche Rundschau 50 (1924), S. 283–307; L. MARCUSE: Das expressionistische Drama. In: Der Neue Merkur 8 (1924/5), S. 111–128; J. BAB: Die Lebenden. In: Das deutsche Drama. Hrsg. v. R. F. Arnold. München 1925, S. 653–818; B. DIEBOLD: Dreierlei Dynamik. In: Die Premiere. Blätter für wesentliches Theater (1925), 2. Oktoberh., S. 4 f.; F. EMMEL: Die jüngste dramatische Dichtung. In: Deutschland. Vergangenheit und Gegenwart. Hrsg. v. K. Federn u. J. Kühn. Berlin-München 1925, S. 341–346; A. KERR: Sechzig Millionen suchen einen Autor. In: NRs. 36, I (1925), S. 186–195; J. BAB: Chronik des deutschen Theaters. Berlin 1926; W. BERNHARD: Der Untergang des Abendstücks oder das kommende Theater. In: Der Querschnitt 6 (1926), S. 55–58; TH. LÜCKE: Gedanken zur Revue. In: Die Scene 16 (1926), S. 112–117; L. LANIA: Das politische Drama. In: Die Literarische Welt 2 (1926), H. 10, S. 3; M. FREYHAN: Das neue Drama – seine Ergebnisse, seine Krise. In: Die vierte Wand (1926), H. 2, S. 1–3; W. MICHEL: Das weltlose Drama. In: NRs. 38, II (1927), S. 419–422; H. IHERING: Das Zeittheater. In: Deutsches Theater (= Sonderbeilage der Magdeburgischen Zeitung zur Deutschen Theater-Ausstellung). Magdeburg 1927, S. 2; A. KERR: Aussichten der Sprechbühne. In: NRs. 38, I (1927), S. 62–72; ders.: Aussichten des deutschen Dramas. In: Deutsches Theater (= Sonderbeilage der Magdeburgischen Zeitung zur Deutschen Theater-Ausstellung). Magdeburg 1927, S. 1 f.; B. DIEBOLD: Das Piscator-Drama. In: Die Scene 18 (1928), S. 33–40; ders.: Kritische Rhapsodie 1928. In: NRs. 39, II (1928), S. 550–561; H. BECKER: Dichter! – Die Gegenwart. In: Die Scene 18 (1928), S. 354–357; L. FEUCHTWANGER: Bertolt Brecht, dargestellt für Engländer. In: Die Weltbühne 23, II (1928), S. 372–376; W. FELS: Die deutsche dramatische Produktion 1926 ff. In: Die Schöne Literatur 29 ff. (1928 ff.); J. BAB: ‚Episches Drama'? In: Die Volksbühne 4 (1929), S. 113–118; B. DIEBOLD: Drama des Moments? Ein Wort zu seiner Rechtfertigung. In: Eckart 5 (1929), S. 323–325; P. FECHTER: Zeittheater. Vom Weg zu seiner Überwindung. In: ebd., S. 310–315; E. TOLLER: Bemerkungen zum deutschen Nachkriegsdrama. In: Die Literarische Welt 5 (1929), H. 16,

S. 9 f.; E. Piscator: Rechenschaft. In: Die Scene 19 (1929), S. 111–114; ders.: Das politische Theater. Berlin 1929; neu bearb. v. F. Gasbarra. Reinbek 1963; E. Toller: Arbeiten. In: ders.: Quer durch. Reisebilder und Reden. Berlin 1930, S. 277–296; A. Kerr: Spanische Rede vom deutschen Drama oder das Theater der Hoffnung. Berlin 1930; A. Eloesser: Wo bleiben die deutschen Autoren. In: Der Querschnitt 10, II (1930), S. 673–676; K. Weill: Aktuelles Theater. In: Die Scene 20 (1930), S. 4–7; E. Lissauer: Das politische Theater. In: Die Scene 20 (1930), S. 345–348; J. Bab: Bilanz des Dramas. In: Die Volksbühne 5 (1930), S. 97–108; L. Feuchtwanger: Gegenwartsprobleme im historischen Gewand. In: Die Scene 21 (1931), S. 136 f.; L. Marcuse: Das Hohelied der Behrenstraße. In: Das Tagebuch 12 (1931), S. 863–866; W. Schumann: Vom ‚Veralten‘ älterer Dichtung. In: Die Volksbühne 6 (1931), S. 13–17; C. Werckshagen: Vom Rührstück zum Lehrstück. In: Die Scene 21 (1931), S. 148–152; R. Arnheim: Theater ohne Bühne. In: Die Weltbühne 27, I (1932), S. 861–864, 899–902; B. Diebold: Film und Drama. In: NRs. 43 (1932), S. 402–410; A. Kerr: Dramaturgie der späten Zeit. In: NRs. 43, II (1932), S. 389–401; F. Wolf: Schöpferische Probleme des Agitproptheaters. Von der Kurzszene zum Bühnenstück (1933). Wiederabdruck in: ders.: Aufsätze über Theater, S. 12–54; A. Kerr: The Influence of German Nationalism and Militarism upon the Theatre and Film in the Weimar Republic (= Fight for Freedom. Memorandum No. 3. Ms. im Alfred-Kerr-Archiv, Akademie der Künste, Berlin). London 1945; F. Wolf: Kunst ist Waffe (1928). Wiederabdr. in: ders., Aufsätze über Theater (= Ausgewählte Werke, Bd. 14). Berlin 1957, S. 147–168; H. Ihering: Von Reinhardt bis Brecht. Vier Jahrzehnte Theater und Film. Bd. 1 u. 2. Berlin 1959; B. Brecht: Schriften zum Theater. Bd. 1 u. 2. Frankfurt/M. 1963; R. Musil: Theater. Kritisches und Theoretisches. Hrsg. v. M.-L. Roth. Reinbek 1965; R. Kayser: Das junge deutsche Drama. Berlin o. J.
Forschungsliteratur: K. Kändler: Drama und Klassenkampf. Berlin-Weimar 1970; R. Grimm: Zwischen Expressionismus und Faschismus. In: Die sogenannten zwanziger Jahre. Hrsg. v. R. Grimm u. J. Hermand. Bad Homburg 1970, S. 15–45; W. Fähnders u. M. Rector: Literatur im Klassenkampf. Zur proletarisch-revolutionären Literaturtheorie 1919–1923. München 1971; W. Hinck: Das moderne Drama in Deutschland. Vom expressionistischen zum dokumentarischen Theater. Göttingen 1973; G. Rühle: Zeit und Theater. Vom Kaiserreich zur Republik (Einleitungen). 3 Bde. Berlin 1973/74; J. Dyck u. a.: Brecht-Diskussion. Kronberg/Ts. 1974; Th. Koebner: Das Drama der Neuen Sachlichkeit und die Krise des Liberalismus. In: Die deutsche Literatur in der Weimarer Republik. Hrsg. v. W. Rothe. Stuttgart 1974, S. 19–46; E. Schürer: Die nachexpressionistische Komödie. In: ebd., S. 47–76; F. Trommler: Das politisch-revolutionäre Theater. In: ebd., S. 77–113; H.-J. Knobloch: Das Ende des Expressionismus. Von der Tragödie zur Komödie (= Regensburger Beiträge zur deutschen Sprach- und Literaturwissenschaft. Reihe B, 1). Bern–Frankfurt/M. 1975; B. Fischli: Die Deutschen-Dämmerung. Zur Genealogie des völkisch-faschistischen Dramas und Theaters (= Literatur und Wirklichkeit, Bd. 16). Bonn 1976; R. Grimm: Neuer Humor? Die Komödienproduktion zwischen 1918 und 1933. In: Die deutsche Komödie im 20. Jahrh. Hrsg. v. W. Paulsen. Heidelberg 1976, S. 107–133; G. Rühle: Das Zeitstück. Drama und Dramaturgie der Demokratie (1967/74). Wiederabdr. In: ders., Theater in unserer Zeit. Frankfurt/M. 1976, S. 82–118; Th. Koebner: Die Zeitoper in den zwanziger Jahren. Gedanken zu ihrer Geschichte und Theorie. In Erprobungen und Erfahrungen. Zu Paul Hindemiths Schaffen in den zwanziger Jahren. Hrsg. v. D. Rexroth. Mainz 1978, S. 60–115.   T. K.

Das völkisch-heroische Drama   S. 418

L: H. Wanderscheck: Deutsche Dramatik der Gegenwart. Berlin 1938; J. M. Wehner: Vom Glanz und Leben deutscher Bühne. Hamburg 1944; I. Pitsch: Das Theater als politisch-publizistisches Führungsmittel im Dritten Reich. Diss. (Masch.) Münster 1952; U.-K. Ketelsen: Heroisches Theater. Untersuchungen zur Dramentheorie des III. Reichs. Bonn 1968; ders.: Von heroischem Sein und völkischem Tod. Zur Dramatik des III. Reiches. Bonn 1970; G. Rühle: Zeit und Theater. Bd. 3: Diktatur und Exil. Berlin 1974; B. Fischli: Die Deutschen-Dämmerung. Zur Genealogie des völkisch-faschistischen Dramas und Theaters. Bonn 1976; H. Denkler u. K. Prümm (Hrsg.): Die deutsche Literatur im Dritten Reich. Stuttgart 1976; H. Eichberg u. a.: NS-Thingspiel, Arbeiterweihespiel und olympisches Zeremoniell. Stuttgart 1977; R. Schnell (Hrsg.): Kunst und Kultur im deutschen Faschismus (= Lit.wiss. u. Soz.wissenschaften 10). Stuttgart 1978.

A: [1] Vgl. H. Kreuzer: Zur Periodisierung der „modernen" deutschen Literatur. In: Basis 2 (1971), S. 20–26.

[2] Vielleicht mit einer Ausnahme: P. H. Bumm: Drama und Theater der Konservativen Revolution. München 1971.

[3] Vgl. manche Beiträge in Denkler und Prümm, s. L.

[4] Vgl. vor allem R. Saage: Faschismustheorien. München 1976; W. Wippermann: Faschismustheorien. Darmstadt ³1976.

[5] Vgl. H.-U. Wehler: Das Deutsche Kaiserreich 1871–1918. Göttingen 1973; K. Vondung (Hrsg.): Das wilhelminische Bildungsbürgertum. Göttingen 1976; J. Kocka: Klassengesellschaft im Krieg. Göttingen 1973; D. Schoenbaum: Hitler's Social Revolution. Class and Status in Nazi Germany. Garden City, N. Y. 1966.

[6] Vgl. Pitsch, s. L.; H. Haider-Pregler: Das Dritte Reich und das Theater. In: Maske und Kothurn 17 (1971), S. 203–214.

[7] Auf dieses Faktum hat mit Rücksicht auf den Roman hingewiesen R. Geissler: Dekadenz und Heroismus. Stuttgart 1964.

[8] Vgl. Rühle, s. L., S. 10.

[9] Vgl. U.-K. Ketelsen: Völkisch-nationale und nationalsozialistische Literatur in Deutschland. Stuttgart 1976, S. 95–100.

[10] Vgl. K. Sauer u. G. Werth: Lorbeer und Palme. München 1971.

[11] K. Lehmann: Deutsche Dramatiker unserer Zeit. Düsseldorf 1935, S. 7.

[12] W. Thomas: Vom Drama unserer Zeit. Leipzig 1938, S. 7.

[13] Charakteristisch für eine solche Sichtweise ist A. Bartels: Geschichte der deutschen Literatur. Braunschweig ¹⁹1943, S. 522–524, im Hinblick auf Wildenbruch.

[14] Vgl. J. Petersen: Geschichtsdrama und nationaler Mythos. Stuttgart 1940, S. 40–44.

[15] Vgl. K. Böhme (Hrsg.): Aufrufe und Reden deutscher Professoren im Ersten Weltkrieg. Stuttgart 1975.

[16] Vgl. Sauer und Werth (A. 10), S. 52–95.

[17] Vgl. K.-G. Just: Von der Gründerzeit bis zur Gegenwart. Bern 1973, S. 102–116.

[18] Für diese komplexe Problematik vgl. Sprachwissenschaftliches Colloquium (Bonn): Europäische Schlüsselwörter, Bd. III. Kultur und Zivilisation. München 1967, bes. S. 313–371.

[19] Vgl. Fischli, s. L. Diese Untersuchung liefert die hauptsächlichen Grundlagen für die folgende Passage, auch wenn der Verf. einige Deutungen Fischlis nicht völlig teilt.

[20] Inwieweit sie das deutsche Kleinbürgertum dadurch einzigartig kennzeichnet, wäre erst dann zu sehen, wenn es Untersuchungen zur gleichzeitigen französischen, englischen, skandinavischen und amerikanischen Literatur gibt. (Vgl. M. Hays in: GR 52 [1977], S. 69–74).

[21] Eine Untersuchung des „Heimat- und Volkstheaters" nach 1945 wäre eine lohnende Aufgabe.

[22] E. Wachler: Sommerspiele auf vaterländischer Grundlage. Berlin 1910, S. 17.

[23] Ähnliche Beobachtungen lassen sich auf dem Felde der Prosaliteratur machen: vgl. K. Rossbacher: Programm und Roman der Heimatkunstbewegung. In: Sprachkunst 5 (1974), S. 301–326; P. Zimmermann: Der Bauernroman. Stuttgart 1975.

[24] Vgl. etwa Wanderscheck, s. L., S. 241; Wehner, s. L., S. 362 f.

[25] Vgl. Ketelsen, s. L. (1970), S. 18–42.   [26] S. L., S. 5.

[27] Vgl. H. Schlötermann: Das deutsche Weltkriegsdrama 1919–1937. Würzburg 1939; H. Orlowski: Die Herausbildung der faschistischen Literatur in den Jahren 1925–1933. In: Studia Germanica Posnaniensia (1972), S. 99–118.

[28] W. Hinck: Das moderne Drama in Deutschland. Göttingen 1973, S. 142–147; F. N. Mennemeier: Modernes Deutsches Drama 2. München 1975, S. 95–139.

[29] Vgl. G. L. Mosse: The Nationalization of the Masses. New York 1975.

[30] B. Brecht: Schriften zum Theater 1. Frankfurt/M. 1963, S. 257.

[31] Vgl. P. Szondi: Theorie des modernen Dramas. Frankfurt/M. 1956.

[32] Vgl. Ketelsen, s. L. (1968), S. 65–178.

[33] Vgl. U.-K. Ketelsen: Kunstcharakter als politische Aussage. In: LWU 2 (1969), bes. S. 170–177.

[34] Vgl. H. Eichberg: Das nat.-soz. Thingspiel. In: Ästhetik und Kommunikation 26 (1976), S. 60–69; M. Lurz: Die Heidelberger Thingstätte (= Hrsg. von der Schutzgemeinschaft Heiligenberg e. V.). Heidelberg 1975; E. Menz: Sprechchor und Aufmarsch. In: Denkler u. Prümm, s. L., S. 330–346; Eichberg u. a., s. L.

[35] Dazu jetzt die kunstwissenschaftliche Dissertation von R. Stommer: Die Thing-Bewegung im Dritten Reich. Ruhr-Univ. Bochum 1979 (620 S.).   U.-K. K.

Zur deutschsprachigen Exildramatik   S. 431

L: Theater im Exil. 1933–1945. Ausstellungskatalog der Akademie der Künste Berlin (21. 10.–18. 11.
    1973). Hrsg. v. W. Huder. – Darin: U. AHRENS: Bio-Bibliographie der Exildramatik 1933–1945, S.
    145–152. – Diese Bibliographie ist zum Teil fehlerhaft (Nennung zahlreicher Werke, die nicht im Exil,
    sondern bereits in der Weimarer Republik entstanden sind), und sie ist als Arbeitsinstrument auch des-
    halb nur mit Vorbehalt geeignet, weil sie ohne besondere Kennzeichnung auch die Werke aufführt, die
    verlorengegangen sind.
    H.-CH. WÄCHTER: Theater im Exil. Sozialgeschichte des deutschen Exiltheaters 1933–1945. Mit einem
    Beitrag von L. Naef: Theater der deutschen Schweiz. München 1973.
    H. KAUFMANN, D. SCHILLER u. a.: Geschichte der deutschen Literatur 1917 bis 1945 (= Geschichte der
    deutschen Literatur. Von den Anfängen bis zur Gegenwart, Bd. 10). Berlin (Ost) 1973, S. 609–651.
    G. RÜHLE: Zeit und Theater. Bd. 2: Von der Republik zur Diktatur. 1925–1933. Berlin 1972; Bd. 3:
    Diktatur und Exil. Berlin 1974.
    M. DURZAK (Hrsg.): Die deutsche Exilliteratur 1933–1945. Stuttgart 1973.
    W. ELFE u. a. (Hrsg.): Deutsches Exildrama und Exiltheater. Akten des Exilliteratur-Symposiums der
    University of South Carolina 1976 (= Jahrb. für Internationale Germanistik. Reihe A: Kongreßberich-
    te, Bd. 3). Bern–Frankfurt/M.–Las Vegas 1977.

A: [1] B. Brecht: Arbeitsjournal. Frankfurt/M. 1973, S. 41.
    [2] B. Brecht: werkausgabe. 8, S. 387 ff.   [3] B. Brecht: Arbeitsjournal, S. 45.
    [4] G. HEEG: Die Wendung zur Geschichte. Konstitutionsprobleme antifaschistischer Literatur im Exil.
    Stuttgart 1977.
    [5] F. WOLF: Briefwechsel. Berlin–Weimar 1968, S. 91.
    [6] Unveröffentlichter v. Wangenheim-Nachlaß. Berlin (Ost) (Aufzeichnungen Wangenheims vom
    Herbst 1934).
    [7] B. REICH: Im Wettlauf mit der Zeit. Erinnerungen aus fünf Jahrzehnten deutscher Theatergeschichte.
    Berlin 1970, S. 331 ff.
    [8] Unveröffentlichter v. Wangenheim-Nachlaß.
    [9] B. Brecht: Arbeitsjournal, S. 17.   [10] B. Brecht: Arbeitsjournal, S. 914.
    [11] Vgl. F. N. MENNEMEIER: Modernes deutsches Drama II. 1933–Gegenwart. München 1975, S.
    346–356.   F. N. M. u. F. T.

Brechts Theater zwischen Abbild und Utopie   S. 440

T: Bertolt Brecht: Gesammelte Werke in 20 Bdn. (Werkausg. Edition Suhrkamp). Frankfurt/M. 1967
    (WA); Arbeitsjournal in 2 Bdn. Hrsg. v. W. Hecht. Frankfurt/M. 1973.

L: Aufgrund der uferlosen Fülle der Brecht-Literatur kann hier nur ein Bruchteil aufgenommen werden.
    Ich verweise daher auf die Bibliographien in: R. GRIMM: B. Brecht. Stuttgart ³1971; J. KNOPF: B.
    Brecht. Ein krit. Forschungsbericht. Frankfurt/M. 1974; W. MITTENZWEI: Brechts Verhältnis zur
    Tradition. München 1972.
    SINN UND FORM. Beiträge zur Literatur. 1. Sonderh. Bertolt Brecht; E. SCHUMACHER: Die dramati-
    schen Versuche Bertolt Brechts 1918–1933. Berlin 1955; P. SZONDI: Theorie des modernen Dramas.
    Frankfurt/M. ⁴1967, ¹1956; SINN UND FORM. 2. Sonderheft Bertolt Brecht (1957); W. HINCK: Die
    Dramaturgie des späten Brecht. Göttingen 1959, ⁶1977; THEATERARBEIT. 6 Aufführungen des Berliner
    Ensembles. Berlin–Frankfurt 1961; W. HECHT: Brechts Weg zum epischen Theater 1918–1933. Berlin
    1962; H. KAUFMANN: B. Brecht. Geschichtsdrama und Parabelstück. Berlin 1962; H. MAYER: Anmer-
    kungen zu Brecht. Frankfurt/M. 1965; E. SCHUMACHER: Drama und Geschichte. Brechts „Leben des
    Galilei" und andere Stücke. Berlin 1965; W. BENJAMIN: Versuche über Brecht. Hrsg. u. mit einem
    Nachwort vers. v. R. Tiedemann. Frankfurt/M. 1966; K. RÜLICKE-WEILER: Die Dramaturgie Brechts.
    Berlin 1966; K.-D. MÜLLER: Die Funktion der Geschichte im Werk B. Brechts. Studien zum Verhält-
    nis von Marxismus und Ästhetik. Tübingen 1967; H. JENDREIEK: B. Brecht. Drama der Veränderung.
    Düsseldorf 1969; H. BUNGE: Fragen Sie mehr über Brecht. Hanns Eisler im Gespräch. München 1970;
    H. ARENDT: Walter Benjamin – B. Brecht. Zwei Essays. München 1971; A. LACIS: Revolutionär im
    Beruf. Berichte über proletarisches Theater. München 1971; H. MAYER: Brecht in der Geschichte.

Frankfurt/M. 1971; Text und Kritik. Sonderband I/II B. Brecht. München 1972/73; W. Mittenzwei: Brechts Verhältnis zur Tradition. München 1972; G. Schulz: Die Schiller-Bearbeitungen B.
Brechts. Tübingen 1972; R. Steinweg: Das Lehrstück. Brechts Theorie einer politisch-ästhetischen
Erziehung. Stuttgart 1972; W. Hecht: Sieben Studien über Brecht. Frankfurt/M. 1972; H. Brüggemann: Literarische Technik und soziale Revolution. Versuche über das Verhältnis von Kunstproduktion, Marxismus und literarischer Tradition in den theoretischen Schriften Bertolt Brechts. Reinbek
1973; W. F. Haug: Bestimmte Negation. ,,Das umwerfende Einverständnis des braven Soldaten
Schwejk" und andere Aufsätze. Frankfurt/M. 1973; M. Wekwerth: Schriften. Arbeit mit Brecht. Ber-
lin 1973; F. Ewen: B. Brecht. Sein Leben, sein Werk, seine Zeit. Frankfurt/M. 1973 (ersch. 1967); I.
Fradkin: B. Brecht: Weg und Methode. Frankfurt/M. 1974; P. Ch. Giese: Das ,,Gesellschaftlich-
Komische". Zur Komik und Komödie der Stücke und Bearbeitungen Brechts. Stuttgart 1974; R.
Grimm, J. Fuegi, J. Hermand (Hrsg): Brecht-Jahrbücher 1974–1976. Frankfurt/M. 1965 ff.; K.
Völker: B. Brecht. München 1976; W. F. Haug (Hrsg.): Brechts Tui-Kritik (Argument Sonder-
band). Karlsruhe 1976; R. Steinweg (Hrsg.): Auf Anregung B. Brechts. Lehrstücke mit Schülern, Ar-
beitern, Theaterleuten. Frankfurt/M. 1978.

A: [1] Vgl. z. B. das Gedicht ,,Gegen Verführung", in dem es heißt: ,,Ihr sterbt mit allen Tieren / Und es
kommt nichts nachher" (WA 8, 260).
[2] Vgl. ,,An die Nachgeborenen" (WA 9, 724).
[3] Die Zeit v. 7. 5. 1976.
[4] P. Iden, in: Frankfurter Rundschau v. 27. 9. 1977.
[5] H. Mayer: Brecht in der Geschichte, s. L., S. 92.
[6] K. Marx: Der achtzehnte Brumaire des Louis Bonaparte. In: Marx/Engels Werke. Hrsg. v. Institut für
Marxismus-Leninismus beim ZK der SED. Berlin 1972, Bd. 8, S. 115.
[7] Vgl. WA 16, 661 ff.
[8] Zu Beginn der 30er Jahre hat Brecht einige ,,Lehrstücke" geschrieben, die sich in ihrer Struktur von
den Stücken des ,,epischen Theaters" unterscheiden. Da er für diese Stücke vollständig auf ein ,,Publi-
kum" verzichten möchte – die Spieler sollen ihre eigenen Zuschauer, die Lehrenden zugleich die Ler-
nenden sein – hat Reiner Steinweg die Lehrstückkonzeption nach einem Wort des späten Brecht (von
M. Wekwerth überliefert) das ,,Theater der Zukunft" genannt. Für ihn sind die späteren Stücke
Brechts bloße Kompromisse in einer Gesellschaft, die noch keine radikale Umwandlung des Theaters
zuläßt. Vgl. Steinweg: Das Lehrstück, s. L. Diese These ist in der ,,Alternative", hrsg. v. H. Brenner,
14. Jg. (1971), H. 78/79, ausführlich diskutiert worden.
[9] Vgl. ,,Lob des Kommunismus" (WA 9, 852): ,,Er ist nicht das Chaos / Sondern die Ordnung. / Er ist
das Einfache / Das schwer zu machen ist."
[10] Vgl. dazu: H. M. Enzensberger: Zur Kritik der politischen Ökologie. In: Kursbuch 33 (Okt. 1973),
S. 1–42; A. Gorz: Ökologie und Politik. Reinbek 1977; H. Schehl: Vor uns die Sintflut: Ökologie,
Marxismus und die herrschende Zukunftsgläubigkeit. Berlin 1977; R. Jungk: Der Atomstaat. München 1977.
[11] Vgl. a. Mayer: Brecht in der Geschichte, s. L. und H. Bunge, H. Eisler: Fragen Sie mehr über Brecht,
s. L.
[12] L. Althusser: Darstellung als Prozeß (das Beispiel ,,Mutter Courage"). In: Alternative. Hrsg. v. H.
Brenner. 19. Jg. (1976), H. 106, S. 15/16.
[13] Ebd., S. 17.
[14] Das gilt auch für die ausgesprochenen Parabelstücke wie ,,Der gute Mensch von Sezuan", ,,Der unaufhaltsame Aufstieg des Arturo Ui" oder ,,Die Rundköpfe und die Spitzköpfe". Hier stimmt alles entsprechend den von Brecht freilich willkürlich konstruierten Bedingungen. Denn die Parabel ist für
Brecht die ,,Versinnlichung der Idee", der ,,Lehre", während im Galilei umgekehrt der Stoff selbst die
Lehre aufscheinen läßt.
[15] Eisler/Bunge, s. L., S. 105.
[16] W. Benjamin: Gesammelte Schriften. Hrsg. v. T. Rexroth. Frankfurt/M. 1974, Bd. I, 2, S. 701.
[17] Vgl. J. Knopf: B. Brecht. Ein krit. Forschungsbericht, s. L.
[18] ,,An die Nachgeborenen", WA 9, 723.
[19] Vgl. Brechts Aufsatz ,,Über experimentelles Theater", der fast wörtlich diese Position bezieht (WA
15, 285–305).
[20] Eisler/Bunge, s. L., S. 255.

[21] Den Anstoß zu dieser These verdanke ich dem Entwurf einer „politischen Ästhetik" von Chr. Enzensberger. CHR. ENZENSBERGER: Literatur und Interesse. Bd. I. München 1977.
[22] B. Brecht: Arbeitsjournal in 2 Bdn., s. T., Bd. I, S. 247.
[23] Ebd., Bd. II, S. 590.   [24] Eisler/Bunge, s. L., S. 96.   S. V.

Frisch und Dürrenmatt   S. 453

T: Friedrich Dürrenmatt: Komödien. 3 Bde. Zürich 1957–1966 (I, II, II und Seitenzahl); Der Mitmacher.
Ein Komplex, Zürich 1976 (M und Seitenzahl); Die Frist. Zürich 1977; Theaterschriften und Reden. 2
Bde. Zürich 1966, 1972 (TS I, II und Seitenzahl); Monstervortrag über Gerechtigkeit und Recht nebst
einem helvetischen Zwischenspiel (Eine kleine Dramaturgie der Politik). Zürich 1969 (MV und Seitenzahl).

L: *Bibliographien:* J. HANSEL: F.-Dürrenmatt-Bibliographie (= Bibliographien zum Studium der deutschen Sprache und Literatur 3). Bad Homburg v. d. H.–Berlin–Zürich 1968; K. W. JONAS: Die Dürrenmatt-Literatur 1947–1967. In: Börsenblatt für den Deutschen Buchhandel. Frankf. Ausg. 24 (1968),
S. 1725–1738; W. HÖNES: Bibliographie zu F. Dürrenmatt. In: Text u. Kritik 50/51 (1976), S. 93–108.
Ausgewählte Sekundärliteratur: B. ALLEMANN: F. Dürrenmatt „Es steht geschrieben". In: Das deutsche Drama vom Barock bis zur Gegenwart. Interpretationen. Hrsg. v. B. von Wiese. Düsseldorf 1962,
Bd. 2, S. 415–432; G. BENN: Der unbequeme Dürrenmatt (= Theater unserer Zeit, Bd. 4). Basel 1962,
S. 31–33; M. KESTING: Max Frisch, in: Panorama des zeitgenössischen Theaters. 50 literarische Porträts. München 1962; J. STRELKA: Brecht – Horváth – Dürrenmatt. Wege und Abwege des modernen
Dramas. Wien 1962; K. VÖLKER: Das Phänomen des Grotesken im neueren deutschen Drama. In: Sinn
oder Unsinn? Das Groteske im modernen Drama. Fünf Essays von M. Esslin (u. a.) (= Theater unserer
Zeit, Bd. 3). Basel 1962, S. 9–46; J. STEINER: Die Komödie Dürrenmatts. In: DU 15 (1963), H. 6, S.
81–98; H.-J. SYBERBERG: Zum Drama F. Dürrenmatts. Zwei Modellinterpretationen zur Wesensdeutung des modernen Dramas. München 1963; U. D. BOYD: Die Funktion des Grotesken als Symbol der
Gnade in Dürrenmatts dramatischem Werk. Diss. Univ. of Maryland 1964 (Microf.Best.Nr.
64-11094); E. BROCK-SULZER: F. Dürrenmatt. Stationen seines Werkes. Neue erw. Aufl. Zürich 1964;
E. DILLER: Human Dignity in a Materialistic Society. F. Dürrenmatt and B. Brecht. In: MLQ 25
(1964), S. 451–460; CH. M. JAUSLIN: F. Dürrenmatt. Zur Struktur seiner Dramen. Zürich 1964 (Teildr.
Diss. Zürich 1964, S. 119–128; 148 f.; 151–158); A. D. KLARMANN: F. Dürrenmatt and the Tragic
Sense of Comedy. In: Modern Drama. Essays in Criticism. Hrsg. v. T. Bogard u. W. J. Oliver. New
York 1964, S. 99–133; G. WALDMANN: Dürrenmatts paradoxes Theater. Die Komödie des christlichen
Glaubens. In: WirkWort 14 (1964), S. 22–35; M. KESTING: F. Dürrenmatt. In: H. Kunisch (Hrsg.):
Handbuch der deutschen Gegenwartsliteratur. München 1965; E. KÜHNE: Satire und groteske Dramatik. Über weltanschauliche und künstlerische Probleme bei Dürrenmatt. In: WB 12 (1966), S. 539–565;
H. BÄNZIGER: Frisch und Dürrenmatt. 5. neu bearb. Aufl. Bern–München 1967; E. DILLER: F. Dürrenmatt's Theological Concept of History. In: German Quarterly 40 (1967), S. 363–371; P. SCHNEIDER: Die Fragwürdigkeit des Rechts im Werk von Friedrich Dürrenmatt (= Juristische Studiengesellschaft Karlsruhe. Schriftenreihe H. 81). Karlsruhe 1967; E. S. DICK: Dürrenmatts „Besuch der alten
Dame". Weltheater und Ritualspiel. In: ZfdPh. 87 (1968), S. 498–509; H. MAYER: F. Dürrenmatt. In:
ebd., S. 482–498; B. ALLEMANN: Die Struktur der Komödie bei Frisch und Dürrenmatt. In: Das deutsche Lustspiel. T. 2. Hrsg. v. H. Steffen. Göttingen 1969, S. 200–217; A. ARNOLD: F. Dürrenmatt.
Berlin 1969; C. CASES: F. Dürrenmatt „Die Ehe des Herrn Mississippi". In: ders.: Stichworte zur
deutschen Literatur. Wien 1969, S. 241–252; A. HEIDSIECK: Das Groteske und das Absurde im modernen Drama. Stuttgart 1969; W. MITTENZWEI: Gestaltung und Gestalten im modernen Drama. Zur
Technik des Figurenaufbaus in der sozialistischen und spätbürgerlichen Dramatik. Berlin ²1969; G.
NEUMANN: F. Dürrenmatt. Dramaturgie der Panne. In: G. Neumann, J. Schröder, M. Kaschnick:
Dürrenmatt, Frisch, Weiss. München 1969; H.-G. WERNER: F. Dürrenmatt. Der Moralist und die
Komödie. In: Wissenschaftliche Zeitschrift der Universität Halle. Gesellschafts- und sprachwissenschaftliche Reihe 18 (1969), H. 4, S. 143–156; P. DEMETZ: F. Dürrenmatt. In: ders.: Die süße Anarchie.
Berlin 1970, S. 174–190; U. JENNY: (= Friedrichs Dramatiker des Welttheaters, Bd. 6). Velber bei
Hannover ⁴1970; TH. KOEBNER: Dramatik und Dramaturgie seit 1945. In: Tendenzen der deutschen
Literatur seit 1945. Hrsg. v. Th. Koebner. Stuttgart 1971, S. 348–461; M. DURZAK: Dürrenmatt,

Frisch, Weiss. Deutsches Drama der Gegenwart zwischen Kritik und Utopie. Stuttgart 1972; J. FIK-
KERT: To Heaven and Back. The New Morality in the Plays of Friedrich Dürrematt (= Studies in the
Germanic Languages and Literatures 5). Lexington 1972; K. ILIJEW: Zur Struktur der dramatischen
Werke F. Dürrenmatts. Unter besonderer Berücksichtigung seines Schaffens in den fünfziger Jahren.
Diss. Berlin 1972; F. HEUER: Das Groteske als poetische Kategorie. Überlegungen zu Dürrenmatts
Dramaturgie des modernen Theaters. In: DVjs 47 (1973), S. 730–768; U. PROFITLICH: F. Dürrenmatt.
Komödienbegriff und Komödienstruktur. Eine Einführung (= Sprache und Literatur 86). Stuttgart
1973; C. GUTMANN: Die Gestalt des Narren bei F. Dürrenmatt. Bielefeld 1975; K. SCHMIDT: F. Dür-
renmatt: Der Besuch der alten Dame. Erläuterungen und Dokumente. Stuttgart 1975; V. SCHÜLER:
Dürrenmatt: Der Verdacht. ,,Der Besuch der alten Dame". Untersuchungen und Anmerkungen.
Hollfeld/Ofr. 1975; H. L. ARNOLD (Hrsg.): F. Dürrenmatt. In: Text u. Kritik H. 50/51 (1976), S.
19–29; G. P. KNAPP (Hrsg.): F. Dürrenmatt. Studien zu seinem Werk. Heidelberg 1976; T. TIUSANEN:
Dürrenmatt. Drama, Prose, Theory. Princeton Univ. Press 1977; H. MAYER: Über F. Dürrenmatt und
M. Frisch. Pfullingen 1977; U. PROFITLICH: F. Dürrenmatt: Der Besuch der alten Dame. In: Die deut-
sche Komödie. Hrsg. v. W. Hinck. Düsseldorf 1977, S. 324–341.

T: Max Frisch: Stücke. 2 Bde. Frankfurt/M. 1962 (I, II mit Seitenzahl); Biografie, Frankfurt/M. 1972 (B
mit Seitenzahl); Triptychon. Frankfurt/M. 1978; Tagebuch 1946–1949. Frankfurt/M. 1963 (T I mit
Seitenzahl); Tagebuch 1966–1971. Frankfurt/M. 1972 (T II mit Seitenzahl); Öffentlichkeit als Partner,
Frankfurt/M. 1967 (Ö mit Seitenzahl); Dramaturgisches. Ein Briefwechsel mit W. Höllerer. Berlin
1969 (D mit Seitenzahl).

L: *Bibliographien:* E. WILBERT-COLLINS: Max Frisch. In: A Bibliography of Four Contemporary Ger-
man-Swiss Authors. Friedrich Dürrenmatt, Max Frisch, Robert Walser, Albin Zollinger. Bern 1967, S.
33–52; K.-D. PETERSEN: M. Frisch-Bibliographie. In: Über M. Frisch. Hrsg. v. Th. Beckermann.
Frankfurt 1971, S. 305–347; TH. BECKERMANN: Bibliographie zu M. Frisch. In: Max Frisch. Text und
Kritik Sonderbd. H. 46/48 (1975), S. 88–98.
Ausgewählte Sekundärliteratur: J. KAISER: Öderlandische Meditationen. Porträt eines Stückes und einer Aufführung. In: Frankfurter Hefte 11 (Juni 1956), S. 388–396; E. STÄUBLE: M. Frisch. Ein Schweizer Dichter der Gegenwart. Versuch einer Gesamtdarstellung seines Werkes. Amriswil 1957, ³1967; H.
BÄNZIGER: Frisch und Dürrenmatt. Bern–München 1960, neu bearb. ⁶1971; H. BIENEK: M. Frisch. In:
Werkstattgespräche mit Schriftstellern. München 1962, S. 21–33; M. KESTING: M. Frisch. Nachrevo-
lutionäres Lehrtheater. In: Panorama des zeitgenössischen Theaters, 50 literarische Porträts. München
1962, S. 219–223; J. MÜLLER: M. Frisch und F. Dürrenmatt als Dramatiker der Gegenwart. In: Uni-
versitas 17 (1962), S. 725–738; H. EMMEL: Parodie und Konvention: M. Frisch. In: Das Gericht in der
deutschen Literatur des 20. Jahrh. Bern–München 1963, S. 120–150; E. FRANZEN: Über M. Frisch. In:
Aufklärungen. Frankfurt 1964, S. 168–176; R. ECKART: M. Frisch: ,,Andorra". Interpretation. München 1965; P. GONTRUM: M. Frischs ,,Don Juan". A new look at a traditional hero. In: Comparative
Literature Studies 2 (1965), S. 117–123; M. KESTING: M. Frisch. In: Handbuch der deutschen Gegen-
wartsliteratur, unter Mitw. v. H. Hennecke. Hrsg. v. H. Kunisch. München 1965, S. 199–201; M.
WINTSCH-SPIESS: Zum Problem der Identität im Werk M. Frischs. Zürich 1965; H. KARASEK: M.
Frisch. Velber b. Hannover 1966, 5., auf d. neuesten Stand gebr. Aufl. 1975; C. PETERSEN: M. Frisch.
Berlin 1966; G. W. RADIMERSKY: Das Konzept der Geschichte in den Dramen Dürrenmatts und
Frischs. In: Kentucky Foreign Language Quarterly 13 (1966), H. 4; S. 200–208; M. KESTING: M.
Frisch. In: Kleines Handbuch der deutschen Gegenwartsliteratur. Hrsg. v. H. Kunisch. München
1967, S. 166–170; E. STÄUBLE: M. Frisch. Grundzüge in seinen Werken. Basel 1967; U. WEISSTEIN:
M. Frisch. New York 1967; W. ZISKOVEN: M. Frisch. In: Zur Interpretation des modernen Dramas –
Brecht, Dürrenmatt, Frisch. Hrsg. v. R. Geissler. Frankfurt ⁴1967, S. 97–144; M. JURGENSEN: Max
Frisch. Die Dramen. Bern 1968; H.-L. SCHAEFER: M. Frisch: ,,Santa Cruz". Eine Interpretation. In:
GRM 20 (1970), S. 75–92; K. MATTHIAS: Die Dramen von M. Frisch. Strukturen und Aussagen. In:
LWU 3 (1970), S. 129–150 und 236–252; TH. BECKERMANN (Hrsg.): Über Max Frisch. Frankfurt 1971;
A. SCHAU (Hrsg.): Max Frisch. Beiträge zu einer Wirkungsgeschichte. Freiburg i. Br. 1971; B. L.
BRADLEY: M. Frisch's ,,Biografie. Ein Spiel". In: German Quarterly 44 (1971), S. 208–226; E. STÄUB-
LE: M. Frisch. Gesamtdarstellung seines Werkes. Mit einer Bibliographie von K.-D. Petersen. St. Gal-
len 1971; M. DURZAK: Dürrenmatt, Frisch, Weiss. Deutsches Drama der Gegenwart zwischen Kritik
und Utopie. Stuttgart 1972; J. KJOER: M. Frisch, Theorie und Praxis. In: Orbis litt. 27 (1972), S.
264–295; TH. LENGBORN: Schriftsteller und Gesellschaft in der Schweiz. Eine Studie zur Behandlung

der Gesellschaftsproblematik bei Zollinger, Frisch und Dürrenmatt. Frankfurt 1972; D. R. McCor-mick: M. Frisch's dramaturgical development. Diss. Univ. of Texas at Austin 1972 (DA 33, 1972/73, 5186/87A); P. Ruppert: Existential themes in the plays of Max Frisch. Diss. Univ. of Iowa 1972 (DA 33, 1972/73, 3760a); H. Geisser: Die Entstehung von M. Frischs Dramaturgie der Permutation. Bern–Stuttgart 1973; J. Quenon: Anthroponymie et caractérisation dans le théâtre de M. Frisch. In: Revue des langues vivantes 39 (1973), S. 526–537 u. 40 (1974), S. 25–40; W. Pache: Pirandellos Uren-kel. Formen des Spiels bei M. Frisch und T. Stoppard. In: Sprachkunst 4 (1973), S. 124–141; H. Stein-metz: M. Frisch. Tagebuch, Drama, Roman. Göttingen 1973; G. Bauer Pickar: The narrative time sense in the dramatic works of Max Frisch. In: GLL 28 (1974/75), S. 1–14; M. Biedermann: Das politi-sche Theater von M. Frisch. Lampertheim 1974; S. Heidenreich: Andorra. Biedermann und die Brandstifter. Hollfeld/Obfr. 1974; M. E. Musgrave: The evolution of the black character in the works of Max Frisch. In: Monatshefte 66 (1974), S. 117–132; A. Schnetzler-Suter: M. Frisch. Dramaturgi-sche Fragen. Bern–Frankfurt/M. 1974; E. Stäuble: M. Frisch. Gedankliche Grundzüge in seinen Werken. Mit biographischen und bibliographischen Angaben. 3., erw. Aufl. Basel 1974; Max Frisch. Text und Kritik. Sonderband, H. 47/48 (1975); J. Springmann (Hrsg.): Max Frisch, Biedermann und die Brandstifter (Erläuterungen und Dokumente). Stuttgart 1975; H. G. Rötzer: Frischs Don Juan. Zur Tradition eines Mythos. In: Arcadia 10 (1975), S. 243–259; P. Ruppert: M. Frisch's „Don Juan". The seduction of geometry. In: Monatshefte 67 (1975), S. 237–248; J. Watrak: Dramaturgische Dis-soziation: Brecht–Frisch. In: Germanica Wratislaviensia 22 (1975), S. 105–121; T. Hanhart: M. Frisch: Zufall, Rolle und literarische Form. Kronberg/Ts. 1976; G. Lusser-Mertelsmann: M. Frisch. Die Identitätsproblematik in seinem Werk aus psychoanalytischer Sicht. Stuttgart 1976; W. Früh-wald u. W. Schmitz: M. Frisch. „Homo Faber" – „Andorra" – „Wilhelm Tell". Materialien, Abbil-dungen, Kommentare. München 1977; H. Gnüg: M. Frisch: Don Juan oder die Liebe zur Geometrie. In: Die deutsche Komödie. Hrsg. v. W. Hinck. Düsseldorf 1977, S. 305–323.

A: [1] Frank Wedekind: Prosa/Dramen/Verse. München 1960, S. 947.

[2] Bertolt Brecht: Gesammelte Werke in 20 Bdn. Frankfurt/M. 1971, Bd. II, S. 482.

[3] Dürrenmatt: „Tun wir nur, weil wir es müssen / Möchten Gutes tun. Doch eben! / Wollen wir im Wohlstand leben / Müssen wir Geschäfte machen . . ." (II, 211).
Brecht: „Was hilft da Freiheit? Es ist nicht bequem. / Nur wer im Wohlstand lebt, lebt angenehm! (II, 447).
Dürrenmatt: „Die Strafe unterblieb, auch das Gericht / und die Gerechtigkeit rentierte nicht" (1. Fas-sung Bühnenmanuskript).
Brecht: „Wir wären gut – anstatt so roh / Doch die Verhältnisse, sie sind nicht so" (II, 432).

[4] S. a. U. Profitlich: F. Dürrenmatt. Stuttgart–Berlin–Köln–Mainz 1973, S. 28.

[5] S. a. Profitlich: F. Dürrenmatt, s. L., S. 23.

[6] Eugène Ionesco: Bekenntnisse. Zürich 1969, S. 109 ff.; Notes et contre-notes. Paris 1962, S. 101 f. Samuel Beckett schrieb in einem Brief: „Nothing is absurd in a world bereft of judgement" (vgl. W. Y. Tindall: Samuel Beckett. London 1964, S. 13).

[7] Profitlich: Dürrenmatt, s. L., S. 21.

[8] Interview mit D. E. Zimmer, Die Zeit v. 22. 12. 67.

[9] S. A. Schnetzler-Suter, s. L., S. 26.

[10] Das Theater des Absurden. Frankfurt/M.–Bonn 1964, S. 282.

[11] M. Biedermann rechnete selbst „Biedermann und die Brandstifter" nicht dem politischen Theater, sondern der kritischen Aufklärung zu, da die geschichtlichen Hintergründe nicht dargestellt seien und der Appell zur konkreten Veränderung einer als unbefriedigend erkannten Situation fehle (Das politi-sche Theater von Max Frisch. Rheinfelden 1974).

[12] Theater heute 2/1962, S. 1.   [13] Ebd.   [14] Ebd.   M. K.

Dramatik in der Bundesrepublik Deutschland und Österreich   S. 465

Abkürzungen: BdN = Bücher der 19; BS = Bibliothek Suhrkamp; CSF = Collection S. Fischer; dtv = Deutscher Taschenbuchverlag; es = Edition Suhrkamp; KCT = Kiepenheuer Collection Theater; rde = Rowohlts deutsche Enzyklopädie; RDnB = Rowohlts Das neue Buch; rtb = Rowohlts Taschenbuch; RUB = Reclams Universalbibliothek; sr = Sonderreihe; st = Suhrkamp Taschenbuch; stw = Suhrkamp Ta-schenbuch Wissenschaft; UTB = Universitäts-Taschenbücher; WQH = Wagenbach Quarthefte.

T: Leopold Ahlsen: Philemon und Baukis. Frankfurt 1960 (auch RUB 8591); Stefan Andres: Gottes Utopie. Bühnenmanuskript Düsseldorf 1950; Wolfgang Bauer: Die Sumpftänzer. Dramen, Prosa, Lyrik aus zwei Jahrzehnten. Köln 1978; Thomas Bernhard: Ein Fest für Boris (= es 440). Frankfurt 1968; Der Ignorant und der Wahnsinnige – Die Macht der Gewohnheit (= st 257). Frankfurt 1975; Immanuel Kant (= BS 556). Frankfurt 1978; Wolfgang Borchert: Draußen vor der Tür und ausgewählte Erzählungen (= rtb 170). Reinbek 1956; Tankred Dorst: Stücke I und II (= st 437/438). Frankfurt 1978; Hans Magnus Enzensberger: Das Verhör von Habana (= es 677). Frankfurt 1974; Dieter Forte: Martin Luther und Thomas Münzer oder Die Einführung der Buchhaltung (= WQH 48). Berlin 1971; Jean Henry Dunant oder Die Einführung der Zivilisation (= CSF 1). Frankfurt 1978; Günter Grass: Theaterspiele. Neuwied–Berlin 1970; Peter Handke: Stücke I und II (= st 43/101). Frankfurt 1972/73; Die Unvernünftigen sterben aus (= st 168). Frankfurt 1973; Wolfgang Hildesheimer: Theaterstücke. Über das absurde Theater (= st 362). Frankfurt 1976; Rolf Hochhuth: Der Stellvertreter (= rtb 997/998). Reinbek 1967; Soldaten (= rtb 1323). Reinbek 1970; Guerillas (= rtb 1588). Reinbek 1973; Die Hebamme (= BdN 203). Reinbek 1971; Lysistrate oder die NATO (= RDnB 46). Reinbek 1973; Tod eines Jägers (= RDnB 68). Reinbek 1976; Heinar Kipphardt: In der Sache J. Robert Oppenheimer (= es 64). Frankfurt 1971; Stücke II (= es 677). Frankfurt 1974; Hans Günther Michelsen: Drei Akte. Frankfurt 1964; Botho Strauß: Die Hypochonder. Bekannte Gesichter, gemischte Gefühle. München 1979; Trilogie des Wiedersehens. München 1976 (auch RUB 9908); Groß und klein. Szenen. München 1978; Martin Walser: Gesammelte Stücke (= st 6). Frankfurt 1971; Das Schauspiel. Frankfurt 1975; Günther Weisenborn: Theater I und II. München 1964; Peter Weiss: Stücke I und II (= es 833 und 910/I–II). Frankfurt 1977; Carl Zuckmayer: Meisterdramen. Frankfurt 1966.

L: *Allgemeine Sekundärliteratur:* M. ESSLIN: Das Theater des Absurden (= rde 234/236). Reinbek 1965; R. TAËNI: Drama nach Brecht. Möglichkeiten heutiger Dramatik. Basel 1968; TH. KOEBNER: Dramatik und Dramaturgie seit 1945. In: Tendenzen der deutschen Literatur seit 1945. Hrsg. v. Th. Koebner. Stuttgart 1971; W. HINCK: Das moderne Drama in Deutschland. Vom expressionistischen zum dokumentarischen Theater. Göttingen 1973; H. KREUZER (Hrsg.): Deutsche Dramaturgie der sechziger Jahre. Ausgew. Texte. Tübingen 1974; F. N. MENNEMEIER: Modernes deutsches Drama. Bd. II. 1933 bis zur Gegenwart (= UTB 425). München 1975; R. GRIMM u. J. HERMAND (Hrsg.): Geschichte im Gegenwartsdrama. Stuttgart 1976; K. H. HILZINGER: Die Dramaturgie des dokumentarischen Theaters. Tübingen 1976; G. RÜHLE: Theater in unserer Zeit (= st 325). Frankfurt 1976; A. Blumer: Das dokumentarische Theater der sechziger Jahre in der Bundesrepublik Deutschland. Meisenheim 1977; W. ISMAYR: Das politische Theater in Westdeutschland. Meisenheim 1977; H. L. ARNOLD u. TH. BRUCK (Hrsg.): Positionen des Dramas. Analysen und Theorien zur deutschen Gegenwartsliteratur. München 1977.
Sekundärliteratur zu einzelnen Dichtern: V. CANARIS (Hrsg.): Über P. Weiss (= es 408). Frankfurt 1970; A. BOTOND (Hrsg.): Über Th. Bernhard (= es 401). Frankfurt 1970; TH. BECKERMANN (Hrsg.): Über M. Walser (= es 407). Frankfurt 1970; M. SCHMIDT: W. Borchert. Analysen und Aspekte. Halle 1970; D. RODEWALD (Hrsg.): Über W. Hildesheimer (= es 488). Frankfurt 1971; U. SCHULTZ: P. Handke (= dtv 6867). Velber 1973; H. L. ARNOLD (Hrsg.): Th. Bernhard. Edition Text und Kritik 43. München 1974; ders. (Hrsg.): M. Walser. Edition Text und Kritik 41/42. München 1974; H. LAUBE (Hrsg.): Werkbuch über T. Dorst (= es 713). Frankfurt 1974; R. TAËNI (Hrsg.): Toller. Grundlagen und Gedanken zum Verständnis des Dramas (von T. Dorst). Frankfurt 1977; ders. (Hrsg.): R. Hochhuth. Autorenbücher 5. München 1977; M. DURZAK: Dürrenmatt, Frisch, Weiss. Deutsches Drama der Gegenwart zwischen Kritik und Utopie. Stuttgart 1977; H. L. ARNOLD (Hrsg.): G. Grass. Edition Text und Kritik 1/1a. München 1978; ders. (Hrsg.): R. Hochhuth. Edition Text und Kritik 58. München 1978; R. NÄGELE u. R. VORIS: P. Handke. Autorenbücher 8. München 1978.

A: [1] Was spielten die Theater? Remagen–Rolandseck 1978.
[2] Der Spiegel 52/1971, S. 118.
[3] H. LANGE: Die Revolution als Geisterschiff. Massenemanzipation und Kunst (= RDnB 36). Reinbek 1973, S. 64.
[4] Rühle, s. L., S. 304.
[5] G. GRÜNDGENS: Wirklichkeit des Theaters (= BS 526). Frankfurt 1977, S. 140.
[6] Thornton Wilders Stück „The skin of our teeth", das 1946 einen Siegeszug auf den westdeutschen Theatern antrat, wurde programmatisch-pathetisch übersetzt mit „Wir sind noch einmal davongekommen".

[7] H. ARENDT: Eichmann in Jerusalem. Ein Bericht von der Banalität des Bösen. München 1964.

[8] H. E. NOSSACK: Pseudoautobiographische Glossen. Frankfurt 1971, S. 70.

[9] Erstaunlicherweise schlägt Karl S. Guthke das Stück vollinhaltlich seiner „Geschichte und Poetik der Tragikomödie" zu; nachgedruckt in: M. BRAUNECK (Hrsg.): Das deutsche Drama vom Expressionismus bis zur Gegenwart. Bamberg 1970, S. 112. Einleuchtender ist A. L. WILSONS Interpretation des Stücks als Vision des ertrinkenden Beckmann. In: Akzente 1972, S. 466 ff. (dort auch weitere Hinweise auf die Sekundärliteratur).

[10] H.-E. HOLTHUSEN: Der unbehauste Mensch. Motive und Probleme der modernen Literatur (= dtv 215). München 1964, S. 144.

[11] Der Titel von Hans Sedlmayrs Betrachtungen zur Kunstgeschichte des 19. und 20. Jahrh. wurde aufgrund von Sedlmayrs Verteufelung des nach-feudalistischen Verlusts objektiver Gestaltungsaufgaben der Kunst zu einem konservativen Schlüsselbegriff der Epoche. Die erste Auflage erschien 1948, 1953 schon die sechste und 1955 die erste Taschenbuchausgabe.

[12] Holthusen, s. A. 10, S. 144.

[13] Zur Auseinandersetzung mit dem Faschismus vgl. R. KÜHNL: BRD–DDR. Vergleich der Gesellschaftssysteme. Köln 1971, S. 248 ff.

[14] K. JASPERS: Hoffnung und Sorge. Schriften zur deutschen Politik 1945–1965. München 1965, S. 32.

[15] G. Weisenborn: Der lautlose Aufstand. Reinbek 1953, Neuaufl. Frankfurt 1974.

[16] C. Zuckmayer: Als wär's ein Stück von mir. Wien 1966, S. 559.

[17] P. RILLA: Literatur. Kritik und Polemik. Berlin (Ost) 1953, nachgedr. in: M. Brauneck (A. 9), S. 107.

[18] Vgl. J. F. G. GROSSER: Die große Kontroverse. Ein Briefwechsel um Deutschland. Hamburg 1963.

[19] Vgl. F. LUFT: Berliner Theater 1945–1961. Velber 1962, S. 67 f.; Rilla (A. 17), S. 5.

[20] Vgl. W. HEIST: Die existentialistische Epoche in Frankreich. In: NRs 87 (1976), S. 71 ff.

[21] Stuttgart 1931 u. ö.; z. B. Reinbek 1962 (= rde 10).

[22] TH. W. ADORNO u. a.: The authoritarian personality. New York 1950, deutsch: Studien zum autoritären Charakter (= st 107). Frankfurt 1976.

[23] Vgl. U. WIDMER: 1945 oder Die „Neue Sprache". Düsseldorf 1966.

[24] C. SCHMITT: Der Begriff des Politischen (1932). Berlin 1963, bes. S. 26 ff.

[25] TH. W. ADORNO: Auferstehung der Kultur in Deutschland? In: Kritik. Kleine Schriften zur Gesellschaft (= es 469). Frankfurt 1971, S. 28.

[26] Esslin, s. L., S. 311.

[27] In: E. Ionesco: Argumente und Argumente. Neuwied–Berlin 1964, S. 83 ff.

[28] Zit. nach G. HENSEL: Spielplan. Schauspielführer von der Antike bis zur Gegenwart. Frankfurt 1975, S. 1183 f.

[29] Versuch, das Endspiel zu verstehen. In: Noten zur Literatur II (= BS 71). Frankfurt 1961, S. 192; vgl. zum Problemkreis ferner W. F. HAUG: Kritik des Absurdismus. Köln 1976, S. X, 15 und passim.

[30] A. Camus: Der Mythos von Sisyphos. Ein Versuch über das Absurde (1943) (= rde 90). Reinbek 1959, S. 18.

[31] Vgl. P. SPYCHER: Die bösen Köche – Ein absurdes Drama? In: GRM (1966), S. 161 ff.

[32] Vgl. Ismayr, s. L., S. 306 ff., wo die realpolitischen Aspekte des Problems ausführlich diskutiert werden.

[33] G. Grass: Über meinen Lehrer Döblin und andere Vorträge. Berlin 1968.

[34] M. Walser: Vom Theater, das ich erwarte. In: Deutsche Dramaturgie, s. L., S. 18.

[35] Ebd., S. 22.

[36] M. Walser: Ein weiterer Alptraum vom Theater. In: Heimatkunde. Aufsätze und Reden (= es 269). Frankfurt 1972, S. 75.

[37] Offener Brief an Rolf Hochhuth. In: Frankfurter Allgemeine Zeitung 10. 6. 1967; nachgedr. u. a. in Arnold-Bruck, s. L., S. 72 ff.

[38] Hilzinger, s. L., S. 37 f.

[39] Radio Basel 10. 11. 1963, zit. nach: S. MELCHINGER: Rolf Hochhuth. Velber 1967, S. 13 f.

[40] Unter diesem Titel schrieb Hochhuth einen Beitrag für die Festschrift zum 80. Geburtstag von Georg Lukács (Neuwied–Berlin 1965), auf den sich Adornos unter s. L. 37 zit. Antwortbrief bezieht.

[41] Hinck, s. L., S. 201.

[42] M. ZELLER: Rolf Hochhuth vor seinen Richtern. In: Frankfurter Allgemeine Zeitung 16. 6. 1978.

[43] J. BERG: Geschichts- und Wissenschaftsbegriff bei R. Hochhuth. In: Dokumentarliteratur. Hrsg. v. H. Ludwig Arnold u. St. Reinhardt. München 1973, S. 59.

[44] Vgl. R. CHARBON: Die Naturwissenschaften im modernen deutschen Drama. Zürich–München 1974, S. 222.

[45] In: Stücke II, S. 589, auch in Arnold/Bruck, s. L., S. 227

[46] Vgl. H. GALLAS: Marxistische Literaturtheorie. Kontroversen im Bund proletarisch-revolutionärer Schriftsteller. Neuwied–Berlin 1971.

[47] A. Huyssen: Unbewältigte Vergangenheit – Unbewältigte Gegenwart. In: Grimm/Hermand, s. L., S. 51.

[48] TH. W. ADORNO: Ästhetische Theorie (= stw 2). Frankfurt 1974, S. 97.

[49] A. U. M. MITSCHERLICH: Die Unfähigkeit zu trauern. Grundlagen kollektiven Verhaltens. München 1967.

[50] Auffällig gering ist der Anteil von Autoren aus der Schweiz, Österreich und der DDR (R. Schneider: Prozeß von Nürnberg) an dieser Theaterform.

[51] C. Hubaleks Spießerkomödie ,,Keine Fallen für Füchse" (1957) und T. Dorsts ,,Auf dem Chimborazo" (1975) sind keine dokumentarischen Stücke.

[52] Zit. nach R. GRIMM: Spiel und Wirklichkeit in einigen Revolutionsdramen. In: Basis I. Jahrb. für deutsche Gegenwartsliteratur. Frankfurt/M. 1970, S. 91.

[53] Eine übersichtliche Zusammenfassung der Fassungen sowie der wichtigsten Literatur findet sich bei Ismayr, s. L., S. 238 ff.

[54] B. STRAUSS: Geschichte ist nicht, was geschah. In Jahresheft Theater heute. Velber 1969, S. 44 und 43.

[55] P. HANDKE: Natur ist Dramaturgie. In: Die Zeit 22/1969, S. 17.

[56] P. RÜHMKORF: Gedanken aus der Dunkelkammer. Über das Entwickeln von Wirklichkeit des Theaters. In: Literaturmagazin I. Hrsg. v. H. Chr. Buch (= RDnB 38). Reinbek 1973, S. 84.   U. S.

Dramatik in der DDR   S. 482

T: Sozialistische Dramatik. Autoren der DDR. Nachwort v. K.-H. Schmidt. Berlin 1968; Neue Stücke. Autoren der Deutschen Demokratischen Republik. Berlin 1971.

L: H. KLUNKER: Zeitstücke, Zeitgenossen. Gegenwartstheater in der DDR. Hannover 1972. Auch: (= dtv 1070) München 1975; F. J. RADDATZ: Traditionen und Tendenzen. Materialien zur Literatur der DDR. Frankfurt/M. 1972, S. 403–462; Theater in der Zeitenwende. Zur Geschichte des Dramas und des Schauspieltheaters in der Deutschen Demokratischen Republik 1945–1968. 2 Bde. Berlin 1972; W. SCHIVELBUSCH: Sozialistisches Drama nach Brecht. Drei Modelle: Peter Hacks – Heiner Müller – Hartmut Lange (= Sammlung Luchterhand 139). Darmstadt–Neuwied 1974; Dramatik in der DDR. 1: Gespräche mit Heiner Müller u. a. In: Europäische Ideen (1975), H. 13; Dramatik in der DDR. 2: Gespräche mit Rainer Kerndl, Armin Müller, Werner Heiduczek u. a. In: Europäische Ideen (1976), H. 21; A. W. MYTZE: Theater in der DDR. Kritiken 1972–1975. Berlin 1976.

A: [1] Grundlagen des Marxismus-Leninismus. Lehrbuch. Berlin/Ost 1963.
    [2] In: Deutsche Zeitschrift für Philosophie 10 (1972), S. 1275.
    [3] G. LUKÁCS: Essays über Realismus. Werke. Bd. 4. Neuwied 1971, S. 595.
    [4] H. KÄHLER: Gegenwart auf der Bühne. Berlin/Ost 1966, S. 18–19. Hervorhebung im Original.
    [5] W. SCHLEYER: Die Stücke von Peter Hacks. Stuttgart 1976.
    [6] In: Spectaculum 26. Frankfurt 1977, S. 166.   W. S.

Formen des Volkstheaters im 19. und 20. Jahrhundert   S. 489

T: Nachweise in der unter L genannten Literatur; für neuere Autoren sei auf die Zeitschrift ,,Theater heute" und die Materialien-Bände bei Suhrkamp verwiesen. Viele ältere Volkstheater-Texte liegen in nur schwer zugänglichen Drucken vor oder sind überhaupt nicht gedruckt.

L: E. KNESCHKE: Das deutsche Lustspiel in Vergangenheit und Gegenwart. Leipzig 1861; P. SCHLENTHER: Die Schaubühne als volkstümliche Anstalt betrachtet (1885). In: ders.: Theater im 19. Jahrh. Hrsg. v. H. Knudsen (= Schriften der Gesellschaft für Theatergeschichte 40). Berlin 1930, S. 13–30; A. ELOESSER: Das Bürgerliche Drama. Seine Geschichte im 18. und 19. Jahrh. Berlin 1898; W. PETERS:

Berliner Sommertheater. Von ihren Anfängen bis zur Mitte des 19. Jahrh. (1848). Ein Beitrag zur Theatergeschichte Berlins. Diss. (Masch.) Berlin 1944; C. MEYER: Alt-Berliner Politisches Volkstheater (1848–1850) (= Die Schaubühne 40). Emsdetten 1951; O. ROMMEL: Die Alt-Wiener Volkskomödie. Ihre Geschichte vom barocken Welttheater bis zum Tode Johann Nestroys. Wien 1952; L. MAAS: Das Friedrich-Wilhelmstädtische Theater in Berlin unter der Direktion von Friedrich Wilhelm Deichmann in der Zeit zwischen 1848 und 1860. Diss. (FU) Berlin 1965; E. WISCHER: Das Wallner-Theater in Berlin unter der Direktion von Franz Wallner (1855–1868). Das Berliner Lokalpossen-Theater des Nachmärz. Diss. (FU) Berlin 1966; L. HOFFMANN: Nachwort zu einer Auswahl „Volksstücke". Berlin 1967, S. 389–395; R. WEIMANN: Shakespeare und die Tradition des Volkstheaters. Soziologie, Dramaturgie, Gestaltung. Berlin 1967, ²1975; J. HINTZE: Volkstümliche Elemente im modernen deutschen Drama. Ein Beitrag zur Theorie und Praxis des Volksstücks im 20. Jahrh. In: Hess. Bl. f. Volkskde 61 (1970), S. 11–43; E. ROTERMUND: Zur Erneuerung des Volksstückes in der Weimarer Republik: Zuckmayer und Horváth. In: Volkskultur und Geschichte. Festgabe f. Josef Dünninger. Berlin 1970, S. 612–633; H. GERSTINGER: Das Volksstück auf dem gegenwärtigen Theater. In: Das österreichische Volksstück. Wien 1971, S. 93–111; H. DENKLER: Restauration und Revolution. Politische Tendenzen im deutschen Drama zwischen Wiener Kongreß und Märzrevolution. München 1973; P. HAIDA: Komödie um 1900. Wandlungen des Gattungsschemas von Hauptmann bis Sternheim. München 1973; J. HEIN (Hrsg.): Theater und Gesellschaft. Das Volksstück im 19. und 20. Jahrh. (= Theater in der Gesellschaft 12). Düsseldorf 1973; W. HINCK: Das moderne Drama in Deutschland. Vom expressionistischen zum dokumentarischen Theater. Göttingen 1973; F. N. MENNEMEIER: Modernes Deutsches Drama. Kritiken und Charakteristiken. 2 Bde. München 1973 und 1975; F. ROTH: Volkstümlichkeit und Realismus? Zur Wirkungsgeschichte der Theaterstücke von Marieluise Fleißer und Ödön von Horváth. In: Diskurs 3 (1973), H. 3/4, S. 77–104; H. SCHANZE: Drama im bürgerlichen Realismus (1850–1890). Theorie und Praxis. Frankfurt/M. 1973; H. DENKLER: Volkstümlichkeit, Popularität und Trivialität in den Revolutionslustspielen der Berliner Achtundvierziger. In: R. Grimm u. J. Hermand (Hrsg.): Popularität und Trivialität. Fourth Wisconsin Workshop. Frankfurt/M. 1974, S. 77–100; P. SCHLECHTER: Triviales Theater. Untersuchungen zum volkstümlichen Theater am Beispiel des luxemburgischen Dialektdramas von 1894–1940. Luxembourg 1974 (Diss. Saarbrücken); E. SCHÜRER: Die nachexpressionistische Komödie. In: Die deutsche Literatur in der Weimarer Republik. Hrsg. v. W. Rothe. Stuttgart 1974, S. 47–76; E. J. MAY: Wiener Volkskomödie und Vormärz. Berlin 1975; M. BÄRNTHALER: Der gegenwärtige Forschungsstand zum österreichischen Volksstück seit Anzengruber. Diss. (Masch.) Graz 1977; R. GRIMM: Neuer Humor? Die Komödienproduktion zwischen 1918 und 1932. In: Studi Germanici 38 (1976), S. 41–70; W. KÄSSENS u. M. TÖTEBERG: Fortschritt im Realismus? Zur Erneuerung des kritischen Volksstücks seit 1966. In: Basis, Jb. f. dt. Gegenwartsliteratur 6 (1976), S. 30–47; E. MCINNES: German social drama 1840–1900. From Hebbel to Hauptmann. Stuttgart 1976; V. KLOTZ: Dramaturgie des Publikums. München 1976; ders.: Diagnostische Bemerkungen zum Bühnenschwank am Beispiel von Labiche, Feydeau, Schönthan, Arnold/Bach und anderen. In: Trivialliteratur. Hrsg. v. A. Rucktäschel u. H. D. Zimmermann. München 1976, S. 205–229; P. SCHLECHTER: . . . (ab nach rechts) . . . Zur Trivialität des volkstümlichen Theaters. In: LiLi, Beiheft 2: Literatur für viele. Hrsg. v. H. Kreuzer (1976), S. 169–189; R. BAUER: Laßt sie koaxen, Die kritischen Frösch' in Preußen und Sachsen. Zwei Jahrhunderte Literatur in Österreich. Wien 1977; W. HINCK (Hrsg.): Die deutsche Komödie. Düsseldorf 1977; H. KARASEK: Die Erneuerung des Volksstücks. In: Positionen des Dramas. Hrsg. v. H. L. Arnold u. Th. Buck. München 1977, S. 137–169; D. MAYER u. K. RICHARDS (Hrsg.): Western Popular Theatre. London 1977; J. HEIN: Das Wiener Volkstheater. Raimund und Nestroy (= Erträge der Forschung 100). Darmstadt 1978; U. PROFITLICH: „Heute sind alle guten Stücke Volksstücke". Zum Begriff des „sozialistischen Volksstückes". In: Z. f. dt. Philologie 97 (1978) Sonderheft, S. 182–218; V. KLOTZ: Enge und Weite der Lokalposse. In: Sprache im technischen Zeitalter 1979. H. 69, S. 78–90; G. MÜLLER: Das Volksstück von Raimund bis Kroetz. Die Gattung in Einzelanalysen. München 1979; W. SCHMIDT-DENGLER: Die Unbedeutenden werden bedeutend. Anmerkungen zum Volksstück nach Nestroys Tod: Kaiser, Anzengruber, Morre. In: Die Andere Welt. Aspekte der österreichischen Literatur des 19. und 20. Jahrh. Festschrift f. H. Himmel. Bern–München 1979, S. 133–146.

A: ¹ Zu den bisherigen Definitionen vgl. die Artikel „Lokalstück", „Volksstück" und „Volkstheater" im RL (Berlin 1926/28) und den Artikel „Posse" in der 2. Aufl. des RL, ferner Bauer, Hintze, Hoffmann, Profitlich, s. L.

[2] Vgl. W. Hinck: Das deutsche Lustspiel im 17. und 18. Jahrh. und die italienische Komödie. Stuttgart 1965, S. 4.

[3] Vgl. Bauer, s. L.   [4] Vgl. Mayer/Richards, Schlechter, s. L.

[5] Vgl. Schlechter, s. L., und G. Hole: Historische Stoffe im volkstümlichen Theater Württembergs. Diss. Tübingen 1964.

[6] Vgl. W. Emmerich: Germanistische Volkstumsideologie (= Volksleben 20). Tübingen 1968 und Ch. Nicolaus: Zur literarischen Spiegelung des Begriffskomplexes „Volk" vom „Sturm und Drang" bis zur „Heidelberger Romantik". Diss. Münster 1927.

[7] K. L. Berghahn: Volkstümlichkeit. Skizze zur Geschichte eines Versäumnisses. In: Akten des V. Internationalen Germanisten-Kongresses Cambridge 1975. Heft 4. Bern–Frankfurt/M. 1976, S. 136–144.

[8] Vgl. H. Schlaffer: Dramenform und Klassenstruktur. Eine Analyse der dramatis persona „Volk". Stuttgart 1972.

[9] Vgl. Hintze, s. L., S. 12.

[10] Bertolt Brecht: Anmerkungen zum Volksstück. Versuche Heft 10. Berlin 1957, S. 122.

[11] Hoffmann, s. L.: „In unserer Republik gibt es keine Volkstheater alten Stils mehr: Volksverbundenheit ist zum Prinzip jeglicher Theaterarbeit geworden" (S. 393).

[12] Weimann, s. L., S. 22.   [13] Hoffmann, s. L., S. 391.   [14] Bauer, s. L.

[15] Ebd.   [16] Ebd.   [17] Nachweise in Hein 1973, s. L.

[18] Vgl. H. Arntzen: Ödön von Horváth *Geschichten aus dem Wiener Wald.* In: Hinck 1977, s. L.

[19] Vgl. Karasek, s. L.   [20] Vgl. Schlechter, s. L.   [21] Hoffmann, s. L., S. 390 f.

[22] Vgl. Rommel, Hein 1978, s. L. und den Beitrag von F. H. Mautner in diesem Band.

[23] Vgl. grundlegend May, s. L.   [24] Ebd.

[25] Vgl. allgemein Schanze, s. L., und H. Crössmann: Zum sogenannten Niedergang des Wiener Volkstheaters. In: ZfVolkskde 71 (1975), S. 48–63.

[26] Vgl. J. Hein: Dorfgeschichte (= Sammlung Metzler 145). Stuttgart 1976.

[27] O. M. Fontana: Volkstheater Wien (Deutsches Volkstheater). Wien 1964, S. 10.

[28] Vgl. auch die für viele Städte vorliegenden lokalen Theatergeschichten; für München: J. Kirchner: Zur Geschichte des „Münchener Volkstheater". München 1910; H. Franzelin: Zur Geschichte der Münchener Vorstadttheater zu Beginn des 19. Jahrh. und des königlichen Theaters am Isartor. Diss. München 1922; E. Weigl: Das Münchner Volkstheater im 19. Jahrh. 1817–1900. Diss. München 1961.

[29] Vgl. H. Quisdorf: Das Hamburgische Volkstheater, seine Geschichte. Sein Wesen und seine Aufgaben. In: Hamburgisches Jb. f. Theater und Musik, 1941, S. 207–236.

[30] Vgl. S. F. Hassel: Die Frankfurter Localstücke auf dem Theater der freien Stadt 1821–1866. Frankfurt/M. 1867; V. Klotz (Hrsg.): E. E. Niebergall, Datterich (= Komedia 3). Berlin 1963.

[31] Vgl. Klotz, s. A. 28.

[32] Vgl. Peters, Meyer, Maas, Wischer, s. L.

[33] Zit. bei Meyer, s. L., S. 159; vgl. auch Denkler 1974, s. L.; ferner: H. Denkler: Revolutionäre Dramaturgie und revolutionäres Drama in Vormärz und Märzrevolution. In: Gestaltungsgeschichte und Gesellschaftsgeschichte. Hrsg. von K. Hamburger und H. Kreuzer. Stuttgart 1969, S. 306–337 und Denklers Editionen „Der deutsche Michel. Revolutionskomödien der Achtundvierziger" und „Berliner Straßenecken-Literatur 1848/49" in Reclams Univ.-Bibl.

[34] Denkler 1974, s. L., S. 96.

[35] Zit. in: Geschichte der deutschen Literatur. Bd. 8, 1. Berlin 1975, S. 332.

[36] Vgl. ebd., S. 336–343. Vgl. ferner: R. Rodenhauser: Adolf Glassbrenner. Ein Beitrag zur Geschichte des „Jungen Deutschland" und der Berliner Lokaldichtung. Nikolassee 1912 und W. Grosse: „War es nicht dringend nothwendig, das Volk zuerst in der Literatur zu emanciperen?" Adolf Glassbrenners Beitrag zur Literatur des deutschen Vormärz. In: Aurora 38 (1978), S. 127–158.

[37] Wischer, s. L., S. 246.   [38] Hoffmann, s. L., S. 393.

[39] Vgl. Denkler, May, s. L. und Bd. 8 der DDR-Literaturgeschichte, s. A. 33.

[40] Vgl. die begründete Kritik bei F. Sengle: Biedermeierzeit. Deutsche Literatur im Spannungsfeld zwischen Restauration und Revolution 1815–1848. Bd. 1 ff. Stuttgart 1971 ff., bes. in dem noch nicht erschienenen Bd. 3, dessen Kap. über Raimund und Nestroy ich einsehen konnte.

[41] Vgl. Schanze, s. L.   [42] Hoffmann, s. L., S. 393 f.   [43] Vgl. Haida, s. L., S. 45–66.

[44] Vgl. Grimm, Haida, Schürer, s. L., anders Hinck 1973, s. L.

[45] Vgl. G. RÜHLE: Theater für die Republik. 1917–1933 im Spiegel der Kritik. Frankfurt/M. 1967; ders.: Zeit und Theater. Bd. 2: Von der Republik zur Diktatur 1925–1933. Berlin 1972.

[46] Vgl. H. BRAULICH: Die Volksbühne. Theater und Politik in der deutschen Volksbühnenbewegung. Berlin 1976.

[47] Vgl. Grimm, s. L.   [48] Vgl. Schürer, s. L., S. 53 ff.   [49] Zit. bei Rühle 1967, S. A. 43, S. 930.

[50] Vgl. Arntzen, s. A. 17, S. 249 und Klotz, s. L.

[51] Horváth: Interview. In: Gesammelte Werke. Bd. 1. Frankfurt/M. 1970, S. 11.

[52] Vgl. H. JARKA: Jura Soyfer: ein Nestroy im Keller. Zum Einfluß Nestroys auf das oppositionelle Theater im Ständestaat. In: Maske und Kothurn 24 (1978), S. 191–212.

[53] Vgl. J. HERMAND: Bertolt Brecht *Herr Puntila und sein Knecht Matti.* In: Hinck 1977, s. L.

[54] Ebd., S. 293 und H. POSER: Komödie als Volksstück: Zuckmayer, Horváth, Brecht. In: Neophilologus 62 (1978), S. 584–597.

[55] Vgl. Karasek, s. L., S. 168.

[56] Vgl. Hintze, s. L., jetzt vor allem: Profitlich, s. L.

[57] Vgl. P. A. HARMS (Hrsg.): Lehrtheater, Lerntheater. Münsterdorf 1978 (Kap.: Kritisches Volkstheater als neues Jugendtheater); U. HAHN: Literatur in der Aktion. Zur Entwicklung operativer Literaturformen in der Bundesrepublik. Wiesbaden 1978 (Kap.: Die Entwicklung freier Theatergruppen vom Straßen- zum Volkstheater); P. ZADEK: Ist der Boulevard progressiv? In: Die Zeit, 8. Dez. 1978, S. 43.

[58] Vgl. K. VIEDEBANTT: Volkstheater im Fernsehen. Unterhaltungserfolg in folkloristischem Aufputz. Diss. Frankfurt/M. 1974; H. KREUZER / K. PRÜMM (Hrsg.): Fernsehsendungen und ihre Formen. Stuttgart 1979.

[59] Pressestelle des Bundeskanzleramtes, 3. 2. 1978.   J. H.

Probleme der Adaption von Dramen im Fernsehen   S. 506

A: [1] Belege aus der Praxis finden sich in zwei Aufsätzen des Verfassers: Theater ist nicht immer live – aber Film und Fernsehen sind immer synthetisch. In: Theater heute. Sept. 1973, S. 24 ff. Und: Fernsehspiel und Theater. Überlegungen aufgrund von Erfahrungen. In: H. KREUZER (Hrsg.): Literaturwissenschaft – Medienwissenschaft. Heidelberg 1977, S. 61 ff.

[2] Zahlen nach dem Aufsatz von K. HICKETHIER: Für eine Programmgeschichte des Fernsehspiels, in dem unter 1) zit. Band: Literaturwissenschaft – Medienwissenschaft, S. 90 ff.

[3] Zahlen nach den Angaben der Publikation „ARD-Fernsehspiel", hrsg. im Auftrag der ARD von der Pressestelle des WDR. Vier Quartalsbroschüren. Köln 1978. Die Zahlen für das ZDF sehen tendenziell genauso aus.

[4] Einen Überblick über den Stand der Diskussion vermittelt der Band: Das Fernsehspiel. Hrsg. v. P. v. RÜDEN. München 1975. Darin auch eine umfangreiche Bibliographie.

[5] Vgl. G. UNHOLZER: Ist die Konkurrenz der Fernsehspiele und Unterhaltungssendungen im Fernsehen den Theatern abträglich oder förderlich? In: Norddeutsches Theatertreffen 1971 bis 1975 – Protokoll über einen Versuch. Hrsg. v. Deutscher Bühnenverein, Landesverband Nordwest, und Norddeutscher Rundfunk, Hamburg 1976, S. 27.

[6] Vgl. den unter A. 1 zit. Aufsatz des Verfassers (1977), S. 67–70.

[7] „Wallenstein", produziert von der Bavaria für den Süddeutschen Rundfunk, Regie Franz Peter Wirth, ausgestrahlt im ARD-Fernsehprogramm am 15. und 22. 4. 1962.

[8] Vgl. Hitchcock by Francois Truffaut. New York (Simon and Schuster), 1967. Darin vor allem die Passagen über den Film „Psycho", S. 203 ff.

[9] Zit. nach: Funk-Korrespondenz, Nr. 38 v. 20. 9. 1978, S. 1.   V. C.

Das Drama im Unterricht   S. 515

L: Methodiken, Lexika und systematische Beiträge zur Fachdidaktik Deutsch und zum Deutschunterricht werden hier nicht genannt. Sie alle enthalten Ausführungen zum Drama im Unterricht. Hier werden neben einigen grundlegenden Entwürfen zur Dramendidaktik der Gegenwart vor allem konkrete Vorschläge zur Unterrichtspraxis bibliographiert. In ihnen kommen vielfältige Alternativen zum hier entwickelten Unterrichtsmodell und zu seiner Herleitung zur Sprache.

E. NÜNDEL: Zur Einführung in das Verständnis des Dramatischen. Brechts Bearbeitung eines japanischen Nô-Stückes in Untertertia. In: DU 16 (1964), H. 3, S. 54–67; D. STEINBACH: Der Lektürekanon des Dramas in der Perspektive des Theaterspielplans. In: DU 19 (1967), H. 1, S. 71–78; G. DAHMS: Skizzieren von Bühnenbildern auf der Mittelstufe. In: DU 21 (1969), H. 1, S. 46–50; W. PIELOW: Spiel – Dialog – Drama. In: W. L. Höffe (Hrsg.): Sprachpädagogik – Literaturpädagogik. Frankfurt/M. 1969, S. 208–221; U. WILDENHOF: Ein Regiebuch zu Ionescos „Nashörnern". In: DU 21 (1969), H. 1, S. 64–72; A. BEISS: Einführung in das große Bühnenstück. In: A. Beinlich (Hrsg.): Handbuch des Deutschunterrichts. Bd. II. Emsdetten ⁵1970, Sp. 1265–1323; H.-J. GRÜNWALDT: Sind Klassiker etwa nicht antiquiert? In: Disk. Deutsch 1 (1970), H. 1, S. 16–31; H. HAVEN: Darstellendes Spiel. Funktionen und Formen. Düsseldorf 1970; G. KLEINSCHMIDT: Das Drama im literarischen Unterricht der Grund- und Hauptschule. In: U. Walz (Hrsg.): Literaturunterricht in der Sekundarstufe. Stuttgart 1970, S. 53–71; W. SCHEMME: Dramatische Dichtung im 8. bis 10. Schuljahr. In: ebd., S. 71–88; C. KNIFFLER: „Wilhelm Tell" – heute als Schullektüre? Einige Gesichtspunkte für die Behandlung des Dramas auf der Mittelstufe, in Oberklassen und in theaterkundlichen Arbeitsgemeinschaften. In: DU 25 (1971), H. 5, S. 53–65; H. MÜLLER (-MICHAELS): Dramatische Werke im Deutschunterricht. Stuttgart 1971, ²1975; E. SCHLUTZ: Büchners „Woyzeck" als Drama der offenen Form – Zur Adäquanz von Lernziel und Unterrichtsform. Selbständigkeit der Schüler in Blockstunden. In: DU 23 (1971), H. 4, S. 121–133; R. TABBERT: Der Western als erstes Drama. In: DU 23 (1971), H. 5, S. 114–117; K. W. BAUER: Laienspiel oder Lehrstück? Vorüberlegungen zur didaktischen Theorie eines neuen Schulspiels. In: J. Vogt (Hrsg.): Literaturdidaktik. Düsseldorf 1972, S. 290–300; R. GEISSLER: Das Drama im Unterricht. In: E. Wolfrum (Hrsg.): Taschenbuch des Deutschunterrichts. Eßlingen 1972, S. 362–376, Baltmannsweiler ²1976, S. 451–466; K. STOCKER: Die dramatischen Formen in didaktischer Sicht. Donauwörth 1972; F. J. HÜNING: Pluralistische Textanalyse als kooperative Unterrichtsform. Dargestellt am Beispiel von Max Frischs „Andorra". 1. Bild. In: DU 25 (1973), H. 1, S. 90–102; H. IVO: Die politische Dimension des Deutschunterrichts. Zum Beispiel: Goethes „Iphigenie". In: Zur politischen Dimension des Deutschunterrichts. Disk. Deutsch. Sonderheft 1973, S. 81–102; S. HABECKER u. A. HOFMANN: Theorien – Texte – Analysen. Das deutschsprachige Theater seit 1945. Ein Arbeitsbuch für die Sekundarstufe II. München 1974; J. HEIN: Dramatische Formen. In: D. Boueke (Hrsg): Deutschunterricht in der Diskussion (= UTB 403). Paderborn 1974, S. 310–333; B. LECKE (Hrsg.): Projekt Deutschunterricht. 7: Literatur der Klassik I. Dramenanalysen. Stuttgart 1974; W. BEIMDICK: Theater und Schule. Grundzüge einer Theaterpädagogik. München 1975; J. BERG, G. ERKEN u. a.: Von Lessing bis Kroetz. Einführung in die Dramenanalyse. Kursmodelle und sozialgeschichtliche Materialien für den Unterricht. Kronberg/Ts. 1975; K. GÖBEL: Spieldidaktik und Deutschunterricht. In: B. Sowinski (Hrsg.): Fachdidaktik Deutsch. Köln–Wien 1975, S. 302–308; P. v. MATT: Das literarische Gespenst „Klassisches Drama". Zur Sozialgeschichte der modernen Dramaturgie. In: Merkur 30 (1976), H. 8, S. 728–742; J. MERKEL u. R. STEINLEIN: Schillers „Die Räuber". – Modellversuch bürgerlich-revolutionärer Umgestaltung des feudalistischen Deutschland. In: W. Raitz u. a. (Hrsg.): Der alte Kanon neu. Opladen 1976; A. RIEMEN: Ideologiekritik und klassische Texte. Kritische Betrachtung eines Unterrichtsmodells zu Maria Stuart. In: Disk. Deutsch, H. 30 (1976), S. 352–366; K. GÖBEL (Hrsg.): Das Drama in der Sekundarstufe. Kronberg/Ts. 1977; hierin: R.-P. CARL: Lenz' Soldaten: zerrüttete Gesellschaft und zerfallende Form; K. DANIELS u. M. KLARE: Sprachliche Aspekte des Dramas; J. FABRITIUS: Das Drama im Unterricht aus der Sicht der Theaterpraxis; K. GÖBEL: Drama und Theatralität; A. HÄNSEROTH: Soziologische Fragestellungen im Dramenunterricht; J. HEIN: Altes und neues Volksstück; B. H. LERMEN: Schauspiel und Hörspiel; E. OTTO: Szenische Realisationsperspektiven in der Schule; A. PAUL: Dramenanalyse und literarische Sinnlichkeit; W. PIELOW: Der dramatische Text als „komplexe Schreibsituation"; W. SCHEMME: Das „Tell-Problem" in neuer Sicht; K. STOCKER: Hochschuldidaktische Überlegungen und Programme als Voraussetzung für einen innovativen Dramenunterricht in der Sekundarstufe; J. WERMKE: Drama ± Theater; L. LUCAS: Textsorte: Drama. Analysen–Lernziele–Methoden (= Kamps pädagogische Taschenbücher 76.). Bochum 1977; H. NOBIS: Einführung in die strukturale Dramenanalyse. Ein praxisorientierter Beitrag zum wissenschaftspropädeutischen Deutschunterricht in der Sekundarstufe II (= auxilia didactica 3). Limburg 1977; M. PFISTER: Das Drama. Theorie und Analyse (= UTB 580). München 1977; Praxis Deutsch, H. 31 (1978): Drama. [Basisartikel: H. MÜLLER-MICHAELS]; H. GEIGER u. H. HAARMANN (Hrsg.): Aspekte des Dramas (= Grundstudium Literaturwissenschaft. Hochschuldidaktische Arbeitsmaterialien 7). Opladen 1978; A. u. W. VAN RINSUM: Interpretationen. Dramen. München 1978.

A: [1] S. bes. Beiß, Geissler, Hein, s. L., und K. STOCKER: Taschenlexikon der Literatur- und Sprachdidaktik. Bd. 1. Kronberg/Ts. 1976, S. 89–99.

[2] Frisch differenziert bei klarer Abwehr einer schriftstellerischen Attitude als „Volkserzieher" exakt: „daß das schriftstellerische Produkt, in seinem Ursprung ohne didaktische Absicht, deswegen ohne Folgen auf die Gesellschaft bleibe, wäre nicht naiv, sondern unrealistisch." Die Öffentlichkeit stellt sich insbes. beim Theaterspiel anders dar als in einem pädagogischen Prozeß lehren – lernen. M. FRISCH: Der Autor und das Theater. In: ders.: Öffentlichkeit als Partner. Frankfurt/M. 1967, hier S. 85.

[3] R. H. HIECKE: Der deutsche Unterricht auf deutschen Gymnasien (1841). Leipzig 1872, S. 78; s. dazu H. G. HERRLITZ: Der Lektüre-Kanon des Deutschunterrichts im Gymnasium. Heidelberg 1964, S. 98 ff., und H. J. FRANK: Geschichte des Deutschunterrichts. München 1973, S. 186 ff.

[4] So z. B. untersucht Schemme „Wilhelm Tell als Zeitstück im Rahmen der Weimarer Literaturgesellschaft" und erreicht damit neue didaktische Prämissen zur Behandlung des klassischen Dramas im Unterricht, in Göbel 1977, s. L., S. 208 ff.; s. auch ebd. J. Fabritius' Skizzierung von H. Heymes Inszenierung der „Jungfrau von Orleans" am Schauspiel Köln, S. 73 ff.

[5] So z. B. G. HAUSMANN: Didaktik als Dramaturgie des Unterrichts. Heidelberg 1959.

[6] Kleinschmidt, s. L., S. 53.

[7] O. MANN: Das Drama des Expressionismus. Einleitung. In: H. Friedmann u. ders. (Hrsg.): Expressionismus. Gestalten einer literarischen Bewegung. Heidelberg 1956, S. 213.

[8] A. Paul in: Göbel 1977, s. L., S. 98.

[9] R. PETSCH: Wesen und Formen des Dramas. Allgemeine Dramaturgie. Halle/Saale 1945 = DVjs., Buchreihe, 29. Bd., Vorrede S. VIII und S. 45 in Bezug auf das Verhältnis Drama–Bühne in „Wilhelm Tell" und „Faust".

[10] Grünwaldts Aufsatz, s. L., gilt als die programmatische Aussage des ‚Bremer Kollektivs' und hatte eine Fülle inhaltlicher wie methodischer Konsequenzen in der literaturdidaktischen Diskussion. Inzwischen ist der Standpunkt bei den ‚Bremern' modifizierter, z. B. B. Lecke, s. L., aber auch Riemens Auseinandersetzung damit am Beispiel der Maria Stuart-Analyse, s. L.

[11] Bauers, s. L., an Brecht gewonnene Alternative Laienspiel vs. Lehrstück ist in Hinsicht auf das Drama im Unterricht viel zu eng und wirkt konstruiert.

[12] Ein Beispiel aus der Geschichte des Deutschunterrichts: H. DECKELMANN: Die Literatur des 19. Jahrh. im deutschen Unterricht. Berlin 1911.

[13] Leitbild und Bildungsideal vom „ritterlichen Menschen" seien von der Literatur über Jahrhunderte tradiert. Dieses in seiner Werthaltigkeit den Schülern als Handlungsmaxime anzubieten, ist die besondere Aufgabe des Literaturunterrichts, so R. ULSHÖFER: Methodik des Deutschunterrichts, Bd. 3: Mittelstufe II. Stuttgart 1960, Einleitung.

[14] Dieses besteht vor allem darin, daß Kriterien der epischen Form sowohl methodische wie lernzielmäßige Prinzipien gegenwärtiger Literaturdidaktik scheinbar in völliger Übereinstimmung und musterhaft vorwegnehmen. Etwa ein Lehrstück Brechts für den Unterricht auszuwählen, bedeutet danach, beides zugleich ‚zugeliefert' zu bekommen: Literatur und den zugehörigen Unterrichtsentwurf. So entsteht in Brecht ein neuer mißverstandener ‚Klassiker' der Schulen, über den – am Beispiel der „Modellinszenierungen" – die Bühnen längst hinaus sind.

[15] S. dazu H. J. FRANK: Geschichte des Deutschunterrichts. München 1973, S. 885 ff., sowie H. BRENNER: Die Kunstpolitik des Nationalsozialismus. Reinbek 1963.

[16] S. H. Deckelmann, s. A. 12.

[17] Es ist ein fragwürdiges Ziel des Dramenunterrichts, zunächst ‚geschlossene' und ‚offene' Formtypen des Dramatischen antithetisch gegenüberzustellen, dann aus diesem Formalismus Bewertungen abzuleiten: ‚geschlossen' = traditionell im Sinne des ‚Literaturdenkmals' – ‚offen' = zeitgemäß, emanzipatorisch. Eine solche Vereinseitigung wird weder Brechts ‚Mahagonny'-Anmerkungen gerecht noch V. Klotz' ‚Geschlossene und offene Form im Drama', seien beide auch noch so oft in der didaktischen Literatur zum Drama zitiert.

[18] P. SZONDI: Theorie des modernen Dramas (= ed. Suhrk. 27). Frankfurt/M. 1956, S. 16.

[19] F. Schiller: „Die Braut von Messina". Über den Gebrauch des Chors in der Tragödie (1803). Säkularausg. Bd. 16, S. 118 ff.

[20] S. H. HELMERS: Die ‚Wahrheit' in der Dichtung und der Lehrplan des Literaturunterrichts. In: DU 22 (1970), H. 3, S. 33.

[21] B. Brecht: Ges. Werke in 20 Bdn. Bd. 15. Frankfurt/M. 1967, S. 303.

²² Die ‚Grüne Reihe' in Reclams UB (= Erläuterungen und Dokumente), die Materialienbände der ed. Suhrk. wie auch die hier veröff. Regiebücher zu Wallenstein, Torquato Tasso, Das letzte Band, Die Mutter (hrsg. von V. CANARIS) sind hier zu nennen; s. auch W. SCHEMME (Hrsg.): Schiller, Wilhelm Tell (= Klett Lesehefte). Stuttgart 1978; H. SANDIG (Hrsg.): Klassiker heute. München 1972; s. auch die einschlägigen Theatergeschichten, Bildbände zum Theater und Theaterzeitschriften, als Kompendium bes.: M. HÜRLIMANN (Hrsg.): Das Atlantisbuch des Theaters. Zürich 1966; zahlreiche Einspielungen auf Schallplatten; s. auch P. KLEINSCHMIDT u. a.: Die Welt des Daniel Caspar von Lohenstein. Epicharis, ein römisches Trauerspiel. Köln 1978; s. auch die Reihe: S. Fischer, Theater, Film, Funk, Fernsehen. Hrsg. v. K. JUSSENHOVEN u. H. H. FISCHER, Frankfurt/M. 1979.

²³ Alle lehrgangorientierten Aufrisse zum Drama im Unterricht betonen die wichtige Funktion des Spiels in der Primarstufe, z. B. Müller (-Michaels), Kleinschmidt, Haven, s. L.

²⁴ Folgender medientheoretischer Aspekt bleibt dabei aus Gründen des hier angestrebten Zieles außer Betracht: kein Medienwechsel erfolgt ohne objektive Bedürfnisse. Hier ist es die Not, die aus der von der Gemeinde nicht verstandenen Sprache der Liturgie zum Kommunikationswechsel in das Spiel zwingt.

²⁵ Das Innsbrucker Osterspiel/Das Osterspiel von Muri (= Reclams UB 8660). Stuttgart 1962.

²⁶ S. dazu die Hinweise in A. 22 und Beimdick mit einer Fülle an Vorschlägen und Verweisen auf Materialien, s. L.

²⁷ Spielplanübersichten und Werkstatistiken in den Theaterzeitschriften und Zeitungen. S. auch D. HADAMCZIK u. a.: Was spielten die Theater? Bilanz der Spielpläne in der Bundesrepublik Deutschland 1947–1975. Die deutsche Bühne. Sonderdruck. Köln 1978; Hänseroth in Göbel 1977, s. L., S. 22–62.

²⁸ Geissler, s. L., S. 371.

²⁹ S. die in A. 22 genannten Regiebücher und Beimdick, s. L., passim; L. BORNSCHEUER (Hrsg.): Woyzeck, Kritische Lese- und Arbeitsausgabe (= Reclams UB 9347). Stuttgart 1972.

³⁰ Da kein reales Produktinteresse vorliegt, sind hierbei Andeutungen und einfachste Zusammenfassungen ausreichend. Es geht nur darum, Verstehensintentionen einsichtig und diskutabel werden zu lassen. K. G.

Personen- und Titelregister

bearbeitet von Andreas F. Kelletat

Sachregister

bearbeitet von Andreas F. Kelletat